U0916099

2017

CHINA TV RATING YEARBOOK

中国电视收视年鉴 2017

徐立军 主编

中国传媒大学出版社

·北京·

《中国电视收视年鉴（2017）》
编写委员会

主　　编　徐立军

副 主 编　郑维东　肖建兵　肖海峰

编写人员　（排名不分先后）

梁　帆　周欣欣　解永利　吴　凡　王　钦　马　超

龙长缨　于松涛　吴　东　杨金姝　辛　悦　李红玲

王建平　李忠毅　胡文慧　饶丽娟　江亚彪　黄婧玫

王　昀　王　平　吴璠钰　于　鹏　冯　波　卢文钊

蔡　啸　包凌君　韦　唯　胡旻琦　潘　琪　彭辰豪

陈　明　陈　吉　施泽昊　唐　蕾　陈　曦　莫笑凡

李蓓蕾

出版说明

为更好地服务于业界，作为中国最专业、最权威的视听率调查公司，CSM媒介研究从2003年起每年编写出版一部《中国电视收视年鉴》。《中国电视收视年鉴（2017）》是CSM媒介研究编写出版的第十五部电视收视年鉴。

《中国电视收视年鉴（2017）》包括以下四部分内容：

第一部分：综述。本部分主要从收视环境、观众特征、观众收视行为、频道竞争、节目竞争、电视广告投放与竞争等方面对2016年中国电视收视市场进行了全景式的描述与分析。第二部分：专题研究。本部分除了对2016年全国电视剧、新闻、综艺、体育几个主要节目类型以及晚间新节目的收视状况进行分析外，还对2016里约奥运会收视状况、电视与互联网重度受众媒体行为、模式节目在中国的发展变迁路径等进行了深入剖析。同时，本部分还对业界关注的热点问题，如电视观众时移收视新特征、2016年热点IP剧跨屏传播效果、"互联网+"背景下网络综艺发展及电视综艺的应对、CSM实时收视数据与多屏测量以及中国电视的基本面与机会点等进行了深入研究。第三部分：收视数据。这部分是关于全国电视收视市场以及重点市场的收视统计数据，主要指标涉及收视设备的拥有情况、人均收视时间、全年和全天收视率走势、各类频道的市场份额、各类节目的播出份额与收视份额以及主要节目类型的收视排行等。第四部分：附录。本部分主要包括CSM媒介研究各种收视调查网的基本情况。

《中国电视收视年鉴（2017）》为广大媒介从业人员既可提供有关2016年中国电视收视市场的全面分析，又可提供2016年全国以及各重点市场翔实的收视数据，它是媒介从业人员必备的一本工具书。

编者

2017年5月

目录

CONTENTS

第一部分　综　述

第二部分　专　题

第三部分　收视数据

第四部分　附　录

第一部分

Part One

综 述 Overview

综 述

一、收视环境

2016 年是我国“十三五”规划的开局之年，是为我国实现全面小康社会和实现第一个百年奋斗目标奠定坚实基础的第一年，也是我国广播影视业全面实施深化改革的关键之年。广播影视系统在党中央、国务院和中宣部的正确领导下，认真贯彻落实中央部署和总局要求，锐意进取，扎实工作，继续保持了良好的发展势头，顺利完成各项任务，取得了新的显著成绩，迈上了新台阶，实现了“十三五”规划的开门红。

2016 年，我国电视业全面贯彻落实党的十八大，十八届三中、四中、五中、六中全会精神和习近平总书记系列重要讲话精神，牢固树立政治意识、大局意识、核心意识、看齐意识，自觉向党中央看齐，向党的理论和路线方针政策看齐，向党中央的决策部署看齐，始终坚定不移地同以习近平同志为核心的党中央保持高度一致，牢牢坚持正确的政治方向和宣传导向、创作导向、出版导向，锐意进取，开拓创新，各方面工作都取得了重要进展和显著成效。2016 年，我国电视业大力宣传阐释党中央治国理政的新理念、新思想、新战略，聚焦中国梦、“四个全面”战略布局、供给侧结构性改革、社会主义核心价值观、中华民族优秀传统文化等主题，围绕十八届六中全会、全国“两会”、G20 杭州峰会、庆祝建党 95 周年、纪念长征胜利 80 周年等重要会议、重大活动和重要时间节点，全方位、多层次、多媒体地开展宣传报道，唱响了时代主旋律，广受社会各界好评。2016 年，我国电视业加强创作生产，丰富人民精神文化生活，始终坚持以人民为中心的工作导向，面向基层，服务群众，坚持为民惠民，公共文化服务提质升级，电视公共服务水平显著提升；坚持品质至上，深入实施精品工程和图书、电影、电视剧、动画片、纪录片“五个一百部”创作规划，内容创作生产持续繁荣，影视精品创作生产再上一个新台阶。2016 年，我国电视业始终坚持科技引领，坚持改革创新，紧跟科技趋势，积极推进数字化网络化建设，电视数字化、网络化和新媒体有了显著发展，媒体融合、科技创新力度加大，产业改革发展加快，取得了新成效，实现了媒体建设战略升级。2016 年，我国电视业狠抓意识形态阵地管理，确保意识形态和文化安全，安全播出保障能力进一步提高，公共服务技术支撑体系进一步完善，科技创新与应用步伐进一步加快，科技管理进一步加强。2016 年，我国电视业走出去取得新进展，依托重点项目和活动，促进优秀产品对外传播，加强构建国际传播体系，打造国际一流媒体，中央电视台国际频道海外累计用户近4亿，中国国际电视台（中国环球电视网）正式开播，国际传播能力进一步提升。

1. 全国共有电视台187座，广播电视台2269座，教育电视台42座

根据《中国广播电视年鉴（2017）》的最新统计，截至2016年底，全国共批准设立电视台187座、广播电视台2269座、教育电视台42座。其中国家级电视台有中央电视台（简称“中央台”）和中国教育电视台（简称“中国教育台”），每个省、自治区、直辖市，每个地级及以上城市至少有1座电视台或广播电视台。全国有线电视网络达478万公里，全国电视人口综合覆盖率为98.88%。全国有线广播电视用户数为22829.53万户，数字电视用户数为20157.24万户，付费数字电视用户数为5817.15万户。2016年全年制作的电视节目时间为782.03万小时，全年公共电视节目播出时间为1792.44万小时。

2. 家庭电视机拥有率达97.0%，拥有二台及以上电视机家庭的比例为27.3%

目前我国居民家庭电视机的普及率已经基本处于一个稳定的水平。2016年CSM媒介研究全国收视调查网基础研究数据显示，我国居民家庭电视机拥有率达97.0%，拥有二台及以上电视机家庭的比例达27.3%，平均每百户居民家庭的电视机拥有量达132.1台（表1.1.1）。其中，城市居民家庭的电视机拥有率为95.8%，农村居民家庭的电视机拥有率为97.9%；拥有二台及以上电视机的家庭比例在城市为24.2%，在农村为29.5%；平均百户电视机拥有量在城市为127.4台，在农村为135.5台。

从各大行政区来看，电视机拥有情况在全国存在显著的地域差异。拥有二台及以上电视机的居民家庭比例，华东地区最高，达38.3%；东北最低，仅为14.1%。百户电视机拥有量也是华东地区最高，达150.1台；东北地区最低，只有111.5台；华中地区为131.2台；西南地区为129.5台；华北地区为124.5台；华南地区为119.1台；西北地区为116.0台（表1.1.2）。

表1.1.1　2016年全国城乡居民家庭电视机拥有情况

	全国	城市	农村
一台户比例（%）	69.7	71.6	68.4
二台及以上户比例（%）	27.3	24.2	29.5
没有电视机户比例（%）	3.0	4.2	2.1
百户电视机拥有量（台）	132.1	127.4	135.5

数据来源：CSM媒介研究2016年全国收视调查网基础研究

表1.1.2　2016年全国各大行政区居民家庭电视机拥有情况

	东北	华北	华东	华南	华中	西北	西南
一台户比例（%）	82.8	74.4	58.0	79.2	69.1	83.1	71.1
二台及以上户比例（%）	14.1	23.1	38.3	17.6	28.3	15.4	26.4
没有电视机户比例（%）	3.1	2.5	3.7	3.2	2.6	1.5	2.5
百户电视机拥有量（台）	111.5	124.5	150.1	119.1	131.2	116.0	129.5

数据来源：CSM媒介研究2016年全国收视调查网基础研究

2016年，彩色电视机在我国居民家庭中已处于绝对主导地位，在电视家庭户中，全国彩色电视机的家庭拥有率达到了99.9%（表1.1.3）。从不同区域来看，2016年各大行政区居民家庭的彩色电视机拥有率差别不大，均在99.9%及以上（表1.1.4）。

表1.1.3　2016年全国及城乡居民家庭拥有不同类型电视机的比例（%）

电视机类型	全国	城市	农村
彩色电视机	99.9	100.0	99.9
普通电视机	49.1	37.7	57.2
液晶电视机	61.9	70.1	56.2
智能电视机	11.8	12.6	11.2

数据来源：CSM媒介研究2016年全国收视调查网基础研究

表1.1.4　2016年全国各大行政区拥有不同类型电视机的家庭比例（%）

电视机类型	东北	华北	华东	华南	华中	西北	西南
彩色电视机	99.9	99.9	100.0	99.9	100.0	99.9	99.9
普通电视机	44.5	49.1	49.5	40.9	54.3	56.7	48.1
液晶电视机	62.8	60.2	65.3	64.8	59.1	53.5	63.1
智能电视机	7.8	8.4	11.8	13.8	18.6	7.8	10.6

数据来源：CSM媒介研究2016年全国收视调查网基础研究

2016年我国城乡居民家庭电视机更新换代速度进一步加快。随着城乡居民收入水平的提高和技术革新带来的高品质电视机价格的下降，城乡居民家庭电视机拥有情况从数量上的增加逐步过渡到质量上的改善，城市及农村居民家庭开始追求电视机的更新换代，由原来的CRT电视机、传统的背投电视机向液晶电视机等平板电视机升级。平板电视逐渐取代传统意义的普通彩电，成为居民家庭的主流机型，平板电视的普及率在2016年全国居民家庭户中已经达到61.9%，比2015年的53.9%提高了8.0个百分点。分城乡来看，2016年城市居民家庭拥有平板电视机的比例已达70.1%，比2015年的62.8%增长了7.3个百分点；农村居民家庭拥有平板电视机的比例也达到56.2%，比2015年的47.7%提高了8.5个百分点（图1.1.1）。分地区来看，各地区除西北和华中以外，平板电视机的普及率都在60%以上，华东和华南地区最高，分别达到65.3%和64.8%；普及率较低的地区是西北地区，平板电视机的普及率为53.5%。自从2012年智能电视走进大众视野，几年内在城乡之间迅速渗透，拥有率逐渐攀升。2016年全国居民家庭智能电视机拥有率达11.8%，其中城市为12.6%，农村为11.2%，城乡差别并不是很大。分地区来看，华中地区家庭智能电视机拥有率最高，达18.6%；华南地区这一比例也达到13.8%；家庭拥有智能电视机的比例在东北和西北地区较低，只有7.8%。随着数字电视的发展，高清信号源的增多，以及高品质电视机价格的不断下降，平板电视机、智能电视机的拥有率必将进一步提高。

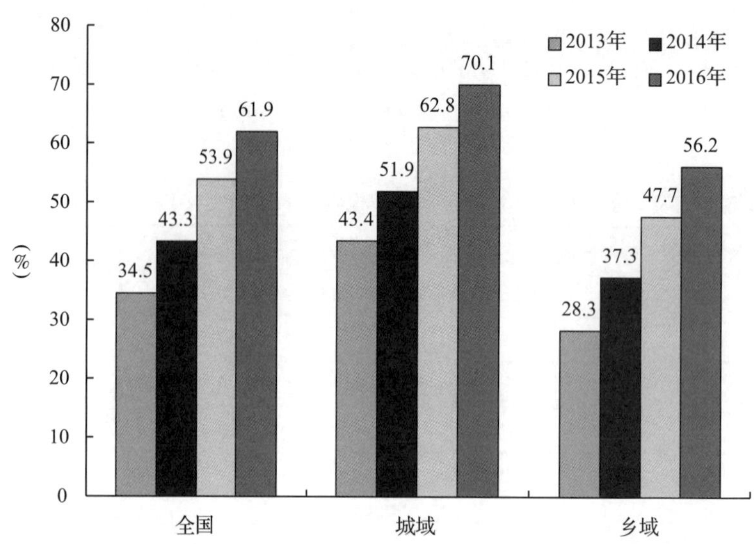

数据来源：CSM 媒介研究 2013～2016 年全国收视调查网基础研究

图 1.1.1 2013～2016 年全国及城乡居民家庭拥有平板电视机的比例（%）

3. 城乡居民家庭平均每户可以收看到 75.2 个频道

随着有线电视数字化建设的全面展开，越来越多的有线电视网整体平移，城乡居民家庭能够收看到的电视频道数量增加。根据 CSM 媒介研究历年全国收视调查网基础研究数据，全国城乡居民家庭可以接收到的电视频道数量逐年增加，2016 年全国平均每户可以接收 75.2 个电视频道，比 2015 年的 67.7 个增加了 7.5 个。2016 年城市居民家庭平均每户可以接收到 83.7 个频道，比上年增加了 6.5 个；农村居民家庭平均可以接收 69.2 个频道，比上年增加了 8.1 个（表 1.1.5）。从分地区的情况来看，2016 年平均每户可以接收到的电视频道数量最多的是华北地区和东北地区，分别为 84.8 和 84.4 个频道，接收频道较少的有西北、华中和华南地区，平均每户可以接收到的电视频道数分别为 70.2、67.4 和 65.8 个（图 1.1.2）。

表 1.1.5 2007～2016 年全国及城乡居民家庭可以接收到的电视频道数量（个）

年份	全国	城市	农村
2007 年	25.6	35.1	21.4
2008 年	30.4	40.5	26.0
2009 年	39.1	50.1	33.2
2010 年	41.4	53.0	34.7
2011 年	47.6	58.5	40.4
2012 年	54.3	63.8	47.7
2013 年	59.4	68.7	52.9
2014 年	64.8	73.1	59.1
2015 年	67.7	77.2	61.1
2016 年	75.2	83.7	69.2

数据来源：CSM 媒介研究历年全国收视调查网基础研究

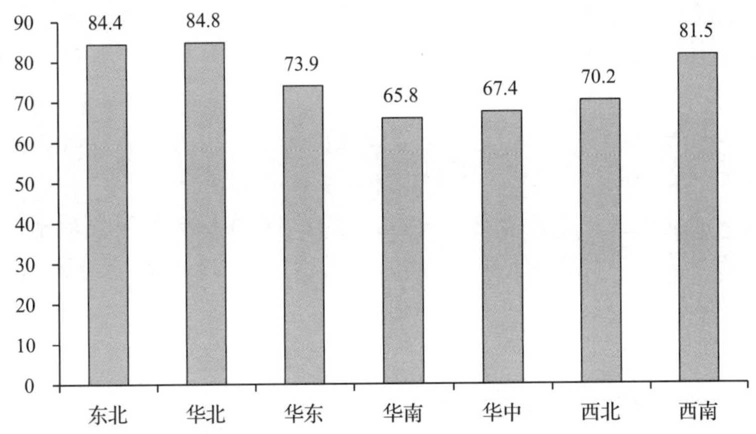

数据来源：CSM 媒介研究 2016 年全国收视调查网基础研究

图 1.1.2 2016 年全国各大行政区居民家庭可以接收到的电视频道数量（个）

4. 有线接收也已成为农村居民家庭接收电视信号的主要方式，可接收数字电视、IPTV 的家庭比例继续增长

随着电视信号数字化、网络化进程的不断推进，有线电视网络频道增多，信号清晰度增加，有线接收已是全国城乡居民家庭接收电视信号的主要方式。根据 2016 年 CSM 媒介研究全国收视调查网基础研究数据，全国电视家庭户中，有线电视用户普及率为 82.2%，比上年增长了 8.2 个百分点；其中城市为 88.9%，比上年增长了 4.4 个百分点，有线接收方式已经是绝大多数城市居民家庭接收电视节目的方式；有线电视用户普及率在农村为 77.4%，与上年相比大幅增长 11.0 个百分点，有线接收方式也已经成为农村居民家庭接收电视信号的主要方式。在有线接收方式中，通过省、市（县）有线网接收电视信号的家庭户比例全国为 51.8%，其中在城市，有 65.7% 的家庭接入了省、市（县）有线网；在农村，通过省、市（县）有线网收看电视节目家庭的比例为 42.0%（图 1.1.3）。

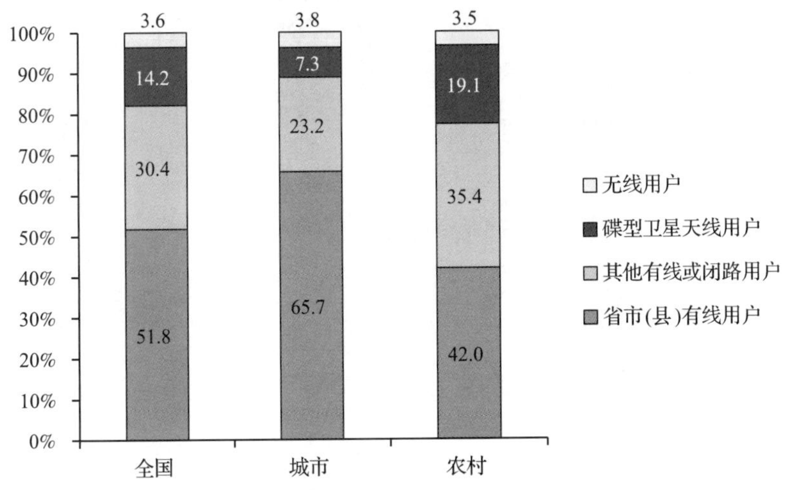

数据来源：CSM 媒介研究 2016 年全国收视调查网基础研究

图 1.1.3 2016 年全国城乡居民家庭不同电视信号接收方式的比例（%）

从各大行政区的情况来看，有线电视普及率最高的是东北地区，达到92.1%，其他比较高的地区还有西北、华东、华南和西南地区，有线电视普及率均超过80%，其中西北88.8%、华东85.6%、华南82.9%、西南81.5%。华北有线户比例较低，为76.7%；华中地区最低，仅为70.8%（图1.1.4）。华中和华北地区通过非有线方式收看卫视频道的比例较大，都在20%以上或者接近20%；其中华中26.9%、华北19.7%。东北地区通过非有线方式收看卫视频道的比例较小，仅为4.0%。无线用户的比例在华中、华南和华东地区相对较高，均在4%以上；其中华中地区4.2%、华南地区4.1%、华东地区4.0%。

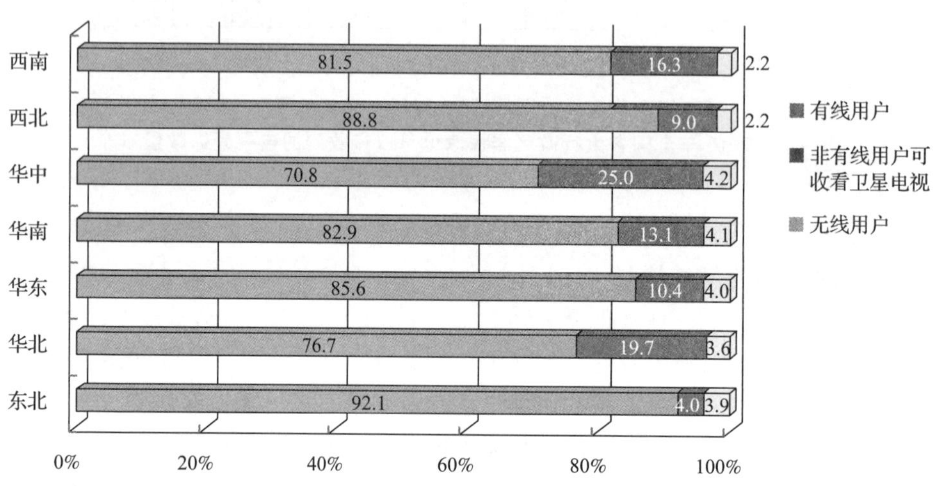

数据来源：CSM媒介研究2016年全国收视调查网基础研究

图1.1.4　2016年全国各大行政区居民家庭不同电视信号接收方式的比例（%）

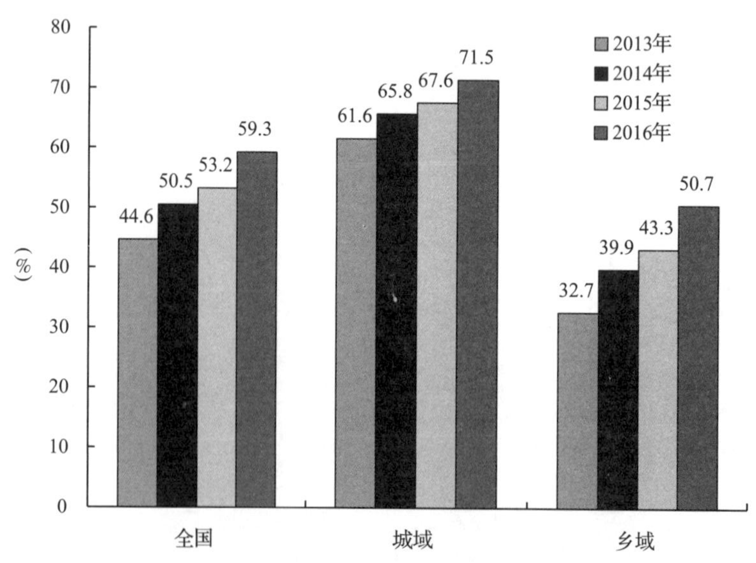

数据来源：CSM媒介研究历年全国收视调查网基础研究

图1.1.5　2013~2016年全国城乡居民家庭可接收数字电视或IPTV的比例（%）

CSM 媒介研究全国收视调查网基础研究数据表明，近年来我国电视家庭中可接收数字电视或 IPTV 的比例稳步增长。2016 年该比例已达 59.3%，比 2015 年增长 6.1 个百分点；其中在城市为 71.5%，比 2015 年增长 3.9 个百分点；在农村为 50.7%，比 2015 年增长 7.4 个百分点（图 1.1.5）。从不同地区来看，全国七大行政区中可接收数字电视或 IPTV 的电视家庭比例有一定差异，在华东和东北地区，其比例都在 60% 以上，华东地区更是高达 70.6%；在华北、华南、西北和西南地区，该比例在 51% ~56% 之间；在华中地区则比例较低，仅有 44.3% 的电视家庭可接收数字电视或 IPTV（图 1.1.6）。

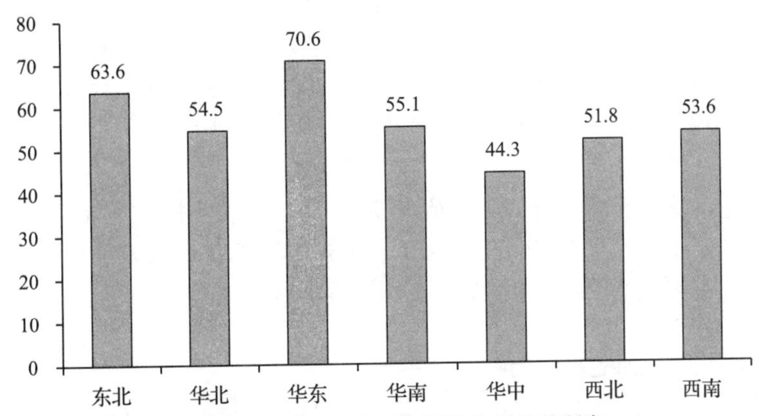

数据来源：CSM 媒介研究 2016 年全国收视调查网基础研究

图 1.1.6　2016 年全国各大行政区居民家庭可接收数字电视或 IPTV 的比例（%）

5. 85.2% 的城市家庭和 81.0% 的农村家庭可收看到卫视节目

2016 年全国收视调查网基础研究数据表明，2016 年全国可接收卫视频道的家庭比例达 82.7%；其中在城市，85.2% 的电视家庭可以收看到卫星电视节目；在农村，电视家庭中能够收看到卫视节目的比例达到了 81.0%。从不同地区来看，全国七大行政区之间能收看到卫星电视节目的电视家庭比例有一定的差异，最高的华北地区高达 84.9%，华中地区也达 84.8%，最低的西南和华南地区分别为 79.3% 和 79.2%，其他地区该比例在 79% ~85% 之间不等（图 1.1.7）。

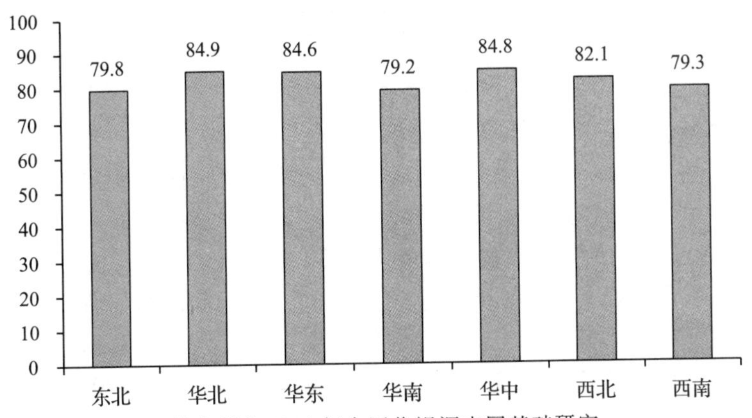

数据来源：CSM 媒介研究 2016 年全国收视调查网基础研究

图 1.1.7　2016 年全国及分城乡、分地区居民家庭可收到卫视频道的比例（%）

6. 中央台继续保持全国覆盖优势，省级卫视在本地区的覆盖优势较大

中央台频道依靠其强大的资源优势和作为国家级频道的特殊地位，在全国的覆盖率仍然保持了很大优势（表1.1.6）。CSM媒介研究2016年全国收视调查网基础研究数据显示，在全国覆盖率排名前10位的频道中，中央台频道有8个，与2015年中央台频道入围覆盖率排名前10位的5个频道相比，数量有所上升；而进入覆盖率排名前20位的频道中，中央台频道有9个，与上年持平。2016中央台七套排名第一位，覆盖率达93.2%，与2015年相比覆盖率维持稳定；中央电视台综合频道排名由上年的第三位上升到第二位，覆盖率由上年的91.3%轻微上升到91.5%；中央台二套、中央电视台新闻频道、中央电视台少儿频道、中央台十套、中央台十二套、中央台四套、中央台十一套的覆盖率也都在88%以上。在省级卫视频道中，湖南卫视和浙江卫视的覆盖率最高，分别为90.1%和89.0%，排名分别居于第五位和第八位。与2015年相比，湖南卫视排名下跌了三位，浙江卫视排名则上升了一位。除了排名前10位的8个中央台频道和2个省级卫视频道外，进入覆盖率排名前20位的频道还包括北京卫视、安徽卫视、山东卫视、江苏卫视、贵州卫视、四川卫视、天津卫视、上海东方卫视和江西卫视这9个省级卫视频道。2016年覆盖排名前20位频道的覆盖率都在86%以上。

表1.1.6 2016年全国卫视频道覆盖率排名前二十位

排名	频道	覆盖率（%）	排名	频道	覆盖率（%）
1	中央台七套	93.2	11	北京卫视	88.4
2	中央电视台综合频道	91.5	12	安徽卫视	88.3
3	中央台二套	90.5	13	中央台十一套	88.2
3	中央电视台新闻频道	90.5	14	山东卫视	88.1
5	湖南卫视	90.1	15	江苏卫视	87.9
6	中央电视台少儿频道	89.6	16	贵州卫视	87.4
7	中央台十套	89.3	17	四川卫视	87.3
8	浙江卫视	89.0	18	天津卫视	86.9
9	中央台十二套	88.6	19	上海东方卫视	86.6
10	中央台四套	88.5	20	江西卫视	86.5

数据来源：CSM媒介研究2016年全国收视调查网基础研究

在城市地区，覆盖率排名前10位的频道中，中央电视台频道有7个，包括中央电视台综合频道、中央台七套、中央电视台新闻频道、中央台二套、中央电视台少儿频道、中央台四套和中央台十套，其中中央电视台综合频道排第一位，覆盖率达94.3%；另外中央台十二套和中央台十一套也进入覆盖率排名前20位之列（表1.1.7）。在城市地区，2016年有11个省级卫视频道进入覆盖率排名前20位之列，其中湖南卫视、江苏卫视和浙江卫视这3个省级卫视频道在城市地区排名靠前，位居覆盖率排名表的第五位、第八位和第九位。另外，安徽卫视、贵州卫视、中央台十一套、北京卫视、山东卫视、四川卫视、天津卫视、广东卫视和上海东方卫视也进入了覆盖排名前20位之列，分别排在第十一位至第二十位之间。

表 1.1.7　2016 年城市地区卫视频道覆盖率排名前二十位

排名	频道	覆盖率（%）	排名	频道	覆盖率（%）
1	中央电视台综合频道	94.3	11	安徽卫视	89.2
2	中央台七套	92.2	11	贵州卫视	89.2
3	中央电视台新闻频道	90.8	13	中央台十一套	89.1
4	中央台二套	90.4	13	北京卫视	89.1
5	湖南卫视	90.1	15	山东卫视	88.6
6	中央电视台少儿频道	89.8	16	四川卫视	88.2
7	中央台四套	89.7	17	天津卫视	88.0
8	浙江卫视	89.4	17	广东卫视	88.0
9	中央台十套	89.3	19	中央台十二套	87.9
9	江苏卫视	89.3	20	上海东方卫视	87.8

数据来源：CSM 媒介研究 2016 年全国收视调查网基础研究

与往年一样，2016 年卫视频道在农村地区的覆盖率整体上要比在城市地区低。从排名前 20 位的频道来看，在农村地区，2016 年排名最后一位的频道的覆盖率是 85.8%，高于上年的 78.1%，但低于 2016 年城市地区的 87.8%。中央台频道的覆盖在农村地区同样有着绝对的强势地位，在覆盖率排名前 20 位的频道中，中央台频道有 9 个，在覆盖率排名前 10 位的频道中，中央台频道也有 7 个，其中中央台七套、中央台二套和中央电视台新闻频道位列前三甲。农村地区进入覆盖率排名前 20 位的省级卫视频道与城市地区一样，达到 11 个；从频道排名来看，湖南卫视、浙江卫视和北京卫视在农村地区的覆盖率进入了前 10 位，山东卫视、安徽卫视、江苏卫视、四川卫视、贵州卫视、天津卫视、江西卫视和上海东方卫视也进入了排名的前 20 位（表 1.1.8）。

表 1.1.8　2016 年农村地区卫视频道覆盖率排名前二十位

排名	频道	覆盖率（%）	排名	频道	覆盖率（%）
1	中央台七套	94.0	11	山东卫视	87.7
2	中央台二套	90.5	12	中央台十一套	87.6
3	中央电视台新闻频道	90.2	12	安徽卫视	87.6
4	湖南卫视	90.1	12	中央台四套	87.6
5	中央电视台少儿频道	89.5	15	江苏卫视	87.0
5	中央电视台综合频道	89.5	16	四川卫视	86.7
7	中央台十套	89.3	17	贵州卫视	86.2
8	中央台十二套	89.2	18	天津卫视	86.1
9	浙江卫视	88.7	18	江西卫视	86.0
10	北京卫视	87.9	20	上海东方卫视	85.8

数据来源：CSM 媒介研究 2016 年全国收视调查网基础研究

表 1.1.9　2016 年东北地区卫视频道覆盖率排名前二十位

排名	频道	覆盖率（%）	排名	频道	覆盖率（%）
1	中央电视台综合频道	96.8	11	北京卫视	92.5
2	中央台七套	95.4	11	中央台十一套	92.5
3	中央台二套	94.6	13	安徽卫视	92.4
4	辽宁卫视	94.2	14	江苏卫视	92.3
5	中央电视台少儿频道	93.5	15	山东卫视	92.2
6	黑龙江卫视	93.2	16	中央台十二套	92.1
7	中央台十套	93.1	17	浙江卫视	91.7
7	中央台四套	93.1	18	天津卫视	91.5
9	中央电视台新闻频道	92.6	18	吉林卫视	91.5
9	湖南卫视	92.6	20	上海东方卫视	91.4

数据来源：CSM 媒介研究 2016 年全国收视调查网基础研究

表 1.1.10　2016 年华北地区卫视频道覆盖率排名前二十位

排名	频道	覆盖率（%）	排名	频道	覆盖率（%）
1	中央台七套	93.9	10	中央台四套	91.0
2	北京卫视	93.1	12	中央台十二套	90.6
3	中央台二套	92.6	13	四川卫视	90.0
4	中央电视台新闻频道	92.2	13	上海东方卫视	90.0
5	天津卫视	92.1	15	安徽卫视	89.7
6	中央台十一套	91.8	16	江苏卫视	89.5
7	山东卫视	91.5	17	江西卫视	89.4
8	浙江卫视	91.2	18	山西卫视	89.3
9	中央电视台少儿频道	91.1	19	河北卫视	89.2
10	湖南卫视	91.0	20	中央台十套	88.5

数据来源：CSM 媒介研究 2016 年全国收视调查网基础研究

表 1.1.11　2016 年华东地区卫视频道覆盖率排名前二十位

排名	频道	覆盖率（%）	排名	频道	覆盖率（%）
1	中央电视台综合频道	92.9	11	浙江卫视	88.7
2	中央台七套	92.7	12	中央台十套	88.3
3	山东卫视	90.0	13	中央台十一套	88.1
3	安徽卫视	90.0	14	天津卫视	87.6
5	中央电视台少儿频道	89.6	15	北京卫视	87.5
6	中央电视台新闻频道	89.5	16	中央台十二套	87.2
7	中央台二套	89.3	17	上海东方卫视	87.1
8	湖南卫视	89.2	18	贵州卫视	86.7
9	江苏卫视	88.8	19	辽宁卫视	86.6
9	中央台四套	88.8	20	中央电视台音乐频道	85.7

数据来源：CSM 媒介研究 2016 年全国收视调查网基础研究

表 1.1.12 2016 年华南地区卫视频道覆盖率排名前二十位

排名	频道	覆盖率（%）	排名	频道	覆盖率（%）
1	中央电视台综合频道	96.4	11	江苏卫视	83.0
2	中央台七套	90.3	11	上海东方卫视	83.0
3	广东卫视	88.7	13	中央台四套	82.6
4	中央电视台新闻频道	87.5	13	四川卫视	82.6
5	湖南卫视	87.0	15	贵州卫视	82.1
6	浙江卫视	85.9	16	中央台十二套	80.0
7	中央台二套	85.7	17	山东卫视	79.9
8	中央电视台少儿频道	84.9	18	北京卫视	79.5
9	中央台十套	83.6	19	江西卫视	79.4
10	安徽卫视	83.2	19	中央台十一套	79.4

数据来源：CSM 媒介研究 2016 年全国收视调查网基础研究

表 1.1.13 2016 年华中地区卫视频道覆盖率排名前二十位

排名	频道	覆盖率（%）	排名	频道	覆盖率（%）
1	中央台七套	93.5	11	浙江卫视	87.3
2	湖南卫视	92.4	12	中央电视台综合频道	87.1
3	中央台二套	91.8	13	山东卫视	86.3
4	中央台十套	90.8	14	河南电视台卫星频道（一套）	86.0
5	中央台十二套	90.6	15	天津卫视	85.9
6	中央电视台少儿频道	90.0	16	中央电视台音乐频道	85.7
6	中央台十一套	90.0	17	江西卫视	85.3
8	中央台四套	89.7	17	四川卫视	85.3
9	中央电视台新闻频道	89.2	19	湖北卫视	84.6
10	北京卫视	88.2	20	江苏卫视	83.9

数据来源：CSM 媒介研究 2016 年全国收视调查网基础研究

表 1.1.14 2016 年西北地区卫视频道覆盖率排名前二十位

排名	频道	覆盖率（%）	排名	频道	覆盖率（%）
1	中央台七套	96.6	11	天津卫视	93.9
2	中央电视台综合频道	96.1	11	辽宁卫视	93.9
3	中央电视台少儿频道	95.4	13	北京卫视	93.6
4	中央台二套	95.2	14	四川卫视	93.5
5	中央台十套	94.8	15	浙江卫视	93.4
6	中央电视台新闻频道	94.7	15	江西卫视	93.4
7	湖南卫视	94.6	15	山西卫视	93.4
8	陕西卫视	94.5	18	贵州卫视	93.2
9	中央台十二套	94.4	19	江苏卫视	92.9
10	安徽卫视	94.0	20	中国教育台一套	92.7

数据来源：CSM 媒介研究 2016 年全国收视调查网基础研究

表 1.1.15　2016 年西南地区卫视频道覆盖率排名前二十位

排名	频道	覆盖率（%）	排名	频道	覆盖率（%）
1	贵州卫视	93.7	11	重庆卫视	89.0
2	中央台七套	92.8	12	河南电视台卫星频道（一套）	88.7
3	中央电视台综合频道	91.4	13	中央台二套	88.5
4	中央电视台新闻频道	91.3	14	西藏二套（汉语卫视）	88.2
5	云南广播电视台卫视频道（一套）	90.7	15	山西卫视	88.0
6	四川卫视	90.2	16	北京卫视	87.8
7	中央台十套	90.0	17	湖南卫视	87.7
8	中央台十二套	89.7	18	浙江卫视	87.6
9	江西卫视	89.6	19	内蒙古卫视	87.5
10	广西电视台卫星频道	89.1	20	江苏卫视	87.4

数据来源：CSM 媒介研究 2016 年全国收视调查网基础研究

随着有线网络的普及以及数字电视的不断推广，频道竞争日益加剧，各卫视频道在不同地区的覆盖率明显不同。尽管中央台频道在各个地区都呈现出明显优势地位，但在不同地区，其优势还是表现出不同程度的差异。CSM 媒介研究 2016 年全国收视调查网基础研究数据表明，在各大行政区覆盖率排名前 20 位的频道中，中央台频道在华东地区有 10 个，在华中地区有 10 个，在东北地区有 9 个，在华南地区有 9 个，在华北地区有 8 个，在西北地区有 7 个，在西南地区只有 6 个。各省级卫视的覆盖率排名在不同地区差异很大，湖南卫视在各地区的覆盖都表现得很强势，其他省级卫视则在本地区的覆盖排名优势较大。如在东北地区，辽宁卫视排在第四位，黑龙江卫视排在第六位，吉林卫视也排在第十八位；北京卫视和天津卫视在华北地区分别排在第二位和第五位，山西卫视和河北卫视也排在第十八位和第十九位；山东卫视、安徽卫视、江苏卫视、浙江卫视和上海东方卫视在华东地区都进入了前 20 位，山东卫视和安徽卫视更是并列第三位；广东卫视在华南地区覆盖率排名则进入了前三甲；湖南卫视在华中地区的覆盖率排名第二，河南卫视和湖北卫视在华中地区分别排在第十四位和第十九位；陕西卫视在西北地区排名第八位；贵州卫视则在西南地区排名第一位，四川卫视排名第六位，重庆卫视排名第十一位。

二、电视观众特征

2016 年，全国电视观众规模达 12.84 亿人，较 2015 年略有增加；电视观众性别结构仍保持稳定，与人口性别构成趋同；中青年为主体受众群，城乡观众年龄构成各有特色；中低学历人群是主体观众群，城市观众文化程度明显高于乡村；城乡观众职业构成差异明显，无业群体（包括离退休人员）占据较大比例；低收入观众所占比例较大，城市观众个人月收入水平普遍高于乡村观众。

1. 全国电视观众规模达12.84亿人，较2015年略有增加

继2008年国家提前实现中央广播电视节目“十一五”乡村无线覆盖目标后，国家又推出“家电下乡、以旧换新”等政策，并大力推进数字电视转换。在多项政策的共同推动下，全国电视观众规模连续多年呈现增长态势。但由于受到新媒体的冲击及其他因素的影响，受众使用的媒介工具发生了较大变化，电视观众规模在2013年首次出现了下滑现象，然后从2014年开始又略有回升。2015年全国电视观众规模较2014年略有增加，2016年继续延续此态势，全国电视观众规模较2015年略有增长。CSM媒介研究全国测量仪收视调查网2016年基础研究数据显示，2016年中国内地年龄在4岁及以上的电视观众规模达到12.84亿人，占全国4岁及以上人口的97.8%。与2015年相比，2016年中国电视观众规模增加了109.8万人，增幅为0.09%。但值得注意的是，2015年电视观众规模虽有所上升，但在全国4岁及以上人口中所占的比例却是下降的，较2015年下降了0.6个百分点。

2. 电视观众性别结构仍保持稳定，与人口性别构成趋同

CSM媒介研究全国测量仪收视调查网2016年电视观众数据显示，男性观众比例为51.0%，女性观众比例为49.0%，与2015年CSM媒介研究的调查数据相同，说明目前我国电视观众的性别结构基本保持稳定。同时，这一性别结构也与中国内地人口的性别构成差别很小，《中国统计年鉴（2016）》的数据显示，2015年全国男性人口占总人口的51.2%，女性人口占48.8%。城乡电视观众的性别构成与全国整体观众的性别构成基本保持一致，在城市观众中，男性群体所占比例为51.2%，女性群体所占比例为48.8%；在乡村，男女观众所占的比例分别为51.0%和49.0%（图1.2.1）。

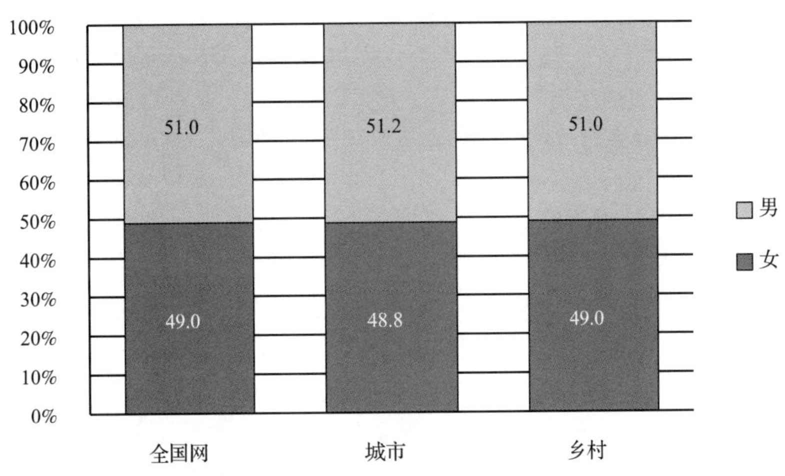

数据来源：CSM媒介研究

图1.2.1 2016年全国测量仪收视调查网及分城乡电视观众的性别构成（%）

3. 中青年为主体观众群，城乡观众年龄构成各有特色

2016年全国电视观众整体构成显示：35～44岁和15～24岁这两个群体在所有电视观众中所占的比例居前两位，分别为19.1%和17.7%，二者之和所占份额超过了三分之一；25～34岁和45～54岁观众群所占的比例分列第三位和第四位，分别达到了15.6%和14.5%，二者相加所占份额超过了30%；4～14岁、55～64岁和65岁及以上观众群体所占比例相对较小，依次分别为12.6%、11.1%和9.4%。比较城乡观众的年龄构成可以看出，乡村观众中4～24岁青少年观众的合计比例高于同年龄段城市观众，而25～54岁中青年观众的合计比例则低于城市同年龄段观众，55岁及以上老年观众所占比例高于城市同年龄段观众所占的比例。总体而言，乡村观众年龄构成呈现出两头相对较大、中间相对较小的特征，而城市观众年龄构成则恰恰相反，表现出中间相对较大、两头相对较小的特征。无论表现为何种特征，城乡观众主体受众群均为中青年群体（图1.2.2）。

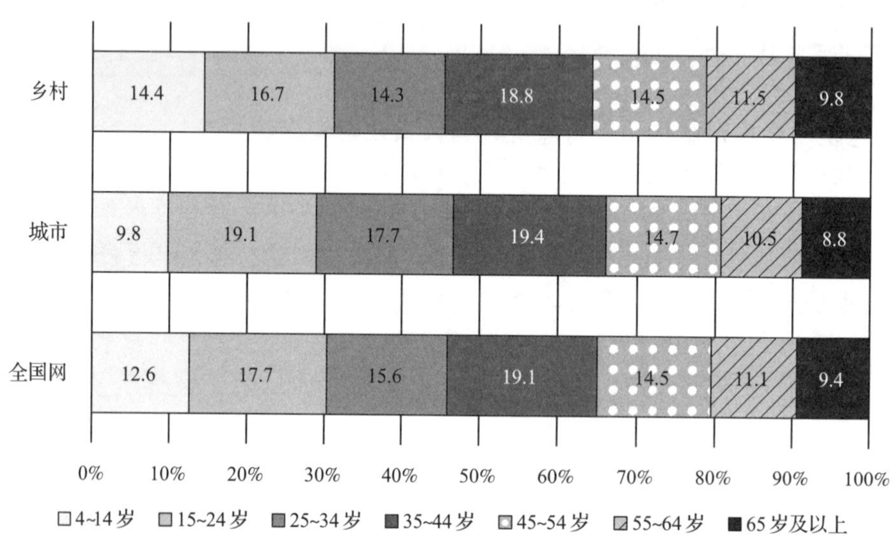

数据来源：CSM媒介研究

图1.2.2 2016年全国测量仪收视调查网及分城乡电视观众的年龄构成（%）

4. 中低学历人群是主体观众群，城市观众文化程度明显高于乡村观众

从全国电视观众的文化程度构成来看，中低学历观众占据了绝对优势。所占比例排前3位的依次为初中文化程度观众、小学文化程度观众和高中文化程度观众，比例分别为35.6%、25.3%和18.6%。初中文化程度观众占据了超过三分之一的比例，是比例最高的受众群；排在第四位的是大学及以上文化程度的观众，所占比例为10.9%，排在最后一位的是未受过正规教育的观众，只占据了9.6%的比例。由此可以看出，我国电视观众的一个重要特征是主体观众群学历不高。城乡观众的文化程度构成有各自鲜明的特色，总体而言，城市观众的文化程度明显高于乡村观众，城市观众中高中及以上文化程

度观众的比例高达43.7%，乡村观众中该比例则仅为20.8%，不到城市观众中此类人群比例的一半；城市观众中小学及以下文化程度观众所占比例为24.6%，而在乡村观众中该群体所占的比例则高达41.2%（图1.2.3）。

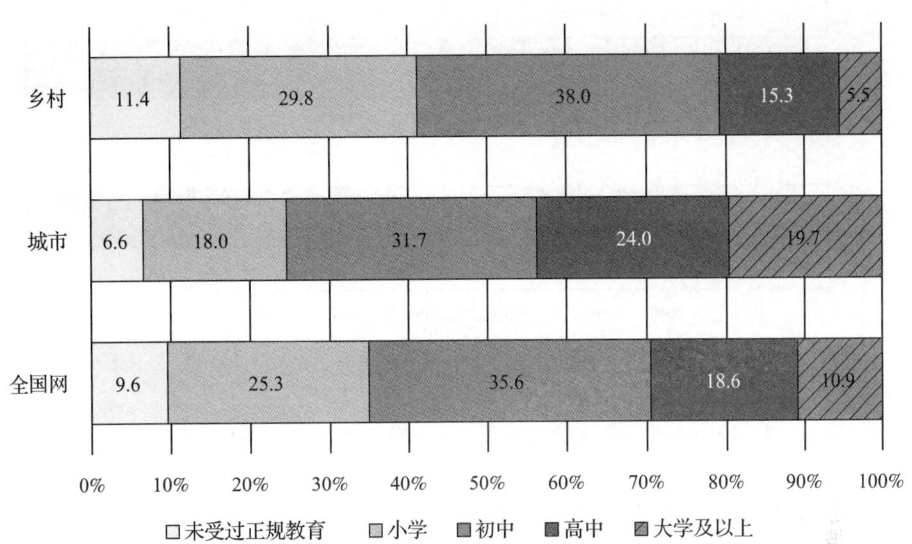

数据来源：CSM媒介研究

图1.2.3　2016年全国测量仪收视调查网及分城乡电视观众的文化程度构成（%）

5. 城乡观众职业构成差异明显，无业群体占据较大比例

2016年全国电视观众整体职业构成显示，无业群体（包括离退休人员）在电视观众中占据了较大比例，为19.5%，位居第二（第一位为其他职业人群）；位列第三的是学生，占16.5%的比例；排在第四位的个体/私营企业人员占到了13.6%的比例，其后依次为工人、初级公务员/雇员和干部/管理人员，分别占到了12.3%、10.3%和1.3%的比例。全国测量仪收视调查网中包括了对乡村的调查，农民/渔民/牧民等包含在其他类中，因此该群体占到了全国电视观众的26.5%，居首位。分城乡来看，电视观众职业构成同中有异，无论是在城市还是在乡村，无业群体（包括离退休人员）均在电视观众中占据了较大的比例，其中在城市观众中该比例达到了23%，在所有职业类别中占比最大，在乡村观众中该群体所占比例也高达17.4%。城乡观众职业构成的最大差异体现在乡村拥有较高比例的农民群体，从而使得职业类别为“其他”的观众所占比例高达35.2%，远高于城市中该职业类别观众所占的比例。城市观众中则是干部/管理人员和初级公务员/雇员所占的比例远高于乡村这两类人群所占的比例（图1.2.4）。

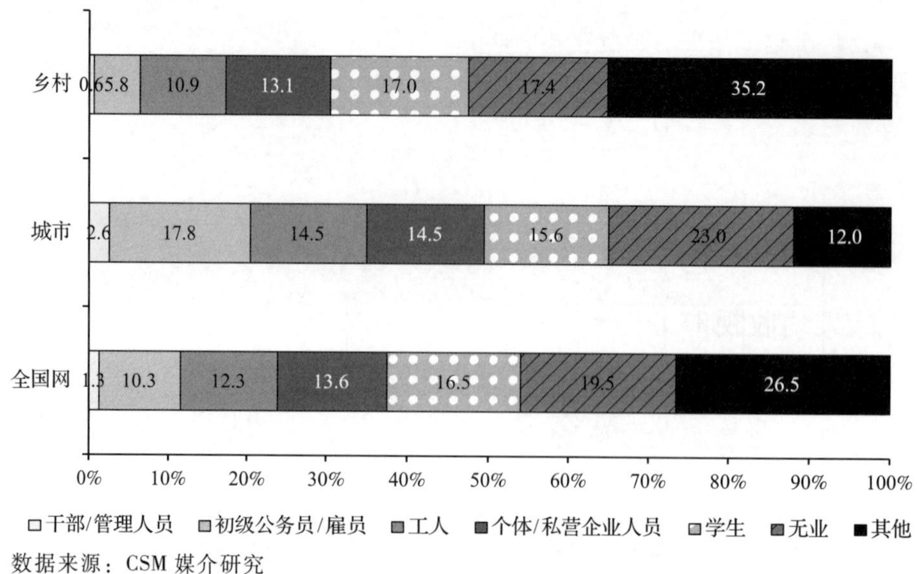

数据来源：CSM 媒介研究

图 1.2.4　2016 年全国测量仪收视调查网及分城乡电视观众的职业构成（%）

6. 低收入观众所占比例较大，城市观众个人月收入水平普遍高于乡村观众

从 2016 年全国观众整体个人月收入构成来看，个人月收入 0～300 元的低收入群体所占比例最大，达 38.0%，在城市该比例为 31.2%，乡村则更高，达到了 42.1%。在城市观众中，个人月收入 1701 元及以上的中高收入人群所占比例为 56.4%，超过半数，乡村观众中该比例则仅为 31.7%，不足三分之一，较城市中该收入人群所占比例少了 24.7 个百分点。总体而言，城市观众中中高收入人群所占比例明显高于乡村中该类人群所占的比例，乡村中低收入人群所占比例更大（图 1.2.5），城市观众个人月收入水平普遍高于乡村观众。

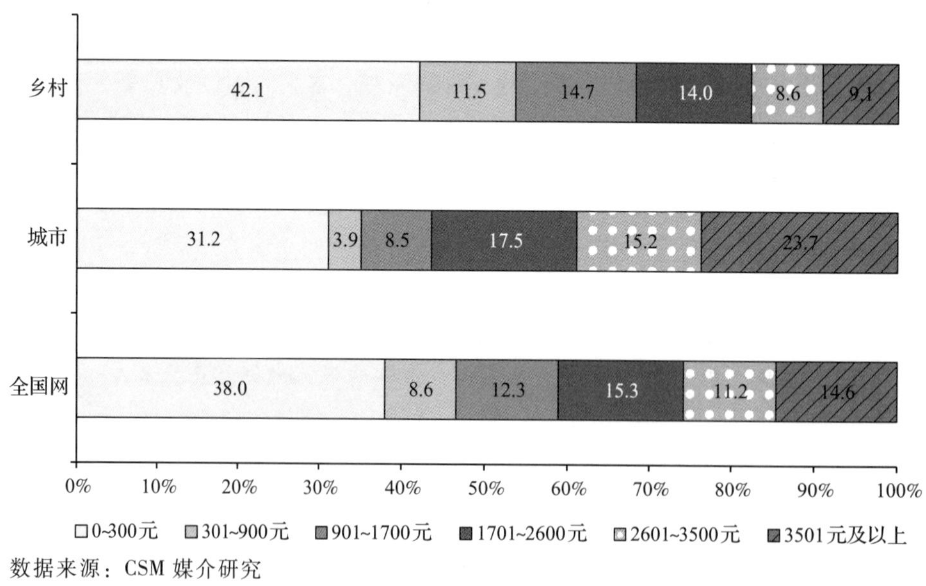

数据来源：CSM 媒介研究

图 1.2.5　2016 年全国测量仪收视调查网及分城乡电视观众的个人月收入构成（%）

三、观众收视行为

2016 年全国电视观众人均收视时长低于 2015 年，跌势持续。凌晨、午后和深夜，部分时段收视水平较 2015 年有不同程度的提升，但这种提升不足以与晚间黄金时段的收视萎缩相抗衡，因此全年整体收视表现平平，较 2015 年有较为明显的回落。

（一）人均收视时间

1. 2016 年全国电视观众人均每日收视时间为 152 分钟，跌势持续

2001 年以来，我国电视观众人均收视时长呈波动下行的发展态势。2005 年和 2006 年，得益于各级电视台在新闻和综艺等节目形态上的大力创新和集中发力，以及世界杯等特殊事件的推动，观众人均收视时间曾一度回升；到 2007 年，由于观众对选秀和民生新闻等新节目形态产生了“审美疲劳”，以及缺乏特殊重大事件的支撑，观众人均收视时长出现下滑的现象；2008 年和 2009 年，由于北京奥运会的举办、建国六十周年大庆等一系列重大事件的发生，观众的注意力被重新拉回电视，人均每日收视时长又略有回升；从 2010 年开始，全国电视观众人均每日收视时长基本呈现持续下滑的态势，虽有 2012 年的短暂回升，但仍难掩其发展“颓势”。尤其是近几年，受新媒体、新技术和移动互联网进一步发展的影响，受众对媒体的接收方式发生了较大变化，碎片化、个性化、随时随地的收看行为正在慢慢地蚕食人们收看电视的时间。在经历了 2013 年至 2015 年的持续下滑之后，2016 年延续这种跌势，人均每日收视时长为 152 分钟，为历年来最低（图 1.3.1）。

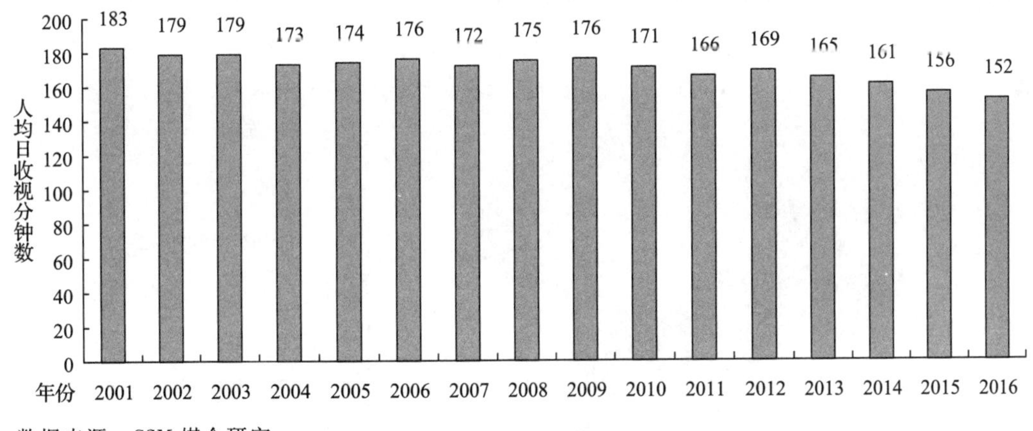

数据来源：CSM 媒介研究

图 1.3.1　2001～2016 年全国样本市（县）[①] 电视观众人均每日收视时间（分钟）

① 注：2009 年以前的数据包含了样本城市和样本县，从 2009 年起全部为样本城市。

2. 除西南以外六大行政区2016年电视观众人均每日收视时长较2015年均有不同程度的下滑

2016年，除西南地区外，其他六大行政区的人均日收视时长较2015年均有不同程度的下滑（表1.3.1）。华中地区的人均每日收视时长下降最多，从2015年的161分钟下降到2016年的153分钟，下降达8分钟；其次是东北、华北和华东地区，2016年人均收视时长较2015年均减少了6分钟；最后是西北和华南地区，2016年人均收视时长较2015年均减少了3分钟。七大行政区中唯有西南一个地区逆势上扬，2016年人均收视时长较2015年增加了5分钟。

表1.3.1　2001~2016年全国七大行政区电视观众人均每日收视时间（分钟）

地区	2001年	2005年	2010年	2011年	2012年	2013年	2014年	2015年	2016年
东北	189	193	191	185	190	184	181	179	173
华北	200	195	196	196	198	193	188	176	170
西北	193	185	180	168	172	169	165	157	154
西南	181	179	169	166	174	170	173	174	179
华东	177	164	168	162	162	157	151	145	139
华南	184	169	152	148	149	146	138	136	133
华中	169	157	166	164	166	164	163	161	153

数据来源：CSM媒介研究

从各大行政区人均收视时间与全国平均水平之间的差异来看，目前东北和华北地区仍然是电视收视水平较高的区域，高于平均水平的幅度均在10%以上，这很大程度上与上述地区冬季时间较长、气温较低、人们的室内生活时间相对较长有关；同时我们也可以看到，延续2015年的新变化，西南地区人均收视时长也高于平均水平10%以上。相比较而言，在气温相对较高、经济相对发达、人们业余生活相对丰富的华东和华南地区，电视观众的人均每日收视时间明显较短，均低于平均水平（图1.3.2）。

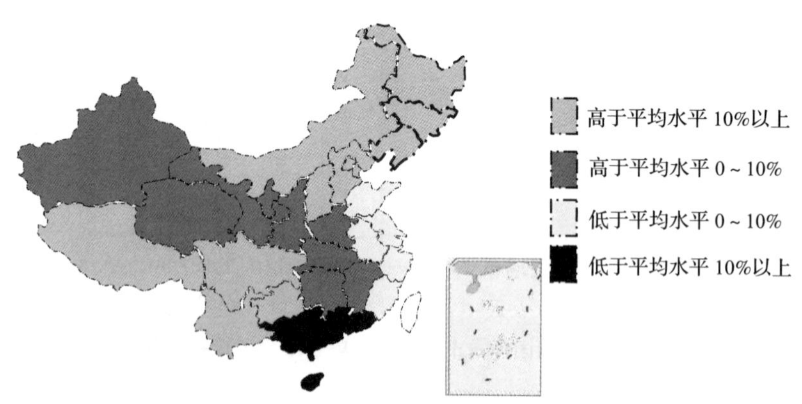

数据来源：CSM媒介研究

图1.3.2　2016年电视观众人均每日收视时间的区域差异

3. 人均收视时长女性观众长于男性观众，较2015年均有下滑

CSM媒介研究调查数据显示，2016年女性观众人均每日收视时长为156分钟、男性观众为149分钟，女性观众人均每日收视时长较男性观众多7分钟。从2001年开始的16年数据显示，女性观众收看电视的时间长于男性观众是一个规律性现象。同时我们也可以发现，无论是女性观众还是男性观众，2016年的人均收视时长较2015年均有不同程度的下滑，随着新媒体和互联网的进一步发展，这两类人群对传统电视的注意力都出现了明显的游离现象（表1.3.2）。

表1.3.2　2001～2016年全国样本市（县）男女电视观众平均每日收视时间（分钟）

性别	2001年	2005年	2010年	2011年	2012年	2013年	2014年	2015年	2016年
男	182	172	167	162	164	161	157	153	149
女	183	177	176	171	173	170	165	160	156

数据来源：CSM媒介研究

4. 老年观众仍是传统电视的忠实拥趸，中青年观众游离于传统电视之外的趋势加剧

随着互联网和新媒体的进一步发展，受众的收视更为碎片化和个性化，分到传统电视上的时间也不可避免地减少。从目前来看，老年人仍是传统电视的忠实拥趸，中青年人群对传统电视的注意力则进一步游离。

2016年，65岁及以上人群的人均日收视时长为281分钟，比2015年增加了3分钟，该类人群的人均日收视时长保持了连续四年持续增长的态势；55～64岁人群的人均日收视时长略有波动，2016年较2015年减少了3分钟；35～44岁和45～54岁人群2016年

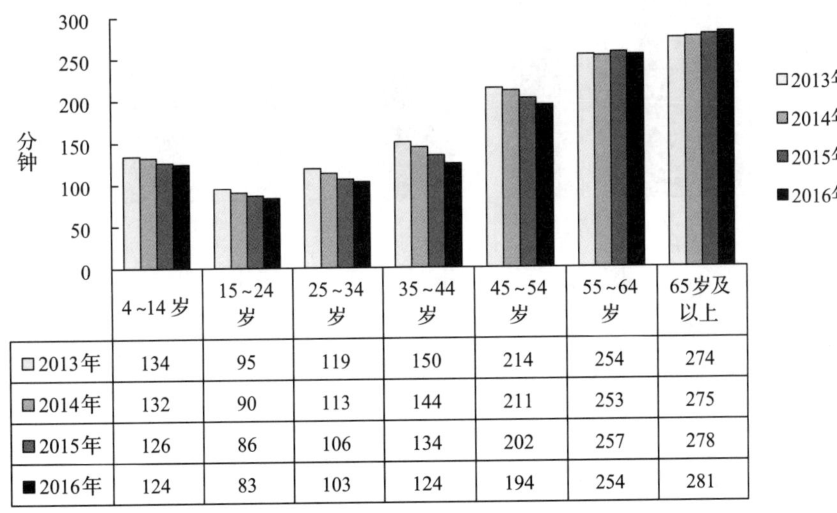

	4～14岁	15～24岁	25～34岁	35～44岁	45～54岁	55～64岁	65岁及以上
□2013年	134	95	119	150	214	254	274
■2014年	132	90	113	144	211	253	275
■2015年	126	86	106	134	202	257	278
■2016年	124	83	103	124	194	254	281

数据来源：CSM媒介研究

图1.3.3　2013～2016年全国样本城市不同年龄段观众人均每日收视时间（分钟）

的人均日收视时长分别为124分钟和194分钟，继续呈现出下滑的态势，尤以35~44岁人群为甚，人均日收视时长较2015年减少了10分钟；4~14岁、15~24岁和25~34岁人群2016年的人均日收视时长分别为124分钟、83分钟和103分钟，远低于中老年人群的人均日收视时长，并且也呈现出连续四年持续下滑的态势；尤其是25~34岁人群，人均日收视时长由2013年的119分钟下降至2016年的103分钟，下降了16分钟，15~24岁人群的人均日收视时长也从2013年的95分钟减少至2016年的83分钟，减少了12分钟，这两类人群的下滑幅度均较大（图1.3.3）。青少年人群是互联网和手机的“原住民”，对传统电视的依赖度天然就很低。从目前的发展趋势来看，受新技术和新媒体发展的影响，中年人群进一步游离于传统电视以外的趋势也在蔓延，这从35~44岁人群2016年人均日收视时长较2015年有10分钟的减少便可见一斑。

5. 中低学历观众人均收视时间较长，大学及以上学历观众人均收视时间短

中低学历人群对传统电视仍然情有独钟。2016年，小学学历人群的人均日收视时长为180分钟，仍位居各学历人群之首，但终止了之前逐年递增的态势，2016年较2015年和2014年分别出现了4分钟和1分钟的下滑，但仍然高于2013年的水平；初中学历人群人均日收视时长为173分钟，位居次席；两者的收视时长均远高于其他学历人群的收视时长。然后依次为未受过正规教育和高中学历人群，其2016年人均日收视时长分别为154分钟和150分钟，其中未受过正规教育人群的人均日收视时长一改跌势，2016年较2015年有了2分钟的回升。大学及以上学历人群人均日收视时间最短，为118分钟，且从2013年以来呈现逐年下滑之势（图1.3.4）。整体而言，初中及以上学历观众花费在收看传统电视上的时间与学历成反比：学历越高，花费在看电视上的时间越短。

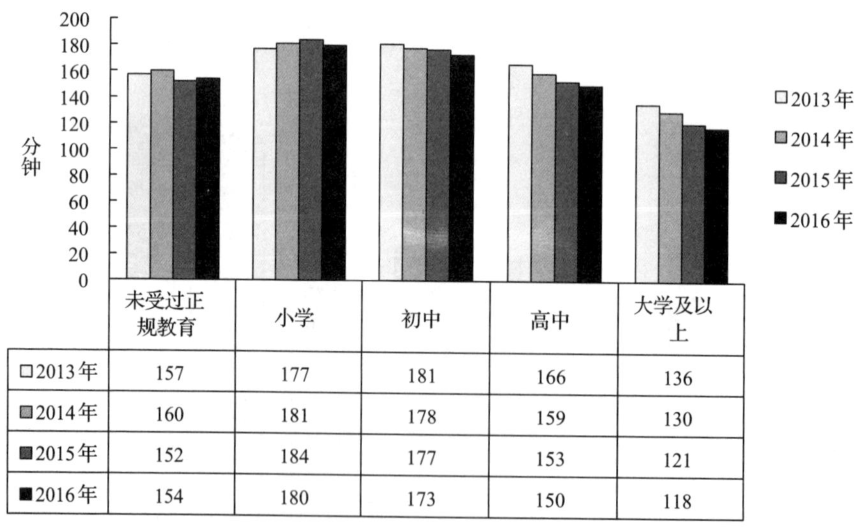

	未受过正规教育	小学	初中	高中	大学及以上
□2013年	157	177	181	166	136
■2014年	160	181	178	159	130
■2015年	152	184	177	153	121
■2016年	154	180	173	150	118

数据来源：CSM媒介研究

图1.3.4　2013~2016年全国样本城市不同受教育程度观众人均每日收视时间（分钟）

（二）全年收视走势

1. 2016 年整体收视较 2015 年下滑，春节前后和暑期收视水平略有回升

2016 年全年收视表现较为平淡，受新媒体、新技术发展的影响，人们的收看行为进一步碎片化和个性化，表现在收视上就是整体收视水平较 2015 年下滑，尤其在下半年，这种下滑表现得尤为明显。春节前后出现了一个收视小高峰，峰值达到了 12.97%，略高于 2015 年 12.76% 的水平。此外，暑假期间收视表现也优于 2015 年同期收视表现，国庆期间收视平平（图 1.3.5）。

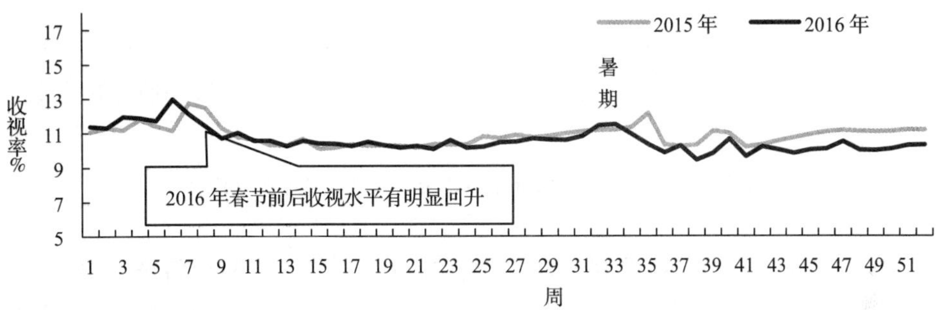

数据来源：CSM 媒介研究

图 1.3.5　2015 年和 2016 年全国样本城市观众全年收视走势

2. 北方收视水平明显高于南方，西南地区收视异军突起

受气候的影响，北方冬季时间较长，户外温度较低，相应地人们的室外活动减少，因此更趋向于在家看电视，因此东北、华北和西北地区在全年各个时期的收视水平普遍高于华东、华南和华中地区，这种优势更多地体现在“五·一”之前和“十·一”之后。值得关注的是，西南地区从 3 月底开始一直持续至 10 月底，收视水平异军突起，位居七大行政区之首（图 1.3.6）。

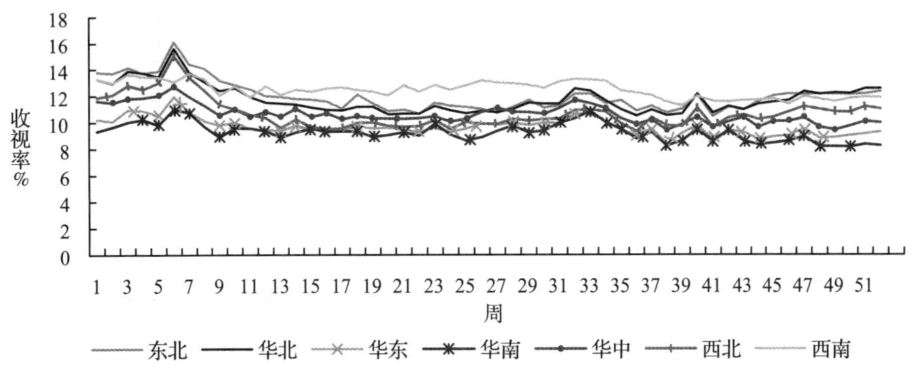

数据来源：CSM 媒介研究

图 1.3.6　2016 年全国七大行政区观众全年收视走势

3. 女性观众全年不同时期收视水平普遍高于男性观众

2016年，男女观众全年收视走势基本趋同，相比女性，男性观众对传统电视的关注度较低，女性观众全年不同时期收视水平普遍高于男性观众（图1.3.7）。

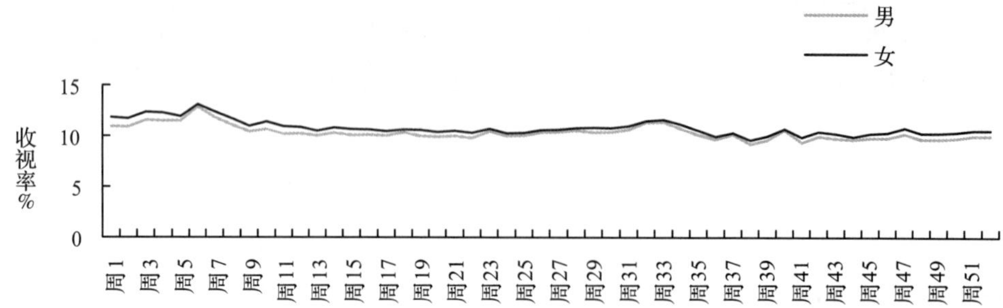

数据来源：CSM媒介研究

图1.3.7 2016年全国样本城市男、女观众全年收视走势

4. 中老年观众不同时期收视相对平稳，青少年群体收视时期特征凸显

45岁及以上中老年人群全年各个时期的收视水平均明显高于年轻观众，且全年波动较小，较为平稳；35~44岁和25~34岁人群收视水平位居中游，且全年各时期较为稳定；24岁及以下青少年群体大多数时期的收视水平均相对较低，但时期特征较为凸显，逢寒暑假及"十·一"黄金周期间，此类人群就会表现出较为明显的收视高潮，该特征在4~14岁小观众群体中表现得尤为突出（图1.3.8）。

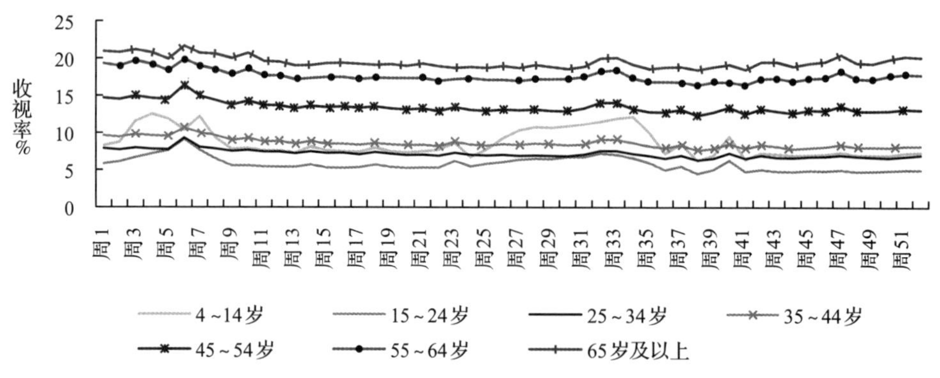

数据来源：CSM媒介研究

图1.3.8 2016年全国样本城市不同年龄观众全年收视走势

5. 小学及初中文化程度观众全年收视水平较高，且时期收视高峰凸显

小学和初中文化程度观众全年收视优势尽显，明显高于其他文化程度观众的收视水平。又因为有大批学龄儿童聚集在此类人群中，所以该类人群的收视表现呈现出明显的时期特征，寒暑假和"十·一"黄金周期间的收视水平有明显提升，拥有专属于此类人

群的相对明显的时期收视高峰；相对而言，高中和大学及以上文化程度观众的全年收视较为平缓，而后者的收视水平则相对偏低（图 1.3.9）。

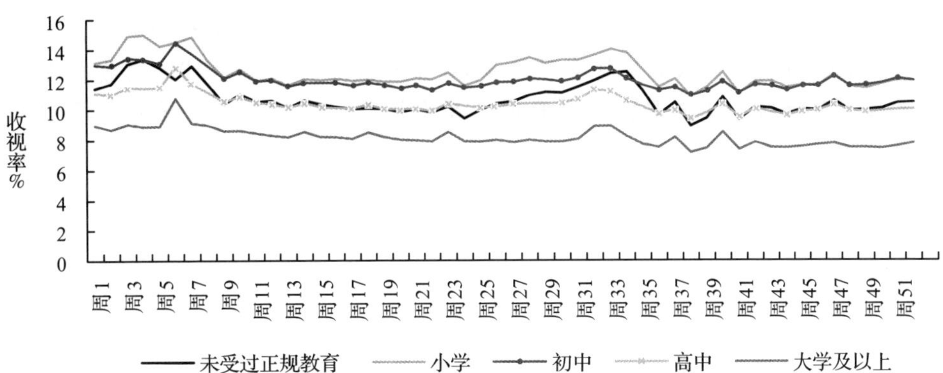

数据来源：CSM 媒介研究

图 1.3.9 2016 年全国样本城市不同受教育程度观众全年收视走势

（三）全天收视走势

1. 全天收视走势平稳，黄金时段收视萎缩加剧

2016 年全天收视走势沿袭一贯的趋势，与 2015 年基本保持一致。全天收视走势呈双峰型，分别分布在午间和晚间。全天收视最高峰时段出现在晚间黄金时段 19:00～22:00，全天最高峰值出现在 20:30 左右，接近 36%；收视次高峰时段出现在午间11:30～13:00 时段，峰值出现在 12:30，为 13%。总体而言，2016 年全天收视走势与观众的工作和生活习惯基本相符，且维持了一直以来的稳定性。2016 年，凌晨、午后和深夜部分时段收视水平较 2015 年均有不同程度的提升，但这种提升不足以与晚间黄金时段的收视萎缩相抗衡，因此最终表现为 2016 年全年整体收视水平低于 2015 年（图 1.3.10）。

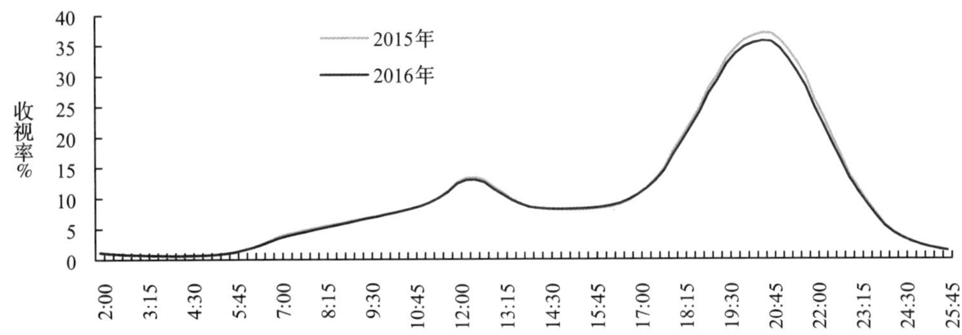

数据来源：CSM 媒介研究

图 1.3.10 2015 年、2016 年全国样本城市观众全天收视走势

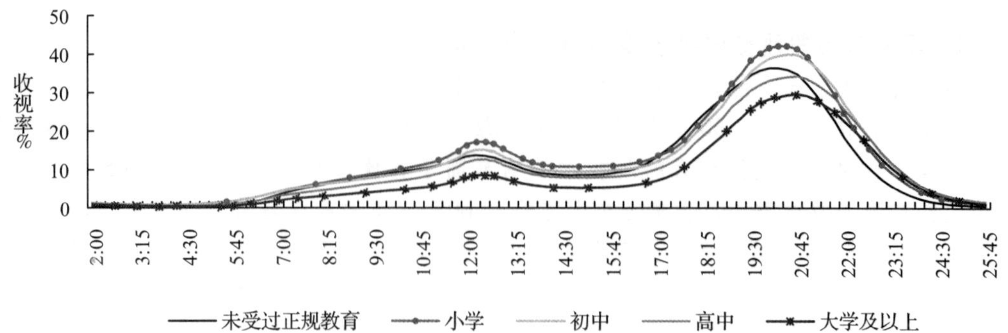

数据来源：CSM 媒介研究

图 1.3.14　2016 年全国样本城市不同受教育程度观众全天收视走势

6. 周末白天收视水平明显高于工作日

沿袭往年，2016 年观众周末白天的收视水平明显优于工作日，主要集中在早间7:15之后时段，尤以 8:15～18:15 和 21:15～23:45 时段表现明显，周末收视水平较工作日同时段收视水平均高出 1 个百分点以上（图 1.3.15）。

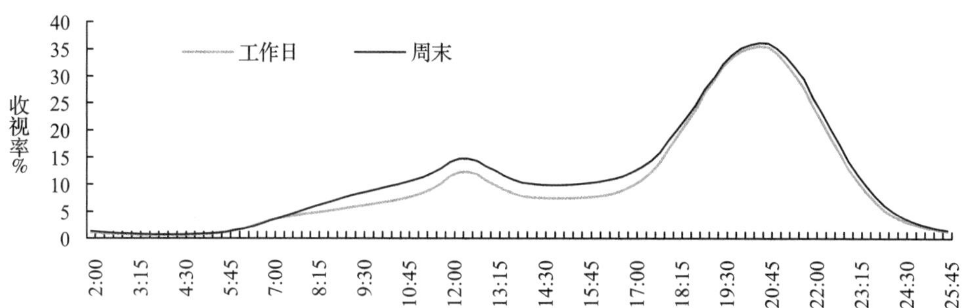

数据来源：CSM 媒介研究

图 1.3.15　2016 年全国样本城市周末和工作日全天收视走势

四、频道竞争格局

2016 年，在融合共生的媒介生态中，传统电视面临着较大的压力和挑战。从全国 129 城市整体电视收视市场，到重点省、市收视市场，竞争格局在悄然生变。地面频道普遍遭遇政策红利过后的收视下滑，省级卫视则受限于电视剧两集连播的持续影响，在“920”时段竞争力继续下滑。唯有中央电视台频道实现了逆势上扬，在整体市场和多个市场中份额获得提升。不仅如此，随着技术的发展，传统线性收视之外的收视不断增长，这成为2016 年多个市场的共性特点，对于传统电视来说，这可能成为其未来寻求增量的新的突破口。

（一）全国电视收视市场的频道竞争格局

1. 中央台竞争力追平省级卫视，地面频道市场份额下滑明显

2016 年，在全国 129 城市电视收视市场，各级频道的竞争格局较 2015 年发生了显著变化。中央电视台市场份额止跌回升，并创下了近年来的新高；省级卫视竞争力则遭遇连续下挫，被中央台追平，二者各占据三成的市场份额，与地面频道呈现“三分天下”的竞争格局。省级、市级地面频道在受惠于 2015 年的政策红利实现收视的短暂回升后，2016 年受限于优质内容资源的匮乏，再次跌入下滑通道，两级频道的市场份额均较 2015 年下降了 1.1 个百分点，而其中市场体量更小的城市台则面临更大的收视困境，收视前景不容乐观。值得关注的是，其他频道组近年来市场份额增长明显，已经由 2014 年的 8.3% 增至 2016 年的 11.4%，反映出智能收视设备普及后，以点播和回看为代表的时移收视的市场增量（图 1.4.1）。

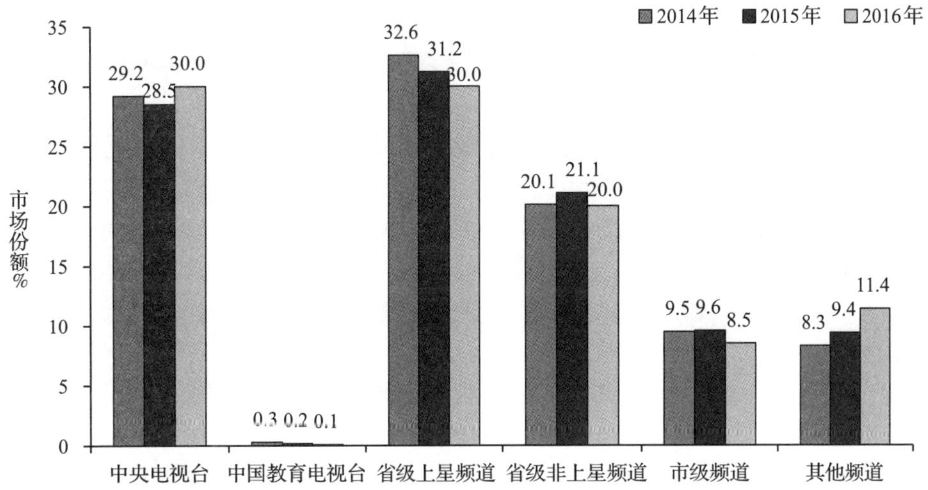

数据来源：CSM 媒介研究

图 1.4.1　2014～2016 年全国电视收视市场各类频道的市场份额（%）对比

2. 中央台早间及上午优势明显，省级卫视发力下午及晚间时段，省级地面频道傍晚竞争力上升

从各级频道在全天不同时段的竞争力分布来看，在总体市场格局“三分天下”的大背景下，各级频道凭借自己特色的节目资源和受众影响力，在不同的时段形成了自身独特的竞争优势。中央台频道的优势时段主要分布在清晨、早间及整个上午时段，其在早间 6:00～7:00 之间的竞争力更强，市场份额最高时超过 45%；省级卫视则在下午 13:30～17:30 以及晚间 19:45 之后的时段竞争优势更为明显，但可以看出在 2015 年电视剧新政过后，省级卫视两集电视剧之后出现了一个明显的收视回落，在“920”时段受到的冲击更为明显；相对于上星频道而言，地面频道傍晚的民生新闻时段仍然是其全

天竞争力的制高点，省级地面频道在18:00～19:00这一时段的市场份额一度超越其他频道组，最高份额超过30%（图1.4.2）。

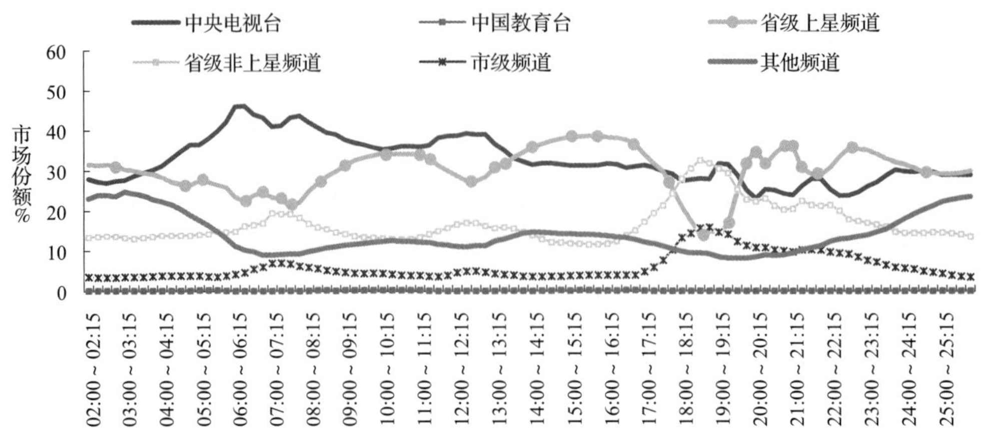

数据来源：CSM媒介研究

图1.4.2　2016年全国电视收视市场各类频道市场份额（%）全天走势

3. 各级频道细分收视市场差异互补，省卫视在年轻受众中竞争力更强

2016年，在全国市场各细分受众的收视竞争中，从中央台、省级卫视到地面频道，其核心收视群体存在着一定的差异性和互补性。中央台频道继续在男性、中老年、中等学历、中等收入人群中保持相对竞争优势，省级卫视则对女性、较低年龄层、学生观众更具吸引力，省、市两级地面频道更受女性、中高年龄层、中等收入观众的青睐（表1.4.1）。

在以性别为细分标准的收视市场上，男性观众对中央台频道的收视份额较所有观众的平均水平高出2.3个百分点，女性观众对省级卫视的收视份额则较所有观众的平均水平高出2.1个百分点；省、市地面频道对女性观众更具吸引力，但在男、女观众中的竞争力差异不大。在以年龄为细分标准的收视市场上，中央台频道对55岁及以上中老年观众，尤其是65岁及以上老年观众的吸引力更强，该类观众对中央台频道的收视份额远高于4岁及以上观众的平均水平，其中65岁及以上观众的收视份额较平均水平高出8.9个百分点；省级卫视在4～44岁观众群体中的收视份额较所有观众平均水平更高，其中在4～14岁观众中影响力更强；省级非上星频道对45岁及以上中老年收视群体较具影响力；市级频道则更受45～64岁观众的青睐；中国教育台在45～54岁中年观众中的收视份额高于所有观众的平均水平。在以学历为细分标准的收视市场上，初高中学历收视群体对中央台频道的收视份额高于4岁及以上观众的平均水平；未受过正规教育和大学及以上学历的观众则对省级卫视的收视份额相对更高；省级非上星频道在初中学历观众中的收视份额高于所有观众的平均水平；市级频道更吸引小学及以下学历观众。在以职业为细分标准的收视市场上，以离退休人员为主体的无业观众和其他职业类别的观众对中央台频道的收视份额较高；而学生群体则对省级卫视表现出更高的收视份额，比4

岁及以上所有观众对省级卫视的收视份额高出10.5个百分点；无业和其他职业类别观众对省级非上星频道的收视份额更高；个体/私营企业人员和工人对市级频道的收视份额相对更高。在以收入为细分标准的收视市场上，个人月收入1201～2600元之间的观众对中央台频道的收视份额明显高于所有观众的平均水平；而个人月收入0～600元之间的低收入观众则对省级卫视的收视份额明显高于所有观众的平均水平；个人月收入601～1200元之间的观众对省级非上星频道表现出较高的收视份额；个人月收入1701～3500元之间的观众对市级频道的收视份额略高于所有观众的平均水平。

表1.4.1 2016年全国市场各类频道在不同目标观众中的市场份额（%）

目标观众	中央电视台	中国教育台	省级上星频道	省级非上星频道	市级频道	其他频道
4岁及以上所有人	30.0	0.1	30.0	20.0	8.5	11.4
男	32.3	0.1	28.0	19.9	8.3	11.4
女	27.6	0.1	32.1	20.1	8.8	11.3
4～14岁	24.7	0.1	42.0	15.1	5.7	12.4
15～24岁	25.0	0.1	35.1	17.9	9.0	12.9
25～34岁	24.3	0.1	34.1	18.6	8.0	14.9
35～44岁	29.6	0.1	32.0	17.6	7.8	12.9
45～54岁	29.4	0.2	28.5	21.5	9.6	10.8
55～64岁	32.4	0.1	25.5	23.3	9.0	9.7
65岁及以上	38.9	0.1	23.5	21.0	8.9	7.6
未受过正规教育	27.6	0.1	34.2	18.7	9.3	10.1
小学	29.1	0.1	30.5	20.6	9.9	9.8
初中	30.6	0.1	29.0	21.0	8.9	10.4
高中	30.6	0.1	29.7	20.2	8.1	11.3
大学及以上	29.1	0.1	31.0	18.0	7.3	14.5
干部/管理人员	30.2	0.1	29.8	16.9	8.2	14.8
个体/私营企业人员	30.6	0.2	29.8	18.4	9.4	11.6
初级公务员/雇员	26.5	0.1	29.9	20.3	8.6	14.6
工人	28.1	0.1	29.9	20.9	9.8	11.2
学生	25.4	0.1	40.5	14.8	6.1	13.1
无业	32.8	0.1	27.9	21.1	8.5	9.6
其他	32.1	0.1	30.4	22.3	7.2	7.9
0～600元	26.7	0.1	35.9	17.9	7.8	11.6
601～1200元	30.8	0.1	29.4	22.1	8.5	9.1
1201～1700元	32.6	0.1	29.2	20.5	8.6	9.0
1701～2600元	32.6	0.1	28.1	20.6	9.0	9.6
2601～3500元	30.5	0.1	27.6	21.0	9.0	11.8
3501～5000元	29.5	0.1	27.9	20.7	8.6	13.2
5001元及以上	28.3	0.2	29.0	19.3	8.1	15.1

数据来源：CSM媒介研究

4. 中央台多个频道竞争力提升，省卫视一、二梯队频道基本稳定

2016年，在全国整体市场的收视竞争中，中央台频道组实力提升，得益于多个中央台频道的市场份额增长，其中中央台四套、中央台三套、中央台八套、中央台五套的市场份额均有不同幅度的上涨，尤以中央台四套进步最为明显，2016年以3.5%的市场份额排名第二位，较2015年的市场份额增长了近1个百分点。省级卫视排名前列的几个频道，湖南卫视的竞争力下滑，市场份额较上年减少了1个百分点；上海东方卫视市场份额较2015年增长了0.6个百分点；其他卫视基本保持在与2015年相当的水平（表1.4.2）。

表1.4.2 2016年全国电视收视市场市场份额排名前十五位的频道

排名	频道	2016年市场份额（%）	2015年市场份额（%）
1	中央电视台综合频道	4.3	5.0
2	中央台四套	3.5	2.6
3	中央台三套	3.4	2.8
4	湖南卫视	3.3	4.3
5	中央台八套	3.1	2.4
6	中央台六套	3.0	3.0
7	浙江卫视	2.7	2.7
8	中央电视台新闻频道	2.6	2.9
9	中央台五套	2.4	2.0
9	上海东方卫视	2.4	1.8
11	江苏卫视	2.0	2.1
12	北京卫视	1.8	1.8
13	中央电视台少儿频道	1.6	1.7
13	安徽卫视	1.6	1.6
15	湖南电视台金鹰卡通频道	1.4	1.2

数据来源：CSM媒介研究

（二）四川省电视收视市场的频道竞争格局

1. 中央台和四川省级频道主导市场，外省卫视占据二成以上市场份额

在四川省电视收视市场，中央台频道和四川省级频道占据主导地位，其中中央台竞争力更强，2016年共获得31.1%的市场份额；四川省级频道紧随其后，共获得26.1%的市场份额。外省卫视竞争力不敌上述两个频道组，2016年共获得22.1%的份额。与2015年相比，中央台、四川台和外省卫视在四川省的市场份额均有所下降，其他频道组市场份额增长，与全国129城市市场整体呈现出类似的趋势（图1.4.3）。

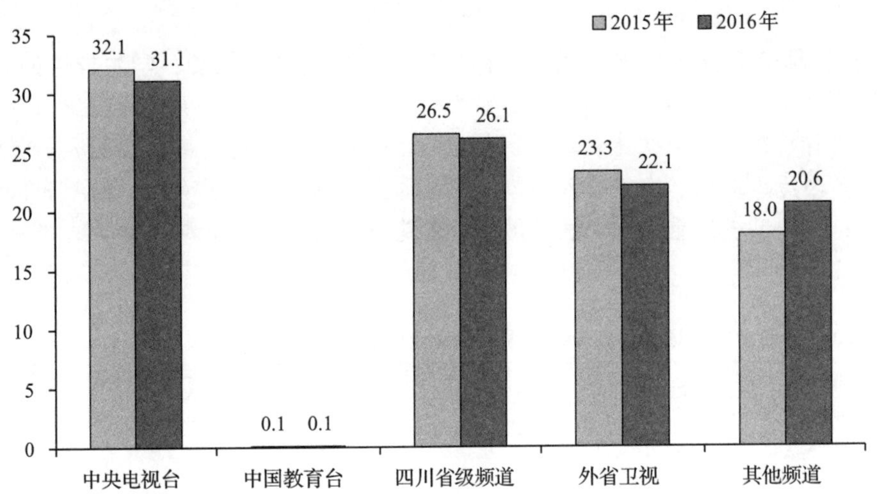

数据来源：CSM 媒介研究

图 1.4.3 2015 年和 2016 年四川省电视收视市场各类频道市场份额（%）对比

2. 中央台日间时段保持领先优势，四川台晚间时段竞争力更强

在四川省电视收视市场各级频道全天不同时段的收视竞争中，中央台频道在6:00～19:30之间的白天时段保持着绝对的领先优势，其中早、午、傍晚的优势更为明显；四川省级频道在19:30～24:00之间的晚间时段市场份额领先，竞争力居首位；外省卫视相对而言在白天时段竞争力较强，但没有出现超越中央台的时段（图 1.4.4）。

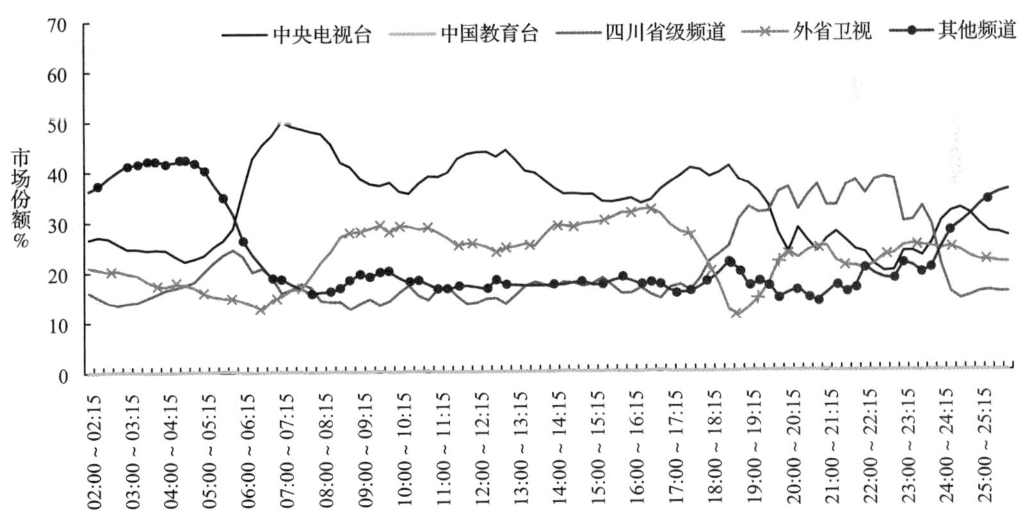

数据来源：CSM 媒介研究

图 1.4.4 2016 年四川省电视收视市场各类频道市场份额（%）全天走势

3. 各级频道细分受众市场优势互补，外省卫视更吸引低龄、学生群体的收视

2016年，在四川省电视收视市场各级频道对细分目标观众的竞争中，中央台、外省卫视和四川省级频道的重度受众之间存在着一定的差异和互补：中央台更吸引男性、中老年、中等学历、退休、中等收入群体；四川本土频道则更吸引女性、中年和低收入水平的观众；外省卫视的重度受众呈现出年轻化趋势，低龄、学生群体对其的收视份额更高（表1.4.3）。

表1.4.3 2016年四川省市场各类频道在不同目标观众中的市场份额（%）

目标观众	中央电视台	中国教育台	四川省级频道	外省卫视	其他频道
4岁及以上所有人	31.1	0.1	26.1	22.1	20.6
男	32.1	0.1	25.8	20.9	21.1
女	30.0	0.1	26.5	23.5	19.9
4~14岁	24.6	0.1	16.6	35.4	23.3
15~24岁	26.7	0.0	27.7	26.6	19.0
25~34岁	29.6	0.1	18.3	28.9	23.1
35~44岁	30.8	0.2	23.7	21.7	23.6
45~54岁	29.9	0.1	32.4	18.8	18.8
55~64岁	32.6	0.1	31.4	17.9	18.0
65岁及以上	40.9	0.1	26.8	12.6	19.6
未受过正规教育	30.8	0.2	23.3	25.1	20.6
小学	28.4	0.1	29.6	20.9	21.0
初中	33.6	0.1	25.8	20.9	19.6
高中	32.9	0.1	22.0	23.8	21.2
大学及以上	31.5	0.1	14.3	32.2	21.9
干部/管理人员	31.4	0.1	13.9	33.3	21.3
个体/私营企业人员	30.4	0.1	24.6	21.9	23.0
初级公务员/雇员	30.4	0.1	19.8	27.1	22.6
工人	31.1	0.0	29.5	19.3	20.1
学生	21.9	0.1	17.3	36.1	24.6
无业	35.1	0.1	25.1	21.4	18.3
其他	31.1	0.2	31.9	17.0	19.8
0~300元	29.5	0.1	25.2	24.2	21.0
301~900元	29.8	0.3	33.2	18.3	18.4
901~1700元	31.5	0.1	24.6	21.0	22.8
1701~2600元	34.3	0.1	26.7	19.7	19.2
2601~3500元	34.3	0.1	24.8	23.4	17.4
3501元及以上	30.4	0.1	21.8	22.4	25.3

数据来源：CSM媒介研究

在以性别为细分标准的收视市场上，中央台在男性观众中的收视份额明显更高；四川省级频道和外省卫视则在女性观众收视中获得了更多的关注。在以年龄为细分标准的收视市场上，中央台在55岁及以上观众中影响力更强；四川省级频道在45~64岁观众

中的收视份额明显高于其在4岁及以上所有观众中的平均水平；而外省卫视则在4~34岁青少年观众中拥有较强的影响力，其在4~14岁观众中的市场份额高达35.4%，较4岁及以上所有观众的平均水平高出13.3个百分点。在以学历为细分标准的收视市场上，初中及高中受教育程度的收视群体对中央台的收视份额明显更高；小学受教育程度的收视群体对四川省级频道的收视份额相对较高；外省卫视收视份额较高的群体是未受过正规教育以及大学及以上学历的观众。在以职业为细分标准的收视市场上，中央台在以离退休人员为主体的无业群体中的收视份额明显更高；四川省级频道在工人和其他职业类别观众中的收视份额显著高于平均水平；外省卫视则对干部/管理人员和学生的收视影响更大。在以收入为细分标准的收视市场上，中央台对个人月收入1701~3500元之间的中等收入观众吸引力较强；四川省级频道在个人月收入301~900元之间的群体中具有一定的优势；而外省卫视则在个人月收入300元以下的低收入群体中影响力更大。

4. 中央台频道在市场份额前十五位中占近半数席位，四川影视文艺频道竞争力高居榜首

2016年，在四川省电视收视市场单个频道的竞争中，中央台频道仍占据明显的优势，有包括中央台六套、八套、综合频道、三套、四套、少儿频道、新闻频道在内的7个频道入围市场份额排名前15位，在数量上占近半数席位。四川电视台频道表现不俗，有5个频道入围前15位，其中四川电视台影视文艺频道更是以11.8%的市场份额高居榜首，且这一数值较上年提高了2.4个百分点。外省卫视中，湖南卫视以及湖南电视台金鹰卡通频道、北京卡酷少儿频道3个频道入围，但从年度比较来看，湖南卫视的市场份额较2015年有明显的下降（表1.4.4）。

表1.4.4　2016年四川省电视收视市场市场份额排名前十五位的频道

排名	频道	2016年市场份额（%）	2015年市场份额（%）
1	四川电视台影视文艺频道（五套）	11.8	9.4
2	中央台六套	4.7	4.6
3	中央台八套	4.5	3.1
4	中央电视台综合频道	4.2	5.2
5	四川经视频道	4.1	4.0
5	湖南卫视	4.1	6.0
7	中央台三套	3.5	3.1
7	四川卫视	3.5	3.9
9	中央台四套	3.0	1.7
10	湖南电视台金鹰卡通频道	2.4	1.9
10	中央电视台少儿频道	2.4	3.7
12	中央电视台新闻频道	2.0	2.2
13	四川电视台公共频道	1.9	3.7
13	北京卡酷少儿频道	1.9	1.2
13	四川电视台新闻资讯频道	1.9	2.1

数据来源：CSM媒介研究

(三) 北京市电视收视市场的频道竞争格局

1. 北京本土频道引领市场竞争，中央台份额增长明显

在北京市电视收视市场各级频道的竞争中，本土频道北京电视台频道一直都占据着明显的领先地位，2016年共获得了36.2%的市场份额，但较2015年减少了3.2个百分点，降幅较大。中央台和外省卫视在前些年竞争力呈现胶着态势，由于北京具有首都的特殊地位，中央台频道略占优势。2016年，在政策和市场的共同作用下，中央台和外省卫视在北京市场上的竞争力差距逐渐拉大，中央台份额止跌回升，较2015年增长了2.8个百分点，达到27.4%；而外省卫视的市场份额则从2015年的22.2%进一步下滑至20.5%，优势旁落。中国教育台频道在北京市场的竞争力也呈阶梯式下滑，2016年仅占0.5%的市场份额，三年间缩水了四分之三（图1.4.5）。

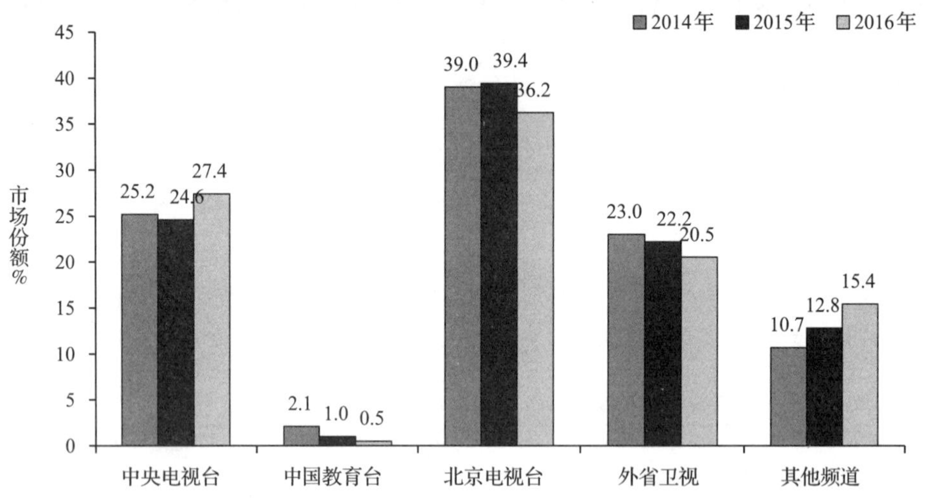

数据来源：CSM媒介研究

图1.4.5 2014~2016年北京电视收视市场各类频道市场份额（%）对比

2. 北京电视台早、午、晚间领先优势明显，中央台多个时段有所突破

从全天不同时段来观察北京市场上各级频道的竞争力变化，可以看到，在整体市场中领先的北京电视台频道，在早间6:00~9:00、午间11:45~14:45、晚间17:00~22:45三块大的时段领先优势更为明显，其在19:00前后时段的市场份额一度突破50%，成为全天竞争力的至高点。中央台频道在9:00~11:45和晚间22:45~24:30市场份额有所突破，超越北京电视台频道成为市场的翘楚。外省卫视全天的优势时段集中在下午和晚间，但仅在下午14:30~16:45这一小段时间与中央台的市场份额不相上下，一度超过北京电视台（图1.4.6）。

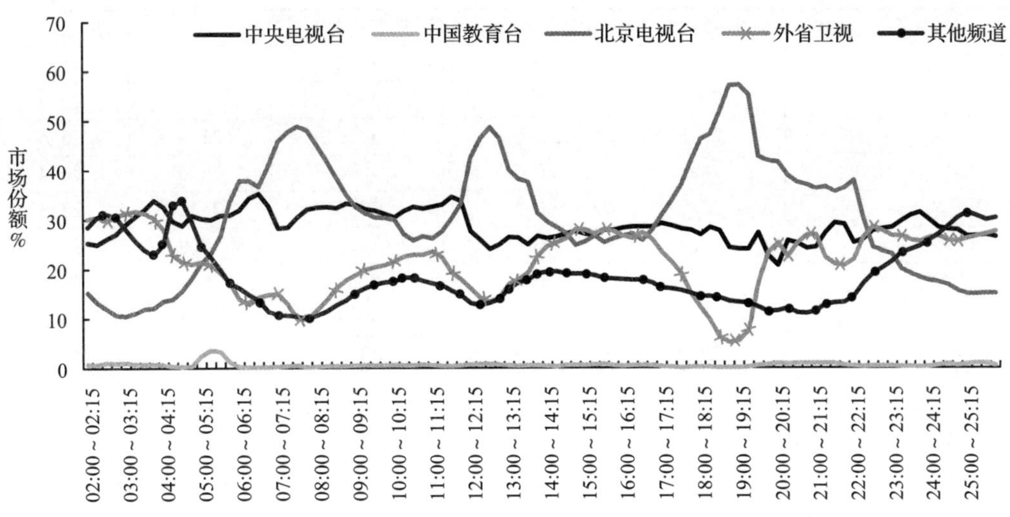

数据来源：CSM 媒介研究

图 1.4.6　2016 年北京电视收视市场各类频道市场份额（%）全天走势

3. 中央台和北京电视台在中老年观众中具有较强竞争力，外省卫视更受年轻观众的青睐

2016 年，在北京市场各级频道对细分观众的收视竞争中，北京电视台继续保持对女性、中老年、中等学历和中等收入观众的较强吸引力，中央台则更吸引男性、老年、中等收入群体的收视，外省卫视相对更受女性、年轻、学生观众的青睐（表 1.4.5）。

在以性别为细分标准的收视市场上，男性观众对中央台的收视份额高于所有观众的平均水平；而女性观众更加青睐北京电视台和外省卫视，其收视份额较 4 岁及以上观众的平均水平更高。在以年龄为细分标准的收视市场上，中央台对 65 岁及以上老年观众继续发挥强大的影响力，其对中央台的收视份额达到 35.9%，较 4 岁及以上所有观众平均的 27.4% 高出 8.5 个百分点；北京电视台频道对 55 岁及以上观众保持了较强的吸引力，该类观众对北京电视台的收视份额超过 41%，高出平均水平近 5 个百分点；外省卫视对 4～24 岁和 35～44 岁年龄段观众的吸引力明显更高，其收视份额超过 25%，远高于 4 岁及以上所有观众 20.5% 的平均水平。在以学历为细分标准的收视市场上，中央台对小学学历观众吸引力较强；北京电视台更吸引初高中学历观众；外省卫视对小学及以下学历观众的吸引力较大。在以职业为细分标准的收视市场上，中央台和北京电视台对以离退休人员为主的无业观众的吸引力更大；外省卫视对个体/私营企业人员、学生和其他类型观众群体有较强的吸引力。在以收入为细分标准的收视市场上，中央台对个人月收入 1201～3500 元之间的中等收入群体更具号召力，北京电视台对个人月收入 601～2600 元之间的中低收入群体吸引力更大。外省卫视频道对个人月收入 1200 元以下低收入收视人群的凝聚力相对更强。

表 1.4.5　2016 年北京市场各类频道在不同目标观众中的市场份额（%）

目标观众	中央电视台	中国教育台	北京电视台	外省卫视	其他频道
4 岁及以上所有人	27.4	0.5	36.2	20.5	15.4
男	29.4	0.5	35.5	19.3	15.3
女	25.3	0.5	37.0	21.7	15.5
4～14 岁	24.4	0.2	30.0	25.0	20.4
15～24 岁	22.0	0.5	29.0	25.2	23.3
25～34 岁	23.4	0.6	31.3	23.9	20.8
35～44 岁	26.1	0.8	26.7	25.8	20.6
45～54 岁	25.9	0.6	38.8	20.5	14.2
55～64 岁	29.0	0.3	43.1	16.4	11.2
65 岁及以上	35.9	0.6	41.1	14.6	7.8
未受过正规教育	25.7	0.8	38.0	22.5	13.0
小学	30.3	1.0	34.0	23.5	11.2
初中	28.5	0.4	39.0	19.0	13.1
高中	27.8	0.5	38.4	19.0	14.3
大学及以上	26.3	0.5	33.4	21.8	18.0
干部/管理人员	25.1	0.3	32.4	22.7	19.5
个体/私营企业	24.2	0.5	33.0	25.0	17.3
初级公务员/雇员	26.3	0.6	34.4	20.9	17.8
工人	24.4	1.2	33.2	23.2	18.0
学生	22.5	0.2	25.5	26.3	25.5
无业	30.6	0.4	41.3	17.1	10.6
其他	27.5	0.6	31.9	34.9	5.1
0～600 元	24.4	0.5	31.3	24.9	18.9
601～1200 元	24.8	0.2	43.5	23.1	8.4
1201～1700 元	32.2	0.6	40.9	18.2	8.1
1701～2600 元	28.3	0.4	39.0	21.0	11.3
2601～3500 元	28.6	0.5	37.7	18.3	14.9
3501～5000 元	27.4	0.5	38.9	19.1	14.1
5001 元及以上	26.8	0.6	32.1	21.7	18.8

数据来源：CSM 媒介研究

4．北京电视台频道垄断市场竞争力排名前三位，中央台四套位列第四

在北京电视收视市场单个频道的竞争中，北京电视台和中央台的频道仍然表现强劲，市场份额排名前 15 位中北京电视台占据了 6 个席位，中央台频道占据了 7 个席位，外省卫视仅有浙江卫视和上海东方卫视入围，且排名较为靠后。北京卫视、北京电视台影视频道、北京电视台科教频道垄断了市场竞争力的前三甲，其中北京卫视更是以 12.0% 的市场份额高居榜首，但这一数值较 2015 年减少了 0.7 个百分点。中央台频道中，中央台四套竞争力最强，2016 年以 4.0% 的份额排名第四位，这一数值较 2015 年上升了 0.8 个百分点。外省卫视中，浙江卫视、上海东方卫视分别以 2.3% 和 2.2% 的份额排名第十四位、第十五位，其中上海东方卫视的市场份额较 2015 年增长了 1 个百分点（表 1.4.6）。

表 1.4.6　2016 年北京电视收视市场市场份额排名前十五位的频道

排名	频道	2016 年市场份额（%）	2015 年市场份额（%）
1	北京卫视	12.0	12.7
2	北京电视台影视频道	5.6	5.8
3	北京电视台科教频道	4.5	4.6
4	中央台四套	4.0	3.2
5	北京电视台文艺频道	3.1	3.2
6	中央台五套	2.9	2.4
7	中央电视台新闻频道	2.8	2.9
7	中央台三套	2.8	2.2
7	北京电视台体育频道	2.8	3.1
10	北京电视台生活频道	2.6	3.1
10	中央台六套	2.6	2.5
12	中央电视台综合频道	2.5	3.1
13	中央台八套	2.4	1.8
14	浙江卫视	2.3	2.4
15	上海东方卫视	2.2	1.2

数据来源：CSM 媒介研究

（四）上海市电视收视市场的频道竞争格局

1. 上海本地频道占据半壁江山，中央台市场份额略有增长

在上海市电视收视市场的竞争中，上海本地频道一直都以超过五成的份额处于明显的领先地位，2016 年共获得 54.8% 的市场份额，但从其近三年的竞争力变化看，上海本地频道的市场份额呈现出下降的趋势。在上海本地频道以外，中央台和外省卫视在上海市场的竞争力呈现出胶着态势，中央台略领先，2016 年获得 15.1% 的份额，且在整个市场疲软的背景下同比略有增长；外省卫视近两年竞争力也呈现下滑状态，2016 年仅获得 13.4% 的市场份额，与中央台之间的差距有所扩大。与其他市场类似，其他频道的市场份额在 2016 年获得增长，成为未来传统电视扩展增量的一个出口（图 1.4.7）。

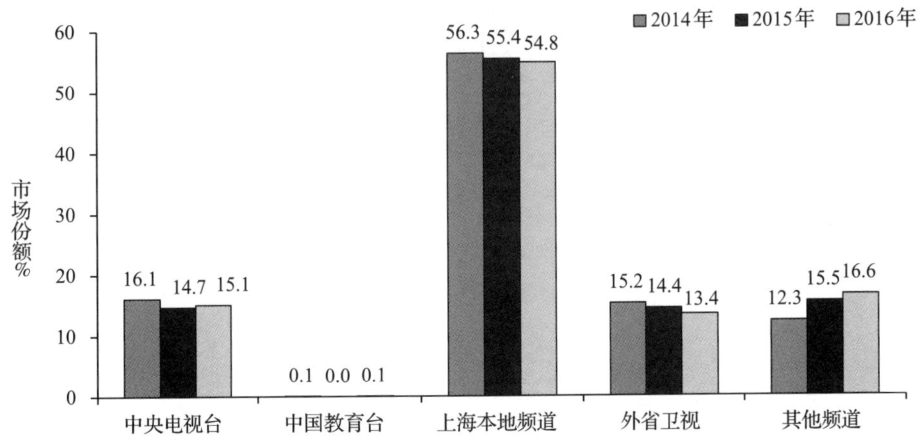

数据来源：CSM 媒介研究

图 1.4.7　2014～2016 年上海电视收视市场各类频道市场份额（%）对比

2．上海本地频道竞争优势遍布全天时段，中央台和外省卫视在白天及晚间时段各有胜出

2016年，在上海电视收视市场全天不同时段的收视竞争中，上海本地频道仍然以绝对优势领跑市场，在除2:00～6:00时段外均保持着领先地位，其在早间6:45～8:30和晚间17:45～20:00两个时段的竞争优势更为明显，市场份额达到60%以上。在本土频道的强势竞争之下，中央台和外省卫视虽然没有实现竞争力的突破，但也凭借各自独有的传统优势在不同时段各有胜出，中央台在6:00～13:00时段的竞争力超越了除上海台以外的其他各级频道组，外省卫视则在19:45～23:30晚间时段的竞争力强于中央台（图1.4.8）。

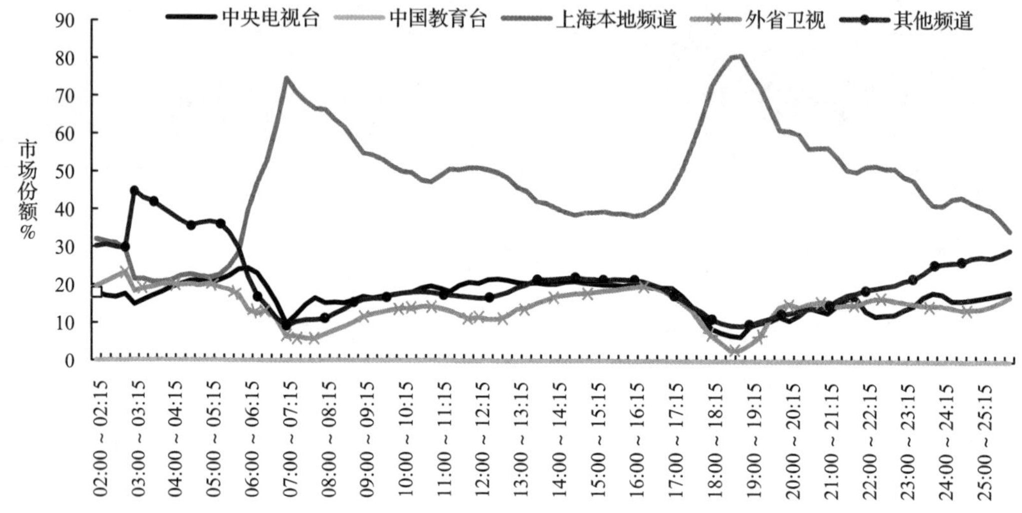

数据来源：CSM媒介研究

图1.4.8　2016年上海电视收视市场各类频道市场份额（%）全天走势

3．中央台和上海本地频道更吸引中老年观众，外省卫视在年轻观众中竞争力更强

2016年，在上海电视收视市场细分受众的收视竞争中，上海本地频道保持着在各类目标观众中的绝对竞争优势，但相对于其在所有观众中的平均水平而言，上海本地频道更受到女性、中老年、低收入、工人和退休观众的喜爱。中央台在男性、老年、干部/管理人员和低收入观众中具有相对竞争优势。外省卫视则更受女性、年轻、低学历和学生观众的青睐，呈现出年轻化的趋势（表1.4.7）。

在以性别为细分标准的收视市场上，中央台更吸引男性观众的收视；外省卫视和上海本地频道则对女性观众更具吸引力。在以年龄为细分标准的收视市场上，中央台对65岁及以上老年观众的吸引力更强；上海本地频道更受45岁及以上中老年观众的青睐，特别是在65岁及以上观众群中的市场份额达到了59.2%；外省卫视频道对4～14岁和25～34岁的年轻观众更具吸引力，其在4～14岁观众中的市场份额高达26.9%，是其在4岁及以上所有观众中平均市场份额的两倍。在以学历为细分标准的收视市场上，中央台更吸引未受过正规教育的观众；上海本地频道对小学及高中学历观众更具吸引力，外省卫视在小学及以下低学历观众中影响力更大。在以职业为细分标准的收视市场上，中央台对干部/管理人员和以离退休人员为主体的无业观众的吸引力明显超过平均水平；上海本地频道对工人和无业观众吸引力较强；外省卫视对干部/管理人员和学生群体有较强吸引力。在以收入为细分标准的收视市场上，中央台和上海本地频道分别对个人月收入601～1200元和1201～1700元的低收入群体号召力更强；外省卫视在个人月收入600元及以下的低收入观众中市场份额更高。

表1.4.7 2016年上海市场各类频道在不同目标观众中的市场份额（%）

目标观众	中央电视台	中国教育台	上海本地频道	外省卫视	其他频道
4岁及以上所有人	15.1	0.1	54.8	13.4	16.6
男	17.2	0.1	53.8	12.9	16.0
女	13.0	0.0	55.7	13.8	17.5
4～14岁	15.9	0.1	40.5	26.9	16.6
15～24岁	13.6	0.0	49.6	14.2	22.6
25～34岁	11.6	0.0	49.1	16.2	23.1
35～44岁	15.7	0.1	51.5	15.1	17.6
45～54岁	13.6	0.1	58.0	12.3	16.0
55～64岁	15.9	0.0	57.4	10.1	16.6
65岁及以上	19.3	0.0	59.2	12.9	8.6
未受过正规教育	21.3	0.0	50.5	20.2	8.0
小学	12.2	0.1	58.4	19.9	9.4
初中	15.9	0.1	55.5	13.4	15.1
高中	15.2	0.0	57.4	12.7	14.7
大学及以上	14.6	0.0	50.6	13.1	21.7
干部/管理人员	17.3	0.0	46.4	17.8	18.5
个体/私营企业人员	15.8	0.1	48.5	11.0	24.6
初级公务员/雇员	13.2	0.1	53.4	13.3	20.0
工人	15.2	0.1	56.6	15.5	12.6
学生	13.9	0.1	47.3	19.9	18.8
无业	16.7	0.0	58.2	12.0	13.1
其他	*	*	*	*	*
0～600元	14.6	0.0	47.8	19.8	17.8
601～1200元	26.2	0.1	55.7	9.9	8.1
1201～1700元	11.3	0.0	72.2	3.7	12.8
1701～2600元	16.7	0.1	59.0	13.3	10.9
2601～3500元	15.4	0.0	55.8	12.5	16.3
3501～5000元	15.2	0.1	55.8	12.4	16.5
5001元及以上	13.9	0.0	51.1	14.4	20.6

注：*表示样本量太小，无法进行统计推断。

数据来源：CSM媒介研究

4. 上海本地频道垄断市场份额排名前七位，中央台五个频道入围前十五位

2016年，在上海市场单个频道的收视竞争中，上海本地频道表现强劲，垄断了市场份额排名的前7位，其中上海电视台新闻综合频道、上海电视台娱乐频道、上海东方卫视稳居前三甲，共占整体市场三成以上的份额。与2015年相比，上海东方卫视的市场份额上升了1个百分点。除了竞争力强劲的上海本土频道，中央台在前15位中共占据5个席位，其中中央台四套表现最好，以3.1%的份额排名第八位，且市场份额较2015年增加了0.6个百分点。外省卫视中，浙江卫视和湖南卫视两个频道入围前15位，浙江卫视以1.7%的份额排名第十位，湖南卫视以1.4%的份额排名第十五位，两个频道的竞争力均较上一年有所下降（表1.4.8）。

表1.4.8　2016年上海电视收视市场市场份额排名前十五位的频道

排名	频道	2016年市场份额（%）	2015年市场份额（%）
1	上海电视台新闻综合频道	13.3	13.6
2	上海电视台娱乐频道	9.7	10.3
3	上海东方卫视	8.2	7.2
4	上海电视台电视剧频道	5.2	5.6
5	上海东方电影频道	4.5	4.5
6	上海电视台五星体育频道	3.8	3.1
7	上海电视台星尚频道	3.2	2.9
8	中央台四套	3.1	2.5
9	上海电视台第一财经频道	2.4	4
10	中央台五套	1.7	1.4
10	浙江卫视	1.7	1.9
12	中央台六套	1.6	1.7
13	中央电视台新闻频道	1.5	1.6
14	中央台三套	1.4	1.6
14	湖南卫视	1.4	1.7

数据来源：CSM媒介研究

（五）广州市电视收视市场的频道竞争格局

1. 广东广播电视台占据三成以上市场空间，中央台和外省卫视市场份额上升

在多种文化并存交汇、媒介生态兼容并包的广州电视收视市场，各级频道之间的竞争形势复杂多变，频道发展既面临着机会又面临着挑战。广东广播电视台以34.4%的份额排名首位，这一数值与2015年持平；广州台以15.7%的份额微弱地领先于中央台和外省卫视，但其竞争力较2015年明显下降，市场份额减少了近3个百分点。中央台和外省卫视以15%左右的市场份额紧随广东台之后，且与2015年相比较，竞争力均有不同程度的提升。境外频道作为广州市场的独特竞争主体，近年来在国内各级电视媒体强势崛起的态势之下，难掩颓势，市场份额不断下滑，2016年仅占8.7%的市场空间。其他频道组在广州市场的份额也有明显提升，其11.3%的份额较2015年增长了1.6个百分点（图1.4.9）。

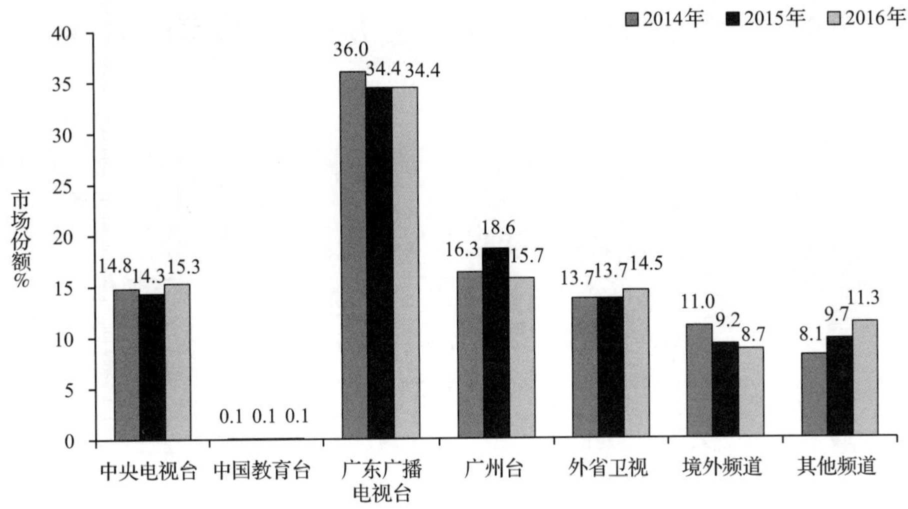

数据来源：CSM 媒介研究

图 1.4.9　2014～2016 年广州电视收视市场各类频道市场份额（%）对比

2. 广东广播电视台领跑全天多时段的竞争，其他各级频道组凭借实力轮番登场

2016 年，在广州市场全天不同时段的收视竞争中，广东广播电视台凭借自身的独特优势，在全天多个时段的竞争中形成领跑之势，在晚间 18:45～20:45 的市场份额超过 40%，优势非常明显。其他各级频道则在纷繁复杂的竞争环境中依托差异化的优势施展拳脚：中央台在 9:00～11:00 的竞争力较强，一度追平广东广播电视台；外省卫视在 13:30～17:30整个下午时段的竞争中脱颖而出，超越其他频道组；广州台则在 17:30～21:00 和 22:15～23:15 两个时段表现强劲；境外频道的相对优势时段是 21:00～22:00，在这一小时的时段中领先于其他频道组（图 1.4.10）。

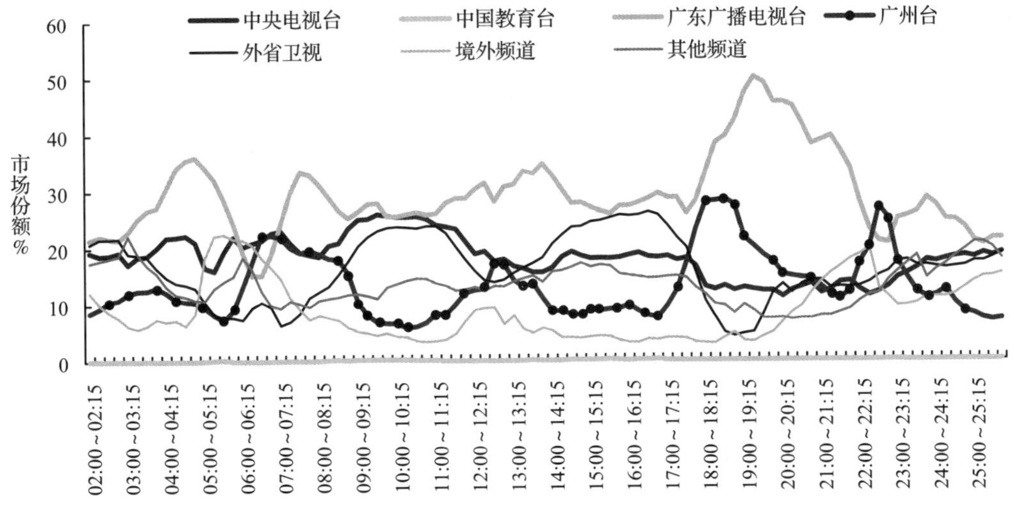

数据来源：CSM 媒介研究

图 1.4.10　2016 年广州电视收视市场各类频道市场份额（%）全天走势

3. 中央台和境外频道在高端收视群体中影响力更大，本土频道和外省卫视差异化竞争

2016年，在广州市场细分观众群体的收视竞争中，中央台和境外频道在高学历、高收入及干部/管理人员等高端收视群体中保持着领先优势，本土频道广东广播电视台、广州台和外省卫视则凭借各自的优势，在不同类别观众中差异互补（表1.4.9）。

表1.4.9　2016年广州市场各类频道在不同目标观众中的市场份额（%）

目标观众	中央电视台	中国教育台	广东广播电视台	广州台	外省卫视	境外频道	其他频道
4岁及以上所有人	15.3	0.1	34.4	15.7	14.5	8.7	11.3
男	17.1	0.1	34.9	15.1	13.4	7.8	11.6
女	13.5	0.1	33.7	16.4	15.7	9.6	11.0
4~14岁	12.7	0.0	38.7	7.9	21.7	3.5	15.5
15~24岁	11.8	0.0	29.7	17.5	15.5	13.2	12.3
25~34岁	12.7	0.0	37.8	13.1	14.8	9.0	12.6
35~44岁	20.4	0.0	27.5	13.3	16.1	6.4	16.3
45~54岁	14.7	0.1	36.2	17.4	13.3	9.0	9.3
55~64岁	14.1	0.1	36.4	20.1	12.0	9.7	7.6
65岁及以上	21.4	0.1	32.3	19.0	11.5	8.6	7.1
未受过正规教育	10.6	0.1	43.9	9.8	20.4	4.0	11.2
小学	13.0	0.1	42.8	14.2	13.8	5.6	10.5
初中	15.0	0.1	37.9	16.8	13.3	6.4	10.5
高中	16.6	0.1	30.7	16.9	15.5	9.7	10.5
大学及以上	16.4	0.0	26.2	14.5	14.3	14.1	14.5
干部/管理人员	21.9	0.1	19.7	15.2	16.9	12.1	14.1
个体/私营企业	17.1	0.0	34.9	13.7	14.1	7.1	13.1
初级公务员/雇员	15.0	0.0	31.5	14.0	14.3	12.2	13.0
工人	12.9	0.1	39.0	16.7	12.8	7.4	11.1
学生	14.9	0.0	31.9	11.4	20.0	6.6	15.2
无业	15.9	0.1	34.3	17.7	14.4	8.6	9.0
其他	8.7	0.0	56.5	17.5	6.7	3.5	7.1
0~600元	14.4	0.1	35.8	12.1	19.4	6.7	11.5
601~1200元	16.0	0.0	44.6	16.9	8.1	6.4	8.0
1201~1700元	14.9	0.1	37.4	15.8	12.9	10.2	8.7
1701~2600元	14.4	0.1	36.5	16.0	12.2	8.7	12.1
2601~3500元	14.5	0.1	32.9	19.8	13.2	9.4	10.1
3501~5000元	17.9	0.1	30.9	16.2	14.4	9.5	11.0
5001元及以上	20.2	0.0	24.8	11.5	16.2	10.9	16.4

数据来源：CSM媒介研究

在以性别为细分标准的收视市场上，中央台和广东广播电视台对男性观众保持了较强的吸引力；广州台、外省卫视和境外频道更受女性观众的青睐。在以年龄为细分标准的收视市场上，中央台对35~44岁中青年观众和65岁及以上老年观众的吸引力更强，这几类观众对中央台的收视份额远高于所有观众的平均水平；广东广播电视台则对4~14岁、25~34岁年轻观众更具影响力；外省卫视对4~14岁少年儿童观众和35~44岁

中青年观众的吸引力更强；广州本地台更吸引45岁及以上年龄层的观众；境外频道在15～24岁观众中拥有更强的影响力。在以学历为细分标准的收视市场上，中央台和境外频道明显更受大学及以上高学历观众的喜爱；广东广播电视台则对小学及以下学历观众更具吸引力；广州台更吸引初高中学历的观众，外省卫视则对未受过正规教育的观众影响力更大。在以职业为细分标准的收视市场上，中央台对干部/管理人员、个体/私营企业人员更具吸引力；广东广播电视台对工人和其他职业类别的观众影响力更大；广州本地台较受工人、无业人群和其他职业类别观众的青睐；外省卫视对干部/管理人员和学生群体具有较强的吸引力；境外频道更吸引干部/管理人员和初级公务员/雇员。在以收入为细分标准的收视市场上，中央台和境外频道在个人月收入3501元及以上中高收入的群体中影响力更大；广东广播电视台在个人月收入601～1700元中低收入的群体中份额更高；广州本地台较受个人月收入2601～3500元中高收入观众的喜爱；外省卫视在个人月收入600元以下的低收入群体中保持着较强的收视影响力。

4. 本土频道凭借地缘优势引领市场竞争，中央台和外省卫视仅个别频道入围

2016年，在广州市场单个频道的收视竞争中，可以看到占据地缘优势的广东广播电视台、广州台和境外频道表现出强劲的势头，占据了市场份额排名前15位的多数席位。广东广播电视台珠江频道以9.4%的市场份额居首位，这一数值与2015年持平；广州市广播电视台综合频道以6.8%的份额位居第二，市场份额较2015年下降了0.8个百分点，下滑明显；广东广播电视台影视频道以5.2%的份额排名第三位，市场份额较上年也略有下降；境外频道中市网翡翠台（中文）以2.6%的份额排名第八位，较2015年略有增长。在本土频道的强势竞争之下，外省卫视仅有湖南卫视和浙江频道两个入围，分别排名第九位和第十四位，中央台仅有综合频道以2.2%的份额位列第十二名（表1.4.10）。

表1.4.10　2016年广州电视收视市场市场份额排名前十五位的频道

排名	频道	2016年市场份额（%）	2015年市场份额（%）
1	广东广播电视台珠江频道	9.4	9.4
2	广州市广播电视台综合频道	6.8	7.6
3	广东广播电视台影视频道	5.2	5.6
4	广东广播电视台南方卫视	4.4	4.5
5	广州市广播电视台新闻频道	4.2	4.5
6	广东广播电视台公共频道	3.8	3.8
7	广州市广播电视台影视频道	3.1	4.7
8	市网翡翠台（中文）	2.6	2.2
9	湖南卫视	2.4	2.6
10	广东广播电视台体育频道	2.3	1.7
10	广东广播电视台经济科教频道	2.3	2.4
12	中央电视台综合频道	2.2	2.9
12	广东广播电视台珠江电影频道	2.2	1.7
14	广东广播电视台嘉佳卡通频道	1.9	1.9
14	浙江卫视	1.9	1.6

数据来源：CSM媒介研究

五、节目竞争格局

2016年全国电视收视市场节目竞争格局以稳定为主，电视剧、新闻/时事、综艺类节目依然稳居收视份额的前三甲，其余各类节目收视份额变化不大。其中，电视剧和新闻/时事类节目的收视份额小幅下滑，综艺类节目以0.7个百分点的增幅进一步稳固其收视竞争力。在全国市场中，中央台继续维持其在多个细分节目市场中的领先地位，省级卫视则在综艺、电视剧、青少、生活服务类节目中拔得头筹。在几个重点地方市场中，四川、北京和广州的节目竞争格局整体趋稳，相比之下，上海市场的节目竞争格局变化较多。

（一）全国电视收视市场节目竞争格局

1. 全国市场节目竞争格局整体稳定，各类节目收视份额变化不大

总观2016年全国电视收视市场，各类型节目收视份额稳中有变。由电视剧、新闻/时事和综艺类节目组成的第一梯队大幅领先的优势不变，三类节目的收视份额分别为29.6%、13.8%、13.7%，合计高达57.1%。与2015年相比，电视剧和新闻/时事两类节目的收视份额分别下降了0.4个和0.3个百分点，综艺类节目则获得0.7个百分点的增长。处于第二梯队的生活服务和专题类节目在2016年共获得14.0%的收视份额，分别比2015年下降了0.6个和0.1个百分点。青少、电影和体育三类节目在2016年合计取得了13.1%的收视份额，相比2015年，三类节目的收视份额均出现了一定幅度的增长，其中青少和电影类节目的增幅分别为0.4个和0.2个百分点，受奥运体育年的影响，体育类节目的收视份额增长了0.7个百分点，在各类节目中增幅最大。法制、财经、音乐、戏剧、教学和外语类节目的收视份额依然较低且变化微弱（图1.5.1）。

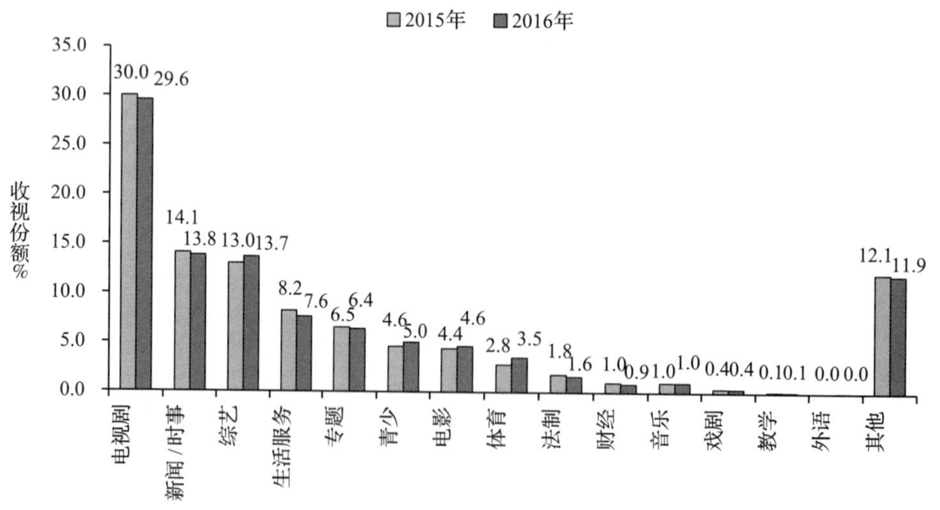

数据来源：CSM媒介研究

图1.5.1 2015～2016年全国市场各类节目的收视份额（%）

2. 中央台整体竞争优势明显，省级上星频道表现可圈可点

在2016年全国不同类型节目市场的收视竞争中，中央台在多个节目类型中保持显著优势。音乐、体育和教学类节目是中央台领先优势表现得最为突出的3类节目，收视份额均在70%以上。其中，中央台在音乐节目市场中的收视份额高达86.3%，在体育和教学节目市场，中央台的收视份额分别达72.0%和70.4%。与此同时，中央台在戏剧、电影和财经类节目市场中也显示出强劲的竞争力，收视份额均在60%～70%之间。在专题和法制类节目市场中，中央台分别获得了55.0%和49.4%的收视份额，基本占据半壁江山。此外，在综艺和新闻/时事类节目市场中，中央台的实力不容小觑，收视份额均超30%，并在新闻/时事类节目市场领先于其他各类频道。相比之下，在生活服务、电视剧和青少类节目市场，中央台的收视份额不高，竞争力相对较弱（图1.5.2）。

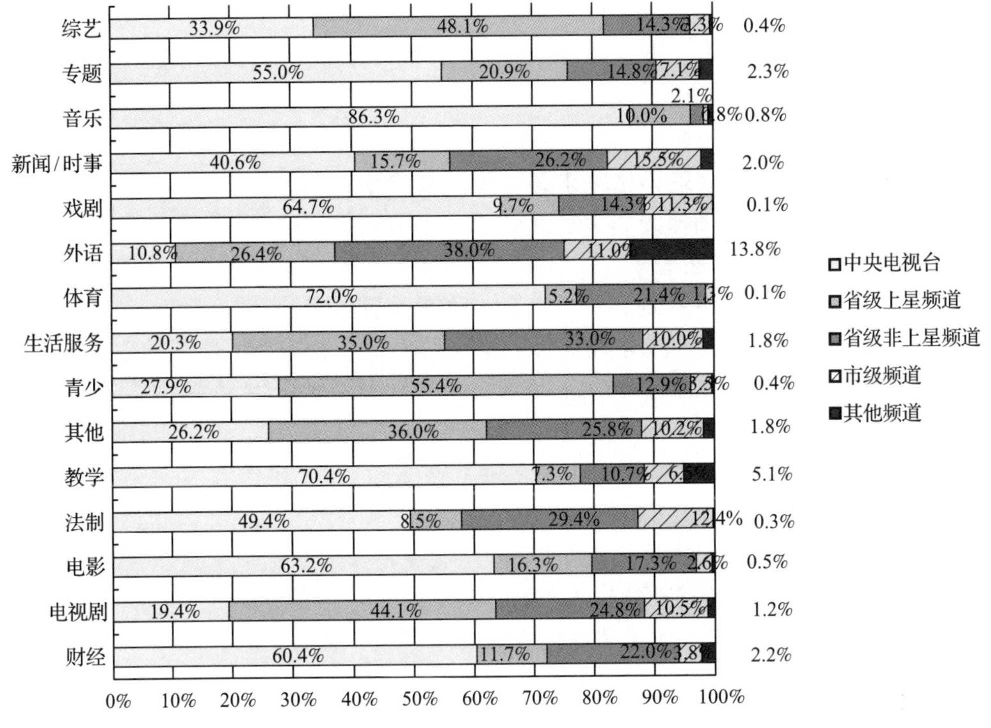

数据来源：CSM媒介研究

图1.5.2　2016年各类频道在全国不同节目市场中的收视份额（%）

2016年，省级上星频道在综艺、电视剧、青少和生活服务类节目市场的收视竞争中保持领先地位。其中，省级上星频道在青少节目市场的优势最为突出，收视份额高达55.4%，在电视剧和综艺类节目市场的收视份额均在40%～50%之间，居市场领先位置；在生活服务类节目市场，省级上星频道的竞争力也不容小觑，以35.0%的收视份额领跑市场。与此同时，省级上星频道在专题、音乐、新闻/时事、外语、电影和财经类节目市场，收视份额均在10%～30%之间；而在戏剧、体育、教学和法制类节目市场，

省级卫视则表现较弱，收视份额均不足10%（图1.5.2）。

省级非上星频道在2016年全国市场的节目收视竞争中亦有所表现。在生活服务和外语类节目市场，省级非上星频道的收视份额均超过30%；在新闻/时事、体育、法制、电视剧和财经类节目市场，省级非上星频道的收视份额均在20%～30%之间，具备一定的竞争力；与此同时，省级非上星频道在综艺、专题、戏剧、青少、教学和电影类节目市场中维持稳定态势，收视份额均保持在10%以上。相比之下，省级非上星频道在音乐类节目市场的竞争力较弱，收视份额仅为2.1%（图1.5.2）。

市级频道在2016年节目市场中表现平平，在细分节目市场中均未占据领先地位。在新闻/时事、戏剧、外语、生活服务、电视剧和法制类节目市场，市级频道的收视竞争表现相对较好，收视份额均在10%～20%之间；而在综艺、专题、音乐、体育、青少、教学、电影和财经类节目市场，市级频道的收视份额均在10%以下，表现一般（图1.5.2）。

2016年，其他频道在外语和教学类节目市场竞争中表现相对突出，收视份额分别达13.8%和5.1%，但在其余各节目市场的竞争力则较弱，收视份额均未超过5%（图1.5.2）。

3. 类型节目满足观众差异化需求，不同观众收视倾向不同

2016年的全国电视节目市场，男性观众与女性观众在电视剧、电影、体育、生活服务、新闻/时事、专题和综艺类节目的收视差异较为明显，二者收视比重的差距均在0.8个百分点及以上。其中，男性观众对于电影、体育、新闻/时事和专题类节目的收视倾向更明显，而女性观众则更偏爱电视剧、生活服务和综艺类节目。但在财经、法制、教学、青少、外语、戏剧和音乐类节目上，男、女性别观众的收视偏好差异不明显（表1.5.1）。

根据不同年龄段观众对各类型节目的收视比重来看，4～14岁观众依然对青少类节目表现出高昂的收视热情，以23.5%的收视比重大幅领先于其他年龄段观众；15～24岁观众对综艺节目更为青睐，收视比重明显高于其他年龄段观众；25～34岁观众对体育类节目的收视兴趣较高，其4.2%的收视比重为各年龄段观众之首；35～44岁观众对电影节目的收视偏好明显，其7.1%的收视比重远高于其他年龄段人群；较之其他年龄段人群，45～54岁观众对音乐和专题类节目的关注度更高；55～64岁观众对财经、法制和生活服务类节目的关注度较突出，分别以1.2%、1.9%和8.0%的收视比重位列各年龄段人群之首；65岁及以上观众对多类节目均表现出较高的收视热情，在电视剧、戏剧、新闻/时事和法制类节目上的收视比重均处于领先水平。综合来看，年轻观众更倾向于收看电影、青少和综艺类节目，而中老年观众则在法制、生活服务、新闻/时事和专题类节目上表现出更多的兴趣。电视剧获得了各年龄层观众的钟爱，而财经、教学、外语、戏剧以及音乐类节目在各个年龄段观众中的收视比重均处于较低水平。此外，法制和戏剧类节目对老年人的吸引力更大，其收视比重随着观众年龄的增长而呈整体上升的趋势（表1.5.1）。

表 1.5.1　2016 年全国市场不同性别和年龄观众对各类节目的收视比重（%）

节目类型	性别		年龄						
	男	女	4～14 岁	15～24 岁	25～34 岁	35～44 岁	45～54 岁	55～64 岁	65 岁及以上
财经	0.9	0.8	0.3	0.5	0.7	0.8	1.0	1.2	0.8
电视剧	28.2	31.0	23.3	29.7	27.4	29.0	31.1	30.5	31.5
电影	5.2	4.0	5.9	5.3	5.7	7.1	4.7	3.0	2.3
法制	1.6	1.6	0.9	1.3	1.3	1.5	1.7	1.9	1.9
教学	0.1	0.1	0.0	0.1	0.1	0.1	0.1	0.1	0.1
青少	4.8	5.2	23.5	3.4	7.5	4.0	2.3	3.2	1.8
生活服务	7.2	8.0	6.4	7.5	7.7	7.2	7.7	8.0	7.9
体育	4.5	2.6	1.7	3.8	4.2	3.6	3.6	3.4	3.4
外语	0.0	0.0	0.0	0.0	0.0	0.0	0.0	0.0	0.0
戏剧	0.4	0.4	0.2	0.2	0.2	0.2	0.2	0.4	1.1
新闻/时事	14.9	12.7	7.3	11.8	11.4	12.2	14.4	15.9	18.2
音乐	1.0	1.0	0.8	1.2	1.0	1.2	1.2	0.9	0.7
专题	6.8	5.9	4.3	6.0	5.7	6.6	6.9	6.8	6.7
综艺	12.9	14.4	13.0	16.7	14.6	14.3	13.3	13.1	12.2
其他	11.6	12.3	12.4	12.4	12.6	12.0	11.8	11.5	11.3

数据来源：CSM 媒介研究

从受教育程度看，2016 年不同观众群体对不同类型电视节目的收看也呈现出一定的差异。具体而言，未受过正规教育的观众对于青少和戏剧类节目更加偏爱，分别以 20.5% 和 0.7% 的收视比重领先于其他观众；小学学历观众在电视剧上的收视比重高达 32.9%，居各教育程度人群之首；初中学历的观众在电影、法制和音乐类节目上的收视比重处于领先地位；高中学历观众则对新闻/时事和专题类节目表现出较为突出的收视兴趣，收视比重分别达 14.7% 和 6.8%；大学及以上学历观众在多个节目类型中的收视比重均处于领先位置，在财经、生活服务、体育和综艺类节目上位居榜首，在专题类节目上与高中学历人群共享头名。整体来看，随着学历的升高，观众对财经、生活服务、体育、专题和综艺类节目的收视比重也随之增加，而对青少和戏剧类节目的收视比重则随之缩小（表 1.5.2）。

从收入方面来看，不同个人月收入的观众对各类型节目的收视情况有所不同。个人月收入 0～600 元的观众对于青少和音乐类节目尤为青睐，以 10.9% 和 1.1% 的收视比重领先于其他人群；个人月收入 601～1200 元的观众则在电视剧和戏剧上表现出更高的收视热情，收视比重分别为 34.7% 和 0.5%，位列各收入人群之首；个人月收入 1201～1700 元的观众对法制类节目的收视比重略高于其他人群；个人月收入 1701～2600 元的观众则对新闻/时事类节目表现出更高的关注度，收视比重为 15.3%；个人月收入 2601～3500 元的观众对于新闻/时事类节目的关注度同样较高，以 0.2 个百分点的差距仅次于个人月收入1701~2600元的群体；个人月收入3501~5000元的观众以8.1%的收视比重成为最青睐生活服务类节目的人群；个人月收入5001元及以上的人群收看财经、电影、体育、专题和综艺类节目的比重均位列各人群之首。总体而言，不同收入水平的观众在收看法制、教学、外语、戏剧、音乐类节目上的比重差异并不大；而随着个人月收入水平的提高，观众对于财经、体育、专题类节目的收视比重呈递增之势，而对于音乐类节目的收视比重则逐渐缩小（表1.5.2）。

表1.5.2　2016年全国市场不同受教育程度和个人月收入观众对各类节目的收视比重（%）

节目类型	受教育程度					个人月收入（元）						
	未受过正规教育	小学	初中	高中	大学及以上	0~600元	601~1200元	1201~1700元	1701~2600元	2601~3500元	3501~5000元	5001元及以上
财经	0.4	0.5	0.7	1.1	1.2	0.4	0.5	0.7	0.8	1.1	1.2	1.3
电视剧	26.4	32.9	31.3	28.6	26.0	29.0	34.7	32.5	30.9	28.9	27.4	26.0
电影	4.6	4.4	4.8	4.5	4.5	5.1	4.1	4.0	4.0	4.6	5.0	5.4
法制	1.2	1.6	1.7	1.6	1.5	1.4	1.7	1.8	1.7	1.7	1.5	1.5
教学	0.0	0.1	0.1	0.1	0.1	0.1	0.0	0.1	0.1	0.1	0.1	0.1
青少	20.5	7.8	3.9	3.3	3.5	10.9	4.0	3.5	2.8	3.1	3.3	3.4
生活服务	6.8	6.9	7.4	7.9	8.3	7.0	7.1	7.5	7.7	7.9	8.1	8.0
体育	1.7	2.0	3.0	4.0	5.3	2.4	2.5	2.6	3.3	4.2	4.4	5.9
外语	0.0	0.0	0.0	0.0	0.0	0.0	0.0	0.0	0.0	0.0	0.0	0.0
戏剧	0.7	0.6	0.4	0.3	0.2	0.4	0.5	0.4	0.4	0.4	0.3	0.2
新闻/时事	9.4	12.1	14.0	14.7	14.6	10.4	13.0	14.1	15.3	15.1	15.1	14.5
音乐	0.8	0.9	1.1	1.0	1.0	1.1	1.0	1.0	1.0	1.0	1.0	0.9
专题	4.3	5.5	6.4	6.8	6.8	5.4	6.0	6.4	6.5	6.8	6.9	7.0
综艺	10.2	12.4	13.3	14.3	15.3	13.8	12.8	13.2	13.6	13.5	14.0	14.4
其他	13.1	12.3	11.9	11.7	11.7	12.5	12.0	12.1	11.9	11.6	11.6	11.2

数据来源：CSM媒介研究

2016年全国电视节目收视市场中，不同职业观众对于各类型节目的收视偏好不尽相同。干部/管理人员对于多个类型的节目表现出了较强的收视兴趣，财经、体育和专题类节目的收视比重均领跑其他人群；个体/私营企业人员对电影、法制和音乐类节目尤为青睐，收视比重位居各职业人群之首；初级公务员对生活服务类节目的收视偏好最为突出，其8.1%的收视比重为各职业人群中的最高水平；工人群体对电视剧的收视热情较高，收视比重为31.2%；学生倾注于青少、综艺和电影类节目上的收视比重在各职业人群中占据首位；无业人群在法制和新闻/时事类节目上的收视比重分别为1.8%和15.3%，均居各类人群之首。此外，不同职业背景的观众在财经、法制、教学、外语、戏剧和音乐类节目上的收视喜好并未表现出明显差异，在这些类型节目市场中，各类群体的收视比重差距均未超过1个百分点（表1.5.3）。

表 1.5.3 2016 年全国市场不同职业观众对各类节目的收视比重（%）

节目类型	职业						
	干部/管理人员	个体/私营企业人员	初级公务员	工人	学生	无业	其他
财经	1.3	0.8	1.1	0.7	0.4	0.9	0.4
电视剧	26.1	30.3	27.1	31.2	26.2	30.0	36.0
电影	5.3	5.8	5.2	5.7	5.8	3.3	4.9
法制	1.4	1.8	1.4	1.4	1.1	1.8	1.8
教学	0.1	0.1	0.1	0.1	0.1	0.1	0.0
青少	3.0	3.9	3.5	3.7	11.7	5.3	4.5
生活服务	7.9	7.1	8.1	7.3	6.7	7.9	7.0
体育	5.6	3.3	4.9	3.4	3.0	3.1	1.7
外语	0.0	0.0	0.0	0.0	0.0	0.0	0.0
戏剧	0.2	0.3	0.2	0.2	0.2	0.6	0.7
新闻/时事	14.6	13.5	13.8	13.2	9.3	15.3	11.5
音乐	1.0	1.2	1.0	1.1	1.0	0.9	1.1
专题	7.4	6.6	6.6	6.3	5.4	6.4	5.6
综艺	14.6	13.2	15.2	13.6	17.0	12.6	12.5
其他	11.5	12.2	11.7	12.2	11.9	11.8	12.2

数据来源：CSM 媒介研究

（二）四川省电视收视市场节目竞争格局

1. 四川省节目收视竞争格局稳中有变，新闻/时事和青少类节目份额小幅上涨

在 2016 年的四川省电视节目收视市场，电视剧以 28.7% 的收视份额高居首位，综艺和新闻/时事类节目分居第二、第三位，收视份额分别为 10.4% 和 8.5%；青少、电影和生活服务类节目的收视份额分别为 7.9%、7.4% 和 6.7%，排名第四至第六位；专题类节目的收视份额接近 5%；体育类节目的收视份额为 1.2%，尽管比 2015 年有所下降，但是在排序上却以 0.1 个百分点的优势超越了音乐类节目；法制、财经、戏剧、教学和外语类节

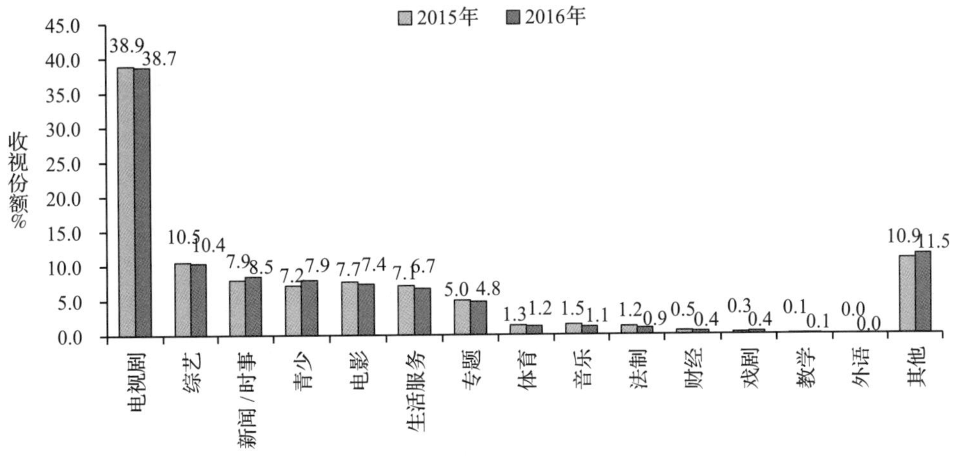

数据来源：CSM 媒介研究

图 1.5.3 2015～2016 年四川省市场各类节目的收视份额（%）

目的收视份额均不超过1%。相比2015年，2016年四川省电视节目市场各类型节目的收视份额变化不大，波动幅度均在0.8个百分点以内；其中新闻/时事和青少类节目有所上升，新闻/时事类节目的收视份额较2015年小幅上涨了0.6个百分点，青少类节目的收视份额较2015年上涨了0.7个百分点；电影、生活服务和音乐类节目的收视份额有所下降；其余节目的收视份额波动幅度均不足0.3个百分点，变化微弱（图1.5.3）。

2. 中央台在蜀多类节目市场领先，省级频道表现次之

2016年四川省电视节目收视市场，中央台在多数细分节目类型市场的竞争中居领先地位。中央台在专题、音乐、戏剧、体育、教学、法制和财经类节目市场的竞争中遥遥领先，收视份额均在70%以上，其中在戏剧类节目中更是以98.4%的收视份额几乎独占市场；在综艺、新闻/时事和电影类节目中，中央台的收视份额分别达48.9%、53.2%和67.1%，居细分市场的领先位置。在外语、生活服务、青少和电视剧类节目市场，中央台的收视竞争力也不容忽视，市场份额均在20%～30%之间（图1.5.4）。

尽管在多数细分节目市场上的竞争表现弱于中央电视台，但外省卫视仍是四川省电视收视市场的又一主力。2016年外省卫视在四川省外语和青少类节目市场的竞争中表现强势，收视份额分别达73.5%和69.6%，居市场首位；在综艺、电视剧和生活服务类节

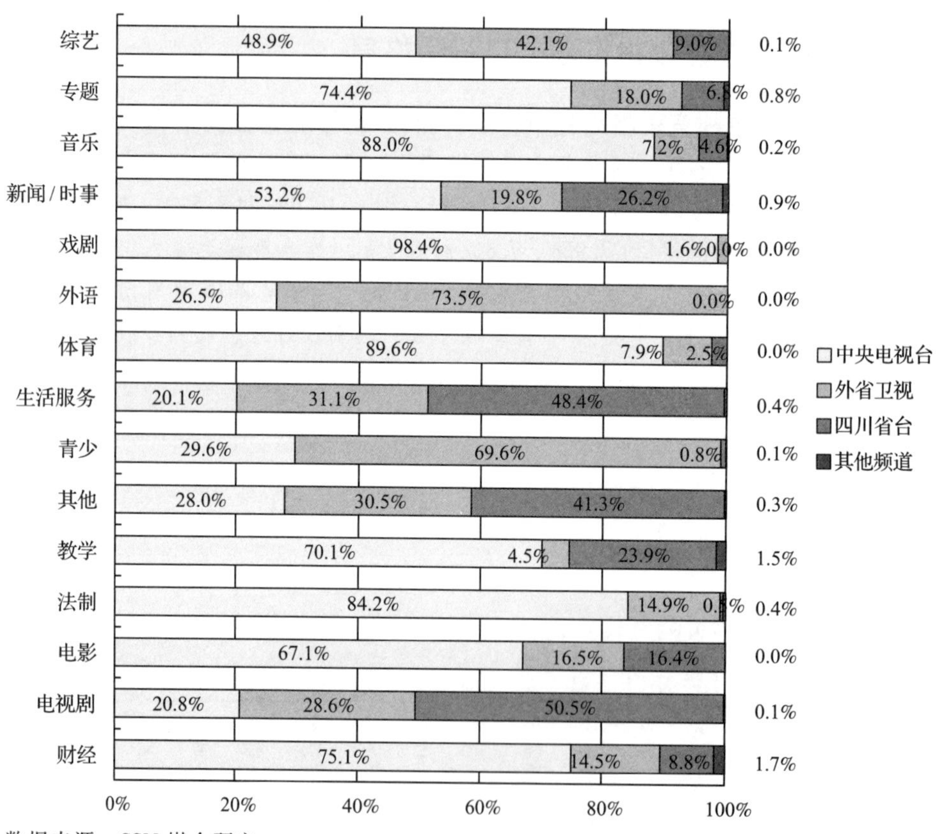

数据来源：CSM媒介研究

图1.5.4 2016年四川省市场各类频道在不同类别节目中的收视份额（%）

目市场，外省卫视的收视份额均在20%～50%之间，分列细分市场第二位；在专题、新闻/时事、法制、电影和财经类节目市场，外省卫视的收视份额均在10%～20%之间，竞争力欠佳；在音乐、戏剧、体育和教学类节目市场，外省卫视竞争力相对较弱，收视份额均不足10%（图1.5.4）。

四川省台在2016年本省的各类节目竞争中不算强势，但仍是本省不可忽视的收视竞争力量。在电视剧和生活服务类节目市场，四川省台的收视份额分别为50.5%和48.4%，领先于中央电视台和外省卫视；在新闻/时事、教学和电影类节目市场，四川省台表现尚可，收视份额均在15%～30%之间；但在综艺、专题、音乐、戏剧、外语、体育、青少、法制和财经类节目市场，四川省台表现较弱，在细分市场的收视份额均未超过10%，竞争力欠佳（图1.5.4）。

2016年，其他频道在四川省市场各类节目的收视竞争中实力微弱，除在教学和财经类节目中分别获得1.5%和1.7%的收视份额外，在其余各类型节目中的收视份额均在1%以下（图1.5.4）。

3. 类型节目满足观众不同需求，观众收视时间分配各有侧重

2016年四川省不同性别观众的收视兴趣不尽相同，男性观众在电影、青少、新闻/时事和专题类节目上投入的时间比重更大，而女性观众收看电视剧以及综艺类节目的时间比重更大；二者在电视剧上的收视比重差异最大，女性观众较男性观众高出3.3个百分点，在新闻/时事类节目上的差异其次，男性观众比女性观众高1.9个百分点；在财经、法制、教学、生活服务、体育、外语、戏剧和音乐类节目上，男、女观众的收视比重差距较小，均不超过0.5个百分点（表1.5.4）。

表1.5.4　2016年四川省市场不同性别和年龄观众对各类节目的收视比重（%）

节目类型	性别		年龄						
	男	女	4～14岁	15～24岁	25～34岁	35～44岁	45～54岁	55～64岁	65岁及以上
财经	0.5	0.4	0.2	0.3	0.4	0.4	0.4	0.7	0.4
电视剧	37.1	40.4	30.9	41.0	34.3	39.1	43.6	39.9	38.3
电影	7.9	6.8	7.7	10.2	11.2	10.6	7.3	4.8	3.6
法制	0.9	1.0	0.4	1.0	0.7	1.0	1.2	0.9	1.3
教学	0.1	0.1	0.0	0.0	0.1	0.1	0.1	0.1	0.1
青少	8.5	7.4	26.6	5.1	7.9	4.5	3.0	6.8	3.4
生活服务	6.6	6.9	5.7	6.6	6.9	6.6	7.1	6.9	7.0
体育	1.4	1.0	0.6	1.2	1.7	1.5	1.2	1.1	1.4
外语	0.0	0.0	0.0	0.0	0.0	0.0	0.0	0.0	0.0
戏剧	0.5	0.3	0.2	0.1	0.1	0.1	0.1	0.2	1.7
新闻/时事	9.4	7.5	3.4	5.2	6.8	7.7	7.9	10.8	14.8
音乐	1.2	1.1	0.8	1.1	0.9	1.7	1.5	1.0	0.7
专题	5.2	4.4	3.4	4.6	5.1	5.3	4.5	4.8	6.0
综艺	9.7	11.0	9.4	11.6	12.3	10.5	10.0	10.0	10.4
其他	11.3	11.8	10.8	12.1	11.6	10.9	12.1	11.9	11.1

数据来源：CSM媒介研究

在年龄方面，四川省4~14岁观众将26.6%的收视时间用于收看青少类节目，收视比重远高于其他年龄段观众；15~24岁观众在电视剧、电影和综艺这三类节目上的收视比重超过四川观众的平均水平；25~34岁观众对电影、体育和综艺类节目青睐有加，三类节目的收视比重居各年龄段观众之首；35~44岁观众在音乐类节目的收视比重高于其他各年龄段观众，同时对电影、体育和专题类节目表现出较高的收视热情；相比其他年龄段观众，45~54岁观众分配在电视剧和生活服务类节目上的收视比重更高，分配在法制和音乐类节目上的收视比重也较高；55~64岁观众在财经类节目上的收视比重在各年龄段观众中最高，在电视剧和新闻/时事类节目上的收视比重也较高；65岁及以上观众在法制、戏剧、新闻/时事和专题类节目上的收视比重高于其他各年龄段观众。随着年龄段的增长，2016年四川省观众对新闻/时事类节目的收视偏好逐步增加（表1.5.4）。

2016年四川省不同受教育程度的观众收看类型节目时呈现出一定的趋势性特征，随着学历的升高，观众在财经、体育、新闻/时事、专题和综艺类节目上的收视比重增大，收看青少类节目的时间比重随之降低。在不同学历观众中，四川未受过正规教育的观众用于收看青少类节目的时间比重最高，达到21.1%；小学学历观众更青睐电视剧和戏剧类节目，收视比重高于其他学历观众；初中学历观众分别将8.2%、1.2%和1.4%的收视时间倾注于电影、法制和音乐类节目，收视比重均居各受教育程度观众之首；高中学历观众对电视剧、青少和戏剧之外各类节目的收视倾向都较明显；大学及以上学历观众对财经、生活服务、体育、新闻/时事、专题和综艺类节目的收视倾向突出，收视比重均居各受教育程度观众之首。相比之下，不同受教育背景的观众在教学和外语类节目上的收视比重几乎没有差异（表1.5.5）。

表1.5.5　2016年四川省市场不同受教育程度和个人月收入观众对各类节目的收视比重（%）

节目类型	受教育程度					个人月收入（元）					
	未受过正规教育	小学	初中	高中	大学及以上	0~300元	301~900元	901~1700元	1701~2600元	2601~3500元	3501元及以上
财经	0.2	0.3	0.4	0.8	1.0	0.3	0.3	0.4	0.6	0.7	1.0
电视剧	34.1	41.2	39.4	34.9	30.2	37.0	44.4	40.5	38.9	36.9	34.5
电影	7.3	7.2	8.2	6.3	5.5	7.9	6.5	6.6	6.9	7.6	8.6
法制	0.4	0.8	1.2	1.2	1.0	0.8	0.9	1.0	1.3	1.1	0.9
教学	0.0	0.1	0.1	0.1	0.1	0.1	0.1	0.1	0.1	0.1	0.1
青少	21.2	9.6	4.6	3.3	2.6	12.7	5.2	5.3	4.2	4.0	4.2
生活服务	6.3	6.6	6.5	7.8	8.4	6.2	7.2	6.8	7.1	7.1	7.6
体育	0.6	0.7	1.3	2.1	4.0	0.9	0.6	1.3	1.6	2.1	2.6
外语	0.0	0.0	0.0	0.0	0.0	0.0	0.0	0.0	0.0	0.0	0.0
戏剧	0.4	0.6	0.3	0.2	0.1	0.6	0.3	0.3	0.2	0.2	0.2
新闻/时事	5.4	7.5	9.2	10.6	12.0	6.8	7.1	10.4	10.2	10.6	10.1
音乐	0.9	1.0	1.4	1.3	0.7	1.0	1.4	1.2	1.1	1.3	0.9
专题	4.0	4.1	5.1	6.1	7.1	4.4	4.6	4.7	5.4	5.4	6.1
综艺	7.4	8.8	11.3	13.4	15.8	10.0	9.5	10.3	10.7	11.7	11.7
其他	11.8	11.6	11.2	11.8	11.7	11.4	12.0	11.3	11.7	11.4	11.6

数据来源：CSM媒介研究

在个人月收入方面，个人月收入0～300元的观众对青少和戏剧类节目的收视倾向明显，收视份额高于其他观众；个人月收入301～900元的观众用于收看电视剧和音乐类节目的时间比重高于其他观众，达到44.4%和1.4%；个人月收入901～1700元的观众花费在电视剧、青少和新闻/时事类节目上的时间比重较高，收视兴趣明显；个人月收入1701～2600元的观众偏爱收看法制、生活服务和专题类节目，收视份额在各收入水平观众中都较为突出；个人月收入2601～3500元的观众收看新闻/时事和综艺类节目的比重相对较高，超过了其他收入段的观众；个人月收入3501元及以上的观众收视兴趣相对广泛，收看财经、电影、生活服务、体育和专题类节目的时间比重在各收入段的观众中最高，在综艺类节目上的收视份额也较高。相比之下，不同个人月收入段的观众在教学、外语和戏剧类节目上的收视比重差异不大（表1.5.5）。

在2016年四川省不同职业的观众中，干部/管理人员偏爱收看财经、法制、生活服务、体育、专题和综艺类节目，收视比重在各职业观众中最高；个体/私营企业人员对电影、法制和音乐类节目的收视倾向都较明显；初级公务员的收视爱好相对广泛，在生活服务、体育、新闻/时事、专题和综艺类节目上的收视比重均在各职业观众中排名第二；工人群体用于收看电影和音乐类节目的时间比重高于其他人群，他们对电视剧也表现出较高的收视热情；学生观众对青少节目的收视比重于其他人群；无业人群对新闻/时事类节目的收视兴趣表现得最突出，领先于其他职业的观众。2016年四川省不同职业的观众对教学和外语类节目的收视偏好差异不明显（表1.5.6）。

表1.5.6　2016年四川省市场不同职业观众对各类节目的收视比重（%）

节目类型	职业						
	干部/管理人员	个体/私营企业人员	初级公务员	工人	学生	无业	其他
财经	1.0	0.4	0.5	0.4	0.2	0.6	0.4
电视剧	31.2	40.0	34.3	41.8	33.2	37.1	41.9
电影	5.2	8.4	7.4	9.4	8.1	6.6	6.7
法制	1.5	1.1	0.9	0.9	0.5	1.1	0.9
教学	0.1	0.1	0.1	0.0	0.1	0.0	0.1
青少	1.9	4.7	4.0	4.3	19.6	9.6	5.6
生活服务	8.3	6.5	7.9	6.7	5.7	6.7	6.9
体育	3.0	1.2	2.7	1.6	1.0	1.4	0.6
外语	0.0	0.0	0.0	0.0	0.0	0.0	0.0
戏剧	0.1	0.1	0.1	0.2	0.1	0.4	0.8
新闻/时事	10.0	7.9	10.0	7.4	4.0	10.1	8.7
音乐	0.5	1.3	1.2	1.4	0.9	1.0	1.2
专题	7.7	4.7	5.4	4.8	4.0	4.5	5.1
综艺	17.5	11.8	13.9	10.0	12.4	9.1	9.4
其他	11.9	11.9	11.6	11.3	10.3	11.8	11.7

数据来源：CSM媒介研究

(三)北京市电视收视市场节目竞争格局

1. 北京市场节目竞争格局大体稳定,综艺类节目收视份额增长明显

2016年北京市电视节目收视市场,电视剧依然以超过25%的收视份额领跑各类节目,但相比2015年收视份额下降了0.9个百分点;综艺类节目突飞猛进,凭借1.8个百分点的增幅,收视份额上涨至14.5%;新闻/时事类节目的收视份额为12.6%,较上一年小幅上升了0.1个百分点,位列第三;2016年生活服务类节目的收视份额出现小幅下滑,以10.3%的收视份额排名第四位。相比2015年,2016年收视份额在2%~10%的类型节目变化均不显著,其中专题类节目的收视份额下降了0.4个百分点,体育节目则上升了0.3个百分点,电影、法制和青少类节目的变化幅度均未超过0.2个百分点,财经、音乐、戏剧、教学和外语类节目的收视份额仍未突破2%,竞争实力相对较弱(图1.5.5)。

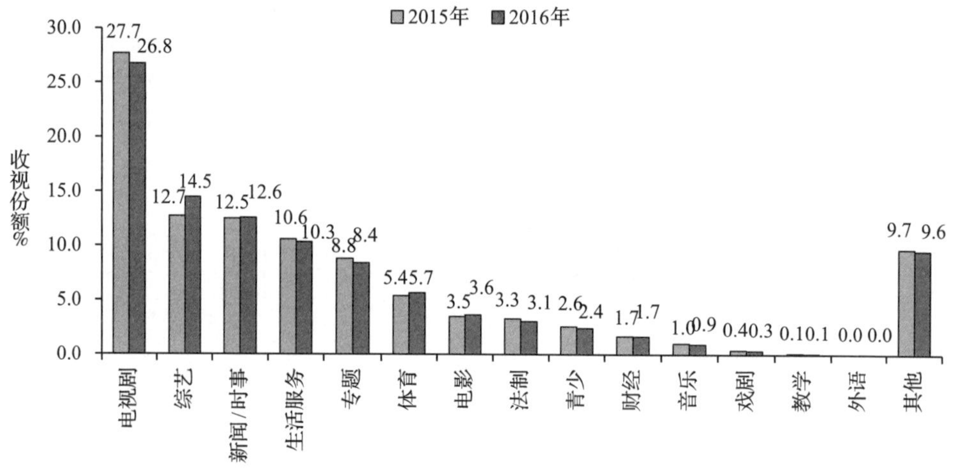

数据来源:CSM媒介研究

图1.5.5 2015~2016年北京市场各类节目的收视份额(%)

2. 中央台与北京电视台各有优势领域,外省卫视综艺节目保持优势

在2016年北京市电视节目市场的收视竞争中,中央台在多个细分节目市场中拥有压倒性优势。其中,音乐、戏剧、教学、电影是中央台领先优势最为突出的节目类型,收视份额均在70%以上,远超其他频道类别;同时,在专题、新闻/时事、外语、体育、财经类节目的收视竞争中,中央台也取得了不俗的成绩,收视份额均在40%以上,除外语外,其他四类节目的收视份额均稳坐各频道类别之首。相比之下,中央台在综艺、生活服务、青少、法制类节目及电视剧的市场竞争中表现欠佳,收视份额均低于30%(图1.5.6)。

北京电视台2016年在多个细分节目市场中竞争实力突出,在生活服务和法制类节目中均以超过70%的收视份额占据压倒性优势位置;在电视剧、专题、新闻/时事、青少、

财经类节目中，北京电视台频道的表现亦可圈可点，收视份额均在40%以上，并在电视剧和青少类节目的市场竞争中拔得头筹；在综艺和体育类节目的收视竞争中，北京电视台频道表现尚可，均获得了30%～40%的收视份额；音乐、戏剧、外语、教学、电影则是北京电视台频道竞争力相对薄弱的节目类型，收视份额均未能超过20%（图1.5.6）。

在中央台和北京电视台的强大竞争压力下，外省卫视2016年在北京市场的竞争表现较为平稳，虽在多个细分节目市场中只能充当配角，但仍有亮点可寻。综艺和外语两大节目类型是外省卫视竞争实力最为突出的细分市场，外省卫视分别以40.1%和54.0%的收视份额位居各类频道的榜首；在电视剧和青少类节目市场中，外省卫视也具备一定的竞争力，收视份额分别为38.2%和32.4%；在专题、生活服务、电影类节目市场中，外省卫视的收视份额保持在10%～20%之间，成绩平平；而音乐、新闻/时事、戏剧、体育、教育、法制、财经则是外省卫视竞争实力明显匮乏的节目类型，收视份额均不足10%（图1.5.6）。

2016年，其他频道在北京市场各类节目的收视竞争中实力均较弱，除在教学节目竞争中获得了9.2%的收视份额外，其余节目类型的收视份额均未超过2%（图1.5.6）。

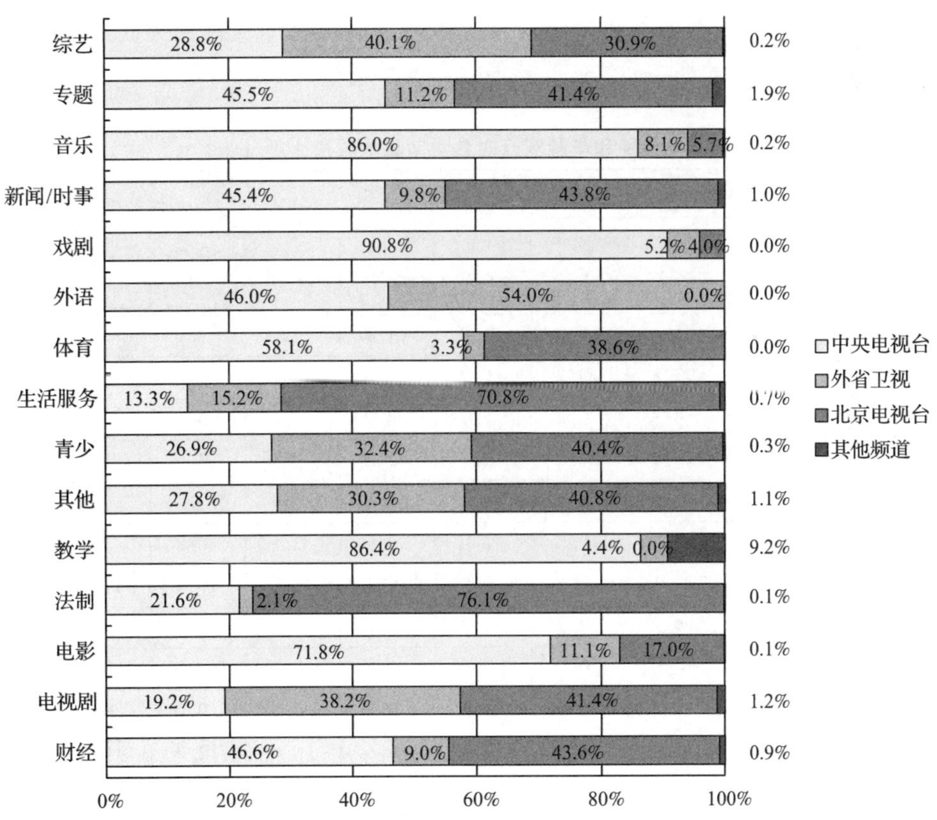

数据来源：CSM媒介研究

图1.5.6 2016年北京市场各类频道在不同节目类别中的收视份额（%）

3. 不同观众群体节目偏好不同，类型节目各有忠实观众

2016 年北京电视市场，男性观众对财经、电影、体育、新闻/时事和专题类节目更感兴趣，女性观众更倾向于收看电视剧、生活服务和综艺类节目。北京男、女观众收视差异较大的节目类型集中于电视剧、生活服务、体育、新闻/时事和综艺类节目，收视比重差值均超过 1 个百分点；而从其余类型节目的收视比重来看，性别因素对收视偏好的影响不大（表 1.5.7）。

从年龄方面来看，2016 年北京市场 4～14 岁观众仍对青少类节目青睐有加，收视比重达 19.3%，远超其他年龄段观众；15～24 岁观众将 18.9% 的收视时间用于收看综艺类节目，收视比重位列各年龄段观众之首；25～34 岁年龄段观众对体育节目的兴趣最高，收视比重高达 7.6%；相比其他年龄段的观众，35～44 岁观众在电影节目上投入的时间比重更高，达到 6.0%；45～54 岁观众在财经、法制和音乐类节目上的收视比重分别为 2.4%、3.5% 和 1.3%，均位居各年龄段观众之首；55～64 岁观众收看电视剧的时间比重为 28.1%，高于其他年龄段观众，在法制类节目上的收视比重也较高；65 岁及以上观众在教学、生活服务、戏剧和新闻/时事类节目上的收视比重高于其他年龄段观众，在法制和专题类节目上的收视比重也高于北京观众的总体水平。此外，随着年龄的增长，北京观众对新闻/时事类节目的收视偏好呈递增趋势（表 1.5.7）。

表 1.5.7　2016 年北京市场不同性别和年龄观众对各类节目的收视比重（%）

节目类型	性别		年龄						
	男	女	4～14 岁	15～24 岁	25～34 岁	35～44 岁	45～54 岁	55～64 岁	65 岁及以上
财经	1.9	1.4	0.7	1.0	1.4	1.2	2.4	2.2	1.2
电视剧	25.8	27.8	19.2	26.2	26.6	24.3	27.8	28.1	27.0
电影	4.0	3.3	5.4	5.7	4.7	6.0	3.6	2.3	1.8
法制	2.9	3.2	1.8	2.6	2.5	2.8	3.5	3.5	3.1
教学	0.1	0.1	0.1	0.1	0.0	0.1	0.1	0.1	0.2
青少	2.3	2.6	19.3	2.0	3.9	3.5	0.8	1.4	1.0
生活服务	9.6	11.1	8.6	9.9	9.1	8.7	10.5	11.2	12.0
体育	7.2	4.2	3.8	4.3	7.6	5.6	5.5	5.2	5.2
外语	0.0	0.0	0.0	0.0	0.0	0.0	0.0	0.0	0.0
戏剧	0.3	0.4	0.1	0.5	0.2	0.2	0.2	0.3	0.9
新闻/时事	13.1	12.0	6.9	9.5	9.6	10.0	12.8	14.6	16.5
音乐	0.9	1.0	0.7	1.2	0.9	1.0	1.3	0.8	0.6
专题	8.7	8.1	7.4	8.2	7.5	8.9	8.8	8.5	8.7
综艺	13.9	15.1	16.1	18.9	16.0	18.0	13.2	12.9	12.7
其他	9.3	9.8	10.0	10.2	10.1	9.9	9.6	9.1	9.1

数据来源：CSM 媒介研究

2016 年北京观众中，未受过正规教育的观众对电视剧、法制、青少和戏剧类节目的收视倾向表现明显，收视比重高于其他学历观众；小学学历观众在综艺类节目上的收视比重在各学历观众中最高；相比其他学历观众，初中学历观众收看生活服务类节目的时间比重更高，收看电视剧、新闻/时事和音乐类节目的比重也较高；高中学历观众对财经和新闻/时事类节目的收视偏好居各教育程度观众之首；大学及以上学历观众在电影、体育、音乐和专题类节目上的收视比重高于其他学历观众，他们对财经、生活服务和综艺类节目也保持了较高的关注度。值得注意的是，随着受教育程度的上升，观众收视专题类节目的兴趣递增，而收视戏剧类节目的兴趣递减（表 1.5.8）。

在不同个人月收入的观众中，个人月收入 0～600 元的观众收看电影、青少类节目的时间比重高于其他收入水平的观众；个人月收入 1201～1700 元的群体花费在法制、戏剧、新闻/时事和专题类节目上的时间比重高于其他收入人群；个人月收入 1701～2600 元的观众对财经、电视剧和音乐类节目格外青睐，收视比重分别位居各收入群体之首；个人月收入 2601～3500 元的观众对财经、电视剧和生活服务类节目的收视偏好较强；个人月收入 3501～5000 元的人群对生活服务类节目投入的收视比重居各收入人群之首，收视音乐节目的时间也与 1701～2600 元月收入者一致；相比其他收入人群，个人月收入 5001 元及以上的高收入人群用于收看体育和综艺类节目的时间比重更高。总体而言，随着收入水平的上升，观众在体育类节目上的收视比重逐渐增加（表 1.5.8）。

表 1.5.8　2016 年北京市场不同受教育程度和收入观众对各类节目的收视比重（%）

节目类型	受教育程度					个人月收入（元）						
	未受过正规教育	小学	初中	高中	大学及以上	0～600 元	601～1200 元	1201～1700 元	1701～2600 元	2601～3500 元	3501～5000 元	5001 元及以上
财经	0.8	0.7	1.2	2.0	1.8	0.9	*	0.9	2.1	1.8	1.7	1.7
电视剧	29.3	26.7	28.3	28.3	24.6	26.7	*	27.2	29.1	29.0	25.4	23.9
电影	3.1	3.3	3.2	3.3	4.2	4.5	*	3.0	3.1	3.3	3.4	4.4
法制	4.2	2.6	3.2	3.7	2.5	2.3	*	6.5	3.6	3.3	3.1	2.5
教学	0.1	0.1	0.1	0.1	0.1	0.1	*	0.0	0.1	0.1	0.1	0.1
青少	10.8	7.8	1.7	1.7	2.3	7.1	*	2.5	1.6	1.8	1.8	2.1
生活服务	8.8	9.0	11.0	10.3	10.3	10.1	*	8.3	10.4	10.4	11.1	9.7
体育	4.8	3.7	4.6	5.0	7.1	3.3	*	3.6	4.2	5.6	6.1	7.8
外语	0.0	0.0	0.0	0.0	0.0	0.0	*	0.0	0.0	0.0	0.0	0.0
戏剧	1.3	0.8	0.5	0.3	0.2	0.5	*	0.7	0.4	0.3	0.4	0.2
新闻/时事	9.7	10.7	13.5	13.7	11.6	9.6	*	15.0	12.7	13.3	13.6	12.0
音乐	0.6	0.6	0.9	0.8	1.1	0.9	*	0.9	1.0	0.9	1.0	0.9
专题	6.1	8.1	8.3	8.5	8.6	7.5	*	9.9	8.3	8.5	8.7	8.5
综艺	9.9	16.6	14.3	13.0	15.9	16.6	*	12.5	14.1	12.3	14.1	16.7
其他	10.4	9.2	9.3	9.4	9.8	10.0	*	9.0	9.4	9.4	9.6	9.6

* 表示由于样本量太小，无法进行统计推断。

数据来源：CSM 媒介研究

2016年，北京不同职业的观众群体中，干部/管理人员对体育和专题节目的收视倾向最为突出，超过其他职业群体；个体/私营企业人员在电视剧和法制类节目上的收视比重较高，对电影和综艺类节目的收视热情也高于北京观众的平均水平；初级公务员/雇员对财经、生活服务、体育、音乐和综艺类节目表现出较高的收视偏好，他们在电影节目的收视比重上也高于北京观众的平均水平；工人群体花费在财经、电视剧、法制和音乐类节目上的时间比重最为突出，高于其他各职业人群；学生最倾向于收看电影、青少和综艺类节目，收视比重分别为5.8%、8.1%和19.7%，远高于其他职业群体；无业观众更为关注的节目类型包括生活服务、戏剧和新闻/时事，在各职业群体中拔得头筹，对专题类节目也保持着较高的收视热情（表1.5.9）。

表1.5.9 2016年北京市场不同职业观众对各类节目的收视比重（%）

节目类型	职业						
	干部/管理人员	个体/私营企业人员	初级公务员/雇员	工人	学生	无业	其他
财经	1.3	1.3	1.9	2.1	0.9	1.7	0.2
电视剧	24.4	28.6	24.9	28.9	22.8	27.9	40.8
电影	5.0	4.7	4.3	4.7	5.8	2.3	3.9
法制	2.6	3.4	2.8	3.7	2.1	3.3	2.0
教学	0.1	0.1	0.1	0.1	0.1	0.1	0.2
青少	2.4	2.4	2.2	2.4	8.1	2.0	2.6
生活服务	9.4	9.6	9.7	9.3	9.0	11.5	7.5
体育	8.0	5.5	7.2	5.2	3.6	4.6	4.4
外语	0.0	0.0	0.0	0.0	0.0	0.0	0.0
戏剧	0.1	0.2	0.2	0.3	0.3	0.5	2.6
新闻/时事	11.6	10.5	11.5	10.5	8.6	14.9	6.4
音乐	0.9	0.9	1.2	1.5	0.9	0.7	0.4
专题	8.8	8.2	8.4	8.5	8.1	8.5	3.8
综艺	15.9	14.9	16.0	12.8	19.7	12.8	15.0
其他	9.7	9.8	9.7	9.9	10.0	9.2	10.4

数据来源：CSM媒介研究

（四）上海市电视收视市场节目竞争格局

1. 上海市场综艺、体育类节目收视份额上升，财经、法制类节目收视份额下降

2016年，电视剧、综艺、新闻/时事和生活服务四类节目依旧领跑上海市电视节目收视市场，收视份额均超10%。相比2015年，电视剧收视份额持平，综艺类节目收视份额上升了1个百分点，增幅较大；新闻/时事类节目则取得了0.6个百分点的增长；生活服务类节目位居第四，收视份额达11.0%；体育、专题、电影、财经和青少类节目的收视份额均在2%~10%之间，其中体育类节目异军突起，收视份额较2015年上升了

1.4 个百分点，在各类节目中增幅最大；财经类节目则下降了 1.6 个百分点，在各类节目中降幅最大；法制、音乐、戏剧、教学和外语类节目的收视份额继续维持在较低水平，均在 2% 以下（图 1.5.7）。

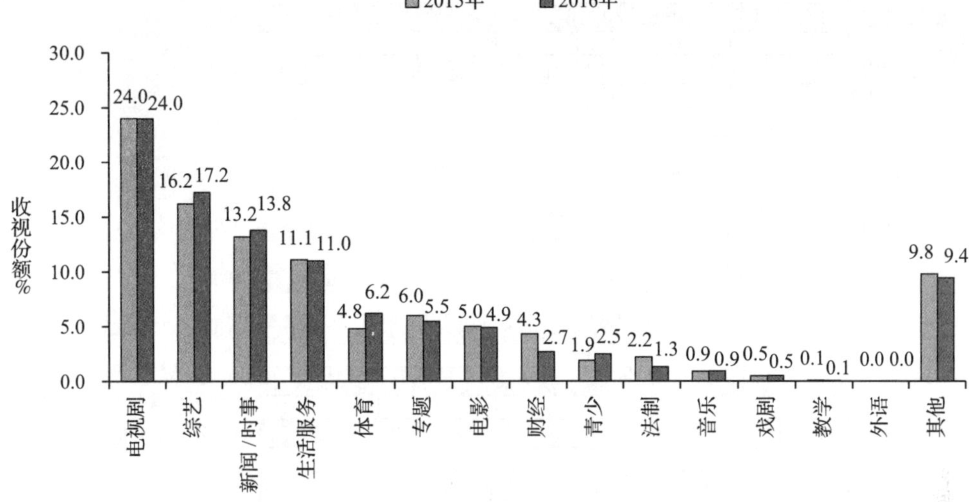

数据来源：CSM 媒介研究

图 1.5.7　2015～2016 年上海市场各类节目的收视份额（%）

2. 上海市级频道全面占优，中央台在部分节目市场显现竞争优势

在 2016 年上海各类型节目市场的竞争中，整体来看上海市级频道占据主导地位，并在多数细分节目市场呈现出压倒性优势。其中，上海市级频道在综艺、戏剧、外语、生活服务、法制和财经类节目市场的收视份额均超过 70%，稳居各细分市场的榜首；不仅如此，在新闻/时事、体育、青少类节目以及电影和电视剧收视市场，上海市级频道的收视份额也在 50% 以上，占据半壁江山；在专题和教学类节目中，上海市级频道的收视份额也达 40%～50%，实力亦不容小觑；相比之下，音乐节目是上海市级频道竞争力相对薄弱的节目类型，收视份额不足 10%（图 1.5.8）。

2016 年，中央台在上海市场的节目收视竞争中也表现出一定的竞争力。其中，在音乐和教学类节目市场，中央台的竞争力明显高于其他频道组，分别以 88.7% 和 48.4% 的收视份额领先；在专题、新闻/时事、体育、法制类节目和电影节目市场，中央台的收视份额均超 20%，居市场亚军位置，具备较强的竞争力；在综艺、戏剧、青少、电视剧和财经类节目市场，中央台的收视份额在 10%～20% 之间；而在外语和生活服务类节目市场，中央台难以与优势明显的上海本地频道相抗衡，收视份额均不足 10%（图 1.5.8）。

外省卫视 2016 年在上海市场的收视竞争表现依旧平淡。电视剧和青少类节目是外省卫视优势较为突出的细分市场，收视份额分别为 37.8% 和 28.7%，仅次于上海本地频道；在综艺、专题和生活服务类节目市场，外省卫视的收视份额均在 10%～20% 之间；音乐、新闻/时事、戏剧、外语、体育、教学、法制、电影和财经类节目是外省卫视的弱项，收视份额均未超过10%（图1.5.8）。

其他频道在上海各类型节目市场的竞争力十分微弱，收视份额约在0.0%~0.2%之间（图1.5.8）。

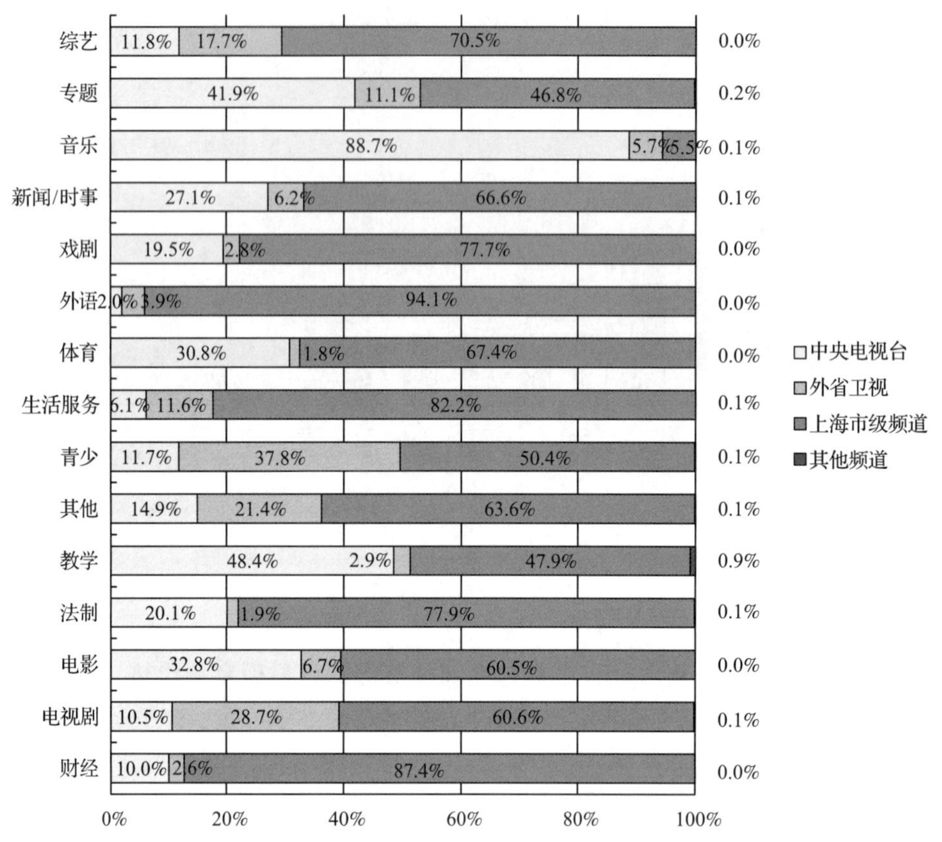

数据来源：CSM媒介研究

图1.5.8　2016年上海市场各类频道在不同类型节目中的收视份额（%）

3. 不同观众收视兴趣不同，收视时间分配存在差异

2016年，上海市场不同性别观众收看各类节目的偏好呈现出一定差异。其中，男性观众对于电影、体育、新闻/时事和专题类节目的收视比重明显高于女性；女性观众则更青睐电视剧、生活服务和综艺类节目。男、女观众对于体育和综艺类节目的收视差异明显，男性观众在体育类节目上的收视比重高出女性观众3.4个百分点，在综艺节目上则低于女性观众3.5个百分点；男、女观众对于财经、法制、教学、青少、外语、戏剧和音乐类节目的收视差异较为微弱，均未超过1个百分点（表1.5.10）。

收视偏好的差异也体现在上海不同年龄段的观众中。4~14岁观众将17.2%的收视时间倾注于青少类节目的收看上，远超其他年龄段观众；15~24岁观众在教学、体育和综艺类节目上的收视比重高于其他年龄段观众；25~34岁观众虽然未能在各节目类型中取得收视比重的领先位置，但他们对电影、青少、体育和综艺类节目的收视比重仍然处于较高水平；35～44岁观众更青睐电影和音乐类节目，其8.4%和1.2%的收视比重在各年龄段观众中均为最高值；45～54岁观众在音乐类节目上的收视兴趣表现得最突出，他们对于财经和生活服务类节目亦表现出较高的热情；55～64岁观众在财经、法制、生活服务和专题类节目上均给予了较多的关注，分别以4.1%、1.6%、11.8%和6.1%的收视比重排名各年龄段观众之首；65岁及以上观众对于电视剧、戏剧和新闻/时事类节目的收视比重分别为30.0%、1.5%和16.5%，均高于其他年龄段观众。综合来看，上海市场不同年龄段观众收看新闻/时事类节目的时间比重随年龄的增加而上升；不同年龄段观众在法制、教学、外语和音乐类节目中的收视比重差异相对较小（表1.5.10）。

表1.5.10　2016年上海市场不同性别和年龄观众对各类节目的收视比重（%）

节目类型	性别		年龄						
	男	女	4～14岁	15～24岁	25～34岁	35～44岁	45～54岁	55～64岁	65岁及以上
财经	3.0	2.4	0.7	1.0	2.0	1.2	2.9	4.1	2.8
电视剧	23.2	24.7	18.8	21.2	19.6	23.4	23.6	24.4	30.0
电影	5.6	4.1	5.9	6.1	6.1	8.4	5.2	3.3	2.7
法制	1.3	1.3	0.7	1.2	1.2	1.3	1.2	1.6	1.2
教学	0.1	0.1	0.1	0.2	0.0	0.1	0.1	0.1	0.1
青少	2.3	2.7	17.2	3.4	4.3	2.6	1.0	1.4	1.3
生活服务	10.1	11.9	9.0	10.5	11.3	9.5	11.6	11.8	10.5
体育	7.9	4.5	3.0	8.9	7.8	6.9	6.7	5.3	4.8
外语	0.0	0.0	0.0	0.0	0.0	0.0	0.0	0.0	0.0
戏剧	0.5	0.5	0.6	0.4	0.2	0.6	0.3	0.3	1.5
新闻/时事	14.6	13.0	9.2	10.0	12.0	12.0	12.9	15.9	16.5
音乐	0.9	1.0	1.0	1.1	0.6	1.2	1.2	0.9	0.6
专题	6.0	4.9	4.8	5.8	4.7	5.5	5.5	6.1	5.1
综艺	15.5	19.0	18.6	20.4	19.8	17.9	18.8	15.5	14.2
其他	9.1	9.8	10.4	9.7	10.3	9.4	9.2	9.3	8.9

数据来源：CSM媒介研究

从受教育程度方面来看，2016年上海市场未受过正规教育的观众对青少和音乐类节目的收视比重最高，分别为19.3%和1.1%；小学学历观众收看财经、电视剧和戏剧类节目的兴趣更加浓厚，分别以5.1%、28.4%和1.3%的收视比重领先于其他观众；初中学历观众更倾向于收看法制、新闻/时事和专题类节目，其收视比重分别在各学历观众中位居第一；高中学历观众对生活服务类节目的收视比重为11.3%，力压其他教育背景的观众；学历在大学及以上的观众偏爱收看电影、体育和综艺类节目，收视比重分别为6.1%、8.0%和17.7%，高于上海观众的平均水平。从总体趋势上看，2016年上海市场，观众的受教育程度越高，其对体育节目的关注度越高（表1.5.11）。

2016 年上海市场不同收入水平的观众中，个人月收入 0～600 元的观众对于电影、教学、青少和综艺类节目的关注度高于其他人群，收视比重分别为 6.1%、0.2%、9.2%和 19.6%；个人月收入 1201～1700 元的观众在多个细分市场的收视比重超过其他收入水平的观众，包括财经、电视剧、法制、戏剧、新闻/时事和音乐类节目；个人月收入 1701～2600 元的观众则对生活服务类节目兴趣突出，以 11.6% 的收视比重超过其他收入段的观众，并在综艺类节目上也表现出较高的收视兴趣；个人月收入 2601～3500 元的观众在专题类节目上的收视比重为 5.9%，在各收入水平观众中最高；个人月收入 3501～5000 元的观众对法制、生活服务和专题类节目的收视偏好均较明显；个人月收入 5001 元及以上的观众将 8.7% 的时间花费在体育类节目上，其收视比重为各收入段人群之首（表 1.5.11）。

表 1.5.11　2016 年上海市场不同受教育程度和个人月收入观众对各类节目的收视比重（%）

节目类型	受教育程度					个人月收入（元）						
	未受过正规教育	小学	初中	高中	大学及以上	0～600 元	601～1200 元	1201～1700 元	1701～2600 元	2601～3500 元	3501～5000 元	5001 元及以上
财经	0.4	5.1	2.2	2.6	2.8	0.7	*	3.5	2.7	3.0	2.8	2.6
电视剧	22.7	28.4	27.5	24.3	20.3	20.5	*	32.1	25.1	25.6	23.6	22.2
电影	4.9	3.4	3.6	4.9	6.1	6.1	*	4.8	4.3	3.8	5.4	5.8
法制	0.7	0.8	1.6	1.2	1.3	1.0	*	2.0	1.2	1.4	1.4	1.2
教学	0.0	0.1	0.1	0.1	0.1	0.2	*	0.0	0.1	0.1	0.1	0.1
青少	19.3	5.4	2.0	1.8	2.4	9.2	*	0.7	1.7	1.5	2.2	2.5
生活服务	8.4	10.8	10.8	11.3	10.9	10.0	*	9.6	11.6	11.1	11.3	10.6
体育	2.7	3.2	4.5	6.3	8.0	6.5	*	4.5	4.5	5.5	5.8	8.7
外语	0.0	0.0	0.0	0.0	0.0	0.0	*	0.0	0.0	0.0	0.0	0.0
戏剧	1.2	1.3	0.8	0.4	0.4	0.5	*	1.9	0.4	0.8	0.4	0.4
新闻/时事	13.8	10.5	14.5	13.7	14.0	9.3	*	15.6	14.0	14.7	14.5	13.0
音乐	1.1	0.6	0.9	0.9	0.9	1.0	*	1.7	1.0	0.8	1.0	0.9
专题	3.4	3.6	5.8	5.7	5.2	5.2	*	4.4	5.2	5.9	5.6	5.0
综艺	11.0	17.1	16.2	17.6	17.7	19.6	*	10.7	18.9	16.6	16.5	17.4
其他	10.3	9.5	9.4	9.2	9.8	10.1	*	8.4	9.4	9.3	9.4	9.6

* 表示由于样本量太小，无法进行统计推断。

数据来源：CSM 媒介研究

2016 年上海市场，各职业背景的观众对于不同节目类型的收视倾向有所不同。其中，干部/管理人员对于体育、戏剧和专题类节目的青睐度较其他人群更高，收视比重分别为 7.7%、1.0%和 6.4%；个体/私营企业人员将 1.6% 的收视时间倾注于法制节目，其收视比重位居各职业观众之首，他们在电视剧和新闻/时事类节目上的收视比重也较高；初级公务员在体育和音乐类节目中表现出更高的收视倾向，其收视比重分别为7.7%和1.0%；工人群体分别将7.9%和11.5%的时间用于收看电影和生活服务类节目，其收视比重在各职业观众中最高；学生更加关注教学、青少和综艺类节目，分别以0.2%、7.0%和20.7%的收视比重领先于各职业观众；无业观众在财经、电视剧、新闻/时事类节目上的收视比重分别为3.2%、26.2%和15.4%，均为各职业人群中的最高值（表1.5.12）。

表1.5.12　2016年上海市场不同职业观众对各类节目的收视比重（%）

节目类型	职业						
	干部/管理人员	个体/私营企业人员	初级公务员	工人	学生	无业	其他
财经	3.0	2.5	2.4	1.9	0.9	3.2	*
电视剧	22.3	26.1	21.7	25.3	21.0	26.2	*
电影	6.0	5.8	6.4	7.9	6.4	2.9	*
法制	1.4	1.6	1.3	1.1	1.0	1.4	*
教学	0.1	0.0	0.1	0.1	0.2	0.1	*
青少	1.5	2.4	2.3	3.8	7.0	2.0	*
生活服务	9.9	10.2	10.8	11.5	9.9	11.4	*
体育	7.7	3.6	7.7	5.1	7.6	4.9	*
外语	0.0	0.0	0.0	0.0	0.0	0.0	*
戏剧	1.0	0.4	0.3	0.2	0.3	0.8	*
新闻/时事	13.3	13.7	13.3	9.8	8.2	15.4	*
音乐	0.7	0.8	1.0	0.9	0.9	0.9	*
专题	6.4	5.7	5.2	5.8	5.8	5.5	*
综艺	17.0	17.5	18.1	17.6	20.7	16.0	*
其他	9.5	9.7	9.5	9.1	9.9	9.4	*

* 表示由于样本量太小，无法进行统计推断。

数据来源：CSM媒介研究

（五）广州市电视收视市场节目竞争格局

1. 广州各类节目收视份额大体稳定，体育类节目增长明显

2016年广州市场电视节目竞争格局基本稳定，各类节目的收视份额小幅变动，但排序未变。电视剧、新闻/时事和综艺类节目依旧占据收视市场前3名的位置，收视份额分别为28.6%、16.9%和9.0%；其中电视剧和新闻/时事类节目市场较2015年小幅下降，而综艺类节目则增加了0.2个百分点；生活服务、专题、青少和电影类节目的收视份额均在5%~10%之间，位居广州收视市场的第四至第七名；2016年位居第八的体育类节目表现抢眼，收视份额比2015年增加了1.1个百分点，达到4.6%；法制、音乐、财经、戏剧、教学和外语类节目的竞争力相对薄弱，收视份额均未超过2%，且变化甚微（图1.5.9）。

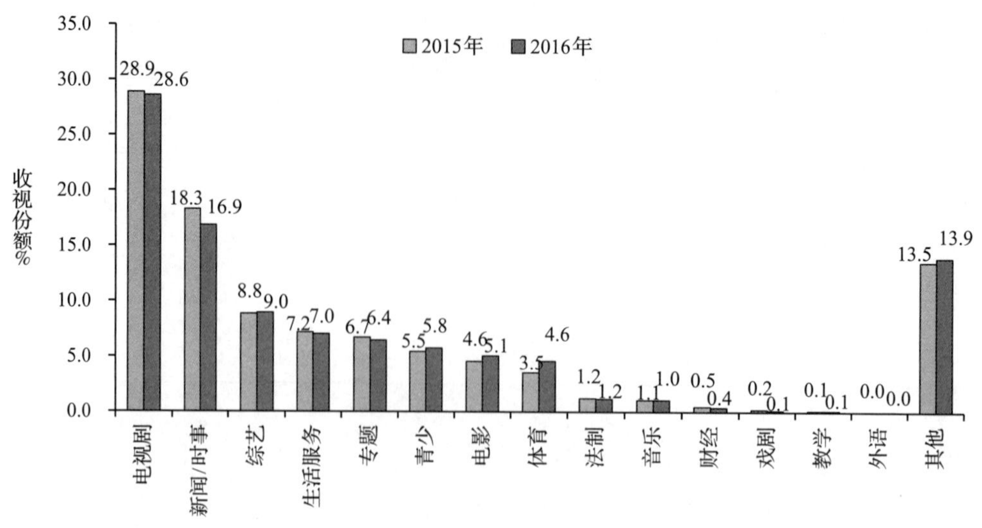

数据来源：CSM 媒介研究

图 1.5.9　2015～2016 年广州市场各类节目的收视份额（%）

2. 中央台与广东台占据竞争主导地位，不同频道各有千秋

2016 年广州市场，中央台的音乐和教学类节目表现最为突出，在细分市场的收视份额分别达 85.4%和 77.0%，远超其他频道类别；在专题、戏剧和财经类节目市场，中央台的收视份额均在 40%～50%之间，在专题和财经类节目市场占据第一位置；在综艺、体育、法制和电影类节目市场，中央台也表现出一定的竞争力，收视份额均在 20%～40%之间；在新闻/时事、生活服务和青少类节目市场，中央台竞争表现欠佳，收视份额均不超过20%；在电视剧和外语类节目中，中央台的收视份额均不足10%，竞争力较弱（图 1.5.10）。

2016 年外省卫视在广州电视节目市场的竞争中表现一般，仅在综艺和青少类节目市场中的收视份额超过30%。其中，外省卫视在综艺类节目上的收视份额为 46.4%，位列各类频道的首位，在青少类节目上的收视份额则为 32.0%；电视剧和生活服务类节目也是外省卫视表现相对较好的节目类型，其收视份额均在 10%～20%之间，分别在各细分市场中位列第二；外省卫视在专题、法制和电影类节目上的收视份额在 5%～10%之间，竞争力较弱；而在音乐、新闻/时事、戏剧、外语、体育、教学和财经类节目市场，外省卫视的收视份额均不足 5%（图 1.5.10）。

2016 年广东广播电视台保持了在广州近半数节目市场中的领导地位。广东广播电视台在新闻/时事、戏剧、体育、生活服务、青少、电视剧和电影类节目市场的收视竞争力表现突出，收视份额均超 35%，居市场龙头位置；其中，在电视剧和电影类市场，广东广播电视台的收视份额分别高达 53.4%和 50.0%，占据了细分市场的半壁江山；在专题和法制类节目市场，广东广播电视台的收视份额达到 20%及以上，均位居市场第二；在外语和财经类节目市场，广东广播电视台的收视份额都在 15%以上；相比之下，广东广播电视台在综艺、音乐和教学类节目市场的竞争力较弱，收视份额最高也不超过 13%（图 1.5.10）。

2016 年广州市广播电视台在本地电视市场的竞争表现差强人意。2016 年广州市广播电视台在法制类节目市场居首位，收视份额为 43.3%；在新闻/时事类节目市场，广州市广播电视台的收视份额达 38.8%，居市场亚军位置；在综艺、专题、体育、生活服务、电视剧和财经类节目市场，广州市广播电视台的收视份额均在 10% ~20% 之间，竞争力有待提升；在电影、教学、青少、外语、戏剧和音乐类节目市场，广州市广播电视台表现不佳，收视份额不超过 6%（图 1.5.10）。

延续 2015 年的状态，2016 年境外频道在广州外语类节目市场仍保持压倒性优势地位，收视份额高达 72.6%；境外频道在教学类节目上的收视份额为 20.4%，市场竞争地位仅次于中央电视台；在财经、生活服务和专题类节目市场，境外频道竞争力一般，收视份额在 10% ~20% 之间；而在电视剧、电影、法制、青少、体育、戏剧、新闻/时事、音乐和综艺类节目市场，境外频道竞争力较弱，收视份额均在 10% 以下（图 1.5.10）。

其他频道在 2016 年广州市场的收视竞争力依旧微弱，除在新闻/时事类节目市场的收视份额为 1.0%，其余均在 0.8% 以下（图 1.5.10）。

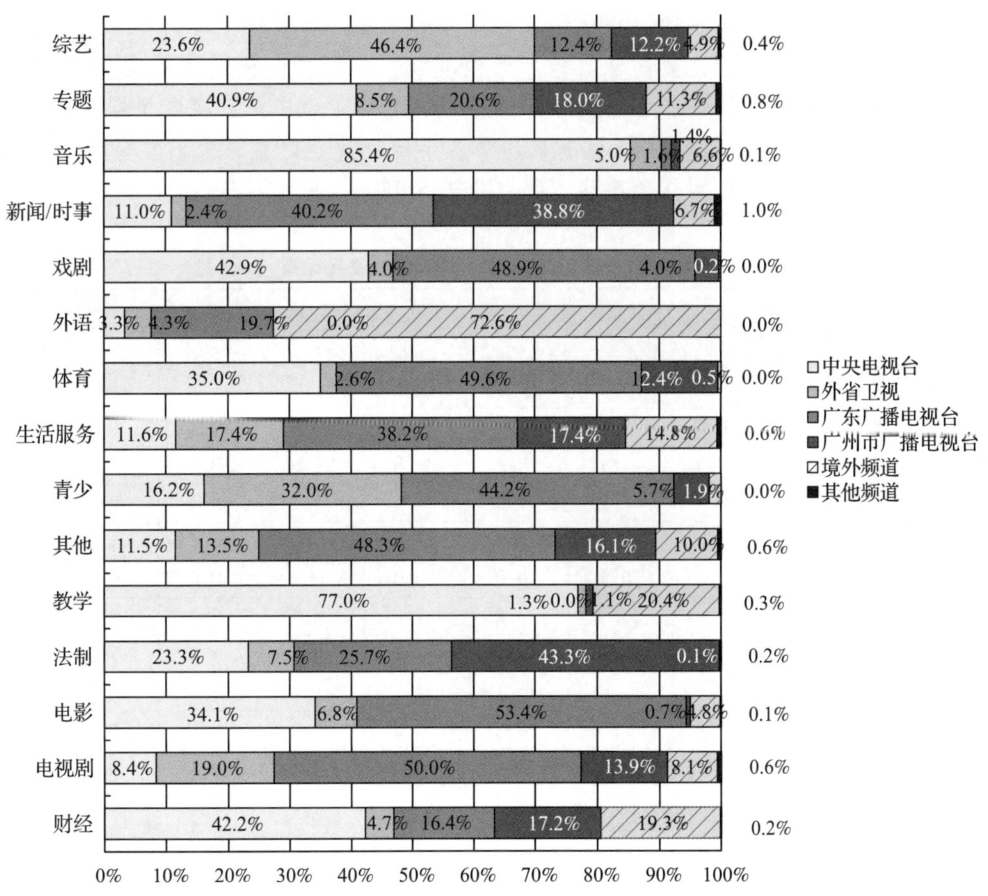

数据来源：CSM 媒介研究

图 1.5.10 2016 年广州市场各类频道在不同节目类别中的收视份额（%）

3. 细分节目市场吸引不同观众群体，不同观众节目偏好不同

2016年广州男性观众在电影、体育、新闻/时事和专题类节目上的收视比重明显高于女性观众；相比男性观众，广州女性观众对电视剧、生活服务和综艺类节目的收视倾向更明显；男、女观众对电视剧和体育类节目的收视偏好差异显著，比重差值均在2个百分点以上；对于财经、法制、教学、青少、外语、戏剧和音乐类节目，广州不同性别观众间的差异较小，收视比重差值均不超过0.3个百分点（表1.5.13）。

在年龄方面，2016年广州4～14岁观众将25.3%的收视时间用于收看青少类节目，收视比重明显高于其他年龄段人群，他们在电影类节目上的收视比重也较高，居细分市场亚军的位置；15～24岁观众收看综艺类节目的时间比重为各年龄段观众之首，在体育和音乐类节目上的收视比重也较高；25～34岁人群对青少、生活服务、体育和综艺类节目的关注较多，收视比重均在广州观众整体的平均水平之上；35～44岁观众在财经、电影、体育、音乐节目上的收视比重均高于其他各年龄段观众，他们对综艺节目的收视比重仅次于15～24岁观众；45～54岁观众在电视剧、电影、法制、新闻/时事、音乐和专题类节目上都表现出不同程度的收视偏好；55～64岁观众对法制、戏剧和专题类节目的收视倾向最为明显，收视比重高于其他年龄段观众，他们在电视剧和新闻/时事类节目上的收视比重也较高；65岁及以上的广州观众收视兴趣较为广泛，在电视剧、教学、生活服务和新闻/时事类节目上的收视比重均居各年龄段观众之首，他们在法制和戏剧类节目上的收视比重也高于观众的平均水平（表1.5.13）。

表1.5.13　2016年广州市场不同性别和年龄观众对各类节目的收视比重（%）

节目类型	性别		年龄						
	男	女	4～14岁	15～24岁	25～34岁	35～44岁	45～54岁	55～64岁	65岁及以上
财经	0.4	0.4	0.2	0.3	0.3	0.6	0.4	0.4	0.4
电视剧	27.4	29.9	24.1	27.3	27.8	24.6	30.6	31.2	32.5
电影	5.9	4.1	6.2	5.0	5.1	7.7	5.4	3.4	2.5
法制	1.1	1.2	0.4	0.9	0.9	0.9	1.5	1.6	1.3
教学	0.1	0.1	0.1	0.0	0.0	0.1	0.0	0.1	0.3
青少	5.6	5.9	25.3	2.2	7.6	6.0	2.5	3.1	1.9
生活服务	6.7	7.4	5.9	7.1	7.2	6.6	7.0	7.1	7.9
体育	5.9	3.2	2.4	5.1	4.7	5.8	4.4	4.5	4.4
外语	0.0	0.0	0.0	0.0	0.0	0.0	0.0	0.0	0.0
戏剧	0.1	0.1	0.1	0.1	0.1	0.1	0.1	0.3	0.2
新闻/时事	17.2	16.5	8.0	18.0	15.4	16.0	17.9	19.4	19.9
音乐	1.0	1.1	0.5	1.5	0.7	1.9	1.2	0.9	0.6
专题	6.7	6.1	3.8	6.2	6.4	6.5	6.7	7.4	6.4
综艺	8.2	9.7	9.6	11.9	9.3	10.0	8.2	7.0	8.2
其他	13.5	14.4	13.4	14.4	14.6	13.4	14.1	13.6	13.4

数据来源：CSM媒介研究

在教育程度方面，2016 年广州未受过正规教育的观众对青少类节目最为偏爱，收视比重达 24.0%，远超其他学历观众；小学学历观众对电视剧和戏剧类节目的关注度较高，收视比重位居各类观众群体之首；初中学历观众在电影和法制类节目上的收视比重高于其他观众，在体育节目上的收视比重也较高；高中学历观众的收视兴趣较为广泛，其中在专题类节目上的收视比重最高，在财经、电影、法制、生活服务、体育、新闻/时事和综艺类节目上的收视比重第二高；大学及以上学历观众对财经、生活服务、体育、新闻/时事和综艺类节目的收视比重在各学历观众中最高，对专题节目的收视比重也高于观众的平均水平。相对而言，各受教育程度观众分配给教学和外语类节目的时间都较少，差异也很微弱。另外，随着学历的升高，广州观众对财经、体育和新闻/时事类节目的关注度逐步提高（表 1.5.14）。

表 1.5.14 2016 年广州市场不同受教育程度和个人月收入观众对各类节目的收视比重（%）

节目类型	受教育程度					个人月收入（元）						
	未受过正规教育	小学	初中	高中	大学及以上	0～600 元	601～1200 元	1201～1700 元	1701～2600 元	2601～3500 元	3501～5000 元	5001 元及以上
财经	0.2	0.3	0.3	0.4	0.6	0.3	0.2	0.4	0.4	0.3	0.5	0.6
电视剧	26.7	33.7	31.0	27.0	23.5	29.4	33.8	29.1	31.0	29.0	25.2	19.9
电影	4.2	4.7	5.7	5.3	3.9	5.1	3.1	5.9	5.4	4.6	5.0	6.6
法制	0.5	1.0	1.3	1.2	1.1	0.7	1.7	3.1	1.0	1.2	1.4	1.1
教学	0.0	0.1	0.1	0.1	0.1	0.0	0.0	0.1	0.2	0.1	0.1	0.1
青少	24.0	9.2	4.2	4.5	3.8	12.0	4.1	2.4	3.7	3.0	4.1	6.5
生活服务	7.1	6.1	6.9	7.2	7.6	6.9	7.1	7.1	7.0	7.2	7.1	6.8
体育	1.0	3.1	4.6	4.6	6.5	3.2	2.9	3.4	4.7	5.2	5.6	6.8
外语	0.0	0.0	0.0	0.0	0.0	0.0	0.0	0.0	0.0	0.0	0.0	0.0
戏剧	0.1	0.2	0.1	0.1	0.1	0.1	0.4	0.0	0.1	0.1	0.1	0.1
新闻/时事	10.7	13.8	16.9	17.7	19.2	12.1	17.5	17.7	17.6	19.4	18.2	18.5
音乐	0.7	0.6	1.1	1.1	1.1	1.2	0.5	1.2	1.2	0.8	1.2	0.8
专题	3.3	5.1	6.6	7.1	6.9	5.5	5.5	8.4	6.2	6.5	7.5	8.0
综艺	6.2	8.2	7.2	10.0	11.5	9.6	8.4	8.0	7.5	8.6	10.2	10.6
其他	15.3	13.9	14.0	13.6	14.0	13.9	14.7	13.3	14.1	13.9	13.7	13.7

数据来源：CSM 媒介研究

2016 年广州个人月收入 0～600 元的观众在青少类节目上的收视比重远超其他群体，在电视剧上的收视比重也较高；个人月收入 601～1200 元的观众在电视剧和戏剧类节目上的收视比重高于其他各收入水平的观众，他们在法制、生活服务和新闻/时事类节目上的收视比重也高于观众总体的平均水平；个人月收入 1201～1700 元的观众在法制和专题类节目上的收视比重在各类人群中最高，他们在电影节目上的收视比重也较高；个人月收入1701~2600元的观众相比于其他收入水平的观众更青睐教学类节目，他们在电视剧、电影、体育、新闻/时事和音乐类节目上的收视比重也较高；个人月收入2601~3500元的观众倾注于生活服务和新闻/时事类节目的时间比重高于其他观众，他们倾注于电视剧、体育和专题类节目的时间比重高于观众总体的平均水平；个人月收入3501~5000元的观众在财经、法制、生活服务、体育、新闻/时事、音乐、专题和综艺节目上的时间比重均高于广州观众的平均水平；个人月收入5001元及以上的观众对财经、电影、体育和综艺类节目表现出明显的收视倾向，其收视比重在其他收入段观众中最高，他们对青少、新闻/时事和专题类节目也表现出较高的的收视热情（表1.5.14）。

就职业来看，2016年广州干部/管理人员在财经、新闻/时事、音乐和专题类节目上的收视比重高于其他不同职业的观众，对法制和体育类节目的关注度也较高；个体/私营企业人员在专题类节目上的收视时间比重为7.5%，在细分市场中处于领先地位；初级公务员/雇员群体在体育类节目上的收视比重居各职业群体之首，他们对生活服务、新闻/时事和综艺类节目上也表现出较高的关注度；工人群体在电视剧和生活服务类节目上的时间比重相对较高；学生群体对于青少和综艺类节目的关注度遥遥领先，在音乐类节目上的收视偏好也较明显；相较于其他职业群体，无业人群则对法制、生活服务和戏剧类节目最为青睐，对青少类节目的关注度也较高（表1.5.15）。

表1.5.15　2016年广州市场不同职业观众对各类节目的收视比重（%）

节目类型	职业						
	干部/管理人员	个体/私营企业人员	初级公务员	工人	学生	无业	其他
财经	0.6	0.4	0.4	0.3	0.3	0.4	0.2
电视剧	23.1	25.5	24.5	31.2	26.8	30.4	38.3
电影	5.7	7.1	4.6	6.5	6.2	3.5	7.5
法制	1.3	1.2	0.9	1.1	0.5	1.4	1.0
教学	0.0	0.1	0.1	0.0	0.1	0.1	0.0
青少	4.2	4.8	4.0	4.7	12.1	6.1	5.8
生活服务	6.3	6.6	7.0	7.0	6.1	7.4	6.1
体育	5.9	5.4	7.2	3.2	4.0	4.0	3.7
外语	0.0	0.0	0.0	0.0	0.0	0.0	0.0
戏剧	0.1	0.1	0.1	0.1	0.1	0.2	0.1
新闻/时事	20.3	16.5	18.6	16.8	11.8	17.3	14.8
音乐	2.3	1.1	0.9	0.8	1.6	1.0	0.1
专题	7.5	7.5	6.6	6.4	5.1	6.4	4.2
综艺	9.7	9.9	10.9	7.7	12.2	7.8	5.0
其他	13.0	13.9	14.0	14.2	13.1	14.0	13.2

数据来源：CSM媒介研究

六、电视广告投放与竞争格局

根据央视市场研究（CTR）发布的广告监测数据①，2016年中国整体广告市场同比下降了0.6%，其中传统媒体广告投放额同比下降6.0%。2016年电视广告投放额为5538亿元人民币，同比2015年下降了3.7%，广告时长减少了4.4%；广播广告投放额同比上升了2.1%，广告时长同比减少了10.2%；报纸和杂志广告投放额继续断崖式下滑，同比分别下降了38.7%和30.5%。

（一）中国电视广告投放基本情况

1. 2016年中国电视广告投放额同比2015年下降3.7%

2016年中国电视广告投放额为5538亿元人民币，比2015年减少了210亿元人民币，下降了3.7%。与2015年相比，2016年电视广告投放额平均每个月减少17.5亿元人民币。从分月数据来看，1月、8月和9月同比略有上升，其他9个月份出现了不同程度的下降（图1.6.1）。

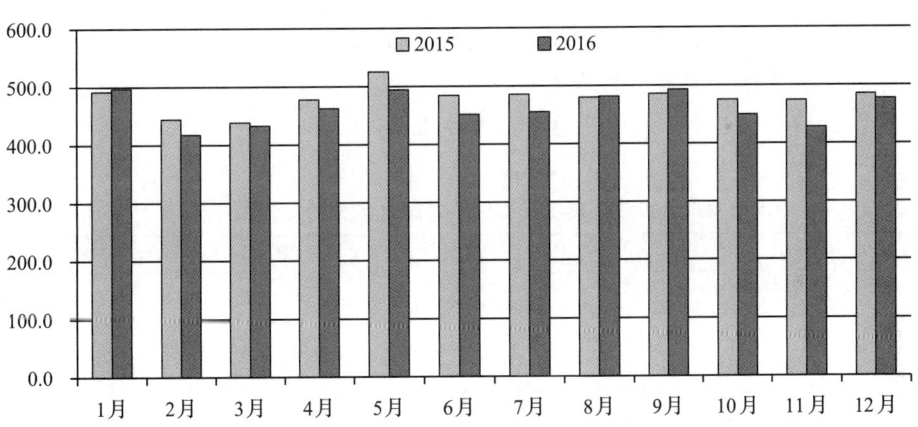

数据来源：央视市场研究媒介智讯（CTR MI）

图1.6.1　2015年、2016年各月中国电视广告投放额（人民币：亿元）

2. 药品类广告投放额同比大幅增长，成为广告投放额最大的行业

2016年中国电视广告投放额排名前5位的行业是药品、饮料、食品、化妆品/浴室用品和酒精类饮品。2016年广告投放额TOP10行业中，增长幅度较大的是活动类、药品和酒精类饮品行业，同比2015年分别增长了20.9%、16.2%和11.5%；饮料、化妆品/浴室用品行业、商业及服务性行业、娱乐及休闲和交通行业都出现了不同程度的负增长（表1.6.1）。

① 2016年广告投放额以CTR2016年监测范围为基准进行统计，2016年广告投放增长情况以CTR2015年监测范围为基准进行比较；广告投放额以媒体公开报价为统计标准，不含折扣；广告监测时间为17:00~24:00。

表 1.6.1　2016 年中国电视广告投放额排名前十位的品类（人民币：亿元）

品类	2016 年	2015 年	增长率
药品	812.3	698.9	16.2%
饮料	798.5	928.4	-14.0%
食品	719.0	732.4	-1.9%
化妆品/浴室用品	687.5	801.6	-14.3%
酒精类饮品	376.9	337.8	11.5%
商业及服务性行业	372.1	425.0	-12.7%
娱乐及休闲	322.3	358.1	-10.2%
交通	216.2	243.3	-11.1%
活动类①	209.7	173.0	20.9%
清洁用品	190.6	178.8	6.5%

数据来源：央视市场研究媒介智讯（CTR MI）

3. 广告投放额排名前十位的品牌中与健康相关的品牌占据半壁江山

2016 年电视广告投放额 TOP10 的品牌中，鸿茅品牌以 150.8 亿元人民币的广告投放额拔得头筹。在排名前 10 位的品牌中，有 6 个品牌是与健康相关的品牌，它们分别是鸿茅、陈李济、香丹清、汇仁、摩美得和曹清华，其余的 4 个品牌，两个来自化妆品/浴室用品品类，两个来自食品和饮料行业（表 1.6.2）。

表 1.6.2　2016 年中国电视广告投放额排名前十位的品牌（人民币：亿元）

品牌	所属品类	2016 年	2015 年	增长率
鸿茅	酒精类饮品/活动类/商业及服务性行业/药品	150.8	76.7	96.4%
陈李济	药品/活动类/饮料	94.4	70.1	34.7%
香丹清	食品/活动类/药品	78.0	41.1	89.7%
汇仁	药品/商业及服务性行业/活动类/酒精类饮品	75.2	102.9	-27.0%
康师傅	饮料/食品/活动类/娱乐及休闲	58.8	52.6	11.8%
摩美得	药品	57.6	51.2	12.5%
伊利	饮料/食品/活动类	55.2	46.0	19.9%
欧莱雅	化妆品/浴室用品	53.5	78.0	-31.5%
曹清华	药品	52.9	39.0	35.6%
海飞丝	化妆品/浴室用品	48.7	42.9	13.6%

数据来源：央视市场研究媒介智讯（CTR MI）

① 活动类广告大幅增长的主要原因是行业中的商业演出/电影宣传增长明显，还有“G20 峰会”这种政府类活动宣传的带动。

4. 中央级频道广告投放额上升，省会城市台下降幅度较大

从各级电视频道的广告投放额和投放时长来看，2016 年中央级频道的广告投放额同比上涨了 3.5%，时长同比上涨了 11.4%；省级卫视广告投放额同比下降了 5.6%，时长同比下降了 11.3%；省级地面频道的广告投放额同比下降了 0.7%，时长同比上升了 0.2%；省会城市台的广告投放额同比下降了 19.0%，时长同比下降了 14.7%。在各级频道中，省会城市台的广告投放额下降幅度最大（图 1.6.2）。

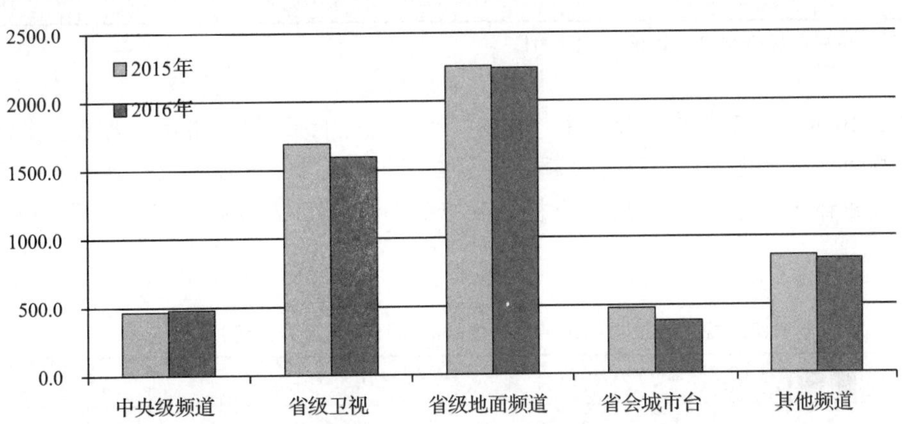

数据来源：央视市场研究媒介智讯（CTR MI）

图 1.6.2　2015 年、2016 年全国各类频道的广告投放额（人民币：亿元）

在 2016 年中央电视台广告投放额排名 TOP5 的品类中，交通行业仍然保持首位，投放额比 2015 下降了 4.6%；食品行业同比 2015 年下降了 14.4%，饮料行业下降了 17.6%；娱乐及休闲行业和邮电通讯行业出现大幅增长，同比分别上升了 34.3% 和 61.3%（表 1.6.3）。

表 1.6.3　2016 年中央电视台广告投放额排名前五位的品类（人民币：亿元）

品类	2016 年	2015 年	增长率
交通	65.6	68.7	-4.6%
食品	49.7	58.1	-14.4%
娱乐及休闲	46.8	34.8	34.3%
饮料	44.9	54.5	-17.6%
邮电通讯	44.0	27.3	61.3%

数据来源：央视市场研究媒介智讯（CTR MI）

在 2016 年中央电视台广告投放额排名 TOP5 品牌中，优彼品牌仍然保持在首位，其他 4 个品牌则出现了较大变化，分别来自邮电通讯和房地产行业，分别是邮电通讯行业的 8848 和家家、房地产行业的碧桂园和恒大（表 1.6.4）。

表 1.6.4　2016 年中央电视台广告投放额排名前五位的品牌（人民币：亿元）

品牌	所属品类	2016 年	2015 年	增长率
优彼	娱乐及休闲/个人用品/活动类	20.9	9.5	119.5%
8848	邮电通讯	12.4	0.6	〉1000.0%
碧桂园	房地产/建筑工程行业	11.0	0.0	〉1000.0%
恒大	房地产/建筑工程行业/工业用品/农业	8.5	3.2	169.6%
家家	邮电通讯	6.8	3.8	81.2%

数据来源：央视市场研究媒介智讯（CTR MI）

在 2016 年省级卫视广告投放中，饮料、食品、化妆品/浴室用品、药品、交通行业是最重要的支柱行业，居广告投放额的前 5 位。2016 年除了食品行业，其他 4 个行业的广告投放额都出现了不同程度的下降，其中药品行业的广告投放额下降了 20%（表 1.6.5）。

表 1.6.5　2016 年省级卫视广告投放额排名前五位的品类（人民币：亿元）

品类	2016 年	2015 年	增长率
饮料	356.9	410.7	-13.1%
食品	280.9	249.4	12.6%
化妆品/浴室用品	228.9	246.4	-7.1%
药品	204.4	255.4	-20.0%
交通	76.0	83.8	-9.4%

数据来源：央视市场研究媒介智讯（CTR MI）

2016 年省级卫视广告投放额排名 TOP5 的品牌集中在药品、食品和饮料三大行业，其中汇仁和江中出现了较大幅度的负增长，同比下降了 22.3% 和 65.0%，而均瑶、伊利和康师傅则出现了较大幅度的正增长，其中康师傅的同比增幅达到了 40.6%（表 1.6.6）。

表 1.6.6　2016 年省级卫视广告投放额排名前五位的品牌（人民币：亿元）

品牌	所属品类	2016 年	2015 年	增长率
汇仁	药品/商业及服务性行业	34.7	44.7	-22.3%
均瑶	饮料/活动类	32.2	23.5	37.1%
江中	药品/食品/饮料/个人用品	31.1	88.8	-65.0%
伊利	饮料/食品	26.5	20.8	27.2%
康师傅	饮料/食品/娱乐及休闲/活动类	26.3	18.7	40.6%

数据来源：央视市场研究媒介智讯（CTR MI）

（二）中国电视广告市场竞争格局

1. 频道间竞争：中央级频道份额上升，省级卫视份额下降

2016年各类电视频道广告投放的竞争中，中央级频道的份额同比2015年增加了0.7个百分点；省级卫视频道同比下降了0.6个百分点；省级地面频道同比上升了1.3个百分点；省会城市台同比下降了1.3个百分点（表1.6.7）。

表1.6.7　2015年、2016年各类电视频道广告投放额所占份额及变化

频道类别	2015年	2016年	份额变化（百分点）
中央级频道	8.0%	8.7%	0.7%
省级卫视	29.4%	28.8%	-0.6%
省级地面频道	39.1%	40.4%	1.3%
省会城市台	8.3%	7.0%	-1.3%
其他频道	15.2%	15.1%	-0.1%

数据来源：央视市场研究媒介智讯（CTR MI）

在2016年省级卫视广告投放额排名TOP10的频道中，湖北卫视、云南1套和河南1套这3个二三线卫视占据了排名的前3位，而长期排名靠前的湖南卫视、江苏卫视、浙江卫视等一线卫视排名下滑，这可能与数据统计口径有关，只统计硬广告刊例价，广告投放额以媒体公开报价为统计标准，不含折扣（表1.6.8）。

表1.6.8　2015年、2016年广告投放额排名前十位的省级卫视频道（人民币：亿元）

排名	2015年		2016年	
	频道	投放额	频道	投放额
1	江苏卫视	112.7	湖北卫视	113.8
2	湖北卫视	104.4	云南1套（卫视频道）	103.1
3	河南1套（卫视）	97.4	河南1套（卫视）	98.2
4	天津卫视	88.0	浙江卫视	98.1
5	山东卫视	87.7	天津卫视	91.9
6	浙江卫视	85.7	江苏卫视	90.3
7	云南1套（卫视频道）	85.5	山东卫视	84.9
8	福建东南电视台（卫视）	81.7	东方卫视	82.6
9	黑龙江电视台卫星频道	80.6	黑龙江电视台卫星频道	70.3
10	湖南电视台卫星频道	78.5	湖南电视台卫星频道	69.2

数据来源：央视市场研究媒介智讯（CTR MI）

在省会城市电视台广告投放额排名TOP10中，大多数电视台的广告投放额均出现了不同程度的下滑；长期排名第一位的广州电视台下跌为第二位，昆明电视台上升为首位（表1.6.9）。

表 1.6.9　2015 年、2016 年广告投放额排名前十位的省会城市电视台（人民币：亿元）

排名	2015 年		2016 年	
	频道	投放额	频道	投放额
1	广州电视台	53.5	昆明电视台	60.2
2	昆明电视台	45.2	广州电视台	37.7
3	南京电视台	42.1	南京电视台	33.2
4	合肥电视台	42.0	武汉电视台	29.7
5	长沙电视台	33.7	长沙电视台	25.9
6	西安电视台	30.9	郑州电视台	19.2
7	武汉电视台	30.7	南宁电视台	19.2
8	郑州电视台	22.8	杭州电视台	14.4
9	杭州电视台	19.6	福州电视台	13.9
10	南宁电视台	19.2	合肥电视台	13.9

数据来源：央视市场研究媒介智讯（CTR MI）

2. 行业投放竞争：药品行业对电视广告投放的正向贡献最大，饮料、化妆品/浴室用品行业的负向贡献最大

2016 年中国电视广告投放额同比 2015 年有所下降，21 个行业中有 9 个增长、12 个下跌。各行业对电视广告投放额增长的贡献率①与往年相比发生了一些变化，药品行业的贡献率仍然表现突出，而饮料、化妆品/浴室用品等行业的贡献率则呈现较大的负值（图 1.6.3）。

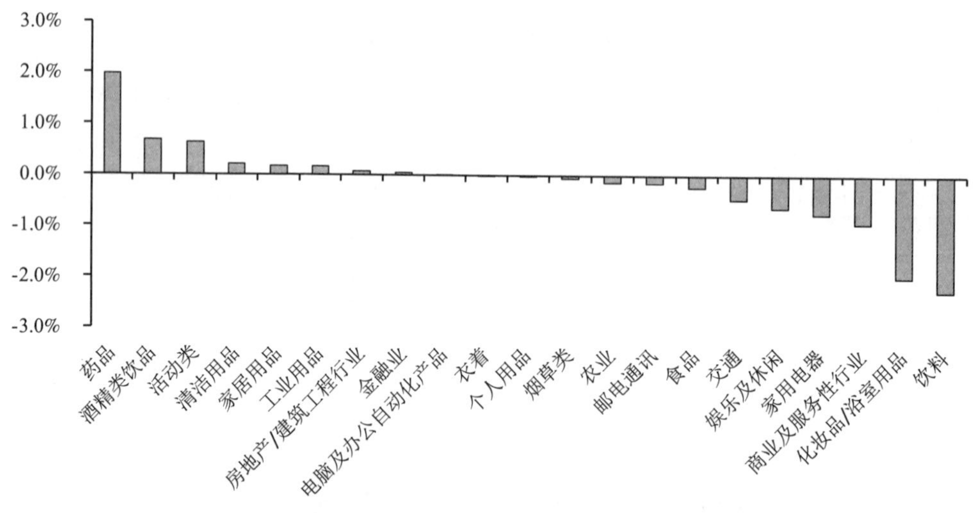

数据来源：央视市场研究媒介智讯（CTR MI）

图 1.6.3　2016 年不同行业对中国电视广告投放额增长的贡献率（%）

① 某行业对电视广告增长贡献率 = 某行业电视广告增长额 /电视广告总增长额 × 电视广告总增长率。

第二部分
Part Two

专题 Analysis Report

2016 年中国电视收视市场大事件扫描

2016 年电视媒体收视竞争的关键词可以归纳为"头部阵营"，排名靠前的几家省级卫视之间收视差距逐渐缩小，正在形成所谓的"头部阵营"。由于电视剧播出量的缩减，综艺节目跃升至观众收视时长排名第二的位置，也成为"头部阵营"发力的重点。随着综艺节目走向制播分离，电视综艺节目数量日益增多、品质不断提升，超高收视的爆款综艺节目却趋于减少甚至逐渐消失，取而代之的是一批中高收视的节目，其中既有综 N 代，也不乏原创新模式。2016 年还是奥运之年，女排夺冠令人振奋不已，羽毛球"林李大战"令人荡气回肠，电视收视市场可谓热点不断。本文就以"月历"的形式对 2016 年中国电视收视市场的大事件进行扫描与梳理，以发现 2016 年的关注点。

1 月

1 月 8 日：《最强大脑》第三季首播

大型科学竞技真人秀《最强大脑》第三季于 2016 年 1 月 8 日起每周五 21:00 在江苏卫视首播，于 2016 年 4 月 1 日收官。《最强大脑》第三季 12 期节目平均收视率为 1.8%，同时段市场份额为 6.2%，整体收视表现与第二季相当（图 1）。

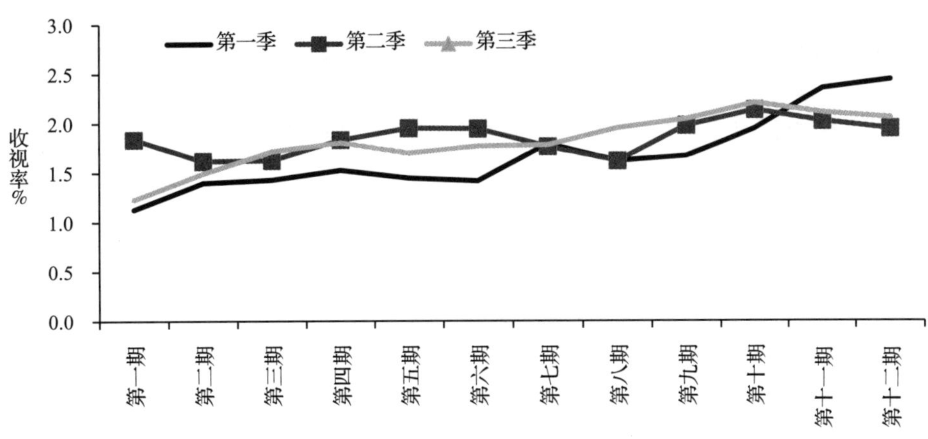

数据来源：CSM 媒介研究

图 1　江苏卫视《最强大脑》前三季收视对比（历年所有调查城市）

1月11日：两家卫视联播年代剧《少帅》

50集年代剧《少帅》讲述了历史传奇人物张学良辉煌而又坎坷的一生。该剧由长春电影制片厂、小马奔腾等出品，张黎执导，文章、李雪健、宋佳等主演，于2016年1月11日登陆北京卫视、上海东方卫视晚间剧场。两家卫视联播总收视率为2.2%，市场份额为5.6%（表1）。

表1　《少帅》在两家联播卫视收视概况（首播，所有调查城市）

节目名称	播出频道	收视率（%）	市场份额（%）
少帅	北京卫视	1.2	3.1
少帅	上海东方卫视	1.0	2.5

数据来源：CSM媒介研究

1月17日：《欢乐喜剧人》第二季首播

《欢乐喜剧人》是由东方卫视与欢乐传媒联合打造的明星喜剧竞赛真人秀节目，由郭德纲担任主持，岳云鹏、小沈阳、潘斌龙、崔志佳等担任参赛选手。该节目第二季于2016年1月17日起每周日21:00在东方卫视首播，于2016年4月10日收官。《欢乐喜剧人》第二季12期节目平均收视率为2.1%，同时段市场份额为7.8%，远高于第一季收视水平。其中4月3日一期（第十一期）的收视率达到2.7%，同时段市场份额为9.3%（图2）。

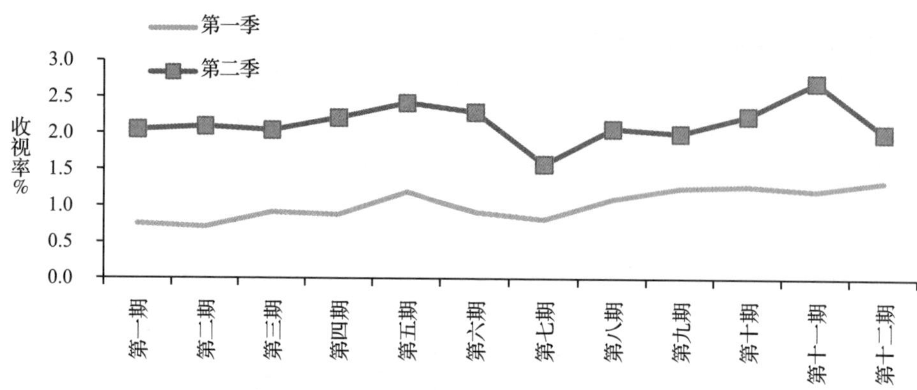

数据来源：CSM媒介研究

图2　上海东方卫视《欢乐喜剧人》前两季每期收视走势（历年所有调查城市）

1月29日：《王牌对王牌》第一季首播

《王牌对王牌》是浙江卫视推出的大型原创室内竞技真人秀节目，由浙江卫视节目中心制作。节目每期围绕一个主题，邀请两支王牌团队，由两队固定队长各带领多名热门嘉宾进行PK，通过才艺比拼、游戏竞技，选出王牌中的王牌。该节目于2016年1月29日~4月8日每周五晚黄金档播出。《王牌对王牌》第一季11期平均收视率为2.2%，同时段市场份额为6.1%。

2 月

2 月 7 日：中央电视台春节联欢晚会多屏直播

根据 CSM 媒介研究全国网收视调查数据，国内有 6.9 亿观众通过电视收看了 2016 央视春晚直播，有 1.38 亿人在网上收看了春晚直播。央视春晚多屏直播收视率达到 30.98%，比 2015 年的 29.53% 提高了 1.45 个百分点。电视直播收视率达到 29.94%，比 2015 年的 28.37% 提高了 1.57 个百分点；总收视份额达到 71.46%，较 2015 年提升了 2.06 个百分点。中央台并机频道总收视率达到 17.16%，比 2015 年提高了 2.57 个百分点。其中中央台综合频道收视率为 6.98%，综艺频道收视率为 5.41%，中文国际频道收视率为 2.14%，军事农业频道收视率为 1.14%，少儿频道收视率为 1.49%。除夕当晚 20:00 ~ 凌晨 2:00 电视时移收视率为 0.0448%，比 2015 年春晚的 0.0252% 提升了 0.0196 个百分点，增长幅度为 77.9%。网络直播收视率为 1.4921%，比 2015 年网络直播收视率的 1.6179% 降低了 0.13 个百分点。

2 月 8 日：其他春节联欢晚会收视竞争激烈

除了中央台大年夜的春节联欢晚会，多个上星频道从小年夜到大年初一也陆续播出了各具特色的春节联欢晚会。其中湖南卫视小年夜春晚收视率为 2.0%，在 2016 年省级卫视春晚中收视率相对较高；除夕前一天播出的辽宁卫视春晚收视率也达到 1.9%。中央台三套在北方小年夜播出的《CCTV 网络春晚》也取得了 1.8% 的收视率。大年初一的竞争最激烈，包括湖南、北京、江苏和上海的 4 家卫视都播出了春节联欢晚会，收视率分别是 1.5%、1.3%、1.3% 和 0.9%。山东台、安徽台等省台也避开除夕和初一，在春节前后播出了各自的春节联欢晚会，收视率为 1.2% 和 0.8%（表 2）。

表 2　2016 年部分其他春节联欢晚会收视表现（所有调查城市）

节目名称	播出频道	播出日期	收视率（%）	市场份额（%）
2016 湖南卫视小年夜春晚	湖南卫视	2016/2/2	2.0	8.3
2016 辽宁卫视春节联欢晚会万家灯火幸福年	辽宁卫视	2016/2/6	1.9	6.9
CCTV 网络春晚	中央台三套	2016/2/1	1.8	4.6
文化中国四海同春 2016 全球华侨华人春节大联欢	湖南卫视	2016/2/8	1.5	4.4
2016 北京电视台春节联欢晚会	北京卫视	2016/2/8	1.3	4.8
2016 我们更幸福江苏卫视春节联欢晚会	江苏卫视	2016/2/8	1.3	4.6
花 YOUNG 年华山东卫视 2016 春节联欢晚会	山东卫视	2016/2/4	1.2	4.2
春满东方 2016 群星新春大联欢	上海东方卫视	2016/2/8	0.9	3.4
金猴报春福满江淮 2016 安徽卫视春节联欢晚会	安徽卫视	2016/2/5	0.8	2.6

数据来源：CSM 媒介研究

2月8日:《星光大道》总决赛播出

中央台《星光大道》2015年度总决赛于2016年2月8日大年初一晚在中央电视台综合频道播出，最终王紫凝摘得总决赛冠军。《星光大道》总决赛节目收视率为2.3%，市场份额为7.3%，高于大年初一当天各家省级卫视播出的春晚节目。

2月10日：电影《九层妖塔》收视创新高

中央台六套假期播出的《九层妖塔》《智取威虎山》《澳门风云二》《捉妖记》等多部电影获得了良好的收视表现。这几部电影都是位列2015年票房排行榜前列的国产影片。部分年度热门影片在年内的多次重播仍有不错的收视表现。

表3　2016年中央台六套部分电影收视表现（所有调查城市）

节目名称	播出频道	播出日期	收视率（%）	市场份额（%）
九层妖塔	中央台六套	2016/2/10	2.1	6.7
智取威虎山	中央台六套	2016/2/12	2.0	6.2
澳门风云二	中央台六套	2016/2/6	2.0	5.6
捉妖记	中央台六套	2016/1/1	1.9	5.1

数据来源：CSM媒介研究

2月13日：两家卫视联播古装传奇剧《女医明妃传》

50集古装传奇剧《女医明妃传》讲述了明代著名女医谭允贤凭借对医学的痴迷和热爱，克服重重困难，开创并建立女医制度，最终成为一代女国医的故事。该剧由新丽传媒、唐人影视出品，李国立执导，刘诗诗、霍建华、黄轩等主演，于2016年2月13日登陆江苏卫视、上海东方卫视晚间剧场。两家卫视联播总收视率为2.3%，市场份额为6.1%，在2016年两家联播电视剧中收视表现较高。

表4　《女医明妃传》在两家联播卫视收视概况（首播，所有调查城市）

节目名称	播出频道	收视率（%）	市场份额（%）
女医明妃传	江苏卫视	1.1	2.9
女医明妃传	上海东方卫视	1.2	3.2

数据来源：CSM媒介研究

2月22日：元宵晚会为春节收视画上句点

2016年元宵晚会仍然以央视和湖南卫视两家的收视表现最好，但北京卫视、辽宁卫视、江苏卫视、上海东方卫视等多家省级卫视的元宵晚会也逐渐表现出更强的竞争力。其中央视的元宵晚会在中央电视台综合频道和中央台三套合计的总收视率达到8.8%，同时段市场份额达到22.7%，保持了前一年的收视水平。中央台四套22:00的重播也获得了0.5%的收视率。湖南卫视《2016元宵喜乐会》的平均收视率为2.3%。而北京卫视、江苏卫视、辽宁卫视的元宵晚会收视率也提升到0.4%~0.5%的水平。

表5　2016年央视及部分省级卫视元宵节晚会收视概况（所有调查城市）

晚会名称	播出频道	收视率（%）	市场份额（%）
2016中央电视台元宵晚会	中央电视台综合频道	4.1	10.7
	中央台三套	4.7	12.0
	中央台四套（重播）	0.5	2.8
2016元宵喜乐会	湖南卫视	2.3	7.0
江苏卫视元宵晚会荔枝元宵包袱铺	江苏卫视	0.5	2.4
2016年北京电视台元宵晚会	北京卫视	0.5	1.8
2016欢天喜地闹元宵	辽宁卫视	0.4	2.2

数据来源：CSM媒介研究

3月

3月6日：2016年世界乒乓球团体锦标赛收官

2016年世界乒乓球团体锦标赛于2016年2月28日~3月6日在马来西亚吉隆坡举行。3月6日决赛中，中国乒乓球女队以3:0横扫日本队，中国男队也以3:0战胜日本队。其中晚间时段男团决赛一场的直播收视率达到2.0%，同时段市场份额为5.9%。

3月15日：中央电视台“3·15”晚会收视较往年下滑

2016年，中央台继续推出主题为“共筑消费新生态”的“3·15”晚会。2016年“3·15”晚会于2016年3月15日20:00在中央台二套财经频道直播，中央电视台综合频道在22:40重播。整场晚会的平均收视率为1.8%，同时段市场份额为5.3%，低于往年在中央电视台综合频道播出时的收视表现（表6）。

表6　2014~2016年中央台“3·15”晚会收视概况（历年所有调查城市）

节目名称	播出频道	收视率（%）	市场份额（%）
2016年3·15晚会 共筑消费新生态	中央台二套	1.8	5.3
2015年3·15晚会 消费在阳光下	中央电视台综合频道	2.5	8.3
2014年3·15晚会 让消费更有尊严	中央电视台综合频道	3.3	8.8

数据来源：CSM媒介研究

4月

4月8日：《我是歌手》第四季上演歌王之战

歌唱真人秀节目《我是歌手》第四季于2016年1月15日起每周五晚间22点档首播，本季歌手主要包括李玟、张信哲、李克勤、徐佳莹等，最终李玟成为歌王。14期节目平均收视率为1.9%，同时段市场份额为9.0%，其中4月8日（第十三期）歌王之战当天首播的收视率为2.5%，同时段市场份额为9.1%。相比前两季，第四季节目整体收视率水平有所降低（图3）。

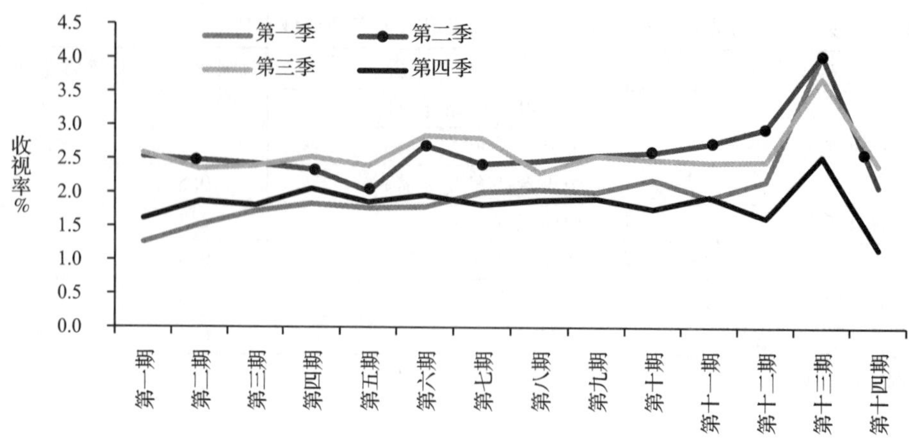

数据来源：CSM 媒介研究

图 3　湖南卫视《我是歌手》前四季分期收视走势（历年所有调查城市）

4 月 15 日:《奔跑吧兄弟》第四季首播

大型户外竞技真人秀节目《奔跑吧兄弟》第四季于 2016 年 4 月 15 日起每周五 21:00在浙江卫视播出，于2016 年 7 月 1 日收官。第四季 12 期节目平均收视率为 3.5%，同时段市场份额为 12.8%，整体收视表现低于前两季，但仍是 2016 年收视表现最好的季播综艺节目。

表 7　浙江卫视《奔跑吧兄弟》前四季收视表现（历年所有调查城市）

节目名称	播出频道	收视率（%）	市场份额（%）
奔跑吧兄弟（第一季）	浙江卫视	2.4	8.3
奔跑吧兄弟（第二季）	浙江卫视	4.5	15.7
奔跑吧兄弟（第三季）	浙江卫视	4.1	14.3
奔跑吧兄弟（第四季）	浙江卫视	3.5	12.8

数据来源：CSM 媒介研究

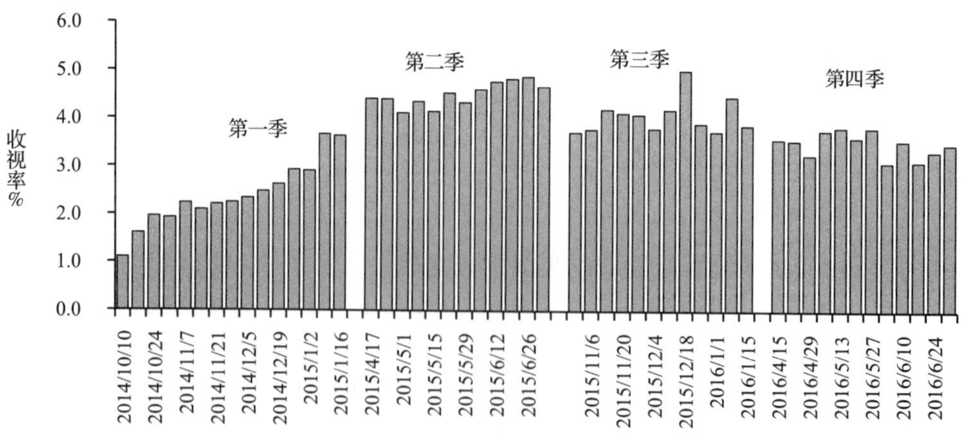

数据来源：CSM 媒介研究

图 4　浙江卫视《奔跑吧兄弟》前四季分期收视走势（历年所有调查城市）

4 月 17 日：《极限挑战》第二季开播

东方卫视游戏竞技真人秀节目《极限挑战》第二季播出，本季《极限挑战》继续由孙红雷、黄渤、黄磊、罗志祥、王迅、张艺兴担任嘉宾，于 4 月 17 日 ~7 月 3 日播出。《极限挑战》第二季 12 期平均收视率为 1.9%，同时段市场份额为 6.4%，收视表现优于第一季。其中最后一期收视率达到 2.6%，同时段市场份额为 8.7%。

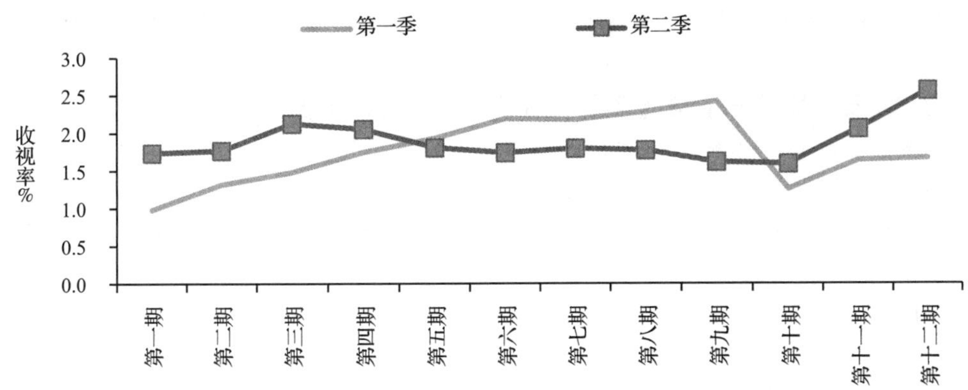

数据来源：CSM 媒介研究

图 5　上海东方卫视《极限挑战》前两季分期收视走势（历年所有调查城市）

4 月 18 日：两家卫视联播都市职场女性剧《欢乐颂》

42 集都市职场女性剧《欢乐颂》讲述了同住在欢乐颂小区 22 楼的 5 个来自不同家庭、性格迥异的女孩，从陌生到熟悉再到互相体谅、互相帮助、共同成长的故事。该剧由东阳正午阳光、山东影视制作出品，孔笙、简川訸执导，刘涛、蒋欣、王子文等主演，于 2016 年 4 月 18 日开始由浙江卫视、上海东方卫视首播。两家卫视联播加总收视率为 2.2%，市场份额为 6.1%（表 8）。

表 8　《欢乐颂》在两家联播卫视收视概况（首播，所有调查城市）

节目名称	播出频道	收视率（%）	市场份额（%）
欢乐颂	上海东方卫视	1.2	3.3
欢乐颂	浙江卫视	1.0	2.8

数据来源：CSM 媒介研究

5 月

5 月 20 日：重大革命历史剧《彭德怀元帅》央视黄金档开播

36 集重大革命历史剧《彭德怀元帅》，以彭德怀生平经历为主要内容，从平江起义、抗日战争、解放战争到新中国成立后的抗美援朝、庐山会议，塑造了一个血性、正直、一心为民的彭德怀。该剧由中央军委后勤保障部电视艺术中心等出品，宋业明执导，董勇、杨童舒、唐国强等主演，于2016年5月20日在中央电视台综合频道黄金档剧场开始播出。该剧首播平均收视率为1.7%，市场份额为5.0%。

5月21日：《快乐大本营》收视创新高

开播已有19年的《快乐大本营》在2016年仍保持了出色的收视表现，全年平均收视率为2.3%，同时段市场份额为6.9%。最高一期5月21日节目收视率达到3.1%，该期邀请的主要嘉宾为宋仲基。除此之外，2016年各期的收视率绝大多数都在2.0%以上。

5月24日：职场爱情剧《亲爱的翻译官》首播收视居首

44集职场爱情剧《亲爱的翻译官》讲述了法语系硕士乔菲在翻译天才程家阳的指导下成长为高级翻译，两人也从欢喜冤家变成了互相扶持的亲密爱人的故事。该剧由剧芯文化、乐视网、嘉行传媒出品，王迎执导，杨幂、黄轩等主演，于2016年5月24日开始在湖南卫视金鹰独播剧场播出。该剧首播平均收视率为2.4%，市场份额为7.2%，位居2016年众多新开播剧目的首位。

5月31日：两家卫视联播当代都市剧《好先生》

42集当代都市剧《好先生》讲述了旅美米其林三星厨师陆远，因一场肇事车祸携挚友女儿回国，与新欢旧爱及一系列的人、事产生纠葛的故事。该剧由柠萌影业、陕西文投（影视）艺达等出品，张晓波执导，孙红雷、江疏影、王耀庆等主演，于2016年5月31日开始由浙江卫视、江苏卫视首播。两家卫视联播总收视率为2.1%，市场份额为6.4%（表9）。

表9　《好先生》在两家联播卫视收视概况（首播，所有调查城市）

节目名称	播出频道	收视率（%）	市场份额（%）
好先生	江苏卫视	1.0	3.0
好先生	浙江卫视	1.1	3.4

数据来源：CSM媒介研究

6月

6月10日：2016年欧洲足球锦标赛开幕

2016年欧洲足球锦标赛于2016年6月10日~7月10日在法国举行，最终葡萄牙1:0战胜东道主法国队，获得2016年欧洲杯冠军。本届欧洲杯依旧吸引了大量中国足球球迷的关注。其中中央台五套6月16日直播的英格兰对阵威尔士一场比赛收视率达到2.6%，市场份额为9.4%。除此之外，多场小组赛阶段的比赛都取得了2.0%以上的收视率表现（表10）。由于决赛等小组赛之后的比赛播出时段较晚，收视表现整体不如小组赛阶段比赛。

表 10 2016 年欧洲足球锦标赛高收视场次收视数据（所有调查城市）

节目名称	播出日期	播出频道	收视率（%）	市场份额（%）
2016 年欧洲杯小组赛 B 组第二轮（英格兰 VS 威尔士）	2016/6/16	中央台五套	2.6	9.4
2016 年欧洲杯小组赛 D 组第一轮（西班牙 VS 捷克）	2016/6/13	中央台五套	2.5	9.4
2016 年欧洲杯小组赛 E 组第二轮（意大利 VS 瑞典）	2016/6/17	中央台五套	2.4	7.9
2016 年欧洲杯 1/8 决赛（法国 VS 爱尔兰）	2016/6/26	中央台五套	2.3	8.3
2016 年欧洲杯小组赛 D 组（土耳其 VS 克罗地亚）	2016/6/12	中央台五套	2.2	7.7
2016 年欧洲杯小组赛 E 组第二轮（比利时 VS 爱尔兰）	2016/6/18	中央台五套	2.2	7.5
2016 年欧洲杯 1/8 决赛（瑞士 VS 波兰）	2016/6/25	中央台五套	2.0	7.8
2016 年欧洲杯小组赛 B 组第二轮（俄罗斯 VS 斯洛伐克）	2016/6/15	中央台五套	1.8	6.3

数据来源：CSM 媒介研究

6 月 20 日：国家新闻出版广电总局发出《关于大力推动广播电视节目自主创新工作的通知》

国家新闻出版广电总局于 2016 年 6 月 20 日发出《关于大力推动广播电视节目自主创新工作的通知》（简称《通知》）。《通知》就加强自主创新、引进模式管理、920 时段编排、总局扶持政策等做了说明。其中部分具体规定将更加积极地推动电视媒体自主创新的步伐：(1) 引进境外版权模式节目提前两个月做好备案工作；(2) 各电视上星综合频道每年在 19:30～22:30 开播的引进境外版权模式节目不得超过两档，每个电视上星综合频道每年新播出的引进境外版权模式节目不得超过 1 档，第一年不得在 19:30～22:30 播出；(3) 一档真人秀节目，原则上一年内只播出一季，娱乐类节目要注意不得过度安排重播。

6 月 20 日：青春励志谍战剧《解密》独播

44 集青春励志谍战剧《解密》根据作家麦家同名小说改编，围绕“数学奇才”容金珍破解“超级密码”紫密、黑密，展开了一段隐秘而伟大的传奇故事。该剧由浙江华策影视出品，安建执导，陈学冬、颖儿等主演，于 2016 年 6 月 20 日在湖南卫视金鹰独播剧场播出。该剧首播平均收视率为 1.9%，市场份额为 6.1%。

7 月

7 月 15 日：《中国新歌声》第一季首播

大型原创励志专业音乐评论节目《中国新歌声》由浙江卫视联合星空传媒旗下灿星

制作打造。本季《中国新歌声》由周杰伦、汪峰、那英、庾澄庆4位明星担任导师，于2016年7月15日~10月7日每周五21:00在浙江卫视首播。《中国新歌声》第一季平均收视率为2.7%，同时段市场份额为10.0%，收视表现整体低于之前四季《中国好声音》。除第十期和第十四期为中秋、国庆演唱会特辑收视较低外，本季各期节目收视表现比较平稳。

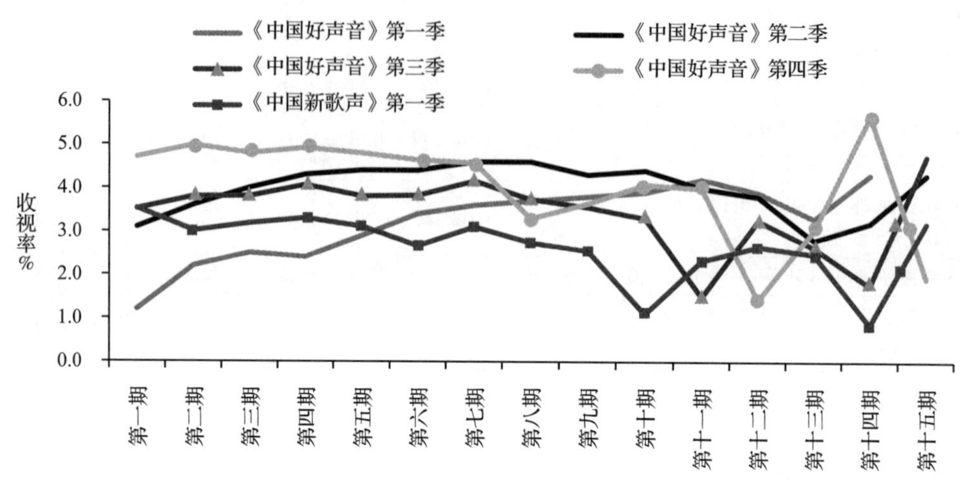

数据来源：CSM媒介研究

图6 浙江卫视《中国新歌声》第一季/《中国好声音》前四季每期收视走势（历年所有调查城市）

7月22日：《我们来了》开播

明星生活体验秀《我们来了》是湖南卫视2015年《偶像来了》的第二季节目。本季节目由汪涵、袁弘担任队长，赵雅芝、刘嘉玲、莫文蔚、陈乔恩、江一燕、谢娜、徐娇、奚梦瑶组成固定嘉宾。节目于2016年7月22日~10月7日每周五20点档在湖南卫视播出，12期节目平均收视率为1.8%，市场份额为5.4%。

8月

8月5日：第31届奥运会开幕

第31届奥运会于2016年8月5日~8月21日在巴西里约热内卢举行。中国代表团最终以26枚金牌、18枚银牌、26枚铜牌位居奖牌榜前3位。其中羽毛球、排球、乒乓球等中国代表团优势项目最吸引全国观众的关注。羽毛球男子单打谌龙对阵李宗伟决赛场次的收视率达到6.5%，同时段市场份额为19.5%。其他几场林丹参加的羽毛球关键场次也都获得了很高的收视率。中国女排击败塞尔维亚队夺冠一场尽管在上午时段播出，但扣人心弦的赛事依然获得了6.1%的收视率表现，同时段市场份额达到40.5%。晚间时段播出的男子、女子乒乓球半决赛也都有超高的人气，收视率分别为5.3%和5.0%（表11）。

表 11　2016 年第 31 届奥运会高收视场次收视数据（所有调查城市）

节目名称	播出频道	日期	收视率（%）	市场份额（%）
2016 年第 31 届奥运会羽毛球男单决赛	中央台五套	2016/8/20	6.5	19.5
2016 年第 31 届奥运会女排决赛	中央台五套	2016/8/21	6.1	40.5
2016 年第 31 届奥运会羽毛球男单半决赛	中央台五套	2016/8/19	5.5	16.4
2016 年第 31 届奥运会乒乓球男单半决赛	中央台五套	2016/8/11	5.3	19.7
2016 年第 31 届奥运会乒乓球女单半决赛	中央台五套	2016/8/10	5.0	18.0
2016 年第 31 届奥运会女排小组赛第二轮	中央台五套	2016/8/8	5.0	14.7
2016 年第 31 届奥运会羽毛球男单 1/4 决赛	中央台五套	2016/8/17	4.5	16.0
2016 年第 31 届奥运会羽毛球男单铜牌赛	中央台五套	2016/8/20	4.4	13.3
2016 年第 31 届奥运会射击女子 10 米气手枪决赛	中央台五套	2016/8/7	4.2	16.1
2016 年第 31 届奥运会乒乓球女团半决赛	中央台五套	2016/8/15	4.2	14.3

数据来源：CSM 媒介研究

9 月

9 月 1 日：《开学第一课》传承长征精神

2016 年的《开学第一课》以“先辈的旗帜”为主题，围绕“长征精神”，选取青少年的独特视角，带领大家一起重温红色记忆，传承长征精神。中央电视台综合频道 2016 年 9 月 1 日 20:00 首播时段获得 3.0% 的收视率，同时段市场份额达到 8.6%（表 12）。

表 12　中央电视台综合频道《开学第一课》历年首播收视概况（历年所有调查城市）

节目名称	播出日期	收视率（%）	市场份额（%）
开学第一课	2016/9/1	3.0	8.6
开学第一课	2015/9/4	3.3	9.1
开学第一课	2014/9/1	3.1	8.3

数据来源：CSM 媒介研究

9 月 4 日：二十国集团（G20）领导人杭州峰会引发收视关注

2016 二十国集团（G20）领导人杭州峰会于 2016 年 9 月 4 日 ~5 日在中国杭州召开，峰会主题为“构建创新、活力、联动、包容的世界经济”。中央电视台对本次峰会进行了全方位的报道。9 月 4 日晚间播出的文艺晚会《最忆是杭州》引人关注，中央电视台新闻频道、综合频道、三套以及浙江卫视播出的同时段加总收视率为 5.8%，同时段市场份额为 20.9%。中央电视台新闻频道和综合频道从下午 13:30 开始的新闻特别报道也获得了极大的关注，新闻频道 8 个多小时的播出平均收视率达到 1.4%（表 13）。新闻频道当天的市场份额也达到全年的峰值 6.6%，是该频道全年平均水平的 2.5 倍（图 7）。

表 13　二十国集团（G20）领导人杭州峰会相关节目收视概况（所有调查城市）

节目名称	播出频道	收视率（%）	市场份额（%）
G20 2016 CHINA 二十国集团领导人第十一次峰会文艺晚会《最忆是杭州》	中央电视台新闻频道	2.4	8.6
	中央电视台综合频道	1.6	5.7
	中央台三套	1.2	4.3
	浙江卫视	0.6	2.3
G20 2016 CHINA 二十国集团领导人杭州峰会特别报道	中央电视台新闻频道	1.4	7.1
	中央电视台综合频道	0.7	4.1

数据来源：CSM 媒介研究

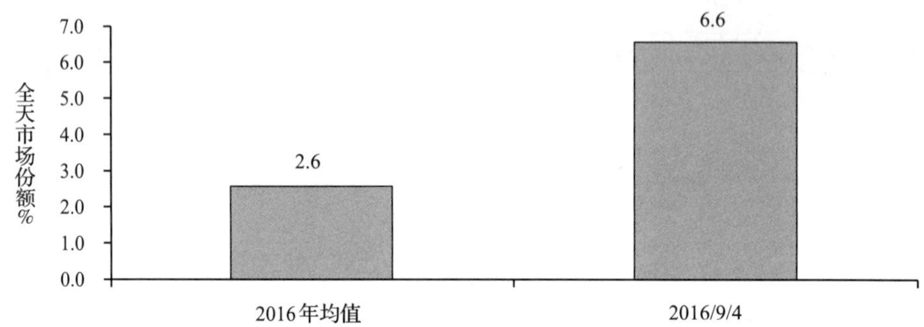

数据来源：CSM 媒介研究

图 7　中央电视台新闻频道 9 月 4 日全天市场份额与全年均值对比（所有调查城市）

9 月 5 日：谍战革命剧《麻雀》独播

69 集谍战革命剧《麻雀》根据作家海飞家原著小说改编，讲述了陈深潜伏在汪伪特工总部首领毕忠良身边，以“麻雀”为代号开展工作，秘密传递信息，成功“窃取”汪伪政府“归零”计划的故事。该剧由易亚影视传媒出品，金琛、周远舟执导，李易峰、周冬雨等主演，于 2016 年 9 月 5 日在湖南卫视金鹰独播剧场播出。该剧首播平均收视率为 1.9%，市场份额为 6.0%。

9 月 6 日：世界杯亚洲区预选赛推高足球赛事收视

2016 年是 2018 年世界杯预选赛亚洲区的重要比赛年份，其中多场中国男足国家队参加的比赛牵动着球迷的心。中央台五套于 2016 年 9 月 6 日直播的十二强赛第二轮中国队对阵伊朗队一场比赛的收视率达到 3.1%，市场份额为 9.6%，成为当年收视率最高的足球赛事。该场比赛前后的另外四场十二强赛以及预选赛 C 组最后一场也都取得了 2.0% 以上的收视率表现（表 14）。

表 14　2016 年中国男足国家队参赛部分场次的收视表现（所有调查城市）

节目名称	播出日期	播出频道	收视率(%)	市场份额(%)
国际足联 2018 年世界杯亚洲区预选赛第三阶段 A 组第 2 轮（中国 VS 伊朗）	2016/9/6	中央台五套	3.1	9.6
2018 年世界杯亚洲区预选赛第三阶段 A 组第 5 轮（中国 VS 卡塔尔）	2016/11/15	中央台五套	2.9	8.6
国际足联 2018 年世界杯亚洲区预选赛 C 组（中国 VS 卡塔尔）	2016/3/29	中央台五套	2.5	7.4
2018 年世界杯亚洲区预选赛十二强第 3 轮 A 组（中国 VS 叙利亚）	2016/10/6	中央台五套	2.5	7.2
国际足联 2018 年世界杯亚洲区预选赛第三阶段 A 组第 1 轮（韩国队 VS 中国队）	2016/9/1	中央台五套	2.1	6.8
国际足联 2018 年世界杯亚洲区预选赛第三阶段 A 组第 4 轮（乌兹别克斯坦 VS 中国）	2016/10/11	中央台五套	2.1	8.1

数据来源：CSM 媒介研究

9 月 15 日：中秋晚会收视市场竞争趋缓

2016 年中央电视台中秋晚会在西安大唐芙蓉园紫云楼广场举行，本届秋晚以“回”为主题，中央电视台综合频道、三套（综艺频道）、四套（中文国际频道）并机直播。三个频道合计的总收视率达到 6.6%，同时段市场份额为 20.0%。中央台三套的中秋品牌节目《万家邀明月》特别节目提前一天播出，收视率达到 1.9%，同时段市场份额为 6.2%。湖南卫视的《中秋之夜》收视率为 2.0%，同时段市场份额为 6.2%（表 15）。整体而言，中秋晚会的播出和收视竞争不如元宵晚会激烈。

表 15　2016 年中秋晚会各频道收视表现（所有调查城市）

晚会名称	播出频道	收视率（%）	市场份额（%）
2016 年中央电视台中秋晚会	中央电视台综合频道	2.8	8.5
	中央台三套	1.5	4.6
	中央台四套	2.3	6.9
万家邀明月一起盼中秋 2016 中秋特别节目（9 月 14 日）	中央台三套	1.9	6.2
中秋之夜	湖南卫视	2.0	6.2

数据来源：CSM 媒介研究

10 月

10 月 1 日：《中国梦、祖国颂——2016 中央电视台国庆特别节目》获得观众更多关注

为庆祝新中国成立 67 周年，中央电视台于国庆节当天推出《中国梦、祖国颂——2016 中央电视台国庆特别节目》，本次特别节目围绕“富强之路”主题，采用“诗音

画”专题文艺节目的形式，用时代的强音讴歌“中国梦”。相比于往年音乐会形式，2016年多种文艺样式结合的综艺形式获得了观众更多的关注，节目平均收视率为2.1%，同时段市场份额为6.6%，高于前两年的收视表现。

10月14日：中国金鹰电视艺术节专场晚会收视较上届有所下滑

第十一届中国金鹰电视艺术节于2016年10月14日～16日在湖南长沙举办。本届金鹰节连续三天三场晚会收视率分别为1.7%、1.7%和1.9%（表16），整体低于2014年第十届金鹰节晚会的收视表现。

表16　第十一届中国金鹰电视艺术节各场晚会收视表现（所有调查城市）

节目名称	播出频道	播出日期	收视率（%）	市场份额（%）
第十一届中国金鹰电视艺术节开幕式文艺晚会	湖南卫视	2016/10/14	1.7	5.5
第十一届中国金鹰电视艺术节互联盛典	湖南卫视	2016/10/15	1.7	5.1
第十一届中国金鹰电视艺术节第28届中国电视金鹰奖颁奖晚会暨闭幕式	湖南卫视	2016/10/16	1.9	6.1

数据来源：CSM媒介研究

11月

11月11日：两家卫视联播古装剧《锦绣未央》

54集古装剧《锦绣未央》改编自秦简的同名小说，讲述了亡国公主心儿在遭逢国破家亡的变故之后，阴差阳错成为李未央，回到尚书府与仇敌斗智斗勇的故事。该剧由克顿影视、丰璟传媒、乐华娱乐出品，李慧珠执导，唐嫣、罗晋、吴建豪等主演，于2016年11月11日登陆北京卫视、上海东方卫视晚间剧场。两家卫视联播总收视率为2.7%，市场份额为7.9%，在2016年两家卫视频道联播电视剧中收视表现较高（表17）。

表17　《锦绣未央》在两家联播卫视收视概况（首播，所有调查城市）

节目名称	播出频道	收视率（%）	市场份额（%）
锦绣未央	北京卫视	1.2	3.5
锦绣未央	上海东方卫视	1.5	4.4

数据来源：CSM媒介研究

12月

12月31日：多家卫视加入跨年晚会收视之战

2016年播出跨年晚会的频道仍主要包括中央台、湖南卫视、上海东方卫视、浙江卫视和江苏卫视。其中湖南卫视跨年晚会在2017年1月1日播出，晚会整体收视率为2.2%，领先其他跨年节目。浙江卫视于2016年12月30日播出的《爱在一起浙江卫视领跑2017演唱会》收视率也达到2.1%。江苏卫视《2017跨年演唱会17聚幸福》在竞争激烈的2016年12月31日播出，收视率为1.8%。同日，由中央电视台综合频道和三套并机播出的《启航2017新年音乐会》收视率分别为1.4%和1.3%。上海东方卫视的《2017梦圆东方跨年盛典》的收视率为1.5%，北京卫视《2017BTV跨年环球歌会》的收视率也达到1.2%。四川卫视作为新加入者，其跨年演唱会也获得了0.8%的收视率业绩。深圳卫视跨年演讲节目的收视率为0.3%。2017年1月1日安徽卫视播出的《国剧盛典》收视率为0.9%（表18）。

表18 2016年部分跨年晚会收视表现（所有调查城市）

节目名称	播出频道	播出日期	开始时间	结束时间	收视率（%）	市场份额（%）
快乐中国跨年演唱会	湖南卫视	2017/1/1	19:30	0:14	2.2	8.8
爱在一起浙江卫视领跑2017演唱会	浙江卫视	2016/12/30	19:32	0:21	2.1	8.8
2017跨年演唱会17聚幸福	江苏卫视	2016/12/31	19:43	0:01	1.8	6.8
启航2017新年音乐会	中央电视台综合频道	2016/12/31	20:00	21:43	1.4	4.0
	中央台三套	2016/12/31	20:00	21:43	1.3	3.9
2017梦圆东方跨年盛典	上海东方卫视	2016/12/31	19:40	23:46	1.5	5.2
2017BTV跨年环球歌会	北京卫视	2016/12/31	19:35	23:42	1.2	4.2
2016国剧盛典	安徽卫视	2017/1/1	19:33	23:02	0.9	3.0
2017四川卫视花开天下跨年演唱会	四川卫视	2016/12/31	20:30	0:16	0.8	3.3
2016时间的朋友罗振宇跨年演讲	深圳卫视	2016/12/31	20:30	0:31	0.3	1.5

数据来源：CSM媒介研究

结语

2016年，中国电视传媒市场在变化中前行，热点和亮点都浓缩在从年初至年末的大事件中。从2016年及之前多年收视大事来看，入选的电视剧及节目题材、类型每一年都有变化，但每一部热播剧和高收视节目的诞生，都说明在观众收视需求升级之时，总有电视媒体通过新的内容和形式与之相呼应，并形成大范围的、以较高收视率形式表现的传播共鸣。

电视剧方面，不论是独播，还是两家联播，《亲爱的翻译官》《锦绣未央》等高品质的电视剧仍从年初到年末陪伴着观众。综艺节目的主流逐渐从常态周播走向季播。综N

代季播节目在高收视节目中占据了较大的比重，是许多电视媒体参与竞争的重要资源。优质的季播综艺节目仍是市场中的稀缺资源，这也让人们悟到了内容为王的真谛。国家新闻出版广电总局在年中推出关于支持原创的政策，表明国家对自主创新的重视，也必将激励更多的节目制作机构推出多样化、差异化的本土原创节目。我们有理由相信，更多更好的本土原创节目正在来的路上。

（作者：吴凡）

震荡中分化，竞争中转型
——2016年全国电视剧播出与收视观察

作为传统媒体最重要的输出内容，当前我国电视剧生产市场是否从虚火冒进回归到理性与冷静？貌似一盘散沙的制作行业这两年垄断性与集中度是否有所增强？制作团队出现了哪些分化，涌现了哪些新一线编、导、演？

年轻人离电视渐行渐远，电视剧表达方式是否应转变为年轻态？渠道优势已成明日黄花，电视剧内容能否推陈出新？哪些题材类型更受欢迎？四海八荒的观众喜爱哪些剧目？优质剧目资源流向哪里？红到发紫的IP改编剧收视效果能与原著品牌价值相匹配吗？

频道用尽洪荒之力，在2016年的竞争格局中占据什么位置？是一超多强还是列强竞争？独播剧成主要播出方式，哪些剧采用联播模式？强势平台竞争，实力怎样上下浮沉？

本文依据CSM媒介研究100城市的电视剧数据，对以上疑问浅显解答，试图描述2016年我国电视剧市场基本面的变与不变。

一、制作总量与创作趋势

1. 生产总量被严控，审批率下滑，部数紧缩，集数拉长

近年来我国影视文化产业成为各路资本的投资热门，每年申报公示电视剧均在千部以上。2015年电视剧申报公示数量是1146部、43077集，2016年是1232部、48638集。

然而，电视剧的审批受到国家新闻出版广电总局的严格控制，每年通过审批的电视剧仅在400部左右，且通过审批发行的比率在逐年降低。2015年通过审批的电视剧有394部、16540集，审批率为34%；2016年通过审批的电视剧有334部、14912集，审批率降低到27%。而在2013和2014年却分别有40%申报公示的电视剧通过审批发行。

低审批率之下，加上整个投资风向变得更加理智，电视剧制作出现中长篇趋势，追求单部剧的精耕细作。2007年通过审批发行的电视剧平均每部为27.7集，2016年平均每部为44.6集，10年增长了16.9集（表1）。

表1　近十年来我国电视剧申报公示和通过审批发行的数量

年份	申报公示部数	申报公示集数	通过审批的（部数）比例	发行总部数	发行总集数	平均每部集数
2007年	942	25803	56%	529	14670	27.7
2008年	974	30064	52%	502	14498	28.9
2009年	999	30684	40%	402	12910	32.1
2010年	1204	36145	36%	436	14685	33.7
2011年	1435	46190	33%	469	14942	31.9
2012年	1515	49600	33%	506	17703	35.0
2013年	1111	38077	40%	441	15770	35.8
2014年	1073	39931	40%	429	15983	37.3
2015年	1146	43077	34%	394	16540	42.0
2016年	1232	48638	27%	334	14912	44.6

注：2014年7月全国电视剧拍摄制作备案申报公示的剧目部数和集数不详，参照国家新闻出版广电总局同意申报公布的部数和集数来统计。

数据来源：国家新闻出版广电总局

2. 生产方两极分化，“1部剧”公司增多，大公司行业集中度增强

我国电视剧市场虽经过30多年的高速发展，却依然停留在小作坊生产的低层次阶段。表现特征之一就是多年来我国电视剧产业呈现“高度分散”的状态，缺乏强有力的航空母舰式的大型制作公司，属于典型的“分散竞争型（CR8＜20%）”。众多小舢板式的制作公司构成了目前我国电视剧生产的主力，小型电视剧制作公司比例居高不下，仅“1部剧”获批发行（本文称之为“1部剧”公司）的现状不仅没有得到改善，反而有愈演愈烈之势。2016年，“1部剧”公司逼近九成，较之2015年又有所扩大；有2部及以上电视剧通过审批发行的公司比例在连年下降；年产高于5部的公司为零。

近年来一个值得关注的新趋势是我国电视剧行业集中度整体得到强化。2015年获得审批发行许可证前8名的制作机构拥有电视剧2242集，CR8占年集数总量的13.6%。2016年获得审批发行许可证前8名的制作机构拥有电视剧1825集，尽管CR8的比重比2015年有所降低，但与2013年相比大幅提升（表2）。

表2　有不同部数电视剧通过审批发行的制作机构分布比例（%）

有不同部数电视剧通过审批发行的制作机构	2013年	2014年	2015年	2016年
有1部剧通过审批的制作机构	75.4	76.7	83.9	87.6
有2部剧通过审批的制作机构	13.0	12.0	11.0	10.3
有3部剧通过审批的制作机构	5.8	7.0	3.2	1.6
有4部剧通过审批的制作机构	2.7	1.0	0.9	0.5
有5部剧通过审批的制作机构	1.4	3.0	0.6	–
有6部及以上剧通过审批的制作机构	1.7	0.3	0.3	–
前8家制作集数	623.0	1794.0	2242.0	1825.0
CR8%	4.0	11.2	13.6	12.2

数据来源：国家新闻出版广电总局

3. 一线制作班底受追捧，出现精品化制作团队

电视剧产业不差钱，然而却差精品剧。经过市场积淀和竞争，一批能生产出优质剧目的制作公司脱颖而出。

2016 年内地剧收视率进入当地 TOP20 城市数较多的制片机构，首先是上海新文化传媒集团股份有限公司，有 12 部剧入选；其次是浙江华策影视股份有限公司，有 10 部剧入选；海润影视制作有限公司有 9 部；长城影视股份有限公司和山东电影电视剧制作中心各 7 部；河北电影电视剧制作中心有 6 部；广东南方领航影视传播有限公司、千乘影视股份有限公司、四川星空影视文化传媒有限公司、浙江金溪影视有限公司和东阳福添影视有限公司各 5 部。山东电影电视剧制作中心在近几年大放屏彩，生产出《大染坊》《钢铁年代》《琅琊榜》《青岛往事》《伪装者》《温州两家人》等叫好又叫座的电视剧，成为精品剧团队的代表。

4. 类型化创作成为趋势，出现类型化编、导、演和制作公司

随着电视剧市场精深化发展，出现了类型化创作的趋势。有部分编、导、演在特定电视剧题材领域获得了令人瞩目的收视成绩。

比如，2016 年在当代传奇题材领域，编剧简远信、导演林添一和演员李沁表现突出；在反特/谍战剧领域，编剧赵锐勇、导演陈健和林建中、演员刘小锋参与的剧目收视较好；在都市生活剧领域，编剧李潇、导演张晓波和演员刘涛创作的剧目相对收视更好；在军事斗争剧领域，编剧海顿、导演谭俏和演员于震参与的剧目表现突出；在近代传奇剧领域，编剧由甲和钱晶晶、导演吴锦源，以及演员巍子、于震、胡可、黄少祺，他们参与的剧目相对收视更好；编剧张佳、导演刘俊杰和演员戚薇参与的言情剧颇受市场欢迎；编剧王之理、导演安建和演员左小青则更能在时代变迁剧中获得较好收视。

在部分题材领域，也涌现出不少优秀创作公司，例如入选 TOP20 比例较高的有深圳美迅嘉润影视投资有限公司和上海新文化传媒集团股份有限公司创作的都市生活剧、四川星空影视文化传媒有限公司和海润影视制作有限公司创作的军事斗争剧、浙江华策影视股份有限公司和上海新文化传媒集团股份有限公司创作的反特/谍战剧、山东卫视传媒有限公司创作的社会伦理剧、上海拉风兄弟影视有限公司创作的神怪玄幻剧、上海辛迪加影视有限公司和上海剧酷文化传播有限公司创作的言情剧以及河北电影电视剧制作中心创作的重大革命剧等。

二、播出与收视总体特征

1. 电视剧播出比重连年上升，收视比重下降

面对新媒体竞争和其他节目形态的崛起，电视剧还处于龙头地位吗？从数据来看，电视剧仍是节目市场的中流砥柱，而且播出比重连年上升，从 2014 年的四分之一到 2016 年接近三分之一（27.1%），其在电视市场的地位越来越重要。

从收视效果来看，电视剧约占总收视量的三分之一，居于所有节目类型之首。然

而，自2012年起，电视剧收视比重出现持续轻微下滑，2016年跌破30%（29.6%），资源使用效率也自2014年起大幅度下降（图1）。可见该节目类型已经触碰到需求的“天花板”，市场容纳达到极限。

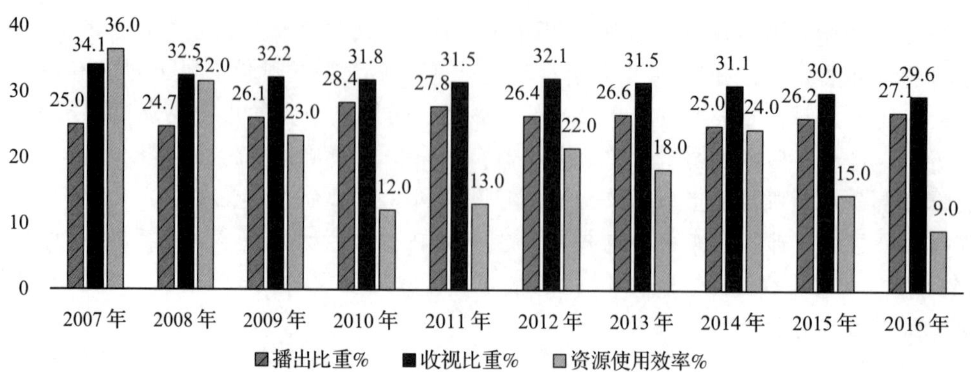

数据来源：CSM媒介研究

图1　近十年来我国电视剧播出与收视比重（%）及资源使用效率（所有调查城市，全天）

2. 四成卫视晚间黄金强档以二轮剧为主，卫视首轮剧七成独播

本文认为“一剧两星”[①]的直接效应之一是减少了黄金强档卫视电视剧总播出量。在19:30~21:30时段，卫视频道2013年不重复播出内地剧520部，2014年减少至502部，2015年锐减至462部，2016年进一步减少至421部，3年时间缩减了约100部。卫视首轮剧总部数也是急剧下降，2014年减少至249部，2015年减少至238部，2016年更是猛缩至190部。

独播剧成为未来卫视的主要播出模式，虽然也出现总量减少的现象，但在首播剧中所占比例呈逐年提升趋势。2016年独家首播剧有131部，占近七成，年度比重增加；两家首播剧有59部，占三成，年度比重下降。

从各卫视首轮剧的比例增减可以一窥卫视生存现状。能播出首轮剧的卫视频道数在逐年减少，2016年仅27家卫视有新剧可播，占卫视频道总数的63%，创近几年新低（表3）。本文认为对于大剧而言，原本由四家分摊的购剧成本现在最多由两家卫视分摊，卫视无形中增加了购剧成本，对于二、三线卫视而言更是雪上加霜，抢到好剧似乎越发困难，因此，它们与其播出收视不明的普通新剧，反而不如播出有口碑效应、重播价值的二轮剧。

2016年晚间黄金强档有近四成卫视播出二轮剧。二轮剧已占该时段所有卫视播出总量的半壁江山。如何挑选二轮剧、挖掘剩余价值，是诸多弱小卫视必做的功课。可以预见，今后二轮剧市场会持续成为关注的焦点。

---

① 2015年1月1日起，我国电视台实施“一剧两星”政策，规定每晚黄金时段同一部电视剧联播卫视不得超过两家，同一部电视剧不得超过两集。

表 3　2013～2016 年 19:30～21:30 时段卫视频道内地剧播出概况

	2013 年	2014 年	2015 年	2016 年
卫视首轮剧部数	250	249	238	190
卫视二轮剧部数	270	253	224	231
时段播出（不重复）总部数	520	502	462	421
卫视首轮剧比例	48%	50%	52%	45%
卫视二轮剧比例	52%	50%	48%	55%
播出首轮剧的卫视数	34	33	32	27
播出首轮剧的卫视比例	76%	75%	70%	63%
播出二轮剧的卫视比例	24%	25%	30%	37%
独家首播剧部数	163	138	150	131
独家首播剧比例	65%	55%	63%	69%

数据来源：CSM 媒介研究

3. 新剧上市速度放缓，省卫视逐年吸纳更多新剧，占比超三分之一

相对于往年，2016 年电视剧的播出比重虽然有些许提升，但电视剧的播出渠道仍是有限的，生产出的新剧无法全部上市。加上新媒体分流、购片资金暴涨等诸多原因，在电视频道首播的新剧（同名剧除外）数量受到限制，并步入下滑通道：2013 年播出 368 部，2014 年微降到 351 部，2015 年进一步减少至 311 部，2016 年萎缩至仅 271 部，4 年时间俨然削减掉近百部（图 2）。

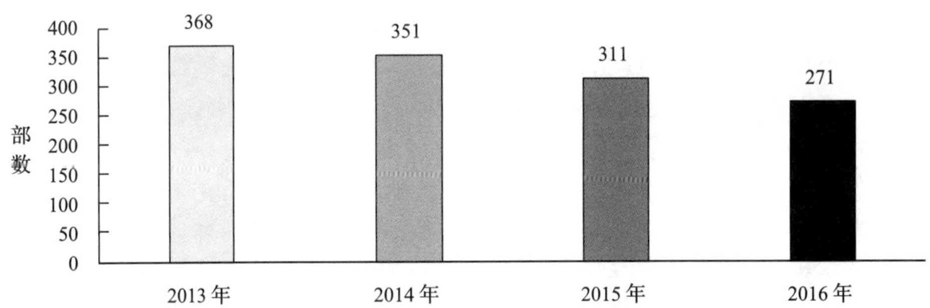

数据来源：CSM 媒介研究

图 2　近年来每年首播新剧数量[①]

新剧都去哪儿了？我们统计发现，省级频道是主要吸纳大户，每年吸纳约七成新剧。进一步细分，其中省级地面频道对新剧的吸纳力最强，约占四成，其次是省级卫视频道约占三成。2016 年所播新剧中，中央台播出占比 8.5%，省卫视占比 31%，省地面占比 38.7%，省会台占 7.4%，地级台占 13.7%，其他平台占 0.7%。

从年度变化来看，省卫视对新剧的吸纳能力越来越强，占比也逐年提高，从 2013 年到 2016 年，4 年占比提高了 9.3 个百分点，而省地面频道、中央台新剧播出量占比持续

① 2013～2014 年 80 城市，2015 年及之后 100 城市，全天时段，不含同名剧。

减少（表4）。从中可见，省卫视在“拼剧”环节毫不手软，大力收购，以应对竞争压力，提升竞争筹码。

表4　近年来首播新剧在不同频道组的分布比例（%）①

频道组	2013年	2014年	2015年	2016年
中央台	12.5	10.3	9.3	8.5
省卫视	21.7	24.8	28.9	31.0
省地面	49.9	45.0	41.2	38.7
省会台	7.0	8.3	6.8	7.4
地级台	8.6	11.1	13.8	13.7
其他	0.3	0.6	~	0.7

数据来源：CSM媒介研究

三、题材播出总量与收视概况

经过多年的大浪淘沙和优胜劣汰的选择，电视剧市场出现了大类题材（比重不低于10%）、二类题材（比重不低于5%）、小类题材（比重低于5%）之分。2016年依然如此，晚间黄金时段，军事斗争、反特/谍战、近代传奇和都市生活构成了播出市场与收视市场共同的大类题材，其播出比重分别为20.1%、17.1%、12.8%和10.6%；在TOP20中的部数比重分别为22.4%、17%、10.5%和10.6%；这四类题材共占播出总量和TOP20部数比重的61%左右。与2015年相比，以上四大类题材的播出集中度进一步降低，而在TOP20好剧中的收视集中度有所提升（2015年，这四类题材共占播出总量的63%，占TOP20部数总量的59.9%）。

二类题材中，社会伦理题材2016年的播出比重是7.5%，占TOP20部数比重是7.1%，相对于2015年播出比重没有变化，但在TOP20中的部数比重却下滑了1%。

小类题材中，播出比重超过1%的有时代变迁、戏说演绎、警匪、当代传奇、历史故事、农村、神怪玄幻、军旅生活和武侠题材。TOP20部数比重超过1%的有社会伦理、时代变迁、当代传奇、农村、戏说演绎、神怪玄幻、警匪、重大革命、历史故事、武侠和悬疑题材。在TOP20部数中占有一定比重的还有奋斗励志、公案、军旅生活、商战、民间传奇、重大历史、青春、当代主旋律、人物传记、地下斗争、反腐倡廉及其他题材。

言情剧是近两年值得关注的一个题材。言情剧在前几年也曾是大类题材之一，无奈播出比重一路下滑，直至跌破10%，沦为二类题材。2015年起，该题材重新雄起，其在TOP20中的部数比重逼近10%，在播出量中也占到近8%。而在2016年，其播出比重不升反降，但其收视效果却可圈可点，在TOP20中占10.5%，增幅显著，一跃成为收视的大类题材（图3）。

① 2013~2014年80城市，2015年及之后100城市，全天时段，不含同名剧。

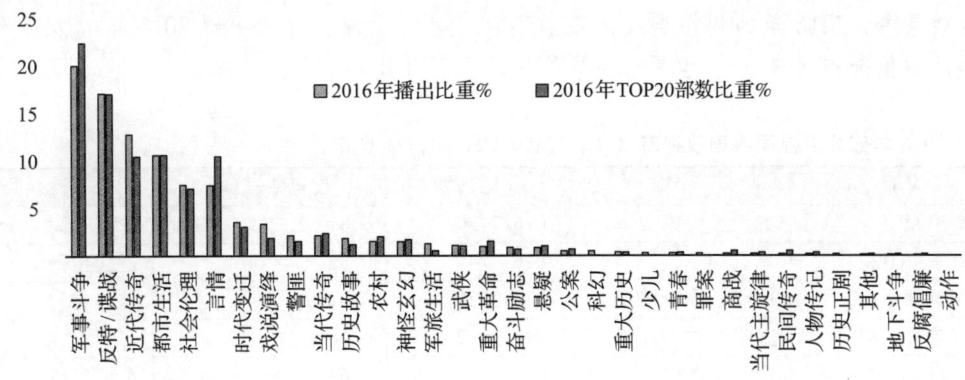

数据来源：CSM 媒介研究

图 3 2016 年内地剧各类题材的播出比重及 TOP20 部数比重（%，18:00～24:00，100 城市）

四、观众新特征

年轻观众代表着旺盛的消费力，是当下电视剧市场的“讨好”对象。本文统计了主要卫视不同年龄层目标受众的电视剧收视率，发现年龄层越低，卫视在其间的竞争力差异越大；在年轻观众中占据优势的卫视，其在所有人群中的平均收视率也水涨船高。例如，湖南卫视在 00 后～70 后中的收视率一枝独秀，特别是在 00 后中收视率遥遥领先（71 城，2.05%）；其在 4 岁及以上所有人中平均收视率最高（71 城，1.43%）（图 4）。由此可见，年轻观众对于收视的拉动力不容忽视。

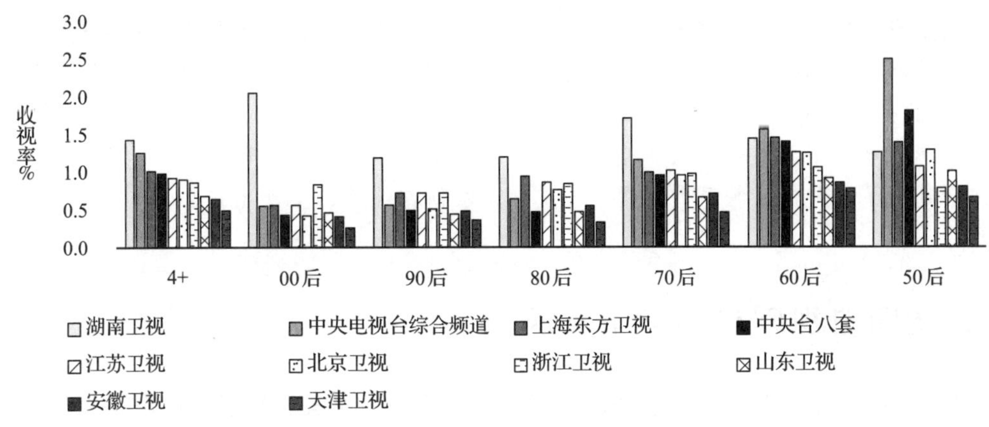

数据来源：CSM 媒介研究

图 4 2016 年主要卫视频道电视剧在各目标观众中的收视率对比（%，19:30～21:30，71 城市）

在目前的大趋势下，年轻人正在远离电视，但电视工作者从未放弃年轻观众。创作者试图在电视剧领域进行年轻化表达，包括：起用高颜值演员阵容（几乎成标配之一）；选择年轻人关心的议题，例如关注职场、爱情、婚姻、个体成长等主题；推出 22 点档周播剧场，播放年轻人喜爱的言情、青春、武侠、警匪、神怪玄幻等题材类电视剧。从收视效果看，2016年的周播剧收视不温不火，甚至平庸，并未出现2015年《花千骨》那样的收视奇迹（表5），但平台为聚拢年轻观众而做的努力值得肯定。

表5　2016年部分卫视周播剧收视率（%，22:00～24:00，71**城市**）

频道	剧名	开播日期	收视率（%）	题材
湖南卫视	旋风少女第二季	2016/7/20	0.87	青春
上海东方卫视	老九门	2016/7/4	0.85	近代传奇
湖南卫视	山海经赤影传说	2016/3/20	0.83	神怪玄幻
上海东方卫视	如果蜗牛有爱情	2016/10/24	0.68	言情
上海东方卫视	新婚公寓	2016/1/11	0.68	都市生活
江苏卫视	九州天空城	2016/7/20	0.63	神怪玄幻
湖南卫视	幻城	2016/7/2	0.83（2016年9月21日前）	神怪玄幻
			0.45（2016年9月21日起）	神怪玄幻
北京卫视	新边城浪子	2016/7/18	0.54	武侠
湖南卫视	仙剑云之凡	2016/5/23	0.52	武侠
北京卫视	卧虎	2016/9/13	0.47	警匪
湖南卫视	青丘狐传说	2016/2/8	0.52	神怪玄幻
湖南卫视	青云志	2016/7/31	0.47	神怪玄幻
湖南卫视	秦时明月	2016/1/3	0.47	武侠

数据来源：CSM媒介研究

但值得关注的是，中老年观众目前仍是电视剧收视主力，而且具有年纪越大收视时间越长的特征。2016年所有调查城市中，65岁及以上老年观众人均收视时长高达170分钟，35岁及以下观众人均收视时长则不足55分钟。

因此，电视剧创作者不可顾此失彼，为了片面迎合年轻观众而忽视中老年市场的需求或者选用不合适的年轻演员，而应该坚持艺术创作规律，生产出适合不同目标受众的好作品。

五、全国电视剧市场竞争格局

1. 收视份额：央视连年上升，省卫视下滑但仍占主导，地面频道震荡

全国电视剧市场观众的注意力资源是如何分配的？从近三年收视份额的大小我们可见一斑。省级卫视竞争实力最强，收视份额超过四成；省级地面频道，约占四分之一；中央级频道约占五分之一；地市级频道约占十分之一；其他频道约占1%（图5）。

2012年之前，中央级频道受到省级卫视挤压，收视份额逐年下降。从2012年起，央视频道收视份额逐年回升，2014年突破16%，2015年达到17.3%，2016年逼近20%，可谓节节升高。

2015年之前，省级卫视频道整体收视份额一直保持稳定攀升的态势，2012年突破

48%，2014 年逼近 50%，达到历史最高峰。“一剧两星”推出之后，省级卫视收视份额应声回落，2015 年减少 4 个百分点，2016 年减少到 44.1%。

省级地面频道面对深刻变化的电视剧市场，整体竞争力曾日渐式微。2010 年，省级地面频道收视份额历史性地达到 27.8%，2014 年跌至 23%，2015 年因为省级卫视的调整而涨了 2 个百分点，2016 年回调到 24.8%。

市级频道收视份额也出现类似的波动规律，从 2010 年的 13.3% 到 2014 年的 10.3%，5 年时间损失掉 3 个百分点，2015 年回升到 11.2%，2016 年占 10.5%（图 5）。

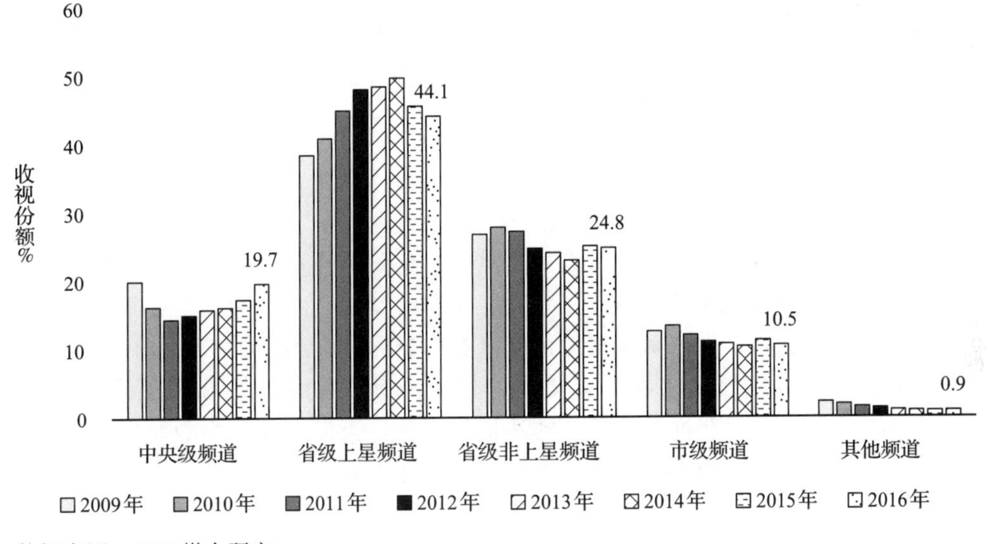

数据来源：CSM 媒介研究

图 5　电视剧市场各级频道的收视份额（%，所有调查城市，全天）

2. 多数强势频道收视率萎缩，收视扁平化，迈入列强竞争时代

全国电视剧市场竞争格局常因政策而重新洗牌。“一剧两星”实施一年之后，各卫视晚间首播档编播趋于一致，晚间黄金时段竞争更加激烈。

从晚间黄金时段首播档各卫视的收视率来看，2016 年电视剧市场主体竞争态势保持稳定，仍以中央电视台综合频道、中央台八套、湖南卫视、江苏卫视、浙江卫视、北京卫视、山东卫视、天津卫视等几大卫视为主。然而令人担忧的是，较 2015 年，2016 年主要卫视电视剧平均收视率普遍出现下滑或零增长，其中湖南卫视较 2015 年降低了 0.41 个百分点，其次是中央电视台综合频道，下滑 0.26 个百分点，浙江、山东和天津 3 家卫视也均有不同程度的下降。江苏和北京两家卫视则保持平衡状态。仅 3 家卫视年度平均收视率有所提升：上海和安徽两家卫视轻微上升，中央台八套有力提升。

收视震荡，造成卫视频道电视剧收视率彼此之间更加接近，列强竞争味道十足。2016 年黄金强档，中央台八套和上海东方卫视电视剧收视率分别为 0.9% 和 0.93%，仅相差 0.03 个百分点；江苏卫视和浙江卫视分别是 0.83%、0.82%，彼此也非常接近（表 6）。

表 6 2015～2016 年各主要卫视频道电视剧平均收视率变化情况（19:30～21:30，100 城市，内地剧）

频道	2015 电视剧平均收视率（%）	2016 电视剧平均收视率（%）	年度变化（百分点）
湖南卫视	1.88	1.47	-0.41
中央电视台综合频道	1.42	1.16	-0.26
上海东方卫视	0.85	0.93	0.08
中央台八套	0.73	0.90	0.17
江苏卫视	0.83	0.83	0.00
浙江卫视	0.85	0.82	-0.03
北京卫视	0.79	0.79	0.00
山东卫视	0.86	0.68	-0.18
安徽卫视	0.56	0.57	0.01
天津卫视	0.53	0.42	-0.11

数据来源：CSM 媒介研究

编排雷同，电视剧本身所带来的收视差异就凸显出来，可谓“得剧者，得天下”。从各大卫视电视剧收视率年度走势可以一窥奥秘：优质剧目资源能快速提升频道收视。

2016 年各卫视竞争曲线走势胶着，上海、北京、湖南、中央台一套分别凭借几部大剧获得收视高峰；上海、北京两家联播的跨年剧《芈月传》博得开门红，缔造了跨年度收视王。该剧之后各卫视陷入贴身肉搏战，直至湖南卫视相继推出《亲爱的翻译官》《解密》《麻雀》，方才拉开该卫视与其他卫视的距离。上海东方卫视和北京卫视在年度又联袂播出大型古装剧《锦绣未央》，急剧拉动频道收视走势，实现了两平台头尾并肩战斗、共赢的局面。

此外，中央台一套凭借反特/谍战剧《父亲的身份》和重大革命题材剧《彭德怀元帅》《海棠依旧》连续推动收视高峰出现，年中实现突围（图 6）。

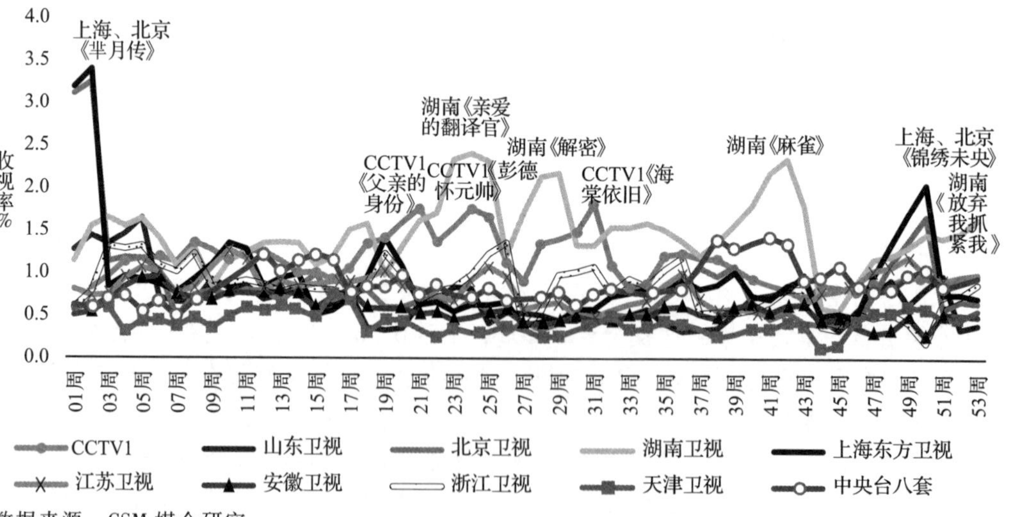

数据来源：CSM 媒介研究

图 6 2016 年几个主要卫视频道首档剧收视率周走势（19:30～21:30，100 城市）

3. 收视率超1%的剧目被8家强势平台垄断，大剧锐减，弱剧增多

优质剧目资源对于频道而言意义重大，好剧资源在2016年仍然具有以下特征：

首先，好剧一直处于稀缺状态。全国市场电视剧收视率分布形态呈典型金字塔之态：大剧难觅，卫视平均收视率不低于2%的顶尖剧目仅3部次，占0.4%；好剧难求，收视率在1%～2%之间的优势剧目占6.1%，比2015年提升1.1个百分点；普通剧目不足五分之一，收视率在0.5%～1%的剧目占17.1%；庸剧遍布，超过四分之三的剧目收视率不足0.5%（图7）。

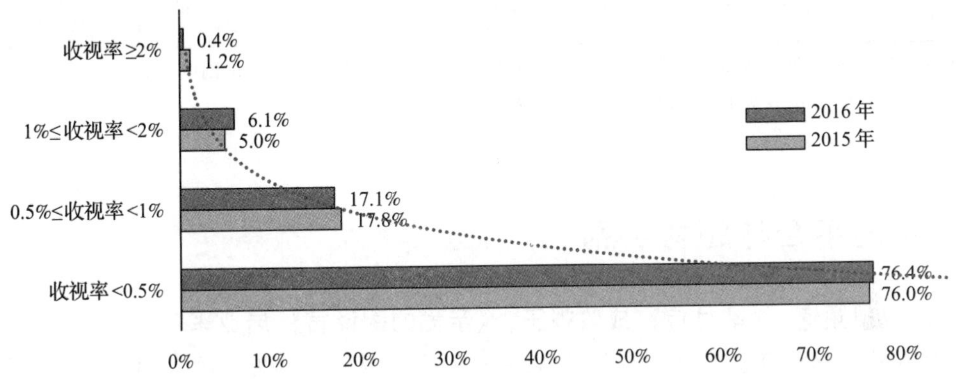

数据来源：CSM媒介研究

图7　2015年、2016年卫视频道电视剧收视率分布情况

（19:30～21:30，100城市，内地剧）

其次，8家强势平台垄断“1%剧乐部”。2016年晚间19:30～21:30时段，全国市场卫视频道平均收视率不低于1%的电视剧共计44部。其中，湖南卫视占有量最多，有12部（占总量的27%），中央台一套有7部（占总量的16%），然而这两家超级平台拥有的1%剧目相对于2015年出现较大降幅。出现负增长的还有山东卫视，几乎是断崖式缩减（从5部减少到2部）；江苏卫视减少了1部。剩余4家卫视有不同程度的增加：上海东方卫视和浙江卫视各增长1部，北京卫视增加2部，均各达到4部。最惹眼的当属中央台八套，出现爆发式增长，从4部直接翻倍到8部。

最后，对好剧资源的控制力直接决定了频道收视的高低，以及未来在电视剧市场的竞争地位。同为强势平台，其选剧眼光亦有高有低，对好剧的控制力有强有弱，这就造成收视差异。湖南卫视对好剧的掌控力较强。2015年其首播档剧“达标率”为100%，2016年达标率略降，但仍保持在较高水平。中央台一套达标率出现强烈震荡，2015年约有四分之三的剧达标，2016年则下滑到二分之一。山东卫视2016年达标率也同比减少一半。江苏、上海、浙江和北京这4家省级卫视及中央台八套的达标率趋同，均至少有五分之一的剧目达标（表7）。

表7　主要卫视频道电视剧平均收视率及收视达标率（19:30～21:30，100城市，内地剧）

频道名称	收视率≥1%部数		收视率≥1%比重		收视达标率	
	2015年	2016年	2015年	2016年	2015年	2016年
湖南卫视	15	12	32%	27%	100%	92%
中央台一套	11	7	23%	16%	73%	50%
山东卫视	5	2	11%	5%	26%	11%
江苏卫视	4	3	9%	7%	21%	20%
中央台八套	4	8	9%	18%	10%	24%
上海东方卫视	3	4	6%	9%	17%	24%
浙江卫视	3	4	6%	9%	16%	21%
北京卫视	2	4	4%	9%	12%	22%

注：收视率≥1%比重为本频道收视率≥1%的剧占所有卫视频道收视率≥1%剧的比例；收视达标率为收视率≥1%的电视剧部数占频道内播出部数的比例。

数据来源：CSM媒介研究

六、不同平台与题材热剧

1. 卫视频道：《芈月传》成收视王，《亲爱的翻译官》居亚军

2016年卫视频道收视率不低于1%的首播剧，类型丰富多变，涉猎15个题材，包括言情剧7部次，历史故事剧7部次，都市生活剧6部次，反特/谍战剧4部次，重大革命、军事斗争和社会伦理剧各3部次，警匪、近代传奇和时代变迁各2部次，重大历史、军旅生活、神怪玄幻、戏说演绎和青春剧各1部次。

独播剧已经成为强势卫视未来的编播趋势。2016年卫视首轮剧中，平均收视率不低于1%的电视剧有40部，其中36部采用独家首播。两家联播剧仅有《女医明妃传》《锦绣未央》《好先生》和《芈月传》，均是投资不小、阵容强大、品质不错的大剧。

从收视效果来看，上述4部联播剧总收视率分别为2.29%、2.69%、2.12%、6.57%，轻松突破1%。上海东方卫视和北京卫视的联播剧《芈月传》独拔头筹，分别获得3.35%、3.22%的单频道收视率，成为2016年独占鳌头的年度收视王。独播剧中，湖南卫视播出的当代言情剧《亲爱的翻译官》，收视率达到2.23%，成为年度亚军。可见，播出方式重要，但剧本身的品质和可视性更关键。

好的内容通过合适的渠道传达给理想的目标受众，可以让传播效果达到最佳状态。湖南卫视受众大多是年轻人，因此，其所选剧目风格轻松活泼，以高颜值演员为主，贴近年轻观众需求。言情剧《亲爱的翻译官》《美丽的秘密》《放弃我抓紧我》《神犬小七第二季》《小丈夫》《因为爱情有幸福》《咱们相爱吧》、反特/谍战剧《解密》《麻雀》、戏说演绎剧《武神赵子龙》、神怪玄幻剧《天天有喜之人间有爱》以及青春题材的《麻辣变形计》，每部剧都有当红“小鲜肉”“小鲜花”，例如黄轩、杨幂、袁弘、林更新、林允儿、马可、迪丽热巴、陈学冬、李易峰、周冬雨等。

而央视平台所选剧目思想性强、叙事宏大、弘扬社会主流价值观，并有很强的可视性。中央台一套的两部重大革命题材剧《彭德怀元帅》(1.59%)和《海棠依旧》

（1.52%）、反特/谍战剧《父亲的身份》以及中央台八套的两部军事斗争剧《锻刀》（1.45%）和《炮神》（1.32%），平均收视率均在1.3%以上。

有些卫视选剧颇具眼光，比如浙江卫视选择了贾乃亮和李小璐夫妻主演的《煮妇神探》，融入励志、悬疑、轻喜等元素，获取了1.29%的该频道最高收视率；北京卫视播出张黎执导的《少帅》（1.14%），以精致的画面和构图讲述了传奇人物张学良不凡的一生；上海东方卫视和浙江卫视联播的《欢乐颂》被誉为2016年现象级大剧，引发热议，上海东方卫视收视率为1.12%；山东卫视推出了两部社会伦理剧《搭错车》和《继父回家》，起用实力派演员，获得1.48%、1.42%的收视率，其中《搭错车》改编自经典苦情剧（表8）。

表8　2016年卫视频道首播档收视表现较好的剧目（19:30～21:30，100城市）

频道	电视剧名称	收视率（%）	题材	制作机构
上海东方卫视	芈月传	3.35	历史故事	东阳市花儿影视文化有限公司
北京卫视	芈月传	3.22	历史故事	东阳市花儿影视文化有限公司
湖南卫视	亲爱的翻译官	2.23	言情	上海剧芯文化创意有限公司
湖南卫视	解密	1.82	反特/谍战	浙江华策影视股份有限公司
湖南卫视	麻雀	1.79	反特/谍战	千乘影视股份有限公司
湖南卫视	美丽的秘密	1.7	言情	上海观达影视文化有限公司
中央电视台综合频道	彭德怀元帅	1.59	重大革命	福建电影制片厂有限公司
中央电视台综合频道	海棠依旧	1.52	重大革命	河北电影电视剧制作中心
湖南卫视	放弃我抓紧我	1.51	言情	浙江梦幻星生园影视文化有限公司
中央电视台综合频道	父亲的身份	1.51	反特/谍战	江苏凤凰联动影业有限公司
上海东方卫视	锦绣未央	1.49	历史故事	上海克顿影视有限责任公司
山东卫视	搭错车	1.48	社会伦理	山东卫视传媒有限公司
湖南卫视	麻辣变形计	1.46	青春	北京完美影视传媒股份有限公司
中央台八套	锻刀	1.45	军事斗争	云南金彩视界影业有限公司
湖南卫视	神犬小七第二季	1.45	言情	北京完美影视传媒有限责任公司
山东卫视	继父回家	1.42	社会伦理	山东卫视传媒有限公司

数据来源：CSM媒介研究

2. 地面频道：反特/谍战和军事斗争是主流，《热血》收视表现突出

2016年晚间黄金时段，地面频道流行的剧风仍然集中于风格硬朗、情节紧张、节奏明快的军事斗争和反特/谍战题材，可谓各地通吃。

进入当地收视前20名频次较高的军事斗争剧包括《绝地枪王二之松花江上的枪声》《铁血战狼》《热血共赴国难》《擒蛇》《地道女英雄》《决战江桥》《战火中的兄弟》《手枪队》《我叫刘传说》《寒山令》《最后的战士》《蚂蚱》《我的父亲我的兵》《希望使命》《忠者无敌》和《炮神》等，均在不低于15个城市进入收视前20名。其中《绝

地枪王二之松花江上的枪声》30次进入当地收视前20名，成为地面频道最热门的军事斗争剧。

进入各地收视前20名频次较高的反特/谍战剧有《热血》《不可能完成的任务》《黑狐之风影》《我的老爸是卧底》《左轮手枪》《蜂鸟》和《云水怒》等。其中《热血》和《不可能完成的任务》分别在36个和30个城市进入当地收视前20名。

除了以上两类题材，黄文利导演的近代传奇剧《玉海棠》在21个城市收视表现突出（表9）。

表9　2016年地面频道热播剧（18:00~24:00，同一版本剧已合并，100城市）

题材	电视剧	进入当地收视前20名城市数	制作机构
反特/谍战	热血	36	天视卫星传媒股份有限公司
	不可能完成的任务	30	江苏稻草熊影业有限公司
	黑狐之风影	24	西安梦舟影视文化传播有限责任公司
	我的老爸是卧底	22	上海新文化传媒集团股份有限公司
	左轮手枪	21	东阳紫风影视制作有限公司
	蜂鸟	21	东阳福添影视有限公司
	云水怒	19	南京军区政治部电视艺术中心
军事斗争	绝地枪王二之松花江上的枪声	30	上海智尊影视文化传播有限公司
	铁血战狼	27	南京广播电视台
	热血共赴国难	27	云南金彩视界影业有限公司
	擒蛇	24	广东华夏电视传播有限公司
	地道女英雄	24	东阳盟将威影视文化有限公司
	决战江桥	21	中国广播影视音像出版中心
	战火中的兄弟	18	东阳文瀚影视广告有限公司
	手枪队	18	四川星空影视文化传媒有限公司
	我叫刘传说	18	云南金彩视界影业有限公司
	寒山令	17	河南电视传媒发展有限公司
	最后的战士	16	东阳福添影视有限公司
	蚂蚱	16	上海慈文影视传播有限公司
	我的父亲我的兵	15	江苏稻草熊影业有限公司
	希望使命	15	厦门音像出版有限公司
	忠者无敌	15	北京东方全景文化传媒有限公司
	炮神	15	天沐影业（北京）有限公司
近代传奇	玉海棠	21	重庆萌梓影视传媒有限公司

数据来源：CSM媒介研究

3. 不同题材热播剧收视差异大，高价值二轮剧发挥余热

2016年最受市场欢迎的各类题材“剧王”（进入100城市收视率TOP20频次最多者），不仅类型各异，而且内容涵盖面广，彼此之间收视差别较大，颇具特色。

其中，历史故事剧《芈月传》收视表现最好，在54个城市进入收视前20名；其次是言情剧《亲爱的翻译官》、反特/谍战剧《热血》和军事斗争剧《炮神》，均在20多个城市进入收视前20名；重大革命剧《海棠依旧》、社会伦理剧《搭错车》、都市生活剧《还是夫妻》、近代传奇剧《黎明破晓前》和《忍冬艳蔷薇》、神怪玄幻剧《天天有喜之人间有爱》、戏说演绎剧《武神赵子龙》，均在不低于10个城市进入收视前20名。在2～10个城市进入前20名的剧有当代传奇剧《千金归来》、时代变迁剧《两个女人的战争》和《姐妹兄弟》、重大历史剧《少帅》、警匪剧《警花与警犬》、农村剧《三妹》、军旅生活剧《陆军一号》、悬疑剧《昙花梦》和《爱的追踪》、武侠剧《五鼠闹东京》和《剑侠传奇》、奋斗励志剧《我叫苗金花》和公案剧《包青天》。地下斗争剧《血战边城》、3部民间传奇剧《薛平贵与王宝钏》《家里家外》和《穆桂英挂帅》则仅在1个城市进入前20名好剧圈。

还有一些优秀二轮剧收视余威犹在，经得起市场考验。例如，当代传奇剧《千金归来》、民间传奇剧《薛平贵与王宝钏》、公案剧《包青天》以及其他题材剧《钢铁年代》等，2016年再次进入好剧圈，彰显品牌重播价值。

4. IP剧成市场吸睛热点，原创品牌二次创作乃成败关键

我国电视剧市场这两年最热门的话题之一就是IP剧了。其实，IP剧一直存在于电视剧市场，并不是新鲜事物。名著小说算是超级影视IP，从中汲取营养改编的剧目源源不断。直至近两年来网文IP异军突起，给影视业输出新鲜的原创内容。凭借资本力量，这两年有点名气的网络IP资源几乎被瓜分殆尽，由于自带粉丝效应，成为制作、播出市场新锐。2013～2016年每年首播新剧中，有50部左右的IP剧，约占总量的四分之一至五分之一。2016年271部首播新剧里，IP剧有55部，占20.3%，比2015年增加1.7个百分点。

2016年卫视播出的古装IP剧比较有代表性的有《寂寞空庭春欲晚》《锦绣未央》《芈月传》《秀丽江山之长歌行》《剑侠传奇》《五鼠闹东京》《武神赵子龙》和《新萧十一郎》等；现代经典IP剧有《还是夫妻》《欢乐颂》《亲爱的翻译官》《微微一笑很倾城》《我是杜拉拉》和《致青春》等。

从收视效果来看，IP网文改编成电视剧之后，收视喜忧参半。单频道收视率超过1%的有《寂寞空庭春欲晚》（浙江卫视1.12%）、《锦绣未央》（上海东方卫视1.49%、北京卫视1.2%）、《芈月传》（上海东方卫视3.35%、北京卫视3.22%）、《还是夫妻》（中央电视台综合频道1.26%）、《欢乐颂》（上海东方卫视1.12%）以及《亲爱的翻译官》（湖南卫视2.23%）等（表10）。

收视率并不完全被原著品牌价值所左右。超级网文IP有可能变成收视低迷的庸剧，而二、三流IP网文却也能衍变成爆红剧目。例如，《微微一笑很倾城》是有巨大原著品牌价值的超级大IP，作者是顾漫，然而，该剧2016年在江苏卫视和上海东方卫视播出

后，单频道收视率均不足1%，还不如2015年江苏卫视播出的同为顾漫原著的《何以笙箫默》(1.17%)。改编自辛夷坞的《致我们终将逝去的青春》同名电影票房大卖，改编成电视剧后单频道收视率却仅在0.5%上下。《芈月传》《欢乐颂》原著IP价值不高，作者知名度及粉丝量远远不及超级大IP，然而经影视创作者妙手改编成电视剧之后，却大放异彩，获得令人瞩目的收视效果。

表10　2016年部分IP剧收视表现（19:30～21:30，100城市，内地剧，卫视频道）

电视剧名称	频道	原著	演员	题材	收视率(%)
寂寞空庭春欲晚	浙江卫视	匪我思存	刘恺威、郑爽	历史故事	1.12
	深圳卫视				0.53
锦绣未央	上海东方卫视	秦简	罗晋、吴建豪、唐嫣、毛晓彤、李心艾	历史故事	1.49
	北京卫视				1.20
芈月传	上海东方卫视	蒋胜男	方中信、黄轩、高云翔、孙俪、刘涛	历史故事	3.35
	北京卫视				3.22
秀丽江山之长歌行	江苏卫视	长歌行	袁弘、林心如	戏说演绎	0.57
还是夫妻	中央电视台综合频道	黄霁	郭涛、韩青、周晓鸥、马苏、苏岩	都市生活	1.26
欢乐颂	上海东方卫视	阿耐	祖峰、王凯、张陆、刘涛、蒋欣、王子文、杨紫、乔欣	都市生活	1.12
	浙江卫视				0.96
你好乔安	浙江卫视	张晓晗	陈亦飞、王柯达、戚薇、王晓晨	言情	0.87
亲爱的翻译官	湖南卫视	缪娟	黄轩、杨幂	言情	2.23
微微一笑很倾城	江苏卫视	顾漫	杨洋、白宇、郑爽、毛晓彤	言情	0.95
	上海东方卫视				0.87
我是杜拉拉	江苏卫视	李可	王耀庆、朱泳腾、戚薇、王汀	言情	0.95
小别离	浙江卫视	鲁引弓	黄磊、海清	社会伦理	0.97
	北京卫视				0.79
致青春	上海东方卫视	辛夷坞	杨功、张丹峰、陈瑶	言情	0.54
	安徽卫视				0.46

数据来源：CSM媒介研究

这其中有何奥秘？本文认为，要想在收视市场有所作为，拥有IP原著不是万能的，抛开平台差异、宣传手段不谈，影视创作者如何二次创作才是关键。创作者对于IP剧的思想性、艺术性和可视性的驾驭把控能力，决定着影视剧的成败。

七、结语

“一剧两星”之后，如果说2015年是震荡与裂变之年，那么2016年就是分化与转型之年。有些特征固然一脉相承，然而，分化也悄然出现在方方面面。

电视剧仍然是2016年电视市场最重要的节目内容；电视台的播出量近年有所提升，然而收视量已触及“天花板”。因此，要想进一步发展市场，需要从求数量向求质量转变。

政府管控不会放松。电视剧通过审批发行的总量持续下滑，电视剧生产商从多部攻势改为单部出击，导致单部剧越拍越长。制作力量也出现两极分化：一方面，生产能力薄弱，审批难、播出难；另一方面，行业集中度不断提升，能生产出大剧的制作团队成为稀缺资源。

题材集中度高，播出同质化。军事斗争、反特/谍战、近代传奇和都市生活构成了播出市场与收视市场的核心题材，但言情剧卷土重来，迎来了春天。

好剧资源依旧集中于几家强势平台手中。然而，随着强势频道收视率出现萎缩，卫视间收视呈现扁平化，全国竞争格局迈入列强竞争时代。

当下观众收视口味发生了深刻的变化，电视剧受众出现了年轻态趋势，电视剧市场有迎合，亦有引领；有突破，亦有跟风。可惜的是庸剧当道，大剧难觅，IP剧、周播剧、偶像剧等盛名之下、冰火其里，收视效果与口碑参差不齐，未来需要启动向品牌转化之旅。

（作者：李红玲）

2016年全国新闻节目收视分析

2016年，随着“供给侧结构性改革”深入新闻领域，新闻媒体高度关注受众需求，新闻从业人员深入基层，及时回应群众关心的问题。如今移动资讯技术高度发达，信息传递空前快捷，电视新闻节目如何在媒介融合大背景下利用自身优势巩固并提升竞争力，实现供给侧发力，是目前电视新闻人面临的重要课题。本文根据CSM媒介研究2016年在全国129个城市的收视调查数据，对全国新闻节目的收视状况进行分析，解读新闻节目的收视特征。

一、新闻节目整体收播状况

1. 新闻节目人均日收视时间较2015年减少2分钟

在网络资讯丰富、新闻传播快捷的今天，人们获取新闻的方式不再局限于电视媒体。然而，受众并没有颠覆性地改变其对电视新闻的依赖，而是“见缝插针”地将原来零碎的时间拿出来，分配给了新兴媒体，因而，传统电视新闻节目的收视并没有受到显著影响。CSM媒介研究电视观众收视调查数据显示，2016年人均每日收看电视节目的时长为152分钟，较2015年的156分钟减少了4分钟；2016年人均每日收看新闻节目的时长为19分钟，较2015年减少了2分钟（图1）。

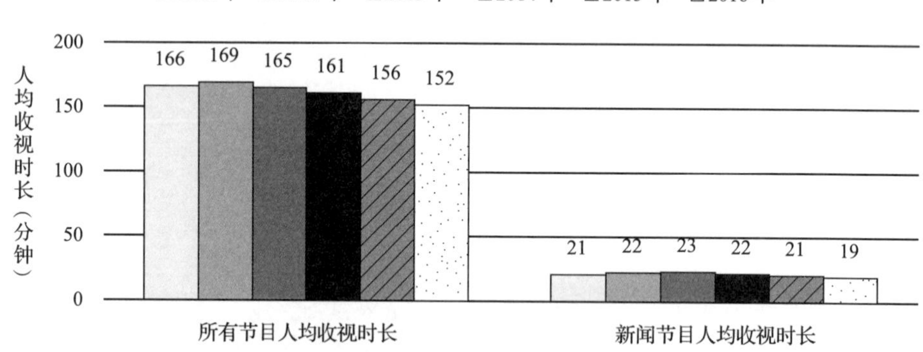

数据来源：CSM媒介研究

图1 2011～2016年所有节目及新闻节目人均收视时长（历年所有调查城市）

2016年，新闻节目以10.7%的播出比重获得了13.8%的收视比重；从变化趋势上看，2016年新闻节目的资源使用效率相对上年有所提升，由2015年的28.5%提升至29.0%（表1）。

表1　2011～2016年新闻节目的收播比重及资源使用效率（历年所有调查城市）

年份	播出比重（%）	收视比重（%）	资源使用效率（%）
2011年	10.0	13.1	31.5
2012年	10.7	14.0	30.8
2013年	11.3	14.8	30.7
2014年	10.9	14.2	30.3
2015年	11.0	14.1	28.5
2016年	10.7	13.8	29.0

数据来源：CSM媒介研究

2. 济南、贵阳观众新闻节目消费量大

全国各地观众的生活习惯不尽相同，不同城市观众喜欢收看的电视频道、节目也有所差异，这就导致各地电视收视市场表现出鲜明的地域特征。在晚间时段（17:00～24:00）新闻节目播出总量基本稳定的前提下，新闻节目的收视时长在不同城市间存在明显的差别。将2016年35个城市（包括直辖市、省会、计划单列市）晚间17:00～24:00收看新闻节目的观众收视总时长从大到小进行排序可以看到，济南、贵阳观众新闻节目消费量最大，在晚间收看新闻节目的总时长均超过8000分钟（图2）。

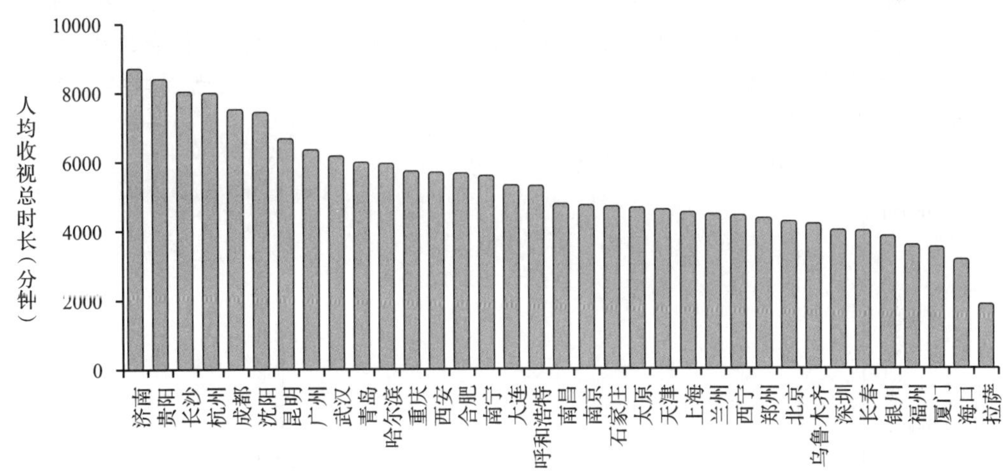

数据来源：CSM媒介研究

图2　2016年各城市晚间新闻节目的人均收视总时长（17:00～24:00）

3. 新闻节目收视依然集中在晚间黄金时段

新闻节目在全天不同时段的收视量变化与其他节目类型整体保持一致，但在细节上不尽相同。新闻节目的收视主要集中在晚间18:00～20:00，在这段时间开始的新闻节目观众累计人均收视时长达到8.7分钟，接近全天新闻节目收视时长的一半。2016年新闻节目全天收视曲线呈现出两个明显的收视主高峰（12:00和19:00）和另外两个收视较突出的收视次高峰（06:00～08:00和20:30～22:30）（图3）。2016年的新闻类节目收视曲线表现出与上年特征的高度一致性。

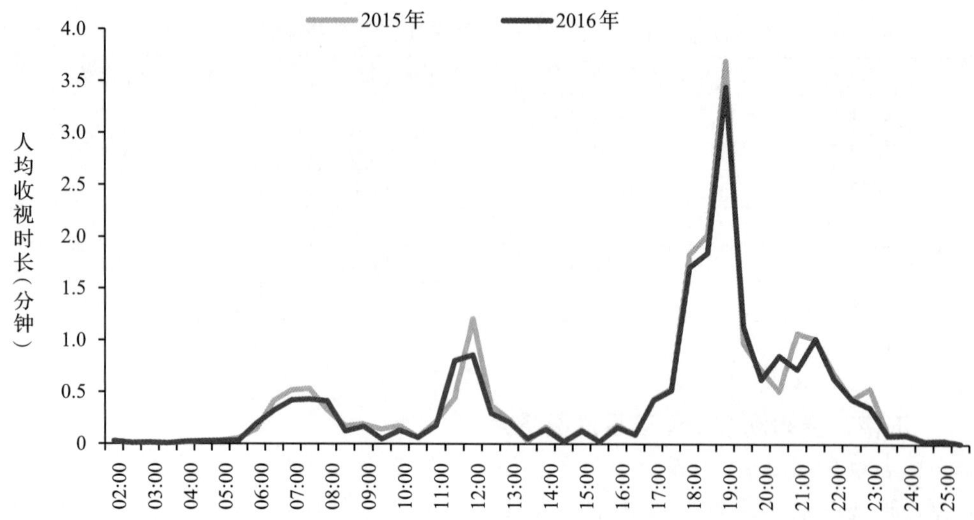

数据来源：CSM 媒介研究

图 3　2015～2016 年新闻节目全天各时段收视情况（所有调查城市）

为了进一步了解不同类型的新闻节目的播出与收视特点，我们可将新闻节目划分为综合新闻、新闻评述、新闻/时事其他三个类别。根据各类新闻节目在不同时段的播出时长我们可以看到，综合新闻的播出集中于早间、午间、傍晚（本地新闻和新闻联播）以及晚间（22:00～23:00）四个主要新闻节目带；以当地民生新闻为代表的新闻/时事其他在综合新闻播出减少的各时段进行补充播出，在上午、下午、《新闻联播》前后各时段的播出量显著增加；而新闻评述类节目播出量最小，播出主要集中于早上7:30、中午12:00和晚间17:30以后，各时段播出量相对变化不大（图4）。

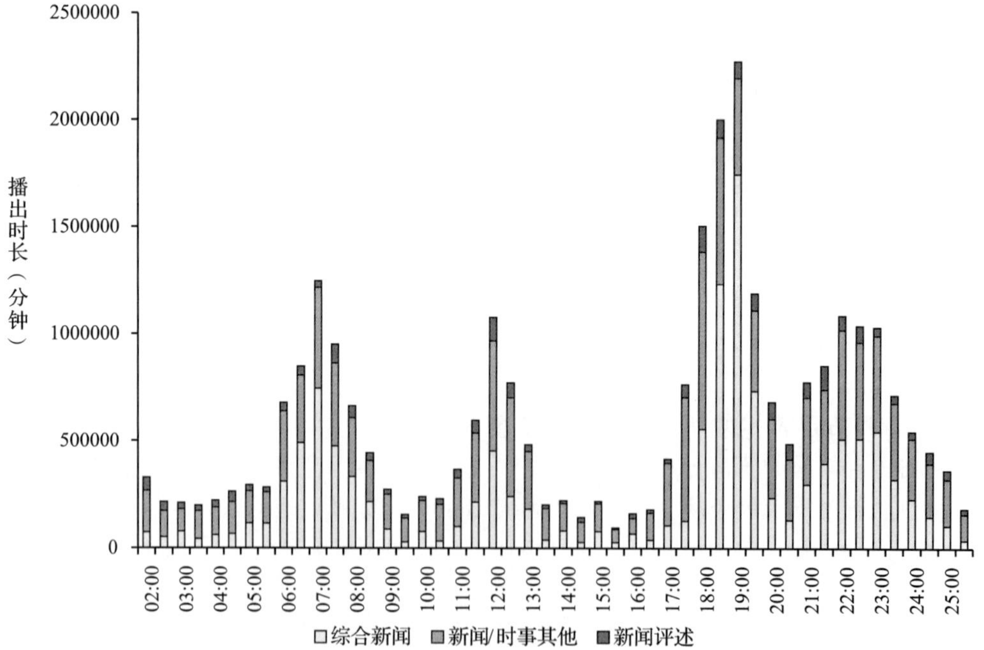

数据来源：CSM 媒介研究

图 4　2016 年各类新闻节目全天不同时段播出情况（所有调查城市）

不同类型新闻节目在各时段的收视特点，可从侧面反映出人们收看不同新闻节目的习惯。在以综合新闻为主的四个新闻节目带，人们花费在综合新闻上的收视时间最长。在晚间19:00《新闻联播》播出之前，随着各地以民生新闻为主的新闻/时事其他类新闻节目播出的增加，观众在该类型节目的收视时长也随之增加。《新闻联播》播出之后的19:30～22:00时段内，观众收看评述类新闻节目的时长比例提升明显（图5）。

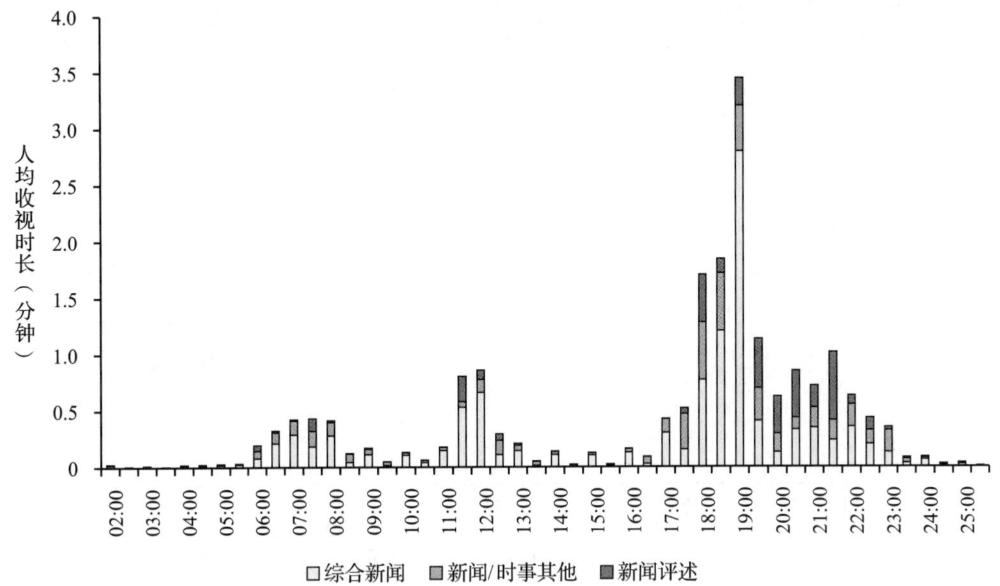

数据来源：CSM 媒介研究

图5　2016年各类新闻节目全天不同时段收视情况（所有调查城市）

4. G20杭州峰会、神舟十一号飞船与天宫二号空间实验室对接等重大事件对新闻节目收视影响明显

2016年全年各周新闻节目的收视时长整体比较稳定，多数周在17～22分钟之间波动，全年起伏波动不大。在第37周（9月4日～9月10日），新闻节目收视出现了全年最高峰值，为22分钟，超过平均水平13%；在第25周（6月12日～6月18日）和第41周（10月2日～10月8日），收视时长相对较短，未超过17.6分钟。

收视曲线上的每个收视跃动背后都有一个非同寻常的事件发生。2016年发生的主要新闻事件对电视收视，特别是新闻节目收视产生了不小的影响。2016年9月4日～5日，G20杭州峰会举行。G20杭州峰会是2016年中国最重要的主场外交活动，取得了一系列积极成果，赢得国内外高度评价，同时也成为全年新闻节目收视的最高峰。除此之外，神舟十一号飞船与天宫二号成功对接也成为2016年最受关注的重大新闻事件。9月15日，天宫二号空间实验室在酒泉卫星发射中心发射成功；10月17日，神舟十一号飞船在酒泉卫星发射中心发射升空，顺利将两名航天员送上太空；10月19日，神舟十一号飞船与天宫二号成功实施自动交会对接；11月18日，神舟十一号飞船返回舱着陆。两名航天员在天宫二号与神舟十一号组合体内驻留30天，完成了一系列空间科学实验和技术试验，创造了中国航天员太空驻留时间新纪录。在这些重大新闻事件的发生及其报道期间，新闻节目周平均收视曲线明显提升，很好地印证了重大新闻事件对新闻节目收视的拉动效应。

春节假期新闻节目收视水平相对较低，主要是因为节假日期间新闻节目一般只保持常规播出量，而观众关注度较高的综艺和青少节目则会增加播出，因此，新闻节目的竞争力在节假日期间受到一定影响（图6）。

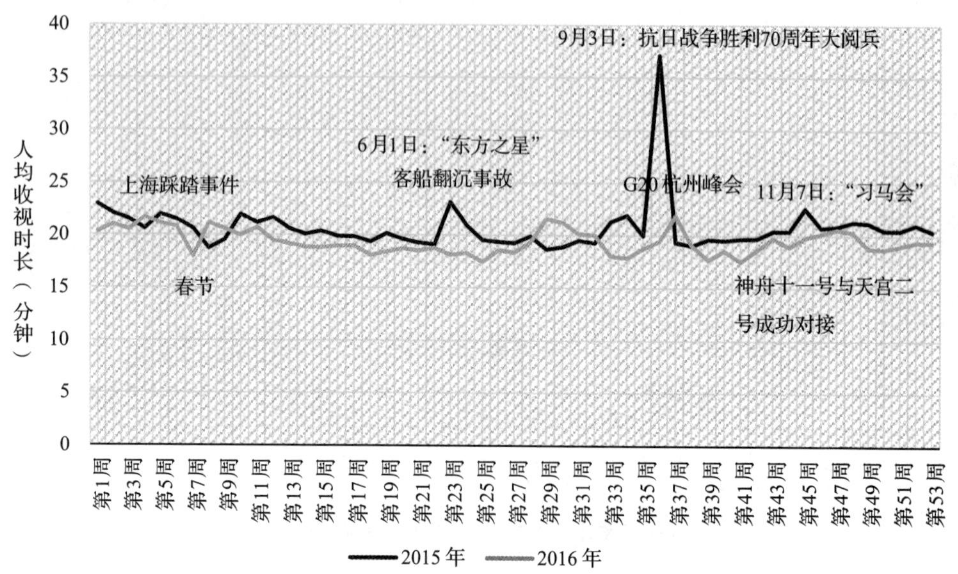

数据来源：CSM媒介研究

图6　2015与2016全年新闻节目分周收视走势（所有调查城市）

5. 新闻/时事其他类节目播出量最大，综合新闻收视比重进一步增加

从各类新闻节目的播出量来看，2016年综合新闻的播出量较2015年稍有增加；新闻/时事其他类播出量逐年升高，2016年全年播出量占所有新闻节目的47.1%，占比最大；2016年新闻评述类节目播出比重较2015年有所下滑，为7.8%（图7）。

观众收视时间分配的变化在一定程度上是由于各类新闻节目播出时间的变化导致的，但同时它也反映出观众对各类新闻节目需求的变化。2016年整体看来，综合新闻、新闻评述类节目收视比重较2015年有所增加，而新闻/时事其他类节目虽然播出比重有所提升，但是收视比重降低了。

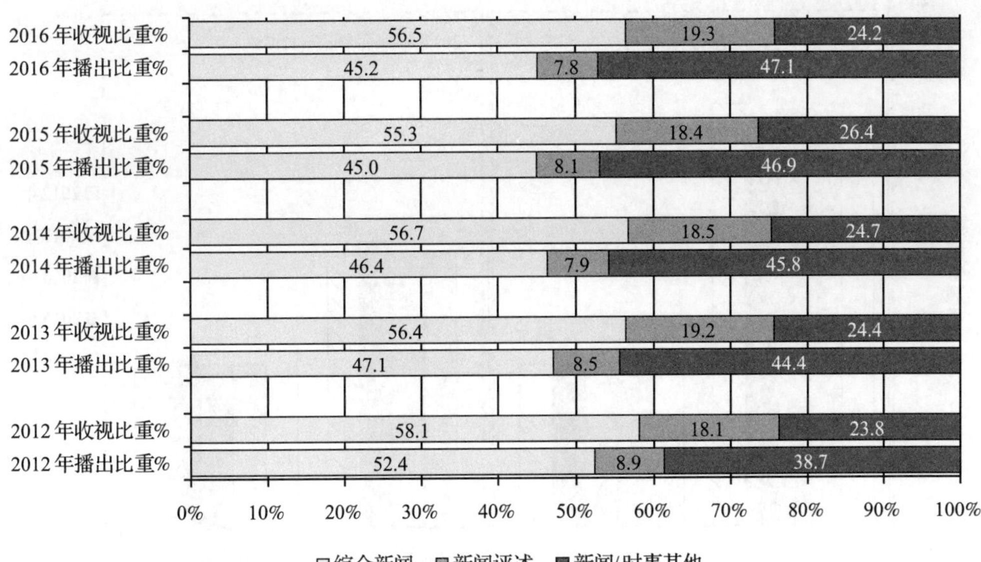

数据来源：CSM 媒介研究

图 7 2012～2016 年各类新闻节目播出比重（所有调查城市）

二、新闻节目收视市场竞争格局

1. 中央级频道收视份额居首，地面频道播出量占优

2016 年全国电视新闻节目收视市场中，中央级频道仍然占据着最重要的位置，以 4.0% 的播出量为新闻节目贡献了最高的收视份额（40.7%）；省级上星频道播出量占比为 7.1%，略高于中央级频道，加之各地省一级重要新闻均在此平台播出，收视份额也相对较高（15.7%）；省级非上星频道和市级频道的传播范围类似，面对的观众群体在地域上相对比较集中，尽管单个频道覆盖面不广，但胜在频道众多，因此，播出量也最大，超过所有新闻节目播出时间的 80%，这两类频道累计共获得了新闻节目市场 41.7% 的收视份额。从年度变化来看，2016 年中央级频道在新闻节目市场的收视份额提升明显，省级上星和地面频道收视份额均有所下滑（图 8）。

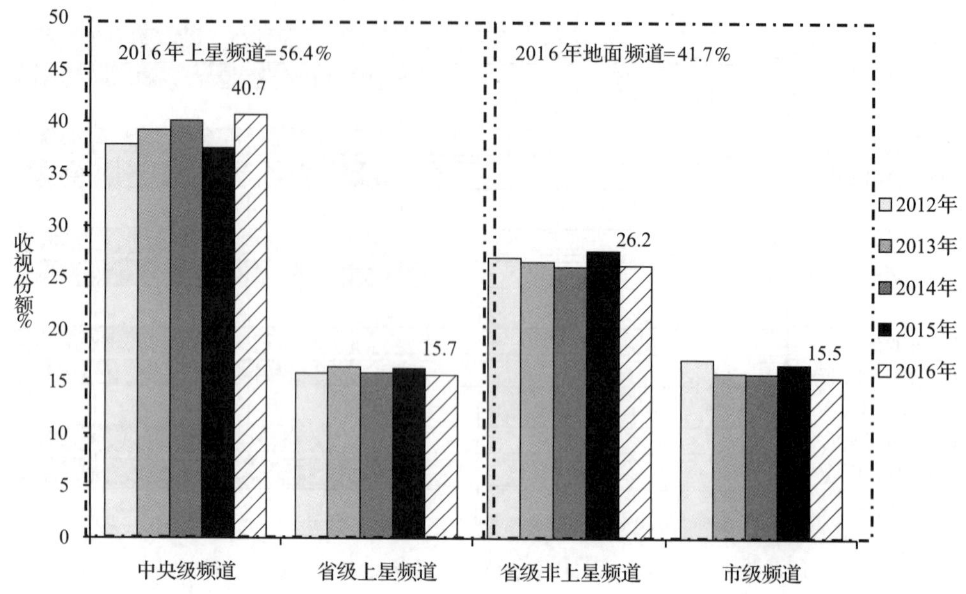

数据来源：CSM 媒介研究

图 8　2012～2016 年各级频道在新闻节目市场的收视份额（历年所有调查城市）

2. 中央级频道的新闻评述类节目较受欢迎，地面频道以民生新闻为代表的其他新闻节目更受关注

观众对各级电视频道具有不同的收视预期定位。中央级频道多被认为具有专业性、权威性，是负责任、可信度高的播出平台；省级卫视则比较年轻化，具有现代感和吸引力，更倾向推陈出新；地面频道（省级非上星频道和市级频道）则给人的印象较传统、亲民，更贴近生活。观众在这样的心理暗示下，收看电视新闻节目的时候就会带有明确

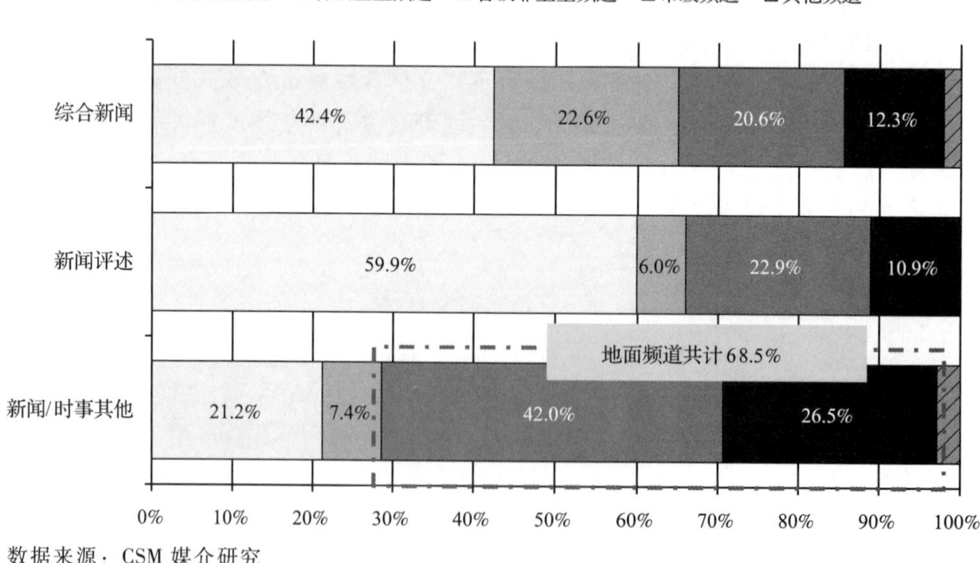

数据来源：CSM 媒介研究

图 9　2016 年各级频道在不同类型新闻节目市场的收视份额（所有调查城市）

的选择性（图9）。对于国内外新闻的客观报道，在不同平台获得的新闻事件信息并没有太大区别，全凭观众收视习惯。新闻评述类节目通常会加入一些主观判断，中央级频道的专业性和权威性在这种情况下无疑成为一大优势，因此，观众对中央级频道播出的新闻评述类节目看重有加，59.9%的收视时间都给了中央级频道。被列在“其他”一栏下的新闻时事类节目大多关注的是重要性一般的新闻事件，其中各地方频道的民生新闻占了很大比例；此类节目取材贴近当地群众生活，自然是两级地面频道的主要收视市场，在新闻/时事其他类新闻节目上，地面频道获得了68.5%的收视份额。

三、新闻节目观众特征

全国电视观众中女性观众略多于男性，而新闻节目的观众中则男性多于女性。2016年收看新闻节目的男女观众比例之间的差距比上一年有所加大；超过六成的新闻节目观众年龄在45岁以上，这一比例在近两年还在持续增加；新闻节目更受高学历观众的青睐，超过五分之一的观众受教育程度为“大学及以上”，而且近几年高学历观众比例逐年递增（图10）。

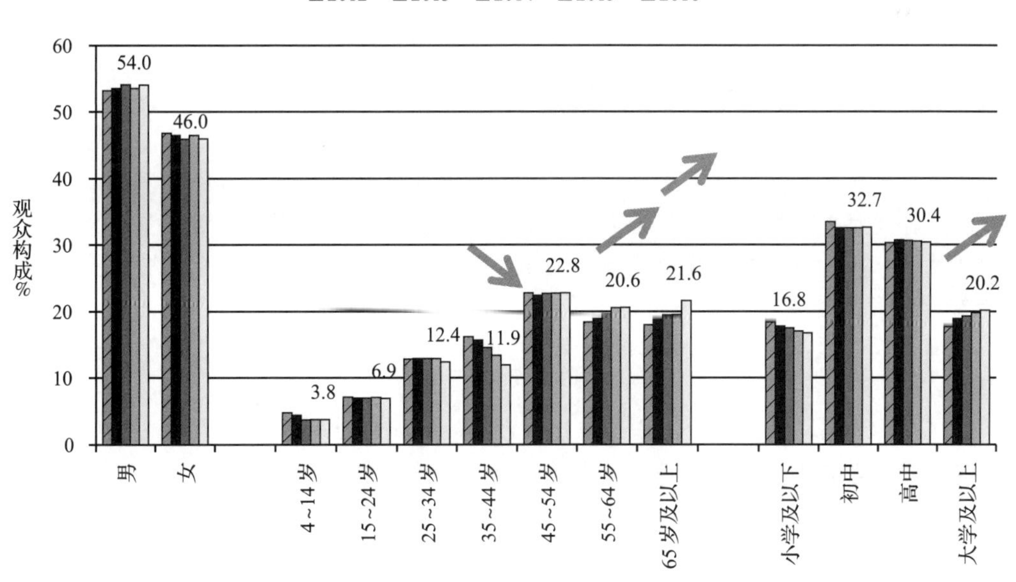

数据来源：CSM媒介研究

图10　2012~2016年新闻节目观众构成（历年所有调查城市）

不同观众对不同类型的新闻节目关注程度不同。男性观众对新闻节目的偏爱更多地体现于对综合新闻类节目和新闻评述节目的收视；55岁及以上观众在综合新闻类节目观众中所占比例略高于其他两类节目，25~34岁青年观众更青睐于新闻评述类节目；不同受教育程度的观众对几类新闻的收视习惯差异不大（图11）。

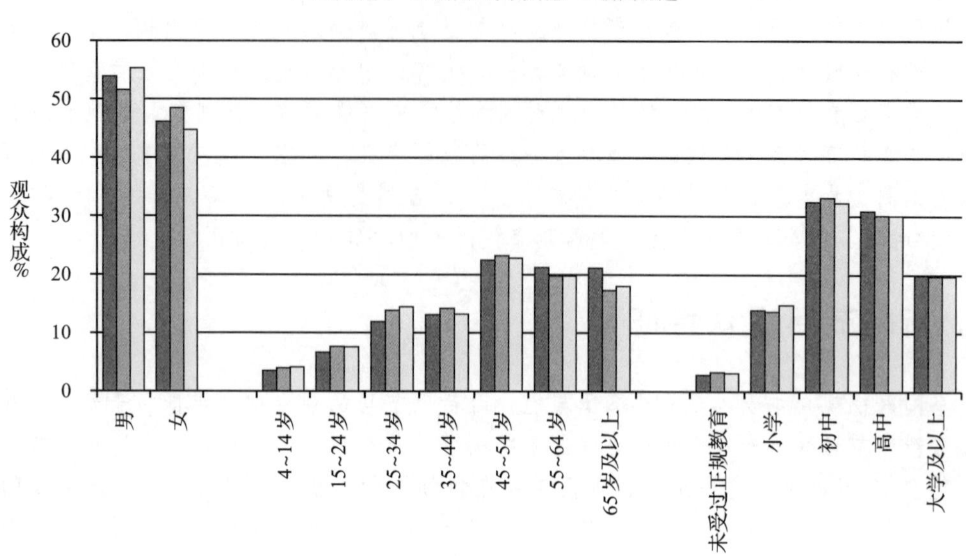

数据来源：CSM 媒介研究

图 11　2016 年各类新闻节目观众构成（所有调查城市）

四、G20 杭州峰会的收视表现

电视媒体会在第一时间将重大新闻事件、突发新闻事件传递给受众；同时，广大民众也会选择通过电视新闻媒体对重大事件及其后续报道进行了解。尽管新媒体在信息发布的快速性、即时性上更占优势，但专业频道的电视新闻报道却凭借其权威性和公信力仍然是人们获得并确认重大新闻信息的首要途径，尤其是央视。近年来，央视对重大新闻事件反应及时，报道权威、准确，“大事看央视”已成为老百姓收看新闻节目的习惯。

2016 年 9 月 4 日 ~5 日，二十国集团（G20）领导人峰会在杭州召开。从 3 日开始，央视连续对峰会重大活动一一进行了直播报道。主持人与嘉宾在风景如画的西湖边进行解说，将会议日程中的演讲、谈话在第一时间原样呈现，帮助观众看到会议内容并及时指出其中的含意、意义及中国主张。报道展示了杭州天堂一般的景色，展现出各国领导人的风貌与风采，特别是习近平主席作为东道主代表中国表现出来的大国风范。

从 9 月 3 日开始，中央电视台综合频道和新闻频道围绕峰会议程，推出 6 场直播特别节目，共计时长达到 3 小时 10 分钟，聚焦各国领导人抵达，习近平主席在 G20 杭州峰会上发表主旨演讲，习近平主席主持峰会欢迎仪式、开幕式等活动，及时解读峰会共识和成果，充分反映在全球治理体系改革中的中国方案、中国智慧、中国贡献。从收视效果来看，综合频道 9 月 3 日 20:00 ~22:00、4 日 16:00 ~24:00 时段收视均出现了明显的提升；而 9 月 4 日全天各个时段，新闻频道收视也均出现了明显的提高（图 12）。

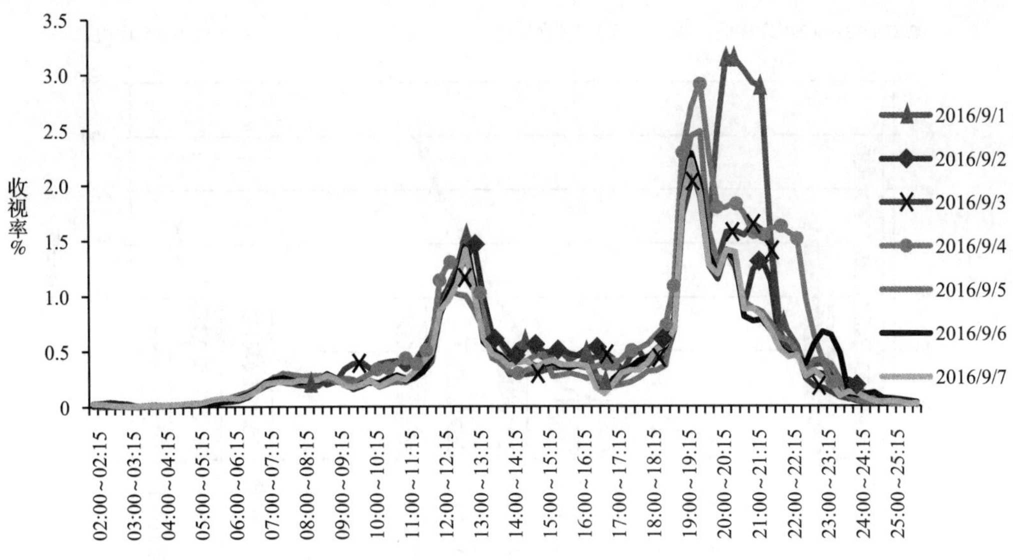

图 12　G20 杭州峰会前后中央电视台综合频道分时段收视率走势（所有调查城市）

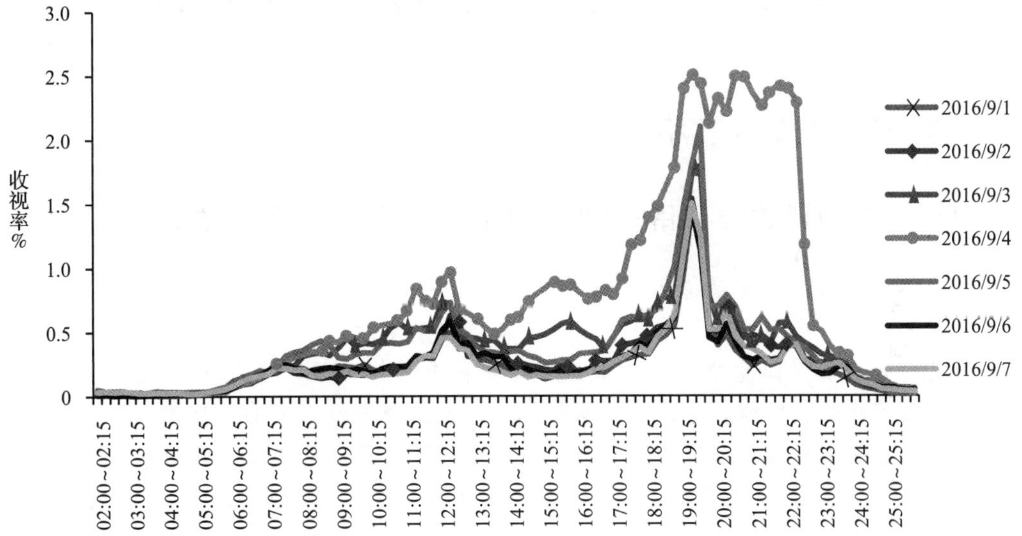

数据来源：CSM 媒介研究

图 13　G20 杭州峰会前后中央电视台新闻频道分时段收视率走势（所有调查城市）

将中央电视台综合频道和新闻频道作为一个整体来看 G20 杭州峰会前后观众层面上的变化，G20 杭州峰会的播出并未对新闻节目整体观众的构成和集中度产生重大影响，男性、中老年观众依然是新闻节目的主体观众和重度观众，但青年观众、高学历观众在 G20 杭州峰会期间对新闻节目的集中度有所提升（图 14）。

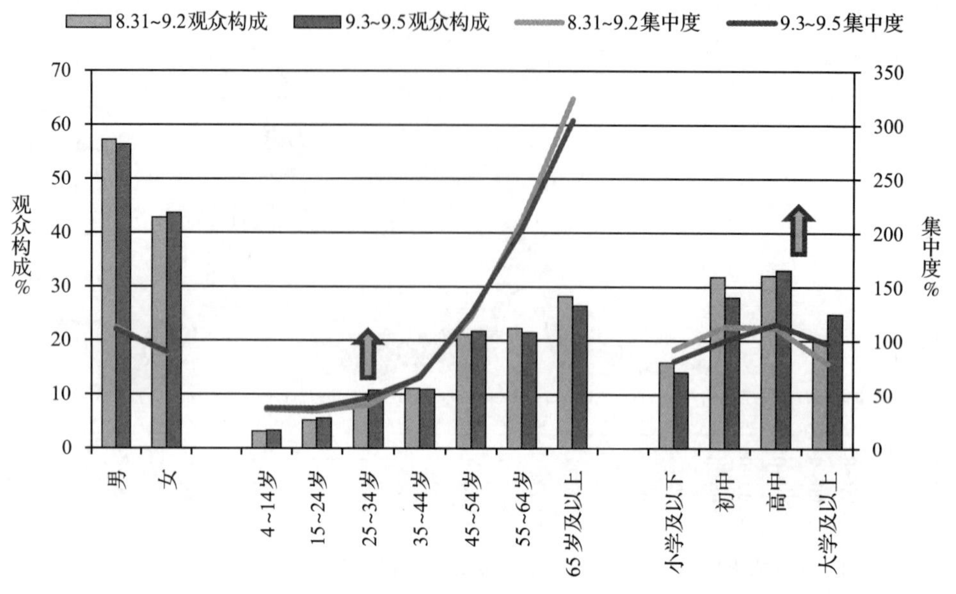

数据来源：CSM 媒介研究

图 14　G20 杭州峰会前后全天时段新闻节目观众构成和集中度变化（所有调查城市）

五、典型新闻节目浅析

（一）新闻评述类节目：《中国舆论场》和《今日评说》

新媒体突飞猛进的发展降低了电视作为信息获取渠道和娱乐休闲工具的地位和作用，并深刻改变了人们的信息消费习惯。新闻事件发生后，各种媒体消息层出不穷，新闻报道的时效性是媒体竞争的一大焦点，这方面电视媒体显然不敌网络媒体和移动媒体。但是真实性是新闻媒体立足的根本和前提，网络消息漫天发布，孰真孰假，无法轻辨。就此而言，电视媒体的真实性、客观性和权威性，是其他媒体所不可替代的。我们要深入研究媒体融合对新闻节目的影响，充分重视与新闻节目传播有关的各个重要要素，全面展示媒体融合打破时空限制的优势，促使新闻节目更加健康、快速发展，从而使其能更好地为社会、市场、群众服务。新闻评述类节目针对的大多是具有较高新闻价值的事件、问题或社会现象。作为新闻节目中“社会性”最强的新闻评述类节目，借助媒体融合，建立起一座与观众直接沟通的桥梁，成为这一类新闻节目立足的法宝。

《中国舆论场》是一档“融媒体”新闻评论节目，自 2016 年 3 月 20 日起亮相央视中文国际频道，于每周日晚间黄金时段 19:30～20:30 播出。节目采用直播的方式，分三大块，第一部分是一榜知舆情，通过跟央视网的合作，梳理一周以来主流媒体和网络媒体所关注的热点，用图表、排行榜等方式进行归纳、点评；第二部分是热词大搜索，选择一周视频点击量高或评论量高的热点事件，引入嘉宾快评，澄清是非；第三部分是你评我也评，选择一周关注度高的重大的国内外热点事件，请专家在演播室用专业的分析、科学的解读来回答网友的提问，纠正网络舆论的偏差，破解网络舆论迷雾。除此之外，节目还引入“在线观众席”，全球网友可以通过手机实时抢票成为当期节目现场参与者，直接分享观点，向嘉宾提问，全程互动。这种融媒体的即时传播与互动方式，既增强了节目的趣味性和新鲜感，也让一向“高冷”的新闻评论类节目更加亲民、更接地气。节目播出后，同时段收视率和市场份额较播出前3个月均有明显提升（图15）。

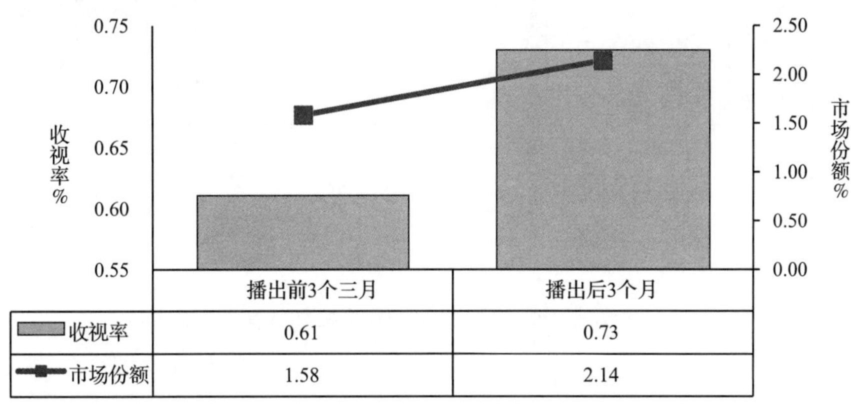

数据来源：CSM 媒介研究

图 15　《中国舆论场》播出前后同时段收视变化（所有调查城市）

同样作为新闻评论类节目的浙江卫视的《今日评说》，每周一至周四晚21:30播出。这档节目根据不同节目的主题及宣传资源，有针对性地创新媒体融合传播方式。例如在推出《浦阳江之变》特别节目时，在官方微信、微博以及微博@中国蓝新闻发布了图文《今日评说团队诚意出品！三年后浦阳江如何变成今天这个样子?》，曝光节目录制精彩花絮；捆绑网络热点“友谊的小船说翻就翻”“重要的事情说二遍”等热词，强调节目的播出信息，增强观众的约会意识。在推出《中国美院这十年》特别节目时，节目组通过电影宣传海报的方式，根据“从南山到象山”“从画境到望境”“从独美到共美”三期主题设计了三张风格各异的宣传海报。每期节目播出前，在微信公号、中国蓝新闻客户端等网络平台投放相应海报及预告，有效提升节目的关注度。从观众构成和集中度来看，25~54岁的中青年是这一节目的主体观众，且均为重度观众，而且中高学历观众对于节目的喜爱程度也较高（图16）。

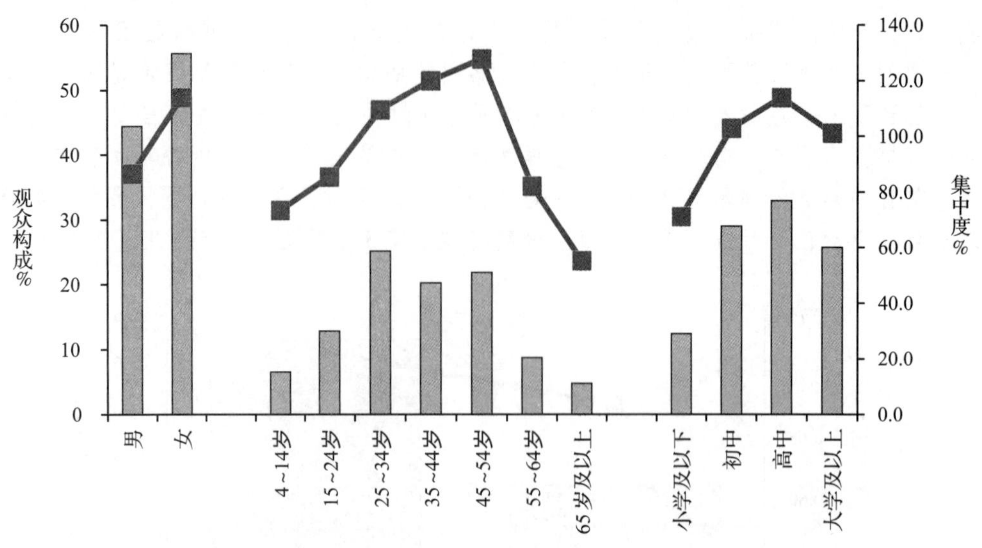

数据来源：CSM 媒介研究

图 16 《今日评说》观众构成和集中度（所有调查城市）

（二）民生新闻类节目：《新闻夜班》和《小莉帮忙》

新闻类节目力求关注普通市民的生活状态，记录普通百姓生活中的矛盾或情感困惑，让新闻从重视“政治话语”扩展到重视“民众话语”，从宣传扩展到生活信息传播。民生新闻因其内在的亲民性及广泛的情感共鸣，受到普通市民的喜爱，因此成为地面频道的主要收视市场。

民生新闻强调新闻传播的本土化，有多种表现形式。在新闻传播的内容上，民生新闻反映的是本地老百姓关心的人和事，表达的是本地区民众的意愿和诉求；在传播形式上，民生新闻采用的是本地区民众喜闻乐见的形式，以通俗的故事化手法来表现普通民众生活。这些地域特色，有利于民生新闻节目传播范围和影响力的扩大，有利于克服节目同质化的弊端。相比中央台，地方台在新闻资源方面没有优势，在新闻同质化竞争中处于下风，而民生电视新闻栏目以新闻本土化为特点，关注本地百姓身边的事情，在接近性上有天然的优势。民生新闻从地域文化特征和受众需求出发给新闻栏目定位，实现新闻内容的本土化，是地方台摆脱过去单纯扮演“中央新闻节目传声筒”的角色的有效途径。

由南宁电视台新闻综合频道制作并播出的《新闻夜班》是一档以平民性、贴近性、生活化为特色的民生新闻栏目。星期一到星期六主要播出南宁市当天及近期发生的新闻事件，星期天则播出一周要闻集锦类节目《夜班一周》，回顾过去一周南宁市发生的热点新闻事件。值得注意的是，《新闻夜班》的播出时间是电视剧竞争十分激烈的 19:30 ~ 20:30 时段。从全天收视来看，《新闻夜班》不仅没有受到竞争的影响，而且取得了全频道全天最高的收视率，是不折不扣的王牌节目（图 17）。

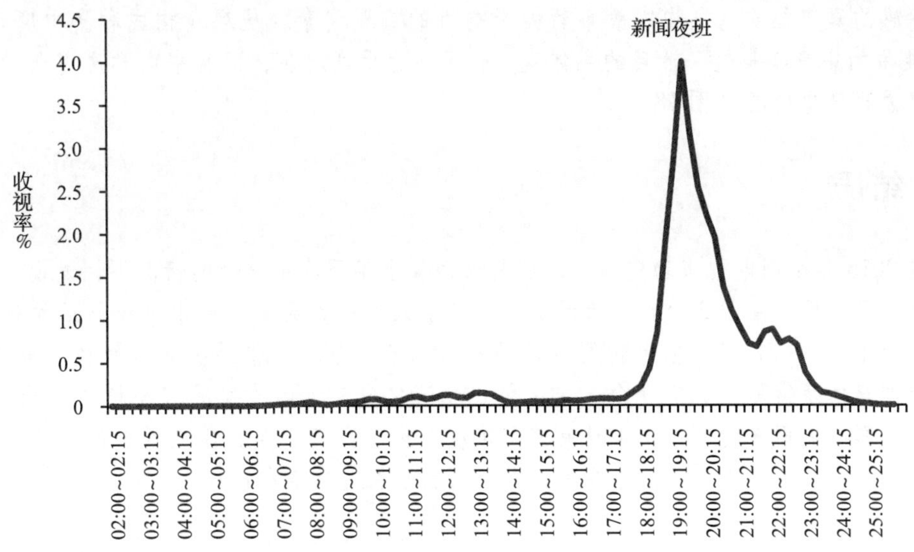

数据来源：CSM 媒介研究

图 17　南宁电视台新闻综合频道全天收视走势（南宁）

另一档节目《小莉帮忙》也是脱胎于民生新闻类节目，曾经是河南民生频道品牌新闻栏目《民生大参考》中的一个新闻版块，这个节目突出“帮忙”的特色，以新闻故事化为表现形式，强调帮忙的过程，再现事件发生的现场。一期节目未解决的问题，会在节目之余继续追踪报道，并及时在接下来的节目中给予补充，快速解开悬念。之所以要把新闻故事化，其中一个很重要的原因就是这种新闻表达出了强烈的情感特征，故事新

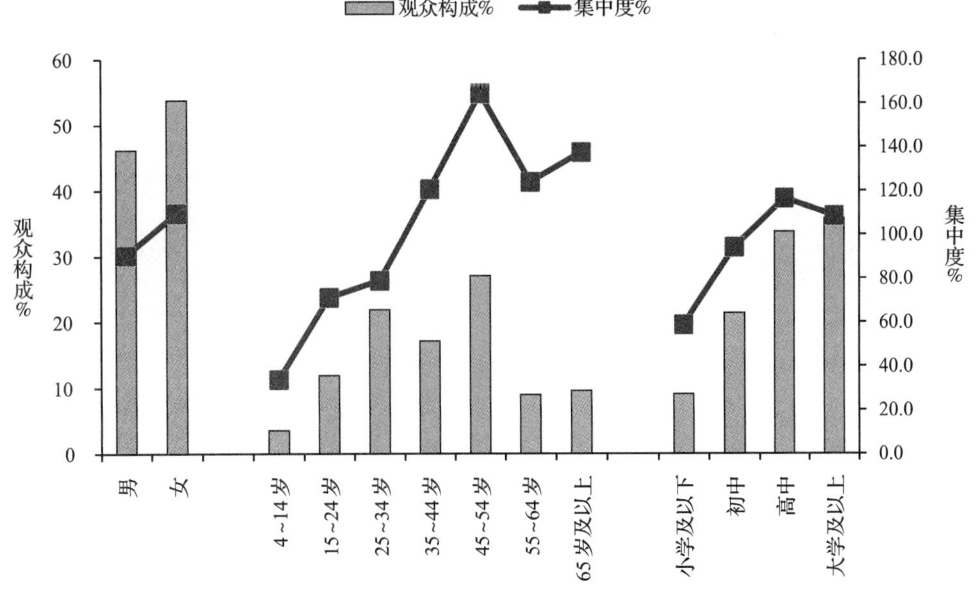

数据来源：CSM 媒介研究

图 18　《小莉帮忙》观众构成与集中度（郑州）

闻中情感的真实程度也是构成故事新闻影响力的重要因素。从观众构成和集中度来看，25～54岁的中青年是这一节目的主体观众，且均为重度观众，而且中高学历观众对于节目的喜爱程度也较高（图18）。

六、结语

在2016年全国电视市场整体人均收视时间较上年下降4分钟的情况下，电视新闻节目人均收视时间下降了2分钟，市场竞争格局也未经历重大变化，中央级频道和省级非上星频道主导新闻收视，重大新闻事件助推新闻节目收视。借助更多的媒体融合渠道，电视新闻媒体获得更多稳定受众，未来将逐步演化成为新闻传播的“全媒体”大平台。新媒体大军扑面而来的冲击，虽没有撼动传统电视新闻节目在百姓生活中的地位，但是在媒体融合的新生态中，传统电视新闻节目面临全新的机遇和挑战。

（作者：马超）

2016 年全国综艺节目收视分析

随着网络综艺节目的快速发展，电视综艺节目的观众注意力被进一步分散，电视综艺节目正在经历内容与渠道的抉择。电视综艺节目的讨巧之处在于，由于是内容输出平台，不仅有着天然的渠道优势，且内容质量也更容易得到保证。但电视综艺节目的红利正在消退，这并不是指电视综艺节目在绝对数量上的下滑，而主要是指在更多的频道节目资源中，由于节目数量大量上升，观众对单一节目形式的关注度有所下降，新的收视增长点更难寻觅。本文依据 CSM 媒介研究所有调查城市收视数据，对 2016 年综艺节目的收视情况进行回顾分析，以期在数据的指引下寻找电视综艺节目新的增长空间。

一、综艺节目整体播出与收视状况

1. 综艺节目收视总量较 2015 年略有上升，上半年增长明显

2016 年所有调查城市观众全年人均综艺节目总收视时长为 7011 分钟，较 2015 年仅有 0.4% 的增长（图 1）。从综艺节目分月收视走势来看，上半年多个月份人均收视量同比有所提升，春节和 4 月人均收视量增长更加突出，其中 4 月人均收视时长同比增幅达 21%。受 8 月奥运赛事的连带影响，2016 年下半年的综艺节目市场有所萎缩，几乎所有月份综艺节目的人均收视时长都比 2015 年有所减少，11 月和 12 月人均收视量降幅均为 15%（图 2）。

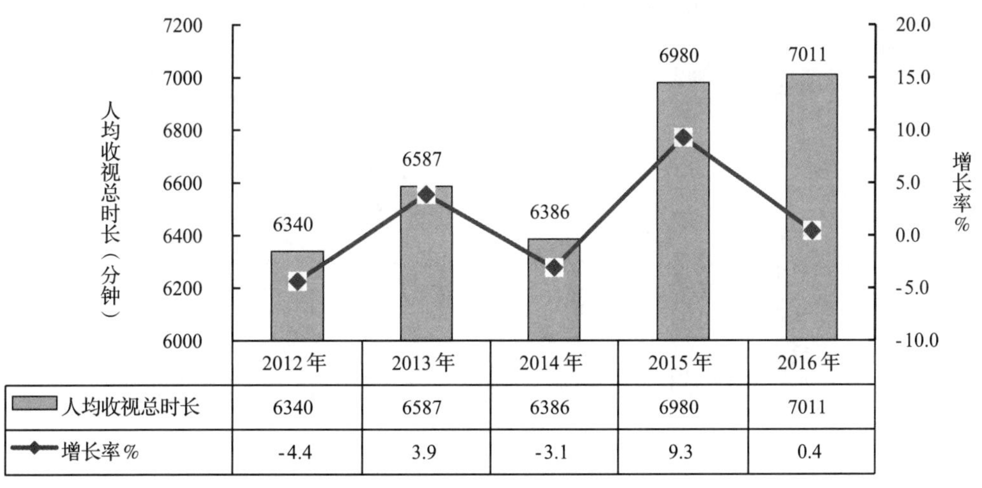

	2012 年	2013 年	2014 年	2015 年	2016 年
人均收视总时长	6340	6587	6386	6980	7011
增长率%	-4.4	3.9	-3.1	9.3	0.4

数据来源：CSM 媒介研究

图 1　2012 ~ 2016 年综艺节目全年人均收视总时长及增长率（历年所有调查城市）

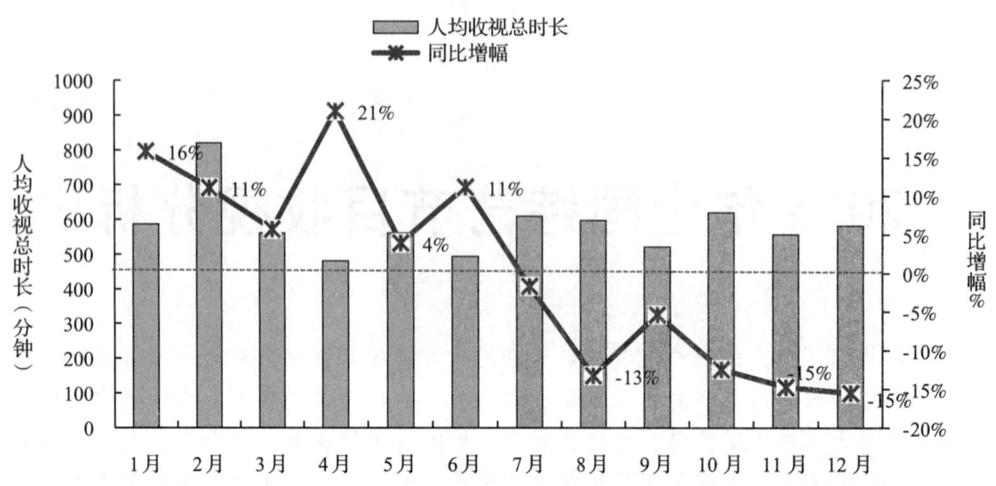

数据来源：CSM 媒介研究

图 2　2016 年综艺节目分月人均收视总时长及同比增幅（历年所有调查城市）

2. 周末综艺节目人均收视时间较长，周一和周二同比增幅较高

从不同周天的人均收视量来看，周末综艺节目人均收视量较大，但周六人均收视量同比减少，周日人均收视量同比增长 8%。周一至周五综艺节目的人均收视量同比均减少，其中 2015 年增量最大的周三在 2016 年降幅最大，人均收视量同比下降了 13%。2016 年，周一和周二的人均收视量增幅最大，分别为 7% 和 8%，主要是因为出现了多种形式的综艺节目，如辽宁卫视综艺小品剧式节目《欢乐饭米粒儿》、上海东方卫视和江苏卫视热剧衍生宣传节目《东方看芈月》和《荔枝明妃传》、湖南卫视人文教育式节目《中华文明之美》以及浙江卫视品牌特辑式节目《奔跑吧兄弟新春特辑》等（图 3）。

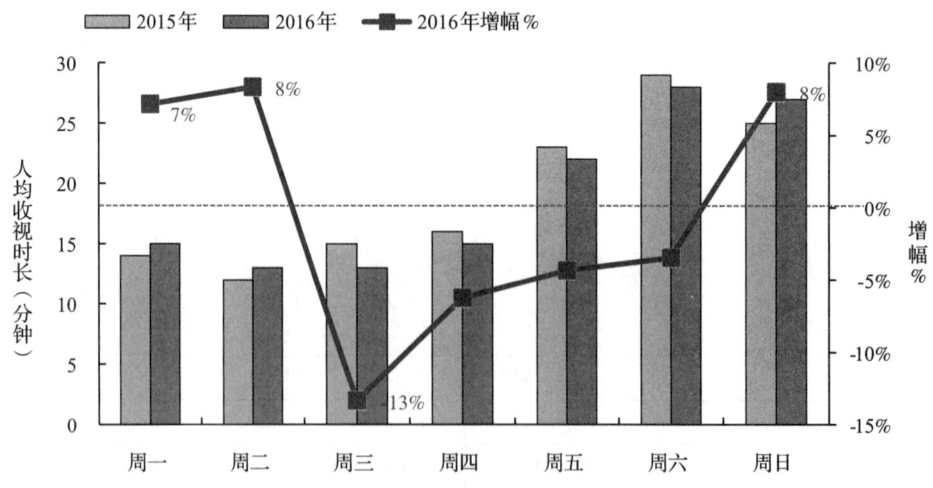

数据来源：CSM 媒介研究

图 3　2015 ~ 2016 年综艺节目分周天人均收视时长比较（历年所有调查城市）

3. 综艺节目白天多个时段人均收视时长同比上升

与2015年相比，2016年综艺节目白天多个时段人均收视分钟数有明显提升。除凌晨4:00~6:00增幅显著以外，上午8:00~10:00和午间11:00~12:00收视量提升的幅度较大，傍晚17:00~18:00增幅也超过10%。在晚间时段，20:00~21:00的综艺节目收视量同比也有17%的增长，而21:00~23:00的收视量则比2015年有所下降（图4）。

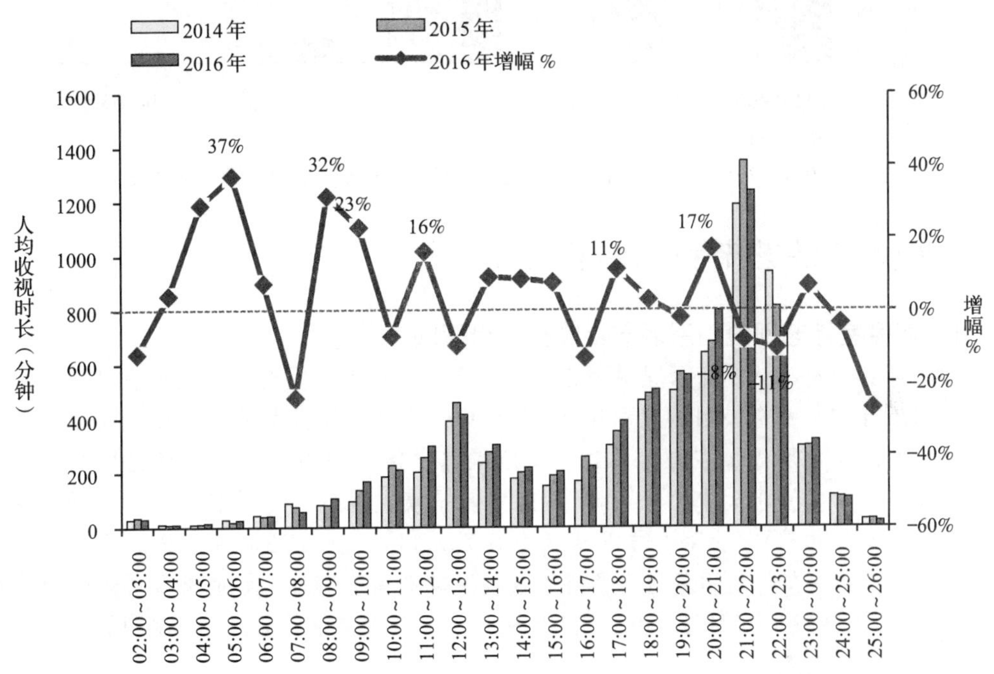

数据来源：CSM媒介研究

图4　2014~2016年综艺节目全天分时段人均收视量对比（历年所有调查城市）

二、综艺节目收视竞争格局

2016年，综艺节目收视市场的竞争格局没有明显变化，各级频道综艺节目收视竞争格局基本保持稳定。上星频道收视份额有所上升，总体收视量占到了所有频道的82.1%；其中，省级上星频道收视份额较2015年的上升幅度为1%，以48.1%的收视份额保持领先；中央级频道收视份额2016年同比上升幅度为5%；省、市地面频道收视份额比2015年均有较明显的下滑（图5）。

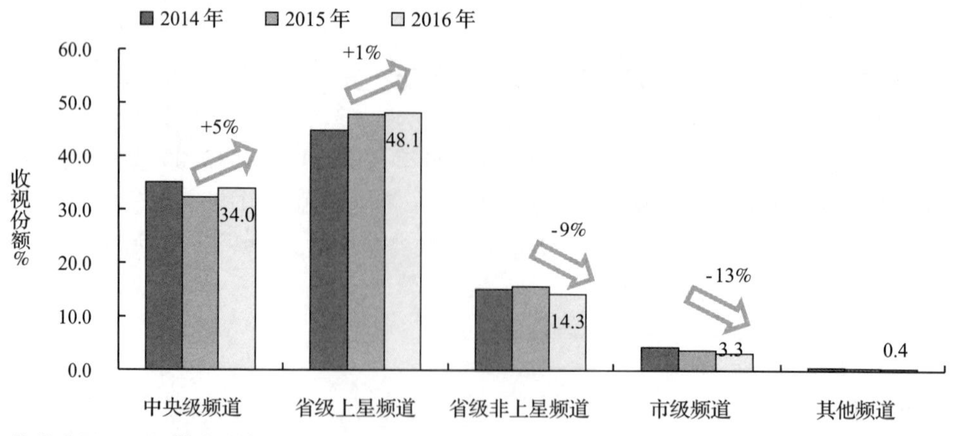

数据来源：CSM 媒介研究

图 5　2014～2016 年综艺节目市场各级频道的收视份额（历年所有调查城市）

三、2016 年综艺节目新特征

1. 演播室综艺回暖，新老节目收视交相辉映

2015 年，户外真人秀节目呈井喷态势，甚至一度成为电视行业综艺节目制作的主流方向。2016 年户外综艺节目数量同比 2015 年有所减少，演播室综艺则逐渐成为综艺节目竞争主力，节目形式也在与时俱进，不断推陈出新。2016 年热播的演播室综艺节目中，除湖南卫视《快乐大本营》、北京卫视《我是演说家》等老节目外，还新增了中央台三套《全家好拍档》、上海东方卫视《今夜百乐门》、浙江卫视《王牌对王牌》等多档新节目；经费有限的地面频道也开播了多档演播室综艺节目，如重庆影视频道《全民背战》、安徽综艺频道《徽谐剧社》、广州影视频道《火星情报局》等（表 1）。

表 1　2016 年部分演播室综艺节目播出情况

播出频道	节目名称	开播日期	播出时间
江苏卫视	最强大脑第三季	2016/1/8	周五 21:10
重庆影视频道	全民背战	2016/1/25	每日 22:25
浙江卫视	王牌对王牌	2016/1/29	周五 20:20
辽宁卫视	欢乐饭米粒儿	2016/3/28	周一 21:20
湖南卫视	透鲜滴星期天	2016/4/24	周日 22:00
山东电视生活频道	天生拍档第 2 季	2016/4/10	周日 19:50
安徽综艺频道	徽谐剧社	2016/5/26	周四 20:20
浙江电视台影视娱乐频道	快乐大歌神	2016/6/9	每日 19:30
安徽卫视	谁是你的菜第二季	2016/6/30	周四 21:10
中央台一套	加油向未来	2016/7/3	周日 20:05
江西卫视	我是联想王	2016/8/2	周二 21:15
上海东方卫视	今夜百乐门	2016/9/10	周六 20:30
北京卫视	传承者第二季	2016/9/11	周日 21:08
中央台三套	全家好拍档	2016/10/8	周六 19:30
福建海峡电视台	WULI 屋里变	2016/11/21	周一 21:00
湖北卫视	非正式会谈第三季	2016/12/9	周五 21:20
广州市广播电视台影视频道	火星情报局	2016/12/17	周六 23:00

数据来源：CSM 媒介研究

虽然节目都在演播室中完成，但不同节目依托不同播出平台的特质，形成差异化的风格，吸引了不同目标观众收看。以年龄维度为例，湖南卫视老牌演播室节目《快乐大本营》的24岁及以下青少年观众占比34.7%，浙江卫视《王牌对王牌》的25～34岁观众占比达24.6%，中央台三套演播室游戏类新节目《全家好拍档》的45岁及以上观众占比高达66.8%，均普遍超过上星频道对应的年龄段平均值（图6）。湖南卫视《快乐大本营》、浙江卫视《王牌对王牌》、中央台三套《全家好拍档》在不同类别的观众中分别形成独特的影响力。

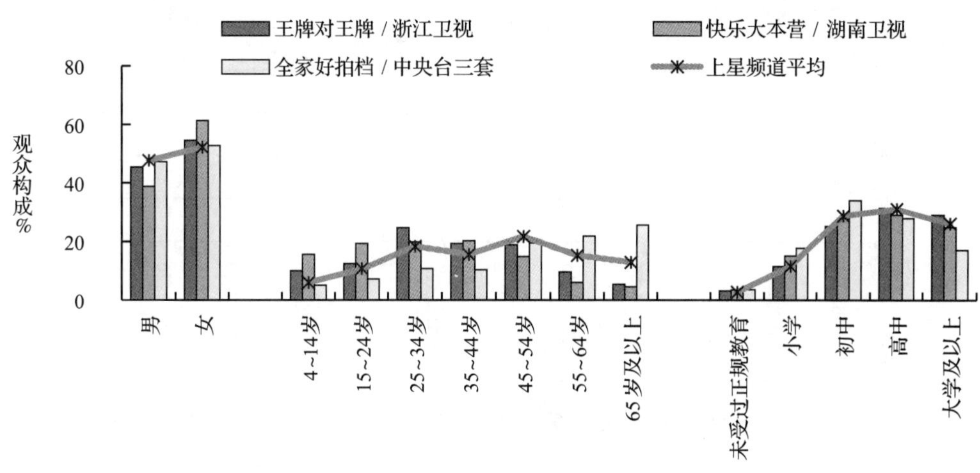

数据来源：CSM媒介研究

图6　2016年部分演播室综艺节目观众构成（71城市，18:00～24:00，不区分首重播）

2. 户外真人秀节目走向剧情化，地面频道深挖名嘴资源

2016年，全国所有调查城市全天平均每分钟有13.1万人收看综艺类节目，而省级上星频道每分钟收看综艺节目的人数远超过这个平均值，高达60.5万人。如此巨大的综艺节目观众规模，是在2015年户外真人秀节目井喷式发展后奠定的。一方面，是已经吸引市场关注的江苏卫视《我们的挑战第二季》、浙江卫视《奔跑吧兄弟第四季》、深圳卫视《极速前进第三季》等综N代持续发力；另一方面，新制播的安徽卫视《我们的法则》、黑龙江卫视《冰雪星动力》、河北卫视《主播爱上广场舞》等户外综艺节目正在开拓市场。

观察2016年户外真人秀节目，我们发现除了节目制作水准更精良外，还发现节目开始向剧情化发展。剧情化综艺就是用悬念、意外与社会性强化节目特色，使节目内容开发也要基于这个思路进行突破。

目前，国内剧情化综艺节目大致分为两种：一种是上海东方卫视《极限挑战第二季》、湖南卫视《全员加速中第二季》、江苏卫视《我们的挑战第二季》等每期设置不同剧情，艺人们根据剧情设置发挥个人特色的单期剧情式综艺节目。以上海东方卫视《极限挑战第二季》为例，节目用“三精”（黄磊、罗志祥、黄渤）和“三傻”（孙红雷、王迅、张艺兴）的反差萌，打造了一支史上最强“规则破坏团”。《极限挑战第一季》2015 年 6 月 14 日首播观众规模为 993.9 万人，2016 年 4 月 17 日第二季开播首期观众规模增长到 1095.7 万人。节目先通过第一季热播培养了一批观众，然后凭借每期单独的剧情设置，《极限挑战第二季》4 月 17 日首播至 7 月 10 日“极限公益演唱会”，其观众规模均在 1000 万人上下波动。除五一假期期间受闲暇时间增加以及两期演唱会特殊设置影响增加一定额外观众规模外，其他各期的观众规模普遍相对稳定（图 7）。

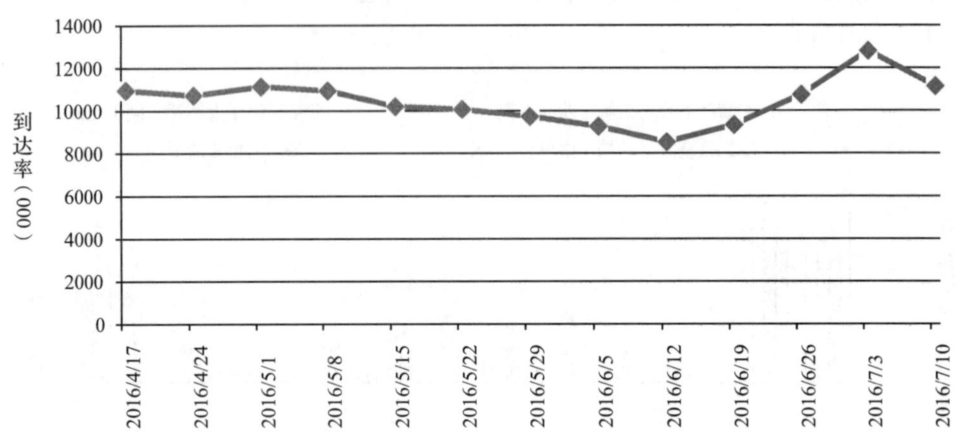

数据来源：CSM 媒介研究

图 7　上海东方卫视《极限挑战第二季》分期到达率（千人）比较（71 城市）

另一种剧情化综艺节目是每季设置一个主线剧情，虽然参与者每期的活动有所不同，但最终都是为延续主线剧情达到最终目的而设置的单季剧情化综艺节目，如上海东方卫视《2049 明珠号》、江苏卫视《我们相爱吧第二季》、湖北卫视《如果爱》、四川卫视《咱们穿越吧第二季》、浙江卫视《二十四小时》等。以浙江卫视 2016 年新开播的《二十四小时》为例，作为以“郑和下西洋”为大背景的连续剧悬念式户外综艺节目，虽然期期连贯，却是各有千秋，既独立成集，亦联结成剧。节目打破以往综艺电视节目空间与时间的界限，用一季的时间培养观众对节目角色的认知，增加观众好感，促使观众从围观者变成参与者，拉近了与观众的距离。与单集剧情化综艺节目的每集紧凑剧情设置带来相对稳定的观众规模不同，单季剧情化综艺节目《二十四小时》1 月 22 日开播首期观众规模为 747.6 万人，4 月 8 日结束时观众规模达到 1002.3 万人，分期观众规模走势呈上升态势（图 8）。

整体来看，单期剧情化综艺节目和单季剧情化综艺节目都缩短了屏幕上下的距离，通过充满悬念、意外的剧情设置，突破艺人自设的社会角色定位，打破观众对艺人的距离感，从而增强观众与当红明星的现场亲密度，扩大节目观众规模。

相比之下，资源相对匮乏的地面频道，综艺节目制作逐渐向深挖名嘴资源靠拢，比如上海电视台娱乐频道明星职业体验真人秀《阿拉来赛伐》添加新元素，起用具有地域亲近感的本土主持人，将笑星作为节目传播力加分的砝码，单期最高收视率破 6%（图9）。

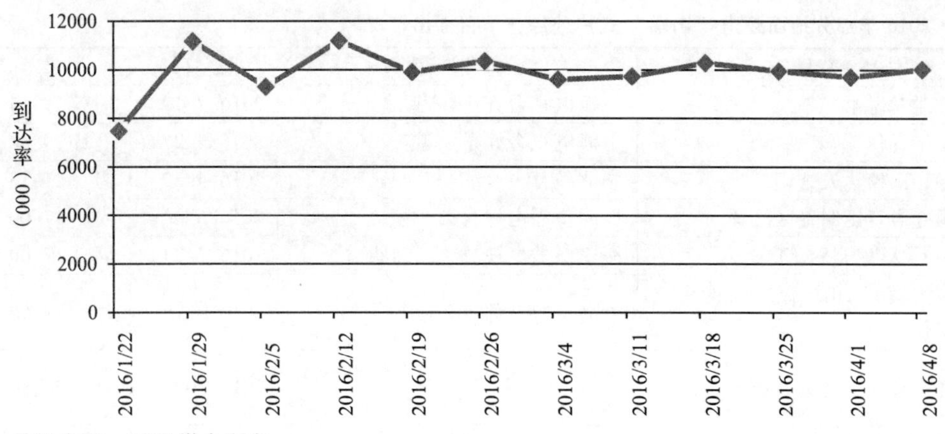

数据来源：CSM 媒介研究

图 8 浙江卫视《二十四小时》分期观众到达率（000）走势比较（71 城市）

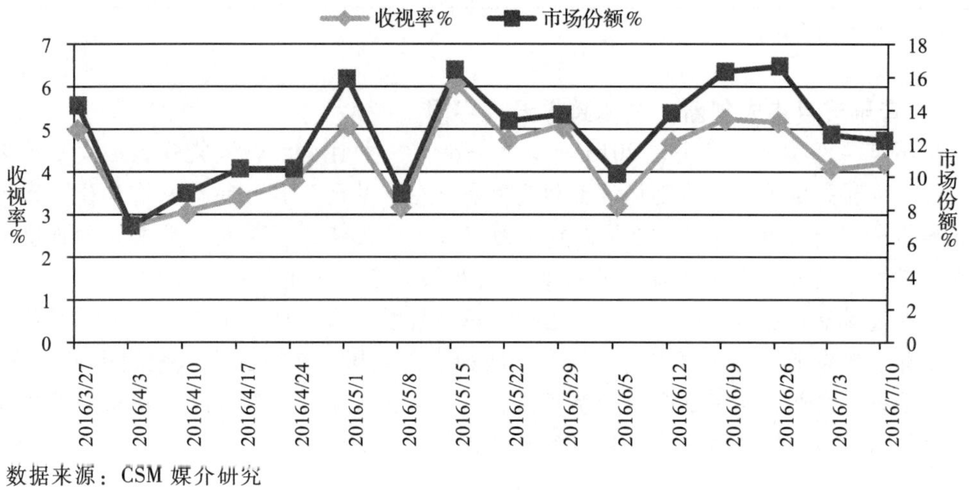

数据来源：CSM 媒介研究

图 9 上海电视台娱乐频道《阿拉来赛伐》分期观众收视走势（上海）

地面频道户外综艺节目除了保证节目制作质量外，在 2016 年开始深挖更接地气的本土资源，对“名嘴”资源的选择角度也是各有特色（表 2）：

- 开发民间普通人“名嘴”能力进行海选，如山东电视台齐鲁频道以乡音为载体的《乡音对对碰第二季》。
- 借势上星品牌节目“名嘴”，如昆明广播电视台第 3 频道《中国好声音昆明赛区决赛》、四川电视台公共频道《超级女声四川唱区想唱就唱吧》。
- 依靠本土“名嘴”魅力，如上海电视台娱乐频道《阿拉来赛伐》。
- 挖掘专业人才“名嘴”，如青岛电视台都市频道举办的全城司仪大赛《倾城大司仪》和为北方新闻综合频道寻找“发声者”的辽宁广播电视台北方频道《发现北方新主播》。
- 剑走偏锋，跨界寻“名嘴”，如浙江电视台钱江都市频道引入“猴子炒股”实验，邀请四位投资专家与“股市新猩”毛欢欢比拼的《股神带带我》。

表2　2016年部分地面频道"名嘴"式户外综艺节目播出情况

节目	播出频道	开播日期	播出时间
乡音对对碰第二季	山东电视台齐鲁频道	2016/2/19	周五 19:15
阿拉来赛伐	上海电视台娱乐频道	2016/3/27	周日 19:30
正青春高校达人秀	湖北教育	2016/4/30	周一 21:13
中国好声音昆明赛区决赛	昆明广播电视台第3频道	2016/6/9	周四 17:00
2016博大争霸呼噜王	海南广播电视总台新闻频道	2016/7/24	周日 17:00
倾城大司仪2016青岛电视台首届司仪大赛	青岛电视台都市频道	2016/9/15	每日 19:50
合江荔枝仙子选拔大赛	陕西广播电视台生活频道（三套）	2016/10/3	每日 20:30
股神带带我	浙江电视台钱江都市频道	2016/11/20	周日 20:50
发现北方新主播	辽宁广播电视台北方频道	2016/12/18	周五至周日 17:30

数据来源：CSM媒介研究

3. 音乐节目集成创新，主体跨界混搭突围

2016年音乐类节目数量较2015年有所减少，一方面是由于综艺节目形式更加多样化，另一方面是由于观众的收视行为和观赏需求在"从无到有"和"从有到优"两个维度开始追求"新"和"更"，使越来越多的节目开始围绕目标观众，用文化和价值观增强观众黏性，努力寻找与观众之间的契合点和认同感。这不仅推动了综N代的升级换代，更通过对节目主体的跨界混搭，催生了多个新型音乐节目。2016年，音乐类综艺节目的主体主要在浙江卫视《中国新歌声》式的素人之间、江苏卫视《蒙面唱将猜猜猜》式的专业歌手之间、北京卫视《跨界歌王》式的非专业歌手之间以及上海东方卫视《天籁之战》式的专业歌手和素人之间进行跨界混搭（表3）。

表3　2016年部分上星频道高收视音乐类综艺节目播出概况

节目名称	播出频道	播出日期	播出时间
我是歌手第四季	湖南卫视	2016/1/15～2016/4/8	周五 22:00
中国好歌曲第三季	中央台三套	2016/1/29～2016/4/8	周五 19:30
看见你的声音	江苏卫视	2016/3/27～2016/6/12	周日 22:00
谁是大歌神	浙江卫视	2016/3/6～2016/5/15	周日 22:00
跨界歌王	北京卫视	2016/5/28～2016/8/20	周六 21:40
我想和你唱	湖南卫视	2016/5/7～2016/7/16	周六 22:00
盖世英雄	江苏卫视	2016/6/19～2016/9/4	周日 20:30
中国新歌声	浙江卫视	2016/7/15～2016/10/7	周五 21:10
蒙面唱将猜猜猜	江苏卫视	2016/9/18～2016/11/27	周日 20:30
天籁之战	上海东方卫视	2016/10/16～2017/1/1	周日 21:00
中国民歌大会	中央台一套	2016/10/2～2016/10/9	每日 20:00
梦想的声音	浙江卫视	2016/11/4～2017/1/13	周五 21:10

数据来源：CSM媒介研究

从上述音乐类真人秀的收视情况来看，多期平均收视率“破1”的节目共有9档，占了大多数，这说明观众对这些主体跨界混搭的新型音乐节目形式还是比较认同的。其中浙江卫视《中国新歌声》自2016年起，系列节目不再引进国外版权，而是采用原创模式，将周杰伦、汪峰、那英、庾澄庆作为节目四位固定导师为节目带来收视注意力，以3.1%的平均收视率获得了这9档音乐类综艺节目首播档的收视冠军（图10）。

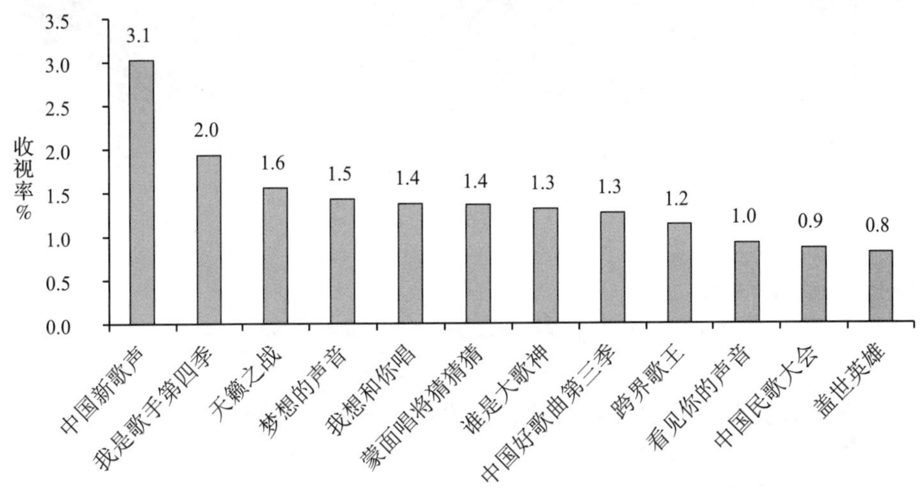

数据来源：CSM媒介研究

图10 2016年部分上星频道收视较高音乐类选秀节目收视概况（71城市，18:00～24:00）①

相比之下，地面频道的主体跨界混搭音乐类节目因为受资源限制，主体多以素人为主，但胜在新奇的节目设置，也得到了观众的认可。比如浙江电视台影视娱乐频道在2016年6月推出的全民综艺K歌节目《快乐大歌神》，选手上台唱歌秀才艺，想尽办法吸引评审团和观众以延长表演时间，每唱一秒钟就是5块钱，唱得时间越长，累积的公益基金就越多，同时奖金越丰厚。另外，地面频道也在积极拓宽混搭的方向，资源有限，就联合制播，比如由上海娱乐频道、深圳都市频道、北京文艺频道、广州综合频道4个频道联合制作、联合播出、联合招商的全新音乐模唱综艺节目《隐藏的歌手》，在2016年8月播出第二季，就在杭州电视台西湖明珠频道、福建电视台旅游频道、武汉广播电视台文体频道、广州市广播电视台综合频道、北京电视台文艺频道、四川电视台第七频道、陕西广播电视台生活频道（三套）、上海电视台娱乐频道和深圳电视台一套（都市频道）9个频道共同播出，吸引高学历、年轻观众收看（图11）。

① 数据范围：TVPRISRS软件，2016年1月1日～2017年1月13日。

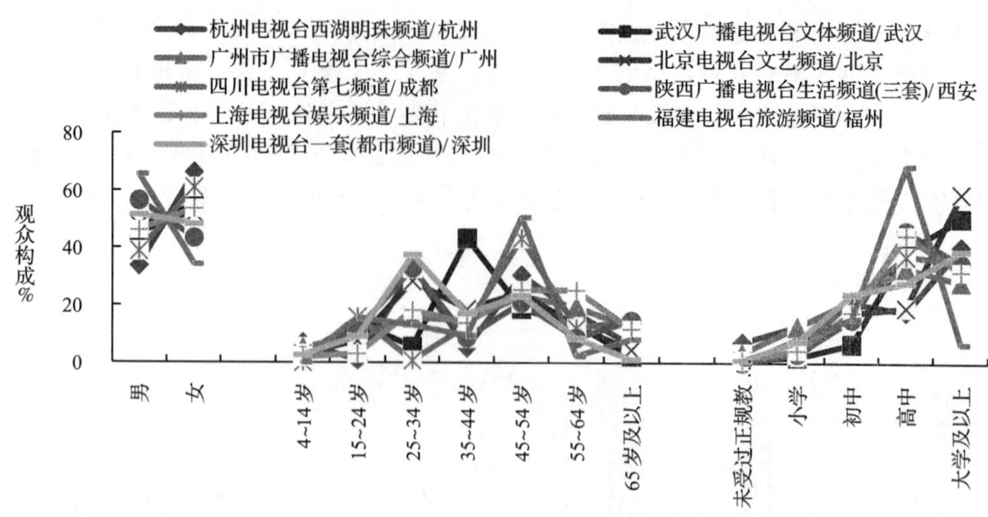

数据来源：CSM 媒介研究

图 11　《隐藏的歌手第二季》9 个频道当地观众构成

4. 体育真人秀节目开启奥运模式，地面频道加入播出阵营

经历了年初契合当时天气条件和观众欣赏习惯、围绕冰雪运动展开的体育真人秀（如天津卫视《冰雪奇迹》、黑龙江卫视《冰雪星动力》等）的发展，以及契合青少年成长及体育市场热点的青少年足球成长和竞技真人秀节目（如浙江卫视《绿茵继承者》、中国教育台一套《中国少年足球战队》等）的创新，2016 年体育综艺节目在 8 月里约奥运会开幕之际，推新速度明显加快，多档体育真人秀节目开启奥运模式。如浙江卫视从 2016 年 8 月 8 日 ~9 月 1 日每周一至周四 21:40 播出的《中国冠军范儿》，就是在巴西里约热内卢录制的。还有现役或曾经的奥运运动员参加的湖北卫视、黑龙江卫视和重庆卫视 7 月 17 日同步播出的《阳光艺体能》（田亮）、深圳卫视《极速前进》（郭晶晶、刘翔）、江苏卫视《女婿上门了》（邹市明）、浙江卫视《来吧！冠军》（郎平等）、《星球者联盟》（科比）。

体育元素的加入，让节目能吸引喜爱奥运的观众观看，扩大观众收视规模。如湖南卫视《全员加速中第二季》引入体育元素，邀请田亮作为嘉宾，在第二季播出时每分钟有 321.5 万人收看，较第一季平均每分钟增加了近 100 万人（图 12）。

就地面频道而言，开年的体育真人秀节目多围绕冰雪运动展开，如黑龙江电视新闻频道《疯狂冰雪季》、哈尔滨电视台资讯频道《冰雪奇遇》等就是从当地地域特点出发，以冰雪体育产业为基础推出的冰雪竞技真人秀节目。3、4 月开春后，体育综艺节目形式开始多样化，既有福建省广播影视集团体育频道以女子搏击为内容的小众类节目《格斗女神》，也有常见的贵州广播电视台大众生活频道《牌王争霸》等以棋牌竞技为内容的大众节目。8 月奥运开赛后，新疆电视台十套（体育健康频道）《金牌驾到》等奥运节目集中出现，还有一些地面频道选择使用“奥运”元素开发自己的本土节目，如重庆电视台时尚频道（七套）开播“重庆人自己的奥运会”《坝坝奥运会》等让普通人参与的社区竞技节目。而奥运前就已积极参加体育综艺播出的地面频道，确实也获得了一定的收视回报，比如江苏电视台体育休闲频道《叫板冠军》和广西电视台影视频道《奥运加油为爱 Hi 跑》，开播首月收视环比或同比均有较明显提升（图 13）。9 月暑期和奥运结束后，地面频道演播室内体育类综艺节目多以棋牌类为主，户外的则以竞技比拼为主，如山东电视台综艺频道明星户外水上竞技《青春向前冲》、上海电视台娱乐频道广场舞竞技《我想和你跳》等大众型体育综艺节目（表 4）。

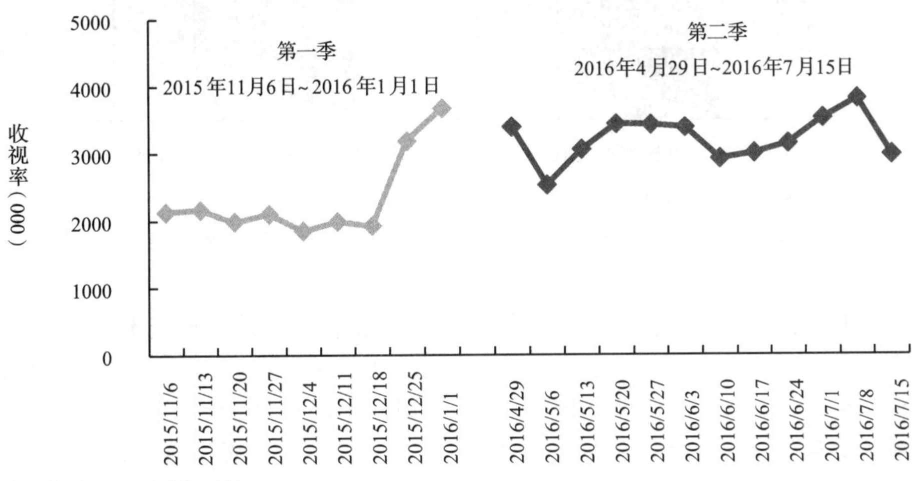

数据来源：CSM 媒介研究

图 12　湖南卫视《全员加速中》两季首播档观众收视（000）比较（71 城市，18:00～24:00）①

表 4　2016 年部分地面频道体育类综艺节目播出概况

节目名称	播出频道	开播日期	首播时间
疯狂冰雪季	黑龙江电视台新闻频道	2016/1/9	17:27
冰雪奇遇	哈尔滨电视台资讯频道	2016/2/10	20:25
格斗女神	福建省广播影视集团体育频道	2016/3/19	21:50
2016 全民健身炫动烟台	烟台电视台三套（生活频道）	2016/4/29	21:00
奥运加油为爱 Hi 跑	广西电视台影视频道	2016/5/28	21:15
叫板冠军	江苏电视台体育休闲频道	2016/6/13	20:10
舞动欧罗巴	广东广播电视台体育频道	2016/6/18	18:00
来吧大波浪	南京电视台娱乐频道（四套）	2016/7/17	19:06
金牌驾到	新疆电视台十套（体育健康频道）	2016/8/14	22:24
坝坝奥运会	重庆电视台时尚频道（七套）	2016/8/14	18:03
青春向前冲	山东电视台综艺频道	2016/9/10	19:45
趣味冲关嘉年华	云南广播电视台都市频道（二套）	2016/10/1	17:20
我想和你跳	上海电视台娱乐频道	2016/11/6	19:27
全国电视牌王争霸赛	深圳电视台五套（体育健康频道）	2016/12/18	18:06

数据来源：CSM 媒介研究

① 数据范围：TVPRISRS 软件，2015 年 11 月 1 日～2016 年 12 月 31 日。

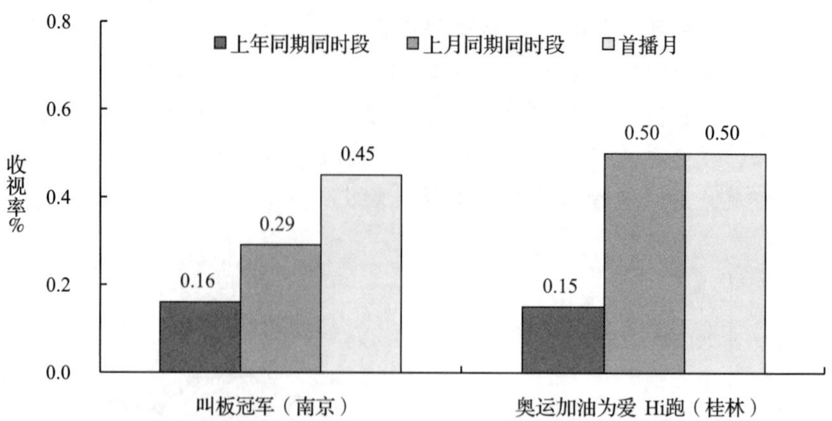

数据来源：CSM 媒介研究

图 13　2016 年部分地面频道体育类综艺节目开播首月收视率对比

5. 选秀节目步入偶像天团“养成”时代，深挖偶像背后产业链价值

伴随着河南卫视《少林英雄》、浙江卫视《燃烧吧少年》、山东卫视《青春新主播》从 2015 年年底一直延续播出到 2016 年年初，2016 年的选秀综艺节目逐渐从“超级男声”“超级女声”海选时代的个人单打独斗，迭代升级为“养成”式培养。“养成”式综艺选秀节目零起点培养偶像，创造出一个“粉丝 + 经纪人 + 供应链”的新型模式。偶像产业不仅局限于音乐人才，还出现了很多其他领域的“养成”偶像。根据内容，2016 年偶像“养成”类综艺节目大致分为两类（表 5），其中音乐才艺偶像“养成”的节目收视相对较高（图 14）：

- 一类是发掘非音乐才能的节目，从多行业角度切入培养新偶像，有助于挖掘各行业背后的产业链价值：有发掘影视人才的，如山东卫视 2016 年 2 月 21 日播出的《花漾梦工厂》第一季，以生存模式晋级，选出一批优秀的影视剧人才；还有主打航海能力的，如云南卫视《起航吧少年》，通过选手们从小白变成帆船达人，体验祖辈的南洋奋斗之路。地面频道非音乐才能的偶像“养成”类节目相对较少，但也有一些频道勇于尝试带有“养成”元素的综艺节目。比如广东广播电视台影视频道 5 月播出的《戏剧之王》，是一档演员招募真人秀节目；浙江电视台教育科技频道 7 月开播的《全能喜剧王》，是一档挖掘喜剧人才的真人秀节目。
- 另一类是相对传统的音乐才艺天团，这种偶像“养成”模式更加成熟：如浙江卫视 2016 年 3 月开播的《蜜蜂少女队》，除了邀请吴奇隆和谢霆锋这两位娱乐天王全程指导外，还组织了音乐、舞台、造型、经纪等多个不同领域的幕后精英组成“大咖推蜜团”，再加上现代化的蜂巢训练基地和高收视的浙江卫视播出平台，最终形成了一条完整的娱乐产业链。再如湖南卫视 2016 年暑期推出的女子团体综艺节目《夏日甜心》，模式原创、玩法全新，在现场的 31 个直播间里，开始全方位综合艺能的培训，400 位现场观众喜欢哪位“甜心”的播出就会送上甜甜圈，从而带动网络经济发展。地面频道也能相对娴熟地制播该类节目，比如成都电视台影视文艺频道10月底播出的网络艺人最强艺能音乐梦想秀节目《一步之耀》由2位明星推手、8位网络艺人选手组成，用星素结合的新形式，助力“养成”网络音乐人。

表5　2016年部分频道偶像“养成”类综艺节目播出概况

节目名称	播出频道	开播日期	播出时间
怒放霸王花	四川卫视	2016/1/17	周日 20:30
花漾梦工厂	山东卫视	2016/2/21	周六 21:10
生存挑战	山东电视综艺频道	2016/2/18	周四至周六 18:30
蜜蜂少女队	浙江卫视	2016/3/12	周六 22:00
寻找练习生	湖南电视台国际频道	2016/4/15	周五 17:40
起航吧少年	云南卫视	2016/4/12	周二 21:10
戏剧之王	广东广播电视台影视频道	2016/5/1	周六和周日 21:00
盖世英雄	江苏卫视	2016/6/19	周日 20:30
加油美少女	东方卫视	2016/6/11	周六 22:00
全能喜剧王	浙江电视台教育科技频道	2016/7/9	周六 19:55
夏日甜心	湖南卫视	2016/7/30	周六 22:00
燃烧吧女神	黑龙江电视台文艺频道	2016/8/13	周六 21:00
我是创始人	浙江卫视	2016/10/27	周四 21:40
一步之耀	成都电视台影视文艺频道（四套）	2016/10/22	周六 22:00
有志赢在中国	深圳卫视	2016/11/6	周日 21:25
最强校花	河南电视台公共频道（八套）	2016/12/16	周五 22:15

数据来源：CSM媒介研究

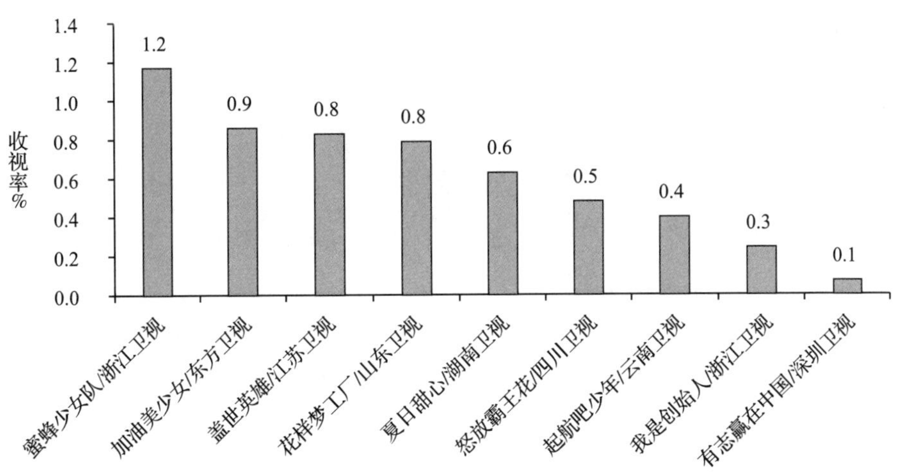

数据来源：CSM媒介研究

图14　2016年部分上星频道“养成”类选秀节目收视概况（71城市，18:00～24:00）

"养成"类综艺节目不再单纯依靠偶像带来经济效益，更看重的是偶像背后的产业链价值。因为这种模式最具特色的就是将决定权交到粉丝手上，让粉丝感觉"我能为偶像的成功贡献一份力量"。这种陪伴、见证甚至决定偶像从一无所有走向顶点的"养成式人格塑造"，比如借鉴日本AKB48养成模式的天团SNH48，成立以来逐步煽动粉丝的战斗力和购买力，团员参与上海东方卫视《阳光美少女》节目，既宣传了团员，也扩大了线下剧场演出、唱片、代言等诸多收益来源。但即便有些偶像天团已经实现了公司化运营，但在实际操作中，这种过度消耗粉丝的"养成"产业链并不容易建立。2013年8月成立的TFBOYS，除了参演2月中央台2016年春节联欢晚会、11月浙江卫视《2016天猫双11狂欢夜》等重头晚会，还参加了湖北卫视《天才想得到第三季》、中央电视台综合频道《加油向未来》等综艺节目，另外，还不间断地推出TF家族练习生线下活动。

6. 人文类综艺节目逆袭荧屏，地面频道试水联合制播

人文类综艺节目除了是娱乐性节目外，还应该是代表一种生活方式的电视节目。2016年以来，综艺节目市场重新涌现了一批展现不同维度社会价值观的人文类综艺节目。人文类综艺节目追求的是能与观众达成共鸣的人生意义、快乐和精神实现，所以涵盖的领域相当宽泛：历史文化类（如山东卫视的《你好历史君》)、文化益智类（如贵州卫视的《最爱是中华第三季》)、家庭孝道类（如江苏卫视的《老妈驾到》)、语言谈话类（如北京卫视的《长大成人》)、公益帮扶类（如安徽卫视的《星星的礼物第二季》)、喜剧幽默类（如上海东方卫视的《笑星闯地球》)、社会体验类（如浙江卫视的《我去上学了第二季》）等均有涉猎。人文类综艺节目开拓了视野，在屏幕上赢得了收视，在互联网中也得到了关注，其中喜剧幽默类人文节目收视较高，而有诸多新生代明星参加的《挑战者联盟》等体验类节目得到的互联网关注更高（图15)。

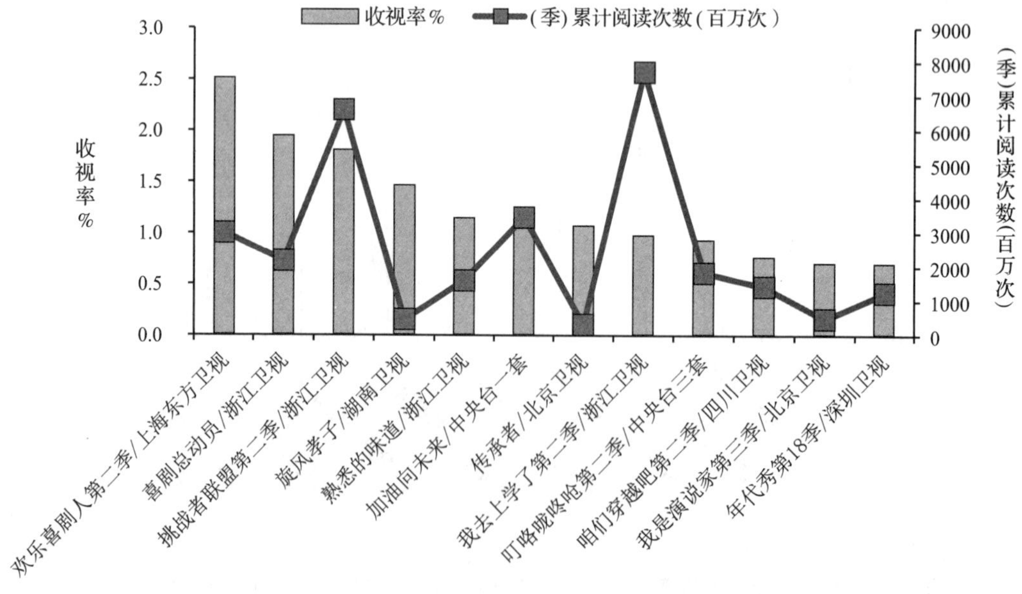

数据来源：CSM媒介研究

图15　2016年部分上星频道高收视人文类综艺节目收视概况（71城市，18:00～24:00)

相比上星频道，地面频道更接“地气”。虽然也有记录商业大佬、跨界明星商业与生活 AB 面的节目，如上海电视台第一财经频道 2016 年 1 月播出的《不被辜负的假期》，但多数还是以普通观众日常生活各个方面为切入点的人文类综艺节目。比如描述城市生活的节目，如青岛电视台影视频道 9 月播出的喜剧人文节目《超级体验之见笑啦》，以一家名为“见笑吧”的酒吧为载体，以“故事换酒”为线索，结合社会热门话题，通过剧中剧表现普通人的生活故事；还有从农村生活切入的节目，如湖南电视台娱乐频道 7 月播出的户外农耕竞技节目《谁知盘中餐》，该节目以家庭为体验团队，每期 8 组家庭参加插秧、捕鱼、独轮车等颇具趣味的 5 项农耕比拼，挑战不同主题的农耕任务，开启亲子趣味农耕酷玩模式（表 6）。

表 6　2016 年部分地面频道人文类综艺节目播出概况

节目名称	播出频道	开播日期	播出时间
不被辜负的假期	上海电视台第一财经频道	2016/1/24	21:00:00
青春万万岁	江苏电视台影视频道	2016/3/5	20:59:58
巾帼斗士	辽宁广播电视台体育频道	2016/5/2	20:24:26
自拍女王澳大利亚美拍之旅	广西电视台影视频道	2016/6/10	21:15:38
换想成真	广东广播电视台南方卫视	2016/6/18	18:01:34
我到金种子来上班	安徽综艺	2016/7/17	19:59:55
谁知盘中餐	湖南电视台娱乐频道	2016/7/8	21:44:15
诗与远方	沈阳电视台一套（新闻频道）	2016/7/1	22:30:01
玩转农场	山东电视农科频道	2016/9/21	18:40:01
超级体验之见笑啦	青岛电视台影视频道	2016/9/17	21:24:03
出发吧爸爸	广西电视台综艺频道	2016/10/15	21:52:26
白闹了秀	青岛电视台休闲资讯频道	2016/10/10	20:49:26
我们朗诵吧	上海电视台艺术人文频道	2016/11/27	20:30:00
嗨我来讲	深圳电视台宝安频道	2016/12/1	20:33:41

数据来源：CSM 媒介研究

另外，为体现地域多样性、提升节目制播质量，地面频道开始“横向”联合制播。2016 年 4 月，湖南经视、湖北综合、河南都市、安徽经视、江西公共、河北经视 6 省强势地面频道联合播出非物质文化保护节目《多彩中国话》，节目采用“1 + 6”模式，以推广各省方言、传承方言文化为宗旨，从 6 省 87 个地州市方言中汲取素材，通过选手比赛答题方式，附加方言专家的现场点评，在各地收视相对较高（图 16）。

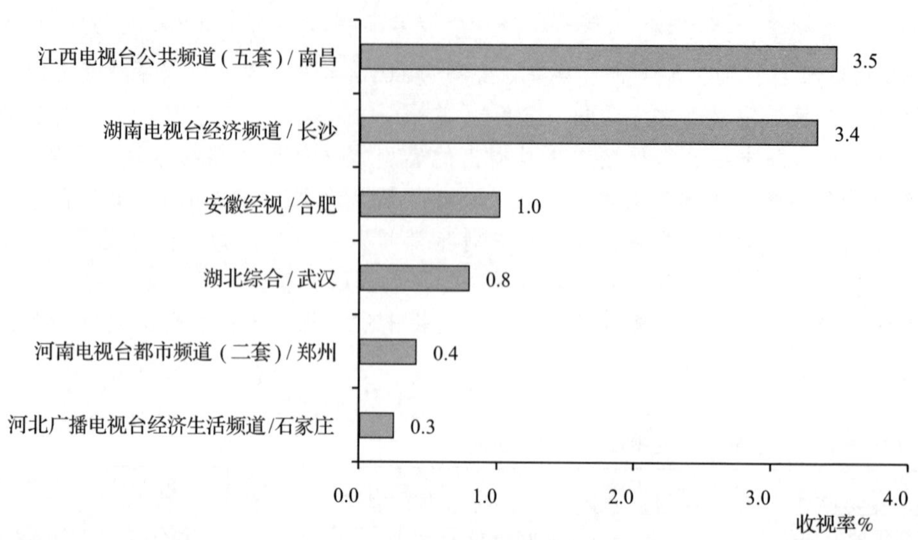

数据来源：CSM 媒介研究

图 16　2016 年 4 月 1 日～6 月 30 日《多彩中国话》6 个频道当地收视概况（18:00～24:00，不区分首重播）

四、结语

2016 年，电视综艺节目在体育大年中仍取得令人欣喜的成绩，但所存在的问题也需要我们认真思考。2016 年所有调查城市观众全年人均综艺节目总收视时长为 7011 分钟，较 2015 年仅有 0.4% 的增长，增速有所减缓。在竞争激烈的今天，2017 年综艺节目要继续引领市场，更需要深挖节目背后的资源，跨行业拓展产业链，同时寻求“互联网＋”时代新的“收视点”。

（作者：王钦）

2016 年全国体育节目收视分析

对于体育爱好者来说，2016 年可谓是热闹的一年，是名副其实的“体育大年”。欧洲杯、里约奥运会等具有国际影响力的大赛接连上演，令人目不暇接。在这一年之中，我们见证了传奇的落幕、新王的诞生、黑马的横空出世；顽强拼搏的体育健儿给这一年留下了太多的经典，这些都将值得我们铭记于心。

本文根据 CSM 媒介研究 2016 年在全国所有调查城市的收视率调查数据，对全国体育节目的收视和播出情况进行分析和研究，并与以往几年的数据进行对比，重点解读 2016 年电视体育节目的收视特点。

一、2016 年体育大事件盘点

对于世界体坛来说，2016 年毫无疑问是创造历史的一年。2016 年 4 月 14 日美国男子职业篮球联赛（NBA）常规赛最后一场，科比·布莱恩特在最后一战中砍下 60 分，为其 20 年的职业生涯画上了一个完美的句号。在同一天，金州勇士主场迎战孟菲斯灰熊队，拿到了自己本赛季的第 73 场胜利，超越了历史上公牛队常规赛登顶 72 胜的战绩。勇士当家球星库里也创造了历史，单赛季投进 402 记 3 分球，全票当选常规赛最有价值球员（MVP），成为 NBA 历史第一人！然而，风头正劲的勇士在总决赛抢七大战中 89:93不敌骑士，总比分 3:4 与总冠军失之交臂，骑士首次获得 NBA 总冠军，与此同时骑士还成为 NBA 历史上首支总决赛 1:3 落后而最终以 4:3 翻盘的球队。足球赛场上，皇马点球大战击败马竞，再次登顶欧洲之巅，创纪录地第 11 次夺得欧冠奖杯；法国欧洲杯“平局之王”葡萄牙笑到最后，在最后的决赛中 1:0 击败东道主法国队，最终捧得德劳内杯，获得了历史上首个大赛冠军。英超赛场上，“黑马”莱斯特城奇迹般地战胜众多豪门球队，提前 2 轮锁定英超冠军，获得了俱乐部成立 132 年以来的首座英格兰顶级联赛冠军奖杯，鼓舞人心。网球方面，德约科维奇战胜英国人穆雷，职业生涯首捧“火枪手”杯，成为历史上第 8 位赢得“全满贯”的男单选手。

在国内，国足时隔 15 年重新杀入世预赛十二强赛。目前十二强赛赛程已过半，国足在最初的惊艳表现之后疲态尽显，期望下半程比赛里皮能带领国家队背水一战，踢出精彩的比赛。2016 年 8 月，第 31 届奥运会在里约热内卢举行，奥运会史上首次登陆南美洲。在这届奥运会中，中国代表团以 26 金 18 银 26 铜的好成绩位列金牌榜第三、奖牌榜第二。郎平带领的中国女排以小组第四的成绩惊险晋级淘汰赛，随后连胜包括东道主巴西队在内的数支劲旅，在雅典奥运会之后时隔12年重获奥运会金牌，使“女排精神”成为热门话题，全民称颂。奥运会期间，“洪荒少女”傅园慧和乒乓球国家队的意外走红，使奥运会余热不减，吸引着大众对体育竞技的持续关注……

激情总是伴随着遗憾和失落，传奇“拳王”阿里的去世、巴西沙佩科恩斯俱乐部的空难事件和中国职业航海家郭川的失联，给2016年蒙上了一层阴影。然而生命不息、奋斗不止，他们的精神将激励着无数体育人为梦想而拼搏，为理想而坚守！

二、体育节目整体播出及收视情况

2016年的体育收视较2015年有明显提升，达到了近4年来的一个巅峰，这主要是由于欧洲杯以及奥运会等大型赛事的加持。

1. 体育节目人均收视时间较2015年明显提升，达到了近4年的巅峰

2016年我国电视观众全年体育节目人均收视时长为1800分钟，与2015年相比增长了271分钟，涨幅为17.7%。但与同样有奥运会的2012年相比，人均收视时长略有下降（图1）。

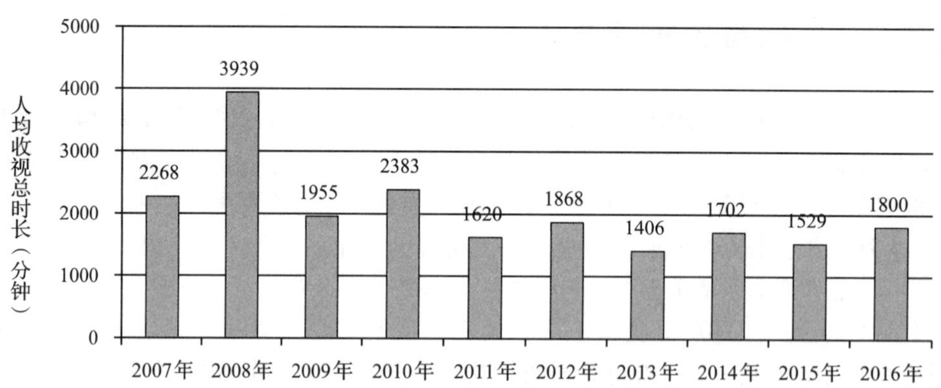

数据来源：CSM媒介研究

图1　2007～2016年体育节目人均收视总时长（分钟）（历年所有调查城市）

受生活习惯和客观条件的影响，不同目标观众在收看电视的时间方面也存在较大差异，而体育节目的专业性特点使得体育电视观众的差异性表现更加明显。2016年体育节目在不同目标观众群体中的收视特征与往年类似：男性、高学历、高收入观众的体育节目收视时长高于女性、低学历、低收入观众，中老年观众仍旧是体育节目的收视主力军（表1）。

表 1　2016 年各类目标观众体育节目人均收视总时长（所有调查城市）

目标观众		人均收视总分钟数	目标观众		人均收视总分钟数
性别	男	2235	年龄	4～14 岁	719
	女	1345		15～24 岁	1044
职业类型	干部/管理人员	2354		25～34 岁	1408
	个体/私营企业人员	1518		35～44 岁	1488
	初级公务员/雇员	1882		45～54 岁	2366
	工人	1480		55～64 岁	2981
	学生	980		65 岁及以上	3312
	无业	2553	个人平均月收入	0～600 元	1095
	其他	1085		601～1200 元	1629
受教育程度	未受过正规教育	883		1201～1700 元	1676
	小学	1226		1701～2600 元	2002
	初中	1756		2601～3500 元	2142
	高中	2026		3501～5000 元	2006
	大学及以上	2046		5001 元及以上	2468

数据来源：CSM 媒介研究

2. 奥运会显著拉高体育节目播出与收视，其他各月收/播分布较平稳

2016 年全国体育节目收视量和播出量的峰值非常明显。法国欧洲杯覆盖的 6 月，收视量达到年内小高峰。里约奥运会所在的 8 月，播出时长和收视时长较 2015 年均有较大幅度提升，同比涨幅分别为 22% 和 63%，当月体育节目的人均收视量高达 447 分钟，达到近 6 年的顶峰。奥运会过后，体育节目的收视市场则呈现出了一定程度的低迷状态（图 2）。

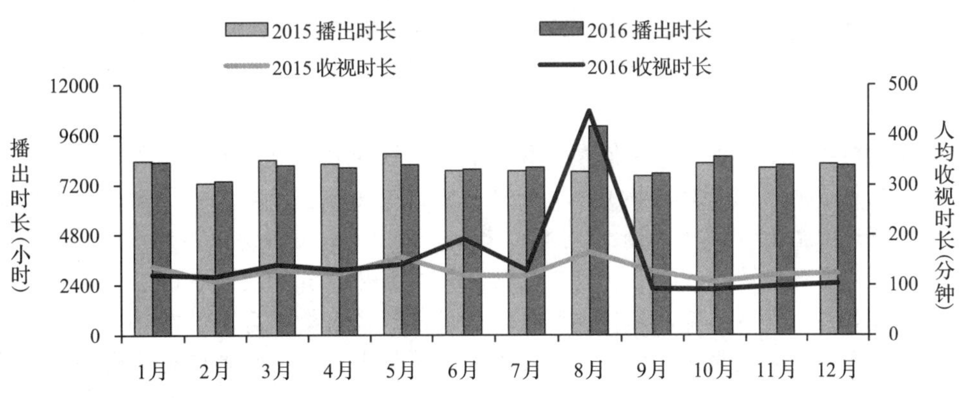

数据来源：CSM 媒介研究

图 2　2015～2016 年各月体育节目播出时长及人均收视时长（历年所有调查城市）

3. 体育节目收视比重再创新高，资源使用效率大幅提升

2016 年体育节目的整体播出时长在所有电视节目中占 2.2%，与 2015 年基本持平。受欧洲杯和奥运会的拉动，体育节目的收视时长占到 3.5%，较 2015 年（2.8%）有所提升，甚至高于上一个奥运年（2012 年）的 3.2%，成为近 6 年收视比重最高的一年，资源使用效率得到明显提升（图 3）。

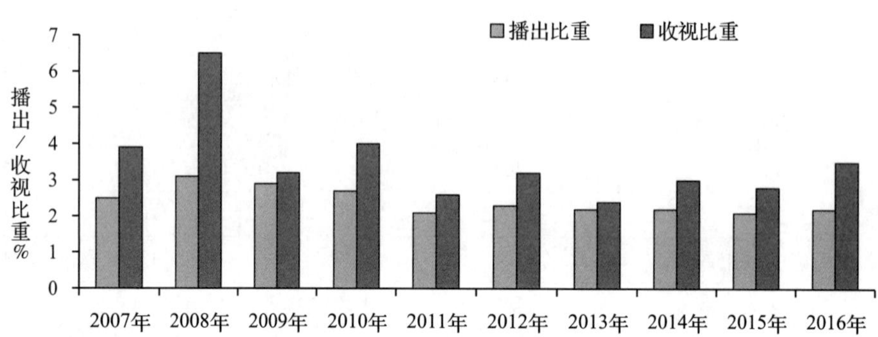

数据来源：CSM 媒介研究

图 3　2007～2016 年体育节目的播出比重与收视比重（历年所有调查城市）

三、体育节目收视市场竞争概况

2016 年体育电视节目收视市场上各级频道的竞争情况保持了与往年相似的格局。在播出方面，中央级频道受到频道数量和资源分配的限制，体育节目的播出份额相对较低，只有 16.4%。与 2015 年相似，省级地面频道和市级频道占据了体育节目播出的大部分时长，播出份额超过了 70%。从收视份额来看，中央级频道仍是全国体育节目收视市场的领头羊，占体育节目收视总量的 72%（表 2），这说明 2016 年电视观众对体育节目的收视首选依然是覆盖全国的中央级频道。2016 年是“体育赛事大年”，并且这些大型赛事如奥运会、欧洲杯都是由中央级频道作为主播平台。借着大型体育赛事的东风，在赛事播出总量没有变化的情况下，中央级频道在体育节目中的收视份额较 2015 年上涨了 3 个百分点。由此可见，重大体育赛事的转播对提升收视水平和吸引观众注意力至关重要。

比较近两年间地方各级频道体育节目的播出份额和收视份额的变化可以看到：2016 年省级上星频道的播出份额上升了近 1 个百分点，收视份额基本维持不变；省级地面频道及市级频道的播出份额较 2015 年均有所增长，但由于覆盖的局限，对收视的影响较小（表 2）。体育赛事转播的时效性、观赏性以及影响力是吸引观众收看的主要因素，而目前地方频道掌握的精品体育节目资源匮乏，所以虽然播出量较高，但对观众的吸引力并不够强。总之，在专业化体育媒体日益激烈的竞技场上，谁拥有更广阔的媒介平台，谁占有更多的精品体育节目资源，谁就可能主导我国电视体育节目收视市场。

表 2　2015～2016 年各级频道在体育节目中的播出份额及收视份额（历年所有调查城市）

年份	中央级频道		省级上星频道		省级地面频道		市级频道		其他频道	
	播出份额	收视份额	播出份额	收视份额	播出份额	收视份额	播出份额	收视份额	播出份额	收视份额
2015 年	16.5%	69.0%	3.4%	5.0%	53.4%	23.7%	19.0%	2.0%	7.7%	0.3%
2016 年	16.4%	72.0%	4.1%	5.2%	55.4%	21.4%	20.4%	1.3%	3.7%	0.1%

数据来源：CSM 媒介研究

四、体育节目观众特征

男性、25 岁及以上、初中及以上学历人群是 2016 年中国体育类电视节目的主体观众群；集中度指标显示，男性相对于女性更加偏好收看体育节目；观众学历和个人收入水平越高，就越偏好收看体育节目。以上这些观众特征与往年基本一致。2016 年是体育大年，奥运会、欧洲杯足球赛等重量级赛事超越体育极限，赢得更多人群的关注。这一年，女性观众占比相比 2015 年有一定的提高（图 4）。

相较于所有节目的电视观众构成，体育节目中，男性、25～34 岁青年、高学历和高收入观众比例相对更高，体现出体育节目对于男性群体、高活跃度、高影响力和高消费潜力人群的吸引力（图 5）。

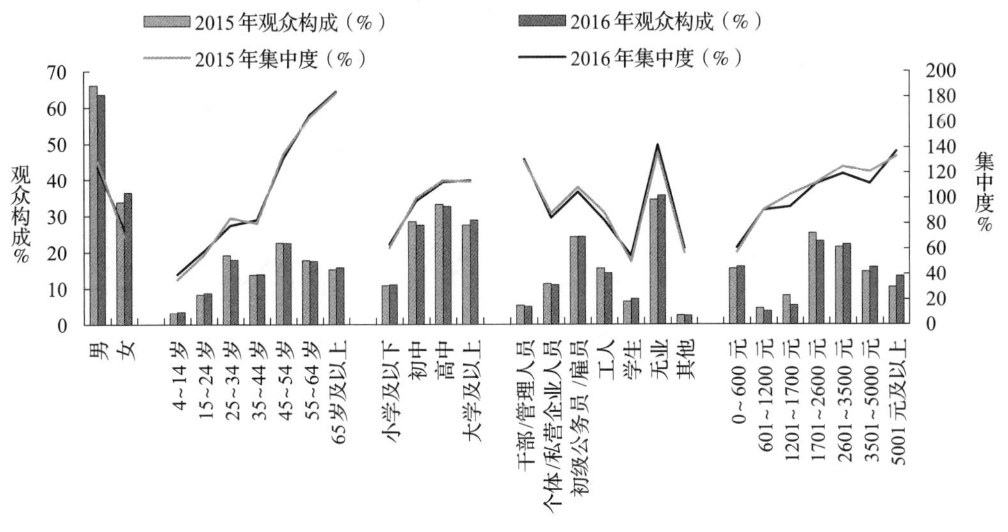

数据来源：CSM 媒介研究

图 4　2015～2016 年体育节目的观众构成和集中度（历年所有调查城市）

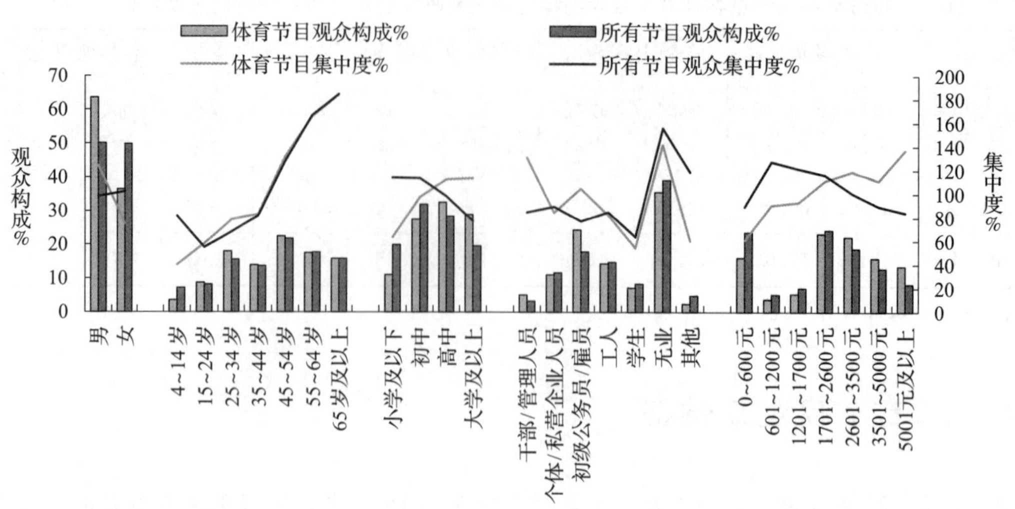

数据来源：CSM 媒介研究

图5　2016 年体育节目的观众构成及集中度与所有节目的比较（所有调查城市）

五、中央台五套体育节目收视概况

1. 中央台五套的整体收视概况

2016 年是传统意义上的体育大年，作为欧洲杯与奥运会这两大重量级赛事的主转播频道——中央台五套，其收视表现受赛事资源影响明显。在赛事期间，中央台五套平均收视率远高于全年其他时期（图6）。具体来说，2 月底进行的吉隆坡世乒赛为中央台五套带来了2016 年第一个收视高峰，第10 周的平均收视率达到了0.27%。6 月11 日 ~7

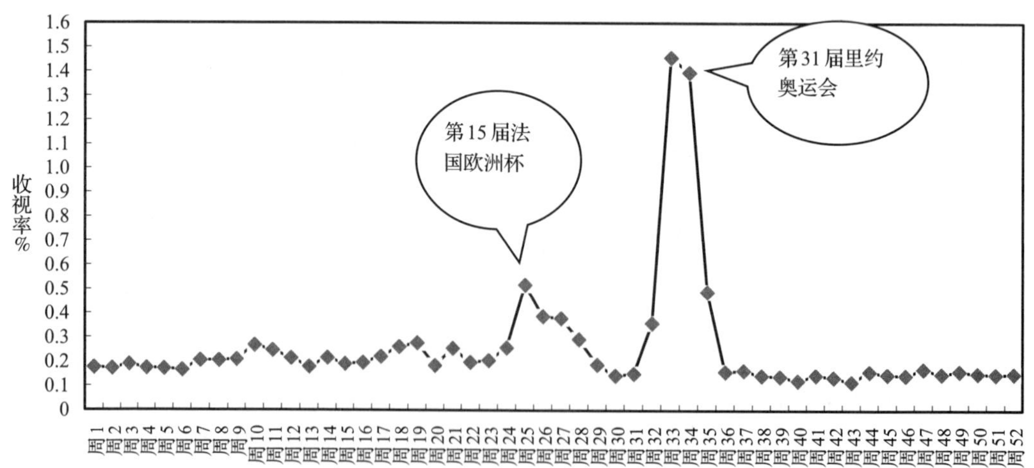

数据来源：CSM 媒介研究

图6　2016 年中央台五套周平均收视率走势（所有调查城市）

月11日在法国举办的欧洲足球锦标赛再一次掀起收视高潮，在第25周~27周这3周内，中央台五套的平均收视率明显提升，并在第25周达到了峰值0.52%。8月6日开始的里约奥运会则是本年度收视的最高峰，收视率在第33周达到了1.46%。除重大赛事外，中央台五套各周的平均收视率走势较平稳，通常安排常规赛事转播和体育栏目的播出，满足了广大体育爱好者收看国内外各项赛事的需求。

2016年中央台五套的全年市场份额变化趋势基本与收视率的变化趋势保持一致，即大型赛事期间出现明显高峰，平日表现基本稳定。在8月里约奥运会期间，周平均市场份额达到最高值12.75%，这一数字也体现了观众对这四年一度的竞技体育最高荣誉盛事的高度热情。此外，6月~7月法国欧洲杯期间，周平均市场份额最大值也达到了5.12%。在非大型赛事举行的时间段内，中央台五套的市场份额也能够稳定在1.6%左右，同样是电视市场中一股不容忽视的力量（图7）。

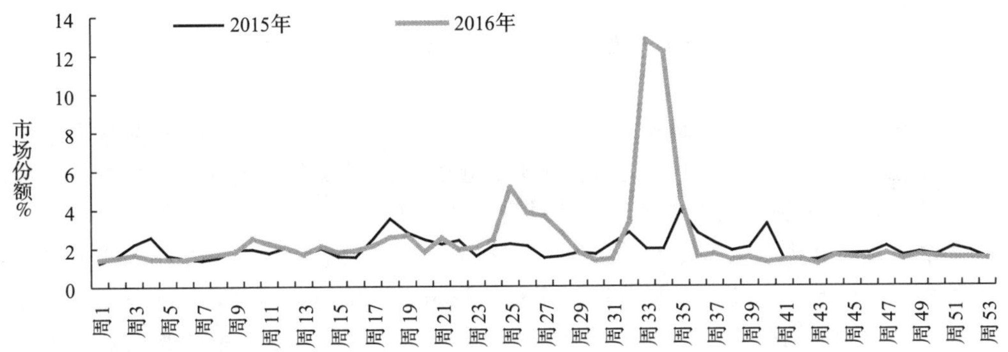

数据来源：CSM媒介研究

图7　2015~2016年中央台五套周平均市场份额走势（历年所有调查城市）

比较2016年与2015年全年中央台五套市场份额走势，我们可以很清晰地发现大型赛事对中央台五套市场份额的拉动作用。在大型赛事，尤其是6月进行的法国欧洲杯和8月进行的里约奥运会期间，中央台五套的市场份额远高于2015年同期，大型赛事的播出对电视市场份额的影响可见一斑。在非大型赛事举行的时间段内，2015和2016两年的市场份额在大部分时间里并没有体现出明显的差距，但与2015年的热点赛事期间（第4周澳大利亚亚洲杯、第18周世乒赛、第36~37周女排世界杯、第39~40周男篮亚锦赛）的市场份额表现相比，2016年同期市场份额则表现出轻微下滑。

再来分析2016年全天分时段收视率的走势。中央台五套的收视变化和往年规律类似，全天有3个收视高峰，分别出现在正午12:00、傍晚18:00和晚间20:00~22:00左右（图8）。而在这几个时间节点上，正午12:00和晚间20:00~22:00的收视表现较2015年有所增长，甚至在这两个时间点前后形成了两组收视潮（上午09:00~12:00和晚间20:00~23:00）。相较而言，傍晚18:00这一节点的收视表现较2015年略有下降，在17:00~19:30的时段较2015年也有所降低。

造成时段收视表现差异的主要原因是2016年两大赛事的直播基本集中在凌晨、上午

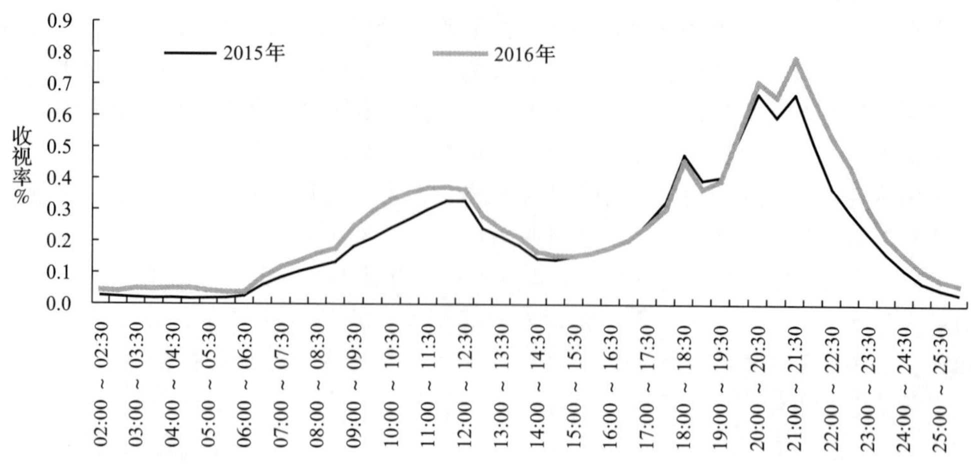

数据来源：CSM 媒介研究

图 8　2015 ~ 2016 年中央台五套全天收视率走势（历年所有调查城市）

及夜间时段，特别是里约奥运会的时区差异对全天中央台五套的赛事直播时段影响较大。尽管如此，依然有许多忠实的体育迷选择在这些时间段观看比赛，这也在相当程度上拉动了 2016 年中央台五套凌晨和夜间时段的收视表现。

受欧洲杯和奥运会比赛时差的影响，2016 年中央台五套凌晨、上午及午夜时段竞争优势明显有所提升，尤其是在赛事集中播出的 3:00 ~ 5:30 这一时间段，平均市场份额超过了 6.5%。但除此之外，在一天的其他时间段内，中央台五套的平均收视份额表现则较普通。尤其在晚间黄金时段，平均收视份额达到了一天中的最低值（图 9）。

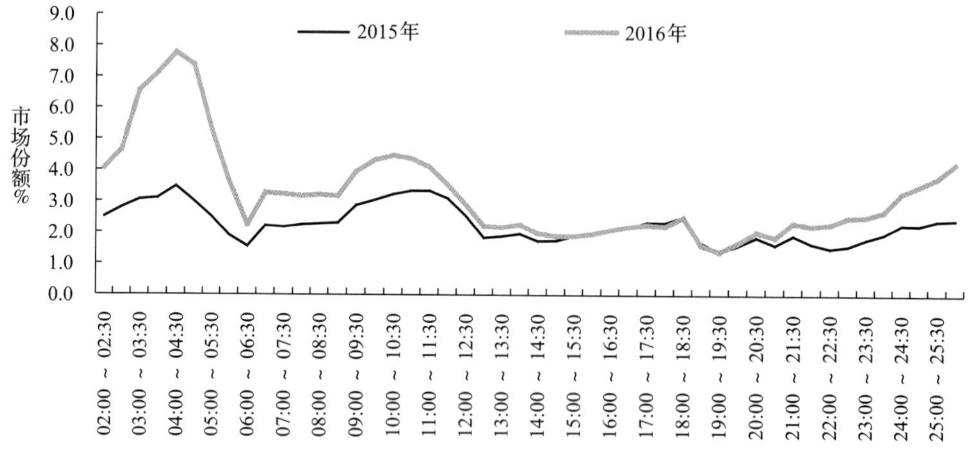

数据来源：CSM 媒介研究

图 9　2015 ~ 2016 年中央台五套全天市场份额走势（历年所有调查城市）

2. 重点赛事收视表现

2016 年是又一个传统的体育大年，里约奥运会、欧洲杯、世界乒乓球锦标赛、汤姆斯杯与尤伯杯、澳大利亚网球公开赛、十二强赛等各大顶级赛事轮番上演。在球迷们苦等 4 年的欧洲杯决赛之夜，C 罗的受伤退场让球迷们心酸不已，但最终在法兰西大球场的点球大战上，枣红军团葡萄牙夺得了首个国际大赛冠军，给了观众们些许安慰；里约奥运会女子 3 米板颁奖仪式现场上演最浪漫一幕，中国选手秦凯单膝跪地向刚刚获得银牌的何姿求婚成功，轰轰烈烈地向全世界秀恩爱；世乒赛中前无古人的 16 场 3:0 捧得双杯，国乒在吉隆坡又创造了新的历史纪录。在这些历史性的时刻，中央台五套作为主播频道为我们记录下了这些难忘的瞬间。以下主要针对奥运会、欧洲杯和世乒赛三大热点赛事期间中央台五套各时段的收视变化以及这三大热点赛事具体的收视表现进行分析。

2016 年中央台五套全年各时段收视率表现与往年类似，上午 10:00～14:00 受 NBA 赛事播出的影响形成第一个收视高峰；从傍晚 18:00《体育新闻》栏目播出开始一直延续到晚间 23:00 形成第二个收视高峰。年初的吉隆坡世乒赛，由于无时差影响，同时中国队表现优异，在晚间黄金时段形成了一个收视小高峰，即使白天时段播出的是录播或重播赛事，收视率表现也普遍高于 2016 年平均水平。法国欧洲杯从这届开始新增晚间黄金时段的比赛，方便中国观众观看，中央台五套的收视率较 2016 年平均水平呈现出的增长从 21:00 一直持续到凌晨 5:00 左右；里约奥运会期间，全天多项赛事的密集播出及赛事本身的影响力，使得中央台五套在该段时间内的收视率较 2016 年平均水平有巨大的提升，特别是在晚间时段 21:00～21:30，其收视率达到顶峰的 4.12%（图 10）。

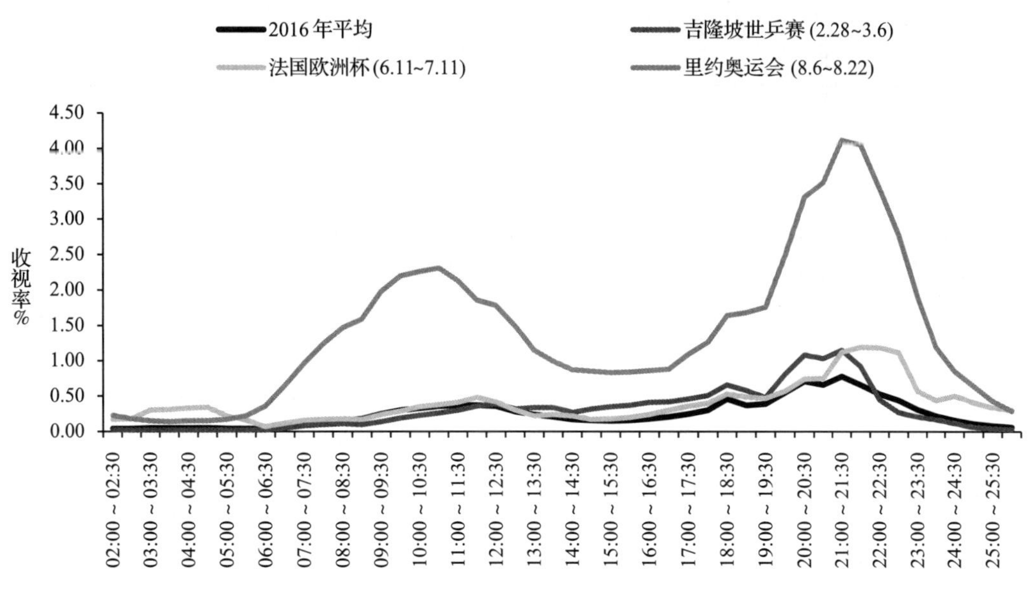

数据来源：CSM 媒介研究

图 10　2016 年重点赛事期间中央台五套全天收视走势（所有调查城市）

2016年吉隆坡世乒赛在北京时间3月6日全部结束，中国女队以总比分3:0完胜日本队，实现了世乒赛女团三连冠，这也是中国女团历史上第20次捧起考比伦杯。该场赛事的收视率为1.1%，市场份额为9.9%，位列收视率排名榜亚军。在男团决赛中，中国男团迎战日本男团，张继科先丢1局的情况下逆转大岛裕哉，许昕和马龙都是直落3局取胜，中国男团3:0完胜日本，第20次捧起了斯韦思林杯，也实现了世锦赛团体赛的最近八连冠。从收视表现上看，占据晚间黄金时段的男团决赛收视率高达2.0%，市场份额为5.9%，表现不俗，位列收视率排名榜冠军（表3）。

表3　中央台五套播出的“2016年吉隆坡世乒赛”收视率较高的赛事（所有调查城市）

比赛名称	播出日期	开始时间	收视率（%）	市场份额（%）
2016年世乒赛男团决赛	2016/3/6	19:34:55	2.0	5.9
2016年世乒赛女团决赛	2016/3/6	14:34:21	1.1	9.9
2016年世乒赛女团1/4决赛	2016/3/3	19:41:33	1.1	3.1
2016年世乒赛女团半决赛	2016/3/5	15:49:44	0.8	5.4
2016年世乒赛男团1/4决赛	2016/3/4	15:38:23	0.7	5.1
2016年世乒赛男团半决赛	2016/3/6	18:30:00	0.7	2.8
2016年世乒赛男团半决赛	2016/3/5	13:00:02	0.6	5.3
2016年世乒赛男团A组第四轮	2016/3/1	19:31:15	0.6	1.7
2016年世乒赛男团B组第四轮	2016/3/1	21:05:16	0.5	1.5
2016年世乒赛男团1/4决赛	2016/3/5	15:12:58	0.4	4.2

注：该排名不包括颁奖仪式及集锦。

数据来源：CSM媒介研究

法国时间2016年7月10日21时，东道主法国队与“黑马”葡萄牙队在法兰西大球场打响了第15届欧洲杯冠军争夺赛的最后一战。凭借着埃德尔第109分钟的绝杀，葡萄牙最终以1:0爆冷获胜，打破41年不敌法国队的魔咒，首次夺得欧洲杯冠军。自1960年诞生以来，欧洲杯首次有24支球队参与。这项举措让本届欧洲杯比往届多增22场比赛，其中9场比赛定于北京时间21:00晚间黄金时段进行。这不仅让中国球迷避免了熬夜看球的痛苦，也使本届欧洲杯赛事在中国地区取得更好的收视佳绩。在欧洲杯收视率排名前10位的赛事中，21:00开球的比赛占到了9场，仅有6月27日播出的焦点战役“欧洲杯1/8决赛/意大利VS西班牙”开始于24:00。收视率排名前两位的赛事分别来自小组赛“英格兰VS威尔士”和“西班牙VS捷克”，收视率分别为2.6%和2.5%，市场份额均为9.4%（表4）。

表4　中央台五套播出的"2016年法国欧洲杯"收视率较高的赛事（所有调查城市）

比赛名称	播出日期	开始时间	收视率（%）	市场份额（%）
2016年欧洲杯小组赛B组/英格兰VS威尔士	2016/6/16	20:49:55	2.6	9.4
2016年欧洲杯小组赛D组/西班牙VS捷克	2016/6/13	20:49:59	2.5	9.4
2016年欧洲杯小组赛E组/意大利VS瑞典	2016/6/17	20:50:04	2.4	7.9
2016年欧洲杯1/8决赛/法国VS爱尔兰	2016/6/26	20:20:20	2.3	8.3
2016年欧洲杯小组赛D组/土耳其VS克罗地亚	2016/6/12	20:49:55	2.2	7.7
2016年欧洲杯小组赛E组/比利时VS爱尔兰	2016/6/18	20:49:53	2.2	7.5
2016年欧洲杯1/8决赛/瑞士VS波兰	2016/6/25	20:15:36	2.0	7.8
2016年欧洲杯小组赛B组/俄罗斯VS斯洛伐克	2016/6/15	20:16:38	1.8	6.3
2016年欧洲杯1/8决赛/意大利VS西班牙	2016/6/27	23:49:55	1.4	30.6
2016年欧洲杯小组赛A组/阿尔巴尼亚VS瑞士	2016/6/11	20:12:58	1.4	4.8

注：该排名不包括颁奖仪式及集锦。

数据来源：CSM媒介研究

北京时间8月22日，里约奥运会全部赛事落下帷幕。本届赛事中，中国军团在跆拳道和自行车项目上迎来突破，在乒乓球和跳水等传统项目上依旧保持较强的优势。由于赛事时间的安排，加上中国队在羽毛球项目上具有一定优势，晚间黄金时段播出的羽毛球赛事得到了更多观众的青睐，在整个奥运会赛事中收视率表现抢眼，在排名前10位的赛事中占据4席，其中8月20日播出的"奥运会羽毛球男单决赛"以6.5%的收视率获得冠军，市场份额为19.5%。女排姑娘们在2016年又刮起了一阵旋风，"女排精神"再一次被宣扬，"奥运会女排决赛/中国VS塞尔维亚"虽然在北京时间的上午进行，仍获得了6.1%的高收视率，市场份额高达40.5%，相当于在所有调查城市中，在该时段的开机观众里每10个人就有4个人在观看该赛事（表5）。

表5　中央台五套播出的"2016年里约奥运会"收视率较高的赛事（所有调查城市）

比赛名称	播出日期	开始时间	收视率（%）	市场份额（%）
奥林匹克在里约：2016年第31届奥运会羽毛球男单决赛	2016/8/20	20:55:14	6.5	19.5
奥林匹克在里约：2016年第31届奥运会女排决赛/中国VS塞尔维亚	2016/8/21	9:12:08	6.1	40.5
奥林匹克在里约：2016年第31届奥运会羽毛球男单半决赛	2016/8/19	19:27:39	5.5	16.4
奥林匹克在里约：2016年第31届奥运会乒乓球男单半决赛	2016/8/11	20:59:26	5.3	19.7
奥林匹克在里约：2016年第31届奥运会乒乓球女单半决赛	2016/8/10	20:58:09	5.0	18.0
2016年第31届奥运会女排小组赛/中国VS意大利	2016/8/8	20:31:17	5.0	14.7
奥林匹克在里约：2016年第31届奥运会羽毛球男单1/4决赛	2016/8/17	20:22:08	4.5	16.0
奥林匹克在里约：2016年第31届奥运会羽毛球男单铜牌赛	2016/8/20	19:29:23	4.4	13.3
2016年第31届奥运会射击女子10米气手枪决赛	2016/8/7	22:00:19	4.2	16.1
奥林匹克在里约：2016年第31届奥运会乒乓球女团半决赛	2016/8/15	20:57:23	4.2	14.3

注：该排名不包括颁奖仪式及集锦。

数据来源：CSM媒介研究

3. 主要运动项目播出与收视情况

由于奥运会和欧洲杯两项大赛的贡献，2016年中央台五套各项目之间的播出和收视格局与2015年相比发生较大变化。其中，足球和篮球在电视市场上的地位依然不可撼动，但由于奥运会的播出，收视比重有所下降。

欧洲杯的举办使2016年足球项目成为焦点，播出比重达到16.97%，较2015年增长超过1个百分点；篮球项目依然保持较稳定的播出比重，11.16%的比重较2015年略有增长。然而在收视方面，足球和篮球的观众被奥运会赛事抢占较明显，但两者仍以15.08%和14.08%的收视比重排在前两位（表6），分别较2015年下降了1.84和4.24个百分点。

里约奥运会的贡献使得其他赛事（如田径、举重、体操等）播出比重明显上升，以8.12%的播出比重占到2016年所有项目的第3位，收视比重为8.21%。

更加抢眼的是，由于中国代表团在奥运赛场上的大放异彩，排球、乒乓球、羽毛球项目尽管播出比重变化不大，收视比重却比2015年增长迅猛。中国女排的逆转夺魁、乒乓球"梦之队"包揽金牌、林丹与李宗伟的世纪之战，对收视的提升作用明显，使这3个项目的资源利用效率分别达到51.25%、55.37%和148.34%。

北京成功申办冬奥会的利好消息依然拉动着冰上/水上运动的热度，这一类赛事在中央台五套的播出比重随着冬奥会的临近略有上升。但是在收视方面，由于冬奥会尚未举办，利好消息虽然带动了中国观众的热情，却并未使这项运动为广大受众所熟悉，因此，2016 年冰上/水上项目的收视比重仅有4.79%，与上一年度的5.08%仍有所下降。

台球类赛事在中央台五套历来占有比较重要的地位。2016 年大赛连连使得台球类赛事的播出比重有小幅下降，不过也因丁俊晖、傅家俊的双双夺冠而使收视比重有所回升。

表6 2016 年中央台五套各主要运动项目的播出比重与收视比重（所有调查城市）

运动项目	播出比重（%）	收视比重（%）
足球	16.97%	15.08%
篮球	11.16%	14.08%
其他赛事	8.12%	8.21%
冰上/水上运动	6.16%	4.79%
台球	4.88%	4.08%
排球	4.39%	6.64%
乒乓球	3.63%	5.64%
搏击	3.12%	2.46%
羽毛球	2.11%	5.24%

数据来源：CSM 媒介研究

六、结语

作为体育大年，2016 年的体育节目市场精彩纷呈，从开年的澳网、2 月的世乒赛、3 月的世界斯诺克锦标赛、5 月的汤尤杯羽毛球赛，到 6~7 月间的世界女排大奖赛、欧洲杯、斯坦科维奇杯，再到 8 月的里约奥运会、9 月开始的斯诺克上海大师赛以及亚足联十二强赛，再加上贯穿全年的 NBA、CBA 和中超联赛等，这些赛事和项目构建了电视体育节目的主体，支撑了体育类节目的全年收视热点，而其中欧洲杯和里约奥运会无疑是收视热点中的热点。欧洲杯的到来点燃了夜晚的狂欢，奥运会的盛大开幕更激起了全民的沸腾。2016 年是收获的一年、成长的一年，是中国体育和中国体育电视市场走向成熟的一年，随之而来的 2017 年，我们会越走越好！

（作者：于松涛）

2016 年晚间新节目观察

2016 年，自主创新成为节目创新市场的风向标。无论是国家新闻出版广电总局《关于大力推动广播电视节目自主创新工作的通知》的政策引领，抑或是各级电视媒体节目创新中的市场实践，都标志着我国电视节目创新向自主的方向更迈进一步。本文基于 CSM 媒介研究收视调查数据，对中央电视台、省级卫视和 71 个城市①的地面频道在晚间 17:00～24:00 时段新节目②的播出与收视状况进行梳理与分析，以期对 2016 年全年新节目的发展变化状况作总结。

一、新节目播出概况

1. 常态新节目占比连年下滑，节庆时点非常态节目创新集中

2016 年晚间时段，在 71 城市电视市场中，各级电视频道共播出新节目 4000 余档。其中，进入频道日常播出序列的常态新节目近 700 档，占新节目总量的 17%，总体数量较 2015 年减少了近 190 档，在所有新节目中所占比重连续两年以 5 个百分点的速度减少；以节庆/假期特别节目、形式多样的评选/颁奖/典礼、电视比赛/活动等为主体的非

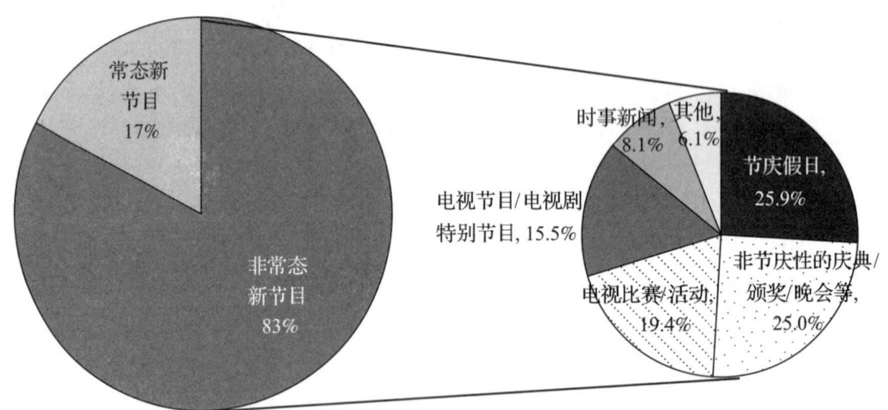

数据来源：CSM 媒介研究

图 1　2016 年常态新节目与非常态新节目的数量分布

---

① 71 个城市包括 4 个直辖市、5 个计划单列市、26 个省会城市（不包括拉萨）和 36 个地级城市。

② 本文对新节目的界定为：各上星频道 18:00～24:00 播出、省/市级地面频道 17:00～24:00 播出，同名称节目在 2012 年 1 月 1 日至 2015 年 12 月 31 日期间未出现过，长度超过 20 分钟（含 20 分钟）的节目。以下节目类型不属于新节目范围：广告、频道包装、节目预告、导视节目、电视剧、电影、外语、各类体育赛事等。

常态新节目则占到新节目总量的83%，其中，节庆时点各级频道以特定节日为主题进行的创新最为集中，在非常态新节目中的占比达到25.9%（图1）。常态新节目创新量的下滑，从侧面反映出近年来随着媒介融合进程的加快以及传统媒体内部竞争的升级，传统电视从供给侧的角度反思并减少无效供给的尝试和努力。

2. 常态节目创新集中于开年时点，非常态节目在春节期间放量增长

近年来，随着电视节目创新尤其是常态节目创新的理性回归，在节目市场推新中长期存在的季节性规律逐渐淡化，暑假期间的创新高峰不再明显，而更多的电视媒体都将大量的常态节目资源集中在开年时点推出，在博得开年好彩头的同时更是寄希望于在同类节目中占得先机。2016年这种趋势尤为明显，全年常态新节目资源的五分之一都在开年的1月份播出，以往暑期的节目创新高峰反而不再明显，仅有7月份常态新节目数量占到全年的10.5%。而非常态新节目仍集中于节庆时点，近20%的非常态新节目在春节所在的2月推出（图2）。

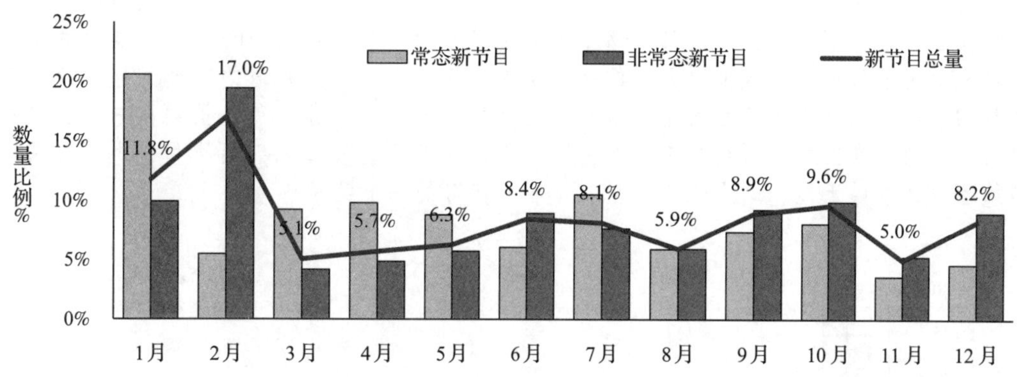

数据来源：CSM媒介研究

图2 2016年各月新节目播出数量占比（%）

3. 省级卫视常态新节目占比超四分之一，地面频道非常态节目创新踊跃

常态新节目的播出量，在一定程度上反映频道的资源力和影响力。近年来，随着电视节目市场中常态新节目占比的连年下滑，各级频道的节目创新结构也发生着细微的变化。省级频道作为常态节目的主要创新载体，贡献了超过七成的常态新节目，其中省级卫视又以较少的频道数量贡献了超过四分之一的常态新节目量，成为以创新打造品牌和赢得竞争的主要实践者。但与2015年对比，2016年省级卫视常态新节目的数量占比也有所下滑，从27.3%降至25.9%。而从非常态新节目的播出分布来看，包括省级地面和市级地面在内的地面频道成为非常态新节目的主要播出平台，二者贡献了此类节目播出数量九成以上的份额。中央级频道限于频道数量，在常态和非常态新节目播出数量中所占比重均较小，不足3%（图3）。

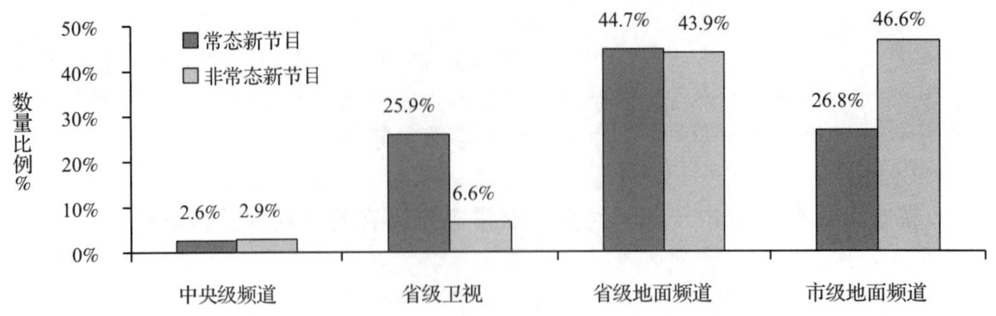

数据来源：CSM 媒介研究

图 3　2016 年常态新节目与非常态新节目在各级频道的分布比例（%）

4. 节目创新集中于综艺、专题和青少三大领域，综艺节目在省卫视备受倚重

从常态新节目的类型分布来看，综艺、专题和青少类节目成为2016 年电视节目创新最为集中的三大领域，其中综艺节目更是以绝对的领先优势成为电视节目创新的最热点类型，在常态新节目中占比达到35%，在非常态新节目中占比达40%。青少类节目也是近年来电视节目创新领域值得关注的一个类型，随着上星专业频道的快速发展以及生育政策的利好，未来此类节目有望迎来新的发展契机。生活服务类节目虽然在总量上仅排第四位，但从常态新节目数量来看，是仅次于综艺节目的第二大创新类型，也是我国众多地面媒体以贴近性、本土化为契机打造收视优势的一个突破口（图4）。

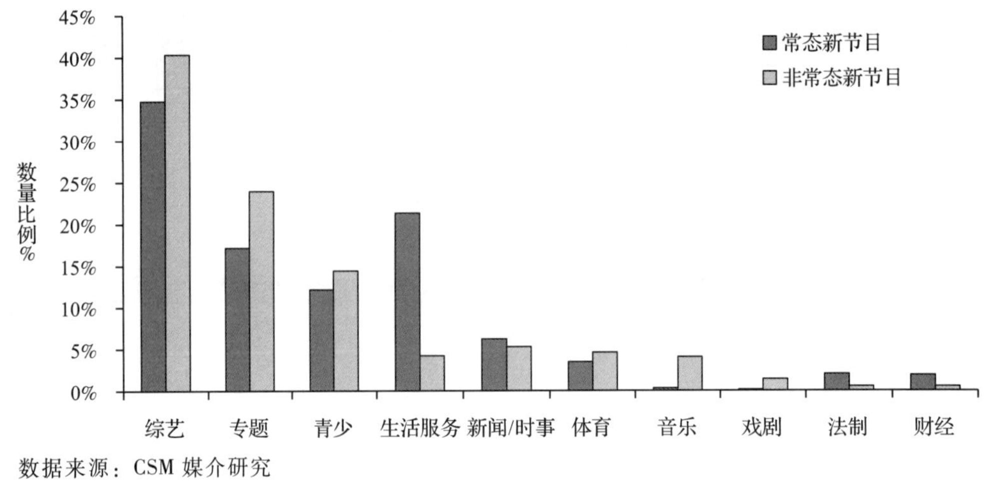

数据来源：CSM 媒介研究

图 4　2016 年新节目类型分布比例（%）

作为电视节目创新领域的第一大节目类型，综艺节目在省级卫视受到更高的倚重。2016 年，综艺节目在省级卫视常态和非常态新节目中的占比都接近六成，成为省级卫视名副其实的创新之王。对于多个专业频道均衡发展的中央级频道而言，电视节目创新的集中度有所降低，创新节目类型也更趋多元化，综艺、专题、青少和生活服务类节目均占据一定的比例。省级和市级地面频道，除了综艺节目之外，在生活服务、专题和青少等类型的节目创新中也可圈可点。其中，省级地面频道常态生活服务节目的占比高达22%，市级地面频道常态专题节目的占比也超过二成（表 1）。

表1　2016年各级频道常态新节目、非常态新节目的类型分布比例（%）

节目类别	所有频道		中央级频道		省级卫视		省级地面频道		市级地面频道	
	常态新节目	非常态新节目	常态新节目	非常态新节目	常态新节目	非常态新节目	常态新节目	非常态新节目	常态新节目	非常态新节目
综艺	35%	40%	33%	47%	59%	57%	31%	36%	33%	47%
专题	17%	24%	22%	19%	14%	12%	17%	23%	22%	19%
青少	12%	14%	17%	5%	7%	8%	14%	17%	17%	5%
生活服务	21%	4%	11%	0%	16%	0%	22%	5%	11%	0%
新闻/时事	6%	5%	6%	4%	2%	6%	6%	6%	6%	4%
体育	3%	5%	0%	6%	1%	2%	4%	7%	0%	6%
音乐	0%	4%	6%	7%	0%	11%	0%	3%	6%	7%
戏剧	0%	1%	0%	9%	1%	2%	0%	2%	0%	9%
法制	2%	1%	6%	1%	0%	0%	3%	0%	6%	1%
财经	2%	1%	0%	1%	1%	0%	2%	1%	0%	1%
教学	1%	1%	0%	0%	0%	0%	1%	1%	0%	0%

注：省级地面频道包括直辖市地面频道。
数据来源：CSM媒介研究

5. 近三成常态新节目在21:00～22:00推出，半数新节目时长在40分钟以内

根据CSM媒介研究近年来对新节目的持续追踪观察，各级电视频道推出的常态新节目有向后黄金时段不断集中的趋势，其中21:00～22:00之间开播的新节目数量占比最高。2013年所有频道中开始时间在21:00～22:00之间的常态新节目数量占总体的23.0%；2014年这一数值上升至25.0%；2015年在广电新政的影响下，新节目进一步向这一时段集中，开播于21:00～22:00之间的新节目占比提升至29.9%；2016年这一比例保持稳定，29.1%的常态新节目开播于该时段（表2）。

2016年，在各级频道中，省级卫视常态新节目向后黄金时段集中的趋势最为明显，21:00～22:00开播的常态新节目比例达到61.1%。中央级频道常态节目创新集中于18:00～21:00三个小时之内，其18:00～19:00之间开播的新节目占比达到三分之一。省、市地面频道在常态新节目播出的时间安排上较上星频道更为均衡，市级地面频道17:00～19:00的民生新闻时段开播的常态新节目所占比例达到35.5%，省级地面频道20:00～22:00时段开播的常态新节目比例接近四成（表2）。

表2　2016年各级频道常态新节目播出时段分布（数量比例%）

首期开始时间	中央级频道	省级卫视	省级地面频道	市级地面频道	所有频道
17:00（含）～18:00	——	——	11.0%	20.4%	11.5%
18:00（含）～19:00	33.4%	6.1%	17.4%	15.1%	13.1%
19:00（含）～20:00	27.8%	3.3%	14.5%	12.9%	11.5%
20:00（含）～21:00	27.8%	8.9%	21.3%	18.8%	17.6%
21:00（含）～22:00	5.6%	61.1%	18.1%	18.8%	29.1%
22:00（含）～23:00	5.6%	17.8%	13.2%	9.7%	13.3%
23:00（含）～24:00（含）	0.0%	2.8%	4.5%	4.3%	3.9%
总计	100.0%	100.0%	100.0%	100.0%	100.0%

数据来源：CSM媒介研究

从各级频道常态新节目的播出时长分布来看，时长在40分钟以内的节目数量最多，占所有常态新节目总量的一半。时长在40～60分钟的新节目所占比重也逾四分之一，时长在60～90分钟的新节目占比不足两成，时长超过90分钟的节目仅占总量的5%多一点（图5）。

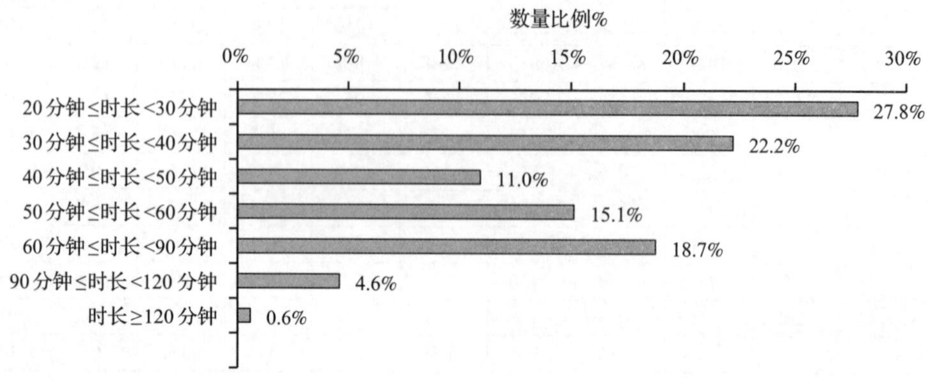

数据来源：CSM媒介研究

图5　2016年常态新节目时长分布比例（%）

二、上星频道常态新节目收视概况

1. 高收视新节目占比上升，平均收视率达到0.5%及以上的节目近二成

伴随着传统电视节目创新更趋理性，或者说电视节目创新市场中无效供给的减少和有效供给的增长，新节目投放市场后的收视水平朝着更为乐观的方向发展。2016年，上星频道常态新节目晚间时段平均收视中，高收视新节目占比有所提升，平均收视率在0.5%及以上的新节目占比达到18%，高于2015年的11%，较2014年的17%也略有提升。与之相对，收视率在0.1%以下的低收视新节目占比下降了7个百分点，达30%（图6）。

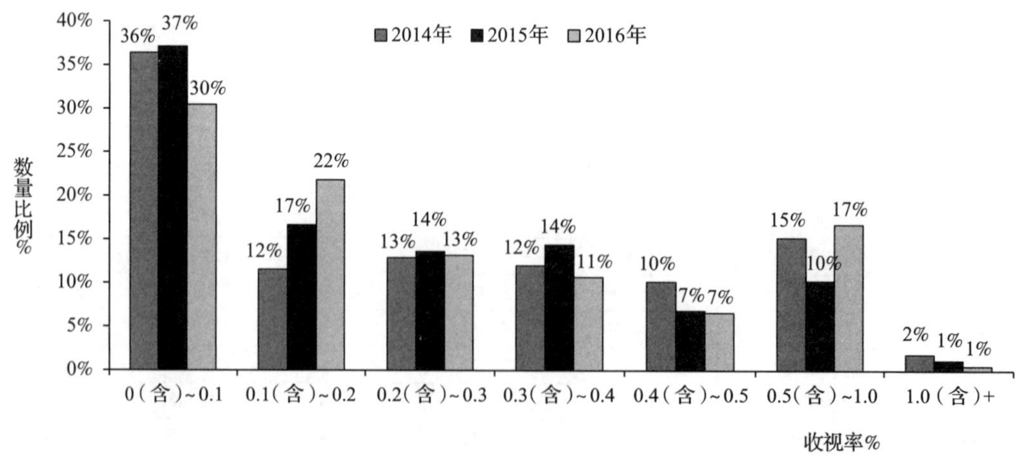

数据来源：CSM媒介研究

图6　2014～2016年上星频道常态新节目平均收视率分布（71城市，开始时间：18:00～24:00）

2. 音乐与喜剧综艺共助收视，演播室与户外相得益彰

具体观察2016年晚间时段上星频道平均收视较高的常态新节目，可以发现以音乐和喜剧为主题的节目占据较高的数量比重；同时，近年来高调回归的演播室综艺节目也表现出较强的收视势头；前些年火爆、但近年来热度降低的户外真人秀仍占据一定的收视空间。从参与主体来看，明星参与仍然是节目获得高收视的重要保障，但在较好的创新机制和叙事框架下，素人同样也能绽放出别样的光彩，在音乐、诗词、喜剧、民歌等领域均有突破（表3）。

表3 2016年平均收视率较高①的上星频道常态新节目（71城市，开始时间18:00~24:00）

节目名称	播出频道	类别	播出月份	热播元素
中国舆论场	中央台四套	新闻/时事	2016年3月	融媒体新闻评论
中国新歌声	浙江卫视	综艺	2016年7月	励志音乐评论
中国诗词大会	中央电视台综合频道	专题	2016年2月	演播室文化益智
中国式相亲	上海东方卫视	综艺	2016年12月	代际相亲交友
今夜百乐门	上海东方卫视	综艺	2016年9月	场景喜剧综艺
中国民歌大会	中央电视台综合频道	综艺	2016年10月	民歌竞技综艺
娜就这么说	上海东方卫视	综艺	2016年3月	喜剧综艺秀
喜剧总动员	浙江卫视	综艺	2016年9月	跨界喜剧竞演
王牌对王牌	浙江卫视	综艺	2016年1月	室内竞技真人秀
笑星闯地球	上海东方卫视	综艺	2016年11月	话题喜剧综艺
花漾梦工厂	山东卫视	综艺	2016年2月	才艺竞技真人秀
旋风孝子	湖南卫视	综艺	2016年1月	明星孝道真人秀
我们十七岁	浙江卫视	综艺	2016年12月	明星旅行真人秀
全家好拍档	中央台三套	综艺	2016年10月	棚内游戏综艺
我想和你唱	湖南卫视	综艺	2016年5月	星素互动音乐综艺
来吧！冠军	浙江卫视	综艺	2016年4月	励志竞技体育综艺
二十四小时	浙江卫视	综艺	2016年1月	剧情悬念户外真人秀
花样男团	上海东方卫视	综艺	2016年6月	明星旅行纪实真人秀
梦想的声音	浙江卫视	综艺	2016年11月	星素音乐圆梦节目
蜜蜂少女队	浙江卫视	综艺	2016年3月	女团音乐养成真人秀
妈妈的牵挂	湖南卫视	专题	2016年1月	代际沟通观察节目
头号惊喜	湖南卫视	综艺	2016年11月	建构式喜剧真人秀

数据来源：CSM媒介研究

① 全年在71城市晚间18:00~24:00的平均收视率超过0.6%，不区分首重播。

从单频道平均收视率超过0.4%的常态新节目数量分布来看，浙江卫视、上海东方卫视、江苏卫视和北京卫视表现最为突出，播出的高收视新节目数量占比在10%及以上(表4)。其中，浙江卫视播出的《中国新歌声》《中国冠军范》《谁是大歌神》《熟悉的味道》《食在囧途》《蜜蜂少女队》《梦想的声音》《喜剧总动员》《王牌对王牌》《二十四小时》《来吧！冠军》《我们十七岁》等节目平均收视率均在0.4%以上。

表4　2016年平均收视率达到0.4%及以上的上星频道常态新节目频道分布（71城市，开始时间18:00~24:00）

频道名称	数量占比
浙江卫视	25.5%
上海东方卫视	19.1%
江苏卫视	14.9%
北京卫视	10.6%
湖南卫视	8.5%
中央电视台综合频道	6.4%
中央台三套	2.1%
中央电视台少儿频道	2.1%
湖北卫视	2.1%
山东卫视	2.1%
中央台四套	2.1%
安徽卫视	2.1%
云南广播电视台卫视频道（一套）	2.1%

数据来源：CSM媒介研究

三、地面频道常态新节目收视概况

1. 近四成地面新节目首播月收视低迷，高收视新节目占比不断下滑

与上星频道常态新节目在理性供给下实现的收视企稳向好不同，2016年，在71个城市晚间17:00~24:00播出的地面频道常态新节目，播出首月的收视陷入低迷的窘境。近四成常态新节目首播月平均收视率不足0.1%，55%的常态新节目首播月平均收视率不足0.2%，且这两个数量比例较2015年均有所上升。与之对应的是，地面高收视新节

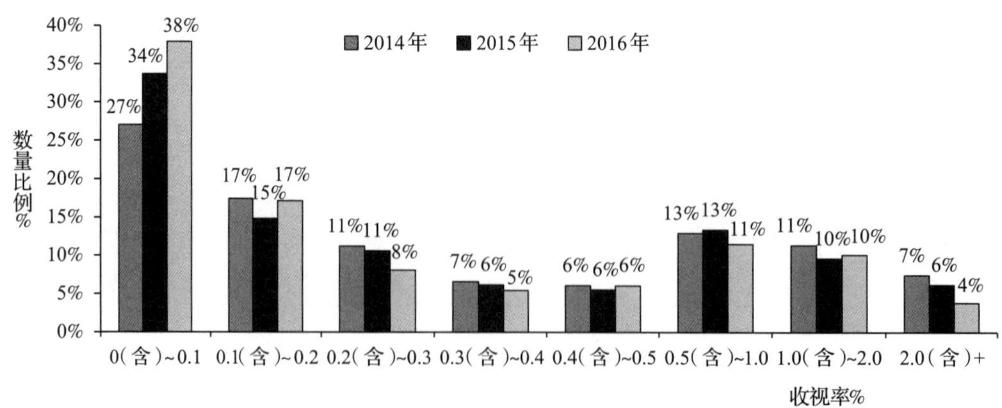

数据来源：CSM媒介研究

图7　2014~2016年地面频道常态新节目首播月平均收视率分布（本地，开始时间：17:00~24:00）

目数量占比不断萎缩，首播月平均收视率在1%以上的地面常态新节目，由2014年的18%降至2015年的16%，2016年进一步减少到14%（图7）。

2. 地面综艺节目创新热度高，方言节目不乏力作

从地面频道首播月平均收视水平较高的常态新节目来看，综艺节目占据较大的比重，前20位中，超过一半的节目为综艺节目。此外，具有地域贴近性的生活服务和专题类节目也占据相当的数量（表5）。从2016年的热播节目形态来看，方言节目大放异彩。多台联动的《多彩中国话》以方言知识竞答的形式，融趣味性和文化性于一体，拉近节目与各地观众的距离，在江西电视台公共频道、湖南电视台经济频道获得了不俗的收视。江西电视台影视频道的《江西方言大会》同样以竞答全省各地方言的形式，营造出“乡音不改”的浓浓乡情。

表5 2016年平均收视率较高①的地面频道常态新节目（本地，开始时间17:00～24:00）

节目名称	播出频道	类别	频道级别	播出月份
多彩中国话	江西电视台公共频道（五套）	综艺	省级地面频道	2016年4月
江西方言大会	江西电视台影视频道（四套）	综艺	省级地面频道	2016年4月
多彩中国话	湖南电视台经济频道	综艺	省级地面频道	2016年4月
老妈快帮忙	山东电视生活频道	生活服务	省级地面频道	2016年1月
阿拉来赛伐	上海电视台娱乐频道	综艺	省级地面频道	2016年3月
股神带带我	浙江电视台钱江都市频道	综艺	省级地面频道	2016年11月
人间世	上海电视台新闻综合频道	专题	省级地面频道	2016年6月
舅要管到底	浙江电视台民生休闲频道	生活服务	省级地面频道	2016年4月
媒体新闻站	大连台一套（新闻综合频道）	新闻/时事	市级地面频道	2016年1月
好运到你家	江西电视台影视频道（四套）	综艺	省级地面频道	2016年10月
焦点新闻站	大连台一套（新闻综合频道）	专题	市级地面频道	2016年1月
我想和你跳	上海电视台娱乐频道	综艺	省级地面频道	2016年11月
全能喜剧王	浙江电视台教育科技频道	综艺	省级地面频道	2016年7月
旅游新时尚	温州市广播电视总台公共民生频道	生活服务	市级地面频道	2016年3月
青稞酒源杯第三届青海花儿大擂台	青海都市频道	综艺	省级地面频道	2016年10月
汉江创客	襄阳广播电视台新闻综合频道	专题	市级地面频道	2016年1月
美食兄弟连	浙江电视台影视娱乐频道	生活服务	省级地面频道	2016年1月
全民大赢家	江西电视台公共频道（五套）	综艺	省级地面频道	2016年11月
青春向前冲	山东电视综艺频道	综艺	省级地面频道	2016年9月
百姓厨神	山东电视综艺频道	生活服务	省级地面频道	2016年1月

数据来源：CSM媒介研究

① 首播月在本地市场（省台为省会城市市场）晚间17:00～24:00的平均收视率超过1.9%，不区分首重播。

四、2016年节目创新总体特点

1. 国内原创节目成为创新主流，音乐及喜剧类成为热播标签

2016年6月，国家新闻出版广电总局下发《关于大力推动广播电视节目自主创新工作的通知》(后简称《通知》)，针对当前广电机构过于依赖境外节目模式、原创节目比例较小、精品不多等问题，《通知》要求从2016年7月1日起，各电视上星综合频道每年在黄金档播出的引进模式节目不得超过两档，每年新播出的引进模式节目不得超过一档，第一年不得在黄金档播出。各电视上星综合频道要加大“920”时段节目自主创新力度，开发多样态、差异化的节目。①《通知》的发布在业内引起广泛的关注，这不仅意味着从国家层面上对盲目引进版权的调控，更是管理机构对大力扶持原创节目模式的一种表态。

追踪2016年上星频道晚间平均收视率TOP100常态新节目②的版权模式，可以看出，在不到10年的时间内，在政策调控和市场竞争双重作用之下，我国电视节目创新模式历经了海外版权引进、中外联合制作等阶段的模仿、学习、摸索。截至2016年年底，在上星频道节目创新中，版权引进的踪迹越来越难寻，而电视台自主原创或者与国内专业节目制作机构/视频网站等合作推出的原创节目成为创新的主流，二者合计占据了高收视常态新节目的95%（图8)。

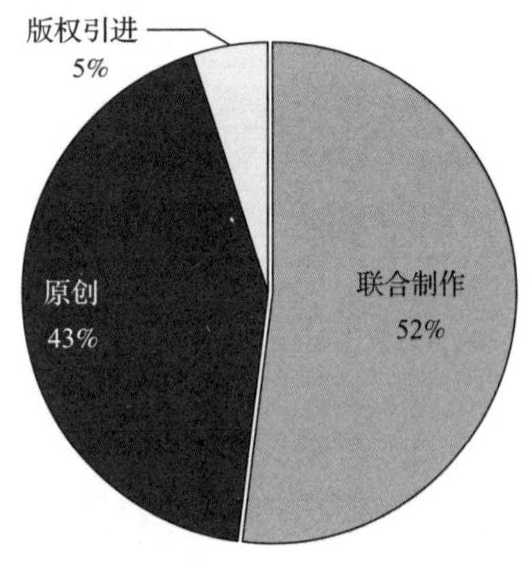

数据来源：CSM媒介研究

图8 2016年上星频道晚间平均收视率TOP100常态新节目的制作方式分布
(71城市，开始时间18:00~24:00)

从这些节目的内容主题来看，作为综艺节目创新“刚需产品”的音乐节目和近三年来以不断创新重新回归的喜剧节目成为上星频道高收视新节目的主要类型，这两类节目数量占比均超过10%；此外，囊括脱口秀、访谈、辩论等内容的谈话类节目，不同组合搭档的竞技节目，以及围绕美食展开的多种表现形式的新节目，在TOP100常态新节目中占比均超过7%（图9)。

---

① http://www.sapprft.gov.cn/sapprft/contents/6588/299196.shtml.

② 本排名计算的是晚间时段的平均收视，不区分首重播。

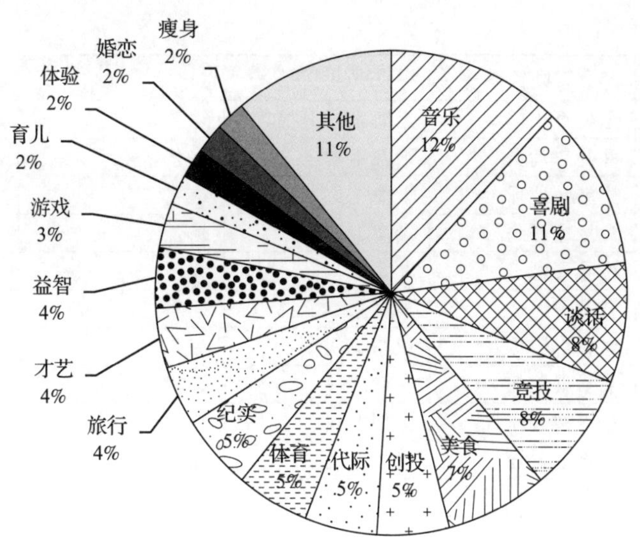

数据来源：CSM 媒介研究

图 9　2016 年上星频道晚间平均收视率 TOP100 常态新节目的内容主题分布（71 城市，开始时间 18:00～24:00）

2. 谈话类节目上演思想激荡，原创喜剧多角度诠释“中国式幽默”

在我国电视节目创新的历程中，以大制作、大场景、大牌明星为标志的大片时代曾经为各大卫视带来不俗的收视和影响力。而随着电视人对于创新内涵思考的不断深入，单纯追求外在的“大”开始逐步被具有真正社会意义上的“大”所替代，成为节目创新的新风潮。2016 年，在谈话和喜剧类节目的创新中，不乏以多样的方式展开价值引领、以谈话者自身的光环传达向上的正能量、用语言养育观众心灵的电视节目（表6），在获得收视关注的同时，也为观者带来思想的激荡和心灵的启迪。

表 6　2016 年上星频道高收视①谈话及喜剧类节目播出概况

内容主题	节目名称	播出频道	类别	首播日期
谈话类	娜就这么说	上海东方卫视	综艺	2016/3/12
	说出我世界	江苏卫视	综艺	2016/7/3
	天方晏谈	云南卫视	新闻/时事	2016/3/16
	苗阜秀	北京卫视	综艺	2016/7/26
	真相辩辩辩	云南卫视	专题	2016/4/12
	卧谈会有趣	深圳卫视	综艺	2016/10/29
	职场健康课	中央台二套	生活服务	2016/7/2
	有请主角儿	辽宁卫视	专题	2016/1/5

① 高收视节目指 2016 年全年晚间 18:00～24:00 时段在 71 城市平均收视率前 100 位的常态新节目，不区分首重播，下文皆同。

续表

内容主题	节目名称	播出频道	类别	首播日期
喜剧类	今夜百乐门	上海东方卫视	综艺	2016/9/17
	喜剧总动员	浙江卫视	综艺	2016/9/10
	笑星闯地球	上海东方卫视	综艺	2016/11/26
	头号惊喜	湖南卫视	综艺	2016/11/20
	跨界喜剧王	北京卫视	综艺	2016/9/3
	笑傲帮	上海东方卫视	综艺	2016/4/15
	你好！历史君	山东卫视	综艺	2016/3/31
	来了就笑吧	安徽卫视	综艺	2016/3/17
	对口型大作战	深圳卫视	综艺	2016/1/22
	欢笑吧青春	贵州卫视	综艺	2016/2/25
	欢乐饭米粒儿	辽宁卫视	综艺	2016/3/28

数据来源：CSM 媒介研究

2016 年，江苏卫视以生活中无处不需要的“说话”为出发点推出了一档价值观节目《说出我世界》。节目邀请各界精英、意见领袖和名人大腕来分享自己的人生故事：孙楠——《陪伴是献给未来最美的歌》、张亮——《做命运的掌舵者》、刘谦——《心中的奇迹》、周晓鸥——《我是一个小人物》、江疏影——《把一切归零，再从零开始》、Selina——《我一点都不“勇敢”》等，名人们用朴实的语言，通过自身的光环传达向上的正能量，为观众献上一场场丰富心灵的思想盛宴。可以看出，节目开播后，各期收视走势平稳，且较开播前 1 个月同周天同时段频道平均收视水平有一定的增长（图 10），在弘扬主流价值的同时，也获得观众的认同。

地面频道中还有两档语言类节目，尝试用全新的方式展开意见引领，寻找节目的创新空间。河南电视台公共频道《萌虎社》由小虎、王萌组成“萌虎 CP”搭档主持，摒弃了死板的新闻播报，在一捧一逗中寻找笑点、泪点和痛点；北京电视台生活频道《新鲜社》则在海量繁杂的信息中寻找最具传播价值的内容，形成更高层次的意见引领。

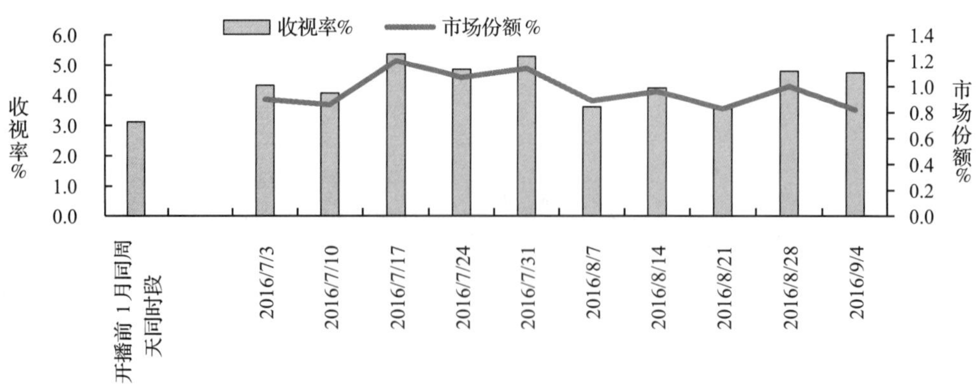

数据来源：CSM 媒介研究

图 10　2016 年江苏卫视《说出我世界》各期收视走势（71 城市，周日，22:00～23:10）

除谈话类节目之外，作为2016年电视节目创新领域颇有产量和口碑的节目类型之一，原创喜剧综艺集结多领域跨界嘉宾闪亮登场，通过多个维度的创新重新诠释“中国式幽默”。创新突破之一是“跨界”与“混搭”，北京卫视《跨界喜剧王》集结文化、体育、音乐、演艺等领域的领军人物上演跨界喜剧首秀；浙江卫视《喜剧总动员》由影视明星和喜剧人组成欢乐CP，进行喜剧竞演；上海东方卫视《今夜百乐门》中明星大咖和常驻卡司搭档组合，进行喜剧场景演出。创新突破之二，是概念与模式的推陈出新。上海东方卫视《笑星闯地球》主打话题喜剧概念，将时下最新鲜的热门话题通过逗乐的喜剧方式呈现；湖南卫视《头号惊喜》则以建构式生活喜剧秀的方式，为惊喜目标量身定制一场“超真实的生活情景剧”。

3. 音乐综艺创新与回归并重，素人、专业/非专业主体混合搭档

从早期的《超级女声》到今天电视屏幕上形形色色的音乐真人秀，音乐综艺可谓走过了漫长的发展之路。而综观当前电视屏幕上不断涌现的音乐类新节目可以发现，“创新”和“回归”成为主要发展走向。一方面，音乐节目作为一个较为成熟的节目类型，历经收视市场的风雨洗礼和受众变迁，观众的审美水平和欣赏品味都在不断地提升，越是经典的节目样式越需要打破传统的节目模式，从而在同质化的节目竞争中开辟新的空间；另一方面，面对社会快速变迁带来的心理压力，人们常常感到无所皈依，通过怀旧回到过去有助于帮助人们在心灵上得到满足和慰藉，向经典致敬、向原初回归又成为艺术领域经久不衰的创新规律。

表7 2016年上星频道高收视音乐类节目播出概况

节目名称	播出频道	首播日期	首播时间
中国新歌声	浙江卫视	2016/7/15	21:10:05
中国民歌大会	中央电视台综合频道	2016/10/2	20:04:15
我想和你唱	湖南卫视	2016/5/7	21:59:52
蜜蜂少女队	浙江卫视	2016/3/12	21:57:57
梦想的声音	浙江卫视	2016/11/4	21:20:44
天籁之战	上海东方卫视	2016/10/16	20:54:57
蒙面唱将猜猜猜	江苏卫视	2016/9/18	20:54:17
跨界歌王	北京卫视	2016/5/28	21:23:47
谁是大歌神	浙江卫视	2016/3/6	21:59:15
看见你的声音	江苏卫视	2016/3/27	21:58:20
盖世英雄	江苏卫视	2016/6/19	20:38:08
围炉音乐会	四川卫视	2016/12/22	21:19:58

数据来源：CSM媒介研究

2016年，高收视的音乐真人秀很好地诠释了上述两个创新流向，契合不同观众的收视心理。从创新的角度来看，继2015年《歌手是谁》《蒙面歌王》《隐藏的歌手》开启音乐推理序幕后，2016年江苏卫视和浙江卫视又推出两档集成推理元素的音乐类节目：

《看见你的声音》由观众凭视觉判断选手是否具有专业演唱实力,《谁是大歌神》中明星猜评团通过声音寻找隐藏在模仿者中的大歌神。

与中国当下繁荣的粉丝经济密切相关,2016年以来偶像团体选秀节目在电视荧屏上不断推陈出新。浙江卫视《蜜蜂少女队》采用了“养成真人秀”的模式,除了邀请吴奇隆和谢霆锋全程指导,还组织了音乐、舞台、造型、经纪等多位不同领域的幕后精英组成“大咖推蜜团”,再加上现代化的蜂巢训练基地和高收视的浙江卫视播出平台,最终形成了一条完整的娱乐产业链。继《蜜蜂少女队》之后,6月,上海东方卫视《加油!美少女》开播。作为十余年前东方卫视的《加油!好男儿》“加油系列”推出的新品,该节目更注重对选手品德和奋斗精神的培养,也是电视媒体透过偶像团体背后的产业链价值重新吸引年轻观众的一种尝试。

从回归的角度来看,中央电视台综合频道《中国民歌大会》以作为文化承载形式的民歌为载体,以“从民间来,到民间去”的创作理念切切实实地抓住了观众的心。四川卫视《围炉音乐会》以60~90年代的大咖歌手自筹演唱会的外景纪实秀加现场live围炉音乐会的创新模式呈现,并通过全息投影和视频呈现等多种方式,让歌手与过去或者未来的自己对话并对唱。不仅如此,在形式创新的音乐类节目中,其中演绎的歌曲也多为有情怀、能够引领特定代际观众共鸣的经典名曲。如《谁是大歌神》每期节目都会邀请一位歌手与模仿者共同演绎该歌手曾经的经典名曲;《我想和你唱》中,每期三位嘉宾在音乐“爬梯”时间与素人选手合唱两首自己的代表作。这些节目通过演绎有情怀的经典歌曲最大限度地引起观众的共鸣,在“创新”和“回归”的不同诉求下,契合不同受众的收视心理。

在创新和回归的驱动之下,电视音乐类节目还进一步尝试通过对参与主体的变换、选择和混搭,提升节目的创作空间和可看性。目前电视荧屏上的音乐类节目参与主体组合大致有以下四种类型:素人VS素人、专业歌手VS专业歌手、专业歌手VS素人、非专业歌手VS非专业歌手。从变化脉络上看,《我是歌手》主打专业歌手和专业歌手的比拼,《中国好声音》《中国好歌曲》是素人歌者和素人歌者之间的较量,《看见你的声音》《谁是大歌神》《我想和你唱》《梦想的声音》《天籁之战》都主推素人与专业歌手之间混合搭档。在此基础上,北京卫视《跨界歌王》进一步将对阵的双方均锁定为非专业歌手,让他们突破固有边界,带给观众不一样的惊喜。

4. 奥运年竞技真人秀混搭出新,体育真人秀传递中国梦想

2016年是体育大年,奥运会、欧洲杯等大型体育赛事不仅将国人的体育激情点燃,更是为电视节目创新提供了一个很好的契机。同时,在“限真令”对演艺明星的过度消费做出限制的条件下,体育明星与真人秀的结合也契合了传统电视产业对细分领域进行深度挖掘的需求,一时成为市场的热点。

围绕奥运这一主题,在年初开始发酵至暑期全面爆发的体育类真人秀成为全年电视节目创新中的一大热点。电视市场上各类冠军元素、运动题材、竞技形式的节目纷纷登场,而明星与奥运元素的有机结合则为奥运来袭的节目市场添上生动的一笔。浙江卫视的《来吧!冠军》放眼于“世界冠军和普通明星之间的真实对抗”,节目不仅邀请到了

各项体育运动的冠军人物，还网罗到了许多拥有运动能力和天赋的明星、体育达人、运动小天才等，一起享受“快乐体育”的盛宴；上海东方卫视的《星球者联盟》以原创明星篮球跨界真人秀的形式，聚焦在中国具有广泛群众基础的篮球运动；湖北卫视、重庆卫视、黑龙江卫视联合播出的《阳光艺体能》也以体育竞技为载体，弘扬奥运精神，传递中国梦想；浙江卫视的《中国冠军范》在奥运期间同期播出，以室内综艺的制作方式，通过与奥运冠军一系列全新互动环节，挖掘冠军的多面风采。

除了奥运主题之外，2016 年竞技类真人秀开始借助不同概念的混搭制造看点，如上所及浙江卫视的《来吧！冠军》中体育大咖与娱乐明星两队展开鏖战；江苏卫视《非凡搭档》中体育、娱乐明星开启“寻找非凡搭档”模式；江苏卫视《我们战斗吧》由高颜值、高人气的实力男神和最强鲜肉组成男神战队，为最后的荣誉战斗；湖南电视台金鹰卡通频道《人偶总动员》5 只呆萌可爱的人偶搭配 5 位明星艺人；来自世界各地的素人亲子家庭则纷纷参与到被称为水上竞技版 *Running Man* 的金鹰卡通卫视新节目《嘭！发射》中。从节目的受众特征来看，《来吧！冠军》《非凡搭档》《我们战斗吧》在青年、高学历观众中更具优势，金鹰卡通的《人偶总动员》和《嘭！发射》在低龄观众中影响力更强（图 11）。

在地面频道中，广东广播电视台少儿频道《幼幼向前冲》以素人亲子水上拓展闯关活动为主要形式，河北广播电视台影视剧频道《嗨翻一夏争分夺秒》上演荧屏冲关挑战，江西电视台少儿家庭频道《哈尼向前冲》通过亲子家庭游戏闯关的形式释放孩子们的激情。由十大少儿频道合力打造的少儿真人秀《零速四驱联盟》，以亲子组队完成任务闯关竞赛为主线，传达团结齐心、勇于担当的价值观，首播月在多个播出的地面频道中崭露头角，获得观众的收视青睐。

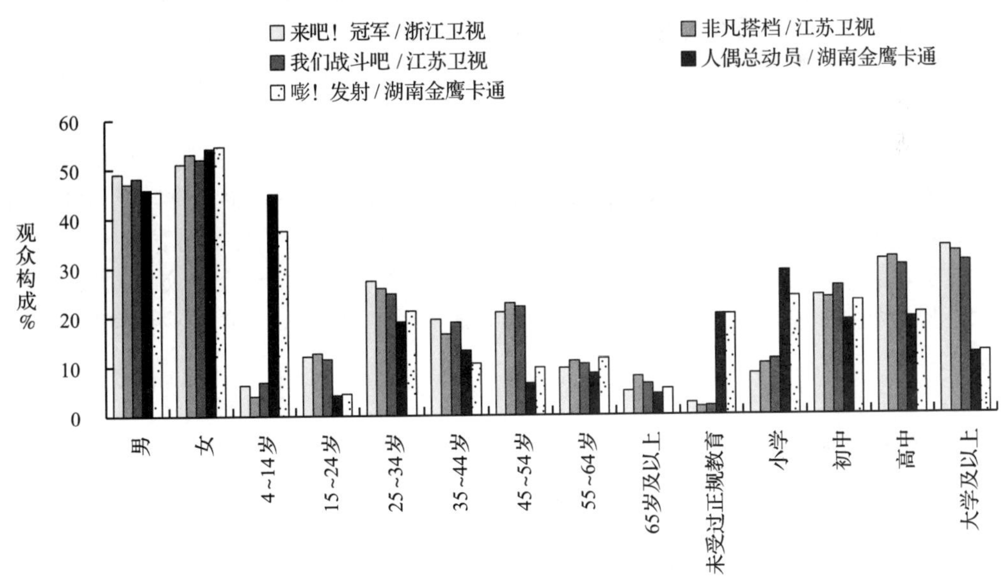

数据来源：CSM 媒介研究

图 11　2016 年上星频道几档典型竞技真人秀观众构成对比（71 城市，18:00～24:00，不区分首重播）

5. 情感元素融入美食节目创新，卫视美食真人秀集结播出

作为与受众日常生活息息相关的节目类型，美食节目的形式近年来不断创新，除传统的“手把手教学”式的烹饪节目，美食真人秀、美食脱口秀等创新模式不断吸引着美食爱好者的眼球，而众多竞争者的加入也使节目的同质化问题凸显。而在近年来对该类节目的创新挖掘中，美食不再是节目的唯一要点，将情感元素融入节目主题、通过美食挖掘人物背后的故事、通过美食营造阖家欢乐的温馨氛围等尝试为节目开辟出更为多元的发展空间（表8）。

表8 2016年上星频道高收视美食类节目播出概况

节目名称	播出频道	类别	首播日期	首播时间
食在囧途	浙江卫视	综艺	2016/12/10	21:57:20
熟悉的味道	浙江卫视	综艺	2016/6/18	22:01:59
透鲜滴星期天	湖南卫视	综艺	2016/4/24	21:59:53
疯狂的冰箱	上海东方卫视	生活服务	2016/9/23	21:36:25
食鉴出真知	天津卫视	生活服务	2016/1/5	21:27:28
星厨集结号	天津卫视	综艺	2016/10/21	21:26:45
心动的味道	安徽卫视	生活服务	2016/11/10	21:14:57

数据来源：CSM媒介研究

2016年，浙江卫视《熟悉的味道》打破美食节目的刻板套路，将美食、情感、悬念、综艺等融为一体，揭秘美食背后的情感故事；《食在囧途》则通过棚内脱口秀与棚外真人秀相结合的节目形式，将“笑”和“美食”有机融合，令观众在会心一笑间从心底去感受美食的力量。湖南卫视《透鲜滴星期天》吸收了真人秀的制作手法，对明星组合、游戏环节等做了精心的设计，逐渐成为周日晚间合家欢节目的首选。地面频道中，上海电视台星尚频道《疯狂的冰箱》邀请了多位中西餐以及甜品界的著名大厨作为嘉宾，节目中对各类大厨们爱用的食材以及调味品的介绍更是在播出后引发观众的追捧。这些节目围绕美食这一主题，以情感为出发点，引发不同年龄段受众的交流和反思，在潜移默化中传递情感的正能量，无疑为表面喧嚣的电视节目市场带来不一样的内涵和反思。

在一线卫视以大手笔的制作打造现象级节目的同时，对于资源相对薄弱的二、三线卫视以及数量众多的地面频道，联合制播节目成为其近年来一个新的发展趋势。尤其在地面频道层面，联合制播不仅有利于分摊成本、整合影响，更是地面频道探索以合作赢得竞争的有效路径。2016年10月，上星频道中天津卫视和东南卫视共同推出的《星厨集结号》以明星+美食+汇源的模式探寻中国传统饮食文化。

五、结语

2016 年，在各级电视媒体的节目创新中，从供给侧入手减少无效供给、扩大有效供给和优质供给，不仅是一种尝试，更成为全年电视创新的一股风向和一种收获。从数量上看，彰显频道资源力和品牌力的常态新节目占比不断下滑，但高收视新节目占比却明显上升。在市场和政策的双重引导下，原创节目成为创新市场的主流，一批以诗词、民歌为主题的原创人文类节目成为电视节目创新的原生动力，从源头上为电视节目创新提供了生生不息的助力。2017 年，新的一轮创新已经启航，传统电视媒体能否在新的传播时空中将电视节目创新做得更有意思、更有意义，让我们一起期待。

（作者：周欣欣）

2016 里约奥运会收视回顾

北京时间2016年8月21日，历时16天的2016里约奥运会结束。中国队名列奖牌榜第三位。作为首次在南美搭台的奥运会，从赛前对巴西里约赛场集体“不安”，到悬挂错误的中国“国旗”，再到澳大利亚人霍顿对孙杨的口水战……本次里约奥运可谓是槽点多多。从赛事的媒介传播来看，互联网和电视、广播一同构建了最为流行的全媒体传播模式，然而从受众接触赛事信息渠道的选择来看，传统电视媒体依然是受众的首选媒体。本文基于CSM媒介研究71个大中城市的收视调查数据，对2016年里约奥运会期间的电视收视市场做一回顾。

一、受众整体收视变化

1. 奥运推动收视整体上扬

从8月6日开幕式至8月21日闭幕式（北京时间），在为期16天的奥运期间①，71城市②电视观众平均每人每天收看时长为172分钟，高出2016年上半年平均水平9分钟，高于去年同期（2015年8月6日~8月21日）6分钟，但较伦敦奥运会期间（2012年7月28日~8月13日）减少25分钟（图1）。

里约奥运期间观众人均收视时长的增长，几乎都来源于中央级频道收视时间的提升。具体来看，中央级频道人均收视时长由2016年上半年的47分钟跃升至奥运期间的64分钟，是奥运期间增长最多的频道组。反观省级上星频道，其人均收视时长受到奥运会的冲击，较上半年减少4分钟。相比之下，地面频道在奥运会的大环境下，收视时长也有所下滑，其中省级地面频道人均收视时长降幅更大（图2）。

2. 奥运影响观众收视习惯

虽然里约奥运会存在收视时差，很多比赛的决赛播出时间并不契合于中国观众的日常收视习惯，但还是有一些项目是在上午进行决赛，如8月21日奥运会最后一天上午中国女排迎战塞尔维亚女排，以3比1夺冠，吸引了不少观众收看；另外，中国夺牌热门大项游泳和乒乓球比赛也大多在白天进行，孙杨、马龙等热门人物带动了非黄金时段直

---

① 如无特殊说明，本文中的“奥运期间”指2016年8月6日~8月21日。

② 如无特殊说明，本文收视分析均基于71城市数据，目标观众为4岁及以上电视人口。

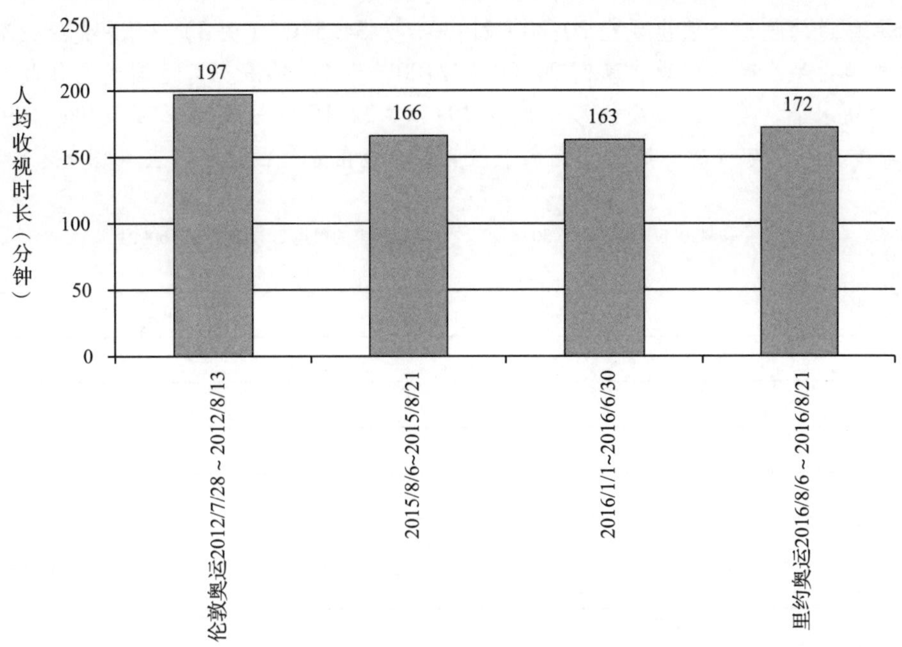

数据来源：CSM 媒介研究

图 1　奥运期间及常态时期人均收视时长对比（71 城市）

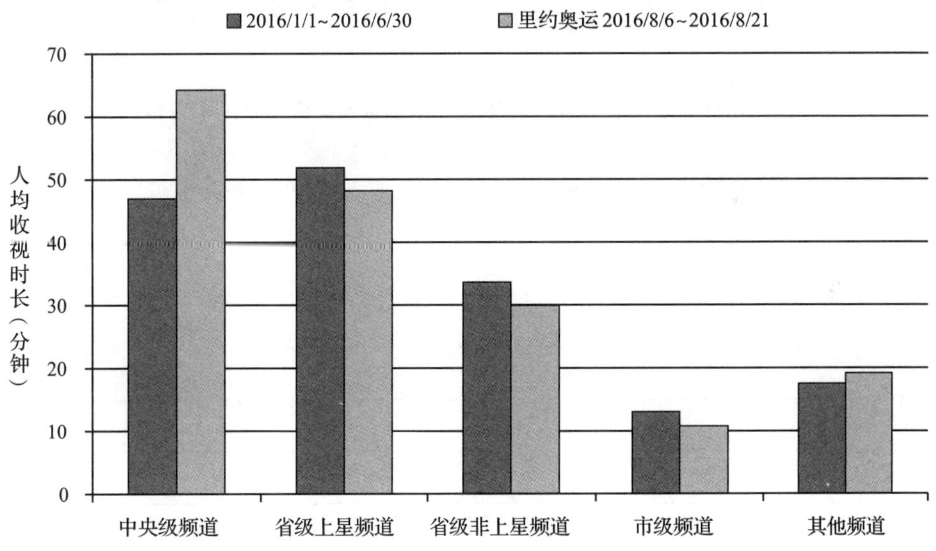

数据来源：CSM 媒介研究

图 2　里约奥运期间与 2016 年上半年各级频道人均收视时长（71 城市）

播频道收视的明显提升。中国观众在晚间黄金时段所能收看到的赛事多以里约时间白天举行的预赛较多，虽不及决赛来得精彩纷呈，但并不影响中国观众的观赛热情，如 8 月 10 日女子 69 公斤举重等比赛在晚间黄金时段也获得了不错的收视表现。

里约奥运期间中央级频道与所有频道的收视走势大致趋同，全天均出现两个收视高峰。所有频道的收视峰值出现在20:30~21:30，为34.87%（图3）。而中央级频道的收视峰值则延后半小时，出现在晚间21:00~22:00，为11.36%。奥运期间整体收视均高于常态时期水平，其中，中央级频道晚间19:15~22:15收视率均突破了9%，09:00~12:00非黄金时段与常态时期的收视水平差值也普遍在2个百分点以上（图4）。

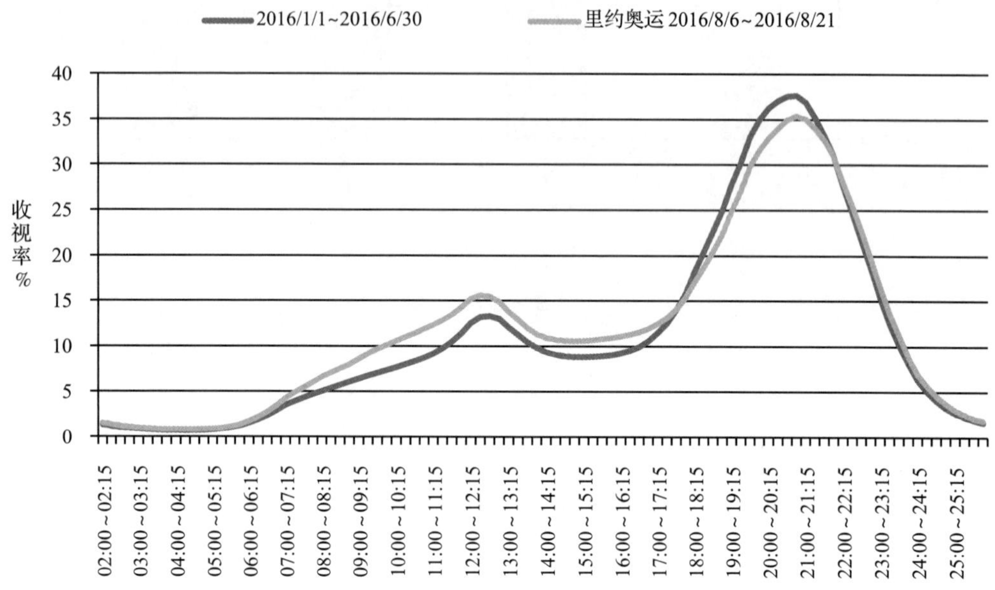

数据来源：CSM 媒介研究

图3　所有频道奥运期间与2016年上半年全天收视走势（71城市）

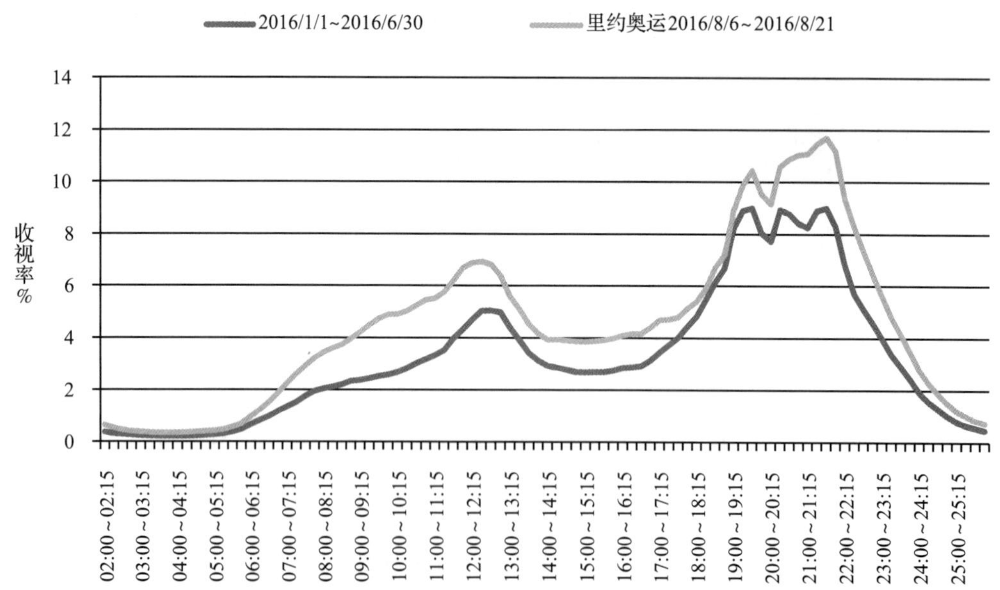

数据来源：CSM 媒介研究

图4　中央级频道奥运期间与2016年上半年全天收视走势（71城市）

3. 奥运吸引年轻及高学历收视群体回归

近年来，年轻及高学历群体一直是电视的轻度观众。但在里约奥运期间，24岁及以下年轻观众所占比例均较2016年上半年有所增加，且观众集中度也有所提升。其中，15～24岁青少年观众集中度较2016年上半年增幅达近13%，4～14岁儿童集中度增幅高达27.2%。另外，奥运期间高中及以上的中高学历观众比例和集中度也较2016年上半年有所提升（表1）。

表1　所有频道奥运期间及2016年上半年观众构成和集中度

目标观众	观众构成（%）		集中度（%）	
	里约奥运会 2016/8/6～2016/8/21	2016/1/1～2016/6/30	里约奥运会 2016/8/6～2016/8/21	2016/1/1～2016/6/30
10岁及以上所有人	100.00	100.00	100.00	100.00
男	50.93	50.13	99.49	97.76
女	49.07	49.87	100.54	102.35
4～14岁	8.25	6.49	97.97	77.04
15～24岁	9.22	8.13	62.46	55.37
25～34岁	15.66	16.27	66.75	69.09
35～44岁	13.06	13.83	80.19	82.59
45～54岁	21.61	21.81	123.11	127.45
55～64岁	17.02	18.07	159.49	164.12
65岁及以上	15.17	15.40	171.71	181.50
未受过正规教育	4.24	4.01	101.52	97.67
小学	13.76	13.89	117.38	116.17
初中	30.10	30.73	113.07	115.75
高中	29.92	29.72	100.57	99.52
大学及以上	21.98	21.66	79.25	78.67

数据来源：CSM媒介研究

二、各级频道收视变化

1. 中央级频道：奥运主频道市场份额迅速攀升

比较各级频道在奥运期间及前后的周收视走势（图5）可以看到，奥运期间频道收视最大的特征就是中央级频道收视的大幅度提升。8月6日即奥运会开幕后中央级频道的收视迅速攀升，在8月6日～8月21日期间保持绝对的领先优势，之后开始逐步回落。

中央级频道在16天的奥运期间，每天的收视率均过4%。随着奥运赛程的进行，收视表现也随之变动，8月21日闭幕式正值双休日，且中国女排在时隔12年（距2004年雅典奥运会）后，再次站上奥运最高领奖台，当日全天收视率达到5.26%。

中央电视台作为全国唯一的电视奥运转播平台，在奥运期间聚集了最多的观众注意力。中央级频道在里约奥运会期间的总市场份额达到了37.3%，较2016年上半年有大

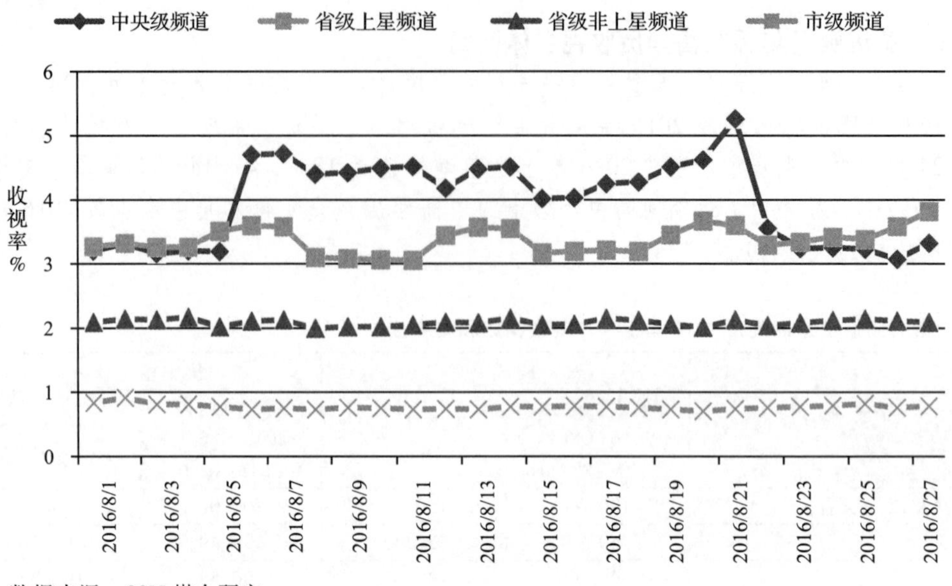

数据来源：CSM 媒介研究

图 5 各级频道奥运前后及奥运期间周收视走势（71 城市）

幅度的提升。其中，市场份额最高的是中央台五套，其变化也最为明显，奥运期间市场份额提高接近 6 倍。

2016 年上半年，观众收看较多的中央台频道是中央电视台综合频道、中央台三套、中央台八套、中央台四套和中央台六套，除综合频道和中央台四套外多以综艺和影视频道为主。而在奥运期间，观众收看较多的则是奥运赛事转播的主频道——中央台五套、中央电视台综合频道和 CCTV5 + 体育赛事频道。值得一提的是，由于适逢暑期，中央电视台少儿频道奥运期间的收视表现稳中有升（图 6）。

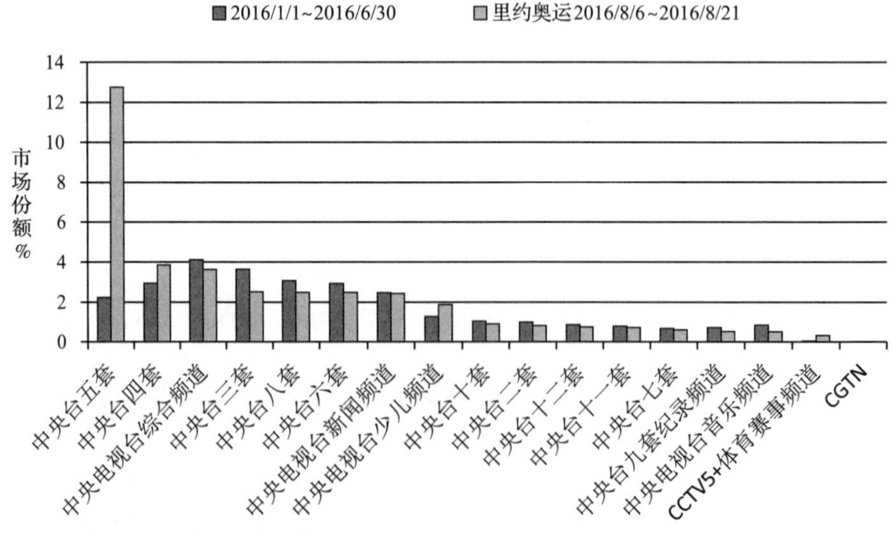

数据来源：CSM 媒介研究

图 6 中央台频道奥运期间与 2016 年上半年全天市场份额比较（71 城市）

奥运期间，中央台频道黄金时段与全天的收视表现也略有差异。与全天时段不同，在18:00~24:00黄金时段，收视表现较好频道的分别是中央台五套、中央台四套、中央电视台综合频道和中央台六套（图7）。奥运期间适逢暑假，中央电视台少儿频道凭借有效的暑期编排，在奥运期间收视未受到影响和冲击，在7:00~17:00的市场份额较2016年上半年有明显提升，增长近1个百分点，晚间18:00~24:00时段份额也增长0.43个百分点。

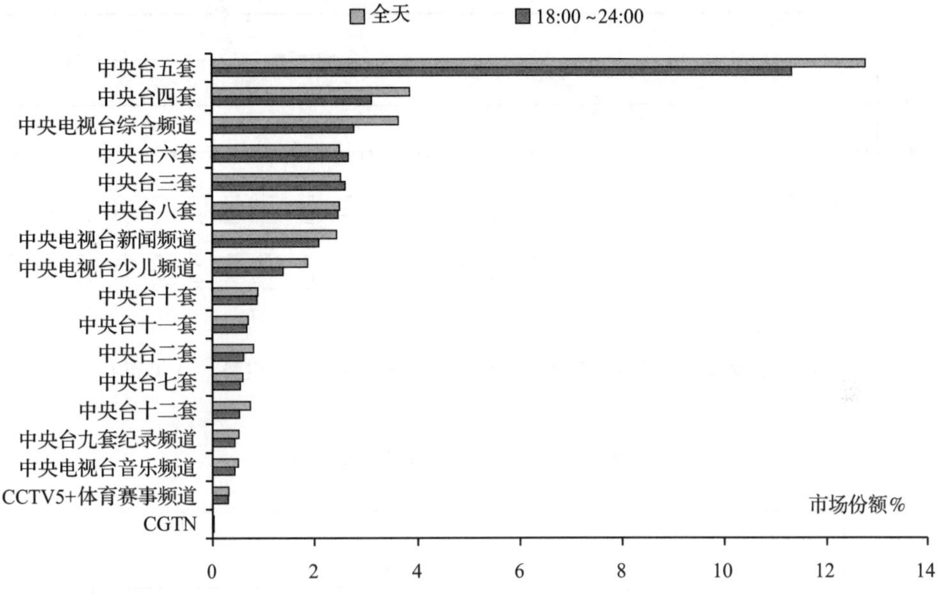

数据来源：CSM媒介研究

图7　奥运期间中央台频道黄金时段（18:00~24:00）与全天市场份额比较（71城市）

2. 省级上星频道：白天收视提升，晚间收视下滑

里约奥运期间，省级上星频道依靠电视剧和自办节目收视并未出现大幅下滑。虽然市场份额较上半年略有下滑，但在奥运会闭幕后，省级上星频道在71城市的收视水平随即就赶超了中央级频道。

从省级上星频道全天收视走势（图8）来看，因奥运期间与暑假重叠，省级上星频道在白天8:00~17:00的收视表现要好于2016年上半年；而在晚间17:00~23:00，收视表现则要差于2016年上半年，在19:45~21:30时段尤为明显；但从晚间22:00起，差距逐步缩小，接近上半年收视水平。奥运期间省级上星频道的观众规模较2016年上半年略有下滑，但观众忠实度略有提升。省级上星频道强势节目对观众的吸引力如旧，忠诚观众并没有因中央台播出体育赛事而被大量分流（图9）。

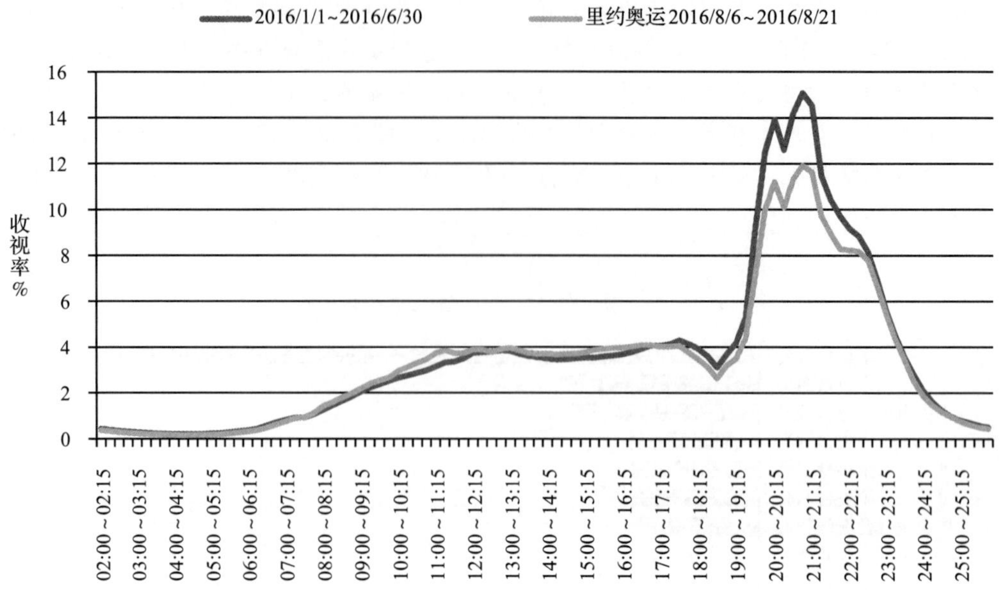

数据来源：CSM 媒介研究

图 8　奥运期间及 2016 年上半年省级上星频道全天收视走势（71 城市）

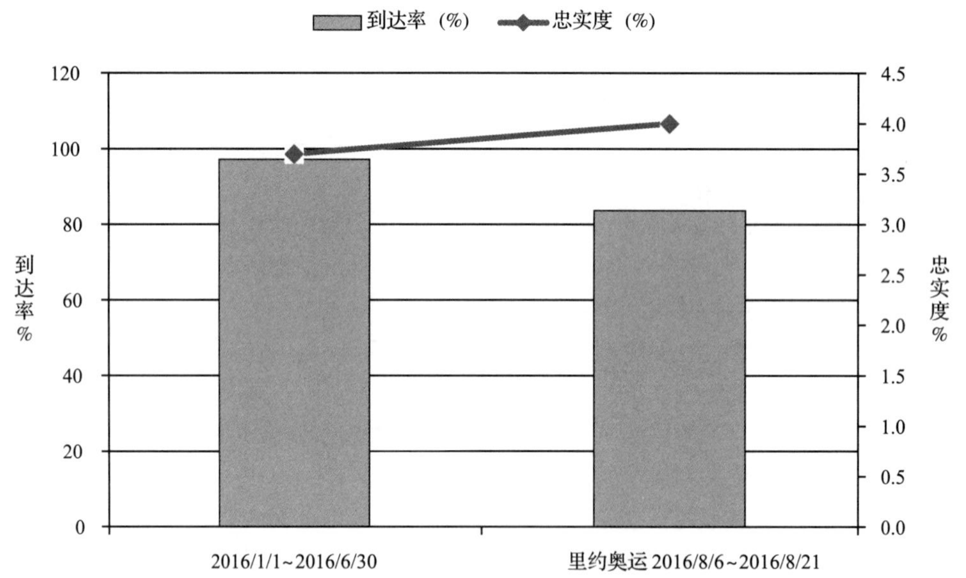

数据来源：CSM 媒介研究

图 9　奥运期间及 2016 年上半年省级上星频道到达率和忠实度比较（71 城市）

3. 地面频道：晚间收视降幅明显

里约奥运期间，地面频道收视在白天时段与2016 年上半年基本持平，晚间收视下降明显。从 18:00 后收视开始下降，在 19:00 左右相差幅度最为大，22:00 之后差距又逐渐缩小（图10）。不过相比2016年上半年，奥运期间地面频道的观众规模有所萎缩，但观众忠实度却均有所提升（表2）。

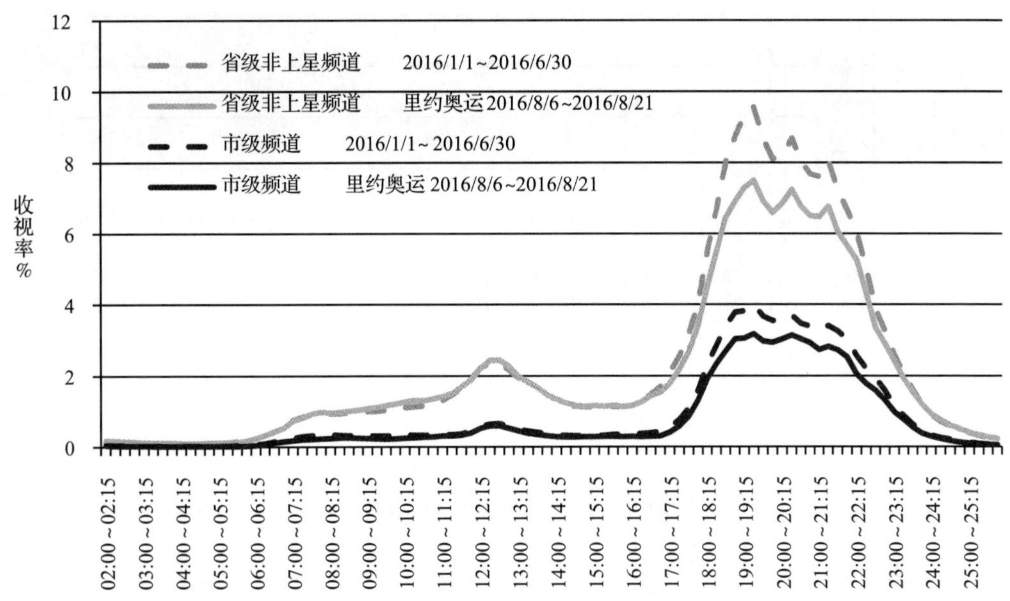

数据来源：CSM媒介研究

图10　奥运期间及2016年上半年地面频道全天收视走势（71城市）

表2　奥运期间及2016年上半年地面频道到达率和忠实度比较（71城市）

频道	日期	忠实度（%）	到达率（%）
省级非上星频道	2016/1/1~2016/6/30	2.52	92.76
	里约奥运 2016/8/6~2016/8/21	2.83	73.43
市级频道	2016/1/1~2016/6/30	1.37	66.23
	里约奥运 2016/8/6~2016/8/21	1.57	47.54

数据来源：CSM媒介研究

三、奥运期间节目收视变化

1. 体育类节目收视增长迅猛

里约奥运期间，电视剧、体育和综艺类节目收视比重稳居前3位，新闻类节目收视比重也相对较高。与2016年上半年相比，体育类节目收视比重增长了12.78个百分点，增幅相当显著（图11）。

奥运期间体育类节目收视份额的89.85%被中央级频道组占有，另外中央级频道组在电视剧、专题、音乐、教学等节目类型的收视份额也相对较大。相比之下更符合暑期收视特点的、更娱乐化的综艺、青少、电视剧类节目则主要依托省级上星频道组。省级上星频道在综艺和青少类节目中的收视份额都超过55%，地面频道在新闻、生活服务和法制类节目中的收视份额相对更高（图12）。

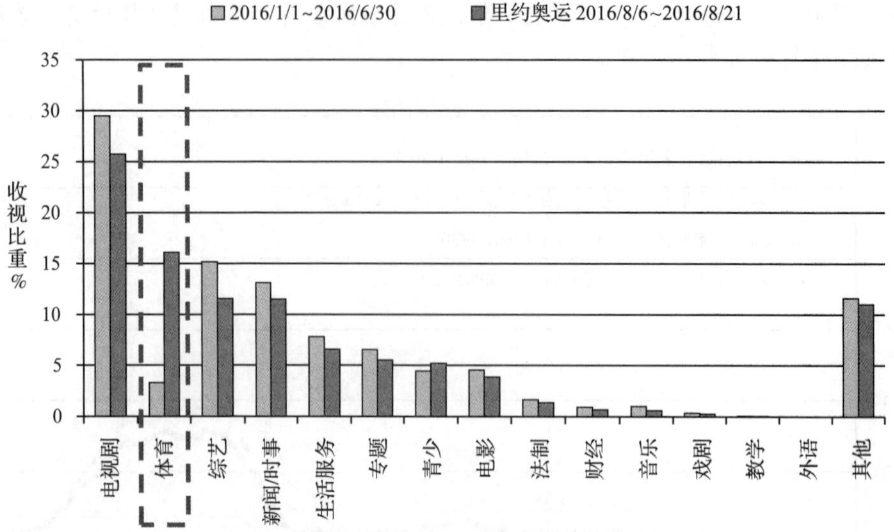

数据来源：CSM 媒介研究

图 11　奥运期间及 2016 年上半年各类节目的收视比重（%，71 城市）

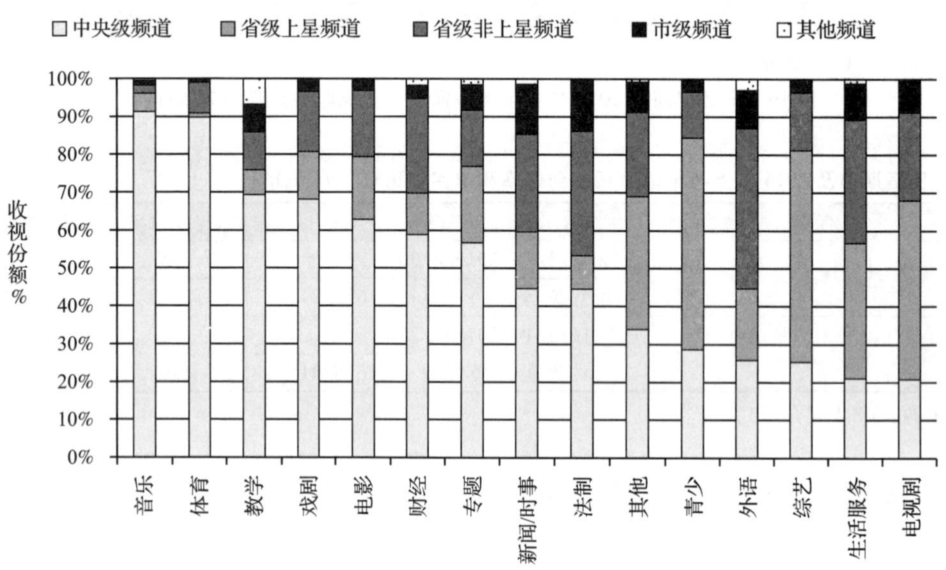

数据来源：CSM 媒介研究

图 12　奥运期间各级频道组各类节目收视份额（71 城市）

2. 中国队传统夺金项目赛事收视表现较好

里约奥运会上，中国队的传统夺金项目继续显示强大实力，在收视率 TOP15 的单场比赛中，羽毛球、乒乓球、体操、女排等项目的收视表现分外耀眼。TOP15 的赛事有八成都在晚间 21 点左右播出，但人均收视时长最长的是 8 月 21 日上午 9:21 播出的中国女排冠军决赛（中国 VS 塞尔维亚）。中国女排在郎平的带领下终于再次夺得冠军，71 城市平均每人都收看超过7分钟，收视率逾近7%，就连当晚19:16的重播都进入TOP15（表3）。另外，游泳、射击、跳台、举重、赛艇等项目单场赛事也都有不错的收视表现。

表3　奥运赛事收视率TOP15（71城市）

赛事名称	播出频道	播出日期	开始时间	收视率（%）	人均收视总时长（分钟）
奥林匹克在里约：2016年第31届奥运会羽毛球男单决赛	中央台五套	2016/8/20	20:55:14	6.83	5.47
奥林匹克在里约：2016年第31届奥运会女排决赛（中国VS塞尔维亚）	中央台五套	2016/8/21	9:12:08	6.56	7.09
奥林匹克在里约：2016年第31届奥运会羽毛球男单半决赛	中央台五套	2016/8/19	19:27:39	5.76	6.51
奥林匹克在里约：2016年第31届奥运会乒乓球男单半决赛	中央台五套	2016/8/11	20:59:26	5.63	6.03
奥林匹克在里约：2016年第31届奥运会羽毛球男单半决赛	中央台五套	2016/8/19	21:30:09	5.63	1.58
奥林匹克在里约：2016年第31届奥运会女排小组赛第二轮（中国VS意大利）	中央台五套	2016/8/8	20:31:17	5.24	4.03
奥林匹克在里约：2016年第31届奥运会乒乓球女单半决赛	中央台五套	2016/8/10	20:58:09	5.22	4.18
奥林匹克在里约：2016年第31届奥运会乒乓球男单半决赛	中央台五套	2016/8/11	23:03:05	4.90	0.59
奥林匹克在里约：2016年第31届奥运会羽毛球男单1/4决赛	中央台五套	2016/8/17	20:22:08	4.88	6.59
奥运典藏：2016年第31届奥运会女子举重63公斤级决赛	中央台五套	2016/8/10	21:36:13	4.81	0.29
奥林匹克在里约：2016年第31届奥运会羽毛球男单铜牌赛	中央台五套	2016/8/20	19:29:23	4.49	3.23
奥林匹克在里约：2016年第31届奥运会射击女子10米气步枪决赛	中央台五套	2016/8/6	21:28:38	4.48	1.48
奥林匹克在里约：2016年第31届奥运会射击女子10米气手枪决赛	中央台五套	2016/8/7	22:00:18	4.48	1.17
奥林匹克在里约：2016年第31届奥运会乒乓球女团半决赛	中央台五套	2016/8/15	20:57:23	4.41	3.66
奥林匹克在里约：2016年第31届奥运会女排小组赛B组第四轮（中国VS塞尔维亚）	中央台五套	2016/8/12	20:30:09	4.21	3.12

数据来源：CSM媒介研究

3. 奥运元素类节目形式多样

奥运期间，除了中央台转播的比赛和相关节目以外，省级上星频道组也顺势制播了一些与奥运相关的节目。比如，浙江卫视 2016 年 8 月 8 日 ~9 月 1 日每周一至周四 21:40播出的《中国冠军范》，就是在巴西里约热内卢录制。还有现役或曾经的奥运运动员参加的湖北卫视、黑龙江卫视和重庆卫视 7 月 17 日同步播出的《阳光艺体能》（田亮)、深圳卫视的《极速前进》（郭晶晶、刘翔)、江苏卫视的《女婿上门了》（邹市明)、浙江卫视的《来吧！冠军》(郎平等)、《星球者联盟》(科比）等也都纷纷引入奥运元素。地面频道也开播了较多的各类体育节目，除了上海电视台五星体育频道的《弈棋耍大牌》、北京电视台体育频道的《足球 100 分》等常规节目以外，还出现了一大批诸如北京电视台体育频道的《体坛资讯》、福建省广播影视集团体育频道的《福建力量通向里约之路奥运选手系列》、广东广播电视台体育频道的《里约星视界》、上海电视台五星体育频道的《奥运大炼金荣耀里约》、广东广播电视台珠江频道的《中国骄傲》、天津电视台五套（体育频道）的《参与 T5 直播》等以里约奥运信息为主的体育节目。

四、结语

2016 年里约奥运会已然落下帷幕，虽远不如 2008 年北京奥运会那么火爆，却也催生了一批“体育网红”。传统电视媒体对于受众的吸引力仍然不容小觑。中央台在奥运期间的收视效果有目共睹，省级上星频道和地面频道的收视也各有优势，具有奥运元素的节目形式趋于多样化，传统赛事收视相对较高。我们相信，在未来竞争激烈的媒体环境中，传统电视在奥运传播中仍将占有非常重要的地位。

（作者：王钦）

电视观众时移收视新观察

随着数字电视、IPTV、互联网电视的普及，用户通过点播、回看等时移方式收看电视的行为越来越普遍，这为电视媒体在直播收看之外提供了价值增长空间。CSM媒介研究从2014年年初就开始时移收视的测量实践，2015年对直辖市、省会城市收视调查网中时移收视设备样户比例超过20%的12个城市进行时移收视跟踪观察，并完成了时移收视数据系统的试运行测试。经历两年的研发实践，2016年伊始，CSM媒介研究在北京、上海、广州等15个重点城市[①]正式提供时移收视率调查服务，通过测量电视观众点播与回看行为，量化反映时移收视给电视带来的增量价值。本文基于CSM媒介研究进行时移收视测量的15个城市的数据，从总量特征、观众特征、频道特征、节目特征等方面，分析2016年时移收视的主要特征。

一、时移收视行为概述

1. 时移收视是技术发展的成果

技术的发展会对观众收视行为产生重大影响。从2007年开始，我国电视观众开始收看模拟频道以外的数字电视频道；自2012年以来，随着数字电视的兴起，观众收视行为又再一次发生变化，从“你什么时候播、我什么时候看”的固定时间被动式的观看方式升级成“在可选择的时间内，我想什么时候看就什么时候看”的主动收看方式。观众既可以通过有线双向互动机顶盒、IPTV回看和点播电视节目，也可以通过互联网电视机顶盒或智能电视点播、回看电视节目，我们把这类在节目播出固定时间之外观众回看、点播已经播出的电视节目的收视行为统称为电视时移收视。

随着观众收看行为的变化，尤其是回看、点播时移收视的增长，业界要求对时移收视提供一套科学的测量方法。CSM媒介研究通过声音匹配技术，将声音匹配的日期范围扩大至7天，将样本收看电视内容的音频信息与电视台7天内播出所有节目的音频信息进行匹对，从而可得到7天内电视节目的时移收视率。

CSM媒介研究从2014年年初就开始时移收视的测量实践，2015年对直辖市、省会城市收视调查网中时移设备样户比例超过20%的12个城市进行时移收视跟踪观察，并

① 15个城市为：北京、成都、广州、杭州、合肥、济南、南京、上海、天津、西安、长沙、重庆、乌鲁木齐、银川、郑州，即时移收视设备样户比例 > =20%的直辖市和省会城市。

完成了时移收视数据系统的试运行测试。2016年伊始，在将测量城市范围扩大至15个城市的同时，CSM媒介研究正式开始通过InfosysPlus提供时移收视数据供有需求的客户使用。在2016年观众点播、回看7天内节目的收视份额为2.8%，还有一部分份额是观众回看了超出7天范围以外的节目，或者非电视台直播频道上播出的节目。目前国际上通行的规则也是计算节目播出7天之内的时移收视行为。随着时移收视行为的进一步变化和扩展，有可能在不久的未来，时移收视监测的时间范围将继续扩大。

2. 时移收视行为实现的条件是“双向互动”

经过多年数字有线网络改造和宽带普及，网络双向传输在我国多数地区已经实现。因此，各地时移收视能否实现以及在多大用户范围内实现主要取决于各地互动机顶盒的普及率以及回看、点播等互动功能的开通率。同时，时移收视的高低还取决于当地观众收视习惯的变化。

从CSM媒介研究收视率调查样本家庭中有回看、点播功能机顶盒的比例分布来看，各城市间回看、点播功能的设备条件相差很大，家中有回看、点播功能机顶盒的样本户比例从近90%到个位数不等，但相比2015年，各地的比例都有显著升高（图1）。

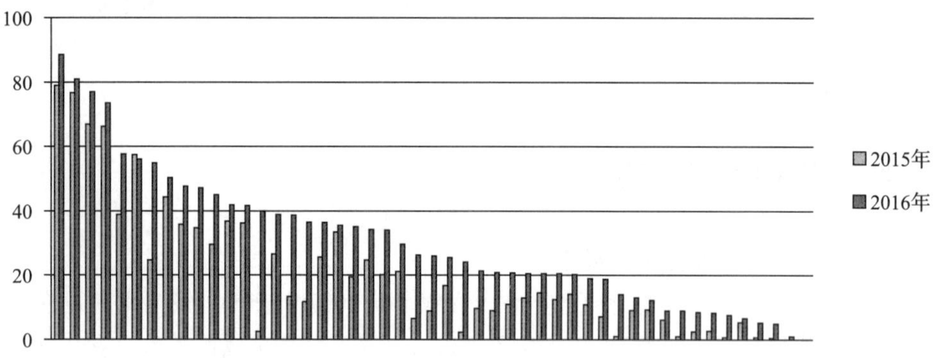

数据来源：CSM媒介研究

图1　2015年、2016年各城市机顶盒具备回看、点播功能的样本户比例（%，71城市中的测量仪城市）

各地时移观众累计到达率与各地时移设备拥有率曲线走势相似。观察其规律我们可以发现，有些地区时移设备拥有率较高，如北京、济南、南京等，但当地观众的累计到达率与其设备拥有率还有一定的差距，说明这些地区的观众有一小部分虽然已经拥有了设备，但并没有发生时移收视行为，其原因可能由于没有开通点播、回看服务，或者由于时移收视行为习惯还没有建立起来等。通过提供双向互动服务以及正确的引导、免费的培训等，有可能提高这些地区的时移收视。还有一些地区的设备拥有率并不算很高，但所有拥有设备的用户在2016年几乎都发生了时移收视行为。在这样的地区，观众已经具备了一定的点播、回看收视习惯，通过提高当地双向互动机顶盒拥有率可对其时移收视行为的普及起到进一步的促进作用。还有一部分地区，拥有设备的家庭户本来就比较少，同时时移服务使用年限短，观众并没有点播、回看的收视习惯，双重原因导致其时移观众规模较小（图2）。

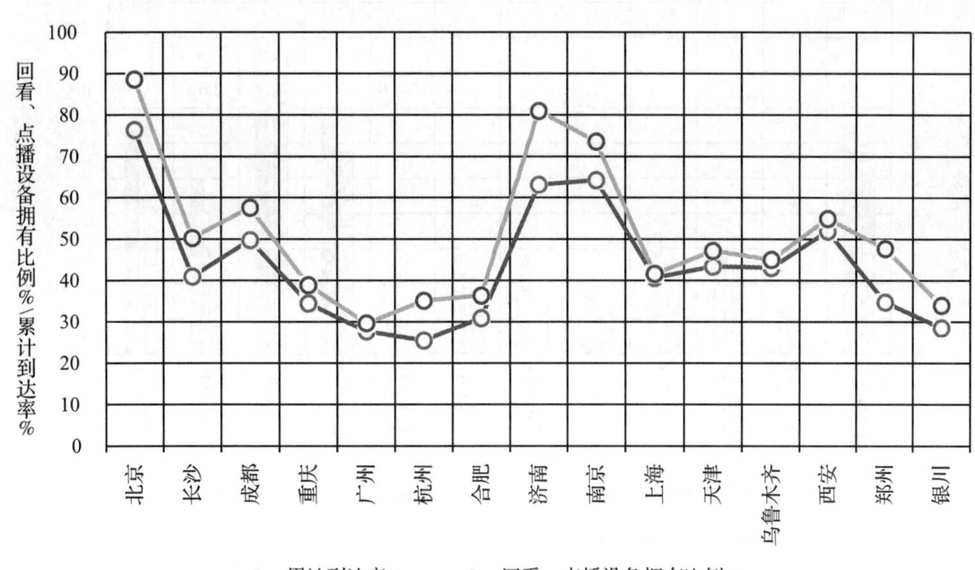

数据来源：CSM 媒介研究

图 2　2016 年各城市具有点播、回看功能机顶盒的样本户比例及观众累计到达率（%）

二、时移收视的总体特征

1. 时移收视仍然具有相当大的增长空间，各地时移收视水平参差不齐

2016 年，15 城市 4 岁及以上所有电视人口中，平均每天有 61.1% 的观众发生了收视行为，其中发生时移收视的观众仅占 6.3%；在拥有回看设备的家庭户中，每天发生时移收视的观众占 12.4%。在所有观众中，平均每周发生时移收视的观众占 16%，拥有回看设备的家庭中发生时移收视的观众占比达到 35%。4 岁及以上所有电视人口平均每人每天收看电视直播 164 分钟，点播、回看 7 天内的电视节目时长为 6.3 分钟。从时移收视率与直播收视率比值来看，各地平均水平为 2.5%，上海和北京较高，分别接近 6% 和 4%。与 2015 年相比，2016 年各地人均时移收视时长都有了显著增长，但各地水平差异较大，随着回看设备的普及、互动服务的进一步提供，时移收视仍具有相当大的增长空间（图 3）。

2. 时移收视高峰滞后于直播，深夜及凌晨节目时移收视增量明显

观众收看直播节目与点播、回看节目的全天时段走势大体一致，夜晚和凌晨收视较低，中午与晚间时段呈现两个收视高峰。不同的是，时移收视高峰与直播收视相比滞后一些，晚间直播收视高峰出现在 20:30 ~ 21:00 时段，此时观众更愿意选择收看电视台播出的直播栏目，这与常年的收视习惯一致，当晚间黄金时段的直播节目过后，观众才会选择点播、回看自己喜爱的电视节目（图 4）。

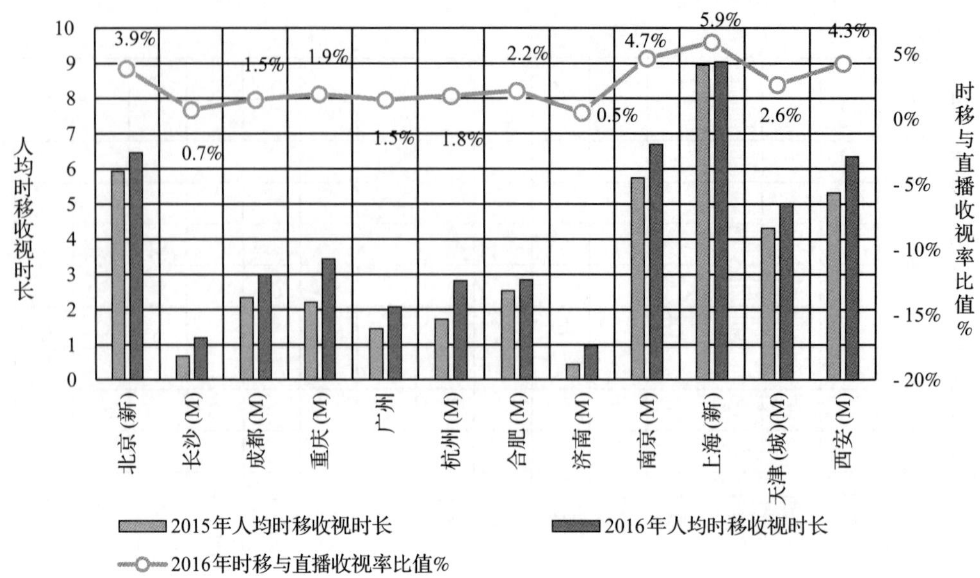

数据来源：CSM 媒介研究

图 3　2015 年、2016 年各城市人均时移收视时长（分钟，12 城市）

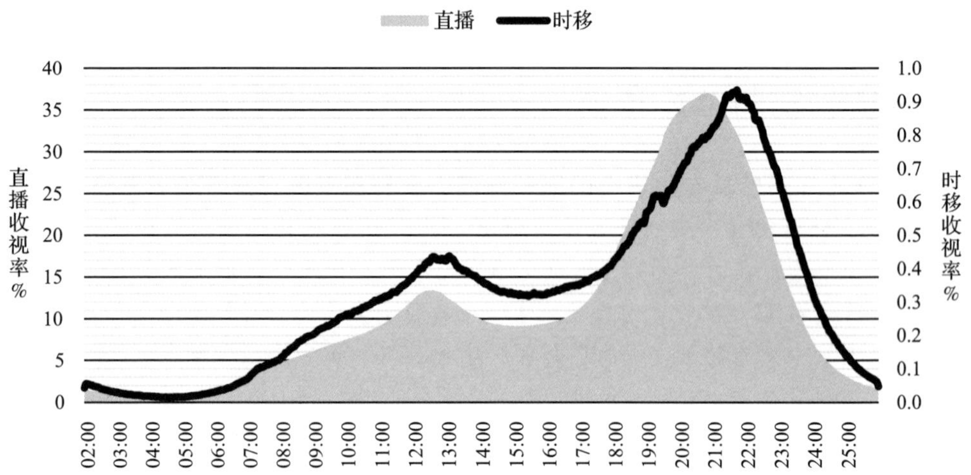

数据来源：CSM 媒介研究

图 4　2016 年直播/时移收视率全天时段走势（15 城市）

观察全天节目被时移收视的特点我们可以看到，每天晚间新闻联播结束后的19:30～20:10时段以及20:35～21:15时段的节目被时移的收视率很高，此期间主要是各大卫视晚间播出的两集电视剧。由于观众回看节目时会跳过其中的广告部分，因此从图中可以明显地看到两集电视剧中的广告时段时移收视瞬间降低，这也与时移主动选择节目内容的行为特点相一致；此后的21:20～23:00时段被时移的收视率也较高，因为各大综艺节目常在这个时段播出，带动了此时段节目的时移收视。

从全天不同时段节目的时移收视率与直播收视率的比值可以看到，晚间23:00到早上7:00,时移收视率与直播收视率的比值很高，时移收视对总收视的拉动较大。白天到晚间23:00之间，时移收视对总收视的提升比例不大。深夜及凌晨时段播出的节目通过时移收视进一步提升其总体收视水平（图5)。

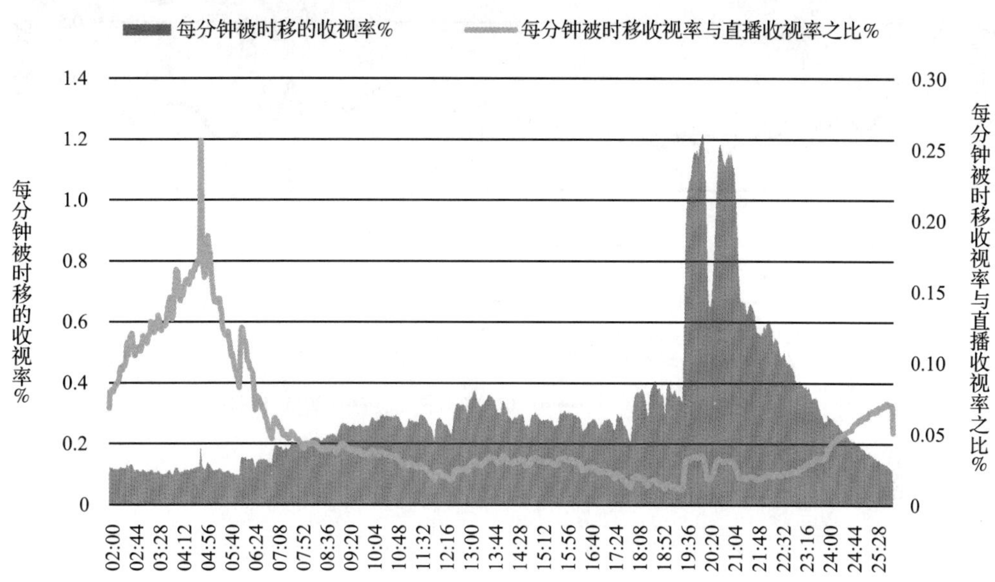

数据来源：CSM媒介研究

图5　每分钟被时移的收视率与该分钟直播收视率的比值（15城市)

3. 时移收视各周走势与直播收视类似，欧洲杯、奥运会等重大事件促进时移收视大增

回看、点播时移收视作为观众整体收视行为的一部分，在一年中随日期变化的走势与直播收视类似。寒假及春节期间直播收视最高，其对应的时移收视也最高；春节和两会过后的3、4月份，收视逐渐回落；5、6月份保持平稳；2016年的奥运会对直播收视起到了一定的提升作用，时移收视也随之增加；十一假期直播与时移收视也提升明显。与2015年同期相比，2016年各周时移收视普遍有较大幅度的提升，平均周增幅达到14%（图6)。

2016年6月10日~7月10日的法国欧洲杯期间以及8月6日~8月21日的第31届奥运会期间，中央级频道的直播及时移收视明显提升，时移收视率与2015年同期相比最大周增幅达到79%。对直播收视有影响的重要事件，对时移收视也会有较大的影响（图7)。

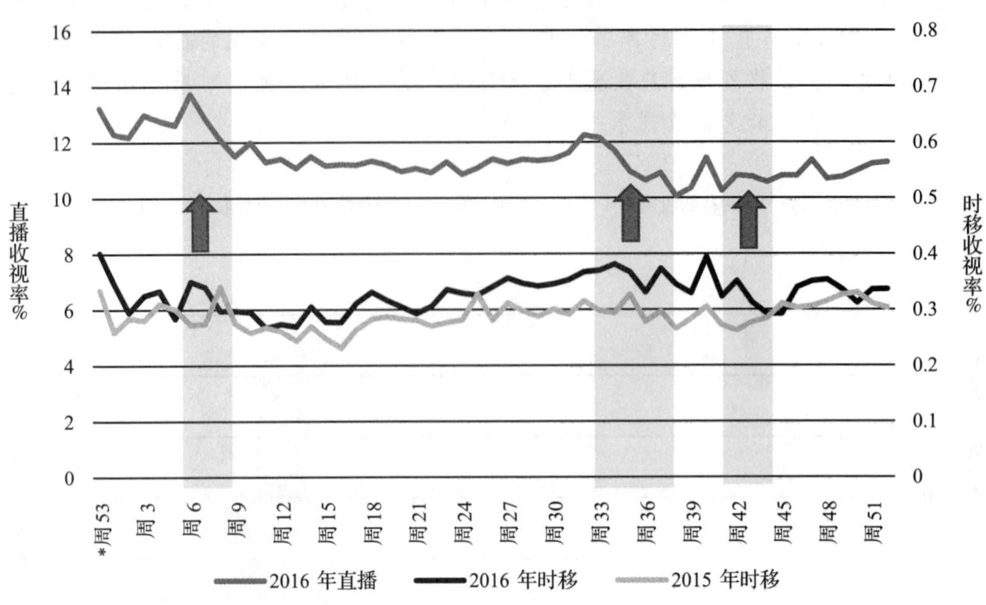

数据来源：CSM 媒介研究

图6　2016 年时移及直播收视率分周走势（15 城市）

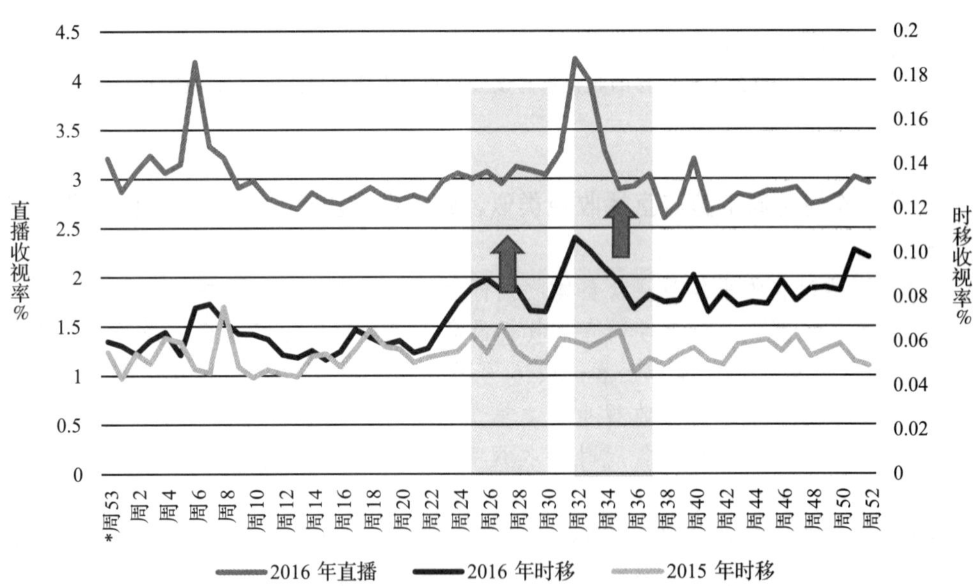

数据来源：CSM 媒介研究

图7　中央级频道各周时移及直播收视率（15 城市）

三、时移收视的观众特征

1. 各类观众的时移收视占比较2015年都有所提升，大学及以上文化程度观众时移收视占比最高

2016年人均时移收视分钟数占观众总收视分钟数的2.77%，各类观众人均时移收视分钟数占比与2015年同期相比都有明显提高（图8）。各类观众都在自己有限的收视时间内，进一步增多点播、回看节目的时长，这一趋势随着时移收视习惯的进一步养成以及双向设备的进一步普及，将会继续持续。

从各年龄段观众的人均时移分钟数占各自收视总分钟数的比例来看：2015年，25～44岁的中青年人均时移收视分钟数占各自年龄段总收视分钟数的比例最高；而经过2016年一年时移收视习惯的培养，4～14岁、15～24岁、35～44岁及55～64岁的观众人均时移收视分钟数占各自观众总收视量的比例提升很大；而65岁及以上的观众每人每天仅仅分配1.4%的时长在时移收视上，目前这类观众仍然主要依靠直播来收看电视节目，并且收视行为改变的趋势并不明显。从不同教育程度观众时移收视时长的占比来看：高中及大学以上学历的人群时移收视量占其自身总收视量的比例最大，大学及以上人群每人每天分配3.9%的收视时间进行点播、回看电视节目。

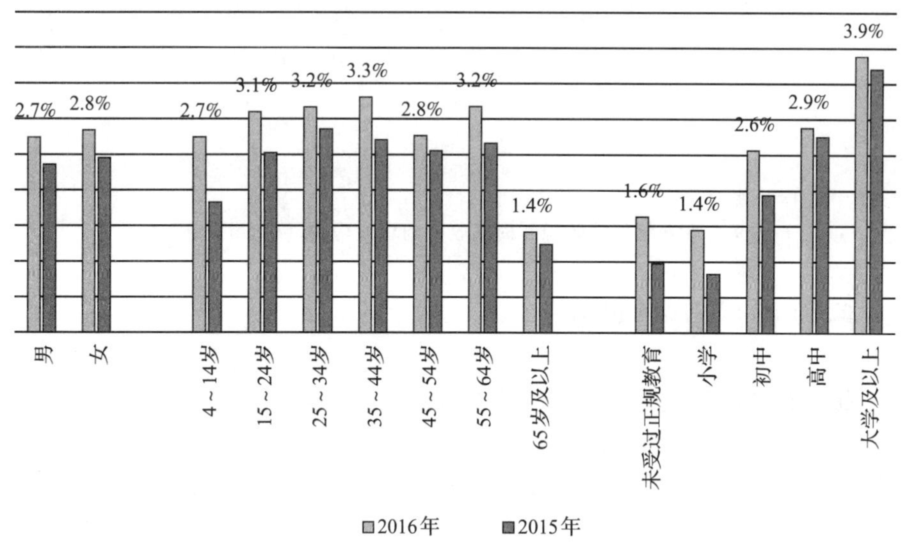

数据来源：CSM媒介研究

图8　不同观众群体人均时移收视分钟数占总收视分钟数的比例（%）

2. 时移观众构成中65岁及以上的观众占比较直播差距明显，大学及以上学历的观众占比较直播大幅提升

在15个城市中，相比直播收视观众的年龄构成，时移收视观众年龄构成中差异较大的是65岁及以上的老年观众，他们在时移观众中所占比例比在直播观众中的比例减少一半以上。15～44岁以及55～64岁的人群在时移观众中的比例较直播都有不同程度

的增高。

不同受教育程度群体的观众构成在直播和时移收视中相差较大。大学及以上受教育程度人群在时移观众中所占比例比在直播观众中的比例高了近10个百分点，达到33.5%，一跃成为时移收视的最大观众群体。高中受教育程度人群在时移收视观众中的比例较在直播收视观众中的比例也略高，成为时移收视的第二大观众群体。而初中及以下受教育程度人群在时移观众中的比例与直播相比更低。我们可以看到，时移收视观众构成中，学历越高的观众占比越大（图9）。

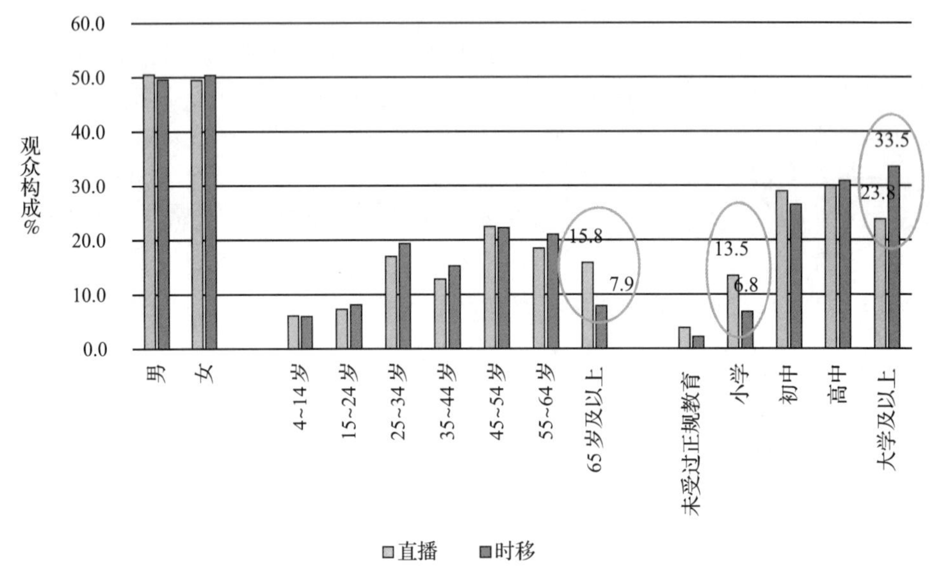

数据来源：CSM媒介研究

图9　2016年直播收视和时移收视的观众构成（%，15城市）

四、时移收视的频道特征

1. 省级卫视在时移收视市场占据半壁江山

直播收视属于观众被动收视行为，回看、点播节目属于观众主动收视行为，因此，时移收视市场的频道竞争格局相比直播能更加鲜明地体现观众对各级频道的喜爱程度。2015年和2016年，观众在直播收视中将近三分之一的份额分配给省级上星频道；而在其时移收视中，则将50%左右的份额分配给省级上星频道。2016年，在所有时移收视时长中，近一半的时长用于点播、回看省级上星频道播出的节目，近四分之一的时长用于观看本省地面频道的节目，市级频道及其他频道的节目很少被点播、回看。

从2015年、2016年的变化趋势我们可以看到，时移收视中各级频道竞争格局变化趋势与直播收视中频道竞争格局变化趋势类似。2016年观众收看中央级频道直播节目的市场份额较2015年同期增加，回看、点播中央级频道播出节目的市场份额较2015年也同样有所增加；观众收看省级非上星频道直播节目的市场份额较2015年同期减少，回看、点播省级非上星频道播出节目的市场份额较2015年也同样有所减少（图10）。

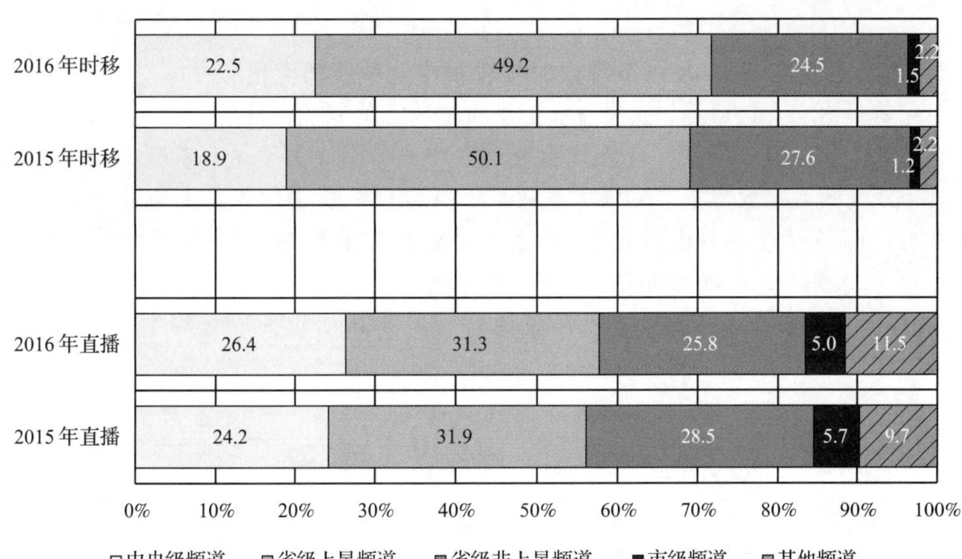

数据来源：CSM 媒介研究

图 10　2015 年、2016 年直播收视与时移收视中各级频道组的市场份额（15 城市）

时移收视中各级频道的竞争格局很大程度依赖于观众对各级频道的选择喜好。多数城市中，省级上星频道占据过半的时移收视量，省级地面频道占据四分之一的时移收视量，而市级频道及其他频道则很少被点播和回看。但与多数城市各级频道时移收视特点不同，上海地区的地面频道是当地观众时移收视的重点，收视份额高达53.5%，远超过15城市时移收视中省市地面频道25.8%的收视份额；而广州地区观众则是将三分之一多的时移收视份额分配给了其他频道（图 11）。

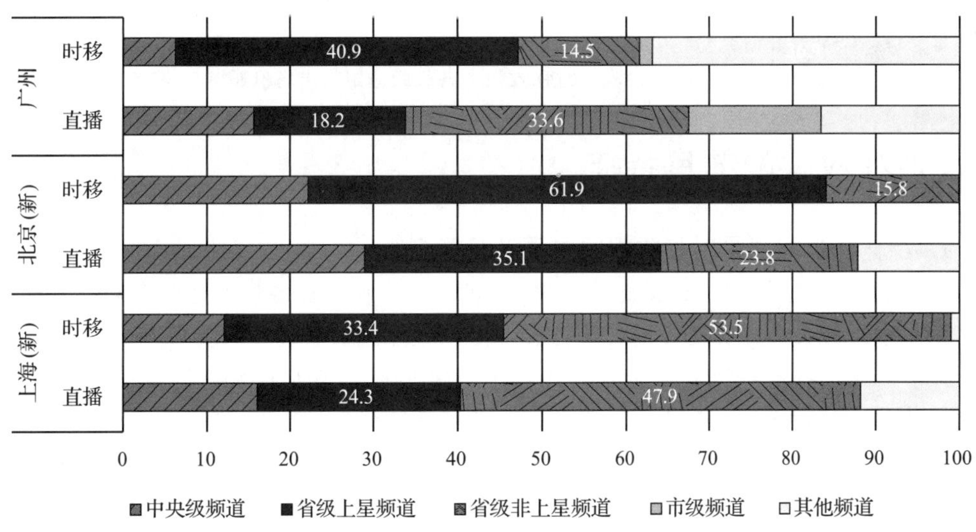

数据来源：CSM 媒介研究

图 11　2016 年北京、上海和广州直播收视与时移收视中各级频道组的市场份额（%）

2. 省级卫视在34岁及以下观众时移收视中竞争优势突出

年纪越轻的观众，回看、点播省级上星频道节目的越多；随着年龄的增长，省级上星频道的竞争优势逐渐降低，省级地面频道和中央级频道的竞争优势逐渐增加。在44岁及以下观众的时移收视中，省级上星频道的市场份额超过54%，在各级频道中领先，优势突出；而在45岁及以上的观众中，省级上星频道时移收视中的竞争优势逐渐减弱，在55～64岁人群时移收视时间的分配中，省市地面频道超过省级上星频道的时移收视份额。65岁及以上的观众收看中央级频道的时长份额接近30%，仅次于省级卫视频道（图12）。

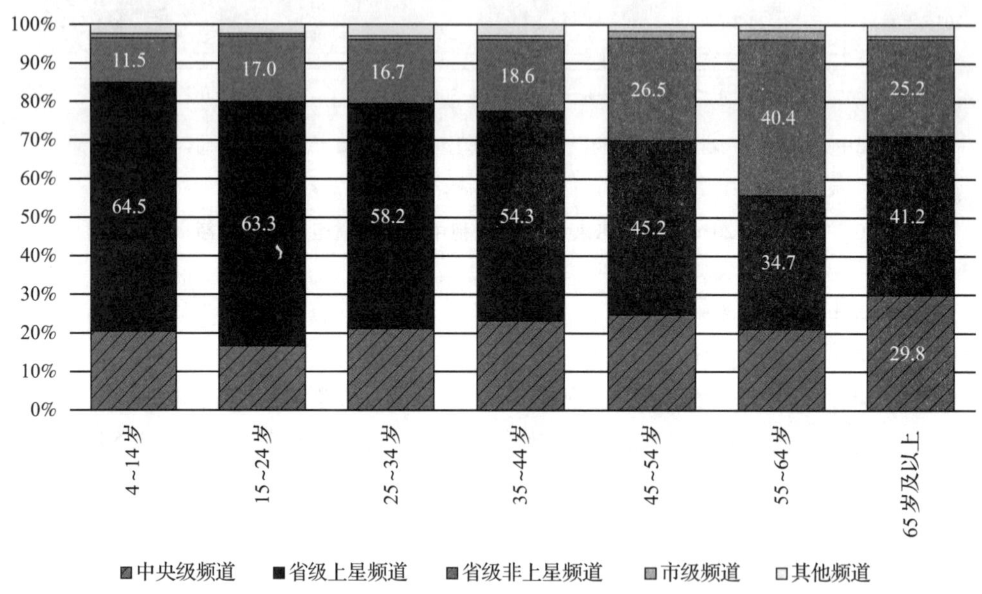

数据来源：CSM媒介研究

图12　2016年各年龄段观众时移收视中各级频道组的市场份额（15城市）

五、时移收视的节目特征

1. 综艺、电视剧是时移收视的主要节目类型

收视是一种“行为”，选择则是一种“态度”。直播节目的收视比重是观众对各类节目中实际分配的收视时长比重，它是观众收视“行为”的描述。而时移节目的收视比重反映的却是观众在各类节目中主动选择喜爱节目的收视时长比重，它是观众收视“态度”的描述，可以说，分配的时间越多，观众越喜爱这类节目。

电视剧、综艺是观众最喜爱的两类节目，占观众时移收视时长的62%。电视剧收视比重从直播中的29.8%上升至时移收视中的43.4%，综艺节目收视比重从直播中的14.1%上升至时移中的18.7%。电影收视比重虽然整体不高，但在时移收视中的比重为6.4%，超过在直播收视中的4.3%，成为时移收视中第三受欢迎的节目类型。时效性强的新闻/时事以及较为常态化的专题和生活服务节目则很少被观众时移收看，与直播收视相比，在时移收视中的比重显著缩小，时移收视中新闻节目比重为5.9%，不足直播收视比重（13.5%）的一半（图13）。

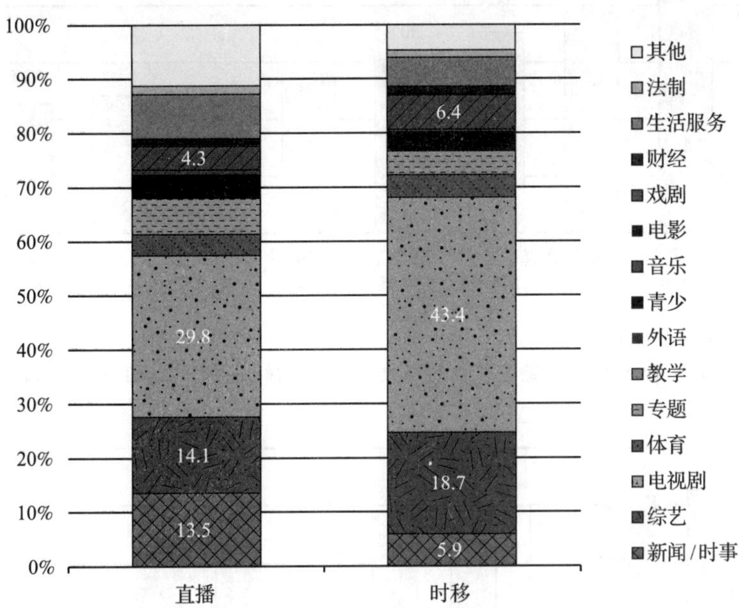

数据来源：CSM媒介研究

图13　2016年各节目类型的直播及时移收视比重（%，15城市）

2016年，在15个城市中，部分收视较高的电视剧通过观众回看、点播获得了相当于首播收视16%～32%的收视增量（图14），部分高收视季播综艺节目获得了将近首播收视19%～48%的收视增量（图15），部分高收视电影节目获得了相当于首播收视9%～16%的收视增量（图16）。

在电影类节目的时移收视数据中，我们发现一些电影首播时间在深夜或是凌晨，其时移收视远远超过其首播收视，时移收视已经成为电影类节目不得不考虑的重要方面。

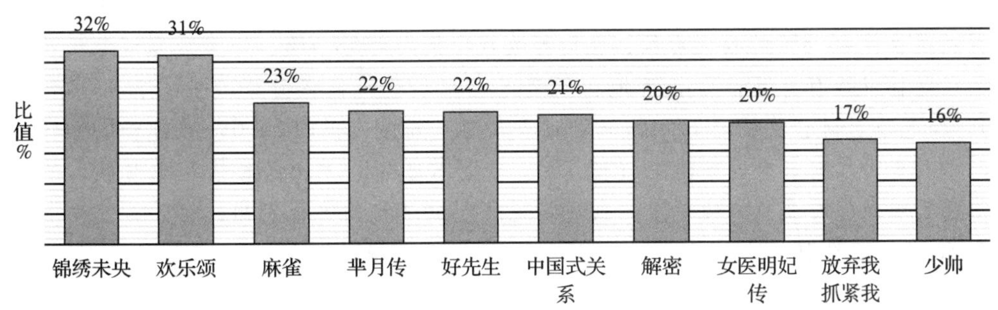

数据来源：CSM媒介研究

图14　2016年部分电视剧时移收视率与首播收视率的比值（15城市）

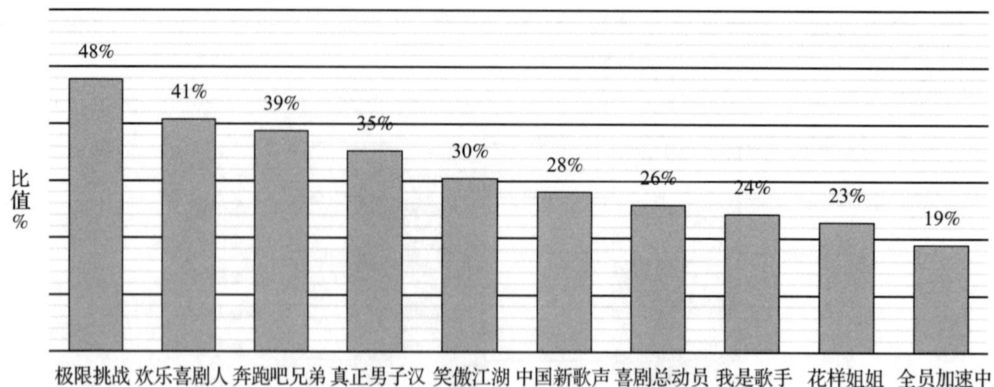

数据来源:CSM媒介研究

图15 2016年部分综艺节目时移收视率与首播收视率的比值(15城市)

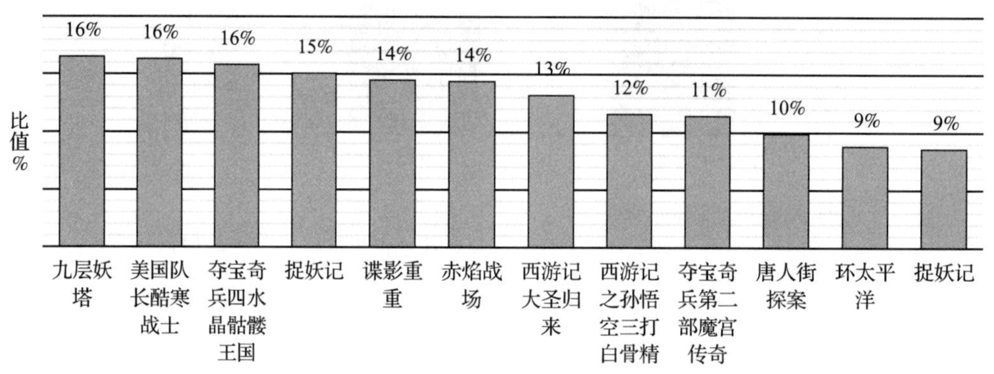

数据来源:CSM媒介研究

图16 2016年部分电影节目时移收视率与首播收视率的比值(15城市)

2. 综艺、电视剧时移收视向省级卫视集中,电影时移收视中中央级频道优势突出

电视剧、综艺和电影是时移收视最多的节目类型。在电视剧收视中,省级卫视频道获得直播收视46.8%的收视份额,在时移收视中扩大至58.7%,中央级频道电视剧收视份额在时移中略有升高;而省市地面频道电视剧收视份额在时移收视中相应下降(图17)。综艺节目时移收视的77.4%来自省级卫视,直播收视的54.6%来自省级卫视,综艺时移收视更加向省级卫视集中(图18)。电影收视中,无论是直播还是时移,中央级频道都是观众收看最多的频道组,直播收视获得56.0%的收视份额,在时移收视中份额达到58.0%(图19)。

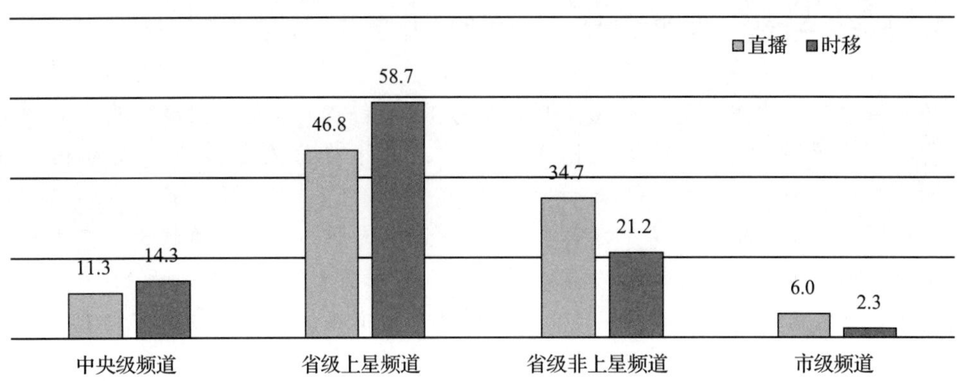

数据来源：CSM 媒介研究

图 17　2016 年电视剧直播/时移收视中各级频道的市场份额（15 城市）

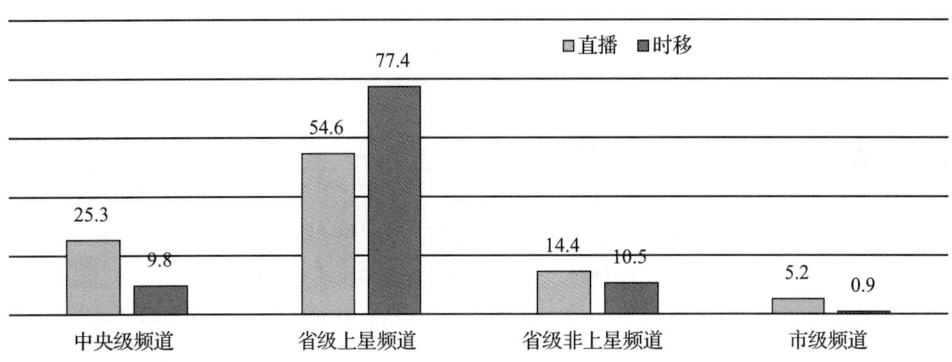

数据来源：CSM 媒介研究

图 18　2016 年综艺节目直播/时移收视中各级频道的市场份额（15 城市）

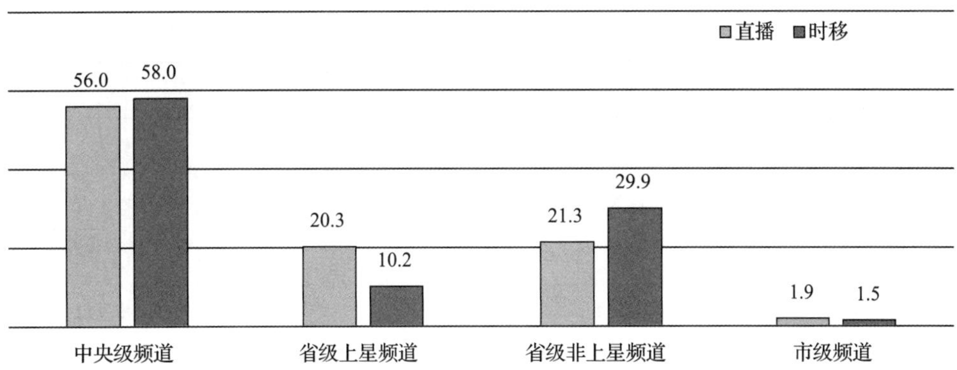

数据来源：CSM 媒介研究

图 19　2016 年电影节目直播/时移收视中各级频道的市场份额（15 城市）

3. 老年人在综艺、电视剧时移观众中所占比例与集中度低于直播

与直播相比，44 岁及以下群体在综艺节目时移观众中所占比例和集中度都更高，其中，25～34 岁观众尤其显著，成为重度时移收视人群；65 岁及以上老年观众在时移观众中所占比例和集中度与直播相比差距显著，时移收看人数最少、收看程度最轻（图20）。

电视剧直播观众和时移观众特征在 54 岁及以下大同小异，年龄越大越是电视剧的重度观众，55～64 岁观众在时移收视中所占比例显著高于直播收视。而 65 岁及以上观众虽然在直播收视中集中度最高，但由于其操作能力有限，在时移收视中的观众比例以及收视集中度都较直播收视大幅度下降（图 21）。

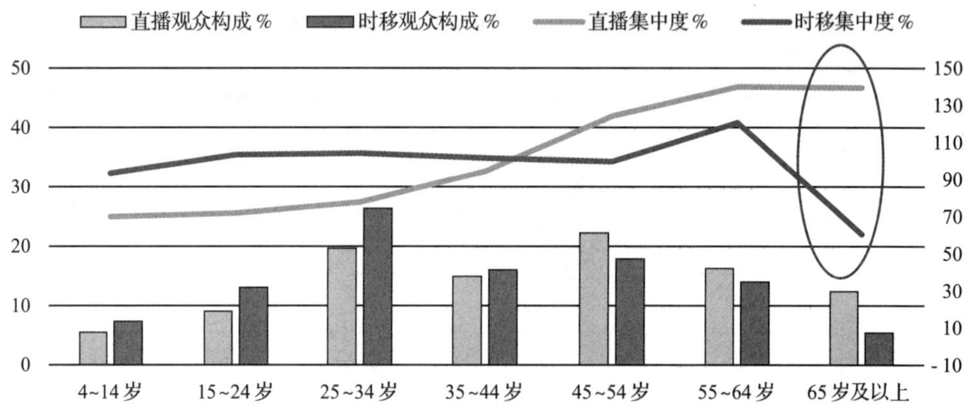

数据来源：CSM 媒介研究

图 20　2016 年综艺节目直播收视和时移收视观众年龄构成与集中度（15 城市）

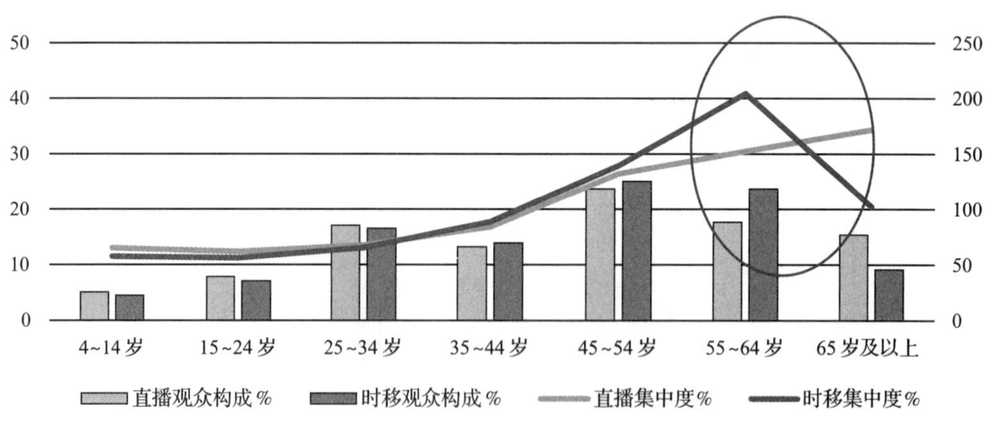

数据来源：CSM 媒介研究

图 21　2016 年电视剧直播收视和时移收视观众年龄构成与集中度（15 城市）

六、结语

2016年观众时移收视的特点与2015年相似：时移收视高峰较直播收视高峰延后；观众喜欢点播、回看省级上星频道的电视剧、综艺类节目以及中央级频道的电影类节目；年轻、中高学历观众成为时移收视中最为活跃的群体。

我们说直播收视率是一个行为指标，它描述的仅仅是观众的收视行为，无法回答观众是否喜爱节目等态度方面的问题。而时移收视却是观众的自主选择，时移收视率反映的是观众自主选择节目的收视水平，它更加反映观众对节目的收视态度——我喜爱，我点播。因此，“时移收视”调查进一步提供了电视收视市场调查中缺少的并且非常重要的一部分内容，即“收视态度”测量。随着全国各城市时移收视条件的具备，CSM媒介研究将进一步扩大时移收视调查范围，为业界提供更加全面、更加详细的时移收视数据，为传统电视价值做增量。

（作者：胡文慧）

2016 年热点 IP 剧跨屏传播效果分析

IP 剧指以有一定粉丝数量基础的国产原创网络小说、游戏、动漫为题材创作改编而成的影视剧①。2015 年还只是 IP 剧风潮兴起的一年，到 2016 年 IP 剧已经在电视剧行业掀起大浪，风头一时无两。IP 剧的题材广泛、多样，从 2016 年初的都市剧《欢乐颂》到年中的青春立志剧《那年青春我们正好》，再到年末热播的古装剧《锦绣未央》，每一部大热的电视剧背后都不能忽视“IP”这两个字母，2016 年 IP 剧播出数量的激增也是其热度的一大体现。在播出渠道方面，电视台依然是购买并播出 IP 剧最主要的渠道，随着互联网与移动互联网的快速发展，2016 年网络平台也成为各类 IP 剧的重要播出阵地及用户评价的渠道。2016 年 CSM 媒介研究与网络数据分析公司 comScore、社交媒体公司微博合作，开展视频内容的多屏收视行为与用户评价研究。本文将基于 CSM 与 comScore 合作的跨屏收视行为数据②、CSM 与新浪微博合作的社交媒体数据，选取六部热门 IP 剧，观察分析各类 IP 剧在不同平台的传播特征及用户评价。

一、古装 IP 剧

古装 IP 剧是指以时代背景设定为古代的网络小说、游戏、动漫为题材而创作改编的电视剧，亦包括架空历史但穿着古装并模仿古人习惯的电视剧。本部分选取《幻城》《锦绣未央》两部 2016 年热播的古装剧进行跨屏收视与用户评价分析。

（一）《幻城》

《幻城》改编自郭敬明的同名小说，于 2016 年 7 月 24 日登陆湖南卫视钻石独播剧场，每周三、周四晚两集连播，并同步在爱奇艺、乐视视频、芒果 TV、腾讯视频、搜狐视频五大主流网络平台上播出。

1. 电视端，有超过 3.9 亿观众收看过《幻城》

从 CSM 与 comScore 的跨屏收视数据上观察，《幻城》从 2016 年 7 月 24 日开始播出

---

① 百度百科：http：//baike. baidu. com/link？url = V_ 3jZHU4rEoPo7edH5oATl8LZpS_ _ 1aTWGAhatEVzi1rRe72ffzq5U – t_ iP7ARFD_ aT3pMouwUaYudizBUg5DCw3DT3f8TB4k_ sMth1th7y。

② 跨屏收视行为数据在本文中仅包括了电视端直播收视行为数据与 PC 端点播收视行为数据，不包括移动端点播收视行为数据。

至2016年11月10日结束播出，在电视端，总计有3.9亿观众看过《幻城》，每集首次播出时，平均观众人数达到1742.2万；在PC端，《幻城》平均每集首播的观众人数①为75.2万，PC端与电视端的观众规模差异明显。从分集走势上看，无论是电视端还是PC端，每集首播的观众量从第一集至最后一集都呈现逐渐下降的态势。该剧从热门小说《幻城》改编成电视剧，奠定了其庞大的粉丝基础，但随着电视剧情的发展，观众对该剧的热情逐渐下降（图1）。

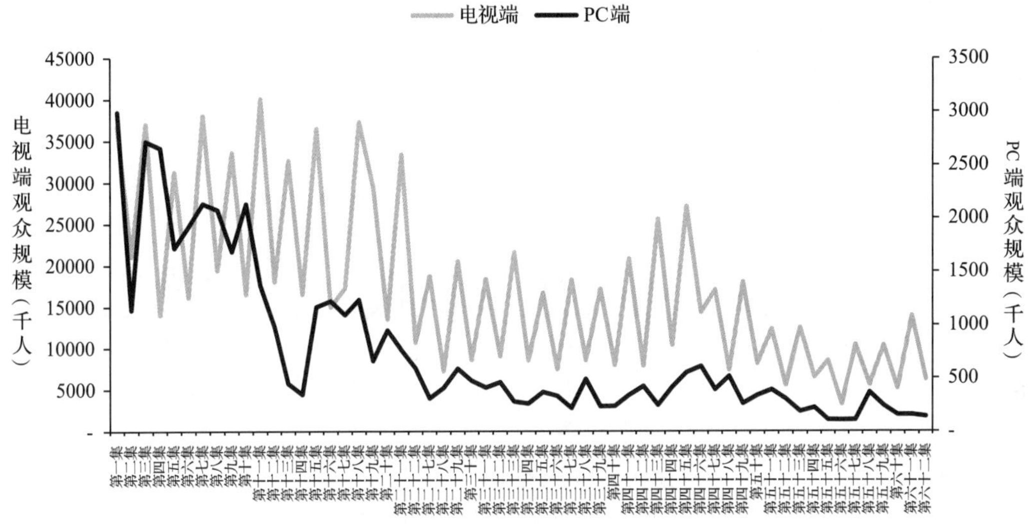

数据来源：CSM与comScore合作的跨屏收视数据

图1　《幻城》在电视端与PC端首播的观众规模（000）

2.《幻城》电视端观众以女性为主，PC端男性观众比例高于女性

在观众构成上，电视端《幻城》的女性观众比例高达60.2%，男性观众比例为39.8%；PC端男性观众比例为55.7%，高于女性。在年龄方面，《幻城》获得了年轻观众的青睐，电视端14岁及以下观众比例最高，超过全部观众的四分之一，PC端15~34岁观众比例达到54.7%（图2）。

3. 网民对《幻城》的评价热度随着剧集的播出而降低

《幻城》从小说改编成电视剧上映后，受到了网民的热议。《幻城》播出后，在2016年7月18日至11月21日期间，网民提及该剧的次数为1390.5万，平均每周有超过30万网民在微博上提及该剧，平均每周提及次数超过了80万。

从《幻城》每集首播的网民评价数据走势来看，网民评价数据走势与该剧的收看观众规模数据走势相似，播出初期网民评价热度高，但随着剧集的播出，网民对《幻城》的评价热度逐渐下降。该剧首播时，网民在微博上提及该剧的次数高达84.5万，提及人

① PC端首播的观众人数指电视剧在电视上播出后48个小时内，在PC端上观看该电视剧的观众人数。

数为25.5万，而到了该剧最后一集播出时，网民在微博上提及该剧的次数还不及该剧首播时的十分之一，仅有8.3万次，提及人数仅为1111人（图3）。在评价的内容上，电视剧名称“幻城”、参演主角“宋茜”“马天宇”词语的提及频次分列前3位。

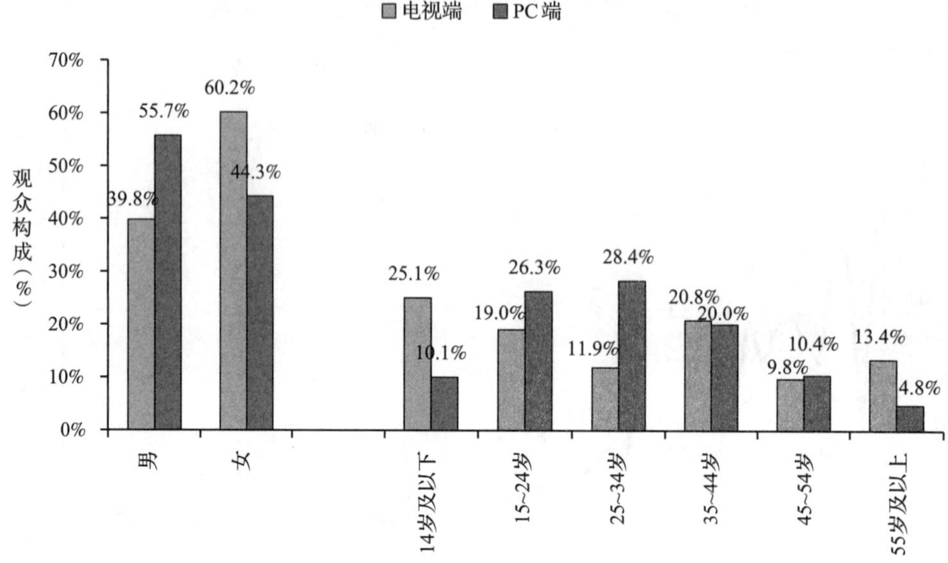

数据来源：CSM与comScore合作的跨屏收视数据

图2　《幻城》在电视端与PC端的观众构成（%）

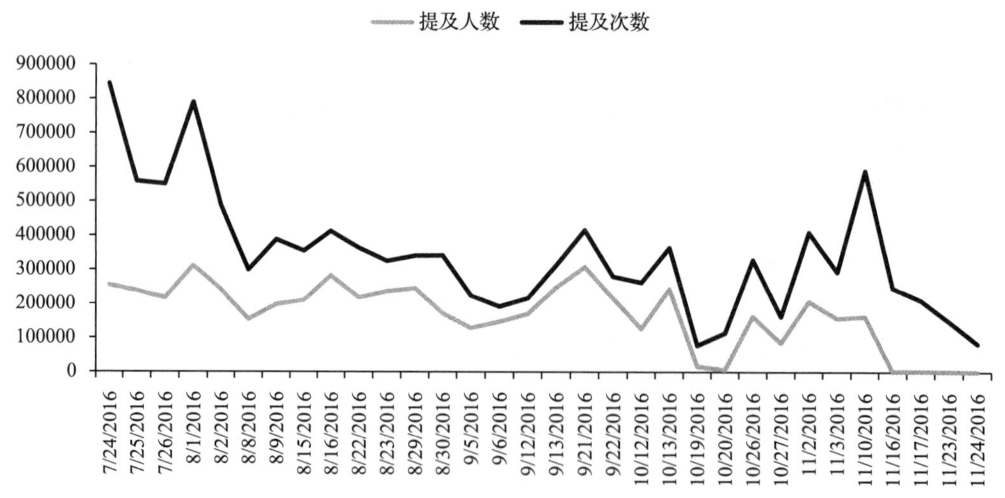

数据来源：CSM与微博合作的微博电视指数

图3　《幻城》电视剧在微博上的提及人数与提及人数

（二）《锦绣未央》

《锦绣未央》改编自秦简的同名小说，于2016年11月11日在北京卫视、上海东方卫视首播，并同步在爱奇艺、腾讯视频、优酷等网络平台播出。

1. 5.6亿观众在电视上观看过《锦绣未央》，超过3000万观众在PC端观看过该剧

从CSM与comScore的跨屏收视数据上看，《锦绣未央》从2016年11月11日开始播出至2016年12月9日结束，在电视端，有5.6亿观众看过该剧，首播平均每集观众人数接近5000万；在PC端，有3235.7万观众看过该剧，首播平均每集观众人数达到69.4万。从《锦绣未央》各集观众规模的走势上看，该剧从开始播出至全剧终结，电视端与PC端每集首播的观众规模随着播出剧集的增加而逐渐增加，这从数据上侧面反映了该电视剧的情节越来越精彩（图4）。

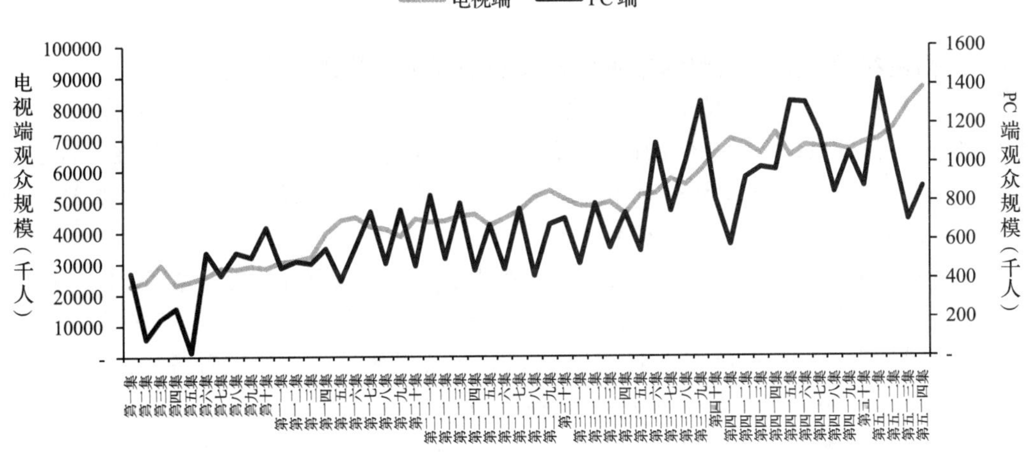

数据来源：CSM与comScore合作的跨屏收视数据

图4　《锦绣未央》在电视端与PC端首播的观众规模（000）

2.《锦绣未央》女性观众比例占主导

从观众的性别构成来看，《锦绣未央》对女性观众有不错的吸引力，无论是电视端还是PC端，该电视剧的女性观众比例远高于男性观众（图5）。其中，电视端女性观众比例达到了64.1%，PC端女性观众比例为59.9%。从年龄构成来看，电视端与PC端各年龄段人群形成互补，在电视端，35～44岁年龄段观众比例最高，超过全部电视观众的五分之一；在PC端，25～34岁年龄段观众比例最高，超过30%。

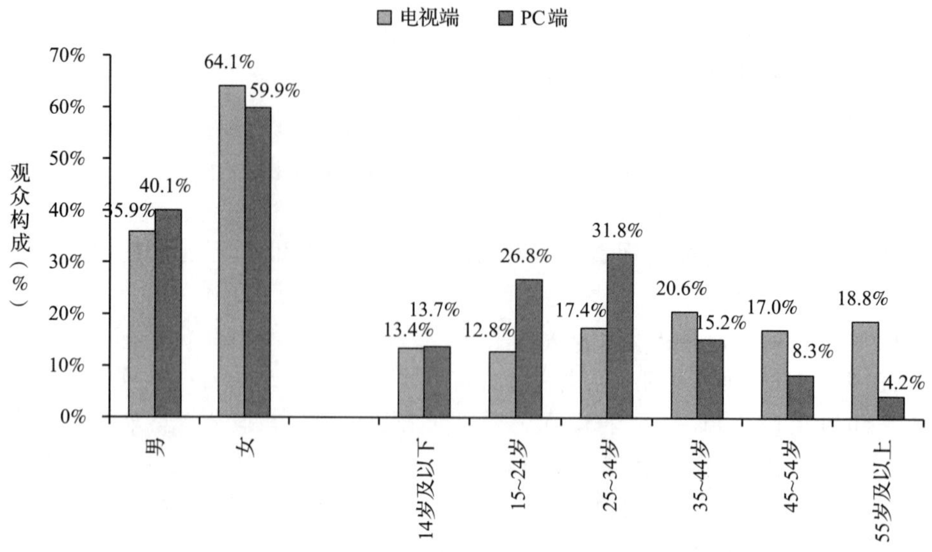

数据来源：CSM 与 comScore 合作的跨屏收视数据

图 5　《锦绣未央》在电视端与 PC 端的观众构成（%）

3. 网民在微博上对《锦绣未央》电视剧的评价次数超过 500 万

《锦绣未央》从小说改编成电视剧之前，网民对其的认知程度远不如《幻城》，但该剧自 2016 年 11 月 11 日播出至 2016 年 12 月 5 日结束这 5 周的时间内，网民在微博上对《锦绣未央》的讨论提及次数达到了 527.1 万次，平均每周有 29.0 万人对该剧进行评价，平均每周的评论量超过 100 万次。

从《锦绣未央》每集首播的网民评价数据走势来看，该剧播出后，在 2016 年 12 月 4 日之前，网民的评价人数与评价次数走势比较稳定，分别在 3.9 万人、15 万次的水平；在 2016 年 12 月 5 日播出 45 集、46 集时，网民对该剧的评价次数达到高峰，当天该剧的评价人数达到 20.2 万，评价次数超过 37 万（图 6）。在评价的内容上，电视剧名称“锦绣未央”、参演主角“唐嫣”以及网民给剧中主角李未央起的外号“李怼怼”词语的提及频次分列前 3 位。

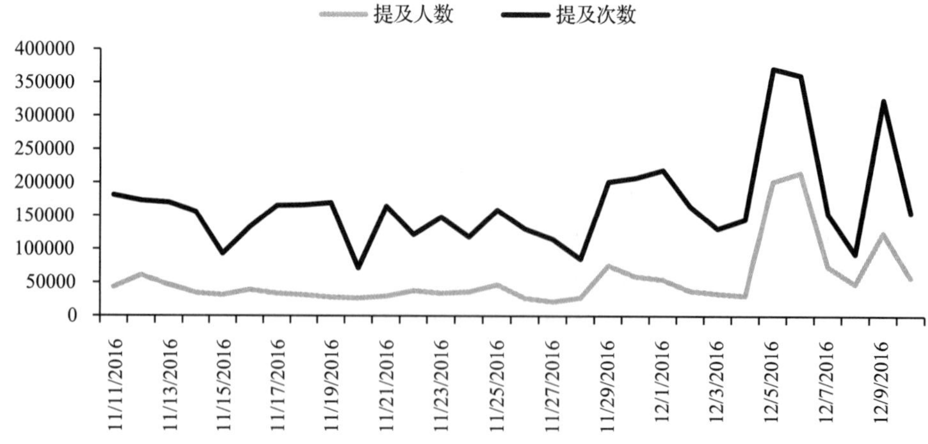

数据来源：CSM 与微博合作的微博电视指数

图 6　《锦绣未央》电视剧在微博上的提及人数与提及人数

二、职场 IP 剧

职场 IP 剧是以职场话题和故事为题材创作的网络小说改编而成的电视剧。职场 IP 剧用一种艺术化的手法，将现实职场生态投射在了荧屏上。本部分选择2016 年的两部热门职场 IP 剧《欢乐颂》和《亲爱的翻译官》作为对象，分析该类 IP 剧的跨屏收视特点与用户评价。

（一）《欢乐颂》

《欢乐颂》电视剧改编自阿耐的同名小说，讲述同住在欢乐颂小区 22 楼的五个来自不同家庭、性格迥异的女孩从陌生到熟悉，再到互相体谅、互相帮助、共同成长的故事。该剧于 2016 年 4 月 18 日登陆浙江卫视、上海东方卫视首播，并同步在爱奇艺、乐视视频、华数 TV、腾讯视频、暴风视频五大网络平台上播出。

1. 在电视端，有超过 5.2 亿观众收看过《欢乐颂》

从 CSM 与 comScore 的跨屏收视数据上观察，《欢乐颂》从 2016 年 4 月 18 日开始播出至 2016 年 5 月 10 日结束播出，在电视端，总计有 5.2 亿观众看过《欢乐颂》，首播平均每集观众人数达到 2971.9 万；在 PC 端，近 6000 万观众观看过《欢乐颂》，首播平均每集观众人数为 229.6 万。从分集走势上看，无论是电视端还是 PC 端，每集首播的观众量从第一集至最后一集都呈现出逐渐上升的态势，随着剧情的发展，观看该剧的人越来越多。

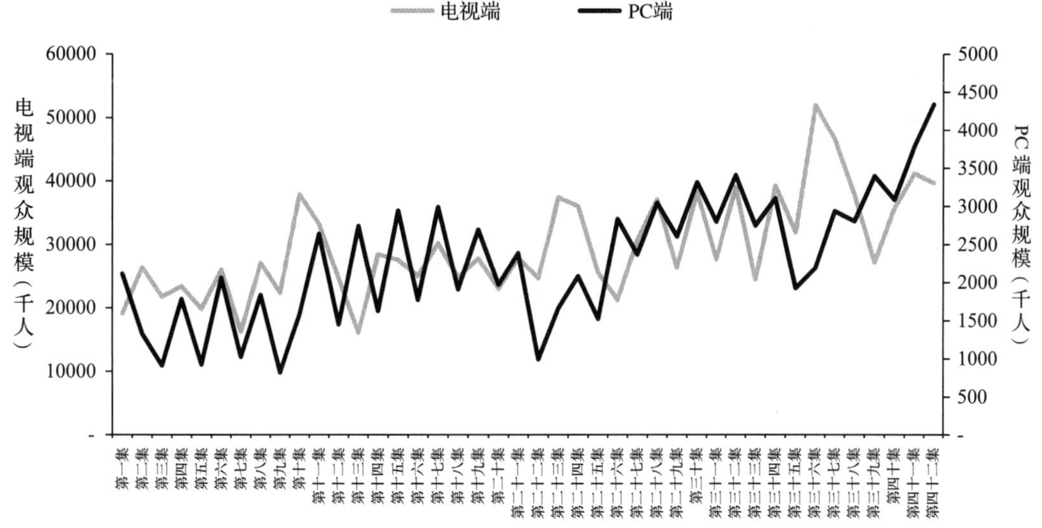

数据来源：CSM 与 comScore 合作的跨屏收视数据

图 7 《欢乐颂》在电视端与 PC 端首播的观众规模（000）

2.《欢乐颂》在电视端多数年龄段观众比例较为接近，PC 端 25～34 岁观众比例最高

在观众构成方面上，电视端《欢乐颂》以女性观众为主，比例高达 62.7%，男性观众比例为 37.3%；PC 端男女观众比例较为接近，女性观众比例略高于男性观众，为 53.9%。在年龄构成方面，《欢乐颂》在电视端，除 14 岁及以下年龄段观众，其他年龄段观众比例接近，其中，25～34 岁、35～44 岁年龄段观众的比例超过了 19%。在 PC 端，观众主要集中在 15～24 岁、25～34 岁两个年龄段，比例分别为 29.3%、33.3%（图 8）。

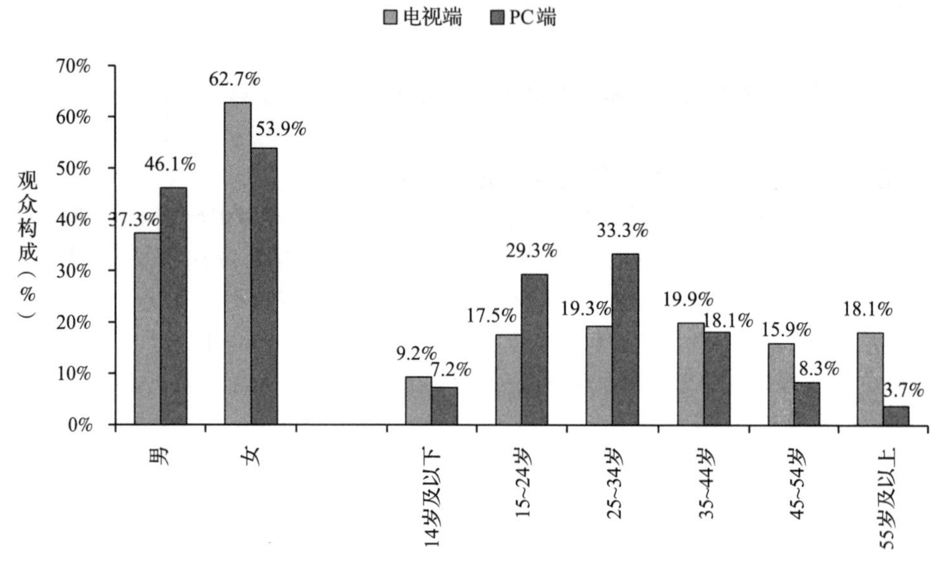

数据来源：CSM 与 comScore 合作的跨屏收视数据

图 8 《欢乐颂》在电视端与 PC 端的观众构成（%）

3.《欢乐颂》播出期间，网民对该剧评价次数接近 400 万

《欢乐颂》电视剧播出后，在 2016 年 4 月 18 日至 5 月 9 日期间，网民提及该剧的次数达到了 393.7 万，平均每周有超过 50 万网民在微博上提及该剧，平均每周提及次数接近 100 万。

从《欢乐颂》每集首播的网民评价数据观察，网民评价的数据走势与该剧的收看观众规模变化走势不同，该剧播出期间网民评价数据走势呈现“W”型，网民的微博评论人数与评价次数在该剧播出初期、中期、后期达到高峰，其中高峰所在日期，评论人数在 14 万左右，评论次数 22 万左右。在评价的内容上，电视剧名称“欢乐颂”、参演主角“王凯”词语的提及频次分列前两位。

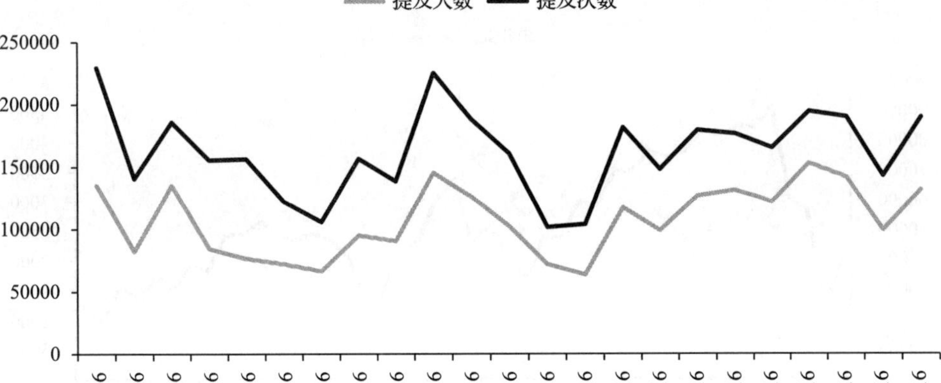

数据来源：CSM 与微博合作的微博电视指数

图 9 《欢乐颂》电视剧在微博上的提及人数与提及次数

（二）《亲爱的翻译官》

《亲爱的翻译官》改编自缪娟的小说《翻译官》，讲述法语系硕士乔菲在翻译天才程家阳的指导下成长为高级翻译，两人也从欢喜冤家变成亲密爱人的故事。该剧于 2016 年 5 月 24 日在湖南卫视金鹰独播剧场首播，并在乐视视频、芒果 TV 等网络平台同步播出。

1. 近 6 亿观众在电视上观看过《亲爱的翻译官》

从 CSM 与 comScore 的跨屏收视数据来看，《亲爱的翻译官》从 2016 年 5 月 24 日开始播出至 2016 年 6 月 18 日完结，在电视端，有 5.9 亿观众看过该剧，首播平均每集观众人数超过 6000 万；在 PC 端，有 5738.6 万观众看过该剧，首播平均每集观众人数达到 257.3 万。从《亲爱的翻译官》各集观众规模走势上看，电视端各集首播的观众规模走势与 PC 端存在差异：在电视端，第一集至第三十集，每集首播的观众规模呈逐渐上升趋势；而在 PC 端，从第五集开始，观众规模呈逐渐下降的趋势（图 10）。

2.《亲爱的翻译官》在电视端女性观众占主导

从电视端观众构成数据上看，《亲爱的翻译官》在有着“快乐中国，20 年更青春”口号的湖南卫视播出，受播出平台的影响，该剧在电视端的观众更偏向年轻化，14 岁及以下年龄段观众的比例超过 20%，35～44 岁年龄段观众比例最高，为 23.2%；从性别数据上看，女性观众占主导，比例高达 66.5%。在 PC 端，25～34 岁年龄段观众比例最高，为 29.1%；在性别构成上，PC 端与电视端不同，男性观众比例略高于女性观众，其中男性观众比例为 50.8%，女性观众比例为 49.2%（图 11）。

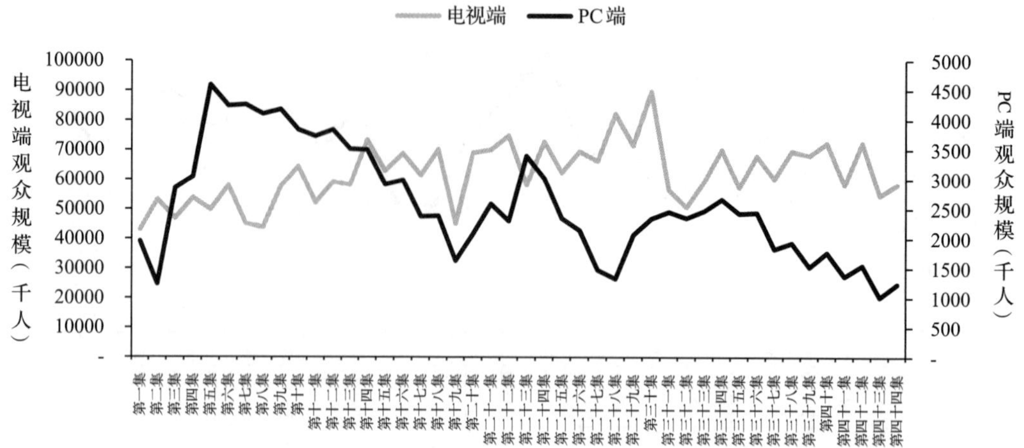

数据来源：CSM与comScore合作的跨屏收视数据

图10 《亲爱的翻译官》在电视端与PC端首播的观众规模(000)

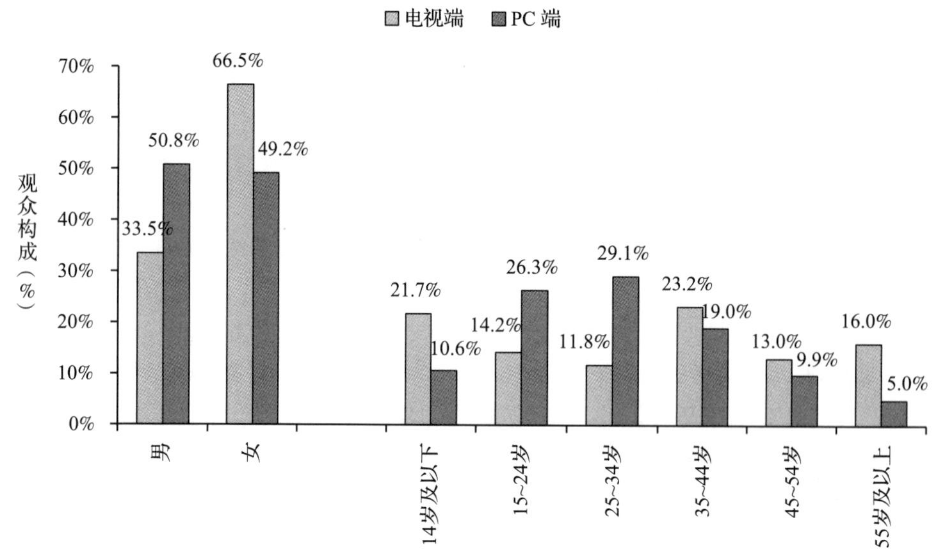

数据来源：CSM与comScore合作的跨屏收视数据

图11 《亲爱的翻译官》在电视端与PC端的观众构成(%)

3.《亲爱的翻译官》大结局当天，网民在微博上对该剧的评价次数达到峰值

在《亲爱的翻译官》自2016年5月24日播出至2016年6月18日结束这5周时间内，网民在微博上对《亲爱的翻译官》的讨论、提及次数为391.8万，平均每周有23.9万人对该剧进行评价，平均每周的评论量为97.9万次。

从《亲爱的翻译官》每集首播的网民评价数据来观察，该剧的网民评价数据呈阶段性波动(图12)。5月31日播出第十三、十四集，6月13日播出三十五、三十六集，6

月 18 日播出该剧大结局时，在微博上评论该剧的提及次数均达到小高峰，其中，6 月 18 日提及次数最高，达到 28.9 万次。在评价的内容上，电视剧名称“亲爱的翻译官”、参演主角“杨幂”词语的提及频次分列前两位。

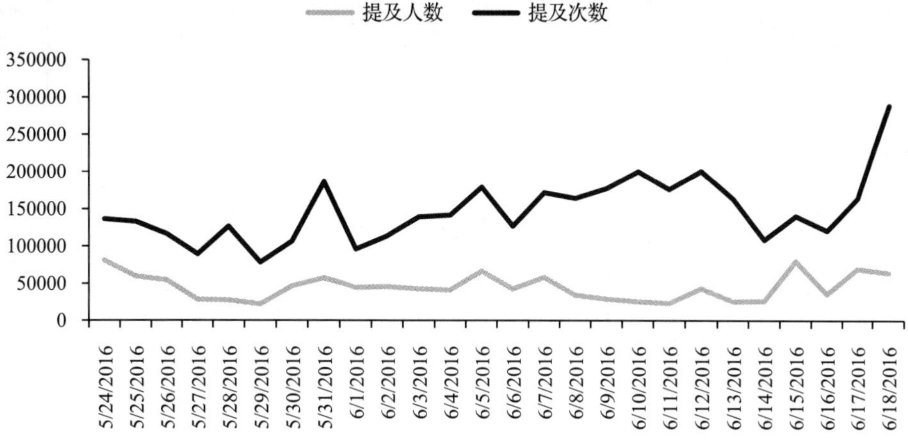

数据来源：CSM 与微博合作的微博电视指数

图 12　《亲爱的翻译官》电视剧在微博上的提及人数与提及次数

三、青春励志 IP 剧

青春励志 IP 剧是指以年轻人通过努力奋斗获得成功的故事为题材的网络小说改编而成的电视剧。青春励志 IP 剧以奋斗、成功、幸福等为关键词，通过对年轻主人公奋斗历程的刻画，激励观众为了自己的成功和幸福努力。本部分选择《那年青春我们正好》作为对象，分析该类 IP 剧的跨屏收视特点与用户评价。

《那年青春我们正好》是江苏亿和、猛犸工作室等联合出品的都市青春励志剧，由张思麟担任总导演，祝东宁、周海军共同执导，刘诗诗、郑恺领衔主演。该剧讲述了 1997 年至 2015 年，刘婷和肖小军从高中到进入社会，在理想与现实中迷茫、妥协与抗争的故事。该剧于 2016 年 5 月 10 日在浙江卫视、东方卫视播出，并同步在爱奇艺、搜狐、乐视视频、芒果 TV、腾讯视频、优酷土豆、风行网等热点网络平台播出。

1. 近 3.5 亿观众在电视上观看过《那年青春我们正好》，1845.4 万观众在 PC 端观看该剧

从 CSM 媒介研究与 comScore 的跨屏收视数据来看，《那年青春我们正好》从 2016 年 5 月 10 日开始播出至 2016 年 5 月 31 日结束，共播出 39 集。在电视端，有 3.5 亿观众看过该剧，首播平均每集观众人数达到 2495.8 万；在 PC 端，有 1845.5 万观众看过该剧，首播平均每集观众人数达到 47.3 万。从《那年青春我们正好》各集观众规模走势上看，电视端各集首播的观众规模走势与 PC 端存在差异：在电视端，第一集至第三十九集，观众规模呈锯齿状波动，其中第七集的观众规模最高，为 3866.5 万人；而在 PC

端，除第一集首播的观众规模最高之外，其他集首播观众规模的趋势均比较平稳，没有明显的波动（图13）。

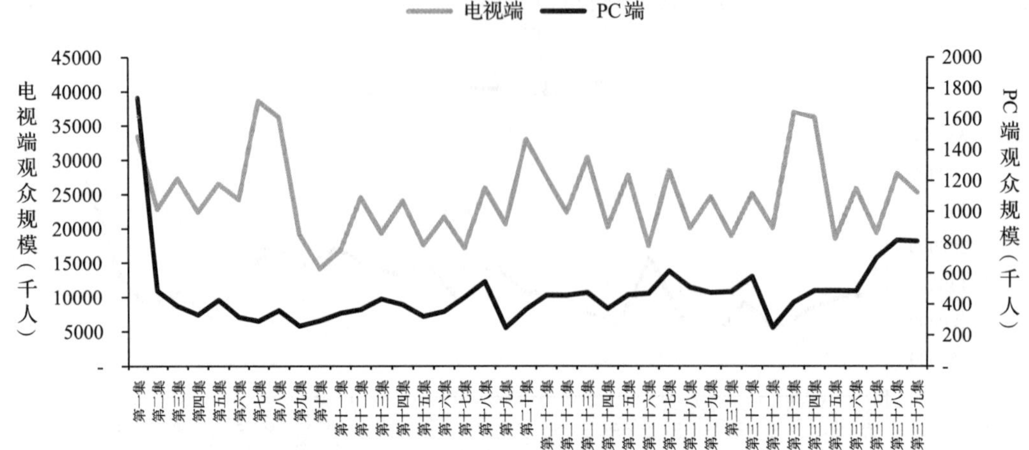

数据来源：CSM与comScore合作的跨屏收视数据

图13　《那年青春我们正好》在电视端与PC端首播的观众规模（000）

2.《那年青春我们正好》女性观众比例较高

从观众构成数据上看，在性别方面，《那年青春我们正好》无论是在电视端还是在PC端，女性观众的比例均高于男性观众，电视端的女性观众比例为56.4%，PC端的女性观众比例为50.9%。在年龄构成方面，《那年青春我们正好》在电视端以年龄较大的观众群体为主，35～44岁年龄段观众的比例最高，达到20.3%；在PC端，以年轻观众为主，15～24岁年龄段的观众比例高达31.4%（图14）。

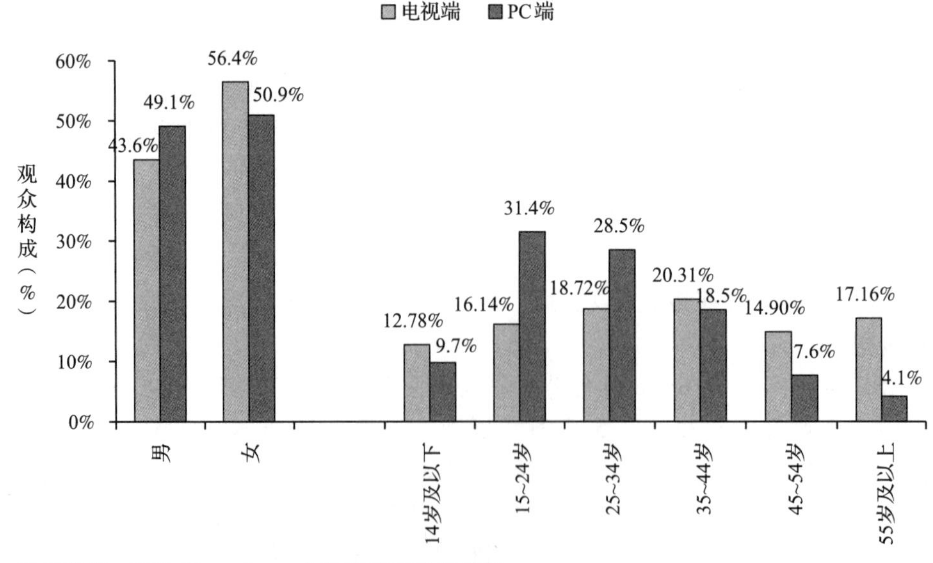

数据来源：CSM与comScore合作的跨屏收视数据

图14　《那年青春我们正好》在电视端与PC端的观众构成（%）

3.《那年青春我们正好》大结局当天，网民在微博上对该剧的评价次数达到峰值

《那年青春我们正好》自2016年5月10日播出至2016年5月31日结束，网民在微博上对该剧的讨论、提及次数为252.7万，平均每周有16.8万人对该剧进行评价，平均每周的评论量为63.2万次。

从《那年青春我们正好》每集首播的网民评价数据来观察，从趋势上看，该剧的网民评价数据处于连续波动状态（图15），其中，5月13日播出第六、第七集，当日网民对该剧的评论次数与提及人数达到最高值，分别为23.2万次和12.0万人。从整部剧的评价内容上观察，参演主角“刘诗诗”、电视剧名称“那年青春我们正好”词语的提及频次分列前两位。

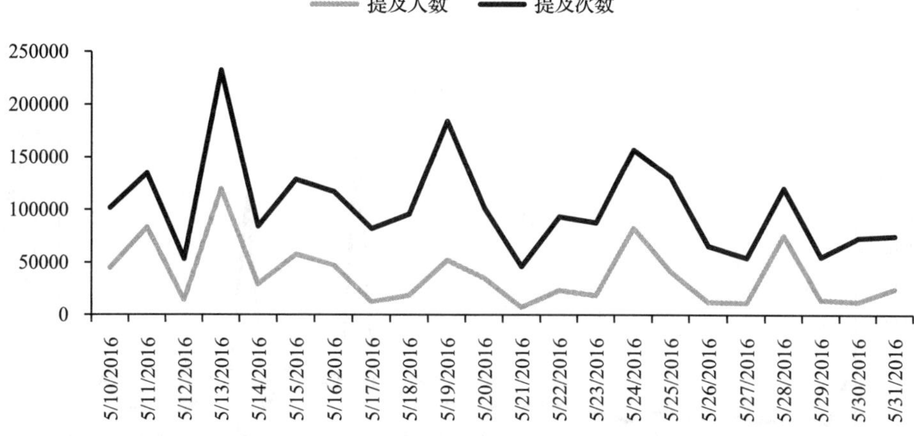

数据来源：CSM与微博合作的微博电视指数

图15　《那年青春我们正好》电视剧在微博上的提及人数与提及次数

四、谍战IP剧

谍战IP剧是以间谍及地下秘密活动为主题，包含卧底、特务、情报交换、悬疑、爱情、刑讯等元素的一类网络小说、动漫、游戏等改编而成的影视剧①。谍战IP剧以其强情节、高悬念等特点深受广大电视观众的喜爱。本部分选择《解密》作为对象，分析该类IP剧的跨屏收视特点与用户评价。

《解密》是华策影视出品的青春励志谍战剧，根据作家麦家的同名小说改编，由安建执导，冯骥编剧，陈学冬、颖儿等人主演。该剧围绕“数学奇才”容金珍破解超级密码“紫密、黑密”，展开了一段隐秘而伟大的传奇故事。该剧于2016年6月20日在湖

① http://baike.baidu.com/link? url = bbln6NB_v0F6Cr0x52w92AnllPFjSFRNmAWAMeKCNZGijws1L9jiJ0WHaYV38VDTQxDsuG8xod0s3g2DFC7i89 - Xfx1yKdxxcxiFTQKg - 9WqUdxxUKfvLIJ8p6whJBUA.

南卫视金鹰独播剧场播出，并同步在爱奇艺、搜狐、芒果TV、腾讯视频、暴风影音等热点网络平台播出。

1. 超5000万观众在PC端观看《解密》

从CSM媒介研究与comScore的跨屏收视数据来看，《解密》从2016年6月20日开始播出至2016年7月16日结束，共播出44集。在电视端，有5.3亿观众看过该剧，首播平均每集观众人数达到4895.2万；在PC端，有5100.1万观众看过该剧，首播平均每集观众人数达到74.4万。从《解密》各集观众规模的走势上看，电视端与PC端各集首播的观众规模走势都出现了较大的波动：在电视端，第二十八集的首播观众规模最大，达到6801.1万人，而第十九集的首播观众规模最小，只有2999.9万人；在PC端，第二十八集与第三十四集的首播观众规模明显大于其他剧集，分别为463.5万人和399.4万人（图16）。

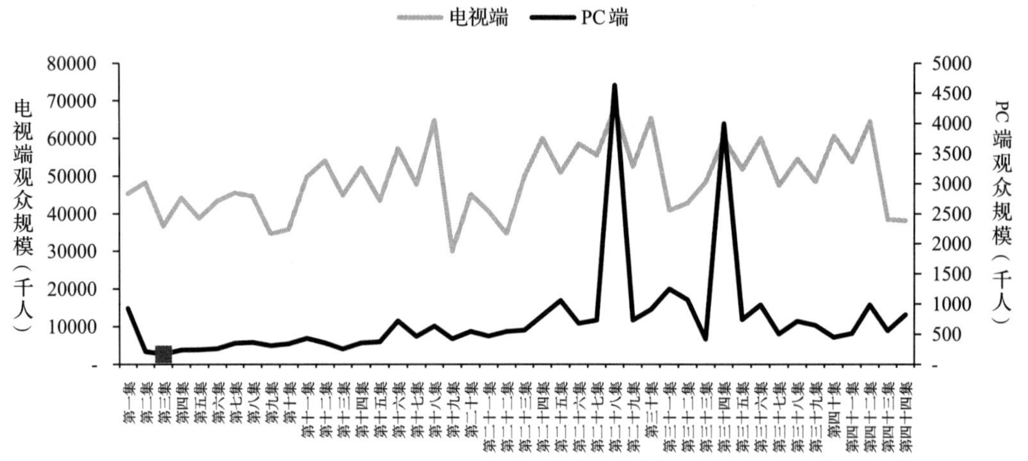

数据来源：CSM与comScore合作的跨屏收视数据

图16 《解密》在电视端与PC端首播的观众规模（000）

2. 《解密》的年轻观众比例较高

从观众构成数据上看，性别构成上两个屏的观众有差异，年龄构成上两个屏都偏向年轻观众。在电视端，《解密》的观众构成数据受播出电视台观众群体的影响，在性别方面，女性观众的比例明显高于男性观众，高达60.7%；在年龄方面，14岁及以下观众的比例达到22.7%，在各年龄段观众中比例最高。在PC端，性别方面与电视端出现差异，男性观众的比例高于女性观众，为58.3%；在年龄方面，观众主要集中在15~34岁年龄段，其中15~24岁年龄段观众的比例为26.3%，25~34岁年龄段观众的比例为27.4%。

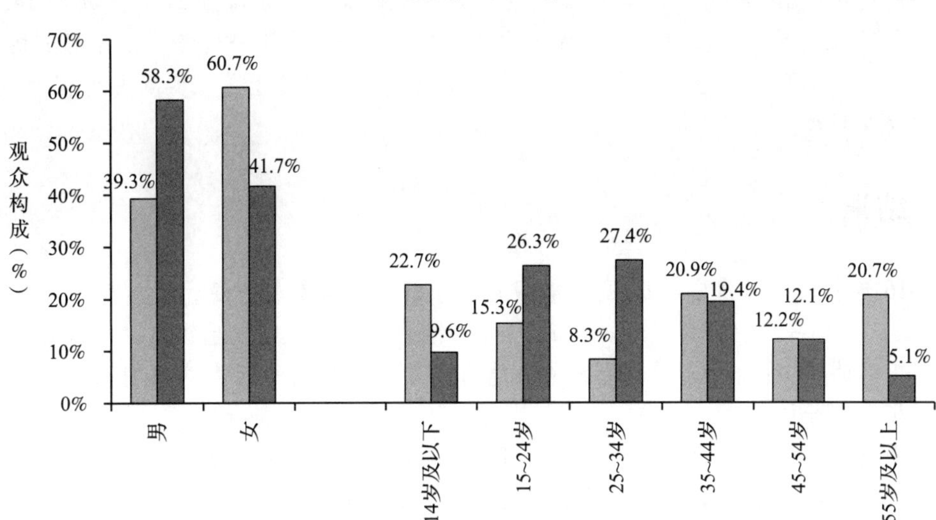

数据来源：CSM 与 comScore 合作的跨屏收视数据

图 17 《解密》在电视端与 PC 端的观众构成（%）

3. 网民在微博上对《解密》的评价次数达到了 236 万次

在《解密》自 2016 年 6 月 20 日播出至 2016 年 7 月 16 日结束这 4 周时间里，网民在微博上对该剧的讨论、提及次数为 236.0 万，平均每周有 29.8 万人对该剧进行评价，平均每周的评论量为 59.0 万次。

从《解密》每集首播的网民评价数据观察，从走势上看，该剧的网民评价数据呈"M"状。其中，6 月 23 日播出第七、第八集，当日网民对该剧的评论次数与提及人数达到第一次高峰，分别为 19.9 万次和 13.0 万人；6 月 26 日电视端没有播出该节目，仅有 1.6 万人进行评论，提及次数仅为 2.4 万，达到谷底；6 月 27 日播出第十三、第十四

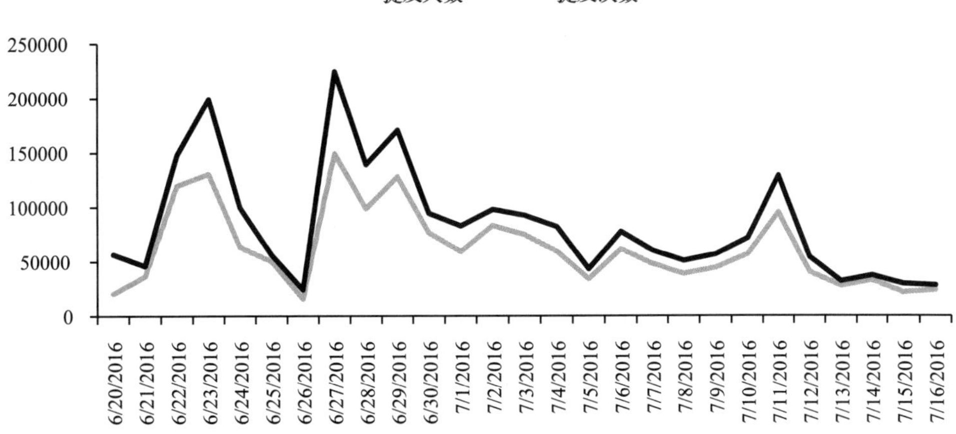

数据来源：CSM 与微博合作的微博电视指数

图 18 《解密》电视剧在微博上的提及人数与提及次数

集时，网民对该剧的评论次数与提及人数达到第二次高峰，分别为22.4万次和14.9万人；6月27日之后，网民对该剧的评论次数与提及人数呈现下降趋势。从整部剧的评价内容上观察，与所有被分析的电视剧一样，电视剧名称“解密”、参演主角“陈学冬”词语的提及频次分列前两位。

五、结语

2016年所选大部分热点IP剧的电视端观众规模走势都较平稳，仅《锦绣未央》和《欢乐颂》呈现平稳上升的趋势。在PC端，《锦绣未央》和《欢乐颂》的分集观众规模呈逐渐上升的趋势；相反，《幻城》《亲爱的翻译官》和《那年青春我们正好》的分集观众规模则高开低走。

从受众性别构成来看，所选的热点IP剧在电视端以女性受众为主；在PC端，除《亲爱的翻译官》《解密》为男性受众为主外，其余剧集的主要收视群体都为女性受众。

从年龄构成来看，在电视端，职场剧的受众年龄结构一致，其主要受众年龄层均为25~44岁，其余类型剧集的主要受众年龄层差异较大。在PC端，剧集类型对受众年龄层影响明显，职场剧的主要受众为25~34岁人群，青春励志剧的主要受众为15~24岁人群，谍战剧的主要受众为25~34岁人群。

截至2016年年底，全国网民规模达7.31亿，互联网普及率为53.2%，北京和上海地区的互联网普及率已高达77.8%和74.1%[①]。根据CSM媒介研究的基础研究数据，在使用互联网的电视人口中，社交媒体类网络服务的使用率高达93.3%，视频类网络服务的使用率为80.2%，为网民使用频率最高的两类网络服务。在互联网普及率快速增长、视频类网络服务使用日益频繁的当下，将有一定粉丝数量基础的原创网络小说、游戏、动漫创作改编成电视剧不失为一个有效的电视节目创新方法，电视、PC、社交媒体跨媒体联动，相互推动节目的收视和影响力，可以收到更好的传播效果。2016年IP剧风生水起，2017年IP剧是否继续吸睛，我们拭目以待。

（作者：饶丽娟、江亚彪、黄婧玫）

① http://www.cnnic.net.cn/hlwfzyj/hlwxzbg/hlwtjbg/201701/P020170123364672657408.pdf

电视遇上互联网

——重度“两屏”受众媒体行为分析

电视与互联网在当今媒介生态中扮演着举足轻重的角色。这不仅源于电视、互联网各自覆盖的受众人数众多，发挥的影响力重大，更因为媒介融合的程度愈发深化，电视与互联网之间的联系愈发紧密，受众的媒体融合行为愈发复杂。本文主要以2016年CSM媒介研究《电视广播视听率基础研究调查》12城市①的“电视+互联网”重度受众②为研究对象，多方面探究电视与互联网重度受众在相应媒体领域中的行为特点。

一、“电视+互联网”重度受众概况

1. 重度受众规模逐年扩大，三年间占比增长约6个百分点

CSM媒介研究《电视广播视听率基础研究调查》12城市数据显示，2014～2016年间，“电视+互联网”重度受众（后文简称“重度受众”）规模逐年扩大。2014年，重度受众在所有受众中占比为39.75%；2015年，占比上升至44.27%，较2014年上升了

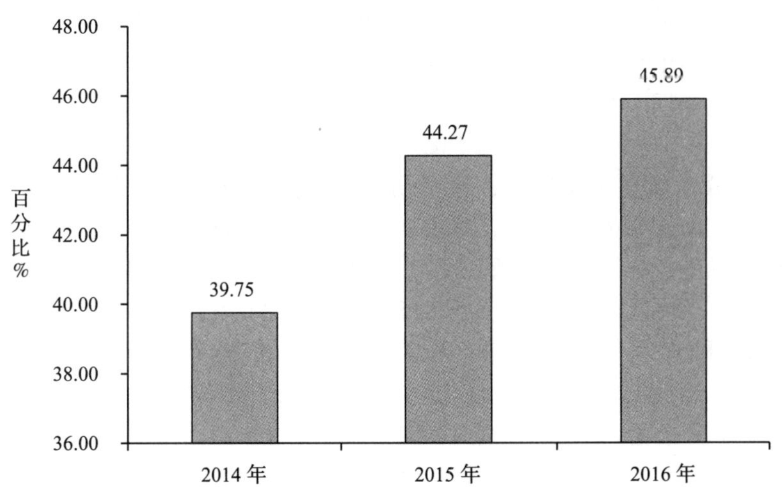

数据来源：CSM媒介研究

图1　2014～2016年12城市“电视+互联网”重度受众占比（%）

① 12城市：上海、北京、天津、深圳、广州、武汉、重庆、成都、沈阳、南京、西安和长沙。

② “电视+互联网”重度受众：指调查时的过去半年内，每天接触电视和互联网的受众。

4.52个百分点；2016年，重度受众占比进一步上升，凭借1.62个百分点的增幅扩大到45.89%。三年间，“电视+互联网”重度受众占比共增长6.14个百分点（图1）。

2. 重度受众在经济发达城市占比较高

在12城市中，重度受众占该城市所有受访者的比重各有不同。其中，深圳、天津、广州、北京的重度受众占比突出，均在50%以上；尤其在深圳，重度受众占比高达57.34%；这说明在这4个城市中，每天既接触电视又接触互联网的受众已达半数以上。相比之下，长沙、成都、西安、武汉、南京5个城市的重度受众占比明显较低，大约在25%~40%之间（图2）。

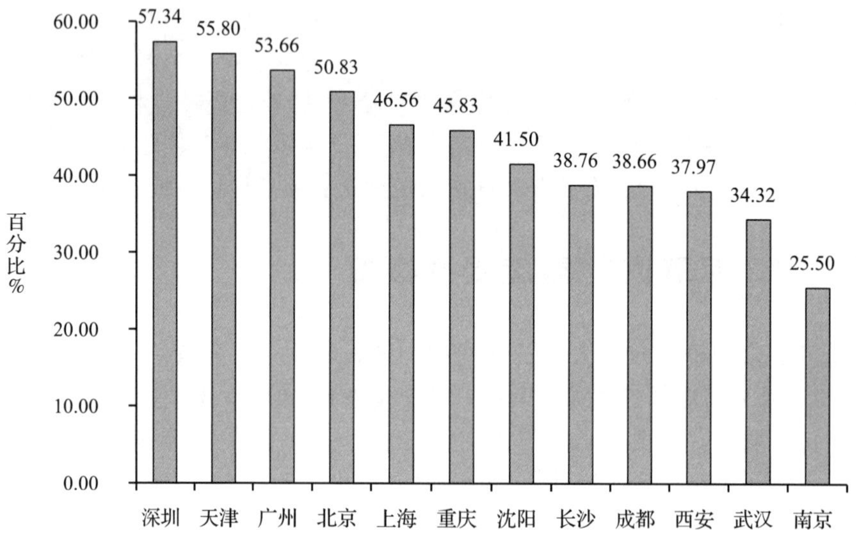

数据来源：CSM媒介研究

图2 2016年各城市“电视+互联网”重度受众占比（%）

3. 重度受众总体呈现年轻化、高学历、高收入的特征

从重度受众的性别构成来看，重度受众中男性以50.65%的占比略高于女性的49.35%。而从不同年龄的人群来看，重度受众以中青年人群居多；具体而言，重度受众中，25~34岁人群占比居第一，达28.51%；35~44岁和15~24岁人群紧随其后，占比分别为24.86%和21.84%；45岁及以上的中老年人群合计占比仅为24.79%（图3）。

从受教育水平来看，重度受众呈现高学历特征，高中学历人群占比最高，达33.81%，大专、大学及以上学历人群合计占比达42.03%。从职业来看，重度受众以初级公务员/雇员人群为主，占比高达34.81%，明显领先其他职业人群；学生、退休、无业人群占比较小，均在11%以下。从收入水平来看，重度受众中高收入者占比突出，个人月收入5001元及以上的人群占据了27.87%，较其他人群明显为高。综合来看，“电视+互联网”重度受众呈现出年轻化、高学历、高收入的特征（图3）。

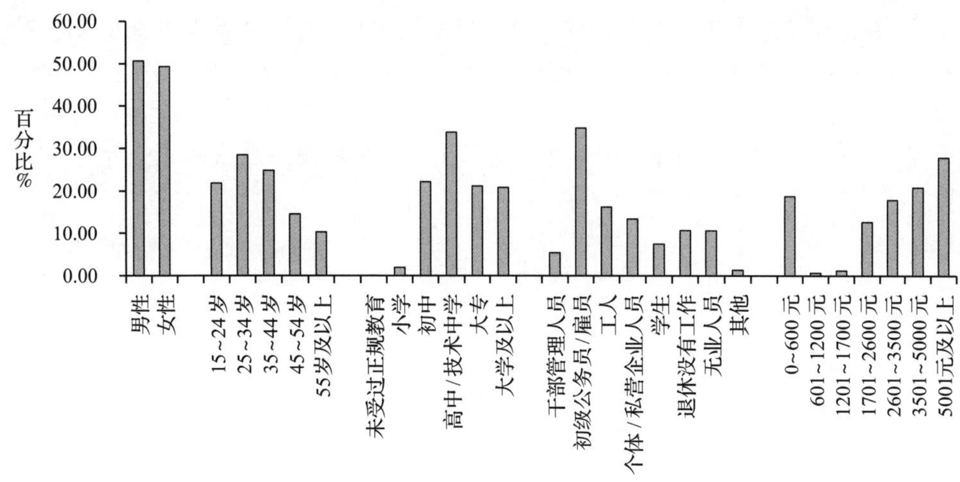

数据来源：CSM 媒介研究

图 3　2016 年 12 城市“电视 + 互联网”重度受众构成（%）

二、重度受众的电视媒体行为分析

1. 数字有线为重度受众最主要的电视信号接收方式

观察重度受众的电视信号接收方式，通过数字信号收看电视是其最主要的途径，受众人数占比为 73.81%；其次，普通有线网的受众占比以 15.61% 位居第二；IPTV 有线网的受众占比也在 10% 以上；其余的信号接收方式占比较少，均未超过 6%。值得注意的是，基于互联网技术和交互功能的三种接收方式——IPTV、智能互联网电视、互联网电视盒分列第三至第五位（表 1）。

表 1　2016 年 12 城市“电视 + 互联网”重度受众家庭户电视信号接收方式分布（%，多选）

电视信号接收方式	占比
数字有线网/村/厂/小区闭路	73.81
普通有线网/村/厂/小区闭路	15.61
IPTV 有线网/村/厂/小区闭路	11.75
小米、乐视、苹果等互联网电视盒	2.67
碟型卫星天线	1.66
智能互联网电视	5.69
无线数字电视	0.25
户户通	1.16
一般室内/外天线	0.42

数据来源：CSM 媒介研究

2. 重度受众倾向于短时收视，周末较工作日稍有延长

周一至周五，重度受众的收视时长更倾向于在 2 小时之内。具体而言，收视时长在

“2 小时”的受众占比最高，约为30%；收视时长在“1 小时”的受众占比也超过20%；而收视时长迈入“3 小时”后，重度受众的占比急剧下降至17.21%，并随着收视时长的增加呈缩减态势。周末，重度受众收视时长有所增加，“3 小时”左右的受众占比较工作日略有增长，达18.53%；“4 小时”及以上长时间收视的受众占比合计达40.41%（图4）。

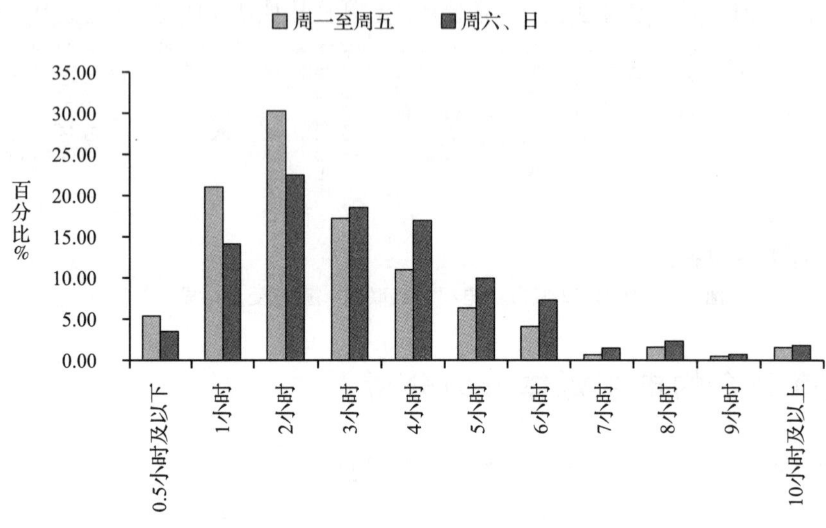

数据来源：CSM 媒介研究

图4　2016 年12 城市“电视 + 互联网”重度受众日均收看电视的时长分布（%）

3. 20:00 ~ 20:59 重度受众收视热度达到最高峰

在一天中，重度受众接触电视媒体的热度基本呈现午间和晚间两个高峰。早间及上午（06:00 ~ 11:59），重度受众接触电视的热度较低且随时间不断增长；午间(12:00 ~ 13:59)，重度受众收视热度呈现小高峰，在12:00 ~ 12:59 期间达到14.24%；下午(14:00 ~ 17:59)，重度受众接触电视的热度逐渐回落；晚间（18:00 ~ 23:59），重度受众迎来全天收视热度的高峰，最高峰出现在20:00 ~ 20:59 期间，重度受众接触电视的比例高达69.70%；深夜及凌晨（24:00 ~ 5:59），收视热度急剧下降至2%以下（图5）。

4. 新闻/时事、综艺/娱乐、电视剧为重度受众偏爱收看的电视节目类型

在不同的电视节目类型中，重度受众对于新闻/时事类、综艺/娱乐类和电视剧的喜好度最为突出，喜欢收看以上三类电视节目的重度受众占比分别为69.21%、64.83%和57.27%；与此同时，电影类、体育类和法制类也相对较高，喜欢收看此三类电视节目的重度受众占比在10% ~ 20%左右；而喜欢收看专题类、生活服务类、音乐类节目的重度受众占比则在5% ~ 10%之间；喜欢收看其余几类节目的重度受众占比均不足5%（图6）。

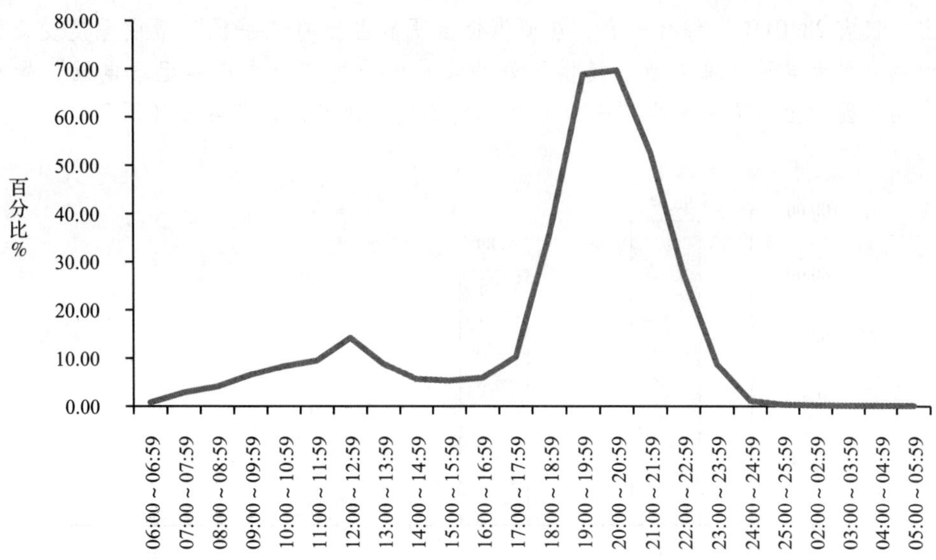

数据来源：CSM 媒介研究

图 5　2016 年 12 城市“电视 + 互联网”重度受众接触电视比例（%）的时段走势

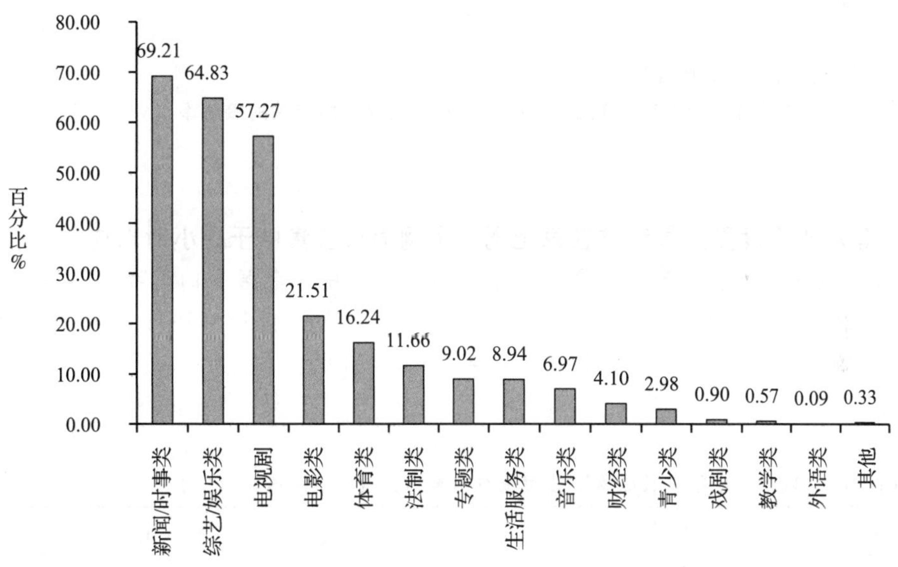

数据来源：CSM 媒介研究

图 6　2016 年 12 城市“电视 + 互联网”重度受众喜欢收看的电视节目类型（%，多选）

三、重度受众的互联网媒体行为分析

1. 手机为重度受众接触率最高的上网终端

对比不同上网终端的接触情况，重度受众接触率最高的两类上网终端为“手机”和“台式或笔记本电脑”，人数占比分别为 96.64% 和 80.89%；使用“平板电脑”上网的人数占比仅有28.01%。综合来看，在便携性上明显占优的“手机”最受重度受众的青睐，而拥有更大电子屏幕以便于提供更好的收看体验的“台式或笔记本电脑”紧随其后，在两个因素上均不占优的“平板电脑”则不敌前两者，排名第三（图7）。

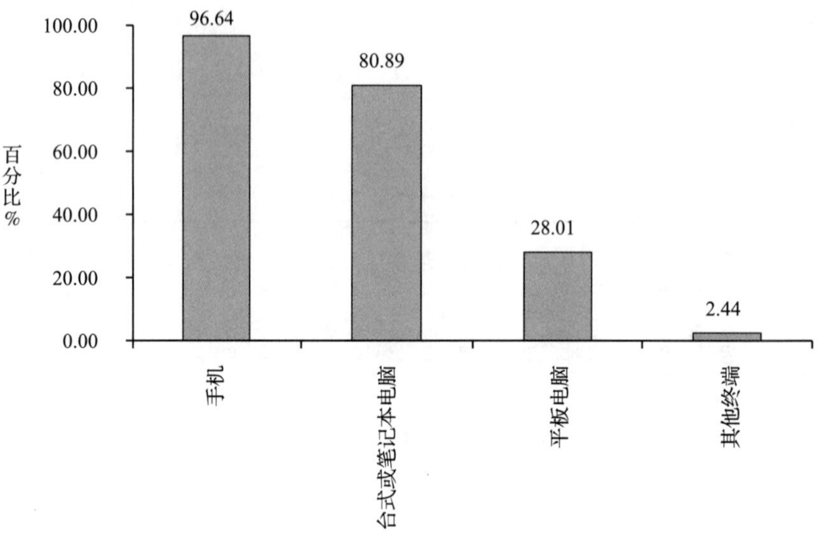

数据来源：CSM媒介研究

图7　2016年12城市“电视+互联网”重度受众上网终端的接触率（%，多选）

2. 超八成重度受众最经常在家上网，上网时长多集中于3小时以内

就上网的场所而言，重度受众最经常上网的场所中排名第一的选项为“家里”，选择人数占比在80%以上；“单位”排名第二，然而占比仅有15.43%；其余的场所包括“学校”“网吧”“公交车、地铁等交通工具”，受众占比均不及1%，所占比例十分微弱（表2）。

表2　2016年12城市“电视+互联网”重度受众最经常上网的场所占比（%）

上网场所	占比
家里	83.81
单位	15.43
学校	0.14
网吧	0.09
公交车、地铁等交通工具	0.05
其他公共场所	0.48

数据来源：CSM媒介研究

作为重度受众最主要的上网场所，在家中的上网时长亦值得关注。周一至周五，重度受众在家中的上网时长主要集中在3小时以内，占比达72.88%；在各个时长区间中，“1～2小时”获得了最高的受众占比，达34.31%；“3～4小时”区间占比不足15%。周末在家中，重度受众上网时长仍集中于3小时之内，占比约为55%；且“1～2小时”“2～3小时”是重度受众更为集中的时长区间，各占20%；上网时长超过4小时，受众占比急剧下降，各区间的受众占比均未超过10%（图8）。

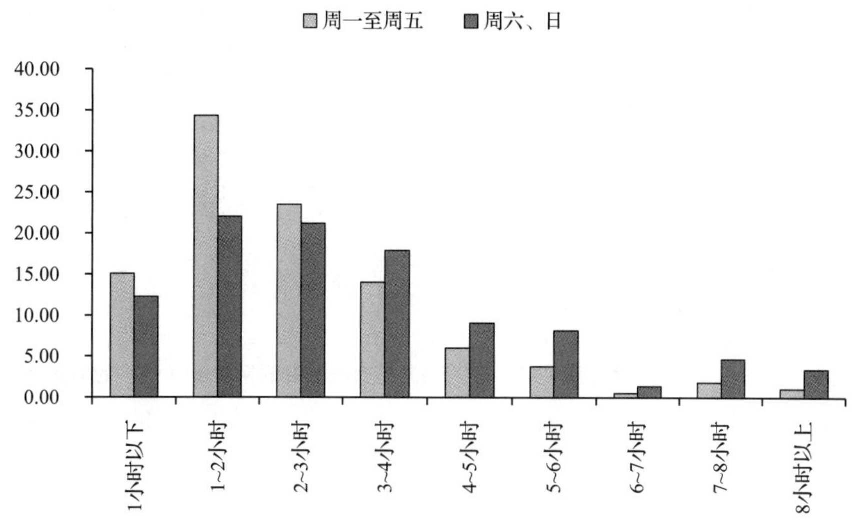

数据来源：CSM媒介研究

图8　2016年12城市“电视+互联网”重度受众在家中日均上网时长分布比例（%）

3. 21:00～21:59重度受众触网热度达到最高峰

在一天中，重度受众接触互联网比例的高峰出现于晚间19:00～23:59期间。早间及上午（06:00～11:59），重度受众的上网热度不断攀升，直至11:00～11:59达到31.57%；午间（12:00～13:59）及下午（14:00～17:59），重度受众接触互联网的热度呈现攀升—小高峰—回落的波动状态；晚间（18:00～23:59），重度受众接触互联网的比例迎来一天的高峰，并在21:00～21:59期间达到43.34%的最高峰；深夜及凌晨（24:00～05:59），仅有不足4%的重度受众接触了互联网（图9）。

4. 综艺/娱乐、电视剧、电影及新闻/时事为重度受众青睐的网络视频

在不同的网络视频内容中，重度受众对于综艺/娱乐类、电视剧、电影类以及新闻/时事类表现出明显的偏爱，喜好度在40%～70%之间；体育类、音乐类、生活服务类、专题类的喜好度虽与前4类有明显差距，但也在5%～10%之间；相比之下，重度受众对于法制类、财经、青少类、戏剧类、教学类及外语类的喜好度较低，均不足5%（图10）。

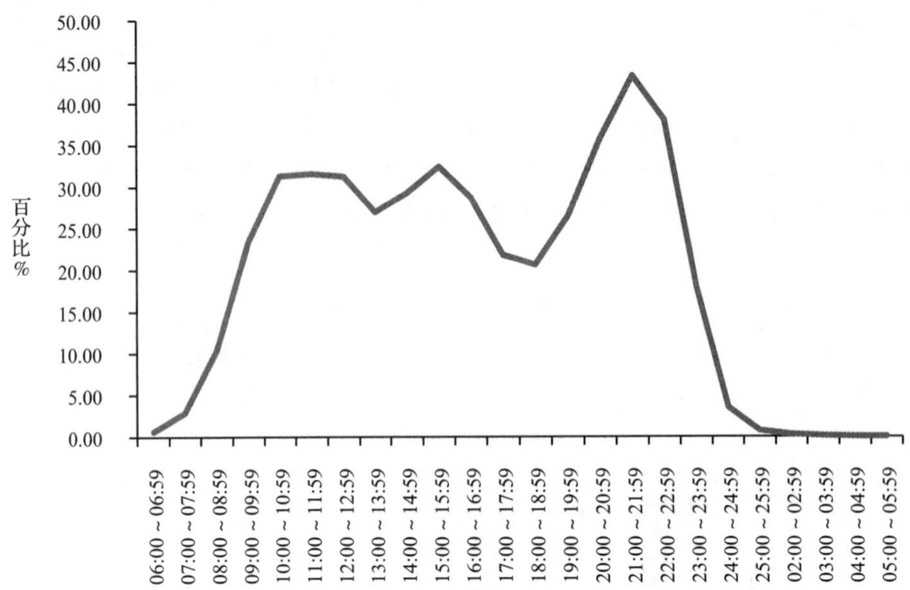

数据来源：CSM 媒介研究

图 9　2016 年 12 城市“电视 + 互联网”重度受众接触互联网比例（%）的时段走势

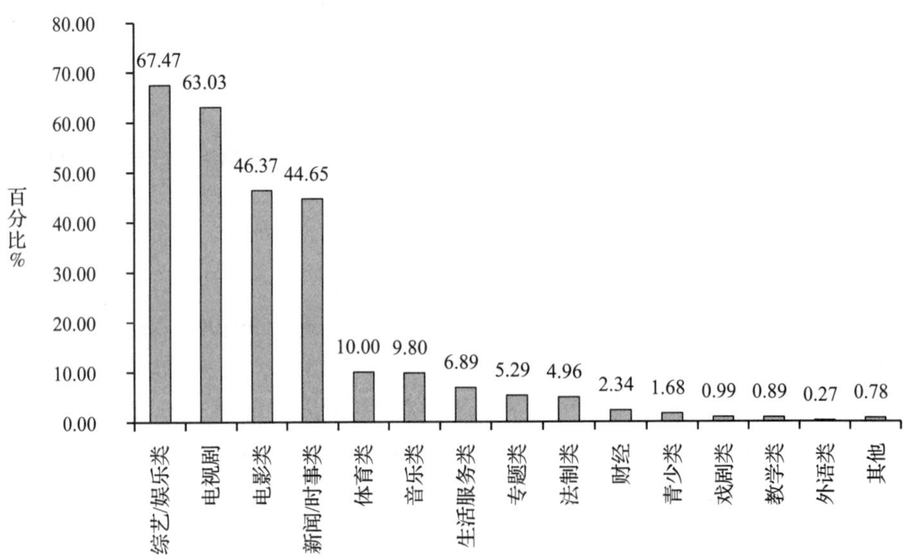

数据来源：CSM 媒介研究

图 10　2016 年 12 城市“电视 + 互联网”重度受众喜欢收看的网络视频类型（%，多选）

5. 社交媒体、新闻类和视频类应用为重度受众最经常使用的网络服务

对于上网时经常使用的功能和服务，重度受众最经常使用的类型包括社交媒体类、新闻类和视频类，占比均在 70% 以上；其中，社交媒体类拔得头筹，重度受众占比高达 95.78%。搜索引擎类、购物类、游戏类、音乐/广播类、金融类、办公类也是重度受众

较为经常使用的功能和服务，占比在25%～60%之间。社区类和招聘类则为重度受众不太经常使用的功能，占比均在6%以下（图11）。

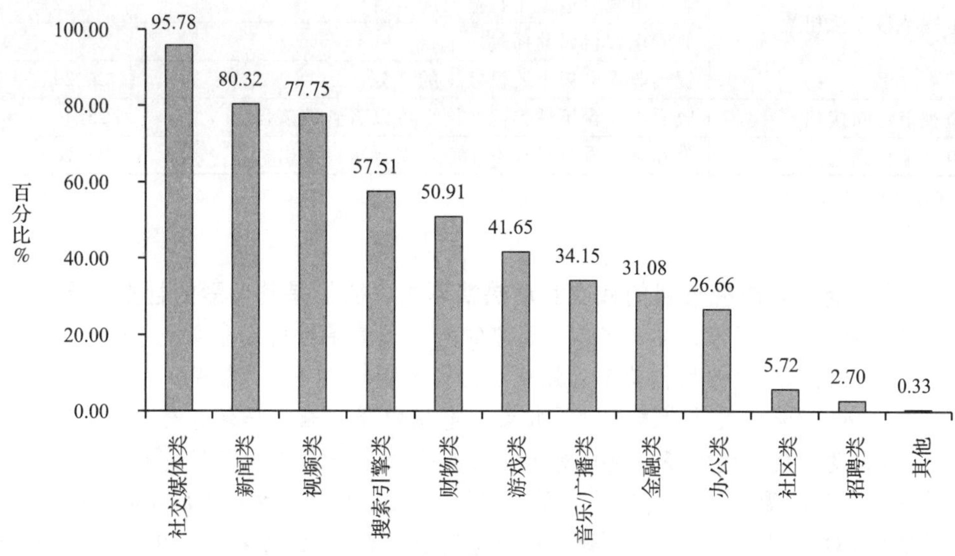

数据来源：CSM媒介研究

图11　2016年12城市“电视＋互联网”重度受众经常使用的网络功能或服务（%，多选）

6. 重度受众上网收看视频内容的原因多与电视节目直接相关

在“电视＋互联网”重度受众中，接触视频内容的原因主要可分为“与电视节目直接相关”“与电视节目间接相关”和“与电视节目无关”三种类型。2016年12城市调研数据显示：“与电视节目直接相关”的原因对于受众的影响最突出，“收看在电视上错过的节目”和“收看电视台近期正在播出的节目”的重度受众占比分别为31.98%和27.72%，在各原因之中分列第一、第二位；其他与电视节目有直接关系的原因还有“收看电视台以前播过的节目”和“提前收看电视上还没播出的部分”，占比分别为24.37%和27.29%。对比四个原因的比例可见，重度受众以网络视频来“弥补”电视内容的意图较之“追看”“回看”“提前看”的意图更加明显（表3）。

而作为“与电视节目间接相关”的原因，即“收看电视台不播出但在网上可以看到的节目”的重度受众占比亦不容小觑，有25.44%，在所有原因中排名第三位，说明相当一部分重度受众已将网络作为独立、原创的视频内容平台来看待，并主动寻求网络平台上可替代电视节目的内容。选择“与电视节目无关”的原因，即“就在网上看节目，不关心电视台是否播出”的重度受众有23.76%，这部分受众对于电视节目的依赖性最小，已经将网络作为优先选择的视频内容渠道（表3）。

表3　2016年12城市“电视+互联网”重度受众上网收收看视频内容原因的选择比例（%，多选）

原因类型	具体原因	占比
与电视节目直接相关	收看在电视上错过的节目	31.98
	收看电视台近期正在播出的节目	27.72
	收看电视台以前播过的节目	24.37
	提前收看电视上还没播出的部分	24.29
与电视节目间接相关	收看电视台不播出但在网上可以看到的节目	25.44
与电视节目无关	就在网上看节目，不关心电视台是否播出	23.76

数据来源：CSM媒介研究

7. 重度受众对电视节目的社交互动热情不高，微信是其偏爱的社交平台

除了收看视频内容外，受众媒体接触中的另一个重要组成部分即是社交行为。社交平台中的评论也正成为业界检验节目影响力的重要指标之一。“电视+互联网”重度受众中，高达94.13%的受访者表示对于收看的电视内容“未在任何社交平台上发布过看法”，说明重度受众中绝大部分观众对于在社交平台上评论电视节目的热情较低。而在发表过看法的重度受众中，微信是其最为青睐的社交平台，共有80.67%的受众选择；新浪微博和QQ空间也占有一席之地，选择比例分别为16.61%和15.49%；其余的社交平台选择比例较小，均在6%以下（图12）。

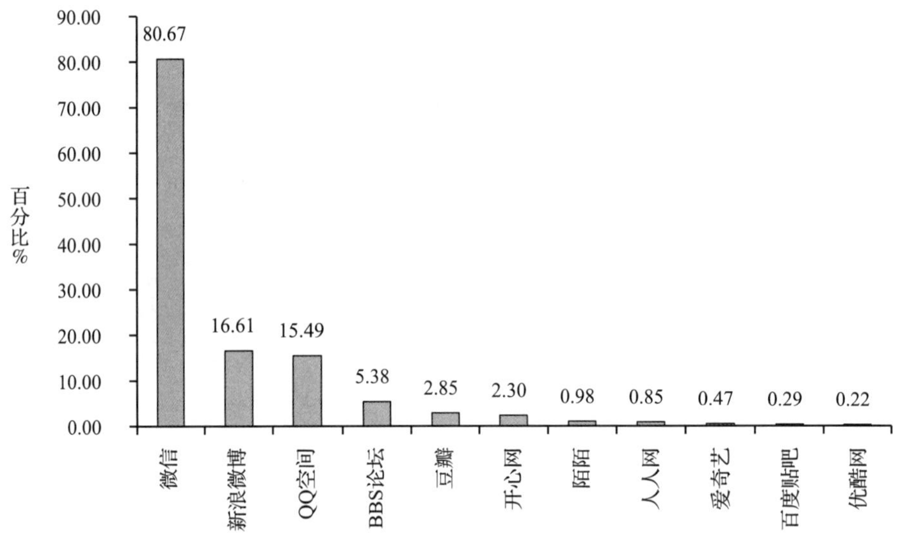

数据来源：CSM媒介研究

图12　2016年12城市“电视+互联网”重度受众发表对电视节目看法社交平台的选择比例（%，多选）

四、结语

通过本文分析发现，“电视 + 互联网”的重度受众在规模上呈逐年递增趋势，并在经济发展水平较高的城市占比更高，且呈现出年轻化、高学历、高收入的特征。在终端的接触上，重度受众对于基于互联网技术且具备交互功能的电视终端呈现一定的热情，手机则是该人群最为青睐的上网终端。在接触时长和时段走势方面，重度受众倾向于2小时内的短时收视，在家中的上网时长多在3小时及以内；一天中，该人群接触电视媒体和互联网的热度峰值分别出现于20:00～20:59和21:00～21:59时段。重度受众最经常使用的网络功能和服务包括社交媒体类、新闻类、视频类。重度受众喜爱收看的电视节目、网络视频多集中于新闻/时事类、综艺/娱乐类和电视剧三大类。重度受众上网收看视频内容的原因多与电视节目直接相关，但其参与线上电视内容相关的社交热情仍有待提升。

（作者：辛悦）

“互联网＋”背景下网络综艺发展及电视综艺的应对

2016年，我国综艺节目市场竞争愈加激烈。传统电视平台凭借着多年的综艺节目制作经验，具有与生俱来的优势，不断推出现象级节目，综N代也热度不减；与此同时，近年来，背靠互联网巨头的视频网站制作的网络综艺节目也日趋精良，特别是“纯网综艺”概念的提出，进一步推动网络综艺进入发展快车道，迎来了“大时代”；行业发展态势不可阻挡，一大批优秀团队进驻网络，再加上网络平台自身对于节目的审查相对宽松，“网综”节目品牌和影响力大幅提升，关注程度持续升温。本文首先对网络综艺发展概况进行梳理，而后归纳总结传统电视媒体的应对策略，以与广大读者分享。

一、网络综艺发展概况

“网络综艺”按字面意思理解即为互联网综艺节目，“不兜圈子”“不总结、不教育”“有杀伤力”“受众更加年轻”。[①] 2016年上半年，腾讯视频、爱奇艺、优酷土豆等各大网络综艺平台纷纷发布网综战略，彰显其在该轮网综热潮中的坚定立场和信心。在战略导向及强执行力下，纵观当下网综发展新态，无不显示着网络综艺的普遍崛起，同时也昭示着各大制作平台进入“诸侯争霸”式的白热化竞争状态。

1. 网综制作愈发精良

中国网络视听节目服务协会节目部副主任龚禹霖指出：“近年来，网络综艺呈现出制作经费从低到高、节目类型从单一到丰富的发展趋势。”网络综艺诞生之初，由于资本、技术、条件的限制，节目制作不够精良，与电视媒体播出的综艺节目有较大差距，大都以低门槛的脱口秀形式存在，比如《大鹏嘚吧嘚》《晓说》都是由一台摄像机、一把椅子、一个主持人完成。此后，随着网络视频业务的发展壮大，互联网已成为一个重要的内容播放平台，通过向电视媒体购买价格不菲的节目版权来进行综艺节目的播放。各大门户和视频网站在视频领域的竞争日趋激烈，热门综艺版权价格也随之水涨船高，高昂的版权购买费带来了巨大的运营成本。同时，网络视频同质化竞争严重，网站需要

① 百度百科。

寻找差异化的竞争路线，提升原创能力，各大视频网站开始加大对自制节目的扶持力度。大体量、大制作、大明星的网络综艺节目应运而生。

腾讯视频自2016年起，每年投入10亿元用于网络综艺孵化；爱奇艺《奇葩说》第三季投资超过3亿元；很多“网综”节目的制作成本已达到亿元级……越来越多的业内人士指出，网络综艺已经走出监管边缘化的模糊期，进入到高投入、精品化的发展阶段。无论在资金投入还是制作班底、主持与嘉宾阵容方面，网络综艺正逐渐向电视综艺靠拢。

在制作团队方面，各大视频网站纷纷引进传统行业的人才，打造专业的制作团队，如《爸爸去哪儿》的谢涤葵、《奔跑吧兄弟》的总制片人俞杭英等纷纷投身网络综艺制作。同时，视频网站积极与专业的制作公司合作，在自制模式上突破传统的限制，将自制内容的渠道变得更为多元化。

在主持与嘉宾阵容方面，《纳兰装》由谢娜、王祖蓝主持；《约吧！大明星》由邓超、范冰冰等一线明星主持，阮经天、陈赫等影视明星纷纷加盟；《你正常吗》由何炅主持。汪涵、蔡康永、大鹏等一大批受年轻观众喜欢的知名主持人纷纷助战网络综艺。

2. 自制网综渐成态势

仅从各大互联网站平台自制网综数量上来看，网络综艺已经从2014年的三五档自制节目，猛增到如今的各家视频平台皆拥有10档以上的节目；从各大视频网站已经上线和计划上线的网综统计来看，2016年的自制网络综艺总数量已经超过93档。

自制网综之所以呈现出井喷态势，主要有两个方面的原因：其一是移动互联网时代，随着电子技术的发展和用户习惯的改变，在移动终端上看综艺节目已经成为不可逆转的潮流；其二，网综制作更为灵活、丰富，而网络自身的参与性、互动性也让自制网络综艺更加“接地气”，更容易引起青年人的共鸣。

2016年上半年，各大视频网站推出了多达几十档的自制网综艺节目。腾讯视频作为最早试水网络综艺领域的互联网平台，在积累了大量自制经验后，携手各大综艺制作团队接连推出了《拜托了，冰箱》（第二季）、《约吧！大明星》《你正常吗》（第三季）、《放开我，北鼻》《作战吧！偶像》《Hello！女神》《饭局的诱惑》《RUN，看你往哪跑！》《拜托了，衣橱》等业内瞩目的“大综艺”，这些节目鲜明展示着网综特有的受关注度和影响力。

爱奇艺在2016年上半年陆续推出了《奇葩说3》《偶滴歌神啊3》《我去上学啦2》《大牌对王牌》《哇！大学生来了》《晓松奇谈》《流行之王》《爱上超模》等节目，尤其是7月推出的方言类音乐节目《十三亿分贝——中华方言歌唱大赏》，凭借独辟蹊径的题材和汪涵、大张伟的组合引发大量关注。

优酷土豆在2016年上半年也有相当多的网络综艺节目上线，包括《火星情报局》《喜剧者联盟》《暴走法条君》《潜行者计划》《国民美少女》等热门网综。《火星情报局》是2016年上半年优酷土豆最为叫座的一档网络综艺，汪涵坐镇，综艺咖云集，为年轻网络用户量身定制，播放量和口碑都表现得相当不错。

数据来源：引力传媒：《2016 五大视频自制综艺趋势洞察》

图 1　2016 年视频媒体自制纯网综艺概览

3. 整体迎合年轻群体

网络综艺在 2016 年上半年还有一个很明显的现象，偶像类节目的比例增加，各家视频网站纷纷推出了自制的偶像类综艺，这是对偶像商业价值和粉丝经济的一种良性运作。网络平台充分利用自身的技术优势，大胆加入跨屏、直播等元素，自始至终都把“粉丝”的娱乐体验放在首位，努力迎合年轻“粉丝”群体。

这种迎合不仅仅表现在节目的类型和呈现形式上，更主要的是从节目的内容上越来越重视年轻人的习惯和趣味。腾讯推出的明星网友互动类真人秀《约吧！大明星》，是金牌制作人《爸爸去哪儿》总导演谢涤葵的首部网综作品。这一档网综就突出了网友的参与程度和偶像的拉动作用，旨在开启明星与网友的零距离交流模式，让明星们通过自己的办法，为网友解决烦恼。而各种奇葩新颖、意想不到的任务，更给节目增添了可看性和趣味性。在明星完成任务的同时，打造出线上线下的联网互动模式，实时由网友布置任务，可以说是一档由粉丝观众决定节目内容的全新网综。

“网红”时下正热，“网综”迅速瞄准这一群体，给“网红”们大展身手的机会。优酷土豆推出的《不一样的偶像》就是以网红群体为中心的网络综艺节目，每期选取当下深受年轻群体关注的“网络爆点”为主题，并邀请多位与本期网络爆点相关的超人气网红参与节目，李维嘉、刘维和方家翊组成的“拉丝维嘉撕”主持男团通过全方位拷问、粉丝零距离吐槽、游戏近身肉搏等方式探究网生一代颠覆性娱乐价值观下的偶像成因，发掘“网生偶像”不一样的影响力，寻找他们在年轻群体中大受欢迎的秘密。

二、传统电视媒体的应对策略

随着“互联网+”成为不可逆转的发展趋势，相比内容更为多样、形式更为灵活的网络综艺节目，传统电视媒体的综艺节目确实受到了冲击。例如，在分享交流方面，网络综艺节目可以让受众通过微信、微博以及其他渠道和朋友进行分享交流，互动性更强，而电视媒体则无法很好地实时分享交流；在节目内容方面，网络综艺节目可以拥有更丰富的变化，像灵异玄幻、穿越、悬疑恐怖等题材的节目在网络上普遍存在，而电视媒体上却很少见到这些敏感题材；此外，网络综艺节目具有很高的原创性，热门节目雷同相对较少，能够让观众有不一样的体验；在广告方面，网络综艺节目毫不避讳地进行广告植入、冠名，其对于广告的处理方式比电视综艺节目灵活得多。

然而，面对如此激烈的竞争，传统电视媒体就败下阵来了吗？并非如此。纯网综艺在热炒下存在着缺人、缺内容、打擦边球的隐忧，节目想要达到“现象级”依然有很远的路要走。传统电视媒体毕竟有这么多年的辉煌，地位不是一朝一夕就能被撼动的。电视台的综艺节目大都是大制作、大产出，无论是模式、硬件还是团队，都堪称精良。可以说，综艺节目就是由电视人一点、一点地发展起来的，对于综艺节目的制作，传统电视媒体拥有丰富的经验、广阔的资源，当然还包括深厚的受众基础与广告储备，网络综艺尽管风头正盛，但毕竟仍处于探索阶段，从内容构建到运作模式都还有待成熟。况且，传统电视人也不会坐以待毙，正在积极地融入“互联网+”的大潮中。传统电视综艺与新兴网络综艺在竞争、融合中不断发展，不断提升。

1. 积极加强跨屏互动

强大的互动功能是网络综艺制胜的法宝之一，互动贯穿网络节目始终。台网联动提了这么多年，很多电视节目无非是将自身的视频资源出售给互联网视频平台，以赚取版权费用。然后，在网络综艺原创日益成为主流的今天，视频平台还是否愿意扮演一个电视台综艺资源搬运工的角色呢？如何深入挖掘，真正做到跨屏互动？已经有电视媒体进行了尝试。

中央电视台《等着我》

《等着我》是中央电视台综合频道一档颇具影响力的公益寻人栏目。这个节目搭建了一个全方位的权威的“全媒体公益寻人平台”，以官网为基础，聚合部委、明星、专家、志愿者以及全媒体等寻人力量，发挥国家力量，帮助人们找回失散已久的故人。节目本身并没有简单地将视频资源放在网上，而是利用互联网、微博等平台，一方面可以让人们通过平台发布寻人启事，另一方面又可以利用全媒体广泛的传播性，发动全社会搜集线索，真正实现跨屏互动。节目不仅在收视层面获得成功（图2），而且在微博指数方面，话题提及次数和提及的人数上也十分可观（图3）。

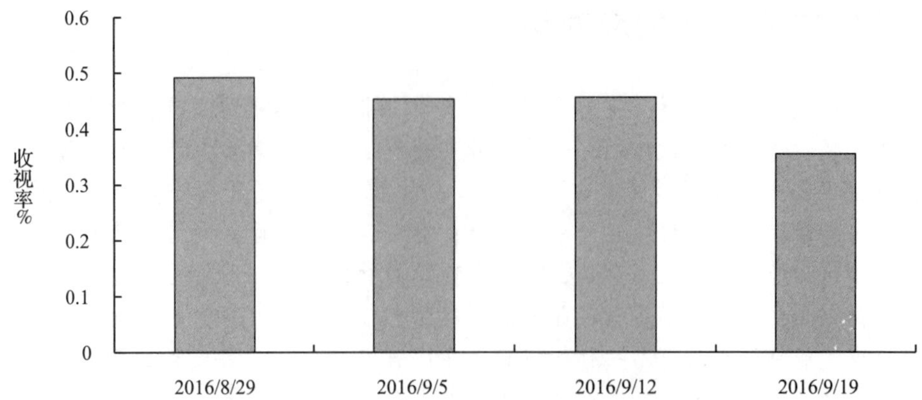

数据来源：CSM 媒介研究

图 2 《等着我》近四期（截至 2016 年 9 月 20 日）收视走势（52 城市）

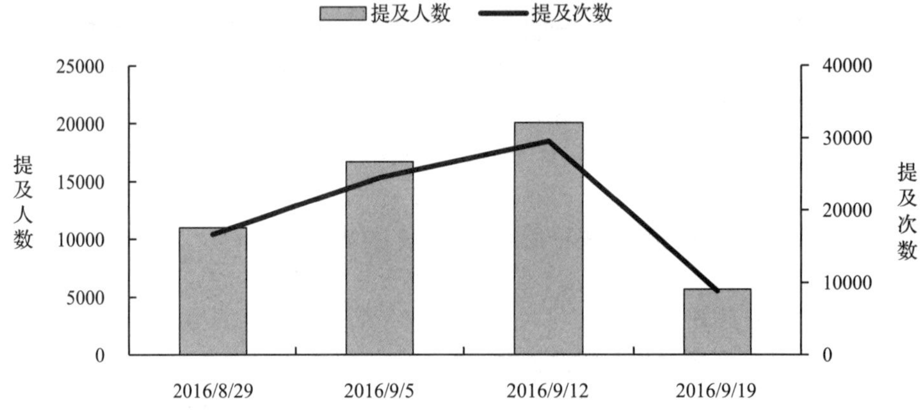

数据来源：CSM 媒介研究

图 3 《等着我》近四期（截至 2016 年 9 月 20 日）微博提及次数及人数

湖南卫视《我想和你唱》

湖南卫视的《我想和你唱》则利用了手机 APP，借助了新的参与互动方式。节目由汪涵和韩红担任主持人，每一期都会邀请三到四位歌坛巨星来跟素人合唱，素人可通过芒果 TVAPP、唱吧 APP 参加合唱，获赞数最高的素人将有机会到现场参与录制，和明星合唱。通过这种方式，明星与素人，偶像与粉丝之间的关系不再是简单的被追随与追随，而是互相欣赏。素人通过网络、电视节目有了展示自己的舞台，节目的互动性提升了一个层次。

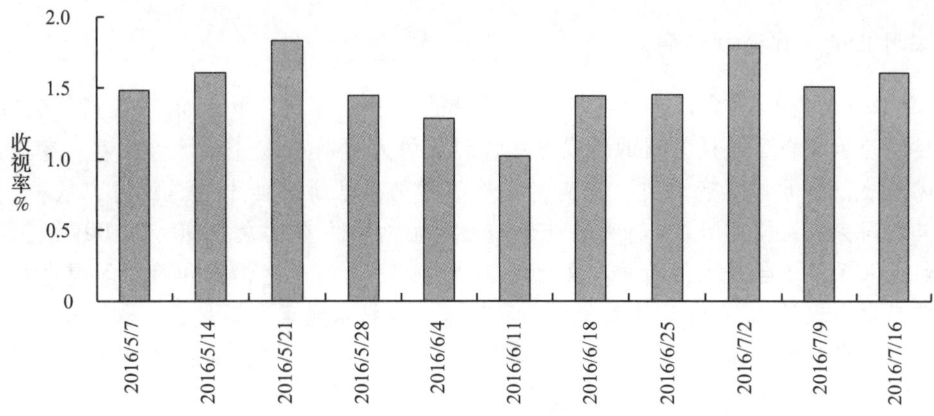

数据来源：CSM 媒介研究

图 4 《我想和你唱》各期收视走势（52 城市）

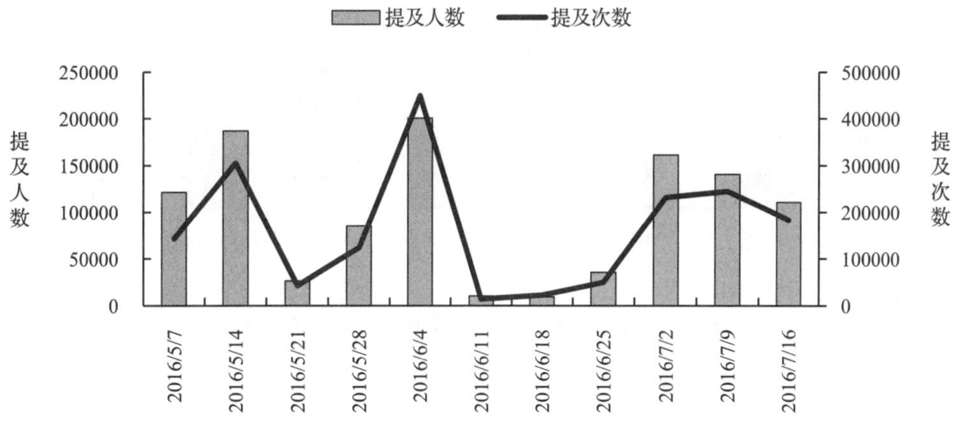

数据来源：CSM 媒介研究

图 5 《我想和你唱》微博提及次数及人数

2. 顺势加强共生关系

电视综艺和网络综艺的关系及关系的走向并不简单。其实，各家卫视依然为视频网站提供着优质的综艺节目资源。在 2016 年 9 月腾讯综艺热搜榜中，电视媒体的优秀综艺节目仍然占据主要地位（图 6）。与此同时，作为传统电视媒体也应该看到并接受：有大量的纯网综艺被电视平台采纳，像《偶滴歌神啊》《爱上超模》这样反哺卫视的综艺。

数据来源：2016 年 9 月腾讯综艺热搜榜

图 6 2016 年 9 月腾讯综艺热搜榜

深圳卫视《偶滴歌神啊》

《偶滴歌神啊》是爱奇艺打造的一档“非大型、不靠谱、伪音乐”纯网综艺节目。该节目将音乐集合了悬疑推理的游戏方式，到场的大牌歌手透过现场六位素人参赛选手的精湛表演，参考“鉴音天团”充满迷惑性的意见，推断出谁才是真正的“歌神”，最后与其共同完成深情对唱。《偶滴歌神啊》所要面对的主要受众是90后、00后，因此，节目组深入了解了年轻人的精神与文化特征，对这一代的表达语态和行为习惯进行了研究。节目中出现了许多90后耳熟能详、喜闻乐见的娱乐元素和话题点，如“娜式主持”等，以真正聚集和培养庞大的粉丝观众群体。节目登陆深圳卫视后，使得深圳卫视同时段的34岁及以下的年轻观众占比明显提升（图7）。

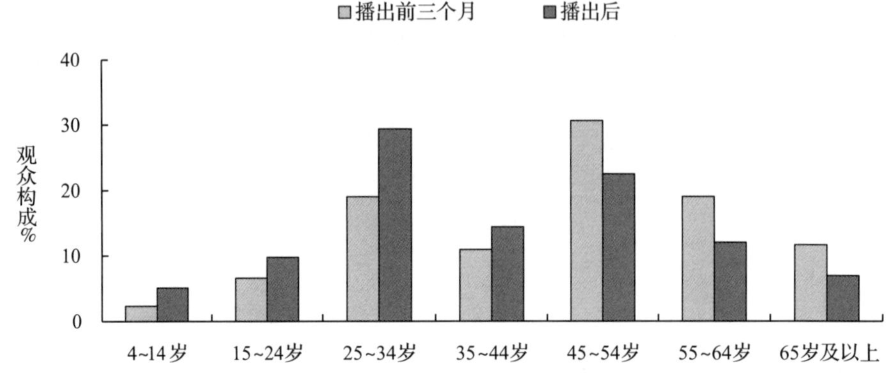

数据来源：CSM媒介研究

图7　《偶滴歌神啊》播出前后观众构成的变化

不仅从网络综艺中汲取营养，许多电视媒体已经直接参与到了网络综艺的制作当中。《放开我，北鼻》是由东方卫视内部制播分离改革以后成立的上海东方娱乐传媒集团有限公司和腾讯视频联合制作，李文妤团队操刀的一档纯网真人秀。节目通过“小鲜肉”带“小小鲜肉”打造真人版萌娃养成RPG游戏，十分注重以各种形式调动网友的参与兴趣和娱乐体验，迄今总播放量已达4.6亿。在资本聚集网络综艺的时候，资源的聚集效应也进一步凸显，更多拥有丰富经验的传统电视人，甚至是握有雄厚资源的卫视频道加入战局。湖南卫视开辟芒果TV作为新阵地，密集推出《明星大侦探》《香蕉打卡》等节目……传统电视的制作团队、主持人、合作艺人等内容优势正在流入网络综艺领域。

在新的播出平台兴旺和充分表达市场诉求之后，在一定时期内，电视综艺和网络自制综艺会长期共存和深度交融合作，达到一个新的平衡。因此，电视平台需要不断修炼内功，探索出传统播出平台上的新路。

3. 确立价值，主动出击

不得不说，我国传统电视综艺节目依然有过分依赖国外引进模式的情况，由于这些节目的文化毕竟不是顺应我国国情衍生出来的，其内容和形式自然与我国本土文化存在差异，有些甚至是难以令人接受。而网络综艺尽管投入力度、表现形式各不相同，但因其自身优势，原创性成为很明显的标签。传统电视台竞争激烈，不允许失败，不得不引入成熟的模式。节目品牌的打造不能急功近利，打造本土文化品牌需要耐心，创新的过程是漫长的。作为传统电视媒体，正好可以利用“互联网+”大趋势，利用台网联动优势，不断提升原创性，确立属于自己的优秀综艺节目品牌。在电视平台上播出效果好的内容在网络上不见得好，在网络上播出效果好的不见得适合在电视平台上播出，但引起很好反响的节目，都在台网联动当中获得了第二次增值。比如说，节目在电视台播完之后，还会持续在网上发酵，达到另一个高度，由此反哺收视率，会使节目第二季的收视率更高，进而达到一种良性循环。

作为传统电视综艺节目，要虚心从互联网综艺中吸收优秀元素，取其精华，为我所用。举个例子，满足观众日益增长的窥视欲望和分享欲望是自制网络综艺良性创新驱动的内核之一，但电视台想利用这一点，毕竟不可能像自制网络综艺一样无限制窥测隐私，而是要符合社会主义核心价值观的“正能量窥视”（即在“窥视”过后有心灵层面的感动和精神层面的思考），湖南卫视台网同步播出的孝道类真人秀节目《旋风孝子》就展现得非常到位。

湖南卫视《旋风孝子》

湖南卫视的《旋风孝子》每期由六位明星嘉宾黄晓明、陈乔恩、杜淳、郑爽、曹格、包贝尔与其父母其中一人返回家乡相处6天5夜，并完成父母的心愿，力求以真实取胜。节目组为每组嘉宾配备了55台机位，24小时不间断地拍摄，全景式记录明星与父母6天5夜的生活状态，真实还原，亲情流露。节目中展现了包括做饭、谈心、洗漱、休息、串亲戚等在内的绝对的个人生活隐私。可以说是做到了直击人伦亲情、人性善本，让观众得到了心灵层面的感动，必然也由此引发了精神层面上对孝道的思考，达到了弘扬社会正能量的目的。在收视方面，52城市的各期收视率普遍在1%以上（图8），与此同时在微博上，“孝子”“妈妈”“爱你”等一些词汇也成为搜索关键词汇（图10），在移动互联网中形成一股正能量。

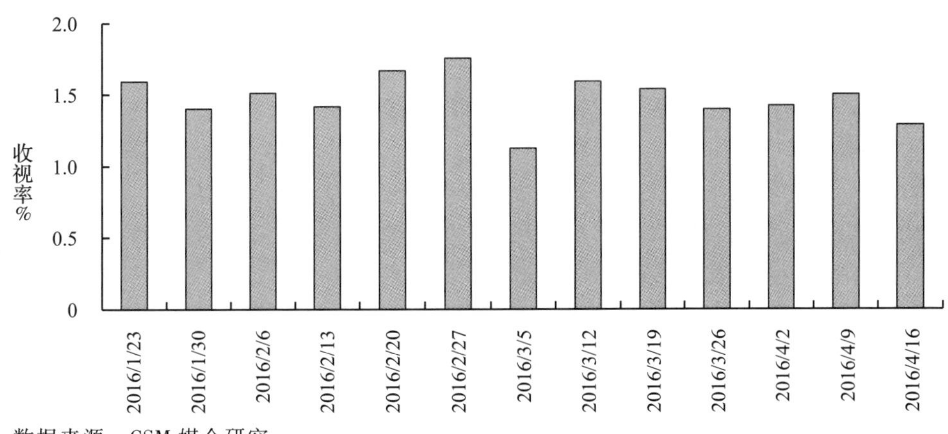

数据来源：CSM 媒介研究

图8 《旋风孝子》各期收视走势（52城市）

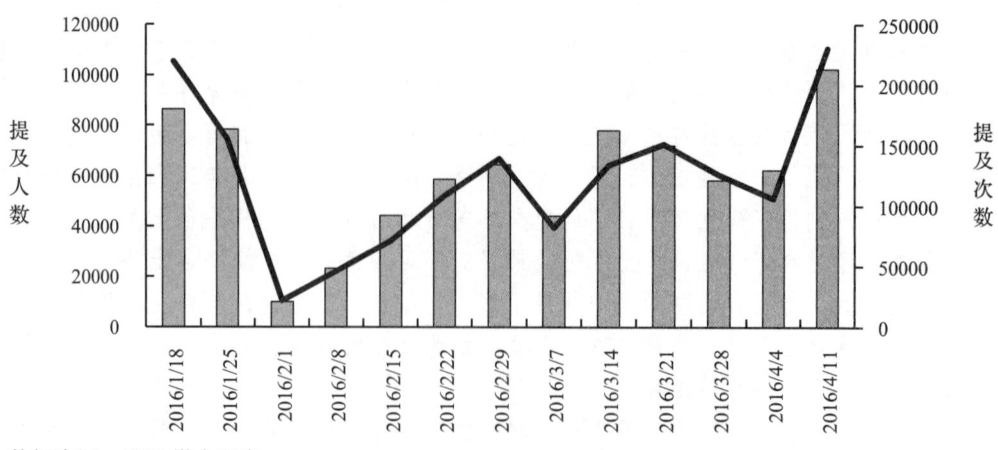

数据来源：CSM 媒介研究

图 9 《旋风孝子》分周微博提及次数及人数

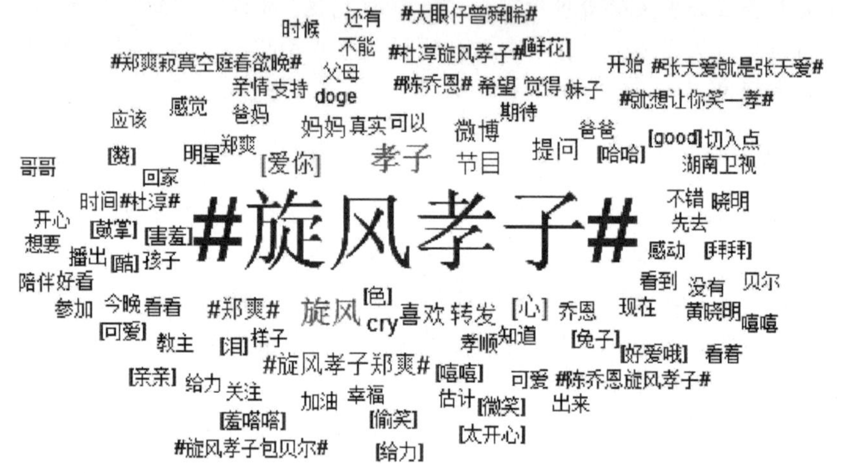

数据来源：CSM 媒介研究

图 10 《旋风孝子》微博搜索关键词汇

三、结语

不可否认，网络综艺节目，尤其是纯网综艺节目在当前阶段取得了一定的成绩，但其存在的问题同样不容忽视。私密的观看环境、草根大众的参与、相对宽松的监管、资本的逐利特质、尚不成熟的团队，都可能导致网络综艺节目在道德层面、法律层面或文化层面出现相应问题。其实无论网络综艺还是传统电视综艺，影视艺术的核心都不应局限在视觉奇观上，价值的放大与人性的关怀才是节目的终极落点。网络综艺应更多地将价值感、娱乐性与社会真实需求有机结合，这样才能让网络综艺焕发出更持久的生命力。电视平台也需要不断修炼内功，探索出传统播出平台上的新路。二者互相借鉴学习，才能焕发出更大的活力，创造出更大的价值。

（作者：马超）

创造"中国模式"
——模式节目在中国的发展变迁路径

过去十年，全球电视节目模式产业从蓬勃发展期进入到多元竞争期。尤其是2010年以来，电视模式产业发展特征更加鲜明，全球模式节目的播出时间逐年增长，模式创造的价值也在不断攀升。中国得益于全球模式产业的繁荣发展，在几年的时间内迅速成为模式引进大国，短时间内大量资金和编播资源向此类"超级节目"集中，引发了原创不足、创意缺失的忧虑。在这个过程中，在市场和政策的双重作用下，从2014年起，我国的电视节目制播主体开始放慢模式引进的步伐，尝试通过版权合作、联合制作等方式提升自身在节目创新中的能动性。经过几年的发展，大量原创类节目开始成为节目创新的主体，引领市场风向，吸引受众聚焦。本文主要基于对模式节目在中国发展变迁历程的梳理，以几个典型案例为切入点，探讨原创节目的创新路径。

一、模式节目的发展变迁

1. 2012年及以前：模式节目从起步到"高潮"

模式类节目在我国的引进，较早地可以追溯到中央电视台1998年购买英国已有30多年历史的博彩节目 *Go Bingo* 的版权一年后，剥离其博彩形式改编而成的《幸运52》。在随后的几年中，以湖南卫视为代表的省级卫视，开始陆续尝试引进海外成熟的节目模式，但数量较少。随着卫视频道之间竞争的日益白热化，以及部分卫视频道引进国外成熟节目模式取得成功的示范效应，从2011年开始，全国市场迅速掀起了一场节目创新与模式引进的"高潮"，并在2012年到达巅峰状态（表1）。

表1　2012年及以前省级卫视部分模式类电视节目概况

频道	节目名称	开播年份	原版名称
中央电视台	正大综艺墙来啦	2010年	Hole in the Wall
	梦想合唱团	2011年	Clash of Choirs
	谢天谢地你来啦	2012年	Thank God You Are Here
	芝麻开门	2013年	Raid The Cage
湖南卫视	舞动奇迹	2007年	Strictly Come Dancing
	我们约会吧	2009年	Take Me out
	最高档	2011年	Top Gear

续表

频道	节目名称	开播年份	原版名称
湖南卫视	女人如歌	2012 年	The Winner Is
	百变大咖秀	2012 年	Your Face Sounds Familiar
上海东方卫视	中国达人秀	2010 年	Got Talent
	我心唱响	2011 年	Sing It
	顶级厨师	2012 年	Master Chef
	梦立方	2012 年	The Cube
浙江卫视	越跳越美丽	2009 年	Dance Your Ass Off
	中国梦想秀	2011 年	Tonight' s The Night
	中国好声音	2012 年	The Voice
	心跳阿根廷	2012 年	101 Ways to Leave a Game Show
深圳卫视	年代秀	2011 年	Generation Show
辽宁卫视	激情唱响	2011 年	The X Factor
	天才童声	2012 年	Io Canto
山东卫视	惊喜！惊喜！	2011 年	Surprise！ Surprise！
福建东南卫视	明天就出发	2011 年	This Time Tomorrow
	朋友就该这样	2011 年	Friends Like This
	欢乐合唱团	2011 年	Last Choir Standing
广东卫视	完美暗恋	2011 年	Dating in the Dark
	技行天下	2012 年	行行出状元（汉译）
江苏卫视	欢喜冤家	2010 年	The Marriage Ref
	老公看你的	2010 年	My Man Can
	一站到底	2012 年	Who' s Still Standing
安徽卫视	全民运动会	2011 年	全名运动会（日本）
	黄金年代	2011 年	The Best Year of Our Lives
	势不可挡	2012 年	Don' t Stop Me Now

2. 2013 年：版权引进仍是收视保障

2013 年 10 月 12 日，国家新闻出版广电总局下发《关于做好 2014 年电视上星综合频道节目编排和备案工作的通知》，也就是业界常说的“加强版限娱令”，明确规定各电视上星综合频道每年播出的新引进境外版权模式节目不得超过 1 个，当年不得安排在 19:30 ~ 22:00之间播出。限令下发后，自 2013 年第三季度起版权引进的风潮有所减弱，但从全年新节目的收视效果来看，版权引进类节目仍然是新节目高收视的重要保障。在 71 城市晚间 18:00 ~ 24:00 时段开播的卫视新节目收视前 30 位中，17 个节目都是有明确的版权引进“血统”的节目（表 2），且全部为综艺类节目。原创节目尽管也占据了一定的数量，但其中一部分节目是版权类节目的衍生节目，另有一些节目也是强势频道集中大量资源重金打造的节目。

表 2　2013 年上星频道部分收视较高的版权引进类节目

节目名称	播出频道	版权国	原版节目
爸爸去哪儿	湖南电视台卫星频道	韩国	爸爸！我们去哪儿？
舞出我人生	中央电视台综合频道	美国	Dancing with the Stars
舞林争霸	上海东方卫视	美国	So You Think You Can Dance
开门大吉	中央台三套	爱尔兰	Super Star DingDong
中国梦之声	上海东方卫视	美国	American Idol
正大综艺·宝宝来啦	中央电视台综合频道	美国	Bet On Your Baby
妈妈咪呀·做女人就这样	上海东方卫视	韩国	Super Diva
黄金 100 秒	中央台三套	英国	Don't Stop Me
星跳水立方	江苏卫视	德国	Stars in Danger：the High Dive
我是歌手	湖南电视台卫星频道	韩国	我是歌手
王牌谍中谍	浙江卫视	英国	Poker Face
谁是我家人	湖北卫视	荷兰	Who Is My Family
我的中国星	湖北卫视	韩国	Super Star K
中国最强音	湖南电视台卫星频道	英国	The X Factor
中国星跳跃	浙江卫视	荷兰	Celebrity Splash
转身遇到 TA	浙江卫视	美国	The Choice
男左 VS 女右	深圳卫视	荷兰	Battle of the Sexs

3. 2014 年：模式引进变身联合制作

随着“加强版限娱令”对上星频道引进海外模式节目的限制，2014 年起各大卫视与海外版权方的合作方式全面升级，由以往单纯的版权引进变为联合制作，此举除了学习外方制作理念外，也是为规避“限娱令”而打出的擦边球。以 2014 年上星频道高收视真人秀为例，在近 50 档真人秀中，有明确版权引进方的节目逾 10 档，较往年相比数量大幅下降。从版权引进国来看，韩式节目更为流行，《奔跑吧兄弟》《喜从天降》《2 天 1 夜》《不朽之名曲》4 档节目均引进自韩国，引进自欧美及亚洲其他国家（如日本）的相对分散（表 3）。

表 3　2014 年上星频道高收视真人秀版权引进情况

节目名称	播出频道	真人秀类别	版权国	原版节目名称
极速前进	深圳卫视	户外	美国	The Amazing Race
最强大脑	江苏卫视	益智	德国	Super Brain
奔跑吧兄弟	浙江卫视	户外	韩国	Running Man
喜从天降	天津卫视	体验	韩国	伟大的婆家
2 天 1 夜	上海东方卫视	户外	韩国	2 天 1 夜
中国正在听	中央台三套	音乐	以色列	Rising Star
谁能逗乐喜剧明星	江西电视台卫星频道	喜剧	欧洲	Crack！Them Up
幸福账单	中央台三套	游戏互动	荷兰	Give Me Your Bill

续表

节目名称	播出频道	真人秀类别	版权国	原版节目名称
不朽之名曲	上海东方卫视	音乐	韩国	不朽的名曲
喜乐街	中央电视台综合频道	喜剧	德国	席勒街
与星共舞	上海东方卫视	舞蹈	美国	Dancing with the Stars
疯狂 de 麦咭	湖南电视台金鹰卡通频道	亲子	日本	宝探しアドベンチャー 謎解きバトルTORE?!

与版权引进的低调运作相比，2014 年各种联合制作进行得如火如荼，上星频道高收视真人秀中有近 20 档节目采用了不同方式的联合制作模式。除了与韩国、英国等国外节目制作方的合作外，各大卫视与国内专业节目制作机构的合作也全面展开，如央视、浙江卫视等与灿星制作、光线传媒、天娱传媒等的合作，上海东方卫视、北京卫视与蓝色火焰的合作等等（表 4）。在版权引进与联合制作模式上，2014 年上星频道高收视综艺节目在创新和本土化改造上也呈现出与以往不同的特征，渗透西方意识形态的具有

表 4　2014 年上星频道高收视真人秀联合制作情况

节目名称	播出频道	真人秀类别	联合制作方
女神的新衣	上海东方卫视	时尚	东方卫视与蓝色火焰联合打造
中国喜剧星	浙江卫视	喜剧	浙江卫视及北京中视寰影文化传媒中心联合出品
背着青春去旅行之花样爷爷	上海东方卫视	户外	东方卫视携手韩国 CJ E&M 打造
中国好歌曲	中央台三套	音乐	央视与灿星制作联合打造
来吧灰姑娘	中央台六套	励志	央视与灿星制作联合打造
12 道锋味	浙江卫视	美食	浙江卫视与英皇娱乐、蓝天下影视传媒公司合作推出
我是演说家	北京卫视	语言竞技	北京卫视和能量传播联合出品
我知道	四川卫视	益智	四川卫视与《南方周末》联手出品
少年中国强	中央电视台综合频道	励志	央视与光线传媒共同研发制作
中国好舞蹈	浙江卫视	舞蹈	浙江卫视和灿星制作携手打造
勇敢的心	北京卫视	拳击	北京卫视与蓝色火焰和中喜传媒联合推出
人生第一次	浙江卫视	亲子	浙江卫视联合北京元纯传媒原创制作
我为喜剧狂	湖北卫视	喜剧	湖北卫视长江传媒和能量传媒联合出品
挑战文化名人	江西电视台卫星频道	益智	江西卫视与英国 ITV 联合研发
烈火雄心	山东卫视	体验	山东卫视、湖南省消防总队、中广天择传媒三方联合制作
舞动全城	云南广播电视台卫视频道	舞蹈	云南卫视联合世熙传媒共同打造
嗨 2014	中央电视台综合频道	脱口秀	央视与天娱传媒联手打造
今天不烦恼	湖北卫视	脱口秀	湖北卫视与韩国 CJ E&M 团队联手打造
我爱好声音	浙江卫视	音乐	浙江卫视与梦响强音以及灿星制作联手打造

浓厚的博彩意味、个人主义色彩等的表现手法减少，展现明星父子友爱、互动，通过艺人游览自然风景，尽显环保、礼仪、历史、风俗等各种风貌等的“轻题材”更为盛行，这不仅符合我国传统文化和观念，也更契合中国观众的心理和接受习惯，在收视上更能赢得观众。

4. 2015年至今：中国模式初长成

经过2014年在联合制作领域的广泛试水，加之国家广电主管机构对节目原创的大力扶持，从2015年起，在上星频道节目创新中，版权引进的踪迹越来越难寻，而与国内众多专业节目制作机构合作推出的原创节目则成为创新的主流（表5）。2015年1月至2016年6月间，上星频道收视较高的新节目中，仅有上海东方卫视的《我去上学啦》、中央电视台综合频道的《了不起的挑战》、安徽卫视的《我们的法则》、浙江卫视的《谁是大歌神》、江苏卫视的《看见你的声音》这几档节目有明确的版权引进方，其他节目均为各大电视台自主或与制作公司联合制作的原创节目。

表5 2015~2016年上半年上星频道晚间高收视节目版权模式概览

节目名称	播出频道	播出月份	版权模式	制作方/版权方
偶像来了	湖南卫视	2015年8月	原创	湖南卫视
一年级大学季	湖南卫视	2015年10月	原创	湖南卫视
传承者	北京卫视	2015年11月	原创	北京卫视、能量传播
挑战不可能	中央电视台综合频道	2015年8月	原创	中央电视台
极限挑战	上海东方卫视	2015年6月	原创	东方卫视
挑战者联盟	浙江卫视	2015年9月	原创	浙江卫视、华策影视、中喜传媒
奇妙的朋友	湖南卫视	2015年1月	原创	湖南卫视
我去上学啦	上海东方卫视	2015年7月	版权引进	韩国JTBC电视台
等着我	中央电视台综合频道	2015年1月	原创	中央电视台
噗通噗通的良心	湖南卫视	2015年2月	原创	湖南卫视
金星秀	上海东方卫视	2015年1月	原创	灿星制作
群英汇	中央台三套	2015年10月	原创	中央电视台
欢乐喜剧人	上海东方卫视	2015年4月	原创	东方卫视、欢乐传媒
为她而战	江苏卫视	2015年4月	原创	江苏卫视
叮咯咙咚呛	中央台三套	2015年3月	原创	北京爱享文化
了不起的挑战	中央电视台综合频道	2015年12月	版权引进	韩国MBC电视台
有朋远方来	中央台三套	2015年10月	原创	中央电视台
一路上有你	浙江卫视	2015年1月	原创	浙江卫视
我看你有戏	浙江卫视	2015年2月	原创	浙江卫视、北京泽悦文化传媒
王牌对王牌	浙江卫视	2016年1月	原创	浙江卫视
中国诗词大会	中央电视台综合频道	2016年2月	原创	中央电视台
娜就这么说	上海东方卫视	2016年3月	原创	东方卫视、中传视界

续表

节目名称	播出频道	播出月份	版权模式	制作方/版权方
花漾梦工厂	山东卫视	2016 年 2 月	原创	山东卫视 + 千足传媒
旋风孝子	湖南卫视	2016 年 1 月	原创	湖南卫视 + 华录百纳、蓝色火焰
中国舆论场	中央台四套	2016 年 3 月	原创	中央电视台
花样男团	上海东方卫视	2016 年 6 月	原创	东方卫视和元纯传媒
熟悉的味道	浙江卫视	2016 年 6 月	原创	浙江卫视 + 千足传媒
来吧！冠军	浙江卫视	2016 年 4 月	原创	浙江卫视、蓝天下传媒
我想和你唱	湖南卫视	2016 年 5 月	原创	湖南卫视
二十四小时	浙江卫视	2016 年 1 月	原创	浙江卫视 + 盛唐时空
加油美少女	上海东方卫视	2016 年 6 月	原创	东方卫视、北京文化
蜜蜂少女队	浙江卫视	2016 年 3 月	原创	浙江卫视 + 从容制作
妈妈的牵挂	湖南卫视	2016 年 1 月	原创	湖南卫视
燃烧吧卡路里	上海东方卫视	2016 年 3 月	原创	东方卫视 + 爱享文化
我们的法则	安徽卫视	2016 年 6 月	版权引进	韩国 SBS 电视台
二胎时代	北京卫视	2016 年 1 月	原创	上海千足文化
谁是大歌神	浙江卫视	2016 年 3 月	版权引进	韩国 JTBC 电视台
看见你的声音	江苏卫视	2016 年 3 月	版权引进	韩国 CJ E&M CHINA

二、原创节目的创新路径

回望近年来我国电视节目的创新历程，不难发现，在市场和政策的双重作用之下，我国电视媒体的节目创新已经从单纯的海外模式引进，历经在成形的海外节目模式基础上联合制作，发展到向自主研发原创节目的方向大步迈进。尽管距离真正的自主原创乃至于模式输出都还有很长的路要走，但我们可以从近年来各级电视媒体的成功探索中提炼出几条行之有效的创新路径。

1. 传统文化创新表达：娱乐引导价值

2014 年 1 月 23 日，国家新闻出版广电总局下发了《关于积极开办原创文化节目弘扬和传承优秀传统文化的通知》，明确提出了“原创文化节目”的概念。自此，电视荧屏的娱乐过剩之风得到有效抑制，文化之风因势而起。在此后的几年中，各级电视媒体开办了不同题材的以传承和展示传统文化为主旨的原创文化节目。节目数量增长的同时，借助于在节目内容和形式上的不断探索和创新，文化类节目开始走出收视低迷的困境，在观众中形成越来越强的影响力，开始逐步进入发展快车道。综观近两年来在电视荧屏上大放异彩的人文类节目，如《中国汉字听写大会》《中国成语大会》《中国谜语大会》《中国诗词大会》《成语英雄》《汉字英雄》等节目，其获得成功的根本在于从传统文化中提炼和寻找出真正具有核心价值的元素，并通过价值凝练形成新的潮流，进而为人文类电视节目的本土原创树立根基。

在此基础上，对于这些宝贵的文化素材，敏锐的电视媒体人又对内容和形式进行“精雕细琢”的大胆创新，使传统文化在新形式、新包装下与观众形成互动，激发观众内心深处的文化认同感。如中央电视台综合频道2016年2月新开播的《中国诗词大会》，节目采用“以一敌百”和“击败体”的内循环竞赛机制，不仅体现了题目难度，更增加了赛事的戏剧性，让水平高的选手有返场机会，极大提升了节目的吸引力和期待度。从节目第一季的收视表现来看，自2月12日第一期开播起，节目整体收视都保持在一个相对较高的水平上，较开播前1个月同时段频道播出的电视剧，收视提升明显（图1）。

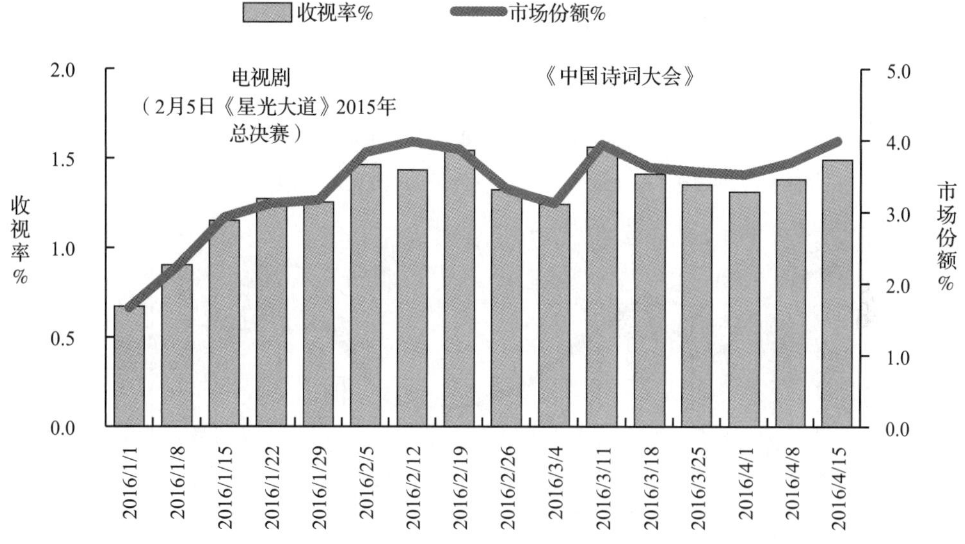

数据来源：CSM媒介研究

图1　2016年中央电视台综合频道《中国诗词大会》第一季各期收视走势（71城市，周五20:00～21:40）

2. 制播重组：创造力的再次整合

在节目创新模式发展的研究中，英国是经常被提及的一个案例。作为世界上电视创意产业的聚集地，英国“电视台数量不到中国的1/150，却拥有800多家电视节目制作公司，形成了一个以电视台为中心，各电视节目制作公司研发并提供各类创新节目模式的产业竞争格局”。[①] 在我国电视节目创新由版权引进到自主研发的转变过程中，也经历了从最初对海外模式较强的路径依赖，到变海外模式引进为联合制作，发展至今则形成以制播分离的制作形式、强强联合的制作团队，通过整合不同主体的创造力，逐步实现原创实力的提升的形态。

观察2015～2016年上星频道收视较高的原创节目，除了部分电视台独立制作的节目外，多数节目都采取了电视台联合制作公司或直接由制作公司创制的方式，灿星制作、

① 王晓娟：《卫视节目：由模仿走向创新》，《视听界》2014年第2期。

千足传媒、能量传播、中传视界、华录百纳、蓝色火焰、元纯传媒等，均成为参与节目制作的玩家，与电视台一道，推动新一波制播分离浩浩荡荡地展开。

作为在省级卫视江湖中拥有极强内容自制功力的湖南卫视也于2016年打开了制播分离的大门。2016年1月23日开播的《旋风孝子》，由湖南卫视、华录百纳、蓝色火焰联袂打造，成为湖南卫视首档制播分离节目。这也是在卫视频道竞争惨烈、频道自身制作团队满负荷运营的客观条件下，开放资源、引进社会制作团队充实节目制作力量，进而完善频道的节目布局和编排的顺理成章的选择。

制播分离之下，自由、弹性的机制与环境是电视人创意的沃土。以《旋风孝子》为例，该节目另辟蹊径，颠覆了人们对于“孝”的传统认知，采取类似纪录片、真人秀的平行拍摄剪辑方式，以家庭孝道为主题。节目在汇聚传统优势的年轻观众的同时，也吸引了他们父母辈的收视（图2）。

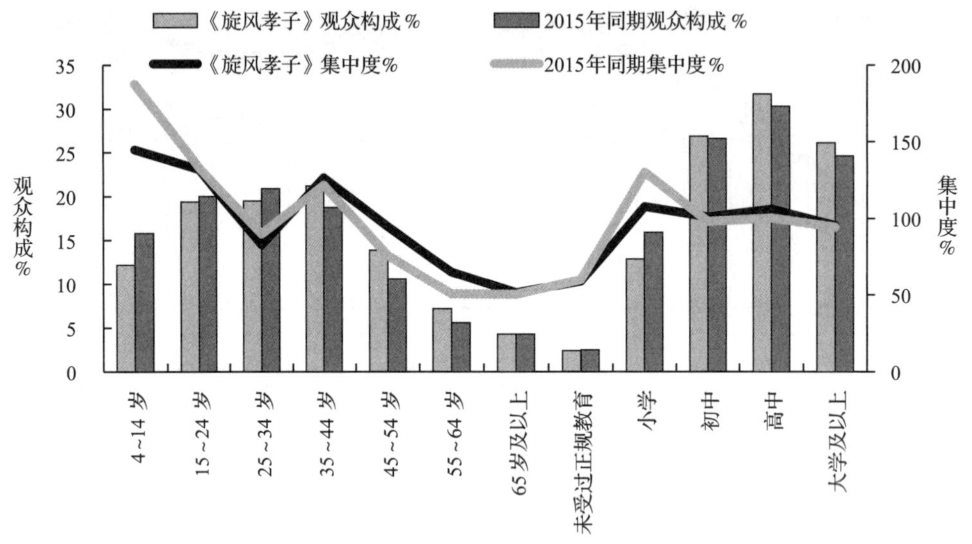

数据来源：CSM媒介研究

图2　2016年1～4月湖南卫视《旋风孝子》观众特征及与2015年同期对比

（71城市，周六22:00～23:40）

3. 电视碰撞电商：占据场景，赢得未来

罗伯特·斯考伯在《即将到来的场景时代》[①] 中描述：未来即是一个场景时代，我们将运用移动设备、社交媒体、大数据、传感器和定位系统这五大原力，开创出无所不在的场景，改变我们的生活。如果说互联网时代争夺的是流量和入口，那么移动互联网时代争夺的就是场景。微信、支付宝与打车软件的合作，实际上是在争夺用户支付场景，腾讯对大众点评网的收购则是其进入生活消费场景的尝试。那么对于传统电视来说，通过与电商的合作，将节目内容与购买场景连接，则是应对未来市场竞争、提前占

① 罗伯特·斯考伯：《即将到来的场景时代》，北京联合出版公司2014年版。

据先机的不二选择。

2014 年，上海东方卫视联合广东蓝色火焰文化传媒有限公司打造的《女神的新衣》开播，节目通过电商的深度介入，实现节目内容和场景的电商化，引发了业界的广泛关注。女星在节目中制作的新衣直接打通电商，天猫以 B2C 品牌电商平台身份提供独家体验和渠道发售，实现了即看即买的娱乐内容电商化模式，将内容“直接、即时”转化成商业价值。2015 年，《女神新装》第二季播出，在获得稳定的收视（图 3）的同时，也成为对电视碰撞电商的最好诠释。

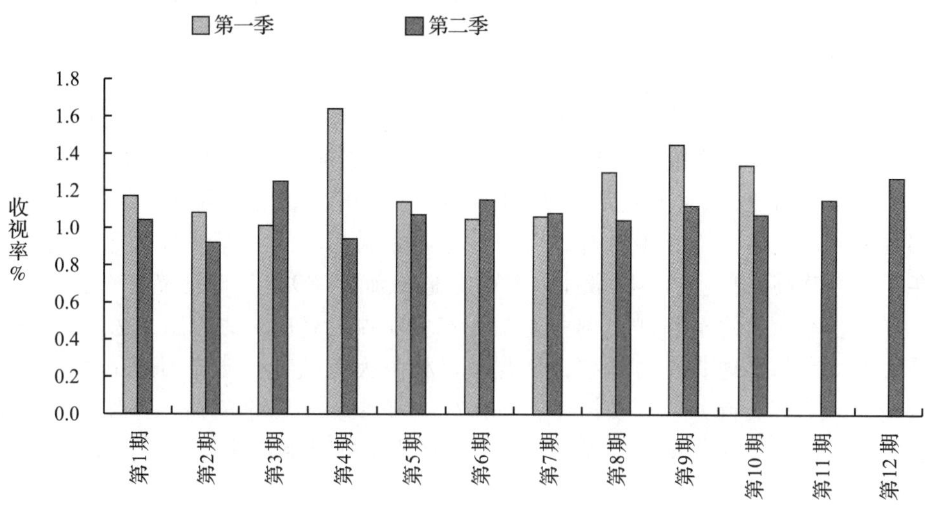

数据来源：CSM 媒介研究

图 3 上海东方卫视《女神的新衣》第一、二季各期收视走势

（71 城市，2014 年周六 21:15 开播，2015 年周六 21:30 开播）

三、结语

在全球化的语境下，电视节目模式产业的大发展成为不可逆转的趋势。综观我国电视节目模式的发展创新之路，可以说我们已经从最初“模式引进”的捷径迈进到借助国内各方资源合力原创探索的新阶段。而如何在此基础上寻找引进模式本土化和原创模式产业化的平衡点和突破点，则需要从政策保护、传播环境改善、制播理念升级等方面共同努力。唯其如此，原创节目才能真正从孵化、成长达到成熟发展的新阶段。

（作者：周欣欣）

从原版到原创
——广电新政下的市场表现与思考

2016年6月，国家新闻出版广电总局下发《关于大力推动广播电视节目自主创新工作的通知》(后简称《通知》)，针对广电机构过于依赖境外节目模式，原创节目比例较小、精品不多等问题，《通知》要求从2016年7月1日起，各电视上星综合频道每年在黄金档播出的引进模式节目不得超过两档；每年新播出的引进模式节目不得超过一档，第一年不得在黄金档播出。各电视上星综合频道要加大“920”时段节目自主创新力度，开发多样态、差异化的节目。[①]《通知》的发布在业内引起广泛的关注，这不仅意味着从国家层面上对盲目引进版权的调控，更是管理机构大力扶持原创节目模式的一种表态。新政实施后，市场反馈如何？收视表现怎样？如何借助政策的契机大力发展原创节目？本文主要对新政前后的收视变局进行分析，并在此基础上对未来发展的困难及出路进行思考。

一、新政背景下的收视变局

1. 暑期黄金时段收视降幅增大，第二梯队卫视损失惨重

观察广电新政实施前后34个上星综合频道全天时段的人均收视量走势，我们可以清楚地看到自2016年7月起，整个暑假期间，尤其是第32~33周的奥运期间，上星综合频道整体的收视规模较上年同期明显萎缩，较2016年上半年也有缓慢的下降。而具体到全天时段，可以看到这种收视的下降更多出现在晚间19:30~22:30的黄金时段，较2016年上半年和上年同期均明显走低（图1、图2）。收视的骤变，一方面是2016年暑期上星综合频道缺乏强有力的内容支撑而优势旁落，是否是政策的直接影响还有待进一步的观察；另一方面，奥运之下观众的注意力被赛事分流，势必对没有奥运转播权的卫视收视形成一定的冲击。

① http://www.sapprft.gov.cn/sapprft/contents/6588/299196.shtml.

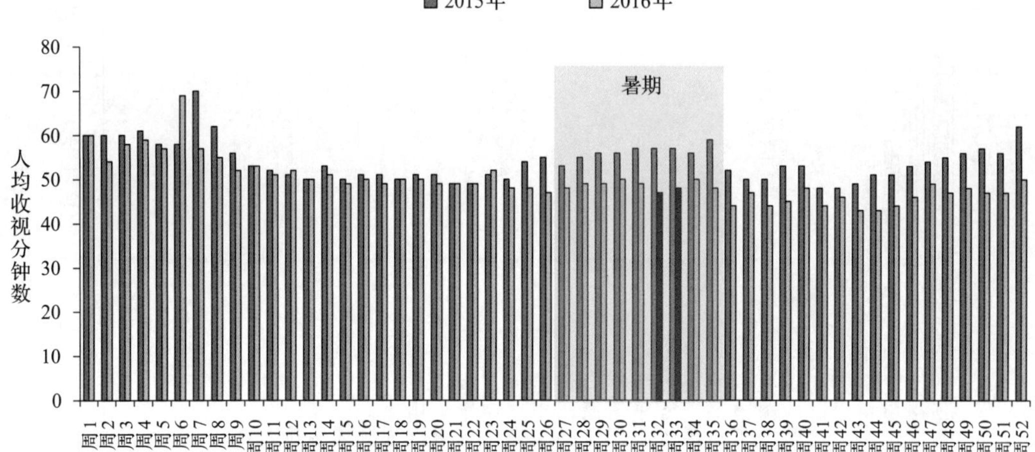

数据来源：CSM 媒介研究

图 1 2015 年、2016 年 34 个上星综合频道分周全天收视时长走势（71 城市）

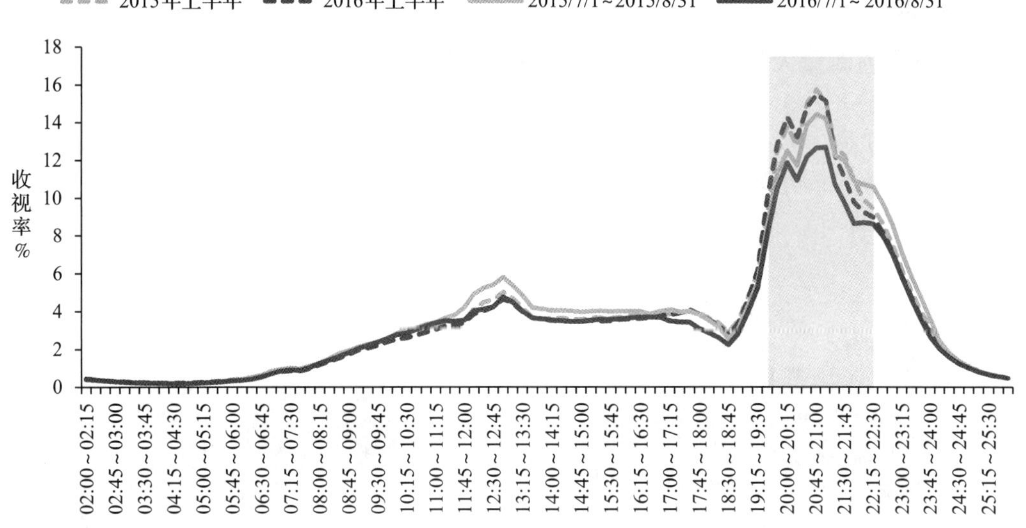

数据来源：CSM 媒介研究

图 2 2015 年、2016 年 7～8 月 34 个上星综合频道全天收视走势（71 城市）

而在 34 个上星综合频道阵营内部，新政前后收视走向也存在分化：市场份额前三位中，除第二位份额下降外，第一位和第三位份额均有一定幅度的增长；而市场份额排名第四至七位的第二阵营，竞争力下滑幅度最大；随着排名的后移，份额增减的幅度呈波动之势（图 3）。

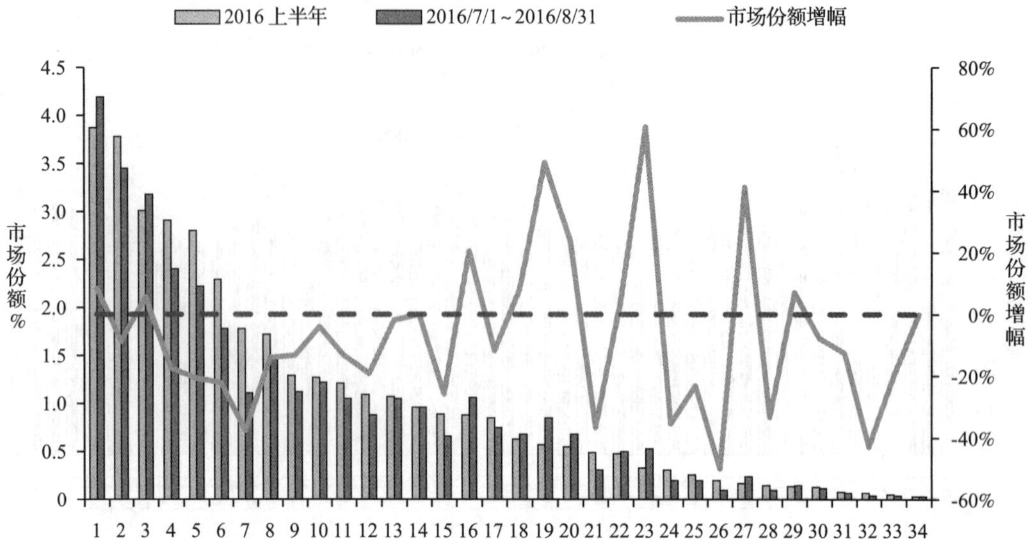

数据来源：CSM媒介研究

图3 2016年7~8月34个上星综合频道晚间黄金时段市场份额与上半年对比（71城市，19:30~22:30）

2. 节目创新量大幅下滑，原创节目成为创新主流

2015年7~8月，上星综合频道共播出常态新节目34档；而2016年7~8月，这一数值减少至20档。从节目类型分布来看，综艺类仍然是创新量最大的节目类型，2016年7~8月创新节目的类型更为多元，有契合暑期和奥运元素的青少类和体育类节目播出（图4）。

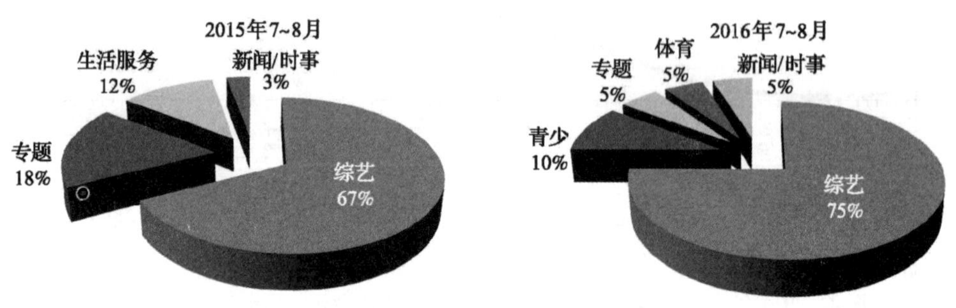

图4 2015年、2016年7~8月上星综合频道常态新节目类型分布

而进一步追踪这些节目的版权模式，可以看出，与国内众多专业节目制作机构合作推出的原创节目成为创新的主流，尤其在新政实施后的2016年7~8月间，除湖北卫视、重庆卫视、黑龙江卫视联合播出的《阳光艺体能》是韩国KBS《我们小区艺体能》的中国版权节目之外，其余新节目均采用了原创的模式（表1）。

表 1　2016 年 7～8 月上星综合频道常态新节目播出概况

节目名称	播出频道	节目类型	首播日期	首播时间	版权模式
长大之前去旅行	东南卫视	青少	2016/7/3	17:48	原创
超级六年级	湖北卫视	青少	2016/7/9	22:00	原创
加油向未来	中央电视台综合频道	综艺	2016/7/3	20:06	原创
说出我世界	江苏卫视	综艺	2016/7/3	22:00	原创
娱乐全频道	吉林卫视	综艺	2016/7/11	21:16	原创
我们战斗吧	江苏卫视	综艺	2016/7/15	21:50	原创
中国新歌声	浙江卫视	综艺	2016/7/15	21:10	原创
星球者联盟	上海东方卫视	综艺	2016/7/22	21:44	原创
阳光艺体能	黑龙江卫视	综艺	2016/7/17	21:30	版权节目
	湖北卫视	综艺	2016/7/17	21:31	
	重庆卫视	综艺	2016/7/17	21:30	
苗阜秀	北京卫视	综艺	2016/7/26	21:07	原创
你好邻居	贵州卫视	综艺	2016/7/29	21:23	原创
夏日甜心	湖南卫视	综艺	2016/7/30	21:59	原创
中国情歌汇	云南卫视	综艺	2016/7/28	21:10	原创
我是联想王	江西卫视	综艺	2016/8/2	21:14	原创
长大成人	北京卫视	综艺	2016/8/3	21:09	原创
中国冠军范	浙江卫视	综艺	2016/8/8	21:42	原创
1 块投吧	深圳卫视（新闻综合频道）	专题	2016/8/14	21:25	原创
生活大数据	广东卫视	新闻/时事	2016/8/20	18:04	原创
幽默大玩家	云南卫视	综艺	2016/8/22	22:21	原创
我是超人	旅游卫视	体育	2016/8/26	20:31	原创

数据来源：CSM 媒介研究

3. 主要卫视“920 时段”节目编排保持稳定，多档奥运主题节目突围

从“920”时段的节目编排来看，主要卫视这一时段的编排都延续了以往的态势，尤其是周一至周四的编排变化不大；而在兵家必争的周五至周日期间，2016 年 7～8 月有几档新节目陆续播出。从这一时段新推出的节目来看，以奥运为主题的节目占据相当比重，浙江卫视周间播出的《中国冠军范》集奥运、竞技、时尚集于一身，采用现场录制、奥运同期播出的方式，聚焦从奥运赛场凯旋归来的奥运冠军；上海东方卫视的《星球者联盟》中众多明星大咖热情参与，聚焦在中国群众基础最广泛的篮球运动。此外，音乐真人秀（《中国新歌声》《盖世英雄》）、户外真人秀（《花样男团》《我们战斗吧》）也不乏力作。

二、困顿之下的思考

1. 受众之困：不能忽视年轻群体

历年暑期，作为年轻学生群体回归传统电视的重要节点，各上星频道都不遗余力地推出特别编排，吸引年轻观众回流，成为年中收视的旺季。而2016年7~8月的暑期似乎成为卫视暑期年轻化策略失灵的拐点，上星综合频道的收视遭遇了较为明显的下降。进一步分析不同年龄段受众的收视可以发现，与2015年同期相比，收视时长下降最为明显的是4~14岁和25~44岁群体，人均收视分钟数较上年同期降幅均超过15%。反观视频网站，根据艺恩智库数据显示，仅7月视频网站TOP20剧集总播放量较2015年同期增长42.64%。在7~8月总播放量TOP20的各家版权剧数量排名中，腾讯视频拥有其中的15部。① 而腾讯视频为了满足年轻用户"一切皆可玩"的观剧需求，从产品功能、个性化体验、用户福利等方面均做足了功课。因此，面对年轻的收视群体，面对未来视频产品的消费主体，摆在传统电视面前的任务仍任重而道远，创新突破的压力也愈行弥艰。

2. 内容之困：市场呼唤中国创造

内容为王多年来是传统电视强调的自身核心竞争优势之一，而2016年暑期众多上星频道在收视上所遭遇的下滑，也可以理解为缺乏强势内容支撑的必然结果。一方面，2016年7~8月卫视频道普遍缺乏引领市场收视风潮的"爆款"剧目，先网后台、网快台慢等播出方式也对部分卫视晚间的剧场形成冲击。另一方面，从上文的分析可见，2016年7~8月上星综合频道常态节目创新的步伐也明显放缓，不仅数量较往年缩水，在质量上也缺乏可圈可点的力作，而在更多的播出空间中发挥余热的综N代已难续往昔辉煌，市场上呼唤可以重新支撑传统媒体领军地位的现象级节目。而现象级节目从何而来，来自于海外版权模式节目？中外联合制作节目？还是本土原创发力的自主版权节目？答案可想而知，我们已经经历了对海外原创经典的模仿、学习阶段，未来的创新之路则需要更多借助我们自身的力量，将优质的内容署名中国制造。

3. 模式之困：阵痛之后迎接曙光

最后，我们再回到广电主管部门颁布的新规，它是限制，是调控，但归根结底是保护。尽管在起步阶段不可避免地带来阵痛，但对于我国原创实力的开发、激活和升级，则是短暂的收视停滞之后更快步前行的原生动力。我们可以看到，经过几年的发展，我国电视节目的原创实力已经大大提高，原创节目的比例飞速提升。2015年1月至2016年6月间，上星频道收视较高的新节目中，仅有5档节目有明确的版权引进方，《传承者》《挑战不可能》《欢乐喜剧人》《王牌对王牌》《中国诗词大会》《旋风孝子》等均

---

① http://newseed.pedaily.cn/201609/201609051326282_all.shtml.

为各大电视台自主或与制作公司联合制作的原创节目。可以说，在打造原创现象级节目方面，我们已经在路上。而如何在此基础上寻找原创模式产业化的突破，则需要我们在政策保护、传播环境改善、制播理念升级等方面继续努力。

（作者：周欣欣）

发力供给侧：实时收视数据与多屏测量

最近一年多，CSM 媒介研究在供给侧方面进行了一些改革和尝试，在新媒体方面的工作也处于提速状态。原因主要来自于两方面：一是市场的需求，二是市场的竞争和用户的压力。2015 年我们提出了多屏拓展与跨界融合的概念，其中，多屏拓展包括收视测量实时化、穷尽电视端收视和实现跨屏总收视。在穷尽电视端收视方面，我们在 2016 年 5 月正式推出时移收视率的标准化服务。实际上在 2016 年 5 月之前，从 2015 年 1 月开始至 2016 年 5 月之间，我们一直在 12 个城市做时移收视测量。2016 年我们在实时数据和跨屏测量这两个领域取得了一定进展，本文主要围绕这两个方面与大家分享。

一、收视测量实时化：智能电视实时收视

2015 年 12 月，CSM 媒介研究与欢网开启战略合作。2016 年 2 月 CSM 媒介研究与欢网、微博、一点、奥维合作推出猴年春晚实时收视测量平台，在该领域进行了成功的尝试，此后我们与欢网合作的实时收视测量也一直在推进。2016 年 6 月，我们推出了实时数据系统全国版，在此基础上 7 月又推出实时数据系统 52 城市平台，用户可以看到节目的实时收视曲线、历史数据、频道对比以及节目画面。很多卫视的同事都有这样的经历，看完市面上其他实时数据后，把它乘以 4 才约是第二天公布的数据。而我们给出的实时数据的绝对值会和第二天 CSM 媒介研究公布的数据非常贴近。52 城市实时数据平台已经运行一段时间，总体来说，实时数据绝对值与正式数据的差距在可以接受的范围之内。

智能电视终端 CSM－huan 的实时数据系统涵盖了四项技术：直播识别和触发式实时回传技术，基于4200 万智能电视终端抽样技术，分钟级实时呈现云计算和大数据流式处理技术，海量数据与抽样数据融合技术。这套系统大致有如下几个特点：第一，在整个识别过程中，我们运用直播识别和触发式实时回传技术，这是目前智能电视机行业当中的一项高精尖技术；第二，我们是基于4200 万智能电视终端数据，但不是全部。我们首先在 4200 万智能电视终端中进行抽样，抽取 50 万的固定终端作为样本。为什么要抽样？我们在研究欢网数据的过程中发现第一批购买智能电视的用户在很大程度上是对收看直播电视不太感兴趣的人。因此，我们要参照全国电视观众的收视时长分布，以智能电视终端的直播收视时长为变量进行抽样。这个系统可通过云计算和大数据流式处理技术进行分钟级收视实时呈现，这样得到的曲线与我们根据收视调查数据计算出来的曲线非常

类似。第三，海量数据与抽样数据融合，我们利用抽样调查的优势结合海量数据，避免了一些大数据的缺点。

在设计系统的时候，我们将实时数据进行了一个合理的定位。鉴于 CSM 媒介研究本身有一套自己的收视调查数据，我们把实时数据定位为现有收视率调查体系的延伸。换句话说，我们这套系统可以实时预测 CSM 媒介研究第二天公布的调查数据。预测效果如何？与第二天公布的数据差异如何？我们以中央电视台综合频道（一套）为例，用 2016 年 4 月 19 日 24 小时智能电视实时收视数据与第二天 CSM 发布的收视调查数据进行比较，可以发现二者整体的变化趋势是一致的（图 1）。

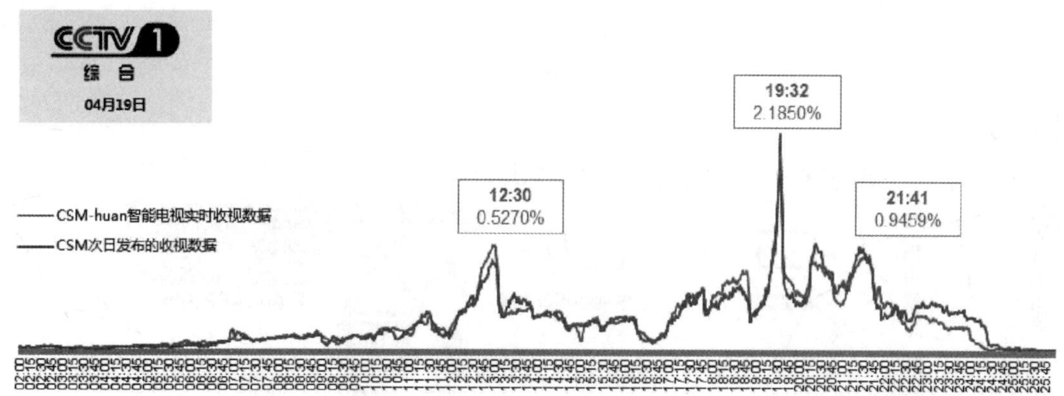

图 1 中央电视台综合频道（一套）欢网智能实时数据与 CSM 次日发布的收视数据对比

观察智能电视实时收视数据与次日发布的收视数据之间的差异，我们可以发现当天看到的智能电视实时收视数据与第二天发布的收视数据基本在一个数量级上。尽管预测系统的结果存在一定的误差，但从目前的中央台频道和省卫视频道来看，对主要频道来说二者基本上是一致的。

二、跨屏总收视的实现

跨屏收视测量是 CSM 媒介研究探索已久的一个领域，实际上 CSM 媒介研究从四年前就开始做这项工作。跨屏收视测量在欧洲有很多的尝试，也有很多经验。2016 年上半年，CSM 媒介研究找到了合作伙伴，该项工作有了很大的提速。从 2015 年年底到现在，CSM 媒介研究与美国 comScore 合作，已经实现了一部分跨屏收视的测量。图 2 表示的是电视端收视测量；图 3 表示的是电视端延展的收视行为，我们目前的跨屏合作就是为了实现这个目标而做的测量；图 4 表示的是全视频测量；图 5 表示的是全内容测量，内容不仅仅包括电视台的，还包括视频网站以及自己的延伸视频（图 4）。

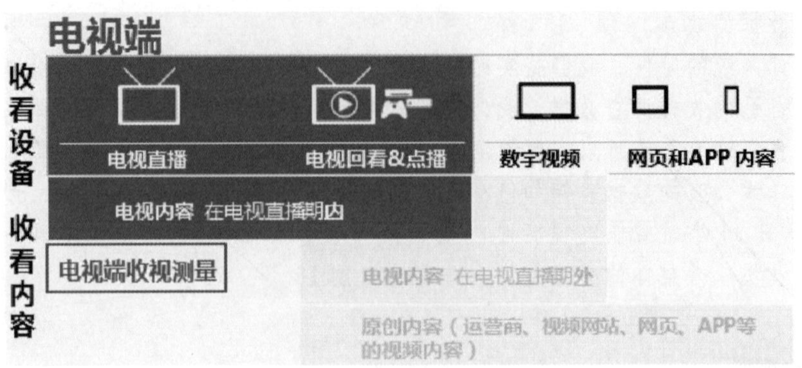

图 2　电视端收视测量

图 3　电视端延展收视测量

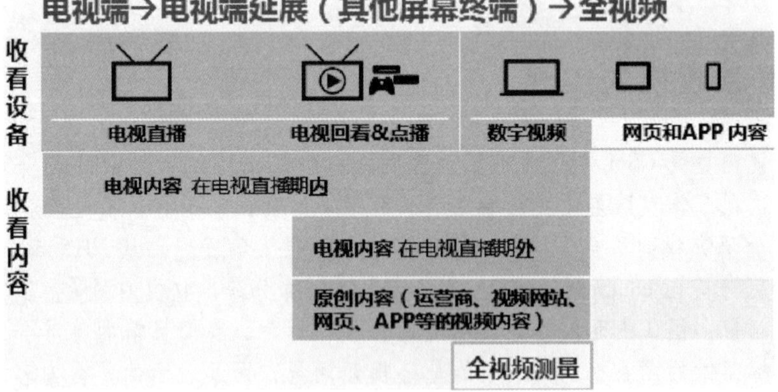

图 4　全视频收视测量

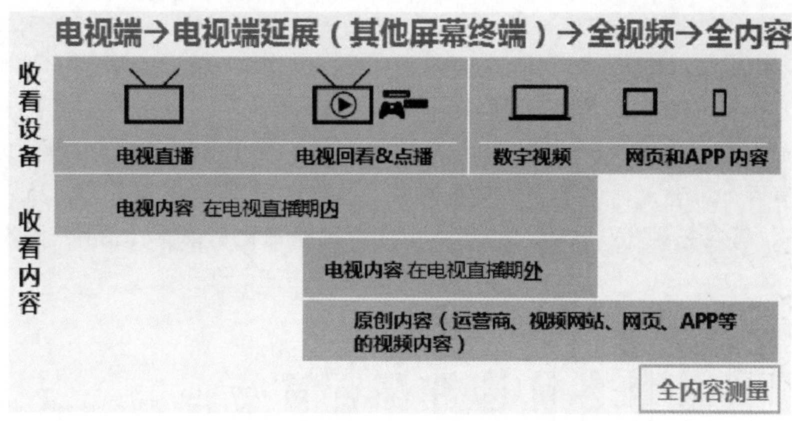

图5 全内容收视测量

comScore是一家全球领先的数字媒体测量公司，于1999年在美国成立，2007年在纳斯达克上市，目前在全球拥有44个市场的测量数据，服务3200个客户。2009年comScore进入中国市场，目前在中国已经拥有60万PC端的样本，将网络测量软件安装在用户的电脑上，可以实时跟踪用户的上网行为。此外，comScore在国内主流的视频网站上已经加入代码，可以实时了解每一个网站完整的流量以及视频播放的情况。

现在comScore已经发展为全屏、跨屏精准受众分析企业。2014年，comScore在美国推出了数字测试的跨屏产品，涵盖了PC端、移动端等终端上的视频播放情况。2015下半年，comScore推出了与数字视频、电视视频趋同和跨屏的分析。2016年1月，comScore与美国从事电视收视调查的公司合并，使用有线运营商的数据进行实时的数据分析，目前拥有全美4000万家庭户机顶盒的实时数据。在完成合并之后，两家公司会进一步把机顶盒数据与comScore加码的数据，以及comScore的样本数据，包括现在家庭路由器的样本结合在一起，进行全新的跨屏测量。

2015年1月，Kantar Media集团投资comScore，在Kantar完成投资之后，comScore将合作的工作重心放在了跨屏测量领域，两家公司的第一个试点区域在西班牙。2015年8月，comScore开始探讨与CSM进行跨屏收视测量的合作，希望基于中国市场特殊的国情（例如电视台很少有自己的大型官方网站），探索有中国特色的跨屏收视测量方法。从目前的进展来看，第一阶段先利用comScore在PC上的样本，以及PC端加码的方法进行第一期非排重的到达率计算。第二阶段会加入移动端的数据。目前我们也在与视频网站洽谈移动端加码。第三阶段还可以加入视频网站OTT端的一些容量，以便在进一步获取视频播放时长的数据之后，获得总收视的数据。在我们实现了非排重跨屏之后，下一个目标是与央视市场研究（CTR）合作，把移动端收视数据也加进来，实现跨屏总收视的测量。

基于目前双方合作进行跨屏收视测量的结果，在电视端和在PC端的观众规模如何呢？我们以2016年的19部热播电视剧为例，《亲爱的翻译官》在电视端的观众规模最高，达2.71亿。该剧自5月24日开播，前10集电视端的观众规模波动不大，第十集的观众规模最大，为6432.6万人。在PC端，观众规模则波动较大，第五集的观众规模最大，为459万人，第二集最低，仅为123.7万人。从其观众构成来看，女性观众的比例高于男性，为65.57%；从年龄构成上看，14岁及以下观众的比例最高，为24.13%。在PC端，该剧在乐视视频和芒果TV两个平台的女性观众比例均高于男性；从年龄分布上看，PC端两个平台之间的年龄结构出现差异，该剧在乐视视频平台，25~34岁观众的比例最高，而在芒果TV平台，则是15~24岁观众的比例最高（图6~图8）。

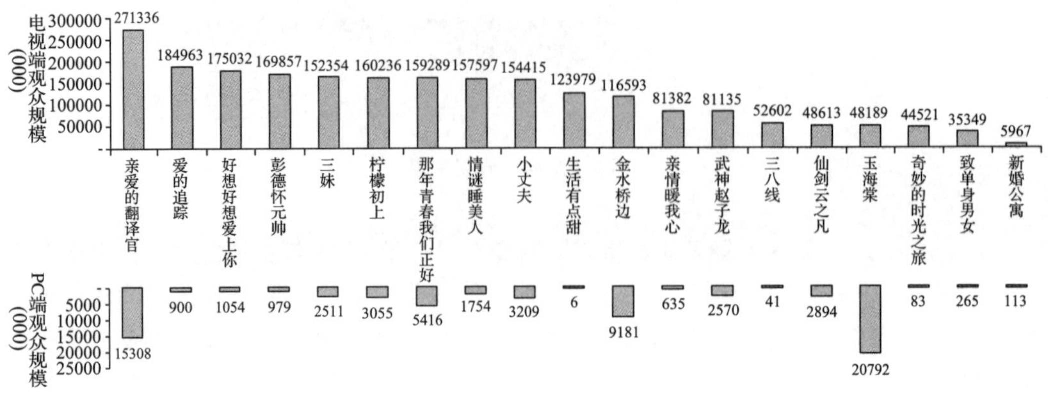

图6　不同电视剧在电视端和PC端的观众规模

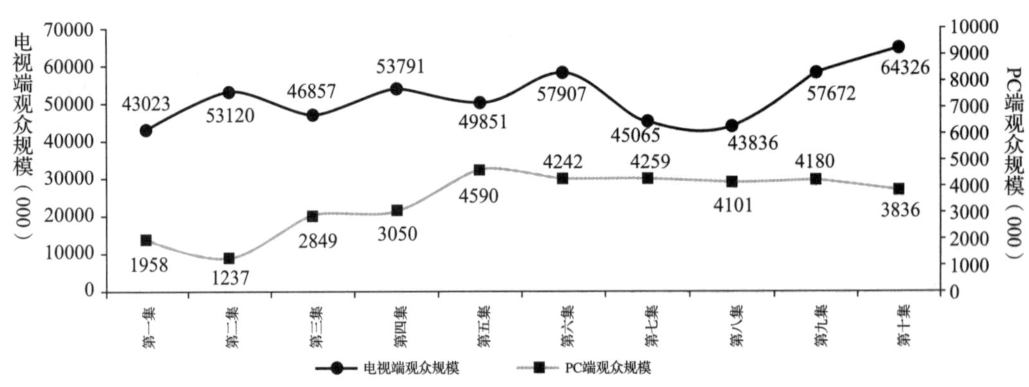

图7　湖南卫视《亲爱的翻译官》分集观众规模

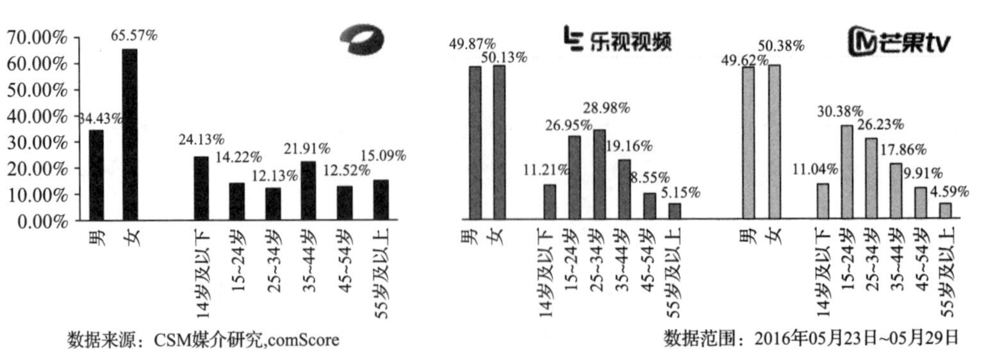

图8　《亲爱的翻译官》在不同终端的观众构成对比

三、结语

过去几年，CSM媒介研究一直致力于三个方面的探索：一是收视实时化，二是穷尽电视端的收视，三是实现跨屏总收视的测量。在穷尽电视端收视方面，我们已经在15个城市推出了电视时移收视率产品。在收视实时化方面，2016年6月全国平台上线，7月52城市平台上线，今后还会有35城市和重点城市的实时收视平台上线，且数据和功能不断优化。在跨屏总收视领域，我们最终的目标是实现非排重的到达评估，正式向市场推出跨屏收视报告。

在跨界融合方面，CSM媒介研究一直致力于打通消费数据、完善社交媒体数据和机顶盒数据个人化三个领域。2016年我们在打通消费数据领域有一个比较大的举措，就是将20个省和4个直辖市的收视数据与KWP消费数据进行融合。应该说在跨界融合方面，我们的目标就是以电视收视率为核心，融合消费数据以及其他能融合的数据，形成以电视为中心的，涵盖其他各个领域的数据。比如机顶盒数据，我们和歌华在合作，把广电机顶盒数据和IPTV机顶盒数据融合。如何把机顶盒的数据个人化？这里有一套复杂的方法，我们仍在研究当中。所有这些工作与CSM的目标都是一致的，就是为电视传播做加法、做增量。

（作者：肖建兵、吴盛刚、蔡芳）

供给引导需求，变化厘定标尺

“供给引导需求，变化厘定标尺”是“聚焦供给侧，测量新价值”的另外一个说法。供给侧结构性改革是2016年的热词之一，是国家的大政方针。从新常态到“互联网+”,再到供给侧结构性改革，我们又来到寻找解决方案新的十字路口。供给侧结构性改革是我们国家经济发展的一个药方，而站在我们广电、传媒的视角上，在供给侧领域同样面临再次改革的迫切需求。

一、供给引导需求

“供给侧结构性改革”是指从供给、生产端入手，通过解放生产力、提升竞争力促进经济发展。以前提到“经济增长”，会条件反射地认为就是扩大内需，刺激增长，现在要换一种新思路、新方法。

谈电视的供给侧，从内容制作到播出至观众是一个链条，观众层面是需求侧，制作和播出是供给侧。从产业链的划分来看，电视的供给侧主要是内容、渠道和终端，这是实现观众收视需求的三个基本要素。电视供给侧改革即内容层面的改革、渠道层面的改革和终端层面的改革。

1. 供给VS需求：三个层面的变化

(1) 内容层面的变化

在供给侧和需求侧碰撞的过程中，会发生一系列的变化。内容层面的变化体现在四个方面：制播分离、PGC与UGC、模式节目崛起、现象级与爆款。

我们可以看到，在新的传播时空中，制播分离已经从原来的遮遮掩掩到现在成为大势所趋。这个问题的另外一个表述是社会化制作。当前荧屏上热播的一些电视剧、娱乐节目，乃至动画片和纪录片，都在践行着制播分离和社会化制作。除了专业化的PGC之外，互联网的快速发展还催生了大量UGC——用户生产的内容。无论是PGC还是UGC，都需要和电视屏幕形成勾连，因为电视仍然是第一屏。什么样的节目是电视屏幕需要的呢？这就涉及内容层面的第三个变化——模式化节目的崛起。电视既需要社交媒体的支撑、社会化传播，也需要更好的内容来继续传播。从2014年、2015年开始，模式节目有了一个新词，即IP化，翻译成中文就是知识产权、版权。什么节目是电视台需要的？

什么节目是观众需要的？什么节目是网络需要的？现象级的节目、爆款的节目满足上述各方所需。在供给侧的内容制作领域所发生的上述变化中，在市场上最受关注的就是现象级节目，这些节目都有一定的规律，好的明星、好的故事、好的结构、好的剪辑和制作成为收视保障。

(2) 渠道层面的变化

渠道层面的变化，指的是制作出的内容如何传递到接收端，中间的链条、中间的技术实现是怎样的。从最初的模拟信号，到之后的有线网、有线网数字化，再到偏远地区实现了卫星的直播，数字化的过程中又实现了 IPTV、OTT 等方式，渠道开始呈现出多元化、双向化、数字化的特征。卫星直播对市场形成一定的冲击，特别是这两年国家对卫星直播、户户通实行的鼓励政策。基于移动互联网的手机端收视、OTT 和电视机的连接，包括 IPTV 等都是在渠道层面发生的变化，这其中有一些和广电有关，有些已经跨界到互联网。

从 2015 年年底开始，在渠道层面出现了一个新的变化：云直播，手机端的直播。云直播搅动电视，使电视由原来的单维度变成了多维度。一档电视节目既可以从电视上送达千家万户，也可以通过手机端让大家实现连接、互动，多个用户端之间也形成一种互动——基于视频的互动，从原来基于社交、文本、图片和声音的互动扩展为基于视频的互动。云直播注定会影响电视，现在有一些电视台已经考虑通过直播技术实现内容制作和采访素材的提供，然后编辑成节目。

(3) 终端层面的变化

终端层面发生了哪些变化呢？从硬盒子到软盒子，从有线电视机顶盒到双向高清机顶盒、IPTV 机顶盒、OTT 盒子、智能电视盒子，到网络视频、智能手机 APP，到最新的微信轻应用。我们相信在不久的将来，在微信这个平台上不仅仅会有电视台的营销公众号，节目直播、点播回放的公众号也会在微信平台中出现，成为终端层面的新变化。

而在上述终端层面的各种变化中，目前最新、最热的变化是智能电视。智能电视近年来发展很快，智能电视机渗透到千家万户之后，对我们使用电视直播、点播、回放形成很大的竞争关系。此外，虚拟现实的实现、头显设备的出现，使我们的节目制作发生巨大的变化。原来我们分大、中、小的硬屏，将来可能划分为实屏、虚屏。

2. 电视供给侧：忧患与挑战

渠道的变化，内容的变化，终端的变化，这些供给侧的变化对产业链产生的影响巨大。而影响里面有两个非常重要的环节，内容在哪里？用户在哪里？用户跟着终端走，终端在区隔内容传播。内容如何迎合终端的布局，甚至介入终端的再造。乐视通过终端绑定用户，反过来和内容供应商来谈，通过对用户的绑定提升它与内容提供方谈判的筹码，这都是对产业链的影响。

作为传统的广电行业，在跨界发展过程中，面临着很大的挑战。作为传统电视，我们的资源出现了外流、外化，需要重新调整；技术上，原来的优势没有了，处于劣势；

特别是渠道处于劣势，存在渠道失灵、终端倒逼的隐忧；此外，我们自身的创新能力降低，议价能力也不够。

这些挑战向两个方向传导。一是向内传导，我们现在内部改革比较困难，机制制约要素效率，所以出现了上海文广、湖南电视台的改革，改革要激活机制，激活要素效率，但能做到一轮一轮改革的电视台能有多少呢？向内传导变成了对机制提出更高的挑战和要求。如果这方面还做不到，就变成了要素外流，从台里的变成台外的，这是向内传导带来的变化。二是向外传导，主要体现在两个方面，一是广告经营压力，二是品牌影响力下降。整体归结到一点，就是小电视到大电视的资源再分配。传统电视是大电视的一部分，这部分要适应时代的转变，电视台就要解决向内传导带来的两个问题和向外传导带来两个问题。这就需要从小电视向大电视的理念转化、架构转换。

国家谈供给侧的改革，提出三句话——减少无效供给，扩大有效供给，加强优质供给。对应到电视领域情况是怎样的呢？

减少无效供给。CSM 媒介研究在进行节目数据分析的时候，有一个指标叫节目资源使用效率，考查节目播出与观众收视是否平衡。当节目播出多而观众收视少的时候，节目资源是浪费的，需要减少无效供给。电视台最大的内部改革就是减少频道。减少无效供给看似简单，国家从宏观层面提出非常容易，但是落实到每个实体来实现，既有政策的问题，也有人员的问题、资金的问题。

扩大有效供给。为什么这两年电视剧和娱乐节目火爆，因为它们是有效的供给。这样的节目广告客户愿意投放广告、愿意冠名；有了品牌影响力，互联网平台愿意合作，购买节目的版权。另外，电视台还可以把其他广告资源进行整合，进行一站式购买。我们有电商平台、户外媒体平台、线下的商超平台，这些平台为我们的需求方和客户扩大了有效供给。

对电视台而言，减少无效供给，难度较大；扩大有效供给，大家都在践行。另一个很有难度的就是加强优质供给。市场在一定阶段的产出量有限，基于现有的条件、媒体、制作人、导演，以及有限的资金，我们能不能做更好的节目呢？能，但是媒体发展出现两极分化，优质供给被大品牌、大媒体所垄断，大品牌、大媒体又和互联网绑定控制了市场，所以增加优质供给非常难。

3. 电视需求侧：数据搅动下的困局

供给侧如何影响需求侧？我们可以从两方面入手引导需求侧：一是 B2B 的需求，一是 B2C 的需求。B2B 即企业—广告营销，电视是一个播出平台和广告推广营销平台，是企业所需要的。B2C 即观众—内容消费，把内容传播给观众，观众收看，再进行内容传播，放大媒体的品牌影响，让广告客户对媒体价值有更深的认知。现在 B2C 本身出现很多变化，原来 C 是我们独家的，现在观看视频有了更多的渠道，C 正在被分割，C 的实现途径发生了变化，这反过来导致 B2B 也出现了问题。

针对上述问题有什么解决方法呢？目前大家正在探索的主要有两条路径：一是将节目升级成产品，让产品成为一个企业的营销平台，把 B2B 做大。过去讲 B2B 就是广告，后来有了创意广告，再进一步就是企业营销平台的搭建，以节目为导向，把节目产品化，把产品平台化。二是让观众化身为用户，以用户驱动价值连接与创新。

在这个过程中数据是价值的标尺和载体。没有数据，B2B算不清账，B2C无法了解情况。要用数据来厘清B和C之间的关系，转换B和B的价值及交易，这就是数据搅动下的需求侧困局。企业投放了很多广告，也把广告预算细分到电视和新媒体，但是销售数据并没有增长，是不是营销失灵了？是不是数据在说谎？

来自美国的研究发现，由于互联网虚假的点击量，让美国的广告主至少损失了50亿美元以上的广告投放。因此，企业营销会在数据与时效之间摇摆。在数据与实效之间，企业更注重实效。如果数据与实效能接轨、能共振，那么数据是对的，企业的营销是有效的；如果二者中间断裂，一定首先怀疑数据。

另外，当前市场上有大量的数据供应商、大量的数据资源应用者。他们并没有尝试连接不同来源的数据，而是把数据拆分使用。不同来源的数据之间没有融通，数据孤岛放大了数据鸿沟。

与此同时，作为当前市场上的热词之一的“用户画像”也颇值得商榷。CSM媒介研究的收视率调查不是用户画像，我们把它比喻成“用户照相”。如果相机没有毛病，照出来的照片就不会失真。但用户画像就有可能画得不像。如果用户画像是基于局部数据，则作画就类似盲人摸象，以偏概全，就可能会导致数据的扭曲或者异化。

二、变化厘定标尺

基于供给侧以及数据测量领域发生的变化，我们需要重新思考：我们究竟需要做什么样的数据供应商？站在供给侧如何满足客户更加多元的价值测量需求？寻求“收视率+”的可测量的价值增量到底在哪里？只有把这些问题考虑清楚，知道哪些可以做，哪些不可以做，标尺才会出现。

1. 节目传播的多样化变局：向场景集结

换一个视角看节目传播。内容、终端、渠道，这些是供给侧；需求侧就是场景，即观众怎么看视频？从什么终端看？在什么场景下看？场景是当下比较热的词，是指人和节目连接与互动的情景。通过投票器现场投票，是一种调查的场景；在大街上拦访，是另一个场景。场景包含行为，包含行为前面的终端，还包含了渠道、包含了内容。

当前的传播环境下，连接发生了变化。连接包括盒子连接、手机连接、APP连接、微信连接、网游连接、电商连接、互联网金融连接等，这些连接与电视相关联。互动电视包含了回放、点播、分享、点赞、摇电视、评论等。连接是前提，互动是模式，有了连接才能实现互动。

无论连接、互动都向场景集结。以家庭收视为例，这个重要的场景正在被分解，变得更加多元。例如，在家边看电视边聊微信，是一个场景；边看电视边和家人聊天，是一种场景；通过电脑上网收视，也是一种场景。移动端收视是更为常见的场景，例如在地铁、公交车上，在电梯里，用手机收看视频，这也是一个场景。移动电商也是一个场景。

这些场景要转化成我们理解的模式，主要有四个模式，它们重新定义收视行为。我们原来定义的收视行为，即谁、什么时候、看了什么内容，因为终端电视机确定了，家庭作为地点也是确定的，所以过去考虑收视行为，主要考虑时间和内容。现在我们要考虑的因素更多，终端在发生变化，谁、什么时间、什么地点、什么终端、什么内容，这五个关键的维度混合在一起形成了四种模式，即电视机家庭（TTV）、多终端视频（TVV）、社交化圈层（STV）、消费化入口（CTV）。在家看电视（TTV）依然是非常重要的，这是我们最常见的场景。此外，第二种模式在移动端、电脑端观看视频（TVV），第三种模式边看边分享到社交圈讨论（STV）也是现在较常见的场景。第四个场景，就是边看边买，是消费化场景（CTV）。这四个场景，都与收视调查的延伸有关，也和媒体利用价值的扩展相关。

属于时间、内容维度的收视率非常容易理解，终端、地点变化后产生的场景化的收视率则不易于理解。把终端、地点混合在一起，就产生场景化收视率：家庭与电视端的收视率、家庭与移动端的收视率、户外与大屏端的收视率、户外与移动端的收视率、边收视边社交、边收视边购买，这都和收视率有关，都需要转化成可测量的价值指标体系。

2. 可靠的数据，有效的标尺

与时间相关的包括直播收视率、时移收视率，与终端相关的包括网络收视率、跨屏收视率，与内容相关的包括频道收视率、节目收视率、社交收视率，这些元素使得一档电视节目具有了多元的价值叠加、多层次的价值叠加。分析一档节目就可以知道多少人看了直播，收视率是多少；多少人点播、回看，时移收视率是多少；多少人在网络 PC 端、手机端收看，终端收视率是多少；了解网络 + 电视，跨屏收视率是多少；还可以了解作为单一节目产品实现的价值，以及在社交媒体实现的价值，这就是立体反映一档节目价值的维度，并且是基于收看和讨论行为。

这么多的数据、维度放在一起，多年来业界一直在摸索解决方案；企业、广告公司、电视台也提出很多需求；CSM 媒介研究作为数据研究公司，也在寻求解决方案，我们解决方案遵循基本的原则就是数据可靠、标尺有效。

数据有两个来源，一是以用户为中心的数据（User Centric），如固定样组的调查数据，以及终端对应用户的数据采集与识辨。以用户为中心的数据主要有两个测量技术，一是人员测量仪技术（People Meter），二是虚拟测量技术（Virtual Meter），后者是针对个人，通过抽样对用户进行数据采集。另一个来源是以内容为中心的数据（Site Centric），包括回路数据、加码监测数据、跨平台叠加数据。现在很多大数据都是基于内容和行为的数据，是基于不确知的群体行为的数据。例如爱奇艺的数据，是 APP 打包集成的数据，是后台数据。

3. 关于大小数据的争论

以内容为中心的是大数据，以用户为中心的是小数据。这两类数据之间怎么衔接？是大数据可靠，还是小数据可靠？大、小数据之间是替代关系、互补关系、还是相互利用关系？

学者刘德寰认为现在谈到大数据，有四个混乱观念：第一，大数据是全数据，忽视甚至蔑视抽样数据；第二，连续数据就是大数据；第三，数据量级大是大数据；第四，数据量大好于量小。他还认为，抽样数据只要抽样合理，结论就会准确；连续只是一个数据结构；大量级的噪音会得出错误结论；数据价值与数据大、小关系不大。

任何一个网站的数据都是人们互联网行为数据的很小的一个子集，无论这个子集多么全面，都是子集，不是全集。对于企业来讲，竞争对手的数据价值远远超过自己网站数据的价值。所有公司都一样，从量级上，自己拥有的数据远远小于全集数据，但看起来的全数据恰恰是残缺数据。数据量的大幅增加会造成结果的不准确，来源不同的信息混杂会加大数据的混乱程度。

有些网站花400～500元就可以实现1000万的点击量增加，这是靠机器人点击，不是真正的收视行为。收视调查是调查所有电视观众的收视行为，特别是电视与其他屏幕跨屏的收视行为的集合。收视率调查从来不讲数据挖掘，有设计的数据是非常清晰的，不用挖掘。大数据需要挖掘，挖掘是靠机械的方法、模型的方法，挖掘的数据未必是好的。

学者彭兰提出，当下，大数据或数据这样的词，已成为媒体彰显其“与时俱进”姿态的标签——哪怕只是在报道中出现了几个不知从何飘来的数字，也会贯以“大数据为你解读……”这样的标题。对于过去常常把“数据”看作“理工科”思维的媒体来说，大数据或数据成为热词，不是坏事。毕竟，数据的应用是指引媒体未来之路的一个路标。但我们应该意识到的是，这条路上也会充满陷阱和荆棘。如果只是把数据当作一个时髦而热闹的新花招，不懂得数据采集、清洗与分析的严苛要求，数据来源不考究、数据使用随意，或者陷入各种数据分析的误区（如将相关关系解释成因果关系等），那么这些“脏”的数据可能会成为媒体的新污染源。

电视台会拿到CSM媒介研究的数据，也会拿到一些其他研究公司、调查公司的数据，或者一些免费的数据。数据之间会出现“打架”的现象，会有干净数据、“脏”数据之分。大数据也不一定干净，也有样户污染的问题。但抽样数据的污染，仅是一个户、两个户的数据量，不是1000万、2000万的数据量；大数据的污染，则通过500元就可以提高1000万的点击量，而500元能污染一个抽样样本户就不容易了，所以这不是可比的量。脏的数据会形成媒体的新污染。我们怎么看待数据，不能人云亦云，要对数据有一个非常准确的把握，有标尺的概念。

美国教授熊辉写了一篇文章，研究怎么能通过算法和模型高效挣钱。他经常用瞎子摸象来比喻数据分析。大象就对应海量数据，每一个数据分析师就是这个瞎子。我们只能够摸大象的一部分部位，就像数据分析师只能够拿到部分数据，但我们要通过部分的数据来感受整体。我们有些数据分析叫“画像”，根据经验知道大象长多大，现在更进一步的是照相，把照片放大之后，你知道是大象。

本文作者也在2014年写过一篇文章《与数据共舞》。所谓数据，不只是“数”，更在于是否有“据”，能否成为证据、依据。电视之外的视频行业，满天飞的还只是“数”，亟待建设的恰是“据”。从内容提供商的角度，理想的状态是“一云多屏”，皆有回报;但眼下的事实是各家都仍然争抢着把内容往电视屏幕输送。究其原因,输送到中屏和小屏的内容究竟价值几何,是广告分账还是版权收费,还算不清楚。要想把电视之外的视频行业理个清楚,政策规范是必要的,但是形成共识,构建标准,剔除满天飞的数据水分可能更重要。拿数字当数据用,这是非常大的问题,把对自己有利的数字当数据用,这个不是专业人士应该表现出的态度。

4. 混合的方法,融合的体系

我们整个收视率调查行业数据价值分析要探讨的是什么?就是要用混合的方法、融合的体系,把上述内容结合在一起。用五句话简要概括在用混合的方法融合数据时需要注意的问题:第一,不是所有的数据都可以融合。第二,融合的效果取决于大数据质量,不取决于小数据质量。因为小数据是确知的,小数据质量再差,也知道质量差在哪里;大数据质量再好,却不知道好在哪里。第三,终端个人化标识非常关键。我们知道终端、手机是谁的,也知道终端、手机上所有的行为,就实现了同源测量。第四,非同源数据去重很重要。受众今天既看了电视上的内容,也看了 iPad 上的内容,如何去重很重要。第五,要构建统一的体系与标准。

聚焦供给侧,测量新价值,这正是 CSM 媒介研究近年来所努力的方向,也是我们不断跟进的领域。供给侧改革靠大家,要把供给侧改革做好需要大家的共同努力。看准方向,用好数据,找到我们自身新的价值,CSM 媒介研究会和大家携手并进。

(作者:郑维东)

中国电视的基本面与机会点

一、中国电视的基本面

这两年电视人聚在一起，总有一个高频次的话题，就是电视还能活几年；这两年，唱衰电视、消解传统媒体似乎成了一种时尚。朋友圈中关于电视的文章，阅读数100000+的大多是列数电视的种种衰败的；最新的例证是美国大选，特朗普的当选也有了一个解读的角度，就是传统媒体将死。

由于这些年我专注于传媒市场的数据分析，很多朋友会向我求证一些关于电视的数据。在这里摘要几组转发率最高、最能呈现电视业发展状态的关键数据，看看电视的基本面到底是怎样的，也与大家分享怎么看待这些数据。

三年前，一条北京地区电视开机率三年之间从70%下降到30%的谣言在电视圈里传开，虽经多方屡次辟谣却一直死而不僵，后来还被官方研究机构摘入报告，真是令人匪夷所思。CSM媒介研究2001年至2012年全国电视的开机率数据显示：电视开机率一直呈稳步上升的态势。就北京地区而言，北京歌华有线的400万家庭终端的大数据也得出了同样结论。作为一个在中国发展了近60年的大众化媒介，电视的绝对观众规模和相对人口渗透率总体上趋于饱和，但直到现在仍然在随着人口的增长而增长，只是增幅收窄了而已。全国有几千万人口因为没有通电或没有电视信号覆盖而看不到电视。这就是中国电视当下的一个基本面。

相比互联网，互联网在中国发展了22年，网民规模达到7个亿。同时我们也要了解的是，还有一半中国人不是网民，网络用户规模还只是电视的二分之一，网络视频用户规模只是电视的三分之一。以上为第一组数据。第二组数据：2014年，中国电视广告在历史上首次出现负增长，虽然幅度很小；根据央视市场研究（CTR）广告市场的监测数据，这个数字是-0.5%。于是有人就以“2014年电视广告收入历史上第一次出现下滑”来预判电视将死。但是，我们似乎忘了，那个时候电视广告还是以1200亿的超大体量居各大媒体的首位。我们要知道，2014年中国的GDP增速是自1990年以来24年的新低，而且从此进入了L型中低增长的新常态。与此相伴随，2015年中国电视广告的增长幅度是-4.6%，2016年截止到8月，这个数字是-3.7%。这也是中国电视当下的一个基本面。当然，我们也欣喜地听到了好消息，越来越多的电视台在广告之外有了越来越多的收入。第三组数据：也是在2014年，有人以“互联网广告总量首次超越电视广告”来预判电视将死。但是，我个人认为，不能拿互联网广告的销售总量、互联网的全部广告与电视广告比，而应该拿网络视频广告与电视广告相比较。这样的比较，网络视频广告的收入只是电视广告的八分之一。第四组数据：国外一个有关互联网广告效果的研究，通过在网民电脑上安装的眼球轨迹跟踪发现，只有44%的网络广告能够被用户观看到，只有9%的互联网广告获得了超过一秒钟的注意力时长。这组数据启发我们，不能假定所有的广告播放、刊载就等于广告的到达，虽然电视这样的线性媒体是这样，因为必须看到广告才能收看节目，但在互联网这样多任务、多窗口并行的状态下，情况可能就不是这样。

还有就是所谓的千人千面的互联网广告精准投放。研究表明，移动互联网时代，快消品行业广告的“华纳梅克浪费率”不是50%，而是高达90%。全球广告投放的老大宝洁也开始反思自己的网络广告投放策略是不是太过于冒进。因为大量的虚假点击，还有已经成为行业毒瘤的虚假流量和公关系数，已经让越来越多的广告主从大数据的燥热回归到了冷静和理性。

二、中国电视的机会点

我在这里罗列这些数据，或者说重温这些数据，只是想在一片唱衰电视的喧嚣当中，通过与互联网的比较来重新认识电视的力量。我从来不认为互联网是电视的敌人，我反倒愿意把互联网当做一面镜子，来反观电视的短长，从而让我们对于电视的价值、对于电视未来的机会点有新的发现。文化比较理论中的“Know One，Know None”告诉我们，只知道一，不知道二、三，没有二、三的参照和比较，其实就没有办法透彻地了解一。

电视的机会点，第一还是内容，要做好内容的加减法。一方面，视频内容在今天乃至未来都是全球资本追逐的热土和风口，这个信息对于电视人而言真是让人欢喜、让人忧。好的内容，任何渠道都需要；好的内容，仍然极度稀缺。一个在电视行业被证明正确的规则在互联网行业也必定被验证：内容的交易价格依然取决于专业水准。我们必须在内容创新上做加法，在电视渠道优势不再的时候，空心化一定死得很难看。另一方面，当电视观众的收视时间不再增长的时候，我们也许应该回到内容供给的角度进行反思：是不是电视渠道曾经的绝对优势掩盖了内容的潜在劣势？电视人曾经创造的那么多“万人空巷”“一曲成名”等辉煌，真的就是我们电视人的制作功力所造就？抑或是电视渠道优势掩盖下的假象？而今天，“水落石出”。也正因为如此，我们应该开始反思内容，渠道红利消退之时恰恰是内容力量彰显之时。在电视渠道的优势不再时，我们的电视台还有多少无效供给在每天无谓地对空播出？我们又必须在内容供给上主动做减法，启动存量改革，在电视频道、电视栏目、电视节目等各个产品级别上停产转产，早做早主动。

第二个机会点是渠道再布局。移动互联网的增长机会已经过去，下一个互联网将要占据的终端将是电视大屏和汽车，下一波增长的机会来自OTT、SmartTV。家庭已经成为互联网的下一个“主风口”和互联网企业眼中的“必争之地”。乐视TV、小米科技、阿里巴巴、爱奇艺等互联网企业纷纷进入，电信运营商与硬件生产商也先后加入战团。各种智能电视、各种OTT盒子、路由器、智能家电，已经把互联网引入家庭，电视机已经不再是电视媒体的专属终端，而是变身为电视、网络、电信等多种媒体业态的共享终端，电视媒体独占家庭传播域的格局即将被打破！要知道，以前是网络媒体用小屏中屏来分流电视大屏，那么接下来则是同一张大屏的分流。因此，电视屏不仅是电视的主场和优势市场，更是不容有失的大本营和生存发展的主战场。客厅保卫战，已刻不容缓！

第三个机会点则是媒体属性和价值的开掘。我想说，不是所有媒介都是媒体，不是所有传播都有价值。我们在很多时候把作为传播介质的媒介与有价值的媒体混为一谈了。2016年里约奥运会的时候，我的一位央视前方报道的朋友跟我说，奥运会哪怕是一个花絮都会引起极大的关注，而残奥会，我们的选手连续N届获得冠军、连夺N项冠军都无人关心。试想一下，难道我们就会因为无人关心，或者只有少数人关注，就不报道残奥会吗？我们在进入媒体行业的时候，都听过这样的教诲：媒体不仅是告诉你想知道的，更重要的是要告诉你应该知道的。这才是媒体真正的价值。

前些时候，凤凰网CEO刘爽先生在乌镇互联网大会上有个演讲，他说，信息能影响公众的观点，影响到公众对世界的认知。我一直认为，媒体行业会是一门好生意，但是媒体首先不是一门生意。在这方面媒体和单纯的媒介大不相同。包括BAT在内的互联网企业虽然已经拥有了超乎寻常的媒体能量，但是却还没有具备与这种媒体能量相匹配的媒体能力，以及这种媒体能量所积累的受众资源。电视媒体拥有一个单纯媒介所不具备的核心资源——时间和文化积累留下的信任与情感，依赖于几十年积累下来的与观众、受众之间的情感认同与情感联系，无线苏州、《成都商报》等传统媒体走出了自己的融合之路，这种价值和资源，就是电视走向未来最大的倚重与核心，这种价值和资源，会给电视带来无数的想象空间。

未来电视将会是什么样子？未来电视还会起什么样的作用？我想起了十几年前吴敬琏老先生回答记者提问：中国经济加入WTO到底是利大于弊还是弊大于利？吴敬琏老先生说到底利大于弊还是弊大于利，取决于中国经济自己的选择、自己的应对。我想，未来中国电视会是什么样子，问题的答案也不在于互联网是否会替代电视，而在于中国电视人自身的选择。

（作者：徐立军）

第三部分
Part Three

收视数据 Rating Data

主要收视指标解释与电视节目收视排名规则

一、主要收视指标解释

1. 频道覆盖（入户）率：指一个地区能够接收到该频道的户数占该地区电视家庭总户数的百分比。它是从接收情况来反映某个频道覆盖状况的指标。

2. 人均收视时间：指在一个地区某个时间段内所有电视观众平均每人收看某一频道（或节目）的时间，一般以分钟来计算。

3. 收视率：本年鉴中的收视率是个人收视率，指一个地区的某个时间段中收看某一频道（或节目）的人数占电视观众总人数的百分比。

4. 市场占有率（或市场份额）：本年鉴中的市场占有率是个人市场占有率，指一个地区某个时间段中收看某一频道（或节目）的人数占该时段收看电视总人数的百分比。

5. 观众构成：指一个地区某个时段收看某一频道（或节目）的观众中各类观众所占的百分比。

6. 各类节目的播出份额：指各类节目的播出时间长度占所有节目类型播出时间长度的百分比。

7. 各类节目的收视份额：指各类节目的收视时间长度占所有节目类型收视时间长度的百分比。

二、电视节目收视排名规则

1. 节目收视排名主要按收视率由高到低排序，如收视率相同，再按市场份额排序，高者排前；如果两项指标都相同，则节目排序号相同。

2. 全国样本城市电视节目收视排名（包括节目其他指标计算）的时间范围为全天，重点市场电视节目收视排名（包括节目其他指标计算）的时间范围为17:00~24:00。

3. 电视节目（栏目）以该节目（栏目）的平均收视率排名，首、重播分开，取最高档参加排名。

4. 对于常态的一次性播出，并有多台同时转播的节目，只取收视率最高的一档参加排名，如春晚、元宵晚会、“两会”总理记者会等。

5. 除极个别情况外，收视排名不考虑节目名称前的“冠名”。

6. 若电视剧出现多轮播出的情况，按收视率最高的一轮参加电视剧类和所有节目的排名，并标注播出日期；跨年度播出的电视剧，只统计在2016年度内播出集数的平均收视率并参加电视剧类和所有节目的排名，节目名称后标注集数。

7. 体育节目的收视排名规则为：同一体育项目赛事中只选取该项赛事收视率最高的一档参加体育类节目的排名和所有节目的总排名，其他体育节目按平均收视率参加排名。

8. 选秀类节目（比赛部分）选取收视率最高的一期参加收视排名并标注日期；有些选秀类节目涉及两季播出，则分别计算各季每期的平均收视率，选取最高的一期代表该季参加排名并标出播出日期；常态类综艺节目（包括季播节目，如果有跨年播出，需注明具体日期范围），计算节目平均收视率并参加排名。

9. 2016年《春节联欢晚会》的收视率是春节联欢晚会播出期间（2016年2月7日20:00~24:43）的平均收视率。

一、基本收视条件

表3.1.1 2016年全国收视调查网视听设备拥有情况

	电视机台数		电视机种类				其他视听设备		
	1台	2台及以上	彩色电视机	普通电视机	液晶电视机	智能电视机	影碟机	智能手机	个人电脑
	%	%	%	%	%	%	%	%	%
全国	71.9	28.1	99.9	49.1	61.9	11.8	20.5	76.5	51.7
城域	74.7	25.3	100.0	37.7	70.1	12.6	17.2	82.8	65.3
乡域	69.9	30.1	99.9	57.2	56.2	11.2	22.9	72.1	42.1

表3.1.2 2016年各省级收视调查网视听设备拥有情况

	电视机台数		电视机种类				其他视听设备		
省份	1台	2台及以上	彩色电视机	普通电视机	液晶电视机	智能电视机	影碟机	智能手机	个人电脑
	%	%	%	%	%	%	%	%	%
安徽省	56.7	43.3	100.0	54.5	59.1	8.2	10.6	67.1	42.6
福建省	57.3	42.7	100.0	50.1	56.1	15.2	15.2	76.4	56.7
甘肃省	78.8	21.2	100.0	66.1	38.5	4.3	42.9	74.4	34.6
广东省	78.8	21.2	100.0	37.2	57.3	17.5	22.3	87.3	62.4
广西壮族自治区	89.2	10.8	99.7	47.5	49.5	7.1	25.9	79.3	32.0
贵州省	89.5	10.5	99.3	53.2	51.3	1.4	37.9	55.8	15.4
海南省	84.0	16.0	99.9	40.5	60.9	4.5	25.5	83.2	30.9
河北省	72.5	27.5	99.8	58.8	48.1	7.6	10.7	76.4	59.1
黑龙江省	86.5	13.5	99.9	43.5	61.1	9.4	15.6	77.9	51.0
河南省	66.7	33.3	100.0	64.6	35.5	17.9	16.2	74.4	53.2
湖北省	67.7	32.3	100.0	47.7	51.7	21.2	15.0	76.1	52.8
湖南省	79.6	20.4	100.0	46.3	48.0	17.1	28.5	71.7	34.2
内蒙古自治区	89.5	10.5	99.9	53.0	42.4	9.5	16.5	91.6	40.9
江苏省	44.4	55.6	100.0	52.5	63.9	12.2	23.1	78.1	64.3
江西省	59.4	40.6	100.0	55.3	55.9	12.2	11.8	78.2	50.1
吉林省	87.1	12.9	100.0	45.7	55.8	4.1	11.3	72.8	48.2
辽宁省	83.1	16.9	99.9	45.3	55.1	7.5	17.0	74.5	49.3
宁夏回族自治区	87.3	12.7	100.0	51.5	46.3	9.6	19.4	80.6	35.8
陕西省	76.9	23.1	99.9	56.2	49.9	13.5	25.9	83.9	51.8
山东省	87.5	12.5	99.8	55.8	41.5	9.6	16.0	66.8	56.2
山西省	72.8	27.2	99.9	61.6	35.4	16.7	16.8	82.8	67.9
四川省	66.3	33.7	100.0	46.3	54.6	16.9	33.1	70.5	37.9
新疆维吾尔自治区	98.5	1.5	99.7	52.3	47.3	0.6	40.9	68.6	34.6
云南省	80.8	19.2	100.0	57.0	45.8	9.9	57.4	78.8	32.0
浙江省	40.0	60.0	100.0	46.9	67.0	17.8	12.0	78.1	68.4

表 3.1.3　2016 年各城市收视调查网视听设备拥有情况

城市	电视机台数		电视机种类				其他视听设备		
	1 台	2 台及以上	彩色电视机	普通电视机	液晶电视机	智能电视机	影碟机	智能手机	个人电脑
	%	%	%	%	%	%	%	%	%
安庆	63.8	36.2	100.0	60.7	57.7	~	17.0	74.0	64.4
鞍山	81.0	19.0	100.0	19.2	76.0	10.0	9.4	78.2	70.5
宝鸡	88.8	11.2	100.0	33.2	59.3	13.8	14.0	87.7	75.1
包头	93.0	7.0	100.0	34.6	41.3	27.2	16.8	84.6	68.6
北海	79.3	20.7	100.0	31.1	57.3	19.0	25.3	91.8	73.3
北京	74.4	25.6	100.0	14.0	87.5	1.7	12.1	95.0	88.6
蚌埠	60.6	39.4	100.0	48.2	66.7	~	12.1	77.5	69.5
长春	88.1	11.9	100.0	22.3	69.9	10.7	10.1	88.8	78.2
常德	69.4	30.6	99.8	39.1	61.7	18.0	7.9	81.5	58.9
长沙	79.1	20.9	100.0	26.5	54.4	29.5	23.0	88.4	73.4
常熟	30.0	70.0	99.6	49.3	72.6	14.2	25.9	80.5	75.0
常州	30.7	69.3	100.0	28.7	79.8	16.6	6.4	88.9	78.1
潮州	59.6	40.4	100.0	32.6	63.6	20.7	39.1	86.9	72.4
成都	71.3	28.7	99.9	35.5	65.7	8.5	12.5	86.0	68.6
重庆	66.8	33.2	100.0	31.9	72.4	7.7	4.8	75.5	52.3
滁州	55.6	44.4	100.0	36.2	66.6	14.6	7.1	72.2	69.8
大理	77.9	22.1	100.0	55.3	55.6	~	65.4	87.3	59.1
大连	91.3	8.7	100.0	30.4	56.0	17.3	21.0	87.3	75.2
丹东	78.5	21.5	99.8	39.4	56.7	14.1	2.0	81.4	64.3
大同	92.7	7.3	100.0	49.2	51.3	~	14.8	78.5	71.0
达州	71.5	28.5	100.0	54.5	54.9	~	30.5	74.7	51.5
德州	93.2	6.8	100.0	36.0	44.5	22.9	14.5	83.9	74.2
东莞	80.3	19.7	100.0	47.3	41.1	21.4	9.4	91.8	60.4
佛山	78.5	21.5	100.0	28.8	54.9	25.6	2.1	94.8	74.0
抚顺	84.4	15.6	99.6	35.7	58.5	12.9	43.9	74.5	66.9
福州	49.0	51.0	100.0	34.2	74.5	5.7	1.0	90.2	76.4
赣州	62.2	37.8	100.0	38.3	63.6	17.6	9.2	86.3	74.2
广元	75.0	25.0	100.0	35.5	46.9	32.0	28.9	83.5	63.3
广州	84.1	15.9	100.0	25.9	62.8	15.8	13.1	93.9	72.4
桂林	85.8	14.2	99.6	30.7	62.5	12.0	9.6	91.0	71.1
贵阳	90.8	9.2	100.0	18.8	78.3	4.1	5.1	81.3	47.0
海口	88.8	11.2	100.0	28.4	69.8	6.5	23.9	92.8	59.7
邯郸	80.7	19.3	100.0	56.1	52.7	~	9.2	79.3	77.8
杭州	37.2	62.8	100.0	23.2	81.8	19.3	6.3	89.6	84.1
哈尔滨	89.2	10.8	100.0	32.4	71.1	8.6	20.3	85.8	70.4
合肥	77.3	22.7	99.2	46.4	56.5	4.3	2.7	83.7	63.0

续表

城市	电视机台数		电视机种类				其他视听设备		
	1台	2台及以上	彩色电视机	普通电视机	液晶电视机	智能电视机	影碟机	智能手机	个人电脑
	%	%	%	%	%	%	%	%	%
衡阳	88.7	11.3	100.0	20.9	80.7	0.9	7.7	81.6	56.6
呼和浩特	94.2	5.8	99.8	32.2	51.1	18.6	15.0	89.8	68.2
淮安	55.4	44.6	100.0	34.9	61.4	26.7	16.0	90.3	84.6
惠州	79.4	20.6	100.0	20.5	62.4	24.2	10.5	92.3	67.3
湖州	32.4	67.6	100.0	36.9	76.3	17.2	27.1	91.7	81.0
江门	67.7	32.3	99.8	30.2	58.9	29.7	27.2	92.2	81.1
嘉兴	41.7	58.3	99.3	48.1	63.4	20.8	21.5	84.6	76.3
揭阳	83.9	16.1	100.0	37.0	58.5	10.3	47.8	87.5	63.4
吉林	89.6	10.4	100.0	37.0	61.2	7.7	11.6	73.4	59.6
济南	84.3	15.7	100.0	38.4	55.1	15.7	25.5	77.3	75.0
荆门	68.9	31.1	99.8	45.9	47.3	24.9	27.6	86.4	68.7
荆州	71.4	28.6	99.8	42.4	54.9	17.8	35.1	86.6	70.6
金华	47.2	52.8	100.0	66.1	57.5	~	1.8	72.0	65.5
锦州	88.6	11.4	100.0	36.5	61.6	7.6	15.8	78.2	61.5
济宁	89.0	11.0	100.0	47.3	55.0	2.6	12.9	79.1	72.9
九江	58.7	41.3	100.0	32.0	75.5	24.1	15.7	90.6	78.5
昆明	88.3	11.7	100.0	39.0	59.3	9.6	56.4	83.3	65.2
兰州	92.3	7.7	100.0	34.5	52.1	17.8	34.7	89.1	66.8
乐山	61.7	38.3	100.0	41.4	75.2	~	45.4	80.5	60.8
拉萨	79.8	20.2	99.8	52.8	50.2	0.6	45.6	90.7	16.5
连云港	57.6	42.4	100.0	48.3	48.5	27.7	30.8	83.3	79.8
丽水	47.6	52.4	99.7	50.3	59.6	19.7	22.3	68.0	61.0
龙岩	53.7	46.3	100.0	30.0	68.5	18.1	5.3	95.2	70.2
柳州	89.6	10.4	99.8	22.3	46.2	35.5	61.1	90.0	78.5
洛阳	87.1	12.9	100.0	38.5	67.6	~	27.3	84.2	78.9
泸州	62.6	37.4	100.0	58.5	57.4	~	41.5	64.0	32.5
眉山	61.7	38.3	100.0	53.7	63.2	3.7	26.7	68.7	40.4
牡丹江	92.2	7.8	100.0	43.0	61.7	4.5	25.2	85.3	71.3
南昌	60.7	39.3	100.0	40.1	72.3	3.4	12.5	85.6	69.6
南充	77.3	22.7	100.0	57.9	44.5	7.4	27.8	69.1	46.4
梅州	52.1	47.9	100.0	33.9	74.9	14.5	25.1	96.5	71.9
南京	52.2	47.8	100.0	37.7	73.3	8.0	26.1	83.4	75.3
南宁	88.1	11.9	99.8	25.8	57.5	21.2	24.5	89.1	68.8
南阳	68.7	31.3	100.0	61.0	36.1	19.2	20.8	81.5	57.5
宁波	40.7	59.3	100.0	38.1	73.2	10.2	2.5	84.6	74.5

续表

城市	电视机台数		电视机种类				其他视听设备		
	1台	2台及以上	彩色电视机	普通电视机	液晶电视机	智能电视机	影碟机	智能手机	个人电脑
	%	%	%	%	%	%	%	%	%
南通	44.4	55.6	100.0	37.2	77.1	3.3	9.2	84.5	78.4
平顶山	87.0	13.0	100.0	37.8	39.8	30.8	21.1	87.3	80.2
青岛	90.8	9.2	100.0	26.0	43.8	35.2	10.4	82.7	72.5
清远	80.1	19.9	100.0	35.4	60.9	9.9	20.5	88.5	61.8
秦皇岛	83.8	16.2	100.0	36.5	61.6	8.5	9.9	78.3	68.7
泉州	64.8	35.2	100.0	35.6	56.1	27.9	15.4	91.7	78.9
衢州	53.0	47.0	100.0	41.9	72.6	21.6	14.1	81.1	74.2
三亚	80.7	19.3	100.0	26.5	70.7	8.8	31.6	96.1	44.1
上海	42.5	57.5	99.9	21.3	84.2	1.4	7.4	88.7	78.1
汕头	76.9	23.1	99.8	35.1	60.0	14.5	42.8	90.4	60.2
汕尾	72.4	27.6	100.0	51.4	57.9	~	41.7	90.5	53.6
韶关	82.2	17.8	99.9	24.5	68.1	12.6	12.0	86.1	64.0
绍兴	38.4	61.6	100.0	60.8	67.2	~	4.3	71.0	75.4
沈阳	83.8	16.2	99.9	42.7	56.9	9.1	15.9	80.0	58.7
深圳	95.7	4.3	100.0	15.5	72.4	13.0	2.3	98.4	89.2
石家庄	90.5	9.5	100.0	28.3	71.2	3.6	0.8	89.7	82.2
苏州	48.2	51.8	100.0	37.5	68.9	15.3	14.3	85.9	74.9
太原	83.7	16.3	100.0	35.2	46.8	26.4	18.4	91.6	84.1
泰州	33.4	66.6	100.0	57.5	68.6	11.5	12.5	83.9	70.5
台州	41.5	58.5	100.0	49.8	70.1	4.4	14.8	80.8	65.7
唐山	79.7	20.3	100.0	33.9	63.1	13.1	5.3	75.3	71.8
天津	79.0	21.0	100.0	29.9	74.3	3.5	24.6	88.2	75.1
铜陵	68.0	32.0	100.0	43.4	64.5	0.0	4.3	68.5	65.9
乌鲁木齐	97.5	2.5	99.9	24.9	74.6	1.6	11.6	72.1	57.6
潍坊	93.2	6.8	100.0	37.2	47.9	19.7	8.6	76.4	71.9
威海	78.6	21.4	100.0	40.0	67.0	~	28.7	79.7	75.4
温州	38.8	61.2	100.0	8.5	87.7	14.7	5.5	91.3	81.7
武汉	71.0	29.0	100.0	36.3	55.5	21.2	4.8	84.6	72.6
芜湖	45.5	54.5	100.0	50.1	66.3	~	23.5	72.3	62.1
无锡	36.7	63.3	100.0	45.4	73.5	3.4	23.1	82.7	73.8
西安	88.2	11.8	100.0	29.0	66.8	6.7	20.7	84.9	74.6
襄阳	81.5	18.5	100.0	46.8	59.9	~	22.5	84.2	71.0
厦门	77.1	22.9	100.0	26.6	73.4	6.2	12.0	89.2	77.0
西昌	78.0	22.0	99.8	54.3	56.6	~	56.1	73.8	45.4
西宁	95.2	4.8	100.0	23.5	51.9	28.4	32.1	87.6	68.4

续表

城市	电视机台数		电视机种类				其他视听设备		
	1台	2台及以上	彩色电视机	普通电视机	液晶电视机	智能电视机	影碟机	智能手机	个人电脑
	%	%	%	%	%	%	%	%	%
盐城	35.8	64.2	100.0	67.7	64.9	13.2	50.7	86.8	72.4
阳江	76.7	23.3	100.0	53.5	52.2	~	41.6	84.2	60.9
扬州	35.6	64.4	100.0	38.5	76.8	13.4	24.9	90.5	78.2
宜宾	70.3	29.7	100.0	36.9	67.4	7.3	24.4	75.6	40.8
徐州	71.1	28.9	100.0	36.7	57.9	17.8	24.8	86.5	80.5
宜昌	79.1	20.9	100.0	34.1	37.3	39.9	3.5	90.2	80.5
宜春	63.3	36.7	100.0	66.4	52.6	~	34.9	75.3	45.9
营口	67.8	32.2	100.0	40.2	62.2	6.6	18.1	78.2	52.3
烟台	83.3	16.7	99.9	34.2	54.8	17.9	15.2	78.4	69.5
永济	54.0	46.0	100.0	55.2	39.9	36.3	7.9	82.3	79.1
岳阳	74.0	26.0	99.7	25.1	56.4	32.4	13.6	84.5	67.0
银川	96.6	3.4	100.0	30.0	51.3	20.8	25.5	88.4	63.4
漳州	83.2	16.8	100.0	42.4	62.4	~	31.0	75.5	70.7
湛江	85.0	15.0	100.0	32.7	58.9	13.1	32.5	79.0	54.7
肇庆	78.0	22.0	100.0	27.9	72.0	30.9	7.4	87.8	71.3
郑州	78.7	21.3	99.9	25.2	53.9	28.4	6.0	90.0	80.9
镇江	35.0	65.0	100.0	31.1	72.0	18.7	25.4	92.7	84.4
中山	69.0	31.0	100.0	31.6	49.3	30.5	18.5	94.8	74.6
舟山	34.9	65.1	99.7	47.9	70.7	10.5	5.4	78.1	63.3
珠海	88.6	11.4	100.0	22.7	62.6	20.5	12.0	91.8	74.4
株洲	82.2	17.8	100.0	18.1	63.6	22.9	13.1	89.1	73.6
淄博	90.5	9.5	99.7	46.8	55.8	~	26.9	57.6	67.5
遵义	88.7	11.3	100.0	29.1	72.8	3.7	35.9	82.1	48.6

注："～"表示该城市基础研究是2015年进行的，当时基础研究问卷有关电视机种类选项中没有智能电视一项，因而没有相应数据。

表3.1.4　2016年全国收视调查网电视信号接收方式

	省、市有线用户比例	可收看卫星电视用户比例	可收看卫星电视的非有线用户比例	其他
	%	%	%	%
全国	51.8	82.7	30.9	17.3
城域	65.7	85.2	19.5	14.8
乡域	42.0	81.0	39.0	19.0

表 3.1.5　2016 年各省级收视调查网电视信号接收方式

省份	省、市有线用户比例	可收看卫星电视用户比例	可收看卫星电视的非有线用户比例	其他
	%	%	%	%
安徽省	90.2	90.2	90.2	9.8
福建省	76.8	93.3	16.5	6.7
甘肃省	39.5	96.6	57.1	3.4
广东省	83.7	93.8	10.1	6.2
广西壮族自治区	40.0	97.2	57.2	2.8
贵州省	60.8	97.3	36.5	2.7
海南省	54.2	96.5	42.3	3.5
河北省	53.0	93.4	40.4	6.6
黑龙江省	86.1	96.3	10.2	3.7
河南省	48.0	93.8	45.8	6.2
湖北省	66.2	97.4	31.2	2.6
湖南省	56.5	98.0	41.5	2.0
内蒙古自治区	71.5	97.7	26.2	2.3
江苏省	88.7	96.1	7.4	3.9
江西省	74.4	97.7	23.3	2.3
吉林省	79.3	96.8	17.5	3.2
辽宁省	85.3	96.9	11.6	3.1
宁夏回族自治区	91.0	98.2	7.2	1.8
陕西省	56.5	96.9	40.4	3.1
山东省	63.8	96.4	32.6	3.6
山西省	58.8	97.3	38.5	2.7
四川省	74.1	98.0	23.9	2.0
新疆维吾尔自治区	93.1	99.5	6.4	0.5
云南省	49.0	97.9	48.9	2.1
浙江省	92.1	98.0	5.9	2.0

表 3.1.6　2016 年各城市收视调查网电视信号接收方式

城市	省、市有线用户比例	可收看卫星电视用户比例	可收看卫星电视的非有线用户比例	其他
	%	%	%	%
安庆	40.6	96.8	56.2	3.2
鞍山	92.7	97.8	5.1	2.2
宝鸡	83.7	96.8	13.1	3.2
包头	83.4	92.4	9.0	7.6
北海	64.9	91.4	26.5	8.6
北京	99.4	99.5	0.1	0.5

续表

城市	省、市有线用户比例	可收看卫星电视用户比例	可收看卫星电视的非有线用户比例	其他
	%	%	%	%
蚌埠	74.9	97.9	23.0	2.1
长春	86.6	91.2	4.6	8.8
常德	89.3	94.5	5.2	5.5
长沙	91.5	94.2	2.7	5.8
常熟	97.3	99.7	2.4	0.3
常州	99.0	99.7	0.7	0.3
潮州	98.4	99.5	1.1	0.5
成都	92.0	94.5	2.5	5.5
重庆	77.7	98.9	21.2	1.1
滁州	59.7	95.7	36.0	4.3
大理	83.3	96.2	12.9	3.8
大连	94.5	97.5	3.0	2.5
丹东	76.0	99.8	23.8	0.2
大同	47.6	93.5	45.9	6.5
达州	83.6	99.6	16.0	0.4
德州	86.4	94.5	8.1	5.5
东莞	74.7	94.2	19.5	5.8
佛山	92.9	99.1	6.2	0.9
抚顺	88.9	95.4	6.5	4.6
福州	93.2	95.5	2.3	4.5
赣州	75.1	99.0	23.9	1.0
广元	89.3	96.7	7.4	3.3
广州	97.9	98.8	0.9	1.2
桂林	91.2	99.8	8.6	0.2
贵阳	79.6	95.3	15.7	4.7
海口	87.4	95.6	8.2	4.4
邯郸	72.0	97.9	25.9	2.1
杭州	99.4	100.0	0.6	0.0
哈尔滨	88.8	92.7	3.9	7.3
合肥	57.4	89.5	32.1	10.5
衡阳	92.1	97.7	5.6	2.3
呼和浩特	79.7	87.6	7.9	12.4
淮安	90.7	96.6	5.9	3.4
惠州	87.9	97.7	9.8	2.3
湖州	93.8	97.0	3.2	3.0
江门	97.8	99.2	1.4	0.8
嘉兴	93.2	98.1	4.9	1.9

续表

城市	省、市有线用户比例	可收看卫星电视用户比例	可收看卫星电视的非有线用户比例	其他
	%	%	%	%
揭阳	78.2	92.9	14.7	7.1
吉林	85.1	97.2	12.1	2.8
济南	86.0	92.3	6.3	7.7
荆门	70.1	95.6	25.5	4.4
荆州	83.4	91.5	8.1	8.5
金华	99.2	100.0	0.8	0.0
锦州	98.3	98.5	0.2	1.5
济宁	72.7	89.3	16.6	10.7
九江	83.1	98.1	15.0	1.9
昆明	97.6	99.0	1.4	1.0
兰州	84.5	96.5	12.0	3.5
乐山	87.8	98.2	10.4	1.8
拉萨	74.6	98.7	24.1	1.3
连云港	77.1	93.6	16.5	6.4
丽水	87.7	98.0	10.3	2.0
龙岩	87.2	99.8	12.6	0.2
柳州	77.5	94.7	17.2	5.3
洛阳	70.6	94.4	23.8	5.6
泸州	44.3	97.3	53.0	2.7
眉山	69.1	98.5	29.4	1.5
牡丹江	89.9	97.5	7.6	2.5
南昌	87.1	94.1	7.0	5.9
南充	86.0	96.9	10.9	3.1
梅州	91.8	99.2	7.4	0.8
南京	98.0	98.7	0.7	1.3
南宁	71.0	90.6	19.6	9.4
南阳	62.3	89.7	27.4	10.3
宁波	90.7	94.6	3.9	5.4
南通	95.6	99.9	4.3	0.1
平顶山	84.6	97.2	12.6	2.8
青岛	90.2	95.4	5.2	4.6
清远	89.7	98.7	9.0	1.3
秦皇岛	87.3	95.8	8.5	4.2
泉州	90.8	96.2	5.4	3.8
衢州	88.7	97.5	8.8	2.5
三亚	53.4	98.6	45.2	1.4
上海	97.3	97.7	0.4	2.3

续表

城市	省、市有线用户比例	可收看卫星电视用户比例	可收看卫星电视的非有线用户比例	其他
	%	%	%	%
汕头	86.0	96.3	10.3	3.7
汕尾	92.1	97.7	5.6	2.3
韶关	88.3	96.7	8.4	3.3
绍兴	100.0	100.0	0.0	0.0
沈阳	83.7	94.4	10.7	5.6
深圳	86.8	92.2	5.4	7.8
石家庄	82.5	87.9	5.4	12.1
苏州	99.1	99.8	0.7	0.2
太原	92.6	97.6	5.0	2.4
泰州	93.9	97.3	3.4	2.7
台州	88.5	97.9	9.4	2.1
唐山	90.9	97.2	6.3	2.8
天津	92.0	98.1	6.1	1.9
铜陵	74.4	94.3	19.9	5.7
乌鲁木齐	95.7	97.2	1.5	2.8
潍坊	75.9	90.2	14.3	9.8
威海	92.6	94.0	1.4	6.0
温州	96.9	99.7	2.8	0.3
武汉	72.8	96.4	23.6	3.6
芜湖	64.5	97.7	33.2	2.3
无锡	92.9	95.2	2.3	4.8
西安	85.1	98.4	13.3	1.6
襄阳	65.8	96.5	30.7	3.5
厦门	95.3	97.7	2.4	2.3
西昌	74.3	97.9	23.6	2.1
西宁	94.7	96.1	1.4	3.9
盐城	86.8	93.5	6.7	6.5
阳江	90.2	93.2	3.0	6.8
扬州	97.2	98.3	1.1	1.7
宜宾	63.4	96.6	33.2	3.4
徐州	84.5	93.8	9.3	6.2
宜昌	74.7	94.6	19.9	5.4
宜春	57.5	98.9	41.4	1.1
营口	85.4	95.8	10.4	4.2
烟台	88.4	95.8	7.4	4.2
永济	61.6	100.0	38.4	0.0
岳阳	85.5	96.3	10.8	3.7

续表

城市	省、市有线用户比例	可收看卫星电视用户比例	可收看卫星电视的非有线用户比例	其他
	%	%	%	%
银川	85.8	95.9	10.1	4.1
漳州	85.1	98.7	13.6	1.3
湛江	88.8	97.8	9.0	2.2
肇庆	96.8	99.0	2.2	1.0
郑州	87.4	96.1	8.7	3.9
镇江	92.5	98.3	5.8	1.7
中山	95.2	98.5	3.3	1.5
舟山	95.4	100.0	4.6	0.0
珠海	94.9	96.3	1.4	3.7
株洲	96.4	98.3	1.9	1.7
淄博	80.1	98.9	18.8	1.1
遵义	92.5	98.1	5.6	1.9

表 3.1.7　2016 年全国收视调查网卫视频道入户覆盖率排名前 20 位

排名	全国		城域		乡域	
	频道	覆盖率(%)	频道	覆盖率(%)	频道	覆盖率(%)
1	中央台七套	93.2	中央电视台综合频道	94.3	中央台七套	94.0
2	中央电视台综合频道	91.5	中央台七套	92.2	中央台二套	90.5
3	中央台二套	90.5	中央电视台新闻频道	90.8	中央电视台新闻频道	90.2
4	中央电视台新闻频道	90.5	中央台二套	90.4	湖南卫视	90.1
5	湖南卫视	90.1	湖南卫视	90.1	中央电视台少儿频道	89.5
6	中央电视台少儿频道	89.6	中央电视台少儿频道	89.8	中央电视台综合频道	89.5
7	中央台十套	89.3	中央台四套	89.7	中央台十套	89.3
8	浙江卫视	89.0	浙江卫视	89.4	中央台十二套	89.2
9	中央台十二套	88.6	中央台十套	89.3	浙江卫视	88.7
10	中央台四套	88.5	江苏卫视	89.3	北京卫视	87.9
11	北京卫视	88.4	安徽卫视	89.2	山东卫视	87.7
12	安徽卫视	88.3	贵州卫视	89.2	中央台十一套	87.6
13	中央台十一套	88.2	中央台十一套	89.1	安徽卫视	87.6
14	山东卫视	88.1	北京卫视	89.1	中央台四套	87.6
15	江苏卫视	87.9	山东卫视	88.6	江苏卫视	87.0
16	贵州卫视	87.4	四川卫视	88.2	四川卫视	86.7
17	四川卫视	87.3	天津卫视	88.0	贵州卫视	86.2
18	天津卫视	86.9	广东卫视	88.0	天津卫视	86.1
19	上海东方卫视	86.6	中央台十二套	87.9	江西卫视	86.0
20	江西卫视	86.5	上海东方卫视	87.8	上海东方卫视	85.8

表 3.1.8　2016 年全国收视调查网电视频道接收情况

	平均每户可接收的频道个数
全国	75
城域	84
乡域	69

表 3.1.9　2016 年各省级收视调查网电视频道接收情况

省份	平均每户可接收频道个数
安徽省	49
福建省	73
甘肃省	64
广东省	71
广西壮族自治区	55
贵州省	60
海南省	61
河北省	76
黑龙江省	88
河南省	65
湖北省	77
湖南省	61
内蒙古自治区	58
江苏省	76
江西省	78
吉林省	70
辽宁省	91
宁夏回族自治区	77
陕西省	68
山东省	78
山西省	66
四川省	97
新疆维吾尔自治区	76
云南省	75
浙江省	78

表 3.1.10　2016 年各城市收视调查网电视频道接收情况

城市	平均每户可接收频道个数
安庆	62
鞍山	101
宝鸡	80
包头	83
北海	65
北京	155

续表

城市	平均每户可接收频道个数
蚌埠	66
长春	78
常德	70
长沙	82
常熟	80
常州	73
潮州	79
成都	111
重庆	81
滁州	61
大理	106
大连	75
丹东	93
大同	67
达州	88
德州	127
东莞	50
佛山	72
抚顺	96
福州	92
赣州	75
广元	111
广州	80
桂林	69
贵阳	68
海口	78
邯郸	85
杭州	95
哈尔滨	95
合肥	78
衡阳	94
呼和浩特	84
淮安	76
惠州	72
湖州	67
江门	72
嘉兴	68
揭阳	72
吉林	70
济南	95
荆门	79

续表

城市	平均每户可接收频道个数
荆州	76
金华	94
锦州	107
济宁	81
九江	112
昆明	71
兰州	83
乐山	99
拉萨	56
连云港	69
丽水	84
龙岩	72
柳州	77
洛阳	86
泸州	69
眉山	87
牡丹江	80
南昌	80
南充	96
梅州	68
南京	87
南宁	65
南阳	70
宁波	74
南通	71
平顶山	96
青岛	95
清远	76
秦皇岛	99
泉州	86
衢州	73
三亚	69
上海	84
汕头	73
汕尾	68
韶关	79
绍兴	78
沈阳	73
深圳	86
石家庄	94
苏州	70

续表

城市	平均每户可接收频道个数
太原	90
泰州	100
台州	88
唐山	87
天津	98
铜陵	62
乌鲁木齐	116
潍坊	84
威海	73
温州	80
武汉	78
芜湖	68
无锡	77
西安	79
襄阳	66
厦门	72
西昌	83
西宁	85
盐城	67
阳江	63
扬州	78
宜宾	104
徐州	64
宜昌	81
宜春	60
营口	84
烟台	130
永济	76
岳阳	77
银川	96
漳州	70
湛江	82
肇庆	74
郑州	124
镇江	83
中山	79
舟山	71
珠海	79
株洲	76
淄博	74
遵义	82

二、全国收视数据

表 3.2.1　2012～2016 年全国样本城市及各城市收视调查网人均收视时间(分钟)

城市	2012 年	2013 年	2014 年	2015 年	2016 年
全国	169	165	161	156	152
安庆	145	128	127	121	107
鞍山	*	163	170	170	177
安阳	147	*	*	*	*
保定	170	166	154	*	*
宝鸡	165	165	160	138	138
包头	159	176	162	171	149
北海	128	134	107	122	119
北京(M)	198	194	190	180	172
蚌埠	150	150	147	121	127
滨州	166	175	153	*	*
长春(M)	179	167	156	155	153
常德(M)	161	145	154	146	142
长沙(M)	190	185	189	183	171
常熟	121	*	*	*	*
常熟(M)	*	*	115	113	103
常州(M)	133	134	121	133	127
潮州(M)	159	176	165	160	159
承德	159	148	141	*	*
成都(M)	192	195	202	198	201
重庆(M)	172	167	167	176	182
滁州	124	126	105	102	88
大理	137	147	135	139	144
大连(M)	184	185	179	180	178
丹东	183	183	158	172	166
大同	157	160	169	157	148
达州	182	158	172	179	161
德阳	133	137	145	142	123
德州(M)	153	145	149	150	156
东莞(M)	141	137	130	132	137
佛山(M)	141	145	139	145	138
抚顺(M)	203	212	219	212	202
阜阳	131	124	137	*	*
福州(M)	159	148	134	119	116
赣州	130	*	*	*	*
赣州(M)	*	130	130	127	118

续表

城市	2012 年	2013 年	2014 年	2015 年	2016 年
广元(M)	172	164	166	164	161
广州(M)	159	151	141	140	142
桂林	149	138	131	129	122
贵阳(M)	240	248	236	237	248
海口(M)	135	135	134	133	129
邯郸	170	184	174	163	136
杭州(M)	205	210	186	171	160
哈尔滨(M)	204	193	187	185	170
合肥(M)	162	155	151	144	134
衡阳(M)	160	154	164	168	146
河源	129	124	128	125	113
菏泽	116	113	*	*	*
呼和浩特(M)	175	166	156	149	139
淮安	138	130	105	99	110
惠州(M)	148	136	138	129	118
湖州(M)	143	145	135	123	120
江门(M)	155	149	138	127	130
江阴(M)	110	116	121	120	*
嘉兴	114	103	108	106	103
揭阳	161	154	116	122	*
揭阳(M)	*	*	*	*	165
吉林市	153	148	138	122	120
济南(M)	202	205	209	209	193
荆门(M)	139	137	129	125	114
荆州(M)	139	137	132	133	115
金华	148	142	144	129	128
锦州(M)	181	175	175	167	160
济宁	136	*	*	*	*
济宁(M)	*	160	164	154	148
晋城	166	165	*	*	*
九江	138	124	127	122	*
九江(M)	*	*	*	*	139
昆明(M)	179	166	168	167	163
昆山	137	121	*	*	*
莱芜	162	155	142	*	*
兰州(M)	167	174	167	156	156
乐山	155	155	150	134	132
拉萨	165	155	150	122	*
拉萨(M)	*	*	*	*	160
连云港	146	142	131	116	121

续表

城市	2012 年	2013 年	2014 年	2015 年	2016 年
丽水	132	139	124	121	117
临汾	170	159	*	*	*
临沂	158	152	158	*	*
龙岩	*	*	108	107	114
柳州	136	*	*	*	*
柳州(M)	*	169	163	158	142
洛阳(新)	120	121	114	102	94
泸州	152	146	146	127	125
茂名(M)	129	126	121	125	*
眉山	140	138	143	129	125
梅州	110	106	98	*	*
梅州(M)	*	*	*	142	145
绵阳	155	148	160	137	126
牡丹江	180	169	158	155	161
南昌(M)	199	186	169	167	153
南充	156	118	146	135	138
南京(M)	213	193	187	161	149
南宁(M)	158	156	150	148	150
南阳	133	125	133	132	120
宁波(M)	129	124	127	123	116
南通	127	121	*	*	*
南通(M)	*	*	123	104	105
攀枝花	177	149	143	*	*
平顶山	155	155	146	126	108
青岛(M)	197	197	187	188	179
清远	150	162	145	138	124
秦皇岛	159	157	151	152	129
泉州(新)	109	94	90	98	98
衢州	164	160	128	120	113
三亚(M)	125	126	123	111	107
上海(M)	179	174	163	164	162
上海浦东	141	124	129	125	113
汕头(M)	175	169	160	160	146
汕尾	153	142	134	123	116
韶关(M)	187	177	167	161	154
绍兴	123	128	120	99	101
沈阳(M)	208	204	214	211	204
深圳(M)	134	134	129	122	111
深圳蛇口	136	116	105	*	*
石家庄(M)	175	170	155	153	145

续表

城市	2012 年	2013 年	2014 年	2015 年	2016 年
遂宁	154	161	171	140	132
苏州(M)	140	130	124	116	130
泰安	172	159	146	139	129
太原(M)	180	181	178	169	157
泰州	132	134	125	115	125
台州	142	139	127	110	101
唐山(M)	178	162	157	167	163
天津(城)(M)	238	231	223	192	194
铜陵	108	105	111	107	99
乌鲁木齐(M)	174	164	161	161	159
潍坊(M)	173	172	168	169	147
威海	135	130	115	113	103
渭南	139	146	*	*	*
温州(M)	169	157	139	132	125
武汉(M)	191	196	201	202	186
芜湖	131	121	130	106	115
无锡(M)	134	129	133	118	113
梧州	151	171	*	*	*
西安(M)	175	171	167	156	154
襄阳(襄樊)	167	162	157	148	162
厦门	120	*	*	*	*
厦门(M)	*	128	120	117	114
湘潭(M)	160	145	147	*	*
西宁(M)	182	169	165	163	155
盐城(M)	151	144	134	132	132
阳江	135	134	137	112	122
西昌	*	*	*	107	109
扬州(M)	126	140	134	117	112
宜宾	121	133	138	122	114
徐州	141	150	*	*	*
徐州(M)	*	*	164	148	137
宜昌(M)	153	147	150	144	139
宜春	165	157	132	127	134
营口	152	131	134	143	140
烟台	156	*	*	*	*
烟台(M)	*	172	168	159	145
永济	164	148	148	127	126
岳阳	154	138	128	116	125
玉林	163	165	142	133	105
银川	190	182	*	*	*

续表

城市	2012 年	2013 年	2014 年	2015 年	2016 年
银川(M)	*	*	171	159	147
云浮	181	176	*	*	*
张家港	112	114	*	*	*
漳州	137	136	123	126	125
湛江(M)	143	141	128	116	119
肇庆(M)	161	150	151	160	159
郑州(M)	153	144	141	144	145
镇江(M)	186	183	178	161	148
中山(M)	141	132	128	121	121
舟山	127	117	115	116	115
珠海(M)	143	146	135	131	134
株洲(M)	148	134	150	148	147
淄博	152	146	124	128	123
自贡(城区)	147	126	*	*	*
资阳	137	138	137	*	*
遵义	141	163	155	142	147

注:

(1)全国:2012 年包括 154 个样本城市,2013 年包括 150 个样本城市,2014 年包括 143 个样本城市,2015 年包括 133 个样本城市,2016 年包括 129 个样本城市。

(2)标有(M)的城市为采用测量仪调查城市。

(3)* 表示没有数据。

(4)铜陵自 2012 年 3 月 1 日开始日记卡方式调查,本表中铜陵 2012 年人均收视分钟数为 2012 年 3~12 月日记卡数据计算结果。

(5)上海浦东自 2012 年 12 月 1 日开始日记卡方式调查,本表中上海浦东 2012 年人均收视分钟数为 2012 年 12 月日记卡数据计算结果。

(6)赣州、济宁自 2013 年 7 月 1 日采用测量仪方式调查,本表中赣州(M)、济宁(M)2013 年人均收视分钟数为 2013 年 7~12 月数据计算结果。

(7)龙岩自 2014 年 7 月 1 日开始日记卡方式调查,本表中龙岩 2014 年人均收视分钟数为 2014 年 7~12 月日记卡数据计算结果。

(8)深圳蛇口自 2014 年 2 月 1 日停止日记卡方式调查,本表中深圳蛇口 2014 年人均收视分钟数为 2014 年 1 月日记卡数据计算结果。

(9)梅州自 2014 年 10 月 1 日停止日记卡方式调查,本表中梅州 2014 年人均收视分钟数为 2014 年 1~9 月日记卡数据计算结果。

(10)西昌自 2015 年 7 月 1 日开始日记卡方式调查,本表中西昌 2015 年人均收视分钟数为 2015 年 7~12 月日记卡数据计算结果。

(11)江阴(M)自 2015 年 5 月 1 日停止测量仪方式调查,本表中江阴(M)2015 年人均收视分钟数为 2015 年 1~4 月测量仪数据计算结果。

(12)茂名(M)自 2015 年 8 月 1 日停止测量仪方式调查,本表中茂名(M)2015 年人均收视分钟数为 2015 年 1~7 月测量仪数据计算结果。

(13)揭阳自 2015 年 10 月 1 日停止日记卡方式调查,本表中揭阳 2015 年人均收视分钟数为 2015 年 1~9 月日记卡数据计算结果。

(14)德阳、河源、绵阳、遂宁、泰安、玉林自 2016 年 7 月 1 日起停止日记卡方式调查,本表中该六个地区 2016 年人均收视分钟数为 2016 年 1~6 月日记卡数据计算结果。

表 3.2.2　2012～2016 年各省级收视调查网人均收视时间(分钟)

省份	目标观众	2012 年	2013 年	2014 年	2015 年	2016 年
安徽	4 岁及以上所有人	132	125	118	106	99
	城市	126	125	117	111	103
	农村	135	126	119	103	97
福建(M)	4 岁及以上所有人	184	175	164	162	153
	城市	142	138	123	117	119
	农村	202	192	185	185	171
甘肃	4 岁及以上所有人	131	127	113	107	97
	城市	145	145	138	133	123
	农村	125	120	100	93	83
广东(M)	4 岁及以上所有人	152	149	142	138	137
	城市	150	143	133	126	128
	农村	154	157	154	155	148
广西	4 岁及以上所有人	124	126	118	112	112
	城市	137	132	121	122	116
	农村	118	124	116	108	110
贵州	4 岁及以上所有人	143	130	127	120	116
	城市	163	159	163	161	152
	农村	140	126	114	105	102
海南(M)	4 岁及以上所有人	130	129	126	126	122
	城市	132	132	131	128	122
	农村	130	128	124	124	122
河北(M)	4 岁及以上所有人	173	177	170	171	153
	城市	181	171	159	155	148
	农村	171	178	173	174	154
黑龙江	4 岁及以上所有人	172	159	154	138	131
	城市	185	175	160	148	151
	农村	165	150	149	130	117
河南	4 岁及以上所有人	134	133	129	125	118
	城市	163	157	136	121	104
	农村	128	128	127	126	121
湖北(M)	4 岁及以上所有人	173	170	176	179	169
	城市	164	167	169	170	157
	农村	180	171	182	187	178
湖南(M)	4 岁及以上所有人	176	168	173	181	171
	城市	169	165	172	165	159
	农村	178	169	174	186	175
内蒙古	4 岁及以上所有人	164	164	142	143	134
	城市	141	148	143	145	137
	农村	176	173	142	142	133
江苏(M)	4 岁及以上所有人	162	160	157	147	135
	城市	174	163	151	141	136
	农村	155	157	162	151	134
江西(M)	4 岁及以上所有人	146	145	122	130	124
	城市	145	133	120	144	137
	农村	146	149	123	126	121

续表

省份	目标观众	2012 年	2013 年	2014 年	2015 年	2016 年
吉林	4 岁及以上所有人	158	149	145	133	134
	城市	166	152	149	144	145
	农村	153	148	142	126	126
辽宁(M)	4 岁及以上所有人	206	195	200	194	186
	城市	195	194	201	191	185
	农村	213	195	199	198	188
宁夏	4 岁及以上所有人	159	157	150	148	136
	城市	168	171	162	160	145
	农村	150	143	139	137	127
陕西	4 岁及以上所有人	162	160	149	136	122
	城市	167	163	152	133	117
	农村	159	158	147	138	126
山东(M)	4 岁及以上所有人	178	180	185	202	196
	城市	174	172	174	173	170
	农村	180	184	191	216	209
山西	4 岁及以上所有人	165	153	156	147	144
	城市	171	165	159	151	151
	农村	162	148	155	146	141
四川(M)	4 岁及以上所有人	151	150	158	156	155
	城市	172	173	175	174	173
	农村	142	140	150	148	147
新疆	4 岁及以上所有人	156	128	110	106	95
	城市	164	138	127	120	106
	农村	150	122	97	95	86
云南	4 岁及以上所有人	138	130	124	118	121
	城市	156	150	139	134	139
	农村	134	125	119	113	116
浙江(M)	4 岁及以上所有人	156	156	156	144	136
	城市	169	172	161	143	138
	农村	148	147	152	145	135

表 3.2.3　2012～2016 年全国样本城市各目标观众人均收视时间(分钟)

目标观众		2012 年	2013 年	2014 年	2015 年	2016 年
4 岁及以上所有人		169	165	161	156	152
性别	男	164	161	157	153	149
	女	173	170	165	160	156
年龄	4～14 岁	138	134	132	126	124
	15～24 岁	100	95	90	86	83
	25～34 岁	124	119	113	106	103
	35～44 岁	156	150	144	134	124
	45～54 岁	217	214	211	202	194
	55～64 岁	255	254	253	257	254
	65 岁及以上	269	274	275	278	281

续表

目标观众		2012 年	2013 年	2014 年	2015 年	2016 年
教育程度	未受过正规教育	159	157	160	152	154
	小学	178	177	181	184	180
	初中	184	181	178	177	173
	高中	169	166	159	153	150
	大学及以上	138	136	130	121	118
职业类别	干部/管理人员	150	142	134	131	129
	个体/私营企业人员	155	150	146	140	136
	初级公务员/雇员	141	137	133	123	117
	工人	154	149	142	135	129
	学生	117	110	104	101	97
	无业	237	237	237	237	237
	其他	169	168	173	180	181
个人月收入	0~600 元	154	148	144	140	136
	601~1200 元	189	187	191	194	194
	1201~1700 元	190	192	192	189	185
	1701~2600 元	175	179	177	176	177
	2601~3500 元	161	157	154	154	153
	3501~5000 元	157	154	149	140	137
	5001 元及以上	142	134	135	131	128

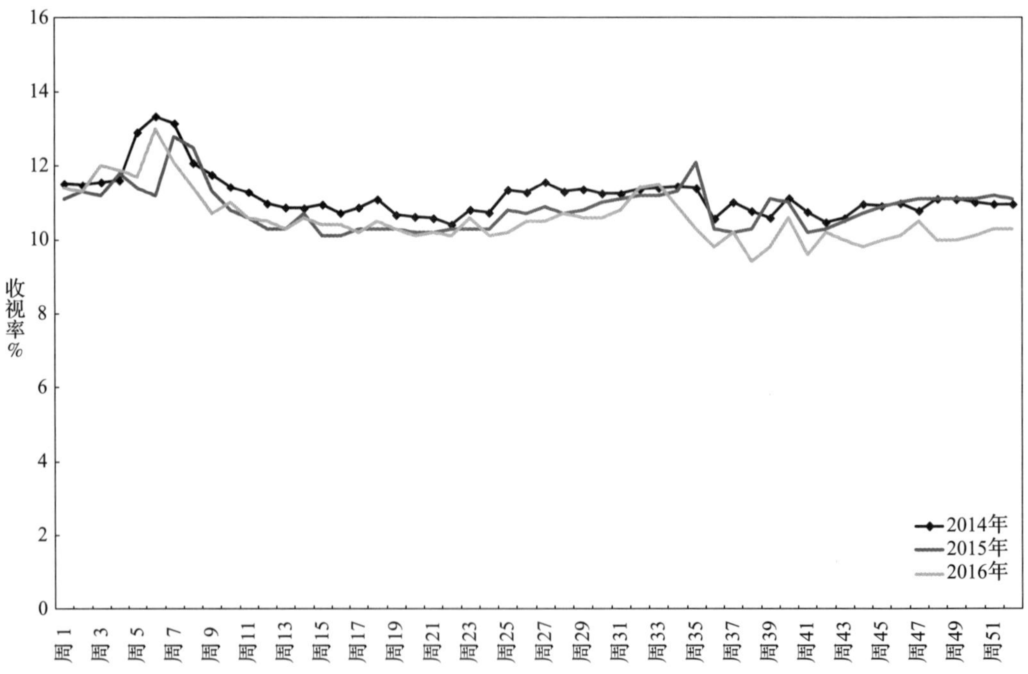

图 3.2.1　2014~2016 年全国样本城市观众全年收视率走势

图 3.2.2　2016 年全国样本城市不同性别观众全年收视率走势

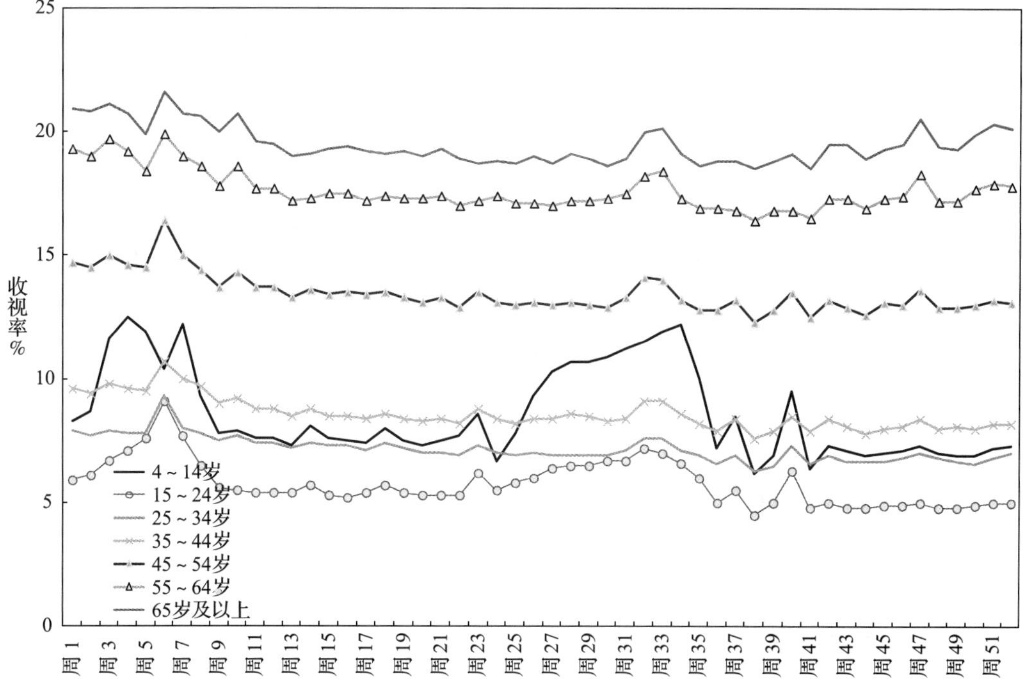

图 3.2.3　2016 年全国样本城市不同年龄观众全年收视率走势

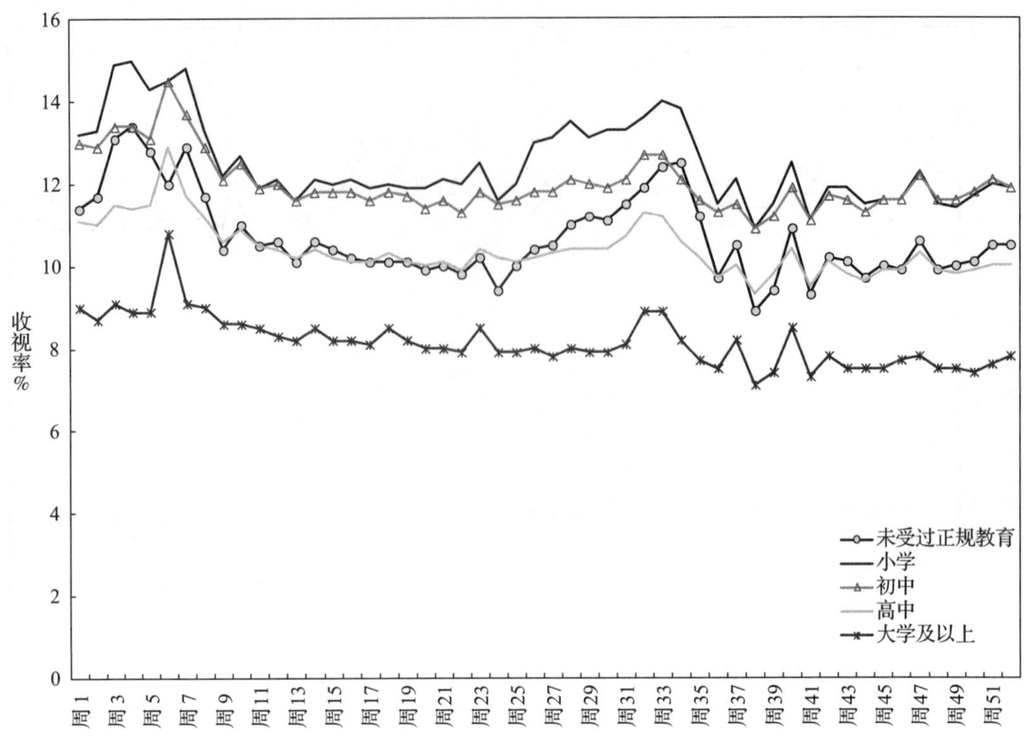

图 3.2.4 2016 年全国样本城市不同文化程度观众全年收视率走势

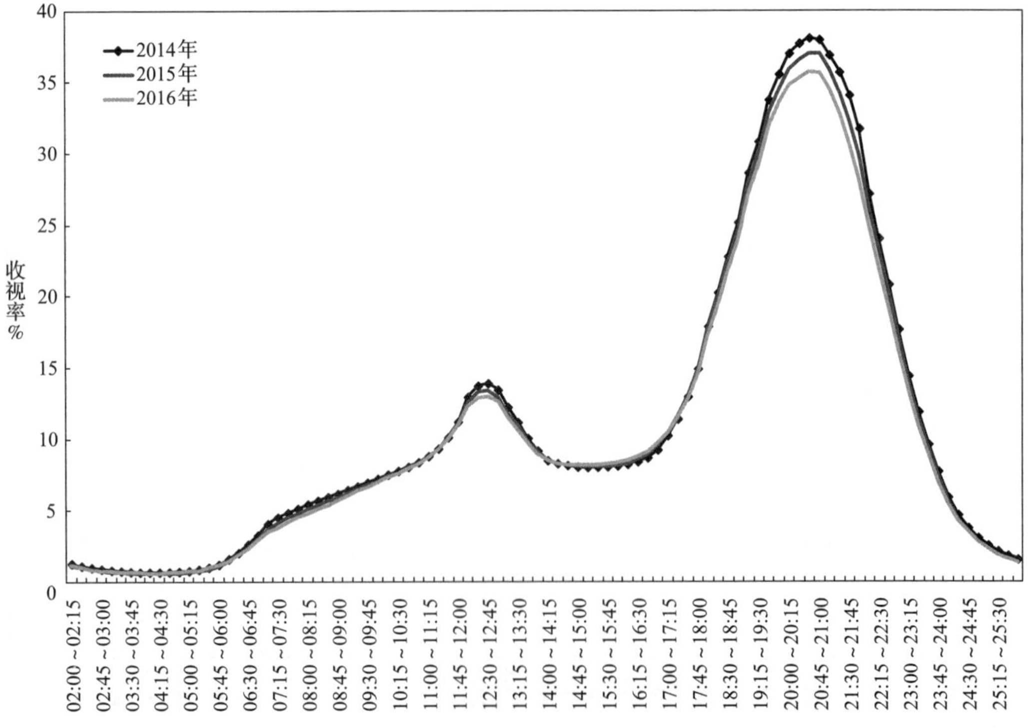

图 3.2.5 2014 ~ 2016 年全国样本城市观众全天收视率走势

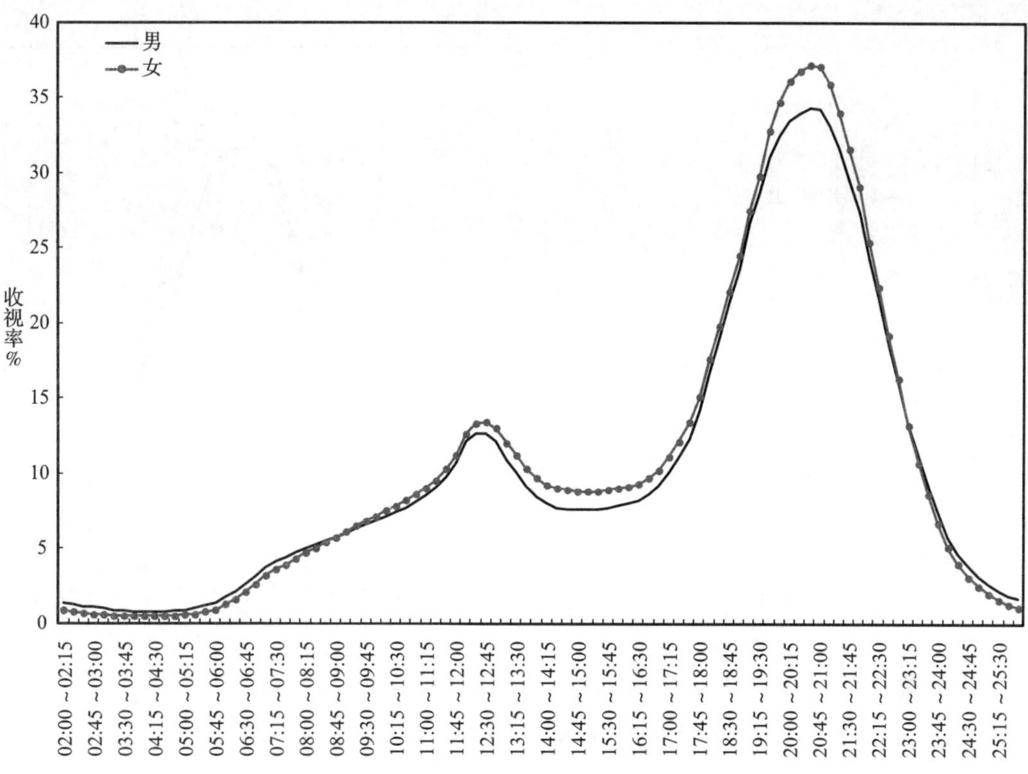

图 3.2.6　2016 年全国样本城市不同性别观众全天收视率走势

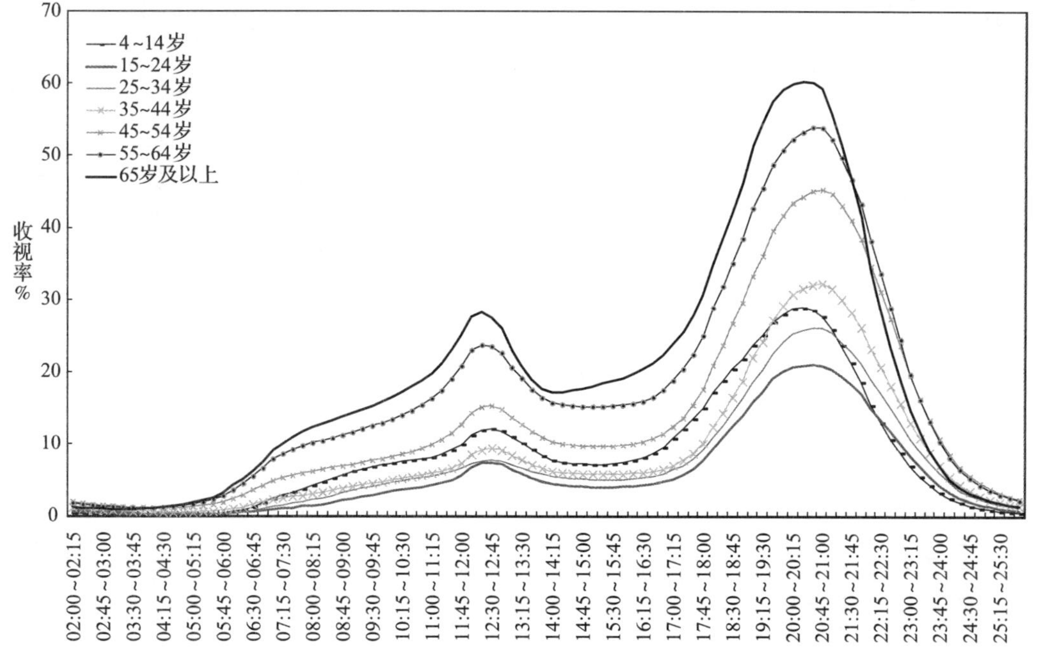

图 3.2.7　2016 年全国样本城市不同年龄观众全天收视率走势

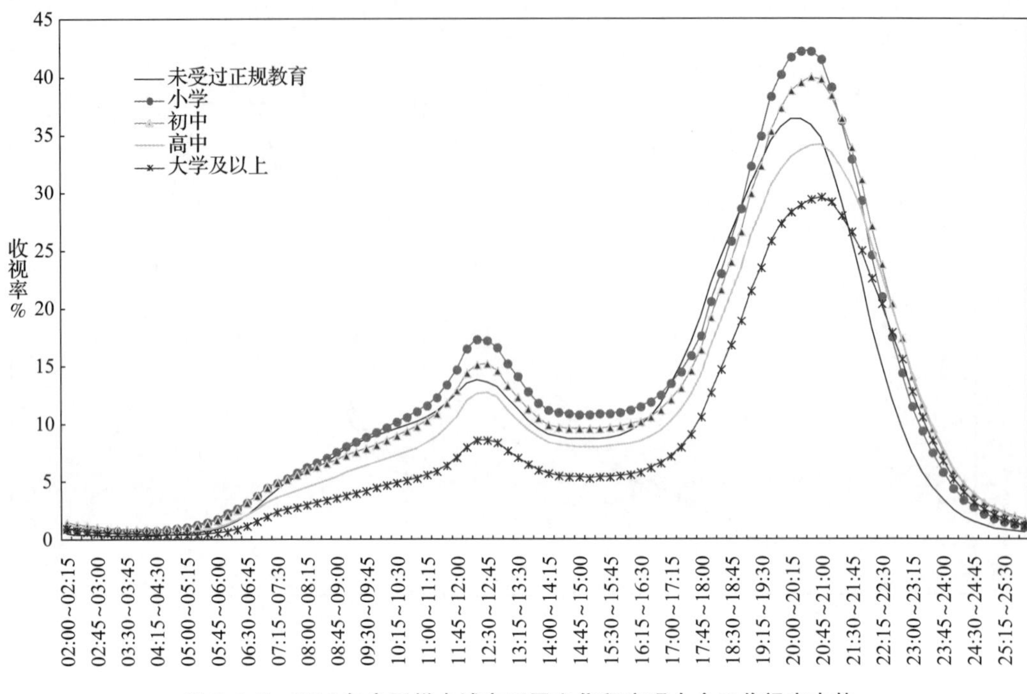

图 3.2.8　2016 年全国样本城市不同文化程度观众全天收视率走势

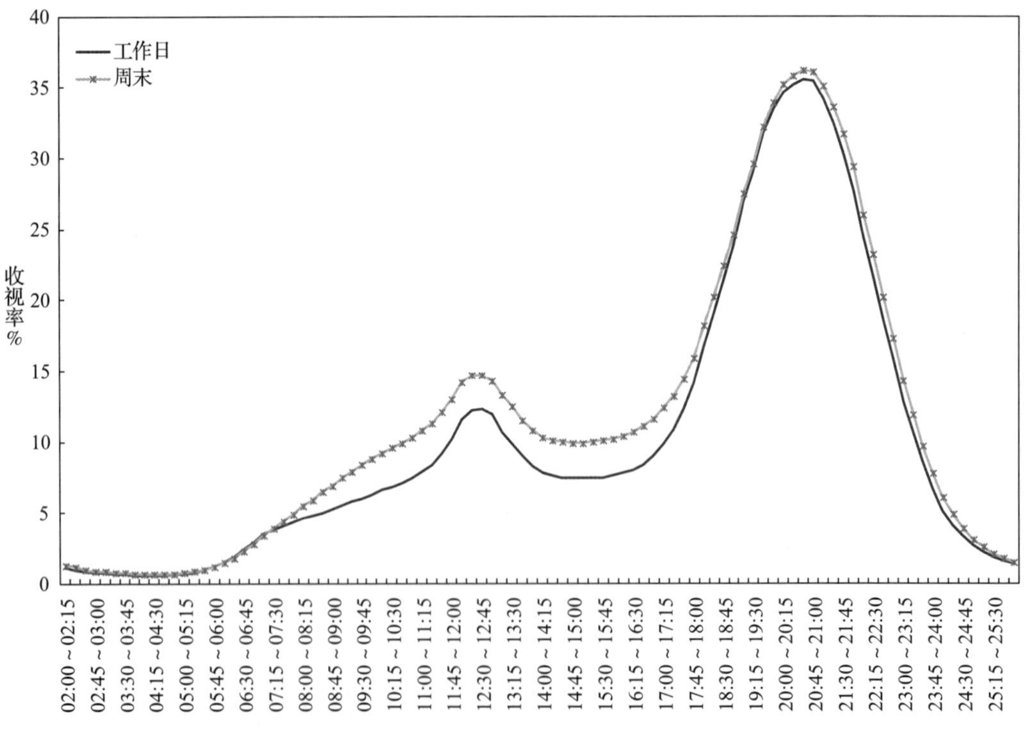

图 3.2.9　2016 年全国样本城市观众工作日与周末全天收视率走势

表 3.2.4 2016 年全国样本城市观众周一至周日各时段收视率(%)

时间段	周一	周二	周三	周四	周五	周六	周日
02:00~02:15	1.2	1.1	1.1	1.1	1.1	1.3	1.4
02:15~02:30	1.0	1.0	0.9	1.0	1.0	1.1	1.2
02:30~02:45	0.9	0.9	0.8	0.9	0.9	1.0	1.1
02:45~03:00	0.9	0.8	0.8	0.8	0.8	0.9	1.0
03:00~03:15	0.8	0.7	0.7	0.7	0.8	0.9	0.9
03:15~03:30	0.8	0.7	0.7	0.7	0.7	0.8	0.8
03:30~03:45	0.7	0.6	0.6	0.7	0.7	0.7	0.8
03:45~04:00	0.7	0.6	0.6	0.6	0.6	0.7	0.7
04:00~04:15	0.7	0.6	0.6	0.6	0.6	0.7	0.7
04:15~04:30	0.7	0.6	0.6	0.6	0.6	0.7	0.7
04:30~04:45	0.7	0.6	0.6	0.6	0.7	0.7	0.7
04:45~05:00	0.7	0.7	0.7	0.7	0.7	0.7	0.8
05:00~05:15	0.8	0.7	0.7	0.7	0.7	0.8	0.8
05:15~05:30	0.9	0.8	0.8	0.8	0.8	0.9	0.9
05:30~05:45	1.0	0.9	1.0	1.0	1.0	1.0	1.0
05:45~06:00	1.2	1.1	1.2	1.2	1.2	1.2	1.2
06:00~06:15	1.5	1.5	1.5	1.5	1.5	1.5	1.5
06:15~06:30	1.9	1.9	1.9	1.9	1.9	1.8	1.8
06:30~06:45	2.4	2.4	2.4	2.4	2.4	2.3	2.3
06:45~07:00	2.9	2.9	2.9	2.9	2.9	2.8	2.8
07:00~07:15	3.5	3.5	3.5	3.5	3.5	3.4	3.4
07:15~07:30	3.9	3.8	3.9	3.8	3.8	3.9	3.9
07:30~07:45	4.1	4.1	4.1	4.1	4.1	4.4	4.4
07:45~08:00	4.4	4.3	4.3	4.3	4.3	4.9	4.9
08:00~08:15	4.7	4.5	4.6	4.6	4.6	5.4	5.5
08:15~08:30	4.9	4.7	4.8	4.8	4.8	5.8	6.1
08:30~08:45	5.1	4.9	5.0	5.0	5.0	6.3	6.6
08:45~09:00	5.4	5.2	5.2	5.3	5.3	6.8	7.1
09:00~09:15	5.6	5.4	5.5	5.5	5.5	7.3	7.7
09:15~09:30	5.9	5.7	5.7	5.8	5.8	7.7	8.2
09:30~09:45	6.1	5.9	6.0	6.0	6.1	8.1	8.7
09:45~10:00	6.4	6.2	6.2	6.3	6.3	8.4	9.1
10:00~10:15	6.7	6.4	6.5	6.6	6.6	8.8	9.6
10:15~10:30	6.9	6.7	6.8	6.8	6.9	9.2	10.0
10:30~10:45	7.2	7.0	7.1	7.1	7.2	9.5	10.3
10:45~11:00	7.5	7.4	7.4	7.5	7.6	10.0	10.8
11:00~11:15	8.0	7.8	7.8	7.9	8.0	10.4	11.2
11:15~11:30	8.5	8.3	8.4	8.4	8.5	10.9	11.8
11:30~11:45	9.3	9.1	9.1	9.2	9.3	11.6	12.5
11:45~12:00	10.3	10.1	10.1	10.2	10.3	12.5	13.4
12:00~12:15	11.7	11.4	11.5	11.6	11.6	13.7	14.7
12:15~12:30	12.4	12.1	12.2	12.2	12.3	14.2	15.2
12:30~12:45	12.5	12.2	12.3	12.2	12.3	14.3	15.2
12:45~13:00	12.0	11.7	11.8	11.8	11.9	13.9	14.8
13:00~13:15	10.9	10.6	10.6	10.6	10.8	12.9	13.7
13:15~13:30	10.0	9.7	9.7	9.8	9.9	12.1	12.9
13:30~13:45	9.1	8.9	8.8	8.9	9.1	11.2	11.9
13:45~14:00	8.4	8.2	8.2	8.3	8.5	10.5	11.2

续表

时间段	周一	周二	周三	周四	周五	周六	周日
14:00~14:15	7.9	7.7	7.7	7.8	8.0	10.0	10.7
14:15~14:30	7.7	7.5	7.5	7.6	7.8	9.7	10.4
14:30~14:45	7.6	7.4	7.4	7.5	7.7	9.6	10.3
14:45~15:00	7.6	7.3	7.4	7.5	7.6	9.6	10.2
15:00~15:15	7.6	7.4	7.4	7.5	7.6	9.6	10.2
15:15~15:30	7.6	7.4	7.4	7.5	7.6	9.6	10.3
15:30~15:45	7.6	7.4	7.5	7.6	7.7	9.8	10.4
15:45~16:00	7.6	7.5	7.5	7.6	7.8	9.9	10.5
16:00~16:15	7.8	7.6	7.7	7.8	8.0	10.1	10.7
16:15~16:30	8.0	7.9	7.9	8.0	8.2	10.4	11.0
16:30~16:45	8.4	8.2	8.3	8.3	8.6	10.8	11.4
16:45~17:00	8.9	8.8	8.9	8.9	9.2	11.3	11.9
17:00~17:15	9.8	9.7	9.8	9.7	10.1	12.1	12.7
17:15~17:30	10.8	10.8	10.8	10.8	11.1	12.9	13.5
17:30~17:45	12.2	12.2	12.2	12.2	12.5	14.1	14.6
17:45~18:00	14.1	14.0	14.0	14.0	14.3	15.6	16.2
18:00~18:15	16.7	16.7	16.7	16.6	16.9	17.9	18.6
18:15~18:30	19.0	19.0	19.0	18.9	19.1	19.9	20.5
18:30~18:45	21.5	21.4	21.4	21.3	21.4	22.1	22.7
18:45~19:00	23.9	23.9	23.8	23.6	23.8	24.3	24.9
19:00~19:15	27.1	27.0	26.9	26.7	26.8	27.2	27.9
19:15~19:30	29.3	29.2	29.1	28.9	29.0	29.2	30.0
19:30~19:45	32.0	31.9	31.7	31.6	31.7	31.8	32.6
19:45~20:00	33.6	33.5	33.4	33.2	33.4	33.6	34.3
20:00~20:15	34.8	34.6	34.5	34.3	34.7	34.8	35.5
20:15~20:30	35.3	35.2	35.0	34.9	35.4	35.5	36.1
20:30~20:45	35.6	35.5	35.3	35.2	35.9	36.0	36.4
20:45~21:00	35.4	35.3	35.1	35.0	36.0	36.0	36.2
21:00~21:15	34.1	34.1	33.9	33.8	35.2	35.1	35.1
21:15~21:30	32.1	32.1	31.9	31.9	33.8	33.8	33.4
21:30~21:45	29.8	29.8	29.6	29.7	32.0	32.1	31.3
21:45~22:00	27.3	27.2	27.0	27.2	30.0	30.0	28.9
22:00~22:15	23.9	23.7	23.5	23.8	26.9	26.6	25.4
22:15~22:30	20.9	20.8	20.7	20.9	24.1	23.8	22.5
22:30~22:45	17.8	17.9	17.7	17.9	21.2	20.9	19.4
22:45~23:00	15.0	15.2	15.1	15.2	18.3	18.0	16.6
23:00~23:15	12.2	12.4	12.2	12.3	15.0	15.0	13.6
23:15~23:30	10.1	10.3	10.0	10.1	12.3	12.5	11.2
23:30~23:45	8.2	8.4	8.1	8.2	10.0	10.3	9.2
23:45~24:00	6.4	6.5	6.3	6.4	8.0	8.2	7.3
24:00~24:15	4.9	4.9	4.8	4.9	6.2	6.5	5.7
24:15~24:30	3.9	3.9	3.8	3.9	4.9	5.2	4.6
24:30~24:45	3.1	3.1	3.1	3.1	4.0	4.1	3.7
24:45~25:00	2.6	2.5	2.5	2.6	3.2	3.4	2.9
25:00~25:15	2.1	2.1	2.1	2.1	2.7	2.7	2.4
25:15~25:30	1.8	1.8	1.8	1.8	2.2	2.3	2.0
25:30~25:45	1.5	1.5	1.5	1.5	1.8	1.9	1.7
25:45~26:00	1.3	1.3	1.3	1.3	1.6	1.6	1.4

表 3.2.5　2016 年全国样本城市所有频道及各类频道观众构成(%)

目标观众		所有频道	中央台频道	中国教育台频道	省级卫视频道	其他频道
4 岁及以上所有人		100.0	100.0	100.0	100.0	100.0
性别	男	50.1	54.0	52.8	46.7	50.4
	女	49.9	46.0	47.2	53.3	49.6
年龄	4～14 岁	7.2	5.9	4.5	10.0	7.9
	15～24 岁	8.2	6.9	8.5	9.6	9.4
	25～34 岁	15.6	12.6	14.8	17.7	20.5
	35～44 岁	13.7	13.5	15.0	14.6	15.5
	45～54 岁	21.8	21.4	25.2	20.7	21.0
	55～64 岁	17.7	19.1	15.9	15.0	15.1
	65 岁及以上	15.8	20.6	16.2	12.4	10.6
教育程度	未受过正规教育	4.4	4.0	3.6	5.0	3.9
	小学	15.5	15.1	15.1	15.8	13.4
	初中	32.0	32.7	31.9	30.9	29.3
	高中	28.4	29.1	29.3	28.1	28.3
	大学及以上	19.6	19.1	20.1	20.2	25.1
职业类别	干部/管理人员	3.3	3.3	2.9	3.3	4.3
	个体/私营企业人员	11.7	11.9	12.9	11.6	12.1
	初级公务员/雇员	17.9	15.9	19.0	17.9	22.9
	工人	14.8	13.8	15.8	14.7	14.6
	学生	8.4	7.1	6.7	11.3	9.7
	无业	39.2	42.8	37.6	36.4	33.2
	其他	4.8	5.1	5.2	4.9	3.3
个人月收入	0～600 元	23.6	21.0	22.9	28.2	24.3
	601～1200 元	5.2	5.3	5.1	5.1	4.1
	1201～1700 元	7.1	7.7	6.4	6.9	5.5
	1701～2600 元	24.2	26.4	22.9	22.7	20.3
	2601～3500 元	18.8	19.1	19.5	17.2	19.6
	3501～5000 元	12.8	12.6	13.4	11.9	14.9
	5001 元及以上	8.2	7.8	9.8	7.9	11.1

表 3.2.6　2012～2016 年全国样本城市电视收视市场各类频道的市场占有率(%)

频道类别	年份				
	2012 年	2013 年	2014 年	2015 年	2016 年
中央台频道	27.4	28.7	29.2	28.5	30.0
中国教育台频道	0.5	0.4	0.3	0.2	0.1
省级卫视频道	31.9	31.9	32.6	31.2	30.0
其他频道	40.2	39.0	37.9	40.1	39.9

表 3.2.7　2014～2016 年各类频道在全国样本城市各目标观众中的市场占有率(%)

频道类别		中央台频道			省级卫视频道			中国教育台频道		
年　份		2014年	2015年	2016年	2014年	2015年	2016年	2014年	2015年	2016年
4 岁及以上所有人		29.2	28.5	30.0	32.6	31.2	30.0	0.3	0.2	0.1
性别	男	31.3	30.8	32.3	30.4	29.0	28.0	0.4	0.2	0.1
	女	27.0	26.1	27.6	34.7	33.5	32.1	0.3	0.2	0.1
年龄	4～14 岁	28.4	25.2	24.7	41.3	42.8	42.0	0.3	0.1	0.1
	15～24 岁	23.8	22.9	25.0	38.6	38.1	35.1	0.4	0.2	0.1
	25～34 岁	25.6	23.8	24.3	34.6	34.8	34.1	0.3	0.2	0.1
	35～44 岁	29.0	28.2	29.6	34.2	33.2	32.0	0.4	0.3	0.1
	45～54 岁	27.9	27.8	29.4	31.3	29.0	28.5	0.4	0.2	0.2
	55～64 岁	30.9	30.9	32.4	28.8	26.3	25.5	0.3	0.2	0.1
	65 岁及以上	36.8	36.4	38.9	26.6	25.3	23.5	0.3	0.2	0.1
教育程度	未受过正规教育	30.1	27.8	27.6	34.9	34.0	34.2	0.3	0.1	0.1
	小学	28.3	27.6	29.1	32.7	31.8	30.5	0.3	0.2	0.1
	初中	29.0	28.8	30.6	32.9	30.5	29.0	0.3	0.2	0.1
	高中	29.1	28.8	30.6	32.0	30.9	29.7	0.3	0.2	0.1
	大学及以上	30.1	28.3	29.1	32.0	31.9	31.0	0.3	0.2	0.1
职业类别	干部/管理人员	30.5	29.6	30.2	30.3	30.0	29.8	0.3	0.2	0.1
	个体/私营企业人员	29.7	28.9	30.6	32.8	30.8	29.8	0.4	0.2	0.2
	初级公务员/雇员	26.7	25.5	26.5	31.6	30.9	29.9	0.4	0.2	0.1
	工人	27.2	26.9	28.1	32.6	31.0	29.9	0.3	0.2	0.1
	学生	26.2	24.4	25.4	41.9	42.9	40.5	0.4	0.2	0.1
	无业	31.7	31.1	32.8	30.7	29.2	27.9	0.3	0.2	0.1
	其他	28.1	28.7	32.1	34.9	31.5	30.4	0.4	0.2	0.1
个人月收入	0～600 元	27.3	25.7	26.7	37.3	37.2	35.9	0.3	0.2	0.1
	601～1200 元	29.5	28.8	30.8	32.4	30.3	29.4	0.3	0.2	0.1
	1201～1700 元	30.4	30.4	32.6	31.8	29.9	29.2	0.3	0.2	0.1
	1701～2600 元	30.1	30.4	32.6	30.8	29.2	28.1	0.3	0.2	0.1
	2601～3500 元	29.5	28.7	30.5	30.6	29.0	27.6	0.3	0.2	0.1
	3501～5000 元	29.9	28.5	29.5	29.7	28.6	27.9	0.3	0.2	0.1
	5001 元及以上	28.5	27.4	28.3	30.1	29.7	29.0	0.4	0.2	0.2

表 3.2.8　2014～2016 年全国样本城市市场各类频道在各时段的市场占有率(%)

频道	中央台频道			省级卫视频道			中国教育台频道		
年份	2014 年	2015 年	2016 年	2014 年	2015 年	2016 年	2014 年	2015 年	2016 年
02:00～03:00	30.3	26.2	27.5	33.5	33.5	31.5	0.7	0.3	0.2
03:00～04:00	32.1	26.2	29.0	32.2	32.8	29.8	0.5	0.3	0.2
04:00～05:00	38.1	30.2	33.9	28.2	30.0	27.2	0.4	0.3	0.2
05:00～06:00	38.2	34.2	39.5	29.4	29.7	26.7	0.5	0.3	0.3
06:00～07:00	41.9	40.0	44.6	27.3	27.2	23.7	0.2	0.1	0.1
07:00～08:00	42.3	41.5	42.4	26.3	23.6	22.4	0.1	0.1	0.2
08:00～09:00	41.0	40.3	40.3	29.3	27.8	27.7	0.1	0.2	0.2
09:00～10:00	36.1	36.2	36.7	35.2	33.2	32.8	0.2	0.3	0.3
10:00～11:00	35.2	35.2	35.8	37.1	35.3	34.3	0.4	0.2	0.3
11:00～12:00	37.5	36.8	37.4	33.5	32.7	32.1	0.4	0.1	0.2
12:00～13:00	39.6	37.5	39.0	29.4	30.1	28.0	0.6	0.2	0.1
13:00～14:00	36.3	34.6	34.4	33.6	33.3	32.4	0.5	0.2	0.2
14:00～15:00	32.1	30.7	31.7	39.5	38.5	37.0	0.5	0.2	0.2
15:00～16:00	32.3	30.6	31.3	40.3	39.8	38.5	0.4	0.3	0.3
16:00～17:00	31.4	30.4	31.3	39.6	38.9	37.7	0.2	0.2	0.2
17:00～18:00	31.3	30.2	30.2	29.8	30.1	29.9	0.2	0.1	0.1
18:00～19:00	29.5	27.6	27.9	15.9	16.2	16.6	0.3	0.1	0.1
19:00～20:00	29.1	28.0	29.2	23.0	22.3	22.6	0.3	0.2	0.1
20:00～21:00	22.6	22.6	24.5	36.7	35.2	34.2	0.4	0.3	0.1
21:00～22:00	22.6	24.0	26.4	38.8	33.5	31.3	0.3	0.2	0.1
22:00～23:00	21.6	21.7	24.5	38.5	36.3	33.6	0.5	0.2	0.1
23:00～24:00	25.3	24.7	27.7	37.6	37.8	33.9	0.2	0.1	0.1
24:00～25:00	31.4	28.1	29.9	32.5	33.5	30.6	0.2	0.1	0.1
25:00～26:00	32.3	26.9	29.0	30.2	31.6	29.5	0.5	0.2	0.2

表 3.2.9　2016 年各月全国样本城市市场各类频道的市场占有率(%)

月份	中央台频道	中国教育台频道	省级卫视频道	其他频道
1 月	27.8	0.2	32.3	39.7
2 月	31.0	0.2	30.6	38.2
3 月	28.4	0.1	30.6	40.9
4 月	28.7	0.1	30.6	40.6
5 月	29.4	0.1	30.2	40.3
6 月	30.4	0.2	30.4	39.0
7 月	30.5	0.1	30.3	39.1
8 月	34.0	0.1	28.8	37.1
9 月	30.4	0.1	29.0	40.5
10 月	29.6	0.1	29.0	41.3
11 月	29.5	0.1	28.8	41.6
12 月	29.7	0.1	29.5	40.7

表 3.2.10 2016 年全国样本城市市场份额排名前二十位频道

名次	频道名称	市场份额(%)
1	中央电视台综合频道	4.3
2	中央台四套	3.5
3	中央台三套	3.4
4	湖南卫视	3.3
5	中央台八套	3.1
6	中央台六套	3.0
7	浙江卫视	2.7
8	中央电视台新闻频道	2.6
9	中央台五套	2.4
9	上海东方卫视	2.4
11	江苏卫视	2.0
12	北京卫视	1.8
13	中央电视台少儿频道	1.6
13	安徽卫视	1.6
15	湖南电视台金鹰卡通频道	1.4
16	山东卫视	1.3
17	中央台十套	1.0
17	中央台二套	1.0
19	深圳卫视(新闻综合频道)	0.9
19	广东广播电视台珠江频道	0.9

表 3.2.11 2014～2016 年全国样本城市市场各类节目的播出份额(%)与收视份额(%)

节目类别	2014 年		2015 年		2016 年	
	播出份额	收视份额	播出份额	收视份额	播出份额	收视份额
新闻/时事	10.9	14.2	11.0	14.1	10.7	13.8
综艺	6.1	11.4	5.9	13.0	6.1	13.7
电视剧	25.0	31.1	26.2	30.0	27.1	29.6
体育	2.2	3.0	2.1	2.8	2.2	3.5
专题	9.0	6.2	9.0	6.5	8.5	6.4
教学	0.3	0.1	0.3	0.1	0.3	0.1
外语	0.1	0.0	0.1	0.0	0.1	0.0
青少	3.6	5.2	3.8	4.6	4.2	5.0
音乐	1.0	0.8	1.2	1.0	0.9	1.0
电影	3.4	4.3	3.3	4.4	3.4	4.6
戏剧	0.5	0.4	0.6	0.4	0.6	0.4
财经	1.2	0.8	1.1	1.0	1.0	0.9
生活服务	18.4	8.5	17.1	8.2	15.3	7.6
法制	1.5	1.9	1.7	1.8	1.5	1.6
其他	16.8	12.2	16.7	12.1	18.1	11.9

表 3.2.12 2014～2016 年中央电视台各类节目的播出份额(%)与收视份额(%)

节目类别	2014 年		2015 年		2016 年	
	播出份额	收视份额	播出份额	收视份额	播出份额	收视份额
新闻/时事	12.2	17.9	13.1	16.8	13.1	16.8
综艺	9.8	12.6	9.5	13.4	9.2	13.9
电视剧	12.1	15.4	12.3	16.3	12.9	17.2
体育	11.6	7.0	11.4	6.3	11.5	7.6
专题	18.1	9.7	18.6	10.5	17.9	10.5
教学	0.6	0.2	0.6	0.2	0.4	0.1
外语	0.0	0.0	0.0	0.0	0.0	0.0
青少	3.9	6.4	3.7	5.0	3.7	4.2
音乐	4.5	2.1	4.7	2.7	4.5	2.6
电影	5.4	8.0	5.5	9.0	5.6	8.7
戏剧	1.6	0.7	1.9	0.7	2.0	0.7
财经	2.8	1.4	3.0	1.7	3.1	1.5
生活服务	5.1	5.3	5.0	5.2	4.4	4.6
法制	3.1	3.3	2.7	2.8	2.5	2.4
其他	9.1	10.0	8.1	9.2	9.2	9.3

表 3.2.13 2014～2016 年省级卫视各类节目的播出份额(%)与收视份额(%)

节目类别	2014 年		2015 年		2016 年	
	播出份额	收视份额	播出份额	收视份额	播出份额	收视份额
新闻/时事	8.7	6.3	8.7	6.6	8.8	6.4
综艺	6.1	14.3	7.0	17.9	7.3	19.2
电视剧	32.0	43.4	31.9	39.5	35.0	38.2
体育	1.1	0.3	0.8	0.4	1.1	0.5
专题	11.8	4.2	14.3	4.6	14.2	3.9
教学	0.1	0.0	0.1	0.0	0.1	0.0
外语	0.0	0.0	0.0	0.0	0.0	0.0
青少	8.9	6.9	8.3	6.6	8.8	8.1
音乐	0.4	0.2	0.6	0.3	0.5	0.3
电影	2.0	2.1	1.9	1.8	1.5	2.2
戏剧	0.4	0.1	0.4	0.1	0.6	0.1
财经	1.2	0.3	1.1	0.5	0.7	0.3
生活服务	15.9	8.8	11.4	8.2	7.9	7.8
法制	0.5	0.4	0.6	0.4	0.6	0.4
其他	10.8	12.6	12.8	13.0	12.9	12.6

表 3.2.14　2016 年全国样本城市各类节目在各目标观众市场的收视份额(%)

节目类别		新闻/时事	综艺	电视剧	体育	专题	教学	外语	青少	音乐	电影	戏剧	财经	生活服务	法制	其他
4 岁及以上所有人		13.8	13.7	29.6	3.5	6.3	0.1	0.0	5.0	1.0	4.6	0.4	0.8	7.6	1.6	11.9
性别	男	14.9	12.9	28.2	4.5	6.8	0.1	0.0	4.8	1.0	5.2	0.4	0.9	7.2	1.6	11.6
	女	12.7	14.4	31.0	2.6	5.9	0.1	0.0	5.2	1.0	4.0	0.4	0.8	8.0	1.6	12.3
年龄	4 ~ 14 岁	7.3	13.0	23.3	1.7	4.3	0.0	0.0	23.5	0.8	5.9	0.2	0.3	6.4	0.9	12.4
	15 ~ 24 岁	11.8	16.7	29.7	3.8	6.0	0.1	0.0	3.4	1.2	5.3	0.2	0.5	7.5	1.4	12.5
	25 ~ 34 岁	11.3	14.6	27.4	4.2	5.7	0.1	0.0	7.5	1.0	5.7	0.2	0.7	7.7	1.3	12.6
	35 ~ 44 岁	12.3	14.3	29.0	3.6	6.6	0.1	0.0	4.0	1.2	7.1	0.2	0.8	7.2	1.5	12.0
	45 ~ 54 岁	14.4	13.3	31.2	3.6	6.9	0.1	0.0	2.3	1.2	4.7	0.2	1.0	7.7	1.7	11.9
	55 ~ 64 岁	15.9	13.1	30.6	3.5	6.8	0.1	0.0	3.2	0.9	3.0	0.4	1.2	8.0	1.9	11.5
	65 岁及以上	18.2	12.2	31.5	3.4	6.7	0.1	0.0	1.8	0.7	2.3	1.1	0.8	7.9	1.9	11.3
教育程度	未受过正规教育	9.4	10.2	26.4	1.7	4.3	0.0	0.0	20.5	0.8	4.6	0.7	0.3	6.8	1.1	13.1
	小学	12.1	12.4	32.9	2.0	5.5	0.1	0.0	7.8	0.9	4.4	0.6	0.5	6.9	1.6	12.3
	初中	14.1	13.3	31.3	3.0	6.4	0.1	0.0	3.9	1.1	4.8	0.4	0.7	7.4	1.7	11.9
	高中	14.7	14.3	28.6	4.0	6.8	0.1	0.0	3.3	1.0	4.5	0.3	1.1	7.9	1.6	11.7
	大学及以上	14.6	15.3	26.0	5.3	6.8	0.1	0.0	3.5	0.9	4.5	0.2	1.2	8.3	1.5	11.7
职业类别	干部/管理人员	14.6	14.6	26.1	5.6	7.4	0.1	0.0	3.0	1.0	5.3	0.2	1.2	7.9	1.4	11.5
	个体/私营企业人员	13.5	13.2	30.3	3.3	6.6	0.1	0.0	3.9	1.2	5.8	0.3	0.8	7.1	1.8	12.2
	初级公务员/雇员	13.8	15.2	27.1	4.9	6.7	0.1	0.0	3.5	1.0	5.2	0.2	1.1	8.1	1.4	11.7
	工人	13.2	13.6	31.2	3.4	6.3	0.1	0.0	3.7	1.1	5.7	0.2	0.7	7.3	1.4	12.2
	学生	9.3	17.0	26.3	3.0	5.4	0.1	0.0	11.7	1.0	5.8	0.2	0.4	6.7	1.2	11.9
	无业	15.3	12.6	30.0	3.1	6.4	0.1	0.0	5.3	0.9	3.3	0.6	0.9	7.9	1.8	11.8
	其他	11.5	12.5	36.0	1.7	5.6	0.1	0.0	4.5	1.1	4.9	0.7	0.4	7.0	1.8	12.2
个人月收入	0 ~ 600 元	10.4	13.8	29.0	2.4	5.4	0.1	0.0	10.9	1.0	5.1	0.4	0.5	7.0	1.4	12.5
	601 ~ 1200 元	13.0	12.8	34.7	2.5	6.0	0.1	0.0	4.0	1.0	4.0	0.5	0.5	7.1	1.7	12.0
	1201 ~ 1700 元	14.1	13.2	32.5	2.6	6.4	0.1	0.0	3.5	1.1	4.0	0.4	0.7	7.5	1.8	12.1
	1701 ~ 2600 元	15.3	13.6	30.9	3.3	6.5	0.1	0.0	2.8	1.0	4.0	0.4	0.9	7.8	1.7	11.9
	2601 ~ 3500 元	15.1	13.5	28.9	4.1	6.9	0.1	0.0	3.1	1.0	4.6	0.4	1.1	7.9	1.7	11.6
	3501 ~ 5000 元	15.1	14.0	27.5	4.4	6.9	0.1	0.0	3.3	1.0	5.0	0.3	1.2	8.1	1.6	11.6
	5001 元及以上	14.5	14.4	26.0	5.9	7.0	0.1	0.0	3.4	0.9	5.4	0.2	1.3	8.0	1.5	11.2

表 3.2.15 2016 年全国样本城市市场所有节目收视率排名前三十位

名次	节目名称	节目类别	播出频道	平均收视率（%）	平均占有率（%）
1	2016 中央电视台春节联欢晚会	综艺	中央电视台综合频道	9.9	24.7
2	奥林匹克在里约:2016 年第 31 届奥运会羽毛球男单决赛	体育	中央台五套	6.5	19.5
3	奥林匹克在里约:2016 年第 31 届奥运会女排决赛(中国 VS 塞尔维亚)	体育	中央台五套	6.1	40.5
4	奥林匹克在里约:2016 年第 31 届奥运会乒乓球男单半决赛	体育	中央台五套	5.3	19.7
5	奥运典藏:2016 年第 31 届奥运会女子举重 63 公斤级决赛	体育	中央台五套	4.7	14.7
6	2016 中央电视台元宵晚会	综艺	中央台三套	4.7	12.0
7	奥林匹克在里约:2016 年第 31 届奥运会射击女子 10 米气步枪决赛	体育	中央台五套	4.2	13.6
8	奥林匹克在里约:2016 年第 31 届奥运会女子 200 米混合泳决赛	体育	中央台五套	4.2	11.7
9	奥运典藏:2016 年第 31 届奥运会女子双人 10 米跳台决赛	体育	中央台五套	4.1	13.8
10	奔跑吧兄弟(1 月 1 日 ~1 月 15 日)	综艺	浙江卫视	4.0	13.7
11	奥林匹克在里约:2016 年第 31 届奥运会体操女子团体决赛	体育	中央台五套	4.0	11.7
12	奥林匹克在里约:2016 年第 31 届奥运会女子单人艇 1/4 决赛	体育	中央台五套	3.9	13.3
13	中国新歌声总决赛荣耀对决	综艺	浙江卫视	3.6	15.8
14	奔跑吧兄弟(4 月 15 日 ~7 月 1 日)	综艺	浙江卫视	3.5	12.8
15	奥林匹克在里约:2016 年第 31 届奥运会田径女子 3000 米障碍第一轮	体育	中央台五套	3.5	10.6
16	芈月传	电视剧	上海东方卫视	3.4	8.8
17	芈月传	电视剧	北京卫视	3.3	8.6
18	奥林匹克在里约:2016 年第 31 届奥运会场地自行车女子团体竞速赛	体育	中央台五套	3.1	9.6
18	超级足球之夜:国际足联 18 年世界杯亚洲区预选赛第三阶段 A 组第 2 轮(中国 VS 伊朗)	体育	中央台五套	3.1	9.6
20	奥林匹克在里约:2016 年第 31 届奥运会男篮小组赛(委内瑞拉 VS 中国)	体育	中央台五套	3.0	9.0
21	奥林匹克在里约:2016 年第 31 届奥运会女子七项全能决赛	体育	中央台五套	3.0	8.8

续表

名次	节目名称	节目类别	播出频道	平均收视率(%)	平均占有率(%)
22	开学第一课	青少	中央电视台综合频道	3.0	8.6
23	2016 年里约奥运会开幕式	体育	中央台五套	2.8	29.1
24	2016 中央电视台中秋晚会	综艺	中央电视台综合频道	2.8	8.5
25	奥林匹克在里约:2016 年第 31 届奥运会射箭男子团体决赛	体育	中央台五套	2.8	8.3
26	欢乐喜剧人(4 月 3 日)	综艺	上海东方卫视	2.7	9.3
27	2016 年欧洲杯小组赛 B 组第二轮(英格兰 VS 威尔士)	体育	中央台五套	2.6	9.4
28	歌王之战(4 月 8 日)	综艺	湖南卫视	2.5	9.1
29	奥林匹克在里约:2016 年第 31 届奥运会女子马拉松决赛	体育	中央台五套	2.5	8.7
30	G20 2016CHINA 二十国集团领导人第十一次峰会文艺晚会最忆是杭州	综艺	中央电视台新闻频道	2.4	8.6

表 3.2.16　2016 年全国样本城市市场电视剧收视率排名前二十位

名次	节目名称	播出频道	平均收视率(%)	平均占有率(%)
1	芈月传	上海东方卫视	3.4	8.8
2	芈月传	北京卫视	3.3	8.6
3	亲爱的翻译官	湖南卫视	2.4	7.2
4	解密	湖南卫视	1.9	6.1
5	麻雀	湖南卫视	1.9	6.0
6	美丽的秘密	湖南卫视	1.8	5.1
7	彭德怀元帅	中央电视台综合频道	1.7	5.1
8	海棠依旧	中央电视台综合频道	1.6	5.0
8	放弃我抓紧我	湖南卫视	1.6	5.0
8	神犬小七第二季	湖南卫视	1.6	5.0
11	麻辣变形计	湖南卫视	1.6	4.9
12	父亲的身份	中央电视台综合频道	1.6	4.8
13	锻刀	中央台八套	1.5	4.9
14	锦绣未央	上海东方卫视	1.5	4.4
14	小丈夫	湖南卫视	1.5	4.4
16	武神赵子龙	湖南卫视	1.5	4.3
17	天天有喜之人间有爱	湖南卫视	1.5	4.1
18	搭错车	山东卫视	1.5	4.0
19	炮神	中央台八套	1.4	4.5
20	宜昌保卫战	中央台八套	1.4	4.4

表 3.2.17　2016 年全国样本城市市场新闻类节目收视率排名前二十位

名次	节目名称	播出频道	平均收视率（%）	平均占有率（%）
1	新闻联播	中央电视台综合频道	2.1	7.6
2	焦点访谈	中央电视台综合频道	1.5	4.4
3	G20 2016CHINA 二十国集团领导人杭州峰会特别报道	中央电视台新闻频道	1.4	7.1
4	今日关注	中央台四套	1.4	4.8
5	海峡两岸	中央台四套	1.4	4.1
6	筑梦天宫	中央台四套	1.3	5.4
7	李克强总理会见中外记者并回答提问	中央电视台综合频道	1.3	3.6
8	2016 一年又一年	中央电视台综合频道	1.2	7.0
9	中国新闻(21:00 档)	中央台四套	1.2	3.6
10	深度国际(20:00 档)	中央台四套	1.1	3.3
11	中国舆论场	中央台四套	1.1	3.2
12	新闻 30 分	中央电视台综合频道	1.0	7.6
13	今日亚洲	中央台四套	0.9	2.8
14	十二届全国人大四次会议开幕会	中央电视台综合频道	0.6	6.4
15	共同关注	中央电视台新闻频道	0.6	3.1
16	十二届全国人大四次会议闭幕会	中央电视台新闻频道	0.5	7.1
17	天际携手筑梦太空神舟十一号飞船返回舱返回特别报道	中央台四套	0.5	6.0
18	金砖国家领导人非正式会晤特别报道	中央电视台新闻频道	0.5	5.4
19	2016 钱塘观潮	中央电视台新闻频道	0.5	5.1
20	B20 2016CHINA 二十国集团工商峰会特别报道	中央电视台新闻频道	0.5	4.7

表 3.2.18　2016 年全国样本城市市场专题类节目收视率排名前二十位

名次	节目名称	播出频道	平均收视率（%）	平均占有率（%）
1	等着我(20:00 档)	中央电视台综合频道	2.4	6.8
2	315 共筑消费新生态	中央台二套	1.8	5.3
3	感动中国 2015 年度人物颁奖盛典	中央电视台综合频道	1.7	4.8
4	治国理政新征程系列特别报道	中央电视台综合频道	1.6	4.4
5	中国诗词大会(2 月 19 日)	中央电视台综合频道	1.6	4.0
6	芈月传奇	北京卫视	1.5	4.4
7	中国成语大会 2015 年度总决赛	中央电视台综合频道	1.5	3.9
8	开创中国特色大国外交新局面习近平主席 2015 年出访实录	中央电视台综合频道	1.4	4.5
9	筑梦路上 1921～2016	中央电视台综合频道	1.3	4.0
10	永远在路上	中央电视台综合频道	1.2	3.5

续表

名次	节目名称	播出频道	平均收视率(%)	平均占有率(%)
11	芈月纪实	上海东方卫视	1.2	3.0
12	喜剧人故事	上海东方卫视	1.1	6.7
13	2016 寻找最美教师大型公益活动颁奖典礼	中央电视台综合频道	1.1	3.4
14	寻找最美医生大型公益活动颁奖典礼	中央电视台综合频道	1.1	3.1
15	2015 年度中国好书	中央电视台综合频道	1.1	2.9
16	第十五届汉语桥世界大学生中文比赛(10 月 2 日)	湖南卫视	1.0	3.4
17	国家记忆	中央台四套	1.0	2.9
18	废奴(5 月 23 日)	中央电视台综合频道	1.0	2.8
19	人权卫士的人权纪录	中央电视台综合频道	1.0	2.7
20	胜利大阅兵	中央台六套	0.9	3.4

表 3.2.19　2016 年全国样本城市市场电影类节目收视率排名前二十位

名次	节目名称	播出频道	平均收视率(%)	平均占有率(%)
1	九层妖塔(2 月 10 日)	中央台六套	2.1	6.7
2	智取威虎山(2 月 12 日)	中央台六套	2.0	6.2
3	澳门风云二(12 月 3 日)	中央台六套	2.0	6.1
4	捉妖记(1 月 1 日)	中央台六套	1.9	5.1
5	战狼(2 月 12 日)	中央台六套	1.7	6.0
6	新少林寺(12 月 24 日)	中央台六套	1.6	5.2
7	举起手来(11 月 22 日)	中央台六套	1.6	5.0
8	澳门风云三(11 月 20 日)	中央台六套	1.6	4.8
9	寻龙诀(11 月 4 日)	中央台六套	1.5	4.9
10	铁血娇娃(2 月 16 日)	中央台六套	1.5	4.2
11	西游记之大闹天宫(2 月 11 日)	中央台六套	1.4	5.6
12	叶问二宗师传奇(11 月 11 日)	中央台六套	1.4	5.1
13	锦衣卫(11 月 20 日)	中央台六套	1.4	4.6
14	唐人街探案(12 月 10 日)	中央台六套	1.4	4.5
15	举起手来之二追击阿多丸(11 月 22 日)	中央台六套	1.4	4.3
15	黄金大劫案(1 月 24 日)	中央台六套	1.4	4.3
15	太极张三丰(10 月 13 日)	中央台六套	1.4	4.3
18	胜利大阅兵(10 月 1 日)	中央台六套	1.4	4.1
19	一个人的武林(1 月 21 日)	中央台六套	1.4	3.9
19	煎饼侠(2 月 15 日)	中央台六套	1.4	3.9

注:多次播出电影取收视率最高值参与排名,括号中为播出日期。

表 3.2.20　2016 年全国样本城市市场综艺节目收视率排名前二十位

名次	节目名称	播出频道	平均收视率（%）	平均占有率（%）
1	2016 中央电视台春节联欢晚会	中央电视台综合频道	9.9	24.7
2	2016 中央电视台元宵晚会	中央台三套	4.7	12.0
3	奔跑吧兄弟(1 月 1 日 ~1 月 15 日)	浙江卫视	4.0	13.7
4	中国新歌声总决赛荣耀对决	浙江卫视	3.6	15.8
5	奔跑吧兄弟(4 月 15 日 ~7 月 1 日)	浙江卫视	3.5	12.8
6	2016 中央电视台中秋晚会	中央电视台综合频道	2.8	8.5
7	欢乐喜剧人(4 月 3 日)	上海东方卫视	2.7	9.3
8	歌王之战(4 月 8 日)	湖南卫视	2.5	9.1
9	G20 2016CHINA 二十国集团领导人第十一次峰会文艺晚会最忆是杭州	中央电视台新闻频道	2.4	8.6
10	星光大道 2015 年度总决赛(2 月 8 日)	中央电视台综合频道	2.3	7.3
11	2016 元宵喜乐会	湖南卫视	2.3	7.0
12	快乐大本营	湖南卫视	2.3	6.9
12	亲爱的翻译官精典特辑	湖南卫视	2.3	6.9
14	2016 湖南卫视小年夜春晚	湖南卫视	2.2	8.4
15	最强大脑(3 月 18 日)	江苏卫视	2.2	7.5
16	王牌对王牌	浙江卫视	2.2	6.1
17	中国梦祖国颂 2016 中央电视台国庆特别节目	中央电视台综合频道	2.1	6.6
17	2016 辽宁卫视春节联欢晚会万家灯火幸福年	辽宁卫视	2.1	6.6
19	芈月传收官特别节目	上海东方卫视	2.1	5.3
20	中秋之夜	湖南卫视	2.0	6.2

表 3.2.21　2016 年全国样本城市市场奥运会、残奥会比赛收视率排名前二十位

名次	节目名称	播出频道	平均收视率（%）	平均占有率（%）
1	奥林匹克在里约:2016 年第 31 届奥运会羽毛球男单决赛	中央台五套	6.5	19.5
2	奥林匹克在里约:2016 年第 31 届奥运会女排决赛(中国 VS 塞尔维亚)	中央台五套	6.1	40.5
3	奥林匹克在里约:2016 年第 31 届奥运会乒乓球男单半决赛	中央台五套	5.3	19.7
4	奥运典藏:2016 年第 31 届奥运会女子举重 63 公斤级决赛	中央台五套	4.7	14.7

续表

名次	节目名称	播出频道	平均收视率(%)	平均占有率(%)
5	奥林匹克在里约:2016年第31届奥运会射击女子10米气步枪决赛	中央台五套	4.2	13.6
6	奥林匹克在里约:2016年第31届奥运会女子200米混合泳决赛	中央台五套	4.2	11.7
7	奥运典藏:2016年第31届奥运会女子双人10米跳台决赛	中央台五套	4.1	13.8
8	奥林匹克在里约:2016年第31届奥运会体操女子团体决赛	中央台五套	4.0	11.7
9	奥林匹克在里约:2016年第31届奥运会女子单人艇1/4决赛	中央台五套	3.9	13.3
10	奥林匹克在里约:2016年第31届奥运会田径女子3000米障碍第一轮	中央台五套	3.5	10.6
11	奥林匹克在里约:2016年第31届奥运会场地自行车女子团体竞速赛	中央台五套	3.1	9.6
12	奥林匹克在里约:2016年第31届奥运会男篮小组赛(委内瑞拉VS中国)	中央台五套	3.0	9.0
13	奥林匹克在里约:2016年第31届奥运会女子七项全能决赛	中央台五套	3.0	8.8
14	奥林匹克在里约:2016年第31届奥运会射箭男子团体决赛	中央台五套	2.8	8.3
15	奥林匹克在里约:2016年第31届奥运会女子马拉松决赛	中央台五套	2.5	8.7
16	奥林匹克在里约:2016年第31届奥运会男子20公里竞走决赛	中央台五套	2.4	7.8
17	奥林匹克在里约:2016年第31届奥运会蹦床女子决赛	中央台五套	2.2	7.5
18	奥林匹克在里约:2016年第31届奥运会女子重剑团体决赛	中央台五套	1.7	6.5
19	2016年第31届奥运会跆拳道男子58公斤级决赛	中央台五套	1.6	14.3
20	奥林匹克在里约:2016年第31届奥运会花样游泳双人自由自选预赛	中央台五套	1.2	11.0

表 3.2.22　2016 年全国样本城市市场体育节目收视率排名前二十位(奥运会、残奥会比赛除外)

名次	节目名称	播出频道	平均收视率(%)	平均占有率(%)
1	超级足球之夜:国际足联 18 年世界杯亚洲区预选赛第三阶段 A 组第 2 轮(中国 VS 伊朗)	中央台五套	3.1	9.6
2	2016 年里约奥运会开幕式	中央台五套	2.8	29.1
3	2016 年欧洲杯小组赛 B 组第二轮(英格兰 VS 威尔士)	中央台五套	2.6	9.4
4	2016 年世界乒乓球团体锦标赛男团决赛	中央台五套	2.2	6.0
5	今日观察	中央台五套	1.6	15.0
6	黄金赛场:2015/2016 赛季 CBA 总决赛第五场(四川金强 VS 辽宁药都本溪)	中央台五套	1.6	4.4
7	现场直播 精英赛场:2016 年世锦赛决赛(台球)	中央台五套	1.5	8.6
8	2016 年里约奥运会闭幕式	中央台五套	1.3	21.2
9	直播周末:2015/2016 赛季 NBA 西部决赛第六场(勇士 VS 雷霆)	中央台五套	1.3	12.6
10	黄金赛场:2016 年汤姆斯杯羽毛球赛 1/4 决赛男子双打	中央台五套	1.3	4.3
11	黄金赛场 CBA 总决赛颁奖仪式	中央台五套	1.3	4.1
12	再见里约东京再见第 31 届夏季奥运会闭幕式特别节目	中央台五套	1.1	10.8
13	2016 年尤伯杯羽毛球赛决赛女子双打	中央台五套	1.1	7.5
14	黄金赛场:2016 年亚洲足球冠军联赛 H 组第 1 轮(中国广州恒大 VS 韩国浦项铁人)	中央台五套	1.1	3.1
15	黄金赛场:2016 年中国之队国际足球友谊赛(中国队 VS 哈萨克斯坦队)	中央台五套	1.0	3.1
16	黄金赛场:2016 年中国足协超级联赛第 1 轮(江苏苏宁 VS 山东鲁能泰山)	中央台五套	1.0	2.6
16	超级足球之夜 黄金赛场 直播周末:2016 年中国足协超级杯(广州恒大淘宝 VS 江苏苏宁易购)	中央台五套	1.0	2.6
18	现场直播:2016 年世界女排大奖赛中国香港站(中国队 VS 荷兰队)	中央台五套	0.9	3.1
19	黄金赛场 精英赛场:2016 年斯诺克上海大师赛决赛	中央台五套	0.9	2.7
20	直播周末:2016 年中国足协杯决赛第二回合(江苏苏宁易购 VS 广州恒大淘宝)	中央台五套	0.9	2.6

三、安徽收视数据

表 3.3.1　2012～2016 年安徽市场各类频道的市场占有率(%)

频道类别	年份				
	2012 年	2013 年	2014 年	2015 年	2016 年
中央台频道	31.0	34.5	35.6	32.6	35.5
中国教育台频道	0.9	0.8	0.5	0.4	0.2
安徽省级频道	33.4	28.0	27.3	29.7	30.5
其他省级卫视频道	29.0	31.2	31.9	31.8	26.4
其他频道	5.7	5.6	4.7	5.5	7.4

表 3.3.2　2016 年安徽市场各类频道在不同目标观众中的市场占有率(%)

目标观众		中央台频道	中国教育台频道	安徽省级频道	其他省级卫视频道	其他频道
4 岁及以上所有人		35.5	0.2	30.5	26.4	7.4
城乡	城市	39.8	0.4	29.6	22.8	7.3
	农村	33.2	0.1	30.9	28.3	7.5
性别	男	39.1	0.2	30.3	22.8	7.5
	女	32.1	0.2	30.6	29.8	7.3
年龄	4～14 岁	40.8	0.1	10.0	41.6	7.6
	15～24 岁	28.7	0.2	19.6	41.0	10.6
	25～34 岁	31.5	0.2	25.7	36.1	6.5
	35～44 岁	33.1	0.3	30.8	27.7	8.1
	45～54 岁	27.7	0.2	44.0	21.8	6.3
	55～64 岁	40.2	0.2	35.3	17.0	7.4
	65 岁及以上	42.9	0.1	35.1	15.3	6.6
教育程度	未受过正规教育	34.2	0.1	31.9	24.9	9.0
	小学	35.3	0.1	31.6	26.2	6.8
	初中	34.5	0.2	30.8	27.0	7.6
	高中	36.1	0.3	29.2	26.2	8.2
	大学及以上	41.2	0.5	26.7	26.5	5.1
职业类别	干部/管理人员	38.0	0.7	33.0	20.6	7.7
	个体/私营企业人员	33.1	0.2	31.1	25.5	10.1
	初级公务员/雇员	35.1	0.6	31.9	27.0	5.3
	工人	29.6	0.2	41.4	25.1	3.8
	学生	37.8	0.2	13.4	41.6	7.0
	无业	40.9	0.2	31.9	20.2	6.8
	其他	31.9	0.1	31.9	27.0	9.2
个人月收入	0～300 元	36.1	0.1	24.6	31.8	7.4
	301～900 元	33.9	0.1	33.0	24.8	8.3
	901～1700 元	33.3	0.2	33.7	24.8	8.0
	1701～2600 元	33.7	0.2	35.1	21.8	9.2
	2601～3500 元	38.8	0.3	31.2	25.0	4.7
	3501 元及以上	38.9	0.3	30.8	24.8	5.2

表 3.3.3　2016 年安徽市场各类频道在不同时段的市场占有率(%)

时间段	中央台频道	中国教育台频道	安徽省级频道	其他省级卫视频道	其他频道
02:00 ~ 03:00	42.3	1.2	6.0	39.9	10.6
03:00 ~ 04:00	54.7	0.7	6.6	28.1	9.9
04:00 ~ 05:00	60.0	0.2	13.6	22.0	4.2
05:00 ~ 06:00	48.4	0.5	27.5	17.1	6.6
06:00 ~ 07:00	40.3	0.2	34.7	13.9	11.0
07:00 ~ 08:00	51.1	0.1	25.6	16.6	6.6
08:00 ~ 09:00	49.3	0.2	16.4	26.3	7.8
09:00 ~ 10:00	46.5	0.3	15.1	29.1	9.1
10:00 ~ 11:00	42.9	0.3	16.5	30.5	9.9
11:00 ~ 12:00	41.2	0.5	26.0	23.9	8.5
12:00 ~ 13:00	49.2	0.3	27.4	17.0	6.0
13:00 ~ 14:00	47.7	0.2	21.2	22.7	8.2
14:00 ~ 15:00	41.3	0.2	15.0	32.0	11.5
15:00 ~ 16:00	38.5	0.3	14.3	33.9	13.0
16:00 ~ 17:00	38.3	0.3	13.7	35.2	12.5
17:00 ~ 18:00	37.1	0.3	28.8	26.5	7.3
18:00 ~ 19:00	34.9	0.4	44.9	13.5	6.3
19:00 ~ 20:00	38.4	0.1	36.5	19.3	5.8
20:00 ~ 21:00	27.6	0.1	33.3	32.7	6.4
21:00 ~ 22:00	28.1	0.1	30.8	33.4	7.6
22:00 ~ 23:00	28.3	0.2	27.7	32.8	11.0
23:00 ~ 24:00	35.6	0.4	17.2	38.1	8.7
24:00 ~ 25:00	44.6	0.7	15.2	33.7	5.8
25:00 ~ 26:00	38.9	1.0	20.2	32.1	7.8

表 3.3.4　2016 年安徽市场收视份额排名前十位的频道

名次	频道名称	收视份额(%)
1	安徽卫视	13.0
2	中央电视台综合频道	10.1
3	湖南卫视	7.4
4	安徽经视	6.0
5	安徽影视	5.8
6	中央电视台少儿频道	4.7
7	安徽公共	3.7
7	中央台八套	2.9
9	浙江卫视	2.8
9	中央电视台新闻频道	2.8

表 3.3.5 2016 年安徽市场主要频道的观众构成(%)

目标观众		所有频道	主要频道				
			安徽卫视	中央电视台综合频道	湖南卫视	安徽经视	安徽影视
4 岁及以上所有人		100.0	100.0	100.0	100.0	100.0	100.0
城乡	城市	33.9	36.6	44.4	23.2	41.5	22.8
	乡村	66.1	63.4	55.6	76.8	58.5	77.2
性别	男	48.4	47.4	53.5	33.4	45.1	53.0
	女	51.6	52.6	46.5	66.6	54.9	47.0
年龄	4~14 岁	11.0	5.4	6.1	21.2	2.0	3.1
	15~24 岁	8.9	6.2	6.2	18.9	6.3	3.8
	25~34 岁	11.1	9.7	7.3	18.3	6.5	8.2
	35~44 岁	18.8	19.7	18.7	21.9	14.7	17.0
	45~54 岁	15.5	16.0	14.0	10.5	27.1	28.2
	55~64 岁	16.2	18.2	19.8	4.7	17.8	22.1
	65 岁及以上	18.5	24.8	27.8	4.5	25.6	17.7
教育程度	未受过正规教育	8.4	9.7	6.8	4.6	8.8	9.5
	小学	28.5	30.7	28.2	31.4	28.6	33.3
	初中	37.8	36.7	33.2	42.3	35.2	39.9
	高中	17.9	16.4	21.1	14.6	20.7	12.9
	大学及以上	7.3	6.4	10.7	7.0	6.7	4.4
职业类别	干部/管理人员	1.9	2.2	2.5	1.4	1.9	0.8
	个体/私营企业人员	10.8	11.5	11.6	8.4	7.0	9.0
	初级公务员/雇员	7.4	7.8	7.4	8.8	7.9	8.6
	工人	10.7	11.9	9.0	11.0	13.6	17.1
	学生	12.7	7.9	8.6	28.6	4.4	3.7
	无业	28.7	30.5	35.2	14.3	42.2	22.9
	其他	27.8	28.1	25.6	27.5	23.0	37.9
个人月收入	0~300 元	30.7	28.4	25.2	43.4	24.2	18.2
	301~900 元	13.2	13.8	13.8	10.5	15.4	20.5
	901~1700 元	16.2	16.3	18.6	13.3	16.9	22.2
	1701~2600 元	18.8	19.6	17.3	14.2	23.2	19.1
	2601~3500 元	13.0	13.1	14.1	11.3	14.2	12.1
	3501 元及以上	8.1	8.7	11.2	7.3	6.1	7.8

表 3.3.6 2014~2016 年安徽市场各类节目的播出份额(%)和收视份额(%)

节目类型	2014 年		2015 年		2016 年	
	播出份额	收视份额	播出份额	收视份额	播出份额	收视份额
财经	1.7	0.3	1.7	0.4	1.4	0.3
电视剧	21.0	33.6	20.9	32.3	21.3	29.1
电影	3.7	2.2	3.6	2.6	3.6	2.6
法制	1.4	1.6	1.2	1.2	1.1	1.2
教学	0.3	0.0	0.3	0.0	0.2	0.0
青少	6.7	5.6	6.2	5.3	6.2	4.9
生活服务	9.8	8.3	9.6	8.4	8.9	8.4
体育	2.6	0.9	2.8	0.8	2.8	1.2
外语	0.0	0.0	0.0	0.0	0.0	0.0
戏剧	0.7	0.3	0.8	0.3	0.9	0.3
新闻/时事	15.2	16.9	15.4	17.8	15.9	20.3
音乐	2.4	0.4	2.4	0.4	1.9	0.8
专题	11.9	4.2	13.1	5.0	13.7	4.1
综艺	9.0	9.4	8.9	10.2	9.2	10.9
其他	13.8	16.6	13.3	15.4	13.0	15.9

表 3.3.7　2016 年安徽市场所有节目收视率排名前三十位

名次	节目名称	节目类型	播出频道	平均收视率（%）	平均占有率（%）
1	2016 中央电视台春节联欢晚会	综艺	中央电视台综合频道	16.3	53.5
2	2016 一年又一年	新闻/时事	中央电视台综合频道	15.3	35.8
3	天气预报	生活服务	中央电视台综合频道	12.2	32.2
4	新闻联播	新闻/时事	中央电视台综合频道	6.4	23.1
5	信念永恒庆祝中国共产党成立 95 周年音乐会	音乐	湖南卫视	5.9	15.1
6	剑侠传奇	电视剧	安徽卫视	5.4	14.7
7	戴流苏耳环的少女	电视剧	安徽卫视	5.1	13.8
8	五鼠闹东京首映大典	综艺	安徽卫视	5.0	12.8
9	转播中央台新闻联播	新闻/时事	安徽卫视	4.9	17.7
10	遇见王沥川	电视剧	安徽卫视	4.9	13.9
11	通道转兵	电影	中央台六套	4.9	12.7
12	2016 中央电视台元宵晚会	综艺	中央电视台综合频道	4.8	14.6
13	姐妹姐妹	电视剧	安徽卫视	4.8	14.1
14	五鼠闹东京	电视剧	安徽卫视	4.8	13.4
14	致青春	电视剧	安徽卫视	4.8	13.4
16	治国理政新征程系列特别报道	专题	中央电视台综合频道	4.7	12.5
17	爱的追踪	电视剧	安徽卫视	4.6	13.4
18	女不强大天不容	电视剧	安徽卫视	4.6	13.3
19	好运来临	电视剧	安徽卫视	4.6	12.9
20	光辉岁月	电影	中央台六套	4.6	12.6
21	守婚如玉头号前妻首映大典	综艺	安徽卫视	4.5	11.6
22	神犬小七第二季	电视剧	湖南卫视	4.4	13.1
23	金猴报春福满江淮 2016 安徽卫视春节联欢晚会	综艺	安徽卫视	4.3	17.5
24	头号前妻	电视剧	安徽卫视	4.3	15.0
25	焦点访谈	新闻/时事	中央电视台综合频道	4.3	12.2
26	动画大放映:福星八戒之大年小怪	青少	中央电视台少儿频道	4.3	11.8
27	快乐大本营	综艺	湖南卫视	4.2	14.7
28	解密	电视剧	湖南卫视	4.2	13.9
29	守婚如玉	电视剧	安徽卫视	4.0	14.5
30	心动岁月	电影	中央台六套	4.0	10.7

表 3.3.8　2016 年安徽市场电视剧收视率排名前十位

名次	节目名称	播出频道	平均收视率(%)	平均占有率(%)
1	剑侠传奇	安徽卫视	5.4	14.7
2	戴流苏耳环的少女	安徽卫视	5.1	13.8
3	遇见王沥川	安徽卫视	4.9	13.9
4	姐妹姐妹	安徽卫视	4.8	14.1
5	五鼠闹东京	安徽卫视	4.8	13.4
5	致青春	安徽卫视	4.8	13.4
7	爱的追踪	安徽卫视	4.6	13.4
8	女不强大天不容	安徽卫视	4.6	13.3
9	好运来临	安徽卫视	4.6	12.9
10	神犬小七第二季	湖南卫视	4.4	13.1

表 3.3.9　2016 年安徽市场新闻节目收视率排名前十位

名次	节目名称	播出频道	平均收视率(%)	平均占有率(%)
1	2016 一年又一年	中央电视台综合频道	15.3	35.8
2	新闻联播	中央电视台综合频道	6.4	23.1
3	转播中央台新闻联播	安徽卫视	4.9	17.7
4	焦点访谈	中央电视台综合频道	4.3	12.2
5	安徽新闻联播	安徽卫视	3.7	21.6
6	李克强总理会见中外记者并回答提问	中央电视台综合频道	2.6	7.6
7	年味 2016 小年夜嘉年华	安徽公共	2.6	6.2
8	G20 2016CHINA 二十国集团领导人杭州峰会特别报道	中央电视台综合频道	2.4	6.8
9	每日新闻报	安徽卫视	2.1	17.3
10	第 1 时间	安徽经视	2.1	9.7

表 3.3.10　2016 年安徽市场专题节目收视率排名前十位

名次	节目名称	播出频道	平均收视率(%)	平均占有率(%)
1	治国理政新征程系列特别报道	中央电视台综合频道	4.7	12.5
2	开创中国特色大国外交新局面习近平主席 2015 年出访实录	中央电视台综合频道	4.0	10.5
3	长征	安徽卫视	3.4	11.1
4	第十五届汉语桥世界大学生中文比赛(9 月 4 日)	湖南卫视	3.4	8.8
5	好好学习湖南省两学一做电视知识竞赛	湖南卫视	3.1	8.9
6	妈妈的牵挂	湖南卫视	3.1	7.9
7	感动中国 2015 年度人物颁奖盛典	中央电视台综合频道	2.7	8.6
8	中国诗词大会(4 月 1 日)	中央电视台综合频道	2.9	8.4
9	等着我	中央电视台综合频道	2.4	7.4
10	筑梦路上 1921 ~ 2016	中央电视台综合频道	2.4	6.4

表 3.3.11 2016 年安徽市场综艺节目收视率排名前十位

名次	节目名称	播出频道	平均收视率（%）	平均占有率（%）
1	2016 中央电视台春节联欢晚会	中央电视台综合频道	16.3	53.5
2	五鼠闹东京首映大典	安徽卫视	5.0	12.8
3	2016 中央电视台元宵晚会	中央电视台综合频道	4.8	14.6
4	守婚如玉头号前妻首映大典	安徽卫视	4.5	11.6
5	金猴报春福满江淮 2016 安徽卫视春节联欢晚会	安徽卫视	4.3	17.5
6	快乐大本营	湖南卫视	4.2	14.7
7	太太万岁首映礼	安徽卫视	4.0	12.2
8	亲爱的翻译官精典特辑	湖南卫视	3.9	11.9
9	2015 国剧盛典	安徽卫视	3.9	11.6
10	永远的誓言湖南省庆祝中国共产党成立 95 周年文艺晚会	湖南卫视	3.9	11.5

表 3.3.12 2016 年安徽市场体育节目收视率排名前十位

名次	节目名称	播出频道	平均收视率（%）	平均占有率（%）
1	奥林匹克在里约:2016 年第 31 届奥运会羽毛球男单决赛	中央台五套	3.3	13.2
2	奥林匹克在里约:2016 年第 31 届奥运会女子 200 米混合泳决赛	中央台五套	2.6	7.2
3	奥林匹克在里约:2016 年第 31 届奥运会女排小组赛第二轮（中国 VS 意大利）	中央台五套	2.5	8.1
4	奥林匹克在里约 颁奖仪式	中央台五套	2.2	23.9
5	奥林匹克在里约:2016 年第 31 届奥运会男子举重 56 公斤级决赛	中央台五套	2.2	5.6
6	奥林匹克在里约:2016 年第 31 届奥运会乒乓球女单半决赛	中央台五套	2.1	11.3
7	奥林匹克在里约:2016 年第 31 届奥运会田径女子 3000 米障碍第一轮	中央台五套	2.1	7.1
8	奥林匹克在里约:2016 年第 31 届奥运会体操男子个人全能决赛	中央台五套	2.1	5.7
9	奥林匹克在里约:2016 年第 31 届奥运会女子七项全能决赛	中央台五套	2.1	5.5
10	奥林匹克在里约:2016 年第 31 届奥运会场地自行车女子团体竞速赛	中央台五套	1.8	5.1

四、福建收视数据

表 3.4.1　2012～2016 年福建市场各类频道的市场占有率(%)

频道类别	年份				
	2012 年	2013 年	2014 年	2015 年	2016 年
中央台频道	26.9	27.8	30.3	31.3	30.7
中国教育台频道	0.4	0.3	0.3	0.2	0.1
福建省级频道	34.3	33.6	30.0	25.9	26.2
其他省级卫视频道	27.8	27.3	27.6	30.5	30.6
其他频道	10.6	11.0	11.8	12.1	12.4

表 3.4.2　2016 年福建市场各类频道在不同目标观众中的市场占有率(%)

目标观众		中央台频道	中国教育台频道	福建省级频道	其他省级卫视频道	其他频道
4 岁及以上所有人		30.7	0.1	26.2	30.6	12.4
城乡	城市	33.7	0.1	12.9	33.1	20.2
	农村	29.6	0.1	30.9	29.7	9.6
性别	男	32.8	0.1	25.1	29.5	12.5
	女	28.4	0.1	27.4	31.8	12.2
年龄	4～14 岁	23.9	0.1	23.2	42.7	10.2
	15～24 岁	25.1	0.1	29.3	33.5	12.1
	25～34 岁	29.2	0.1	29.3	29.7	11.7
	35～44 岁	26.8	0.1	34.9	26.9	11.3
	45～54 岁	32.2	0.1	27.6	26.3	13.8
	55～64 岁	40.6	0.1	16.9	29.7	12.7
	65 岁及以上	36.4	0.2	20.9	27.2	15.3
教育程度	未受过正规教育	27.4	0.1	26.2	33.3	13.0
	小学	28.8	0.1	26.8	31.5	12.9
	初中	29.2	0.1	31.4	28.5	10.8
	高中	37.3	0.1	16.6	32.5	13.4
	大学及以上	47.0	0.1	10.0	26.9	16.1
职业类别	干部/管理人员	48.1	0.0	26.3	18.8	6.8
	个体/私营企业人员	34.8	0.1	23.3	28.8	13.0
	初级公务员/雇员	34.0	0.1	25.7	24.1	16.1
	工人	28.4	0.1	32.3	27.4	11.8
	学生	23.7	0.0	23.3	42.5	10.5
	无业	34.2	0.1	19.7	33.2	12.7
	其他	24.8	0.1	37.7	25.5	11.9
个人月收入	0～300 元	28.1	0.1	22.8	36.8	12.2
	301～900 元	26.2	0.1	33.3	28.5	11.9
	901～1700 元	30.4	0.1	35.7	24.5	9.3
	1701～2600 元	29.5	0.2	29.9	28.1	12.4
	2601～3500 元	37.0	0.1	21.1	28.4	13.4
	3501 元及以上	34.9	0.1	24.3	25.1	15.6

表 3.4.3　2016 年福建市场各类频道不同时段的市场占有率(%)

时间段	中央台频道	中国教育台频道	福建省级频道	其他省级卫视频道	其他频道
02:00~03:00	28.7	0.1	14.6	39.0	17.6
03:00~04:00	28.7	0.0	13.9	39.0	18.5
04:00~05:00	28.7	0.1	14.9	30.7	25.6
05:00~06:00	33.1	0.2	16.5	29.8	20.4
06:00~07:00	45.2	0.1	8.0	31.7	15.1
07:00~08:00	44.9	0.2	8.5	33.7	12.6
08:00~09:00	42.4	0.2	7.8	38.0	11.7
09:00~10:00	36.8	0.2	7.3	44.1	11.6
10:00~11:00	36.1	0.3	7.4	44.7	11.5
11:00~12:00	38.4	0.2	6.8	44.2	10.4
12:00~13:00	41.4	0.1	5.2	41.6	11.8
13:00~14:00	36.6	0.1	6.3	44.7	12.3
14:00~15:00	31.8	0.2	7.9	46.6	13.6
15:00~16:00	30.7	0.2	8.3	46.8	14.0
16:00~17:00	31.5	0.2	9.1	45.6	13.6
17:00~18:00	34.3	0.1	18.0	35.6	12.0
18:00~19:00	25.8	0.0	46.4	15.1	12.6
19:00~20:00	29.6	0.0	43.0	16.5	10.8
20:00~21:00	23.9	0.0	39.5	25.3	11.4
21:00~22:00	27.4	0.0	35.8	24.4	12.3
22:00~23:00	28.3	0.1	28.1	29.7	13.9
23:00~24:00	31.6	0.1	17.7	37.9	12.7
24:00~25:00	31.7	0.1	14.6	37.9	15.7
25:00~26:00	30.8	0.1	14.3	35.5	19.3

表 3.4.4　2016 年福建市场收视份额排名前十位的频道

名次	频道名称	收视份额(%)
1	东南卫视	7.5
2	湖南电视台金鹰卡通频道	5.5
3	中央台六套	5.3
4	福建省广播影视集团综合频道	5.2
5	福建省广播影视集团新闻频道	5.1
6	湖南卫视	4.1
7	中央电视台少儿频道	3.7
7	中央台八套	3.7
9	中央电视台综合频道	3.5
10	福建省广播影视集团电视剧频道	3.3

表 3.4.5　2016 年福建市场各主要频道的观众构成(%)

目标观众		所有频道	主要频道				
			东南卫视	湖南电视台金鹰卡通频道	中央台六套	福建省广播影视集团综合频道	福建省广播影视集团新闻频道
4 岁及以上所有人		100.0	100.0	100.0	100.0	100.0	100.0
城乡	城市	26.0	6.5	23.7	25.4	14.5	9.4
	农村	74.0	93.5	76.3	74.6	85.5	90.6
性别	男	52.2	50.7	46.2	59.4	54.4	48.9
	女	47.8	49.3	53.8	40.6	45.6	51.1
年龄	4～14 岁	14.2	11.5	37.0	11.2	10.2	8.4
	15～24 岁	10.9	5.5	8.9	12.2	14.0	20.2
	25～34 岁	13.3	15.9	19.2	14.1	10.1	17.5
	35～44 岁	17.3	20.6	11.4	18.9	37.9	20.0
	45～54 岁	17.4	25.5	3.7	22.6	9.9	22.7
	55～64 岁	15.7	7.2	15.8	14.8	8.6	8.3
	65 岁及以上	11.2	13.8	4.0	6.2	9.2	2.9
教育程度	未受过正规教育	13.8	13.7	27.6	15.9	11.0	5.7
	小学	32.5	31.6	31.2	34.1	38.2	34.6
	初中	35.7	46.1	29.7	34.9	39.0	54.7
	高中	13.7	6.6	9.0	10.9	10.5	3.9
	大学及以上	4.4	2.0	2.5	4.2	1.3	1.2
职业类别	干部/管理人员	2.0	1.7	0.7	1.6	1.1	4.6
	个体/私营企业人员	13.8	9.6	10.5	18.3	9.7	15.5
	初级公务员/雇员	8.2	3.8	4.2	7.2	9.2	13.2
	工人	13.7	16.9	11.0	15.1	20.2	8.5
	学生	13.0	7.8	22.7	12.1	16.9	6.4
	无业	31.4	26.0	41.8	25.6	18.8	19.7
	其他	17.9	34.1	9.0	20.0	24.0	32.0
个人月收入	0～300 元	37.6	34.7	61.2	37.8	35.6	22.5
	301～900 元	5.7	8.2	2.0	5.2	5.6	7.2
	901～1700 元	14.1	22.3	11.1	13.1	20.3	16.1
	1701～2600 元	15.5	16.7	9.9	12.8	14.3	27.3
	2601～3500 元	15.3	7.4	10.0	14.7	19.3	7.6
	3501 元及以上	11.6	10.7	5.8	16.4	5.0	19.2

表 3.4.6　2014～2016 年福建市场各类节目的播出份额(%)和收视份额(%)

节目类别	2014 年		2015 年		2016 年	
	播出份额	收视份额	播出份额	收视份额	播出份额	收视份额
财经	2.0	0.5	1.5	0.6	1.3	0.5
电视剧	19.7	32.7	24.1	31.0	26.2	28.4
电影	4.0	4.5	4.2	7.0	4.5	7.5
法制	0.8	0.6	0.9	1.2	0.9	1.0
教学	0.3	0.0	0.3	0.1	0.3	0.1
青少	7.2	7.1	6.0	8.8	6.6	10.4
生活服务	11.3	8.6	10.6	7.1	7.8	6.6
体育	3.3	1.1	3.5	1.7	3.8	1.8
外语	0.0	0.0	0.0	0.0	0.0	0.0
戏剧	0.7	0.2	0.7	0.3	0.7	0.3
新闻/时事	14.3	14.4	10.5	12.1	10.5	12.1
音乐	2.4	0.6	2.5	1.3	1.8	1.4
专题	12.1	7.6	13.1	6.5	13.8	6.1
综艺	8.8	8.8	7.3	10.3	7.0	11.7
其他	13.1	13.3	14.8	12.0	14.8	12.1

表 3.4.7　2016 年福建市场所有节目收视率排名前三十位

名次	节目名称	节目类型	播出频道	平均收视率（%）	平均占有率（%）
1	2016 中央电视台春节联欢晚会	综艺	中央电视台综合频道	6.4	16.2
2	寂寞空庭春欲晚	电视剧	东南卫视	6.1	16.1
3	麻辣芳邻	电视剧	东南卫视	5.6	14.8
4	三个奶爸	电视剧	东南卫视	5.4	13.7
5	我爱男保姆	电视剧	东南卫视	5.2	14.5
6	老婆大人是 80 后	电视剧	东南卫视	5.1	15.5
7	福建泰宁泥石流救援特别报道	新闻	东南卫视	5.1	14.2
8	奥林匹克在里约:2016 年第 31 届奥运会乒乓球男单半决赛	体育	中央台五套	5.0	16.4
9	绝命后卫师	电视剧	东南卫视	5.0	14.2
10	我为儿孙当北漂	电视剧	东南卫视	5.0	14.0
11	奥林匹克在里约:2016 年第 31 届奥运会羽毛球男单半决赛	体育	中央台五套	4.8	13.4
12	辣妈俏爸	电视剧	东南卫视	4.8	13.3
13	奥林匹克在里约 颁奖仪式	体育	中央台五套	4.7	19.4
14	防抗莫兰蒂特别报道	新闻	东南卫视	4.7	13.7
15	远得要命的爱情	电视剧	东南卫视	4.7	12.6
16	偏偏喜欢你	电视剧	东南卫视	4.6	14.3
17	港媳嫁到	电视剧	东南卫视	4.6	13.3
18	我是杜拉拉	电视剧	东南卫视	4.5	13.0
19	好先生	电视剧	东南卫视	4.4	12.4
20	新闻大事件	新闻	东南卫视	4.4	12.3
21	我们的青春	专题	东南卫视	4.3	12.6
22	北上广不相信眼泪	电视剧	东南卫视	4.3	12.2
23	奥林匹克在里约:2016 年第 31 届奥运会游泳女子 200 米蝶泳决赛	体育	中央台五套	4.3	10.6
24	光影航程 2016 第 8 届海峡影视季颁奖典礼	综艺	东南卫视	4.1	12.6
25	医馆笑传二	电视剧	东南卫视	4.1	12.0
26	最佳前男友	电视剧	东南卫视	4.1	10.2
27	转播中央台新闻联播	新闻	东南卫视	4.0	13.3
28	2016 中央电视台元宵晚会	综艺	中央电视台综合频道	4.0	10.9
29	2016 一年又一年	新闻	东南卫视	4.0	10.0
30	奥林匹克在里约:2016 年第 31 届奥运会体操男子个人全能决赛	体育	中央台五套	4.0	9.9

表 3.4.8　2016 年福建市场电视剧收视率排名前十位

名次	节目名称	播出频道	平均收视率（%）	平均占有率（%）
1	寂寞空庭春欲晚	东南卫视	6.1	16.1
2	麻辣芳邻	东南卫视	5.6	14.8
3	三个奶爸	东南卫视	5.4	13.7
4	我爱男保姆	东南卫视	5.2	14.5
5	老婆大人是 80 后	东南卫视	5.1	15.5
6	绝命后卫师	东南卫视	5.0	14.2
7	我为儿孙当北漂	东南卫视	5.0	14.0
8	辣妈俏爸	东南卫视	4.8	13.3
9	远得要命的爱情	东南卫视	4.7	12.6
10	港媳嫁到	东南卫视	4.6	13.3

表 3.4.9　2016 年福建市场新闻节目收视率排名前十位

名次	节目名称	播出频道	平均收视率(%)	平均占有率(%)
1	福建泰宁泥石流救援特别报道	东南卫视	5.1	14.2
2	防抗莫兰蒂特别报道	东南卫视	4.7	13.7
3	新闻大事件	东南卫视	4.4	12.3
4	转播中央台新闻联播	东南卫视	4.0	13.3
5	2016 一年又一年	东南卫视	4.0	10.0
6	福建卫视新闻	东南卫视	3.4	13.6
7	防抗鲇鱼特别报道	福建省广播影视集团新闻频道	3.4	12.5
8	福建新闻联播	福建省广播影视集团综合频道	2.9	8.4
9	现场深一度周末版	福建省广播影视集团新闻频道	2.8	9.1
10	防抗台风鲇鱼	东南卫视	2.8	8.8

表 3.4.10　2016 年福建市场专题节目收视率排名前十位

名次	节目名称	播出频道	平均收视率(%)	平均占有率(%)
1	我们的青春	东南卫视	4.3	12.6
2	中国梦福建故事第一季此心安处是吾乡	东南卫视	3.3	13.5
3	福建省纪检监察系统党章党规知识竞赛	福建省广播影视集团综合频道	3.1	9.2
4	世界上的另一个我	东南卫视	3.0	10.1
5	鲁豫有约大咖一日行	东南卫视	3.0	10.0
6	一带一路	东南卫视	3.0	8.3
7	东南军情	东南卫视	2.9	10.1
8	调解有1套	福建省广播影视集团综合频道	2.8	9.3
9	时代先锋	福建省广播影视集团综合频道	2.7	8.1
10	八闽楷模周炳耀	福建省广播影视集团综合频道	2.6	8.3

表 3.4.11　2016 年福建市场综艺节目收视率排名前十位

名次	节目名称	播出频道	平均收视率(%)	平均占有率(%)
1	2016 中央电视台春节联欢晚会	中央电视台综合频道	6.4	16.2
2	光影航程 2016 第 8 届海峡影视季颁奖典礼	东南卫视	4.1	12.6
3	2016 中央电视台元宵晚会	中央电视台综合频道	4.0	10.9
4	奔跑吧兄弟(4 月 15 日 ~7 月 1 日)	浙江卫视	3.8	13.5
5	星厨集结号	东南卫视	3.7	11.7
6	奔跑吧兄弟(1 月 1 日 ~1 月 15 日)	浙江卫视	3.6	12.9
7	2016 中央电视台中秋晚会	中央台四套	3.2	8.5
8	WULI 屋里变	东南卫视	2.9	10.2
9	爱改变生活风雨同舟 30 年你我一起成长恒安集团成立 30 周年跨年晚会	东南卫视	2.8	9.1
10	盗墓笔记首映礼	东南卫视	2.8	8.7

表 3.4.12　2016 年福建市场体育节目收视率排名前十位

名次	节目名称	播出频道	平均收视率（%）	平均占有率（%）
1	奥林匹克在里约:2016 年第 31 届奥运会乒乓球男单半决赛	中央台五套	5.0	16.4
2	奥林匹克在里约:2016 年第 31 届奥运会羽毛球男单半决赛	中央台五套	4.8	13.4
3	奥林匹克在里约 颁奖仪式	中央台五套	4.7	19.4
4	奥林匹克在里约:2016 年第 31 届奥运会游泳女子 200 米蝶泳决赛	中央台五套	4.3	10.6
5	奥林匹克在里约:2016 年第 31 届奥运会体操男子个人全能决赛	中央台五套	4.0	9.9
6	奥林匹克在里约:2016 年第 31 届奥运会女子单人艇决赛	中央台五套	3.7	10.1
7	奥林匹克在里约:2016 年第 31 届奥运会男篮小组赛(委内瑞拉队 VS 中国队)	中央台五套	3.7	9.2
8	奥林匹克在里约:2016 年第 31 届奥运会男子举重 56 公斤级决赛	中央台五套	3.6	12.0
9	奥林匹克在里约:2016 年第 31 届奥运会女子双人 3 米跳板决赛	中央台五套	3.5	11.4
10	奥林匹克在里约:2016 年第 31 届奥运会田径女子三级跳远资格赛	中央台五套	3.5	8.8

五、甘肃收视数据

表 3.5.1 2012～2016 年甘肃市场各类频道的市场占有率(%)

频道类别	年份				
	2012 年	2013 年	2014 年	2015 年	2016 年
中央台频道	41.1	47.9	49.2	48.1	51.7
中国教育台频道	1.7	1.6	1.0	0.5	0.3
甘肃省级频道	5.6	3.9	4.0	5.4	6.5
其他省级卫视频道	45.0	41.6	40.1	39.9	34.6
其他频道	6.6	5.0	5.7	6.1	6.9

表 3.5.2 2016 年甘肃市场各类频道在不同目标观众中的市场占有率(%)

目标观众		中央台频道	中国教育台频道	甘肃省级频道	其他省级卫视频道	其他频道
4 岁及以上所有人		51.7	0.3	6.5	34.6	6.9
城乡	城市	55.8	0.4	5.3	31.6	7.0
	农村	48.5	0.2	7.5	36.9	6.9
性别	男	54.2	0.2	6.6	31.9	7.1
	女	49.1	0.3	6.5	37.3	6.7
年龄	4～14 岁	52.6	0.3	3.0	38.8	5.4
	15～24 岁	46.7	0.4	5.4	40.6	6.9
	25～34 岁	49.3	0.3	5.0	38.6	6.8
	35～44 岁	47.6	0.3	6.1	37.3	8.6
	45～54 岁	51.1	0.3	6.8	34.9	6.9
	55～64 岁	59.3	0.1	8.2	25.6	6.8
	65 岁及以上	58.8	0.2	11.1	24.3	5.6
教育程度	未受过正规教育	53.6	0.3	7.8	33.6	4.8
	小学	50.8	0.4	6.3	36.3	6.3
	初中	48.8	0.2	6.7	37.0	7.3
	高中	54.6	0.3	6.9	31.5	6.8
	大学及以上	59.0	0.1	4.5	26.6	9.8
职业类别	干部/管理人员	61.5	0.1	5.6	22.3	10.6
	个体/私营企业人员	52.1	0.5	6.4	34.4	6.5
	初级公务员/雇员	56.4	0.2	5.1	24.7	13.6
	工人	52.5	0.2	3.7	33.3	10.3
	学生	47.4	0.3	4.4	41.2	6.8
	无业	60.6	0.1	6.6	26.2	6.5
	其他	47.5	0.3	8.2	38.0	6.0
个人月收入	0～300 元	51.6	0.3	4.4	37.9	5.9
	301～900 元	49.2	0.3	7.8	37.3	5.5
	901～1700 元	47.8	0.3	9.2	36.1	6.5
	1701～2600 元	53.4	0.2	8.6	30.0	7.8
	2601～3500 元	55.6	0.4	4.2	31.9	7.9
	3501 元及以上	54.1	0.2	4.9	30.7	10.1

表 3.5.3　2016 年甘肃市场各类频道在不同时段的市场占有率(%)

时间段	中央台频道	中国教育台频道	甘肃省级频道	其他省级卫视频道	其他频道
02:00～03:00	56.4	0.6	2.2	33.9	7.0
03:00～04:00	50.8	0.4	3.4	39.0	6.3
04:00～05:00	53.6	1.8	1.0	37.5	6.0
05:00～06:00	59.6	0.2	1.2	34.7	4.3
06:00～07:00	71.0	0.3	1.3	23.6	3.8
07:00～08:00	73.2	0.2	1.4	22.2	3.1
08:00～09:00	62.8	0.2	2.3	30.6	4.1
09:00～10:00	57.1	0.3	2.5	34.5	5.7
10:00～11:00	55.1	0.3	2.6	35.6	6.5
11:00～12:00	57.0	0.3	2.3	34.5	6.0
12:00～13:00	69.3	0.3	1.5	23.8	5.1
13:00～14:00	60.3	0.4	1.8	29.7	7.8
14:00～15:00	50.7	0.2	2.6	39.7	6.9
15:00～16:00	48.3	0.3	2.6	41.8	7.0
16:00～17:00	49.2	0.3	3.1	38.8	8.6
17:00～18:00	60.0	0.2	2.9	28.9	8.0
18:00～19:00	63.7	0.2	10.1	18.8	7.3
19:00～20:00	63.6	0.2	6.4	25.3	4.6
20:00～21:00	41.6	0.3	8.7	42.6	6.8
21:00～22:00	41.8	0.3	9.2	40.3	8.4
22:00～23:00	43.4	0.4	7.8	37.6	10.8
23:00～24:00	46.2	0.7	3.4	38.1	11.6
24:00～25:00	47.8	0.2	4.1	30.5	17.5
25:00～26:00	44.6	0.2	5.0	30.3	20.0

表 3.5.4　2016 年甘肃市场收视份额排名前十位的频道

名次	频道名称	收视份额(%)
1	中央电视台综合频道	17.6
2	中央台八套	5.9
3	湖南卫视	5.3
3	中央台六套	5.3
5	中央电视台少儿频道	4.9
6	中央台三套	3.7
7	中央电视台新闻频道	3.4
7	山东卫视	3.4
9	中央台十二套	2.9
10	甘肃电视台文化影视频道	2.4

表 3.5.5 2016 年甘肃市场各主要频道的观众构成(%)

目标观众		所有频道	中央电视台综合频道	中央台八套	湖南卫视	中央台六套	中央电视台少儿频道
4 岁及以上所有人		100.0	100.0	100.0	100.0	100.0	100.0
城乡	城市	44.2	46.2	45.4	34.7	45.9	35.9
	乡村	55.8	53.8	54.6	65.3	54.1	64.1
性别	男	51.1	52.7	47.3	40.9	57.7	53.6
	女	48.9	47.3	52.7	59.1	42.3	46.4
年龄	4~14 岁	11.3	6.9	5.7	16.2	11.7	55.2
	15~24 岁	14.3	12.4	13.5	27.9	15.2	10.6
	25~34 岁	11.7	10.9	13.2	13.1	14.0	10.7
	35~44 岁	21.0	19.7	19.0	23.5	29.0	7.6
	45~54 岁	16.2	16.5	22.1	10.8	13.6	5.9
	55~64 岁	12.9	17.2	15.8	4.4	10.2	5.6
	65 岁及以上	12.5	16.4	10.6	4.2	6.2	4.4
教育程度	未受过正规教育	8.5	7.8	7.7	5.1	6.4	23.6
	小学	23.3	22.4	20.4	22.9	24.8	41.0
	初中	39.2	32.9	42.3	46.6	45.7	27.3
	高中	21.1	24.8	21.0	18.6	18.6	6.0
	大学及以上	8.0	12.1	8.5	6.7	4.4	2.1
职业类别	干部/管理人员	1.0	1.6	1.1	0.5	0.5	0.2
	个体/私营企业人员	17.4	17.7	20.8	16.4	19.8	8.5
	初级公务员/雇员	3.9	6.3	4.7	2.5	2.2	0.9
	工人	6.1	6.7	6.8	7.3	6.1	1.9
	学生	16.3	11.6	9.6	30.6	17.4	44.9
	无业	20.0	25.0	19.6	10.4	12.7	24.3
	其他	35.3	31.1	37.3	32.3	41.2	19.3
个人月收入	0~300 元	30.7	26.9	24.6	40.7	30.3	70.9
	301~900 元	10.7	11.7	11.4	9.5	13.2	5.5
	901~1700 元	17.5	16.9	18.0	16.1	17.2	7.6
	1701~2600 元	22.3	22.4	26.0	16.7	21.0	7.0
	2601~3500 元	11.5	14.0	11.7	11.0	11.0	5.0
	3501 元及以上	7.3	8.0	8.4	6.0	7.3	4.1

表 3.5.6 2014~2016 年甘肃市场各类节目的播出份额(%)和收视份额(%)

节目类别	2014 年		2015 年		2016 年	
	播出份额	收视份额	播出份额	收视份额	播出份额	收视份额
财经	1.9	0.4	1.9	0.5	1.4	0.5
电视剧	20.8	36.3	20.7	34.1	20.9	30.0
电影	3.9	3.2	3.7	3.2	3.7	4.7
法制	0.9	1.2	0.9	1.1	0.7	1.2
教学	0.3	0.0	0.3	0.0	0.3	0.0
青少	7.5	5.1	7.0	4.8	6.9	4.4
生活服务	9.9	8.4	9.1	8.8	8.6	8.3
体育	2.9	1.0	3.0	0.9	2.8	1.6
外语	0.0	0.0	0.0	0.0	0.0	0.0
戏剧	0.8	0.5	0.9	0.7	0.9	0.5
新闻/时事	14.4	13.6	14.7	14.0	15.2	15.3
音乐	2.6	0.6	2.6	0.8	2.0	1.1
专题	12.5	4.5	13.9	5.4	14.4	5.6
综艺	9.1	9.1	8.9	10.4	9.0	11.3
其他	12.7	16.1	12.4	15.3	13.1	15.6

表 3.5.7 2016 年甘肃市场所有节目收视率排名前三十位

名次	节目名称	节目类别	播出频道	平均收视率（%）	平均占有率（%）
1	2016 一年又一年	新闻/时事	中央电视台综合频道	28.8	52.6
2	2016 中央电视台春节联欢晚会	综艺	中央电视台综合频道	26.2	65.2
3	新闻联播	新闻/时事	中央电视台综合频道	11.0	47.1
4	治国理政新征程系列特别报道	专题	中央电视台综合频道	10.9	26.1
5	天气预报	生活服务	中央电视台综合频道	9.8	32.9
6	星光大道 2015 年度总决赛(2 月 8 日)	综艺	中央电视台综合频道	8.9	23.5
7	2016 中央电视台元宵晚会	综艺	中央电视台综合频道	8.4	18.9
8	谁是挑战王(11 月 20 日)	综艺	中央电视台综合频道	8.3	19.2
9	焦点访谈	新闻/时事	中央电视台综合频道	8.2	26.6
10	李克强总理会见中外记者并回答提问	新闻/时事	中央电视台综合频道	8.0	20.2
11	开创中国特色大国外交新局面习近平主席 2015 年出访实录	专题	中央电视台综合频道	7.7	19.9
12	2016 中央军委慰问驻京部队老干部迎新春文艺演出	综艺	中央电视台综合频道	7.2	17.0
13	了不起的挑战(3 月 13 日)	综艺	中央电视台综合频道	7.0	15.3
14	感动中国 2015 年度人物颁奖盛典	专题	中央电视台综合频道	6.4	15.0
15	G20 2016CHINA 二十国集团领导人杭州峰会特别报道	新闻/时事	中央电视台综合频道	6.3	18.8
16	搭错车	电视剧	山东卫视	6.1	13.6
17	筑梦路上 1921 ~ 2016	专题	中央电视台综合频道	5.9	17.5
18	快乐成长 2016 年六一晚会	青少	中央电视台综合频道	5.9	17.2
19	伟大的旗帜 1921 ~ 2016 庆祝中国共产党成立 95 周年电视文艺特别节目	综艺	中央电视台综合频道	5.5	16.9
20	南昌起义	电影	中央电视台综合频道	5.5	16.6
21	等着我	专题	中央电视台综合频道	5.5	15.6
22	中国成语大会 2015 年度总决赛	专题	中央电视台综合频道	5.5	12.3
23	海棠依旧	电视剧	中央电视台综合频道	5.3	16.9
24	2016 中央电视台中秋晚会	综艺	中央电视台综合频道	5.2	18.8
25	共筑中国梦歌曲演唱会(2 月 6 日)	音乐	中央电视台综合频道	5.2	17.3
26	彭德怀元帅	电视剧	中央电视台综合频道	5.2	16.4
27	中国梦劳动美 2016 年五一国际劳动节心连心演出特别节目	综艺	中央电视台综合频道	5.2	14.2
28	陆军一号	电视剧	中央电视台综合频道	5.2	12.4
29	2016 年新年戏曲晚会	戏剧	中央电视台综合频道	5.2	11.2
30	废奴(5 月 23 日)	专题	中央电视台综合频道	5.1	15.8

表 3.5.8　2016 年甘肃市场电视剧收视率排名前十位

名次	节目名称	播出频道	平均收视率(%)	平均占有率(%)
1	搭错车	山东卫视	6.1	13.6
2	海棠依旧	中央电视台综合频道	5.3	16.9
3	彭德怀元帅	中央电视台综合频道	5.2	16.4
4	陆军一号	中央电视台综合频道	5.2	12.4
5	抗倭英雄戚继光	中央电视台综合频道	5.1	12.7
6	还是夫妻	中央电视台综合频道	4.9	12.7
7	马兰谣	中央电视台综合频道	4.8	15.0
8	继父回家	山东卫视	4.6	10.3
9	人民检察官	中央电视台综合频道	4.4	14.5
10	父亲的身份	中央电视台综合频道	4.2	13.2

表 3.5.9　2016 年甘肃市场新闻节目收视率排名前十位

名次	节目名称	播出频道	平均收视率(%)	平均占有率(%)
1	2016 一年又一年	中央电视台综合频道	28.8	52.6
2	新闻联播	中央电视台综合频道	11.0	47.1
3	焦点访谈	中央电视台综合频道	8.2	26.6
4	李克强总理会见中外记者并回答提问	中央电视台综合频道	8.0	20.2
5	G20 2016CHINA 二十国集团领导人杭州峰会特别报道	中央电视台综合频道	6.3	18.8
6	晚间新闻	中央电视台综合频道	1.3	9.4
7	甘肃新闻	甘肃卫视	1.1	9.7
8	调查	山东卫视	1.0	3.9
9	直通 G20 杭州峰会	浙江卫视	0.9	2.7
10	一线特别节目我建议	中央台十二套	0.8	2.6

表 3.5.10　2016 年甘肃市场专题节目收视率排名前十位

名次	节目名称	播出频道	平均收视率(%)	平均占有率(%)
1	治国理政新征程系列特别报道	中央电视台综合频道	10.9	26.1
2	开创中国特色大国外交新局面习近平主席 2015 年出访实录	中央电视台综合频道	7.7	19.9
3	感动中国 2015 年度人物颁奖盛典	中央电视台综合频道	6.4	15.0
4	筑梦路上 1921 ~ 2016	中央电视台综合频道	5.9	17.5
5	等着我	中央电视台综合频道	5.5	15.6
6	中国成语大会 2015 年度总决赛	中央电视台综合频道	5.5	12.3
7	废奴(5 月 23 日)	中央电视台综合频道	5.1	15.8
8	中国诗词大会(2 月 26 日)	中央电视台综合频道	5.1	12.6
9	寻找最美医生大型公益活动颁奖典礼	中央电视台综合频道	4.7	11.6
10	2015 年度中国好书	中央电视台综合频道	4.4	12.1

表 3.5.11　2016 年甘肃市场综艺节目收视率排名前十位

名次	节目名称	播出频道	平均收视率（%）	平均占有率（%）
1	2016 中央电视台春节联欢晚会	中央电视台综合频道	26.2	65.2
2	星光大道 2015 年度总决赛(2 月 8 日)	中央电视台综合频道	8.9	23.5
3	2016 中央电视台元宵晚会	中央电视台综合频道	8.4	18.9
4	谁是挑战王(11 月 20 日)	中央电视台综合频道	8.3	19.2
5	2016 中央军委慰问驻京部队老干部迎新春文艺演出	中央电视台综合频道	7.2	17.0
6	了不起的挑战(3 月 13 日)	中央电视台综合频道	7.0	15.3
7	伟大的旗帜 1921～2016 庆祝中国共产党成立 95 周年电视文艺特别节目	中央电视台综合频道	5.5	16.9
8	2016 中央电视台中秋晚会	中央电视台综合频道	5.2	18.8
9	中国梦劳动美 2016 年五一国际劳动节心连心演出特别节目	中央电视台综合频道	5.2	14.2
10	2016 五月的鲜花筑梦青春全国大中学生文艺会演	中央电视台综合频道	4.1	13.2

表 3.5.12　2016 年甘肃市场体育节目收视率排名前十位

名次	节目名称	播出频道	平均收视率（%）	平均占有率（%）
1	相约里约	中央电视台综合频道	4.6	14.8
2	奥林匹克在里约:2016 年第 31 届奥运会体操男子个人全能决赛	中央台五套	3.9	11.6
3	奥林匹克在里约:2016 年第 31 届奥运会男子 100 米仰泳决赛	中央台五套	3.5	10.1
4	奥林匹克在里约:2016 年第 31 届奥运会女排小组赛 B 组第四轮(中国 VS 塞尔维亚)	中央台五套	3.2	10.9
5	奥林匹克在里约:2016 年第 31 届奥运会乒乓球男单半决赛	中央台五套	3.0	15.9
5	奥林匹克在里约:2016 年第 31 届奥运会赛艇轻量级女子双人双桨	中央台五套	3.0	14.7
7	奥林匹克在里约:2016 年第 31 届奥运会射击女子 10 米气手枪决赛	中央台五套	2.9	16.7
8	人在奥运年	中央电视台综合频道	2.8	11.7
9	奥林匹克在里约:2016 年第 31 届奥运会男篮小组赛(委内瑞拉队 VS 中国队)	中央台五套	2.5	9.3
10	奥林匹克在里约:2016 年第 31 届奥运会场地自行车女子团体竞速赛	中央台五套	2.1	7.0

六、广东收视数据

表 3.6.1　2012～2016 年广东市场各类频道的市场占有率(%)

频道类别	年份				
	2012 年	2013 年	2014 年	2015 年	2016 年
中央台频道	18.7	19.8	20.9	19.3	20.6
中国教育台频道	0.4	0.3	0.2	0.2	0.1
广东省级频道	43.0	40.2	38.7	38.8	37.4
其他省级卫视频道	16.5	17.5	17.1	16.6	15.4
境外频道	6.1	5.4	4.9	4.5	4.4
其他频道	15.3	16.8	18.2	20.6	22.1

表 3.6.2　2016 年广东市场各类频道在不同目标观众中的市场占有率(%)

目标观众		中央台频道	中国教育台频道	广东省级频道	其他省级卫视频道	境外频道	其他频道
4 岁及以上所有人		20.6	0.1	37.4	15.4	4.4	22.1
城乡	城市	21.1	0.1	28.0	17.8	5.9	27.1
	农村	20.0	0.1	48.2	12.6	2.6	16.5
性别	男	22.4	0.1	37.1	14.1	4.4	21.9
	女	18.7	0.1	37.6	16.8	4.3	22.5
年龄	4～14 岁	20.2	0.1	41.7	17.9	2.0	18.1
	15～24 岁	17.0	0.2	33.1	21.1	4.1	24.5
	25～34 岁	17.7	0.1	34.5	16.2	6.3	25.2
	35～44 岁	23.8	0.1	31.9	15.2	4.0	25.0
	45～54 岁	20.9	0.1	36.6	14.9	4.5	23.0
	55～64 岁	21.4	0.1	41.2	11.9	5.7	19.7
	65 岁及以上	23.2	0.1	42.8	10.8	3.9	19.2
教育程度	未受过正规教育	20.3	0.1	45.3	13.5	2.8	18.0
	小学	18.8	0.1	44.5	14.1	2.7	19.8
	初中	20.2	0.1	38.1	14.9	4.4	22.3
	高中	22.7	0.1	31.9	15.8	5.5	24.0
	大学及以上	22.6	0.1	21.6	21.3	7.4	27.0
职业类别	干部/管理人员	25.9	0.0	19.2	21.1	5.1	28.7
	个体/私营企业人员	23.3	0.2	35.9	14.5	3.9	22.2
	初级公务员/雇员	20.0	0.1	26.9	17.4	7.2	28.4
	工人	19.9	0.1	35.1	14.9	5.3	24.7
	学生	19.5	0.1	35.5	22.4	2.1	20.4
	无业	21.2	0.1	40.1	13.7	4.7	20.2
	其他	18.0	0.1	50.5	10.6	2.6	18.2
个人月收入	0～300 元	19.8	0.1	41.8	16.9	2.6	18.8
	301～900 元	19.4	0.2	43.3	10.7	5.2	21.2
	901～1700 元	20.8	0.2	42.0	12.4	4.1	20.5
	1701～2600 元	21.1	0.1	35.7	15.0	4.7	23.4
	2601～3500 元	19.8	0.1	33.1	14.9	6.2	25.9
	3501 元及以上	23.6	0.1	23.6	17.5	6.9	28.3

表 3.6.3　2016 年广东市场各类频道在不同时段的市场占有率(%)

时间段	中央台频道	中国教育台频道	广东省级频道	其他省级卫视频道	境外频道	其他频道
02:00～03:00	22.3	0.2	16.3	28.4	3.7	29.1
03:00～04:00	21.9	0.1	18.6	30.1	2.6	26.7
04:00～05:00	26.8	0.1	23.6	24.7	2.7	22.1
05:00～06:00	30.8	0.2	28.0	18.0	7.4	15.6
06:00～07:00	33.0	0.1	22.2	15.8	11.8	17.1
07:00～08:00	33.8	0.1	29.3	11.5	6.9	18.4
08:00～09:00	30.6	0.2	27.7	17.1	5.1	19.3
09:00～10:00	30.1	0.2	26.7	22.0	3.0	18.0
10:00～11:00	29.0	0.2	26.0	22.9	3.0	18.9
11:00～12:00	27.8	0.1	29.7	21.6	3.1	17.7
12:00～13:00	25.4	0.0	31.0	18.7	4.7	20.2
13:00～14:00	23.6	0.1	32.7	19.6	3.6	20.4
14:00～15:00	23.9	0.2	28.3	22.6	3.6	21.4
15:00～16:00	23.3	0.3	26.2	24.3	3.3	22.6
16:00～17:00	23.9	0.3	28.7	24.2	2.2	20.7
17:00～18:00	26.5	0.1	29.7	19.1	2.2	22.4
18:00～19:00	20.3	0.0	41.8	6.3	3.5	28.1
19:00～20:00	16.5	0.1	52.0	6.9	2.1	22.4
20:00～21:00	15.0	0.1	48.8	12.8	4.2	19.1
21:00～22:00	16.9	0.1	41.2	14.5	7.1	20.2
22:00～23:00	17.6	0.0	27.8	18.4	7.8	28.4
23:00～24:00	22.2	0.1	23.5	21.1	4.3	28.8
24:00～25:00	23.8	0.2	23.0	20.1	5.0	27.9
25:00～26:00	23.1	0.2	17.0	23.0	6.2	30.5

表 3.6.4　2016 年广东市场收视份额位于前十位的频道

名次	频道名称	收视份额(%)
1	广东广播电视台珠江频道	11.8
2	广东广播电视台影视频道	5.6
3	广东广播电视台经济科教频道	4.1
4	湖南卫视	3.6
5	广东广播电视台少儿频道	2.9
5	翡翠台(中文)(有线网转播)	2.9
7	广东广播电视台公共频道	2.7
8	广东广播电视台嘉佳卡通频道	2.6
8	中央台三套	2.6
8	广东广播电视台珠江电影频道	2.6

表 3.6.5 2016 年广东市场各主要频道的观众构成(%)

目标观众		所有频道	主要频道				
			广东广播电视台珠江频道	广东广播电视台影视频道	广东广播电视台经济科教频道	湖南卫视	广东广播电视台少儿频道
4 岁及以上所有人		100.0	100.0	100.0	100.0	100.0	100.0
城乡	城市	53.9	32.9	37.4	35.3	52.1	26.9
	农村	46.1	67.1	62.6	64.7	47.9	73.1
性别	男	50.7	47.1	55.5	52.7	38.0	52.1
	女	49.3	52.9	44.5	47.3	62.0	47.9
年龄	4~14 岁	16.0	13.2	9.6	14.5	23.4	49.0
	15~24 岁	9.8	10.2	7.0	8.2	19.7	3.5
	25~34 岁	16.8	14.6	16.2	14.8	15.8	13.7
	35~44 岁	13.1	11.1	9.5	13.6	13.0	9.1
	45~54 岁	20.9	24.0	22.8	20.5	16.7	7.7
	55~64 岁	12.2	13.4	17.7	13.7	6.1	8.3
	65 岁及以上	11.2	13.5	17.2	14.7	5.3	8.7
教育程度	未受过正规教育	8.1	8.8	6.6	4.8	5.0	21.7
	小学	25.9	32.2	31.1	32.0	28.6	40.2
	初中	34.9	35.8	43.3	41.3	37.6	21.6
	高中	21.0	19.0	13.9	17.2	18.6	12.5
	大学及以上	10.1	4.2	5.1	4.7	10.2	4.0
职业类别	干部/管理人员	2.0	0.8	0.4	0.7	2.0	0.6
	个体/私营企业人员	13.2	12.2	13.1	15.7	11.2	7.6
	初级公务员/雇员	10.1	6.4	7.2	8.0	8.0	3.5
	工人	19.8	19.5	20.8	19.3	20.2	10.6
	学生	13.8	9.9	6.5	14.0	31.9	30.6
	无业	29.5	30.9	28.0	27.5	17.8	40.5
	其他	11.6	20.3	24.0	14.8	8.9	6.6
个人月收入	0~300 元	37.3	40.7	32.3	40.9	49.0	69.4
	301~900 元	6.3	9.2	10.8	5.3	3.8	3.5
	901~1700 元	12.3	16.3	15.4	15.1	9.0	7.8
	1701~2600 元	19.0	16.4	20.8	23.2	19.3	9.9
	2601~3500 元	12.1	9.9	13.3	9.1	9.9	5.3
	3501 元及以上	13.0	7.5	7.4	6.4	9.0	4.1

表 3.6.6 2014~2016 年广东市场各类节目的播出份额(%)和收视份额(%)

节目类型	2014 年		2015 年		2016 年	
	播出份额	收视份额	播出份额	收视份额	播出份额	收视份额
财经	1.7	0.3	1.7	0.3	1.3	0.3
电视剧	20.5	37.3	20.7	35.9	21.3	34.1
电影	4.0	4.1	3.9	4.3	3.9	4.9
法制	0.9	0.5	0.9	0.5	0.7	0.5
教学	0.2	0.0	0.2	0.0	0.2	0.0
青少	7.2	6.8	6.9	6.9	7.0	7.2
生活服务	10.1	6.3	10.1	7.0	9.4	6.8
体育	3.6	3.1	3.6	3.3	3.9	3.8
外语	0.0	0.0	0.0	0.0	0.0	0.0
戏剧	0.7	0.2	0.8	0.2	0.8	0.1
新闻/时事	14.7	12.8	14.5	12.9	14.6	12.9
音乐	2.3	0.9	2.4	1.2	1.8	1.4
专题	11.6	4.7	12.5	4.6	13.0	5.1
综艺	8.8	9.6	8.7	9.5	9.1	9.3
其他	13.7	13.4	13.1	13.4	13.0	13.6

表 3.6.7　2016 年广东市场所有节目收视率排名前三十位

名次	节目名称	节目类型	播出频道	平均收视率(%)	平均占有率(%)
1	千金归来(39 ~ 43 集)	电视剧	广东广播电视台珠江频道	9.7	27.2
2	忍冬艳蔷薇	电视剧	广东广播电视台珠江频道	8.2	23.8
3	泪洒女人花	电视剧	广东广播电视台珠江频道	7.7	22.3
4	情满雪阳花	电视剧	广东广播电视台珠江频道	7.3	20.4
5	爱情心心相印(1 ~ 17 集)	电视剧	广东广播电视台珠江频道	7.2	21.9
6	美丽的秘密	电视剧	广东广播电视台珠江频道	7.1	21.9
7	远得要命的爱情	电视剧	广东广播电视台珠江频道	7.0	21.4
8	秘密的背后	电视剧	广东广播电视台珠江频道	6.9	20.6
9	一念向北	电视剧	广东广播电视台珠江频道	6.8	20.4
10	爱情自有天意	电视剧	广东广播电视台珠江频道	6.5	19.8
11	奥林匹克在里约 颁奖仪式	体育	中央台五套	6.2	26.6
12	真命天子	电视剧	广东广播电视台珠江频道	6.2	20.9
13	新济公活佛	电视剧	广东广播电视台珠江频道	6.2	17.6
14	妈妈向前冲冲冲	电视剧	广东广播电视台珠江频道	6.1	18.9
15	情谜睡美人	电视剧	广东广播电视台珠江频道	6.0	20.7
16	因为爱情有幸福之二	电视剧	广东广播电视台珠江频道	5.9	19.2
17	奥林匹克在里约:2016 年第 31 届奥运会羽毛球男单决赛	体育	中央台五套	5.9	18.6
18	恋恋不忘	电视剧	广东广播电视台珠江频道	5.5	23.9
19	因为爱情有幸福之一	电视剧	广东广播电视台珠江频道	5.5	17.6
20	天气预报	生活服务	广东广播电视台珠江频道	5.3	20.8
21	外来媳妇本地郎	电视剧	广东广播电视台珠江频道	4.8	15.6
22	奥林匹克在里约:2016 年第 31 届奥运会乒乓球男单半决赛	体育	中央台五套	4.7	18.0
23	金猴圆梦万家欢 2016 广东广播电视台春节晚会	综艺	广东广播电视台珠江频道	4.6	13.2
24	今日关注	新闻/时事	广东广播电视台珠江频道	4.3	14.2
25	奥林匹克在里约:2016 年第 31 届奥运会女排小组赛第二轮(中国 VS 意大利)	体育	中央台五套	4.2	13.8
26	飞哥大英雄	电视剧	广东广播电视台影视频道	4.1	13.4
27	奥林匹克在里约:2016 年第 31 届奥运会乒乓球女单半决赛	体育	中央台五套	4.0	15.2
28	奥林匹克在里约:2016 年第 31 届奥运会女子 200 米混合泳决赛	体育	中央台五套	4.0	12.2
29	希望使命	电视剧	广东广播电视台影视频道	3.9	13.5
30	我和她的传奇情仇	电视剧	广东广播电视台经济科教频道	3.9	11.2

表 3.6.8　2016 年广东市场电视剧收视率排名前十位

名次	节目名称	播出频道	平均收视率(%)	平均占有率(%)
1	千金归来(39~43 集)	广东广播电视台珠江频道	9.7	27.2
2	忍冬艳蔷薇	广东广播电视台珠江频道	8.2	23.8
3	泪洒女人花	广东广播电视台珠江频道	7.7	22.3
4	情满雪阳花	广东广播电视台珠江频道	7.3	20.4
5	爱情心心相印(1~17 集)	广东广播电视台珠江频道	7.2	21.9
6	美丽的秘密	广东广播电视台珠江频道	7.1	21.9
7	远得要命的爱情	广东广播电视台珠江频道	7.0	21.4
8	秘密的背后	广东广播电视台珠江频道	6.9	20.6
9	一念向北	广东广播电视台珠江频道	6.8	20.4
10	爱情自有天意	广东广播电视台珠江频道	6.5	19.8

表 3.6.9　2016 年广东市场新闻节目收视率排名前十位

名次	节目名称	播出频道	平均收视率(%)	平均占有率(%)
1	今日关注	广东广播电视台珠江频道	4.3	14.2
2	珠江新闻眼	广东广播电视台珠江频道	2.8	16.2
3	筑梦天宫	中央电视台新闻频道	2.0	7.2
4	DV 现场	广东广播电视台公共频道	1.7	5.3
5	今日 1 线	广东广播电视台经济科教频道	1.2	4.8
6	筑梦天宫	中央台四套	1.1	3.9
7	补选快讯	翡翠台(中文)(有线网转播)	1.0	6.1
8	2016 国际大事回顾	翡翠台(中文)(有线网转播)	1.0	3.0
9	军情观察室	凤凰卫视中文台	0.9	3.9
10	海峡两岸	中央台四套	0.7	2.1

表 3.6.10　2016 年广东市场专题节目收视率排名前十位

名次	节目名称	播出频道	平均收视率(%)	平均占有率(%)
1	珠江纪事	广东广播电视台珠江频道	1.3	6.5
2	船说粤剧的前世今生	广东广播电视台珠江频道	1.2	6.8
3	文化珠江	广东广播电视台珠江频道	1.1	5.4
4	胜利大阅兵	中央台六套	1.1	3.9
5	中国诗词大会(2 月 12 日)	中央电视台综合频道	1.1	3.6
6	等着我	中央电视台综合频道	1.1	3.1
7	万家灯火	广东广播电视台公共频道	0.9	3.1
8	新春开运王	翡翠台(中文)(有线网转播)	0.8	4.7
9	中国成语大会 2015 年度总决赛(2 月 1 号)	中央电视台综合频道	0.8	2.1
10	一年级大学季	湖南卫视	0.7	6.0

表 3.6.11　2016 年广东市场综艺节目收视率排名前十位

名次	节目名称	播出频道	平均收视率（%）	平均占有率（%）
1	金猴圆梦万家欢 2016 广东广播电视台春节晚会	广东广播电视台珠江频道	4.6	13.2
2	2016 中央电视台春节联欢晚会	中央台三套	3.7	10.9
3	我想和你唱(7 月 2 日)	湖南卫视	2.6	14.0
4	2016～20171 月 1 惠民欢乐夜广东跨年嘉年华	广东广播电视台珠江频道	2.6	11.9
5	越战越勇(2 月 8 日)	中央台三套	2.4	9.1
6	星月同辉贺中秋	广东广播电视台珠江频道	2.3	9.2
7	亲爱的翻译官精典特辑	湖南卫视	2.3	7.7
8	歌王之战	湖南卫视	2.2	8.3
9	快乐大本营	湖南卫视	2.2	6.8
10	麦王争霸(11 月 5 日)	广东广播电视台珠江频道	2.1	13.6

表 3.6.12　2016 年广东市场体育节目收视率排名前十位

名次	节目名称	播出频道	平均收视率（%）	平均占有率（%）
1	奥林匹克在里约 颁奖仪式	中央台五套	6.2	26.6
2	奥林匹克在里约:2016 年第 31 届奥运会羽毛球男单决赛	中央台五套	5.9	18.6
3	奥林匹克在里约:2016 年第 31 届奥运会乒乓球男单半决赛	中央台五套	4.7	18.0
4	奥林匹克在里约:2016 年第 31 届奥运会女排小组赛第二轮（中国 VS 意大利）	中央台五套	4.2	13.8
5	奥林匹克在里约:2016 年第 31 届奥运会女子 200 米混合泳决赛	中央台五套	4.0	12.2
6	奥林匹克在里约:2016 年第 31 届奥运会体操男子个人全能决赛	中央台五套	3.6	10.1
7	奥林匹克在里约:2016 年第 31 届奥运会男子举重 56 公斤级决赛	中央台五套	3.4	17.1
8	2015/2016 赛季 CBA 半决赛第 3 场（辽宁 VS 东莞）	广东广播电视台体育频道	3.3	9.8
9	奥林匹克在里约:2016 年第 31 届奥运会田径女子 100 米预选赛	中央台五套	2.9	17.0
10	奥林匹克在里约:2016 年第 31 届奥运会女子单人艇 1/4 决赛	中央台五套	2.9	10.2

七、广西收视数据

表 3.7.1 2012~2016 年广西市场各类频道的市场占有率(%)

频道类别	年份				
	2012 年	2013 年	2014 年	2015 年	2016 年
中央台频道	30.6	33.6	32.5	32.3	34.3
中国教育台频道	1.3	1.3	0.6	0.3	0.2
广西自治区级频道	26.3	24.9	27.1	27.9	26.0
其他省级卫视频道	31.2	32.3	32.0	31.4	31.3
其他频道	10.6	7.9	7.8	8.1	8.2

表 3.7.2 2016 年广西市场各类频道在不同目标观众中的市场占有率(%)

目标观众		中央台频道	中国教育台频道	广西自治区级频道	其他省级卫视频道	其他频道
4 岁及以上所有人		34.3	0.2	26.0	31.3	8.2
城乡	城市	42.1	0.2	20.7	26.4	10.6
	农村	30.7	0.1	28.5	33.5	7.2
性别	男	37.6	0.1	26.2	28.0	8.1
	女	30.9	0.2	25.8	34.7	8.4
年龄	4~14 岁	33.5	0.2	11.4	48.4	6.5
	15~24 岁	25.4	0.2	25.2	39.4	9.8
	25~34 岁	34.1	0.3	25.5	31.8	8.3
	35~44 岁	28.9	0.2	26.6	34.6	9.7
	45~54 岁	35.3	0.1	34.1	23.0	7.5
	55~64 岁	40.9	0.2	31.1	18.7	9.1
	65 岁及以上	40.4	0.1	31.2	20.7	7.6
教育程度	未受过正规教育	38.1	0.2	20.1	36.5	5.1
	小学	31.5	0.2	22.3	38.1	7.9
	初中	32.0	0.2	29.9	29.2	8.7
	高中	39.4	0.2	26.9	25.1	8.4
	大学及以上	46.6	0.1	19.6	23.5	10.2
职业类别	干部/管理人员	42.8	0.0	34.8	17.4	5.0
	个体/私营企业人员	34.5	0.4	26.8	28.3	10.0
	初级公务员/雇员	50.1	0.1	19.2	21.9	8.7
	工人	36.5	0.3	23.4	28.8	11.0
	学生	30.4	0.1	11.8	49.7	8.0
	无业	43.3	0.2	22.3	25.3	8.9
	其他	29.5	0.1	33.0	30.0	7.4
个人月收入	0~300 元	31.0	0.2	17.8	43.3	7.7
	301~900 元	30.0	0.1	35.8	27.2	6.9
	901~1700 元	33.4	0.2	32.6	25.7	8.1
	1701~2600 元	40.6	0.2	26.2	23.6	9.4
	2601~3500 元	42.7	0.2	21.4	25.0	10.7
	3501 元及以上	40.1	0.3	25.8	22.8	11.0

表 3.7.3　2016 年广西市场各类频道在不同时段的市场占有率(%)

时间段	中央台频道	中国教育台频道	广西自治区级频道	其他省级卫视频道	其他频道
02:00~03:00	29.3	2.1	28.9	28.2	11.5
03:00~04:00	46.1	1.3	19.4	23.1	10.1
04:00~05:00	50.5	0.0	14.2	23.8	11.5
05:00~06:00	57.9	0.0	6.2	32.7	3.2
06:00~07:00	61.9	0.2	8.1	26.3	3.5
07:00~08:00	57.2	0.2	12.2	24.1	6.3
08:00~09:00	48.1	0.2	11.3	33.4	7.0
09:00~10:00	42.7	0.2	12.5	37.0	7.6
10:00~11:00	40.9	0.3	13.5	37.8	7.5
11:00~12:00	42.5	0.3	10.7	39.1	7.4
12:00~13:00	48.2	0.3	9.9	35.9	5.7
13:00~14:00	41.9	0.2	11.4	39.7	6.8
14:00~15:00	32.6	0.7	13.0	47.4	6.3
15:00~16:00	36.0	0.4	12.5	44.4	6.7
16:00~17:00	40.6	0.4	11.2	40.1	7.7
17:00~18:00	45.3	0.1	13.8	32.9	7.9
18:00~19:00	40.7	0.1	30.3	20.4	8.5
19:00~20:00	34.6	0.1	34.8	21.3	9.2
20:00~21:00	24.8	0.1	34.0	32.8	8.3
21:00~22:00	26.6	0.2	32.6	31.7	8.9
22:00~23:00	33.3	0.2	21.4	35.4	9.7
23:00~24:00	33.5	0.3	18.0	38.0	10.2
24:00~25:00	32.2	0.1	18.6	38.2	10.9
25:00~26:00	26.8	0.1	23.3	39.0	10.8

表 3.7.4　2016 年广西市场收视份额排名前十位的频道

名次	频道名称	收视份额(%)
1	广西电视台综艺频道	13.2
2	湖南卫视	8.4
3	中央电视台综合频道	7.1
4	中央电视台少儿频道	6.5
5	广西电视台卫星频道	3.3
6	湖南电视台金鹰卡通频道	3.1
6	广西电视台都市频道	3.1
8	中央台三套	2.7
9	中央电视台新闻频道	2.6
10	北京卡酷少儿频道	2.4
10	中央台四套	2.4
10	中央台五套	2.4

表 3.7.5　2016 年广西市场各主要频道的观众构成(%)

目标观众		所有频道	主要频道				
			广西电视台综艺频道	湖南卫视	中央电视台综合频道	中央电视台少儿频道	广西电视台都市频道
4 岁及以上所有人		100.0	100.0	100.0	100.0	100.0	100.0
城乡	城市	31.6	19.1	24.3	50.0	24.4	19.1
	农村	68.4	80.9	75.7	50.0	75.6	80.9
性别	男	51.2	51.9	37.3	55.9	51.3	52.7
	女	48.9	48.1	62.7	44.1	48.7	47.3
年龄	4～14 岁	18.1	7.8	27.8	11.7	59.2	7.4
	15～24 岁	10.2	8.9	18.2	7.1	5.5	7.6
	25～34 岁	12.1	10.7	12.6	13.0	10.5	12.9
	35～44 岁	16.0	16.1	23.5	13.5	9.3	15.3
	45～54 岁	15.4	21.0	9.7	16.6	4.8	16.5
	55～64 岁	13.7	18.0	3.7	17.7	6.8	21.6
	65 岁及以上	14.4	17.6	4.5	20.3	3.9	18.7
教育程度	未受过正规教育	7.0	6.6	4.9	5.9	23.7	4.5
	小学	28.8	26.0	36.1	22.5	44.6	26.1
	初中	42.1	49.1	42.4	39.8	23.1	53.4
	高中	17.1	15.9	12.4	20.8	7.6	12.2
	大学及以上	5.0	2.5	4.2	11.0	0.9	3.9
职业类别	干部/管理人员	1.3	0.3	0.4	2.0	0.3	0.3
	个体/私营企业人员	10.5	11.6	10.3	13.7	4.9	8.0
	初级公务员/雇员	4.0	2.6	2.4	7.9	1.6	3.2
	工人	5.9	3.3	6.8	5.3	3.1	6.4
	学生	14.8	5.6	28.2	9.7	37.5	5.4
	无业	20.0	15.6	8.5	28.5	26.8	15.7
	其他	43.6	61.0	43.5	33.0	25.9	61.0
个人月收入	0～300 元	33.3	22.3	47.5	25.2	68.9	22.3
	301～900 元	18.0	29.3	16.8	17.5	8.0	22.9
	901～1700 元	18.7	25.2	14.4	15.8	8.9	23.0
	1701～2600 元	20.4	17.5	14.3	26.5	10.6	23.3
	2601～3500 元	6.6	2.6	4.3	8.7	3.1	6.5
	3501 元及以上	2.9	3.0	2.7	6.2	0.4	2.0

表 3.7.6　2014～2016 年广西市场各类节目的播出份额(%)和收视份额(%)

节目类别	2014 年		2015 年		2016 年	
	播出份额	收视份额	播出份额	收视份额	播出份额	收视份额
财经	1.8	0.3	1.8	0.4	1.3	0.4
电视剧	21.6	37.8	21.2	34.4	21.8	33.8
电影	4.8	3.5	4.5	4.3	4.5	4.2
法制	1.3	2.8	1.3	2.9	1.2	2.7
教学	0.3	0.0	0.2	0.0	0.2	0.0
青少	7.0	7.3	6.6	7.2	6.6	8.7
生活服务	9.7	8.5	9.0	8.3	8.4	7.6
体育	2.8	1.2	2.9	1.3	3.2	2.1
外语	0.0	0.0	0.0	0.0	0.0	0.0
戏剧	0.7	0.1	0.8	0.1	0.8	0.1
新闻/时事	14.6	9.9	14.6	9.8	14.8	10.2
音乐	2.5	0.8	2.6	1.2	1.9	1.3
专题	11.6	4.0	13.0	5.2	13.6	4.5
综艺	8.7	7.4	8.8	8.4	9.1	8.7
其他	12.5	16.4	12.5	16.5	12.6	15.7

表 3.7.7　2016 年广西市场所有节目收视率排名前三十位

名次	节目名称	节目类别	播出频道	平均收视率（%）	平均占有率（%）
1	2016 中央电视台春节联欢晚会	综艺	中央电视台综合频道	11.5	39.9
2	荡寇	电视剧	广西电视台综艺频道	7.9	23.3
3	广西综艺频道真情回馈观众一路有你一路油礼	综艺	广西电视台综艺频道	7.9	21.4
4	热血	电视剧	广西电视台综艺频道	7.8	21.5
5	第 18 届南宁国际民歌艺术节 2016 本色花山大地飞歌晚会直播特别节目	综艺	广西电视台综艺频道	7.8	20.8
6	红箭	电视剧	广西电视台综艺频道	7.4	22.3
7	黑狐之风影	电视剧	广西电视台综艺频道	7.4	22.0
8	女子特战队	电视剧	广西电视台综艺频道	7.4	21.5
9	东风破	电视剧	广西电视台综艺频道	7.4	21.2
10	我是赵传奇	电视剧	广西电视台综艺频道	7.4	20.7
11	地道女英雄	电视剧	广西电视台综艺频道	7.3	21.6
12	铁血使命	电视剧	广西电视台综艺频道	7.3	21.5
13	我和妈妈的长征	电视剧	广西电视台综艺频道	7.2	21.0
14	寒山令	电视剧	广西电视台综艺频道	7.2	20.0
15	雪海	电视剧	广西电视台综艺频道	7.1	21.1
16	英雄使命	电视剧	广西电视台综艺频道	7.1	21.0
17	我和她的传奇情仇	电视剧	广西电视台综艺频道	7.1	20.9
18	战火中的兄弟	电视剧	广西电视台综艺频道	7.0	20.6
19	生死连	电视剧	广西电视台综艺频道	7.0	19.9
20	玉海棠	电视剧	广西电视台综艺频道	6.9	19.6
21	希望使命	电视剧	广西电视台综艺频道	6.8	19.3
22	殊死 7 日	电视剧	广西电视台综艺频道	6.7	20.2
23	最后一战决战芷江	电视剧	广西电视台综艺频道	6.7	19.9
24	我的压寨男人	电视剧	广西电视台综艺频道	6.7	19.3
25	使命召唤	电视剧	广西电视台综艺频道	6.5	19.0
26	铁血战狼	电视剧	广西电视台综艺频道	6.5	18.8
27	壮丁也是兵	电视剧	广西电视台综艺频道	6.4	18.3
28	伏击	电视剧	广西电视台综艺频道	6.3	18.9
29	兄弟们开火	电视剧	广西电视台综艺频道	6.3	18.4
29	忠者无敌	电视剧	广西电视台综艺频道	6.3	18.4

表 3.7.8　2016 年广西市场电视剧收视率排名前十位

名次	节目名称	播出频道	平均收视率（%）	平均占有率（%）
1	荡寇	广西电视台综艺频道	7.9	23.3
2	热血	广西电视台综艺频道	7.8	21.5
3	红箭	广西电视台综艺频道	7.4	22.3
4	黑狐之风影	广西电视台综艺频道	7.4	22.0
5	女子特战队	广西电视台综艺频道	7.4	21.5
6	东风破	广西电视台综艺频道	7.4	21.2
7	我是赵传奇	广西电视台综艺频道	7.4	20.7
8	地道女英雄	广西电视台综艺频道	7.3	21.6
9	铁血使命	广西电视台综艺频道	7.3	21.5
10	我和妈妈的长征	广西电视台综艺频道	7.2	21.0

表 3.7.9　2016 年广西市场新闻节目收视率排名前十位

名次	节目名称	播出频道	平均收视率（%）	平均占有率（%）
1	新闻联播	中央电视台综合频道	4.7	15.7
2	焦点访谈	中央电视台综合频道	3.3	8.8
3	李克强总理会见中外记者并回答提问	中央电视台综合频道	1.8	4.3
4	中国共产党广西壮族自治区第十一届委员会书记副书记常务委员简历	广西电视台卫星频道	1.6	4.2
5	转播中央台新闻联播	广西电视台卫星频道	1.5	5.0
6	G20 2016CHINA 二十国集团领导人杭州峰会特别报道	中央电视台综合频道	1.3	5.7
7	广西新闻	广西电视台卫星频道	1.1	6.8
8	焦点访谈	中央电视台新闻频道	1.1	2.9
9	海峡两岸	中央台四套	0.8	2.1
10	盛会播报	广西电视台卫星频道	0.7	6.7

表 3.7.10　2016 年广西市场专题类节目收视率排名前十位

名次	节目名称	播出频道	平均收视率（%）	平均占有率（%）
1	好好学习湖南省两学一做电视知识竞赛	湖南卫视	4.6	11.4
2	妈妈的牵挂	湖南卫视	3.7	8.8
3	第十五届汉语桥世界大学生中文比赛	湖南卫视	3.6	10.4
4	治国理政新征程系列特别报道	中央电视台综合频道	3.3	8.1
5	开创中国特色大国外交新局面习近平主席 2015 年出访实录	中央电视台综合频道	3.2	8.4
6	江河万古流红军突破湘江战役 82 周年祭	广西电视台综艺频道	2.6	17.3
7	筑梦路上 1921～2016	中央电视台综合频道	2.5	6.2
8	2015 年度中国好书	中央电视台综合频道	2.0	4.9
9	中国诗词大会(4 月 15 日)	中央电视台综合频道	1.9	5.0
10	感动中国 2015 年度人物颁奖盛典	中央电视台综合频道	1.8	5.4

表 3.7.11 2016 年广西市场综艺节目收视率排名前十位

名次	节目名称	播出频道	平均收视率（%）	平均占有率（%）
1	2016 中央电视台春节联欢晚会	中央电视台综合频道	11.5	39.9
2	广西综艺频道真情回馈观众一路有你一路油礼	广西电视台综艺频道	7.9	21.4
3	第 18 届南宁国际民歌艺术节 2016 本色花山大地飞歌晚会直播特别节目	广西电视台综艺频道	7.8	20.8
4	全员加速中(1 月 1 日)	湖南卫视	5.3	16.3
5	亲爱的翻译官精典特辑	湖南卫视	4.4	12.0
6	快乐大本营	湖南卫视	4.3	14.8
7	第 18 届南宁国际民歌艺术节 2016 本色花山大地飞歌	广西电视台综艺频道	4.2	17.9
8	我们来了	湖南卫视	4.2	13.0
9	永远的誓言湖南省庆祝中国共产党成立 95 周年文艺晚会	湖南卫视	4.1	10.7
10	2016 元宵喜乐会	湖南卫视	3.4	12.7

表 3.7.12 2016 年广西市场体育节目收视率排名前十位

名次	节目名称	播出频道	平均收视率（%）	平均占有率（%）
1	奥林匹克在里约:2016 年第 31 届奥运会羽毛球女单半决赛	中央台五套	4.8	12.0
2	奥林匹克在里约:2016 年第 31 届奥运会男子跳远决赛	中央台五套	4.4	9.8
3	奥林匹克在里约:2016 年第 31 届奥运会男子 4×100 米混合泳接力决赛	中央台五套	4.1	9.3
4	奥林匹克在里约:2016 年第 31 届奥运会乒乓球女团半决赛	中央台五套	3.4	12.6
5	奥林匹克在里约:2016 年第 31 届奥运会赛艇轻量级女子双人双桨	中央台五套	3.3	14.2
6	奥林匹克在里约:2016 年第 31 届奥运会女排小组赛 B 组第四轮	中央台五套	3.3	9.4
7	奥林匹克在里约:2016 年第 31 届奥运会体操男子个人全能决赛	中央台五套	3.0	7.5
8	奥林匹克在里约:2016 年第 31 届奥运会射箭男子团体决赛	中央台五套	2.9	7.4
9	奥林匹克在里约	中央台五套	2.7	8.3
10	奥林匹克在里约:2016 年第 31 届奥运会男篮小组赛(委内瑞拉队 VS 中国队)	中央台五套	2.7	6.8

八、贵州收视数据

表 3.8.1　2012~2016 年贵州市场各类频道的市场占有率(%)

频道类别	年份				
	2012 年	2013 年	2014 年	2015 年	2016 年
中央台频道	30.1	31.2	35.0	35.6	40.7
中国教育台频道	1.2	0.8	0.6	0.3	0.1
贵州省级频道	20.1	19.7	15.8	14.4	12.9
其他省级卫视频道	43.5	43.6	43.4	44.4	40.0
其他频道	5.1	4.7	5.2	5.3	6.3

表 3.8.2　2016 年贵州市场各类频道在不同目标观众中的市场占有率(%)

目标观众		中央台频道	中国教育台频道	贵州省级频道	其他省级卫视频道	其他频道
4 岁及以上所有人		40.7	0.1	12.9	40.0	6.3
城乡	城市	39.9	0.1	16.5	35.2	8.3
	农村	41.1	0.2	10.9	42.8	5.0
性别	男	42.6	0.2	13.4	37.5	6.3
	女	38.8	0.1	12.5	42.7	5.9
年龄	4~14 岁	42.1	0.2	6.7	46.6	4.4
	15~24 岁	31.7	0.1	8.8	52.4	7.0
	25~34 岁	37.0	0.1	12.5	41.4	9.0
	35~44 岁	39.4	0.1	12.3	42.7	5.5
	45~54 岁	40.2	0.2	17.5	34.6	7.5
	55~64 岁	44.2	0.1	17.5	30.9	7.3
	65 岁及以上	48.4	0.1	18.4	28.9	4.2
教育程度	未受过正规教育	44.8	0.2	10.5	40.9	3.6
	小学	39.3	0.1	11.5	43.6	5.5
	初中	40.6	0.1	12.0	40.1	7.2
	高中	41.2	0.1	17.6	34.7	6.4
	大学及以上	42.8	0.2	23.4	26.4	7.2
职业类别	干部/管理人员	46.3	0.2	24.9	19.9	8.7
	个体/私营企业人员	42.2	0.1	15.9	34.0	7.8
	初级公务员/雇员	42.2	0.1	15.3	33.5	8.9
	工人	38.9	0.1	15.0	39.2	6.8
	学生	37.9	0.1	6.5	49.5	6.0
	无业	44.7	0.1	16.3	32.3	6.6
	其他	39.0	0.2	12.6	43.3	4.9
个人月收入	0~300 元	38.8	0.1	9.1	46.2	5.8
	301~900 元	36.3	0.1	13.3	45.1	5.2
	901~1700 元	43.9	0.1	13.2	37.0	5.8
	1701~2600 元	43.4	0.1	16.6	31.6	8.3
	2601~3500 元	42.0	0.2	18.8	31.3	7.7
	3501 元及以上	46.8	0.1	16.7	30.6	5.8

表 3.8.3　2016 年贵州市场各类频道在不同时段的市场占有率(%)

时间段	中央台频道	中国教育台频道	贵州省级频道	其他省级卫视频道	其他频道
02:00~03:00	47.4	0.1	4.5	44.7	3.3
03:00~04:00	50.6	0.4	4.4	41.5	3.1
04:00~05:00	43.8	0.1	5.1	45.1	5.9
05:00~06:00	43.6	0.0	5.6	47.4	3.4
06:00~07:00	52.8	0.2	7.8	35.7	3.5
07:00~08:00	62.3	0.1	6.5	27.0	4.1
08:00~09:00	56.6	0.1	6.1	32.3	4.9
09:00~10:00	50.7	0.1	5.7	37.9	5.6
10:00~11:00	48.0	0.1	6.4	39.0	6.5
11:00~12:00	47.9	0.1	6.0	39.1	6.9
12:00~13:00	49.8	0.2	4.4	39.5	6.1
13:00~14:00	48.8	0.2	3.8	41.1	6.1
14:00~15:00	44.6	0.2	3.9	45.2	6.1
15:00~16:00	43.2	0.2	4.0	46.2	6.4
16:00~17:00	45.9	0.2	4.9	42.3	6.7
17:00~18:00	48.6	0.2	11.1	34.0	6.1
18:00~19:00	42.8	0.2	29.1	20.8	7.1
19:00~20:00	42.7	0.1	20.0	32.0	5.2
20:00~21:00	32.0	0.1	14.9	47.6	5.4
21:00~22:00	33.8	0.1	12.1	47.7	6.3
22:00~23:00	35.7	0.1	10.2	45.3	8.7
23:00~24:00	37.4	0.1	7.7	43.6	11.2
24:00~25:00	40.2	0.1	5.2	44.4	10.1
25:00~26:00	45.5	0.1	5.0	40.2	9.2

表 3.8.4　2016 年贵州市场收视份额排名前十位的频道

名次	频道名称	收视份额(%)
1	湖南卫视	11.4
2	中央电视台综合频道	7.0
3	中央电视台少儿频道	6.5
4	中央台八套	6.1
5	中央台六套	5.8
6	贵州卫视	5.1
7	贵州广播电视台公共频道	4.5
8	浙江卫视	3.2
9	中央台三套	2.4
9	中央台十二套	2.4

表 3.8.5　2016 年贵州市场各主要频道的观众构成(%)

目标观众		所有频道	主要频道				
			湖南卫视	中央电视台综合频道	中央电视台少儿频道	中央台八套	中央台六套
4 岁及以上所有人		100.0	100.0	100.0	100.0	100.0	100.0
城乡	城市	36.4	27.9	42.1	23.0	36.5	34.8
	乡村	63.6	72.1	57.9	77.0	63.5	65.2
性别	男	50.3	42.2	52.3	49.2	45.5	54.9
	女	49.7	57.8	47.7	50.8	54.5	45.1
年龄	4~14 岁	19.8	28.4	11.7	57.1	13.0	21.3
	15~24 岁	11.4	18.5	9.6	6.3	7.3	12.6
	25~34 岁	11.2	11.6	10.0	12.3	8.1	11.7
	35~44 岁	18.4	22.6	15.0	8.7	23.6	25.4
	45~54 岁	13.5	8.0	14.1	5.1	16.8	14.3
	55~64 岁	13.0	5.4	17.7	7.5	14.1	8.2
	65 岁及以上	12.7	5.5	21.9	3.0	17.1	6.5
教育程度	未受过正规教育	8.6	6.2	9.4	20.9	6.4	7.5
	小学	35.9	42.2	29.3	49.6	31.6	40.4
	初中	37.5	37.8	37.2	22.8	42.8	39.3
	高中	13.4	11.5	17.9	4.5	12.2	9.9
	大学及以上	4.6	2.3	6.2	2.2	7.0	2.9
职业类别	干部/管理人员	1.4	1.0	1.9	0.2	2.6	0.5
	个体/私营企业人员	12.4	9.2	14.7	6.7	11.1	12.5
	初级公务员/雇员	4.5	2.8	4.9	1.5	5.6	4.6
	工人	5.6	5.0	5.6	3.8	4.7	6.4
	学生	21.0	35.2	12.4	40.6	13.8	25.4
	无业	22.5	12.8	31.4	25.6	24.2	15.5
	其他	32.6	34.0	29.1	21.6	38.0	35.1
个人月收入	0~300 元	40.7	53.5	30.5	70.9	31.4	43.0
	301~900 元	13.8	14.6	13.0	7.9	12.8	13.7
	901~1700 元	15.3	12.2	17.9	10.2	15.9	13.9
	1701~2600 元	14.4	9.9	18.3	5.2	19.8	12.9
	2601~3500 元	10.2	6.7	11.7	3.8	13.0	10.2
	3501 元及以上	5.6	3.1	8.6	2.0	7.1	6.3

表 3.8.6　2014~2016 年贵州市场各类节目的播出份额(%)和收视份额(%)

节目类型	2014 年		2015 年		2016 年	
	播出份额	收视份额	播出份额	收视份额	播出份额	收视份额
财经	1.5	0.4	1.8	0.3	1.3	0.4
电视剧	24.3	34.2	19.6	33.2	20.0	30.1
电影	4.0	4.0	3.8	4.0	3.8	5.3
法制	1.4	2.1	1.4	1.6	1.2	1.5
教学	0.3	0.1	0.2	0.0	0.2	0.0
青少	6.4	7.1	6.6	4.7	6.7	5.8
生活服务	13.9	9.1	9.8	9.1	9.2	8.7
体育	3.3	1.5	3.0	1.0	3.3	1.7
外语	0.0	0.0	0.0	0.0	0.0	0.0
戏剧	0.6	0.2	0.8	0.2	0.9	0.2
新闻/时事	9.9	11.7	14.4	13.8	14.4	13.9
音乐	2.6	1.0	2.6	0.9	2.0	1.1
专题	11.8	4.5	13.9	5.4	14.5	6.0
综艺	7.0	8.6	9.4	9.9	9.7	10.4
其他	13.1	15.6	12.8	15.8	12.8	14.9

表 3.8.7 2016 年贵州市场所有节目收视率排名前三十位

名次	节目名称	节目类型	播出频道	平均收视率（%）	平均占有率（%）
1	2016 中央电视台春节联欢晚会	综艺	中央电视台综合频道	11.0	43.5
2	神犬小七第二季	电视剧	湖南卫视	7.9	22.9
3	11th 中国金鹰电视艺术节互联盛典(10 月 15 日)	综艺	湖南卫视	7.7	22.0
4	美丽的秘密(19 ~ 37 集)	电视剧	湖南卫视	7.6	20.2
5	麻辣变形计	电视剧	湖南卫视	7.1	21.5
6	天天有喜之人间有爱	电视剧	湖南卫视	7.1	19.3
7	好好学习湖南省两学一做电视知识竞赛	专题	湖南卫视	6.6	19.0
8	11th 中国金鹰电视艺术节开幕式文艺晚会(10 月 14 日)	综艺	湖南卫视	6.5	20.0
9	亲爱的翻译官	电视剧	湖南卫视	6.2	18.4
10	亲爱的翻译官精典特辑	综艺	湖南卫视	6.2	17.2
11	武神赵子龙	电视剧	湖南卫视	6.2	17.0
12	快乐大本营	综艺	湖南卫视	6.1	20.0
13	妈妈的牵挂	专题	湖南卫视	6.1	14.7
14	我们来了	综艺	湖南卫视	5.9	19.8
15	2016 元宵喜乐会(2 月 22 日)	综艺	湖南卫视	5.8	18.1
16	中秋之夜	综艺	湖南卫视	5.7	19.7
17	文化中国四海同春 2016 全球华侨华人春节大联欢	综艺	湖南卫视	5.7	17.2
18	永远的誓言湖南省庆祝中国共产党成立 95 周年文艺晚会	综艺	湖南卫视	5.7	15.7
19	真正男子汉	综艺	湖南卫视	5.4	17.4
20	因为爱情有幸福	电视剧	湖南卫视	5.4	14.9
21	信念永恒庆祝中国共产党成立 95 周年音乐会	音乐	湖南卫视	5.4	13.7
22	解密	电视剧	湖南卫视	5.3	16.0
23	第十五届汉语桥世界大学生中文比赛	专题	湖南卫视	5.2	14.9
24	新闻联播	新闻/时事	中央电视台综合频道	5.1	19.8
25	蚂蚱	电视剧	贵州卫视	5.0	12.7
26	我是歌手第一场补位淘汰赛(2 月 12 日)	综艺	湖南卫视	4.9	21.8
27	小丈夫	电视剧	湖南卫视	4.9	13.6
28	放弃我抓紧我	电视剧	湖南卫视	4.8	14.3
29	麻雀	电视剧	湖南卫视	4.7	14.3
30	开创中国特色大国外交新局面习近平主席 2015 年出访实录	专题	中央电视台综合频道	4.5	12.7

表 3.8.8　2016 年贵州市场电视剧收视率排名前十位

名次	节目名称	播出频道	平均收视率(%)	平均占有率(%)
1	神犬小七第二季	湖南卫视	7.9	22.9
2	美丽的秘密(19~37 集)	湖南卫视	7.6	20.2
3	麻辣变形计	湖南卫视	7.1	21.5
4	天天有喜之人间有爱	湖南卫视	7.1	19.3
5	亲爱的翻译官	湖南卫视	6.2	18.4
6	武神赵子龙	湖南卫视	6.2	17.0
7	因为爱情有幸福	湖南卫视	5.4	14.9
8	解密	湖南卫视	5.3	16.0
9	蚂蚱	贵州卫视	5.0	12.7
10	小丈夫	湖南卫视	4.9	13.6

表 3.8.9　2016 年贵州市场新闻节目收视率排名前十位

名次	节目名称	播出频道	平均收视率(%)	平均占有率(%)
1	新闻联播	中央电视台综合频道	5.1	19.8
2	焦点访谈	中央电视台综合频道	3.5	10.2
3	2016 一年又一年	中央电视台综合频道	3.4	22.9
4	百姓关注	贵州广播电视台公共频道	2.6	10.3
5	李克强总理会见中外记者并回答提问	中央电视台综合频道	2.5	6.8
6	贵州新闻联播	贵州卫视	2.2	12.7
7	转播中央台新闻联播	贵州卫视	2.0	7.9
8	G20 2016CHINA 二十国集团领导人杭州峰会特别报道	中央电视台综合频道	1.5	4.3
9	新闻今日谈	贵州广播电视台公共频道	1.4	3.7
10	强寒潮来袭	浙江卫视	1.1	3.5

表 3.8.10　2016 年贵州市场专题节目收视率排名前十位

名次	节目名称	播出频道	平均收视率(%)	平均占有率(%)
1	好好学习湖南省两学一做电视知识竞赛	湖南卫视	6.6	19.0
2	妈妈的牵挂	湖南卫视	6.1	14.7
3	第十五届汉语桥世界大学生中文比赛	湖南卫视	5.2	14.9
4	开创中国特色大国外交新局面习近平主席 2015 年出访实录	中央电视台综合频道	4.5	12.7
5	治国理政新征程系列特别报道	中央电视台综合频道	4.5	11.6
6	感动中国 2015 年度人物颁奖盛典	中央电视台综合频道	3.1	9.2
7	人权卫士的人权纪录(4 月 14 日)	中央电视台综合频道	2.7	6.7
8	筑梦路上 1921~2016	中央电视台综合频道	2.5	6.4
9	废奴(3 月 28 日)	中央电视台综合频道	2.4	6.1
10	传承	中央电视台少儿频道	2.2	6.0

表 3.8.11 2016 年贵州市场综艺节目收视率排名前十位

名次	节目名称	播出频道	平均收视率（%）	平均占有率（%）
1	2016 中央电视台春节联欢晚会	中央电视台综合频道	11.0	43.5
2	11th 中国金鹰电视艺术节互联盛典(10 月 15 日)	湖南卫视	7.7	22.0
3	11th 中国金鹰电视艺术节开幕式文艺晚会(10 月 14 日)	湖南卫视	6.5	20.0
4	亲爱的翻译官精典特辑	湖南卫视	6.2	17.2
5	快乐大本营	湖南卫视	6.1	20.0
6	我们来了	湖南卫视	5.9	19.8
7	2016 元宵喜乐会(2 月 22 日)	湖南卫视	5.8	18.1
8	中秋之夜	湖南卫视	5.7	19.7
9	文化中国四海同春 2016 全球华侨华人春节大联欢	湖南卫视	5.7	17.2
10	永远的誓言湖南省庆祝中国共产党成立 95 周年文艺晚会	湖南卫视	5.7	15.7

表 3.8.12 2016 年贵州市场体育类节目收视率排名前十位

名次	节目名称	播出频道	平均收视率（%）	平均占有率（%）
1	奥林匹克在里约:2016 年第 31 届奥运会女子 200 米混合泳决赛	中央台五套	3.1	8.2
2	奥林匹克在里约:2016 年第 31 届奥运会乒乓球女单半决赛	中央台五套	2.7	12.5
3	奥林匹克在里约:2016 年第 31 届奥运会羽毛球女单半决赛	中央台五套	2.5	6.9
4	奥林匹克在里约:2016 年第 31 届奥运会体操女子团体决赛	中央台五套	2.3	5.9
5	奥林匹克在里约:2016 年第 31 届奥运会男子跳远决赛	中央台五套	2.2	5.1
6	奥林匹克在里约:2016 年第 31 届奥运会场地自行车女子团体竞速赛	中央台五套	2.0	5.8
7	奥林匹克在里约:2016 年第 31 届奥运会女排小组赛 B 组第四轮(中国 VS 塞尔维亚)	中央台五套	1.9	6.1
8	奥林匹克在里约:2016 年第 31 届奥运会女子单人艇 1/4 决赛	中央台五套	1.8	6.6
9	奥运典藏:2016 年第 31 届奥运会女子双人 10 米跳台决赛	中央台五套	1.6	11.9
10	奥运典藏:2016 年第 31 届奥运会女子举重 63 公斤级决赛	中央台五套	1.6	10.0

九、海南收视数据

表 3.9.1　2012~2016 年海南市场各类频道的市场占有率(%)

频道类别	年份				
	2012 年	2013 年	2014 年	2015 年	2016 年
中央台频道	33.2	33.0	33.0	31.8	35.6
中国教育台频道	0.7	0.7	0.7	0.5	0.4
海南省级频道	30.0	26.3	22.2	23.3	20.7
其他省级卫视频道	20.7	24.2	26.9	28.7	28.0
其他频道	15.4	15.8	17.2	15.7	15.3

表 3.9.2　2016 年海南市场各类频道在不同目标观众中的市场占有率(%)

目标观众		中央台频道	中国教育台频道	海南省级频道	其他省级卫视频道	其他频道
4 岁及以上所有人		35.6	0.4	20.7	28.0	15.3
城乡	城市	34.3	0.3	17.9	32.0	15.5
	农村	36.4	0.4	22.2	25.7	15.3
性别	男	37.5	0.4	21.3	25.2	15.6
	女	33.4	0.4	20.0	31.3	14.9
年龄	4~14 岁	29.3	0.3	18.5	39.3	12.6
	15~24 岁	30.1	0.4	18.5	34.7	16.3
	25~34 岁	31.6	0.3	18.0	33.4	16.7
	35~44 岁	36.1	0.4	18.3	28.4	16.8
	45~54 岁	39.2	0.4	22.4	21.9	16.1
	55~64 岁	42.8	0.4	27.4	15.4	14.0
	65 岁及以上	41.8	0.4	22.6	19.4	15.8
教育程度	未受过正规教育	30.1	0.3	22.7	33.0	13.9
	小学	30.4	0.4	21.5	32.1	15.6
	初中	34.0	0.4	21.9	27.8	15.9
	高中	47.7	0.2	15.5	22.5	14.1
	大学及以上	50.3	0.5	16.0	17.7	15.5
职业类别	干部/管理人员	32.0	0.5	14.3	34.3	18.9
	个体/私营企业人员	37.7	0.5	19.1	27.4	15.3
	初级公务员/雇员	48.8	0.5	17.3	21.6	11.8
	工人	32.9	0.4	19.2	26.6	20.9
	学生	29.4	0.4	16.9	41.0	12.3
	无业	36.6	0.3	18.3	28.3	16.5
	其他	34.9	0.4	26.0	23.6	15.1
个人月收入	0~300 元	30.4	0.4	18.6	35.0	15.6
	301~900 元	32.0	0.3	32.5	20.1	15.1
	901~1700 元	35.8	0.4	21.0	27.0	15.8
	1701~2600 元	40.0	0.4	18.2	26.3	15.1
	2601~3500 元	41.9	0.6	19.4	21.4	16.7
	3501 元及以上	54.4	0.1	12.7	20.6	12.2

表 3.9.3 2016 年海南市场各类频道在不同时段的市场占有率(%)

时间段	中央台频道	中国教育台频道	海南省级频道	其他省级卫视频道	其他频道
02:00~03:00	25.4	0.4	5.3	40.3	28.6
03:00~04:00	25.6	0.5	7.6	39.7	26.6
04:00~05:00	29.3	0.5	7.7	34.9	27.6
05:00~06:00	33.2	0.8	12.4	26.8	26.8
06:00~07:00	49.3	0.3	11.9	18.8	19.7
07:00~08:00	50.0	0.7	12.0	20.2	17.1
08:00~09:00	40.5	0.7	14.9	29.5	14.4
09:00~10:00	37.0	0.7	14.2	32.6	15.5
10:00~11:00	37.0	0.7	14.4	31.6	16.3
11:00~12:00	42.0	0.4	11.1	32.7	13.8
12:00~13:00	46.1	0.2	11.3	28.4	14.0
13:00~14:00	38.2	0.4	14.0	32.0	15.4
14:00~15:00	36.7	0.6	12.5	34.0	16.2
15:00~16:00	36.0	0.9	10.9	36.1	16.1
16:00~17:00	35.3	0.8	11.8	36.9	15.2
17:00~18:00	37.9	0.5	15.4	31.7	14.5
18:00~19:00	36.1	0.2	34.1	14.3	15.3
19:00~20:00	38.3	0.3	32.1	15.8	13.5
20:00~21:00	31.1	0.3	27.0	27.1	14.5
21:00~22:00	31.7	0.3	24.0	28.7	15.3
22:00~23:00	32.6	0.2	21.7	30.9	14.6
23:00~24:00	32.0	0.1	18.6	32.6	16.7
24:00~25:00	32.0	0.5	12.3	32.7	22.5
25:00~26:00	29.5	0.8	4.1	38.4	27.2

表 3.9.4 2016 年海南市场收视份额排名前十位的频道

名次	频道名称	收视份额(%)
1	海南广播电视总台综合频道	10.9
2	湖南卫视	7.4
3	中央台八套	6.5
4	中央电视台少儿频道	4.5
5	中央电视台综合频道	4.4
6	中央台三套	4.1
7	海南广播电视总台公共频道	3.5
8	中央台六套	3.3
9	中央台四套	3.2
10	中央台五套	3.1

表 3.9.5 2016 年海南市场各主要频道的观众构成(%)

目标观众		所有频道	主要频道				
			海南广播电视总台综合频道	湖南卫视	中央台八套	中央电视台少儿频道	中央电视台综合频道
4 岁及以上所有人		100.0	100.0	100.0	100.0	100.0	100.0
城乡	城市	35.9	27.5	30.9	31.4	31.3	34.3
	农村	64.1	72.5	69.1	68.6	68.7	65.7
性别	男	54.6	56.1	40.6	46.9	51.7	60.8
	女	45.4	43.9	59.4	53.1	48.3	39.2
年龄	4~14 岁	19.7	12.5	36.5	10.2	51.8	12.5
	15~24 岁	8.9	7.5	12.2	8.2	4.9	6.6
	25~34 岁	14.3	9.2	17.7	12.2	16.5	8.7
	35~44 岁	14.9	10.6	14.2	16.5	8.7	10.4
	45~54 岁	18.6	23.2	8.8	20.6	7.8	23.2
	55~64 岁	11.9	20.8	3.0	16.8	4.2	20.0
	65 岁及以上	11.7	16.1	7.7	15.6	6.1	18.6
教育程度	未受过正规教育	10.0	10.9	12.7	6.9	26.0	6.6
	小学	21.7	21.6	31.4	21.1	32.9	15.8
	初中	48.6	52.0	47.2	44.8	31.8	39.2
	高中	14.4	10.7	7.3	20.6	7.1	25.0
	大学及以上	5.2	4.8	1.4	6.6	2.3	13.5
职业类别	干部/管理人员	0.4	0.2	0.2	0.3	0.4	0.3
	个体/私营企业人员	8.3	7.7	7.5	8.5	4.3	11.0
	初级公务员/雇员	7.4	5.7	3.8	11.2	3.8	15.1
	工人	7.8	5.7	6.3	6.7	4.4	6.5
	学生	14.9	7.7	31.5	10.2	29.3	10.0
	无业	28.2	24.0	24.2	27.4	36.8	32.2
	其他	32.9	49.0	26.5	35.7	21.1	24.8
个人月收入	0~300 元	36.2	27.0	55.0	29.1	64.2	22.3
	301~900 元	13.9	30.5	7.8	11.2	9.5	13.9
	901~1700 元	21.1	20.1	18.0	27.4	9.9	17.7
	1701~2600 元	14.3	10.7	12.4	16.9	9.6	14.2
	2601~3500 元	8.1	8.2	3.9	8.2	4.0	16.8
	3501 元及以上	6.3	3.5	2.9	7.2	2.8	15.2

表 3.9.6 2014~2016 年海南市场各类节目的播出份额(%)和收视份额(%)

节目类别	2014 年		2015 年		2016 年	
	播出份额	收视份额	播出份额	收视份额	播出份额	收视份额
财经	1.8	0.5	1.8	0.7	1.4	0.5
电视剧	20.6	39.6	20.6	40.4	21.3	37.3
电影	4.7	6.0	4.8	6.8	4.7	7.0
法制	1.0	0.5	0.9	0.3	0.8	0.3
教学	0.2	0.0	0.2	0.0	0.2	0.0
青少	7.3	7.5	7.0	7.2	7.2	8.7
生活服务	10.0	5.9	8.9	6.3	8.4	6.0
体育	3.1	2.1	2.9	2.2	3.2	3.1
外语	0.0	0.0	0.0	0.0	0.0	0.0
戏剧	0.7	0.1	0.8	0.0	0.9	0.1
新闻/时事	14.9	10.3	15.0	8.6	14.9	9.0
音乐	2.6	0.5	2.6	0.8	2.0	0.8
专题	12.0	5.8	13.4	5.8	14.0	5.7
综艺	8.8	11.1	8.9	11.6	9.3	12.0
其他	12.3	10.1	12.2	9.3	11.7	9.5

表 3.9.7 2016 年海南市场所有节目收视率排名前三十位

名次	节目名称	节目类型	播出频道	平均收视率（%）	平均占有率（%）
1	奥林匹克在里约：2016 年第 31 届奥运会女排小组赛 B 组第四轮	体育	中央台五套	8.7	25.9
2	奥林匹克在里约：2016 年第 31 届奥运会羽毛球男单决赛	体育	中央台五套	8.6	30.8
3	美丽的秘密	电视剧	湖南卫视	7.9	24.6
4	黑狐之风影	电视剧	海南广播电视总台综合频道	7.7	27.1
5	新猛龙过江	电视剧	海南广播电视总台综合频道	7.3	22.3
6	奥林匹克在里约：2016 年第 31 届奥运会游泳男子 200 米蝶泳决赛	体育	中央台五套	7.0	22.1
7	奥林匹克在里约：2016 年第 31 届奥运会乒乓球男单半决赛	体育	中央台五套	6.7	26.0
8	独立纵队二	电视剧	海南广播电视总台综合频道	6.7	21.0
9	弹道英雄	电视剧	海南广播电视总台综合频道	6.6	23.4
10	铁血战士	电视剧	海南广播电视总台综合频道	6.6	23.3
11	热血共赴国难	电视剧	海南广播电视总台综合频道	6.6	23.2
12	绝命刀	电视剧	海南广播电视总台综合频道	6.5	24.3
13	飞虎队	电视剧	海南广播电视总台综合频道	6.4	20.7
14	猎杀	电视剧	海南广播电视总台综合频道	6.1	20.8
15	生死黎平	电视剧	海南广播电视总台综合频道	5.9	22.5
16	战鹰	电视剧	海南广播电视总台综合频道	5.8	21.7
17	奥林匹克在里约：2016 年第 31 届奥运会女子 100 米预赛第 2 组	体育	中央台五套	5.7	19.5
18	手枪队	电视剧	海南广播电视总台综合频道	5.6	23.8
19	奥林匹克在里约：2016 年第 31 届奥运会体操女子团体决赛	体育	中央台五套	5.5	18.4
20	奥林匹克在里约 颁奖仪式	体育	中央台五套	5.3	25.6
21	不可能完成的任务	电视剧	海南广播电视总台综合频道	5.2	18.3
22	奥林匹克在里约：2016 年第 31 届奥运会男子举重 56 公斤级决赛	体育	中央台五套	5.1	22.8
23	潜行者	电视剧	海南广播电视总台综合频道	5.1	19.4
24	红色追剿	电视剧	海南广播电视总台综合频道	5.1	17.2
25	天天有喜之人间有爱	电视剧	湖南卫视	5.1	16.3
26	复仇	电视剧	海南广播电视总台综合频道	4.9	19.7
27	玉海棠	电视剧	海南广播电视总台综合频道	4.9	19.4
28	我的铁血金戈梦	电视剧	海南广播电视总台综合频道	4.9	16.8
29	新京华烟云	电视剧	海南广播电视总台综合频道	4.9	16.7
30	奥林匹克在里约：2016 年第 31 届奥运会男篮小组赛（委内瑞拉队 VS 中国队）	体育	中央台五套	4.9	15.8

表 3.9.8　2016 年海南市场电视剧收视率排名前十位

名次	节目名称	播出频道	平均收视率(%)	平均占有率(%)
1	美丽的秘密	湖南卫视	7.9	24.6
2	黑狐之风影	海南广播电视总台综合频道	7.7	27.1
3	新猛龙过江	海南广播电视总台综合频道	7.3	22.3
4	独立纵队二	海南广播电视总台综合频道	6.7	21.0
5	弹道英雄	海南广播电视总台综合频道	6.6	23.4
6	铁血战士	海南广播电视总台综合频道	6.6	23.3
7	热血共赴国难	海南广播电视总台综合频道	6.6	23.2
8	绝命刀	海南广播电视总台综合频道	6.5	24.3
9	飞虎队	海南广播电视总台综合频道	6.4	20.7
10	猎杀	海南广播电视总台综合频道	6.1	20.8

表 3.9.9　2016 年海南市场新闻节目收视率排名前十位

名次	节目名称	播出频道	平均收视率(%)	平均占有率(%)
1	转播中央台新闻联播	海南广播电视总台综合频道	4.5	18.5
2	直播海南	海南广播电视总台综合频道	2.4	20.5
3	我爱海口	海南广播电视总台综合频道	1.4	6.4
4	新闻联播	中央电视台综合频道	1.2	6.2
5	海峡两岸	中央台四套	1.1	3.6
6	中国舆论场	中央台四套	1.0	4.0
7	今日亚洲	中央台四套	1.0	3.9
8	直击银河海南广电全媒体特别报道	海南广播电视总台新闻频道	0.9	4.4
9	今日关注	中央台四套	0.9	3.6
9	焦点访谈	中央电视台综合频道	0.9	3.6

表 3.9.10　2016 年海南市场专题节目收视率排名前十位

名次	节目名称	播出频道	平均收视率(%)	平均占有率(%)
1	2016 海南冬交会最受欢迎十大品牌农产品评选颁奖盛典	海南广播电视总台综合频道	3.1	14.3
2	绿色农业进行时	海南广播电视总台综合频道	2.6	15.1
3	脱贫致富电视夜校	海南广播电视总台综合频道	2.3	7.9
4	有味海南话越说越有味总决赛	海南广播电视总台综合频道	2.2	8.8
5	开创中国特色大国外交新局面习近平主席 2015 年出访实录	中央电视台综合频道	1.9	6.6
6	一年级大学季	湖南卫视	1.6	12.8
7	国际旅游岛农情	海南广播电视总台综合频道	1.6	5.4
8	好好学习湖南省两学一做电视知识竞赛	湖南卫视	1.6	4.4
9	中菲南海争议	中央台四套	1.5	7.8
10	寻情记	海南广播电视总台公共频道	1.4	7.0

表 3.9.11　2016 年海南市场综艺节目收视率排名前十位

名次	节目名称	播出频道	平均收视率(%)	平均占有率(%)
1	第五届海南广电观众节颁奖典礼暨闭幕式	海南广播电视总台综合频道	4.3	12.4
2	海南环岛高铁建成开通暨跨年迎新慰问演出圆梦	海南广播电视总台综合频道	4.1	11.7
2	全员加速中(1 月 1 日)	湖南卫视	4.1	11.7
4	亲爱的翻译官精典特辑	湖南卫视	3.9	16.8
5	多彩多情万福万宁 2016 万宁市迎春文艺晚会	海南广播电视总台综合频道	3.8	11.6
6	黄金 100 秒(3 月 13 日)	中央台三套	3.4	12.9
7	中国新歌声总决赛荣耀对决	浙江卫视	3.3	17.4
8	我想和你唱(5 月 28 日)	湖南卫视	3.1	18.9
9	越战越勇(4 月 22 日)	中央台三套	3.1	10.4
10	出彩中国人(6 月 30 日)	中央台三套	2.9	16.8

表 3.9.12　2016 年海南市场体育节目收视率排名前十位

名次	节目名称	播出频道	平均收视率(%)	平均占有率(%)
1	奥林匹克在里约:2016 年第 31 届奥运会女排小组赛 B 组第四轮	中央台五套	8.7	25.9
2	奥林匹克在里约:2016 年第 31 届奥运会羽毛球男单决赛	中央台五套	8.6	30.8
3	奥林匹克在里约:2016 年第 31 届奥运会游泳男子 200 米蝶泳决赛	中央台五套	7.0	22.1
4	奥林匹克在里约:2016 年第 31 届奥运会乒乓球男单半决赛	中央台五套	6.7	26.0
5	奥运典藏:2016 年第 31 届奥运会女子举重 63 公斤级决赛	中央台五套	6.3	21.0
6	奥林匹克在里约:2016 年第 31 届奥运会女子 100 米预赛第 2 组	中央台五套	5.7	19.5
7	奥林匹克在里约:2016 年第 31 届奥运会体操女子团体决赛	中央台五套	5.5	18.4
8	奥林匹克在里约 颁奖仪式	中央台五套	5.3	25.6
9	奥林匹克在里约:2016 年第 31 届奥运会男篮小组赛(委内瑞拉队 VS 中国队)	中央台五套	4.9	15.8
10	奥林匹克在里约:2016 年第 31 届奥运会场地自行车女子团体竞速赛	中央台五套	4.8	16.0

十、河北收视数据

表 3.10.1　2012～2016 年河北市场各类频道的市场占有率(%)

频道类别	年份				
	2012 年	2013 年	2014 年	2015 年	2016 年
中央台频道	27.2	29.3	31.8	33.4	37.4
中国教育台频道	0.5	0.5	0.3	0.2	0.2
河北省级频道	30.2	29.9	29.8	27.6	22.8
其他省级卫视频道	28.9	29.0	29.3	29.3	27.8
其他频道	13.2	11.3	8.8	9.5	11.8

表 3.10.2　2016 年河北市场各类频道在不同目标观众中的市场占有率(%)

目标观众		中央电视台频道	中国教育电视台频道	河北省级频道	其他省级卫视频道	其他频道
4 岁及以上所有人		37.4	0.2	22.8	27.8	11.8
城乡	城市	43.7	0.1	17.4	28.4	10.4
	农村	35.9	0.2	24.1	27.7	12.1
性别	男	39.8	0.2	21.9	26.6	11.5
	女	35.1	0.1	23.7	28.9	12.2
年龄	4～14 岁	30.2	0.1	16.8	40.1	12.8
	15～24 岁	30.4	0.2	19.2	38.8	11.4
	25～34 岁	31.2	0.2	14.6	35.8	18.2
	35～44 岁	35.1	0.3	24.4	28.0	12.2
	45～54 岁	38.4	0.2	22.2	27.2	12.0
	55～64 岁	42.6	0.1	27.9	20.8	8.6
	65 岁及以上	43.9	0.1	27.4	17.8	10.8
教育程度	未受过正规教育	33.6	0.1	22.2	29.6	14.5
	小学	34.1	0.2	28.5	25.1	12.1
	初中	35.7	0.2	22.6	29.6	11.9
	高中	44.1	0.1	19.4	25.9	10.5
	大学及以上	43.9	0.1	12.3	32.2	11.5
职业类别	干部/管理人员	51.0	0.2	17.3	21.2	10.3
	个体/私营企业人员	39.6	0.1	23.2	23.4	13.7
	初级公务员/雇员	40.9	0.0	21.8	26.8	10.5
	工人	36.9	0.2	21.2	29.8	11.9
	学生	30.3	0.1	19.8	38.4	11.4
	无业	41.9	0.1	21.0	26.8	10.2
	其他	32.6	0.3	26.6	27.2	13.3
个人月收入	0～300 元	32.5	0.1	22.6	32.2	12.6
	301～900 元	30.1	0.1	33.2	21.2	15.4
	901～1700 元	37.9	0.3	22.8	30.1	8.9
	1701～2600 元	47.9	0.1	19.4	22.0	10.6
	2601～3500 元	41.4	0.1	21.2	27.4	9.9
	3501 元及以上	35.3	0.2	17.0	30.7	16.8

表 3.10.3 2016 年河北市场各类频道在不同时段的市场占有率(%)

时间段	中央台频道	中国教育台频道	河北省级频道	其他省级卫视频道	其他频道
02:00~03:00	32.9	0.2	12.0	35.4	19.5
03:00~04:00	31.6	0.5	12.2	36.7	19.0
04:00~05:00	34.8	0.4	13.4	34.9	16.5
05:00~06:00	37.9	0.5	15.4	34.4	11.8
06:00~07:00	46.1	0.2	12.8	30.2	10.7
07:00~08:00	47.2	0.2	15.4	27.7	9.5
08:00~09:00	47.8	0.2	11.1	30.3	10.6
09:00~10:00	39.1	0.3	14.3	34.0	12.3
10:00~11:00	37.8	0.3	14.3	34.5	13.1
11:00~12:00	41.0	0.1	16.2	31.3	11.4
12:00~13:00	32.3	0.1	35.3	23.1	9.2
13:00~14:00	35.5	0.2	18.2	31.6	14.5
14:00~15:00	36.7	0.2	12.3	37.3	13.5
15:00~16:00	36.1	0.4	12.1	38.4	13.0
16:00~17:00	35.5	0.3	12.5	39.0	12.7
17:00~18:00	39.0	0.1	14.8	33.7	12.4
18:00~19:00	42.4	0.1	29.6	15.2	12.7
19:00~20:00	41.4	0.1	29.7	16.8	12.0
20:00~21:00	32.6	0.1	29.2	27.3	10.8
21:00~22:00	34.5	0.2	27.0	27.4	10.9
22:00~23:00	32.0	0.1	24.2	31.0	12.7
23:00~24:00	37.5	0.1	17.7	32.4	12.3
24:00~25:00	41.2	0.2	13.7	30.3	14.6
25:00~26:00	37.7	0.5	12.9	30.4	18.5

表 3.10.4 2016 年河北市场收视份额排名前十位的频道

名次	频道名称	收视份额(%)
1	河北广播电视台经济生活频道	7.2
2	河北广播电视台农民频道	6.7
3	中央电视台综合频道	5.5
4	中央台四套	4.9
5	河北广播电视台卫视频道	4.8
6	中央台三套	4.2
7	中央台八套	3.7
8	湖南卫视	3.2
9	中央电视台少儿频道	2.9
10	中央电视台新闻频道	2.7

表 3.10.5　2016 年河北市场各主要频道的观众构成(%)

目标观众		所有频道	主要频道				
			河北广播电视台经济生活频道	河北广播电视台农民频道	中央电视台综合频道	中央台四套	河北广播电视台卫视频道
4 岁及以上所有人		100.0	100.0	100.0	100.0	100.0	100.0
城乡	城市	18.7	12.1	13.9	20.2	19.6	11.0
	农村	81.3	87.9	86.1	79.8	80.4	89.0
性别	男	48.3	44.9	44.1	45.9	62.1	45.9
	女	51.7	55.1	55.9	54.1	37.9	54.1
年龄	4～14 岁	12.4	10.2	7.3	11.7	6.1	7.9
	15～24 岁	7.4	4.9	5.9	5.0	3.2	7.3
	25～34 岁	10.2	7.7	5.1	8.9	4.1	6.0
	35～44 岁	14.0	14.5	12.3	11.8	7.2	16.6
	45～54 岁	20.1	17.5	18.9	13.6	21.4	21.9
	55～64 岁	17.3	24.9	24.5	22.2	23.5	14.1
	65 岁及以上	18.6	20.3	26.0	26.8	34.5	26.2
教育程度	未受过正规教育	7.6	10.4	6.3	8.6	4.3	5.5
	小学	27.8	33.6	38.9	25.4	23.5	33.6
	初中	37.4	36.2	36.0	28.2	34.2	41.7
	高中	20.1	16.6	15.3	26.5	29.8	15.2
	大学及以上	7.1	3.2	3.5	11.3	8.2	4.0
职业类别	干部/管理人员	2.5	1.5	1.6	3.8	4.7	1.3
	个体/私营企业人员	13.0	12.6	16.2	11.0	12.9	9.7
	初级公务员/雇员	8.8	9.9	7.5	11.7	8.7	6.8
	工人	5.4	3.5	6.4	4.9	2.7	4.7
	学生	11.2	9.3	8.1	10.6	5.8	9.4
	无业	29.2	27.2	28.8	36.5	44.2	25.9
	其他	29.9	36.0	31.4	21.5	21.0	42.2
个人月收入	0～300 元	33.9	30.5	35.5	31.6	24.8	35.5
	301～900 元	12.3	20.8	18.5	9.7	9.2	19.6
	901～1700 元	18.1	18.7	18.1	14.6	14.2	18.7
	1701～2600 元	21.3	19.1	15.5	28.4	40.4	13.5
	2601～3500 元	8.6	7.8	8.7	10.6	7.1	7.3
	3501 元及以上	5.8	3.1	3.7	5.1	4.3	5.4

表 3.10.6　2014～2016 年河北市场各类节目的播出份额(%)和收视份额(%)

节目类别	2014 年		2015 年		2016 年	
	播出份额	收视份额	播出份额	收视份额	播出份额	收视份额
财经	1.6	0.5	1.6	0.7	1.3	0.6
电视剧	28.0	37.0	27.3	34.9	22.3	32.2
电影	3.9	3.7	4.4	4.1	4.1	4.1
法制	1.3	2.4	1.2	2.2	0.8	1.0
教学	0.3	0.1	0.2	0.1	0.3	0.0
青少	7.1	8.5	6.3	6.8	6.8	6.1
生活服务	13.4	6.6	10.4	6.5	8.6	6.8
体育	3.6	1.4	3.1	1.4	3.5	2.0
外语	0.0	0.0	0.0	0.0	0.0	0.0
戏剧	0.6	0.4	0.8	0.5	0.9	0.9
新闻/时事	9.7	9.2	10.3	9.7	14.5	12.2
音乐	1.4	0.9	2.7	1.3	1.9	1.2
专题	11.9	7.0	13.1	7.7	13.8	7.7
综艺	7.1	12.1	7.6	14.3	9.5	15.3
其他	10.1	10.2	11.0	9.9	11.7	9.9

表 3.10.7　2016 年河北市场所有节目收视率排名前三十位

名次	节目名称	节目类型	播出频道	平均收视率（%）	平均占有率（%）
1	2016 中央电视台春节联欢晚会	综艺	中央电视台综合频道	10.6	23.3
2	铁血战狼	电视剧	河北广播电视台经济生活频道	5.4	14.3
3	天气预报	生活服务	中央电视台新闻频道	4.8	15.7
4	铁血尖兵	电视剧	河北广播电视台经济生活频道	4.5	13.0
5	铁血津门	电视剧	河北广播电视台经济生活频道	4.5	12.2
6	我叫刘传说	电视剧	河北广播电视台经济生活频道	4.4	13.7
7	乡村情感之女怕嫁错郎	电视剧	河北广播电视台经济生活频道	4.4	13.2
7	绝密 701	电视剧	河北广播电视台经济生活频道	4.4	13.2
9	决杀	电视剧	河北广播电视台经济生活频道	4.3	11.2
10	蜂鸟	电视剧	河北广播电视台经济生活频道	4.2	13.8
11	风云上海滩	电视剧	河北广播电视台经济生活频道	4.2	13.1
12	决战松花江	电视剧	河北广播电视台经济生活频道	4.1	15.0
13	芈月传	电视剧	北京卫视	4.1	10.1
14	2016 中央电视台元宵晚会	综艺	中央台三套	4.0	13.2
15	军刺之终极任务	电视剧	河北广播电视台经济生活频道	3.9	14.2
16	2016 辽宁卫视春节联欢晚会万家灯火幸福年	综艺	辽宁卫视	3.9	11.7
17	丁门女将	电视剧	河北广播电视台农民频道	3.9	10.2
18	两个孩子两个妈	电视剧	河北广播电视台农民频道	3.8	9.7
19	女子特战队	电视剧	河北广播电视台经济生活频道	3.7	11.7
20	搭错车	电视剧	河北广播电视台农民频道	3.7	9.6
21	2016 元宵喜乐会	综艺	湖南卫视	3.6	11.8
22	武神赵子龙	电视剧	河北广播电视台卫视频道	3.6	10.4
23	大兵小将	综艺	河北广播电视台经济生活频道	3.5	11.4
24	百姓大舞台太行山的红苹果李保国事迹群众歌曲汇演	综艺	河北广播电视台经济生活频道	3.5	10.4
25	喋血江城	电视剧	河北广播电视台经济生活频道	3.4	13.1
26	阳光女人之三妹	电视剧	河北广播电视台农民频道	3.4	11.2
27	无名者	电视剧	河北广播电视台经济生活频道	3.4	11.1
28	奥林匹克在里约：2016 年第 31 届奥运会乒乓球男单半决赛	体育	中央台五套	3.3	13.9
29	2016 一年又一年	新闻/时事	中央电视台综合频道	3.3	11.1
30	殊死较量	电视剧	河北广播电视台经济生活频道	3.3	10.6

表 3.10.8　2016 年河北市场电视剧收视率排名前十位

名次	节目名称	播出频道	平均收视率（%）	平均占有率（%）
1	铁血战狼	河北广播电视台经济生活频道	5.4	14.3
2	铁血尖兵	河北广播电视台经济生活频道	4.5	13.0
3	铁血津门	河北广播电视台经济生活频道	4.5	12.2
4	我叫刘传说	河北广播电视台经济生活频道	4.4	13.7
5	乡村情感之女怕嫁错郎	河北广播电视台经济生活频道	4.4	13.2
5	绝密 701	河北广播电视台经济生活频道	4.4	13.2
7	决杀	河北广播电视台经济生活频道	4.3	11.2
8	蜂鸟	河北广播电视台经济生活频道	4.2	13.8
9	风云上海滩	河北广播电视台经济生活频道	4.2	13.1
10	决战松花江	河北广播电视台经济生活频道	4.1	15.0

表 3.10.9　2016 年河北市场新闻节目收视率排名前十位

名次	节目名称	播出频道	平均收视率（%）	平均占有率（%）
1	2016 一年又一年	中央电视台综合频道	3.3	11.1
2	转播中央台新闻联播	河北广播电视台经济生活频道	2.8	8.0
3	今日资讯	河北广播电视台经济生活频道	2.5	13.0
4	万众一心重建家园	河北广播电视台农民频道	2.2	7.6
5	海峡两岸	中央台四套	2.1	5.9
6	中国舆论场	中央台四套	1.9	5.9
7	省第九次党代会特别报道	河北广播电视台卫视频道	1.9	5.5
8	河北新闻联播	河北广播电视台卫视频道	1.7	7.7
9	今日关注	中央台四套	1.7	6.5
10	G20 2016CHINA 二十国集团领导人杭州峰会特别报道	中央台四套	1.7	6.2

表 3.10.10　2016 年河北市场专题节目收视率排名前十位

名次	节目名称	播出频道	平均收视率（%）	平均占有率（%）
1	中国诗词大会(4 月 15 日)	中央电视台综合频道	2.8	7.8
2	中华好家风	河北广播电视台农民频道	2.5	9.6
3	中国成语大会 2015 决赛第二场	中央电视台综合频道	2.2	10.2
4	等着我	河北广播电视台经济生活频道	2.0	14.3
5	非常帮助	河北广播电视台农民频道	1.8	8.9
6	中菲南海争议	中央电视台新闻频道	1.7	4.7
7	315 共筑消费新生态	中央台二套	1.5	5.7
8	胜利大阅兵	中央台六套	1.5	5.4
9	京畿福地乐享河北 2016 首届河北省旅游产业发展大会特别节目	河北广播电视台卫视频道	1.5	4.6
10	寻找最美医生大型公益活动颁奖典礼	中央电视台综合频道	1.5	4.4

表 3.10.11 2016 年河北市场综艺节目收视率排名前十位

名次	节目名称	播出频道	平均收视率(%)	平均占有率(%)
1	2016 中央电视台春节联欢晚会	中央电视台综合频道	10.6	23.3
2	2016 中央电视台元宵晚会	中央台三套	7.1	18.7
3	2016 辽宁卫视春节联欢晚会万家灯火幸福年	辽宁卫视	4.6	13.8
4	2016 元宵喜乐会	湖南卫视	4.1	12.4
5	大兵小将	河北广播电视台经济生活频道	3.6	11.4
6	百姓大舞台太行山的红苹果李保国事迹群众歌曲汇演	河北广播电视台经济生活频道	3.5	10.3
7	奔跑吧兄弟(1 月 1 日 ~1 月 15 日)	浙江卫视	3.3	13.6
8	筑梦海疆歌嘹亮国庆特别节目	中央台三套	3.3	10.0
9	越战越勇(11 月 23 日)	中央台三套	3.3	9.6
10	中国梦祖国颂 2016 中央电视台国庆特别节目	中央电视台综合频道	3.3	9.4

表 3.10.12 2016 年河北市场体育节目收视率排名前十位

名次	节目名称	播出频道	平均收视率(%)	平均占有率(%)
1	奥林匹克在里约:2016 年第 31 届奥运会乒乓球男单半决赛	中央台五套	3.3	13.9
2	奥林匹克在里约:2016 年第 31 届奥运会羽毛球男单半决赛	中央台五套	3.3	10.0
3	奥林匹克在里约:2016 年第 31 届奥运会女排决赛(中国队 VS 塞尔维亚队)	中央台五套	3.0	9.4
4	奥林匹克在里约:2016 年第 31 届奥运会男篮小组赛(委内瑞拉队 VS 中国队)	中央台五套	2.8	9.4
5	奥林匹克在里约:2016 年第 31 届奥运会体操女子团体决赛	中央台五套	2.7	8.5
6	奥林匹克在里约:2016 年第 31 届奥运会射击女子 10 米气步枪决赛	中央台五套	2.5	8.6
7	奥林匹克在里约:2016 年第 31 届奥运会跳水男子双人 3 米板决赛	中央台五套	2.3	9.3
8	奥林匹克在里约 颁奖仪式	中央台五套	2.2	11.9
9	奥林匹克在里约:2016 年第 31 届奥运会女子单人艇 1/4 决赛	中央台五套	2.1	7.4
10	奥林匹克在里约:2016 年第 31 届奥运会举重男子 69 公斤级决赛	中央台五套	2.0	7.1

十一、河南收视数据

表 3.11.1　2012～2016 年河南市场各类频道的市场占有率(%)

频道类别	年份				
	2012 年	2013 年	2014 年	2015 年	2016 年
中央台频道	33.5	38.8	42.3	42.7	43.5
中国教育台频道	0.5	0.5	0.7	0.5	0.4
河南省级频道	29.0	22.9	17.6	16.7	16.9
其他省级卫视频道	31.9	33.7	36.0	36.9	35.2
其他频道	5.1	4.1	3.4	3.2	4.0

表 3.11.2　2016 年河南市场各类频道在不同目标观众中的市场占有率(%)

目标观众		中央台频道	中国教育台频道	河南省级频道	其他省级卫视频道	其他频道
4 岁及以上所有人		43.5	0.4	16.9	35.2	4.0
城乡	城市	48.3	0.5	18.9	27.2	5.1
	农村	42.2	0.3	16.4	37.2	3.9
性别	男	46.5	0.4	16.7	32.3	4.1
	女	40.5	0.3	17.0	38.0	4.2
年龄	4～14 岁	47.2	0.2	7.0	42.9	2.7
	15～24 岁	35.3	0.4	12.8	47.1	4.4
	25～34 岁	39.3	0.4	13.9	43.5	2.9
	35～44 岁	41.7	0.5	14.5	40.0	3.3
	45～54 岁	45.1	0.4	21.0	29.6	3.9
	55～64 岁	48.4	0.2	23.2	23.6	4.6
	65 岁及以上	46.9	0.4	25.7	20.1	6.9
教育程度	未受过正规教育	48.7	0.4	13.1	35.4	2.4
	小学	45.0	0.2	17.2	33.0	4.6
	初中	40.5	0.5	17.9	37.4	3.7
	高中	46.3	0.3	15.2	34.1	4.1
	大学及以上	47.3	0.3	16.2	29.7	6.5
职业类别	干部/管理人员	50.6	0.5	7.5	39.1	2.3
	个体/私营企业人员	41.9	0.4	18.6	34.8	4.3
	初级公务员/雇员	52.1	0.1	14.6	30.2	3.0
	工人	43.6	0.4	17.9	33.7	4.4
	学生	43.2	0.4	8.2	45.0	3.2
	无业	46.9	0.4	18.9	27.7	6.1
	其他	40.7	0.3	19.0	36.4	3.6
个人月收入	0～300 元	42.4	0.3	15.6	38.0	3.7
	301～900 元	40.0	0.2	22.1	34.1	3.6
	901～1700 元	42.3	0.3	17.8	35.9	3.7
	1701～2600 元	45.7	0.5	17.1	31.7	5.0
	2601～3500 元	48.5	0.5	14.7	31.8	4.5
	3501 元及以上	46.9	0.3	14.7	32.8	5.3

表 3.11.3　2016 年河南市场各类频道在不同时段的市场占有率(%)

时间段	中央台频道	中国教育台频道	河南省级频道	其他省级卫视频道	其他频道
02:00～03:00	37.0	0.3	4.3	56.1	2.3
03:00～04:00	47.7	0.7	8.0	41.3	2.3
04:00～05:00	51.1	0.1	18.2	29.4	1.2
05:00～06:00	50.4	0.2	19.9	24.6	4.9
06:00～07:00	57.2	0.2	16.1	22.1	4.4
07:00～08:00	60.1	0.2	10.5	24.6	4.6
08:00～09:00	51.0	0.7	12.1	31.7	4.5
09:00～10:00	47.3	0.9	9.6	37.6	4.6
10:00～11:00	45.1	0.8	9.7	40.0	4.4
11:00～12:00	49.3	0.4	10.9	35.7	3.7
12:00～13:00	58.8	0.2	10.6	26.5	3.9
13:00～14:00	50.1	0.4	11.8	32.2	5.5
14:00～15:00	40.3	0.4	12.8	41.0	5.5
15:00～16:00	39.6	0.5	10.6	44.0	5.3
16:00～17:00	40.6	0.5	10.4	43.9	4.6
17:00～18:00	49.2	0.4	11.3	34.5	4.6
18:00～19:00	51.2	0.3	23.0	21.3	4.2
19:00～20:00	51.9	0.3	19.0	25.6	3.2
20:00～21:00	31.9	0.3	20.1	44.0	3.7
21:00～22:00	30.9	0.3	20.3	44.4	4.1
22:00～23:00	31.1	0.3	21.8	41.6	5.2
23:00～24:00	36.2	0.5	18.0	36.6	8.7
24:00～25:00	36.3	0.3	12.0	39.2	12.2
25:00～26:00	30.6	0.0	5.1	51.3	13.0

表 3.11.4　2016 年河南市场收视份额排名前十位的频道

名次	频道名称	收视份额(%)
1	中央电视台综合频道	10.8
2	中央电视台少儿频道	7.0
3	湖南卫视	6.7
4	河南电视台卫星频道(一套)	6.5
5	中央台八套	4.2
6	河南电视台都市频道(二套)	3.3
7	中央台六套	3.1
7	中央台三套	3.1
9	河南电视台公共频道(八套)	2.9
10	中央台十二套	2.8

表 3.11.5　2016 年河南市场各主要频道的观众构成(%)

目标观众		所有频道	主要频道				
			中央电视台综合频道	中央电视台少儿频道	湖南卫视	河南电视台卫星频道(一套)	中央台八套
4 岁及以上所有人		100.0	100.0	100.0	100.0	100.0	100.0
城乡	城市	19.9	33.1	8.6	15.0	10.8	23.0
	农村	80.1	66.9	91.4	85.0	89.2	77.0
性别	男	48.8	52.1	46.9	40.2	50.0	43.0
	女	51.2	47.9	53.1	59.8	50.0	57.0
年龄	4～14 岁	14.0	8.3	55.4	18.3	6.5	7.0
	15～24 岁	13.9	10.5	9.2	26.9	9.4	11.7
	25～34 岁	12.5	10.2	13.9	17.3	7.8	9.9
	35～44 岁	16.8	18.3	6.3	19.6	15.2	18.7
	45～54 岁	14.6	16.4	3.6	9.1	12.2	19.5
	55～64 岁	15.0	20.0	9.3	5.8	19.5	22.9
	65 岁及以上	13.3	16.3	2.3	3.1	29.3	10.3
教育程度	未受过正规教育	5.3	3.1	20.0	3.5	4.9	3.0
	小学	21.3	18.6	38.6	20.7	29.7	18.0
	初中	47.9	43.8	30.8	50.9	48.1	50.2
	高中	18.7	24.2	8.4	19.4	13.9	23.4
	大学及以上	6.7	10.3	2.2	5.5	3.5	5.4
职业类别	干部/管理人员	1.0	1.3	0.9	0.5	0.3	0.7
	个体/私营企业人员	10.2	11.1	3.5	12.4	8.0	10.2
	初级公务员/雇员	6.2	9.8	2.3	5.1	3.5	7.2
	工人	5.6	5.9	1.8	5.1	3.6	7.5
	学生	15.3	10.0	41.5	26.5	8.0	9.5
	无业	21.0	25.4	23.1	11.9	21.9	24.8
	其他	40.6	36.5	26.8	38.6	54.7	40.0
个人月收入	0～300 元	39.6	32.0	70.9	44.1	37.4	30.7
	301～900 元	9.4	6.9	6.6	10.1	14.9	10.1
	901～1700 元	18.5	19.4	10.4	16.4	19.3	22.4
	1701～2600 元	21.9	26.3	9.2	19.2	21.7	24.7
	2601～3500 元	7.3	10.4	1.8	6.7	4.4	7.5
	3501 元及以上	3.3	4.9	1.1	3.4	2.3	4.7

表 3.11.6　2014～2016 年河南市场各类节目的播出份额(%)和收视份额(%)

节目类别	2014 年		2015 年		2016 年	
	播出份额	收视份额	播出份额	收视份额	播出份额	收视份额
财经	1.6	0.6	1.5	0.6	1.2	0.5
电视剧	21.0	34.4	24.7	29.8	26.9	28.3
电影	4.4	4.1	4.2	3.2	4.2	3.5
法制	1.2	1.3	1.1	2.6	1.0	2.5
教学	0.2	0.0	0.2	0.1	0.2	0.1
青少	6.4	4.7	5.9	7.9	6.2	8.4
生活服务	10.8	8.1	10.7	8.3	8.1	7.6
体育	2.8	1.9	3.0	1.0	3.2	1.5
外语	0.0	0.0	0.0	0.0	0.0	0.0
戏剧	0.7	0.6	0.8	1.3	0.9	1.5
新闻/时事	14.1	12.4	10.4	12.7	10.4	12.8
音乐	2.3	0.6	2.6	0.9	1.7	0.9
专题	11.9	6.5	13.7	5.9	14.8	7.0
综艺	9.5	12.0	7.1	10.1	6.9	10.4
其他	13.1	12.8	14.1	15.6	14.2	15.0

表 3.11.7　2016 年河南市场所有节目收视率排名前三十位

名次	节目名称	节目类型	播出频道	平均收视率（%）	平均占有率（%）
1	2016 中央电视台春节联欢晚会	综艺	中央电视台综合频道	15.3	60.0
2	新闻联播	新闻/时事	中央电视台综合频道	8.3	27.6
3	治国理政新征程系列特别报道	专题	中央电视台综合频道	7.6	17.0
4	天气预报	生活服务	中央电视台综合频道	7.4	20.3
5	梨园春	戏剧	河南电视台卫星频道（一套）	6.3	15.5
6	开创中国特色大国外交新局面习近平主席 2015 年出访实录	专题	中央电视台综合频道	6.3	14.7
7	花开中国跨越丝路第 34 届中国洛阳牡丹文化节开幕式	综艺	河南电视台卫星频道（一套）	6.1	13.7
8	焦点访谈	新闻/时事	中央电视台综合频道	5.9	15.7
9	信念永恒庆祝中国共产党成立 95 周年音乐会	音乐	湖南卫视	5.2	13.7
10	谁是挑战王（12 月 4 日）	综艺	中央电视台综合频道	5.2	13.0
11	2016 中央电视台元宵晚会	综艺	中央电视台综合频道	4.9	13.0
12	全员加速中	综艺	湖南卫视	4.8	14.9
13	李克强总理会见中外记者并回答提问	新闻/时事	中央电视台综合频道	4.5	10.2
14	快乐大本营	综艺	湖南卫视	4.2	14.2
15	了不起的集结	综艺	中央电视台综合频道	4.2	8.5
16	中国梦祖国颂 2016 中央电视台国庆特别节目	综艺	中央电视台综合频道	4.0	10.3
17	麻辣变形计	电视剧	湖南卫视	3.9	11.3
18	俺娘田小草	电视剧	河南电视台卫星频道（一套）	3.9	10.7
19	小丈夫	电视剧	湖南卫视	3.9	10.6
20	情谜睡美人	电视剧	河南电视台卫星频道（一套）	3.9	10.3
21	感动中国 2015 年度人物颁奖盛典	专题	中央电视台综合频道	3.8	10.3
22	美丽的秘密	电视剧	湖南卫视	3.7	11.2
23	解密	电视剧	湖南卫视	3.7	10.9
24	武神赵子龙	电视剧	湖南卫视	3.7	9.9
25	11th 中国金鹰电视艺术节互联盛典	综艺	湖南卫视	3.7	9.7
26	我家有喜	电视剧	河南电视台卫星频道（一套）	3.7	9.0
27	我是歌手歌王之战（3 月 27 日）	综艺	湖南卫视	3.6	14.4
28	亲爱的翻译官	湖南卫视	湖南卫视	3.6	10.2
29	恋恋不忘	电视剧	河南电视台卫星频道（一套）	3.6	9.8
30	文化中国四海同春 2016 全球华侨华人春节大联欢	综艺	湖南卫视	3.6	9.1

表 3.11.8　2016 年河南市场电视剧收视率排名前十位

名次	节目名称	播出频道	平均收视率(%)	平均占有率(%)
1	麻辣变形计	湖南卫视	3.9	11.3
2	俺娘田小草	河南电视台卫星频道(一套)	3.9	10.7
3	小丈夫	湖南卫视	3.9	10.6
4	情谜睡美人	河南电视台卫星频道(一套)	3.9	10.3
5	美丽的秘密	湖南卫视	3.7	11.3
6	解密	湖南卫视	3.7	10.9
7	武神赵子龙	湖南卫视	3.7	9.9
8	我家有喜	河南电视台卫星频道(一套)	3.7	9.0
9	亲爱的翻译官	湖南卫视	3.6	10.2
10	恋恋不忘	河南电视台卫星频道(一套)	3.6	9.8

表 3.11.9　2016 年河南市场新闻节目收视率排名前十位

名次	节目名称	播出频道	平均收视率(%)	平均占有率(%)
1	新闻联播	中央电视台综合频道	8.3	27.6
2	焦点访谈	中央电视台综合频道	5.9	15.7
3	李克强总理会见中外记者并回答提问	中央电视台综合频道	4.5	10.2
4	两会特别报道	河南电视台卫星频道(一套)	3.2	10.6
5	全国两会特别报道	河南电视台卫星频道(一套)	2.3	8.5
6	转播中央台新闻联播	河南电视台卫星频道(一套)	2.2	7.4
7	河南新闻联播	河南电视台卫星频道(一套)	2.0	11.5
8	2016 一年又一年	中央电视台综合频道	1.8	18.0
9	G20 2016CHINA 二十国集团领导人杭州峰会特别报道	中央电视台综合频道	1.6	7.7
10	都市报道扩大版	河南电视台都市频道(二套)	1.6	6.7

表 3.11.10　2016 年河南市场专题节目收视率排名前十位

名次	节目名称	播出频道	平均收视率(%)	平均占有率(%)
1	治国理政新征程系列特别报道	中央电视台综合频道	7.6	17.0
2	开创中国特色大国外交新局面习近平主席 2015 年出访实录	中央电视台综合频道	6.3	14.7
3	感动中国 2015 年度人物颁奖盛典	中央电视台综合频道	3.8	10.3
4	了不起的幕后	中央电视台综合频道	3.2	16.6
5	筑梦路上 1921 ~2016	中央电视台综合频道	3.2	8.0
6	中国成语大会 2015 年度总决赛	中央电视台综合频道	3.0	8.0
7	好好学习湖南省两学一做电视知识竞赛	湖南卫视	2.9	7.9
8	寻找最美医生大型公益活动颁奖典礼	中央电视台综合频道	2.9	7.5
9	妈妈的牵挂	湖南卫视	2.8	6.2
10	德耀中原第五届河南省道德模范颁奖仪式	河南电视台卫星频道(一套)	2.7	12.7

表 3.11.11　2016 年河南市场综艺节目收视率排名前十位

名次	节目名称	播出频道	平均收视率（%）	平均占有率（%）
1	2016 中央电视台春节联欢晚会	中央电视台综合频道	20.5	61.3
2	花开中国跨越丝路第 34 届中国洛阳牡丹文化节开幕式	河南电视台卫星频道（一套）	6.1	13.7
3	谁是挑战王（12 月 4 日）	中央电视台综合频道	5.2	13.0
4	2016 中央电视台元宵晚会	中央电视台综合频道	4.9	13.0
5	全员加速中	湖南卫视	4.8	14.9
6	快乐大本营	湖南卫视	4.2	14.2
7	了不起的集结	中央电视台综合频道	4.2	8.5
8	中国梦祖国颂 2016 中央电视台国庆特别节目	中央电视台综合频道	4.0	10.3
9	11th 中国金鹰电视艺术节互联盛典	湖南卫视	3.7	9.7
10	我是歌手歌王之战（3 月 27 日）	湖南卫视	3.6	14.4

表 3.11.12　2016 年河南市场体育节目收视率排名前十位

名次	节目名称	播出频道	平均收视率（%）	平均占有率（%）
1	奥林匹克在里约:2016 年第 31 届奥运会男子跳远决赛	中央台五套	2.2	5.3
2	奥林匹克在里约:2016 年第 31 届奥运会羽毛球女单半决赛	中央台五套	2.1	5.6
3	奥林匹克在里约:2016 年第 31 届奥运会男子 4×100 米混合泳接力决赛	中央台五套	1.9	4.6
4	奥林匹克在里约:2016 年第 31 届奥运会女排小组赛 B 组第四轮（中国 VS 塞尔维亚）	中央台五套	1.8	5.1
5	奥林匹克在里约:2016 年第 31 届奥运会体操男子个人全能决赛	中央台五套	1.8	4.7
6	奥林匹克在里约:2016 年第 31 届奥运会赛艇轻量级女子双人双桨	中央台五套	1.7	7.3
7	奥林匹克在里约:2016 年第 31 届奥运会乒乓球女团半决赛	中央台五套	1.6	6.7
8	奥林匹克在里约:2016 年第 31 届奥运会场地自行车女子团体竞速赛	中央台五套	1.6	4.0
9	奥林匹克在里约:2016 年第 31 届奥运会女子举重 63 公斤级决赛	中央台五套	1.4	5.6
10	人在奥运年	中央电视台综合频道	1.3	5.8

十二、黑龙江收视数据

表 3.12.1　2012~2016 年黑龙江市场各类频道的市场占有率(%)

频道类别	年份				
	2012 年	2013 年	2014 年	2015 年	2016 年
中央电视台频道	29.1	29.9	32.3	32.1	33.9
中国教育电视台频道	0.3	0.4	0.3	0.2	0.2
黑龙江省级频道	41.2	38.5	37.3	37.1	37.0
其他省级卫视频道	22.1	25.4	24.2	25.0	23.4
其他频道	7.3	5.8	5.9	5.6	5.5

表 3.12.2　2016 年黑龙江市场各类频道在不同目标观众中的市场占有率(%)

目标观众		中央台频道	中国教育台频道	黑龙江省级频道	其他省级卫视频道	其他频道
4 岁及以上所有人		33.9	0.2	37.0	23.4	5.5
城乡	城市	35.4	0.2	31.6	24.9	7.9
	农村	32.5	0.2	41.7	22.1	3.5
性别	男	36.3	0.2	37.8	20.3	5.4
	女	31.7	0.2	36.3	26.1	5.7
年龄	4~14 岁	37.8	0.4	15.9	40.8	5.1
	15~24 岁	29.9	0.3	35.3	29.0	5.5
	25~34 岁	32.4	0.2	32.8	29.5	5.1
	35~44 岁	31.1	0.1	38.5	25.1	5.2
	45~54 岁	32.0	0.2	41.8	20.7	5.3
	55~64 岁	35.4	0.1	40.3	18.3	5.9
	65 岁及以上	40.5	0.2	36.8	16.2	6.3
教育程度	未受过正规教育	32.7	0.4	31.4	30.4	5.1
	小学	33.0	0.2	40.8	20.4	5.6
	初中	32.9	0.2	38.8	22.9	5.2
	高中	36.1	0.1	34.7	22.9	6.2
	大学及以上	36.0	0.2	27.1	30.2	6.5
职业类别	干部/管理人员	32.4	0.0	28.9	33.5	5.2
	个体/私营企业人员	34.7	0.1	38.3	22.8	4.1
	初级公务员/雇员	35.6	0.4	33.2	24.8	6.0
	工人	34.0	0.1	33.0	25.5	7.4
	学生	33.0	0.1	26.3	35.3	5.3
	无业	37.3	0.3	34.9	21.5	6.0
	其他	27.4	0.2	47.9	19.9	4.6
个人月收入	0~300 元	33.6	0.2	31.6	29.3	5.3
	301~900 元	27.1	0.2	45.9	21.7	5.1
	901~1700 元	35.2	0.1	38.7	21.3	4.7
	1701~2600 元	33.7	0.2	37.6	22.8	5.7
	2601~3500 元	38.2	0.3	35.3	19.7	6.5
	3501 元及以上	35.3	0.1	35.2	22.0	7.4

表 3.12.3　2016 年黑龙江市场各类频道在不同时段的市场占有率(%)

时间段	中央电视台频道	中国教育电视台频道	黑龙江省级频道	其他省级卫视频道	其他频道
02:00~03:00	58.9	0.0	14.4	25.0	1.7
03:00~04:00	61.3	0.0	20.5	17.4	0.8
04:00~05:00	56.7	0.3	21.3	20.4	1.3
05:00~06:00	52.3	0.2	20.2	21.3	6.0
06:00~07:00	43.4	0.1	28.4	18.2	9.9
07:00~08:00	46.2	0.2	26.7	17.1	9.8
08:00~09:00	44.5	0.2	21.3	27.3	6.7
09:00~10:00	42.4	0.2	17.7	32.5	7.2
10:00~11:00	41.8	0.2	14.9	35.8	7.3
11:00~12:00	42.1	0.2	11.8	38.1	7.8
12:00~13:00	42.5	0.1	11.7	40.6	5.1
13:00~14:00	41.1	0.2	12.7	41.9	4.1
14:00~15:00	38.8	0.3	14.7	41.1	5.1
15:00~16:00	37.9	0.3	16.1	40.2	5.5
16:00~17:00	37.4	0.4	20.3	34.5	7.4
17:00~18:00	34.0	0.2	36.1	22.6	7.1
18:00~19:00	28.1	0.1	56.6	8.9	6.3
19:00~20:00	29.0	0.2	55.9	11.3	3.6
20:00~21:00	26.0	0.2	48.0	22.3	3.5
21:00~22:00	26.3	0.2	43.5	25.8	4.2
22:00~23:00	29.1	0.2	36.6	29.0	5.1
23:00~24:00	41.0	0.4	19.6	31.8	7.2
24:00~25:00	52.4	1.0	16.9	24.6	5.1
25:00~26:00	40.4	0.3	33.7	20.7	4.9

表 3.12.4　2016 年黑龙江市场收视份额位于前十位的频道

名次	频道名称	收视份额(%)
1	黑龙江电视台文艺频道	8.3
2	中央电视台综合频道	7.7
3	黑龙江卫视	7.6
3	黑龙江电视台影视频道	7.6
5	黑龙江电视台都市频道	7.1
6	中央台三套	5.2
7	黑龙江电视台新闻频道	4.2
8	中央台八套	4.1
9	中央台六套	3.1
10	湖南卫视	2.8

表 3.12.5　2016 年黑龙江市场各主要频道的观众构成(%)

目标观众		所有频道	主要频道				
			黑龙江电视台文艺频道	中央电视台综合频道	黑龙江电视台影视频道	黑龙江卫视	黑龙江电视台都市频道
4 岁及以上所有人		100.0	100.0	100.0	100.0	100.0	100.0
城乡	城市	46.5	36.8	50.0	37.6	34.4	45.9
	农村	53.5	63.2	50.0	62.4	65.6	54.1
性别	男	47.2	48.0	47.8	51.2	47.4	45.7
	女	52.8	52.0	52.2	48.8	52.6	54.3
年龄	4～14 岁	6.0	2.6	6.4	2.5	2.8	1.8
	15～24 岁	8.8	7.2	9.4	6.2	10.6	10.5
	25～34 岁	11.6	8.7	9.4	10.2	9.8	11.9
	35～44 岁	19.1	20.2	18.7	20.0	19.2	19.8
	45～54 岁	21.7	26.0	19.1	27.4	19.9	27.0
	55～64 岁	18.7	21.7	17.8	21.4	18.8	18.0
	65 岁及以上	14.1	13.6	19.2	12.3	18.9	11.0
教育程度	未受过正规教育	4.7	4.1	5.4	3.7	5.3	2.1
	小学	18.1	21.7	16.8	22.9	18.1	16.1
	初中	47.3	51.6	47.9	48.0	52.4	46.7
	高中	22.0	18.0	22.0	20.2	18.9	26.7
	大学及以上	7.9	4.6	7.9	5.2	5.3	8.4
职业类别	干部/管理人员	1.1	1.7	0.9	0.7	0.1	0.7
	个体/私营企业人员	14.1	10.6	15.5	15.5	17.9	15.0
	初级公务员/雇员	5.4	4.1	7.8	5.5	3.8	6.9
	工人	13.5	11.4	12.7	11.2	9.0	16.0
	学生	8.6	5.6	10.0	4.0	7.9	6.5
	无业	36.0	32.8	39.4	36.0	37.1	29.6
	其他	21.3	33.8	13.7	27.1	24.2	25.3
个人月收入	0～300 元	22.1	17.8	24.9	17.2	23.7	15.9
	301～900 元	11.0	14.8	8.4	12.9	14.4	12.4
	901～1700 元	19.4	21.0	20.2	17.9	22.4	21.2
	1701～2600 元	30.3	30.2	30.5	31.9	26.4	35.2
	2601～3500 元	11.8	11.4	10.9	13.4	8.2	10.5
	3501 元及以上	5.4	4.8	5.1	6.7	4.9	4.8

表 3.12.6　2014～2016 年黑龙江市场各类节目的播出份额(%)和收视份额(%)

节目类别	2014 年		2015 年		2016 年	
	播出份额	收视份额	播出份额	收视份额	播出份额	收视份额
财经	1.9	0.2	2.0	0.2	1.4	0.2
电视剧	20.1	32.2	19.7	27.8	20.9	28.4
电影	4.0	1.6	3.6	1.7	3.6	2.1
法制	1.0	1.1	1.0	1.0	0.8	1.1
教学	0.3	0.0	0.3	0.0	0.4	0.0
青少	7.1	3.9	6.6	3.4	6.9	3.3
生活服务	9.8	9.1	9.3	9.8	8.7	8.4
体育	2.9	1.2	2.9	0.9	3.2	1.5
外语	0.0	0.0	0.0	0.0	0.0	0.0
戏剧	0.7	0.2	0.8	0.1	0.8	0.1
新闻/时事	15.1	18.9	15.3	20.3	15.4	18.9
音乐	2.5	0.4	2.6	0.5	1.9	0.6
专题	12.2	3.1	13.5	3.3	13.9	3.8
综艺	10.0	11.9	10.4	16.0	10.3	16.9
其他	12.4	16.2	12.0	15.0	11.8	14.7

表 3.12.7 2016 年黑龙江市场所有节目收视率排名前三十位

名次	节目名称	节目类型	播出频道	平均收视率（%）	平均占有率（%）
1	2016 中央电视台春节联欢晚会	综艺	中央电视台综合频道	33.6	77.4
2	相亲相爱	综艺	黑龙江电视台文艺频道	7.5	20.7
3	大城小爱	综艺	黑龙江电视台文艺频道	7.0	20.5
4	新闻联播	新闻/时事	中央电视台综合频道	5.4	15.2
5	2016 中央电视台元宵晚会	综艺	中央电视台综合频道	5.1	15.5
6	治国理政新征程系列特别报道	专题	中央电视台综合频道	4.8	11.1
7	2016 一年又一年	新闻/时事	中央电视台综合频道	4.5	24.2
8	新闻联播	新闻/时事	黑龙江卫视	4.3	16.3
9	转播中央台新闻联播	新闻/时事	黑龙江卫视	4.1	11.7
10	奥林匹克在里约:2016 年第 31 届奥运会羽毛球男单铜牌赛	体育	中央台五套	4.1	11.2
11	浪漫满院	电视剧	黑龙江电视台都市频道	3.8	15.1
12	于硕说天气	生活服务	黑龙江卫视	3.8	14.9
13	2016 中央军委慰问驻京部队老干部迎新春文艺演出	综艺	中央电视台综合频道	3.8	11.9
14	潜行者	电视剧	黑龙江卫视	3.8	10.5
15	天气预报	生活服务	中央电视台综合频道	3.8	10.1
16	谁是挑战王(11 月 27 日)	综艺	中央电视台综合频道	3.8	9.4
17	一发千钧	电视剧	黑龙江电视台影视频道	3.7	12.3
18	我爱男保姆	电视剧	黑龙江卫视	3.7	10.3
19	枪王传奇	电视剧	黑龙江电视台影视频道	3.6	12.5
20	加油向未来(8 月 7 日)	综艺	中央电视台综合频道	3.6	11.6
21	老有所依	电视剧	黑龙江电视台都市频道	3.5	14.1
22	幸福越走越近	电视剧	黑龙江电视台都市频道	3.5	13.4
23	星光大道 2015 年度总决赛(2 月 8 日)	综艺	中央电视台综合频道	3.5	12.7
24	感动中国 2015 年度人物颁奖盛典	专题	中央电视台综合频道	3.5	12.0
25	中国梦祖国颂 2016 中央电视台国庆特别节目	综艺	中央电视台综合频道	3.5	11.6
26	代号狼王	电视剧	黑龙江电视台影视频道	3.4	12.2
27	蚂蚱	电视剧	黑龙江电视台影视频道	3.4	11.2
28	黄金使命	电视剧	黑龙江电视台影视频道	3.4	10.6
29	嫂子嫂子	电视剧	黑龙江卫视	3.4	10.5
30	芈月传	电视剧	上海东方卫视	3.4	9.4

表 3.12.8　2016 年黑龙江市场电视剧收视率排名前十位

名次	节目名称	播出频道	平均收视率(%)	平均占有率(%)
1	浪漫满院	黑龙江电视台都市频道	3.8	15.1
2	潜行者	黑龙江卫视	3.8	10.5
3	一发千钧	黑龙江电视台影视频道	3.7	12.3
4	我爱男保姆	黑龙江卫视	3.7	10.3
5	枪王传奇	黑龙江电视台影视频道	3.6	12.5
6	老有所依	黑龙江电视台都市频道	3.5	14.1
7	幸福越走越近	黑龙江电视台都市频道	3.5	13.4
8	代号狼王	黑龙江电视台影视频道	3.4	12.2
9	蚂蚱	黑龙江电视台影视频道	3.4	11.2
10	黄金使命	黑龙江电视台影视频道	3.4	10.6

表 3.12.9　2016 年黑龙江市场新闻节目收视率排名前十位

名次	节目名称	播出频道	平均收视率(%)	平均占有率(%)
1	新闻联播	中央电视台综合频道	5.4	15.2
2	2016 一年又一年	中央电视台综合频道	4.5	24.2
3	新闻联播	黑龙江卫视	4.3	16.3
4	转播中央台新闻联播	黑龙江卫视	4.1	11.7
5	拒绝酒驾为生命护航	黑龙江电视台都市频道	3.3	10.7
6	焦点访谈	中央电视台综合频道	3.2	8.5
7	新闻夜航	黑龙江电视台都市频道	2.8	9.3
8	李克强总理会见中外记者并回答提问	中央电视台综合频道	2.6	7.1
9	天天说新闻	黑龙江电视台新闻频道	2.1	8.9
10	天下夜航	黑龙江电视台都市频道	1.7	12.3

表 3.12.10　2016 年黑龙江市场专题节目收视率排名前十位

名次	节目名称	播出频道	平均收视率(%)	平均占有率(%)
1	治国理政新征程系列特别报道	中央电视台综合频道	4.8	11.1
2	感动中国 2015 年度人物颁奖盛典	中央电视台综合频道	3.5	12.0
3	开创中国特色大国外交新局面习近平主席 2015 年出访实录	中央电视台综合频道	3.2	10.4
4	微说	黑龙江电视台文艺频道	2.9	11.9
5	春妮的周末时光	黑龙江电视台文艺频道	2.8	10.3
6	中国诗词大会(2 月 12 日)	中央电视台综合频道	2.4	8.6
7	筑梦路上 1921～2016	中央电视台综合频道	2.2	6.6
8	2016 接力爱公益盛典	黑龙江电视台文艺频道	2.1	8.0
9	全家上龙视全家福	黑龙江卫视	1.8	8.1
10	了不起的挑战幕后	中央电视台综合频道	1.8	6.8

表 3.12.11　2016 年黑龙江市场综艺节目收视率排名前十位

名次	节目名称	播出频道	平均收视率（%）	平均占有率（%）
1	2016 中央电视台春节联欢晚会	中央电视台综合频道	33.6	77.4
2	相亲相爱	黑龙江电视台文艺频道	7.5	20.7
3	大城小爱	黑龙江电视台文艺频道	7.0	20.5
4	2016 中央电视台元宵晚会	中央电视台综合频道	5.1	15.5
5	2016 中央军委慰问驻京部队老干部迎新春文艺演出	中央电视台综合频道	3.8	11.9
6	谁是挑战王(11 月 27 日)	中央电视台综合频道	3.8	9.4
7	加油向未来(8 月 7 日)	中央电视台综合频道	3.6	11.6
8	星光大道 2015 年度总决赛(2 月 8 日)	中央电视台综合频道	3.5	12.7
9	中国梦祖国颂 2016 中央电视台国庆特别节目	中央电视台综合频道	3.5	11.6
10	2016 中央电视台中秋晚会	中央电视台综合频道	3.2	11.4

表 3.12.12　2016 年黑龙江市场体育节目收视率排名前十位

名次	节目名称	播出频道	平均收视率（%）	平均占有率（%）
1	奥林匹克在里约:2016 年第 31 届奥运会羽毛球男单铜牌赛	中央台五套	4.1	11.2
2	奥林匹克在里约:2016 年第 31 届奥运会游泳男子 400 米混合泳决赛	中央台五套	2.9	7.3
3	奥林匹克在里约:2016 年第 31 届奥运会体操女子团体决赛	中央台五套	2.6	7.7
4	奥林匹克在里约:2016 年第 31 届奥运会女排 1/4 决赛(巴西 VS 中国)	中央台五套	2.6	7.3
5	奥林匹克在里约:2016 年第 31 届奥运会田径女子三级跳远资格赛	中央台五套	2.5	8.8
6	奥林匹克在里约:2016 年第 31 届奥运会跳水男子双人 10 米台决赛	中央台五套	2.5	6.5
7	奥林匹克在里约:2016 年第 31 届奥运会举重男子 69 公斤级决赛	中央台五套	2.4	6.5
8	2016 年第一届中俄冬季青少年运动会开幕式	黑龙江电视台文艺频道	2.3	8.8
9	奥林匹克在里约	中央台五套	2.3	7.3
10	奥林匹克在里约:2016 年第 31 届奥运会男篮小组赛(委内瑞拉队 VS 中国队)	中央台五套	2.2	6.3

十三、湖北收视数据

表 3.13.1　2012～2016 年湖北市场各类频道的市场占有率(%)

频道类别	年份				
	2012 年	2013 年	2014 年	2015 年	2016 年
中央台频道	30.8	29.7	29.4	27.8	31.5
中国教育台频道	0.6	0.4	0.3	0.2	0.1
湖北省级频道	25.5	29.2	30.5	31.3	30.2
其他省级卫视频道	25.7	24.9	24.8	26.2	25.2
其他频道	17.4	15.8	15.0	14.5	13.0

表 3.13.2　2016 年湖北市场各类频道在不同目标观众中的市场占有率(%)

目标观众		中央台频道	中国教育台频道	湖北省级频道	其他省级卫视频道	其他频道
4 岁及以上所有人		31.5	0.1	30.2	25.2	13.0
城乡	城市	29.5	0.1	23.8	30.3	16.3
	农村	32.8	0.2	34.4	21.7	10.9
性别	男	33.7	0.1	30.2	23.5	12.5
	女	29.2	0.1	30.2	26.8	13.7
年龄	4～14 岁	27.9	0.1	20.8	38.8	12.4
	15～24 岁	28.8	0.1	23.8	31.7	15.6
	25～34 岁	28.5	0.1	24.8	32.0	14.6
	35～44 岁	27.4	0.1	36.0	23.1	13.4
	45～54 岁	28.6	0.1	34.2	22.4	14.7
	55～64 岁	34.2	0.1	34.3	20.1	11.3
	65 岁及以上	42.0	0.1	29.2	18.2	10.5
教育程度	未受过正规教育	34.6	0.1	25.1	28.6	11.6
	小学	30.7	0.1	34.2	23.0	12.0
	初中	30.7	0.1	34.3	23.2	11.7
	高中	33.2	0.1	26.3	26.2	14.2
	大学及以上	29.3	0.1	17.5	33.1	20.0
职业类别	干部/管理人员	35.3	0.1	12.2	30.9	21.5
	个体/私营企业人员	32.0	0.1	28.7	26.7	12.5
	初级公务员/雇员	30.2	0.1	21.7	30.6	17.4
	工人	28.3	0.1	32.9	24.4	14.3
	学生	26.3	0.1	20.7	39.5	13.4
	无业	35.8	0.1	25.2	25.8	13.1
	其他	28.9	0.2	43.0	17.5	10.4
个人月收入	0～300 元	26.5	0.1	33.1	28.4	11.9
	301～900 元	30.4	0.2	37.5	20.6	11.3
	901～1700 元	36.3	0.1	30.3	20.3	13.0
	1701～2600 元	33.0	0.1	25.7	26.2	15.0
	2601～3500 元	35.9	0.1	28.3	23.1	12.6
	3501 元及以上	34.0	0.1	19.6	29.5	16.8

表 3.13.3 2016 年湖北市场各类频道在不同时段的市场占有率(%)

时间段	中央台频道	中国教育台频道	湖北省级频道	其他省级卫视频道	其他频道
02:00 ~ 03:00	33.7	0.0	16.0	31.0	19.3
03:00 ~ 04:00	34.6	0.0	18.9	28.7	17.8
04:00 ~ 05:00	33.5	0.1	22.5	28.4	15.5
05:00 ~ 06:00	34.0	0.2	25.3	28.4	12.1
06:00 ~ 07:00	43.4	0.1	26.6	19.6	10.3
07:00 ~ 08:00	45.8	0.2	23.3	20.6	10.1
08:00 ~ 09:00	40.0	0.3	25.2	24.7	9.8
09:00 ~ 10:00	34.0	0.2	28.1	27.2	10.5
10:00 ~ 11:00	32.5	0.2	27.4	28.7	11.2
11:00 ~ 12:00	34.1	0.1	28.0	26.9	10.9
12:00 ~ 13:00	39.0	0.1	25.6	24.5	10.8
13:00 ~ 14:00	34.9	0.1	25.0	28.4	11.6
14:00 ~ 15:00	31.4	0.2	24.8	31.3	12.3
15:00 ~ 16:00	32.5	0.3	21.3	33.5	12.4
16:00 ~ 17:00	33.4	0.2	20.1	34.1	12.2
17:00 ~ 18:00	31.7	0.1	28.6	26.8	12.8
18:00 ~ 19:00	28.8	0.1	40.3	13.6	17.2
19:00 ~ 20:00	32.3	0.1	35.4	18.2	14.0
20:00 ~ 21:00	27.6	0.1	35.0	26.0	11.3
21:00 ~ 22:00	28.2	0.1	34.6	24.1	13.0
22:00 ~ 23:00	25.3	0.1	31.4	28.0	15.2
23:00 ~ 24:00	31.8	0.1	16.2	34.1	17.8
24:00 ~ 25:00	33.9	0.1	14.3	32.2	19.5
25:00 ~ 26:00	33.6	0.1	14.5	29.9	21.9

表 3.13.4 2016 年湖北市场收视份额排名前十位的频道

名次	频道名称	收视份额(%)
1	湖北综合	8.4
2	湖北经视	7.1
3	湖北卫视	6.8
4	湖北影视	4.3
4	中央台八套	4.3
6	中央台三套	4.2
7	中央台六套	3.7
8	湖南电视台金鹰卡通频道	3.6
9	中央电视台综合频道	3.4
9	湖南卫视	3.4

表 3.13.5　2016 年湖北市场各主要频道的观众构成(%)

目标观众		所有频道	主要频道				
			湖北综合	湖北经视	湖北卫视	湖北影视	中央台八套
4 岁及以上所有人		100.0	100.0	100.0	100.0	100.0	100.0
城乡	城市	40.3	25.8	34.5	28.0	33.5	28.3
	农村	59.7	74.2	65.5	72.0	66.5	71.7
性别	男	50.0	45.4	50.2	50.1	56.9	42.2
	女	50.0	54.6	49.8	49.9	43.1	57.8
年龄	4~14 岁	10.5	9.1	6.7	5.7	8.0	4.3
	15~24 岁	8.7	6.2	7.0	8.6	5.9	9.0
	25~34 岁	12.6	12.2	9.1	10.4	9.2	6.6
	35~44 岁	14.2	19.2	11.7	25.0	11.1	10.9
	45~54 岁	20.8	21.9	27.3	18.2	27.4	23.4
	55~64 岁	16.9	17.6	23.0	13.4	24.2	19.8
	65 岁及以上	16.2	13.8	15.2	18.7	14.2	25.9
教育程度	未受过正规教育	9.4	9.3	9.3	6.9	6.2	9.4
	小学	22.9	28.7	24.0	22.0	27.8	28.1
	初中	36.8	42.2	39.5	44.2	42.0	37.4
	高中	21.8	16.2	21.6	18.7	20.1	19.9
	大学及以上	9.1	3.5	5.7	8.3	4.0	5.2
职业类别	干部/管理人员	1.3	0.3	0.9	0.3	0.5	0.8
	个体/私营企业人员	10.9	9.4	10.5	8.7	14.8	13.2
	初级公务员/雇员	7.1	4.1	4.2	7.6	4.3	5.5
	工人	15.9	14.1	16.9	21.1	18.5	13.4
	学生	7.2	4.1	4.7	6.4	5.4	2.9
	无业	34.7	28.8	29.0	29.3	26.8	39.6
	其他	22.8	39.1	33.9	26.6	29.6	24.6
个人月收入	0~300 元	31.8	40.7	35.6	38.7	26.1	23.2
	301~900 元	13.5	19.6	14.7	13.0	20.2	14.1
	901~1700 元	15.9	14.7	16.5	14.4	17.1	19.1
	1701~2600 元	20.4	11.2	20.1	16.8	23.1	27.4
	2601~3500 元	10.2	9.5	8.4	10.0	8.4	8.7
	3501 元及以上	8.3	4.2	4.8	7.0	5.1	7.5

表 3.13.6　2014~2016 年湖北市场各类节目的播出份额(%)和收视份额(%)

节目类别	2014 年		2015 年		2016 年	
	播出份额	收视份额	播出份额	收视份额	播出份额	收视份额
财经	1.6	0.6	1.5	0.7	1.3	0.8
电视剧	26.4	37.1	25.3	35.7	27.5	34.2
电影	3.0	4.7	3.9	4.8	3.8	4.8
法制	1.3	1.2	1.2	1.2	1.2	1.1
教学	0.3	0.1	0.3	0.1	0.2	0.0
青少	6.6	6.5	6.0	6.3	6.3	7.5
生活服务	14.9	8.0	11.7	8.1	9.2	7.0
体育	3.5	2.0	3.0	1.6	3.2	2.0
外语	0.0	0.0	0.0	0.0	0.0	0.0
戏剧	0.6	0.2	0.7	0.2	0.8	0.3
新闻/时事	10.2	11.8	10.9	11.9	11.0	12.0
音乐	1.4	0.5	2.6	0.7	1.8	0.8
专题	11.9	5.1	13.1	5.2	13.9	5.0
综艺	7.8	10.4	8.2	11.7	7.9	12.3
其他	10.6	11.6	11.6	11.8	11.9	12.2

表 3.13.7　2016 年湖北市场所有节目收视率排名前三十位

名次	节目名称	节目类别	播出频道	平均收视率（%）	平均占有率（%）
1	2016 中央电视台春节联欢晚会	综艺	中央电视台综合频道	6.7	14.1
2	2016 中央电视台元宵晚会	综艺	中央台三套	6.1	14.7
3	2016 一年又一年	新闻/时事	中央电视台综合频道	5.1	11.5
4	奥林匹克在里约：2016 年第 31 届奥运会羽毛球男单决赛	体育	中央台五套	5.0	16.4
5	真命天子	电视剧	湖北综合	5.0	13.8
6	情谜睡美人	电视剧	湖北综合	4.8	13.8
7	向全面小康社会进发 2016 湖北省元旦文艺晚会	综艺	湖北综合	4.8	10.6
8	桃花朵朵开	综艺	湖北经视	4.7	15.1
9	我和妈妈的长征	电视剧	湖北综合	4.7	13.3
10	奥林匹克在里约：2016 年第 31 届奥运会乒乓球女单半决赛	体育	中央台五套	4.6	15.7
11	我叫刘传说	电视剧	湖北综合	4.6	12.2
12	幸福剧委会	综艺	湖北综合	4.6	11.1
13	奥林匹克在里约：2016 年第 31 届奥运会女排小组赛第二轮（中国 VS 意大利）	体育	中央台五套	4.5	11.9
14	共赴国难	电视剧	湖北综合	4.4	13.2
15	无敌枪王	电视剧	湖北综合	4.4	11.8
16	奥林匹克在里约：2016 年第 31 届奥运会射击女子 10 米气手枪决赛	体育	中央台五套	4.1	14.9
17	调解现场	生活服务	湖北综合	4.1	12.2
17	大凉山剿匪	电视剧	湖北综合	4.1	12.2
19	送鬼子回老家	电视剧	湖北综合	4.1	11.2
20	荆楚楷模发布厅	专题	湖北综合	4.0	15.2
21	生死相依	电视剧	湖北综合	4.0	12.5
22	绝地枪王二之松花江上的枪声	电视剧	湖北综合	4.0	12.0
23	江湖儿女	电视剧	湖北综合	4.0	11.8
24	奥林匹克在里约：2016 年第 31 届奥运会田径女子 10000 米决赛	体育	中央台五套	3.9	16.6
25	女子炸弹部队二	电视剧	湖北综合	3.9	12.6
26	希望使命	电视剧	湖北综合	3.9	12.4
27	老兵	电视剧	湖北综合	3.9	12.3
28	决胜	电视剧	湖北综合	3.9	12.0
29	寒山令	电视剧	湖北综合	3.9	11.8
30	不可能的任务	电视剧	湖北综合	3.8	13.7

表 3.13.8　2016 年湖北市场电视剧收视率排名前十位

名次	节目名称	播出频道	平均收视率(%)	平均占有率(%)
1	真命天子	湖北综合	5.0	13.8
2	情谜睡美人	湖北综合	4.8	13.8
3	我和妈妈的长征	湖北综合	4.7	13.3
4	我叫刘传说	湖北综合	4.6	12.2
5	共赴国难	湖北综合	4.4	13.2
6	无敌枪王	湖北综合	4.4	11.8
7	大凉山剿匪	湖北综合	4.1	12.2
8	送鬼子回老家	湖北综合	4.1	11.2
9	生死相依	湖北综合	4.0	12.5
10	绝地枪王二之松花江上的枪声	湖北综合	4.0	12.0

表 3.13.9　2016 年湖北市场新闻节目收视率排名前十位

名次	节目名称	播出频道	平均收视率(%)	平均占有率(%)
1	2016 一年又一年	中央电视台综合频道	5.1	11.5
2	新闻 360	湖北综合	3.1	13.2
3	迎战强降雨	湖北卫视	2.8	7.5
4	经视直播	湖北经视	2.3	9.1
5	直播大事件	湖北经视	2.3	6.4
6	坚决打赢抗洪救灾攻坚战	湖北卫视	2.2	5.9
7	李克强总理会见中外记者并回答提问	中央电视台新闻频道	2.2	5.2
8	新闻联播	中央电视台新闻频道	2.0	6.4
9	G20 2016CHINA 二十国集团领导人杭州峰会特别报道	中央电视台新闻频道	1.8	11.3
10	筑梦天宫	中央电视台新闻频道	1.8	7.2

表 3.13.10　2016 年湖北市场专题节目收视率排名前十位

名次	节目名称	播出频道	平均收视率(%)	平均占有率(%)
1	荆楚楷模发布厅	湖北综合	4.0	15.2
2	万众一心风雨同行 2016 湖北省抗洪赈灾新闻大直播	湖北综合	3.8	13.8
3	2016 湖北省大学生创业大赛	湖北综合	3.4	9.6
4	等着我	中央电视台综合频道	3.0	8.2
5	牢记人民重托	湖北综合	2.2	8.0
6	爸爸我来了	湖北综合	2.1	14.7
7	开讲啦	中央电视台综合频道	2.1	6.0
8	开创中国特色大国外交新局面习近平主席 2015 年出访实录	中央电视台新闻频道	2.1	5.8
9	楚天匠才湖北省职业技能电视争霸赛第 1 季	湖北综合	2.0	8.4
10	胜利大阅兵	中央台六套	2.0	6.8

表 3.13.11　2016 年湖北市场综艺节目收视率排名前十位

名次	节目名称	播出频道	平均收视率（%）	平均占有率（%）
1	2016 中央电视台春节联欢晚会	中央电视台综合频道	6.7	14.1
2	2016 中央电视台元宵晚会	中央台三套	6.1	14.7
3	向全面小康社会进发 2016 湖北省元旦文艺晚会	湖北综合	4.8	10.6
4	桃花朵朵开	湖北经视	4.7	15.1
5	幸福剧委会	湖北综合	4.6	11.1
6	桃花朵朵开青春有约	湖北经视	3.3	13.1
7	2016 东西南北贺新春	中央台三套	3.1	7.7
8	筑梦海疆歌嘹亮	中央台三套	3.0	7.4
9	星光大道 2015 年度总决赛(2 月 9 日)	中央台三套	2.9	8.3
10	万家邀明月一起盼中秋 2016 中秋特别节目	中央台三套	2.8	8.6

表 3.13.12　2016 年湖北市场体育节目收视率排名前十位

名次	节目名称	播出频道	平均收视率（%）	平均占有率（%）
1	奥林匹克在里约:2016 年第 31 届奥运会羽毛球男单决赛	中央台五套	5.0	16.4
2	奥林匹克在里约:2016 年第 31 届奥运会乒乓球女单半决赛	中央台五套	4.6	15.7
3	奥林匹克在里约:2016 年第 31 届奥运会女排小组赛第二轮 / 中国 VS 意大利	中央台五套	4.5	11.9
4	奥林匹克在里约:2016 年第 31 届奥运会射击女子 10 米气手枪决赛	中央台五套	4.1	14.9
5	奥林匹克在里约:2016 年第 31 届奥运会田径女子 10000 米决赛	中央台五套	3.9	16.6
6	奥林匹克在里约:2016 年第 31 届奥运会体操女子团体决赛	中央台五套	3.8	10.2
7	奥林匹克在里约:2016 年第 31 届奥运会女子双人 3 米跳板决赛	中央台五套	3.7	14.3
8	奥林匹克在里约:2016 年第 31 届奥运会女子 200 米混合泳决赛	中央台五套	3.7	9.6
9	奥林匹克在里约:2016 年第 31 届奥运会男子举重 56 公斤级决赛	中央台五套	3.4	16.3
10	奥林匹克在里约:2016 年第 31 届奥运会场地自行车女子团体竞速赛	中央台五套	2.8	8.9

十四、湖南收视数据

表 3.14.1 2012~2016 年湖南市场各类频道的市场占有率(%)

频道类别	年份				
	2012 年	2013 年	2014 年	2015 年	2016 年
中央台频道	23.9	24.5	24.3	21.9	22.9
中国教育台频道	0.3	0.3	0.2	0.1	0.1
湖南省级频道	51.0	54.3	55.8	58.3	53.9
其他省级卫视频道	13.7	9.4	8.4	8.5	8.3
其他频道	11.0	11.6	11.3	11.2	14.8

表 3.14.2 2016 年湖南市场各类频道在不同目标观众中的市场占有率(%)

目标观众		中央电视台	中国教育台	湖南省级频道	其他省级卫视频道	其他频道
4 岁及以上所有人		22.9	0.1	53.9	8.3	14.8
城乡	城市	27.0	0.1	51.3	8.0	13.6
	农村	21.8	0.1	54.6	8.4	15.1
性别	男	24.4	0.1	52.7	7.7	15.1
	女	21.4	0.1	55.0	8.9	14.6
年龄	4~14 岁	23.5	0.1	55.1	10.0	11.3
	15~24 岁	16.6	0.1	54.6	10.0	18.7
	25~34 岁	22.2	0.1	52.6	9.1	16.0
	35~44 岁	23.0	0.2	52.0	10.2	14.6
	45~54 岁	20.2	0.1	57.0	6.5	16.2
	55~64 岁	25.9	0.1	51.8	6.8	15.4
	65 岁及以上	26.6	0.1	54.0	7.1	12.2
教育程度	未受过正规教育	25.5	0.1	55.7	6.8	11.9
	小学	21.5	0.1	57.5	7.9	13.0
	初中	21.9	0.1	53.8	8.1	16.1
	高中	25.0	0.1	49.1	9.6	16.2
	大学及以上	26.5	0.2	48.3	10.1	14.9
职业类别	干部/管理人员	43.4	0.2	37.8	6.2	12.4
	个体/私营企业人员	20.5	0.1	56.0	8.1	15.3
	初级公务员/雇员	27.4	0.2	50.0	9.0	13.4
	工人	23.4	0.1	50.6	9.8	16.1
	学生	21.2	0.1	55.4	12.7	10.6
	无业	23.8	0.1	52.8	8.4	14.9
	其他	22.2	0.1	55.3	6.5	15.9
个人月收入	0~300 元	22.9	0.1	54.1	9.1	13.8
	301~900 元	23.1	0.1	52.4	6.5	17.9
	901~1700 元	21.6	0.1	53.8	8.9	15.6
	1701~2600 元	22.5	0.1	56.0	7.3	14.1
	2601~3500 元	21.3	0.1	57.2	6.8	14.6
	3501 元及以上	28.4	0.2	47.3	9.5	14.6

表 3.14.3 2016 年湖南市场各类频道在不同时段的市场占有率(%)

时间段	中央电视台	中国教育台	湖南省级频道	其他省级卫视频道	其他频道
02:00~03:00	24.8	0.2	43.1	11.3	20.6
03:00~04:00	22.8	0.1	44.9	10.9	21.3
04:00~05:00	21.8	0.1	43.2	12.6	22.3
05:00~06:00	23.2	0.2	39.3	16.5	20.8
06:00~07:00	38.0	0.1	32.8	11.1	18.0
07:00~08:00	39.0	0.2	35.3	8.9	16.6
08:00~09:00	31.7	0.3	40.2	11.3	16.5
09:00~10:00	29.3	0.2	41.2	12.4	16.9
10:00~11:00	27.6	0.3	42.4	12.8	16.9
11:00~12:00	26.8	0.2	44.7	12.7	15.6
12:00~13:00	29.2	0.1	45.0	11.6	14.1
13:00~14:00	27.7	0.1	45.0	11.9	15.3
14:00~15:00	26.0	0.1	43.0	13.7	17.2
15:00~16:00	25.3	0.2	41.6	14.9	18.0
16:00~17:00	25.2	0.2	41.9	14.9	17.8
17:00~18:00	26.1	0.1	47.3	10.6	15.9
18:00~19:00	22.5	0.1	60.6	3.2	13.6
19:00~20:00	23.0	0.1	59.7	3.7	13.5
20:00~21:00	17.3	0.1	65.3	5.4	11.9
21:00~22:00	18.1	0.1	63.2	5.4	13.2
22:00~23:00	17.0	0.1	60.2	7.9	14.8
23:00~24:00	19.8	0.1	54.0	9.4	16.7
24:00~25:00	24.7	0.2	45.9	10.4	18.8
25:00~26:00	25.2	0.3	43.2	10.7	20.6

表 3.14.4 2016 年湖南市场收视份额排名前十位的频道

名次	频道名称	收视份额(%)
1	湖南电视台经济频道	10.6
2	湖南电视台都市频道	9.3
3	湖南电视台电视剧频道	8.1
4	湖南卫视	7.6
5	湖南电视台金鹰卡通频道	7.3
6	湖南电视台潇湘电影频道	6.6
7	中央电视台少儿频道	4.4
8	湖南电视台娱乐频道	3.3
9	中央台三套	3.2
10	中央电视台综合频道	2.6

表 3.14.5　2016 年湖南市场各主要频道的观众构成(%)

目标观众		所有频道	主要频道				
			湖南电视台经济频道	湖南电视台都市频道	湖南电视台电视剧频道	湖南卫视	湖南电视台金鹰卡通频道
4 岁及以上所有人		100.0	100.0	100.0	100.0	100.0	100.0
城乡	城市	21.4	28.2	17.2	23.9	19.0	18.7
	农村	78.6	71.8	82.8	76.1	81.0	81.3
性别	男	49.6	55.3	47.3	55.3	41.9	49.3
	女	50.4	44.7	52.7	44.7	58.1	50.7
年龄	4~14 岁	15.2	10.8	7.6	18.4	21.2	36.3
	15~24 岁	6.3	4.9	6.0	3.1	10.8	2.5
	25~34 岁	14.3	11.2	16.1	13.4	11.5	21.0
	35~44 岁	16.8	14.0	20.2	12.5	16.8	9.1
	45~54 岁	19.2	24.7	25.5	22.8	15.6	11.8
	55~64 岁	17.6	23.7	14.4	20.5	12.5	15.9
	65 岁及以上	10.5	10.6	10.2	9.3	11.7	3.5
教育程度	未受过正规教育	8.5	8.3	4.8	9.4	7.2	20.6
	小学	27.8	32.7	21.1	34.0	33.9	24.3
	初中	40.4	39.0	45.3	40.2	37.2	37.0
	高中	19.1	16.8	23.1	13.7	17.5	15.5
	大学及以上	4.2	3.3	5.7	2.6	4.3	2.7
职业类别	干部/管理人员	1.1	0.6	0.9	0.4	0.5	1.5
	个体/私营企业人员	14.4	16.6	19.4	12.2	13.2	12.6
	初级公务员/雇员	3.9	3.3	4.4	3.3	3.7	2.9
	工人	7.6	8.5	5.9	8.3	6.3	6.8
	学生	10.5	7.0	5.4	11.2	21.6	17.3
	无业	31.9	29.4	30.9	28.4	28.8	41.0
	其他	30.8	34.6	33.2	36.2	25.8	18.0
个人月收入	0~300 元	39.7	32.4	30.9	37.0	51.9	59.1
	301~900 元	12.4	13.7	12.0	15.3	10.9	7.2
	901~1700 元	17.6	15.9	19.2	12.6	14.7	11.3
	1701~2600 元	17.7	25.1	20.7	23.8	14.8	14.0
	2601~3500 元	5.8	6.1	8.9	5.7	3.9	3.2
	3501 元及以上	6.8	6.7	8.3	5.6	3.8	5.1

表 3.14.6　2014~2016 年湖南市场各类节目的播出份额(%)和收视份额(%)

节目类型	2014 年		2015 年		2016 年	
	播出份额	收视份额	播出份额	收视份额	播出份额	收视份额
财经	1.7	0.2	1.7	0.2	15.3	12.7
电视剧	21.4	40.5	21.3	40.3	1.3	0.2
电影	4.6	6.6	4.5	7.1	22.3	37.8
法制	0.9	0.3	0.8	0.3	4.2	6.3
教学	0.3	0.0	0.3	0.0	0.7	0.3
青少	6.8	8.8	6.5	8.7	0.2	0.0
生活服务	9.4	5.8	8.7	5.5	6.5	8.5
体育	2.8	1.0	2.9	0.9	8.3	5.6
外语	0.0	0.0	0.0	0.0	3.2	1.3
戏剧	0.7	0.2	0.8	0.1	0.0	0.0
新闻/时事	15.1	12.1	15.1	11.6	0.8	0.2
音乐	2.5	0.9	2.5	1.1	1.9	1.1
专题	12.7	5.5	13.8	5.4	13.7	5.5
综艺	8.7	7.5	8.8	8.1	9.3	9.0
其他	12.6	10.5	12.3	10.7	12.3	11.5

表 3.14.7　2016 年湖南市场所有节目收视率排名前三十位

名次	节目名称	节目类型	播出频道	平均收视率（%）	平均占有率（%）
1	蜂鸟	电视剧	湖南电视台经济频道	10.4	26.1
2	铁血战狼	电视剧	湖南电视台经济频道	10.3	25.5
3	寒山令	电视剧	湖南电视台经济频道	10.1	25.5
4	奇袭	电视剧	湖南电视台经济频道	9.8	27.5
5	热血	电视剧	湖南电视台经济频道	9.8	24.0
6	地道女英雄	电视剧	湖南电视台经济频道	9.7	26.1
7	黑狐之风影	电视剧	湖南电视台经济频道	9.6	26.2
8	擒蛇	电视剧	湖南电视台经济频道	9.3	26.3
9	2016 中央电视台春节联欢晚会	综艺	湖南卫视	9.1	16.7
10	我把忠诚献给你	电视剧	湖南电视台经济频道	9.0	24.2
11	最后的战士	电视剧	湖南电视台经济频道	8.9	24.2
12	光荣使命	电视剧	湖南电视台经济频道	8.6	22.6
13	飞虎队大营救	电视剧	湖南电视台经济频道	8.4	23.4
14	风云天地	电视剧	湖南电视台电视剧频道	8.4	22.3
15	不可能完成的任务	电视剧	湖南电视台经济频道	8.3	22.9
16	女子别动队	电视剧	湖南电视台经济频道	8.3	22.8
17	手枪队	电视剧	湖南电视台经济频道	8.2	23.5
18	荡寇	电视剧	湖南电视台经济频道	8.2	22.7
19	我的压寨男人	电视剧	湖南电视台经济频道	8.2	22.5
20	雪地娘子军	电视剧	湖南电视台经济频道	8.1	23.0
21	生死黎平	电视剧	湖南电视台经济频道	8.1	22.3
22	傻儿抗战传奇	电视剧	湖南电视台经济频道	8.1	20.2
23	飞虎队	电视剧	湖南电视台经济频道	8.0	23.4
24	决战江桥	电视剧	湖南电视台经济频道	8.0	23.0
25	尖刀战士	电视剧	湖南电视台经济频道	7.9	22.1
26	枪口	电视剧	湖南电视台经济频道	7.8	22.5
27	绝杀危局	电视剧	湖南电视台经济频道	7.8	21.9
28	卧底	电视剧	湖南电视台经济频道	7.8	20.5
29	玉海棠	电视剧	湖南电视台经济频道	7.6	21.7
30	热血之共赴国难	电视剧	湖南电视台经济频道	7.1	21.6

表 3.14.8 2016 年湖南市场电视剧收视率排名前十位

名次	节目名称	播出频道	平均收视率(%)	平均占有率(%)
1	蜂鸟	湖南电视台经济频道	10.4	26.1
2	铁血战狼	湖南电视台经济频道	10.3	25.5
3	寒山令	湖南电视台经济频道	10.1	25.5
4	奇袭	湖南电视台经济频道	9.8	27.5
5	热血	湖南电视台经济频道	9.8	24.0
6	地道女英雄	湖南电视台经济频道	9.7	26.1
7	黑狐之风影	湖南电视台经济频道	9.6	26.2
8	擒蛇	湖南电视台经济频道	9.3	26.3
9	我把忠诚献给你	湖南电视台经济频道	9.0	24.2
10	最后的战士	湖南电视台经济频道	8.9	24.2

表 3.14.9 2016 年湖南市场新闻节目收视率排名前十位

名次	节目名称	播出频道	平均收视率(%)	平均占有率(%)
1	都市大直播(晚间档)	湖南电视台都市频道	6.7	19.7
2	2016 一年又一年	湖南电视台都市频道	4.8	9.3
3	直播大事件(晚间档)	湖南电视台经济频道	3.7	13.2
4	都市 1 时间	湖南电视台都市频道	3.5	13.1
5	转播中央台新闻联播(12 月 31 日)	湖南电视台经济频道	3.1	8.2
6	湖南新闻联播	湖南卫视	2.5	9.8
7	都市晚间	湖南电视台都市频道	1.6	5.5
8	世界大不同	湖南电视台都市频道	1.5	11.3
9	经视焦点	湖南电视台经济频道	1.4	5.2
10	新闻联播	中央电视台综合频道	1.1	3.4

表 3.14.10 2016 年湖南市场专题节目收视率排名前十位

名次	节目名称	播出频道	平均收视率(%)	平均占有率(%)
1	寻情记	湖南电视台都市频道	5.4	13.4
2	长命百岁	湖南电视台电视剧频道	2.6	7.6
3	感恩三湘至孝湖南 2015 湖南十大孝行人物颁奖典礼	湖南电视台都市频道	2.1	5.6
4	经视观察	湖南电视台经济频道	1.7	9.7
5	妈妈的牵挂	湖南卫视	1.6	3.9
6	好好学习湖南省两学一做电视知识竞赛	湖南卫视	1.5	4.7
7	新闻大求真	湖南卫视	1.4	6.9
8	一年级大学季	湖南卫视	1.4	6.2
9	等着我	中央台三套	1.4	3.8
10	寻梦蒙达尔纪	湖南卫视	1.3	7.8

表 3.14.11　2016 年湖南市场综艺节目收视率排名前十位

名次	节目名称	播出频道	平均收视率（%）	平均占有率（%）
1	2016 中央电视台春节联欢晚会	湖南卫视	9.1	16.7
2	1 生 1 世合家欢新年喜乐会就要一路 diang 哒你	湖南电视台经济频道	6.3	18.6
3	2016 元宵喜乐会	湖南卫视	5.9	16.2
4	亲爱的翻译官精典特辑	湖南卫视	5.9	16.1
5	我是歌手(1 月 22 日)	湖南卫视	5.2	21.9
6	2016 湖南卫视小年夜春晚	湖南卫视	5.2	15.0
7	文化中国四海同春 2016 全球华侨华人春节大联欢	湖南卫视	5.0	12.4
8	11th 中国金鹰电视艺术节开幕式文艺晚会	湖南卫视	4.9	13.8
9	全员加速中(1 月 1 日)	湖南卫视	4.9	12.7
10	11th 中国金鹰电视艺术节第 28 届中国电视金鹰奖颁奖晚会暨闭幕式	湖南卫视	4.5	12.5

表 3.14.12　2016 年湖南市场体育节目收视率排名前十位

名次	节目名称	播出频道	平均收视率（%）	平均占有率（%）
1	奥林匹克在里约:2016 年第 31 届奥运会羽毛球男单 1/4 决赛	中央台五套	5.9	18.9
2	第 25 届亚洲篮球俱乐部冠军杯赛(中国新疆喀什古城队 VS 黎巴嫩阿尔利亚迪队)	湖南电视台都市频道	5.5	19.6
3	奥林匹克在里约:2016 年第 31 届奥运会田径女子 3000 米障碍第一轮	中央台五套	5.0	13.2
4	奥林匹克在里约:2016 年第 31 届奥运会乒乓球男单半决赛	中央台五套	4.6	13.9
5	奥林匹克在里约:2016 年第 31 届奥运会女子单人艇决赛	中央台五套	4.5	13.1
6	奥林匹克在里约:2016 年第 31 届奥运会游泳女 4×200 米自由泳接力决赛	中央台五套	4.4	10.1
7	奥林匹克在里约:2016 年第 31 届奥运会女排小组赛 B 组第四轮	中央台五套	4.2	12.1
8	奥林匹克在里约:2016 年第 31 届奥运会体操男子个人全能决赛	中央台五套	4.2	9.6
9	奥林匹克在里约:2016 年第 31 届奥运会女子双人 3 米跳板决赛	中央台五套	3.8	11.9
10	奥林匹克在里约:2016 年第 31 届奥运会男子举重 56 公斤级决赛	中央台五套	3.7	11.8

十五、吉林收视数据

表 3.15.1　2012～2016 年吉林市场各类频道的市场占有率(%)

频道类别	年份				
	2012 年	2013 年	2014 年	2015 年	2016 年
中央台频道	35.1	37.6	36.7	37.7	39.6
中国教育台频道	0.6	0.4	0.2	0.2	0.1
吉林省级频道	25.3	23.8	27.1	26.2	25.9
其他省级卫视频道	30.9	32.0	31.0	27.7	25.2
其他频道	8.1	6.2	5.0	8.2	9.2

表 3.15.2　2016 年吉林市场各类频道在不同目标观众中的市场占有率(%)

目标观众		中央台频道	中国教育台频道	吉林省级频道	其他省级卫视频道	其他频道
4 岁及以上所有人		39.6	0.1	25.9	25.2	9.2
城乡	城市	41.6	0.1	22.8	28.7	6.8
	农村	38.1	0.1	28.3	22.5	11.0
性别	男	42.0	0.1	25.1	23.4	9.4
	女	37.5	0.1	26.6	26.9	8.9
年龄	4～14 岁	52.7	0.0	11.2	29.3	6.8
	15～24 岁	37.1	0.2	21.9	31.0	9.8
	25～34 岁	38.6	0.1	16.8	35.6	8.9
	35～44 岁	38.1	0.1	23.4	27.0	11.4
	45～54 岁	39.1	0.1	28.8	23.3	8.7
	55～64 岁	36.6	0.1	34.4	20.5	8.4
	65 岁及以上	42.6	0.0	32.0	16.7	8.7
教育程度	未受过正规教育	42.0	0.1	24.5	20.5	12.9
	小学	36.9	0.1	31.5	21.3	10.2
	初中	38.4	0.1	26.4	26.1	9.0
	高中	41.1	0.1	22.0	28.6	8.2
	大学及以上	47.1	0.1	20.7	23.7	8.4
职业类别	干部/管理人员	43.8	0.0	27.3	24.3	4.6
	个体/私营企业人员	38.8	0.1	24.8	27.0	9.3
	初级公务员/雇员	45.0	0.1	18.4	30.5	6.0
	工人	40.0	0.1	21.0	30.6	8.3
	学生	46.2	0.1	13.3	32.9	7.5
	无业	42.8	0.1	27.0	21.6	8.5
	其他	34.0	0.2	31.6	23.2	11.0
个人月收入	0～300 元	42.1	0.1	20.6	28.2	9.0
	301～900 元	35.2	0.1	34.5	21.9	8.3
	901～1700 元	37.2	0.2	27.9	24.5	10.2
	1701～2600 元	40.1	0.1	26.0	25.0	8.8
	2601～3500 元	43.0	0.1	24.0	24.8	8.1
	3501 元及以上	39.3	0.1	23.3	26.9	10.4

表 3.15.3　2016 年吉林市场各类频道在不同时段的市场占有率(%)

时间段	中央台频道	中国教育台频道	吉林省级频道	其他省级卫视频道	其他频道
02:00~03:00	41.1	0.0	7.5	36.9	14.5
03:00~04:00	49.4	0.0	14.9	29.8	5.9
04:00~05:00	68.9	0.1	12.9	15.1	3.0
05:00~06:00	60.4	0.2	15.4	18.0	6.0
06:00~07:00	54.4	0.1	14.3	24.3	6.9
07:00~08:00	54.1	0.1	14.2	21.7	9.9
08:00~09:00	54.8	0.1	13.1	23.7	8.3
09:00~10:00	50.4	0.1	11.2	30.1	8.2
10:00~11:00	47.4	0.1	9.5	34.7	8.3
11:00~12:00	49.5	0.1	10.8	32.5	7.1
12:00~13:00	46.2	0.0	8.4	39.8	5.6
13:00~14:00	49.1	0.1	7.9	35.7	7.2
14:00~15:00	43.4	0.1	8.0	38.9	9.6
15:00~16:00	42.9	0.1	11.2	36.3	9.5
16:00~17:00	26.3	0.2	49.7	18.6	5.2
17:00~18:00	26.0	0.2	49.5	15.5	8.8
18:00~19:00	32.6	0.1	44.6	10.8	11.9
19:00~20:00	47.8	0.1	26.1	16.7	9.3
20:00~21:00	31.8	0.1	24.0	33.7	10.4
21:00~22:00	30.0	0.1	23.0	37.6	9.3
22:00~23:00	34.7	0.1	10.3	45.9	9.0
23:00~24:00	46.8	0.1	5.7	38.4	9.0
24:00~25:00	59.7	0.1	6.6	22.3	11.3
25:00~26:00	54.1	0.0	16.9	20.9	8.1

表 3.15.4　2016 年吉林市场收视份额排名前十位的频道

名次	频道名称	收视份额(%)
1	中央电视台综合频道	10.1
2	吉林电视台乡村频道(五套)	8.2
3	吉林电视台生活频道(三套)	7.8
4	中央电视台少儿频道	4.9
5	中央台三套	4.2
6	湖南卫视	3.8
7	中央台八套	3.6
8	吉林电视台都市频道(二套)	3.4
9	吉林卫视	2.9
9	中央台六套	2.9

表 3.15.5　2016 年吉林市场各主要频道的观众构成(%)

目标观众		所有频道	主要频道				
			中央电视台综合频道	吉林电视台乡村频道(五套)	吉林电视台生活频道(三套)	中央电视台少儿频道	中央台三套
4 岁及以上所有人		100.0	100.0	100.0	100.0	100.0	100.0
城乡	城市	44.1	50.1	21.8	35.6	28.5	45.2
	农村	55.9	49.9	78.2	64.4	71.5	54.8
性别	男	47.9	50.4	45.0	44.1	46.4	45.5
	女	52.1	49.6	55.0	55.9	53.6	54.5
年龄	4～14 岁	7.2	6.0	2.9	3.6	46.1	3.7
	15～24 岁	9.8	8.2	8.0	8.7	10.9	9.6
	25～34 岁	11.6	11.1	6.8	7.1	18.7	8.6
	35～44 岁	19.4	17.7	18.2	18.9	11.2	18.4
	45～54 岁	20.2	21.6	19.9	23.7	5.6	24.6
	55～64 岁	18.3	20.3	24.6	23.7	4.6	20.1
	65 岁及以上	13.5	15.2	19.6	14.3	2.8	15.1
教育程度	未受过正规教育	3.9	3.8	5.3	4.2	14.9	2.1
	小学	23.0	15.2	35.6	30.8	43.7	20.7
	初中	38.7	37.3	40.9	37.9	26.6	39.7
	高中	25.9	32.0	14.4	20.6	10.0	27.4
	大学及以上	8.4	11.6	3.8	6.5	4.8	10.0
职业类别	干部/管理人员	0.7	1.1	0.4	1.1	0.2	1.5
	个体/私营企业人员	13.0	13.3	11.9	9.8	8.8	12.7
	初级公务员/雇员	8.8	12.9	3.9	6.0	5.1	11.4
	工人	7.2	7.5	2.7	6.0	5.5	5.4
	学生	8.6	7.3	3.7	4.0	32.4	6.1
	无业	28.8	33.4	25.0	27.8	23.3	30.6
	其他	32.9	24.6	52.4	45.3	24.8	32.2
个人月收入	0～300 元	17.8	14.8	15.7	14.0	54.1	13.4
	301～900 元	9.0	6.8	18.0	11.3	6.6	9.8
	901～1700 元	24.5	22.9	26.2	27.6	15.8	23.7
	1701～2600 元	29.6	31.7	24.9	29.2	13.3	31.8
	2601～3500 元	12.4	15.4	10.1	10.9	7.7	13.8
	3501 元及以上	6.7	8.3	5.1	7.1	2.5	7.5

表 3.15.6　2014～2016 年吉林市场各类节目的播出份额(%)和收视份额(%)

节目类型	2014 年		2015 年		2016 年	
	播出份额	收视份额	播出份额	收视份额	播出份额	收视份额
财经	1.7	0.3	1.5	0.5	1.2	0.7
电视剧	20.7	32.0	24.8	27.5	27.2	25.0
电影	4.5	3.2	4.3	3.6	4.3	4.2
法制	1.0	1.2	1.1	1.6	0.9	1.6
教学	0.3	0.0	0.3	0.1	0.3	0.1
青少	6.6	4.4	5.7	5.0	6.0	5.2
生活服务	9.9	7.9	10.5	8.0	8.0	8.0
体育	2.9	1.4	3.0	1.8	3.2	2.6
外语	0.0	0.0	0.0	0.0	0.0	0.0
戏剧	0.7	0.3	0.7	0.2	0.7	0.3
新闻/时事	14.7	13.2	10.4	13.7	10.1	13.2
音乐	2.5	0.5	2.6	1.2	1.8	1.4
专题	12.2	4.2	13.2	5.4	13.6	5.4
综艺	9.3	14.3	7.7	15.2	8.0	16.2
其他	13.1	17.0	14.4	16.1	14.7	16.2

表 3.15.7　2016 年吉林市场所有节目收视率排名前三十位

名次	节目名称	节目类型	播出频道	平均收视率（%）	平均占有率（%）
1	2016 中央电视台春节联欢晚会	综艺	中央电视台综合频道	41.9	80.0
2	新闻联播	新闻/时事	中央电视台综合频道	11.7	31.2
3	天气预报	生活服务	中央电视台综合频道	8.9	21.2
4	星光大道(6 月 11 日)	综艺	中央电视台综合频道	7.1	17.0
5	焦点访谈	新闻/时事	中央电视台综合频道	6.8	16.2
6	奥林匹克在里约:2016 年第 31 届奥运会羽毛球男单铜牌赛	体育	中央台五套	6.7	16.6
7	奥林匹克在里约:2016 年第 31 届奥运会女子七项全能决赛	体育	中央台五套	6.6	16.0
8	奥林匹克在里约:2016 年第 31 届奥运会男子 4×100 米混合泳接力决赛	体育	中央台五套	6.5	15.2
9	2016 中央电视台元宵晚会	综艺	中央电视台综合频道	6.2	17.5
10	治国理政新征程系列特别报道	专题	中央电视台综合频道	6.2	14.1
11	奥林匹克在里约:2016 年第 31 届奥运会体操女子团体决赛	体育	中央台五套	5.7	14.8
12	全城热恋	综艺	吉林电视台生活频道(三套)	5.6	29.8
13	感动中国 2015 年度人物颁奖盛典	专题	中央电视台综合频道	5.5	16.6
14	小草青青	电视剧	吉林电视台乡村频道(五套)	5.4	15.2
15	奥林匹克在里约:2016 年第 31 届奥运会场地自行车女子团体竞速赛	体育	中央台五套	5.4	13.6
16	木兰妈妈	电视剧	吉林电视台乡村频道(五套)	5.3	15.9
17	遥远的距离	电视剧	吉林电视台乡村频道(五套)	5.1	14.6
18	今日看点	生活服务	吉林电视台乡村频道(五套)	5.1	13.5
19	2016 一年又一年	新闻/时事	中央电视台综合频道	5.0	19.4
20	芈月传	电视剧	北京卫视	5.0	12.7
21	奥林匹克在里约:2016 年第 31 届奥运会乒乓球女团半决赛	体育	中央台五套	4.9	27.0
22	奥林匹克在里约:2016 年第 31 届奥运会女排小组赛 B 组第四轮(中国 VS 塞尔维亚)	体育	中央台五套	4.9	17.9
23	奥林匹克在里约:2016 年第 31 届奥运会男篮小组赛(委内瑞拉队 VS 中国队)	体育	中央台五套	4.8	12.0

续表

名次	节目名称	节目类型	播出频道	平均收视率(%)	平均占有率(%)
24	2016中央电视台中秋晚会	综艺	中央电视台综合频道	4.7	16.2
25	芈月传收官盛典	综艺	北京卫视	4.7	13.5
26	真爱诺言	电视剧	吉林电视台乡村频道(五套)	4.2	12.4
27	搭错车	电视剧	吉林电视台乡村频道(五套)	4.2	11.5
28	二人转总动员精彩乐无边	综艺	吉林电视台乡村频道(五套)	4.1	22.5
29	福根进城	电视剧	吉林电视台乡村频道(五套)	4.1	10.6
30	开创中国特色大国外交新局面习近平主席2015年出访实录	专题	中央电视台综合频道	4.0	10.8

表3.15.8　2016年吉林市场电视剧收视率排名前十位

名次	节目名称	播出频道	平均收视率(%)	平均占有率(%)
1	小草青青	吉林电视台乡村频道(五套)	5.4	15.2
2	木兰妈妈	吉林电视台乡村频道(五套)	5.3	15.9
3	遥远的距离	吉林电视台乡村频道(五套)	5.1	14.6
4	芈月传	北京卫视	5.0	12.7
5	真爱诺言	吉林电视台乡村频道(五套)	4.2	12.4
6	搭错车	吉林电视台乡村频道(五套)	4.2	11.5
7	福根进城	吉林电视台乡村频道(五套)	4.1	10.6
8	我是你的眼	吉林电视台乡村频道(五套)	4.0	12.4
9	你幸福我快乐	吉林电视台乡村频道(五套)	4.0	11.5
10	爷们儿	吉林电视台乡村频道(五套)	3.7	10.5

表3.15.9　2016年吉林市场新闻节目收视率排名前十位

名次	节目名称	播出频道	平均收视率(%)	平均占有率(%)
1	新闻联播	中央电视台综合频道	11.7	31.2
2	焦点访谈	中央电视台综合频道	6.8	16.2
3	2016一年又一年	中央电视台综合频道	5.0	19.4
4	李克强总理会见中外记者并回答提问	中央电视台综合频道	3.6	9.4
5	G20 2016CHINA二十国集团领导人杭州峰会特别报道	中央电视台综合频道	2.4	8.7
6	守望都市	吉林电视台都市频道(二套)	2.0	8.3
7	一线特别节目我建议	中央台十二套	1.5	3.5
8	吉林新闻联播	吉林卫视	1.4	4.7
9	直通G20杭州峰会	浙江卫视	1.3	4.5
10	海峡两岸	中央台四套	0.8	2.3

表 3.15.10　2016 年吉林市场专题节目收视率排名前十位

名次	节目名称	播出频道	平均收视率（%）	平均占有率（%）
1	治国理政新征程系列特别报道	中央电视台综合频道	6.2	14.1
2	感动中国 2015 年度人物颁奖盛典	中央电视台综合频道	5.5	16.6
3	开创中国特色大国外交新局面习近平主席 2015 年出访实录	中央电视台综合频道	4.0	10.8
4	非常静距离	吉林电视台生活频道（三套）	3.5	12.9
5	筑梦路上 1921 ~2016	中央电视台综合频道	3.0	7.9
6	永远在路上	中央电视台综合频道	2.9	8.7
7	2016 寻找最美教师大型公益活动颁奖典礼	中央电视台综合频道	2.8	9.1
8	好好学习湖南省两学一做电视知识竞赛	湖南卫视	2.8	7.1
9	2015 年度中国好书	中央电视台综合频道	2.4	8.1
10	中国成语大会 2015 八强争夺赛	中央电视台综合频道	2.4	7.6

表 3.15.11　2016 年吉林市场综艺节目收视率排名前十位

名次	节目名称	播出频道	平均收视率（%）	平均占有率（%）
1	2016 中央电视台春节联欢晚会	中央电视台综合频道	41.9	80.0
2	星光大道（6 月 11 日）	中央电视台综合频道	7.1	17.0
3	2016 中央电视台元宵晚会	中央电视台综合频道	6.2	17.5
4	全城热恋	吉林电视台生活频道（三套）	5.6	29.8
5	2016 中央电视台中秋晚会	中央电视台综合频道	4.7	16.2
6	芈月传收官盛典	北京卫视	4.7	13.5
7	二人转总动员精彩乐无边	吉林电视台乡村频道（五套）	4.1	22.5
8	谁是挑战王	中央电视台综合频道	3.8	8.8
9	中国梦祖国颂 2016 中央电视台国庆特别节目	中央电视台综合频道	3.3	10.1
10	了不起的集结	中央电视台综合频道	3.3	8.3

表 3.15.12　2016 年吉林市场体育节目收视率排名前十位

名次	节目名称	播出频道	平均收视率(%)	平均占有率(%)
1	奥林匹克在里约:2016 年第 31 届奥运会羽毛球男单铜牌赛	中央台五套	6.7	16.6
2	奥林匹克在里约:2016 年第 31 届奥运会女子七项全能决赛	中央台五套	6.6	16.0
3	奥林匹克在里约:2016 年第 31 届奥运会男子 4×100 米混合泳接力决赛	中央台五套	6.5	15.2
4	奥林匹克在里约:2016 年第 31 届奥运会体操女子团体决赛	中央台五套	5.7	14.8
5	奥林匹克在里约:2016 年第 31 届奥运会场地自行车女子团体竞速赛	中央台五套	5.4	13.6
6	奥林匹克在里约:2016 年第 31 届奥运会乒乓球女团半决赛	中央台五套	4.9	27.0
7	奥林匹克在里约:2016 年第 31 届奥运会女排小组赛 B 组第四轮(中国 VS 塞尔维亚)	中央台五套	4.9	17.9
8	奥林匹克在里约:2016 年第 31 届奥运会男篮小组赛(委内瑞拉队 VS 中国队)	中央台五套	4.8	12.0
9	奥林匹克在里约:2016 年第 31 届奥运会男子 25 米手枪速射决赛	中央台五套	4.0	9.9
10	奥林匹克在里约:2016 年第 31 届奥运会举重男子 69 公斤级决赛	中央台五套	3.8	10.3

十六、江苏收视数据

表 3.16.1　2012～2016 年江苏市场各类频道的市场占有率(%)

频道类别	年份				
	2012 年	2013 年	2014 年	2015 年	2016 年
中央台频道	26.7	27.6	28.9	31.0	34.7
中国教育台频道	0.4	0.4	0.3	0.2	0.1
江苏省级频道	38.9	35.6	37.4	28.9	22.2
其他省级卫视频道	16.4	17.1	16.3	20.4	21.2
其他频道	17.6	19.3	17.1	19.5	21.8

表 3.16.2　2016 年江苏市场各类频道在不同目标观众中的市场占有率(%)

目标观众		中央台频道	中国教育台频道	江苏省级频道	其他省级卫视频道	其他频道
4 岁及以上所有人		34.7	0.1	22.2	21.2	21.8
城乡	城市	35.0	0.2	18.4	18.5	27.9
	农村	34.5	0.1	25.0	23.2	17.2
性别	男	38.1	0.1	20.7	18.7	22.4
	女	31.5	0.1	23.7	23.6	21.1
年龄	4～14 岁	25.9	0.1	21.0	37.5	15.5
	15～24 岁	23.3	0.1	22.3	27.9	26.4
	25～34 岁	25.6	0.2	23.2	30.9	20.1
	35～44 岁	34.8	0.1	17.1	22.2	25.8
	45～54 岁	33.9	0.1	25.0	17.0	24.0
	55～64 岁	35.8	0.1	24.3	16.9	22.9
	65 岁及以上	47.4	0.1	20.8	13.1	18.6
教育程度	未受过正规教育	35.4	0.1	22.8	25.1	16.6
	小学	36.4	0.1	24.5	21.5	17.5
	初中	33.7	0.1	22.5	20.2	23.5
	高中	36.9	0.1	18.8	19.2	25.0
	大学及以上	29.9	0.1	21.0	22.5	26.5
职业类别	干部/管理人员	35.8	0.1	16.8	16.0	31.3
	个体/私营企业人员	32.3	0.2	33.3	16.5	17.7
	初级公务员/雇员	35.2	0.1	18.6	18.9	27.2
	工人	30.5	0.1	22.1	22.9	24.4
	学生	25.9	0.1	15.8	37.4	20.8
	无业	37.2	0.1	17.5	21.9	23.3
	其他	40.1	0.1	27.1	17.4	15.3
个人月收入	0～300 元	29.0	0.1	21.2	30.0	19.7
	301～900 元	49.4	0.1	20.3	13.6	16.6
	901～1700 元	34.9	0.1	25.4	19.0	20.6
	1701～2600 元	36.5	0.1	21.1	19.0	23.3
	2601～3500 元	30.8	0.2	25.9	19.3	23.8
	3501 元及以上	37.1	0.1	19.4	18.2	25.2

表 3.16.3　2016 年江苏市场各类频道在不同时段的市场占有率(%)

时间段	中央台频道	中国教育台频道	江苏省级频道	其他省级卫视频道	其他频道
02:00~03:00	32.9	0.1	15.3	26.8	24.9
03:00~04:00	35.2	0.2	17.1	24.6	22.9
04:00~05:00	44.6	0.2	17.5	19.9	17.8
05:00~06:00	46.0	0.2	16.7	23.8	13.3
06:00~07:00	45.3	0.1	26.7	15.5	12.4
07:00~08:00	40.6	0.1	32.3	14.3	12.7
08:00~09:00	37.1	0.2	22.8	25.1	14.8
09:00~10:00	35.6	0.2	18.6	28.6	17.0
10:00~11:00	37.6	0.2	14.6	29.9	17.7
11:00~12:00	40.8	0.1	14.4	29.3	15.4
12:00~13:00	41.5	0.1	13.9	29.2	15.3
13:00~14:00	38.6	0.1	12.7	32.5	16.1
14:00~15:00	38.3	0.2	13.0	31.1	17.4
15:00~16:00	38.9	0.3	11.8	31.1	17.9
16:00~17:00	37.6	0.2	12.2	33.0	17.0
17:00~18:00	37.2	0.1	17.7	26.5	18.5
18:00~19:00	32.0	0.1	30.9	11.2	25.8
19:00~20:00	33.5	0.1	28.9	11.6	25.9
20:00~21:00	29.9	0.1	26.3	18.4	25.3
21:00~22:00	31.6	0.1	24.6	18.8	24.9
22:00~23:00	32.0	0.1	23.8	20.7	23.4
23:00~24:00	36.8	0.1	17.5	24.3	21.3
24:00~25:00	37.5	0.1	14.8	24.3	23.3
25:00~26:00	35.6	0.1	13.4	25.0	25.9

表 3.16.4　2016 年江苏市场收视份额排名前十位的频道

名次	频道名称	收视份额(%)
1	江苏电视台综艺频道	5.9
2	江苏卫视	5.2
3	中央台三套	5.0
4	中央台八套	4.3
5	江苏电视台城市频道	4.1
6	湖南卫视	4.0
7	中央台六套	3.8
8	中央台四套	3.7
9	中央电视台综合频道	3.2
10	江苏电视台影视频道	3.0

表 3.16.5 2016 年江苏市场各主要频道的观众构成(%)

目标观众		所有频道	主要频道				
			江苏电视台综艺频道	江苏卫视	中央台三套	中央台八套	江苏电视台城市频道
4 岁及以上所有人		100.0	100.0	100.0	100.0	100.0	100.0
城乡	城市	43.1	25.7	42.4	39.5	40.4	44.3
	农村	56.9	74.3	57.6	60.5	59.6	55.7
性别	男	49.6	45.2	45.5	47.2	47.4	49.8
	女	50.4	54.8	54.5	52.8	52.6	50.2
年龄	4~14 岁	9.9	4.8	6.6	5.2	5.8	3.2
	15~24 岁	6.2	6.4	7.6	3.8	3.3	6.9
	25~34 岁	11.8	14.7	11.5	5.8	6.7	8.3
	35~44 岁	13.3	7.1	13.4	10.8	11.7	9.9
	45~54 岁	21.6	25.1	22.1	28.4	24.5	34.4
	55~64 岁	16.7	20.6	17.6	17.5	25.5	18.9
	65 岁及以上	20.5	21.3	21.2	28.5	22.5	18.4
教育程度	未受过正规教育	12.8	14.1	6.6	15.9	13.0	6.9
	小学	23.9	24.2	27.7	31.2	30.1	23.1
	初中	34.6	40.9	36.5	33.6	40.5	38.0
	高中	18.6	12.4	18.2	13.9	11.9	21.4
	大学及以上	10.1	8.4	11.0	5.4	4.5	10.6
职业类别	干部/管理人员	1.9	0.8	2.0	1.1	1.8	1.5
	个体/私营企业人员	11.9	16.0	19.4	10.9	9.2	21.8
	初级公务员/雇员	12.9	9.9	12.7	12.5	9.1	10.4
	工人	19.4	24.5	19.2	16.4	17.5	18.1
	学生	7.4	2.6	6.0	3.8	4.8	2.7
	无业	26.6	18.2	19.9	24.6	26.9	23.5
	其他	19.9	28.0	20.8	30.7	30.7	22.0
个人月收入	0~300 元	25.2	26.7	19.2	19.7	24.7	10.0
	301~900 元	9.3	10.1	8.7	16.5	13.4	8.4
	901~1700 元	14.5	17.8	17.9	19.8	16.8	14.3
	1701~2600 元	18.0	19.4	18.4	18.5	22.7	21.6
	2601~3500 元	16.4	14.3	19.4	11.7	11.2	28.2
	3501 元及以上	16.6	11.7	16.4	13.8	11.2	17.5

表 3.16.6 2014~2016 年江苏市场各类节目的播出份额(%)和收视份额(%)

节目类别	2014 年		2015 年		2016 年	
	播出份额	收视份额	播出份额	收视份额	播出份额	收视份额
财经	1.9	0.5	1.9	0.5	1.4	0.5
电视剧	21.0	37.6	20.8	34.1	21.3	30.0
电影	3.8	4.0	3.6	4.8	3.9	5.4
法制类	1.1	1.8	1.0	1.6	0.9	1.4
教学	0.3	0.1	0.3	0.1	0.2	0.0
青少	7.0	5.9	6.6	6.4	6.7	6.6
生活服务	9.8	5.6	9.0	6.3	8.6	6.4
体育	3.1	1.6	3.2	1.7	3.4	2.5
外语	0.0	0.0	0.0	0.0	0.0	0.0
戏剧	0.7	0.4	0.8	0.5	0.8	0.7
新闻/时事	14.6	10.6	14.5	9.3	14.6	10.5
音乐	2.5	0.7	2.6	1.0	1.9	1.3
专题	12.0	4.3	13.8	5.1	14.2	5.5
综艺	9.3	14.5	9.4	16.6	9.8	17.6
其他	12.9	12.4	12.5	12.0	12.3	11.6

表 3.16.7　2016 年江苏市场所有节目收视率排名前三十位

名次	节目名称	节目类型	播出频道	平均收视率(%)	平均占有率(%)
1	2016 中央电视台春节联欢晚会	综艺	中央台三套	7.9	18.8
2	2016 中央电视台元宵晚会	综艺	中央台三套	6.7	18.0
3	奥林匹克在里约:2016 年第 31 届奥运会羽毛球男单决赛	体育	中央台五套	4.9	15.2
4	奥林匹克在里约 颁奖仪式	体育	中央台五套	4.8	19.5
5	2016 我们更幸福江苏卫视春节联欢晚会	综艺	江苏卫视	4.5	16.1
6	奥林匹克在里约:2016 年第 31 届奥运会男子举重 56 公斤级决赛	体育	中央台五套	4.2	20.1
7	玉海棠	电视剧	江苏电视台综艺频道	4.2	11.5
8	独立纵队二	电视剧	江苏电视台综艺频道	4.1	13.8
9	铁血战狼	电视剧	江苏电视台综艺频道	4.1	11.4
10	奥林匹克在里约:2016 年第 31 届奥运会射击女子 10 米气手枪决赛	体育	中央台五套	4.0	14.6
11	奥林匹克在里约:2016 年第 31 届奥运会乒乓球男单半决赛	体育	中央台五套	3.9	15.2
12	义道	电视剧	江苏电视台综艺频道	3.9	11.7
13	女医明妃传	电视剧	江苏卫视	3.9	11.2
14	筑梦海疆歌嘹亮	综艺	中央台三套	3.9	10.8
15	2017 跨年演唱会 17 聚幸福	音乐	江苏卫视	3.7	14.2
16	寒山令	电视剧	江苏电视台综艺频道	3.7	11.5
17	女医明妃传开播盛典	综艺	江苏卫视	3.7	10.8
18	2016 中央电视台中秋晚会	综艺	中央台三套	3.7	10.7
19	雪海	电视剧	江苏电视台综艺频道	3.6	12.1
20	港囧	电影	江苏卫视	3.6	11.6
21	兄弟们开火	电视剧	江苏电视台综艺频道	3.6	10.8
22	举起手来	电影	中央台六套	3.5	11.7
23	我们的绝地反击	电视剧	江苏电视台综艺频道	3.5	10.6
24	奥林匹克在里约:2016 年第 31 届奥运会射箭男子团体决赛	体育	中央台五套	3.5	10.0

续表

名次	节目名称	节目类型	播出频道	平均收视率（%）	平均占有率（%）
25	奥林匹克在里约：2016年第31届奥运会女排小组赛第二轮（中国VS意大利）	体育	中央台五套	3.5	9.9
26	捉妖记	电影	中央台六套	3.5	9.8
27	奥林匹克在里约：2016年第31届奥运会女子双人3米跳板决赛	体育	中央台五套	3.4	14.8
28	奥林匹克在里约：2016年第31届奥运会女子单人艇1/4决赛	体育	中央台五套	3.4	10.9
29	奥林匹克在里约：2016年第31届奥运会游泳女4×100米自由泳接力决赛	体育	中央台五套	3.4	10.2
29	微微一笑很倾城	电视剧	江苏卫视	3.4	10.2

表3.16.8　2016年江苏市场电视剧收视率排名前十位

名次	节目名称	播出频道	平均收视率（%）	平均占有率（%）
1	玉海棠	江苏电视台综艺频道	4.2	11.5
2	独立纵队二	江苏电视台综艺频道	4.1	13.8
3	铁血战狼	江苏电视台综艺频道	4.1	11.4
4	义道	江苏电视台综艺频道	3.9	11.7
5	女医明妃传	江苏卫视	3.9	11.2
6	寒山令	江苏电视台综艺频道	3.7	11.5
7	雪海	江苏电视台综艺频道	3.6	12.1
8	兄弟们开火	江苏电视台综艺频道	3.6	10.8
9	我们的绝地反击	江苏电视台综艺频道	3.5	10.6
10	微微一笑很倾城	江苏卫视	3.4	10.2

表3.16.9　2016年江苏市场新闻节目收视率排名前十位

名次	节目名称	播出频道	平均收视率（%）	平均占有率（%）
1	筑梦天宫	中央电视台新闻频道	2.3	8.2
2	海峡两岸	中央台四套	1.7	5.0
3	零距离	江苏电视台城市频道	1.6	6.7
4	转播中央台新闻联播	江苏卫视	1.5	6.3
5	中国新闻	中央台四套	1.4	4.3
6	今日关注	中央台四套	1.3	4.7
7	新闻联播	中央电视台新闻频道	1.2	5.0
8	李克强总理会见中外记者并回答提问	中央电视台新闻频道	1.2	3.3
9	江苏盐城龙卷风冰雹严重灾害特别报道紧急救援在行动	江苏卫视	1.1	5.8
10	2016一年又一年	中央电视台综合频道	1.0	5.7

表 3.16.10　2016 年江苏市场专题节目收视率排名前十位

名次	节目名称	播出频道	平均收视率(%)	平均占有率(%)
1	开创中国特色大国外交新局面习近平主席 2015 年出访实录	中央电视台新闻频道	1.6	6.0
2	等着我	中央台三套	1.5	4.7
3	第十五届汉语桥世界大学生中文比赛(9 月 11 日)	湖南卫视	1.4	4.4
4	本草中国	江苏卫视	1.2	3.7
5	一年级大学季	湖南卫视	1.1	6.3
6	胜利大阅兵	中央台六套	1.1	4.2
7	国家记忆	中央台四套	1.1	3.2
8	中国骄傲	中央电视台综合频道	1.0	12.3
9	筑梦路上 1921 ~ 2016	中央电视台综合频道	1.0	3.1
10	美食纪录片寻味顺德节选	中央电视台综合频道	0.9	3.0

表 3.16.11　2016 年江苏市场综艺节目收视率排名前十位

名次	节目名称	播出频道	平均收视率(%)	平均占有率(%)
1	2016 中央电视台春节联欢晚会	中央台三套	7.9	18.8
2	2016 中央电视台元宵晚会	中央台三套	6.7	18.0
3	2016 我们更幸福江苏卫视春节联欢晚会	江苏卫视	4.5	16.1
4	筑梦海疆歌嘹亮	中央台三套	3.9	10.8
5	女医明妃传开播盛典	江苏卫视	3.7	10.8
6	2016 中央电视台中秋晚会	中央台三套	3.7	10.7
7	亲爱的翻译官精典特辑	湖南卫视	3.2	10.0
8	大学我来了艺考生全景青春观察类真人秀	江苏电视台综艺频道	3.1	10.5
9	一转成双	江苏电视台综艺频道	2.9	10.2
10	主播爱上广场舞	江苏电视台综艺频道	2.9	10.0

表 3.16.12　2016 年江苏市场体育节目收视率排名前十位

名次	节目名称	播出频道	平均收视率（%）	平均占有率（%）
1	奥林匹克在里约:2016 年第 31 届奥运会羽毛球男单决赛	中央台五套	4.9	15.2
2	奥林匹克在里约 颁奖仪式	中央台五套	4.8	19.5
3	奥林匹克在里约:2016 年第 31 届奥运会男子举重 56 公斤级决赛	中央台五套	4.2	20.1
4	奥林匹克在里约:2016 年第 31 届奥运会射击女子 10 米气手枪决赛	中央台五套	4.0	14.6
5	奥林匹克在里约:2016 年第 31 届奥运会乒乓球男单半决赛	中央台五套	3.9	15.2
6	奥林匹克在里约:2016 年第 31 届奥运会射箭男子团体决赛	中央台五套	3.5	10.0
7	奥林匹克在里约:2016 年第 31 届奥运会女排小组赛第二轮（中国 VS 意大利）	中央台五套	3.5	9.9
8	奥林匹克在里约:2016 年第 31 届奥运会女子双人 3 米跳板决赛	中央台五套	3.4	14.8
9	奥林匹克在里约:2016 年第 31 届奥运会女子单人艇 1/4 决赛	中央台五套	3.4	10.9
10	奥林匹克在里约:2016 年第 31 届奥运会游泳女 4×100 米自由泳接力决赛	中央台五套	3.4	10.2

十七、江西收视数据

表 3.17.1　2012~2016 年江西市场各类频道的市场占有率(%)

频道类别	年份				
	2012 年	2013 年	2014 年	2015 年	2016 年
中央台频道	35.2	35.6	39.7	30.7	29.9
中国教育台频道	0.8	0.8	0.4	0.1	0.1
江西省级频道	35.2	31.0	22.8	31.2	34.1
其他省级卫视频道	24.9	29.0	32.6	27.3	26.2
其他频道	3.8	3.6	4.5	10.7	9.7

表 3.17.2　2016 年江西市场各类频道在不同目标观众中的市场占有率(%)

目标观众		中央台频道	中国教育台频道	江西省级频道	其他省级卫视频道	其他频道
4 岁及以上所有人		29.9	0.1	34.1	26.2	9.7
城乡	城市	31.4	0.1	33.1	22.1	13.3
	农村	29.5	0.1	34.5	27.4	8.5
性别	男	31.0	0.1	34.1	25.1	9.7
	女	28.8	0.1	34.2	27.4	9.5
年龄组	4~14 岁	28.1	0.0	22.0	42.6	7.3
	15~24 岁	25.4	0.0	26.6	40.3	7.7
	25~34 岁	33.2	0.1	25.8	31.2	9.7
	35~44 岁	31.6	0.1	31.3	26.1	10.9
	45~54 岁	28.7	0.1	46.2	15.8	9.2
	55~64 岁	33.6	0.1	37.6	16.8	11.9
	65 岁及以上	29.2	0.1	46.8	12.0	11.9
教育程度	未受过正规教育	29.2	0.1	31.8	30.8	8.1
	小学	28.0	0.1	35.1	27.2	9.6
	初中	30.2	0.1	34.2	25.6	9.9
	高中	32.4	0.0	36.0	21.7	9.9
	大学及以上	36.4	0.1	28.3	24.4	10.8
职业类别	干部/管理人员	41.1	0.0	28.4	18.6	11.9
	个体/私营企业人员	31.2	0.0	34.2	23.4	11.2
	初级公务员/雇员	31.7	0.1	32.3	25.1	10.8
	工人	31.8	0.1	35.8	22.9	9.4
	学生	26.1	0.0	20.5	45.6	7.8
	无业	30.2	0.1	36.0	23.6	10.1
	其他	29.4	0.1	41.9	19.2	9.4
个人月收入	0~300 元	27.5	0.0	29.1	35.0	8.4
	301~900 元	27.9	0.1	42.1	20.4	9.5
	901~1700 元	30.7	0.1	36.0	22.0	11.2
	1701~2600 元	32.1	0.1	36.6	20.2	11.0
	2601~3500 元	32.4	0.1	37.9	19.3	10.3
	3501 元及以上	35.3	0.1	35.2	19.6	9.8

表 3.17.3　2016 年江西市场各类频道在不同时段的市场占有率(%)

时间段	中央台频道	中国教育台频道	江西省级频道	其他省级卫视频道	其他频道
02:00~03:00	23.0	0.1	38.0	17.5	21.4
03:00~04:00	24.4	0.2	37.4	18.5	19.5
04:00~05:00	27.3	0.0	35.8	20.7	16.2
05:00~06:00	29.7	0.2	29.3	29.3	11.5
06:00~07:00	37.5	0.0	27.7	25.6	9.2
07:00~08:00	36.1	0.1	30.4	26.0	7.4
08:00~09:00	35.2	0.1	24.5	32.4	7.8
09:00~10:00	34.6	0.1	20.0	36.8	8.5
10:00~11:00	31.9	0.1	23.6	35.4	9.0
11:00~12:00	35.5	0.1	22.0	33.8	8.6
12:00~13:00	36.5	0.1	25.0	30.1	8.3
13:00~14:00	33.3	0.1	24.5	32.8	9.3
14:00~15:00	31.0	0.1	22.9	36.4	9.6
15:00~16:00	28.9	0.2	25.1	36.2	9.6
16:00~17:00	28.2	0.1	25.5	37.4	8.8
17:00~18:00	33.0	0.1	24.8	33.1	9.0
18:00~19:00	32.8	0.0	35.4	21.7	10.1
19:00~20:00	32.3	0.0	38.8	19.9	9.0
20:00~21:00	25.0	0.0	41.3	24.7	9.0
21:00~22:00	27.4	0.1	41.6	21.9	9.0
22:00~23:00	24.1	0.0	45.2	19.2	11.5
23:00~24:00	26.0	0.0	41.7	18.7	13.6
24:00~25:00	26.4	0.0	43.0	15.8	14.8
25:00~26:00	25.3	0.1	41.1	15.2	18.3

表 3.17.4　2016 年江西市场收视份额排名前十位的频道

名次	频道名称	收视份额(%)
1	江西电视台影视频道(四套)	7.7
2	江西电视台都市频道(二套)	7.6
3	湖南电视台金鹰卡通频道	5.9
4	江西卫视	5.8
5	中央电视台少儿频道	5.1
6	湖南卫视	4.8
7	江西电视台公共频道(五套)	4.5
8	中央台三套	3.8
9	中央台六套	3.6
9	江西电视台少儿家庭频道	3.6

表 3.17.5　2016 年江西市场各主要频道的观众构成(%)

目标观众		所有频道	主要频道				
			江西电视台影视频道(四套)	江西电视台都市频道(二套)	湖南电视台金鹰卡通频道	江西卫视	中央电视台少儿频道
4 岁及以上所有人		100.0	100.0	100.0	100.0	100.0	100.0
城乡	城市	23.3	17.7	27.5	14.2	27.4	13.8
	农村	76.7	82.3	72.5	85.8	72.6	86.2
性别	男	53.0	58.7	50.2	56.2	47.5	48.1
	女	47.0	41.3	49.8	43.8	52.5	51.9
年龄	4~14 岁	20.5	7.4	9.0	53.4	11.9	54.5
	15~24 岁	8.8	5.9	4.8	7.0	9.8	7.7
	25~34 岁	10.1	5.2	7.7	8.9	7.8	11.5
	35~44 岁	14.1	12.4	12.7	8.7	14.2	4.9
	45~54 岁	20.6	40.1	26.4	10.6	21.2	8.4
	55~64 岁	14.8	14.2	19.8	8.4	20.0	10.5
	65 岁及以上	11.1	14.8	19.6	3.0	15.1	2.5
教育程度	未受过正规教育	12.1	7.2	14.9	26.1	10.5	34.7
	小学	37.3	40.3	34.6	42.6	39.2	36.5
	初中	30.3	33.5	27.8	20.5	29.6	18.9
	高中	14.3	15.8	16.4	8.8	14.7	7.5
	大学及以上	6.0	3.2	6.3	2.0	6.0	2.4
职业类别	干部/管理人员	0.9	0.7	0.9	0.1	0.7	0.2
	个体/私营企业人员	10.3	9.0	12.0	7.2	9.2	5.5
	初级公务员/雇员	6.9	5.9	7.5	3.3	6.5	3.5
	工人	16.1	21.2	15.5	7.8	16.6	8.9
	学生	16.1	5.1	6.3	31.9	12.7	26.6
	无业	29.4	29.0	35.5	35.3	25.9	39.5
	其他	20.3	29.1	22.3	14.4	28.4	15.8
个人月收入	0~300 元	39.6	25.1	33.8	67.5	33.2	72.3
	301~900 元	10.2	15.6	9.4	9.1	15.1	4.8
	901~1700 元	14.5	17.6	15.4	6.5	14.8	5.6
	1701~2600 元	14.9	17.2	18.1	8.6	17.0	7.3
	2601~3500 元	12.9	15.7	14.6	4.8	12.6	5.5
	3501 元及以上	7.9	8.8	8.7	3.5	7.3	4.5

表 3.17.6　2014~2016 年江西市场各类节目的播出份额(%)和收视份额(%)

节目类型	2014 年		2015 年		2015 年	
	播出份额	收视份额	播出份额	收视份额	播出份额	收视份额
财经	1.7	0.4	1.8	0.5	1.3	0.3
电视剧	21.7	36.4	22.4	39.0	22.9	37.7
电影	4.7	4.0	4.3	5.9	4.1	5.6
法制	1.1	2.6	1.0	2.3	0.9	2.0
教学	0.3	0.0	0.3	0.1	0.4	0.0
青少	7.2	7.1	6.9	10.7	7.1	11.9
生活服务	10.1	7.7	9.0	5.6	8.4	5.5
体育	2.7	0.8	2.8	0.8	3.2	1.1
外语	0.0	0.0	0.0	0.0	0.0	0.0
戏剧	0.7	0.4	0.8	0.2	0.8	0.2
新闻/时事	14.3	12.1	14.3	8.7	14.3	9.2
音乐	2.5	0.5	2.5	1.2	1.9	1.2
专题	11.6	4.6	13.3	6.7	13.8	6.0
综艺	8.6	7.9	8.7	8.2	9.1	9.1
其他	12.8	15.5	12.0	10.1	11.8	10.2

表 3.17.7　2016 年江西市场所有节目收视率排名前三十位

名次	节目名称	节目类型	播出频道	平均收视率（%）	平均占有率（%）
1	抗日惊花	电视剧	江西电视台影视频道（四套）	5.3	27.2
2	举起手来	电影	中央台六套	4.6	14.9
3	天气预报	生活服务	江西卫视	4.4	24.9
4	生死搏杀	电视剧	江西电视台公共频道（五套）	4.4	14.7
5	抗日枪王	电视剧	江西电视台影视频道（四套）	4.2	22.3
6	你是我的姐妹	电视剧	江西卫视	4.1	12.0
7	秘杀行动	电视剧	江西电视台影视频道（四套）	4.0	18.3
8	烈火悍将	电视剧	江西电视台影视频道（四套）	3.9	16.7
9	烽火英豪	电视剧	江西电视台影视频道（四套）	3.8	20.7
10	奥林匹克在里约：2016 年第 31 届奥运会羽毛球男单决赛	体育	中央台五套	3.6	13.3
11	情谜睡美人	电视剧	江西卫视	3.6	13.2
12	晚间 800	法制	江西电视台都市频道（二套）	3.6	11.9
13	乱世英豪	电视剧	江西电视台影视频道（四套）	3.5	14.9
14	越战越勇（5 月 23 日）	综艺	中央台三套	3.5	12.3
15	都市情缘	专题	江西电视台都市频道（二套）	3.4	12.7
16	烈火情仇	电视剧	江西电视台都市频道（二套）	3.4	11.6
17	碧血书香梦	电视剧	江西卫视	3.4	10.8
18	新龙门客栈	电影	中央台六套	3.3	11.9
19	女战神	电视剧	江西电视台红色经典频道（七套）	3.3	11.5
20	喜羊羊与灰太狼三兔年顶呱呱	电影	中央电视台少儿频道	3.3	10.8
21	黑狐之风影	电视剧	江西电视台公共频道（五套）	3.2	11.8
22	情满雪阳花	电视剧	江西卫视	3.1	12.8
23	希望使命	电视剧	江西电视台公共频道（五套）	3.1	11.8
24	姐妹情敌	电视剧	江西电视台都市频道（二套）	3.1	11.2
24	深宅雪	电视剧	江西电视台都市频道（二套）	3.1	11.2
26	蜂鸟出击	电视剧	江西电视台都市频道（二套）	3.1	10.2
27	铁血英豪	电视剧	江西电视台影视频道（四套）	3.0	12.2
28	江湖英雄	电视剧	江西电视台公共频道（五套）	3.0	10.4
28	麦咭先锋剧场：喜羊羊与灰太狼嘻哈闯世界	青少	湖南电视台金鹰卡通频道	3.0	10.4
30	飞车搏杀	电视剧	江西电视台影视频道（四套）	3.0	10.1

表 3.17.8　2016 年江西市场电视剧收视率排名前十位

名次	节目名称	播出频道	平均收视率(%)	平均占有率(%)
1	抗日惊花	江西电视台影视频道(四套)	5.3	27.2
2	生死搏杀	江西电视台公共频道(五套)	4.4	14.7
3	抗日枪王	江西电视台影视频道(四套)	4.2	22.3
4	你是我的姐妹	江西卫视	4.1	12.0
5	秘杀行动	江西电视台影视频道(四套)	4.0	18.3
6	烈火悍将	江西电视台影视频道(四套)	3.9	16.7
7	烽火英豪	江西电视台影视频道(四套)	3.8	20.7
8	情谜睡美人	江西卫视	3.6	13.2
9	乱世英豪	江西电视台影视频道(四套)	3.5	14.9
10	烈火情仇	江西电视台都市频道(二套)	3.4	11.6

表 3.17.9　2016 年江西市场新闻节目收视率排名前十位

名次	节目名称	播出频道	平均收视率(%)	平均占有率(%)
1	百万心愿 17 共享 12 月 31 日 22:00 跨年抢先看	江西电视台都市频道(二套)	2.4	7.1
2	都市现场	江西电视台都市频道(二套)	2.1	13.2
3	江西新闻联播	江西卫视	1.8	11.9
4	转播中央台新闻联播	江西卫视	1.8	8.8
5	特别报道	江西卫视	1.3	4.8
6	李克强总理会见中外记者并回答提问	中央电视台综合频道	1.1	3.6
7	今日关注	中央台四套	1.0	4.2
8	筑梦天宫	中央电视台新闻频道	1.0	3.9
9	海峡两岸	中央台四套	1.0	3.1
10	2016 一年又一年	中央电视台新闻频道	1.0	2.9

表 3.17.10　2016 年江西市场专题节目收视率排名前十位

名次	节目名称	播出频道	平均收视率(%)	平均占有率(%)
1	都市情缘	江西电视台都市频道(二套)	3.4	12.7
2	中国诗词大会(3 月 18 日)	中央电视台综合频道	2.1	6.5
3	感动中国 2015 年度人物颁奖盛典	中央电视台综合频道	1.4	5.1
4	胜利大阅兵	中央台六套	1.1	5.2
5	一年级大学季	湖南卫视	1.0	9.0
6	楚墓劫余记	中央台十套	1.0	6.2
7	中非南海争议	中央电视台新闻频道	1.0	3.4
8	金牌调解	江西卫视	0.9	5.6
9	法治的力量 2015 年度江西十大法治人文颁奖礼	江西电视台公共频道(五套)	0.9	4.1
10	开创中国特色大国外交新局面习近平主席 2015 年出访实录	中央电视台综合频道	0.9	4.0

表 3.17.11　2016 年江西市场综艺节目收视率排名前十位

名次	节目名称	播出频道	平均收视率（%）	平均占有率（%）
1	越战越勇(5 月 23 日)	中央台三套	3.5	12.3
2	2016 中央电视台春节联欢晚会	江西电视台都市频道(二套)	2.8	9.2
3	中秋之夜	湖南卫视	2.5	8.7
4	2016 湖南卫视小年夜春晚	湖南卫视	2.4	10.5
5	星光大道(12 月 29 日)	中央台三套	2.4	7.0
6	11th 中国金鹰电视艺术节第 28 届中国电视金鹰奖颁奖晚会暨闭幕式	湖南卫视	2.3	8.9
7	黄金 100 秒(6 月 19 日)	中央台三套	2.3	8.6
8	2016 元宵喜乐会	湖南卫视	2.2	8.3
9	中国新歌声(8 月 12 日)	浙江卫视	1.9	8.8
10	2016 中央电视台中秋晚会	中央台四套	1.9	6.0

表 3.17.12　2016 年江西市场体育节目收视率排名前十位

名次	节目名称	播出频道	平均收视率（%）	平均占有率（%）
1	奥林匹克在里约:2016 年第 31 届奥运会羽毛球男单决赛	中央台五套	3.6	13.3
2	奥林匹克在里约:2016 年第 31 届奥运会乒乓球男单半决赛	中央台五套	2.7	12.7
3	奥林匹克在里约:2016 年第 31 届奥运会女子单人艇决赛	中央台五套	2.5	9.7
4	奥林匹克在里约:2016 年第 31 届奥运会女排小组赛第二轮(中国 VS 意大利)	中央台五套	2.5	8.1
5	奥林匹克在里约:2016 年第 31 届奥运会田径女子 3000 米障碍第一轮	中央台五套	2.4	8.8
6	奥林匹克在里约 颁奖仪式	中央台五套	2.2	13.8
7	奥林匹克在里约:2016 年第 31 届奥运会女子 100 米蛙泳决赛	中央台五套	2.1	8.3
8	奥林匹克在里约:2016 年第 31 届奥运会男子举重 56 公斤级决赛	中央台五套	2.0	10.1
9	奥林匹克在里约:2016 年第 31 届奥运会男篮小组赛(委内瑞拉队 VS 中国队)	中央台五套	2.0	7.1
10	奥林匹克在里约:2016 年第 31 届奥运会体操女子团体决赛	中央台五套	2.0	6.9

十八、辽宁收视数据

表 3.18.1　2012 ~ 2016 年辽宁市场各类频道的市场占有率(%)

频道类别	年份				
	2012 年	2013 年	2014 年	2015 年	2016 年
中央台频道	31.0	33.5	33.9	35.6	35.2
中国教育台频道	0.6	0.6	0.4	0.3	0.2
辽宁省级频道	26.0	23.3	24.1	22.3	24.2
其他省级卫视频道	32.3	31.8	28.6	28.1	25.7
其他频道	10.1	10.8	13.0	13.7	14.7

表 3.18.2　2016 年辽宁市场各类频道在不同目标观众中的市场占有率(%)

目标观众		中央台频道	中国教育台频道	辽宁省级频道	其他省级卫视频道	其他频道
4 岁及以上所有人		35.2	0.2	24.2	25.7	14.7
城乡	城市	35.5	0.1	23.6	26.1	14.7
	农村	34.9	0.3	24.8	25.3	14.7
性别	男	37.2	0.2	24.8	22.8	15.0
	女	33.3	0.2	23.7	28.4	14.4
年龄	4 ~ 14 岁	32.0	0.2	11.9	39.5	16.4
	15 ~ 24 岁	28.4	0.2	19.1	33.1	19.2
	25 ~ 34 岁	30.5	0.1	13.6	39.2	16.6
	35 ~ 44 岁	34.9	0.3	19.0	27.9	17.9
	45 ~ 54 岁	31.4	0.2	28.5	25.8	14.1
	55 ~ 64 岁	38.9	0.3	28.1	18.8	13.9
	65 岁及以上	41.8	0.2	29.7	17.1	11.2
教育程度	未受过正规教育	33.4	0.1	20.2	32.8	13.5
	小学	34.6	0.3	24.6	25.4	15.1
	初中	34.9	0.2	26.9	24.1	13.9
	高中	36.0	0.2	20.8	27.4	15.6
	大学及以上	38.1	0.2	16.3	29.0	16.4
职业类别	干部/管理人员	42.2	0.1	18.8	26.0	12.9
	个体/私营企业人员	35.1	0.2	23.5	25.9	15.3
	初级公务员/雇员	36.1	0.2	20.0	27.3	16.4
	工人	33.8	0.2	23.0	27.4	15.6
	学生	31.2	0.2	14.2	37.7	16.7
	无业	37.7	0.2	24.6	24.5	13.0
	其他	33.2	0.4	29.9	21.4	15.1
个人月收入	0 ~ 300 元	34.5	0.2	17.7	30.9	16.7
	301 ~ 900 元	33.9	0.3	29.9	21.7	14.2
	901 ~ 1700 元	34.9	0.3	30.7	21.6	12.5
	1701 ~ 2600 元	36.0	0.2	25.9	23.8	14.1
	2601 ~ 3500 元	35.3	0.1	23.0	27.6	14.0
	3501 元及以上	36.7	0.2	21.1	25.2	16.8

表 3.18.3　2016 年辽宁市场各类频道不同时段的市场占有率(%)

时间段	中央台频道	中国教育台频道	辽宁省级频道	其他省级卫视频道	其他频道
02:00~03:00	41.1	0.5	12.6	27.2	18.6
03:00~04:00	41.8	0.9	14.0	23.4	19.9
04:00~05:00	46.8	0.5	14.7	23.0	15.0
05:00~06:00	39.4	0.5	31.2	16.8	12.1
06:00~07:00	33.2	0.1	41.5	12.1	13.1
07:00~08:00	36.1	0.3	35.6	13.4	14.6
08:00~09:00	40.6	0.5	18.6	24.8	15.5
09:00~10:00	37.7	0.6	12.9	32.9	15.9
10:00~11:00	37.0	0.5	11.1	36.3	15.1
11:00~12:00	37.4	0.3	13.7	35.0	13.6
12:00~13:00	35.6	0.1	20.5	30.9	12.9
13:00~14:00	37.6	0.3	10.1	37.8	14.2
14:00~15:00	36.5	0.3	9.7	38.7	14.8
15:00~16:00	36.4	0.5	10.9	37.8	14.4
16:00~17:00	36.5	0.4	14.0	35.9	13.2
17:00~18:00	29.5	0.1	34.9	22.5	13.0
18:00~19:00	30.5	0.1	43.7	9.4	16.3
19:00~20:00	35.9	0.1	33.4	14.9	15.7
20:00~21:00	33.3	0.1	27.0	25.9	13.7
21:00~22:00	36.1	0.1	24.0	25.7	14.1
22:00~23:00	35.6	0.1	13.4	34.1	16.8
23:00~24:00	35.0	0.1	13.8	34.7	16.4
24:00~25:00	38.0	0.3	12.1	31.6	18.0
25:00~26:00	40.7	0.4	11.1	29.0	18.8

表 3.18.4　2016 年辽宁市场收视份额排名前十位的频道

名次	频道名称	收视份额(%)
1	辽宁广播电视台都市频道	7.9
2	辽宁卫视	5.9
3	中央台三套	4.8
4	中央台四套	4.4
5	中央台八套	3.9
6	中央台六套	3.8
6	中央台五套	3.0
8	湖南卫视	2.8
9	中央电视台新闻频道	2.7
10	中央电视台少儿频道	2.6

表 3.18.5　2016 年辽宁市场各主要频道的观众构成(%)

目标观众		所有频道	主要频道				
			辽宁广播电视台都市频道	辽宁卫视	中央台三套	中央台四套	中央台八套
4 岁及以上所有人		100.0	100.0	100.0	100.0	100.0	100.0
城乡	城市	48.7	52.7	41.6	48.5	56.3	44.6
	农村	51.3	47.3	58.4	51.5	43.7	55.4
性别	男	48.9	48.6	50.9	48.2	57.1	44.4
	女	51.1	51.4	49.1	51.8	42.9	55.6
年龄组	4~14 岁	7.3	3.0	4.3	3.6	1.9	5.7
	15~24 岁	5.7	5.2	3.6	4.1	3.0	3.4
	25~34 岁	9.5	5.7	4.9	7.2	4.1	4.9
	35~44 岁	13.5	9.2	11.2	10.4	7.7	13.0
	45~54 岁	24.4	31.4	21.0	21.0	22.2	23.7
	55~64 岁	20.4	22.6	22.7	29.8	22.3	24.2
	65 岁及以上	19.3	22.9	32.3	23.9	38.8	25.1
教育程度	未受过正规教育	3.7	2.3	3.5	2.5	1.1	3.6
	小学	25.9	24.0	23.5	26.4	25.0	26.6
	初中	46.6	53.4	53.4	49.3	47.5	47.1
	高中	15.4	14.1	13.7	14.1	17.3	17.6
	大学及以上	8.5	6.2	5.9	7.7	9.2	5.1
职业类别	干部/管理人员	0.7	0.8	0.5	0.5	0.9	0.2
	个体/私营企业人员	7.8	9.0	6.4	9.2	5.7	7.2
	初级公务员/雇员	6.7	5.6	7.4	5.8	6.7	5.4
	工人	19.9	19.5	14.3	18.0	15.0	20.1
	学生	7.1	4.1	4.7	4.8	2.8	5.4
	无业	36.3	42.8	37.7	40.0	47.9	39.5
	其他	21.5	18.3	29.0	21.7	21.1	22.2
个人月收入	0~300 元	26.5	20.0	22.2	22.9	20.7	24.8
	301~900 元	8.1	7.9	10.2	9.0	7.0	9.7
	901~1700 元	19.4	23.6	24.6	20.7	18.4	24.1
	1701~2600 元	26.6	32.3	25.3	27.4	36.0	22.6
	2601~3500 元	12.0	10.4	12.7	14.2	8.8	13.5
	3501 元及以上	7.4	5.7	5.0	5.9	9.0	5.2

表 3.18.6　2014~2016 年辽宁市场各类节目的播出份额(%)和收视份额(%)

节目类别	2014 年		2015 年		2016 年	
	播出份额	收视份额	播出份额	收视份额	播出份额	收视份额
财经	1.8	0.4	1.5	0.6	1.3	0.6
电视剧	20.3	30.9	24.6	28.4	26.6	27.5
电影	4.4	5.1	4.1	5.5	3.9	4.7
法制	1.2	1.2	1.0	1.6	0.9	1.2
教学	0.3	0.0	0.2	0.1	0.2	0.0
青少	7.1	5.1	5.9	5.4	6.5	5.4
生活服务	11.3	8.0	12.8	7.7	10.1	7.0
体育	3.6	3.0	3.4	3.4	3.4	4.1
外语	0.0	0.0	0.0	0.0	0.0	0.0
戏剧	0.7	0.2	0.7	0.3	0.8	0.3
新闻/时事	14.1	14.3	9.8	13.6	9.8	14.3
音乐	2.5	0.9	2.5	1.7	1.7	1.5
专题	11.9	5.8	12.7	6.4	13.3	6.3
综艺	8.9	13.8	7.4	14.5	7.9	16.2
其他	12.1	11.2	13.4	10.9	13.7	10.8

表 3.18.7 2016 年辽宁市场所有节目收视率排名前三十位

名次	节目名称	节目类别	播出频道	平均收视率（%）	平均占有率（%）
1	2016 辽宁卫视春节联欢晚会万家灯火幸福年	综艺	辽宁卫视	20.6	52.6
2	奥林匹克在里约:2016 年第 31 届奥运会羽毛球男单半决赛	体育	中央台五套	8.8	25.1
3	现场直播:2015/2016 赛季 CBA 联赛半决赛第三场（辽宁药都本溪 VS 广东东莞银行）	体育	辽宁广播电视台体育频道	7.6	18.4
4	奥林匹克在里约:2016 年第 31 届奥运会男子 50 米自由泳决赛	体育	中央台五套	7.1	20.5
5	奥林匹克在里约:2016 年第 31 届奥运会场地自行车女子团体竞速赛	体育	中央台五套	6.7	19.6
6	奥林匹克在里约:2016 年第 31 届奥运会女排小组赛第二轮（中国 VS 意大利）	体育	中央台五套	6.6	22.0
7	奥林匹克在里约:2016 年第 31 届奥运会女子 100 米预赛第 4 组	体育	中央台五套	6.6	19.5
8	奥林匹克在里约 颁奖仪式	体育	中央台五套	6.5	33.9
9	奥林匹克在里约:2016 年第 31 届奥运会乒乓球男单半决赛	体育	中央台五套	6.5	30.0
10	2016 中央电视台春节联欢晚会	综艺	辽宁卫视	6.5	12.3
11	2016 九州同乐又一年 2016 百姓春晚倒计时	综艺	辽宁广播电视台都市频道	5.8	17.4
12	芈月传	电视剧	上海东方卫视	5.8	13.5
13	奥林匹克在里约:2016 年第 31 届奥运会体操女子团体决赛	体育	中央台五套	5.7	15.6
14	芈月传	电视剧	北京卫视	5.1	12.0
15	奥林匹克在里约:2016 年第 31 届奥运会女子双人 10 米跳台决赛	体育	中央台五套	5.0	16.6
16	小锅盖娶亲	电影	中央台六套	5.0	12.6
17	奥林匹克在里约:2016 年第 31 届奥运会射击女子 10 米气步枪决赛	体育	中央台五套	4.9	19.3
18	新北方	新闻/时事	辽宁广播电视台都市频道	4.9	16.5
19	超级足球之夜:国际足联 18 年世界杯亚洲区预选赛第三阶段 A 组第 2 轮（中国 VS 伊朗）	体育	中央台五套	4.8	13.7
20	奥林匹克在里约:2016 年第 31 届奥运会举重男子 69 公斤级决赛	体育	中央台五套	4.6	14.5

续表

名次	节目名称	节目类别	播出频道	平均收视率(%)	平均占有率(%)
21	直通春晚(1月11日)	综艺	中央台三套	4.6	11.1
22	奥林匹克在里约:2016年第31届奥运会女子单人艇1/4决赛	体育	中央台五套	4.5	16.0
23	奥林匹克在里约:2016年第31届奥运会男篮小组赛(委内瑞拉队VS中国队)	体育	中央台五套	4.4	13.1
24	奥林匹克在里约:2016年第31届奥运会射箭男子团体决赛	体育	中央台五套	4.3	12.3
25	大年初一立春	电视剧	辽宁卫视	4.3	10.4
26	黄金赛场 CBA总决赛颁奖仪式	体育	中央台五套	4.1	14.8
27	喜到福到好运到2016春节特别节目	综艺	中央台三套	3.8	9.9
28	奥林匹克在里约:2016年第31届奥运会射击女子10米气手枪决赛	体育	中央台五套	3.7	17.8
29	奥林匹克在里约:2016年第31届奥运会蹦床女子决赛	体育	中央台五套	3.7	12.5
30	微纪实系列片我是党员	专题	辽宁广播电视台都市频道	3.7	11.6

表3.18.8　2016年辽宁市场电视剧收视率排名前十位

名次	节目名称	播出频道	平均收视率(%)	平均占有率(%)
1	芈月传	上海东方卫视	5.8	13.5
2	芈月传	北京卫视	5.1	12.0
3	大年初一立春	辽宁卫视	4.3	10.4
4	擒蛇	辽宁广播电视台影视剧频道	3.2	8.8
5	我是你的眼	辽宁卫视	3.1	8.1
6	芈月传	辽宁卫视	3.1	7.8
7	九九	辽宁广播电视台都市频道	2.7	7.8
8	游击英雄	辽宁卫视	2.7	7.5
9	天伦	辽宁卫视	2.7	7.3
10	天怒1931	辽宁广播电视台影视剧频道	2.6	7.3

表 3.18.9　2016 年辽宁市场新闻节目收视率排名前十位

名次	节目名称	播出频道	平均收视率（%）	平均占有率（%）
1	新北方	辽宁广播电视台都市频道	4.9	16.5
2	新闻正前方	辽宁广播电视台都市频道	2.9	18.0
3	转播中央台新闻联播	辽宁卫视	2.2	6.8
4	辽宁新闻	辽宁卫视	2.1	7.1
5	筑梦天宫	中央电视台新闻频道	1.8	6.5
6	中国舆论场	中央台四套	1.8	5.2
7	今日亚洲	中央台四套	1.8	5.0
8	海峡两岸	中央台四套	1.8	4.8
9	今日关注	中央台四套	1.7	6.6
10	两会新观察	辽宁卫视	1.6	4.5

表 3.18.10　2016 年辽宁市场专题节目收视率排名前十位

名次	节目名称	播出频道	平均收视率（%）	平均占有率（%）
1	微纪实系列片我是党员	辽宁广播电视台都市频道	3.7	11.6
2	等着我	中央台三套	2.9	8.8
3	中国诗词大会(2 月 12 日)	中央电视台综合频道	2.6	6.6
4	微纪实系列片我是党员	辽宁卫视	2.0	7.2
5	老梁刨芈月	辽宁卫视	1.9	5.7
6	中国成语大会 2015 八强争夺赛	中央电视台综合频道	1.9	5.4
7	喜剧人故事	上海东方卫视	1.7	12.7
8	芈月传奇	北京卫视	1.7	5.2
9	国家记忆	中央台四套	1.6	4.2
10	感动中国 2015 年度人物颁奖盛典	中央电视台综合频道	1.5	3.9

表 3.18.11　2016 年辽宁市场综艺节目收视率排名前十位

名次	节目名称	播出频道	平均收视率（%）	平均占有率（%）
1	2016 辽宁卫视春节联欢晚会万家灯火幸福年	辽宁卫视	20.6	52.6
2	2016 中央电视台春节联欢晚会	辽宁卫视	6.5	12.3
3	直通春晚(1 月 11 日)	中央台三套	4.6	11.1
4	喜到福到好运到 2016 春节特别节目	中央台三套	3.8	9.9
5	芈月传收官特别节目	上海东方卫视	3.7	8.9
6	2016 中央电视台元宵晚会	中央电视台综合频道	3.5	8.1
7	2016 元宵喜乐会	湖南卫视	3.3	10.5
8	2016 中央电视台中秋晚会	中央台四套	2.8	7.7
9	亲爱的翻译官精典特辑	湖南卫视	2.7	8.7
10	不信你不笑新年乐三天	中央台三套	2.6	7.0

表 3.18.12　2016 年辽宁市场体育节目收视率排名前十位

名次	节目名称	播出频道	平均收视率(%)	平均占有率(%)
1	奥林匹克在里约:2016 年第 31 届奥运会羽毛球男单半决赛	中央台五套	8.8	25.1
2	现场直播:2015/2016 赛季 CBA 联赛半决赛第三场(辽宁药都本溪 VS 广东东莞银行)	辽宁广播电视台体育频道	7.6	18.4
3	奥林匹克在里约:2016 年第 31 届奥运会男子 50 米自由泳决赛	中央台五套	7.1	20.5
4	奥林匹克在里约:2016 年第 31 届奥运会场地自行车女子团体竞速赛	中央台五套	6.7	19.6
5	奥林匹克在里约:2016 年第 31 届奥运会女排小组赛第二轮(中国 VS 意大利)	中央台五套	6.6	22.0
6	奥林匹克在里约:2016 年第 31 届奥运会女子 100 米预赛第 4 组	中央台五套	6.6	19.5
7	奥林匹克在里约 颁奖仪式	中央台五套	6.5	33.9
8	奥林匹克在里约:2016 年第 31 届奥运会乒乓球男单半决赛	中央台五套	6.5	30.0
9	奥林匹克在里约:2016 年第 31 届奥运会体操女子团体决赛	中央台五套	5.7	15.6
10	奥林匹克在里约:2016 年第 31 届奥运会女子双人 10 米跳台决赛	中央台五套	5.0	16.6

十九、内蒙古收视数据

表 3.19.1 2012～2016 年内蒙古市场各类频道的市场占有率(%)

频道类别	年份				
	2012 年	2013 年	2014 年	2015 年	2016 年
中央电视台频道	40.3	42.1	46.0	49.3	54.0
中国教育电视台频道	1.0	0.8	0.4	0.3	0.1
内蒙古自治区级频道	4.3	4.1	4.9	4.8	5.5
其他省级卫视频道	50.7	50.0	46.3	42.2	36.8
其他频道	3.7	3.0	2.4	3.4	3.6

表 3.19.2 2016 年内蒙古市场各类频道在不同目标观众中的市场占有率(%)

目标观众		中央电视台频道	中国教育台频道	内蒙古自治区级频道	其他省级卫视频道	其他频道
4 岁及以上所有人		54.0	0.1	5.5	36.8	3.6
城乡	城市	55.4	0.1	6.6	33.7	4.2
	农村	53.2	0.2	4.9	38.7	3.0
性别	男	56.1	0.1	5.8	34.3	3.7
	女	52.1	0.1	5.3	39.2	3.3
年龄	4～14 岁	48.8	0.1	3.4	45.2	2.5
	15～24 岁	45.8	0.1	3.3	46.9	3.9
	25～34 岁	51.2	0.1	4.6	41.2	2.9
	35～44 岁	53.9	0.1	3.4	39.2	3.4
	45～54 岁	54.4	0.2	5.6	35.8	4.0
	55～64 岁	56.5	0.1	9.1	31.0	3.3
	65 岁及以上	61.5	0.1	8.0	26.5	3.9
教育程度	未受过正规教育	51.1	0.2	6.6	36.7	5.4
	小学	48.8	0.2	6.3	41.6	3.1
	初中	52.8	0.1	5.4	38.0	3.7
	高中	60.1	0.1	4.7	32.1	3.0
	大学及以上	58.1	0.1	5.6	32.4	3.8
职业类别	干部/管理人员	59.7	0.0	4.0	30.8	5.5
	个体/私营企业人员	53.4	0.1	4.7	38.0	3.8
	初级公务员/雇员	54.8	0.1	7.4	33.7	4.0
	工人	58.8	0.2	4.4	33.4	3.2
	学生	45.3	0.1	2.8	49.2	2.6
	无业	57.5	0.1	5.2	33.1	4.1
	其他	49.6	0.2	9.0	39.5	1.7
个人月收入	0～300 元	47.6	0.2	5.1	44.0	3.1
	301～900 元	50.1	0.1	8.3	40.9	0.6
	901～1700 元	52.7	0.2	5.5	36.6	5.0
	1701～2600 元	58.7	0.1	5.8	31.7	3.7
	2601～3500 元	59.8	0.1	4.8	32.5	2.8
	3501 元及以上	58.4	0.1	5.7	30.7	5.1

表 3.19.3　2016 年内蒙古市场各类频道在不同时段的市场占有率(%)

时间段	中央台频道	中国教育台频道	内蒙古自治区级频道	其他省级卫视频道	其他频道
02:00~03:00	59.1	0.0	2.0	36.7	2.2
03:00~04:00	54.2	0.0	2.0	42.3	1.5
04:00~05:00	40.2	0.0	2.7	55.4	1.7
05:00~06:00	51.9	0.1	1.6	45.8	0.6
06:00~07:00	63.4	0.0	3.9	31.2	1.5
07:00~08:00	70.4	0.2	2.7	23.6	3.1
08:00~09:00	62.7	0.3	2.4	31.6	3.0
09:00~10:00	58.0	0.3	2.5	35.7	3.5
10:00~11:00	56.5	0.2	2.5	37.2	3.6
11:00~12:00	55.5	0.1	2.0	39.1	3.3
12:00~13:00	60.5	0.0	2.0	35.1	2.4
13:00~14:00	58.2	0.1	1.8	37.3	2.6
14:00~15:00	50.0	0.2	1.9	45.7	2.2
15:00~16:00	48.7	0.2	2.4	44.9	3.8
16:00~17:00	51.3	0.2	2.9	41.4	4.2
17:00~18:00	57.8	0.1	5.6	32.3	4.2
18:00~19:00	56.3	0.1	21.7	15.7	6.2
19:00~20:00	61.6	0.1	7.6	26.9	3.8
20:00~21:00	45.5	0.1	4.0	47.6	2.8
21:00~22:00	48.9	0.1	3.6	44.4	3.0
22:00~23:00	50.1	0.1	4.4	41.3	4.1
23:00~24:00	49.1	0.0	5.7	40.6	4.6
24:00~25:00	58.0	0.0	2.4	33.3	6.3
25:00~26:00	60.6	0.0	3.9	29.6	5.9

表 3.19.4　2016 年内蒙古市场收视份额位于前十位的频道

名次	频道名称	收视份额(%)
1	中央电视台综合频道	13.3
2	中央台八套	8.0
3	中央台三套	7.3
4	中央台六套	5.5
5	湖南卫视	5.4
6	中央电视台少儿频道	3.9
7	中央台十二套	3.1
7	浙江卫视	3.1
9	中央电视台新闻频道	2.8
10	中央台四套	2.6

表 3.19.5　2016 年内蒙古市场各主要频道的观众构成(%)

目标观众		所有频道	主要频道				
			中央电视台综合频道	中央台八套	中央台三套	中央台六套	湖南卫视
4 岁及以上所有人		100.0	100.0	100.0	100.0	100.0	100.0
城乡	城市	38.1	46.6	43.1	40.9	30.1	28.2
	农村	61.9	53.4	56.9	59.1	69.9	71.8
性别	男	48.5	49.8	44.3	46.0	56.6	39.7
	女	51.5	50.2	55.7	54.0	43.4	60.3
年龄	4~14 岁	7.7	5.3	3.0	2.7	5.4	11.8
	15~24 岁	8.7	6.0	7.8	7.2	13.1	19.2
	25~34 岁	13.9	12.3	11.7	11.5	20.8	22.2
	35~44 岁	19.4	16.9	20.8	16.9	29.4	27.9
	45~54 岁	20.8	21.3	23.6	22.5	19.4	12.4
	55~64 岁	15.3	17.5	16.4	20.7	8.4	4.7
	65 岁及以上	14.2	20.7	16.7	18.5	3.5	1.8
教育程度	未受过正规教育	4.8	4.2	2.5	2.6	3.3	3.5
	小学	23.7	20.0	22.3	21.5	20.9	20.1
	初中	37.6	33.9	34.4	39.4	41.1	44.5
	高中	23.4	27.1	31.8	26.3	23.1	21.5
	大学及以上	10.5	14.8	9.0	10.2	11.6	10.4
职业类别	干部/管理人员	1.5	2.2	1.3	1.7	1.2	1.4
	个体/私营企业人员	22.2	20.5	24.8	20.8	29.4	28.7
	初级公务员/雇员	7.9	9.1	8.6	6.7	10.1	8.5
	工人	7.0	7.8	8.8	7.5	10.7	7.7
	学生	9.5	7.5	6.0	4.9	9.2	20.2
	无业	36.1	40.6	39.8	38.7	21.5	23.1
	其他	15.8	12.3	10.7	19.7	17.9	10.4
个人月收入	0~300 元	33.4	26.1	26.5	23.5	27.9	43.0
	301~900 元	6.2	4.8	4.7	7.6	6.5	5.6
	901~1700 元	9.0	8.8	10.2	10.8	10.1	8.3
	1701~2600 元	20.0	22.7	24.9	25.7	17.7	14.1
	2601~3500 元	16.9	18.9	18.8	18.2	20.2	16.9
	3501 元及以上	14.5	18.7	14.9	14.2	17.6	12.1

表 3.19.6　2014 年~2016 年内蒙古市场各类节目的播出份额(%)和收视份额(%)

节目类别	2014 年		2015 年		2016 年	
	播出份额	收视份额	播出份额	收视份额	播出份额	收视份额
财经	1.8	0.3	1.8	0.5	1.3	0.4
电视剧	20.9	36.7	20.9	31.6	21.4	29.8
电影	3.9	2.9	3.7	3.8	3.6	5.0
法制	0.9	1.7	1.0	1.7	0.9	1.6
教学	0.4	0.1	0.3	0.0	0.3	0.0
青少	7.7	3.9	7.3	3.9	7.4	4.4
生活服务	9.5	8.2	8.9	8.2	8.3	7.5
体育	2.9	1.1	3.4	1.2	3.6	1.9
外语	0.1	0.0	0.0	0.0	0.0	0.0
戏剧	0.8	0.4	0.9	0.4	0.9	0.3
新闻/时事	14.7	13.1	14.7	14.1	14.7	13.6
音乐	2.6	0.4	2.6	0.9	2.0	1.1
专题	12.3	4.1	13.3	5.0	14.2	5.0
综艺	9.0	11.3	9.0	13.4	9.4	15.1
其他	12.5	15.8	12.2	15.3	12.0	14.3

表 3.19.7　2016 年内蒙古市场所有节目收视排名前三十位

名次	节目名称	节目类别	播出频道	平均收视率(%)	平均占有率(%)
1	2016 中央电视台春节联欢晚会	综艺	中央电视台综合频道	31.3	71.6
2	新闻联播	新闻/时事	中央电视台综合频道	12.0	37.3
3	2016 中央电视台元宵晚会	综艺	中央电视台综合频道	11.0	23.4
4	天气预报	生活服务	中央电视台综合频道	9.3	23.3
5	治国理政新征程系列特别报道	专题	中央电视台综合频道	8.0	16.8
6	2016 中央电视台中秋晚会	综艺	中央电视台综合频道	7.8	18.8
7	星光大道 2015 年度总决赛(2月8日)	综艺	中央电视台综合频道	7.6	21.5
8	焦点访谈	新闻/时事	中央电视台综合频道	7.5	18.2
9	奥林匹克在里约:2016 年第 31 届奥运会羽毛球男单决赛	体育	中央台五套	6.2	19.8
10	感动中国 2015 年度人物颁奖盛典	专题	中央电视台综合频道	5.7	13.8
11	奥林匹克在里约:2016 年第 31 届奥运会田径女子三级跳远资格赛	体育	中央台五套	5.5	13.0
12	中国梦祖国颂 2016 中央电视台国庆特别节目	综艺	中央电视台综合频道	5.3	12.9
13	开创中国特色大国外交新局面习近平主席 2015 年出访实录	专题	中央电视台综合频道	5.2	16.2
14	奥林匹克在里约:2016 年第 31 届奥运会女排小组赛 B 组第四轮(中国 VS 塞尔维亚)	体育	中央台五套	5.2	13.9
15	李克强总理会见中外记者并回答提问	新闻/时事	中央电视台综合频道	5.2	11.3
16	2016 一年又一年	新闻/时事	中央电视台综合频道	5.0	26.3
17	万家邀明月一起盼中秋 2016 中秋特别节目	综艺	中央台三套	5.0	13.9
18	奥林匹克在里约:2016 年第 31 届奥运会乒乓球女团半决赛	体育	中央台五套	4.9	17.9
19	九九	电视剧	中央台八套	4.9	13.3
20	奥林匹克在里约:2016 年第 31 届奥运会体操男子个人全能决赛	体育	中央台五套	4.9	12.3
21	加油向未来(7 月 3 日)	综艺	中央电视台综合频道	4.9	11.9
22	伟大的旗帜 1921～2016 庆祝中国共产党成立 95 周年电视文艺特别节目	综艺	中央电视台综合频道	4.8	11.6

续表

名次	节目名称	节目类别	播出频道	平均收视率（%）	平均占有率（%）
23	中国诗词大会(2月26日)	专题	中央电视台综合频道	4.8	10.6
24	还是夫妻	电视剧	中央电视台综合频道	4.7	11.3
25	继父回家	电视剧	山东卫视	4.7	9.8
26	芈月传	电视剧	北京卫视	4.7	9.5
27	豆娘	电视剧	中央台八套	4.6	12.9
28	信念永恒庆祝中国共产党成立95周年音乐会	音乐	中央电视台综合频道	4.6	11.1
29	中国梦劳动美2016年五一国际劳动节心连心演出特别节目	综艺	中央电视台综合频道	4.6	10.8
30	2016中央军委慰问驻京部队老干部迎新春文艺演出	综艺	中央电视台综合频道	4.6	10.2

表 3.19.8　2016 年内蒙古市场电视剧收视率排名前十位

名次	节目名称	播出频道	平均收视率（%）	平均占有率（%）
1	九九	中央台八套	4.9	13.3
2	还是夫妻	中央电视台综合频道	4.7	11.3
3	继父回家	山东卫视	4.7	9.8
4	芈月传	上海东方卫视	4.6	9.3
5	真心想让你幸福	中央台八套	4.5	13.5
6	炮神	中央台八套	4.3	11.5
7	海棠依旧	中央电视台综合频道	4.1	10.3
8	锻刀	中央台八套	4.0	11.5
9	国家底线	中央台八套	4.0	11.0
10	彭德怀元帅	中央电视台综合频道	4.0	10.1

表 3.19.9　2016 年内蒙古市场新闻节目收视率排名前十位

名次	节目名称	播出频道	平均收视率（%）	平均占有率（%）
1	新闻联播	中央电视台综合频道	12.0	37.3
2	焦点访谈	中央电视台综合频道	7.5	18.2
3	李克强总理会见中外记者并回答提问	中央电视台综合频道	5.2	11.3
4	2016一年又一年	中央电视台综合频道	5.0	26.3
5	G20 2016CHINA 二十国集团领导人杭州峰会特别报道	中央台三套	3.3	8.4
6	强寒潮来袭	浙江卫视	2.7	6.6
7	内蒙古新闻联播	内蒙古卫视	2.4	11.5
8	新闻天天看	内蒙古电视台新闻综合频道	1.8	6.9
9	转播中央台新闻联播	内蒙古卫视	1.2	3.8
10	东方新闻	上海东方卫视	1.1	3.5

表 3.19.10　2016 年内蒙古市场专题节目收视率排名前十位

名次	节目名称	播出频道	平均收视率(%)	平均占有率(%)
1	治国理政新征程系列特别报道	中央电视台综合频道	8.0	16.8
2	感动中国 2015 年度人物颁奖盛典	中央电视台综合频道	5.7	13.8
3	开创中国特色大国外交新局面习近平主席 2015 年出访实录	中央电视台综合频道	5.2	16.2
4	中国诗词大会(2 月 26 日)	中央电视台综合频道	4.8	10.6
5	永远在路上	中央电视台综合频道	4.4	10.2
6	筑梦路上 1921 ~ 2016	中央电视台综合频道	4.4	10.1
7	寻找最美医生大型公益活动颁奖典礼	中央电视台综合频道	4.3	10.0
8	中国成语大会 2015 年度总决赛	中央电视台综合频道	4.0	8.9
9	超级工程精彩片段	中央电视台综合频道	3.9	12.0
10	2015 年度中国好书	中央电视台综合频道	3.9	8.5

表 3.19.11　2016 年内蒙古市场综艺节目收视率排名前十位

名次	节目名称	播出频道	平均收视率(%)	平均占有率(%)
1	2016 中央电视台春节联欢晚会	中央电视台综合频道	31.3	71.6
2	2016 中央电视台元宵晚会	中央电视台综合频道	11.0	23.4
3	2016 中央电视台中秋晚会	中央电视台综合频道	7.8	18.8
4	星光大道 2015 年度总决赛(2 月 8 日)	中央电视台综合频道	7.6	21.5
5	中国梦祖国颂 2016 中央电视台国庆特别节目	中央电视台综合频道	5.3	12.9
6	万家邀明月一起盼中秋 2016 中秋特别节目	中央台三套	5.0	13.9
7	加油向未来(7 月 3 日)	中央电视台综合频道	4.9	11.9
8	伟大的旗帜 1921 ~ 2016 庆祝中国共产党成立 95 周年电视文艺特别节目	中央电视台综合频道	4.8	11.6
9	中国梦劳动美 2016 年五一国际劳动节心连心演出特别节目	中央电视台综合频道	4.6	10.8
10	2016 中央军委慰问驻京部队老干部迎新春文艺演出	中央电视台综合频道	4.6	10.2

表 3.19.12 2016 年内蒙古市场体育节目收视率排名前十位

名次	节目名称	播出频道	平均收视率(%)	平均占有率(%)
1	奥林匹克在里约:2016 年第 31 届奥运会羽毛球男单决赛	中央台五套	6.2	19.8
2	奥林匹克在里约:2016 年第 31 届奥运会田径女子三级跳远资格赛	中央台五套	5.5	13.0
3	奥林匹克在里约:2016 年第 31 届奥运会女排小组赛 B 组第四轮(中国 VS 塞尔维亚)	中央台五套	5.2	13.9
4	奥林匹克在里约:2016 年第 31 届奥运会乒乓球女团半决赛	中央台五套	4.9	17.9
5	奥林匹克在里约:2016 年第 31 届奥运会体操男子个人全能决赛	中央台五套	4.9	12.3
6	奥林匹克在里约:2016 年第 31 届奥运会男篮小组赛(委内瑞拉队 VS 中国队)	中央台五套	4.5	11.5
7	奥林匹克在里约:2016 年第 31 届奥运会女子单人艇决赛	中央台五套	4.3	14.3
8	奥林匹克在里约:2016 年第 31 届奥运会跳水男子双人 3 米板决赛	中央台五套	3.2	9.6
9	奥林匹克在里约:2016 年第 31 届奥运会举重男子 69 公斤级决赛	中央台五套	3.2	9.1
10	奥林匹克在里约	中央台五套	3.1	9.2

二十、宁夏收视数据

表 3.20.1　2012～2016 年宁夏市场各类频道的市场占有率(%)

频道类别	年份				
	2012 年	2013 年	2014 年	2015 年	2016 年
中央台频道	47.5	50.7	52.6	53.3	54.9
中国教育台频道	1.3	1.3	0.6	0.5	0.2
宁夏自治区级频道	3.4	2.5	2.7	3.7	6.0
其他省级卫视频道	42.9	42.5	40.7	37.2	33.3
其他频道	4.8	3.1	3.3	5.3	5.6

表 3.20.2　2016 年宁夏市场各类频道在不同目标观众中的市场占有率(%)

目标观众		中央台频道	中国教育台频道	宁夏自治区级频道	其他省级卫视频道	其他频道
4 岁及以上所有人		54.9	0.2	6.0	33.3	5.6
城乡	城市	54.4	0.1	6.2	31.8	7.6
	农村	55.5	0.2	5.8	34.9	3.5
性别	男	57.0	0.2	6.5	30.6	5.8
	女	53.0	0.2	5.5	35.8	5.5
年龄	4～14 岁	54.8	0.2	4.7	36.3	4.0
	15～24 岁	48.3	0.3	4.7	41.7	5.0
	25～34 岁	49.9	0.2	4.9	40.0	5.0
	35～44 岁	51.3	0.2	5.7	37.3	5.5
	45～54 岁	57.0	0.2	6.7	29.2	6.9
	55～64 岁	61.1	0.1	8.3	23.5	7.0
	65 岁及以上	63.9	0.1	6.8	23.1	6.1
教育程度	未受过正规教育	59.7	0.2	6.8	29.1	4.3
	小学	55.8	0.2	6.7	33.0	4.4
	初中	53.6	0.2	5.8	35.3	5.2
	高中	54.5	0.2	5.7	32.0	7.8
	大学及以上	54.9	0.1	4.4	31.1	9.5
职业类别	干部/管理人员	60.5	0.1	3.1	23.2	13.2
	个体/私营企业人员	53.3	0.2	6.2	33.2	7.2
	初级公务员/雇员	53.8	0.1	6.6	33.4	6.2
	工人	52.4	0.2	5.8	34.5	7.1
	学生	50.6	0.3	4.6	40.2	4.3
	无业	59.6	0.1	6.0	27.4	6.9
	其他	54.1	0.3	7.0	36.2	2.5
个人月收入	0～300 元	53.4	0.2	4.9	37.1	4.4
	301～900 元	55.2	0.2	7.1	33.8	3.6
	901～1700 元	55.0	0.2	7.2	32.2	5.5
	1701～2600 元	54.2	0.2	7.4	32.1	6.1
	2601～3500 元	59.1	0.1	5.5	28.2	7.0
	3501 元及以上	54.5	0.2	5.5	32.1	7.8

表 3.20.3 2016 年宁夏市场各类频道在不同时段的市场占有率(%)

时间段	中央台频道	中国教育台频道	宁夏自治区级频道	其他省级卫视频道	其他频道
02:00~03:00	46.8	0.0	4.5	38.5	10.2
03:00~04:00	52.3	1.9	4.4	35.8	5.6
04:00~05:00	68.0	1.7	2.7	24.5	3.1
05:00~06:00	81.6	0.2	1.3	15.9	0.9
06:00~07:00	82.4	0.0	1.9	14.3	1.4
07:00~08:00	71.9	0.1	6.8	18.2	2.9
08:00~09:00	64.0	0.4	6.4	25.3	3.9
09:00~10:00	60.6	0.4	5.6	28.9	4.6
10:00~11:00	57.8	0.3	5.5	31.1	5.3
11:00~12:00	58.6	0.2	4.3	30.4	6.5
12:00~13:00	64.9	0.2	2.8	26.1	6.1
13:00~14:00	57.1	0.3	3.3	32.9	6.3
14:00~15:00	45.6	0.2	5.8	42.7	5.7
15:00~16:00	44.8	0.2	6.5	42.6	6.0
16:00~17:00	50.4	0.2	6.2	36.5	6.7
17:00~18:00	61.0	0.2	7.5	25.7	5.6
18:00~19:00	68.1	0.2	12.1	13.7	5.9
19:00~20:00	69.3	0.1	4.7	22.5	3.4
20:00~21:00	44.5	0.2	4.7	45.1	5.5
21:00~22:00	45.3	0.2	5.1	43.0	6.5
22:00~23:00	45.4	0.2	9.0	37.0	8.5
23:00~24:00	39.3	0.1	15.7	35.7	9.3
24:00~25:00	39.8	0.1	19.9	30.2	10.0
25:00~26:00	44.2	0.1	22.8	23.0	10.0

表 3.20.4 2016 年宁夏市场收视份额排名前十位的频道

名次	频道名称	收视份额(%)
1	中央电视台综合频道	12.3
2	中央台八套	9.9
3	中央电视台少儿频道	7.7
4	湖南卫视	7.0
5	中央台六套	6.8
6	中央台三套	3.9
7	浙江卫视	2.8
8	中央台十二套	2.7
9	中央电视台新闻频道	2.6
10	中央台五套	2.0

表 3.20.5　2016 年宁夏市场各主要频道的观众构成(%)

目标观众		所有频道	主要频道				
			中央电视台综合频道	中央台八套	中央电视台少儿频道	湖南卫视	中央台六套
4 岁及以上所有人		100.0	100.0	100.0	100.0	100.0	100.0
城乡	城市	52.6	55.4	48.4	41.0	57.5	50.2
	农村	47.4	44.6	51.6	59.0	42.5	49.8
性别	男	48.7	51.7	43.1	47.8	39.8	54.1
	女	51.3	48.3	56.9	52.2	60.2	45.9
年龄	4~14 岁	14.2	9.0	7.5	48.5	21.2	13.1
	15~24 岁	12.4	10.0	11.2	7.3	22.2	13.8
	25~34 岁	15.0	12.1	11.1	19.5	19.0	19.8
	35~44 岁	17.3	16.9	17.8	8.5	22.2	24.0
	45~54 岁	15.1	18.3	21.0	4.6	9.0	13.5
	55~64 岁	14.3	17.4	18.2	9.6	3.6	10.9
	65 岁及以上	11.6	16.4	13.0	2.1	2.8	4.9
教育程度	未受过正规教育	9.0	8.7	7.8	22.6	5.0	6.8
	小学	26.1	25.2	24.7	36.3	24.5	23.1
	初中	41.3	37.9	46.0	31.3	48.7	49.2
	高中	16.5	18.4	16.7	6.6	14.2	14.3
	大学及以上	7.1	9.9	4.8	3.1	7.5	6.5
职业类别	干部/管理人员	1.3	1.9	0.9	0.2	0.9	0.9
	个体/私营企业人员	10.8	11.0	10.6	6.2	11.2	14.1
	初级公务员/雇员	5.9	7.6	5.1	2.8	6.2	5.8
	工人	14.5	13.9	14.2	7.9	17.2	17.7
	学生	15.5	11.0	9.7	33.7	29.1	15.8
	无业	30.2	33.4	32.8	32.8	17.6	21.5
	其他	21.8	21.1	26.8	16.4	17.8	24.2
个人月收入	0~300 元	35.5	28.1	30.9	66.4	46.8	34.4
	301~900 元	5.6	6.7	5.6	5.4	3.3	4.5
	901~1700 元	15.1	15.1	17.6	7.5	11.2	15.7
	1701~2600 元	18.6	18.5	22.4	8.5	17.0	16.1
	2601~3500 元	14.3	18.5	15.0	6.4	9.4	15.3
	3501 元及以上	11.0	13.2	8.4	5.8	12.4	14.0

表 3.20.6　2014~2016 年宁夏市场各类节目的播出份额(%)和收视份额(%)

节目类别	2014 年		2015 年		2016 年	
	播出份额	收视份额	播出份额	收视份额	播出份额	收视份额
财经	1.8	0.3	1.9	0.4	1.4	0.7
电视剧	20.9	35.6	20.3	32.0	21.2	29.2
电影	4.8	4.6	4.7	4.9	3.5	5.5
法制	1.1	1.4	0.8	1.1	0.8	0.7
教学	0.3	0.0	0.3	0.0	0.3	0.0
青少	7.5	5.6	7.0	5.9	6.6	4.1
生活服务	9.4	8.3	8.9	8.7	8.7	6.6
体育	2.9	1.0	3.0	1.0	2.7	3.0
外语	0.0	0.0	0.0	0.0	0.0	0.0
戏剧	0.8	0.4	0.8	0.6	0.9	0.7
新闻/时事	14.4	11.7	14.7	12.5	15.5	14.6
音乐	2.6	0.7	2.6	1.0	1.9	0.9
专题片	11.9	4.4	13.4	5.1	14.5	7.1
综艺	8.7	10.0	8.9	11.4	8.7	16.1
其他	12.8	16.0	12.5	15.3	13.3	10.6

表 3.20.7　2016 年宁夏市场所有节目收视率排名前三十位

名次	节目名称	节目类别	播出频道	平均收视率（%）	平均占有率（%）
1	2016 中央电视台春节联欢晚会	综艺	中央电视台综合频道	32.2	75.1
2	2016 一年又一年	新闻	中央电视台综合频道	31.0	57.5
3	新闻联播	新闻	中央电视台综合频道	14.7	46.7
4	天气预报	生活服务	中央电视台综合频道	12.2	32.2
5	治国理政新征程系列特别报道	专题	中央电视台综合频道	11.2	23.3
6	星光大道 2015 年度总决赛(2 月 8 日)	综艺	中央电视台综合频道	9.5	25.2
7	焦点访谈	新闻	中央电视台综合频道	9.1	23.1
8	开创中国特色大国外交新局面习近平主席 2015 年出访实录	专题	中央电视台综合频道	7.7	18.3
9	2016 中央电视台元宵晚会	综艺	中央电视台综合频道	6.9	15.0
10	感动中国 2015 年度人物颁奖盛典	专题	中央电视台综合频道	6.5	13.6
11	谁是挑战王(11 月 20 日)	综艺	中央电视台综合频道	6.4	13.8
12	信念永恒庆祝中国共产党成立 95 周年音乐会	音乐	湖南卫视	5.9	15.1
13	宜昌保卫战	电视剧	中央台八套	5.8	16.5
14	麻辣变形计	电视剧	湖南卫视	5.8	15.0
15	李克强总理会见中外记者并回答提问	新闻	中央电视台综合频道	5.8	12.9
16	炮神	电视剧	中央台八套	5.6	16.0
17	九九	电视剧	中央台八套	5.6	15.6
18	美丽的秘密	电视剧	湖南卫视	5.5	12.8
19	永远的誓言湖南省庆祝中国共产党成立 95 周年文艺晚会	综艺	湖南卫视	5.4	15.1
20	幸福在一起	电视剧	中央台八套	5.4	14.4
21	快乐大本营	综艺	湖南卫视	5.3	13.6
22	奥林匹克在里约:2016 年第 31 届奥运会田径女子 3000 米障碍第一轮	体育	中央台五套	5.2	13.8
23	豆娘	电视剧	中央台八套	5.1	14.4
24	神犬小七第二季	电视剧	湖南卫视	5.1	13.7
25	亲爱的翻译官精典特辑	综艺	湖南卫视	5.1	12.7
26	好好学习湖南省两学一做电视知识竞赛	专题	湖南卫视	5.1	11.9
26	第十五届汉语桥世界大学生中文比赛(9 月 4 日)	专题	湖南卫视	5.1	11.9
28	奥林匹克在里约:2016 年第 31 届奥运会体操女子团体决赛	体育	中央台五套	5.0	12.8
29	2016 中央军委慰问驻京部队老干部迎新春文艺演出	综艺	中央电视台综合频道	5.0	10.5
30	真心想让你幸福	电视剧	中央台八套	4.9	14.6

表 3.20.8　2016 年宁夏市场电视剧收视率排名前十位

名次	节目名称	播出频道	平均收视率(%)	平均占有率(%)
1	宜昌保卫战	中央台八套	5.8	16.5
2	麻辣变形计	湖南卫视	5.8	15.0
3	炮神	中央台八套	5.6	16.0
4	九九	中央台八套	5.6	15.6
5	美丽的秘密	湖南卫视	5.5	12.8
6	幸福在一起	中央台八套	5.4	14.4
7	豆娘	中央台八套	5.1	14.4
8	神犬小七第二季	湖南卫视	5.1	13.7
9	真心想让你幸福	中央台八套	4.9	14.6
10	亲爱的翻译官	湖南卫视	4.9	13.2

表 3.20.9　2016 年宁夏市场新闻节目收视率排名前十位

名次	节目名称	播出频道	平均收视率(%)	平均占有率(%)
1	2016 一年又一年	中央电视台综合频道	31.0	57.5
2	新闻联播	中央电视台综合频道	14.7	46.7
3	焦点访谈	中央电视台综合频道	9.1	23.1
4	李克强总理会见中外记者并回答提问	中央电视台综合频道	5.8	12.9
5	G20 2016CHINA 二十国集团领导人杭州峰会特别报道	中央电视台综合频道	3.3	7.9
6	焦点访谈	中央电视台新闻频道	1.2	3.0
7	自治区庆祝中国共产党成立 95 周年大会	宁夏电视台公共频道	1.0	2.5
8	直通 G20 杭州峰会	浙江卫视	0.9	2.3
9	今日评说	浙江卫视	0.8	2.7
10	晚间新闻	江苏卫视	0.8	2.3

表 3.20.10　2016 年宁夏市场专题节目收视率排名前十位

名次	节目名称	播出频道	平均收视率(%)	平均占有率(%)
1	治国理政新征程系列特别报道	中央电视台综合频道	11.2	23.3
2	开创中国特色大国外交新局面习近平主席 2015 年出访实录	中央电视台综合频道	7.7	18.3
3	感动中国 2015 年度人物颁奖盛典	中央电视台综合频道	6.5	13.6
4	好好学习湖南省两学一做电视知识竞赛	湖南卫视	5.1	11.9
4	第十五届汉语桥世界大学生中文比赛(9 月 4 日)	湖南卫视	5.1	11.9
6	中国诗词大会(2 月 19 日)	中央电视台综合频道	4.3	8.9
7	中国成语大会 2015 年度总决赛	中央电视台综合频道	4.1	9.0
8	等着我	中央电视台综合频道	3.9	9.3
9	2015 年度中国好书	中央电视台综合频道	3.9	8.5
10	废奴(3 月 28 日)	中央电视台综合频道	3.7	8.3

表 3.20.11　2016 年宁夏市场综艺节目收视率排名前十位

名次	节目名称	播出频道	平均收视率（%）	平均占有率（%）
1	2016 中央电视台春节联欢晚会	中央电视台综合频道	32.2	75.1
2	星光大道 2015 年度总决赛(2 月 8 日)	中央电视台综合频道	9.5	25.2
3	2016 中央电视台元宵晚会	中央电视台综合频道	6.9	15.0
4	谁是挑战王(11 月 20 日)	中央电视台综合频道	6.4	13.8
5	永远的誓言湖南省庆祝中国共产党成立 95 周年文艺晚会	湖南卫视	5.4	15.1
6	快乐大本营	湖南卫视	5.3	13.6
7	亲爱的翻译官精典特辑	湖南卫视	5.1	12.7
8	2016 中央军委慰问驻京部队老干部迎新春文艺演出	中央电视台综合频道	5.0	10.5
9	2016 中央电视台中秋晚会	中央电视台综合频道	4.9	13.2
10	我们来了	湖南卫视	4.6	13.0

表 3.20.12　2016 年宁夏市场体育节目收视率排名前十位

名次	节目名称	播出频道	平均收视率（%）	平均占有率（%）
1	奥林匹克在里约:2016 年第 31 届奥运会田径女子 3000 米障碍第一轮	中央台五套	5.2	13.8
2	奥林匹克在里约:2016 年第 31 届奥运会体操女子团体决赛	中央台五套	5.0	12.8
3	奥林匹克在里约:2016 年第 31 届奥运会男子 50 米自由泳决赛	中央台五套	4.9	12.4
4	奥林匹克在里约:2016 年第 31 届奥运会羽毛球女单半决赛	中央台五套	4.8	11.7
5	奥林匹克在里约:2016 年第 31 届奥运会女子单人艇决赛	中央台五套	4.6	14.1
6	奥林匹克在里约:2016 年第 31 届奥运会场地自行车女子团体竞速赛	中央台五套	4.5	11.8
7	奥林匹克在里约:2016 年第 31 届奥运会男篮小组赛(委内瑞拉队 VS 中国队)	中央台五套	4.2	11.6
8	奥林匹克在里约:2016 年第 31 届奥运会乒乓球女团半决赛	中央台五套	4.0	12.8
9	奥林匹克在里约:2016 年第 31 届奥运会女排小组赛 B 组第四轮(中国 VS 塞尔维亚)	中央台五套	4.0	10.6
10	奥林匹克在里约:2016 年第 31 届奥运会女子七项全能决赛	中央台五套	3.7	8.5

二十一、山东收视数据

表 3.21.1　2012～2016 年山东市场各类频道的市场占有率(%)

频道类别	年份				
	2012 年	2013 年	2014 年	2015 年	2016 年
中央台频道	28.1	27.5	25.0	22.9	24.5
中国教育台频道	0.3	0.1	0.1	0.0	0.0
山东省级频道	44.0	43.0	45.8	47.0	44.0
其他省级卫视频道	17.6	17.8	18.4	18.1	18.1
其他频道	10.0	11.7	10.7	12.0	13.4

表 3.21.2　2016 年山东市场各类频道在不同目标观众中的市场占有率(%)

目标观众		中央台频道	中国教育台频道	山东省级频道	其他省级卫视频道	其他频道
4 岁及以上所有人		24.5	0.0	44.0	18.1	13.4
城乡	城市	29.2	0.1	27.7	23.8	19.2
	农村	22.7	0.0	50.4	15.9	11.0
性别	男	26.0	0.0	43.8	16.7	13.5
	女	23.2	0.0	44.2	19.4	13.2
年龄	4～14 岁	21.1	0.0	35.9	31.3	11.7
	15～24 岁	20.0	0.0	44.6	21.7	13.7
	25～34 岁	21.6	0.0	37.9	25.9	14.6
	35～44 岁	25.0	0.0	39.1	22.0	13.9
	45～54 岁	23.0	0.0	50.6	13.5	12.9
	55～64 岁	26.7	0.0	47.5	12.9	12.9
	65 岁及以上	30.7	0.0	46.4	8.9	14.0
教育程度	未受过正规教育	25.3	0.0	45.1	20.2	9.4
	小学	24.7	0.0	47.4	14.7	13.2
	初中	23.2	0.0	46.5	17.3	13.0
	高中	26.7	0.0	36.3	21.5	15.5
	大学及以上	27.9	0.1	27.2	24.3	20.5
职业类别	干部/管理人员	30.0	0.1	22.3	23.5	24.1
	个体/私营企业人员	23.2	0.0	39.2	22.0	15.6
	初级公务员/雇员	24.2	0.0	36.5	21.2	18.1
	工人	24.8	0.0	46.2	17.1	11.9
	学生	21.3	0.0	32.9	30.6	15.2
	无业	29.2	0.0	36.2	20.3	14.3
	其他	22.0	0.0	53.9	12.8	11.3
个人月收入	0～300 元	26.1	0.0	39.8	22.3	11.8
	301～900 元	19.0	0.0	54.8	13.6	12.6
	901～1700 元	22.3	0.0	50.3	15.7	11.7
	1701～2600 元	27.1	0.0	41.6	17.4	13.9
	2601～3500 元	28.4	0.1	34.8	18.1	18.6
	3501 元及以上	25.9	0.1	35.5	19.8	18.7

表 3.21.3　2016 年山东市场各类频道在不同时段的市场占有率(%)

时间段	中央台频道	中国教育台频道	山东省级频道	其他省级卫视频道	其他频道
02:00~03:00	27.0	0.0	28.7	26.5	17.8
03:00~04:00	32.2	0.0	26.7	24.1	17.0
04:00~05:00	43.5	0.0	24.8	17.3	14.4
05:00~06:00	46.0	0.0	23.0	15.9	15.1
06:00~07:00	48.1	0.0	23.8	16.0	12.1
07:00~08:00	43.5	0.0	25.2	18.9	12.4
08:00~09:00	34.3	0.1	30.4	22.6	12.6
09:00~10:00	30.4	0.1	26.2	28.6	14.7
10:00~11:00	35.4	0.1	16.7	31.9	15.9
11:00~12:00	35.3	0.0	25.3	27.6	11.8
12:00~13:00	34.3	0.0	30.3	23.7	11.7
13:00~14:00	31.1	0.0	28.2	27.2	13.5
14:00~15:00	29.8	0.1	24.9	31.0	14.2
15:00~16:00	29.3	0.1	22.5	32.8	15.3
16:00~17:00	29.5	0.1	22.8	32.4	15.2
17:00~18:00	21.0	0.0	46.9	18.4	13.7
18:00~19:00	17.4	0.0	61.1	8.4	13.1
19:00~20:00	18.3	0.0	60.5	8.6	12.6
20:00~21:00	17.0	0.0	56.8	13.7	12.5
21:00~22:00	20.9	0.0	53.0	13.8	12.3
22:00~23:00	25.2	0.1	35.3	22.1	17.3
23:00~24:00	28.6	0.1	24.8	26.9	19.6
24:00~25:00	28.4	0.0	26.6	25.8	19.2
25:00~26:00	27.3	0.0	24.4	28.1	20.2

表 3.21.4　2016 年山东市场收视份额位于前十位的频道

名次	频道名称	收视份额(%)
1	山东电视齐鲁频道	13.2
2	山东卫视	10.1
3	山东电视综艺频道	7.6
4	山东电视生活频道	5.7
5	中央电视台综合频道	4.6
6	山东电视公共频道	3.2
7	中央台四套	3.1
8	中央台三套	3.0
9	中央台六套	2.8
10	湖南电视台金鹰卡通频道	2.5

表 3.21.5　2016 年山东市场各主要频道的观众构成(%)

目标观众		所有频道	主要频道				
			山东电视齐鲁频道	山东卫视	山东电视综艺频道	山东电视生活频道	中央电视台综合频道
4 岁及以上所有人		100.0	100.0	100.0	100.0	100.0	100.0
城乡	城市	28.2	9.9	27.8	23.7	6.8	29.4
	农村	71.8	90.1	72.2	76.3	93.2	70.6
性别	男	47.8	49.1	45.6	50.3	46.0	48.9
	女	52.2	50.9	54.4	49.7	54.0	51.1
年龄	4～14 岁	10.5	7.3	9.2	8.3	7.9	7.8
	15～24 岁	7.8	7.5	6.3	9.1	8.4	5.3
	25～34 岁	13.9	9.5	10.6	10.7	16.3	9.8
	35～44 岁	14.5	11.0	12.8	16.4	12.1	10.2
	45～54 岁	20.9	25.5	20.2	22.6	28.2	15.4
	55～64 岁	16.0	20.8	19.8	15.5	13.7	20.2
	65 岁及以上	16.3	18.4	21.1	17.4	13.4	31.2
教育程度	未受过正规教育	12.2	11.1	14.7	10.5	13.1	14.5
	小学	20.7	24.6	23.4	17.7	24.2	23.7
	初中	46.7	51.5	46.4	55.4	46.2	43.6
	高中	15.7	11.0	12.5	14.3	12.6	14.2
	大学及以上	4.8	1.8	3.0	2.1	3.9	4.0
职业类别	干部/管理人员	1.1	0.2	0.8	0.7	0.8	1.3
	个体/私营企业人员	7.2	7.0	5.0	7.9	6.0	4.4
	初级公务员/雇员	6.9	6.7	6.4	5.0	2.9	5.2
	工人	21.6	20.4	20.0	25.1	22.9	19.0
	学生	7.4	3.9	6.9	6.0	5.4	6.2
	无业	23.0	14.8	20.8	24.6	12.1	27.1
	其他	32.7	46.9	40.2	30.8	49.8	36.9
个人月收入	0～300 元	30.0	26.0	30.4	28.0	19.2	36.7
	301～900 元	18.5	22.5	26.7	17.6	33.4	19.5
	901～1700 元	16.4	23.0	13.1	16.5	24.5	12.1
	1701～2600 元	20.0	18.1	17.2	23.3	13.1	18.0
	2601～3500 元	7.2	5.2	5.7	8.1	2.4	7.0
	3501 元及以上	7.9	5.2	7.0	6.4	7.5	6.8

表 3.21.6　2014～2016 年山东市场各类节目的播出份额(%)和收视份额(%)

节目类别	2014 年		2015 年		2016 年	
	播出份额	收视份额	播出份额	收视份额	播出份额	收视份额
财经	1.5	0.3	1.7	0.5	1.2	0.4
电视剧	24.1	32.8	19.8	26.5	26.4	25.0
电影	3.8	3.5	3.5	2.6	3.9	3.8
法制	1.0	2.2	0.8	0.5	0.9	1.5
教学	0.3	0.1	0.2	0.0	0.2	0.0
青少	6.5	7.2	6.7	4.4	6.7	7.9
生活服务	14.6	9.6	10.7	10.6	8.6	10.1
体育	3.5	1.1	3.3	0.9	3.3	1.2
外语	0.0	0.0	0.0	0.0	0.0	0.0
戏剧	0.6	0.3	0.8	0.2	0.8	0.3
新闻/时事	10.1	13.1	14.5	18.0	10.3	13.9
音乐	2.4	0.5	2.5	0.4	1.7	0.7
专题	11.5	4.3	13.3	3.5	13.6	4.5
综艺	7.1	11.9	9.8	17.1	7.7	17.1
其他	13.1	13.1	12.4	14.8	14.6	13.6

表 3.21.7 2016 年山东市场所有节目收视率排名前三十位

名次	节目名称	节目类别	播出频道	平均收视率（%）	平均占有率（%）
1	百姓春晚	综艺	山东电视齐鲁频道	19.3	37.6
2	木兰妈妈	电视剧	山东卫视	12.6	26.2
3	2016 中央电视台春节联欢晚会	综艺	中央电视台综合频道	12.6	21.7
4	平邑石膏矿生命大救援	新闻/时事	山东电视齐鲁频道	11.8	27.0
5	致单身男女	电视剧	山东电视齐鲁频道	11.6	26.1
6	我是你的眼	电视剧	山东卫视	11.5	24.8
7	山东好人 2015 十大年度人物颁奖典礼	专题	山东电视齐鲁频道	11.5	22.0
8	铁血战狼	电视剧	山东电视齐鲁频道	11.3	25.9
9	军刺	电视剧	山东电视齐鲁频道	11.3	24.2
10	抗倭奇侠	电视剧	山东电视齐鲁频道	11.1	22.7
11	神鹰反恐特战队	电视剧	山东电视齐鲁频道	10.8	24.4
12	硬骨头	电视剧	山东电视齐鲁频道	10.8	24.3
13	猎虎	电视剧	山东电视齐鲁频道	10.8	24.1
14	乡音对对碰第二季	综艺	山东电视齐鲁频道	10.7	21.1
15	搭错车	电视剧	山东卫视	10.6	19.9
16	军刺二	电视剧	山东电视齐鲁频道	10.5	23.5
17	独立纵队二	电视剧	山东电视齐鲁频道	10.5	22.8
18	热血	电视剧	山东电视齐鲁频道	10.4	23.1
19	忠者无敌	电视剧	山东电视齐鲁频道	10.4	22.4
20	我叫刘传说	电视剧	山东电视齐鲁频道	10.4	21.1
21	大号小兵	电视剧	山东电视齐鲁频道	10.4	19.2
22	遥远的距离	电视剧	山东卫视	10.3	22.3
23	姐妹姐妹	电视剧	山东电视齐鲁频道	10.0	23.5
24	继父回家	电视剧	山东卫视	9.9	19.1
25	终极使命	电视剧	山东电视齐鲁频道	9.8	22.9
26	最后的战士	电视剧	山东电视齐鲁频道	9.1	20.4
27	大爱齐鲁温暖中华 2015 年度齐鲁公益盛典	专题	山东电视齐鲁频道	8.4	16.7
28	每日新闻	新闻/时事	山东电视齐鲁频道	7.9	20.0
29	我们结婚吧	综艺	山东电视齐鲁频道	7.9	14.3
30	三妹	山东卫视	山东电视齐鲁频道	7.7	15.8

表 3.21.8　2016 年山东市场电视剧收视率排名前十位

名次	节目名称	播出频道	平均收视率(%)	平均占有率(%)
1	木兰妈妈	山东卫视	12.6	26.2
2	致单身男女	山东电视齐鲁频道	11.6	26.1
3	我是你的眼	山东卫视	11.5	24.8
4	铁血战狼	山东电视齐鲁频道	11.3	25.9
5	军刺	山东电视齐鲁频道	11.3	24.2
6	抗倭奇侠	山东电视齐鲁频道	11.1	22.7
7	神鹰反恐特战队	山东电视齐鲁频道	10.8	24.4
8	硬骨头	山东电视齐鲁频道	10.8	24.3
9	猎虎	山东电视齐鲁频道	10.8	24.1
10	搭错车	山东卫视	10.6	19.9

表 3.21.9　2016 年山东市场新闻节目收视率排名前十位

名次	节目名称	播出频道	平均收视率(%)	平均占有率(%)
1	平邑石膏矿生命大救援	山东电视齐鲁频道	11.8	27.0
2	每日新闻	山东电视齐鲁频道	7.9	20.0
3	说闻解字	山东电视生活频道	5.5	11.1
4	拉呱	山东电视齐鲁频道	4.1	21.3
5	生活帮	山东电视生活频道	3.7	9.6
6	转播中央台新闻联播	山东卫视	3.6	8.0
7	每日新闻	山东电视齐鲁频道	3.3	16.1
8	生活帮焦点版	山东电视生活频道	2.9	7.7
9	民生直通车	山东电视公共频道	2.8	8.5
10	秀才来了	山东电视公共频道	2.7	6.0

表 3.21.10　2016 年山东市场专题节目收视率排名前十位

名次	节目名称	播出频道	平均收视率(%)	平均占有率(%)
1	山东好人 2015 十大年度人物颁奖典礼	山东电视齐鲁频道	11.5	22.0
2	大爱齐鲁温暖中华 2015 年度齐鲁公益盛典	山东电视齐鲁频道	8.4	16.7
3	2016 论语大会(11 月 13 日)	山东电视生活频道	5.6	11.7
4	问安齐鲁	山东电视公共频道	5.2	9.8
5	2016 全媒体年度汉字	山东电视生活频道	4.2	8.2
6	一转成双暖冬行动	山东电视影视频道	4.1	8.4
7	公益福彩	山东电视公共频道	3.3	11.9
8	2016 新春故事会	山东电视生活频道	3.1	6.3
9	齐鲁最美人物发布厅齐鲁最美职工	山东电视公共频道	2.9	5.6
10	315 新消费我做主 2016 年山东 315 国际消费者权益日主题活动	山东电视公共频道	2.7	5.4

表 3.21.11　2016 年山东市场综艺节目收视率排名前十位

名次	节目名称	播出频道	平均收视率（%）	平均占有率（%）
1	百姓春晚	山东电视齐鲁频道	19.3	37.6
2	2016 中央电视台春节联欢晚会	中央电视台综合频道	12.6	21.7
3	乡音对对碰第二季	山东电视齐鲁频道	10.7	21.1
4	我们结婚吧	山东电视齐鲁频道	7.9	14.3
5	天生拍档第 2 季	山东电视生活频道	7.5	14.1
6	加油吧主播第二季	山东电视齐鲁频道	7.4	16.7
7	搭错车剧组见面会	山东卫视	7.1	18.4
8	好运连连到	山东电视齐鲁频道	6.7	13.6
9	天生拍档	山东电视生活频道	6.6	13.8
10	让爱回家 2016 第十届全球华人网络春晚	山东电视综艺频道	6.4	11.4

表 3.21.12　2016 年山东市场体育节目收视率排名前十位

名次	节目名称	播出频道	平均收视率（%）	平均占有率（%）
1	奥林匹克在里约:2016 年第 31 届奥运会男子 100 米蝶泳决赛	中央台五套	4.7	9.6
2	奥林匹克在里约:2016 年第 31 届奥运会女排小组赛 B 组第四轮（中国 VS 塞尔维亚）	中央台五套	4.5	10.3
3	奥林匹克在里约:2016 年第 31 届奥运会场地自行车女子团体竞速赛	中央台五套	3.5	7.2
4	奥林匹克在里约:2016 年第 31 届奥运会乒乓球男单半决赛	中央台五套	3.4	12.2
5	奥林匹克在里约:2016 年第 31 届奥运会女子七项全能决赛	中央台五套	2.8	6.3
6	奥林匹克在里约:2016 年第 31 届奥运会赛艇轻量级女子双人双桨	中央台五套	2.6	7.7
7	奥林匹克在里约:2016 年第 31 届奥运会男篮小组赛（委内瑞拉队 VS 中国队）	中央台五套	2.4	5.4
8	奥林匹克在里约:2016 年第 31 届奥运会男子举重 56 公斤级决赛	中央台五套	2.3	6.6
9	奥林匹克在里约:2016 年第 31 届奥运会射击女子 10 米气步枪决赛	中央台五套	2.3	5.7
10	奥林匹克在里约:2016 年第 31 届奥运会羽毛球男单 1/4 决赛	中央台五套	2.2	6.9

二十二、陕西收视数据

表 3.22.1　2012～2016 年陕西市场各类频道的市场占有率(%)

频道类别	年份				
	2012 年	2013 年	2014 年	2015 年	2016 年
中央台频道	33.4	37.1	39.8	39.8	42.1
中国教育台频道	1.4	1.1	0.7	0.4	0.3
陕西省级频道	13.0	12.6	13.3	13.9	14.4
其他省级卫视频道	47.5	45.4	43.6	42.6	38.3
其他频道	4.7	3.8	2.6	3.3	4.9

表 3.22.2　2016 年陕西市场各类频道在各目标观众中的市场占有率(%)

目标观众		中央台频道	中国教育台频道	陕西省级频道	其他省级卫视频道	其他频道
4 岁及以上所有人		42.1	0.3	14.4	38.3	4.9
城乡	城市	46.2	0.2	19.8	27.8	6.0
	农村	39.8	0.3	11.4	44.1	4.4
性别	男	45.0	0.3	14.5	35.0	5.2
	女	39.1	0.2	14.2	41.5	5.0
年龄	4～14 岁	44.0	0.2	4.1	48.3	3.4
	15～24 岁	38.6	0.3	10.3	45.0	5.8
	25～34 岁	38.6	0.2	11.4	43.1	6.7
	35～44 岁	41.1	0.3	9.9	44.2	4.5
	45～54 岁	41.6	0.2	17.1	36.7	4.4
	55～64 岁	45.3	0.2	20.1	29.5	4.9
	65 岁及以上	44.9	0.4	23.5	25.6	5.6
教育程度	未受过正规教育	47.3	0.2	9.7	40.0	2.8
	小学	43.1	0.3	11.5	40.7	4.4
	初中	40.0	0.3	14.8	40.1	4.8
	高中	43.5	0.2	16.8	33.8	5.7
	大学及以上	44.9	0.2	16.0	31.2	7.7
职业类别	干部/管理人员	50.2	0.3	12.6	28.4	8.5
	个体/私营企业人员	41.2	0.1	15.1	36.7	6.9
	初级公务员/雇员	46.9	0.1	18.6	29.3	5.1
	工人	43.2	0.2	12.0	39.0	5.6
	学生	42.5	0.3	6.0	47.6	3.6
	无业	43.5	0.2	16.3	34.2	5.8
	其他	39.7	0.3	15.8	39.9	4.3
个人月收入	0～300 元	39.9	0.3	12.0	43.7	4.1
	301～900 元	38.7	0.3	14.5	41.1	5.4
	901～1700 元	42.1	0.2	17.1	34.8	5.8
	1701～2600 元	46.6	0.2	17.3	30.5	5.4
	2601～3500 元	44.7	0.3	15.2	34.4	5.4
	3501 元及以上	46.2	0.2	16.3	30.1	7.2

表 3.22.3　2016 年陕西市场各类频道在不同时段的市场占有率(%)

时间段	中央台频道	中国教育台频道	陕西省级频道	其他省级卫视频道	其他频道
02:00~03:00	49.9	0.3	4.0	36.3	9.5
03:00~04:00	57.0	0.1	4.6	31.9	6.4
04:00~05:00	49.2	0.2	5.3	40.0	5.3
05:00~06:00	64.0	0.1	2.9	29.2	3.8
06:00~07:00	74.1	0.2	5.6	16.5	3.6
07:00~08:00	67.5	0.4	5.7	22.1	4.3
08:00~09:00	52.9	0.4	6.9	35.2	4.6
09:00~10:00	47.8	0.4	7.3	38.0	6.5
10:00~11:00	47.8	0.4	8.9	36.6	6.3
11:00~12:00	47.7	0.3	9.6	36.6	5.8
12:00~13:00	55.8	0.2	8.6	30.6	4.8
13:00~14:00	48.7	0.5	7.0	37.6	6.2
14:00~15:00	40.1	0.5	8.4	44.0	7.0
15:00~16:00	40.0	0.4	6.7	45.9	7.0
16:00~17:00	41.5	0.3	8.5	43.0	6.7
17:00~18:00	48.8	0.2	10.0	35.2	5.8
18:00~19:00	51.1	0.2	24.9	18.6	5.2
19:00~20:00	48.8	0.2	17.1	29.9	4.0
20:00~21:00	31.4	0.2	14.8	49.5	4.1
21:00~22:00	32.3	0.2	18.1	45.1	4.3
22:00~23:00	33.7	0.1	21.5	38.3	6.4
23:00~24:00	37.6	0.1	17.3	38.2	6.8
24:00~25:00	44.2	0.2	14.5	32.9	8.2
25:00~26:00	45.9	0.7	15.0	29.9	8.5

表 3.22.4　2016 年陕西市场收视份额排名前十位的频道

名次	频道名称	收视份额(%)
1	中央电视台综合频道	9.9
2	湖南卫视	6.6
3	中央电视台少儿频道	5.9
4	中央台八套	4.7
5	陕西广播电视台都市青春频道(二套)	4.4
6	山东卫视	3.6
7	中央台三套	3.5
8	陕西广播电视台新闻资讯频道(一套)	3.2
8	中央电视台新闻频道	3.2
8	中央台六套	3.2

表 3.22.5 2016 年陕西市场各主要频道的观众构成(%)

目标观众		所有频道	中央电视台综合频道	湖南卫视	中央电视台少儿频道	中央台八套	陕西广播电视台都市青春频道(二套)
4 岁及以上所有人		100.0	100.0	100.0	100.0	100.0	100.0
城乡	城市	35.3	51.1	27.0	20.4	41.3	63.8
	农村	64.7	48.9	73.0	79.6	58.7	36.2
性别	男	49.5	54.2	39.3	46.5	47.4	44.6
	女	50.5	45.8	60.7	53.5	52.6	55.4
年龄	4~14 岁	10.5	6.9	15.9	44.3	4.7	2.3
	15~24 岁	13.2	11.9	23.1	10.6	9.0	13.3
	25~34 岁	11.0	9.0	15.0	15.1	8.2	8.7
	35~44 岁	17.1	17.5	23.5	13.6	15.5	12.1
	45~54 岁	19.0	18.9	13.0	7.0	24.6	26.9
	55~64 岁	15.1	18.4	4.3	6.9	24.4	20.5
	65 岁及以上	14.2	17.4	5.1	2.4	13.5	16.3
教育程度	未受过正规教育	5.7	6.6	2.6	18.9	4.9	2.2
	小学	19.6	18.7	22.0	34.1	19.9	9.7
	初中	47.8	42.3	52.5	34.8	49.9	47.9
	高中	20.1	23.8	16.1	9.7	19.6	28.4
	大学及以上	6.8	8.6	6.8	2.5	5.7	11.8
职业类别	干部/管理人员	1.2	2.0	0.7	0.1	1.5	0.9
	个体/私营企业人员	6.9	7.7	9.5	4.8	6.6	8.5
	初级公务员/雇员	6.1	8.9	4.7	2.4	4.5	10.3
	工人	8.0	10.7	7.6	3.1	7.8	7.4
	学生	13.8	12.0	25.6	34.5	6.6	6.6
	无业	27.0	31.0	23.9	29.0	28.0	37.4
	其他	37.1	27.7	28.0	26.1	45.0	28.8
个人月收入	0~300 元	43.7	38.3	53.6	72.5	35.9	29.3
	301~900 元	10.8	6.2	9.4	5.8	11.6	7.9
	901~1700 元	12.2	13.6	10.0	7.5	16.5	16.3
	1701~2600 元	17.3	22.5	12.6	5.3	21.6	26.9
	2601~3500 元	10.2	12.0	9.8	5.3	8.9	13.4
	3501 元及以上	5.7	7.4	4.6	3.6	5.4	6.1

表 3.22.6 2014~2016 年陕西市场各类节目的播出份额(%)和收视份额(%)

节目类别	2014 年		2015 年		2016 年	
	播出份额	收视份额	播出份额	收视份额	播出份额	收视份额
财经	1.7	0.3	1.6	0.4	1.3	0.3
电视剧	20.1	36.6	20.4	33.8	21.3	32.4
电影	5.2	2.1	5.2	2.5	5.2	3.9
法制	1.0	1.4	0.9	1.2	0.8	1.1
教学	0.3	0.0	0.3	0.1	0.2	0.1
青少	6.8	5.2	6.4	5.5	6.4	6.0
生活服务	10.6	9.1	9.7	8.4	9.2	7.8
体育	3.0	0.8	3.2	0.9	3.4	1.5
外语	0.0	0.0	0.0	0.0	0.0	0.0
戏剧	1.2	1.2	1.3	1.5	1.2	1.3
新闻/时事	14.4	12.9	14.7	14.4	14.7	14.3
音乐	2.4	0.6	2.4	0.7	1.8	1.1
专题	11.2	4.3	12.6	5.1	13.1	4.8
综艺	8.7	9.2	8.6	10.1	9.2	11.2
其他	13.4	16.3	12.7	15.4	12.3	14.6

表 3.22.7　2015 年陕西市场所有节目收视率排名前三十位

名次	节目名称	节目类别	播出频道	平均收视率（%）	平均占有率（%）
1	2016 中央电视台春节联欢晚会	综艺	中央电视台综合频道	30.9	67.6
2	星光大道 2015 年度总决赛(2 月 8 日)	综艺	中央电视台综合频道	7.9	19.5
3	新闻联播	新闻	中央电视台综合频道	7.6	29.8
4	2016 中央电视台元宵晚会	综艺	中央电视台综合频道	6.9	15.8
5	开创中国特色大国外交新局面 习近平主席 2015 年出访实录	专题	中央电视台综合频道	6.7	16.3
6	天气预报	生活服务	中央电视台综合频道	6.6	19.7
7	刘海戏金蟾精彩抢先看	综艺	山东卫视	6.6	15.0
8	治国理政新征程系列特别报道	专题	中央电视台综合频道	6.4	15.0
9	搭错车	电视剧	山东卫视	6.1	13.5
10	2016 中央电视台中秋晚会	综艺	中央电视台综合频道	5.9	15.9
11	2016 一年又一年	新闻	中央电视台综合频道	5.5	33.7
12	焦点访谈	新闻	中央电视台综合频道	5.3	15.2
13	继父回家(23 ~ 43 集)	电视剧	山东卫视	5.3	11.8
14	谁是挑战王(11 月 6 日)	综艺	中央电视台综合频道	4.7	11.9
15	全员加速中(1 月 1 日)	综艺	湖南卫视	4.7	11.3
16	快乐大本营	综艺	湖南卫视	4.5	12.7
17	天天有喜之人间有爱	电视剧	湖南卫视	4.4	10.7
18	美丽的秘密(19 ~ 37 集)	电视剧	湖南卫视	4.3	10.8
19	感动中国 2015 年度人物颁奖盛典	专题	中央电视台综合频道	4.3	10.5
20	中国梦祖国颂 2016 中央电视台国庆特别节目	综艺	中央电视台综合频道	4.2	10.2
21	11th 中国金鹰电视艺术节互联盛典(10 月 15 日)	综艺	湖南卫视	4.1	10.0
22	亲爱的翻译官精典特辑	综艺	湖南卫视	3.9	11.6
23	2016 元宵喜乐会(2 月 22 日)	综艺	湖南卫视	3.9	10.8
24	文化中国四海同春 2016 全球华侨华人春节大联欢	综艺	湖南卫视	3.9	9.5
25	武神赵子龙	电视剧	湖南卫视	3.8	10.3
26	黄大妮	电视剧	陕西广播电视台都市青春频道(二套)	3.8	9.5
27	中国诗词大会(10 月 2 日)	专题	中央电视台综合频道	3.8	9.4
28	歌从黄河来全国巡回踢馆赛陕西绥德第三场(9 月 17 日)	综艺	山西卫视	3.7	14.5
29	G20 2016CHINA 二十国集团领导人杭州峰会特别报道	新闻	中央电视台综合频道	3.6	10.7
30	李克强总理会见中外记者并回答提问	新闻	中央电视台综合频道	3.5	8.6

表 3.22.8　2016 年陕西市场电视剧收视率排名前十位

名次	节目名称	播出频道	平均收视率(%)	平均占有率(%)
1	搭错车	山东卫视	6.1	13.5
2	继父回家(23~43 集)	山东卫视	5.3	11.8
3	天天有喜之人间有爱	湖南卫视	4.4	10.7
4	美丽的秘密(19~37 集)	湖南卫视	4.3	10.8
5	武神赵子龙	湖南卫视	3.8	10.3
6	黄大妮	陕西广播电视台都市青春频道(二套)	3.8	9.5
7	麻辣变形计	湖南卫视	3.4	11.1
8	神犬小七第二季	湖南卫视	3.4	10.9
9	亲爱的翻译官	湖南卫视	3.4	9.8
10	解密	湖南卫视	3.1	10.1

表 3.22.9　2016 年陕西市场新闻节目收视率排名前十位

名次	节目名称	播出频道	平均收视率(%)	平均占有率(%)
1	新闻联播	中央电视台综合频道	7.6	29.8
2	2016 一年又一年	中央电视台综合频道	5.5	33.7
3	焦点访谈	中央电视台综合频道	5.3	15.2
4	G20 2016CHINA 二十国集团领导人杭州峰会特别报道	中央电视台综合频道	3.6	10.7
5	李克强总理会见中外记者并回答提问	中央电视台综合频道	3.5	8.6
6	陕西新闻联播	陕西卫视	1.6	10.2
7	都市快报	陕西广播电视台都市青春频道(二套)	1.6	7.2
8	第 1 新闻春节大直播	陕西广播电视台新闻资讯频道(一套)	1.1	3.7
9	今日点击	陕西广播电视台新闻资讯频道(一套)	1.1	3.0
10	调查	山东卫视	1.0	3.6

表 3.22.10　2016 年陕西市场专题节目收视率排名前十位

名次	节目名称	播出频道	平均收视率(%)	平均占有率(%)
1	开创中国特色大国外交新局面习近平主席 2015 年出访实录	中央电视台综合频道	6.7	16.3
2	治国理政新征程系列特别报道	中央电视台综合频道	6.4	15.0
3	感动中国 2015 年度人物颁奖盛典	中央电视台综合频道	4.3	10.5
4	中国诗词大会(10 月 2 日)	中央电视台综合频道	3.8	9.4
5	第十五届汉语桥世界大学生中文比赛(10 月 2 日)	湖南卫视	3.4	9.1
6	筑梦路上 1921~2016	中央电视台综合频道	3.1	9.1
7	好好学习湖南省两学一做电视知识竞赛	湖南卫视	2.9	11.0
8	妈妈的牵挂	湖南卫视	2.9	6.5
9	了不起的挑战幕后	中央电视台综合频道	2.7	11.1
10	寻找最美医生大型公益活动颁奖典礼	中央电视台综合频道	2.6	6.6

表 3.22.11 2016 年陕西市场综艺节目收视率排名前十位

名次	节目名称	播出频道	平均收视率（%）	平均占有率（%）
1	2016 中央电视台春节联欢晚会	中央电视台综合频道	30.9	67.6
2	星光大道 2015 年度总决赛(2 月 8 日)	中央电视台综合频道	7.9	19.5
3	2016 中央电视台元宵晚会	中央电视台综合频道	6.9	15.8
4	刘海戏金蟾精彩抢先看	山东卫视	6.6	15.0
5	2016 中央电视台中秋晚会	中央电视台综合频道	5.9	15.9
6	谁是挑战王(11 月 6 日)	中央电视台综合频道	4.7	11.9
7	全员加速中(1 月 1 日)	湖南卫视	4.7	11.3
8	快乐大本营	湖南卫视	4.5	12.7
9	中国梦祖国颂 2016 中央电视台国庆特别节目	中央电视台综合频道	4.2	10.2
10	11th 中国金鹰电视艺术节互联盛典(10 月 15 日)	湖南卫视	4.1	10.0

表 3.22.12 2016 年陕西市场体育节目收视率排名前十位

名次	节目名称	播出频道	平均收视率（%）	平均占有率（%）
1	奥林匹克在里约:2016 年第 31 届奥运会羽毛球男单决赛	中央台五套	3.2	10.9
2	奥运典藏:2016 年第 31 届奥运会女子举重 63 公斤级决赛	中央台五套	2.7	9.4
3	奥林匹克在里约:2016 年第 31 届奥运会女排小组赛第二轮(中国 VS 意大利)	中央台五套	2.7	8.3
4	奥林匹克在里约:2016 年第 31 届奥运会女子单人艇决赛	中央台五套	2.6	9.1
5	奥运典藏:2016 年第 31 届奥运会女子双人 10 米跳台决赛	中央台五套	2.5	9.6
6	奥林匹克在里约:2016 年第 31 届奥运会体操男子个人全能决赛	中央台五套	2.4	7.3
7	奥林匹克在里约:2016 年第 31 届奥运会田径女子 3000 米障碍第一轮	中央台五套	2.4	7.2
8	奥林匹克在里约:2016 年第 31 届奥运会乒乓球男单半决赛	中央台五套	2.3	10.9
9	奥林匹克在里约:2016 年第 31 届奥运会游泳女 4×200 米自由泳接力决赛	中央台五套	2.3	7.4
10	奥林匹克在里约:2016 年第 31 届奥运会赛艇轻量级女子双人双桨	中央台五套	2.1	8.0

二十三、山西收视数据

表 3.23.1 2012～2016 年山西市场各类频道的市场占有率(%)

频道类别	年份				
	2012 年	2013 年	2014 年	2015 年	2016 年
中央台频道	33.8	36.5	36.3	37.3	40.0
中国教育台频道	0.8	1.0	0.6	0.3	0.2
山西省级频道	13.0	12.7	14.9	15.0	14.4
其他省级卫视频道	48.7	47.1	45.4	44.1	41.5
其他频道	3.7	2.7	2.8	3.3	3.9

表 3.23.2 2016 年山西市场各类频道在不同目标观众中的市场占有率(%)

目标观众		中央台频道	中国教育台频道	山西省级频道	其他省级卫视频道	其他频道
4 岁及以上所有人		40.0	0.2	14.4	41.5	3.9
城乡	城市	50.2	0.1	12.9	30.5	6.3
	农村	35.1	0.3	15.1	46.6	2.9
性别	男	42.1	0.2	14.8	38.8	4.1
	女	38.0	0.2	14.0	44.0	3.8
年龄	4～14 岁	38.7	0.1	7.0	52.1	2.1
	15～24 岁	33.9	0.3	10.6	50.5	4.7
	25～34 岁	33.3	0.2	9.5	52.1	4.9
	35～44 岁	39.2	0.3	11.9	44.7	3.9
	45～54 岁	41.3	0.2	16.1	39.6	2.8
	55～64 岁	42.8	0.2	22.2	30.8	4.0
	65 岁及以上	48.3	0.5	20.2	26.1	4.9
教育程度	未受过正规教育	36.6	0.1	11.2	51.1	1.0
	小学	37.3	0.4	16.1	43.5	2.7
	初中	37.6	0.2	15.6	42.6	4.0
	高中	44.6	0.2	13.2	36.6	5.4
	大学及以上	48.7	0.2	10.0	36.5	4.6
职业类别	干部/管理人员	38.3	0.2	16.4	40.0	5.1
	个体/私营企业人员	37.7	0.2	17.0	40.5	4.6
	初级公务员/雇员	44.7	0.1	11.7	38.1	5.4
	工人	41.0	0.1	8.6	44.3	6.0
	学生	39.1	0.1	8.1	49.5	3.2
	无业	41.0	0.3	16.7	38.1	3.9
	其他	38.9	0.4	13.3	45.0	2.4
个人月收入	0～300 元	35.2	0.2	14.8	46.8	3.0
	301～900 元	36.0	0.4	19.1	42.3	2.2
	901～1700 元	39.5	0.1	12.4	44.8	3.2
	1701～2600 元	44.2	0.3	14.5	36.2	4.8
	2601～3500 元	47.7	0.2	13.5	33.2	5.4
	3501 元及以上	43.1	0.4	13.5	37.3	5.7

表 3.23.3 2016 年山西市场各类频道在不同时段的市场占有率(%)

时间段	中央台频道	中国教育台频道	山西省级频道	其他省级卫视频道	其他频道
02:00~03:00	48.3	0.3	6.8	39.8	4.8
03:00~04:00	55.7	0.0	2.4	38.0	3.9
04:00~05:00	62.1	0.1	4.6	30.4	2.8
05:00~06:00	66.8	0.2	7.1	22.9	3.0
06:00~07:00	67.2	0.2	5.2	23.8	3.6
07:00~08:00	63.8	0.3	8.9	23.4	3.6
08:00~09:00	46.9	0.7	11.2	38.0	3.2
09:00~10:00	40.2	0.8	15.0	39.9	4.1
10:00~11:00	42.4	0.6	10.9	41.4	4.7
11:00~12:00	45.9	0.3	9.0	40.1	4.7
12:00~13:00	55.3	0.1	7.4	34.1	3.1
13:00~14:00	42.4	0.1	18.8	35.2	3.5
14:00~15:00	34.8	0.2	16.5	43.9	4.6
15:00~16:00	38.5	0.3	6.8	49.8	4.6
16:00~17:00	39.4	0.3	6.6	49.1	4.6
17:00~18:00	46.1	0.2	8.4	40.5	4.8
18:00~19:00	53.4	0.1	22.5	19.2	4.8
19:00~20:00	47.6	0.1	15.9	33.4	3.0
20:00~21:00	28.4	0.2	16.6	51.3	3.5
21:00~22:00	31.2	0.2	15.8	48.9	3.9
22:00~23:00	33.9	0.3	14.0	46.6	5.2
23:00~24:00	43.1	0.2	9.0	41.7	6.0
24:00~25:00	52.2	0.5	6.7	32.1	8.5
25:00~26:00	50.5	0.3	8.0	34.6	6.6

表 3.23.4 2016 年山西市场收视份额排名前十位的频道

名次	频道名称	收视份额(%)
1	中央电视台综合频道	9.7
2	山西卫视	6.6
3	湖南卫视	6.4
4	山东卫视	5.0
5	中央台八套	4.4
6	中央电视台少儿频道	3.8
7	中央台三套	3.6
8	浙江卫视	2.9
8	山西广播电视台科教频道	2.9
10	中央电视台新闻频道	2.7

表 3.23.5　2016 年山西市场各主要频道的观众构成(%)

目标观众		所有频道	主要频道				
			中央电视台综合频道	山西卫视	湖南卫视	山东卫视	中央套八套
4 岁及以上所有人		100.0	100.0	100.0	100.0	100.0	100.0
城乡	城市	32.2	60.0	12.9	25.7	9.5	36.2
	农村	67.8	40.0	87.1	74.3	90.5	63.8
性别	男	49.0	50.7	54.1	39.8	46.0	44.7
	女	51.0	49.3	45.9	60.2	54.0	55.3
年龄	4～14 岁	11.3	7.2	6.2	16.1	6.9	3.5
	15～24 岁	12.5	9.7	8.4	24.6	14.3	13.9
	25～34 岁	11.7	9.3	7.9	19.9	14.1	8.1
	35～44 岁	17.2	17.6	13.2	22.4	21.0	14.5
	45～54 岁	17.7	15.9	15.1	10.3	20.2	24.8
	55～64 岁	15.7	18.4	25.7	4.2	12.0	23.9
	65 岁及以上	13.9	21.9	23.5	2.5	11.5	11.3
教育程度	未受过正规教育	5.6	2.8	7.1	4.5	5.4	1.8
	小学	22.1	15.8	32.8	17.1	27.5	17.6
	初中	41.6	39.6	41.3	49.8	48.5	40.8
	高中	21.5	28.1	15.4	18.1	14.9	30.1
	大学及以上	9.2	13.7	3.4	10.5	3.7	9.7
职业类别	干部/管理人员	1.9	2.9	1.4	1.9	0.6	1.6
	个体/私营企业人员	18.3	16.1	18.5	21.4	19.6	20.7
	初级公务员/雇员	7.0	8.9	4.0	7.3	5.1	7.8
	工人	5.1	6.0	2.8	6.4	6.8	6.4
	学生	10.1	9.3	6.1	18.3	5.7	5.5
	无业	37.2	42.3	40.1	27.9	36.4	37.6
	其他	20.4	14.5	27.1	16.8	25.8	20.4
个人月收入	0～300 元	39.0	27.4	43.6	47.1	41.2	31.4
	301～900 元	6.2	3.4	12.3	4.1	6.8	5.1
	901～1700 元	12.7	13.3	11.4	12.6	14.5	13.3
	1701～2600 元	21.8	29.1	17.7	20.2	20.9	28.3
	2601～3500 元	13.9	18.6	9.8	11.6	10.4	16.6
	3501 元及以上	6.4	8.2	5.2	4.4	6.2	5.3

表 3.23.6　2014～2016 年山西市场各类节目的播出份额(%)和收视份额(%)

节目类别	2014 年		2015 年		2016 年	
	播出份额	收视份额	播出份额	收视份额	播出份额	收视份额
财经	1.7	0.3	1.7	0.4	1.3	0.3
电视剧	20.9	38.7	21.0	34.2	21.7	33.1
电影	4.1	1.6	3.9	2.0	3.9	2.8
法制	1.2	2.2	1.0	1.6	0.9	1.6
教学	0.3	0.0	0.3	0.0	0.2	0.0
青少	7.7	5.0	7.2	4.7	7.2	4.7
生活服务	10.1	9.3	9.3	9.1	8.8	8.6
体育	3.0	0.8	3.0	1.1	3.3	1.6
外语	0.0	0.0	0.0	0.0	0.0	0.0
戏剧	0.8	0.5	0.8	0.9	0.8	1.0
新闻/时事	14.3	11.4	14.4	13.2	14.5	13.3
音乐	2.5	0.5	2.6	0.8	1.9	1.0
专题	11.7	4.0	13.2	5.3	13.7	5.2
综艺	9.3	9.5	9.2	10.7	9.6	11.7
其他	12.4	16.2	12.4	16.0	12.2	15.1

表 3.23.7　2016 年山西市场所有节目收视率排名前三十位

名次	节目名称	节目类型	播出频道	平均收视率（%）	平均占有率（%）
1	2016 中央电视台春节联欢晚会	综艺	中央电视台综合频道	28.9	60.8
2	搭错车	电视剧	山东卫视	10.1	19.7
3	继父回家(23～43 集)	电视剧	山东卫视	10.0	18.8
4	新闻联播	新闻/时事	中央电视台综合频道	8.6	30.0
5	2016 中央电视台元宵晚会	综艺	中央电视台综合频道	8.2	17.1
6	星光大道 2015 年度总决赛(2 月 8 日)	综艺	中央电视台综合频道	7.4	17.0
7	2016 中央电视台中秋晚会	综艺	中央电视台综合频道	6.8	14.9
8	天气预报	生活服务	中央电视台综合频道	6.7	16.5
9	治国理政新征程系列特别报道	专题	中央电视台综合频道	6.1	12.9
10	亲爱的翻译官	电视剧	湖南卫视	6.0	13.9
11	信念永恒庆祝中国共产党成立 95 周年音乐会	音乐	湖南卫视	5.2	11.2
12	芈月传	电视剧	上海东方卫视	5.2	9.7
13	青春星主播(1 月 28 日)	综艺	山东卫视	5.1	16.7
14	快乐大本营	综艺	湖南卫视	5.1	12.5
15	焦点访谈	新闻/时事	中央电视台综合频道	5.1	12.0
16	放弃我抓紧我	电视剧	湖南卫视	5.1	11.5
17	错恨	电视剧	山西卫视	5.1	10.5
18	奥林匹克在里约:2016 年第 31 届奥运会体操男子个人全能决赛	体育	中央台五套	5.0	10.4
19	解密	电视剧	湖南卫视	4.9	12.1
20	小丈夫	电视剧	湖南卫视	4.9	11.2
21	永远的誓言湖南省庆祝中国共产党成立 95 周年文艺晚会	综艺	湖南卫视	4.8	10.6
22	芈月传	电视剧	北京卫视	4.8	9.0
23	开创中国特色大国外交新局面习近平主席 2015 年出访实录	专题	中央电视台综合频道	4.7	10.3
24	铁在烧	电视剧	山西卫视	4.7	10.2
25	美丽的秘密(19～37 集)	电视剧	湖南卫视	4.7	9.9
26	武神赵子龙	电视剧	湖南卫视	4.6	10.4
27	游击英雄	电视剧	山西卫视	4.6	10.0
28	奥林匹克在里约:2016 年第 31 届奥运会游泳男子 200 米仰泳决赛	体育	中央台五套	4.5	9.9
29	李克强总理会见中外记者并回答提问	新闻/时事	中央电视台综合频道	4.5	9.0
30	G20 2016CHINA 二十国集团领导人杭州峰会特别报道	新闻/时事	中央电视台综合频道	4.4	9.3

表 3.23.8 2016 年山西市场电视剧收视率排名前十位

名次	节目名称	播出频道	平均收视率(%)	平均占有率(%)
1	搭错车	山东卫视	10.1	19.7
2	继父回家(23~43 集)	山东卫视	10.0	18.8
3	亲爱的翻译官	湖南卫视	6.0	13.9
4	芈月传	上海东方卫视	5.2	9.7
5	放弃我抓紧我	湖南卫视	5.1	11.5
6	错恨	山西卫视	5.1	10.5
7	解密	湖南卫视	4.9	12.1
8	小丈夫	湖南卫视	4.9	11.2
9	芈月传	北京卫视	4.8	9.0
10	铁在烧	山西卫视	4.7	10.2

表 3.23.9 2016 年山西市场新闻节目收视率排名前十位

名次	节目名称	播出频道	平均收视率(%)	平均占有率(%)
1	新闻联播	中央电视台综合频道	8.6	30.0
2	焦点访谈	中央电视台综合频道	5.1	12.0
3	李克强总理会见中外记者并回答提问	中央电视台综合频道	4.5	9.0
4	G20 2016CHINA 二十国集团领导人杭州峰会特别报道	中央电视台综合频道	4.4	9.3
5	2016 一年又一年	中央电视台综合频道	3.8	26.8
6	十二届全国人大四次会议山西代表团媒体开放日	中央电视台综合频道	3.6	7.4
7	转播中央台新闻联播	山西卫视	3.0	10.5
8	山西新闻联播	山西卫视	2.7	18.4
9	中国共产党山西省第十一次代表大会专题新闻	山西卫视	2.1	5.1
10	都市 110(7 月 19 日 21:22)	山西卫视	2.0	5.5

表 3.23.10 2016 年山西市场专题节目收视率排名前十位

名次	节目名称	播出频道	平均收视率(%)	平均占有率(%)
1	治国理政新征程系列特别报道	中央电视台综合频道	6.1	12.9
2	开创中国特色大国外交新局面习近平主席 2015 年出访实录	中央电视台综合频道	4.7	10.3
3	第十五届汉语桥世界大学生中文比赛	湖南卫视	4.0	9.2
4	感动中国 2015 年度人物颁奖盛典	中央电视台综合频道	3.7	8.1
5	好好学习湖南省两学一做电视知识竞赛	湖南卫视	3.6	8.6
6	超级工程精彩片段	中央电视台综合频道	3.2	8.9
7	筑梦路上 1921~2016	中央电视台综合频道	3.1	6.7
8	永远在路上	中央电视台综合频道	3.1	6.2
9	妈妈的牵挂	湖南卫视	3.1	6.1
10	寻找最美医生大型公益活动颁奖典礼	中央电视台综合频道	3.0	6.2

表 3.23.11　2016 年山西市场综艺节目收视率排名前十位

名次	节目名称	播出频道	平均收视率（%）	平均占有率（%）
1	2016 中央电视台春节联欢晚会	中央电视台综合频道	28.9	60.8
2	2016 中央电视台元宵晚会	中央电视台综合频道	8.2	17.1
3	星光大道 2015 年度总决赛(2 月 8 日)	中央电视台综合频道	7.4	17.0
4	2016 中央电视台中秋晚会	中央电视台综合频道	6.8	14.9
5	青春星主播(1 月 28 日)	山东卫视	5.1	16.7
6	快乐大本营	湖南卫视	5.1	12.5
7	永远的誓言湖南省庆祝中国共产党成立 95 周年文艺晚会	湖南卫视	4.8	10.6
8	谁是挑战王(11 月 6 日)	中央电视台综合频道	4.3	8.4
9	中国梦祖国颂 2016 中央电视台国庆特别节目	中央电视台综合频道	4.0	8.6
10	未来加油站(9 月 16 日)	中央电视台综合频道	4.0	8.3

表 3.23.12　2016 年山西市场体育节目收视率排名前十位

名次	节目名称	播出频道	平均收视率（%）	平均占有率（%）
1	奥林匹克在里约:2016 年第 31 届奥运会体操男子个人全能决赛	中央台五套	5.0	10.4
2	奥林匹克在里约:2016 年第 31 届奥运会游泳男子 200 米仰泳决赛	中央台五套	4.5	9.9
3	奥林匹克在里约:2016 年第 31 届奥运会女排小组赛 B 组第四轮(中国 VS 塞尔维亚)	中央台五套	4.0	9.4
4	奥林匹克在里约:2016 年第 31 届奥运会男子跳远决赛	中央台五套	4.0	8.5
5	奥林匹克在里约:2016 年第 31 届奥运会射箭男子团体决赛	中央台五套	3.9	8.5
6	奥林匹克在里约:2016 年第 31 届奥运会场地自行车女子团体竞速赛	中央台五套	3.8	9.2
7	奥林匹克在里约:2016 年第 31 届奥运会羽毛球男单决赛	中央台五套	3.7	10.4
8	奥林匹克在里约:2016 年第 31 届奥运会男篮小组赛(委内瑞拉队 VS 中国队)	中央台五套	3.4	8.3
9	奥林匹克在里约:2016 年第 31 届奥运会赛艇轻量级女子双人双桨	中央台五套	3.3	11.7
10	奥林匹克在里约:2016 年第 31 届奥运会乒乓球女团半决赛	中央台五套	3.1	9.9

二十四、四川收视数据

表 3.24.1　2012～2016 年四川市场各类频道的市场占有率(%)

频道类别	年份				
	2012 年	2013 年	2014 年	2015 年	2016
中央台频道	33.9	34.3	33.4	32.1	31.1
中国教育台频道	0.9	0.5	0.4	0.1	0.1
四川省级频道	23.7	23.6	26.1	26.5	26.1
其他省级卫视频道	27.6	25.4	23.6	23.3	22.1
其他频道	13.9	16.2	16.5	18.0	20.6

表 3.24.2　2016 年四川市场各类频道在不同目标观众中的市场占有率(%)

目标观众		中央台频道	中国教育台频道	四川省级频道	其他省级卫视频道	其他频道
4 岁及以上所有人		31.1	0.1	26.1	22.1	20.6
城乡	城市	34.2	0.0	21.6	24.3	19.9
	农村	29.3	0.1	28.7	20.9	21.0
性别	男	32.1	0.1	25.8	20.8	21.2
	女	30.0	0.1	26.5	23.4	20.0
年龄	4～14 岁	24.6	0.1	16.6	35.3	23.4
	15～24 岁	26.7	0.0	27.7	26.5	19.1
	25～34 岁	29.6	0.1	18.3	28.8	23.2
	35～44 岁	30.8	0.2	23.7	21.7	23.6
	45～54 岁	29.9	0.1	32.4	18.8	18.8
	55～64 岁	32.6	0.1	31.4	17.9	18.0
	65 岁及以上	40.9	0.1	26.8	12.6	19.6
教育程度	未受过正规教育	30.8	0.2	23.3	25.1	20.6
	小学	28.4	0.1	29.6	20.9	21.0
	初中	33.6	0.1	25.8	20.9	19.6
	高中	32.9	0.1	22.0	23.8	21.2
	大学及以上	31.5	0.1	14.3	32.2	21.9
职业类别	干部/管理人员	31.4	0.1	13.9	33.3	21.3
	个体/私营企业人员	30.4	0.1	24.6	21.9	23.0
	初级公务员/雇员	30.4	0.1	19.8	27.1	22.6
	工人	31.1	0.0	29.5	19.3	20.1
	学生	21.9	0.1	17.3	36.0	24.7
	无业	35.1	0.1	25.1	21.4	18.3
	其他	31.1	0.2	31.9	16.9	19.9
个人月收入	0～300 元	29.5	0.1	25.2	24.1	21.1
	301～900 元	29.8	0.3	33.2	18.2	18.5
	901～1700 元	31.5	0.1	24.6	21.0	22.8
	1701～2600 元	34.3	0.1	26.7	19.7	19.2
	2601～3500 元	34.3	0.1	24.8	23.3	17.5
	3501 元及以上	30.4	0.1	21.8	22.3	25.4

表 3.24.3 2016 年四川市场各类频道在不同时段的市场占有率(%)

时间段	中央台频道	中国教育台频道	四川省级频道	其他省级卫视频道	其他频道
02:00~03:00	30.2	0.1	21.1	17.1	31.5
03:00~04:00	28.9	0.0	22.2	16.1	32.8
04:00~05:00	30.2	0.0	24.1	14.3	31.4
05:00~06:00	33.5	0.1	26.7	13.6	26.1
06:00~07:00	46.9	0.1	20.7	13.9	18.4
07:00~08:00	46.2	0.7	14.4	20.6	18.1
08:00~09:00	39.0	0.3	11.2	28.7	20.8
09:00~10:00	33.7	0.2	12.5	30.8	22.8
10:00~11:00	34.3	0.2	14.5	29.2	21.8
11:00~12:00	38.5	0.1	15.4	26.4	19.6
12:00~13:00	42.8	0.1	14.3	23.7	19.1
13:00~14:00	37.2	0.1	17.3	25.3	20.1
14:00~15:00	33.9	0.1	17.6	26.7	21.7
15:00~16:00	31.5	0.2	17.0	28.7	22.6
16:00~17:00	31.1	0.2	15.3	30.4	23.0
17:00~18:00	33.8	0.1	15.8	27.9	22.4
18:00~19:00	34.0	0.1	26.2	16.6	23.1
19:00~20:00	31.7	0.1	32.4	17.4	18.4
20:00~21:00	25.9	0.1	33.6	22.0	18.4
21:00~22:00	27.2	0.1	34.0	20.0	18.7
22:00~23:00	22.7	0.1	37.3	19.0	20.9
23:00~24:00	25.3	0.1	33.8	19.1	21.7
24:00~25:00	34.5	0.1	19.1	19.1	27.2
25:00~26:00	32.5	0.1	20.3	17.3	29.8

表 3.24.4 2016 年四川市场收视份额排名前十位的频道

名次	频道名称	收视份额(%)
1	四川电视台影视文艺频道(五套)	11.8
2	中央台六套	4.7
3	中央台八套	4.5
4	中央电视台综合频道	4.2
5	四川经视频道	4.1
5	湖南卫视	4.1
7	中央台三套	3.5
7	四川卫视	3.5
9	中央台四套	3.0
10	湖南电视台金鹰卡通频道	2.4

表 3.24.5　2016 年四川市场各主要频道的观众构成(%)

目标观众		所有频道	主要频道				
			四川电视台影视文艺频道(五套)	中央台六套	中央台八套	中央电视台综合频道	四川经视频道
4 岁及以上所有人		100.0	100.0	100.0	100.0	100.0	100.0
城乡	城市	35.9	24.8	29.5	44.5	40.1	22.5
	农村	64.1	75.2	70.5	55.5	59.9	77.5
性别	男	51.2	51.6	52.9	46.5	50.1	46.6
	女	48.8	48.4	47.1	53.5	49.9	53.4
年龄	4~14 岁	15.3	9.2	11.1	8.4	11.8	14.3
	15~24 岁	8.1	8.6	12.8	7.0	6.5	12.5
	25~34 岁	9.2	5.2	15.0	7.8	6.7	6.3
	35~44 岁	12.7	9.3	18.4	13.6	9.7	17.3
	45~54 岁	22.8	30.6	25.4	29.8	18.5	27.9
	55~64 岁	16.1	22.7	10.1	17.7	18.2	12.0
	65 岁及以上	15.8	14.3	7.3	15.7	28.5	9.7
教育程度	未受过正规教育	9.7	9.2	7.9	8.7	9.0	7.7
	小学	40.2	46.2	38.5	36.3	39.9	50.7
	初中	34.5	35.0	40.1	40.9	33.2	28.8
	高中	11.2	8.0	10.2	10.4	13.6	11.5
	大学及以上	4.4	1.6	3.3	3.7	4.3	1.3
职业类别	干部/管理人员	1.3	0.5	0.9	1.2	1.0	0.3
	个体/私营企业人员	10.0	10.4	10.9	12.5	7.4	10.6
	初级公务员/雇员	6.4	3.5	6.9	6.2	5.9	4.7
	工人	12.6	13.8	17.5	14.7	9.9	18.9
	学生	11.6	6.2	8.9	5.7	9.7	13.1
	无业	29.3	29.0	28.2	34.0	34.2	24.3
	其他	28.9	36.5	26.7	25.7	31.9	28.0
个人月收入	0~300 元	41.8	39.9	42.9	33.1	41.5	42.6
	301~900 元	13.3	18.3	12.6	15.3	14.1	11.5
	901~1700 元	12.4	13.0	11.0	14.6	12.5	7.8
	1701~2600 元	14.5	14.8	13.9	19.8	16.2	14.7
	2601~3500 元	10.2	9.3	10.3	11.7	9.0	11.3
	3501 元及以上	7.8	4.7	9.3	5.5	6.7	12.1

表 3.24.6　2014~2016 年四川市场各类节目的播出份额(%)和收视份额(%)

节目类别	2014 年		2015 年		2016 年	
	播出份额	收视份额	播出份额	收视份额	播出份额	收视份额
财经	1.8	0.4	1.9	0.4	1.5	0.3
电视剧	21.2	41.8	20.7	40.2	21.1	39.9
电影	4.5	6.1	4.4	6.8	4.3	6.9
法制	0.9	0.9	0.8	0.7	0.7	0.5
教学	0.3	0.0	0.2	0.1	0.2	0.0
青少	6.9	6.4	6.4	6.2	6.5	6.5
生活服务	10.6	7.1	10.2	7.5	9.6	7.2
体育	2.8	1.3	2.8	1.2	3.1	1.1
外语	0.0	0.0	0.0	0.0	0.0	0.0
戏剧	0.7	0.2	0.8	0.2	0.8	0.3
新闻/时事	14.4	10.1	14.5	8.7	14.5	9.5
音乐	2.5	0.7	2.5	1.2	1.9	1.0
专题	11.4	4.4	12.9	4.9	13.4	4.7
综艺	9.2	9.1	9.5	10.5	9.9	10.1
其他	12.8	11.5	12.4	11.4	12.4	12.0

表 3.24.7　2016 年四川市场所有节目收视率排名前三十位

名次	节目名称	节目类别	播出频道	平均收视率（%）	平均占有率（%）
1	希望使命	电视剧	四川电视台影视文艺频道（五套）	8.7	31.9
2	历史的使命	电视剧	四川电视台影视文艺频道（五套）	8.2	26.9
3	左轮手枪	电视剧	四川电视台影视文艺频道（五套）	7.9	28.8
4	我的老爸是卧底	电视剧	四川电视台影视文艺频道（五套）	7.8	27.6
5	绝地枪王二之松花江上的枪声	电视剧	四川电视台影视文艺频道（五套）	7.7	27.5
6	2016 中央电视台春节联欢晚会	综艺	中央电视台综合频道	7.7	20.0
7	战火中的兄弟	电视剧	四川电视台影视文艺频道（五套）	7.4	27.5
8	我和妈妈的长征	电视剧	四川电视台影视文艺频道（五套）	7.4	25.3
9	独立纵队二	电视剧	四川电视台影视文艺频道（五套）	7.0	23.8
10	我的父亲我的兵	电视剧	四川电视台影视文艺频道（五套）	6.9	23.9
11	热血共赴国难	电视剧	四川电视台影视文艺频道（五套）	6.4	22.5
12	东江英雄刘黑仔	电视剧	四川电视台影视文艺频道（五套）	6.3	21.5
13	我和她的传奇情仇	电视剧	四川电视台影视文艺频道（五套）	6.3	21.1
14	蜂鸟	电视剧	四川电视台影视文艺频道（五套）	6.3	20.9
15	平民大英雄	电视剧	四川电视台影视文艺频道（五套）	6.2	23.2
16	热血	电视剧	四川电视台影视文艺频道（五套）	6.0	21.0
17	绞刑架下的春天	电视剧	四川电视台影视文艺频道（五套）	6.0	20.6
18	红色护卫	电视剧	四川电视台影视文艺频道（五套）	5.9	21.0
19	铁血战狼	电视剧	四川电视台影视文艺频道（五套）	5.8	19.8
20	生死翻盘	电视剧	四川电视台影视文艺频道（五套）	5.5	20.4
21	豆娘	电视剧	四川电视台影视文艺频道（五套）	5.5	18.7
22	决战江桥	电视剧	四川电视台影视文艺频道（五套）	5.3	19.0

续表

名次	节目名称	节目类别	播出频道	平均收视率（%）	平均占有率（%）
23	玉海棠	电视剧	四川电视台影视文艺频道（五套）	5.3	18.9
24	我是英雄	电视剧	四川电视台影视文艺频道（五套）	5.1	18.3
25	伏击	电视剧	四川电视台影视文艺频道（五套）	4.9	17.5
26	猎虎	电视剧	四川电视台影视文艺频道（五套）	4.9	17.1
27	缉毒生死线	电影	中央台六套	4.7	12.3
28	残团	电影	中央台六套	4.6	12.6
29	战魂	电视剧	四川电视台影视文艺频道（五套）	4.2	14.6
30	屠门镇之复仇之路	电影	中央台六套	4.2	10.6

表 3.24.8　2016 年四川市场电视剧收视率排名前十位

名次	节目名称	播出频道	平均收视率（%）	平均占有率（%）
1	希望使命	四川电视台影视文艺频道（五套）	8.7	31.9
2	历史的使命	四川电视台影视文艺频道（五套）	8.2	26.9
3	左轮手枪	四川电视台影视文艺频道（五套）	7.9	28.8
4	我的老爸是卧底	四川电视台影视文艺频道（五套）	7.8	27.6
5	绝地枪王二之松花江上的枪声	四川电视台影视文艺频道（五套）	7.7	27.5
6	战火中的兄弟	四川电视台影视文艺频道（五套）	7.4	27.5
7	我和妈妈的长征	四川电视台影视文艺频道（五套）	7.4	25.3
8	独立纵队二	四川电视台影视文艺频道（五套）	7.0	23.8
9	我的父亲我的兵	四川电视台影视文艺频道（五套）	6.9	23.9
10	热血共赴国难	四川电视台影视文艺频道（五套）	6.4	22.5

表 3.24.9　2016 年四川市场新闻节目收视率排名前十位

名次	节目名称	播出频道	平均收视率（%）	平均占有率（%）
1	2016 一年又一年	四川卫视	2.8	9.5
2	G20 2016CHINA 二十国集团领导人杭州峰会特别报道	中央电视台综合频道	2.1	5.6
3	黄金 30 分	四川电视台新闻资讯频道	1.5	4.3
4	海峡两岸	中央台四套	1.5	3.9
5	今日关注	中央台四套	1.3	3.9
6	2016 一年又一年	中央电视台综合频道	1.2	8.3
7	转播中央台新闻联播	四川卫视	1.1	4.6
8	新闻联播	中央电视台新闻频道	1.1	4.4
9	中国舆论场	中央台四套	1.1	3.5
10	筑梦天宫	中央电视台新闻频道	1.1	3.3

表 3.24.10 2016 年四川市场专题节目收视率排名前十位

名次	节目名称	播出频道	平均收视率（%）	平均占有率（%）
1	开创中国特色大国外交新局面习近平主席 2015 年出访实录	中央电视台综合频道	1.6	5.2
2	寻味顺德	中央电视台综合频道	1.6	4.2
3	永远在路上	中央电视台综合频道	1.4	3.2
4	阳光宝贝	中央台六套	1.2	5.4
5	纪录片手艺节选	中央电视台综合频道	1.2	3.4
5	稻之道	中央电视台综合频道	1.2	3.4
7	筑梦路上 1921 ~ 2016	中央电视台综合频道	1.1	3.9
7	等着我	中央台三套	1.1	3.9
9	超级工程精彩片段	中央电视台综合频道	1.1	2.9
10	非常话题	四川电视台新闻频道	1.0	2.8

表 3.24.11 2016 年四川市场综艺节目收视率排名前十位

名次	节目名称	播出频道	平均收视率（%）	平均占有率（%）
1	2016 中央电视台春节联欢晚会	中央电视台综合频道	7.7	20
2	星光大道（8 月 27 日）	中央电视台综合频道	2.9	7.8
3	越战越勇(5 月 30 日)	中央台三套	2.9	7.5
4	黄金 100 秒（9 月 18 日）	中央台三套	2.8	8.9
5	中秋之夜	湖南卫视	2.8	7.1
6	万家邀明月一起盼中秋 2016 中秋特别节目	中央台三套	2.7	7.0
7	亲爱的翻译官精典特辑	湖南卫视	2.3	7.9
8	我想和你唱(7 月 9 日)	湖南卫视	2.2	9.5
9	奔跑吧兄弟(1 月 1 日 ~1 月 15 日)	浙江卫视	2.2	7.2
10	中国梦祖国颂 2016 中央电视台国庆特别节目	中央电视台综合频道	2.2	5.4

表 3.24.12 2016 年四川市场体育节目收视率排名前十位

名次	节目名称	播出频道	平均收视率（%）	平均占有率（%）
1	奥林匹克在里约:2016 年第 31 届奥运会乒乓球女单半决赛	中央台五套	2.2	6.8
2	奥林匹克在里约:2016 年第 31 届奥运会女子单人艇 1/4 决赛	中央台五套	1.8	5.1
3	2016 年中华龙舟大赛福建福州站职业男子 500 米直道赛决赛	中央电视台综合频道	1.6	8.7
4	奥林匹克在里约:2016 年第 31 届奥运会射击女子 10 米气步枪决赛	中央台五套	1.6	4.0

续表

名次	节目名称	播出频道	平均收视率(%)	平均占有率(%)
5	黄金赛场:2016 年 CBA 全明星周末技巧挑战赛预赛	中央台五套	1.5	3.8
6	奥林匹克在里约:2016 年第 31 届奥运会女排小组赛第二轮(中国 VS 意大利)	中央台五套	1.5	3.6
7	奥林匹克在里约:2016 年第 31 届赛艇轻量级 4 人单桨半决赛	中央台五套	1.4	6.6
8	奥林匹克在里约:2016 年第 31 届奥运会羽毛球男单半决赛	中央台五套	1.4	5.0
9	奥林匹克在里约:2016 年第 31 届奥运会女子单人双桨预赛	中央台五套	1.4	3.5
10	黄金赛场:2015/2016 赛季 CBA 总决赛第五场(四川金强 VS 辽宁药都本溪)	中央台五套	1.4	3.4

二十五、新疆收视数据

表 3.25.1 2012～2016 年新疆市场各类频道的市场占有率（%）

频道类别	年份				
	2012 年	2013 年	2014 年	2015 年	2016 年
中央台频道	23.3	26.5	29.4	31.0	29.5
中国教育台频道	0.3	0.2	0.2	0.2	0.1
新疆自治区级频道	25.7	27.2	27.0	29.0	35.1
其他省级卫视频道	20.1	21.9	21.9	18.1	14.6
其他频道	30.6	24.1	21.5	21.8	20.6

表 3.25.2 2016 年新疆市场各类频道在不同目标观众中的市场占有率（%）

目标观众		中央台频道	中国教育台频道	新疆自治区级频道	其他省级卫视频道	其他频道
4 岁及以上所有人		29.5	0.1	35.1	14.6	20.6
城乡	城市	35.3	0.1	31.2	16.9	16.6
	农村	24.0	0.2	38.8	12.6	24.4
性别	男	31.3	0.1	34.7	13.4	20.4
	女	27.5	0.1	35.6	15.9	20.9
年龄	4～14 岁	24.4	0.2	39.0	13.1	23.4
	15～24 岁	11.9	0.2	41.2	13.0	33.7
	25～34 岁	18.5	0.1	47.7	12.3	21.4
	35～44 岁	22.6	0.1	43.8	12.8	20.7
	45～54 岁	36.1	0.1	27.9	18.8	17.1
	55～64 岁	43.6	0.0	24.0	17.1	15.2
	65 岁及以上	60.1	0.1	13.7	16.8	9.3
教育程度	未受过正规教育	36.3	0.1	31.9	12.2	19.6
	小学	28.6	0.1	39.8	11.9	19.6
	初中	26.3	0.2	35.8	14.4	23.4
	高中	36.2	0.0	29.2	17.2	17.4
	大学及以上	27.6	0.1	34.0	19.5	18.8
职业类别	干部/管理人员	20.2	0.3	45.9	12.9	20.8
	个体/私营企业人员	29.2	0.1	34.8	17.8	18.2
	初级公务员/雇员	33.9	0.1	27.7	19.2	19.1
	工人	31.4	0.1	34.6	15.0	18.9
	学生	20.0	0.1	41.8	14.0	24.1
	无业	41.5	0.1	26.1	15.8	16.6
	其他	22.0	0.2	41.9	11.9	24.0
个人月收入	0～300 元	23.3	0.1	39.5	13.8	23.3
	301～900 元	13.4	0.2	47.3	9.1	29.9
	901～1700 元	31.9	0.1	39.7	13.0	15.3
	1701～2600 元	42.8	0.0	22.7	19.4	15.1
	2601～3500 元	47.1	0.1	20.4	18.7	13.7
	3501 元及以上	40.7	0.1	24.5	19.9	14.8

表 3.25.3　2016 年新疆市场各类频道在不同时段的市场占有率(%)

时间段	中央台频道	中国教育台频道	新疆自治区级频道	其他省级卫视频道	其他频道
02:00~03:00	36.7	0.4	5.9	41.3	15.7
03:00~04:00	38.9	0.0	4.0	43.6	13.5
04:00~05:00	35.2	0.0	9.0	42.0	13.8
05:00~06:00	62.1	0.2	5.5	19.0	13.2
06:00~07:00	66.8	0.1	3.7	21.8	7.6
07:00~08:00	60.2	0.0	3.9	24.7	11.1
08:00~09:00	63.9	0.0	8.7	15.7	11.7
09:00~10:00	44.1	0.1	28.1	12.0	15.8
10:00~11:00	31.3	0.1	35.0	11.9	21.7
11:00~12:00	32.9	0.1	32.3	12.6	22.1
12:00~13:00	37.6	0.1	27.0	13.1	22.2
13:00~14:00	40.8	0.2	22.3	15.7	21.1
14:00~15:00	35.6	0.1	27.1	16.4	20.7
15:00~16:00	33.4	0.2	24.9	18.9	22.7
16:00~17:00	26.7	0.2	28.4	19.8	24.9
17:00~18:00	26.2	0.3	33.9	15.5	24.1
18:00~19:00	30.2	0.1	39.1	10.6	20.0
19:00~20:00	41.7	0.1	31.8	11.7	14.7
20:00~21:00	25.6	0.1	40.9	15.7	17.7
21:00~22:00	25.3	0.1	40.1	14.4	20.1
22:00~23:00	22.1	0.1	40.7	14.9	22.2
23:00~24:00	22.8	0.1	37.7	15.5	23.9
24:00~25:00	22.0	0.1	33.1	14.1	30.6
25:00~26:00	21.1	0.1	22.7	17.0	39.0

表 3.25.4　2016 年新疆市场收视份额排名前十位的频道

名次	频道名称	收视份额(%)
1	新疆电视台九套(维语经济生活频道)	12.6
2	新疆电视台五套(维语综艺频道)	8.3
3	新疆电视台二套(维语新闻综合频道)	8.0
4	中央电视台综合频道	6.2
5	中央台八套	3.9
6	中央电视台少儿频道	3.7
7	中央电视台新闻频道	2.9
8	中央台六套	2.5
9	中央台三套	1.9
9	湖南卫视	1.9

表 3.25.5　2016 年新疆市场各主要频道的观众构成(%)

目标观众		所有频道	新疆电视台九套(维语经济生活频道)	新疆电视台五套(维语综艺频道)	新疆电视台二套(维语新闻综合频道)	中央电视台综合频道	中央台八套
4 岁及以上所有人		100.0	100.0	100.0	100.0	100.0	100.0
城乡	城市	48.2	41.2	44.7	36.9	59.6	61.7
	农村	51.8	58.8	55.3	63.1	40.4	38.3
性别	男	50.9	49.0	50.3	51.5	52.6	46.0
	女	49.1	51.0	49.7	48.5	47.4	54.0
年龄	4~14 岁	12.1	13.4	14.0	12.8	4.9	2.8
	15~24 岁	15.9	21.3	19.9	20.7	6.0	3.0
	25~34 岁	14.8	22.3	21.3	20.4	9.5	7.0
	35~44 岁	19.3	21.5	22.9	22.3	13.4	16.2
	45~54 岁	14.8	11.4	12.3	11.2	17.8	26.5
	55~64 岁	10.3	6.5	5.7	7.8	18.2	18.4
	65 岁及以上	12.7	3.6	4.0	4.8	30.2	26.1
教育程度	未受过正规教育	5.1	4.3	4.1	4.7	6.5	6.0
	小学	25.7	30.8	30.0	28.2	23.5	20.8
	初中	40.8	42.8	42.6	40.8	35.9	38.1
	高中	19.9	14.6	15.4	16.8	26.5	27.0
	大学及以上	8.5	7.4	7.9	9.4	7.6	8.2
职业类别	干部/管理人员	1.5	1.7	1.9	3.0	1.1	1.3
	个体/私营企业人员	8.7	7.2	9.7	9.7	9.7	6.8
	初级公务员/雇员	7.9	4.4	4.7	6.2	10.7	10.8
	工人	5.0	6.0	5.7	3.3	3.2	7.9
	学生	15.9	20.4	20.3	18.2	6.2	4.3
	无业	29.6	19.7	20.8	21.1	47.3	39.0
	其他	31.3	40.6	36.8	38.6	21.8	29.8
个人月收入	0~300 元	31.6	36.8	36.4	33.1	21.9	17.0
	301~900 元	21.4	30.8	30.0	32.5	9.7	11.2
	901~1700 元	11.5	14.1	12.4	13.2	12.9	11.9
	1701~2600 元	14.7	8.0	9.6	7.8	20.5	21.3
	2601~3500 元	12.6	5.5	6.2	7.4	22.4	28.7
	3501 元及以上	8.2	4.8	5.5	6.0	12.6	10.0

表 3.25.6　2014~2016 年新疆市场各类节目的播出份额(%)和收视份额(%)

节目类别	2014 年		2015 年		2016 年	
	播出份额	收视份额	播出份额	收视份额	播出份额	收视份额
财经	1.5	0.6	1.5	0.8	1.3	0.4
电视剧	24.3	28.9	24.3	26.8	26.5	28.0
电影	4.9	5.1	5.0	5.3	4.9	6.1
法制	1.0	2.2	1.0	1.6	0.9	1.2
教学	0.3	0.2	0.3	0.2	0.3	0.1
青少	6.3	6.7	6.0	6.0	6.4	6.4
生活服务	12.6	7.7	9.8	6.9	7.2	5.7
体育	4.0	3.0	3.6	3.3	3.8	3.8
外语	0.0	0.0	0.0	0.0	0.0	0.0
戏剧	0.6	0.4	0.7	0.5	0.8	0.3
新闻/时事	9.7	12.8	10.0	12.4	10.1	11.8
音乐	2.5	0.9	2.6	1.1	1.8	0.9
专题	11.3	6.5	12.9	8.1	13.6	7.8
综艺	6.9	10.8	7.5	11.5	7.3	10.4
其他	14.0	14.2	14.8	15.7	15.3	17.2

表 3.25.7 2016 年新疆市场所有节目收视率排名前三十位

名次	节目名称	节目类别	播出频道	平均收视率(%)	平均占有率(%)
1	妻子的诱惑	电视剧	新疆电视台九套(维语经济生活频道)	9.7	32.2
2	2016 中央电视台春节联欢晚会	综艺	中央电视台综合频道	8.8	32.7
3	2016 一年又一年	新闻	中央电视台综合频道	7.0	21.1
4	幸福家庭的烦恼第二部	电视剧	新疆电视台九套(维语经济生活频道)	5.5	19.8
5	动画片~动物行星大探险	青少	新疆电视台九套(维语经济生活频道)	5.0	24.1
6	长女的婚事第三部	电视剧	新疆电视台五套(维语综艺频道)	4.4	23.9
7	大长今	电视剧	新疆电视台九套(维语经济生活频道)	4.3	17.8
8	动画片~蓝巨星和绿豆鲨	青少	新疆电视台九套(维语经济生活频道)	4.1	22.3
9	娘家情深第二部	电视剧	新疆电视台五套(维语综艺频道)	4.1	22.0
10	娘家情深	电视剧	新疆电视台五套(维语综艺频道)	4.0	22.6
11	新疆达人秀(3 月 2 日)	综艺	新疆电视台九套(维语经济生活频道)	4.0	19.7
12	国务院总理李克强会见中外记者	新闻	新疆电视台九套(维语经济生活频道)	4.0	18.4
13	良心	电视剧	新疆电视台九套(维语经济生活频道)	3.8	16.7
14	娘家情深第三部	电视剧	新疆电视台五套(维语综艺频道)	3.7	20.4
15	2016 新疆电视台诺茹孜文艺晚会	综艺	新疆电视台九套(维语经济生活频道)	3.7	16.7
16	自治区基层宣讲工作会暨冬季大宣讲动员会示范宣讲	教学	新疆电视台九套(维语经济生活频道)	3.7	14.1
17	我爱厨房	生活服务	新疆电视台九套(维语经济生活频道)	3.5	16.1
18	天使的选择	电视剧	新疆电视台九套(维语经济生活频道)	3.5	15.6
19	动画片~三毛流浪记	青少	新疆电视台九套(维语经济生活频道)	3.5	15.5
20	想你	电视剧	新疆电视台九套(维语经济生活频道)	3.5	15.4
21	情深巷子	电视剧	新疆电视台五套(维语综艺频道)	3.3	17.4
22	中华人民共和国第 13 届冬运会开幕式	体育	新疆电视台九套(维语经济生活频道)	3.3	17.3
23	幸福请你等等我	电视剧	新疆电视台九套(维语经济生活频道)	3.3	14.4

续表

名次	节目名称	节目类别	播出频道	平均收视率(%)	平均占有率(%)
24	幸福额度	电影	新疆电视台五套(维语综艺频道)	3.2	14.7
25	新闻联播	新闻	中央电视台综合频道	3.1	25.6
26	夫妻一场	电视剧	新疆电视台九套(维语经济生活频道)	3.1	14.2
27	长女的婚事	电视剧	新疆电视台五套(维语综艺频道)	3.0	16.4
28	绿里奇迹	电影	新疆电视台五套(维语综艺频道)	3.0	14.6
29	美丽代价	电视剧	新疆电视台九套(维语经济生活频道)	2.9	15.2
30	知足常乐	电视剧	新疆电视台九套(维语经济生活频道)	2.9	13.1

表 3.25.8　2016 年新疆市场电视剧收视率排名前十位

名次	节目名称	播出频道	平均收视率(%)	平均占有率(%)
1	妻子的诱惑	新疆电视台九套(维语经济生活频道)	9.7	32.2
2	幸福家庭的烦恼第二部	新疆电视台九套(维语经济生活频道)	5.5	19.8
3	长女的婚事第三部	新疆电视台五套(维语综艺频道)	4.4	23.9
4	大长今	新疆电视台九套(维语经济生活频道)	4.3	17.8
5	娘家情深第二部	新疆电视台五套(维语综艺频道)	4.1	22.0
6	娘家情深	新疆电视台五套(维语综艺频道)	4.0	22.6
7	良心	新疆电视台九套(维语经济生活频道)	3.8	16.7
8	娘家情深第三部	新疆电视台五套(维语综艺频道)	3.7	20.4
9	天使的选择	新疆电视台九套(维语经济生活频道)	3.5	15.6
10	想你	新疆电视台九套(维语经济生活频道)	3.5	15.4

表 3.25.9　2016 年新疆市场新闻节目收视率排名前十位

名次	节目名称	播出频道	平均收视率(%)	平均占有率(%)
1	2016 一年又一年	中央电视台综合频道	7.0	21.1
2	国务院总理李克强会见中外记者	新疆电视台九套(维语经济生活频道)	4.0	18.4
3	新闻联播	中央电视台综合频道	3.1	25.6
4	12 届全国人大 4 次会议闭幕会	新疆电视台九套(维语经济生活频道)	2.1	15.6
5	围绕总目标开启新征程	新疆电视台二套(维语新闻综合频道)	2.1	8.2
6	焦点访谈	中央电视台综合频道	2.0	13.4
7	新闻联播(22:00 维语)	新疆电视台二套(维语新闻综合频道)	2.0	8.6
8	12 届全国人大 4 次会议开幕会	新疆电视台五套(维语综艺频道)	1.9	8.4
9	李克强总理会见中外记者并回答提问	中央电视台综合频道	1.9	8.0
10	新疆新闻联播	新疆电视台二套(维语新闻综合频道)	1.8	7.7

表 3.25.10　2016 年新疆市场专题节目收视率排名前十位

名次	节目名称	播出频道	平均收视率(%)	平均占有率(%)
1	治国理政新征程系列特别报道	中央电视台综合频道	2.8	14.3
2	美丽故事	新疆电视台九套(维语经济生活频道)	2.8	12.4
3	我是应聘者	新疆电视台九套(维语经济生活频道)	2.7	12.0
4	人与自然	新疆电视台九套(维语经济生活频道)	2.5	11.3
5	大美新疆	新疆电视台五套(维语综艺频道)	2.4	10.5
6	东西南北新疆人	新疆电视台九套(维语经济生活频道)	1.9	12.3
7	文化之林	新疆电视台五套(维语综艺频道)	1.9	9.1
8	让历史告诉未来	新疆电视台二套(维语新闻综合频道)	1.9	7.3
9	真心话	新疆电视台二套(维语新闻综合频道)	1.8	8.0
10	探索	新疆电视台二套(维语新闻综合频道)	1.8	7.2

表 3.25.11　2016 年新疆市场综艺节目收视率排名前十位

名次	节目名称	播出频道	平均收视率(%)	平均占有率(%)
1	2016 中央电视台春节联欢晚会	中央电视台综合频道	8.8	32.7
2	新疆达人秀(3 月 2 日)	新疆电视台九套(维语经济生活频道)	4.0	19.7
3	2016 新疆电视台诺茹孜文艺晚会	新疆电视台九套(维语经济生活频道)	3.7	16.7
4	2014 肉孜节文艺晚会	新疆电视台九套(维语经济生活频道)	2.7	14.6
5	2016 中央电视台元宵晚会	中央电视台综合频道	2.7	8.7
6	憨豆先生	新疆电视台九套(维语经济生活频道)	2.5	15.3
7	融情聚力共圆梦想自治区第 2 届基层宣讲员大赛颁奖晚会	新疆电视台九套(维语经济生活频道)	2.5	12.2
8	2015 新疆电视小品大赛	新疆电视台九套(维语经济生活频道)	2.2	14.3
9	麦西来甫	新疆电视台五套(维语综艺频道)	2.2	11.6
10	幽默茶吧	新疆电视台五套(维语综艺频道)	2.0	11.1

表 3.25.12　2016 年新疆市场体育节目收视率排名前十位

名次	节目名称	播出频道	平均收视率（%）	平均占有率（%）
1	中华人民共和国第 13 届冬运会开幕式	新疆电视台九套（维语经济生活频道）	3.3	17.3
2	2016 中国足球协会杯	新疆电视台九套（维语经济生活频道）	2.3	11.5
3	2016 新疆丝绸之路国际青年足球邀请赛	新疆电视台九套（维语经济生活频道）	1.9	10.3
4	足球世界	新疆电视台五套（维语综艺频道）	1.8	8.0
5	奥林匹克在里约:2016 年第 31 届奥运会羽毛球男单决赛	中央台五套	1.6	8.2
6	新疆体育	新疆电视台五套（维语综艺频道）	1.6	7.9
7	奥林匹克在里约:2016 年第 31 届奥运会赛艇轻量级女子双人双桨	中央台五套	1.5	7.1
8	15/16 赛季中国男子篮球职业联赛	新疆电视台五套（维语综艺频道）	1.5	5.6
9	2016 中国足球协会甲级联赛	新疆电视台九套（维语经济生活频道）	1.4	10.1
10	奥林匹克在里约:2016 年第 31 届奥运会女排小组赛第二轮（中国 VS 意大利）	中央台五套	1.4	7.1

二十六、云南收视数据

表 3.26.1　2012～2016 年云南市场各类频道的市场占有率(%)

频道类别	年份				
	2012 年	2013 年	2014 年	2015 年	2016 年
中央台频道	34.2	34.1	35.4	36.6	45.4
中国教育台频道	1.7	1.0	0.5	0.3	0.1
云南省级频道	17.7	17.7	17.8	17.2	15.0
其他省级卫视频道	38.2	39.9	39.2	37.8	31.2
其他频道	8.2	7.3	7.1	8.1	8.3

表 3.26.2　2016 年云南市场各类频道在各目标观众中的市场占有率(%)

目标观众		中央台频道	中国教育台频道	云南省级频道	其他省级卫星频道	其他频道
4 岁及以上所有人		45.4	0.1	15.0	31.2	8.3
城乡	城市	42.3	0.1	17.6	25.3	14.7
	农村	46.6	0.2	13.9	33.6	5.7
性别	男	47.0	0.1	15.9	28.5	8.5
	女	43.7	0.2	14.1	33.9	8.1
年龄	4～14 岁	43.2	0.1	11.2	40.7	4.8
	15～24 岁	38.3	0.2	10.8	43.0	7.7
	25～34 岁	44.0	0.1	12.1	36.1	7.7
	35～44 岁	43.2	0.2	15.1	32.0	9.5
	45～54 岁	45.7	0.1	18.1	25.7	10.4
	55～64 岁	49.9	0.1	19.6	22.2	8.2
	65 岁及以上	54.4	0.2	18.3	17.9	9.2
教育程度	未受过正规教育	45.7	0.1	13.5	33.8	6.9
	小学	45.3	0.1	14.7	32.7	7.2
	初中	44.4	0.1	15.4	32.0	8.1
	高中	46.9	0.2	15.0	28.1	9.8
	大学及以上	48.1	0.1	15.2	23.8	12.8
职业类别	干部/管理人员	51.4	0.0	15.1	24.8	8.7
	个体/私营企业人员	43.4	0.1	13.6	30.4	12.5
	初级公务员/雇员	45.7	0.1	17.7	27.8	8.7
	工人	42.6	0.1	17.9	27.0	12.4
	学生	41.1	0.2	11.8	40.7	6.2
	无业	50.9	0.1	17.3	23.3	8.4
	其他	44.1	0.2	13.6	37.0	5.1
个人月收入	0～300 元	41.8	0.2	13.7	37.5	6.8
	301～900 元	47.1	0.2	14.2	34.0	4.5
	901～1700 元	45.0	0.2	13.7	33.2	7.9
	1701～2600 元	47.3	0.1	17.2	26.5	8.9
	2601～3500 元	47.2	0.1	17.0	23.7	12.0
	3501 元及以上	49.1	0.1	11.8	27.7	11.3

表 3.26.3　2016 年云南市场各类频道在不同时段的市场占有率(%)

时间段	中央台频道	中国教育台频道	云南省级频道	其他省级卫星频道	其他频道
02:00～03:00	48.9	0.0	4.2	28.8	18.1
03:00～04:00	60.5	0.0	4.8	27.8	6.9
04:00～05:00	56.3	0.8	3.2	37.0	2.7
05:00～06:00	68.5	0.0	2.7	26.1	2.7
06:00～07:00	68.2	0.1	3.3	22.3	6.1
07:00～08:00	65.3	0.3	8.0	19.9	6.5
08:00～09:00	58.6	0.4	7.6	28.1	5.3
09:00～10:00	56.8	0.5	8.1	29.7	4.9
10:00～11:00	55.4	0.3	7.3	31.5	5.5
11:00～12:00	56.4	0.2	7.1	30.6	5.7
12:00～13:00	60.2	0.2	5.9	28.3	5.4
13:00～14:00	57.6	0.2	5.9	31.3	5.0
14:00～15:00	48.6	0.2	8.4	35.9	6.9
15:00～16:00	44.7	0.2	9.2	38.0	7.9
16:00～17:00	47.5	0.2	9.6	35.0	7.7
17:00～18:00	54.1	0.1	13.4	24.3	8.1
18:00～19:00	51.7	0.1	22.6	14.3	11.3
19:00～20:00	50.7	0.1	16.5	25.2	7.5
20:00～21:00	38.1	0.1	17.4	37.1	7.3
21:00～22:00	38.6	0.1	17.8	34.6	8.9
22:00～23:00	39.3	0.1	16.2	32.1	12.3
23:00～24:00	40.9	0.1	12.9	32.2	13.9
24:00～25:00	39.2	0.1	8.4	29.1	23.2
25:00～26:00	46.0	0.4	8.4	15.4	29.8

表 3.26.4　2016 年云南市场收视份额排名前十位的频道

名次	频道名称	收视份额(%)
1	湖南卫视	10.9
2	中央台八套	9.5
3	中央电视台综合频道	7.1
4	云南广播电视台都市频道(二套)	7.0
5	中央台六套	6.6
6	中央台三套	4.2
7	中央电视台少儿频道	4.1
8	中央台十二套	3.0
9	云南广播电视台卫视频道(一套)	2.9
10	浙江卫视	2.3

表 3.26.5 2016 年云南市场各主要频道的观众构成(%)

目标观众		所有频道	主要频道				
			湖南卫视	中央台八套	中央电视台综合频道	云南广播电视台都市频道(二套)	中央台六套
4 岁及以上所有人		100.0	100.0	100.0	100.0	100.0	100.0
城乡	城市	29.2	24.5	26.8	29.7	33.3	27.5
	农村	70.8	75.5	73.2	70.3	66.7	72.5
性别	男	50.3	42.8	48.1	50.2	52.3	56.4
	女	49.7	57.2	51.9	49.8	47.7	43.6
年龄	4~14 岁	14.0	20.4	8.1	11.3	7.8	12.1
	15~24 岁	12.8	19.9	11.9	8.2	6.1	14.2
	25~34 岁	14.0	17.1	10.7	12.1	8.9	18.0
	35~44 岁	19.2	23.9	19.3	16.6	17.1	25.0
	45~54 岁	14.6	9.1	18.4	13.2	17.4	15.3
	55~64 岁	12.1	5.3	16.2	17.7	21.4	8.8
	65 岁及以上	13.4	4.2	15.4	21.0	21.4	6.5
教育程度	未受过正规教育	6.3	6.1	7.0	5.4	4.3	5.2
	小学	28.9	30.9	27.2	26.5	27.0	31.9
	初中	43.3	45.4	44.5	39.8	42.3	47.2
	高中	14.7	13.2	14.9	17.9	17.9	12.0
	大学及以上	6.8	4.3	6.4	10.5	8.4	3.8
职业类别	干部/管理人员	0.9	0.4	0.8	1.9	0.9	1.0
	个体/私营企业人员	16.7	17.8	14.4	13.6	13.5	21.3
	初级公务员/雇员	8.7	8.5	9.7	9.0	11.4	5.9
	工人	8.2	8.0	10.0	5.6	8.5	10.7
	学生	15.2	24.0	11.3	10.7	8.6	13.9
	无业	26.1	13.0	26.7	37.9	39.4	13.8
	其他	24.3	28.3	27.2	21.3	17.8	33.5
个人月收入	0~300 元	28.5	36.7	23.7	22.0	22.6	24.4
	301~900 元	7.8	7.8	10.3	6.9	6.3	9.5
	901~1700 元	18.0	20.0	19.9	15.2	13.8	24.3
	1701~2600 元	28.2	20.4	28.3	33.3	39.6	23.5
	2601~3500 元	11.1	8.6	11.6	14.2	12.6	12.2
	3501 元及以上	6.4	6.6	6.2	8.3	5.2	6.1

表 3.26.6 2014~2016 年云南市场各类节目的播出份额(%)和收视份额(%)

节目类别	2014 年		2015 年		2016 年	
	播出份额	收视份额	播出份额	收视份额	播出份额	收视份额
财经	1.5	0.3	1.5	0.4	1.3	0.5
电视剧	24.0	36.8	23.9	35.5	26.4	33.2
电影	3.9	4.5	4.0	4.8	4.0	6.1
法制	1.0	1.8	1.0	1.4	1.0	1.6
教学	0.2	0.1	0.2	0.1	0.2	0.1
青少	6.7	6.1	6.3	5.1	6.8	5.6
生活服务	13.8	7.9	11.3	8.2	8.3	7.1
体育	3.3	1.2	3.0	1.0	3.1	2.1
外语	0.0	0.0	0.0	0.0	0.0	0.0
戏剧	0.7	0.3	0.7	0.3	0.8	0.2
新闻/时事	10.3	10.2	10.2	9.3	10.4	9.7
音乐	2.5	0.8	2.6	1.1	1.7	1.2
专题	11.0	4.3	12.7	4.9	13.5	5.0
综艺	7.4	10.2	8.0	12.5	7.4	12.7
其他	13.6	15.6	14.6	15.4	15.1	14.9

表 3.26.7　2016 年云南市场所有节目收视率排名前三十位

名次	节目名称	节目类别	播出频道	平均收视率（%）	平均占有率（%）
1	2016 中央电视台春节联欢晚会	综艺	中央电视台综合频道	16.6	48.8
2	第十五届汉语桥世界大学生中文比赛(9 月 4 日)	专题	湖南卫视	8.6	18.2
3	美丽的秘密	电视剧	湖南卫视	8.3	19.2
4	麻辣变形计	电视剧	湖南卫视	8.2	19.9
5	信念永恒庆祝中国共产党成立 95 周年音乐会	音乐	湖南卫视	7.7	17.1
6	神犬小七第二季	电视剧	湖南卫视	7.5	18.0
7	我是歌手歌王之战（3 月 27 日）	综艺	湖南卫视	7.0	21.5
8	亲爱的翻译官	电视剧	湖南卫视	7.0	17.8
9	解密	电视剧	湖南卫视	6.9	17.7
10	锻刀	电视剧	中央台八套	6.9	17.6
11	放弃我抓紧我	电视剧	湖南卫视	6.7	15.4
12	武神赵子龙	电视剧	湖南卫视	6.5	15.9
13	好好学习湖南省两学一做电视知识竞赛	专题	湖南卫视	6.4	17.3
14	彝海结盟	电视剧	中央台八套	6.4	16.7
15	全员加速中	综艺	湖南卫视	6.3	16.2
16	天天有喜之人间有爱	电视剧	湖南卫视	6.3	15.0
17	快乐大本营	综艺	湖南卫视	6.1	16.4
18	宜昌保卫战	电视剧	中央台八套	6.1	14.7
19	麻雀	电视剧	湖南卫视	6.0	14.2
20	11th 中国金鹰电视艺术节开幕式	综艺	湖南卫视	6.0	13.5
21	豆娘	电视剧	中央台八套	5.9	14.6
22	小丈夫	电视剧	湖南卫视	5.7	14.4
23	中秋之夜	综艺	湖南卫视	5.6	14.5
24	因为爱情有幸福	电视剧	湖南卫视	5.6	13.8
25	千里雷声万里闪	电视剧	中央台八套	5.5	14.0
26	新闻联播	新闻/时事	中央电视台综合频道	5.4	22.7
27	11th 中国金鹰电视艺术节第 28 届中国电视金鹰奖颁奖晚会暨闭幕式	综艺	湖南卫视	5.4	13.0
28	妈妈的牵挂	专题	湖南卫视	5.4	12.5
29	屠门镇之复仇之路	电影	中央台六套	5.3	11.2
30	11th 中国金鹰电视艺术节互联盛典	综艺	湖南卫视	5.2	12.6

表 3.26.8　2016 年云南市场电视剧收视率排名前十位

名次	节目名称	播出频道	平均收视率(%)	平均占有率(%)
1	美丽的秘密	湖南卫视	8.3	19.6
2	麻辣变形计	湖南卫视	8.2	19.9
3	神犬小七第二季	湖南卫视	7.5	18.0
4	亲爱的翻译官	湖南卫视	7.0	17.8
5	解密	湖南卫视	6.9	17.7
6	锻刀	中央台八套	6.9	17.6
7	放弃我抓紧我	湖南卫视	6.7	15.4
8	武神赵子龙	湖南卫视	6.5	15.9
9	彝海结盟	中央台八套	6.4	16.7
10	天天有喜之人间有爱	湖南卫视	6.3	15.0

表 3.26.9　2016 年云南市场新闻节目收视率排名前十位

名次	节目名称	播出频道	平均收视率(%)	平均占有率(%)
1	新闻联播	中央电视台综合频道	5.4	22.7
2	焦点访谈	中央电视台综合频道	3.4	9.5
3	G20 2016CHINA 二十国集团领导人杭州峰会特别报道	中央电视台综合频道	2.6	5.4
4	李克强总理会见中外记者并回答提问	中央电视台综合频道	1.8	4.5
5	封面	云南广播电视台都市频道(二套)	1.6	14.2
6	转播中央台新闻联播	云南广播电视台都市频道(二套)	1.6	5.9
7	都市条形码	云南广播电视台都市频道(二套)	1.5	13.2
8	大口马牙	云南广播电视台都市频道(二套)	1.5	6.3
9	激扬正气促跨越	云南广播电视台卫视频道(一套)	1.5	4.2
10	2016 一年又一年	中央电视台综合频道	1.2	16.8

表 3.26.10　2016 年云南市场专题节目收视率排名前十位

名次	节目名称	播出频道	平均收视率(%)	平均占有率(%)
1	第十五届汉语桥世界大学生中文比赛(9 月 4 日)	湖南卫视	8.6	18.2
2	好好学习湖南省两学一做电视知识竞赛	湖南卫视	6.4	17.3
3	妈妈的牵挂	湖南卫视	5.4	12.5
4	治国理政新征程系列特别报道	中央电视台综合频道	4.1	10.5
5	开创中国特色大国外交新局面习近平主席 2015 年出访实录	中央电视台综合频道	3.3	9.1
6	感动中国 2015 年度人物颁奖盛典	中央电视台综合频道	3.0	6.5
7	问答神州	云南广播电视台卫视频道(一套)	2.9	6.9
8	凤凰卫视问答神州专访省委书记李纪恒特别节目	云南广播电视台卫视频道(一套)	2.9	6.8
9	2016 寻找最美教师大型公益活动颁奖典礼	中央电视台综合频道	2.6	6.7
10	筑梦路上 1921 ~ 2016	中央电视台综合频道	2.6	6.1

表 3.26.11　2016 年云南市场综艺节目收视率排名前十位

名次	节目名称	播出频道	平均收视率（%）	平均占有率（%）
1	2016 中央电视台春节联欢晚会	中央电视台综合频道	16.6	48.8
2	我是歌手歌王之战(3 月 27 日)	湖南卫视	7.0	21.5
3	全员加速中	湖南卫视	6.3	16.2
4	快乐大本营	湖南卫视	6.1	16.4
5	11th 中国金鹰电视艺术节开幕式	湖南卫视	6.0	13.5
6	中秋之夜	湖南卫视	5.6	14.5
7	11th 中国金鹰电视艺术节第 28 届中国电视金鹰奖颁奖晚会暨闭幕式	湖南卫视	5.4	13.0
8	11th 中国金鹰电视艺术节互联盛典	湖南卫视	5.2	12.6
9	文化中国四海同春 2016 全球华侨华人春节大联欢	湖南卫视	5.1	12.6
10	真正男子汉	湖南卫视	4.9	11.7

表 3.26.12　2016 年云南市场体育节目收视率排名前十位

名次	节目名称	播出频道	平均收视率（%）	平均占有率（%）
1	奥林匹克在里约:2016 年第 31 届奥运会羽毛球男单决赛	中央台五套	3.2	9.2
2	奥林匹克在里约:2016 年第 31 届奥运会女排小组赛第二轮(中国 VS 意大利)	中央台五套	3.1	6.8
3	奥林匹克在里约:2016 年第 31 届奥运会女子体操资格赛	中央台五套	2.9	6.6
4	奥林匹克在里约:2016 年第 31 届奥运会乒乓球男单半决赛	中央台五套	2.7	9.4
5	奥林匹克在里约:2016 年第 31 届奥运会田径女子 3000 米障碍第一轮	中央台五套	2.7	7.0
6	奥林匹克在里约:2016 年第 31 届奥运会女子单人艇决赛	中央台五套	2.6	7.4
7	奥林匹克在里约:2016 年第 31 届奥运会男子 4×100 米混合泳接力决赛	中央台五套	2.6	5.8
8	奥林匹克在里约:2016 年第 31 届奥运会男子举重 56 公斤级决赛	中央台五套	2.5	7.5
9	奥林匹克在里约:2016 年第 31 届奥运会场地自行车女子团体竞速赛	中央台五套	2.2	6.0
10	奥林匹克在里约:2016 年第 31 届奥运会射击女子 10 米气手枪决赛	中央台五套	2.1	7.3

二十七、浙江收视数据

表 3.27.1　2012～2016 年浙江市场各类频道的市场占有率(%)

频道类别	年份				
	2012 年	2013 年	2014 年	2015 年	2016 年
中央台频道	24.4	25.0	28.5	30.0	34.2
中国教育台频道	0.6	0.5	0.4	0.3	0.2
浙江省级频道	34.8	32.6	30.3	28.0	26.0
其他省级卫视频道	22.6	22.7	22.2	23.2	21.5
其他频道	17.6	19.2	18.6	18.5	18.1

表 3.27.2　2016 年浙江市场各类频道在不同目标观众中的市场占有率(%)

目标观众		中央台频道	中国教育台频道	浙江省级频道	其他省级卫视频道	其他频道
4 岁及以上所有人		34.2	0.2	26.0	21.5	18.1
城乡	城市	28.0	0.1	24.2	22.2	25.5
	农村	38.3	0.2	27.2	21.0	13.3
性别	男	38.5	0.2	23.3	20.5	17.5
	女	29.8	0.2	28.8	22.4	18.8
年龄	4～14 岁	28.9	0.1	21.6	32.4	17.0
	15～24 岁	22.8	0.1	34.0	26.9	16.2
	25～34 岁	26.8	0.1	28.9	23.5	20.7
	35～44 岁	36.9	0.2	24.4	19.2	19.3
	45～54 岁	34.3	0.2	24.1	23.9	17.5
	55～64 岁	39.6	0.2	28.7	18.1	13.4
	65 岁及以上	40.2	0.2	22.9	12.2	24.5
教育程度	未受过正规教育	36.3	0.1	23.7	22.8	17.1
	小学	35.4	0.3	24.4	22.7	17.2
	初中	34.6	0.2	25.8	21.2	18.2
	高中	35.9	0.1	24.3	22.6	17.1
	大学及以上	26.6	0.1	34.0	16.9	22.4
职业类别	干部/管理人员	32.2	0.1	30.1	14.1	23.5
	个体/私营企业人员	41.8	0.2	19.5	22.7	15.8
	初级公务员/雇员	32.6	0.1	29.8	18.8	18.7
	工人	35.8	0.2	27.8	20.9	15.3
	学生	23.5	0.1	25.8	33.2	17.4
	无业	33.0	0.2	26.3	20.9	19.6
	其他	39.1	0.2	22.6	20.1	18.0
个人月收入	0～300 元	28.8	0.1	26.5	25.6	19.0
	301～900 元	44.8	0.2	25.3	15.3	14.4
	901～1700 元	37.7	0.1	31.8	18.7	11.7
	1701～2600 元	36.3	0.2	24.0	21.3	18.2
	2601～3500 元	34.9	0.2	24.1	21.0	19.8
	3501 元及以上	34.7	0.1	25.1	19.7	20.4

表 3.27.3 2016 年浙江市场各类频道在不同时段的市场占有率(%)

时间段	中央台频道	中国教育台频道	浙江省级频道	其他省级卫视频道	其他频道
02:00~03:00	28.3	0.1	10.5	35.7	25.4
03:00~04:00	26.6	0.1	10.5	36.9	25.9
04:00~05:00	33.2	0.2	10.8	33.7	22.1
05:00~06:00	37.8	0.4	13.1	31.5	17.2
06:00~07:00	46.7	0.2	9.8	27.3	16.0
07:00~08:00	46.7	0.4	11.0	24.3	17.6
08:00~09:00	41.6	0.4	11.9	27.0	19.1
09:00~10:00	37.2	0.3	16.1	29.6	16.8
10:00~11:00	39.1	0.5	13.6	32.2	14.6
11:00~12:00	44.1	0.3	10.7	32.0	12.9
12:00~13:00	42.6	0.1	14.9	27.5	14.9
13:00~14:00	38.9	0.3	14.4	29.7	16.7
14:00~15:00	37.9	0.3	11.8	32.2	17.8
15:00~16:00	41.4	0.4	10.6	30.9	16.7
16:00~17:00	38.2	0.3	18.7	28.8	14.0
17:00~18:00	36.0	0.2	26.0	23.0	14.8
18:00~19:00	33.3	0.1	38.5	8.5	19.6
19:00~20:00	30.2	0.1	42.6	9.8	17.3
20:00~21:00	26.8	0.1	37.8	17.8	17.5
21:00~22:00	31.9	0.1	27.7	19.7	20.6
22:00~23:00	34.4	0.1	17.6	25.7	22.2
23:00~24:00	36.5	0.1	11.9	30.3	21.2
24:00~25:00	37.0	0.2	13.3	27.5	22.0
25:00~26:00	31.9	0.2	12.7	29.3	25.9

表 3.27.4 2016 年浙江市场收视份额排名前十位的频道

名次	频道名称	收视份额(%)
1	浙江电视台教育科技频道	6.6
2	浙江电视台钱江都市频道	5.2
3	中央台八套	5.1
4	中央台四套	4.4
5	湖南卫视	4.3
6	浙江电视台经济生活频道	4.1
7	中央台六套	3.8
8	浙江卫视	3.7
9	中央电视台新闻频道	3.4
10	中央台三套	3.1

表 3.27.5　2016 年浙江市场各主要频道的观众构成(%)

目标观众		所有频道	浙江电视台教育科技频道	浙江电视台钱江都市频道	中央台八套	中央台四套	湖南卫视
4 岁及以上所有人		100.0	100.0	100.0	100.0	100.0	100.0
城乡	城市	39.8	36.9	30.3	21.4	35.7	29.8
	农村	60.2	63.1	69.7	78.6	64.3	70.2
性别	男	50.7	45.2	41.0	49.1	67.1	44.2
	女	49.3	54.8	59.0	50.9	32.9	55.8
年龄	4~14 岁	9.9	2.5	10.8	3.5	2.7	25.9
	15~24 岁	7.0	8.7	5.3	7.6	3.0	19.3
	25~34 岁	13.4	10.6	16.2	7.4	6.5	12.8
	35~44 岁	14.0	10.5	13.7	11.1	10.8	15.3
	45~54 岁	21.7	20.1	19.2	24.6	23.6	16.7
	55~64 岁	20.3	25.2	28.3	29.2	31.6	6.6
	65 岁及以上	13.7	22.4	6.5	16.6	21.8	3.4
教育程度	未受过正规教育	7.4	8.6	8.0	6.2	5.4	4.5
	小学	28.3	35.8	14.4	37.0	24.4	32.6
	初中	34.8	31.1	42.3	36.1	43.1	31.1
	高中	17.3	11.9	12.5	16.6	16.3	24.6
	大学及以上	12.2	12.6	22.8	4.1	10.8	7.2
职业类别	干部/管理人员	2.0	3.1	2.1	0.6	1.2	1.0
	个体/私营企业人员	14.7	8.1	12.1	19.9	17.5	10.2
	初级公务员/雇员	21.5	23.3	24.5	18.7	20.7	20.4
	工人	12.3	11.4	15.2	19.2	11.0	11.6
	学生	7.5	4.3	6.5	2.4	2.4	28.2
	无业	35.7	42.4	37.5	31.5	38.2	24.7
	其他	6.3	7.4	2.1	7.7	9.0	3.9
个人月收入	0~300 元	26.5	24.8	32.1	19.7	11.9	46.5
	301~900 元	3.8	5.3	2.7	7.1	8.8	1.6
	901~1700 元	12.9	21.6	10.6	17.5	18.7	7.5
	1701~2600 元	16.6	14.7	12.9	20.9	19.9	15.9
	2601~3500 元	16.9	13.6	14.3	18.3	15.7	15.3
	3501 元及以上	23.3	20.0	27.4	16.5	25.0	13.2

表 3.27.6　2014~2016 年浙江市场各类节目的播出份额(%)和收视份额(%)

节目类别	2014 年		2015 年		2016 年	
	播出份额	收视份额	播出份额	收视份额	播出份额	收视份额
财经	1.8	0.5	1.9	1.1	1.5	1.0
电视剧	20.1	32.4	20.3	32.0	21.0	31.4
电影	4.1	4.5	3.6	4.6	3.5	4.7
法制	1.0	0.7	0.8	0.8	0.7	0.8
教学	0.2	0.0	0.2	0.1	0.2	0.0
青少	7.2	5.6	6.8	5.6	6.8	4.7
生活服务	11.1	11.7	10.4	10.6	9.5	9.7
体育	2.8	1.2	2.9	1.1	3.2	2.0
外语	0.0	0.0	0.0	0.0	0.0	0.0
戏剧	0.8	0.5	0.8	0.5	0.8	0.5
新闻/时事	15.2	13.8	15.6	13.7	15.7	15.2
音乐	2.5	0.9	2.5	0.8	1.9	0.8
专题	12.0	5.9	13.1	6.5	13.8	6.3
综艺	8.6	9.5	8.7	10.8	9.2	11.3
其他	12.6	12.8	12.4	11.8	12.2	11.6

表 3.27.7　2016 年浙江市场所有节目收视率排名前三十位

名次	节目名称	节目类型	播出频道	平均收视率（%）	平均占有率（%）
1	奥林匹克在里约:2016 年第 31 届奥运会羽毛球男单决赛	体育	中央台五套	6.0	21.0
2	中国新歌声(7 月 15 日)	综艺	浙江卫视	5.6	21.1
3	云水怒	电视剧	浙江电视台教育科技频道	5.6	15.9
4	奥林匹克在里约:2016 年第 31 届奥运会乒乓球男单半决赛	体育	中央台五套	5.5	22.7
5	奥林匹克在里约:2016 年第 31 届奥运会女子 200 米混合泳决赛	体育	中央台五套	5.4	14.2
6	奔跑吧兄弟(1 月 1 日 ~ 1 月 15 日)	综艺	浙江卫视	5.3	20.5
7	奥林匹克在里约 颁奖仪式	体育	中央台五套	5.1	27.2
8	奥林匹克在里约:2016 年第 31 届奥运会射击女子 10 米气手枪决赛	体育	中央台五套	5.0	22.3
9	热血	电视剧	浙江电视台教育科技频道	5.0	14.2
10	奥林匹克在里约:2016 年第 31 届奥运会女子单人艇 1/4 决赛	体育	中央台五套	4.9	18.5
11	我的老爸是卧底	电视剧	浙江电视台教育科技频道	4.9	15.7
12	2016 中央电视台春节联欢晚会	综艺	中央台三套	4.9	13.7
13	狐影	电视剧	浙江电视台教育科技频道	4.8	15.7
14	奥运典藏:2016 年第 31 届奥运会女子举重 63 公斤级决赛	体育	中央台五套	4.7	16.0
15	奥林匹克在里约:2016 年第 31 届奥运会体操女子团体决赛	体育	中央台五套	4.7	13.6
16	蜂鸟	电视剧	浙江电视台教育科技频道	4.6	14.4
17	奥林匹克在里约:2016 年第 31 届奥运会田径女子 400 米第一轮	体育	中央台五套	4.5	19.5
18	决胜	电视剧	浙江电视台教育科技频道	4.5	15.1
19	忍冬艳蔷薇	电视剧	浙江电视台教育科技频道	4.5	13.9
20	寒冬	电视剧	浙江电视台教育科技频道	4.4	15.2
21	奥林匹克在里约:2016 年第 31 届奥运会女子双人 10 米跳台决赛	体育	中央台五套	4.3	15.0
22	我和她的传奇情仇	电视剧	浙江电视台教育科技频道	4.3	13.9

续表

名次	节目名称	节目类型	播出频道	平均收视率(%)	平均占有率(%)
22	奥林匹克在里约:2016年第31届奥运会场地自行车女子团体竞速赛	体育	中央台五套	4.3	13.9
24	爸爸父亲爹	电视剧	浙江电视台教育科技频道	4.3	12.2
25	战狼	电影	中央台六套	4.3	11.1
26	奥林匹克在里约:2016年第31届奥运会女排小组赛第二轮(中国VS意大利)	体育	中央台五套	4.2	13.2
27	青年霍元甲之冲出江湖	电视剧	浙江电视台钱江都市频道	4.2	13.0
28	信者无敌	电视剧	浙江电视台教育科技频道	3.9	13.3
29	昙花梦	电视剧	浙江电视台教育科技频道	3.8	13.4
30	一代枭雄	电视剧	浙江电视台教育科技频道	3.8	11.7

表 3.27.8　2016 年浙江市场电视剧收视率排名前十位

名次	节目名称	播出频道	平均收视率(%)	平均占有率(%)
1	云水怒	浙江电视台教育科技频道	5.6	15.9
2	热血	浙江电视台教育科技频道	5.0	14.2
3	我的老爸是卧底	浙江电视台教育科技频道	4.9	15.7
4	狐影	浙江电视台教育科技频道	4.8	15.7
5	蜂鸟	浙江电视台教育科技频道	4.6	14.4
6	决胜	浙江电视台教育科技频道	4.5	15.1
7	忍冬艳蔷薇	浙江电视台教育科技频道	4.5	13.9
8	寒冬	浙江电视台教育科技频道	4.4	15.2
9	我和她的传奇情仇	浙江电视台教育科技频道	4.3	13.9
10	爸爸父亲爹	浙江电视台教育科技频道	4.3	12.2

表 3.27.9　2016 年浙江市场新闻节目收视率排名前十位

名次	节目名称	播出频道	平均收视率(%)	平均占有率(%)
1	新闻 007	浙江电视台钱江都市频道	2.2	8.4
2	海峡两岸	中央台四套	2.2	6.4
3	范大姐帮忙	浙江电视台钱江都市频道	2.1	9.8
4	小强热线	浙江电视台教育科技频道	2.0	7.0
5	今日关注	中央台四套	1.9	7.4
6	中国新闻	中央台四套	1.8	5.7
7	苏村山体滑坡救援	浙江卫视	1.5	5.8
8	都市潮我看	浙江电视台钱江都市频道	1.4	7.9
9	G20 2016CHINA 二十国集团领导人杭州峰会特别报道	中央电视台综合频道	1.4	6.1
10	经视新闻	浙江电视台经济生活频道	1.4	4.3

表 3.27.10 2016 年浙江市场专题节目收视率排名前十位

名次	节目名称	播出频道	平均收视率（%）	平均占有率（%）
1	一年级大学季	湖南卫视	2.3	17.0
2	最美青春 2016 浙江省感动校园人物颁奖活动	浙江电视台教育科技频道	1.8	5.2
3	携手共治你我同行首届浙江 119 消防奖颁奖典礼	浙江电视台钱江都市频道	1.7	5.1
4	幸福在浙里	浙江电视台经济生活频道	1.6	8.0
5	乌镇	浙江电视台教育科技频道	1.5	9.9
6	风云浙商 2015 年度风云浙商颁奖典礼	浙江电视台经济生活频道	1.4	3.8
7	创新浙江	浙江电视台经济生活频道	1.3	6.2
8	315 共筑消费新生态	中央台二套	1.3	4.3
9	记住乡愁第一季	浙江电视台教育科技频道	1.2	8.1
10	中菲南海争议	中央台四套	1.2	7.0

表 3.27.11 2016 年浙江市场综艺节目收视率排名前十位

名次	节目名称	播出频道	平均收视率（%）	平均占有率（%）
1	中国新歌声(7 月 15 日)	浙江卫视	5.6	21.1
2	奔跑吧兄弟(1 月 1 日 ~1 月 15 日)	浙江卫视	5.3	20.5
3	2016 中央电视台春节联欢晚会	中央台三套	4.9	13.7
4	浙江方言大擂台(7 月 17 日)	浙江电视台钱江都市频道	3.6	10.3
5	奔跑吧兄弟(4 月 15 日 ~7 月 1 日)	浙江卫视	3.5	15.6
6	G20 2016CHINA 二十国集团领导人第十一次峰会文艺晚会最忆是杭州	中央电视台新闻频道	3.5	14.0
7	2016 中央电视台元宵晚会	中央台三套	3.4	9.0
8	浙江广电青年走基层暨杭州市 119 消防宣传月启动仪式	浙江电视台教育科技频道	3.3	9.9
9	全员加速中(1 月 1 日)	湖南卫视	3.2	9.0
10	大型全媒体公益活动喜欢杭州的 100 个理由揭晓仪式	浙江电视台钱江都市频道	3.0	8.5

表 3.27.12 2016 年浙江市场体育节目收视率排名前十位

名次	节目名称	播出频道	平均收视率（%）	平均占有率（%）
1	奥林匹克在里约:2016 年第 31 届奥运会羽毛球男单决赛	中央台五套	6.0	21.0
2	奥林匹克在里约:2016 年第 31 届奥运会乒乓球男单半决赛	中央台五套	5.5	22.7
3	奥林匹克在里约:2016 年第 31 届奥运会女子 200 米混合泳决赛	中央台五套	5.4	14.2

续表

名次	节目名称	播出频道	平均收视率(%)	平均占有率(%)
4	奥林匹克在里约 颁奖仪式	中央台五套	5.1	27.2
5	奥林匹克在里约:2016 年第 31 届奥运会射击女子 10 米气手枪决赛	中央台五套	5.0	22.3
6	奥林匹克在里约:2016 年第 31 届奥运会女子单人艇 1/4 决赛	中央台五套	4.9	18.5
7	奥运典藏:2016 年第 31 届奥运会女子举重 63 公斤级决赛	中央台五套	4.7	16.0
8	奥林匹克在里约:2016 年第 31 届奥运会体操女子团体决赛	中央台五套	4.7	13.6
9	奥林匹克在里约:2016 年第 31 届奥运会田径女子 400 米第一轮	中央台五套	4.5	19.5
10	奥林匹克在里约:2016 年第 31 届奥运会女子双人 10 米跳台决赛	中央台五套	4.3	15.0

二十八、北京收视数据

表 3.28.1　2012～2016 年北京市场各类频道的市场占有率(%)

频道类别	年份				
	2012 年	2013 年	2014 年	2015 年	2016 年
中央台频道	26.4	26.0	25.2	24.6	27.4
中国教育台频道	2.5	2.2	2.1	1.0	0.5
北京台频道	38.1	39.0	39.0	39.4	36.2
其他省级卫视频道	22.3	22.3	23.0	22.2	20.5
其他频道	10.7	10.5	10.7	12.8	15.4

表 3.28.2　2016 年北京市场各类频道在不同目标观众中的市场占有率(%)

目标观众		中央台频道	中国教育台频道	北京台频道	其他省级卫视频道	其他频道
4 岁及以上所有人		27.4	0.5	36.2	20.5	15.4
性别	男	29.4	0.5	35.5	19.3	15.3
	女	25.3	0.5	37.0	21.7	15.5
年龄	4～14 岁	24.4	0.2	30.0	25.0	20.4
	15～24 岁	22.0	0.5	29.0	25.2	23.3
	25～34 岁	23.4	0.6	31.3	23.9	20.8
	35～44 岁	26.1	0.8	26.7	25.8	20.6
	45～54 岁	25.9	0.6	38.8	20.5	14.2
	55～64 岁	29.0	0.3	43.1	16.4	11.2
	65 岁及以上	35.9	0.6	41.1	14.6	7.8
教育程度	未受过正规教育	25.7	0.8	38.0	22.5	13.0
	小学	30.3	1.0	34.0	23.5	11.2
	初中	28.5	0.4	39.0	19.0	13.1
	高中	27.8	0.5	38.4	19.0	14.3
	大学及以上	26.3	0.5	33.4	21.8	18.0
职业类别	干部/管理人员	25.1	0.3	32.4	22.7	19.5
	个体/私营企业人员	24.2	0.5	33.0	25.0	17.3
	初级公务员/雇员	26.3	0.6	34.4	20.9	17.8
	工人	24.4	1.2	33.2	23.2	18.0
	学生	22.5	0.2	25.5	26.3	25.5
	无业	30.6	0.4	41.3	17.1	10.6
	其他	27.5	0.6	31.9	34.9	5.1
个人月收入	0～600 元	24.4	0.5	31.3	24.9	18.9
	601～1200 元	24.8	0.2	43.5	23.1	8.4
	1201～1700 元	32.2	0.6	40.9	18.2	8.1
	1701～2600 元	28.3	0.4	39.0	21.0	11.3
	2601～3500 元	28.6	0.5	37.7	18.3	14.9
	3501～5000 元	27.4	0.5	38.9	19.1	14.1
	5001 元及以上	26.8	0.6	32.1	21.7	18.8

表 3.28.3　2016 年北京市场各类频道在不同时段的市场占有率(%)

时间段	中央台频道	中国教育台频道	北京台频道	其他省级卫视频道	其他频道
02:00~03:00	25.7	0.9	13.1	30.2	30.1
03:00~04:00	31.2	0.9	11.4	31.2	25.3
04:00~05:00	30.5	0.5	15.4	23.4	30.2
05:00~06:00	30.5	2.6	26.9	19.5	20.5
06:00~07:00	33.6	0.2	38.7	14.2	13.3
07:00~08:00	30.0	0.3	47.7	11.6	10.4
08:00~09:00	32.6	0.3	39.8	15.0	12.3
09:00~10:00	32.0	0.5	31.1	20.0	16.4
10:00~11:00	31.7	0.6	27.3	22.5	17.9
11:00~12:00	33.5	0.5	29.6	20.5	15.9
12:00~13:00	25.6	0.8	46.0	14.4	13.2
13:00~14:00	26.1	0.5	37.0	19.0	17.4
14:00~15:00	26.8	0.5	27.5	26.0	19.2
15:00~16:00	27.3	0.6	25.9	27.6	18.6
16:00~17:00	28.5	0.5	26.8	26.6	17.6
17:00~18:00	28.4	0.2	36.3	19.4	15.7
18:00~19:00	26.7	0.2	50.9	8.1	14.1
19:00~20:00	24.5	0.4	48.8	13.9	12.4
20:00~21:00	24.0	0.9	38.7	24.9	11.5
21:00~22:00	27.4	0.8	36.2	22.8	12.8
22:00~23:00	26.6	0.4	29.9	25.7	17.4
23:00~24:00	29.8	0.3	20.5	26.3	23.1
24:00~25:00	28.7	0.5	17.1	26.1	27.6
25:00~26:00	26.7	0.8	15.0	26.8	30.7

表 3.28.4　2016 年北京市场收视份额排名前十位的频道

名次	频道名称	收视份额(%)
1	北京卫视	12.0
2	北京电视台影视频道	5.6
3	北京电视台科教频道	4.5
4	中央台四套	4.0
5	北京电视台文艺频道	3.1
6	中央台五套	2.9
7	中央电视台新闻频道	2.8
7	中央台三套	2.8
7	北京电视台体育频道	2.8
10	北京电视台生活频道	2.6

表 3.28.5 2016 年北京市场各主要频道的观众构成(%)

目标观众		所有频道	北京卫视	北京电视台影视频道	北京电视台科教频道	中央台四套	北京电视台文艺频道
4 岁及以上所有人		100.0	100.0	100.0	100.0	100.0	100.0
性别	男	50.4	46.9	51.3	47.0	57.9	48.5
	女	49.6	53.1	48.7	53.0	42.1	51.5
年龄	4~14 岁	3.0	1.9	1.3	1.7	1.3	2.2
	15~24 岁	5.6	4.0	4.0	5.1	3.6	6.9
	25~34 岁	19.8	16.9	16.8	15.3	10.0	17.6
	35~44 岁	12.7	10.0	4.1	8.9	7.4	13.9
	45~54 岁	22.4	22.1	27.4	26.2	20.2	21.3
	55~64 岁	21.1	23.4	30.3	25.8	25.7	21.4
	65 岁及以上	15.3	21.7	16.2	17.0	31.9	16.8
教育程度	未受过正规教育	2.1	1.6	2.3	3.2	1.8	1.8
	小学	4.4	3.8	4.9	3.5	5.4	5.2
	初中	18.3	18.8	22.2	19.9	22.7	18.0
	高中	33.8	35.9	41.1	40.2	37.9	31.7
	大学及以上	41.4	39.9	29.6	33.3	32.1	43.3
职业类别	干部/管理人员	7.6	7.2	5.3	5.9	6.0	7.5
	个体/私营企业人员	7.8	7.2	7.7	8.0	5.0	6.7
	初级公务员/雇员	30.8	28.2	27.0	26.1	22.6	31.6
	工人	8.6	6.5	8.9	10.3	5.7	7.3
	学生	5.5	3.8	2.2	3.6	2.6	5.4
	无业	39.0	46.5	47.2	45.8	58.0	41.2
	其他	0.7	0.5	1.8	0.3	0.1	0.2
个人月收入	0~600 元	11.8	10.2	9.3	9.0	8.5	10.7
	601~1200 元	0.5	0.5	0.8	0.5	0.2	0.5
	1201~1700 元	2.3	1.9	3.7	4.2	2.3	2.0
	1701~2600 元	13.6	14.3	18.0	16.4	16.7	14.6
	2601~3500 元	26.0	26.8	29.2	28.7	27.5	24.7
	3501~5000 元	22.7	25.0	22.7	23.3	24.9	25.1
	5001 元及以上	23.1	21.4	16.2	17.9	19.9	22.4

表 3.28.6 2014~2016 年北京市场各类节目的播出份额(%)和收视份额(%)

节目类别	2014 年		2015 年		2016 年	
	播出份额	收视份额	播出份额	收视份额	播出份额	收视份额
财经	2.4	1.6	2.4	1.7	2.0	1.6
电视剧	20.1	28.9	19.8	26.9	20.3	26.7
电影	3.9	3.4	3.7	3.4	3.7	3.6
法制	1.1	1.0	1.4	1.7	1.2	1.6
教学	0.2	0.1	0.2	0.1	0.2	0.0
青少	6.5	2.5	6.1	2.5	6.2	2.1
生活服务	10.3	12.2	10.0	12.1	9.8	11.8
体育	3.7	5.6	3.7	6.2	4.0	6.1
外语	0.0	0.0	0.0	0.0	0.0	0.0
戏剧	0.7	0.4	0.8	0.3	0.8	0.3
新闻/时事	14.0	11.9	14.1	12.2	14.1	12.6
音乐	2.5	1.0	2.5	1.1	1.8	1.0
专题	13.4	8.9	14.0	8.1	14.6	7.5
综艺	9.1	12.2	9.4	13.4	9.6	15.3
其他	12.1	10.4	12.0	10.4	11.7	9.9

表 3.28.7　2016 年北京市场所有节目收视率排名前三十位

名次	节目名称	节目类型	播出频道	平均收视率（%）	平均占有率（%）
1	芈月传	电视剧	北京卫视	16.7	41.0
2	2016 北京电视台春节联欢晚会	综艺	北京卫视	12.6	37.3
3	2016 中央电视台春节联欢晚会	综艺	北京卫视	10.2	26.7
4	芈月传收官盛典	综艺	北京卫视	9.9	24.1
5	奥林匹克在里约:2016 年第 31 届奥运会羽毛球男单决赛	体育	中央台五套	9.4	24.1
6	天气预报	生活服务	北京卫视	9.0	33.8
7	少帅	电视剧	北京卫视	8.5	22.0
8	奥林匹克在里约:2016 年第 31 届奥运会乒乓球女单半决赛	体育	中央台五套	8.1	26.3
9	奥林匹克在里约 颁奖仪式	体育	中央台五套	7.9	24.5
10	奥林匹克在里约:2016 年第 31 届奥运会射击女子 10 米气步枪决赛	体育	中央台五套	7.9	21.7
11	跨界歌王(8 月 20 日)	综艺	北京卫视	7.5	20.7
12	奥运典藏:2016 年第 31 届奥运会女子举重 63 公斤级决赛	体育	中央台五套	7.2	21.3
13	锦绣未央	电视剧	北京卫视	7.2	19.8
14	超级足球之夜:国际足联 18 年世界杯亚洲区预选赛第三阶段 A 组第 2 轮(中国 VS 伊朗)	体育	中央台五套	7.1	20.9
15	芈月传奇	专题	北京卫视	7.0	18.1
16	中国式关系	电视剧	北京卫视	6.9	20.9
17	猎人	电视剧	北京卫视	6.6	19.3
18	2016 中央电视台元宵晚会	综艺	中央台三套	6.6	16.5
19	天伦	电视剧	北京卫视	6.5	17.6
20	2017BTV 跨年环球歌会	音乐	北京卫视	6.4	18.5
21	转播中央台新闻联播	新闻	北京卫视	6.3	22.3
22	北京卫视少帅收官庆典	综艺	北京卫视	6.3	17.2
23	中国梦 365 个故事	专题	北京卫视	6.2	26.3
24	奥林匹克在里约:2016 年第 31 届奥运会女排小组赛第二轮(中国 VS 意大利)	体育	中央台五套	6.2	18.6
25	我的岳父会武术	电视剧	北京卫视	6.2	17.4
26	跨界喜剧王(9 月 3 日)	综艺	北京卫视	6.1	20.0
27	奥林匹克在里约:2016 年第 31 届奥运会女子 200 米混合泳决赛	体育	中央台五套	6.0	17.7
28	北京喜剧幽默大赛集锦	综艺	北京卫视	5.9	15.3
29	BTV 赛场:15/16 赛季 CBA 联赛 1/4 决赛第四场(北京首钢 VS 天山农商银行)	体育	北京电视台体育频道	5.8	14.7
30	奥运典藏:2016 年第 31 届奥运会女子双人 10 米跳台决赛	体育	中央台五套	5.7	17.6

表 3.28.8　2016 年北京市场电视剧收视率排名前十位

名次	节目名称	播出频道	平均收视率(%)	平均占有率(%)
1	芈月传	北京卫视	16.7	41.0
2	少帅	北京卫视	8.5	22.0
3	锦绣未央	北京卫视	7.2	19.8
4	中国式关系	北京卫视	6.9	20.9
5	猎人	北京卫视	6.6	19.3
6	天伦	北京卫视	6.5	17.6
7	我的岳父会武术	北京卫视	6.2	17.4
8	金水桥边	北京卫视	5.2	16.8
9	小别离	北京卫视	5.0	15.1
10	无名者	北京电视台影视频道	4.7	14.4

表 3.28.9　2016 年北京市场新闻节目收视率排名前十位

名次	节目名称	播出频道	平均收视率(%)	平均占有率(%)
1	转播中央台新闻联播	北京卫视	6.3	22.3
2	北京新闻	北京卫视	5.3	21.6
3	G20 2016CHINA 二十国集团领导人杭州峰会特别报道	中央电视台新闻频道	3.0	12.4
4	今日关注	中央台四套	2.2	6.9
5	海峡两岸	中央台四套	1.8	5.1
6	2016 一年又一年	中央电视台综合频道	1.7	8.6
7	筑梦天宫	中央电视台新闻频道	1.7	6.2
8	中国舆论场	中央台四套	1.3	3.9
9	直击 2016 双 11	浙江卫视	1.1	15.3
10	中国新闻	中央台四套	1.1	3.7

表 3.28.10　2016 年北京市场专题节目收视率排名前十位

名次	节目名称	播出频道	平均收视率(%)	平均占有率(%)
1	芈月传奇	北京卫视	7.0	18.1
2	中国梦 365 个故事	北京卫视	6.2	26.3
3	春潮习近平总书记 226 视察北京两周年	北京卫视	4.8	13.6
4	特别节目依人如梦话芈月	北京卫视	4.8	12.8
5	315 共筑消费新生态	中央台二套	4.4	12.2
6	熊猫奇缘	北京卫视	2.1	6.7
7	中国诗词大会(4 月 15 日)	中央电视台综合频道	2.1	5.9
8	为你而歌第十四部	北京卫视	1.9	10.2
9	春节特别节目家和万事兴	北京电视台文艺频道	1.9	5.4
10	时光缘	北京卫视	1.8	6.3

表 3.28.11 2016 年北京市场综艺节目收视率排名前十位

名次	节目名称	播出频道	平均收视率(%)	平均占有率(%)
1	2016 北京电视台春节联欢晚会	北京卫视	12.6	37.3
2	2016 中央电视台春节联欢晚会	北京卫视	10.2	26.7
3	芈月传收官盛典	北京卫视	9.9	24.1
4	跨界歌王(8 月 20 日)	北京卫视	7.5	20.7
5	2016 中央电视台元宵晚会	中央台三套	6.6	16.5
6	北京卫视少帅收官庆典	北京卫视	6.3	17.2
7	跨界喜剧王(9 月 3 日)	北京卫视	6.1	20.0
8	北京喜剧幽默大赛集锦	北京卫视	5.9	15.3
9	2016 年北京电视台元宵晚会	北京电视台文艺频道	5.2	13.2
10	奔跑吧兄弟(1 月 1 日 ~1 月 15 日)	浙江卫视	5.0	14.9

表 3.28.12 2016 年北京市场体育节目收视率排名前十位

名次	节目名称	播出频道	平均收视率(%)	平均占有率(%)
1	奥林匹克在里约:2016 年第 31 届奥运会羽毛球男单决赛	中央台五套	9.4	24.1
2	奥林匹克在里约:2016 年第 31 届奥运会乒乓球女单半决赛	中央台五套	8.1	26.3
3	奥林匹克在里约 颁奖仪式	中央台五套	7.9	24.5
4	奥林匹克在里约:2016 年第 31 届奥运会射击女子 10 米气步枪决赛	中央台五套	7.9	21.7
5	奥运典藏:2016 年第 31 届奥运会女子举重 63 公斤级决赛	中央台五套	7.2	21.3
6	超级足球之夜:国际足联 18 年世界杯亚洲区预选赛第三阶段 A 组第 2 轮(中国 VS 伊朗)	中央台五套	7.1	20.9
7	奥林匹克在里约:2016 年第 31 届奥运会女排小组赛第二轮(中国 VS 意大利)	中央台五套	6.2	18.6
8	奥林匹克在里约:2016 年第 31 届奥运会女子 200 米混合泳决赛	中央台五套	6.0	17.7
9	BTV 赛场:15/16 赛季 CBA 联赛 1/4 决赛第四场(北京首钢 VS 天山农商银行)	北京电视台体育频道	5.8	14.7
10	奥运典藏:2016 年第 31 届奥运会女子双人 10 米跳台决赛	中央台五套	5.7	17.6

二十九、上海收视数据

表 3.29.1　2012～2016 年上海市场各类频道的市场占有率(%)

频道类别	年份				
	2012 年	2013 年	2014 年	2015 年	2016 年
中央台频道	16.1	15.7	16.1	14.7	15.1
中国教育台频道	0.2	0.1	0.1	0.0	0.1
上海市级频道	55.2	55.9	56.3	55.4	54.8
其他省级卫视频道	19.2	17.6	15.2	14.4	13.4
其他频道	9.3	10.7	12.3	15.5	16.6

表 3.29.2　2016 年上海市场各类频道在不同目标观众中的市场占有率(%)

目标观众		中央台频道	中国教育台频道	上海市级频道	其他省级卫视频道	其他频道
4 岁及以上所有人		15.1	0.1	54.8	13.4	16.6
性别	男	17.2	0.1	53.8	12.9	16.0
	女	13.0	0.0	55.7	13.8	17.5
年龄	4～14 岁	15.9	0.1	40.5	26.9	16.6
	15～24 岁	13.6	0.0	49.6	14.2	22.6
	25～34 岁	11.6	0.0	49.1	16.2	23.1
	35～44 岁	15.7	0.1	51.5	15.1	17.6
	45～54 岁	13.6	0.1	58.0	12.3	16.0
	55～64 岁	15.9	0.0	57.4	10.1	16.6
	65 岁及以上	19.3	0.0	59.2	12.9	8.6
教育程度	未受过正规教育	21.3	0.0	50.5	20.2	8.0
	小学	12.2	0.1	58.4	19.9	9.4
	初中	15.9	0.1	55.5	13.4	15.1
	高中	15.2	0.0	57.4	12.7	14.7
	大学及以上	14.6	0.0	50.6	13.1	21.7
职业类别	干部/管理人员	17.3	0.0	46.4	17.8	18.5
	个体/私营企业人员	15.8	0.1	48.5	11.0	24.6
	初级公务员/雇员	13.2	0.1	53.4	13.3	20.0
	工人	15.2	0.1	56.6	15.5	12.6
	学生	13.9	0.1	47.3	19.9	18.8
	无业	16.7	0.0	58.2	12.0	13.1
	其他	*	*	*	*	*
个人月收入	0～600 元	14.6	0.0	47.8	19.8	17.8
	601～1200 元	26.2	0.1	55.7	9.9	8.1
	1201～1700 元	11.3	0.0	72.2	3.7	12.8
	1701～2600 元	16.7	0.1	59.0	13.3	10.9
	2601～3500 元	15.4	0.0	55.8	12.5	16.3
	3501～5000 元	15.2	0.1	55.8	12.4	16.5
	5001 元及以上	13.9	0.0	51.1	14.4	20.6

注:* 表示目标样本量不足,无法进行统计推断。

表 3.29.3　2016 年上海市场各类频道在不同时段的市场占有率(%)

时间段	中央台频道	中国教育台频道	上海市级频道	其他省级卫视频道	其他频道
02:00~03:00	17.4	0.1	31.1	21.3	30.1
03:00~04:00	16.4	0.2	21.2	19.2	43.0
04:00~05:00	20.5	0.2	22.2	20.1	37.0
05:00~06:00	22.3	0.1	24.8	18.9	33.9
06:00~07:00	19.4	0.0	53.2	12.3	15.1
07:00~08:00	13.5	0.0	70.0	6.2	10.3
08:00~09:00	15.5	0.1	62.6	8.6	13.2
09:00~10:00	17.0	0.1	53.5	12.7	16.7
10:00~11:00	18.8	0.1	48.7	14.2	18.2
11:00~12:00	19.7	0.1	50.5	12.6	17.1
12:00~13:00	21.3	0.0	50.0	11.4	17.3
13:00~14:00	20.7	0.1	43.8	14.8	20.6
14:00~15:00	20.8	0.1	39.5	17.6	22.0
15:00~16:00	20.2	0.1	39.3	18.8	21.6
16:00~17:00	19.9	0.1	40.0	19.5	20.5
17:00~18:00	15.7	0.0	55.3	13.8	15.2
18:00~19:00	7.4	0.0	78.3	4.3	10.0
19:00~20:00	10.6	0.0	68.8	9.4	11.2
20:00~21:00	12.8	0.0	58.5	15.1	13.6
21:00~22:00	15.2	0.0	53.1	15.1	16.6
22:00~23:00	12.6	0.0	51.5	16.4	19.5
23:00~24:00	15.6	0.0	46.3	15.3	22.8
24:00~25:00	16.8	0.0	42.5	14.3	26.4
25:00~26:00	17.6	0.1	38.8	15.3	28.2

表 3.29.4　2016 年上海市场收视份额排名前十位的频道

名次	频道名称	收视份额(%)
1	上海电视台新闻综合频道	13.3
2	上海电视台娱乐频道	9.7
3	上海东方卫视	8.2
4	上海电视台电视剧频道	5.2
5	上海东方电影频道	4.5
6	上海电视台五星体育频道	3.8
7	上海电视台星尚频道	3.2
8	中央台四套	3.1
9	上海电视台第一财经频道	2.4
10	中央台五套	1.7

表 3.29.5　2016 年上海市场各主要频道的观众构成(%)

目标观众		所有频道	上海电视台新闻综合频道	上海电视台娱乐频道	上海东方卫视	上海电视台电视剧频道	上海东方电影频道
4 岁及以上所有人		100.0	100.0	100.0	100.0	100.0	100.0
性别	男	49.5	49.0	41.8	46.2	42.0	59.6
	女	50.5	51.0	58.2	53.8	58.0	40.4
年龄	4~14 岁	3.2	1.7	1.9	2.6	2.4	2.2
	15~24 岁	4.6	3.4	3.6	5.1	3.6	4.4
	25~34 岁	16.7	12.2	14.2	20.4	9.1	14.4
	35~44 岁	12.8	12.4	9.7	12.9	9.7	16.8
	45~54 岁	21.0	19.7	27.0	22.6	20.3	22.5
	55~64 岁	26.6	30.8	28.6	24.9	29.6	24.0
	65 岁及以上	15.1	19.8	15.0	11.5	25.3	15.7
教育程度	未受过正规教育	1.4	1.0	1.0	0.9	2.4	1.4
	小学	4.6	4.4	5.3	3.5	8.2	3.2
	初中	22.3	27.3	21.9	17.6	28.4	23.6
	高中	40.2	39.1	46.7	42.5	41.4	41.9
	大学及以上	31.5	28.2	25.1	35.5	19.6	29.9
职业类别	干部/管理人员	4.8	3.1	3.7	4.9	4.8	3.5
	个体/私营企业人员	3.1	2.8	2.8	3.1	3.6	2.9
	初级公务员/雇员	39.5	37.0	36.1	42.7	25.7	46.6
	工人	4.7	3.7	4.7	5.2	6.1	6.1
	学生	5.6	3.7	3.8	5.7	4.2	5.1
	无业	42.3	49.7	48.9	38.4	55.6	35.8
	其他	*	*	*	*	*	*
个人月收入	0~600 元	7.8	5.4	6.3	7.3	6.2	7.2
	601~1200 元	0.4	0.4	0.6	0.3	0.5	0.5
	1201~1700 元	1.3	2.8	1.0	0.8	2.9	1.9
	1701~2600 元	12.5	14.1	18.4	10.6	14.8	12.4
	2601~3500 元	30.4	32.6	31.7	29.8	34.3	27.3
	3501~5000 元	25.8	26.4	24.7	26.9	26.8	27.9
	5001 元及以上	21.8	18.3	17.3	24.3	14.5	22.8

注：* 表示样本量太小，无法进行统计推算。

表 3.29.6　2014~2016 年上海市场各类节目的播出份额(%)和收视份额(%)

节目类别	2014 年		2015 年		2016 年	
	播出份额	收视份额	播出份额	收视份额	播出份额	收视份额
财经	2.4	1.7	2.4	3.8	2.0	2.0
电视剧	19.6	26.5	19.3	23.8	19.8	24.0
电影	4.6	4.9	4.4	4.9	4.6	4.9
法制	1.0	2.4	0.9	2.1	0.7	1.4
教学	0.2	0.0	0.2	0.1	0.3	0.0
青少	7.2	1.7	6.8	1.6	7.0	2.0
生活服务	11.3	11.6	10.9	11.2	10.3	11.2
体育	3.6	4.7	3.7	5.2	4.0	6.5
外语	0.2	0.0	0.2	0.0	0.1	0.0
戏剧	1.4	0.4	1.7	0.4	1.7	0.5
新闻/时事	12.8	14.7	12.9	13.2	13.0	14.1
音乐	2.4	0.7	2.4	0.7	1.8	0.8
专题	12.2	5.5	13.4	5.7	13.7	4.9
综艺	9.1	14.6	9.2	17.2	9.7	18.2
其他	12.0	10.6	11.6	10.1	11.3	9.5

表 3.29.7　2016 年上海市场所有节目收视率排名前三十位

名次	节目名称	节目类型	播出频道	平均收视率(%)	平均占有率(%)
1	芈月传	电视剧	上海东方卫视	11.5	31.2
2	2016 中央电视台春节联欢晚会	综艺	上海东方卫视	10.7	28.4
3	新闻透视	新闻/时事	上海电视台新闻综合频道	8.6	32.4
4	观众中来	新闻/时事	上海电视台新闻综合频道	8.4	31.1
5	芈月传收官特别节目	综艺	上海东方卫视	7.9	21.2
6	2017 梦圆东方跨年盛典	综艺	上海东方卫视	7.7	27.9
7	天气预报	生活服务	上海电视台新闻综合频道	7.5	27.7
8	新闻报道	新闻/时事	上海电视台新闻综合频道	7.4	29.8
9	欢乐喜剧人(4 月 3 日)	综艺	上海东方卫视	7.4	21.9
10	天籁之战(11 月 27 日)	综艺	上海东方卫视	7.3	28.4
11	名嘴贺岁金星和她的朋友	综艺	上海东方卫视	7.3	25.6
12	笑傲江湖第 3 季(9 月 18 日)	综艺	上海东方卫视	6.1	23.3
13	春满东方 2016 群星新春大联欢	综艺	上海东方卫视	6.1	22.8
14	双刺	电视剧	上海电视台新闻综合频道	6.1	19.6
14	中国之星梦之声(1 月 2 日)	综艺	上海东方卫视	6.1	19.6
16	不可能完成的任务	电视剧	上海电视台新闻综合频道	6.1	17.2
17	超级足球之夜:国际足联 18 年世界杯亚洲区预选赛第三阶段 A 组第 2 轮(中国 VS 伊朗)	体育	中央台五套	5.9	18.6
18	极限挑战	综艺	上海东方卫视	5.9	18.4
19	芈月纪实	专题	上海东方卫视	5.9	16.0
20	2017 梦圆东方上海新年倒计时	综艺	上海东方卫视	5.8	38.6
21	妈妈咪呀做女人就这样(3 月 4 日)	综艺	上海东方卫视	5.7	19.9
22	803 犯罪现场调查三寻踪觅迹	法制	上海电视台新闻综合频道	5.7	19.1
23	全力助改革一心促民生 2015 年上海市人大履职纪实	专题	上海电视台新闻综合频道	5.6	17.0
24	1/7	新闻/时事	上海电视台新闻综合频道	5.5	17.8
25	冠军中超:2016 年中国足球协会超级联赛第 2 轮(上海上港 VS 上海绿地申花)	体育	上海电视台五星体育频道	5.5	15.5
26	极限公益演唱会	综艺	上海东方卫视	5.4	17.2
27	黑狐之风影	电视剧	上海电视台新闻综合频道	5.4	16.7
28	转播中央台新闻联播	新闻/时事	上海电视台新闻综合频道	5.3	20.4
29	法制特勤组	法制	上海电视台新闻综合频道	5.3	19.8
30	东方 110	法制	上海电视台新闻综合频道	5.2	18.7

表 3.29.8　2016 年上海市场电视剧收视率排名前十位

名次	节目名称	播出频道	平均收视率（%）	平均占有率（%）
1	芈月传	上海东方卫视	11.5	31.2
2	双刺	上海电视台新闻综合频道	6.1	19.6
3	不可能完成的任务	上海电视台新闻综合频道	6.1	17.2
4	黑狐之风影	上海电视台新闻综合频道	5.4	16.7
5	决战江桥	上海电视台新闻综合频道	5.0	16.5
6	狭路	上海电视台新闻综合频道	4.9	14.0
7	女医明妃传	上海东方卫视	4.9	13.8
8	无名者	上海电视台新闻综合频道	4.8	16.0
9	东风破	上海电视台新闻综合频道	4.8	15.4
10	忠者无敌	上海电视台新闻综合频道	4.8	13.2

表 3.29.9　2016 年上海市场新闻节目收视率排名前十位

名次	节目名称	播出频道	平均收视率（%）	平均占有率（%）
1	新闻透视	上海电视台新闻综合频道	8.6	32.4
2	观众中来	上海电视台新闻综合频道	8.4	31.1
3	新闻报道	上海电视台新闻综合频道	7.4	29.8
4	1/7	上海电视台新闻综合频道	5.5	17.8
5	转播中央台新闻联播	上海电视台新闻综合频道	5.3	20.4
6	筑梦空间站天宫二号发射特别报道	上海电视台新闻综合频道	4.4	15.9
7	新闻坊	上海电视台新闻综合频道	4.2	23.2
8	新闻夜线	上海电视台新闻综合频道	2.9	10.9
9	上海市人民政府记者招待会	上海电视台新闻综合频道	2.4	6.7
10	东方新闻	上海东方卫视	2.0	8.9

表 3.29.10　2016 年上海市场专题节目收视率排名前十位

名次	节目名称	播出频道	平均收视率（%）	平均占有率（%）
1	芈月纪实	上海东方卫视	5.9	16.0
2	全力助改革一心促民生 2015 年上海市人大履职纪实	上海电视台新闻综合频道	5.6	17.0
3	陈蓉朋友圈	上海电视台娱乐频道	3.2	9.8
4	喜剧人故事	上海东方卫视	3.1	15.3
5	人间世	上海电视台新闻综合频道	3.1	9.2
6	透明开放包容进取政协协商民主谋新篇 2015 年上海市政协履职纪实	上海电视台新闻综合频道	3.0	9.0
7	金星时间	上海东方卫视	2.9	17.3
8	帮助他人阳光自己蓝天下的至爱 2016 爱心全天大放送	上海电视台娱乐频道	2.2	7.6
9	急诊室故事 2	上海东方卫视	2.0	7.0
10	315 共筑消费新生态	中央台二套	1.9	5.9

表 3.29.11　2016 年上海市场综艺节目收视率排名前十位

名次	节目名称	播出频道	平均收视率（%）	平均占有率（%）
1	2016 中央电视台春节联欢晚会	上海东方卫视	10.7	28.4
2	芈月传收官特别节目	上海东方卫视	7.9	21.2
3	2017 梦圆东方跨年盛典	上海东方卫视	7.7	27.9
4	欢乐喜剧人(4 月 3 日)	上海东方卫视	7.4	21.9
5	天籁之战(11 月 27 日)	上海东方卫视	7.3	28.4
6	名嘴贺岁金星和她的朋友	上海东方卫视	7.3	25.6
7	笑傲江湖第 3 季(9 月 18 日)	上海东方卫视	6.1	23.3
8	春满东方 2016 群星新春大联欢	上海东方卫视	6.1	22.8
9	中国之星梦之声(1 月 2 日)	上海东方卫视	6.1	19.6
10	极限挑战	上海东方卫视	5.9	18.4

表 3.29.12　2016 年上海市场体育节目收视率排名前十位

名次	节目名称	播出频道	平均收视率（%）	平均占有率（%）
1	超级足球之夜:国际足联 18 年世界杯亚洲区预选赛第三阶段 A 组第 2 轮(中国 VS 伊朗)	中央台五套	5.9	18.6
2	冠军中超:2016 年中国足球协会超级联赛第 2 轮(上海上港 VS 上海绿地申花)	上海电视台五星体育频道	5.5	15.5
3	奥林匹克在里约 颁奖仪式	中央台五套	4.8	18.0
4	奥林匹克在里约:2016 年第 31 届奥运会羽毛球男单决赛	中央台五套	4.7	13.9
5	2016 年亚冠联赛 1/8 决赛第二回合(上海上港 VS 东京 FC)	上海电视台五星体育频道	4.5	13.9
6	奥林匹克在里约:2016 年第 31 届奥运会乒乓球男单半决赛	中央台五套	4.2	15.4
7	奥林匹克在里约:2016 年第 31 届奥运会射击女子 10 米气步枪决赛	中央台五套	3.7	11.8
8	凯旋 2016:2016 年欧洲杯小组赛 D 组(西班牙 VS 捷克)	上海电视台五星体育频道	3.5	12.3
9	奥运大炼金荣耀里约:2016 年第 31 届奥运会女排小组赛(中国 VS 波多黎各)	上海电视台五星体育频道	3.4	10.5
10	奥林匹克在里约:2016 年第 31 届奥运会女排小组赛第二轮(中国 VS 意大利)	中央台五套	3.4	10.3

三十、天津收视数据

表 3.30.1　2012～2016 年天津市场各类频道的市场占有率（%）

频道类别	年份				
	2012 年	2013 年	2014 年	2015 年	2016 年
中央台频道	27.2	28.5	29.4	30.2	29.0
中国教育台频道	0.5	0.4	0.3	0.2	0.1
天津市级频道	39.0	35.5	32.0	27.3	26.8
其他省级卫视频道	26.3	27.0	29.3	31.1	32.0
其他频道	7.0	8.6	9.0	11.2	12.1

表 3.30.2　2016 年天津市场各类频道在不同目标观众中的市场占有率（%）

目标观众		中央台频道	中国教育台频道	天津市级频道	其他省级卫视频道	其他频道
4 岁及以上所有人		29.0	0.1	26.8	32.0	12.1
性别	男	30.4	0.1	26.7	30.4	12.4
	女	27.6	0.2	26.9	33.8	11.5
年龄	4～14 岁	22.8	0.1	18.5	41.7	16.9
	15～24 岁	24.4	0.2	25.7	35.7	14.0
	25～34 岁	21.5	0.0	22.4	41.4	14.7
	35～44 岁	27.0	0.2	19.9	38.8	14.1
	45～54 岁	28.9	0.2	29.6	29.1	12.2
	55～64 岁	34.2	0.2	27.9	28.5	9.2
	65 岁及以上	37.3	0.2	34.1	20.1	8.3
教育程度	未受过正规教育	33.9	0.3	30.4	27.4	8.0
	小学	31.5	0.3	26.9	29.9	11.4
	初中	28.8	0.1	27.6	31.0	12.5
	高中	29.7	0.1	27.7	31.7	10.8
	大学及以上	26.4	0.1	23.7	35.9	13.9
职业类别	干部/管理人员	27.4	0.0	19.6	39.5	13.5
	个体/私营企业人员	28.7	0.2	24.7	34.1	12.3
	初级公务员/雇员	25.7	0.0	23.4	37.8	13.1
	工人	28.3	0.1	27.5	31.1	13.0
	学生	24.2	0.1	20.3	38.9	16.5
	无业	31.4	0.2	31.2	27.1	10.1
	其他	33.3	0.2	19.6	35.1	11.8
个人月收入	0～600 元	26.0	0.3	24.2	35.4	14.1
	601～1200 元	29.0	0.3	34.2	29.1	7.4
	1201～1700 元	30.2	0.2	30.4	30.3	8.9
	1701～2600 元	29.7	0.2	29.9	29.4	10.8
	2601～3500 元	32.3	0.1	25.6	28.8	13.2
	3501～5000 元	28.3	0.0	22.9	36.5	12.3
	5001 元及以上	27.6	0.0	22.9	37.1	12.4

表 3.30.3　2016 年天津市场各类频道在不同时段的市场占有率(%)

时间段	中央台频道	中国教育台频道	天津市级频道	其他省级卫视频道	其他频道
02:00~03:00	25.9	0.2	22.7	31.4	19.8
03:00~04:00	29.7	0.3	22.1	28.3	19.6
04:00~05:00	36.9	0.2	19.7	25.0	18.2
05:00~06:00	38.6	0.3	16.4	27.2	17.5
06:00~07:00	46.8	0.1	12.7	25.1	15.3
07:00~08:00	39.8	0.3	28.7	19.8	11.4
08:00~09:00	36.6	0.3	28.5	21.8	12.8
09:00~10:00	33.8	0.3	22.8	28.8	14.3
10:00~11:00	32.2	0.3	21.1	32.0	14.4
11:00~12:00	33.1	0.2	21.7	30.8	14.2
12:00~13:00	36.4	0.2	22.1	28.5	12.8
13:00~14:00	32.3	0.3	22.8	31.1	13.5
14:00~15:00	30.6	0.3	16.4	36.9	15.8
15:00~16:00	29.3	0.3	16.5	38.6	15.3
16:00~17:00	28.8	0.4	19.8	37.1	13.9
17:00~18:00	28.8	0.1	30.4	29.0	11.7
18:00~19:00	29.0	0.1	48.5	12.1	10.3
19:00~20:00	29.6	0.1	35.3	26.1	8.9
20:00~21:00	23.2	0.1	26.1	41.2	9.4
21:00~22:00	26.8	0.1	25.0	37.1	11.0
22:00~23:00	23.9	0.1	26.4	37.5	12.1
23:00~24:00	27.1	0.1	19.3	39.0	14.5
24:00~25:00	29.7	0.1	17.3	35.8	17.1
25:00~26:00	27.4	0.1	20.1	33.3	19.1

表 3.30.4　2016 年天津市场收视份额排名前十位的频道

名次	频道名称	收视份额(%)
1	天津电视台三套(影视频道)	5.4
1	天津卫视	5.4
3	中央台三套	3.8
4	中央电视台综合频道	3.6
5	中央台四套	3.2
5	天津电视台二套(文艺频道)	3.2
7	浙江卫视	3.1
7	天津电视台一套(新闻频道)	3.1
9	中央台六套	2.6
9	中央台五套	2.6

表 3.30.5 2016 年天津市场各主要频道的观众构成(%)

目标观众		所有频道	主要频道				
			天津电视台三套(影视频道)	天津卫视	中央台三套	中央电视台综合频道	中央台四套
4 岁及以上所有人		100.0	100.0	100.0	100.0	100.0	100.0
性别	男	52.0	51.8	52.0	47.1	51.4	61.5
	女	48.0	48.2	48.0	52.9	48.6	38.5
年龄	4~14 岁	5.0	4.0	2.6	3.8	3.4	1.9
	15~24 岁	10.7	10.5	11.8	7.4	8.2	5.6
	25~34 岁	15.9	10.6	14.0	11.3	10.7	10.2
	35~44 岁	12.8	9.7	9.7	7.9	7.4	9.2
	45~54 岁	21.8	22.2	28.1	17.0	18.4	23.0
	55~64 岁	16.6	18.8	16.9	24.8	20.4	22.6
	65 岁及以上	17.2	24.2	17.0	27.8	31.5	27.6
教育程度	未受过正规教育	3.6	3.7	4.6	7.6	5.0	2.3
	小学	13.5	17.2	11.1	18.2	19.6	11.7
	初中	32.6	36.1	30.5	32.3	29.0	34.8
	高中	27.7	27.0	33.1	23.1	25.7	31.4
	大学及以上	22.5	15.9	20.7	18.8	20.7	19.8
职业类别	干部/管理人员	3.4	1.2	2.9	1.8	2.1	4.9
	个体/私营企业人员	9.5	8.4	7.8	6.4	6.3	7.4
	初级公务员/雇员	17.2	11.6	17.5	13.4	13.2	13.7
	工人	15.6	16.7	18.2	13.9	14.6	15.3
	学生	8.5	6.8	6.2	6.6	5.1	4.0
	无业	40.9	50.6	45.6	50.3	51.9	49.1
	其他	4.8	4.7	1.7	7.6	6.8	5.7
个人月收入	0~600 元	24.5	22.6	20.8	23.3	22.7	16.7
	601~1200 元	6.6	10.2	11.5	6.8	5.8	8.0
	1201~1700 元	4.4	6.1	4.7	6.9	5.3	3.7
	1701~2600 元	27.2	33.0	29.9	25.7	30.3	31.1
	2601~3500 元	20.2	16.9	17.3	24.8	22.7	23.9
	3501~5000 元	10.5	7.5	9.5	8.1	9.0	8.9
	5001 元及以上	6.6	3.7	6.3	4.4	4.1	7.8

表 3.30.6 2014~2016 年天津市场各类节目的播出份额(%)和收视份额(%)

节目类别	2014 年		2015 年		2016 年	
	播出份额	收视份额	播出份额	收视份额	播出份额	收视份额
财经	1.7	0.5	1.7	0.7	1.2	0.4
电视剧	20.2	29.2	20.2	27.6	20.6	31.1
电影	4.4	3.9	3.9	4.1	3.9	4.2
法制	1.1	1.3	1.2	1.5	1.5	1.4
教学	0.2	0.1	0.2	0.1	0.2	0.0
青少	7.0	3.4	6.7	3.4	7.0	3.2
生活服务	10.2	8.9	9.5	8.7	9.0	7.9
体育	3.7	4.6	3.6	4.4	3.9	4.6
外语	0.0	0.0	0.0	0.0	0.0	0.0
戏剧	0.7	0.6	0.8	0.4	0.8	0.4
新闻/时事	13.9	11.7	14.2	11.8	13.8	11.2
音乐	2.4	0.8	2.4	1.3	1.8	1.2
专题	12.8	7.5	14.1	7.7	14.8	6.6
综艺	9.2	15.7	9.6	16.7	9.9	16.8
其他	12.5	11.8	12.1	11.9	11.7	10.9

表 3.30.7　2016 年天津市场所有节目收视率排名前三十位

名次	节目名称	节目类型	播出频道	平均收视率(%)	平均占有率(%)
1	2016 中央电视台春节联欢晚会	综艺	中央电视台综合频道	11.7	24.1
2	奥林匹克在里约:2016 年第 31 届奥运会羽毛球男单决赛	体育	中央台五套	8.3	20.2
3	奥林匹克在里约 颁奖仪式	体育	中央台五套	7.0	21.1
4	2016 中央电视台元宵晚会	综艺	中央台三套	7.0	14.8
5	奔跑吧兄弟(1 月 1 日 ~1 月 15 日)	综艺	浙江卫视	6.8	18.3
6	奥运典藏:2016 年第 31 届奥运会女子举重 63 公斤级决赛	体育	中央台五套	6.8	17.2
7	奥林匹克在里约:2016 年第 31 届奥运会射击女子 10 米气手枪决赛	体育	中央台五套	6.0	13.9
8	中国新歌声总决赛荣耀对决	综艺	浙江卫视	5.9	18.6
9	奥林匹克在里约:2016 年第 31 届奥运会乒乓球女团半决赛	体育	中央台五套	5.9	15.9
10	奥林匹克在里约:2016 年第 31 届奥运会女子单人艇 1/4 决赛	体育	中央台五套	5.9	15.7
11	奥林匹克在里约:2016 年第 31 届奥运会女排小组赛 B 组第四轮(中国 VS 塞尔维亚)	体育	中央台五套	5.9	13.4
12	奥林匹克在里约:2016 年第 31 届奥运会游泳女子 100 米自由泳决赛	体育	中央台五套	5.9	13.1
13	奥运典藏:2016 年第 31 届奥运会女子双人 10 米跳台决赛	体育	中央台五套	5.7	15.2
14	嫂子嫂子(15 ~41 集)	电视剧	天津卫视	5.6	12.5
15	奥林匹克在里约:2016 年第 31 届奥运会体操男子个人全能决赛	体育	中央台五套	5.5	12.8
16	欢乐喜剧人(3 月 27 日)	综艺	上海东方卫视	5.4	14.3
17	超级足球之夜:国际足联 18 年世界杯亚洲区预选赛第三阶段 A 组第 2 轮(中国 VS 伊朗)	体育	中央台五套	5.4	13.5
18	喜剧总动员(10 月 8 日)	综艺	浙江卫视	4.7	11.3
19	战火中的兄弟	电视剧	天津电视台三套(影视频道)	4.6	11.5
19	黎明绝杀	电视剧	天津电视台三套(影视频道)	4.6	11.5
21	2016 年欧洲杯小组赛 E 组第二轮(意大利 VS 瑞典)	体育	中央台五套	4.5	11.8
22	参与 T5 直播:2016 年中国平安中国足球超级联赛第 1 轮补赛(天津泰达亿利 VS 北京国安)	体育	天津电视台五套(体育频道)	4.5	10.2
23	奥林匹克在里约:2016 年第 31 届奥运会田径女子三级跳远资格赛	体育	中央台五套	4.5	9.9

续表

名次	节目名称	节目类型	播出频道	平均收视率（%）	平均占有率（%）
24	希望使命	电视剧	天津电视台三套（影视频道）	4.4	11.1
25	大年初一立春	电视剧	天津卫视	4.4	10.3
26	都市报道60分	新闻	天津电视台一套（新闻频道）	4.3	14.4
27	历史的使命	电视剧	天津电视台三套（影视频道）	4.3	11.1
28	奥林匹克在里约:2016年第31届奥运会男篮小组赛（委内瑞拉队VS中国队）	体育	中央台五套	4.3	11.0
29	参与T5直播:2016年58同城中国足球甲级联赛第27轮（天津权健VS大连一方）	体育	天津电视台五套（体育频道）	4.3	10.6
30	芈月传	电视剧	上海东方卫视	4.2	9.4

表3.30.8 2016年天津市场电视剧收视率排名前十位

名次	节目名称	播出频道	平均收视率（%）	平均占有率（%）
1	嫂子嫂子(15～41集)	天津卫视	5.6	12.5
2	战火中的兄弟	天津电视台三套（影视频道）	4.6	11.5
2	黎明绝杀	天津电视台三套（影视频道）	4.6	11.5
4	希望使命	天津电视台三套（影视频道）	4.4	11.1
5	大年初一立春	天津卫视	4.4	10.3
6	历史的使命	天津电视台三套（影视频道）	4.3	11.1
7	芈月传	上海东方卫视	4.2	9.4
8	我把忠诚献给你	天津电视台三套（影视频道）	4.1	11.3
9	守婚如玉	天津卫视	4.1	10.3
10	山河同在	天津电视台三套（影视频道）	4.0	11.0

表3.30.9 2016年天津市场新闻节目收视率排名前十位

名次	节目名称	播出频道	平均收视率（%）	平均占有率（%）
1	都市报道60分	天津电视台一套（新闻频道）	4.3	14.4
2	转播中央台新闻联播(12月31日)	天津电视台一套（新闻频道）	2.8	7.8
3	2016一年又一年	中央电视台综合频道	2.3	8.6
4	李克强总理会见中外记者并回答提问	中央电视台综合频道	2.1	4.7
5	今日关注	中央台四套	2.0	5.4
6	G20 2016CHINA二十国集团领导人杭州峰会特别报道	中央台四套	1.8	4.7
7	转播中央台新闻联播	天津卫视	1.7	5.2
8	筑梦天宫	中央台四套	1.6	4.8
9	热播1小时	天津电视台一套（新闻频道）	1.5	7.1
10	海峡两岸	中央台四套	1.5	3.5

表 3.30.10　2016 年天津市场专题节目收视率排名前十位

名次	节目名称	播出频道	平均收视率(%)	平均占有率(%)
1	315 共筑消费新生态	中央台二套	3.5	8.1
2	喜剧人故事	上海东方卫视	2.5	10.0
3	芈月传奇	北京卫视	2.3	5.7
4	中国成语大会 2015 六强争夺赛(1 月 22 日)	中央台十套	2.0	4.3
5	2015 年度中国好书	中央电视台综合频道	1.9	4.6
6	感动中国 2015 年度人物颁奖盛典	中央电视台综合频道	1.8	4.3
7	等着我	中央电视台综合频道	1.6	7.4
8	2016 寻找最美教师大型公益活动颁奖典礼	中央电视台综合频道	1.6	4.3
9	群英会	天津卫视	1.5	4.0
10	中国诗词大会(3 月 11 日)	中央电视台综合频道	1.5	3.4

表 3.30.11　2016 年天津市场综艺节目收视率排名前十位

名次	节目名称	播出频道	平均收视率(%)	平均占有率(%)
1	2016 中央电视台春节联欢晚会	中央电视台综合频道	11.7	24.1
2	2016 中央电视台元宵晚会	中央台三套	7.0	14.8
3	奔跑吧兄弟(1 月 1 日 ~1 月 15 日)	浙江卫视	6.8	18.3
4	中国新歌声总决赛荣耀对决	浙江卫视	5.9	18.6
5	欢乐喜剧人(3 月 27 日)	上海东方卫视	5.4	14.3
6	喜剧总动员(10 月 8 日)	浙江卫视	4.7	11.3
7	传承者(1 月 23 日)	北京卫视	4.1	9.9
8	来吧！冠军(6 月 12 日)	浙江卫视	4.0	10.7
9	2016 我们更幸福江苏卫视春节联欢晚会	江苏卫视	4.0	10.1
10	蜜蜂少女队(5 月 28 日)	浙江卫视	3.7	13.6

表 3.30.12　2016 年天津市场体育节目收视率排名前十位

名次	节目名称	播出频道	平均收视率(%)	平均占有率(%)
1	奥林匹克在里约:2016 年第 31 届奥运会羽毛球男单决赛	中央台五套	8.3	20.2
2	奥林匹克在里约 颁奖仪式	中央台五套	7.0	21.1
3	奥运典藏:2016 年第 31 届奥运会女子举重 63 公斤级决赛	中央台五套	6.8	17.2
4	奥林匹克在里约:2016 年第 31 届奥运会射击女子 10 米气手枪决赛	中央台五套	6.0	13.9
5	奥林匹克在里约:2016 年第 31 届奥运会乒乓球女团半决赛	中央台五套	5.9	15.9

续表

名次	节目名称	播出频道	平均收视率（%）	平均占有率（%）
6	奥林匹克在里约:2016 年第 31 届奥运会女子单人艇 1/4 决赛	中央台五套	5.9	15.7
7	奥林匹克在里约:2016 年第 31 届奥运会女排小组赛 B 组第四轮(中国 VS 塞尔维亚)	中央台五套	5.9	13.4
8	奥林匹克在里约:2016 年第 31 届奥运会游泳女子 100 米自由泳决赛	中央台五套	5.9	13.1
9	奥运典藏:2016 年第 31 届奥运会女子双人 10 米跳台决赛	中央台五套	5.7	15.2
10	奥林匹克在里约:2016 年第 31 届奥运会体操男子个人全能决赛	中央台五套	5.5	12.8

三十一、重庆收视数据

表 3.31.1　2012～2016 年重庆市场各类频道的市场占有率(%)

频道类别	年份				
	2012 年	2013 年	2014 年	2015 年	2016 年
中央台频道	28.1	28.0	27.1	26.6	27.7
中国教育台频道	0.4	0.3	0.2	0.1	0.1
重庆市级频道	26.3	28.0	26.5	26.6	24.3
其他省级卫视频道	37.6	35.7	36.9	36.7	34.8
其他频道	7.6	8.0	9.3	10.0	13.1

表 3.31.2　2016 年重庆市场各类频道在不同目标观众中的市场占有率(%)

目标观众		中央台频道	中国教育台频道	重庆市级频道	其他省级卫视频道	其他频道
4 岁及以上所有人		27.7	0.1	24.3	34.8	13.1
性别	男	30.2	0.1	24.7	31.9	13.1
	女	25.2	0.1	24.0	37.9	12.8
年龄	4～14 岁	19.1	0.0	25.0	41.2	14.7
	15～24 岁	25.6	0.1	21.2	42.5	10.6
	25～34 岁	20.4	0.1	20.7	43.4	15.4
	35～44 岁	27.4	0.1	18.4	40.5	13.6
	45～54 岁	26.2	0.1	25.9	35.1	12.7
	55～64 岁	30.1	0.1	24.3	31.1	14.4
	65 岁及以上	37.6	0.1	29.6	22.7	10.0
教育程度	未受过正规教育	22.3	0.1	31.7	33.1	12.8
	小学	28.6	0.1	28.1	32.3	10.9
	初中	26.7	0.1	24.9	34.1	14.2
	高中	29.3	0.1	21.5	38.0	11.1
	大学及以上	29.0	0.1	14.5	38.2	18.2
职业类别	干部/管理人员	28.5	0.1	13.5	36.5	21.4
	个体/私营企业人员	28.3	0.1	24.0	32.2	15.4
	初级公务员/雇员	26.4	0.1	22.2	34.5	16.8
	工人	25.7	0.1	24.3	36.7	13.2
	学生	21.3	0.0	20.4	43.8	14.5
	无业	30.8	0.1	25.3	32.7	11.1
	其他	24.5	0.1	28.7	35.3	11.4
个人月收入	0～600 元	22.5	0.1	24.4	40.1	12.9
	601～1200 元	28.3	0.1	27.1	33.7	10.8
	1201～1700 元	29.2	0.1	25.4	31.7	13.6
	1701～2600 元	32.5	0.1	25.5	29.7	12.2
	2601～3500 元	29.4	0.1	23.7	33.5	13.3
	3501～5000 元	30.9	0.1	19.1	33.8	16.1
	5001 元及以上	33.1	0.1	14.2	35.3	17.3

表 3.31.3 2016 年重庆市场各类频道在不同时段的市场占有率(%)

时间段	中央台频道	中国教育台频道	重庆市级频道	其他省级卫视频道	其他频道
02:00~03:00	29.5	0.2	15.7	29.8	24.8
03:00~04:00	27.0	0.2	20.8	27.8	24.2
04:00~05:00	28.3	0.2	24.1	25.3	22.1
05:00~06:00	33.2	0.2	26.6	23.3	16.7
06:00~07:00	44.5	0.1	26.0	17.1	12.3
07:00~08:00	45.9	0.1	23.6	17.6	12.8
08:00~09:00	37.3	0.1	21.2	27.5	13.9
09:00~10:00	31.1	0.2	21.1	32.9	14.7
10:00~11:00	31.3	0.2	19.5	34.0	15.0
11:00~12:00	35.9	0.1	18.7	31.2	14.1
12:00~13:00	39.7	0.0	20.4	25.9	14.0
13:00~14:00	33.4	0.1	18.2	32.4	15.9
14:00~15:00	28.3	0.1	16.7	39.0	15.9
15:00~16:00	27.1	0.2	14.7	42.9	15.1
16:00~17:00	27.3	0.1	15.8	41.6	15.2
17:00~18:00	29.7	0.1	21.8	34.1	14.3
18:00~19:00	30.2	0.0	41.8	15.2	12.8
19:00~20:00	24.5	0.0	34.4	31.1	10.0
20:00~21:00	19.1	0.0	27.2	44.3	9.4
21:00~22:00	24.0	0.1	26.7	38.8	10.4
22:00~23:00	23.2	0.1	23.2	40.8	12.7
23:00~24:00	28.2	0.1	14.9	41.0	15.8
24:00~25:00	33.1	0.2	12.2	32.9	21.6
25:00~26:00	34.1	0.3	12.9	29.7	23.0

表 3.31.4 2016 年重庆市场收视份额排名前十位的频道

名次	频道名称	收视份额(%)
1	重庆电视台影视频道(一套)	6.0
2	重庆卫视	4.6
3	中央台八套	4.4
4	中央台六套	3.8
5	重庆电视台新闻频道(二套)	3.6
5	中央台三套	3.6
7	重庆电视台时尚频道(七套)	3.5
8	江苏卫视	3.2
8	湖南卫视	3.2
10	浙江卫视	3.0

表 3.31.5　2016 年重庆市场各主要频道的观众构成(%)

目标观众		所有频道	主要频道				
			重庆电视台影视频道(一套)	重庆卫视	中央台八套	中央台六套	重庆电视台新闻频道(二套)
4 岁及以上所有人		100.0	100.0	100.0	100.0	100.0	100.0
性别	男	50.8	55.0	52.9	47.6	56.8	49.9
	女	49.2	45.0	47.1	52.4	43.2	50.1
年龄	4~14 岁	9.6	5.2	6.6	4.5	8.9	5.6
	15~24 岁	6.5	3.7	3.7	4.9	11.7	6.6
	25~34 岁	12.3	5.2	8.9	6.7	13.6	10.9
	35~44 岁	12.9	8.4	9.0	12.4	19.9	12.2
	45~54 岁	22.7	23.3	21.7	19.3	20.9	25.7
	55~64 岁	16.9	21.4	19.6	18.2	11.9	16.3
	65 岁及以上	19.1	32.8	30.5	34.0	13.0	22.7
教育程度	未受过正规教育	5.7	6.3	3.6	6.2	3.2	5.0
	小学	25.7	31.0	34.9	38.7	23.8	21.5
	初中	36.7	42.1	37.6	29.8	36.8	38.2
	高中	21.8	15.4	16.7	18.1	26.9	26.2
	大学及以上	10.1	5.1	7.1	7.1	9.2	9.1
职业类别	干部/管理人员	2.7	1.0	1.5	2.3	2.0	3.0
	个体/私营企业人员	10.3	7.2	11.7	12.8	12.4	10.6
	初级公务员/雇员	7.9	5.6	6.5	5.9	8.0	10.3
	工人	15.2	11.1	13.3	11.2	17.9	18.3
	学生	9.3	4.8	7.3	3.9	13.5	5.8
	无业	43.1	50.7	45.6	56.4	36.6	43.6
	其他	11.4	19.6	14.2	7.4	9.5	8.5
个人月收入	0~600 元	34.3	29.0	30.4	21.0	39.7	24.7
	601~1200 元	13.4	18.7	17.2	13.0	10.5	12.6
	1201~1700 元	9.7	10.6	11.2	10.2	7.9	9.7
	1701~2600 元	22.2	26.6	23.9	34.7	19.1	30.2
	2601~3500 元	11.3	10.2	10.3	12.2	10.4	12.5
	3501~5000 元	5.5	3.6	4.3	3.9	6.7	7.7
	5001 元及以上	3.6	1.3	2.7	5.0	5.7	2.6

表 3.31.6　2014~2016 年重庆市场各类节目的播出份额(%)和收视份额(%)

节目类别	2014 年		2015 年		2016 年	
	播出份额	收视份额	播出份额	收视份额	播出份额	收视份额
财经	1.8	0.4	1.7	0.5	1.3	0.4
电视剧	21.4	38.8	21.3	37.0	21.7	36.3
电影	3.7	4.2	3.5	3.8	3.5	4.3
法制	1.4	0.7	1.3	0.7	1.0	0.6
教学	0.3	0.1	0.3	0.1	0.2	0.1
青少	7.1	4.9	6.8	4.2	6.9	4.8
生活服务	11.0	6.8	10.2	7.2	9.2	7.1
体育	2.7	1.3	2.8	1.4	3.0	1.6
外语	0.0	0.0	0.0	0.0	0.0	0.0
戏剧	0.7	0.1	0.8	0.2	0.8	0.1
新闻/时事	14.1	12.4	14.0	11.7	14.1	11.4
音乐	2.4	0.6	2.4	0.8	1.9	0.9
专题	11.6	5.5	12.9	6.4	13.7	6.0
综艺	8.7	11.7	8.8	13.5	9.1	13.7
其他	13.1	12.5	13.2	12.5	13.6	12.7

表 3.31.7　2016 年重庆市场所有节目收视率排名前三十位

名次	节目名称	节目类型	播出频道	平均收视率（%）	平均占有率（%）
1	生死搏杀(1 月 18 日 ~1 月 27 日)	电视剧	重庆电视台影视频道(一套)	5.7	13.3
2	寒山令（1 月 27 日 ~2 月 7 日）	电视剧	重庆电视台影视频道(一套)	5.6	13.7
3	昙花梦	电视剧	重庆电视台影视频道(一套)	5.4	12.6
4	蜂鸟	电视剧	重庆电视台影视频道(一套)	5.2	15.2
5	斥候之剑	电视剧	重庆电视台影视频道(一套)	5.2	13.7
6	黎明破晓前	电视剧	重庆电视台影视频道(一套)	5.2	13.6
7	信者无敌	电视剧	重庆电视台影视频道(一套)	5.1	15.4
8	奥林匹克在里约:2016 年第 31 届奥运会乒乓球男单半决赛	体育	中央台五套	4.9	16.0
9	乱世丽人行	电视剧	重庆电视台影视频道(一套)	4.9	14.9
10	红色护卫	电视剧	重庆电视台影视频道(一套)	4.9	14.2
11	生死翻盘	电视剧	重庆电视台影视频道(一套)	4.8	11.3
12	战寇	电视剧	重庆电视台影视频道(一套)	4.7	14.5
13	手枪队	电视剧	重庆电视台影视频道(一套)	4.7	12.9
14	奥林匹克在里约:2016 年第 31 届奥运会女排小组赛第二轮(中国 VS 意大利)	体育	中央台五套	4.7	12.4
15	烽火英雄	电视剧	重庆电视台影视频道(一套)	4.6	11.3
16	战刀出鞘	电视剧	重庆电视台影视频道(一套)	4.5	13.4
17	大米市	电视剧	重庆电视台影视频道(一套)	4.4	13.7
18	奥林匹克在里约:2016 年第 31 届奥运会射击女子 10 米气步枪决赛	体育	中央台五套	4.4	11.9
19	地道女英雄	电视剧	重庆电视台影视频道(一套)	4.4	11.1
20	真命天子	电视剧	重庆电视台影视频道(一套)	4.4	10.9
21	2016 中央电视台春节联欢晚会	综艺	中央电视台综合频道	4.4	10.5
22	奥林匹克在里约:2016 年第 31 届奥运会羽毛球男单决赛	体育	中央台五套	4.3	11.6
23	历史的使命	电视剧	重庆电视台影视频道(一套)	4.2	12.3
24	2017 四川卫视花开天下跨年演唱会	音乐	四川卫视	4.1	14.3
25	激战	电视剧	重庆卫视	4.1	11.0
26	2016 中央电视台元宵晚会	综艺	中央台三套	4.1	9.2
27	我是赵传奇	电视剧	重庆卫视	4.1	8.6
28	奥林匹克在里约:2016 年第 31 届奥运会射击女子 10 米气手枪决赛	体育	中央台五套	3.8	11.7
29	回马枪	电视剧	重庆电视台影视频道(一套)	3.8	11.1
30	特殊行动	电视剧	重庆电视台影视频道(一套)	3.8	9.5

表 3.31.8 2016 年重庆市场电视剧收视率排名前十位

名次	节目名称	播出频道	平均收视率(%)	平均占有率(%)
1	生死搏杀(1 月 18 日 ~1 月 27 日)	重庆电视台影视频道(一套)	5.7	13.3
2	寒山令(1 月 27 日 ~2 月 7 日)	重庆电视台影视频道(一套)	5.6	13.7
3	昙花梦	重庆电视台影视频道(一套)	5.4	12.6
4	蜂鸟	重庆电视台影视频道(一套)	5.2	15.2
5	斥候之剑	重庆电视台影视频道(一套)	5.2	13.7
6	黎明破晓前	重庆电视台影视频道(一套)	5.2	13.6
7	信者无敌	重庆电视台影视频道(一套)	5.1	15.4
8	乱世丽人行	重庆电视台影视频道(一套)	4.9	14.9
9	红色护卫	重庆电视台影视频道(一套)	4.9	14.2
10	生死翻盘	重庆电视台影视频道(一套)	4.8	11.3

表 3.31.9 2016 年重庆市场新闻节目收视率排名前十位

名次	节目名称	播出频道	平均收视率(%)	平均占有率(%)
1	天天 630	重庆电视台新闻频道(二套)	2.8	9.6
2	转播中央台新闻联播	重庆电视台新闻频道(二套)	2.8	8.4
3	G20 2016CHINA 二十国集团领导人杭州峰会特别报道	中央电视台新闻频道	2.1	8.5
4	转播中央台新闻联播	重庆卫视	1.8	6.3
5	重庆新闻联播	重庆卫视	1.6	7.5
6	重庆新视界	重庆电视台科教频道(三套)	1.5	8.3
7	特别报道	江西卫视	1.4	3.0
8	东方新闻	上海东方卫视	1.3	3.3
9	强寒潮来袭	浙江卫视	1.3	2.8
10	今日关注	中央台四套	1.2	3.3

表 3.31.10 2016 年重庆市场专题节目收视率排名前十位

名次	节目名称	播出频道	平均收视率(%)	平均占有率(%)
1	大纪录	重庆电视台科教频道(三套)	2.9	8.5
2	猴吉看春晚	深圳卫视(新闻综合频道)	2.1	6.1
3	豫荐悦读	北京卫视	2.0	5.0
4	百姓故事汇	重庆卫视	1.6	4.2
5	本草中国	江苏卫视	1.6	3.9
6	致敬 2015 你会怎么做	广东卫视	1.5	3.6
6	春潮习近平总书记 226 视察北京两周年	北京卫视	1.5	3.6
8	315 共筑消费新生态	中央台二套	1.5	3.5
9	超级工程精彩片段	中央电视台综合频道	1.3	3.9
10	喜剧人故事	上海东方卫视	1.2	4.7

表 3.31.11　2016 年重庆市场综艺节目收视率排名前十位

名次	节目名称	播出频道	平均收视率（%）	平均占有率（%）
1	2016 中央电视台春节联欢晚会	中央电视台综合频道	4.4	10.5
2	2016 中央电视台元宵晚会	中央台三套	4.1	9.2
3	五鼠闹东京热播进行时（2 月 28 日）	安徽卫视	3.5	12.0
4	飞 Young 中国梦校园好声音	重庆卫视	3.3	14.7
5	G20 2016CHINA 二十国集团领导人第十一次峰会文艺晚会最忆是杭州	中央电视台新闻频道	3.2	9.5
6	为你而歌	山东卫视	3.2	8.8
7	遇见男神	安徽卫视	2.8	9.4
8	万家邀明月一起盼中秋 2016 中秋特别节目	中央台三套	2.7	7.3
9	笑傲江湖第 3 季巅峰对决（10 月 9 日）	上海东方卫视	2.6	13.0
10	2016 湖南卫视小年夜春晚（2 月 2 日）	湖南卫视	2.5	8.1

表 3.31.12　2016 年重庆市场体育节目收视率排名前十位

名次	节目名称	播出频道	平均收视率（%）	平均占有率（%）
1	奥林匹克在里约:2016 年第 31 届奥运会乒乓球男单半决赛	中央台五套	4.9	16.0
2	奥林匹克在里约:2016 年第 31 届奥运会女排小组赛第二轮（中国 VS 意大利）	中央台五套	4.7	12.4
3	奥林匹克在里约:2016 年第 31 届奥运会射击女子 10 米气步枪决赛	中央台五套	4.4	11.9
4	奥林匹克在里约:2016 年第 31 届奥运会羽毛球男单决赛	中央台五套	4.3	11.6
5	奥林匹克在里约:2016 年第 31 届奥运会女子体操资格赛	中央台五套	3.6	10.5
6	奥林匹克在里约:2016 年第 31 届奥运会女子单人艇 1/4 决赛	中央台五套	3.4	8.8
7	奥林匹克在里约:2016 年第 31 届奥运会女子 200 米混合泳决赛	中央台五套	3.3	7.8
8	奥林匹克在里约:2016 年第 31 届奥运会男子举重 56 公斤级决赛	中央台五套	3.2	10.8
9	奥林匹克在里约:2016 年第 31 届奥运会女子双人 10 米跳台决赛	中央台五套	3.1	10.6
10	奥林匹克在里约:2016 年第 31 届奥运会男子跳远决赛	中央台五套	2.6	7.0

三十二、长春收视数据

表 3.32.1 2012~2016 年长春市场各类频道的市场占有率(%)

频道类别	年份				
	2012 年	2013 年	2014 年	2015 年	2016 年
中央台频道	31.0	34.4	37.0	35.9	36.5
中国教育台频道	0.4	0.2	0.2	0.1	0.1
吉林省级频道	24.7	22.5	23.5	24.6	23.7
长春市级频道	8.1	7.5	5.5	6.0	6.4
其他省级卫视频道	30.7	30.5	29.7	27.0	26.4
其他频道	5.1	4.9	4.1	6.4	6.9

表 3.32.2 2016 年长春市场各类频道在不同目标观众中的市场占有率(%)

目标观众		中央台频道	中国教育台频道	吉林省级频道	长春市级频道	其他省级卫视频道	其他频道
4 岁及以上所有人		36.5	0.1	23.7	6.4	26.4	6.9
性别	男	39.5	0.1	22.2	6.6	24.7	6.9
	女	33.6	0.1	25.2	6.3	28.0	6.8
年龄	4~14 岁	29.7	0.0	11.0	1.7	50.2	7.4
	15~24 岁	28.9	0.1	22.3	4.6	35.9	8.2
	25~34 岁	36.5	0.1	14.6	3.3	35.9	9.6
	35~44 岁	34.3	0.1	19.1	6.3	30.6	9.6
	45~54 岁	36.3	0.1	23.2	7.7	25.7	7.0
	55~64 岁	34.5	0.1	28.1	10.2	20.9	6.2
	65 岁及以上	44.7	0.1	30.8	4.9	15.5	4.0
教育程度	未受过正规教育	26.5	0.0	20.5	2.4	45.7	4.9
	小学	30.1	0.0	30.3	8.2	25.0	6.4
	初中	37.7	0.1	25.4	6.6	24.0	6.2
	高中	36.1	0.1	22.8	6.3	27.8	6.9
	大学及以上	39.6	0.1	20.0	6.0	25.9	8.4
职业类别	干部/管理人员	36.9	0.1	18.5	9.6	26.2	8.7
	个体/私营企业人员	34.1	0.1	22.6	4.9	28.0	10.3
	初级公务员/雇员	37.2	0.2	18.1	4.2	31.2	9.1
	工人	33.7	0.1	24.9	8.6	25.0	7.7
	学生	29.4	0.1	14.6	2.6	45.5	7.8
	无业	38.9	0.1	26.2	6.8	22.7	5.3
	其他	*	*	*	*	*	*
个人月收入	0~600 元	*	*	*	*	*	*
	601~1200 元	48.2	0.0	28.8	3.7	14.3	5.0
	1201~1700 元	36.7	0.1	29.5	7.6	20.8	5.3
	1701~2600 元	35.3	0.1	27.1	7.0	23.6	6.9
	2601~3500 元	38.7	0.1	21.8	6.7	25.2	7.5
	3501~5000 元	38.8	0.2	22.7	6.5	23.8	8.0
	5001 元及以上	43.1	0.1	18.8	5.4	24.9	7.7

注:“*”表示目标观众样本量不足,无法进行统计推断。

表 3.32.3 2016 年长春市场各类频道在不同时段的市场占有率(%)

时间段	中央台频道	中国教育台频道	吉林省级频道	长春市级频道	其他省级卫视频道	其他频道
02:00~03:00	33.2	0.1	22.8	7.1	24.3	12.5
03:00~04:00	32.6	0.1	32.7	5.3	20.1	9.2
04:00~05:00	38.3	0.1	31.6	4.1	17.4	8.5
05:00~06:00	46.7	0.1	22.1	6.2	16.3	8.6
06:00~07:00	57.6	0.1	16.2	6.0	14.7	5.4
07:00~08:00	55.6	0.1	20.0	6.4	13.7	4.2
08:00~09:00	48.9	0.2	17.5	4.0	24.4	5.0
09:00~10:00	41.5	0.3	17.6	4.1	30.8	5.7
10:00~11:00	40.9	0.3	13.7	3.8	34.5	6.8
11:00~12:00	45.5	0.1	9.1	7.1	32.3	5.9
12:00~13:00	51.2	0.1	9.8	3.5	29.7	5.7
13:00~14:00	46.7	0.1	8.5	2.8	35.1	6.8
14:00~15:00	42.3	0.2	10.1	3.9	36.3	7.2
15:00~16:00	41.1	0.2	11.0	6.3	35.1	6.3
16:00~17:00	33.9	0.2	25.5	5.8	29.8	4.8
17:00~18:00	26.8	0.0	39.0	8.2	21.2	4.8
18:00~19:00	31.9	0.0	38.2	9.7	11.3	8.9
19:00~20:00	35.2	0.0	31.7	7.4	17.6	8.1
20:00~21:00	27.5	0.0	29.3	6.3	29.0	7.9
21:00~22:00	31.7	0.1	26.1	6.6	29.4	6.1
22:00~23:00	32.3	0.0	15.4	6.2	39.5	6.6
23:00~24:00	34.1	0.0	8.2	9.0	38.3	10.4
24:00~25:00	38.5	0.1	8.1	9.0	31.8	12.5
25:00~26:00	39.5	0.1	12.8	6.5	28.4	12.7

表 3.32.4 2016 年长春市场收视份额排名前十位的频道

名次	频道名称	收视份额(%)
1	吉林电视台生活频道(三套)	6.3
2	吉林电视台乡村频道(五套)	5.0
2	吉林电视台都市频道(二套)	5.0
3	中央台四套	4.6
4	中央电视台综合频道	4.3
5	中央台三套	4.2
6	中央台五套	3.5
7	中央台八套	3.3
8	中央台六套	3.2
9	长春电视台娱乐频道	2.9

表 3.32.5　2016 年长春市场各主要频道的观众构成(%)

目标观众		所有频道	主要频道				
			吉林电视台生活频道(三套)	吉林电视台乡村频道(五套)	吉林电视台都市频道(二套)	中央台四套	中央电视台综合频道
4 岁及以上所有人		100.0	100.0	100.0	100.0	100.0	100.0
性别	男	48.7	51.1	51.0	37.0	57.1	42.1
	女	51.3	48.9	49.0	63.0	42.9	57.9
年龄	4~14 岁	5.8	7.6	3.9	2.2	2.9	4.1
	15~24 岁	9.7	10.8	11.5	17.6	8.8	7.0
	25~34 岁	10.0	2.8	1.8	4.4	3.9	8.7
	35~44 岁	12.0	8.9	5.1	5.8	10.2	8.8
	45~54 岁	25.4	25.3	25.0	37.1	28.2	29.0
	55~64 岁	20.7	16.6	11.5	18.7	16.4	23.8
	65 岁及以上	16.5	27.9	41.1	14.2	29.6	18.6
教育程度	未受过正规教育	3.2	3.9	2.8	2.5	0.6	0.8
	小学	10.0	16.0	18.1	7.5	7.2	14.9
	初中	28.1	31.6	38.3	32.4	38.5	22.2
	高中	34.4	32.4	23.2	40.6	34.3	38.6
	大学及以上	24.2	16.0	17.7	16.9	19.4	23.6
职业类别	干部/管理人员	2.4	0.4	0.7	0.8	2.3	2.2
	个体/私营企业人员	9.0	13.4	4.9	11.1	7.5	9.2
	初级公务员/雇员	15.9	8.8	1.6	9.5	12.6	11.8
	工人	19.9	14.4	29.3	26.7	20.8	17.8
	学生	10.0	11.6	4.8	14.7	8.1	7.6
	无业	42.8	51.4	58.7	37.2	48.7	51.3
	其他	*	*	*	*	*	*
个人月收入	0~600 元	*	*	*	*	*	*
	601~1200 元	2.9	5.0	11.2	6.6	6.2	1.7
	1201~1700 元	12.3	22.3	14.6	14.1	10.9	7.3
	1701~2600 元	31.7	29.8	24.7	31.3	36.3	36.1
	2601~3500 元	25.7	16.9	24.1	19.9	22.1	19.2
	3501~5000 元	19.1	18.5	20.7	19.6	11.6	27.2
	5001 元及以上	8.3	7.5	4.5	8.6	12.8	8.5

注:“*”表示目标观众样本量不足,无法进行统计推断。

表 3.32.6　2014~2016 年长春市场各类节目的播出份额(%)和收视份额(%)

节目类型	2014 年		2015 年		2016 年	
	播出份额	收视份额	播出份额	收视份额	播出份额	收视份额
财经	1.6	0.5	1.4	0.9	1.2	0.7
电视剧	19.9	30.7	23.9	30.8	26.4	29.8
电影	4.4	5.5	4.1	5.2	4.2	5.4
法制	1.0	0.8	1.1	1.3	0.9	1.2
教学	0.3	0.0	0.3	0.1	0.2	0.1
青少	6.5	3.5	5.5	3.9	5.9	4.5
生活服务	11.4	6.7	12.4	6.8	9.9	6.6
体育	2.8	3.6	2.9	3.9	3.2	3.9
外语	0.0	0.0	0.0	0.0	0.0	0.0
戏剧	0.7	0.1	0.6	0.2	0.7	0.3
新闻/时事	14.9	13.3	10.5	11.4	10.0	11.2
音乐	2.4	0.8	2.5	1.1	1.8	1.3
专题	12.0	6.7	12.8	7.3	13.1	6.8
综艺	9.1	15.4	7.6	15.5	7.9	16.5
其他	13.1	12.3	14.4	11.6	14.6	11.8

表 3.32.7　2016 年长春市场所有节目收视率排名前三十位

名次	节目名称	节目类型	播出频道	平均收视率（%）	平均占有率（%）
1	2016 中央电视台春节联欢晚会	综艺	中央电视台综合频道	9.3	21.9
2	奥林匹克在里约:2016 年第 31 届奥运会羽毛球男单决赛	体育	中央台五套	8.5	30.7
3	2016 辽宁卫视春节联欢晚会万家灯火幸福年	综艺	辽宁卫视	8.5	28.5
4	奥林匹克在里约:2016 年第 31 届奥运会女排小组赛第二轮(中国 VS 意大利)	体育	中央台五套	7.0	24.7
5	2016 中央电视台元宵晚会	综艺	中央电视台综合频道	6.2	15.2
6	奥林匹克在里约:2016 年第 31 届奥运会女子 100 米预赛第 2 组	体育	中央台五套	6.0	21.4
7	奥林匹克在里约:2016 年第 31 届奥运会射击女子 10 米气步枪决赛	体育	中央台五套	5.9	24.7
8	奥林匹克在里约:2016 年第 31 届奥运会举重男子 69 公斤级决赛	体育	中央台五套	5.8	22.4
9	奥林匹克在里约:2016 年第 31 届奥运会体操女子团体决赛	体育	中央台五套	5.7	20.6
10	奥林匹克在里约:2016 年第 31 届奥运会乒乓球男单半决赛	体育	中央台五套	5.5	29.7
11	奥林匹克在里约:2016 年第 31 届奥运会男子 100 米蝶泳决赛	体育	中央台五套	5.4	18.5
12	我是你的眼	电视剧	吉林电视台乡村频道(五套)	5.3	16.6
13	全城热恋	综艺	吉林电视台生活频道(三套)	5.0	23.8
14	奥林匹克在里约:2016 年第 31 届奥运会场地自行车女子团体竞速赛	体育	中央台五套	5.0	17.6
15	木兰妈妈	电视剧	吉林电视台乡村频道(五套)	4.8	14.8
16	搭错车	电视剧	吉林电视台乡村频道(五套)	4.6	13.4
17	欢乐喜剧人(2 月 21 日)	综艺	上海东方卫视	4.4	20.9
18	奥林匹克在里约:2016 年第 31 届奥运会女子单人艇 1/4 决赛	体育	中央台五套	4.2	20.2

续表

名次	节目名称	节目类型	播出频道	平均收视率(%)	平均占有率(%)
19	奥林匹克在里约:2016 年第 31 届奥运会射箭男子团体决赛	体育	中央台五套	4.2	15.1
20	奥林匹克在里约:2016 年第 31 届奥运会女子双人 3 米跳板决赛	体育	中央台五套	4.0	19.2
21	黄金赛场:国际足联 2018 年世界杯亚洲区预选赛 C 组(中国 VS 卡塔尔)	体育	中央台五套	4.0	14.8
22	小草青青	电视剧	吉林电视台乡村频道(五套)	4.0	12.8
23	地下地上	电视剧	吉林电视台影视频道(四套)	4.0	12.7
24	芈月传	电视剧	北京卫视	4.0	10.5
25	奥运新闻	体育	中央台五套	3.7	19.3
26	2016 中央电视台中秋晚会	综艺	中央台四套	3.7	12.2
27	遥远的距离	电视剧	吉林电视台乡村频道(五套)	3.7	11.3
28	奥林匹克在里约:2016 年第 31 届奥运会男篮小组赛(委内瑞拉队 VS 中国队)	体育	中央台五套	3.6	14.2
29	爷们儿	电视剧	吉林电视台乡村频道(五套)	3.6	11.2
30	芈月传	电视剧	上海东方卫视	3.5	9.1

表 3.32.8　2016 年长春市场电视剧收视率排名前十位

名次	节目名称	播出频道	平均收视率(%)	平均占有率(%)
1	我是你的眼	吉林电视台乡村频道(五套)	5.3	16.6
2	木兰妈妈	吉林电视台乡村频道(五套)	4.8	14.8
3	搭错车	吉林电视台乡村频道(五套)	4.6	13.4
4	小草青青	吉林电视台乡村频道(五套)	4.0	12.8
5	地下地上	吉林电视台影视频道(四套)	4.0	12.7
6	芈月传	北京卫视	4.0	10.5
7	遥远的距离	吉林电视台乡村频道(五套)	3.7	11.3
8	爷们儿	吉林电视台乡村频道(五套)	3.6	11.2
9	三妹	吉林电视台乡村频道(五套)	3.5	12.3
10	你幸福我快乐	吉林电视台乡村频道(五套)	3.5	10.2

表 3.32.9　2016 年长春市场新闻节目收视率排名前十位

名次	节目名称	播出频道	平均收视率（%）	平均占有率（%）
1	守望都市	吉林电视台都市频道（二套）	3.4	15.1
2	2016 一年又一年	中央电视台综合频道	3.0	10.9
3	新闻联播	中央电视台综合频道	2.0	7.0
4	G20 2016CHINA 二十国集团领导人杭州峰会特别报道	中央台四套	1.7	6.5
5	今日关注	中央台四套	1.6	7.3
6	筑梦天宫	中央台四套	1.5	9.0
7	城市速递	长春电视台综合频道	1.5	6.8
8	春节传奇中国节	中央台四套	1.4	4.6
9	今日亚洲	中央台四套	1.2	4.1
10	中国舆论场	中央台四套	1.2	3.8

表 3.32.10　2016 年长春市场专题节目收视率排名前十位

名次	节目名称	播出频道	平均收视率（%）	平均占有率（%）
1	中国成语大会 2015 年度总决赛	中央电视台综合频道	2.9	8.5
2	超级访问	吉林电视台生活频道（三套）	2.3	7.9
3	非常静距离	吉林电视台生活频道（三套）	2.2	7.6
4	感动中国 2015 年度人物颁奖盛典	中央电视台综合频道	2.2	6.8
5	等着我	中央台三套	2.1	7.3
6	一路有你	吉林电视台乡村频道（五套）	1.6	6.1
7	芈月传奇	北京卫视	1.5	4.9
8	金星时间	吉林电视台生活频道（三套）	1.4	5.5
9	从未远去的长征	中央台四套	1.4	5.3
10	中菲南海争议	中央台四套	1.3	13.6

表 3.32.11　2016 年长春市场综艺节目收视率排名前十位

名次	节目名称	播出频道	平均收视率（%）	平均占有率（%）
1	2016 中央电视台春节联欢晚会	中央电视台综合频道	9.3	21.9
2	2016 辽宁卫视春节联欢晚会万家灯火幸福年	辽宁卫视	8.5	28.5
3	2016 中央电视台元宵晚会	中央电视台综合频道	6.2	15.2
4	全城热恋	吉林电视台生活频道（三套）	5.0	23.8
5	欢乐喜剧人（2 月 21 日）	上海东方卫视	4.4	20.9
6	2016 中央电视台中秋晚会	中央台四套	3.7	12.2
7	2016 元宵喜乐会	湖南卫视	3.4	12.2
8	直通春晚（1 月 14 日）	中央台三套	3.1	9.2
9	2017 梦圆东方跨年盛典	上海东方卫视	3.0	9.9
10	第 13 届长春电影节开幕式暨纪念红军长征胜利 80 周年影片勇士首映式	吉林电视台都市频道（二套）	2.4	8.9

表 3.32.12　2016 年长春市场体育节目收视率排名前十位

名次	节目名称	播出频道	平均收视率(%)	平均占有率(%)
1	奥林匹克在里约:2016 年第 31 届奥运会羽毛球男单决赛	中央台五套	8.5	30.7
2	奥林匹克在里约:2016 年第 31 届奥运会女排小组赛第二轮(中国 VS 意大利)	中央台五套	7.0	24.7
3	奥林匹克在里约:2016 年第 31 届奥运会女子 100 米预赛第 2 组	中央台五套	6.0	21.4
4	奥林匹克在里约:2016 年第 31 届奥运会射击女子 10 米气步枪决赛	中央台五套	5.9	24.7
5	奥林匹克在里约:2016 年第 31 届奥运会举重男子 69 公斤级决赛	中央台五套	5.8	22.4
6	奥林匹克在里约:2016 年第 31 届奥运会体操女子团体决赛	中央台五套	5.7	20.6
7	奥林匹克在里约:2016 年第 31 届奥运会乒乓球男单半决赛	中央台五套	5.5	29.7
8	奥林匹克在里约:2016 年第 31 届奥运会男子 100 米蝶泳决赛	中央台五套	5.4	18.5
9	奥林匹克在里约:2016 年第 31 届奥运会场地自行车女子团体竞速赛	中央台五套	5.0	17.6
10	奥林匹克在里约:2016 年第 31 届奥运会女子单人艇 1/4 决赛	中央台五套	4.2	20.2

三十三、长沙收视数据

表 3.33.1　2012～2016 年长沙市场各类频道的市场占有率(%)

频道类别	年份				
	2012 年	2013 年	2014 年	2015 年	2016 年
中央台频道	18.2	17.3	18.0	17.0	19.9
中国教育台频道	0.1	0.1	0.1	0.0	0.0
湖南省级频道	43.5	44.6	47.6	52.1	51.9
长沙市级频道	20.5	21.2	18.6	16.7	11.2
其他省级卫视频道	9.2	9.5	7.1	6.9	7.9
其他频道	8.5	7.4	8.6	7.3	9.1

表 3.33.2　2016 年长沙市场各类频道在不同目标观众中的市场占有率(%)

目标观众		中央台频道	中国教育台频道	湖南省级频道	长沙市级频道	其他省级卫视频道	其他频道
4 岁及以上所有人		19.9	0.0	51.9	11.2	7.9	9.1
性别	男	22.7	0.1	49.1	11.2	7.8	9.1
	女	17.0	0.0	54.9	11.3	8.0	8.8
年龄	4～14 岁	17.8	0.0	56.1	6.7	11.4	8.0
	15～24 岁	12.5	0.0	58.2	12.0	9.2	8.1
	25～34 岁	15.1	0.0	48.4	16.3	8.1	12.1
	35～44 岁	18.9	0.0	55.3	7.5	8.3	10.0
	45～54 岁	19.9	0.1	54.2	9.8	7.3	8.7
	55～64 岁	23.2	0.0	48.0	13.3	7.4	8.1
	65 岁及以上	26.2	0.1	50.5	9.7	6.7	6.8
教育程度	未受过正规教育	18.4	0.0	58.5	7.3	10.0	5.8
	小学	18.4	0.0	58.6	10.5	6.1	6.4
	初中	17.5	0.0	57.2	9.5	6.9	8.9
	高中	21.0	0.1	47.4	12.7	8.4	10.4
	大学及以上	24.2	0.1	43.1	13.2	9.8	9.6
职业类别	干部/管理人员	26.3	0.2	47.1	8.7	12.2	5.5
	个体/私营企业人员	19.0	0.0	53.2	9.7	7.5	10.6
	初级公务员/雇员	19.9	0.0	46.8	14.3	8.9	10.1
	工人	18.5	0.0	53.7	12.7	7.4	7.7
	学生	15.0	0.0	52.5	10.1	12.1	10.3
	无业	21.1	0.1	50.4	11.5	7.7	9.2
	其他	16.9	0.0	71.1	3.7	2.8	5.5
个人月收入	0～600 元	14.5	0.0	57.0	11.8	8.0	8.7
	601～1200 元	16.6	0.0	64.9	4.8	6.3	7.4
	1201～1700 元	20.2	0.0	55.0	12.0	5.1	7.7
	1701～2600 元	19.4	0.1	50.7	12.5	7.8	9.5
	2601～3500 元	21.4	0.0	46.9	13.8	7.5	10.4
	3501～5000 元	27.3	0.1	47.6	6.5	10.1	8.4
	5001 元及以上	25.8	0.2	46.8	10.4	8.2	8.6

表 3.33.3　2016 年长沙市场各类频道在不同时段的市场占有率(%)

时间段	中央台频道	中国教育台频道	湖南省级频道	长沙市级频道	其他省级卫视频道	其他频道
02:00~03:00	22.4	0.1	40.2	4.5	13.8	19.0
03:00~04:00	24.5	0.1	35.4	4.6	14.2	21.2
04:00~05:00	25.8	0.0	31.6	4.6	14.8	23.2
05:00~06:00	27.1	0.1	31.0	6.8	12.7	22.3
06:00~07:00	37.1	0.1	32.4	6.8	9.2	14.4
07:00~08:00	39.5	0.0	32.3	10.1	8.1	10.0
08:00~09:00	32.0	0.0	37.9	10.3	9.3	10.5
09:00~10:00	29.0	0.1	43.6	8.2	9.4	9.7
10:00~11:00	26.4	0.1	50.8	4.2	9.2	9.3
11:00~12:00	24.5	0.0	56.7	2.5	7.7	8.6
12:00~13:00	29.9	0.0	50.2	2.5	9.2	8.2
13:00~14:00	25.5	0.1	50.8	3.3	9.8	10.5
14:00~15:00	23.9	0.1	47.2	4.0	11.9	12.9
15:00~16:00	24.4	0.2	45.3	4.6	12.9	12.6
16:00~17:00	24.2	0.1	46.8	4.7	12.6	11.6
17:00~18:00	20.4	0.0	54.8	7.6	8.0	9.2
18:00~19:00	13.3	0.0	58.2	18.1	3.2	7.2
19:00~20:00	17.1	0.0	54.6	16.6	5.1	6.6
20:00~21:00	16.0	0.0	56.3	14.1	7.1	6.5
21:00~22:00	16.7	0.0	54.0	15.6	6.6	7.1
22:00~23:00	15.7	0.0	51.9	14.9	8.5	9.0
23:00~24:00	18.5	0.0	48.6	13.0	8.6	11.3
24:00~25:00	24.4	0.1	43.0	6.6	10.4	15.5
25:00~26:00	22.6	0.1	41.4	4.9	13.5	17.5

表 3.33.4　2016 年长沙市场收视份额排名前十位的频道

名次	频道名称	收视份额(%)
1	湖南电视台经济频道	12.0
1	湖南电视台都市频道	12.0
3	湖南卫视	6.1
4	湖南电视台娱乐频道	5.9
5	长沙电视政法频道	5.2
6	湖南电视台电视剧频道	4.2
7	长沙电视经贸频道	4.0
8	湖南电视台潇湘电影频道	3.7
9	湖南电视台金鹰卡通频道	3.5
10	中央台四套	2.7
10	中央台三套	2.7

表 3.33.5 2016 年长沙市场各主要频道的观众构成(%)

目标观众		所有频道	主要频道				
			湖南电视台经济频道	湖南电视台都市频道	湖南卫视	湖南电视台娱乐频道	长沙电视政法频道
4 岁及以上所有人		100.0	100.0	100.0	100.0	100.0	100.0
性别	男	51.1	52.5	50.4	40.7	44.6	53.6
	女	48.9	47.5	49.6	59.3	55.4	46.4
年龄	4~14 岁	7.0	4.4	4.4	13.2	5.9	3.6
	15~24 岁	5.1	6.0	4.5	10.7	4.0	5.2
	25~34 岁	19.2	11.4	19.3	21.4	16.9	34.8
	35~44 岁	11.3	9.7	12.6	15.4	10.7	7.6
	45~54 岁	24.9	28.3	26.3	18.9	31.5	22.1
	55~64 岁	16.6	20.9	16.5	9.7	15.0	15.8
	65 岁及以上	16.0	19.3	16.4	10.9	16.1	10.9
教育程度	未受过正规教育	3.8	3.3	2.4	3.8	4.3	2.3
	小学	14.9	18.3	16.8	16.4	18.1	14.5
	初中	32.6	37.6	35.2	29.7	41.0	27.8
	高中	31.0	26.6	32.9	27.8	22.7	40.3
	大学及以上	17.7	14.2	12.6	22.3	14.0	15.0
职业类别	干部/管理人员	2.7	3.3	1.5	2.7	1.9	0.9
	个体/私营企业人员	13.9	12.8	16.4	14.2	14.1	14.0
	初级公务员/雇员	10.6	7.7	9.5	11.3	11.9	10.6
	工人	16.5	15.9	19.6	14.8	16.4	22.6
	学生	5.2	3.1	3.8	13.7	3.2	4.4
	无业	46.2	49.5	44.8	38.1	42.3	44.8
	其他	4.9	7.7	4.4	5.3	10.3	2.8
个人月收入	0~600 元	26.4	23.3	26.7	34.1	29.2	33.0
	601~1200 元	5.1	7.8	7.0	5.0	4.9	3.0
	1201~1700 元	6.1	5.5	7.5	5.3	7.8	5.7
	1701~2600 元	24.0	27.6	23.5	17.6	26.4	23.3
	2601~3500 元	17.8	17.7	16.6	14.8	14.3	19.7
	3501~5000 元	13.9	12.4	13.0	16.2	10.9	8.7
	5001 元及以上	6.8	5.8	5.7	7.2	6.6	6.7

表 3.33.6 2014~2016 年长沙市场各类节目的播出份额(%)和收视份额(%)

节目类型	2014 年		2015 年		2016 年	
	播出份额	收视份额	播出份额	收视份额	播出份额	收视份额
财经	1.6	0.2	1.6	0.3	1.2	0.3
电视剧	22.5	34.2	22.3	32.8	23.1	32.3
电影	4.3	3.8	4.1	3.6	4.2	3.8
法制	1.1	3.0	1.0	3.9	1.0	3.2
教学	0.3	0.1	0.2	0.0	0.2	0.0
青少	6.3	3.2	6.0	3.3	6.1	4.2
生活服务	9.5	6.4	9.1	6.5	8.5	5.9
体育	3.3	1.3	3.4	1.3	3.6	1.8
外语	0.0	0.0	0.0	0.0	0.0	0.0
戏剧	0.7	0.1	0.7	0.1	0.8	0.1
新闻/时事	14.8	21.0	14.6	21.8	14.8	20.5
音乐	2.3	0.3	2.3	0.4	1.7	0.4
专题	12.2	6.8	13.4	6.3	13.2	6.3
综艺	8.5	7.8	8.6	7.8	9.1	9.8
其他	12.6	12.0	12.7	11.9	12.5	11.4

表 3.33.7　2016 年长沙市场所有节目收视率排名前三十位

名次	节目名称	节目类型	播出频道	平均收视率(%)	平均占有率(%)
1	我是歌手(2 月 19 日)	综艺	湖南卫视	9.3	26.8
2	11th 中国金鹰电视艺术节开幕式文艺晚会	综艺	湖南卫视	6.9	19.2
3	奥林匹克在里约:2016 年第 31 届奥运会羽毛球男单决赛	体育	中央台五套	6.5	18.1
4	1 生 1 世合家欢新年喜乐会就要一路 diang 哒你	综艺	湖南电视台经济频道	6.4	18.2
5	奥林匹克在里约:2016 年第 31 届奥运会乒乓球男单半决赛	体育	中央台五套	6.1	16.5
6	2016 湖南卫视小年夜春晚	综艺	湖南卫视	6.1	16.1
7	奥林匹克在里约:2016 年第 31 届奥运会女排小组赛第二轮	体育	中央台五套	6.1	15.4
8	我想和你唱	综艺	湖南卫视	6.0	23.2
9	地道女英雄	电视剧	湖南电视台经济频道	6.0	19.6
10	决战江桥	电视剧	湖南电视台经济频道	6.0	19.3
11	战昆仑	电视剧	湖南电视台经济频道	6.0	18.3
12	我的压寨男人	电视剧	湖南电视台经济频道	6.0	17.9
13	热血	电视剧	湖南电视台经济频道	5.9	14.1
14	11th 中国金鹰电视艺术节第 28 届中国电视金鹰奖颁奖晚会暨闭幕式	湖南卫视	综艺	5.8	17.2
15	寒山令	电视剧	湖南电视台经济频道	5.8	14.6
16	雪地娘子军	电视剧	湖南电视台经济频道	5.7	18.0
17	战火中的兄弟	电视剧	湖南电视台经济频道	5.7	17.8
18	荡寇	电视剧	湖南电视台经济频道	5.7	17.6
19	2016 中央电视台春节联欢晚会	综艺	湖南电视台经济频道	5.7	13.9
20	头号前妻	电视剧	湖南电视台娱乐频道	5.6	21.5
21	我把忠诚献给你	电视剧	湖南电视台经济频道	5.6	16.7
22	黑狐之风影	电视剧	湖南电视台经济频道	5.6	15.8
23	女子别动队	电视剧	湖南电视台经济频道	5.5	16.2
24	奥林匹克在里约:2016 年第 31 届奥运会射击女子 10 米气步枪决赛	体育	中央台五套	5.5	14.4
25	希望使命	电视剧	湖南电视台经济频道	5.4	16.2
26	绝不撤退	电视剧	湖南电视台经济频道	5.4	15.8
27	手枪队	电视剧	湖南电视台经济频道	5.4	14.6
28	不可能完成的任务	电视剧	湖南电视台经济频道	5.3	15.5
29	终极使命	电视剧	湖南电视台经济频道	5.3	15.2
30	拥抱幸福	电视剧	湖南电视台娱乐频道	5.2	17.1

表 3.33.8　2016 年长沙市场电视剧收视率排名前十位

名次	节目名称	播出频道	平均收视率（%）	平均占有率（%）
1	地道女英雄	湖南电视台经济频道	6.0	19.6
2	决战江桥	湖南电视台经济频道	6.0	19.3
3	战昆仑	湖南电视台经济频道	6.0	18.3
4	我的压寨男人	湖南电视台经济频道	6.0	17.9
5	热血	湖南电视台经济频道	5.9	14.1
6	寒山令	湖南电视台经济频道	5.8	14.6
7	雪地娘子军	湖南电视台经济频道	5.7	18.0
8	战火中的兄弟	湖南电视台经济频道	5.7	17.8
9	荡寇	湖南电视台经济频道	5.7	17.6
10	头号前妻	湖南电视台娱乐频道	5.6	21.5

表 3.33.9　2016 年长沙市场新闻节目收视率排名前十位

名次	节目名称	播出频道	平均收视率（%）	平均占有率（%）
1	都市大直播（晚间档）	湖南电视台都市频道	5.0	15.7
2	都市 1 时间	湖南电视台都市频道	4.3	16.2
3	直播大事件（晚间档）	湖南电视台经济频道	4.0	13.1
4	转播中央台新闻联播（12 月 31 日）	湖南电视台经济频道	3.6	11.2
5	2016 一年又一年	长沙电视政法频道	3.6	10.4
6	经视焦点	湖南电视台经济频道	3.5	12.7
7	G20 2016CHINA 二十国集团领导人杭州峰会特别报道	中央台四套	3.5	11.1
8	都市晚间	湖南电视台都市频道	3.2	9.9
9	夜线	长沙电视政法频道	2.1	6.5
10	话山论见	湖南电视台都市频道	2.0	11.5

表 3.33.10　2016 年长沙市场专题节目收视率排名前十位

名次	节目名称	播出频道	平均收视率（%）	平均占有率（%）
1	寻情记	湖南电视台都市频道	4.6	13.1
2	感恩三湘至孝湖南 2015 湖南十大孝行人物颁奖典礼	湖南电视台都市频道	4.0	10.2
3	好好学习湖南省两学一做电视知识竞赛	湖南电视台经济频道	2.6	7.6
4	情动 8 点	长沙电视政法频道	2.6	7.5
5	一年级大学季	湖南卫视	1.7	7.7
6	经视观察	湖南电视台经济频道	1.7	6.4
7	妈妈的牵挂	湖南卫视	1.5	3.8
8	一年级	湖南电视台国际频道	1.5	3.7
9	记者再报告	长沙电视政法频道	1.3	6.4
10	香草源	湖南电视台国际频道	1.3	4.9

表 3.33.11　2016 年长沙市场综艺节目收视率排名前十位

名次	节目名称	播出频道	平均收视率(%)	平均占有率(%)
1	我是歌手(2 月 19 日)	湖南卫视	9.3	26.8
2	11th 中国金鹰电视艺术节开幕式文艺晚会	湖南卫视	6.9	19.2
3	1 生 1 世合家欢新年喜乐会就要一路 diang 哒你	湖南电视台经济频道	6.4	18.2
4	2016 湖南卫视小年夜春晚	湖南卫视	6.1	16.1
5	我想和你唱	湖南卫视	6.0	23.2
6	11th 中国金鹰电视艺术节第 28 届中国电视金鹰奖颁奖晚会暨闭幕式	湖南卫视	5.8	17.2
7	2016 中央电视台春节联欢晚会	湖南电视台经济频道	5.7	13.9
8	11th 中国金鹰电视艺术节开幕式	湖南卫视	5.1	14.0
9	1 生 1 世合家欢跨年喜乐会吉星高照	湖南电视台经济频道	4.9	16.5
10	20161 生 1 世过大年	湖南电视台经济频道	4.4	13.1

表 3.33.12　2016 年长沙市场体育节目收视率排名前十位

名次	节目名称	播出频道	平均收视率(%)	平均占有率(%)
1	奥林匹克在里约:2016 年第 31 届奥运会羽毛球男单决赛	中央台五套	6.5	18.1
2	奥林匹克在里约:2016 年第 31 届奥运会乒乓球男单半决赛	中央台五套	6.1	16.5
3	奥林匹克在里约:2016 年第 31 届奥运会女排小组赛第二轮	中央台五套	6.1	15.4
4	奥林匹克在里约:2016 年第 31 届奥运会射击女子 10 米气步枪决赛	中央台五套	5.5	14.4
5	奥林匹克在里约 颁奖仪式	中央台五套	5.2	16.6
6	奥林匹克在里约:2016 年第 31 届奥运会田径男子马拉松	中央台五套	4.6	14.9
7	奥林匹克在里约:2016 年第 31 届奥运会女子单人艇 1/4 决赛	中央台五套	4.5	13.0
8	奥林匹克在里约:2016 年第 31 届奥运会男子举重 56 公斤级决赛	中央台五套	4.1	11.8
9	奥林匹克在里约:2016 年第 31 届奥运会游泳男子 200 米自由泳半决赛	中央台五套	3.8	11.5
10	奥林匹克在里约:2016 年第 31 届奥运会女子双人 3 米跳板决赛	中央台五套	3.7	10.8

三十四、成都收视数据

表 3.34.1　2012～2016 年成都市场各类频道的市场占有率（%）

频道类别	年份				
	2012 年	2013 年	2014 年	2015 年	2016 年
中央台频道	27.9	27.9	25.3	26.4	27.9
中国教育台频道	0.3	0.2	0.1	0.1	0.1
四川省级频道	25.5	24.0	22.0	21.6	19.5
成都市级频道	10.8	11.1	11.1	10.8	9.7
其他省级卫视频道	26.5	28.0	31.7	30.2	30.6
其他频道	9.0	8.8	9.8	10.9	12.2

表 3.34.2　2016 年成都市场各类频道在不同目标观众中的市场占有率（%）

<table>
<tr><th colspan="2">目标观众</th><th>中央台频道</th><th>中国教育台频道</th><th>四川省级频道</th><th>成都市级频道</th><th>其他省级卫视频道</th><th>其他频道</th></tr>
<tr><td colspan="2">4 岁及以上所有人</td><td>27.9</td><td>0.1</td><td>19.5</td><td>9.7</td><td>30.6</td><td>12.2</td></tr>
<tr><td rowspan="2">性别</td><td>男</td><td>30.0</td><td>0.1</td><td>19.8</td><td>9.3</td><td>28.5</td><td>12.3</td></tr>
<tr><td>女</td><td>25.9</td><td>0.1</td><td>19.3</td><td>10.1</td><td>32.7</td><td>11.9</td></tr>
<tr><td rowspan="7">年龄</td><td>4～14 岁</td><td>23.1</td><td>0.0</td><td>11.2</td><td>7.4</td><td>41.8</td><td>16.5</td></tr>
<tr><td>15～24 岁</td><td>18.1</td><td>0.0</td><td>19.2</td><td>11.1</td><td>37.6</td><td>14.0</td></tr>
<tr><td>25～34 岁</td><td>22.5</td><td>0.1</td><td>15.5</td><td>11.1</td><td>37.2</td><td>13.6</td></tr>
<tr><td>35～44 岁</td><td>28.0</td><td>0.0</td><td>14.3</td><td>10.5</td><td>33.5</td><td>13.7</td></tr>
<tr><td>45～54 岁</td><td>25.6</td><td>0.1</td><td>22.4</td><td>10.8</td><td>27.7</td><td>13.4</td></tr>
<tr><td>55～64 岁</td><td>34.0</td><td>0.0</td><td>21.0</td><td>7.6</td><td>28.8</td><td>8.6</td></tr>
<tr><td>65 岁及以上</td><td>39.2</td><td>0.1</td><td>26.1</td><td>7.5</td><td>18.7</td><td>8.4</td></tr>
<tr><td rowspan="5">教育程度</td><td>未受过正规教育</td><td>27.3</td><td>0.0</td><td>19.8</td><td>7.2</td><td>34.2</td><td>11.5</td></tr>
<tr><td>小学</td><td>23.8</td><td>0.0</td><td>26.6</td><td>6.7</td><td>32.5</td><td>10.4</td></tr>
<tr><td>初中</td><td>28.6</td><td>0.1</td><td>23.8</td><td>8.0</td><td>28.0</td><td>11.5</td></tr>
<tr><td>高中</td><td>28.5</td><td>0.0</td><td>16.6</td><td>11.5</td><td>29.9</td><td>13.5</td></tr>
<tr><td>大学及以上</td><td>29.0</td><td>0.1</td><td>13.0</td><td>11.9</td><td>33.3</td><td>12.7</td></tr>
<tr><td rowspan="7">职业类别</td><td>干部/管理人员</td><td>28.1</td><td>0.2</td><td>13.1</td><td>10.2</td><td>33.6</td><td>14.8</td></tr>
<tr><td>个体/私营企业人员</td><td>25.0</td><td>0.0</td><td>20.4</td><td>7.5</td><td>35.4</td><td>11.7</td></tr>
<tr><td>初级公务员/雇员</td><td>25.9</td><td>0.1</td><td>17.8</td><td>13.8</td><td>30.3</td><td>12.1</td></tr>
<tr><td>工人</td><td>22.3</td><td>0.0</td><td>20.2</td><td>8.8</td><td>34.2</td><td>14.5</td></tr>
<tr><td>学生</td><td>21.4</td><td>0.0</td><td>14.3</td><td>7.0</td><td>40.4</td><td>16.9</td></tr>
<tr><td>无业</td><td>32.0</td><td>0.1</td><td>21.1</td><td>8.9</td><td>27.1</td><td>10.8</td></tr>
<tr><td>其他</td><td>28.2</td><td>0.0</td><td>32.3</td><td>5.2</td><td>25.7</td><td>8.6</td></tr>
<tr><td rowspan="7">个人月收入</td><td>0～600 元</td><td>22.0</td><td>0.0</td><td>18.3</td><td>9.0</td><td>35.5</td><td>15.2</td></tr>
<tr><td>601～1200 元</td><td>24.1</td><td>0.0</td><td>23.9</td><td>7.6</td><td>33.2</td><td>11.2</td></tr>
<tr><td>1201～1700 元</td><td>27.9</td><td>0.1</td><td>26.6</td><td>7.5</td><td>28.0</td><td>9.9</td></tr>
<tr><td>1701～2600 元</td><td>30.5</td><td>0.1</td><td>22.8</td><td>9.5</td><td>25.6</td><td>11.5</td></tr>
<tr><td>2601～3500 元</td><td>28.2</td><td>0.1</td><td>15.5</td><td>10.1</td><td>33.9</td><td>12.2</td></tr>
<tr><td>3501～5000 元</td><td>28.7</td><td>0.1</td><td>16.5</td><td>13.1</td><td>29.4</td><td>12.2</td></tr>
<tr><td>5001 元及以上</td><td>34.5</td><td>0.0</td><td>12.8</td><td>9.1</td><td>32.8</td><td>10.8</td></tr>
</table>

表 3.34.3　2016 年成都市场各类频道在不同时段的市场占有率(%)

时间段	中央台频道	中国教育台频道	四川省级频道	成都市级频道	其他省级卫视频道	其他频道
02:00~03:00	29.1	0.1	6.8	3.8	34.1	26.1
03:00~04:00	32.4	0.1	5.5	4.2	30.7	27.1
04:00~05:00	38.6	0.0	5.2	5.1	25.4	25.7
05:00~06:00	46.0	0.0	7.8	5.5	19.2	21.5
06:00~07:00	53.2	0.0	18.4	4.6	11.1	12.7
07:00~08:00	48.7	0.1	24.6	6.1	9.5	11.0
08:00~09:00	50.2	0.2	14.1	2.2	21.1	12.2
09:00~10:00	41.4	0.1	10.8	1.8	32.0	13.9
10:00~11:00	40.2	0.1	11.7	2.4	32.2	13.4
11:00~12:00	43.3	0.1	13.8	1.8	29.0	12.0
12:00~13:00	45.8	0.1	16.3	2.1	23.0	12.7
13:00~14:00	37.9	0.1	17.5	1.5	27.5	15.5
14:00~15:00	32.8	0.1	14.3	1.6	34.2	17.0
15:00~16:00	30.6	0.1	14.1	2.0	36.6	16.6
16:00~17:00	30.6	0.1	13.6	3.2	36.2	16.3
17:00~18:00	36.0	0.0	15.0	5.6	29.4	14.0
18:00~19:00	33.3	0.0	23.2	18.8	13.1	11.6
19:00~20:00	24.9	0.0	23.7	15.2	25.5	10.7
20:00~21:00	18.8	0.0	18.8	14.0	38.6	9.8
21:00~22:00	20.9	0.1	21.3	14.4	33.6	9.7
22:00~23:00	18.1	0.1	26.7	10.5	33.6	11.0
23:00~24:00	24.6	0.1	22.1	4.9	34.2	14.1
24:00~25:00	36.2	0.0	9.9	2.4	34.0	17.5
25:00~26:00	32.7	0.1	8.7	2.3	33.5	22.7

表 3.34.4　2016 年成都市场收视份额排名前十位的频道

名次	频道名称	收视份额(%)
1	四川电视台影视文艺频道(五套)	5.3
2	四川电视台新闻频道	3.8
2	中央台八套	3.8
4	中央电视台综合频道	3.5
5	中央台四套	3.3
6	中央台三套	3.1
6	四川电视台二套(文化旅游频道)	3.1
8	中央电视台新闻频道	3.0
9	湖南卫视	2.8
10	中央台六套	2.7

表 3.34.5　2016 年成都市场各主要频道的观众构成(%)

目标观众		所有频道	主要频道				
			四川电视台影视文艺频道(五套)	四川电视台新闻频道	中央台八套	中央电视台综合频道	中央台四套
4 岁及以上所有人		100.0	100.0	100.0	100.0	100.0	100.0
性别	男	49.8	53.5	51.6	45.7	49.0	58.2
	女	50.2	46.5	48.4	54.3	51.0	41.8
年龄	4~14 岁	5.6	3.5	2.9	3.0	5.4	2.1
	15~24 岁	7.3	4.5	6.8	4.5	3.7	5.4
	25~34 岁	19.1	8.2	15.6	13.1	14.8	9.5
	35~44 岁	12.0	8.2	6.9	10.6	12.3	5.7
	45~54 岁	25.4	30.4	29.3	26.3	21.3	23.2
	55~64 岁	16.2	23.9	18.3	23.5	18.1	22.9
	65 岁及以上	14.5	21.2	20.2	18.9	24.4	31.2
教育程度	未受过正规教育	3.4	2.7	3.7	3.4	6.2	1.9
	小学	14.3	17.5	21.0	13.0	12.0	10.0
	初中	31.0	46.8	38.8	38.2	26.2	30.6
	高中	28.5	21.7	23.9	26.9	31.9	36.0
	大学及以上	22.8	11.3	12.6	18.5	23.7	21.5
职业类别	干部/管理人员	6.5	4.0	2.8	5.4	6.3	5.5
	个体/私营企业人员	9.4	8.0	11.3	7.1	6.3	7.9
	初级公务员/雇员	20.8	16.4	16.3	16.2	16.8	16.6
	工人	12.0	11.7	12.7	11.4	10.4	7.7
	学生	6.1	4.3	4.4	3.5	5.4	2.7
	无业	43.1	52.9	48.9	54.6	52.7	57.7
	其他	2.1	2.8	3.5	1.8	2.1	1.9
个人月收入	0~600 元	18.8	17.4	17.2	16.1	14.9	9.0
	601~1200 元	5.4	6.0	7.4	6.2	5.6	4.2
	1201~1700 元	10.5	16.4	15.5	12.1	10.0	12.1
	1701~2600 元	27.1	33.9	33.3	33.9	33.2	30.0
	2601~3500 元	17.0	13.2	13.8	12.6	13.4	23.1
	3501~5000 元	13.7	10.1	8.9	12.7	14.1	11.8
	5001 元及以上	7.5	3.0	3.9	6.4	8.8	9.8

表 3.34.6　2014~2016 年成都市场各类节目的播出份额(%)和收视份额(%)

节目类别	2014 年		2015 年		2016 年	
	播出份额	收视份额	播出份额	收视份额	播出份额	收视份额
财经	1.7	0.5	1.8	0.9	1.5	0.5
电视剧	20.7	30.3	20.3	28.4	20.6	30.3
电影	4.2	4.2	4.1	4.1	4.0	3.9
法制	0.9	0.4	0.8	0.3	0.7	0.3
教学	0.3	0.1	0.3	0.1	0.3	0.1
青少	7.0	2.4	6.5	2.1	6.6	2.3
生活服务	11.6	12.3	11.3	12.2	10.8	11.3
体育	2.6	1.8	2.7	2.0	3.0	2.0
外语	0.0	0.0	0.0	0.0	0.0	0.0
戏剧	0.7	0.1	0.8	0.1	0.8	0.1
新闻/时事	15.2	15.6	15.2	15.4	15.2	15.4
音乐	2.3	0.6	2.3	0.7	1.7	0.7
专题	11.2	6.1	12.6	7.2	12.9	6.7
综艺	8.9	12.1	9.2	13.8	9.8	13.9
其他	12.7	13.5	12.1	12.7	12.1	12.6

表 3.34.7　2016 年成都市场所有节目收视率排名前三十位

名次	节目名称	节目类别	播出频道	平均收视率(%)	平均占有率(%)
1	2016 中央电视台春节联欢晚会	综艺	中央电视台综合频道	7.6	19.1
2	2017 四川卫视花开天下跨年演唱会	音乐	四川卫视	6.3	14.8
3	奥林匹克在里约:2016 年第 31 届奥运会乒乓球男单半决赛	体育	中央台五套	5.9	13.4
4	奥林匹克在里约:2016 年第 31 届奥运会羽毛球男单决赛	体育	中央台五套	5.8	12.0
5	歌王之战（4 月 8 日）	综艺	湖南卫视	5.2	10.9
6	2016 年欧洲杯小组赛 D 组（土耳其 VS 克罗地亚）	体育	中央台五套	5.1	10.9
7	2016 中央电视台中秋晚会	综艺	中央台四套	5.1	10.6
8	黄金赛场 CBA 总决赛颁奖仪式	体育	中央台五套	5.1	9.9
9	极限挑战欢乐颂公益联欢会	综艺	上海东方卫视	5.0	9.5
10	我是歌手（4 月 1 日）	综艺	湖南卫视	4.9	12.7
11	中国新歌声（7 月 15 日）	综艺	浙江卫视	4.8	9.8
12	奥林匹克在里约:2016 年第 31 届奥运会女排小组赛第二轮（中国 VS 意大利）	体育	中央台五套	4.8	9.1
13	黄金赛场:国际足联 2018 年世界杯亚洲区预选赛 C 组（中国 VS 卡塔尔）	体育	中央台五套	4.6	8.5
14	2016 中央电视台元宵晚会	综艺	中央电视台综合频道	4.5	8.4
15	奥林匹克在里约:2016 年第 31 届奥运会射击女子 10 米气步枪决赛	体育	中央台五套	4.4	9.3
16	奥林匹克在里约:2016 年第 31 届奥运会女子单人艇 1/4 决赛	体育	中央台五套	4.4	8.7
17	爱在一起浙江卫视领跑 2017 演唱会	音乐	浙江卫视	4.3	10.8
18	2016 四川卫视花开天下新春演唱会	音乐	四川卫视	4.1	10.4
19	奔跑吧兄弟(1 月 1 日~1 月 15 日)	综艺	浙江卫视	4.1	8.7
20	黄金赛场:2015/2016 赛季 CBA 总决赛第五场（四川金强 VS 辽宁药都本溪）	体育	中央台五套	4.0	8.3
21	谁是大歌神（5 月 1 日）	综艺	浙江卫视	3.9	9.3
22	蜂鸟	电视剧	四川电视台影视文艺频道(五套)	3.9	9.2
23	蒙面唱将猜猜猜(10 月 23 日)	综艺	江苏卫视	3.9	8.8
24	奥林匹克在里约:2016 年第 31 届奥运会射箭男子团体决赛	体育	中央台五套	3.9	7.8
25	奥林匹克在里约:2016 年第 31 届赛艇轻量级 4 人单桨半决赛	体育	中央台五套	3.8	11.9

续表

名次	节目名称	节目类别	播出频道	平均收视率（%）	平均占有率（%）
26	绝地枪王二之松花江上的枪声	电视剧	四川电视台影视文艺频道（五套）	3.8	9.8
27	战火中的兄弟	电视剧	四川电视台影视文艺频道（五套）	3.7	9.7
28	希望使命	电视剧	四川电视台影视文艺频道（五套）	3.7	9.6
29	决战江桥	电视剧	四川电视台影视文艺频道（五套）	3.7	9.2
30	铁血战狼	电视剧	四川电视台影视文艺频道（五套）	3.7	8.8

表 3.34.8　2016 年成都市场电视剧收视率排名前十位

名次	节目名称	播出频道	平均收视率（%）	平均占有率（%）
1	蜂鸟	四川电视台影视文艺频道（五套）	3.9	9.2
2	绝地枪王二之松花江上的枪声	四川电视台影视文艺频道（五套）	3.8	9.8
3	战火中的兄弟	四川电视台影视文艺频道（五套）	3.7	9.7
4	希望使命	四川电视台影视文艺频道（五套）	3.7	9.6
5	决战江桥	四川电视台影视文艺频道（五套）	3.7	9.2
6	铁血战狼	四川电视台影视文艺频道（五套）	3.7	8.8
7	伏击	四川电视台影视文艺频道（五套）	3.7	8.7
8	历史的使命	四川电视台影视文艺频道（五套）	3.6	9.1
9	雪海	四川电视台影视文艺频道（五套）	3.5	8.4
10	宜昌保卫战	四川电视台影视文艺频道（五套）	3.4	8.3

表 3.34.9　2016 年成都市场新闻节目收视率排名前十位

名次	节目名称	播出频道	平均收视率（%）	平均占有率（%）
1	黄金 30 分	四川电视台新闻频道	2.5	5.5
2	过年进行时	四川电视台新闻频道	2.4	9.0
3	2016 一年又一年	四川卫视	2.4	6.8
4	筑梦天宫	中央台四套	2.3	5.3
5	18:00 新闻现场	四川电视台新闻频道	2.1	6.8
6	新闻联播	中央电视台新闻频道	2.0	6.0
7	今日关注	中央台四套	2.0	4.1
8	新闻故事汇	成都电视台经济资讯服务频道（二套）	1.8	4.8
9	深夜快递	成都电视台经济资讯服务频道（二套）	1.8	3.7
10	转播中央台新闻联播	四川电视台新闻频道	1.7	4.7

表 3.34.10　2016 年成都市场专题节目收视率排名前十位

名次	节目名称	播出频道	平均收视率（%）	平均占有率（%）
1	党旗高扬蓉城先锋成都市纪念建党 95 周年七一晚会	成都电视台新闻综合频道（一套）	2.8	5.9
2	超级工程精彩片段	中央电视台综合频道	2.7	5.7
3	2016 劳动礼赞成都市总工会成立 90 周年特别活动	成都电视台新闻综合频道（一套）	2.6	5.1
4	美丽人生	成都电视台经济资讯服务频道(二套)	1.9	5.0
5	非常话题	四川电视台新闻频道	1.8	4.0
6	中国成语大会 2015 年度总决赛	中央电视台综合频道	1.8	3.6
7	留驻时光的小火车	四川卫视	1.8	3.2
8	筑梦路上 1921 ~ 2016	中央电视台综合频道	1.6	3.5
9	回家关注关爱留守儿童内江市妇联与你同行	四川电视台第七频道	1.5	2.9
10	中菲南海争议	中央台四套	1.5	3.7

表 3.34.11　2016 年成都市场综艺节目收视率排名前十位

名次	节目名称	播出频道	平均收视率（%）	平均占有率（%）
1	2016 中央电视台春节联欢晚会	中央电视台综合频道	7.6	19.1
2	歌王之战（4 月 8 日）	湖南卫视	5.2	10.9
3	2016 中央电视台中秋晚会	中央台四套	5.1	10.6
4	极限挑战欢乐颂公益联欢会	上海东方卫视	5.0	9.5
5	我是歌手（4 月 1 日）	湖南卫视	4.9	12.7
6	中国新歌声（7 月 15 日）	浙江卫视	4.8	9.8
7	2016 中央电视台元宵晚会	中央电视台综合频道	4.5	8.4
8	奔跑吧兄弟(1 月 1 日 ~1 月 15 日)	浙江卫视	4.1	8.7
9	谁是大歌神（5 月 1 日）	浙江卫视	3.9	9.3
10	蒙面唱将猜猜猜(10 月 23 日)	江苏卫视	3.9	8.8

表 3.34.12　2016 年成都市场体育节目收视率排名前十位

名次	节目名称	播出频道	平均收视率（%）	平均占有率（%）
1	奥林匹克在里约:2016 年第 31 届奥运会乒乓球男单半决赛	中央台五套	5.9	13.4
2	奥林匹克在里约:2016 年第 31 届奥运会羽毛球男单决赛	中央台五套	5.8	12.0
3	2016 年欧洲杯小组赛 D 组(土耳其 VS 克罗地亚)	中央台五套	5.1	10.9
4	黄金赛场 CBA 总决赛颁奖仪式	中央台五套	5.1	9.9
5	奥林匹克在里约:2016 年第 31 届奥运会女排小组赛第二轮	中央台五套	4.8	9.1

续表

名次	节目名称	播出频道	平均收视率（%）	平均占有率（%）
6	黄金赛场:国际足联 2018 年世界杯亚洲区预选赛 C 组（中国 VS 卡塔尔）	中央台五套	4.6	8.5
7	奥林匹克在里约:2016 年第 31 届奥运会射击女子 10 米气步枪决赛	中央台五套	4.4	9.3
8	奥林匹克在里约:2016 年第 31 届奥运会女子单人艇 1/4 决赛	中央台五套	4.4	8.7
9	黄金赛场:2015/2016 赛季 CBA 总决赛第五场（四川金强 VS 辽宁药都本溪）	中央台五套	4.0	8.3
10	奥林匹克在里约:2016 年第 31 届奥运会射箭男子团体决赛	中央台五套	3.9	7.8

三十五、大连收视数据

表 3.35.1 2012~2016 年大连市场各类频道的市场占有率(%)

频道类别	年份				
	2012 年	2013 年	2014 年	2015 年	2016 年
中央台频道	29.6	32.2	33.6	35.4	36.5
中国教育台频道	0.5	0.3	0.1	0.1	0.1
辽宁省级频道	11.1	9.1	9.6	7.6	8.7
大连市级频道	22.6	21.5	18.9	20.8	19.7
其他省级卫视频道	29.9	31.1	31.6	29.4	26.0
其他频道	6.2	5.8	6.1	6.7	9.0

表 3.35.2 2016 年大连市场各类频道在各目标观众中的市场占有率(%)

目标观众		中央台频道	中国教育台频道	辽宁省级频道	大连市级频道	其他省级卫视频道	其他频道
4 岁及以上所有人		36.5	0.1	8.7	19.7	26.0	9.0
性别	男	39.2	0.1	8.9	19.3	22.9	9.6
	女	33.9	0.1	8.4	20.1	29.0	8.5
年龄	4~14 岁	41.2	0.0	5.0	18.8	23.0	12.0
	15~24 岁	33.3	0.1	8.4	20.5	28.3	9.4
	25~34 岁	36.2	0.1	6.0	14.4	29.3	14.1
	35~44 岁	32.4	0.1	9.4	16.1	27.0	15.1
	45~54 岁	32.7	0.1	9.3	22.8	27.7	7.4
	55~64 岁	39.0	0.1	8.8	20.0	24.9	7.2
	65 岁及以上	42.5	0.1	10.3	21.5	21.3	4.3
教育程度	未受过正规教育	42.4	0.0	5.9	25.5	17.4	8.7
	小学	36.4	0.1	8.4	22.4	25.2	7.7
	初中	35.0	0.1	9.1	21.5	25.3	9.1
	高中	34.8	0.1	9.5	18.3	28.3	9.1
	大学及以上	40.1	0.1	7.5	16.6	26.2	9.5
职业类别	干部/管理人员	40.9	0.1	8.5	9.6	29.8	11.1
	个体/私营企业人员	34.1	0.1	8.9	20.5	25.5	11.0
	初级公务员/雇员	36.6	0.1	9.1	16.1	27.5	10.6
	工人	32.6	0.1	8.3	20.8	26.4	11.8
	学生	34.7	0.1	6.8	19.3	28.3	10.9
	无业	39.1	0.1	9.3	19.9	25.2	6.4
	其他	41.6	0.1	4.6	26.0	24.0	3.8
个人月收入	0~600 元	36.4	0.1	7.2	19.9	26.9	9.5
	601~1200 元	39.1	0.0	5.2	26.7	19.2	9.8
	1201~1700 元	33.5	0.1	9.2	21.3	24.8	11.1
	1701~2600 元	35.2	0.1	9.8	21.9	27.2	5.9
	2601~3500 元	34.4	0.1	8.8	18.6	28.6	9.6
	3501~5000 元	36.0	0.1	9.1	17.8	23.0	14.2
	5001 元及以上	47.0	0.1	9.1	13.0	22.1	8.8

表 3.35.3 2016 年大连市场各类频道在不同时段的市场占有率(%)

时间段	中央台频道	中国教育台频道	辽宁省级频道	大连市级频道	其他省级卫视频道	其他频道
02:00~03:00	38.9	0.2	10.3	0.1	35.6	14.9
03:00~04:00	40.8	0.5	10.4	0.0	34.9	13.5
04:00~05:00	49.8	0.2	8.1	0.0	30.4	11.4
05:00~06:00	49.9	0.1	9.3	0.5	27.7	12.5
06:00~07:00	53.6	0.0	11.4	7.5	18.6	8.9
07:00~08:00	49.6	0.1	7.7	19.4	13.9	9.2
08:00~09:00	52.1	0.2	5.1	10.0	22.5	10.2
09:00~10:00	43.2	0.2	5.2	9.6	30.7	11.1
10:00~11:00	40.2	0.2	4.7	11.3	33.9	9.8
11:00~12:00	43.4	0.1	6.7	5.8	34.8	9.2
12:00~13:00	42.8	0.1	10.7	5.3	31.9	9.2
13:00~14:00	38.4	0.2	5.1	5.3	41.1	9.9
14:00~15:00	36.4	0.2	5.7	5.8	42.5	9.4
15:00~16:00	35.0	0.2	6.1	8.9	40.5	9.4
16:00~17:00	37.9	0.2	6.6	7.2	38.3	9.8
17:00~18:00	33.2	0.1	11.1	23.2	23.3	9.2
18:00~19:00	34.7	0.0	12.8	38.0	6.0	8.5
19:00~20:00	33.8	0.0	9.8	36.5	11.9	7.9
20:00~21:00	31.1	0.0	9.4	27.6	24.3	7.6
21:00~22:00	35.9	0.1	8.7	19.6	27.3	8.5
22:00~23:00	33.8	0.0	6.0	10.4	39.8	9.9
23:00~24:00	32.9	0.1	8.2	8.8	39.2	10.9
24:00~25:00	35.8	0.0	9.2	9.1	32.8	13.1
25:00~26:00	37.2	0.1	10.3	5.0	31.5	15.9

表 3.35.4 2016 年大连市场收视份额排名前十位的频道

名次	频道名称	收视份额(%)
1	大连台一套(新闻综合频道)	6.3
2	中央台三套	4.5
3	中央电视台综合频道	4.3
4	大连台二套(生活频道)	4.1
4	中央台四套	4.1
6	中央台五套	3.8
7	上海东方卫视	3.6
8	大连台三套(公共频道)	3.4
8	中央台六套	3.4
10	辽宁卫视	3.2

表 3.35.5　2016 年大连市场各主要频道的观众构成(%)

目标观众		所有频道	主要频道				
			大连台一套(新闻综合频道)	中央台三套	中央电视台综合频道	大连台二套(生活频道)	中央台四套
4 岁及以上所有人		100.0	100.0	100.0	100.0	100.0	100.0
性别	男	48.7	49.7	47.3	49.5	41.6	58.9
	女	51.3	50.3	52.7	50.5	58.4	41.1
年龄	4～14 岁	5.3	4.4	3.1	7.9	4.5	1.4
	15～24 岁	10.6	11.3	8.3	9.5	11.8	6.9
	25～34 岁	13.0	5.7	9.1	10.1	11.0	4.8
	35～44 岁	11.4	9.9	7.5	13.0	11.6	5.3
	45～54 岁	23.4	25.9	20.8	19.0	28.4	22.5
	55～64 岁	19.4	17.6	23.4	18.6	20.5	27.9
	65 岁及以上	16.9	25.3	27.8	22.0	12.3	31.1
教育程度	未受过正规教育	3.6	6.2	5.1	3.7	3.4	1.7
	小学	10.7	12.8	11.7	8.9	9.2	12.7
	初中	35.3	37.1	33.4	34.5	40.9	35.4
	高中	28.4	27.4	29.4	30.2	26.4	23.1
	大学及以上	22.1	16.5	20.4	22.7	20.2	27.1
职业类别	干部/管理人员	1.6	0.4	1.2	0.6	0.3	2.7
	个体/私营企业人员	15.5	16.4	13.3	18.1	19.7	9.9
	初级公务员/雇员	10.8	7.5	8.5	9.7	9.0	9.7
	工人	20.1	18.4	18.1	16.5	25.0	13.4
	学生	8.5	7.5	5.3	10.9	9.3	4.2
	无业	41.0	48.0	50.5	43.1	35.0	54.0
	其他	2.6	1.8	3.1	1.1	1.7	6.1
个人月收入	0～600 元	21.9	19.3	14.8	26.7	21.0	15.2
	601～1200 元	3.8	10.6	5.2	3.6	0.8	6.5
	1201～1700 元	5.0	4.1	5.7	3.5	6.5	4.0
	1701～2600 元	29.9	31.9	36.7	22.3	37.5	33.8
	2601～3500 元	19.1	19.9	20.0	20.5	16.4	17.8
	3501～5000 元	11.4	10.3	9.2	14.3	11.3	9.7
	5001 元及以上	8.9	3.9	8.4	9.0	6.4	13.0

表 3.35.6　2014～2016 年大连市场各类节目的播出份额(%)和收视份额(%)

节目类别	2014 年		2015 年		2016 年	
	播出份额	收视份额	播出份额	收视份额	播出份额	收视份额
财经	2.0	0.5	2.2	0.6	1.7	0.6
电视剧	20.4	34.0	20.3	29.7	21.7	27.9
电影	4.2	3.7	3.7	3.6	3.5	3.7
法制	1.5	2.8	1.2	3.2	1.0	3.7
教学	0.2	0.0	0.2	0.0	0.2	0.0
青少	7.0	3.6	6.8	3.7	6.8	3.3
生活服务	10.8	7.0	10.1	6.6	9.4	6.4
体育	3.7	3.6	3.5	4.5	3.7	5.2
外语	0.0	0.0	0.0	0.0	0.0	0.0
戏剧	0.7	0.3	0.7	0.3	0.8	0.1
新闻/时事	14.1	13.3	14.0	13.6	13.6	13.8
音乐	2.3	0.7	2.3	1.1	1.7	1.1
专题	12.1	5.4	13.2	6.3	13.6	6.5
综艺	8.8	14.3	9.2	16.0	9.9	17.2
其他	12.2	10.8	12.6	10.8	12.2	10.5

表 3.35.7　2016 年大连市场所有节目收视率排名前三十位

名次	节目名称	节目类别	播出频道	平均收视率（%）	平均占有率（%）
1	2016 辽宁卫视春节联欢晚会万家灯火幸福年	综艺	辽宁卫视	16.9	44.4
2	2016 中央电视台元宵晚会	综艺	中央台三套	12.6	24.8
3	奥林匹克在里约:2016 年第 31 届奥运会羽毛球男单决赛	体育	中央台五套	10.1	29.4
4	超级足球之夜:国际足联 18 年世界杯亚洲区预选赛第三阶段 A 组第 2 轮（中国 VS 伊朗）	体育	中央台五套	9.4	23.8
5	芈月传	电视剧	上海东方卫视	8.5	19.0
6	奥林匹克在里约 颁奖仪式	体育	中央台五套	8.3	34.5
7	奥林匹克在里约:2016 年第 31 届奥运会乒乓球男单半决赛	体育	中央台五套	8.3	32.2
8	中国新歌声(7 月 15 日)	综艺	浙江卫视	8.0	26.8
9	奥林匹克在里约:2016 年第 31 届奥运会女排小组赛第二轮(中国 VS 意大利)	体育	中央台五套	8.0	22.1
10	2016 中央电视台春节联欢晚会	综艺	中央电视台综合频道	7.7	17.5
11	奥林匹克在里约:2016 年第 31 届奥运会女子双人 10 米跳台决赛	体育	中央台五套	7.2	21.3
12	2016 年欧洲杯小组赛 D 组第一轮(西班牙 VS 捷克)	体育	中央台五套	6.8	23.1
13	奥林匹克在里约:2016 年第 31 届奥运会田径女子 3000 米障碍第一轮	体育	中央台五套	6.7	18.8
14	黄金赛场:2016 年亚冠 G 组第 5 轮(上海上港 VS 墨尔本胜利)	体育	中央台五套	6.6	15.9
15	奥林匹克在里约:2016 年第 31 届奥运会射击女子 10 米气步枪决赛	体育	中央台五套	6.5	19.7
16	奥林匹克在里约:2016 年第 31 届奥运会举重男子 69 公斤级决赛	体育	中央台五套	6.4	18.1
17	奥林匹克在里约:2016 年第 31 届奥运会场地自行车女子团体竞速赛	体育	中央台五套	6.4	17.1
18	奥林匹克在里约:2016 年第 31 届奥运会男子 100 米蝶泳决赛	体育	中央台五套	6.2	16.3
19	奥林匹克在里约:2016 年第 31 届奥运会体操女子团体决赛	体育	中央台五套	6.0	15.9
20	奥林匹克在里约:2016 年第 31 届奥运会女子单人艇决赛	体育	中央台五套	5.9	18.8
21	新闻锋线	新闻/时事	大连台一套(新闻综合频道)	5.8	21.3
22	幸福美丽绽放	电视剧	大连台二套(生活频道)	5.1	13.8
23	2016 年世乒赛男团颁奖仪式	体育	中央台五套	5.0	17.6

续表

名次	节目名称	节目类别	播出频道	平均收视率(%)	平均占有率(%)
24	天气预报	生活服务	大连台一套(新闻综合频道)	5.0	15.0
25	中国梦祖国颂2016中央电视台国庆特别节目	综艺	中央电视台综合频道	5.0	13.3
26	芈月传收官特别节目	综艺	上海东方卫视	5.0	10.7
27	新闻大连	新闻/时事	大连台一套(新闻综合频道)	4.9	17.0
28	奥林匹克在里约:2016年第31届奥运会男篮小组赛(委内瑞拉队VS中国队)	体育	中央台五套	4.5	12.0
29	超级足球之夜:2016年中国足协超级联赛第5轮(江苏苏宁易购VS上海绿地申花)	体育	中央台五套	4.5	10.8
30	南侨机工英雄传	电视剧	大连台一套(新闻综合频道)	4.5	10.1

表3.35.8 2016年大连市场电视剧收视率排名前十位

名次	节目名称	播出频道	平均收视率(%)	平均占有率(%)
1	芈月传	上海东方卫视	8.5	19.0
2	幸福美丽绽放	大连台二套(生活频道)	5.1	13.8
3	南侨机工英雄传	大连台一套(新闻综合频道)	4.5	10.1
4	姐妹兄弟	大连台二套(生活频道)	4.1	10.8
5	锦绣未央	上海东方卫视	4.1	10.1
6	嫂子嫂子	大连台一套(新闻综合频道)	4.1	9.8
7	幸福从天而降	大连台二套(生活频道)	4.0	10.9
8	真心想让你幸福	大连台二套(生活频道)	3.9	10.7
9	两个女人的战争	大连台二套(生活频道)	3.9	9.0
10	结婚的秘密	大连台二套(生活频道)	3.9	8.8

表3.35.9 2016年大连市场新闻节目收视率排名前十位

名次	节目名称	播出频道	平均收视率(%)	平均占有率(%)
1	新闻锋线	大连台一套(新闻综合频道)	5.8	21.3
2	新闻大连	大连台一套(新闻综合频道)	4.9	17.0
3	大连新闻	大连台一套(新闻综合频道)	3.7	11.7
4	转播中央台新闻联播	大连台一套(新闻综合频道)	3.4	9.4
5	新闻互动区	大连台一套(新闻综合频道)	3.3	14.8
6	G20 2016CHINA 二十国集团领导人杭州峰会特别报道	中央电视台新闻频道	3.1	17.0
7	筑梦天宫	中央电视台新闻频道	2.3	6.9
8	媒体新闻站	大连台一套(新闻综合频道)	2.1	11.0
9	2016一年又一年	中央电视台综合频道	2.1	6.8
10	城市直通车	大连台二套(生活频道)	2.1	6.2

表 3.35.10　2016 年大连市场专题节目收视率排名前十位

名次	节目名称	播出频道	平均收视率（%）	平均占有率（%）
1	红星村	大连台一套（新闻综合频道）	4.2	17.0
2	315 共筑消费新生态	中央台二套	3.8	11.1
3	光阴大连	大连台一套（新闻综合频道）	3.3	10.1
4	等着我	中央台三套	3.3	8.7
5	走基层大连纪事	大连台一套（新闻综合频道）	3.2	11.5
6	捍卫让你快乐消费	大连台三套（公共频道）	3.1	9.5
7	红星村父辈的长征	大连台一套（新闻综合频道）	2.9	12.5
8	中国诗词大会(4 月 15 日)	中央电视台综合频道	2.7	6.8
9	大连三套春节特别节目毛泽东遗物的故事	大连台三套（公共频道）	2.6	6.6
10	新春走基层大连故事	大连台一套（新闻综合频道）	2.5	7.6

表 3.35.11　2016 年大连市场综艺节目收视率排名前十位

名次	节目名称	播出频道	平均收视率（%）	平均占有率（%）
1	2016 辽宁卫视春节联欢晚会万家灯火幸福年	辽宁卫视	16.9	44.4
2	2016 中央电视台元宵晚会	中央台三套	12.6	24.8
3	中国新歌声（7 月 15 日）	浙江卫视	8.0	26.8
4	2016 中央电视台春节联欢晚会	大连台一套（新闻综合频道）	6.7	15.2
5	中国梦祖国颂 2016 中央电视台国庆特别节目	中央电视台综合频道	5.0	13.3
6	芈月传收官特别节目	上海东方卫视	5.0	10.7
7	2016 中央电视台中秋晚会	中央电视台综合频道	4.2	10.6
8	万家邀明月一起盼中秋 2016 中秋特别节目	中央台三套	4.1	11.8
9	喜到福到好运到 2016 春节特别节目	中央台三套	4.0	12.3
10	CCTV 网络春晚	中央台三套	4.0	8.9

表 3.35.12　2016 年大连市场体育节目收视率排名前十位

名次	节目名称	播出频道	平均收视率(%)	平均占有率(%)
1	奥林匹克在里约:2016 年第 31 届奥运会羽毛球男单决赛	中央台五套	10.1	29.4
2	超级足球之夜:国际足联 18 年世界杯亚洲区预选赛第三阶段 A 组第 2 轮(中国 VS 伊朗)	中央台五套	9.4	23.8
3	奥林匹克在里约:2016 年第 31 届奥运会乒乓球男单半决赛	中央台五套	8.3	32.2
4	奥林匹克在里约:2016 年第 31 届奥运会女排小组赛第二轮(中国 VS 意大利)	中央台五套	8.0	22.1
5	奥林匹克在里约:2016 年第 31 届奥运会女子双人 10 米跳台决赛	中央台五套	7.2	21.3
6	2016 年欧洲杯小组赛 D 组第一轮(西班牙 VS 捷克)	中央台五套	6.8	23.1
7	奥林匹克在里约:2016 年第 31 届奥运会田径女子 3000 米障碍第一轮	中央台五套	6.7	18.8
8	黄金赛场:2016 年亚冠 G 组第 5 轮(上海上港 VS 墨尔本胜利)	中央台五套	6.6	15.9
9	奥林匹克在里约:2016 年第 31 届奥运会射击女子 10 米气步枪决赛	中央台五套	6.5	19.7
10	奥林匹克在里约:2016 年第 31 届奥运会场地自行车女子团体竞速赛	中央台五套	6.4	17.1

三十六、福州收视数据

表 3.36.1　2012～2016 年福州市场各类频道的市场占有率(%)

频道类别	年份				
	2012 年	2013 年	2014 年	2015 年	2015 年
中央台频道	25.2	26.6	30.1	30.6	32.7
中国教育台频道	0.2	0.1	0.2	0.1	0.0
福建省级频道	20.1	18.9	14.5	13.0	12.2
福州市级频道	14.3	15.0	14.2	12.4	11.8
其他省级卫视频道	29.9	30.7	31.9	32.6	32.6
其他频道	10.3	8.7	9.1	11.3	10.6

表 3.36.2　2016 年福州市场各类频道在不同目标观众中的市场占有率(%)

目标观众		中央台频道	中国教育台频道	福建省级频道	福州市级频道	其他省级卫视频道	其他频道
4 岁及以上所有人		32.7	0.0	12.2	11.8	32.6	10.6
性别	男	35.1	0.1	12.0	11.5	30.2	11.1
	女	30.5	0.0	12.5	12.0	34.9	10.1
年龄	4～14 岁	21.5	0.0	8.0	14.9	41.8	13.7
	15～24 岁	30.9	0.0	12.4	9.2	39.3	8.1
	25～34 岁	25.5	0.1	15.9	10.2	36.6	11.8
	35～44 岁	30.4	0.0	14.6	11.1	32.9	11.0
	45～54 岁	34.1	0.1	11.5	10.5	34.0	9.8
	55～64 岁	33.6	0.1	11.8	15.2	30.0	9.3
	65 岁及以上	43.3	0.0	10.8	11.3	22.9	11.6
教育程度	未受过正规教育	25.4	0.0	10.0	16.9	36.0	11.6
	小学	31.6	0.0	14.1	13.6	30.5	10.1
	初中	32.0	0.0	13.2	12.3	31.6	10.8
	高中	31.3	0.1	11.2	11.2	36.5	9.7
	大学及以上	39.1	0.1	11.4	8.6	29.1	11.7
职业类别	干部/管理人员	46.2	0.0	10.7	4.8	28.2	10.1
	个体/私营企业人员	29.6	0.1	14.1	13.8	31.6	10.8
	初级公务员/雇员	29.7	0.1	14.0	11.5	34.6	10.1
	工人	28.7	0.0	12.8	14.2	33.9	10.4
	学生	29.1	0.0	11.4	8.1	41.4	10.0
	无业	36.2	0.0	10.7	12.1	29.8	11.1
	其他	*	*	*	*	*	*
个人月收入	0～600 元	29.5	0.0	10.7	10.8	37.2	11.8
	601～1200 元	29.8	0.1	9.8	16.9	31.1	12.3
	1201～1700 元	32.5	0.1	13.5	10.7	32.9	10.4
	1701～2600 元	35.2	0.1	12.5	12.8	30.7	8.7
	2601～3500 元	29.5	0.0	14.9	13.5	31.6	10.4
	3501～5000 元	36.1	0.1	11.7	8.4	32.5	11.3
	5001 元及以上	45.3	0.0	8.9	9.2	24.3	12.4

*表示样本量不足,无法进行统计推断。

表 3.36.3　2016 年福州市场各类频道在不同时段的市场占有率(%)

时间段	中央台频道	中国教育台频道	福建省级频道	福州市级频道	其他省级卫视频道	其他频道
02:00~03:00	36.3	0.0	11.0	5.6	31.1	16.0
03:00~04:00	35.3	0.0	10.4	5.2	28.6	20.5
04:00~05:00	35.9	0.0	10.3	4.4	24.1	25.4
05:00~06:00	43.6	0.1	9.8	6.0	20.4	20.0
06:00~07:00	56.3	0.1	6.1	4.7	18.8	14.0
07:00~08:00	56.4	0.1	6.3	7.3	16.1	13.8
08:00~09:00	48.9	0.1	5.2	8.9	24.4	12.5
09:00~10:00	40.2	0.1	6.1	8.6	32.9	12.1
10:00~11:00	37.8	0.1	7.5	6.3	35.1	13.1
11:00~12:00	39.8	0.0	9.1	4.0	34.9	12.2
12:00~13:00	45.3	0.0	5.5	3.5	33.4	12.3
13:00~14:00	40.9	0.1	4.8	3.9	35.7	14.6
14:00~15:00	36.5	0.1	6.0	3.8	38.9	14.7
15:00~16:00	35.5	0.1	5.9	4.7	40.7	13.1
16:00~17:00	36.2	0.1	5.8	5.0	40.4	12.4
17:00~18:00	37.1	0.1	7.7	10.8	32.2	12.2
18:00~19:00	29.5	0.0	20.0	28.1	12.2	10.2
19:00~20:00	28.1	0.0	20.4	20.7	22.3	8.4
20:00~21:00	23.4	0.0	15.9	15.5	37.5	7.7
21:00~22:00	29.0	0.0	13.6	12.7	36.6	8.1
22:00~23:00	28.7	0.0	11.7	8.9	40.7	9.9
23:00~24:00	32.0	0.0	10.8	6.2	41.0	10.0
24:00~25:00	35.0	0.1	10.9	4.3	37.1	12.6
25:00~26:00	36.9	0.1	10.4	5.5	31.6	15.4

表 3.36.4　2016 年福州市场收视份额排名前十位的频道

名次	频道名称	收视份额(%)
1	中央台三套	4.8
2	中央电视台综合频道	4.7
3	福州电视台都市生活频道	4.3
3	中央台八套	4.3
5	中央台四套	4.1
6	湖南卫视	3.9
7	福州电视台影视频道	3.7
8	浙江卫视	3.6
9	中央台六套	3.4
10	安徽卫视	3.2

表 3.36.5　2016 年福州市场各主要频道的观众构成(%)

目标观众		所有频道	主要频道				
			中央台三套	中央电视台综合频道	福州电视台都市生活频道	中央台八套	中央台四套
4 岁及以上所有人		100.0	100.0	100.0	100.0	100.0	100.0
性别	男	48.5	46.3	46.0	43.7	42.8	60.1
	女	51.5	53.7	54.0	56.3	57.2	39.9
年龄	4~14 岁	7.4	4.8	6.4	10.8	1.9	2.4
	15~24 岁	8.2	8.4	4.0	4.5	5.0	7.5
	25~34 岁	13.0	8.2	9.4	14.6	7.5	10.2
	35~44 岁	14.2	8.9	11.1	12.3	15.0	9.9
	45~54 岁	22.2	22.7	14.8	18.9	24.4	24.4
	55~64 岁	17.9	27.2	18.7	26.9	16.5	17.7
	65 岁及以上	17.0	19.8	35.5	12.1	29.7	27.9
教育程度	未受过正规教育	5.7	5.9	4.7	13.0	7.7	2.4
	小学	17.4	16.5	11.0	13.9	20.9	13.8
	初中	28.8	30.9	20.1	29.5	32.5	29.1
	高中	28.4	31.9	26.0	27.8	20.8	27.3
	大学及以上	19.7	14.8	38.2	15.9	18.3	27.4
职业类别	干部/管理人员	2.3	1.9	1.3	1.8	2.4	2.8
	个体/私营企业人员	15.8	14.4	11.3	22.5	14.3	14.2
	初级公务员/雇员	25.6	22.2	19.5	26.4	22.0	22.1
	工人	4.8	3.6	2.6	6.3	2.6	4.6
	学生	9.7	8.2	6.4	4.0	3.8	6.5
	无业	41.9	49.7	59.0	39.1	54.8	49.8
	其他	*	*	*	*	*	*
个人月收入	0~600 元	26.0	25.4	16.5	23.5	23.8	18.1
	601~1200 元	3.3	2.3	2.5	3.8	6.8	2.0
	1201~1700 元	6.6	7.4	4.9	8.0	7.8	5.7
	1701~2600 元	26.2	31.9	30.2	27.0	28.7	35.2
	2601~3500 元	21.7	18.6	19.4	21.8	18.2	20.2
	3501~5000 元	10.7	10.4	13.3	8.6	9.0	10.3
	5001 元及以上	5.3	4.1	13.2	7.1	5.8	8.6

*表示样本量不足,无法进行统计推断。

表 3.36.6　2014~2016 年福州市场各类节目的播出份额(%)和收视份额(%)

节目类别	2014 年		2015 年		2016 年	
	播出份额	收视份额	播出份额	收视份额	播出份额	收视份额
财经	1.9	0.8	1.5	1.0	1.3	0.9
电视剧	19.7	28.3	24.2	27.8	26.6	29.8
电影	3.8	3.8	4.0	4.9	4.2	4.9
法制	0.9	0.7	1.0	1.1	0.9	1.1
教学	0.3	0.1	0.3	0.2	0.3	0.1
青少	7.5	4.6	6.2	5.3	6.8	5.1
生活服务	11.2	8.3	10.3	7.1	7.7	6.7
体育	3.1	1.6	3.4	2.2	3.6	2.8
外语	0.0	0.0	0.0	0.0	0.0	0.0
戏剧	0.7	0.1	0.6	0.3	0.7	0.3
新闻/时事	14.2	15.0	10.2	13.0	10.2	12.3
音乐	2.3	0.7	2.5	1.2	1.7	1.0
专题	12.4	11.1	13.2	10.4	13.8	8.2
综艺	8.5	11.3	7.1	12.9	6.8	14.7
其他	13.5	13.6	15.6	12.5	15.3	12.0

表 3.36.7　2016 年福州市场所有节目收视率排名前三十位

名次	节目名称	节目类型	播出频道	平均收视率(%)	平均占有率(%)
1	2016 中央电视台春节联欢晚会	综艺	中央电视台综合频道	7.9	21.8
2	2016 中央电视台元宵晚会	综艺	中央电视台综合频道	7.4	21.7
3	奥林匹克在里约:2016 年第 31 届奥运会羽毛球男单决赛	体育	中央台五套	6.7	21.7
4	2016 一年又一年	新闻	中央电视台综合频道	6.4	20.2
5	奥林匹克在里约 颁奖仪式	体育	中央台五套	6.1	23.8
6	奥林匹克在里约:2016 年第 31 届奥运会乒乓球男单半决赛	体育	中央台五套	5.6	21.0
7	奥林匹克在里约:2016 年第 31 届奥运会射击女子 10 米气步枪决赛	体育	中央台五套	5.1	17.8
8	奔跑吧兄弟(1 月 1 日 ~1 月 15 日)	综艺	浙江卫视	4.9	19.2
9	奥林匹克在里约:2016 年第 31 届奥运会男子举重 56 公斤级决赛	体育	中央台五套	4.8	18.4
10	奥林匹克在里约:2016 年第 31 届奥运会女排小组赛第二轮(中国 VS 意大利)	体育	中央台五套	4.5	15.8
11	奥林匹克在里约:2016 年第 31 届奥运会女子双人 3 米跳板决赛	体育	中央台五套	4.3	16.5
12	奥林匹克在里约:2016 年第 31 届奥运会游泳女 4×200 米自由泳接力决赛	体育	中央台五套	4.1	13.3
13	奥林匹克在里约:2016 年第 31 届奥运会女子体操资格赛	体育	中央台五套	3.7	12.9
14	奔跑吧兄弟(4 月 15 日 ~7 月 1 日)	综艺	浙江卫视	3.5	14.3
15	奥林匹克在里约:2016 年第 31 届奥运会女子单人艇决赛	体育	中央台五套	3.4	12.4
16	奥林匹克在里约:2016 年第 31 届奥运会田径女子 3000 米障碍第一轮	体育	中央台五套	3.2	11.6
17	2016 中央电视台中秋晚会	综艺	中央电视台综合频道	3.1	9.1
18	G20 2016CHINA 二十国集团领导人杭州峰会特别报道	新闻	中央台四套	2.8	11.2
19	万家邀明月一起盼中秋 2016 中秋特别节目	综艺	中央台三套	2.8	9.4
20	喋血江城	电视剧	福州电视台影视频道	2.7	10.5
21	红颜劫	电视剧	福州电视台都市生活频道	2.6	10.4
22	黎明破晓前	电视剧	福州电视台影视频道	2.6	9.7
23	九州天空城	电视剧	江苏卫视	2.5	12.3
24	爸爸是条龙	电视剧	福州电视台都市生活频道	2.5	9.3
25	鸳鸯佩	电视剧	福州电视台都市生活频道	2.5	9.2
26	奥林匹克在里约:2016 年第 31 届奥运会男篮小组赛	体育	中央台五套	2.5	8.7
27	九九	电视剧	中央台八套	2.4	12.0
28	空巢姥爷	电视剧	福州电视台都市生活频道	2.4	10.9
29	奥林匹克在里约:2016 年第 31 届奥运会场地自行车女子团体竞速赛	体育	中央台五套	2.4	9.9
30	麻雀	电视剧	湖南卫视	2.4	9.8

表 3.36.8　2016 年福州市场电视剧收视率排名前十位

名次	节目名称	播出频道	平均收视率（%）	平均占有率（%）
1	喋血江城	福州电视台影视频道	2.7	10.5
2	红颜劫	福州电视台都市生活频道	2.6	10.4
3	黎明破晓前	福州电视台影视频道	2.6	9.7
4	九州天空城	江苏卫视	2.5	12.3
5	爸爸是条龙	福州电视台都市生活频道	2.5	9.3
6	鸳鸯佩	福州电视台都市生活频道	2.5	9.2
7	九九	中央八套	2.4	12.0
8	空巢姥爷	福州电视台都市生活频道	2.4	10.9
9	麻雀	湖南卫视	2.4	9.8
10	忠者无敌	福州电视台影视频道	2.4	8.7

表 3.36.9　2016 年福州市场新闻节目收视率排名前十位

名次	节目名称	播出频道	平均收视率（%）	平均占有率（%）
1	2016 一年又一年	中央电视台综合频道	6.4	20.2
2	G20 2016CHINA 二十国集团领导人杭州峰会特别报道	中央台四套	2.8	11.2
3	今日关注	中央台四套	1.9	8.0
4	福建泰宁泥石流救援特别报道	东南卫视	1.8	6.5
5	防抗尼伯特特别报道	福建省广播影视集团新闻频道	1.7	9.2
6	关注台湾高雄 2.6 强震特别节目	福建省广播影视集团新闻频道	1.7	6.6
7	筑梦天宫	中央台四套	1.6	6.3
8	新闻 21:00	福建省广播影视集团新闻频道	1.5	5.4
9	315 消费者权益日特别直播节目春天的力量	福建省广播影视集团新闻频道	1.4	7.9
10	防抗鲇鱼特别报道	福建省广播影视集团新闻频道	1.4	6.7

表 3.36.10　2016 年福州市场专题节目收视率排名前十位

名次	节目名称	播出频道	平均收视率（%）	平均占有率（%）
1	315 共筑消费新生态	中央台二套	2.1	7.9
2	中国诗词大会(2 月 19 日)	中央电视台综合频道	2.0	6.7
3	攀讲故事会	福州电视台都市生活频道	1.7	11.6
4	调解有 1 套	福建省广播影视集团综合频道	1.5	7.3
5	爱心帮帮团	福建省广播影视集团综合频道	1.3	7.7
6	中国福州	福州电视台都市生活频道	1.3	6.8
7	我是独角兽	北京卫视	1.2	8.9
8	豫荐悦读	北京卫视	1.1	4.2
8	芈月传奇	北京卫视	1.1	4.2
10	寻找最美医生大型公益活动颁奖典礼	中央电视台综合频道	1.1	4.1

表 3.36.11　2016 年福州市场综艺节目收视率排名前十位

名次	节目名称	播出频道	平均收视率(%)	平均占有率(%)
1	2016 中央电视台春节联欢晚会	中央电视台综合频道	7.9	21.8
2	2016 中央电视台元宵晚会	中央台三套	7.4	21.7
3	奔跑吧兄弟(1 月 1 日 ~1 月 15 日)	浙江卫视	4.9	19.2
4	奔跑吧兄弟(4 月 15 日 ~7 月 1 日)	浙江卫视	3.5	14.3
5	2016 中央电视台中秋晚会	中央电视台综合频道	3.1	9.1
6	万家邀明月一起盼中秋 2016 中秋特别节目	中央台三套	2.8	9.4
7	为你而歌	山东卫视	2.3	9.5
8	文化中国四海同春 2016 全球华侨华人春节大联欢	湖南卫视	2.2	8.4
9	2016 东西南北贺新春	中央台三套	2.2	8.1
10	快乐大本营	湖南卫视	2.1	8.2

表 3.36.12　2016 年福州市场体育节目收视率排名前十位

名次	节目名称	播出频道	平均收视率(%)	平均占有率(%)
1	奥林匹克在里约:2016 年第 31 届奥运会羽毛球男单决赛	中央台五套	6.7	21.7
2	奥林匹克在里约 颁奖仪式	中央台五套	6.1	23.8
3	奥林匹克在里约:2016 年第 31 届奥运会乒乓球男单半决赛	中央台五套	5.6	21.0
4	奥林匹克在里约:2016 年第 31 届奥运会射击女子 10 米气步枪决赛	中央台五套	5.1	17.8
5	奥林匹克在里约:2016 年第 31 届奥运会男子举重 56 公斤级决赛	中央台五套	4.8	18.4
6	奥林匹克在里约:2016 年第 31 届奥运会女排小组赛第二轮(中国 VS 意大利)	中央台五套	4.5	15.8
7	奥林匹克在里约:2016 年第 31 届奥运会女子双人 3 米跳板决赛	中央台五套	4.3	16.5
8	奥林匹克在里约:2016 年第 31 届奥运会游泳女 4×200 米自由泳接力决赛	中央台五套	4.1	13.3
9	奥林匹克在里约:2016 年第 31 届奥运会女子体操资格赛	中央台五套	3.7	12.9
10	奥林匹克在里约:2016 年第 31 届奥运会女子单人艇决赛	中央台五套	3.4	12.4

三十七、广州收视数据

表 3.37.1 2012~2016 年广州市场各类频道的市场占有率(%)

频道类别	年份				
	2012 年	2013 年	2014 年	2015 年	2016 年
中央台频道	12.5	15.1	14.8	14.3	15.3
中国教育台频道	0.1	0.1	0.1	0.1	0.1
广东台频道	22.9	20.9	35.7 *	34.4	34.4
南方台频道	13.3	14.8			
广州台频道	16.6	16.4	16.3	18.6	15.7
其他省级卫视频道	12.5	13.4	13.7	13.7	14.5
境外频道	15.7	11.8	11.0	9.2	8.7
其他频道	6.4	7.5	8.2	9.7	11.3

* 2014 年 4 月 23 日,原广东台和南方台合并为广东广播电视台,该台 2014 年数据计算范围为自 2014 年 4 月 23 日挂牌之日起至 2014 年 12 月 31 日止。

表 3.37.2 2016 年广州市场各类频道在各目标观众中的市场占有率(%)

目标观众		中央台频道	中国教育台频道	广东广播电视台频道	广州台频道	其他省级卫视频道	境外频道	其他频道
4 岁及以上所有人		15.3	0.1	34.4	15.7	14.5	8.7	11.3
性别	男	17.1	0.1	34.9	15.1	13.4	7.8	11.6
	女	13.5	0.1	33.7	16.4	15.7	9.6	11.0
年龄	4~14 岁	12.7	0.0	38.7	7.9	21.7	3.5	15.5
	15~24 岁	11.8	0.0	29.7	17.5	15.5	13.2	12.3
	25~34 岁	12.7	0.0	37.8	13.1	14.8	9.0	12.6
	35~44 岁	20.4	0.0	27.5	13.3	16.1	6.4	16.3
	45~54 岁	14.7	0.1	36.2	17.4	13.3	9.0	9.3
	55~64 岁	14.1	0.1	36.4	20.1	12.0	9.7	7.6
	65 岁及以上	21.4	0.1	32.3	19.0	11.5	8.6	7.1
教育程度	未受过正规教育	10.6	0.1	43.9	9.8	20.4	4.0	11.2
	小学	13.0	0.1	42.8	14.2	13.8	5.6	10.5
	初中	15.0	0.1	37.9	16.8	13.3	6.4	10.5
	高中	16.6	0.1	30.7	16.9	15.5	9.7	10.5
	大学及以上	16.4	0.0	26.2	14.5	14.3	14.1	14.5
职业类别	干部/管理人员	21.9	0.1	19.7	15.2	16.9	12.1	14.1
	个体/私营企业人员	17.1	0.0	34.9	13.7	14.1	7.1	13.1
	初级公务员/雇员	15.0	0.0	31.5	14.0	14.3	12.2	13.0
	工人	12.9	0.1	39.0	16.7	12.8	7.4	11.1
	学生	14.9	0.0	31.9	11.4	20.0	6.6	15.2
	无业	15.9	0.1	34.3	17.7	14.4	8.6	9.0
	其他	8.7	0.0	56.5	17.5	6.7	3.5	7.1
个人月收入	0~600 元	14.4	0.1	35.8	12.1	19.4	6.7	11.5
	601~1200 元	16.0	0.0	44.6	16.9	8.1	6.4	8.0
	1201~1700 元	14.9	0.1	37.4	15.8	12.9	10.2	8.7
	1701~2600 元	14.4	0.1	36.5	16.0	12.2	8.7	12.1
	2601~3500 元	14.5	0.1	32.9	19.8	13.2	9.4	10.1
	3501~5000 元	17.9	0.1	30.9	16.2	14.4	9.5	11.0
	5001 元及以上	20.2	0.0	24.8	11.5	16.2	10.9	16.4

表 3.37.3　2016 年广州市场各类频道在不同时段的市场占有率(%)

时间段	中央台频道	中国教育台频道	广东广播电视台频道	广州台频道	其他省级卫视频道	境外频道	其他频道
02:00~03:00	19.0	0.1	21.7	9.7	21.4	10.0	18.1
03:00~04:00	18.5	0.1	25.3	12.5	18.4	6.4	18.8
04:00~05:00	21.8	0.0	34.1	11.0	13.9	7.3	11.9
05:00~06:00	18.8	0.2	29.3	8.5	8.5	21.3	13.4
06:00~07:00	21.6	0.0	17.1	19.7	9.5	18.7	13.4
07:00~08:00	20.3	0.1	30.8	20.1	8.6	10.1	10.0
08:00~09:00	20.9	0.2	27.9	17.6	14.8	7.2	11.4
09:00~10:00	25.5	0.3	27.0	7.9	22.3	5.0	12.0
10:00~11:00	25.4	0.3	26.0	6.4	23.7	3.9	14.3
11:00~12:00	22.9	0.1	28.1	9.9	20.9	5.0	13.1
12:00~13:00	18.5	0.0	30.2	15.1	14.6	8.6	13.0
13:00~14:00	16.2	0.1	33.1	13.2	16.8	6.1	14.5
14:00~15:00	18.1	0.2	29.9	8.5	22.5	4.4	16.4
15:00~16:00	18.2	0.2	26.8	9.1	25.1	4.1	16.5
16:00~17:00	18.6	0.2	28.5	8.5	25.9	3.5	14.8
17:00~18:00	17.7	0.1	27.9	16.6	19.8	3.7	14.2
18:00~19:00	12.8	0.0	39.1	28.0	6.5	3.9	9.7
19:00~20:00	12.5	0.0	48.1	19.4	7.7	4.0	8.3
20:00~21:00	12.5	0.0	42.7	14.8	13.3	9.2	7.5
21:00~22:00	13.0	0.0	37.5	12.0	13.3	16.0	8.2
22:00~23:00	12.2	0.0	23.5	22.0	14.3	16.1	11.9
23:00~24:00	15.7	0.1	26.0	14.4	17.2	10.0	16.6
24:00~25:00	17.9	0.1	25.5	11.0	16.5	11.6	17.4
25:00~26:00	18.6	0.1	21.1	7.6	17.9	14.7	20.0

表 3.37.4　2016 年广州市场收视份额排名前十位的频道

排名	频道名称	收视份额(%)
1	广东广播电视台珠江频道	9.4
2	广州市广播电视台综合频道	6.8
3	广东广播电视台影视频道	5.2
4	广东广播电视台南方卫视	4.4
5	广州市广播电视台新闻频道	4.2
5	广东广播电视台公共频道	3.8
7	广州市广播电视台影视频道	3.1
8	市网翡翠台(中文)	2.6
9	湖南卫视	2.4
10	广东广播电视台体育频道	2.3
10	广东广播电视台经济科教频道	2.3

表 3.37.5　2016 年广州市场各主要频道的观众构成(%)

目标观众		所有频道	主要频道				
			广东广播电视台珠江频道	广州市广播电视台综合频道	广东广播电视台影视频道	广东广播电视台南方卫视	广州市广播电视台新闻频道
4 岁及以上所有人		100.0	100.0	100.0	100.0	100.0	100.0
性别	男	51.5	49.1	52.2	57.1	49.9	49.0
	女	48.5	50.9	47.8	42.9	50.1	51.0
年龄	4~14 岁	8.0	5.3	3.1	5.6	7.9	2.7
	15~24 岁	9.9	11.4	6.7	5.6	9.6	16.7
	25~34 岁	19.8	23.5	14.4	17.3	21.9	20.5
	35~44 岁	15.1	10.1	13.0	9.9	10.9	12.5
	45~54 岁	20.8	25.0	24.0	26.2	20.1	21.0
	55~64 岁	16.1	15.5	20.9	19.9	21.2	19.5
	65 岁及以上	10.3	9.2	17.9	15.5	8.4	7.1
教育程度	未受过正规教育	4.1	4.1	2.9	5.7	2.5	1.6
	小学	14.2	21.7	12.4	14.4	17.1	7.2
	初中	31.2	33.9	35.6	47.0	31.7	28.3
	高中	32.0	24.1	31.9	26.3	35.3	43.2
	大学及以上	18.5	16.2	17.2	6.6	13.4	19.7
职业类别	干部/管理人员	3.5	1.2	3.6	1.6	2.4	4.6
	个体/私营企业人员	12.0	12.3	7.4	11.1	14.5	13.6
	初级公务员/雇员	16.9	15.0	14.2	11.5	13.7	17.9
	工人	20.3	30.1	21.3	24.5	16.9	21.3
	学生	8.8	6.1	5.0	4.3	10.7	6.9
	无业	37.6	32.9	48.1	44.4	41.1	35.3
	其他	0.9	2.4	0.4	2.6	0.7	0.4
个人月收入	0~600 元	24.5	21.8	15.7	23.8	28.4	18.0
	601~1200 元	5.0	8.6	6.7	7.1	5.6	4.4
	1201~1700 元	3.8	5.3	2.5	5.0	3.8	3.8
	1701~2600 元	21.2	24.2	23.5	26.4	18.7	16.6
	2601~3500 元	23.9	24.0	31.2	27.3	24.1	35.5
	3501~5000 元	13.9	12.1	16.8	7.7	15.6	14.5
	5001 元及以上	7.7	4.0	3.6	2.7	3.8	7.2

表 3.37.6　2014~2016 年广州市场各类节目的播出份额(%)和收视份额(%)

节目类别	2014 年		2015 年		2016 年	
	播出份额	收视份额	播出份额	收视份额	播出份额	收视份额
财经	1.8	0.3	1.7	0.4	1.2	0.3
电视剧	19.0	28.2	19.2	28.6	20.0	28.6
电影	3.9	3.1	3.7	3.5	3.6	4.0
法制	1.0	0.6	1.1	0.8	1.1	0.7
教学	0.2	0.0	0.2	0.0	0.2	0.0
青少	6.7	5.2	6.5	4.8	6.7	4.9
生活服务	10.7	7.0	11.0	7.3	10.0	7.5
体育	4.2	3.5	4.2	3.4	4.4	4.3
外语	0.3	0.0	0.3	0.0	0.2	0.0
戏剧	0.6	0.1	0.7	0.2	0.7	0.1
新闻/时事	14.8	21.1	14.6	20.8	14.9	19.6
音乐	2.1	0.7	2.2	0.9	1.7	1.0
专题	12.4	6.5	13.2	6.6	13.6	6.3
综艺	8.5	9.0	8.4	8.8	8.9	8.8
其他	13.8	14.7	13.0	13.9	12.8	13.9

表 3.37.7　2016 年广州市场所有节目收视率排名前三十位

名次	节目名称	节目类型	播出频道	平均收视率(%)	平均占有率(%)
1	奥林匹克在里约 颁奖仪式	体育	中央台五套	7.8	26.9
2	奥林匹克在里约:2016 年第 31 届奥运会羽毛球男单决赛	体育	中央台五套	6.5	19.8
3	金猴圆梦万家欢 2016 广东广播电视台春节晚会	综艺	广东广播电视台珠江频道	6.3	18.0
4	情谜睡美人	电视剧	广东广播电视台珠江频道	5.0	15.5
5	2016 年中国足协超级联赛第 11 轮(广州恒大淘宝 VS 上海上港)	体育	广东广播电视台体育频道	5.0	13.8
6	恋恋不忘	电视剧	广东广播电视台珠江频道	4.9	15.0
7	泪洒女人花	电视剧	广东广播电视台珠江频道	4.8	15.1
8	爱情心心相印(1~17 集)	电视剧	广东广播电视台珠江频道	4.8	14.9
9	超级足球之夜:国际足联 18 年世界杯亚洲区预选赛第三阶段 A 组第 2 轮(中国 VS 伊朗)	体育	中央台五套	4.7	14.4
10	奥林匹克在里约:2016 年第 31 届奥运会乒乓球男单半决赛	体育	中央台五套	4.5	17.0
11	忍冬艳蔷薇	电视剧	广东广播电视台珠江频道	4.5	14.8
12	广视新闻	新闻/时事	广州市广播电视台综合频道	4.3	22.0
13	秘密的背后	电视剧	广东广播电视台珠江频道	4.3	13.3
14	爱情自有天意	电视剧	广东广播电视台珠江频道	4.2	13.7
15	天气预报	生活服务	广东广播电视台珠江频道	4.1	16.1
16	奥林匹克在里约:2016 年第 31 届奥运会女子 100 米仰泳决赛	体育	中央台五套	4.1	11.3
17	今日关注	新闻/时事	广东广播电视台珠江频道	3.9	12.6
18	千金归来(39~43 集)	电视剧	广东广播电视台珠江频道	3.9	12.5
19	2016 年亚足联冠军联赛 H 组第 3 轮(广州恒大 VS 浦和红钻)	体育	广东广播电视台体育频道	3.9	11.7
20	2016 中央电视台春节联欢晚会	综艺	中央电视台综合频道	3.9	11.3
21	美丽的秘密	电视剧	广东广播电视台珠江频道	3.8	12.3
22	奥林匹克在里约:2016 年第 31 届奥运会射击女子 10 米气手枪决赛	体育	中央台五套	3.7	14.7
23	奔跑吧兄弟(1 月 1 日~1 月 15 日)	综艺	浙江卫视	3.7	13.4
24	野山鹰	电视剧	广东广播电视台影视频道	3.7	12.1
25	飞哥大英雄	电视剧	广东广播电视台影视频道	3.6	12.7
26	远得要命的爱情	电视剧	广东广播电视台珠江频道	3.6	12.1
27	奥林匹克在里约:2016 年第 31 届奥运会女子铅球决赛	体育	中央台五套	3.6	11.4
28	麦王争霸 2015 全球粤语歌唱大汇	综艺	广东广播电视台珠江频道	3.5	15.5
29	锻刀	电视剧	广东广播电视台影视频道	3.5	12.5
30	我是歌手(3 月 11 日)	综艺	湖南卫视	3.4	14.9

表 3.37.8　2016 年广州市场电视剧收视率排名前十位

名次	节目名称	播出频道	平均收视率（%）	平均占有率（%）
1	情谜睡美人	广东广播电视台珠江频道	5.0	15.5
2	恋恋不忘	广东广播电视台珠江频道	4.9	15.0
3	泪洒女人花	广东广播电视台珠江频道	4.8	15.1
4	爱情心心相印(1～17集)	广东广播电视台珠江频道	4.8	14.9
5	忍冬艳蔷薇	广东广播电视台珠江频道	4.5	14.8
6	秘密的背后	广东广播电视台珠江频道	4.3	13.3
7	爱情自有天意	广东广播电视台珠江频道	4.2	13.7
8	千金归来(39～43集)	广东广播电视台珠江频道	3.9	12.5
9	美丽的秘密	广东广播电视台珠江频道	3.8	12.3
10	野山鹰	广东广播电视台影视频道	3.7	12.1

表 3.37.9　2016 年广州市场新闻节目收视率排名前十位

名次	节目名称	播出频道	平均收视率（%）	平均占有率（%）
1	广视新闻	广州市广播电视台综合频道	4.3	22.0
2	今日关注	广东广播电视台珠江频道	3.9	12.6
3	珠江新闻眼	广东广播电视台珠江频道	3.2	17.0
4	G4 出动	广州市广播电视台新闻频道	2.8	9.6
5	DV 现场	广东广播电视台公共频道	2.7	8.9
6	转播中央台新闻联播	广州市广播电视台综合频道	2.1	7.4
7	今日最新闻	广东广播电视台南方卫视	1.9	5.8
8	广州 2016 年度大事回顾	广州市广播电视台综合频道	1.4	5.2
9	城市话题	广州市广播电视台新闻频道	1.4	4.2
10	军情观察室	凤凰卫视中文台	1.3	5.2

表 3.37.10　2016 年广州市场专题节目收视率排名前十位

名次	节目名称	播出频道	平均收视率（%）	平均占有率（%）
1	真情追踪	广州市广播电视台影视频道	2.3	9.6
2	中国诗词大会(3 月 18 日)	中央电视台综合频道	1.9	5.5
3	中国成语大会 2015 年度总决赛	中央电视台综合频道	1.6	4.4
4	城事特搜	广东广播电视台南方卫视	1.5	5.3
5	新春开运王	市网翡翠台(中文)	1.3	6.6
6	庆祝中国共产党成立 95 周年	广州市广播电视台新闻频道	1.2	14.5
7	邵逸夫奖 2016 颁奖典礼	市网翡翠台(中文)	1.1	4.9
8	万家灯火	广东广播电视台公共频道	1.1	3.8
9	2015 年度中国好书	中央电视台综合频道	1.1	3.2
10	船说粤剧的前世今生	广东广播电视台珠江频道	1.0	4.2

表 3.37.11　2016 年广州市场综艺节目收视率排名前十位

名次	节目名称	播出频道	平均收视率(%)	平均占有率(%)
1	金猴圆梦万家欢 2016 广东广播电视台春节晚会	广东广播电视台珠江频道	6.3	18
2	2016 中央电视台春节联欢晚会	中央电视台综合频道	3.9	11.3
3	奔跑吧兄弟(1 月 1 日 ~1 月 15 日)	浙江卫视	3.7	13.4
4	麦王争霸 2015 全球粤语歌唱大汇	广东广播电视台珠江频道	3.5	15.5
5	我是歌手(3 月 11 日)	湖南卫视	3.4	14.9
6	合府统请欢乐年 2016 广州春节晚会	广州市广播电视台综合频道	3.4	9.4
7	麦王争霸(12 月 24 日)	广东广播电视台珠江频道	3.3	16.7
8	男神女神元宵斗歌会	广东广播电视台珠江频道	3.2	18.4
9	中国新歌声总决赛	浙江卫视	3.1	9.8
10	粤韵风华开心过大年	广东广播电视台珠江频道	3.0	11.3

表 3.37.12　2016 年广州市场体育节目收视率排名前十位

名次	节目名称	播出频道	平均收视率(%)	平均占有率(%)
1	奥林匹克在里约 颁奖仪式	中央台五套	7.8	26.9
2	奥林匹克在里约:2016 年第 31 届奥运会羽毛球男单决赛	中央台五套	6.5	19.8
3	2016 年中国足协超级联赛第 11 轮(广州恒大淘宝 VS 上海上港)	广东广播电视台体育频道	5.0	13.8
4	超级足球之夜:国际足联 18 年世界杯亚洲区预选赛第三阶段 A 组第 2 轮(中国 VS 伊朗)	中央台五套	4.7	14.4
5	奥林匹克在里约:2016 年第 31 届奥运会乒乓球男单半决赛	中央台五套	4.5	17.0
6	奥林匹克在里约:2016 年第 31 届奥运会女子 100 米仰泳决赛	中央台五套	4.1	11.3
7	2016 年亚足联冠军联赛 H 组第 3 轮(广州恒大 VS 浦和红钻)	广东广播电视台体育频道	3.9	11.7
8	奥林匹克在里约:2016 年第 31 届奥运会射击女子 10 米气手枪决赛	中央台五套	3.7	14.7
9	奥林匹克在里约:2016 年第 31 届奥运会女子铅球决赛	中央台五套	3.6	11.4
10	2016 年欧洲杯 E 组第 2 轮(意大利 VS 瑞典)	广东广播电视台体育频道	3.2	10.0

三十八、贵阳收视数据

表 3.38.1 2012～2016 年贵阳市场各类频道的市场占有率（%）

频道类别	年份				
	2012 年	2013 年	2014 年	2015 年	2016 年
中央台频道	32.8	33.0	31.4	29.7	31.7
中国教育台频道	0.2	0.1	0.1	0.1	0.1
贵州省级频道	21.3	25.7	24.6	24.6	21.9
贵阳市级频道	6.9	7.4	6.9	7.3	6.4
其他省级卫视频道	31.1	26.5	29.3	27.9	26.7
其他频道	7.7	7.3	7.7	10.4	13.2

表 3.38.2 2016 年贵阳市场各类频道在不同目标观众中的市场占有率（%）

目标观众		中央台频道	中国教育台频道	贵州省级频道	贵阳市级频道	其他省级卫视频道	其他频道
4 岁及以上所有人		31.7	0.1	21.9	6.4	26.7	13.2
性别	男	32.6	0.1	21.7	6.5	25.3	13.8
	女	30.8	0.1	22.2	6.4	28.1	12.4
年龄	4～14 岁	25.9	0.0	19.1	6.4	36.9	11.7
	15～24 岁	26.4	0.1	19.0	9.2	26.4	18.9
	25～34 岁	25.6	0.1	26.0	3.1	28.1	17.1
	35～44 岁	29.3	0.0	20.4	8.7	28.2	13.4
	45～54 岁	32.6	0.1	25.6	7.6	24.3	9.8
	55～64 岁	38.2	0.1	19.3	6.4	23.8	12.2
	65 岁及以上	42.3	0.1	20.6	5.4	21.5	10.1
教育程度	未受过正规教育	27.6	0.0	17.5	6.2	39.3	9.4
	小学	31.1	0.1	22.4	6.1	30.8	9.5
	初中	31.7	0.1	22.7	7.7	22.9	14.9
	高中	31.0	0.1	21.6	5.9	26.7	14.7
	大学及以上	34.4	0.0	21.4	5.5	26.7	12.0
职业类别	干部/管理人员	36.0	0.1	20.9	11.5	26.3	5.2
	个体/私营企业人员	29.7	0.1	24.1	6.2	25.2	14.7
	初级公务员/雇员	30.3	0.0	21.9	7.6	26.4	13.8
	工人	20.7	0.0	36.4	2.7	23.2	17.0
	学生	26.4	0.0	19.3	9.9	30.3	14.1
	无业	35.8	0.1	19.2	5.5	26.8	12.6
	其他	34.9	0.4	26.0	3.5	29.4	5.8
个人月收入	0～600 元	27.4	0.1	21.0	6.8	31.4	13.3
	601～1200 元	26.1	0.1	24.0	9.6	26.5	13.7
	1201～1700 元	39.2	0.1	24.3	6.1	21.7	8.6
	1701～2600 元	33.8	0.1	20.5	7.1	24.9	13.6
	2601～3500 元	31.3	0.1	21.3	5.4	27.0	14.9
	3501～5000 元	31.7	0.0	28.1	5.1	24.2	10.9
	5001 元及以上	33.4	0.0	14.0	7.9	26.1	18.6

表 3.38.3　2016 年贵阳市场各类频道在不同时段的市场占有率(%)

时间段	中央台频道	中国教育台频道	贵州省级频道	贵阳市级频道	其他省级卫视频道	其他频道
02:00~03:00	28.1	0.1	18.0	2.3	27.8	23.7
03:00~04:00	31.1	0.1	18.0	2.1	26.4	22.3
04:00~05:00	35.3	0.1	18.5	1.6	20.7	23.8
05:00~06:00	34.6	0.1	20.7	2.9	19.2	22.5
06:00~07:00	50.9	0.1	14.3	3.2	17.6	13.9
07:00~08:00	58.2	0.1	11.1	1.8	17.3	11.5
08:00~09:00	54.0	0.3	11.7	1.2	19.7	13.1
09:00~10:00	42.9	0.3	12.6	0.8	27.2	16.2
10:00~11:00	39.8	0.3	10.9	0.9	30.8	17.3
11:00~12:00	42.9	0.1	9.5	0.7	30.2	16.6
12:00~13:00	45.7	0.1	7.5	1.8	29.4	15.5
13:00~14:00	42.4	0.1	8.0	0.9	32.6	16.0
14:00~15:00	40.5	0.2	7.3	1.2	34.3	16.5
15:00~16:00	39.5	0.2	6.9	1.1	35.7	16.6
16:00~17:00	38.8	0.2	6.7	1.5	36.7	16.1
17:00~18:00	38.7	0.1	14.7	1.8	30.5	14.2
18:00~19:00	27.5	0.0	45.0	4.0	12.8	10.7
19:00~20:00	19.7	0.0	45.0	13.3	14.0	8.0
20:00~21:00	17.7	0.0	32.1	17.2	24.4	8.6
21:00~22:00	27.5	0.0	24.9	10.8	26.6	10.2
22:00~23:00	29.4	0.0	18.8	6.0	33.2	12.6
23:00~24:00	32.2	0.0	14.9	4.3	32.4	16.2
24:00~25:00	33.6	0.1	12.4	2.8	30.3	20.8
25:00~26:00	32.6	0.2	13.6	2.2	28.1	23.3

表 3.38.4　2016 年贵阳市场收视份额排名前十位的频道

名次	频道名称	收视份额(%)
1	贵州广播电视台公共频道	7.5
2	贵州卫视	4.3
3	中央台八套	4.1
4	贵州广播电视台第五频道	4.0
5	中央台三套	3.9
5	贵州广播电视台影视文艺频道	3.9
7	中央台六套	3.8
8	中央电视台综合频道	3.3
9	中央台四套	3.0
10	湖南卫视	2.8

表 3.38.5　2016 年贵阳市场各主要频道的观众构成(%)

目标观众		所有频道	主要频道				
			贵州广播电视台公共频道	贵州卫视	中央台八套	贵州广播电视台第五频道	中央台三套
4 岁及以上所有人		100.0	100.0	100.0	100.0	100.0	100.0
性别	男	50.2	48.3	46.3	47.0	54.5	46.8
	女	49.8	51.7	53.7	53.0	45.5	53.2
年龄	4~14 岁	10.0	8.9	8.6	4.8	12.1	6.9
	15~24 岁	7.9	8.6	4.4	5.7	7.9	6.5
	25~34 岁	19.6	21.4	22.3	16.0	24.0	19.7
	35~44 岁	17.6	17.0	18.4	9.7	16.8	12.6
	45~54 岁	15.6	16.5	18.1	17.1	17.2	13.7
	55~64 岁	15.5	16.8	12.1	27.2	8.3	19.6
	65 岁及以上	13.8	10.8	16.1	19.5	13.7	21.0
教育程度	未受过正规教育	3.8	3.8	3.9	2.3	2.3	2.2
	小学	17.5	17.9	11.3	14.2	33.2	19.1
	初中	30.7	29.8	29.7	32.4	37.3	38.5
	高中	30.3	32.4	35.7	32.0	14.9	25.7
	大学及以上	17.7	16.1	19.4	19.1	12.3	14.5
职业类别	干部/管理人员	1.9	2.3	1.7	1.7	0.3	1.6
	个体/私营企业人员	25.2	28.1	26.5	25.5	34.6	25.8
	初级公务员/雇员	17.4	18.5	20.0	12.8	13.0	13.7
	工人	3.7	3.7	4.9	2.0	4.8	1.1
	学生	11.0	10.3	8.6	6.6	12.6	8.9
	无业	35.8	32.2	35.3	46.4	21.0	41.9
	其他	5.0	4.9	3.0	5.0	13.7	7.0
个人月收入	0~600 元	24.4	23.5	20.0	16.8	33.1	23.0
	601~1200 元	8.0	8.0	10.0	5.7	5.9	7.2
	1201~1700 元	6.5	5.9	9.1	12.6	2.1	10.0
	1701~2600 元	23.1	22.6	22.1	27.8	16.0	22.9
	2601~3500 元	26.8	26.0	23.7	25.6	33.3	27.2
	3501~5000 元	9.4	12.4	13.9	8.8	9.5	9.0
	5001 元及以上	1.8	1.6	1.2	2.7	0.1	0.7

表 3.38.6　2014~2016 年贵阳市场各类节目的播出份额(%)和收视份额(%)

节目类型	2014 年		2015 年		2016 年	
	播出份额	收视份额	播出份额	收视份额	播出份额	收视份额
财经	1.6	0.7	1.8	0.5	1.4	0.5
电视剧	23.7	29.0	19.3	24.0	20.0	23.7
电影	3.8	5.0	3.7	4.4	3.9	4.4
法制	1.6	3.5	1.8	4.9	1.6	5.0
教学	0.3	0.1	0.2	0.1	0.2	0.0
青少	6.1	5.3	6.4	3.7	6.5	4.1
生活服务	13.9	8.4	10.5	9.0	9.2	8.8
体育	3.1	2.7	2.8	2.4	3.1	2.7
外语	0.0	0.0	0.0	0.0	0.0	0.0
戏剧	0.5	0.2	0.8	0.1	0.8	0.1
新闻/时事	9.8	13.8	14.3	17.2	14.4	16.1
音乐	2.4	1.0	2.5	0.7	1.9	0.7
专题	11.7	7.2	13.4	7.5	14.0	7.7
综艺	7.0	11.2	9.3	12.8	9.6	13.1
其他	14.4	11.8	13.1	12.8	13.4	13.1

表 3.38.7　2016 年贵阳市场所有节目收视率排名前三十位

名次	节目名称	节目类型	播出频道	平均收视率(%)	平均占有率(%)
1	2016 中央电视台春节联欢晚会	综艺	中央电视台综合频道	13.2	23.8
2	百姓关注	新闻/时事	贵州广播电视台公共频道	10.2	25.0
3	中国新歌声总决赛荣耀对决	综艺	浙江卫视	8.4	19.3
4	2016 年欧洲杯小组赛 D 组第一轮(西班牙 VS 捷克)	体育	中央台五套	7.9	16.9
5	黄金 100 秒(1 月 31 日)	综艺	中央台三套	7.9	15.2
6	2016 中央电视台元宵晚会	综艺	中央电视台综合频道	7.2	13.8
6	奥林匹克在里约:2016 年第 31 届奥运会女排小组赛第二轮(中国 VS 意大利)	体育	中央台五套	7.2	13.8
8	奥林匹克在里约:2016 年第 31 届奥运会男子举重 56 公斤级决赛	体育	中央台五套	7.1	16.1
9	奥林匹克在里约:2016 年第 31 届奥运会女子双人 3 米跳板决赛	体育	中央台五套	7.1	15.8
10	奥林匹克在里约:2016 年第 31 届奥运会乒乓球男单半决赛	体育	中央台五套	7.0	16.2
11	奥林匹克在里约:2016 年第 31 届奥运会羽毛球男单决赛	体育	中央台五套	6.8	13.5
12	跨界喜剧王王者之争(10 月 22 日)	综艺	北京卫视	6.1	14.2
13	2016 年第 31 届奥运会游泳男子 4×200 米自由泳决赛	体育	中央台五套	5.6	21.4
14	奥林匹克在里约:2016 年第 31 届奥运会女篮小组赛第三轮(中国 VS 西班牙)	体育	中央台五套	5.6	20.9
15	警察故事四之简单任务(5 月 1 日)	电影	中央台六套	5.6	16.7
16	2016 一年又一年	新闻/时事	中央电视台综合频道	5.4	13.5
17	跨界歌王(8 月 6 日)	综艺	北京卫视	5.4	11.6
18	伪装者(1～44 集)	电视剧	贵州卫视	5.4	10.6
19	奥林匹克在里约:2016 年第 31 届奥运会射击女子 50 米步枪三姿决赛	体育	中央台五套	5.2	20.3
20	奥林匹克在里约:2016 年第 31 届赛艇轻量级 4 人单桨半决赛	体育	中央台五套	5.2	13.5
21	我是歌手(1 月 29 日)	综艺	湖南卫视	5.2	12.2
22	黄金赛场:国际足联 2018 年世界杯亚洲区预选赛 C 组(中国 VS 卡塔尔)	体育	中央台五套	5.2	11.1
23	星光大道 2015 年度总决赛(1 月 26 日)	综艺	中央台三套	5.2	10.8
24	天天来帮忙	生活服务	贵州广播电视台公共频道	5.0	17.3
25	伏击	电视剧	贵州卫视	5.0	10.5
26	2016 年第 31 届奥运会田径男子 4×100 米接力决赛	体育	中央台五套	4.9	17.9
27	解密	电视剧	贵州卫视	4.9	10.6
28	第一伞兵队	电视剧	贵州卫视	4.8	10.4
29	枪花	电视剧	贵州卫视	4.8	9.3
30	战火连天	电视剧	贵州广播电视台影视文艺频道	4.7	10.0

表 3.38.8　2016 年贵阳市场电视剧收视率排名前十位

名次	节目名称	播出频道	平均收视率（%）	平均占有率（%）
1	伪装者(1～44 集)	贵州卫视	5.4	10.6
2	伏击	贵州卫视	5.0	10.5
3	解密	贵州卫视	4.9	10.6
4	第一伞兵队	贵州卫视	4.8	10.4
5	枪花	贵州卫视	4.8	9.3
6	战火连天	贵州广播电视台影视文艺频道	4.7	10.0
7	云水怒	贵州卫视	4.7	9.6
8	爱情碟中谍	贵州卫视	4.6	9.5
9	卧底	贵州卫视	4.5	9.3
10	金水桥边	贵州卫视	4.4	9.1

表 3.38.9　2016 年贵阳市场新闻节目收视率排名前十位

名次	节目名称	播出频道	平均收视率（%）	平均占有率（%）
1	百姓关注	贵州广播电视台公共频道	10.2	25.0
2	2016 一年又一年	中央电视台综合频道	5.4	13.5
3	G20 2016CHINA 二十国集团领导人杭州峰会特别报道	中央电视台新闻频道	3.7	10.0
4	新闻今日谈	贵州广播电视台公共频道	3.6	7.2
5	直播贵阳	贵阳广播电视台一套（新闻综合频道）	3.3	6.9
6	筑梦天宫	中央电视台新闻频道	3.1	6.7
7	今日关注	中央台四套	1.9	4.1
8	转播中央台新闻联播	贵阳广播电视台一套（新闻综合频道）	1.8	4.4
9	喧哗与分裂看美国民主展示了什么	中央电视台新闻频道	1.6	4.5
10	新闻联播	中央电视台新闻频道	1.5	3.7

表 3.38.10　2016 年贵阳市场专题节目收视率排名前十位

名次	节目名称	播出频道	平均收视率（%）	平均占有率（%）
1	创新铸就城市魂（2 月 25 日）	贵阳广播电视台一套（新闻综合频道）	4.7	8.5
2	真情纪事	贵州广播电视台第五频道	4.4	9.2
3	意愿	贵阳广播电视台一套（新闻综合频道）	3.8	7.8
4	315 共筑消费新生态	中央台二套	3.2	6.9
5	非常友茗堂	贵州广播电视台公共频道	3.1	6.2
6	帮忙	贵州广播电视台第五频道	2.6	5.3
7	芈月传奇	北京卫视	2.3	5.0
8	故事中国	贵州卫视	2.2	5.0
9	一年级大学季	湖南卫视	2.1	7.4
10	中非南海争议	中央电视台综合频道	2.0	5.4

表 3.38.11　2015 年贵阳市场综艺节目收视率排名前十位

名次	节目名称	播出频道	平均收视率(%)	平均占有率(%)
1	2016 中央电视台春节联欢晚会	中央电视台综合频道	13.2	23.8
2	中国新歌声总决赛荣耀对决	浙江卫视	8.4	19.3
3	黄金 100 秒(1 月 31 日)	中央台三套	7.9	15.2
4	2016 中央电视台元宵晚会	中央电视台综合频道	7.2	13.8
5	跨界喜剧王王者之争(10 月 22 日)	北京卫视	6.1	14.2
6	跨界歌王(8 月 6 日)	北京卫视	5.4	11.6
7	我是歌手(1 月 29 日)	湖南卫视	5.2	12.2
8	星光大道 2015 年度总决赛(1 月 26 日)	中央台三套	5.2	10.8
9	梦想的声音(11 月 4 日)	浙江卫视	4.6	10.3
10	最强大脑(1 月 29 日)	江苏卫视	4.6	9.3

表 3.38.12　2016 年贵阳市场体育节目收视率排名前十位

名次	节目名称	播出频道	平均收视率(%)	平均占有率(%)
1	2016 年欧洲杯小组赛 D 组第一轮(西班牙 VS 捷克)	中央台五套	7.9	16.9
2	奥林匹克在里约:2016 年第 31 届奥运会女排小组赛第二轮(中国 VS 意大利)	中央台五套	7.2	13.8
3	奥林匹克在里约:2016 年第 31 届奥运会男子举重 56 公斤级决赛	中央台五套	7.1	16.1
4	奥林匹克在里约:2016 年第 31 届奥运会女子双人 3 米跳板决赛	中央台五套	7.1	15.8
5	奥林匹克在里约:2016 年第 31 届奥运会乒乓球男单半决赛	中央台五套	7.0	16.2
6	奥林匹克在里约:2016 年第 31 届奥运会羽毛球男单决赛	中央台五套	6.8	13.5
7	2016 年第 31 届奥运会游泳男子 4 × 200 米自由泳决赛	中央台五套	5.6	21.4
8	奥林匹克在里约:2016 年第 31 届奥运会女篮小组赛第三轮(中国 VS 西班牙)	中央台五套	5.6	20.9
9	奥林匹克在里约:2016 年第 31 届奥运会射击女子 50 米步枪三姿决赛	中央台五套	5.2	20.3
10	奥林匹克在里约:2016 年第 31 届赛艇轻量级 4 人单桨半决赛	中央台五套	5.2	13.5

三十九、哈尔滨收视数据

表 3.39.1 2012～2016 年哈尔滨市场各类频道的市场占有率(%)

频道类别	年份				
	2012 年	2013 年	2014 年	2015 年	2016 年
中央电视台频道	25.0	27.5	28.0	28.8	31.9
中国教育电视台频道	0.7	0.7	0.5	0.3	0.2
黑龙江省级频道	29.3	27.6	26.4	27.3	23.5
哈尔滨市级频道	13.2	11.4	10.4	8.4	4.7
其他省级卫视频道	23.5	25.3	27.3	27.6	32.0
其他频道	8.3	7.5	7.4	7.6	7.7

表 3.39.2 2016 年哈尔滨市场各类频道在不同目标观众中的市场占有率(%)

目标观众		中央台频道	中国教育台频道	黑龙江省级频道	哈尔滨市级频道	其他省级卫视	其他频道
4 岁及以上所有人		31.9	0.2	23.5	4.7	32.0	7.7
性别	男	34.4	0.2	23.3	4.5	29.6	8.0
	女	29.3	0.2	23.8	4.9	34.5	7.3
年龄	4～14 岁	23.1	0.2	14.7	2.5	51.5	8.0
	15～24 岁	26.9	0.3	23.8	3.5	37.1	8.4
	25～34 岁	23.2	0.2	17.5	2.5	47.4	9.2
	35～44 岁	29.6	0.2	22.3	4.1	34.5	9.3
	45～54 岁	32.4	0.2	25.6	5.1	28.4	8.3
	55～64 岁	30.1	0.2	29.1	6.6	27.0	7.0
	65 岁及以上	44.8	0.2	22.5	5.2	22.2	5.1
受教育程度	未受过正规教育	33.5	0.2	18.2	5.2	37.7	5.2
	小学	34.5	0.2	21.3	4.3	32.7	7.0
	初中	31.3	0.2	28.8	5.8	26.3	7.6
	高中	32.2	0.2	21.9	4.4	33.0	8.3
	大学及以上	31.5	0.2	19.7	3.7	37.5	7.4
职业类别	干部/管理人员	37.6	0.3	12.5	3.1	37.7	8.8
	个体/私营企业人员	32.2	0.3	22.8	4.7	30.6	9.4
	初级公务员/雇员	29.6	0.2	20.5	4.5	37.6	7.6
	工人	27.2	0.2	27.2	3.5	34.0	7.9
	学生	26.5	0.2	17.2	3.0	43.0	10.1
	无业	36.6	0.2	23.4	5.9	27.5	6.4
	其他	29.2	0.1	35.2	4.1	22.2	9.2
个人月收入	0～600 元	24.8	0.2	18.3	4.0	43.4	9.3
	601～1200 元	33.2	0.2	27.2	3.1	27.6	8.7
	1201～1700 元	29.1	0.2	27.2	5.2	32.3	6.0
	1701～2600 元	34.9	0.2	25.3	5.3	26.7	7.6
	2601～3500 元	29.4	0.2	21.0	4.5	36.4	8.5
	3501～5000 元	30.4	0.2	24.6	4.8	33.9	6.1
	5001 元及以上	39.3	0.2	18.1	2.3	32.9	7.2

表 3.39.3　2016 年哈尔滨市场各类频道在不同时段的市场占有率(%)

时间段	中央电视台频道	中国教育电视台频道	黑龙江省级频道	哈尔滨市级频道	其他省级卫视频道	其他频道
02:00~03:00	22.0	0.3	21.6	2.7	36.6	16.8
03:00~04:00	25.2	0.5	22.1	3.5	31.8	16.9
04:00~05:00	44.9	0.3	16.4	2.9	23.1	12.4
05:00~06:00	53.9	0.2	15.7	2.8	20.1	7.3
06:00~07:00	49.9	0.1	19.8	10.9	13.1	6.2
07:00~08:00	43.6	0.2	19.0	13.7	17.4	6.1
08:00~09:00	43.9	0.4	16.0	6.3	25.3	8.1
09:00~10:00	36.8	0.6	15.6	5.1	32.4	9.5
10:00~11:00	37.7	0.5	12.2	3.8	36.3	9.5
11:00~12:00	41.6	0.3	8.7	3.6	37.3	8.5
12:00~13:00	41.9	0.2	11.9	2.9	35.5	7.6
13:00~14:00	36.9	0.3	13.2	3.3	38.0	8.3
14:00~15:00	33.4	0.3	15.0	3.3	39.3	8.7
15:00~16:00	33.1	0.4	14.4	3.2	40.3	8.6
16:00~17:00	34.8	0.3	13.7	3.2	39.2	8.8
17:00~18:00	30.4	0.1	21.0	7.3	33.5	7.7
18:00~19:00	30.1	0.1	39.3	7.7	15.3	7.5
19:00~20:00	28.4	0.1	39.3	4.5	21.4	6.3
20:00~21:00	25.2	0.1	27.5	3.6	37.3	6.3
21:00~22:00	27.4	0.1	26.3	4.1	35.2	6.9
22:00~23:00	24.3	0.3	25.0	3.0	39.5	7.9
23:00~24:00	28.0	0.3	16.7	2.1	43.2	9.7
24:00~25:00	26.3	0.2	19.1	1.7	41.0	11.7
25:00~26:00	25.0	0.2	19.2	2.0	38.8	14.8

表 3.39.4　2016 年哈尔滨市场收视份额排名前十位的频道

名次	频道名称	收视份额(%)
1	黑龙江电视台都市频道	6.0
2	黑龙江电视台影视频道	5.8
3	中央台四套	5.0
4	中央台五套	3.7
4	中央台六套	3.7
6	黑龙江电视台文艺频道	3.6
7	黑龙江卫视	3.5
8	中央电视台新闻频道	3.3
8	上海东方卫视	3.3
10	中央台三套	3.1

表 3.39.5 2016 年哈尔滨市场各主要频道的观众构成(%)

目标观众		所有频道	主要频道				
			黑龙江电视台都市频道	黑龙江电视台影视频道	中央台四套	中央台五套	中央台六套
4 岁及以上所有人		100.0	100.0	100.0	100.0	100.0	100.0
性别	男	52.1	49.2	53.5	61.5	62.9	61.0
	女	47.9	50.8	46.5	38.5	37.1	39.0
年龄	4~14 岁	5.0	3.8	1.9	1.2	3.0	3.6
	15~24 岁	7.0	6.8	7.3	4.2	7.2	7.4
	25~34 岁	13.3	14.4	5.2	3.0	14.5	15.5
	35~44 岁	13.4	14.7	11.8	5.9	11.5	26.6
	45~54 岁	21.5	19.6	26.0	24.2	24.6	24.4
	55~64 岁	20.4	20.5	31.0	19.9	16.9	16.6
	65 岁及以上	19.4	20.2	16.8	41.6	22.3	5.9
教育程度	未受过正规教育	3.2	2.4	2.8	1.9	1.3	1.4
	小学	6.7	6.0	5.3	7.5	4.8	4.3
	初中	33.1	38.5	45.0	29.0	30.0	34.5
	高中	33.5	29.5	30.9	37.9	33.3	38.6
	大学及以上	23.5	23.6	16.0	23.7	30.6	21.2
职业类别	干部/管理人员	1.3	0.4	0.7	1.1	2.7	2.2
	个体/私营企业人员	11.3	9.5	11.7	10.9	11.8	16.2
	初级公务员/雇员	15.5	15.5	10.9	10.4	21.7	19.0
	工人	22.3	27.5	26.6	14.2	18.4	30.5
	学生	7.4	5.7	4.3	3.7	7.7	7.6
	无业	39.2	40.5	38.6	57.8	36.7	19.3
	其他	3.0	0.9	7.2	1.9	1.0	5.2
个人月收入	0~600 元	13.4	10.7	9.3	5.6	10.3	13.1
	601~1200 元	3.4	2.0	6.7	3.9	2.4	3.0
	1201~1700 元	12.2	17.0	9.7	13.5	7.7	6.5
	1701~2600 元	42.3	43.6	48.0	45.2	46.6	43.1
	2601~3500 元	14.6	11.4	15.7	11.8	16.9	18.9
	3501~5000 元	7.8	10.8	6.7	7.1	6.9	7.0
	5001 元及以上	6.3	4.5	3.9	12.9	9.2	8.4

表 3.39.6 2014~2016 年哈尔滨市场各类节目的播出份额(%)和收视份额(%)

节目类别	2014 年		2015 年		2015 年	
	播出份额	收视份额	播出份额	收视份额	播出份额	收视份额
财经	1.9	0.4	1.8	0.6	1.3	0.4
电视剧	20.3	32.8	20.2	31.9	20.8	30.0
电影	3.8	2.7	3.5	2.9	3.5	3.9
法制	1.1	0.8	0.9	0.7	0.8	0.8
教学	0.2	0.0	0.2	0.0	0.2	0.0
青少	6.6	3.0	6.2	2.9	6.6	3.8
生活服务	10.1	7.4	10.2	7.9	9.1	7.7
体育	2.7	2.3	2.7	2.4	3.0	3.1
外语	0.0	0.0	0.0	0.0	0.0	0.0
戏剧	0.7	0.2	0.9	0.2	0.8	0.2
新闻/时事	15.8	17.9	15.7	17.1	15.9	16.7
音乐	2.4	0.8	2.4	0.9	1.8	1.1
专题	11.9	4.6	12.8	4.8	13.5	5.0
综艺	9.9	14.6	10.4	16.1	10.5	16.1
其他	12.6	12.5	12.1	11.6	12.2	11.2

表 3.39.7　2016 年哈尔滨市场所有节目收视率排名前三十位

名次	节目名称	节目类型	播出频道	平均收视率（%）	平均占有率（%）
1	2016 中央电视台春节联欢晚会	综艺	中央电视台综合频道	11.6	26.6
2	奥林匹克在里约:2016 年第 31 届奥运会羽毛球男单决赛	体育	中央台五套	9.6	30.8
3	2016 中央电视台元宵晚会	综艺	中央电视台综合频道	9.3	21.9
4	奥林匹克在里约:2016 年第 31 届奥运会乒乓球女单半决赛	体育	中央台五套	9.0	31.4
5	奥林匹克在里约:2016 年第 31 届奥运会女排小组赛第二轮(中国 VS 意大利)	体育	中央台五套	9.0	27.3
6	芈月传	电视剧	上海东方卫视	8.1	20.0
7	奥林匹克在里约:2016 年第 31 届奥运会体操女子团体决赛	体育	中央台五套	7.2	20.1
8	奥林匹克在里约:2016 年第 31 届奥运会射击女子 10 米气步枪决赛	体育	中央台五套	7.1	22.1
9	欢乐喜剧人(2 月 21 日)	综艺	上海东方卫视	6.8	24.4
10	笑傲江湖第 3 季(9 月 18 日)	综艺	上海东方卫视	6.7	29.1
11	奥运典藏:2016 年第 31 届奥运会女子双人 10 米跳台决赛	体育	中央台五套	6.4	20.9
12	奥林匹克在里约:2016 年第 31 届奥运会女子铅球决赛	体育	中央台五套	6.4	20.3
13	奥林匹克在里约:2016 年第 31 届奥运会举重男子 69 公斤级决赛	体育	中央台五套	6.3	18.6
14	奥林匹克在里约:2016 年第 31 届奥运会女子单人艇 1/4 决赛	体育	中央台五套	6.1	22.4
15	奥林匹克在里约:2016 年第 31 届奥运会女子 800 米自由泳决赛	体育	中央台五套	6.1	18.9
16	越战越勇(7 月 15 日)	综艺	中央台三套	5.9	17.7
17	奥林匹克在里约 颁奖仪式	体育	中央台五套	5.8	24.8
18	中国新歌声(8 月 5 日)	综艺	浙江卫视	5.8	22.6
19	2016 辽宁卫视春节联欢晚会万家灯火幸福年	综艺	辽宁卫视	5.6	30.6
20	奥林匹克在里约:2016 年第 31 届奥运会男篮小组赛(委内瑞拉队 VS 中国队)	体育	中央台五套	5.1	15.0
21	奥林匹克在里约:2016 年第 31 届奥运会蹦床男子决赛	体育	中央台五套	4.9	16.7
22	2016 年世乒赛男团颁奖仪式	体育	中央台五套	4.9	16.4
23	最强大脑(4 月 1 日)	综艺	江苏卫视	4.8	19.6
24	一发千钧	电视剧	黑龙江电视台影视频道	4.7	19.7
25	315 共筑消费新生态	专题	中央台二套	4.7	12.5
26	奥林匹克在里约	体育	中央台五套	4.6	14.7
27	铁血战狼	电视剧	黑龙江电视台影视频道	4.6	13.4
28	2016 元宵喜乐会	综艺	湖南卫视	4.6	12.9
29	获奖者说	体育	中央台五套	4.4	31.6
30	浪漫满院	电视剧	黑龙江电视台都市频道	4.4	12.9

表 3.39.8 2016 年哈尔滨市场电视剧收视率排名前十位

名次	节目名称	播出频道	平均收视率（%）	平均占有率（%）
1	芈月传	上海东方卫视	8.1	20.0
2	一发千钧	黑龙江电视台影视频道	4.7	19.7
3	铁血战狼	黑龙江电视台影视频道	4.6	13.4
4	浪漫满院	黑龙江电视台都市频道	4.4	12.9
5	红色摇篮	中央台四套	4.1	25.7
6	我是英雄	黑龙江电视台影视频道	3.9	11.4
7	对决	黑龙江电视台影视频道	3.9	10.9
8	黄金使命	黑龙江电视台影视频道	3.7	13.4
9	忠者无敌	黑龙江电视台影视频道	3.7	11.3
10	幸福越走越近	黑龙江电视台都市频道	3.7	10.5

表 3.39.9 2016 年哈尔滨市场新闻节目收视率排名前十位

名次	节目名称	播出频道	平均收视率（%）	平均占有率（%）
1	新闻夜航	黑龙江电视台都市频道	3.7	13.5
2	今日关注	中央台四套	2.3	7.9
3	2016 一年又一年	中央电视台综合频道	2.3	7.8
4	海峡两岸	中央台四套	2.3	6.1
5	筑梦天宫	中央电视台新闻频道	2.1	7.5
6	转播中央台新闻联播	黑龙江卫视	2.1	6.9
7	G20 2016CHINA 二十国集团领导人杭州峰会特别报道	中央台四套	1.8	6.0
8	拒绝酒驾为生命护航	黑龙江电视台都市频道	1.7	4.9
9	天下夜航	黑龙江电视台都市频道	1.6	9.0
10	中国舆论场	中央台四套	1.6	4.4

表 3.39.10 2016 年哈尔滨市场专题节目收视率排名前十位

名次	节目名称	播出频道	平均收视率（%）	平均占有率（%）
1	315 共筑消费新生态	中央台二套	4.7	12.5
2	喜剧人故事	上海东方卫视	2.7	16.9
3	中国诗词大会(4 月 3 日)	中央台四套	2.2	10.9
4	一年级大学季	湖南卫视	1.7	10.0
5	感动中国 2015 年度人物颁奖盛典	中央电视台综合频道	1.7	4.6
6	荒野求生	中央台九套纪录频道	1.6	5.8
7	探寻大猫	中央台九套纪录频道	1.6	5.4
8	胜利大阅兵	中央台六套	1.6	5.2
9	一带一路	东南卫视	1.6	4.4
10	微说	黑龙江电视台文艺频道	1.5	6.4

表 3.39.11　2016 年哈尔滨市场综艺节目收视率排名前十位

名次	节目名称	播出频道	平均收视率(%)	平均占有率(%)
1	2016 中央电视台春节联欢晚会	中央电视台综合频道	11.6	26.6
2	2016 中央电视台元宵晚会	中央电视台综合频道	9.3	21.9
3	欢乐喜剧人(2 月 21 日)	上海东方卫视	6.8	24.4
4	笑傲江湖第 3 季(9 月 18 日)	上海东方卫视	6.7	29.1
5	越战越勇(7 月 15 日)	中央台三套	5.9	17.7
6	中国新歌声(8 月 5 日)	浙江卫视	5.8	22.6
7	2016 辽宁卫视春节联欢晚会万家灯火幸福年	辽宁卫视	5.6	30.6
8	最强大脑(4 月 1 日)	江苏卫视	4.8	19.6
9	2016 元宵喜乐会	湖南卫视	4.6	12.9
10	蒙面唱将猜猜猜(11 月 6 日)	江苏卫视	4.4	12.4

表 3.39.12　2016 年哈尔滨市场体育节目收视率排名前十位

名次	节目名称	播出频道	平均收视率(%)	平均占有率(%)
1	奥林匹克在里约:2016 年第 31 届奥运会羽毛球男单决赛	中央台五套	9.6	30.8
2	奥林匹克在里约:2016 年第 31 届奥运会乒乓球女单半决赛	中央台五套	9.0	31.4
3	奥林匹克在里约:2016 年第 31 届奥运会女排小组赛第二轮(中国 VS 意大利)	中央台五套	9.0	27.3
4	奥林匹克在里约:2016 年第 31 届奥运会体操女子团体决赛	中央台五套	7.2	20.1
5	奥林匹克在里约:2016 年第 31 届奥运会射击女子 10 米气步枪决赛	中央台五套	7.1	22.1
6	奥运典藏:2016 年第 31 届奥运会女子双人 10 米跳台决赛	中央台五套	6.4	20.9
7	奥林匹克在里约:2016 年第 31 届奥运会女子铅球决赛	中央台五套	6.4	20.3
8	奥林匹克在里约:2016 年第 31 届奥运会举重男子 69 公斤级决赛	中央台五套	6.3	18.6
9	奥林匹克在里约:2016 年第 31 届奥运会女子单人艇 1/4 决赛	中央台五套	6.1	22.4
10	奥林匹克在里约:2016 年第 31 届奥运会女子 800 米自由泳决赛	中央台五套	6.1	18.9

四十、海口收视数据

表 3.40.1 2012～2016 年海口市场各类频道的市场占有率(%)

频道类别	年份				
	2012 年	2013 年	2014 年	2015 年	2016 年
中央台频道	33.7	34.9	32.1	31.2	33.0
中国教育台频道	1.0	0.9	0.9	0.5	0.3
海南省级频道	20.1	17.5	19.0	22.0	20.0
海口市级频道	5.9	6.9	8.5	6.7	4.8
其他省级卫视频道	31.9	32.6	31.4	30.9	30.5
其他频道	7.4	7.2	8.1	8.7	11.4

表 3.40.2 2016 年海口市场各类频道在不同目标观众中的市场占有率(%)

目标观众		中央台频道	中国教育台频道	海南省级频道	海口市级频道	其他省级卫视频道	其他频道
4 岁及以上所有人		33.0	0.3	20.0	4.8	30.5	11.4
性别	男	34.8	0.3	20.7	4.8	28.1	11.3
	女	31.2	0.3	19.4	4.8	33.1	11.2
年龄	4～14 岁	26.5	0.2	16.7	2.6	43.4	10.6
	15～24 岁	27.8	0.5	18.2	4.0	37.3	12.2
	25～34 岁	29.7	0.3	18.6	3.8	34.7	12.9
	35～44 岁	32.6	0.3	17.6	4.7	29.0	15.8
	45～54 岁	34.4	0.2	23.2	6.2	27.4	8.6
	55～64 岁	41.7	0.5	22.2	7.0	21.1	7.5
	65 岁及以上	41.1	0.2	25.0	5.2	15.7	12.8
教育程度	未受过正规教育	29.8	0.2	18.0	3.1	38.0	10.9
	小学	24.2	0.3	24.7	4.8	34.4	11.6
	初中	30.2	0.5	20.6	5.5	30.2	13.0
	高中	40.6	0.2	18.4	4.8	28.2	7.8
	大学及以上	49.7	0.1	13.3	3.0	21.0	12.9
职业类别	干部/管理人员	35.9	0.1	20.8	2.5	25.4	15.3
	个体/私营企业人员	32.6	0.5	24.2	5.0	27.4	10.3
	初级公务员/雇员	44.5	0.1	20.3	3.9	21.2	10.0
	工人	31.9	0.3	20.8	5.4	27.9	13.7
	学生	23.8	0.5	15.7	3.2	45.6	11.2
	无业	35.9	0.2	19.2	4.3	30.3	10.1
	其他	26.2	0.4	22.2	7.8	30.4	13.0
个人月收入	0～600 元	26.8	0.3	20.2	3.9	37.8	11.0
	601～1200 元	26.1	0.3	19.8	6.8	34.8	12.2
	1201～1700 元	31.3	0.3	24.0	4.0	29.8	10.6
	1701～2600 元	37.4	0.3	19.6	6.2	25.3	11.2
	2601～3500 元	39.5	0.6	17.8	5.2	22.5	14.4
	3501～5000 元	44.0	0.1	20.5	4.1	20.5	10.8
	5001 元及以上	48.6	0.1	15.3	2.7	26.1	7.2

表 3.40.3　2016 年海口市场各类频道在不同时段的市场占有率(%)

时间段	中央台频道	中国教育台频道	海南省级频道	海口市级频道	其他省级卫视频道	其他频道
02:00~03:00	29.7	0.5	6.0	0.3	42.4	21.1
03:00~04:00	27.8	0.7	8.8	0.0	41.5	21.2
04:00~05:00	28.9	0.4	7.2	0.0	40.9	22.6
05:00~06:00	29.2	0.5	16.5	0.0	32.8	21.0
06:00~07:00	41.5	0.2	11.6	0.9	27.4	18.4
07:00~08:00	49.6	0.5	11.6	0.9	28.2	9.2
08:00~09:00	42.5	0.6	11.7	1.6	33.6	10.0
09:00~10:00	36.9	0.5	12.1	3.0	35.4	12.1
10:00~11:00	36.7	0.6	12.8	3.1	34.7	12.1
11:00~12:00	40.7	0.3	12.3	2.3	33.3	11.1
12:00~13:00	45.1	0.2	11.4	2.1	31.4	9.8
13:00~14:00	36.7	0.4	13.4	3.0	35.2	11.3
14:00~15:00	32.9	0.5	12.9	2.4	37.6	13.7
15:00~16:00	32.3	0.7	11.3	2.4	38.7	14.6
16:00~17:00	31.9	0.7	11.8	1.8	39.4	14.4
17:00~18:00	33.5	0.3	15.1	3.1	34.4	13.6
18:00~19:00	27.4	0.1	39.3	7.4	15.5	10.3
19:00~20:00	33.4	0.2	32.6	5.9	18.8	9.1
20:00~21:00	28.9	0.2	23.0	8.5	30.3	9.1
21:00~22:00	29.0	0.2	21.4	8.9	30.6	9.9
22:00~23:00	29.8	0.3	21.3	2.7	34.2	11.7
23:00~24:00	32.4	0.2	17.9	1.7	34.5	13.3
24:00~25:00	32.9	0.4	14.1	2.1	32.4	18.1
25:00~26:00	34.0	0.5	5.0	2.5	37.5	20.5

表 3.40.4　2016 年海口市场收视份额排名前十位的频道

名次	频道名称	收视份额(%)
1	海南广播电视总台综合频道	8.7
2	湖南卫视	5.5
3	中央台八套	5.2
4	中央电视台综合频道	4.5
5	中央电视台少儿频道	4.1
6	海南广播电视总台公共频道	4.0
7	中央台三套	3.7
8	湖南电视台金鹰卡通频道	3.4
8	海口广播电视台新闻综合频道(无线)	3.4
10	中央台四套	3.1

表 3.40.5 2016 年海口市场各主要频道的观众构成(%)

目标观众		所有频道	主要频道				
			海南广播电视总台综合频道	湖南卫视	中央台八套	中央电视台综合频道	中央电视台少儿频道
4 岁及以上所有人		100.0	100.0	100.0	100.0	100.0	100.0
性别	男性	50.8	51.4	40.4	43.9	51.7	48.9
	女性	49.2	48.6	59.6	56.1	48.3	51.1
年龄	4~14 岁	17.6	11.0	25.2	9.1	9.9	48.2
	15~24 岁	9.7	7.3	18.7	8.5	8.3	6.2
	25~34 岁	16.6	12.3	18.4	13.6	13.8	17.9
	35~44 岁	13.8	9.2	15.3	14.8	11.2	6.6
	45~54 岁	18.0	22.2	12.1	20.0	17.6	12.9
	55~64 岁	14.1	19.3	7.8	20.8	24.1	6.4
	65 岁及以上	10.2	18.8	2.6	13.2	15.2	1.9
教育程度	未受正规教育	9.5	6.5	6.5	4.8	6.5	32.4
	小学	20.4	28.5	28.2	15.7	10.8	21.5
	初中	38.2	34.3	46.7	36.9	29.9	23.8
	高中	23.7	23.6	16.5	31.1	34.4	18.9
	大学及以上	8.3	7.1	2.2	11.5	18.4	3.4
职业类别	干部/管理人员	0.8	0.9	0.2	0.5	1.0	2.0
	初级公务员/雇员	10.2	14.1	5.5	9.4	11.6	5.1
	个体/私营企业人员	8.8	9.0	5.4	13.7	16.8	5.3
	工人	19.6	15.5	21.5	19.4	13.5	13.6
	学生	12.2	7.3	26.2	6.6	7.7	18.1
	无业	37.7	41.2	29.5	42.1	44.7	49.5
	其他	10.7	12.1	11.7	8.4	4.7	6.4
个人月收入	0~600 元	37.8	39.6	50.3	27.9	22.3	63.7
	601~1200 元	6.2	5.4	6.0	5.0	3.1	6.3
	1201~1700 元	10.7	11.7	10.5	10.7	8.5	3.9
	1701~2600 元	24.3	23.0	20.4	34.3	28.9	12.8
	2601~3500 元	11.7	11.8	8.2	12.4	19.2	5.5
	3501~5000 元	5.7	5.8	3.8	7.4	10.9	2.4
	5001 元及以上	3.6	2.7	0.8	2.3	7.1	5.4

表 3.40.6 2014~2016 年海口市场各类节目的播出份额(%)和收视份额(%)

节目类别	2014 年		2015 年		2016 年	
	播出份额	收视份额	播出份额	收视份额	播出份额	收视份额
财经	1.7	0.4	1.8	0.7	1.3	0.6
电视剧	20.9	36.7	21.0	36.7	21.3	33.6
电影	4.5	6.8	4.6	7.3	4.5	7.2
法制	1.0	0.4	0.9	0.6	0.9	0.5
教学	0.2	0.0	0.2	0.0	0.2	0.0
青少	7.3	8.8	6.8	8.1	7.0	10.2
生活服务	9.9	6.1	8.9	6.1	8.3	6.1
体育	3.0	1.8	2.8	1.8	3.1	2.3
外语	0.0	0.0	0.0	0.0	0.0	0.0
戏剧	0.7	0.1	0.8	0.0	0.8	0.1
新闻/时事	15.3	11.5	15.7	11.1	15.9	11.3
音乐	2.5	0.5	2.5	0.6	2.0	0.8
专题	11.9	6.1	13.1	6.6	13.6	6.4
综艺	8.8	10.1	8.7	10.5	9.0	11.1
其他	12.3	10.7	12.2	9.9	12.1	9.8

表 3.40.7　2016 年海口市场所有节目收视率排名前三十位

名次	节目名称	节目类型	播出频道	平均收视率（%）	平均占有率（%）
1	奥运典藏:2016 年第 31 届奥运会女子举重 63 公斤级决赛	体育	中央台五套	8.1	25.3
2	奥林匹克在里约:2016 年第 31 届奥运会乒乓球女单半决赛	体育	中央台五套	7.5	27.9
3	奥林匹克在里约:2016 年第 31 届奥运会游泳男子 200 米蝶泳决赛	体育	中央台五套	7.0	20.8
4	美丽的秘密	电视剧	湖南卫视	6.9	22.9
5	奥林匹克在里约:2016 年第 31 届奥运会女排小组赛 B 组第四轮	体育	中央台五套	6.5	19.3
6	奥林匹克在里约:2016 年第 31 届奥运会体操女子团体决赛	体育	中央台五套	6.0	18.6
7	2016 中央电视台春节联欢晚会	综艺	中央电视台综合频道	5.8	24.1
8	奥林匹克在里约:2016 年第 31 届奥运会场地自行车女子团体竞速赛	体育	中央台五套	5.8	17.2
9	奥林匹克在里约:2016 年第 31 届奥运会羽毛球男单半决赛	体育	中央台五套	5.6	17.4
10	奥林匹克在里约:2016 年第 31 届奥运会女子 100 米预赛第 4 组	体育	中央台五套	5.3	16.0
11	弹道英雄	电视剧	海南广播电视总台综合频道	5.1	17.2
12	新猛龙过江	电视剧	海南广播电视总台综合频道	4.8	16.0
13	生死黎平	电视剧	海南广播电视总台综合频道	4.4	16.4
14	铁血战士	电视剧	海南广播电视总台综合频道	4.4	15.3
15	不可能完成的任务	电视剧	海南广播电视总台综合频道	4.3	14.9
16	转播中央台新闻联播	新闻/时事	海南广播电视总台综合频道	4.2	16.9
17	放弃我抓紧我	电视剧	湖南卫视	4.2	14.4
18	绝命刀	电视剧	海南广播电视总台综合频道	4.1	14.9
19	直播海南	新闻/时事	海南广播电视总台综合频道	4.0	28.2
20	手枪队	电视剧	海南广播电视总台综合频道	3.9	16.3
21	麻辣变形计	电视剧	湖南卫视	3.9	16.0
22	奥林匹克在里约:2016 年第 31 届奥运会射箭男子团体决赛	体育	中央台五套	3.9	13.6
23	我的铁血金戈梦	电视剧	海南广播电视总台综合频道	3.9	12.8
24	辣警霸王花	电影	海南广播电视总台影视综艺频道	3.9	12.1
25	黑狐之风影	电视剧	海南广播电视总台综合频道	3.8	13.8
26	独立纵队二	电视剧	海南广播电视总台综合频道	3.8	12.9

续表

名次	节目名称	节目类型	播出频道	平均收视率（%）	平均占有率（%）
27	奥林匹克在里约 颁奖仪式	体育	中央台五套	3.7	17.0
28	奥林匹克在里约：2016年第31届奥运会跳水男子双人3米板决赛	体育	中央台五套	3.7	14.0
29	致命摇篮	电影	海南广播电视总台影视综艺频道	3.6	13.8
30	奥林匹克在里约：2016年第31届奥运会男篮小组赛（委内瑞拉队 VS 中国队）	体育	中央台五套	3.6	12.5

表3.40.8 2016年海口市场电视剧收视率排名前十位

名次	节目名称	播出频道	平均收视率（%）	平均占有率（%）
1	美丽的秘密	湖南卫视	6.9	22.9
2	弹道英雄	海南广播电视总台综合频道	5.1	17.2
3	新猛龙过江	海南广播电视总台综合频道	4.8	16.0
4	生死黎平	海南广播电视总台综合频道	4.4	16.4
5	铁血战士	海南广播电视总台综合频道	4.4	15.3
6	不可能完成的任务	海南广播电视总台综合频道	4.3	14.9
7	放弃我抓紧我	湖南卫视	4.2	14.4
8	绝命刀	海南广播电视总台综合频道	4.1	14.9
9	麻辣变形计	湖南卫视	3.9	16.0
10	我的铁血金戈梦	海南广播电视总台综合频道	3.9	12.8

表3.40.9 2016年海口市场新闻节目收视率排名前十位

名次	节目名称	播出频道	平均收视率（%）	平均占有率（%）
1	转播中央台新闻联播	海南广播电视总台综合频道	4.2	16.9
2	直播海南	海南广播电视总台综合频道	4.0	28.2
3	我们风雨同行	海南广播电视总台新闻频道	1.5	5.8
4	新闻联播	中央电视台综合频道	1.3	6.2
5	承诺与兑现党风政风行风建设社会评价公开评价电视直播	海南广播电视总台新闻频道	1.3	5.0
6	海峡两岸	中央台四套	1.3	4.3
7	G20 2016CHINA 二十国集团领导人杭州峰会特别报道	中央台三套	1.3	4.0
8	筑梦天宫	中央台四套	1.1	5.5
9	热带播报	海口广播电视台新闻综合频道（无线）	1.0	7.2
10	中菲南海争议	中央台四套	1.0	5.2

表 3.40.10　2016 年海口市场专题节目收视率排名前十位

名次	节目名称	播出频道	平均收视率(%)	平均占有率(%)
1	寻情记	海南广播电视总台公共频道	2.6	12.0
2	绿色农业进行时	海南广播电视总台综合频道	2.4	12.0
3	有味海南话越说越有味	海南广播电视总台综合频道	2.2	7.6
4	2016 海南冬交会最受欢迎十大品牌农产品评选颁奖盛典	海南广播电视总台综合频道	2.0	9.1
5	等着我	中央台三套	1.9	6.7
6	中国诗词大会(3 月 18 日)	中央电视台综合频道	1.9	6.2
7	一年级大学季	湖南卫视	1.6	12.1
8	2015 年度中国好书	中央电视台综合频道	1.5	4.5
9	开创中国特色大国外交新局面习近平主席 2015 年出访实录	中央电视台综合频道	1.4	5.2
10	第十五届汉语桥世界大学生中文比赛	湖南卫视	1.4	4.8

表 3.40.11　2016 年海口市场综艺节目收视率排名前十位

名次	节目名称	播出频道	平均收视率(%)	平均占有率(%)
1	2016 中央电视台春节联欢晚会	中央电视台综合频道	5.8	24.1
2	全员加速中(1 月 1 日)	湖南卫视	3.6	11.0
3	黄金 100 秒(2 月 21 日)	中央台三套	3.5	13.2
4	越战越勇(7 月 11 日)	中央台三套	3.2	13.8
5	11th 中国金鹰电视艺术节开幕式文艺晚会	湖南卫视	3.2	9.2
6	最强大脑(4 月 1 日)	江苏卫视	3.1	12.9
7	中国新歌声(8 月 12 日)	浙江卫视	3.1	12.4
8	星光大道 2015 年度总决赛(2 月 9 日)	中央台三套	3.0	11.4
9	11th 中国金鹰电视艺术节第 28 届中国电视金鹰奖颁奖晚会暨闭幕式	湖南卫视	3.0	10.8
10	11th 中国金鹰电视艺术节开幕式	湖南卫视	3.0	8.0

表 3.40.12　2016 年海口市场体育节目收视率排名前十位

名次	节目名称	播出频道	平均收视率(%)	平均占有率(%)
1	奥运典藏:2016 年第 31 届奥运会女子举重 63 公斤级决赛	中央台五套	8.1	25.3
2	奥林匹克在里约:2016 年第 31 届奥运会乒乓球女单半决赛	中央台五套	7.5	27.9
3	奥林匹克在里约:2016 年第 31 届奥运会游泳男子 200 米蝶泳决赛	中央台五套	7.0	20.8
4	奥林匹克在里约:2016 年第 31 届奥运会女排小组赛 B 组第四轮	中央台五套	6.5	19.3

续表

名次	节目名称	播出频道	平均收视率（%）	平均占有率（%）
5	奥林匹克在里约:2016 年第 31 届奥运会体操女子团体决赛	中央台五套	6.0	18.6
6	奥林匹克在里约:2016 年第 31 届奥运会场地自行车女子团体竞速赛	中央台五套	5.8	17.2
7	奥林匹克在里约:2016 年第 31 届奥运会羽毛球男单半决赛	中央台五套	5.6	17.4
8	奥林匹克在里约:2016 年第 31 届奥运会女子 100 米预赛第 4 组	中央台五套	5.3	16.0
9	奥林匹克在里约:2016 年第 31 届奥运会射箭男子团体决赛	中央台五套	3.9	13.6
10	奥林匹克在里约 颁奖仪式	中央台五套	3.7	17.0

四十一、杭州收视数据

表 3.41.1　2012~2016 年杭州市场各类频道的市场占有率(%)

频道类别	年份				
	2012 年	2013 年	2014 年	2015 年	2016 年
中央台频道	14.9	13.6	15.5	16.4	20.2
中国教育台频道	0.1	0.1	0.1	0.1	0.1
浙江省级频道	38.7	39.2	37.0	35.6	31.7
杭州市级频道	20.7	19.8	17.6	15.5	13.6
其他省级卫视频道	17.7	19.1	20.9	23.0	21.7
其他频道	7.9	8.2	8.9	9.4	12.7

表 3.41.2　2016 年杭州市场各类频道在不同目标观众中的市场占有率(%)

目标观众		中央台频道	中国教育台频道	浙江省级频道	杭州市级频道	其他省级卫视频道	其他频道
4 岁及以上所有人		20.2	0.1	31.7	13.6	21.7	12.7
性别	男	22.7	0.1	30.3	13.5	21.0	12.4
	女	17.8	0.1	33.2	13.6	22.3	13.0
年龄	4~14 岁	17.1	0.0	25.0	8.4	35.9	13.6
	15~24 岁	14.8	0.1	39.2	11.5	20.6	13.8
	25~34 岁	16.7	0.1	41.0	12.2	17.9	12.1
	35~44 岁	16.4	0.1	30.6	12.8	23.2	16.9
	45~54 岁	21.9	0.1	28.3	14.9	21.4	13.4
	55~64 岁	24.3	0.1	30.1	12.8	21.0	11.7
	65 岁及以上	25.5	0.2	26.2	19.5	21.0	7.6
教育程度	未受过正规教育	15.9	0.1	27.4	15.3	29.7	11.6
	小学	20.4	0.2	27.5	15.0	25.0	11.9
	初中	22.0	0.1	27.8	13.7	23.4	13.0
	高中	20.9	0.1	32.9	13.0	21.2	11.9
	大学及以上	18.5	0.1	37.3	13.0	17.8	13.3
职业类别	干部/管理人员	16.0	0.0	34.7	12.5	17.3	19.5
	个体/私营企业人员	23.5	0.1	26.0	10.9	25.3	14.2
	初级公务员/雇员	18.2	0.1	37.0	13.4	18.8	12.5
	工人	19.5	0.2	34.7	13.8	21.0	10.8
	学生	16.6	0.0	30.1	7.3	31.0	15.0
	无业	22.7	0.1	27.6	15.8	22.5	11.3
	其他	25.1	0.2	30.6	13.7	21.8	8.6
个人月收入	0~600 元	17.1	0.1	29.4	12.3	27.9	13.2
	601~1200 元	14.5	0.0	51.5	14.7	12.8	6.5
	1201~1700 元	20.5	0.1	33.9	15.1	19.6	10.8
	1701~2600 元	21.4	0.1	30.2	13.7	23.9	10.7
	2601~3500 元	23.2	0.1	26.6	15.4	21.5	13.2
	3501~5000 元	18.6	0.1	34.4	13.3	19.3	14.3
	5001 元及以上	21.1	0.1	35.4	12.7	19.1	11.6

表 3.41.3　2016 年杭州市场各类频道在不同时段的市场占有率(%)

时间段	中央台频道	中国教育台频道	浙江省级频道	杭州市级频道	其他省级卫视频道	其他频道
02:00~03:00	22.4	0.1	11.8	2.5	36.8	26.4
03:00~04:00	24.6	0.1	12.3	1.7	37.7	23.6
04:00~05:00	29.4	0.2	13.8	0.6	34.6	21.4
05:00~06:00	33.4	0.3	20.1	0.4	30.4	15.4
06:00~07:00	42.4	0.2	18.3	3.5	22.8	12.8
07:00~08:00	38.1	0.3	18.3	6.8	22.3	14.2
08:00~09:00	32.5	0.2	17.0	6.4	32.0	11.9
09:00~10:00	28.3	0.2	23.2	4.9	31.5	11.9
10:00~11:00	28.9	0.2	21.9	4.4	31.3	13.3
11:00~12:00	34.3	0.2	17.6	4.2	29.0	14.7
12:00~13:00	35.8	0.1	14.4	7.2	27.2	15.3
13:00~14:00	30.2	0.2	15.9	5.7	31.6	16.4
14:00~15:00	26.5	0.3	15.1	5.3	35.1	17.7
15:00~16:00	26.6	0.4	15.3	5.8	35.7	16.2
16:00~17:00	26.3	0.2	21.2	4.2	34.2	13.9
17:00~18:00	26.4	0.1	29.6	8.4	24.3	11.2
18:00~19:00	17.1	0.1	46.1	19.8	7.6	9.3
19:00~20:00	12.4	0.0	46.2	19.3	12.2	9.9
20:00~21:00	12.8	0.1	38.9	16.7	20.4	11.1
21:00~22:00	15.4	0.1	33.7	21.1	18.9	10.8
22:00~23:00	19.8	0.1	26.2	13.5	25.3	15.1
23:00~24:00	25.5	0.1	18.9	5.8	30.5	19.2
24:00~25:00	23.1	0.3	17.2	5.6	27.5	26.3
25:00~26:00	21.7	0.3	13.9	3.7	29.6	30.8

表 3.41.4　2016 年杭州市场收视份额排名前十位的频道

名次	频道名称	收视份额(%)
1	浙江电视台钱江都市频道	7.3
2	浙江电视台教育科技频道	7.0
3	浙江卫视	4.6
4	杭州电视台西湖明珠频道	4.5
4	浙江电视台经济生活频道	4.5
6	浙江电视台民生休闲频道	3.9
7	杭州电视台综合频道	3.8
8	浙江电视台影视娱乐频道	2.9
9	中央电视台新闻频道	2.8
10	中央台四套	2.6

表 3.41.5　2016 年杭州市场各主要频道的观众构成(%)

目标观众		所有频道	浙江电视台钱江都市频道	浙江电视台教育科技频道	浙江卫视	杭州电视台西湖明珠频道	浙江电视台经济生活频道
4 岁及以上所有人		100.0	100.0	100.0	100.0	100.0	100.0
性别	男	49.4	50.5	43.7	46.6	48.8	40.6
	女	50.6	49.5	56.3	53.4	51.2	59.4
年龄	4～14 岁	6.3	4.7	2.6	9.2	2.4	3.6
	15～24 岁	8.2	7.1	14.3	11.1	7.4	10.2
	25～34 岁	18.8	19.1	24.1	21.0	16.1	28.1
	35～44 岁	11.7	15.1	9.3	15.9	9.3	11.0
	45～54 岁	27.0	24.1	25.3	23.6	33.0	26.9
	55～64 岁	17.3	19.9	14.2	11.1	17.0	14.3
	65 岁及以上	10.7	10.0	10.2	8.1	14.8	5.9
教育程度	未受过正规教育	4.2	3.4	2.2	3.4	2.7	2.0
	小学	14.4	12.6	12.5	14.0	17.0	10.6
	初中	29.3	27.5	27.2	25.6	30.6	23.3
	高中	21.1	20.8	21.8	24.2	19.6	25.8
	大学及以上	31.0	35.7	36.3	32.8	30.1	38.3
职业类别	干部/管理人员	6.8	7.6	12.4	6.8	5.6	4.4
	个体/私营企业人员	9.2	10.5	6.1	8.5	7.3	6.6
	初级公务员/雇员	30.1	35.5	34.0	32.0	33.8	38.6
	工人	11.2	6.2	13.2	10.1	12.6	17.3
	学生	6.9	5.0	6.7	14.0	2.4	6.8
	无业	34.9	34.6	27.1	28.0	37.2	26.1
	其他	0.9	0.6	0.5	0.6	1.1	0.2
个人月收入	0～600 元	16.7	12.0	12.1	24.4	10.2	16.9
	601～1200 元	1.3	2.3	2.1	1.3	2.3	0.9
	1201～1700 元	3.8	2.7	4.5	2.5	4.3	4.4
	1701～2600 元	11.4	14.1	11.6	9.5	12.4	6.3
	2601～3500 元	21.9	19.1	21.0	17.8	23.7	17.1
	3501～5000 元	24.5	22.0	28.9	23.9	26.4	34.1
	5001 元及以上	20.4	27.8	19.8	20.6	20.7	20.3

表 3.41.6　2014～2016 年杭州市场各类节目的播出份额(%)和收视份额(%)

节目类别	2014 年		2015 年		2016 年	
	播出份额	收视份额	播出份额	收视份额	播出份额	收视份额
财经	1.7	0.4	1.8	1.1	1.5	1.2
电视剧	19.4	28.4	19.5	28.1	20.0	27.6
电影	3.9	2.1	3.4	1.7	3.3	2.1
法制	1.0	0.9	0.8	0.6	0.7	0.4
教学	0.2	0.0	0.2	0.0	0.2	0.0
青少	7.0	3.5	6.5	3.1	6.6	2.5
生活服务	12.6	16.1	11.7	14.8	10.2	12.3
体育	2.7	1.3	2.8	1.5	3.0	1.9
外语	0.0	0.0	0.0	0.0	0.0	0.0
戏剧	0.7	0.2	0.8	0.3	0.8	0.2
新闻/时事	14.8	17.6	15.0	19.1	15.0	20.3
音乐	2.4	0.5	2.4	0.7	1.8	0.7
专题	12.2	4.9	13.3	4.9	14.3	5.6
综艺	8.7	9.4	8.9	10.2	10.0	12.0
其他	12.7	14.7	12.9	13.9	12.6	13.2

表 3.41.7　2016 年杭州市场所有节目收视率排名前三十位

名次	节目名称	节目类型	播出频道	平均收视率(%)	平均占有率(%)
1	奥林匹克在里约 颁奖仪式	体育	中央台五套	10.4	38.7
2	中国新声音(7 月 15 日)	综艺	浙江卫视	10.4	30.5
3	奥林匹克在里约:2016 年第 31 届奥运会羽毛球男单决赛	体育	中央台五套	8.9	21.4
4	奥林匹克在里约:2016 年第 31 届奥运会男子举重 56 公斤级决赛	体育	中央台五套	6.9	28.3
5	奥林匹克在里约:2016 年第 31 届奥运会女排小组赛第二轮(中国 VS 意大利)	体育	中央台五套	6.7	17.9
6	奔跑吧兄弟(4 月 15 日 ~7 月 1 日)	综艺	浙江卫视	6.3	20.7
7	青年霍元甲之冲出江湖	电视剧	浙江电视台钱江都市频道	6.2	16.4
8	奥林匹克在里约:2016 年第 31 届奥运会射击女子 10 米气步枪决赛	体育	中央台五套	6.2	16.3
9	盾神	电视剧	浙江电视台钱江都市频道	6.1	14.5
10	奥林匹克在里约:2016 年第 31 届奥运会女子双人 3 米跳板决赛	体育	中央台五套	5.9	22.0
11	奔跑吧兄弟(1 月 1 日 ~1 月 15 日)	综艺	浙江卫视	5.9	19.2
12	奥林匹克在里约:2016 年第 31 届奥运会乒乓球男单半决赛	体育	中央台五套	5.7	19.2
12	爱在一起浙江卫视领跑 2017 演唱会	音乐	浙江卫视	5.7	19.2
14	盛宴	电视剧	浙江电视台钱江都市频道	5.7	14.1
15	奥林匹克在里约:2016 年第 31 届奥运会女子 100 米蛙泳决赛	体育	中央台五套	5.6	12.7
16	与狼共舞	电视剧	浙江电视台钱江都市频道	5.6	12.4
17	蜂鸟	电视剧	浙江电视台教育科技频道	5.5	14.3
18	两生花	电视剧	浙江电视台钱江都市频道	5.5	13.5
19	G20 2016CHINA 二十国集团领导人第十一次峰会文艺晚会最忆是杭州	综艺	中央电视台新闻频道	5.4	14.7
20	我的老爸是卧底	电视剧	浙江电视台教育科技频道	5.4	14.0
20	寂寞空庭春欲晚	电视剧	浙江电视台钱江都市频道	5.4	14.0
22	姐妹兄弟	电视剧	浙江电视台钱江都市频道	5.4	13.6
23	阿六头说新闻	新闻/时事	杭州电视台西湖明珠频道	5.3	16.4
24	猎刃	电视剧	浙江电视台钱江都市频道	5.1	12.7
25	奥林匹克在里约:2016 年第 31 届奥运会田径女子链球决赛	体育	中央台五套	5.0	32.2
26	蚂蚱	电视剧	浙江电视台钱江都市频道	5.0	12.5
26	奥林匹克在里约:2016 年第 31 届奥运会女子单人双桨预赛	体育	中央台五套	5.0	12.5
28	使命召唤	电视剧	浙江电视台钱江都市频道	5.0	11.3
28	芙蓉锦	电视剧	浙江电视台钱江都市频道	5.0	11.3
30	信者无敌	电视剧	浙江电视台教育科技频道	4.9	13.3

表 3.41.8 2016 年杭州市场电视剧收视率排名前十位

名次	节目名称	播出频道	平均收视率(%)	平均占有率(%)
1	青年霍元甲之冲出江湖	浙江电视台钱江都市频道	6.2	16.4
2	盾神	浙江电视台钱江都市频道	6.1	14.5
3	盛宴	浙江电视台钱江都市频道	5.7	14.1
4	与狼共舞	浙江电视台钱江都市频道	5.6	12.4
5	蜂鸟	浙江电视台教育科技频道	5.5	14.3
6	两生花	浙江电视台钱江都市频道	5.5	13.5
7	我的老爸是卧底	浙江电视台教育科技频道	5.4	14.0
7	寂寞空庭春欲晚	浙江电视台钱江都市频道	5.4	14.0
9	姐妹兄弟	浙江电视台钱江都市频道	5.4	13.6
10	猎刃	浙江电视台钱江都市频道	5.1	12.7

表 3.41.9 2016 年杭州市场新闻节目收视率排名前十位

名次	节目名称	播出频道	平均收视率(%)	平均占有率(%)
1	阿六头说新闻	杭州电视台西湖明珠频道	5.3	16.4
2	范大姐帮忙	浙江电视台钱江都市频道	4.4	14.4
3	新闻 007	浙江电视台钱江都市频道	4.3	12.4
4	我和你说	杭州电视台生活频道	3.9	10.2
5	小强热线	浙江电视台教育科技频道	3.0	8.1
6	新闻 60 分	杭州电视台综合频道	2.9	10.4
7	转播中央台新闻联播	杭州电视台综合频道	2.8	7.7
8	都市潮我看	浙江电视台钱江都市频道	2.7	10.9
9	二十国集团领导人杭州峰会 G20 2016 CHINA 特别报道	杭州电视台西湖明珠频道	2.5	6.1
10	小夏办事	浙江电视台影视娱乐频道	2.3	7.1

表 3.41.10 2016 年杭州市场专题节目收视率排名前十位

名次	节目名称	播出频道	平均收视率(%)	平均占有率(%)
1	携手共治你我同行首届浙江 119 消防奖颁奖典礼	浙江电视台钱江都市频道	4.2	10.2
2	2015 年度风云浙商颁奖典礼倒计时	浙江电视台经济生活频道	3.4	8.2
3	解读亲子关系解惑生儿育女谢宏与你面对面	浙江电视台公共新闻频道	3.0	7.2
4	乌镇	浙江电视台教育科技频道	2.8	12.6
5	最美青春 2016 浙江省感动校园人物颁奖活动	浙江电视台教育科技频道	2.8	6.0
6	大揭秘	杭州电视台综合频道	2.5	8.7
7	专家团助力和事佬	杭州电视台西湖明珠频道	2.5	6.2
8	最美浙江人 2015 年度浙江骄傲人物评选颁奖典礼	浙江电视台钱江都市频道	2.4	5.2
9	风云浙商 2015 年度风云浙商颁奖典礼	浙江电视台经济生活频道	2.3	5.3
10	寻找杭州最美竹乡	杭州电视台西湖明珠频道	2.1	7.6

表 3.41.11　2016 年杭州市场综艺节目收视率排名前十位

名次	节目名称	播出频道	平均收视率（%）	平均占有率（%）
1	中国新声音(7 月 15 日)	浙江卫视	10.4	30.5
2	奔跑吧兄弟(4 月 15 日 ~7 月 1 日)	浙江卫视	6.3	20.7
3	奔跑吧兄弟(1 月 1 日 ~1 月 15 日)	浙江卫视	5.9	19.2
4	G20 2016CHINA 二十国集团领导人第十一次峰会文艺晚会最忆是杭州	中央电视台新闻频道	5.4	14.7
5	2016 中央电视台春节联欢晚会	中央台三套	4.9	13.1
6	浙江方言大擂台(7 月 3 日)	浙江电视台钱江都市频道	4.7	10.5
7	李玮脱口秀	浙江电视台钱江都市频道	4.2	11.4
8	2016 中央电视台元宵晚会	中央台三套	4.2	9.9
9	谁是大歌神(5 月 8 日)	浙江卫视	4.0	16.6
10	喜剧总动员(10 月 22 日)	浙江卫视	4.0	11.2

表 3.41.12　2016 年杭州市场体育节目收视率排名前十位

名次	节目名称	播出频道	平均收视率（%）	平均占有率（%）
1	奥林匹克在里约 颁奖仪式	中央台五套	10.4	38.7
2	奥林匹克在里约:2016 年第 31 届奥运会羽毛球男单决赛	中央台五套	8.9	21.4
3	奥林匹克在里约:2016 年第 31 届奥运会男子举重 56 公斤级决赛	中央台五套	6.9	28.3
4	奥林匹克在里约:2016 年第 31 届奥运会女排小组赛第二轮(中国 VS 意大利)	中央台五套	6.7	17.9
5	奥林匹克在里约:2016 年第 31 届奥运会射击女子 10 米气步枪决赛	中央台五套	6.2	16.3
6	奥林匹克在里约:2016 年第 31 届奥运会女子双人 3 米跳板决赛	中央台五套	5.9	22.0
7	奥林匹克在里约:2016 年第 31 届奥运会乒乓球男单半决赛	中央台五套	5.7	19.2
8	奥林匹克在里约:2016 年第 31 届奥运会女子 100 米蛙泳决赛	中央台五套	5.6	12.7
9	奥林匹克在里约:2016 年第 31 届奥运会田径女子链球决赛	中央台五套	5.0	32.2
10	奥林匹克在里约:2016 年第 31 届奥运会女子单人双桨预赛	中央台五套	5.0	12.5

四十二、合肥收视数据

表 3.42.1　2012～2016 年合肥市场各类频道的市场占有率(%)

频道类别	年份				
	2012 年	2013 年	2014 年	2015 年	2016 年
中央台频道	29.1	32.2	33.6	32.4	33.9
中国教育台频道	0.6	0.7	0.5	0.3	0.3
安徽省级频道	25.9	23.3	22.1	25.1	25.7
合肥市级频道	8.6	7.9	5.6	5.0	2.6
其他省级卫视频道	23.8	24.7	25.8	27.0	25.0
其他频道	12.0	11.3	12.4	10.2	12.5

表 3.42.2　2016 年合肥市场各类频道在不同目标观众中的市场占有率(%)

目标观众		中央电视台	中国教育台	安徽省级频道	合肥市级频道	其他省级卫视频道	其他频道
4 岁及以上所有人		33.9	0.3	25.7	2.6	25.0	12.5
性别	男	35.9	0.3	25.1	2.7	24.4	11.6
	女	31.9	0.3	26.2	2.5	25.5	13.6
年龄	4～14 岁	25.9	0.1	17.5	1.0	37.4	18.1
	15～24 岁	29.4	0.5	25.1	2.4	28.9	13.7
	25～34 岁	28.7	0.2	18.4	1.8	30.5	20.4
	35～44 岁	33.9	0.1	23.4	2.9	26.3	13.4
	45～54 岁	36.3	0.4	27.3	2.9	22.1	11.0
	55～64 岁	35.8	0.2	32.2	2.7	20.3	8.8
	65 岁及以上	41.6	0.3	30.3	3.6	18.0	6.2
教育程度	未受过正规教育	27.5	0.1	28.1	2.1	26.9	15.3
	小学	30.8	0.2	30.3	2.4	25.5	10.8
	初中	33.4	0.3	28.9	2.8	22.4	12.2
	高中	35.6	0.2	23.5	2.3	24.8	13.6
	大学及以上	35.5	0.3	20.9	2.9	27.6	12.8
职业类别	干部/管理人员	39.7	0.1	18.0	2.4	26.6	13.2
	个体/私营企业人员	30.5	0.5	25.0	2.1	28.9	13.0
	初级公务员/雇员	36.3	0.3	23.2	2.8	25.5	11.9
	工人	28.6	0.2	29.3	2.9	24.9	14.1
	学生	28.5	0.4	18.1	2.0	32.0	19.0
	无业	37.5	0.2	27.6	2.6	21.8	10.3
	其他	44.5	0.0	34.2	5.4	9.4	6.5
个人月收入	0～600 元	30.9	0.2	22.8	1.7	27.9	16.5
	601～1200 元	37.3	0.1	35.4	3.7	17.4	6.1
	1201～1700 元	28.6	0.1	31.3	2.7	24.3	13.0
	1701～2600 元	33.4	0.4	27.7	3.2	24.5	10.8
	2601～3500 元	38.8	0.4	23.9	2.6	23.4	10.9
	3501～5000 元	34.1	0.3	24.3	2.4	26.2	12.7
	5001 元及以上	35.6	0.1	20.5	2.7	25.4	15.7

表 3.42.3　2016 年合肥市场各类频道在不同时段的市场占有率(%)

时间段	中央台频道	中国教育台频道	安徽省级频道	合肥市级频道	其他省级卫视频道	其他频道
02:00～03:00	28.0	0.1	7.6	0.5	28.0	35.8
03:00～04:00	28.5	0.1	7.8	0.1	25.5	38.0
04:00～05:00	33.6	0.1	5.6	0.0	23.0	37.7
05:00～06:00	32.4	0.1	15.5	1.2	25.9	24.9
06:00～07:00	37.6	0.1	35.0	5.3	12.5	9.5
07:00～08:00	43.6	0.3	31.0	1.9	13.2	10.0
08:00～09:00	44.4	0.5	15.4	3.1	22.8	13.8
09:00～10:00	43.0	0.6	12.1	3.8	26.2	14.3
10:00～11:00	39.6	0.6	14.6	3.6	26.4	15.2
11:00～12:00	40.4	0.4	20.9	1.7	23.1	13.5
12:00～13:00	42.4	0.2	23.4	1.3	19.2	13.5
13:00～14:00	40.4	0.3	17.8	1.5	24.6	15.4
14:00～15:00	38.0	0.5	15.1	2.5	27.0	16.9
15:00～16:00	37.4	0.6	13.5	2.7	28.8	17.0
16:00～17:00	37.0	0.7	14.1	2.8	30.2	15.2
17:00～18:00	35.8	0.4	22.6	2.0	26.2	13.0
18:00～19:00	31.5	0.2	42.2	3.0	11.8	11.3
19:00～20:00	31.9	0.2	35.3	4.1	18.3	10.2
20:00～21:00	27.8	0.1	29.3	1.8	31.4	9.6
21:00～22:00	31.6	0.2	28.0	2.6	27.4	10.2
22:00～23:00	28.1	0.2	25.8	2.9	30.9	12.1
23:00～24:00	32.2	0.2	18.2	2.4	31.8	15.2
24:00～25:00	34.3	0.2	14.9	1.8	28.5	20.3
25:00～26:00	32.4	0.2	12.1	1.0	26.0	28.3

表 3.42.4　2016 年合肥市场收视份额排名前十位的频道

名次	频道名称	收视份额(%)
1	安徽经视	7.2
1	安徽卫视	7.2
3	安徽影视	5.3
4	中央电视台综合频道	4.9
5	中央台四套	4.3
5	中央电视台新闻频道	4.3
7	安徽公共	3.9
8	中央台六套	3.4
9	中央台三套	3.1
10	中央台五套	2.8

表 3.42.5　2016 年合肥市场各主要频道的观众构成(%)

目标观众		所有频道	主要频道				
			安徽经视	安徽卫视	安徽影视	中央电视台综合频道	中央台四套
4 岁及以上所有人		100.0	100.0	100.0	100.0	100.0	100.0
性别	男	49.8	46.9	48.3	51.5	47.9	57.1
	女	50.2	53.1	51.7	48.5	52.1	42.9
年龄	4～14 岁	6.3	3.5	4.7	6.1	4.9	2.1
	15～24 岁	12.7	10.4	13.7	11.6	11.7	7.2
	25～34 岁	15.1	13.1	13.2	5.0	10.5	9.4
	35～44 岁	15.2	15.3	12.4	12.9	9.9	12.4
	45～54 岁	21.3	21.1	18.2	22.3	18.3	26.8
	55～64 岁	15.6	20.1	16.4	23.8	15.8	16.9
	65 岁及以上	13.8	16.5	21.4	18.3	28.9	25.2
教育程度	未受过正规教育	4.1	4.1	3.9	7.0	3.7	1.4
	小学	15.3	24.3	17.7	14.4	18.1	11.9
	初中	29.0	29.9	31.3	40.9	30.1	31.5
	高中	27.1	22.7	24.0	24.9	23.5	30.2
	大学及以上	24.5	19.0	23.1	12.8	24.6	25.0
职业类别	干部/管理人员	1.7	1.0	1.0	0.4	1.3	1.5
	个体/私营企业人员	11.4	9.8	8.1	13.8	9.2	8.6
	初级公务员/雇员	21.2	18.0	19.2	12.2	18.2	23.5
	工人	19.4	26.6	19.6	20.6	12.8	13.2
	学生	10.1	5.1	10.8	5.5	9.7	4.3
	无业	35.2	38.0	40.1	45.6	44.6	47.3
	其他	1.0	1.5	1.2	1.9	4.2	1.6
个人月收入	0～600 元	22.7	19.1	20.7	25.2	20.8	16.8
	601～1200 元	4.9	8.6	3.5	6.8	3.9	5.2
	1201～1700 元	9.0	11.5	10.0	10.5	6.9	6.4
	1701～2600 元	25.7	26.6	29.7	26.0	29.6	28.0
	2601～3500 元	19.1	17.3	21.4	15.5	21.4	21.9
	3501～5000 元	11.7	11.0	9.8	12.1	9.0	15.2
	5001 元及以上	6.9	5.9	4.9	3.9	8.4	6.5

表 3.42.6　2014～2016 年合肥市场各类节目的播出份额(%)和收视份额(%)

节目类型	2014 年		2015 年		2016 年	
	播出份额	收视份额	播出份额	收视份额	播出份额	收视份额
财经	1.8	0.6	1.8	0.6	1.5	0.5
电视剧	20.7	30.0	20.9	30.5	21.5	29.2
电影	3.8	3.7	3.6	3.9	3.9	4.2
法制	1.4	1.2	1.2	1.0	1.0	0.8
教学	0.3	0.1	0.3	0.1	0.2	0.0
青少	6.7	4.4	6.3	3.8	6.4	3.5
生活服务	10.0	6.9	9.7	6.8	9.3	7.5
体育	2.7	2.6	2.7	2.6	3.0	3.3
外语	0.0	0.0	0.0	0.0	0.0	0.0
戏剧	0.7	0.2	0.8	0.2	0.8	0.2
新闻/时事	14.7	18.2	14.9	18.4	14.7	19.2
音乐	2.4	0.8	2.4	0.9	1.8	0.8
专题	12.1	6.9	13.4	6.9	13.8	5.8
综艺	9.3	12.7	9.1	12.9	9.2	13.2
其他	13.5	11.9	13.0	11.4	12.9	11.8

表 3.42.7　2016 年合肥市场所有节目收视率排名前三十位

名次	节目名称	节目类型	播出频道	平均收视率（%）	平均占有率（%）
1	2016 中央电视台春节联欢晚会	综艺	中央电视台综合频道	8.3	19.8
2	奥林匹克在里约:2016 年第 31 届奥运会羽毛球男单决赛	体育	中央台五套	8.0	25.4
3	金猴报春福满江淮 2016 安徽卫视春节联欢晚会	综艺	安徽卫视	7.3	25.4
4	奥林匹克在里约:2016 年第 31 届奥运会乒乓球女单半决赛	体育	中央台五套	5.9	23.8
5	奥林匹克在里约:2016 年第 31 届奥运会游泳女子 100 米自由泳决赛	体育	中央台五套	5.5	18.7
6	奥林匹克在里约:2016 年第 31 届奥运会射击女子 10 米气步枪决赛	体育	中央台五套	5.2	17.6
7	2016 中央电视台元宵晚会	综艺	中央电视台综合频道	5.0	14.7
8	星光大道 2015 年度总决赛(2 月 8 日)	综艺	中央电视台综合频道	4.7	15.8
9	2015 国剧盛典	综艺	安徽卫视	4.6	19.2
10	守婚如玉	电视剧	安徽卫视	4.6	14.6
11	奥林匹克在里约:2016 年第 31 届奥运会女排小组赛 B 组第四轮(中国 VS 塞尔维亚)	体育	中央台五套	4.5	14.3
12	奥林匹克在里约:2016 年第 31 届奥运会男子举重 56 公斤级决赛	体育	中央台五套	4.3	19.6
13	奥林匹克在里约:2016 年第 31 届奥运会女子单人艇 1/4 决赛	体育	中央台五套	4.2	15.7
14	中国新歌声(7 月 15 日)	综艺	浙江卫视	4.2	15.4
15	第 1 时间	新闻/时事	安徽经视	4.1	18.5
16	奥林匹克在里约:2016 年第 31 届奥运会女子双人 3 米跳板决赛	体育	中央台五套	4.0	18
17	剑侠传奇	电视剧	安徽卫视	3.9	12.1
18	欢乐喜剧人(2 月 21 日)	综艺	上海东方卫视	3.8	14.1
19	奥林匹克在里约:2016 年第 31 届奥运会体操女子团体决赛	体育	中央台五套	3.8	13.2
20	奥林匹克在里约:2016 年第 31 届奥运会田径女子链球决赛	体育	中央台五套	3.6	25.9
21	最强大脑(3 月 25 日)	综艺	江苏卫视	3.6	13.3
22	天气预报	生活服务	中央电视台新闻频道	3.6	12.8
23	头号前妻	电视剧	安徽卫视	3.6	11.8
24	2016 中央电视台中秋晚会	综艺	中央台三套	3.5	10.3
25	奥林匹克在里约:2016 年第 31 届奥运会射箭男子团体决赛	体育	中央台五套	3.4	10.7
26	骡子和金子	电视剧	安徽卫视	3.3	10.6
27	笑傲江湖第 3 季(2 月 19 日)	综艺	上海东方卫视	3.2	11.3
28	私人定制	电影	安徽卫视	3.2	10.8
29	喜剧总动员(11 月 19 日)	综艺	浙江卫视	3.2	10.1
30	芈月传	电视剧	上海东方卫视	3.2	9.7

表 3.42.8　2016 年合肥市场电视剧收视率排名前十位

名次	节目名称	播出频道	平均收视率(%)	平均占有率(%)
1	守婚如玉	安徽卫视	4.6	14.6
2	剑侠传奇	安徽卫视	3.9	12.1
3	头号前妻	安徽卫视	3.6	11.8
4	骡子和金子	安徽卫视	3.3	10.6
5	芈月传	上海东方卫视	3.2	9.7
6	反击	安徽影视	3.1	10.5
7	遥远的距离	安徽卫视	3.1	10.3
8	结婚为什么	安徽卫视	3.1	10.1
9	哑父	安徽经视	3.0	10.8
10	爱的追踪	安徽卫视	3.0	10.1

表 3.42.9　2016 年合肥市场新闻节目收视率排名前十位

名次	节目名称	播出频道	平均收视率(%)	平均占有率(%)
1	第 1 时间	安徽经视	4.1	18.5
2	2016 一年又一年	中央电视台新闻频道	2.4	10.6
3	年味 2016 宣酒小年夜嘉年华	安徽公共	2.4	7.5
4	帮女郎帮你忙	安徽经视	2.2	17.0
5	东方大头条(3 月 25 日)	上海东方卫视	2.2	7.3
6	转播中央台新闻联播	安徽卫视	1.9	7.4
7	今日关注	中央台四套	1.9	6.9
8	中国舆论场	中央台四套	1.9	6.3
9	G20 2016CHINA 二十国集团领导人杭州峰会特别报道	中央台四套	1.7	7.3
10	新闻故事会	安徽公共	1.7	6.3

表 3.42.10　2016 年合肥市场专题节目收视率排名前十位

名次	节目名称	播出频道	平均收视率(%)	平均占有率(%)
1	我们的奋斗 2015 安徽年度经济人物颁奖盛典	安徽经视	2.5	7.4
2	感动中国 2015 年度人物颁奖盛典	中央电视台综合频道	2.0	6.6
3	开创中国特色大国外交新局面习近平主席 2015 年出访实录	中央电视台新闻频道	1.7	8.1
4	超级工程精彩片段	中央电视台综合频道	1.7	5.7
5	筑梦路上 1921 ~ 2016	中央电视台综合频道	1.7	5.6
6	芈月纪实	上海东方卫视	1.7	5.3
7	废奴(5 月 23 日)	中央电视台综合频道	1.6	5.7
8	国家记忆	中央台四套	1.6	5.5
9	好记者讲好故事 2016 年中国记者节特别节目	中央电视台综合频道	1.6	5.4
10	永远在路上	中央电视台综合频道	1.6	5.1

表 3.42.11　2016 年合肥市场综艺节目收视率排名前十位

名次	节目名称	播出频道	平均收视率（%）	平均占有率（%）
1	2016 中央电视台春节联欢晚会	中央电视台综合频道	8.3	19.8
2	金猴报春福满江淮 2016 安徽卫视春节联欢晚会	安徽卫视	7.3	25.4
3	2016 中央电视台元宵晚会	中央电视台综合频道	5.0	14.7
4	星光大道 2015 年度总决赛(2 月 8 日)	中央电视台综合频道	4.7	15.8
5	2015 国剧盛典	安徽卫视	4.6	19.2
6	中国新歌声(7 月 15 日)	浙江卫视	4.2	15.4
7	欢乐喜剧人(2 月 21 日)	上海东方卫视	3.8	14.1
8	最强大脑(3 月 25 日)	江苏卫视	3.6	13.3
9	2016 中央电视台中秋晚会	中央台三套	3.5	10.3
10	笑傲江湖第 3 季(2 月 19 日)	上海东方卫视	3.2	11.3

表 3.42.12　2016 年合肥市场体育节目收视率排名前十位

名次	节目名称	播出频道	平均收视率（%）	平均占有率（%）
1	奥林匹克在里约:2016 年第 31 届奥运会羽毛球男单决赛	中央台五套	8.0	25.4
2	奥林匹克在里约:2016 年第 31 届奥运会乒乓球女单半决赛	中央台五套	5.9	23.8
3	奥林匹克在里约:2016 年第 31 届奥运会游泳女子 100 米自由泳决赛	中央台五套	5.5	18.7
4	奥林匹克在里约:2016 年第 31 届奥运会射击女子 10 米气步枪决赛	中央台五套	5.2	17.6
5	奥林匹克在里约:2016 年第 31 届奥运会女排小组赛 B 组第四轮(中国 VS 塞尔维亚)	中央台五套	4.5	14.3
6	奥林匹克在里约:2016 年第 31 届奥运会男子举重 56 公斤级决赛	中央台五套	4.3	19.6
7	奥林匹克在里约:2016 年第 31 届奥运会女子单人艇 1/4 决赛	中央台五套	4.2	15.7
8	奥林匹克在里约:2016 年第 31 届奥运会女子双人 3 米跳板决赛	中央台五套	4.0	18.0
9	奥林匹克在里约:2016 年第 31 届奥运会体操女子团体决赛	中央台五套	3.8	13.2
10	奥林匹克在里约:2016 年第 31 届奥运会田径女子链球决赛	中央台五套	3.6	25.9

四十三、呼和浩特收视数据

表 3.43.1　2012～2016 年呼和浩特市场各类频道的市场占有率(%)

频道	年份				
	2012 年	2013 年	2014 年	2015 年	2016 年
中央电视台频道	43.5	45.6	45.8	48.6	50.5
中国教育电视台频道	0.3	0.3	0.2	0.2	0.1
内蒙古自治区级频道	8.1	7.0	7.8	8.7	11.0
呼和浩特市级频道	2.3	1.7	1.5	2.3	1.5
其他省级卫视频道	37.9	37.7	38.0	34.5	31.5
其他频道	7.9	7.7	6.7	5.7	5.4

表 3.43.2　2016 年呼和浩特市场各类频道在不同目标观众中的市场占有率(%)

目标观众		中央电视台频道	中国教育电视台频道	内蒙古自治区级频道	呼和浩特市级频道	其他省级卫视频道	其他频道
4 岁及以上所有人		50.5	0.1	11.0	1.5	31.5	5.4
性别	男	51.7	0.1	11.2	1.8	29.2	6.0
	女	49.3	0.2	10.8	1.3	33.7	4.7
年龄	4～14 岁	39.9	0.1	6.2	0.3	47.9	5.6
	15～24 岁	46.0	0.1	10.5	1.4	37.3	4.7
	25～34 岁	44.3	0.1	10.4	0.7	37.4	7.1
	35～44 岁	51.5	0.2	9.8	1.0	30.5	7.0
	45～54 岁	48.4	0.2	13.9	2.5	29.9	5.1
	55～64 岁	54.6	0.1	12.9	2.3	25.0	5.1
	65 岁及以上	62.2	0.1	10.0	1.6	23.1	3.0
教育程度	未受过正规教育	44.6	0.1	8.2	0.6	40.3	6.2
	小学	52.1	0.1	11.1	1.3	30.0	5.4
	初中	50.9	0.1	11.8	1.4	30.2	5.6
	高中	48.5	0.2	11.1	2.3	33.2	4.7
	大学及以上	53.3	0.1	10.0	1.2	29.9	5.5
职业类别	干部/管理人员	52.2	0.1	10.8	1.0	28.9	7.0
	个体/私营企业人员	47.1	0.1	12.4	2.9	28.8	8.7
	初级公务员/雇员	49.0	0.1	9.7	1.3	34.7	5.2
	工人	47.6	0.2	13.7	1.6	30.1	6.8
	学生	43.5	0.2	8.2	0.6	42.7	4.8
	无业	52.6	0.1	10.4	1.7	30.8	4.4
	其他	58.5	0.4	13.2	0.7	22.6	4.6
个人月收入	0～600 元	43.7	0.2	10.5	1.0	39.3	5.3
	601～1200 元	54.6	0.2	9.2	0.9	29.0	6.1
	1201～1700 元	61.4	0.1	11.3	1.5	22.6	3.1
	1701～2600 元	53.6	0.1	12.3	1.9	26.8	5.3
	2601～3500 元	52.1	0.1	10.7	2.2	29.3	5.6
	3501～5000 元	47.3	0.2	11.3	1.4	34.1	5.7
	5001 元及以上	51.4	0.1	8.9	0.9	29.1	9.6

表 3.43.3　2016 年呼和浩特市场各类频道在不同时段的市场占有率(%)

时间段	中央台频道	中国教育台频道	内蒙古自治区级频道	呼和浩特市级频道	其他省级卫视频道	其他频道
02:00~03:00	34.8	0.1	3.7	0.4	50.1	10.9
03:00~04:00	35.6	0.1	2.9	0.3	51.6	9.5
04:00~05:00	46.6	0.1	2.4	0.1	39.6	11.2
05:00~06:00	64.4	0.0	3.3	0.1	24.8	7.4
06:00~07:00	65.3	0.0	14.9	0.5	16.0	3.3
07:00~08:00	70.3	0.1	9.2	1.9	14.8	3.7
08:00~09:00	62.5	0.3	4.7	0.7	26.8	5.0
09:00~10:00	52.1	0.3	5.5	0.8	36.1	5.2
10:00~11:00	50.4	0.3	4.6	0.8	38.4	5.5
11:00~12:00	56.7	0.1	3.6	0.6	34.0	5.0
12:00~13:00	61.2	0.0	5.0	0.5	28.8	4.5
13:00~14:00	55.7	0.1	3.0	0.5	35.2	5.5
14:00~15:00	48.5	0.3	3.3	0.6	41.2	6.1
15:00~16:00	47.1	0.4	3.6	0.8	41.7	6.4
16:00~17:00	47.5	0.4	3.7	0.7	41.8	5.9
17:00~18:00	50.0	0.1	9.9	0.4	34.1	5.5
18:00~19:00	42.7	0.1	37.3	3.0	12.6	4.3
19:00~20:00	52.7	0.1	22.1	1.9	19.5	3.7
20:00~21:00	48.5	0.1	9.0	1.8	36.1	4.5
21:00~22:00	51.3	0.1	7.3	2.1	33.5	5.7
22:00~23:00	45.3	0.1	7.8	2.5	37.4	6.9
23:00~24:00	44.1	0.0	7.2	1.5	38.2	9.0
24:00~25:00	40.4	0.1	7.0	0.9	40.2	11.4
25:00~26:00	37.8	0.1	4.7	0.5	44.7	12.2

表 3.43.4　2016 年呼和浩特市场收视份额排名前十位的频道

名次	频道名称	收视份额(%)
1	中央电视台综合频道	7.1
2	中央台三套	7.0
3	中央台六套	6.6
4	中央台八套	6.2
5	中央台四套	4.9
6	内蒙古电视台新闻综合频道	4.6
7	中央电视台新闻频道	3.7
8	湖南卫视	3.5
9	中央台五套	3.1
9	中央电视台少儿频道	3.1

表 3.43.5　2016 年呼和浩特市场各主要频道的观众构成(%)

目标观众		所有频道	主要频道				
			中央电视台综合频道	中央台三套	中央台六套	中央台八套	中央台四套
4 岁及以上所有人		100.0	100.0	100.0	100.0	100.0	100.0
性别	男	50.1	47.0	44.0	56.8	45.1	58.4
	女	49.9	53.0	56.0	43.2	54.9	41.6
年龄	4～14 岁	7.4	3.2	5.0	7.0	3.3	1.1
	15～24 岁	9.9	8.1	10.0	11.0	9.3	7.1
	25～34 岁	17.1	12.6	15.1	22.3	8.3	9.4
	35～44 岁	14.4	10.4	13.2	27.5	12.8	5.9
	45～54 岁	20.3	22.3	21.3	20.0	15.5	22.7
	55～64 岁	14.1	18.7	16.3	6.7	19.5	18.9
	65 岁及以上	16.7	24.6	19.1	5.6	31.3	34.8
教育程度	未受过正规教育	5.0	2.4	3.4	3.2	2.6	2.3
	小学	11.9	13.2	14.9	9.0	16.7	9.3
	初中	37.2	32.1	37.8	46.4	43.9	34.8
	高中	28.1	28.9	25.3	24.8	23.5	33.0
	大学及以上	17.8	23.4	18.6	16.6	13.3	20.7
职业类别	干部/管理人员	1.5	1.4	1.6	1.5	0.9	0.6
	个体/私营企业人员	8.4	6.3	7.4	12.5	5.6	8.0
	初级公务员/雇员	17.4	19.6	17.8	18.7	11.3	23.1
	工人	15.5	14.8	14.1	19.1	14.0	10.4
	学生	9.0	6.7	9.3	10.5	6.9	4.2
	无业	39.1	42.9	41.0	25.0	50.8	48.1
	其他	9.1	8.2	8.9	12.7	10.5	5.7
个人月收入	0～600 元	29.3	24.5	27.5	28.6	23.5	15.0
	601～1200 元	6.7	7.4	5.3	7.1	6.9	7.8
	1201～1700 元	8.5	9.6	7.7	5.1	12.9	14.9
	1701～2600 元	25.7	27.3	29.8	23.5	33.5	30.6
	2601～3500 元	17.9	20.3	17.5	18.6	17.2	22.7
	3501～5000 元	10.2	9.7	10.5	13.4	5.1	8.0
	5001 元及以上	1.7	1.2	1.7	3.7	0.9	1.0

表 3.43.6　2014～2016 年呼和浩特市场各类节目的播出份额(%)和收视份额(%)

节目类别	2014 年		2015 年		2016 年	
	播出份额	收视份额	播出份额	收视份额	播出份额	收视份额
财经	1.7	0.7	1.7	0.9	1.3	0.7
电视剧	20.8	29.7	20.8	28.3	21.3	26.4
电影	3.9	5.7	3.5	6.4	3.5	6.8
法制	0.9	1.2	0.9	1.3	0.9	1.5
教学	0.3	0.0	0.3	0.1	0.3	0.0
青少	7.5	4.6	7.1	4.6	7.2	4.7
生活服务	9.7	6.8	9.1	6.7	8.7	6.3
体育	2.8	2.3	3.3	2.2	3.5	2.9
外语	0.0	0.0	0.0	0.0	0.0	0.0
戏剧	0.8	0.4	0.9	0.6	0.9	0.6
新闻/时事	14.8	15.9	14.9	15.2	14.8	16.1
音乐	2.6	0.6	2.6	0.8	2.0	0.9
专题	12.6	6.2	13.4	6.8	13.8	6.5
综艺	9.1	14.6	9.0	15.1	9.5	16.3
其他	12.5	11.3	12.5	11.0	12.3	10.3

表 3.43.7　2016 年呼和浩特市场所有节目收视率排名前三十位

名次	节目名称	节目类别	播出频道	平均收视率（%）	平均占有率（%）
1	2016 中央电视台春节联欢晚会	综艺	中央电视台综合频道	11.3	24.4
2	奥林匹克在里约:2016 年第 31 届奥运会羽毛球男单 1/4 决赛	体育	中央台五套	9.2	29.8
3	奥林匹克在里约:2016 年第 31 届奥运会女排小组赛 B 组第四轮（中国 VS 塞尔维亚）	体育	中央台五套	7.7	23.1
4	奥林匹克在里约:2016 年第 31 届奥运会乒乓球男单半决赛	体育	中央台五套	7.6	28.8
5	2016 中央电视台中秋晚会	综艺	中央电视台综合频道	7.2	20.3
6	2016 中央电视台元宵晚会	综艺	中央电视台综合频道	6.9	18.3
7	奥林匹克在里约:2016 年第 31 届奥运会体操女子团体决赛	体育	中央台五套	6.5	22.5
8	奥林匹克在里约 颁奖仪式	体育	中央台五套	6.1	27.3
9	天气预报	生活服务	中央电视台综合频道	6.0	19.8
10	越战越勇(10 月 19 日)	综艺	中央台三套	6.0	17.4
11	星光大道 2015 年度总决赛(2 月 8 日)	综艺	中央电视台综合频道	5.9	17.3
12	芈月传	电视剧	北京卫视	5.9	14.2
13	新闻天天看	新闻/时事	内蒙古电视台新闻综合频道	5.7	23.7
14	奥林匹克在里约:2016 年第 31 届奥运会田径女子 3000 米障碍第一轮	体育	中央台五套	5.7	17.2
15	CCTV 网络春晚	综艺	中央台三套	5.6	13.1
16	奥林匹克在里约:2016 年第 31 届奥运会赛艇轻量级女子双人双桨	体育	中央台五套	5.5	18.7
17	奥林匹克在里约:2016 年第 31 届奥运会男子举重 56 公斤级决赛	体育	中央台五套	5.3	23.8
18	万家邀明月一起盼中秋 2016 中秋特别节目	综艺	中央台三套	5.1	16.1
19	奥林匹克在里约:2016 年第 31 届奥运会射击女子 10 米气手枪决赛	体育	中央台五套	5.0	21.5
20	奥林匹克在里约:2016 年第 31 届奥运会游泳女 4×200 米自由泳接力决赛	体育	中央台五套	5.0	15.8
21	黄金大劫案	电影	中央台六套	4.7	15.3
22	澳门风云二	电影	中央台六套	4.6	13.9
23	长江 7 号	电影	中央台六套	4.6	13.4
24	中国好歌曲(2 月 26 日)	综艺	中央台三套	4.6	11.6
25	谜城	电影	中央台六套	4.5	14.0
26	奥林匹克在里约:2016 年第 31 届奥运会女子双人 3 米跳板决赛	体育	中央台五套	4.4	19.9
27	2016 元宵喜乐会	综艺	湖南卫视	4.4	13.4
28	叮咯咙咚呛第二季(11 月 25 日)	综艺	中央台三套	4.4	12.4
29	中国新歌声总决赛荣耀对决	综艺	浙江卫视	4.3	20.9
30	黄金 100 秒(3 月 13 日)	综艺	中央台三套	4.3	13.1

表 3.43.8　2016 年呼和浩特市场电视剧收视率排名前十位

名次	节目名称	播出频道	平均收视率（%）	平均占有率（%）
1	芈月传	北京卫视	5.9	14.2
2	豆娘	中央台八套	4.2	12.6
2	九九	中央台八套	4.2	12.6
4	父亲的身份	中央电视台综合频道	4.1	13.1
5	麻辣芳邻	中央台八套	3.9	14.0
6	锻刀	中央台八套	3.9	12.3
7	还是夫妻	中央电视台综合频道	3.7	10.6
8	女人的天空	中央台八套	3.6	13.0
9	真心想让你幸福	中央台八套	3.6	11.1
10	继父回家	山东卫视	3.3	7.9

表 3.43.9　2016 年呼和浩特市场新闻节目收视率排名前十位

名次	节目名称	播出频道	平均收视率（%）	平均占有率（%）
1	新闻天天看	内蒙古电视台新闻综合频道	5.7	23.7
2	2016 一年又一年	中央电视台综合频道	3.7	14.1
3	都市全接触	内蒙古电视台经济生活频道	3.0	13.9
4	新闻联播	中央电视台综合频道	3.0	11.0
5	筑梦天宫	中央台四套	2.6	10.1
6	李克强总理会见中外记者并回答提问	中央电视台新闻频道	2.4	6.5
7	G20 2016CHINA 二十国集团领导人杭州峰会特别报道	中央台三套	2.1	6.6
8	今日关注	中央台四套	2.0	6.9
9	海峡两岸	中央台四套	1.9	5.6
10	天天 960	内蒙古电视台新闻综合频道	1.8	11.9

表 3.43.10　2016 年呼和浩特市场专题节目收视率排名前十位

名次	节目名称	播出频道	平均收视率（%）	平均占有率（%）
1	315 共筑消费新生态	中央台二套	4.2	12.9
2	中国诗词大会(3 月 4 日)	中央电视台综合频道	4.1	11.1
3	感动中国 2015 年度人物颁奖盛典	中央电视台综合频道	3.6	9.9
4	等着我	中央台三套	2.7	9.6
5	中国成语大会 2015 年度总决赛	中央电视台综合频道	2.7	6.4
6	2016 寻找最美教师大型公益活动颁奖典礼	中央电视台综合频道	2.2	6.7
6	寻找最美医生大型公益活动颁奖典礼	中央电视台综合频道	2.2	6.7
8	治国理政新征程系列特别报道	中央电视台综合频道	2.2	5.9
9	筑梦路上 1921～2016	中央电视台综合频道	2.1	7.1
10	永远在路上	中央电视台综合频道	2.1	6.1

表 3.43.11 2016 年呼和浩特市场综艺节目收视率排名前十位

名次	节目名称	播出频道	平均收视率（%）	平均占有率（%）
1	2016 中央电视台春节联欢晚会	中央电视台综合频道	11.3	24.4
2	2016 中央电视台中秋晚会	中央电视台综合频道	7.2	20.3
3	2016 中央电视台元宵晚会	中央电视台综合频道	6.9	18.3
4	越战越勇(10 月 19 日)	中央台三套	6.0	17.4
5	星光大道 2015 年度总决赛(2 月 8 日)	中央电视台综合频道	5.9	17.3
6	CCTV 网络春晚	中央台三套	5.6	13.1
7	万家邀明月一起盼中秋 2016 中秋特别节目	中央台三套	5.1	16.1
8	中国好歌曲(2 月 26 日)	中央台三套	4.6	11.6
9	2016 元宵喜乐会	湖南卫视	4.4	13.4
10	叮咯咙咚呛第二季(11 月 25 日)	中央台三套	4.4	12.4

表 3.43.12 2016 年呼和浩特市场体育节目收视率排名前十位

名次	节目名称	播出频道	平均收视率（%）	平均占有率（%）
1	奥林匹克在里约:2016 年第 31 届奥运会羽毛球男单 1/4 决赛	中央台五套	9.2	29.8
2	奥林匹克在里约:2016 年第 31 届奥运会女排小组赛 B 组第四轮(中国 VS 塞尔维亚)	中央台五套	7.7	23.1
3	奥林匹克在里约:2016 年第 31 届奥运会乒乓球男单半决赛	中央台五套	7.6	28.8
4	奥林匹克在里约:2016 年第 31 届奥运会体操女子团体决赛	中央台五套	6.5	22.5
5	奥林匹克在里约 颁奖仪式	中央台五套	6.1	27.3
6	奥林匹克在里约:2016 年第 31 届奥运会田径女子 3000 米障碍第一轮	中央台五套	5.7	17.2
7	奥林匹克在里约:2016 年第 31 届奥运会赛艇轻量级女子双人双桨	中央台五套	5.5	18.7
8	奥林匹克在里约:2016 年第 31 届奥运会男子举重 56 公斤级决赛	中央台五套	5.3	23.8
9	奥林匹克在里约:2016 年第 31 届奥运会射击女子 10 米气手枪决赛	中央台五套	5.0	21.5
10	奥林匹克在里约:2016 年第 31 届奥运会游泳女 4×200 米自由泳接力决赛	中央台五套	5.0	15.8

四十四、济南收视数据

表 3.44.1　2012～2016 年济南市场各类频道的市场占有率(%)

频道类别	年份				
	2012 年	2013 年	2014 年	2015 年	2016 年
中央台频道	18.7	20.4	21.4	21.3	23.0
中国教育台频道	0.1	0.1	0.0	0.0	0.0
山东省级频道	36.8	32.2	33.4	32.5	24.6
济南市级频道	25.8	25.6	23.4	23.6	24.0
其他省级卫视频道	13.4	17.1	18.6	18.6	22.2
其他频道	5.2	4.7	3.2	4.0	6.2

表 3.44.2　2016 年济南市场各类频道在不同目标观众中的市场占有率(%)

目标观众		中央台频道	中国教育台频道	山东省级频道	济南市级频道	其他省级卫视频道	其他频道
4 岁及以上所有人		23.0	0.0	24.6	24.0	22.2	6.2
性别	男	25.5	0.0	23.4	24.1	21.0	6.0
	女	20.9	0.0	25.6	23.9	23.2	6.4
年龄	4～14 岁	20.1	0.0	22.5	20.5	28.5	8.4
	15～24 岁	19.7	0.1	17.7	28.2	26.0	8.3
	25～34 岁	19.2	0.0	24.9	21.4	28.4	6.1
	35～44 岁	22.9	0.0	20.4	25.9	23.6	7.2
	45～54 岁	23.7	0.0	23.1	26.3	20.9	6.0
	55～64 岁	23.7	0.0	34.2	20.6	16.5	5.0
	65 岁及以上	30.2	0.0	23.1	26.0	15.3	5.4
教育程度	未受过正规教育	19.5	0.0	28.8	21.9	22.8	7.0
	小学	20.1	0.0	29.5	25.0	19.7	5.7
	初中	23.5	0.0	27.0	23.8	21.0	4.7
	高中	24.2	0.0	21.2	22.5	23.7	8.4
	大学及以上	23.5	0.0	19.6	26.6	24.3	6.0
职业类别	干部/管理人员	25.6	0.0	19.4	24.8	24.1	6.1
	个体/私营企业人员	21.3	0.0	25.6	26.6	21.7	4.8
	初级公务员/雇员	21.1	0.0	21.2	27.1	24.9	5.7
	工人	24.2	0.1	24.6	22.2	22.9	6.0
	学生	22.1	0.0	19.0	22.2	28.1	8.6
	无业	24.6	0.0	23.7	24.6	20.7	6.4
	其他	20.4	0.0	42.5	16.8	14.4	5.9
个人月收入	0～600 元	20.1	0.0	27.4	22.6	22.8	7.1
	601～1200 元	22.3	0.0	28.8	23.3	19.8	5.8
	1201～1700 元	24.6	0.0	27.3	19.8	22.8	5.5
	1701～2600 元	23.5	0.0	20.8	29.0	21.1	5.6
	2601～3500 元	24.1	0.0	24.2	23.5	22.6	5.6
	3501～5000 元	26.0	0.0	22.9	22.9	21.5	6.7
	5001 元及以上	26.5	0.1	21.0	21.9	23.8	6.7

表 3.44.3 2016 年济南市场各类频道在不同时段的市场占有率(%)

时间段	中央台频道	中国教育台频道	山东省级频道	济南市级频道	其他省级卫视频道	其他频道
02:00~03:00	21.8	0.0	19.4	2.6	40.9	15.3
03:00~04:00	24.0	0.0	19.2	4.0	38.6	14.2
04:00~05:00	27.9	0.1	14.2	9.9	36.4	11.5
05:00~06:00	34.2	0.1	15.2	10.0	35.7	4.8
06:00~07:00	60.1	0.0	16.1	4.2	15.4	4.2
07:00~08:00	49.7	0.0	19.5	11.0	13.5	6.3
08:00~09:00	36.0	0.1	23.8	11.4	22.3	6.4
09:00~10:00	31.8	0.1	19.1	11.0	30.5	7.5
10:00~11:00	33.9	0.2	12.5	10.0	34.7	8.7
11:00~12:00	32.5	0.1	17.1	13.6	29.1	7.6
12:00~13:00	29.1	0.0	17.4	27.3	19.6	6.6
13:00~14:00	27.0	0.0	18.8	19.2	27.3	7.7
14:00~15:00	28.3	0.0	17.5	10.2	35.0	9.0
15:00~16:00	28.3	0.1	16.4	8.3	37.8	9.1
16:00~17:00	28.3	0.1	16.1	10.4	36.5	8.6
17:00~18:00	20.5	0.0	27.3	22.9	22.3	7.0
18:00~19:00	17.0	0.0	37.0	32.2	8.3	5.5
19:00~20:00	18.7	0.0	33.9	31.0	11.9	4.5
20:00~21:00	15.4	0.0	30.9	27.9	21.3	4.5
21:00~22:00	19.1	0.0	25.4	31.1	19.5	4.9
22:00~23:00	19.5	0.0	13.5	32.9	27.7	6.4
23:00~24:00	24.9	0.0	11.1	22.6	33.5	7.9
24:00~25:00	30.2	0.1	16.0	5.7	36.7	11.3
25:00~26:00	27.7	0.0	15.7	2.5	38.9	15.2

表 3.44.4 2016 年济南市场收视份额排名前十位的频道

名次	频道名称	收视份额(%)
1	济南电视台新闻综合频道	8.2
2	山东卫视	6.5
3	山东电视齐鲁频道	6.3
4	济南电视台都市女性频道	4.7
5	济南电视台影视频道	3.7
6	山东电视综艺频道	3.6
7	中央台四套	3.4
8	山东电视生活频道	3.3
9	中央台三套	3.0
10	中央电视台综合频道	2.9

表 3.44.5　2016 年济南市场各主要频道的观众构成(%)

目标观众		所有频道	主要频道				
			济南电视台新闻综合频道	山东卫视	山东电视齐鲁频道	济南电视台都市女性频道	济南电视台影视频道
4 岁及以上所有人		100.0	100.0	100.0	100.0	100.0	100.0
性别	男	46.1	43.7	42.1	41.2	48.4	46.8
	女	53.9	56.3	57.9	58.8	51.6	53.2
年龄	4~14 岁	8.4	4.6	6.2	8.8	4.7	7.3
	15~24 岁	7.9	8.5	7.1	6.2	9.6	12.6
	25~34 岁	19.3	9.6	15.5	19.3	16.6	22.0
	35~44 岁	11.3	10.8	12.2	10.8	13.3	15.2
	45~54 岁	22.9	26.1	25.1	21.9	29.1	23.9
	55~64 岁	17.0	17.7	18.5	22.6	12.5	10.6
	65 岁及以上	13.2	22.6	15.4	10.3	14.3	8.4
教育程度	未受过正规教育	5.8	4.4	5.8	8.8	4.0	3.9
	小学	14.4	20.7	19.9	20.2	13.4	11.1
	初中	34.8	33.8	40.5	39.0	39.8	31.2
	高中	28.7	24.5	23.8	22.0	25.2	34.7
	大学及以上	16.3	16.6	10.0	10.0	17.6	19.0
职业类别	干部/管理人员	5.1	5.4	3.2	2.7	5.2	3.0
	个体/私营企业人员	9.3	8.6	8.6	8.1	9.0	14.6
	初级公务员/雇员	18.7	19.2	15.9	13.0	24.6	23.1
	工人	16.4	15.6	19.0	18.6	15.7	17.6
	学生	8.9	6.0	6.9	7.0	7.3	10.4
	无业	32.9	39.0	30.2	29.8	30.5	26.7
	其他	8.8	6.2	16.1	20.8	7.6	4.6
个人月收入	0~600 元	32.6	27.8	37.9	46.0	27.4	28.6
	601~1200 元	4.4	4.4	5.0	5.9	5.7	4.1
	1201~1700 元	8.5	7.0	11.3	10.4	7.5	6.8
	1701~2600 元	22.2	31.3	20.8	12.7	27.6	26.3
	2601~3500 元	13.5	15.4	12.2	12.9	16.0	11.2
	3501~5000 元	12.3	7.9	8.0	10.0	10.2	17.7
	5001 元及以上	6.4	6.3	4.9	2.2	5.6	5.3

表 3.44.6　2014~2016 年济南市场各类节目的播出份额(%)和收视份额(%)

节目类别	2014 年		2015 年		2016 年	
	播出份额	收视份额	播出份额	收视份额	播出份额	收视份额
财经	1.3	0.5	1.6	0.5	1.2	0.3
电视剧	23.3	29.2	19.8	23.4	20.2	22.4
电影	3.9	4.4	3.7	3.6	3.9	4.1
法制	1.0	1.4	0.9	0.4	0.8	0.3
教学	0.2	0.1	0.2	0.0	0.2	0.0
青少	6.4	5.7	6.7	4.0	7.0	5.2
生活服务	15.0	8.6	11.1	8.3	10.4	8.4
体育	3.2	2.8	3.0	2.6	3.3	2.9
外语	0.0	0.0	0.0	0.0	0.0	0.0
戏剧	0.5	0.2	0.7	0.2	0.8	0.2
新闻/时事	9.9	15.6	14.2	21.2	14.2	19.6
音乐	2.2	0.4	2.3	0.4	1.7	0.6
专题	11.2	6.6	13.3	6.2	13.8	7.1
综艺	7.3	12.3	10.1	16.4	10.4	17.1
其他	14.4	12.1	12.3	12.9	12.2	12.0

表 3.44.7　2016 年济南市场所有节目收视率排名前三十位

名次	节目名称	节目类型	播出频道	平均收视率（%）	平均占有率（%）
1	2016 中央电视台春节联欢晚会	综艺	中央电视台综合频道	11.1	19.7
2	继父回家(23～43 集)	电视剧	山东卫视	9.5	19.2
3	百姓春晚	综艺	山东电视齐鲁频道	8.7	19.0
4	乡音对对碰第二季(2 月 26 日)	综艺	山东电视齐鲁频道	8.1	16.1
5	搭错车	电视剧	山东卫视	7.7	15.8
6	奥林匹克在里约：2016 年第 31 届奥运会羽毛球男单半决赛	体育	中央台五套	7.5	15.4
7	花 YOUNG 年华山东卫视 2016 春节联欢晚会(2 月 4 日)	综艺	山东卫视	7.3	19.4
8	遥远的距离	电视剧	山东卫视	6.7	15.4
9	中国新歌声(7 月 29 日)	综艺	浙江卫视	6.6	21.4
10	奥林匹克在里约：2016 年第 31 届奥运会女排小组赛第二轮(中国 VS 意大利)	体育	中央台五套	6.3	14.5
11	傻柱	电视剧	济南电视台新闻综合频道	6.2	12.6
12	奥林匹克在里约：2016 年第 31 届奥运会乒乓球男单半决赛	体育	中央台五套	6.0	22.9
13	千里共婵娟 2016 济南电视台中秋歌会	综艺	济南电视台新闻综合频道	5.9	24.9
14	木兰妈妈	电视剧	山东卫视	5.8	13.7
15	奥林匹克在里约：2016 年第 31 届奥运会体操女子团体决赛	体育	中央台五套	5.8	13.2
16	直播中超：2016 年中超联赛第 19 轮(山东鲁能泰山 VS 上海绿地申花)	体育	山东电视体育频道	5.8	12.7
17	七娃报喜闹元宵 2016 元宵喜乐会	综艺	济南电视台新闻综合频道	5.6	24.3
18	奥林匹克在里约：2016 年第 31 届奥运会游泳女 4×200 米自由泳接力决赛	体育	中央台五套	5.6	13.5
19	守婚如玉	电视剧	济南电视台新闻综合频道	5.6	11.2
20	奥林匹克在里约：2016 年第 31 届奥运会女子单人艇 1/4 决赛	体育	中央台五套	5.4	15.0
21	今晚 20 分	新闻	济南电视台新闻综合频道	5.4	14.4
22	铁血战狼	电视剧	山东电视齐鲁频道	5.4	12.8
23	金水桥边	电视剧	济南电视台新闻综合频道	5.4	11.5
24	我是你的眼	电视剧	山东卫视	5.3	12.0
25	半路父子	电视剧	济南电视台新闻综合频道	5.3	10.9
26	今晚特别点击	新闻	济南电视台新闻综合频道	5.2	17.2
27	跨界歌王(8 月 6 日)	综艺	北京卫视	5.2	16.1
28	奥林匹克在里约：2016 年第 31 届奥运会射击女子 10 米气步枪决赛	体育	中央台五套	5.2	13.5
29	我们的纯真年代	电视剧	济南电视台新闻综合频道	5.2	11.9
30	大爱齐鲁温暖中华 2015 年度齐鲁公益盛典	专题	山东电视齐鲁频道	5.2	11.3

表 3.44.8　2016 年济南市场电视剧收视率排名前十位

名次	节目名称	播出频道	平均收视率（%）	平均占有率（%）
1	继父回家(23～43 集)	山东卫视	9.5	19.2
2	搭错车	山东卫视	7.7	15.8
3	遥远的距离	山东卫视	6.7	15.4
4	傻柱	济南电视台新闻综合频道	6.2	12.6
5	木兰妈妈	山东卫视	5.8	13.7
6	守婚如玉	济南电视台新闻综合频道	5.6	11.2
7	铁血战狼	山东电视齐鲁频道	5.4	12.8
8	金水桥边	济南电视台新闻综合频道	5.4	11.5
9	我是你的眼	山东卫视	5.3	12.0
10	半路父子	济南电视台新闻综合频道	5.3	10.9

表 3.44.9　2016 年济南市场新闻节目收视率排名前十位

名次	节目名称	播出频道	平均收视率（%）	平均占有率（%）
1	今晚 20 分	济南电视台新闻综合频道	5.4	14.4
2	今晚特别点击	济南电视台新闻综合频道	5.2	17.2
3	平邑石膏矿生命大救援	山东电视齐鲁频道	4.8	12.7
4	每日新闻	山东电视齐鲁频道	4.6	12.8
5	都市新女报	济南电视台都市女性频道	4.4	10.2
6	姊妹花	济南电视台新闻综合频道	4.3	15.8
7	转播中央台新闻联播	济南电视台新闻综合频道	3.1	7.6
8	说闻解字	山东电视生活频道	3.1	7.0
9	有么说么新闻大社区	济南电视台新闻综合频道	2.7	11.1
10	济南新闻	济南电视台新闻综合频道	2.7	7.4

表 3.44.10　2016 年济南市场专题节目收视率排名前十位

名次	节目名称	播出频道	平均收视率（%）	平均占有率（%）
1	大爱齐鲁温暖中华 2015 年度齐鲁公益盛典	山东电视齐鲁频道	5.2	11.3
2	问安齐鲁	山东电视公共频道	4.4	9.3
3	山东好人 2015 十大年度人物颁奖典礼	山东电视齐鲁频道	4.2	9.5
4	有么说么故事会	济南电视台新闻综合频道	3.1	9.7
5	有话好好说	济南电视台生活频道	2.6	6.2
6	今晚不关机	济南电视台新闻综合频道	2.4	11.7
7	都市搜客团	济南电视台都市女性频道	2.4	5.3
8	2016 论语大会(12 月 4 日)	山东电视生活频道	2.3	7.3
9	2016 全媒体年度汉字	山东电视生活频道	2.2	4.7
10	开创中国特色大国外交新局面习近平主席 2015 年出访实录	中央电视台综合频道	2.2	4.5

表 3.44.11　2016 年济南市场综艺节目收视率排名前十位

名次	节目名称	播出频道	平均收视率（%）	平均占有率（%）
1	2016 中央电视台春节联欢晚会	中央电视台综合频道	11.1	19.7
2	百姓春晚	山东电视齐鲁频道	8.7	19.0
3	乡音对对碰第二季(2 月 26 日)	山东电视齐鲁频道	8.1	16.1
4	花 YOUNG 年华山东卫视 2016 春节联欢晚会(2 月 4 日)	山东卫视	7.3	19.4
5	中国新歌声(7 月 29 日)	浙江卫视	6.6	21.4
6	千里共婵娟 2016 济南电视台中秋歌会	济南电视台新闻综合频道	5.9	24.9
7	七娃报喜闹元宵 2016 元宵喜乐会	济南电视台新闻综合频道	5.6	24.3
8	跨界歌王(8 月 6 日)	北京卫视	5.2	16.1
9	为你而歌	山东卫视	5.1	15.4
10	激情跨越欢乐开年 2016 济南电视观众节开年晚会	济南电视台新闻综合频道	4.9	19.0

表 3.44.12　2016 年济南市场体育节目收视率排名前十位

名次	节目名称	播出频道	平均收视率（%）	平均占有率（%）
1	奥林匹克在里约:2016 年第 31 届奥运会羽毛球男单半决赛	中央台五套	7.5	15.4
2	奥林匹克在里约:2016 年第 31 届奥运会女排小组赛第二轮(中国 VS 意大利)	中央台五套	6.3	14.5
3	奥林匹克在里约:2016 年第 31 届奥运会乒乓球男单半决赛	中央台五套	6.0	22.9
4	奥林匹克在里约:2016 年第 31 届奥运会体操女子团体决赛	中央台五套	5.8	13.2
5	直播中超:2016 年中超联赛第 19 轮(山东鲁能泰山 VS 上海绿地申花)	山东电视体育频道	5.8	12.7
6	奥林匹克在里约:2016 年第 31 届奥运会游泳女 4×200 米自由泳接力决赛	中央台五套	5.6	13.5
7	奥林匹克在里约:2016 年第 31 届奥运会女子单人艇 1/4 决赛	中央台五套	5.4	15.0
8	奥林匹克在里约:2016 年第 31 届奥运会射击女子 10 米气步枪决赛	中央台五套	5.2	13.5
9	奥运典藏:2016 年第 31 届奥运会女子举重 63 公斤级决赛(8 月 10 日)	中央台五套	5.0	13.7
10	奥林匹克在里约 颁奖仪式	中央台五套	4.6	17.0

四十五、昆明收视数据

表 3.45.1　2012~2016 年昆明市场各类频道的市场占有率(%)

频道类别	年份				
	2012 年	2013 年	2014 年	2015 年	2016 年
中央台频道	33.3	34.8	34.5	34.1	36.2
中国教育台频道	0.2	0.1	0.1	0.1	0.1
云南省级频道	21.9	24.2	23.2	21.3	16.8
昆明市级频道	15.5	12.2	11.8	13.3	13.3
其他省级卫视频道	24.4	22.6	23.9	23.4	24.0
其他频道	4.7	6.2	6.5	7.8	9.6

表 3.45.2　2016 年昆明市场各类频道在不同目标观众中的市场占有率(%)

目标观众		中央台频道	中国教育台频道	云南省级频道	昆明市级频道	其他省级卫星频道	其他频道
4 岁及以上所有人		36.2	0.1	16.8	13.3	24.0	9.6
性别	男	37.4	0.1	17.2	13.2	22.1	10.0
	女	35.1	0.1	16.4	13.4	25.8	9.2
年龄	4~14 岁	27.0	0.0	17.6	13.0	31.1	11.3
	15~24 岁	31.9	0.0	15.8	12.8	29.2	10.3
	25~34 岁	32.2	0.2	16.4	10.4	28.0	12.8
	35~44 岁	33.8	0.0	16.5	13.6	25.4	10.7
	45~54 岁	34.2	0.1	17.6	15.7	23.8	8.6
	55~64 岁	38.6	0.0	16.8	15.5	18.1	11.0
	65 岁及以上	49.8	0.1	16.5	11.3	17.7	4.6
教育程度	未受过正规教育	27.8	0.1	22.0	13.9	25.4	10.8
	小学	35.1	0.1	19.1	14.9	22.3	8.5
	初中	34.3	0.1	17.1	15.9	23.3	9.3
	高中	38.2	0.1	15.8	12.5	23.9	9.5
	大学及以上	38.8	0.1	14.7	10.0	25.5	10.9
职业类别	干部/管理人员	34.6	0.0	19.3	12.1	25.5	8.5
	个体/私营企业人员	29.2	0.1	17.9	16.3	24.5	12.0
	初级公务员/雇员	38.7	0.1	13.8	10.6	25.8	11.0
	工人	33.1	0.1	19.3	13.2	23.1	11.2
	学生	29.8	0.0	16.1	13.5	30.2	10.4
	无业	40.4	0.1	17.1	12.9	21.7	7.8
	其他	35.1	0.0	13.4	19.8	24.6	7.1
个人月收入	0~600 元	30.0	0.1	18.2	13.3	27.8	10.6
	601~1200 元	38.9	0.1	17.1	14.0	21.8	8.1
	1201~1700 元	37.1	0.1	14.8	13.3	22.4	12.3
	1701~2600 元	39.9	0.1	16.6	15.1	21.3	7.0
	2601~3500 元	36.1	0.1	16.3	13.7	23.8	10.0
	3501~5000 元	37.4	0.0	18.0	10.0	23.7	10.9
	5001 元及以上	36.5	0.0	12.1	8.9	28.6	13.9

表 3.45.3 2016 年昆明市场各类频道在不同时段的市场占有率(%)

时间段	中央台频道	中国教育台频道	云南省级频道	昆明市级频道	其他省级卫星频道	其他频道
02:00~03:00	40.4	0.1	4.8	6.4	21.9	26.4
03:00~04:00	43.4	0.1	2.3	6.1	21.8	26.3
04:00~05:00	46.6	0.2	1.8	6.6	19.6	25.2
05:00~06:00	46.0	0.2	2.6	8.5	20.3	22.4
06:00~07:00	53.7	0.1	5.7	10.5	18.6	11.4
07:00~08:00	54.9	0.1	9.2	8.2	19.5	8.1
08:00~09:00	49.6	0.1	12.0	4.8	23.0	10.5
09:00~10:00	44.6	0.1	12.8	3.1	26.6	12.8
10:00~11:00	43.2	0.2	11.6	4.7	27.3	13.0
11:00~12:00	45.9	0.1	11.0	5.6	26.7	10.7
12:00~13:00	51.3	0.0	9.7	4.6	24.3	10.1
13:00~14:00	44.4	0.1	10.1	5.7	28.5	11.2
14:00~15:00	40.6	0.1	12.6	4.2	30.3	12.2
15:00~16:00	40.0	0.1	13.2	3.5	30.8	12.4
16:00~17:00	39.4	0.1	14.1	4.0	30.5	11.9
17:00~18:00	34.5	0.0	18.8	12.7	24.4	9.6
18:00~19:00	27.5	0.0	31.4	25.3	8.9	6.9
19:00~20:00	37.5	0.0	21.2	17.6	16.4	7.3
20:00~21:00	31.4	0.0	16.5	16.4	28.1	7.6
21:00~22:00	32.6	0.1	18.1	17.1	24.5	7.6
22:00~23:00	31.7	0.1	16.5	16.1	25.4	10.2
23:00~24:00	35.4	0.1	14.8	12.2	25.9	11.6
24:00~25:00	38.8	0.1	12.8	8.7	23.6	16.0
25:00~26:00	36.8	0.2	10.8	8.6	21.6	22.0

表 3.45.4 2016 年昆明市场收视份额排名前十位的频道

名次	频道名称	收视份额(%)
1	昆明广播电视台公共频道	7.4
2	云南广播电视台都市频道(二套)	6.5
3	中央台八套	5.9
3	中央电视台综合频道	5.9
5	中央台三套	4.1
6	中央台四套	4.0
7	中央台六套	3.6
8	云南广播电视台卫视频道(一套)	3.5
9	湖南卫视	3.4
10	昆明广播电视台影视综艺频道	3.2

表 3.45.5 2016 年昆明市场各主要频道的观众构成(%)

目标观众		所有频道	主要频道				
			昆明广播电视台公共频道	云南广播电视台都市频道(二套)	中央台八套	中央电视台综合频道	中央台三套
4 岁及以上所有人		100.0	100.0	100.0	100.0	100.0	100.0
性别	男	50.5	49.7	50.3	42.3	51.2	48.8
	女	49.5	50.3	49.7	57.7	48.8	51.2
年龄	4~14 岁	6.9	7.5	5.6	3.4	6.4	3.6
	15~24 岁	9.1	9.9	7.8	6.6	6.6	7.5
	25~34 岁	17.0	12.9	17.3	14.9	13.7	16.3
	35~44 岁	16.7	19.3	13.7	13.6	16.0	14.2
	45~54 岁	19.3	22.9	22.0	21.2	16.0	17.7
	55~64 岁	14.9	15.8	19.6	17.3	14.8	17.8
	65 岁及以上	16.1	11.7	14.1	22.9	26.6	22.9
教育程度	未受过正规教育	6.0	6.5	5.2	5.4	4.3	3.5
	小学	15.6	14.7	15.7	14.8	15.8	13.0
	初中	25.2	30.3	23.9	24.6	19.8	25.8
	高中	30.8	30.3	33.7	30.5	33.6	34.0
	大学及以上	22.4	18.3	21.5	24.6	26.6	23.7
职业类别	干部/管理人员	3.7	3.3	5.2	3.9	4.3	2.8
	个体/私营企业人员	15.9	19.4	14.3	9.6	12.0	10.5
	初级公务员/雇员	17.8	15.0	14.8	16.4	19.1	21.6
	工人	11.0	10.7	12.0	12.1	8.3	9.8
	学生	8.4	9.3	7.9	6.1	6.0	5.9
	无业	40.4	36.8	44.6	48.6	48.2	46.0
	其他	2.9	5.5	1.2	3.2	2.1	3.4
个人月收入	0~600 元	22.2	22.1	21.7	19.1	16.1	17.1
	601~1200 元	3.7	4.3	2.9	5.2	5.9	3.4
	1201~1700 元	9.5	9.7	9.5	9.1	10.9	9.9
	1701~2600 元	28.7	30.5	28.9	30.4	27.4	34.4
	2601~3500 元	17.7	20.4	18.7	18.6	20.8	18.8
	3501~5000 元	14.0	10.2	16.1	14.5	15.9	12.2
	5001 元及以上	4.1	2.7	2.1	3.1	2.9	4.2

表 3.45.6 2014~2016 年昆明市场各类节目的播出份额(%)和收视份额(%)

节目类别	2014 年		2015 年		2016 年	
	播出份额	收视份额	播出份额	收视份额	播出份额	收视份额
财经	1.5	0.9	1.4	1.1	1.1	1.0
电视剧	23.3	32.2	23.5	33.9	25.9	33.5
电影	3.6	3.9	3.8	4.2	3.8	4.5
法制	0.9	1.0	0.9	0.8	0.9	0.8
教学	0.2	0.1	0.2	0.1	0.2	0.1
青少	6.2	3.6	5.8	3.0	6.2	3.6
生活服务	14.4	7.2	12.6	7.2	10.2	6.8
体育	3.1	2.7	2.7	2.3	2.9	3.0
外语	0.0	0.0	0.0	0.0	0.0	0.0
戏剧	0.6	0.4	0.7	0.2	0.7	0.2
新闻/时事	10.8	17.0	10.6	15.1	10.7	14.8
音乐	2.3	0.8	2.4	0.9	1.6	0.7
专题	11.1	6.8	12.5	6.6	12.9	6.3
综艺	7.8	12.5	7.9	14.0	7.2	13.5
其他	14.1	10.9	14.9	10.7	15.6	11.3

表 3.45.7　2016 年昆明市场所有节目收视率排名前三十位

名次	节目名称	节目类型	播出频道	平均收视率（%）	平均占有率（%）
1	2016 中央电视台春节联欢晚会	综艺	中央电视台综合频道	13.3	33.2
2	奥林匹克在里约:2016 年第 31 届奥运会羽毛球男单决赛	体育	中央台五套	8.7	20.7
3	奥林匹克在里约 颁奖仪式	体育	中央台五套	6.4	18.2
4	奥林匹克在里约:2016 年第 31 届奥运会乒乓球男单半决赛	体育	中央台五套	6.4	16.3
5	奥林匹克在里约:2016 年第 31 届奥运会女排小组赛第二轮（中国 VS 意大利）	体育	中央台五套	6.0	15.9
6	2016 年欧洲杯小组赛 B 组第二轮（英格兰 VS 威尔士）	体育	中央台五套	5.9	15.9
7	奥林匹克在里约:2016 年第 31 届奥运会射击女子 10 米气步枪决赛	体育	中央台五套	5.9	14.6
8	2016 中央电视台元宵晚会	综艺	中央电视台综合频道	5.7	13.4
9	黄金赛场 超级足球之夜:18 年世界杯亚洲区预选赛第三阶段 A 组第 5 轮（中国 VS 卡塔尔）	体育	中央台五套	5.5	14.8
10	歌王之战（4 月 8 日）	综艺	湖南卫视	5.4	14.9
11	奥林匹克在里约:2016 年第 31 届奥运会田径女子 100 米第 1 轮	体育	中央台五套	5.1	16.9
12	奥林匹克在里约:2016 年第 31 届奥运会男子举重 56 公斤级决赛	体育	中央台五套	5.1	15.5
13	奥林匹克在里约:2016 年第 31 届奥运会游泳女 4×200 米自由泳接力决赛	体育	中央台五套	4.9	12.3
14	怒江之战	电视剧	昆明广播电视台公共频道	4.7	12.4
15	大口马牙	新闻/时事	云南广播电视台都市频道（二套）	4.5	17.0
16	奥林匹克在里约:2016 年第 31 届奥运会女子双人 3 米跳板决赛	体育	中央台五套	4.5	13.5
17	生命中的好日子	电视剧	中央台八套	4.5	13.0
18	狐影	电视剧	云南广播电视台都市频道（二套）	4.4	11.1
19	都市条形码	新闻/时事	云南广播电视台都市频道（二套）	4.2	22.3
20	海棠依旧	电视剧	中央电视台综合频道	4.2	11.3
20	生死翻盘	电视剧	云南广播电视台卫视频道（一套）	4.2	11.3
22	天气预报	生活服务	中央电视台新闻频道	4.1	13.5
23	中国新歌声总决赛荣耀对决	综艺	浙江卫视	4.1	12.4

续表

名次	节目名称	节目类型	播出频道	平均收视率(%)	平均占有率(%)
24	地道女英雄	电视剧	昆明广播电视台公共频道	4.1	11.4
25	奥林匹克在里约:2016 年第 31 届奥运会女子单人双桨预赛	体育	中央台五套	4.1	10.7
26	奥林匹克在里约:2016 年第 31 届奥运会体操男子个人全能决赛	体育	中央台五套	4.1	10.0
27	2016 中央电视台中秋晚会	综艺	中央台四套	4.0	11.9
28	潜伏在黎明之前	电视剧	昆明广播电视台公共频道	4.0	11.0
28	奔跑吧兄弟(4 月 15 日 ~7 月 1 日)	综艺	浙江卫视	4.0	11.0
30	彭德怀元帅	电视剧	中央电视台综合频道	3.9	10.5

表 3.45.8　2016 年昆明市场电视剧收视率排名前十位

名次	节目名称	播出频道	平均收视率(%)	平均占有率(%)
1	怒江之战	昆明广播电视台公共频道	4.7	12.4
2	生命中的好日子	中央台八套	4.5	13.0
3	狐影	云南广播电视台都市频道(二套)	4.4	11.1
4	海棠依旧	中央电视台综合频道	4.2	11.3
4	生死翻盘	云南广播电视台卫视频道(一套)	4.2	11.3
6	地道女英雄	昆明广播电视台公共频道	4.1	11.4
7	潜伏在黎明之前	昆明广播电视台公共频道	4.0	11.0
8	彭德怀元帅	中央电视台综合频道	3.9	10.5
9	信者无敌	云南广播电视台都市频道(二套)	3.9	10.4
10	独立纵队二	昆明广播电视台公共频道	3.9	10.3

表 3.45.9　2016 年昆明市场新闻节目收视率排名前十位

名次	节目名称	播出频道	平均收视率(%)	平均占有率(%)
1	大口马牙	云南广播电视台都市频道(二套)	4.5	17.0
2	都市条形码	云南广播电视台都市频道(二套)	4.2	22.3
3	街头巷尾	昆明广播电视台公共频道	3.8	19.9
4	新闻重新说	昆明广播电视台公共频道	3.3	12.6
5	转播中央台新闻联播	云南广播电视台都市频道(二套)	3.1	13.5
6	G20 2016CHINA 二十国集团领导人杭州峰会特别报道	中央电视台新闻频道	3.0	10.2
7	封面	云南广播电视台都市频道(二套)	2.4	12.9
8	2016 一年又一年	中央电视台综合频道	2.4	12.2
9	新闻夜总汇	昆明广播电视台公共频道	2.3	8.1
10	筑梦天宫	中央台四套	2.2	6.2

表 3.45.10　2016 年昆明市场专题节目收视率排名前十位

名次	节目名称	播出频道	平均收视率（%）	平均占有率（%）
1	感动中国 2015 年度人物颁奖盛典	中央电视台综合频道	3.4	8.4
2	永远在路上	中央电视台综合频道	3.3	9.0
3	长征	中央电视台综合频道	3.1	8.3
4	中国诗词大会(4 月 15 日)	中央电视台综合频道	2.8	8.1
5	筑梦路上 1921～2016	中央电视台综合频道	2.8	7.9
6	315 共筑消费新生态	中央台二套	2.8	7.3
7	一带一路	中央电视台综合频道	2.1	5.7
8	中国成语大会 2015 年度总决赛	中央电视台综合频道	2.1	5.1
9	凤凰卫视问答神州专访省委书记李纪恒特别节目	云南广播电视台卫视频道(一套)	2.0	5.7
10	废奴(3 月 28 日)	中央电视台综合频道	2.0	5.0

表 3.45.11　2016 年昆明市场综艺节目收视率排名前十位

名次	节目名称	播出频道	平均收视率（%）	平均占有率（%）
1	2016 中央电视台春节联欢晚会	中央电视台综合频道	13.3	33.2
2	2016 中央电视台元宵晚会	中央电视台综合频道	5.7	13.4
3	歌王之战(4 月 8 日)	湖南卫视	5.4	14.9
4	中国新歌声总决赛荣耀对决	浙江卫视	4.1	12.4
5	2016 中央电视台中秋晚会	中央台四套	4.0	11.9
6	奔跑吧兄弟(4 月 15 日～7 月 1 日)	浙江卫视	4.0	11.0
7	G20 2016CHINA 二十国集团领导人第十一次峰会文艺晚会最忆是杭州	中央电视台新闻频道	3.5	9.3
8	2016 东西南北贺新春	中央台三套	3.5	9.0
9	大口马牙	云南广播电视台都市频道(二套)	3.4	12.7
10	中国梦祖国颂 2016 中央电视台国庆特别节目	中央电视台综合频道	3.4	10.0

表 3.45.12　2016 年昆明市场体育节目收视率排名前十位

名次	节目名称	播出频道	平均收视率（%）	平均占有率（%）
1	奥林匹克在里约;2016 年第 31 届奥运会羽毛球男单决赛	中央台五套	8.7	20.7
2	奥林匹克在里约 颁奖仪式	中央台五套	6.4	18.2
3	奥林匹克在里约;2016 年第 31 届奥运会乒乓球男单半决赛	中央台五套	6.4	16.3
4	奥林匹克在里约;2016 年第 31 届奥运会女排小组赛第二轮(中国 VS 意大利)	中央台五套	6.0	15.9

续表

名次	节目名称	播出频道	平均收视率(%)	平均占有率(%)
5	2016年欧洲杯小组赛B组第二轮(英格兰VS威尔士)	中央台五套	5.9	15.9
6	奥林匹克在里约:2016年第31届奥运会射击女子10米气步枪决赛	中央台五套	5.9	14.6
7	黄金赛场 超级足球之夜:18年世界杯亚洲区预选赛第三阶段A组第5轮(中国VS卡塔尔)	中央台五套	5.5	14.8
8	奥林匹克在里约:2016年第31届奥运会田径女子100米第1轮	中央台五套	5.1	16.9
9	奥林匹克在里约:2016年第31届奥运会男子举重56公斤级决赛	中央台五套	5.1	15.5
10	奥林匹克在里约:2016年第31届奥运会游泳女4×200米自由泳接力决赛	中央台五套	4.9	12.3

四十六、兰州收视数据

表 3.46.1 2012～2016 年兰州市场各类频道的市场占有率(%)

频道类别	年份				
	2012 年	2013 年	2014 年	2015 年	2016 年
中央台频道	47.3	46.7	44.8	41.7	42.6
中国教育台频道	0.4	0.7	0.3	0.1	0.1
甘肃省级频道	6.5	6.8	5.7	6.0	5.1
兰州市级频道	4.0	4.0	3.8	7.4	6.8
其他省级卫视频道	34.2	35.3	36.9	35.2	32.1
其他频道	7.6	6.5	8.5	9.6	13.4

表 3.46.2 2016 年兰州市场各类频道在不同目标观众中的市场占有率(%)

目标观众		中央台频道	中国教育台频道	甘肃省级频道	兰州市级频道	其他省级卫视频道	其他频道
4 岁及以上所有人		42.6	0.1	5.1	6.8	32.1	13.4
性别	男	43.1	0.1	5.1	7.1	31.4	13.2
	女	41.9	0.1	5.1	6.4	32.9	13.6
年龄	4～14 岁	29.0	0.1	4.6	4.5	45.4	16.3
	15～24 岁	38.1	0.1	3.2	5.8	38.1	14.7
	25～34 岁	33.0	0.1	2.5	3.2	43.1	18.3
	35～44 岁	39.9	0.1	3.9	5.7	34.5	16.0
	45～54 岁	41.1	0.1	6.0	8.6	30.3	13.9
	55～64 岁	47.6	0.1	6.2	7.6	25.2	13.2
	65 岁及以上	53.2	0.1	6.6	8.1	24.9	7.2
教育程度	未受过正规教育	33.5	0.1	4.0	7.2	41.9	13.4
	小学	46.9	0.1	6.8	6.7	31.4	8.2
	初中	41.6	0.1	6.5	9.5	30.0	12.4
	高中	45.8	0.1	4.9	6.5	31.1	11.7
	大学及以上	35.9	0.1	3.3	4.1	35.0	21.7
职业类别	干部/管理人员	53.0	0.0	4.4	4.7	31.0	6.9
	个体/私营企业人员	42.8	0.1	5.6	7.7	30.0	13.9
	初级公务员/雇员	37.0	0.1	3.7	5.5	36.0	17.6
	工人	36.3	0.1	2.9	6.2	38.4	16.0
	学生	37.4	0.1	2.6	3.4	40.3	16.2
	无业	45.8	0.1	6.5	7.9	28.6	11.1
	其他	*	*	*	*	*	*
个人月收入	0～600 元	36.9	0.1	4.2	6.3	38.1	14.3
	601～1200 元	40.2	0.1	6.6	7.3	33.9	12.0
	1201～1700 元	50.3	0.1	5.5	7.3	26.3	10.6
	1701～2600 元	46.7	0.1	6.4	8.4	27.3	11.1
	2601～3500 元	40.0	0.1	4.8	6.0	35.1	14.1
	3501～5000 元	38.9	0.1	2.3	3.4	31.8	23.4
	5001 元及以上	41.4	0.1	1.4	2.2	41.9	13.1

注：* 表示样本量不足，无法进行统计推断

表 3.46.3　2016 年兰州市场各类频道在不同时段的市场占有率(%)

时间段	中央台频道	中国教育台频道	甘肃省级频道	兰州市级频道	其他省级卫视频道	其他频道
02:00~03:00	22.5	0.2	11.0	1.8	40.6	24.0
03:00~04:00	22.6	0.1	15.5	0.9	36.0	24.8
04:00~05:00	26.4	0.1	17.0	0.9	31.4	24.2
05:00~06:00	36.7	0.3	16.4	0.8	26.0	19.9
06:00~07:00	68.4	0.1	4.7	0.4	15.7	10.8
07:00~08:00	61.9	0.1	5.1	4.9	17.2	10.8
08:00~09:00	45.3	0.1	4.9	8.8	28.7	12.3
09:00~10:00	40.1	0.1	4.9	6.8	34.1	13.9
10:00~11:00	39.3	0.2	5.1	6.2	35.7	13.7
11:00~12:00	44.1	0.1	3.4	4.6	34.1	13.7
12:00~13:00	50.4	0.0	3.1	2.1	31.8	12.6
13:00~14:00	42.6	0.1	3.2	3.3	36.3	14.5
14:00~15:00	38.6	0.1	2.6	4.1	39.1	15.5
15:00~16:00	36.4	0.2	2.5	4.4	40.3	16.2
16:00~17:00	37.6	0.1	2.9	4.8	39.2	15.4
17:00~18:00	41.4	0.1	2.5	5.9	35.5	14.7
18:00~19:00	52.6	0.1	7.4	8.4	19.2	12.3
19:00~20:00	52.3	0.1	7.4	9.5	20.5	10.3
20:00~21:00	39.6	0.1	7.0	7.7	34.0	11.7
21:00~22:00	40.7	0.1	6.1	8.9	31.9	12.4
22:00~23:00	35.4	0.1	4.4	10.2	36.2	13.7
23:00~24:00	39.1	0.1	2.7	4.5	37.7	15.9
24:00~25:00	35.8	0.1	4.5	3.5	37.7	18.5
25:00~26:00	30.3	0.2	6.7	2.4	39.9	20.5

表 3.46.4　2016 年兰州市场收视份额排名前十位的频道

名次	频道名称	收视份额(%)
1	中央电视台综合频道	8.0
2	中央台八套	5.4
3	中央台三套	5.0
4	中央电视台新闻频道	4.5
5	中央台六套	4.4
6	中央台四套	4.2
7	兰州电视台公共频道	4.0
8	浙江卫视	3.0
9	湖南卫视	2.9
10	中央台五套	2.5

表 3.46.5　2016 年兰州市场各主要频道的观众构成(%)

目标观众		所有频道	主要频道				
			中央电视台综合频道	中央台八套	中央台三套	中央电视台新闻频道	中央台六套
4 岁及以上所有人		100.0	100.0	100.0	100.0	100.0	100.0
性别	男性	52.9	48.9	45.6	49.1	60.4	56.8
	女性	47.1	51.1	54.4	50.9	39.6	43.2
年龄	4～14 岁	6.8	3.1	2.4	6.6	3.7	4.3
	15～24 岁	8.5	8.3	5.5	7.6	7.2	9.8
	25～34 岁	12.2	8.8	12.8	8.8	5.0	14.7
	35～44 岁	13.9	14.9	6.5	10.5	10.4	18.9
	45～54 岁	20.3	18.6	15.0	21.6	18.3	22.1
	55～64 岁	16.0	17.1	25.9	11.7	20.0	15.3
	65 岁及以上	22.2	29.3	31.8	33.2	35.4	14.9
教育程度	未受正规教育	4.7	3.1	2.8	7.6	2.2	2.3
	小学	12.0	9.8	22.4	12.6	20.5	8.2
	初中	22.4	28.8	26.9	22.4	20.2	20.6
	高中	42.5	42.4	38.7	47.7	40.9	50.9
	大学及以上	18.4	15.8	9.2	9.8	16.2	18.0
职业类别	干部/管理人员	3.0	5.3	2.5	3.1	4.1	2.9
	个体/私营企业人员	16.8	15.4	20.2	17.2	13.9	21.3
	初级公务员/雇员	13.5	10.3	6.5	9.7	9.2	18.6
	工人	11.2	10.6	7.3	7.5	8.3	10.6
	学生	10.2	9.1	6.0	11.4	8.3	10.7
	无业	44.6	47.4	57.4	49.9	54.1	35.2
	其他	*	*	*	*	*	*
个人月收入	0～600 元	21.2	20.4	13.0	23.0	17.0	18.7
	601～1200 元	9.6	7.6	9.7	10.8	11.0	11.3
	1201～1700 元	12.3	16.8	23.3	19.5	15.4	10.1
	1701～2600 元	29.5	32.5	35.9	27.0	27.9	30.6
	2601～3500 元	17.0	13.6	11.7	11.4	17.5	18.9
	3501～5000 元	8.3	7.5	5.5	7.2	9.1	7.2
	5001 元及以上	2.0	1.6	1.0	1.0	2.2	3.2

注：* 表示样本量不足，无法进行统计推断。

表 3.46.6　2014～2016 年兰州市场各类节目的播出份额(%)和收视份额(%)

节目类别	2014 年		2015 年		2016 年	
	播出份额	收视份额	播出份额	收视份额	播出份额	收视份额
财经	1.8	0.7	1.8	0.9	1.4	0.7
电视剧	20.9	32.3	21.1	32.8	21.2	29.2
电影	3.6	4.4	3.5	5.0	3.5	5.5
法制	0.9	1.2	0.9	0.8	0.8	0.7
教学	0.3	0.1	0.3	0.1	0.3	0.0
青少	7.2	4.2	6.7	4.0	6.6	4.1
生活服务	10.3	6.9	9.4	6.7	8.7	6.6
体育	2.8	2.3	2.9	2.6	2.7	3.0
外语	0.0	0.0	0.0	0.0	0.0	0.0
戏剧	0.7	0.4	0.8	0.5	0.9	0.7
新闻/时事	14.6	14.3	15.0	13.6	15.5	14.6
音乐	2.5	0.8	2.5	0.9	1.9	0.9
专题	12.6	7.4	13.8	6.9	14.5	7.1
综艺	8.9	14.2	8.6	14.8	8.7	16.1
其他	12.9	10.8	12.7	10.4	13.3	10.6

表 3.46.7　2016 年兰州市场所有节目收视率排名前三十位

名次	节目名称	节目类别	播出频道	平均收视率(%)	平均占有率(%)
1	2016 中央电视台春节联欢晚会	综艺	中央电视台综合频道	11.9	28.5
2	2016 一年又一年	新闻	中央电视台综合频道	8.5	23.0
3	2016 中央电视台元宵晚会	综艺	中央电视台综合频道	7.4	19.7
4	奥林匹克在里约:2016 年第 31 届奥运会乒乓球男单半决赛	体育	中央台五套	6.6	25.2
5	奥林匹克在里约:2016 年第 31 届奥运会羽毛球男单半决赛	体育	中央台五套	6.6	20.9
6	2016 中央电视台中秋晚会	综艺	中央电视台综合频道	6.6	17.9
7	星光大道 2015 年度总决赛(2 月 8 日)	综艺	中央电视台综合频道	6.2	15.1
8	中国诗词大会(3 月 11 日)	专题	中央电视台综合频道	5.9	17.2
9	天气预报	生活服务	中央电视台综合频道	5.6	19.0
10	等着我	专题	中央电视台综合频道	5.3	16.4
11	G20 2016CHINA 二十国集团领导人第十一次峰会文艺晚会最忆是杭州	综艺	中央电视台综合频道	5.0	16.6
12	奥林匹克在里约:2016 年第 31 届奥运会女排小组赛 B 组第四轮(中国 VS 塞尔维亚)	体育	中央台五套	4.9	17.2
13	2016 东西南北贺新春	综艺	中央台三套	4.9	14.8
14	了不起的挑战(1 月 24 日)	综艺	中央电视台综合频道	4.7	13.0
15	奥林匹克在里约:2016 年第 31 届奥运会游泳女 4×200 米自由泳接力决赛	体育	中央台五套	4.5	16.2
16	奥林匹克在里约:2016 年第 31 届奥运会体操男子个人全能决赛	体育	中央台五套	4.5	15.6
17	搭错车	电视剧	山东卫视	4.4	12.1
18	奥林匹克在里约 颁奖仪式	体育	中央台五套	4.3	16.2
19	海棠依旧	电视剧	中央电视台综合频道	4.3	14.3
20	G20 2016CHINA 二十国集团领导人杭州峰会特别报道	新闻	中央电视台综合频道	4.3	13.3
21	中国成语大会 2015 年度总决赛	专题	中央电视台综合频道	4.3	11.9
22	歌王之战(4 月 8 日)	综艺	湖南卫视	4.2	18.3
23	奥林匹克在里约:2016 年第 31 届奥运会男子举重 56 公斤级决赛	体育	中央台五套	4.1	18.7
24	奥林匹克在里约:2016 年第 31 届奥运会射击女子 10 米气步枪决赛	体育	中央台五套	4.1	13.8
25	奔跑吧兄弟新春特辑	综艺	浙江卫视	4.1	13.2
25	手枪队	电视剧	兰州电视台公共频道	4.1	13.1
27	芈月传	电视剧	北京卫视	4.1	11.4
28	人民检察官	电视剧	中央电视台综合频道	4.0	12.7
29	我是歌手第二场淘汰赛倒计时	综艺	湖南卫视	3.9	11.0
30	破局	电影	中央台六套	3.9	10.8

表 3.46.8　2016 年兰州市场电视剧收视率排名前十位

名次	节目名称	播出频道	平均收视率（%）	平均占有率（%）
1	搭错车	山东卫视	4.4	12.1
2	海棠依旧	中央电视台综合频道	4.3	14.3
3	手枪队	兰州电视台公共频道	4.1	13.1
4	芈月传	北京卫视	4.1	11.4
5	人民检察官	中央电视台综合频道	4.0	12.7
6	父亲的身份	中央电视台综合频道	3.6	11.9
7	陆军一号	中央电视台综合频道	3.5	10.0
8	还是夫妻	中央电视台综合频道	3.4	10.3
9	继父回家	山东卫视	3.4	9.6
10	黑狐之风影	兰州电视台公共频道	3.1	10.1

表 3.46.9　2016 年兰州市场新闻节目收视率排名前十位

名次	节目名称	播出频道	平均收视率（%）	平均占有率（%）
1	2016 一年又一年	中央电视台综合频道	8.5	23.0
2	G20 2016CHINA 二十国集团领导人杭州峰会特别报道	中央电视台综合频道	4.3	13.3
3	筑梦天宫	中央台四套	3.7	10.9
4	新闻联播	中央电视台综合频道	3.2	12.0
5	李克强总理会见中外记者并回答提问	中央电视台综合频道	2.6	9.2
6	焦点访谈	中央电视台综合频道	2.6	8.5
7	深度国际	中央台四套	1.8	6.4
8	李克强总理会见中外记者并回答提问	中央电视台新闻频道	1.8	6.3
9	今日关注	中央台四套	1.7	5.7
10	中国舆论场	中央台四套	1.7	5.4

表 3.46.10　2016 年兰州市场专题节目收视率排名前十位

名次	节目名称	播出频道	平均收视率（%）	平均占有率（%）
1	中国诗词大会(3 月 11 日)	中央电视台综合频道	5.9	17.2
2	等着我	中央电视台综合频道	5.3	16.4
3	中国成语大会 2015 年度总决赛	中央电视台综合频道	4.3	11.9
4	感动中国 2015 年度人物颁奖盛典	中央电视台综合频道	3.6	9.8
5	寻找最美医生大型公益活动颁奖典礼	中央电视台综合频道	2.9	9.5
6	筑梦路上 1921～2016	中央电视台综合频道	2.8	9.8
7	2016 寻找最美教师大型公益活动颁奖典礼	中央电视台综合频道	2.8	9.7
8	治国理政新征程系列特别报道	中央电视台综合频道	2.8	8.8
9	芈月传奇	北京卫视	2.7	8.1
10	废奴(3 月 28 日)	中央电视台综合频道	2.7	7.8

表 3.46.11　2016 年兰州市场综艺节目收视率排名前十位

名次	节目名称	播出频道	平均收视率（%）	平均占有率（%）
1	2016 中央电视台春节联欢晚会	中央电视台综合频道	11.9	28.5
2	2016 中央电视台元宵晚会	中央电视台综合频道	7.4	19.7
3	2016 中央电视台中秋晚会	中央电视台综合频道	6.6	17.9
4	星光大道 2015 年度总决赛(2 月 8 日)	中央电视台综合频道	6.2	15.1
5	G20 2016CHINA 二十国集团领导人第十一次峰会文艺晚会最忆是杭州	中央电视台综合频道	5.0	16.6
6	2016 东西南北贺新春	中央台三套	4.9	14.8
7	了不起的挑战(1 月 24 日)	中央电视台综合频道	4.7	13.0
8	歌王之战(4 月 8 日)	湖南卫视	4.2	18.3
9	奔跑吧兄弟新春特辑	浙江卫视	4.1	13.2
10	CCTV 网络春晚	中央台三套	3.8	10.5

表 3.46.12　2016 年兰州市场体育节目收视率排名前十位

名次	节目名称	播出频道	平均收视率（%）	平均占有率（%）
1	奥林匹克在里约:2016 年第 31 届奥运会乒乓球男单半决赛	中央台五套	6.6	25.2
2	奥林匹克在里约:2016 年第 31 届奥运会羽毛球男单半决赛	中央台五套	6.6	20.9
3	奥林匹克在里约:2016 年第 31 届奥运会女排小组赛 B 组第四轮(中国 VS 塞尔维亚)	中央台五套	4.9	17.2
4	奥林匹克在里约:2016 年第 31 届奥运会游泳女 4×200 米自由泳接力决赛	中央台五套	4.5	16.2
5	奥林匹克在里约:2016 年第 31 届奥运会体操男子个人全能决赛	中央台五套	4.5	15.6
6	奥林匹克在里约 颁奖仪式	中央台五套	4.3	16.2
7	奥林匹克在里约:2016 年第 31 届奥运会男子举重 56 公斤级决赛	中央台五套	4.1	18.7
8	奥林匹克在里约:2016 年第 31 届奥运会射击女子 10 米气步枪决赛	中央台五套	4.1	13.8
9	2016 年世界乒乓球团体锦标赛男团决赛	中央台五套	3.6	10.6
10	奥林匹克在里约:2016 年第 31 届奥运会女子单人艇决赛	中央台五套	3.4	11.4

四十七、南昌收视数据

表 3.47.1 2012～2016 年南昌市场各类频道的市场占有率(%)

频道类别	年份				
	2012 年	2013 年	2014 年	2015 年	2016 年
中央台频道	23.6	25.0	27.5	26.7	25.8
中国教育台频道	0.2	0.4	0.3	0.1	0.1
江西省级频道	43.0	40.4	36.3	35.1	37.5
南昌市级频道	3.4	4.4	4.7	4.3	4.2
其他省级卫视频道	19.1	18.3	19.0	20.5	20.6
其他频道	10.7	11.5	12.2	13.3	11.8

表 3.47.2 2016 年南昌市场各类频道在不同目标观众中的市场占有率(%)

目标观众		中央台频道	中国教育台频道	江西省级频道	南昌市级频道	其他省级卫视频道	其他频道
4 岁及以上所有人		25.8	0.1	37.5	4.2	20.6	11.8
性别	男	28.6	0.1	34.9	3.8	19.7	12.9
	女	22.9	0.1	40.2	4.6	21.4	10.8
年龄	4～14 岁	20.9	0.0	26.3	2.4	38.0	12.4
	15～24 岁	19.6	0.1	37.2	3.1	27.6	12.4
	25～34 岁	23.2	0.0	37.8	2.8	23.9	12.3
	35～44 岁	23.8	0.1	36.4	3.0	22.5	14.2
	45～54 岁	25.7	0.0	39.8	4.5	17.5	12.5
	55～64 岁	29.4	0.0	42.7	5.2	13.5	9.2
	65 岁及以上	33.5	0.1	38.2	6.8	10.4	11.0
教育程度	未受过正规教育	26.5	0.0	35.0	5.0	23.4	10.1
	小学	21.2	0.1	42.8	4.4	19.9	11.6
	初中	24.2	0.1	36.4	4.5	22.1	12.7
	高中	26.8	0.0	38.8	3.7	19.5	11.2
	大学及以上	32.1	0.0	31.7	3.8	19.5	12.9
职业类别	干部/管理人员	28.0	0.0	30.8	6.5	17.8	16.9
	个体/私营企业人员	25.0	0.1	39.2	2.7	20.1	12.9
	初级公务员/雇员	24.0	0.0	37.5	3.8	21.8	12.9
	工人	23.1	0.0	43.9	4.2	16.7	12.1
	学生	19.8	0.1	29.8	3.0	36.0	11.3
	无业	30.9	0.1	34.1	5.5	18.4	11.0
	其他	21.9	0.1	53.0	1.7	11.7	11.6
个人月收入	0～600 元	22.3	0.1	32.6	3.0	30.6	11.4
	601～1200 元	17.6	0.0	55.7	4.3	12.2	10.2
	1201～1700 元	25.7	0.1	37.7	7.1	18.0	11.4
	1701～2600 元	28.4	0.0	40.0	5.1	14.9	11.6
	2601～3500 元	31.0	0.1	34.0	3.3	19.0	12.6
	3501～5000 元	22.5	0.0	40.3	4.0	19.6	13.6
	5001 元及以上	24.6	0.0	38.6	3.5	21.3	12.0

表 3.47.3　2016 年南昌市场各类频道在不同时段的市场占有率(%)

时间段	中央台频道	中国教育台频道	江西省级频道	南昌市级频道	其他省级卫视频道	其他频道
02:00~03:00	28.8	0.0	24.9	0.2	17.8	28.3
03:00~04:00	28.9	0.1	23.6	0.2	17.1	30.1
04:00~05:00	33.0	0.1	24.4	0.2	15.0	27.3
05:00~06:00	40.2	0.2	22.2	0.6	14.5	22.3
06:00~07:00	46.7	0.1	19.6	5.5	10.3	17.8
07:00~08:00	40.2	0.1	27.2	4.7	14.9	12.9
08:00~09:00	39.3	0.1	24.3	4.2	19.3	12.8
09:00~10:00	33.8	0.1	27.3	3.8	22.4	12.6
10:00~11:00	31.1	0.1	30.8	3.4	22.5	12.1
11:00~12:00	33.9	0.1	28.9	3.7	22.6	10.8
12:00~13:00	36.0	0.0	30.2	2.1	21.0	10.7
13:00~14:00	30.7	0.0	30.7	2.1	23.8	12.7
14:00~15:00	29.1	0.1	28.5	2.8	26.2	13.3
15:00~16:00	27.6	0.1	29.7	3.5	26.4	12.7
16:00~17:00	27.2	0.1	30.1	4.1	26.2	12.3
17:00~18:00	26.5	0.1	30.9	7.3	23.6	11.6
18:00~19:00	24.1	0.0	46.4	7.6	11.3	10.6
19:00~20:00	23.6	0.0	45.9	6.9	14.1	9.5
20:00~21:00	18.3	0.0	44.8	3.8	23.2	9.9
21:00~22:00	20.6	0.0	43.8	3.3	21.4	10.9
22:00~23:00	20.2	0.0	41.1	3.1	22.4	13.2
23:00~24:00	25.5	0.0	32.6	2.3	24.1	15.5
24:00~25:00	28.7	0.0	31.3	2.6	19.4	18.0
25:00~26:00	29.3	0.1	28.9	0.7	17.5	23.5

表 3.47.4　2016 年南昌市场收视份额排名前十位的频道

名次	频道名称	收视份额(%)
1	江西卫视	9.9
2	江西电视台都市频道(二套)	8.6
3	江西电视台影视频道(四套)	6.3
4	江西电视台公共频道(五套)	5.9
5	中央电视台综合频道	3.9
6	中央台四套	3.4
7	湖南卫视	3.2
8	江西电视台少儿家庭频道	3.0
9	中央电视台新闻频道	2.6
9	中央台六套	2.6

表 3.47.5　2015 年南昌市场各主要频道的观众构成(%)

目标观众		所有频道	主要频道				
			江西卫视	江西电视台都市频道（二套）	江西电视台影视频道（四套）	江西电视台公共频道（五套）	中央电视台综合频道
4 岁及以上所有人		100.0	100.0	100.0	100.0	100.0	100.0
性别	男	51.5	45.6	46.4	54.2	47.4	52.2
	女	48.5	54.4	53.6	45.8	52.6	47.8
年龄	4~14 岁	10.4	6.1	5.1	5.7	5.1	6.3
	15~24 岁	11.3	12.0	10.2	9.4	6.2	6.7
	25~34 岁	13.9	14.6	10.8	15.8	11.8	8.5
	35~44 岁	14.0	14.0	11.6	12.1	19.9	10.4
	45~54 岁	18.2	22.3	22.3	18.3	15.7	15.8
	55~64 岁	14.5	17.3	16.1	13.6	24.3	18.5
	65 岁及以上	17.7	13.7	23.9	25.1	17.0	33.8
教育程度	未受过正规教育	5.7	3.5	7.9	4.2	4.7	5.4
	小学	19.6	24.3	24.0	17.5	24.9	16.9
	初中	28.7	26.6	35.5	26.3	23.2	22.5
	高中	29.7	30.3	24.7	38.5	27.9	29.6
	大学及以上	16.3	15.3	7.9	13.5	19.3	25.6
职业类别	干部/管理人员	1.6	0.9	0.7	1.3	3.3	1.6
	个体/私营企业人员	10.3	10.1	12.4	10.8	11.1	5.5
	初级公务员/雇员	16.6	19.9	12.4	18.6	18.7	15.7
	工人	16.0	18.7	15.8	17.7	16.9	12.7
	学生	12.3	10.4	6.2	9.0	7.0	6.7
	无业	36.1	28.3	37.8	37.0	31.5	52.9
	其他	7.1	11.7	14.7	5.6	11.5	4.9
个人月收入	0~600 元	25.5	24.2	23.2	17.5	14.0	19.3
	601~1200 元	5.1	8.4	8.9	6.3	9.5	3.8
	1201~1700 元	8.5	8.1	10.8	10.7	4.6	9.8
	1701~2600 元	27.6	25.0	32.2	33.3	36.4	34.8
	2601~3500 元	18.9	16.2	12.4	17.4	18.2	22.7
	3501~5000 元	10.0	12.3	7.6	10.6	14.0	6.5
	5001 元及以上	4.4	5.8	4.9	4.2	3.3	3.1

表 3.47.6　2014~2016 年南昌市场各类节目的播出份额(%)和收视份额(%)

节目类型	2014 年		2015 年		2016 年	
	播出份额	收视份额	播出份额	收视份额	播出份额	收视份额
财经	1.7	0.5	1.7	0.8	1.3	0.4
电视剧	22.3	35.8	23.1	35.1	23.7	34.9
电影	4.6	4.2	4.1	3.6	3.9	4.0
法制	1.5	2.7	1.4	2.8	1.2	2.7
教学	0.3	0.1	0.3	0.1	0.3	0.1
青少	6.9	6.2	6.6	5.3	6.7	5.6
生活服务	10.1	7.7	9.0	6.9	8.5	6.8
体育	2.7	1.4	2.7	1.3	3.0	1.6
外语	0.0	0.0	0.0	0.0	0.0	0.0
戏剧	0.7	0.1	0.8	0.1	0.8	0.1
新闻/时事	14.4	12.5	14.5	14.5	14.5	14.5
音乐	2.4	0.7	2.4	0.9	1.8	0.9
专题	11.6	7.4	13.0	8.2	13.4	7.4
综艺	8.3	9.0	8.3	9.0	9.0	9.9
其他	12.6	11.7	12.1	11.4	11.9	11.1

表 3.47.7　2016 年南昌市场节目收视率排名前三十位

名次	节目名称	节目类型	播出频道	平均收视率(%)	平均占有率(%)
1	奥林匹克在里约:2016年第 31 届奥运会羽毛球男单决赛	体育	中央台五套	6.5	21.6
2	情谜睡美人	电视剧	江西卫视	6.1	18.5
3	爱情珠宝	电视剧	江西卫视	6.1	16.5
4	我是联想王(8 月 9 日)	综艺	江西卫视	6.0	19.1
5	你是我的姐妹	电视剧	江西卫视	5.7	15.9
6	北京遇上西雅图	电影	江西卫视	5.7	15.0
7	蚂蚱	电视剧	江西卫视	5.4	15.5
8	碧血书香梦	电视剧	江西卫视	5.3	14.5
9	下辈子还做我老爸	电视剧	江西卫视	5.2	15.0
10	且行且珍惜	电视剧	江西卫视	5.1	15.9
11	两个女人的战争	电视剧	江西卫视	5.1	15.6
12	奥林匹克在里约:2016年第 31 届奥运会女排小组赛第二轮(中国 VS 意大利)	体育	中央台五套	5.1	15.3
13	唐伯虎点秋香	电影	江西卫视	5.1	13.7
14	奥林匹克在里约:2016年第 31 届奥运会射击女子 10 米气步枪决赛	体育	中央台五套	5.0	16.1
15	孩子回国了	电视剧	江西卫视	5.0	13.5
16	创客英雄会	专题	江西卫视	4.9	16.0
17	剑侠传奇	电视剧	江西卫视	4.9	13.6
18	转播中央台新闻联播	新闻/时事	江西电视台都市频道(二套)	4.8	15.2
19	重返 20 岁	电影	江西卫视	4.7	13.7
20	幸福在一起	电视剧	江西卫视	4.6	13.7
21	酸甜苦辣小夫妻	电视剧	江西卫视	4.4	13.5
22	奥林匹克在里约 颁奖仪式	体育	中央台五套	4.3	18.8
23	奥林匹克在里约:2016年第 31 届奥运会乒乓球女单半决赛	体育	中央台五套	4.3	15.9
24	情满雪阳花	电视剧	江西卫视	4.3	14.1
25	长路漫漫红旗飘飘江西省纪念红军长征胜利 80 周年交响音乐会	音乐	江西卫视	4.3	12.9
26	映山红	电视剧	江西卫视	4.3	12.6
27	晚间 800	法制	江西电视台都市频道(二套)	4.3	12.3
27	姐妹情敌	电视剧	江西电视台都市频道(二套)	4.3	12.3
29	特别报道	新闻/时事	江西卫视	4.2	12.2
30	欢乐颂	电视剧	江西卫视	4.1	13.2

表 3.47.8　2016 年南昌市场电视剧收视率排名前十位

名次	节目名称	播出频道	平均收视率（%）	平均占有率（%）
1	情谜睡美人	江西卫视	6.1	18.5
2	爱情珠宝	江西卫视	6.1	16.5
3	你是我的姐妹	江西卫视	5.7	15.9
4	蚂蚱	江西卫视	5.4	15.5
5	碧血书香梦	江西卫视	5.3	14.5
6	下辈子还做我老爸	江西卫视	5.2	15.0
7	且行且珍惜	江西卫视	5.1	15.9
8	两个女人的战争	江西卫视	5.1	15.6
9	孩子回国了	江西卫视	5.0	13.5
10	剑侠传奇	江西卫视	4.9	13.6

表 3.47.9　2016 年南昌市场新闻节目收视率排名前十位

名次	节目名称	播出频道	平均收视率（%）	平均占有率（%）
1	转播中央台新闻联播	江西电视台都市频道(二套)	4.8	15.2
2	特别报道	江西卫视	4.2	12.2
3	都市现场	江西电视台都市频道(二套)	3.9	17.2
4	百万心愿 17 共享 12 月 31 日 22:00 跨年抢先看	江西电视台都市频道(二套)	3.3	9.2
5	江西新闻联播	江西卫视	2.5	11.2
6	G20 2016CHINA 二十国集团领导人杭州峰会特别报道	中央台四套	2.0	6.8
7	新闻晚高峰	江西电视台公共频道(五套)	1.9	9.0
8	李克强总理会见中外记者并回答提问	中央电视台新闻频道	1.8	4.7
9	2016　年又　年	江西电视台公共频道(五套)	1.7	8.5
10	新闻联播	中央电视台综合频道	1.6	5.7

表 3.47.10　2016 年南昌市场专题节目收视率排名前十位

名次	节目名称	播出频道	平均收视率（%）	平均占有率（%）
1	创客英雄会	江西卫视	4.9	16.0
2	都市情缘	江西电视台都市频道(二套)	4.1	12.5
3	2016 相亲相爱一家人金牌调解新春特别节目	江西卫视	3.0	13.7
4	传奇故事	江西卫视	2.8	8.9
5	金牌调解	江西卫视	2.7	12.4
6	中国诗词大会(3 月 11 日)	中央电视台综合频道	2.6	6.4
7	我的红军岁月	江西卫视	2.3	8.2
8	决胜危局纪念长征胜利 80 周年	江西卫视	2.1	7.1
9	芈月传奇	北京卫视	2.1	6.3
10	315 共筑消费新生态	中央台二套	1.5	4.6

表 3.47.11　2016 年南昌市场综艺节目收视率排名前 10 位

名次	节目名称	播出频道	平均收视率(%)	平均占有率(%)
1	我是联想王(8 月 9 日)	江西卫视	6.0	19.1
2	光辉的历程永恒的誓言江西省庆祝中国共产党成立 95 周年文艺晚会	江西卫视	3.9	12.3
3	2016 中央电视台元宵晚会	中央电视台综合频道	3.7	9.1
4	带着爸妈去旅行第二季	江西卫视	3.6	16.4
5	多彩中国话	江西电视台公共频道(五套)	3.5	12.4
6	中秋之夜	湖南卫视	3.4	10.8
7	2016 湖南卫视小年夜春晚	湖南卫视	3.3	11.5
8	家庭幽默录像	江西卫视	3.3	11.3
9	礼从天降	江西卫视	3.2	10.5
10	好运到你家	江西电视台影视频道(四套)	3.2	9.4

表 3.47.12　2016 年南昌市场体育节目收视率排名前十位

名次	节目名称	播出频道	平均收视率(%)	平均占有率(%)
1	奥林匹克在里约:2016 年第 31 届奥运会羽毛球男单决赛	中央台五套	6.5	21.6
2	奥林匹克在里约:2016 年第 31 届奥运会女排小组赛第二轮(中国 VS 意大利)	中央台五套	5.1	15.3
3	奥林匹克在里约:2016 年第 31 届奥运会射击女子 10 米气步枪决赛	中央台五套	5.0	16.1
4	奥林匹克在里约 颁奖仪式	中央台五套	4.3	18.8
5	奥林匹克在里约:2016 年第 31 届奥运会乒乓球女单半决赛	中央台五套	4.3	15.9
6	奥林匹克在里约:2016 年第 31 届奥运会女子单人艇 1/4 决赛	中央台五套	3.8	12.3
7	奥运典藏:2016 年第 31 届奥运会女子双人 10 米跳台决赛	中央台五套	3.6	12.5
8	奥林匹克在里约:2016 年第 31 届奥运会女子体操资格赛	中央台五套	3.5	11.6
9	奥林匹克在里约:2016 年第 31 届奥运会田径女子三级跳远资格赛	中央台五套	3.4	10.3
10	奥林匹克在里约:2016 年第 31 届奥运会男子举重 56 公斤级决赛	中央台五套	3.1	12.1

四十八、南京收视数据

表 3.48.1 2012～2016 年南京市场各类频道的市场占有率(%)

频道类别	年份				
	2012 年	2013 年	2014 年	2015 年	2016 年
中央台频道	21.3	21.9	24.5	27.5	30.3
中国教育台频道	0.3	0.3	0.3	0.3	0.1
江苏省级频道	38.4	34.7	35.3	36.2	27.7
南京市级频道	17.1	16.1	13.2	5.8	6.1
其他省级卫视频道	16.7	17.9	15.0	17.3	19.3
其他频道	6.2	9.1	11.7	12.9	16.5

表 3.48.2 2016 年南京市场各类频道在不同目标观众中的市场占有率(%)

目标观众		中央台频道	中国教育台频道	江苏省级频道	南京市级频道	其他省级卫视频道	其他频道
4 岁及以上所有人		30.3	0.1	27.7	6.1	19.3	16.5
性别	男	32.9	0.0	26.0	5.9	17.9	17.3
	女	27.5	0.1	29.5	6.4	20.8	15.7
年龄	4～14 岁	18.3	0.0	23.6	2.4	36.5	19.2
	15～24 岁	23.9	0.1	26.2	4.6	26.6	18.6
	25～34 岁	20.6	0.0	28.6	3.4	21.7	25.7
	35～44 岁	28.3	0.1	27.9	3.9	21.0	18.8
	45～54 岁	30.0	0.1	31.4	7.0	15.5	16.0
	55～64 岁	34.4	0.0	27.7	7.6	16.5	13.8
	65 岁及以上	42.8	0.1	23.6	9.3	15.9	8.3
教育程度	未受过正规教育	31.3	0.0	30.3	8.0	20.9	9.5
	小学	32.1	0.0	27.9	7.2	22.8	10.0
	初中	31.2	0.1	26.9	6.5	18.8	16.5
	高中	30.4	0.1	26.3	6.0	19.4	17.8
	大学及以上	27.5	0.0	29.7	4.6	17.1	21.1
职业类别	干部/管理人员	26.8	0.0	33.1	5.7	17.5	16.9
	个体/私营企业人员	25.2	0.0	31.3	3.7	22.2	17.6
	初级公务员/雇员	27.7	0.1	27.7	5.1	16.7	22.7
	工人	27.4	0.1	28.9	6.0	18.4	19.2
	学生	22.1	0.0	22.5	2.9	33.2	19.3
	无业	34.4	0.1	26.0	7.3	19.5	12.7
	其他	38.1	0.0	32.4	8.9	12.1	8.5
个人月收入	0～600 元	26.8	0.0	27.3	4.8	26.0	15.1
	601～1200 元	40.5	0.0	28.7	9.2	14.7	6.9
	1201～1700 元	30.3	0.0	30.1	8.1	17.8	13.7
	1701～2600 元	31.0	0.1	29.4	7.0	17.8	14.7
	2601～3500 元	31.9	0.1	26.5	6.7	18.5	16.3
	3501～5000 元	28.4	0.0	26.1	6.0	19.3	20.2
	5001 元及以上	31.2	0.0	28.1	4.8	15.5	20.4

表 3.48.3　2016 年南京市场各类频道在不同时段的市场占有率(%)

时间段	中央台频道	中国教育台频道	江苏省级频道	南京市级频道	其他省级卫视频道	其他频道
02:00~03:00	24.4	0.1	13.3	1.9	23.4	36.9
03:00~04:00	26.3	0.1	14.3	2.3	21.5	35.5
04:00~05:00	31.6	0.2	16.9	0.5	19.0	31.8
05:00~06:00	37.7	0.1	19.5	2.7	18.2	21.8
06:00~07:00	37.1	0.1	32.1	5.6	12.2	12.9
07:00~08:00	39.1	0.1	34.3	5.2	10.2	11.1
08:00~09:00	39.8	0.1	18.7	6.7	19.9	14.8
09:00~10:00	38.5	0.1	15.2	5.1	24.6	16.5
10:00~11:00	37.4	0.1	13.8	4.4	27.5	16.8
11:00~12:00	41.2	0.1	13.9	3.5	25.2	16.1
12:00~13:00	42.8	0.0	14.1	4.5	21.6	17.0
13:00~14:00	38.2	0.1	12.6	3.5	26.0	19.6
14:00~15:00	33.2	0.1	14.3	4.3	28.2	19.9
15:00~16:00	33.8	0.1	14.2	4.9	28.1	18.9
16:00~17:00	34.0	0.1	15.3	3.4	28.3	18.9
17:00~18:00	32.8	0.0	22.1	7.7	21.9	15.5
18:00~19:00	26.8	0.0	41.6	10.6	8.5	12.5
19:00~20:00	28.0	0.0	40.6	8.0	11.3	12.1
20:00~21:00	24.2	0.0	37.6	7.3	18.3	12.6
21:00~22:00	26.5	0.0	33.5	7.0	17.4	15.6
22:00~23:00	24.8	0.0	29.0	4.8	21.1	20.3
23:00~24:00	29.8	0.1	16.0	3.4	25.4	25.3
24:00~25:00	28.4	0.1	12.5	3.1	25.9	30.0
25:00~26:00	26.6	0.1	12.0	2.2	24.3	34.8

表 3.48.4　2016 年南京市场收视份额排名前十位的频道

名次	频道名称	收视份额(%)
1	江苏电视台城市频道	8.3
2	江苏卫视	8.0
3	中央台四套	4.8
4	江苏电视台综艺频道	4.2
5	中央台三套	4.0
6	中央台八套	3.8
7	中央台六套	3.6
8	中央电视台综合频道	3.2
9	湖南卫视	2.9
10	南京电视台新闻综合频道(一套)	2.8

表 3.48.5 2016 年南京市场各主要频道的观众构成(%)

目标观众		所有频道	江苏电视台城市频道	江苏卫视	中央台四套	江苏电视台综艺频道	中央台三套
4 岁及以上所有人		100.0	100.0	100.0	100.0	100.0	100.0
性别	男	51.8	50.3	46.0	64.5	48.1	49.5
	女	48.2	49.7	54.0	35.5	51.9	50.5
年龄	4~14 岁	5.4	2.0	4.1	1.7	2.9	2.7
	15~24 岁	5.7	3.8	7.6	2.7	4.7	3.6
	25~34 岁	17.6	16.3	19.1	5.7	13.5	11.3
	35~44 岁	12.5	9.0	12.9	8.0	9.4	8.1
	45~54 岁	21.3	24.9	25.1	21.0	28.6	25.4
	55~64 岁	19.4	23.1	16.4	26.4	22.8	25.9
	65 岁及以上	18.1	20.9	14.8	34.5	18.1	23.0
教育程度	未受过正规教育	5.3	4.0	4.1	2.5	7.7	4.8
	小学	15.7	14.6	17.1	15.6	22.4	19.9
	初中	28.6	28.0	27.2	28.6	27.5	33.7
	高中	28.5	28.0	28.1	35.7	25.2	24.7
	大学及以上	21.9	25.4	23.5	17.6	17.2	16.9
职业类别	干部/管理人员	3.1	3.4	4.0	2.8	2.4	1.4
	个体/私营企业人员	7.2	8.4	9.9	5.7	5.2	6.6
	初级公务员/雇员	18.6	19.6	16.7	15.0	16.5	17.7
	工人	20.3	15.8	25.4	14.3	23.9	16.3
	学生	6.2	3.8	5.8	2.9	3.6	4.2
	无业	38.8	44.4	29.7	52.3	36.7	45.8
	其他	5.8	4.6	8.5	7.0	11.7	8.0
个人月收入	0~600 元	19.5	14.5	19.9	11.2	19.2	18.3
	601~1200 元	4.4	3.8	5.1	5.3	9.2	6.5
	1201~1700 元	4.0	3.4	5.3	3.3	5.4	2.9
	1701~2600 元	18.7	19.8	21.1	18.3	25.9	22.1
	2601~3500 元	21.5	25.7	18.2	29.2	15.5	21.4
	3501~5000 元	17.0	15.2	15.2	16.1	15.5	16.0
	5001 元及以上	14.9	17.6	15.2	16.6	9.3	12.8

表 3.48.6 2014~2016 年南京市场各类节目的播出份额(%)和收视份额(%)

节目类别	2014 年		2015 年		2016 年	
	播出份额	收视份额	播出份额	收视份额	播出份额	收视份额
财经	2.4	0.8	2.4	0.8	2.0	0.7
电视剧	20.5	34.5	20.4	32.2	21.2	30.6
电影	3.4	3.0	3.1	3.5	3.3	4.2
法制	1.2	2.9	1.2	2.2	1.1	2.6
教学	0.3	0.1	0.3	0.1	0.2	0.1
青少	6.7	3.3	6.4	3.7	6.4	3.9
生活服务	11.9	7.2	11.3	6.3	10.9	6.7
体育	3.7	2.3	3.7	2.4	3.9	2.8
外语	0.0	0.0	0.0	0.0	0.0	0.0
戏剧	0.6	0.1	0.7	0.2	0.7	0.3
新闻/时事	13.8	16.3	13.8	15.3	13.8	15.3
音乐	2.2	0.4	2.3	0.7	1.7	0.5
专题	11.4	4.1	12.7	4.9	12.9	4.9
综艺	9.4	12.1	9.7	15.1	9.9	15.6
其他	12.5	12.9	12.0	12.6	12.0	11.8

表 3.48.7　2016 年南京市场所有节目收视率排名前三十位

名次	节目名称	节目类型	播出频道	平均收视率(%)	平均占有率(%)
1	最强大脑（1 月 29 日）	综艺	江苏卫视	8.5	24.9
2	2016 我们更幸福江苏卫视春节联欢晚会	综艺	江苏卫视	8.1	26.3
3	2017 跨年演唱会 17 聚幸福	音乐	江苏卫视	7.5	29.0
4	端午金曲捞	综艺	江苏卫视	7.5	24.3
5	女医明妃传	电视剧	江苏卫视	7.4	18.9
6	特种兵四霹雳火	电视剧	江苏卫视	6.9	16.8
7	爱的阶梯	电视剧	江苏卫视	6.4	17.1
8	好先生	电视剧	江苏卫视	6.3	17.9
9	老婆大人是 80 后	电视剧	江苏卫视	6.3	16.4
10	奥林匹克在里约:2016 年第 31 届奥运会羽毛球男单决赛	体育	中央台五套	6.1	23.1
11	相爱吧明妃	综艺	江苏卫视	5.9	15.2
12	2016 中央电视台春节联欢晚会	综艺	江苏卫视	5.8	15.2
13	盖世英雄（7 月 3 日）	综艺	江苏卫视	5.7	16.1
14	2016 中央电视台元宵晚会	综艺	中央台三套	5.6	14.9
15	柠檬初上	电视剧	江苏卫视	5.6	14.7
16	我们相爱吧爱有天意	综艺	江苏卫视	5.5	14.9
17	东方战场	电视剧	江苏卫视	5.3	15.5
18	奥林匹克在里约 颁奖仪式	体育	中央台五套	5.2	28.5
19	江苏卫视元宵晚会荔枝元宵包袱铺	综艺	江苏卫视	5.2	19.7
20	知青家庭	电视剧	江苏电视台城市频道	5.2	14.1
21	我和她的传奇情仇	电视剧	江苏电视台城市频道	5.2	13.4
22	女婿上门了	综艺	江苏卫视	4.9	13.8
23	情谜睡美人	电视剧	江苏电视台城市频道	4.8	13.6
24	我们的纯真年代	电视剧	江苏电视台城市频道	4.7	12.9
25	奥林匹克在里约:2016 年第 31 届奥运会男子举重 56 公斤级决赛	体育	中央台五套	4.6	15.2
26	不可能完成的任务	电视剧	江苏卫视	4.6	14.6
27	荔枝大剧秀好先生	综艺	江苏卫视	4.6	13.7
28	追击者	电视剧	江苏电视台城市频道	4.6	13.2
29	家庭秘密	电视剧	江苏电视台城市频道	4.6	12.7
30	我是杜拉拉	电视剧	江苏卫视	4.6	12.4

表 3.48.8　2016 年南京市场电视剧收视率排名前十位

名次	节目名称	播出频道	平均收视率（%）	平均占有率（%）
1	女医明妃传	江苏卫视	7.4	18.9
2	特种兵四霹雳火	江苏卫视	6.9	16.8
3	爱的阶梯	江苏卫视	6.4	17.1
4	好先生	江苏卫视	6.3	17.9
5	老婆大人是 80 后	江苏卫视	6.3	16.4
6	柠檬初上	江苏卫视	5.6	14.7
7	东方战场	江苏卫视	5.3	15.5
8	知青家庭	江苏电视台城市频道	5.2	14.1
9	我和她的传奇情仇	江苏电视台城市频道	5.2	13.4
10	情谜睡美人	江苏电视台城市频道	4.8	13.6

表 3.48.9　2016 年南京市场新闻节目收视率排名前十位

名次	节目名称	播出频道	平均收视率（%）	平均占有率（%）
1	零距离	江苏电视台城市频道	3.5	13.3
2	江苏城市频道特别节目驰援灾区风灾无情人间有爱	江苏电视台城市频道	3.5	13.0
3	环境日特别报道共筑美丽家园	江苏电视台公共新闻频道	2.1	7.1
4	海峡两岸	中央台四套	2.1	5.8
5	转播中央台新闻联播	江苏卫视	2.0	7.3
6	江苏盐城龙卷风冰雹严重灾害特别报道紧急救援在行动	江苏卫视	1.9	8.0
7	转播中央台新闻联播	江苏电视台公共新闻频道	1.8	6.5
8	江苏新时空	江苏卫视	1.7	7.6
9	今日关注	中央台四套	1.7	5.8
10	中国新闻	中央台四套	1.7	4.9

表 3.48.10　2016 年南京市场专题节目收视率排名前十位

名次	节目名称	播出频道	平均收视率（%）	平均占有率（%）
1	本草中国	江苏卫视	3.2	9.2
2	开创中国特色大国外交新局面习近平主席 2015 年出访实录	中央电视台新闻频道	1.8	5.8
3	胜利大阅兵	中央台六套	1.8	5.6
4	等着我	中央台三套	1.8	5.0
5	2016.3.15 新消费我做主	江苏电视台公共新闻频道	1.6	5.0
6	国家记忆	中央台四套	1.5	4.9
7	一年级大学季	湖南卫视	1.4	6.5
8	第十五届汉语桥世界大学生中文比赛（9 月 11 日）	湖南卫视	1.4	4.7
9	315 共筑消费新生态	中央台二套	1.4	3.8
10	中国诗词大会（3 月 11 日）	中央电视台综合频道	1.4	3.3

表 3.48.11　2016 年南京市场综艺节目收视率排名前十位

名次	节目名称	播出频道	平均收视率（%）	平均占有率（%）
1	最强大脑（1 月 29 日）	江苏卫视	8.5	24.9
2	2016 我们更幸福江苏卫视春节联欢晚会	江苏卫视	8.1	26.3
3	端午金曲捞	江苏卫视	7.5	24.3
4	相爱吧明妃	江苏卫视	5.9	15.2
5	2016 中央电视台春节联欢晚会	江苏卫视	5.8	15.2
6	盖世英雄（7 月 3 日）	江苏卫视	5.7	16.1
7	2016 中央电视台元宵晚会	中央台三套	5.6	14.9
8	我们相爱吧爱有天意	江苏卫视	5.5	14.9
9	江苏卫视元宵晚会荔枝元宵包袱铺	江苏卫视	5.2	19.7
10	女婿上门了	江苏卫视	4.9	13.8

表 3.48.12　2016 年南京市场体育节目收视率排名前十位

名次	节目名称	播出频道	平均收视率（%）	平均占有率（%）
1	奥林匹克在里约:2016 年第 31 届奥运会羽毛球男单决赛	中央台五套	6.1	23.1
2	奥林匹克在里约 颁奖仪式	中央台五套	5.2	28.5
3	奥林匹克在里约:2016 年第 31 届奥运会男子举重 56 公斤级决赛	中央台五套	4.6	15.2
4	奥林匹克在里约:2016 年第 31 届奥运会女排小组赛第二轮（中国 VS 意大利）	中央台五套	4.3	12.6
5	奥林匹克在里约:2016 年第 31 届奥运会乒乓球女单半决赛	中央台五套	4.1	17.3
6	奥林匹克在里约:2016 年第 31 届奥运会女子双人 3 米跳板决赛	中央台五套	4.0	17.1
7	奥林匹克在里约:2016 年第 31 届奥运会射击女子 10 米气手枪决赛	中央台五套	3.9	14.2
8	奥林匹克在里约:2016 年第 31 届奥运会游泳男子 200 米自由泳半决赛	中央台五套	3.8	14.6
9	奥林匹克在里约:2016 年第 31 届奥运会体操男子团体决赛	中央台五套	3.6	11.8
10	奥林匹克在里约:2016 年第 31 届奥运会田径女子 3000 米障碍第一轮	中央台五套	3.4	11.6

四十九、南宁收视数据

表 3.49.1 2012~2016 年南宁市场各类频道的市场占有率(%)

频道类别	年份				
	2012 年	2013 年	2014 年	2015 年	2016 年
中央台频道	31.9	35.4	32.7	31.0	33.0
中国教育台频道	0.8	0.5	0.1	0.1	0.0
广西自治区级频道	30.7	28.8	30.2	29.9	31.6
南宁市级频道	10.4	11.7	10.5	10.7	7.2
其他省级卫视频道	21.0	19.4	20.3	21.7	22.2
其他频道	5.2	4.2	6.2	6.6	6.0

表 3.49.2 2016 年南宁市场各类频道在不同目标观众中的市场占有率(%)

目标观众		中央台频道	中国教育台频道	广西自治区级频道	南宁市级频道	其他省级卫视频道	其他频道
4 岁及以上所有人		33.0	0.0	31.6	7.2	22.2	6.0
性别	男	36.0	0.0	31.1	7.0	19.7	6.2
	女	30.1	0.0	32.0	7.3	24.6	6.0
年龄	4~14 岁	25.9	0.0	24.4	3.8	37.0	8.9
	15~24 岁	26.5	0.0	30.7	6.2	27.2	9.4
	25~34 岁	27.5	0.0	31.9	7.1	25.5	8.0
	35~44 岁	35.1	0.0	29.8	6.4	22.2	6.5
	45~54 岁	30.9	0.0	37.2	7.4	19.2	5.3
	55~64 岁	40.2	0.1	31.3	8.3	16.2	3.9
	65 岁及以上	42.8	0.1	31.0	9.8	13.7	2.6
教育程度	未受过正规教育	26.0	0.0	30.5	5.2	27.8	10.5
	小学	29.2	0.0	32.8	7.1	27.0	3.9
	初中	34.0	0.0	33.7	6.2	20.4	5.7
	高中	34.9	0.0	30.5	9.2	20.0	5.4
	大学及以上	32.9	0.0	30.1	6.2	23.5	7.3
职业类别	干部/管理人员	39.7	0.0	34.1	3.2	17.7	5.3
	个体/私营企业人员	32.2	0.0	31.9	8.5	22.4	5.0
	初级公务员/雇员	28.8	0.0	30.2	6.2	25.5	9.3
	工人	31.7	0.0	32.0	9.7	19.4	7.2
	学生	26.2	0.0	21.9	4.8	41.1	6.0
	无业	37.2	0.1	30.6	8.0	18.8	5.3
	其他	28.3	0.0	41.2	4.1	19.9	6.5
个人月收入	0~600 元	27.4	0.0	29.8	5.3	29.5	8.0
	601~1200 元	31.8	0.1	32.4	5.8	22.7	7.2
	1201~1700 元	37.0	0.1	28.7	7.7	20.9	5.6
	1701~2600 元	35.1	0.0	34.8	8.9	17.7	3.5
	2601~3500 元	33.5	0.1	27.1	8.8	23.7	6.8
	3501~5000 元	37.3	0.0	35.6	5.7	17.1	4.3
	5001 元及以上	28.2	0.0	37.8	4.0	19.8	10.2

表 3.49.3　2016 年南宁市场各类频道不同时段的市场占有率(%)

时间段	中央台频道	中国教育台频道	广西自治区级频道	南宁市级频道	其他省级卫视频道	其他频道
02:00~03:00	36.0	0.1	21.1	1.0	27.6	14.2
03:00~04:00	47.6	0.0	16.1	0.5	22.4	13.4
04:00~05:00	56.3	0.0	15.2	0.3	18.0	10.2
05:00~06:00	46.7	0.0	20.2	0.8	21.5	10.8
06:00~07:00	54.7	0.0	13.9	1.0	19.1	11.3
07:00~08:00	53.3	0.0	21.6	2.5	14.6	8.0
08:00~09:00	44.4	0.0	26.7	3.3	17.8	7.8
09:00~10:00	37.7	0.0	30.8	4.0	20.5	7.0
10:00~11:00	37.1	0.0	30.7	3.1	21.9	7.2
11:00~12:00	42.4	0.1	26.0	2.8	22.2	6.5
12:00~13:00	48.7	0.0	20.6	2.3	22.0	6.4
13:00~14:00	37.7	0.0	24.6	2.5	27.5	7.7
14:00~15:00	32.3	0.0	28.2	2.2	30.0	7.3
15:00~16:00	31.3	0.1	28.9	2.9	29.5	7.3
16:00~17:00	34.2	0.1	27.0	2.9	28.3	7.5
17:00~18:00	36.9	0.1	25.4	5.1	25.2	7.3
18:00~19:00	31.2	0.0	38.3	9.2	15.3	6.0
19:00~20:00	27.4	0.0	36.6	15.2	15.5	5.3
20:00~21:00	27.1	0.0	36.0	10.1	21.7	5.1
21:00~22:00	30.0	0.1	37.0	6.2	21.9	4.8
22:00~23:00	31.0	0.0	28.7	8.1	26.8	5.4
23:00~24:00	32.2	0.0	28.5	6.9	26.5	5.9
24:00~25:00	34.8	0.0	28.6	4.3	24.8	7.5
25:00~26:00	37.0	0.1	25.9	1.4	24.8	10.8

表 3.49.4　2016 年南宁市场收视份额排名前十位的频道

名次	频道名称	收视份额(%)
1	广西电视台综艺频道	7.4
2	广西电视台新闻频道	6.8
3	中央台三套	5.1
3	广西电视台卫星频道	5.1
5	中央电视台综合频道	4.7
6	广西电视台都市频道	4.6
7	中央台四套	4.5
8	中央台五套	4.3
9	湖南卫视	3.3
9	南宁电视台新闻综合频道	3.3

表 3.49.5　2016 年南宁市场各主要频道的观众构成(%)

目标观众		所有频道	主要频道				
			广西电视台综艺频道	广西电视台新闻频道	中央台三套	广西电视台卫星频道	中央电视台综合频道
4 岁及以上所有人		100.0	100.0	100.0	100.0	100.0	100.0
性别	男	49.1	55.3	45.5	48.2	43.2	49.5
	女	50.9	44.7	54.5	51.8	56.8	50.5
年龄	4~14 岁	10.5	5.5	7.7	4.6	7.1	11.6
	15~24 岁	7.5	7.7	8.2	12.0	11.8	2.4
	25~34 岁	19.6	19.9	18.1	13.3	12.8	14.9
	35~44 岁	14.9	11.0	20.3	12.5	13.2	15.0
	45~54 岁	19.3	18.9	27.0	18.7	17.8	16.1
	55~64 岁	15.9	21.2	11.9	24.1	20.7	21.5
	65 岁及以上	12.4	15.8	6.8	14.7	16.7	18.5
教育程度	未受过正规教育	6.4	7.7	1.8	2.6	4.1	8.8
	小学	11.7	13.1	9.0	9.5	14.7	13.8
	初中	28.8	31.8	12.5	36.0	36.5	23.7
	高中	30.3	30.9	35.8	34.7	27.2	33.5
	大学及以上	22.8	16.5	41.0	17.2	17.5	20.2
职业类别	干部/管理人员	4.1	6.9	5.6	3.1	3.2	5.3
	个体/私营企业人员	23.2	23.1	27.3	22.1	19.7	17.4
	初级公务员/雇员	13.2	8.7	16.7	10.7	13.1	8.9
	工人	6.2	9.7	6.0	7.6	3.1	5.3
	学生	7.1	2.6	6.8	3.2	5.0	4.6
	无业	35.7	33.3	35.2	48.1	47.4	47.2
	其他	10.5	15.6	2.5	5.3	8.4	11.3
个人月收入	0~600 元	22.8	21.0	12.7	19.1	20.4	22.6
	601~1200 元	8.9	12.7	2.1	8.7	8.3	5.2
	1201~1700 元	14.0	11.1	9.8	26.6	19.6	14.0
	1701~2600 元	26.4	35.6	25.0	23.1	31.7	29.1
	2601~3500 元	14.9	11.3	20.2	14.3	7.3	19.1
	3501~5000 元	8.4	4.4	18.3	5.6	10.2	7.4
	5001 元及以上	4.7	4.0	11.9	2.7	2.5	2.6

表 3.49.6　2014~2016 年南宁市场各类节目的播出份额(%)和收视份额(%)

节目类别	2014 年		2015 年		2016 年	
	播出份额	收视份额	播出份额	收视份额	播出份额	收视份额
财经	1.7	0.5	1.7	0.7	1.2	0.8
电视剧	22.0	30.9	22.1	30.0	27.4	28.2
电影	4.5	5.2	4.3	5.2	4.5	5.1
法制	1.8	4.1	1.9	4.3	1.6	3.6
教学	0.2	0.0	0.2	0.0	0.2	0.0
青少	6.7	7.0	6.4	5.7	6.2	5.6
生活服务	9.8	6.9	9.0	7.0	8.7	6.9
体育	2.7	3.0	2.7	3.3	3.0	4.4
外语	0.0	0.0	0.0	0.0	0.0	0.0
戏剧	0.7	0.1	0.8	0.1	0.7	0.1
新闻/时事	15.0	14.0	15.0	13.5	10.8	14.3
音乐	2.4	0.9	2.4	1.0	1.8	1.0
专题	11.7	5.8	12.6	6.4	13.8	6.3
综艺	8.3	9.2	8.4	9.8	6.8	11.5
其他	12.5	12.4	12.5	12.9	13.3	12.2

表 3.49.7　2016 年南宁市场所有节目收视率排名前三十位

名次	节目名称	节目类别	播出频道	平均收视率(%)	平均占有率(%)
1	奥林匹克在里约:2016 年第 31 届奥运会羽毛球男单决赛	体育	中央台五套	14.8	36.2
2	超级足球之夜:国际足联 18 年世界杯亚洲区预选赛第三阶段 A 组第 2 轮(中国 VS 伊朗)	体育	中央台五套	9.5	25.1
3	奥林匹克在里约:2016 年第 31 届奥运会乒乓球女单半决赛	体育	中央台五套	9.1	30.5
4	奥林匹克在里约:2016 年第 31 届奥运会游泳女 4×200 米自由泳接力决赛	体育	中央台五套	8.3	20.1
5	奥林匹克在里约:2016 年第 31 届奥运会女排小组赛第二轮(中国 VS 意大利)	体育	中央台五套	8.0	22.0
6	奥林匹克在里约:2016 年第 31 届奥运会举重男子 69 公斤级决赛	体育	中央台五套	7.9	26.4
7	奥林匹克在里约:2016 年第 31 届奥运会体操女子团体决赛	体育	中央台五套	7.4	23.3
8	奥林匹克在里约:2016 年第 31 届奥运会男篮小组赛(委内瑞拉队 VS 中国队)	体育	中央台五套	7.4	17.9
9	奥林匹克在里约:2016 年第 31 届奥运会射击女子 10 米气手枪决赛	体育	中央台五套	7.2	26.1
10	奥林匹克在里约:2016 年第 31 届奥运会跳水男子双人 3 米板决赛	体育	中央台五套	7.2	18.7
11	中国新歌声总决赛荣耀对决	综艺	浙江卫视	6.7	26.1
12	2016 中央电视台元宵晚会	综艺	中央台三套	6.6	18.0
13	奥林匹克在里约:2016 年第 31 届奥运会女子单人艇决赛	体育	中央台五套	6.3	18.8
14	奥林匹克在里约:2016 年第 31 届奥运会男子 20 公里竞走决赛	体育	中央台五套	6.0	16.4
15	2016 中央电视台春节联欢晚会	综艺	中央电视台综合频道	5.8	18.1
16	2016 年欧洲杯小组赛 D 组第一轮(西班牙 VS 捷克)	体育	中央台五套	5.7	17.9
17	奥林匹克在里约:2016 年第 31 届奥运会田径男子 4×100 米接力预赛	体育	中央台五套	5.6	31.6
18	伏击	电视剧	广西电视台综艺频道	5.5	15.4
19	铁血战狼	电视剧	广西电视台综艺频道	5.3	14.4
20	奥林匹克在里约:2016 年第 31 届奥运会女子单人双桨预赛	体育	中央台五套	5.1	15.1
21	荡寇	电视剧	广西电视台综艺频道	5.1	15.0
21	最后一战决战芷江	电视剧	广西电视台综艺频道	5.1	15.0
23	天气预报	生活服务	南宁电视台新闻综合频道	5.0	15.4
23	兄弟们开火	电视剧	广西电视台综艺频道	5.0	15.4
25	我的压寨男人	电视剧	广西电视台综艺频道	5.0	14.8
26	黄金赛场:2015/2016 赛季 CBA 总决赛第五场(四川金强 VS 辽宁药都本溪)	体育	中央台五套	5.0	11.9
27	地道女英雄	电视剧	广西电视台综艺频道	4.8	14.1
28	东风破	电视剧	广西电视台综艺频道	4.6	13.1
29	我是歌手(2 月 26 日)	综艺	湖南卫视	4.5	17.4
30	第 18 届南宁国际民歌艺术节 2016 本色花山大地飞歌	综艺	广西电视台综艺频道	4.5	14.0

表 3.49.8　2016 年南宁市场电视剧收视率排名前十位

名次	节目名称	播出频道	平均收视率（%）	平均占有率（%）
1	伏击	广西电视台综艺频道	5.5	15.4
2	铁血战狼	广西电视台综艺频道	5.3	14.4
3	荡寇	广西电视台综艺频道	5.1	15.0
3	最后一战决战芷江	广西电视台综艺频道	5.1	15.0
5	兄弟们开火	广西电视台综艺频道	5.0	15.4
6	我的压寨男人	广西电视台综艺频道	5.0	14.8
7	地道女英雄	广西电视台综艺频道	4.8	14.1
8	东风破	广西电视台综艺频道	4.6	13.1
9	英雄使命	广西电视台综艺频道	4.3	13.6
10	希望使命	广西电视台综艺频道	4.3	11.8

表 3.49.9　2016 年南宁市场新闻节目收视率排名前十位

名次	节目名称	播出频道	平均收视率（%）	平均占有率（%）
1	筑梦天宫	中央台四套	3.9	13.8
2	深度国际	中央台四套	3.2	11.3
3	G20 2016CHINA 二十国集团领导人杭州峰会特别报道	中央台三套	3.1	8.1
4	新闻在线	广西电视台新闻频道	3.0	8.8
5	盛会播报	广西电视台新闻频道	2.7	6.8
6	2016 一年又一年	中央电视台综合频道	2.6	9.3
7	盛会大看台之新闻夜班	南宁电视台新闻综合频道	2.5	6.7
8	在线大搜索	广西电视台新闻频道	2.4	9.5
9	新闻夜班	南宁电视台新闻综合频道	2.4	6.7
10	夜班一周	南宁电视台新闻综合频道	2.1	6.0

表 3.49.10　2016 年南宁市场专题节目收视率排名前十位

名次	节目名称	播出频道	平均收视率（%）	平均占有率（%）
1	中国诗词大会(2 月 19 日)	中央电视台综合频道	3.4	10.3
2	感动中国 2015 年度人物颁奖盛典	中央电视台综合频道	3.1	10.2
3	相约广西	广西电视台新闻频道	3.0	9.5
4	等着我	中央电视台综合频道	2.6	7.5
5	文化芬芳满玉林玉林市创建国家公共文化服务体系示范区的实践报告	广西电视台新闻频道	2.5	9.0
6	开放的中国广西与世界同行	广西电视台卫星频道	2.5	7.3
7	二胎指南	广西电视台卫星频道	2.5	7.2
8	第 1 书记中国首档美丽乡村公益节目精编版	广西电视台卫星频道	2.3	7.4
9	精品财经纪录	中央台二套	2.1	11.5
10	315 共筑消费新生态	中央台二套	2.1	6.3

表 3.49.11　2016 年南宁市场综艺节目收视率排名前十位

名次	节目名称	播出频道	平均收视率(%)	平均占有率(%)
1	中国新歌声总决赛荣耀对决	浙江卫视	6.7	26.1
2	2016 中央电视台元宵晚会	中央台三套	6.6	18.0
3	2016 中央电视台春节联欢晚会	中央电视台综合频道	5.8	18.1
4	我是歌手(2 月 26 日)	湖南卫视	4.5	17.4
5	第 18 届南宁国际民歌艺术节 2016 本色花山大地飞歌	广西电视台综艺频道	4.5	14.0
6	2016 中央电视台中秋晚会	中央电视台综合频道	4.4	13.3
7	中国新歌声(9 月 9 日)	浙江卫视	4.3	14.0
8	我爱好歌曲(1 月 29 日)	中央台三套	3.9	11.5
9	中国好歌曲(1 月 29 日)	中央台三套	3.9	10.9
10	歌王之战	湖南卫视	3.7	13.5

表 3.49.12　2016 年南宁市场体育节目收视率排名前十位

名次	节目名称	播出频道	平均收视率(%)	平均占有率(%)
1	奥林匹克在里约:2016 年第 31 届奥运会羽毛球男单决赛	中央台五套	14.8	36.2
2	超级足球之夜:国际足联 18 年世界杯亚洲区预选赛第三阶段 A 组第 2 轮(中国 VS 伊朗)	中央台五套	9.5	25.1
3	奥林匹克在里约:2016 年第 31 届奥运会乒乓球女单半决赛	中央台五套	9.1	30.5
4	奥林匹克在里约:2016 年第 31 届奥运会游泳女 4×200 米自由泳接力决赛	中央台五套	8.3	20.1
5	奥林匹克在里约:2016 年第 31 届奥运会女排小组赛第二轮(中国 VS 意大利)	中央台五套	8.0	22.0
6	奥林匹克在里约:2016 年第 31 届奥运会举重男子 69 公斤级决赛	中央台五套	7.9	26.4
7	奥林匹克在里约:2016 年第 31 届奥运会体操女子团体决赛	中央台五套	7.4	23.3
8	奥林匹克在里约:2016 年第 31 届奥运会男篮小组赛(委内瑞拉队 VS 中国队)	中央台五套	7.4	17.9
9	奥林匹克在里约:2016 年第 31 届奥运会射击女子 10 米气手枪决赛	中央台五套	7.2	26.1
10	奥林匹克在里约:2016 年第 31 届奥运会跳水男子双人 3 米板决赛	中央台五套	7.2	18.7

五十、宁波收视数据

表 3.50.1　2012～2016 年宁波市场各类频道的市场占有率(%)

频道类别	年份				
	2012 年	2013 年	2014 年	2015 年	2016 年
中央台频道	31.6	30.4	29.7	29.8	30.2
中国教育台频道	0.8	0.8	0.5	0.3	0.2
浙江省级频道	16.9	12.8	12.9	11.7	8.9
宁波市级频道	20.6	23.6	21.4	25.7	26.0
其他省级卫视频道	21.6	22.9	24.0	18.9	18.1
其他频道	8.5	9.5	11.5	13.6	16.6

表 3.50.2　2016 年宁波市场各类频道在不同目标观众中的市场占有率(%)

目标观众		中央台频道	中国教育台频道	浙江省级频道	宁波市级频道	其他省级卫视频道	其他频道
4 岁及以上所有人		30.2	0.2	8.9	26.0	18.1	16.6
性别	男	33.3	0.2	8.7	25.9	16.2	15.7
	女	27.1	0.2	9.2	26.1	19.9	17.5
年龄	4～14 岁	29.3	0.1	10.3	12.1	24.6	23.6
	15～24 岁	29.9	0.1	10.9	12.0	21.6	25.5
	25～34 岁	24.9	0.1	11.9	16.7	20.4	26.0
	35～44 岁	31.9	0.1	10.4	19.2	15.7	22.7
	45～54 岁	30.6	0.2	9.9	24.3	19.2	15.8
	55～64 岁	31.2	0.2	7.0	31.5	19.7	10.4
	65 岁及以上	31.0	0.2	5.6	42.1	11.3	9.8
教育程度	未受过正规教育	33.0	0.1	5.9	24.3	14.9	21.8
	小学	32.5	0.2	6.7	33.9	14.1	12.6
	初中	26.0	0.2	9.0	25.7	20.0	19.1
	高中	31.3	0.2	11.8	20.3	20.1	16.3
	大学及以上	35.9	0.1	10.1	18.6	18.4	16.9
职业类别	干部/管理人员	39.3	0.2	9.0	24.3	17.1	10.1
	个体/私营企业人员	29.4	0.2	8.0	25.9	19.4	17.1
	初级公务员/雇员	30.8	0.2	9.5	20.6	18.9	20.0
	工人	34.1	0.3	15.0	23.9	11.5	15.2
	学生	26.2	0.1	14.3	7.0	30.0	22.4
	无业	29.5	0.2	6.9	33.4	16.6	13.4
	其他	29.3	0.2	9.2	32.6	18.1	10.6
个人月收入	0～600 元	24.6	0.1	11.1	17.5	22.5	24.2
	601～1200 元	23.1	0.3	6.3	42.0	15.5	12.8
	1201～1700 元	30.1	0.3	9.4	31.6	18.9	9.7
	1701～2600 元	29.2	0.2	7.6	32.5	16.1	14.4
	2601～3500 元	32.7	0.2	8.3	22.0	19.5	17.3
	3501～5000 元	32.2	0.1	10.3	26.0	14.8	16.6
	5001 元及以上	37.8	0.2	9.8	15.7	18.4	18.1

表 3.50.3　2016 年宁波市场各类频道在不同时段的市场占有率(%)

时间段	中央台频道	中国教育台频道	浙江省级频道	宁波市级频道	其他省级卫视频道	其他频道
02:00~03:00	24.2	0.2	9.2	20.0	19.9	26.5
03:00~04:00	23.0	0.1	8.9	22.4	19.7	25.9
04:00~05:00	25.8	0.2	7.8	22.2	22.0	22.0
05:00~06:00	32.4	0.4	7.2	17.6	24.1	18.3
06:00~07:00	43.0	0.2	5.7	13.3	24.0	13.8
07:00~08:00	45.8	0.3	6.0	11.4	20.7	15.8
08:00~09:00	37.2	0.3	7.0	19.1	20.4	16.0
09:00~10:00	39.9	0.3	10.6	10.7	21.5	17.0
10:00~11:00	38.5	0.3	9.5	12.7	21.4	17.6
11:00~12:00	38.8	0.2	8.5	11.7	24.0	16.8
12:00~13:00	38.3	0.2	8.9	9.4	26.5	16.7
13:00~14:00	36.3	0.3	7.5	8.6	27.1	20.2
14:00~15:00	37.2	0.3	6.0	9.8	26.6	20.1
15:00~16:00	36.8	0.4	6.1	10.0	28.2	18.5
16:00~17:00	36.7	0.4	7.6	10.4	27.9	17.0
17:00~18:00	29.8	0.2	5.6	28.5	20.0	15.9
18:00~19:00	27.6	0.1	8.0	41.1	8.1	15.1
19:00~20:00	23.5	0.1	11.9	42.1	8.6	13.8
20:00~21:00	26.1	0.1	10.2	35.3	15.2	13.1
21:00~22:00	26.6	0.1	9.0	34.2	15.3	14.8
22:00~23:00	26.4	0.1	10.5	22.1	20.6	20.3
23:00~24:00	28.1	0.1	8.8	16.0	22.3	24.7
24:00~25:00	29.3	0.1	9.3	15.9	19.1	26.3
25:00~26:00	27.7	0.2	11.5	16.1	18.9	25.6

表 3.50.4　2016 年宁波市场收视份额排名前十位的频道

名次	频道名称	收视份额(%)
1	宁波电视台三套(都市文体频道)	7.8
2	宁波电视台二套(经济生活频道)	6.4
3	宁波电视台四套(影视剧频道)	6.2
4	中央台四套	4.0
5	浙江卫视	3.7
6	中央台三套	3.5
7	宁波电视台一套(新闻综合频道)	3.4
8	中央台五套	3.1
9	上海东方卫视	2.8
9	湖南卫视	2.8
9	中央电视台新闻频道	2.8

表 3.50.5 2016 年宁波市场各主要频道的观众构成(%)

目标观众		所有频道	宁波电视台三套(都市文体频道)	宁波电视台二套(经济生活频道)	宁波电视台四套(影视剧频道)	中央台四套	浙江卫视
4 岁及以上所有人		100.0	100.0	100.0	100.0	100.0	100.0
性别	男	49.4	43.9	41.1	57.1	62.0	41.3
	女	50.6	56.1	58.9	42.9	38.0	58.7
年龄	4~14 岁	5.0	2.7	2.8	0.5	0.6	10.2
	15~24 岁	5.3	2.4	2.6	1.9	8.8	11.1
	25~34 岁	11.5	9.6	9.5	3.0	4.3	22.2
	35~44 岁	13.7	10.4	11.5	8.5	7.9	16.6
	45~54 岁	26.2	25.0	24.7	22.7	33.0	24.7
	55~64 岁	21.7	24.0	25.7	23.8	20.5	9.0
	65 岁及以上	16.6	25.9	23.2	39.6	24.9	6.2
教育程度	未受过正规教育	2.1	3.0	2.5	0.3	3.6	2.5
	小学	27.2	32.9	33.0	38.4	17.3	16.1
	初中	40.0	39.3	40.5	40.7	44.6	30.9
	高中	16.4	12.9	11.5	14.5	16.1	29.4
	大学及以上	14.3	11.9	12.5	6.1	18.4	21.1
职业类别	干部/管理人员	1.2	1.7	2.1	0.2	1.1	2.0
	个体/私营企业人员	8.8	6.9	7.7	12.7	4.9	4.4
	初级公务员/雇员	36.6	31.1	32.7	21.0	38.9	46.4
	工人	6.4	6.0	6.2	5.8	10.7	11.8
	学生	5.1	1.0	0.9	1.0	1.1	14.7
	无业	39.2	49.7	48.7	55.8	38.2	19.9
	其他	2.7	3.6	1.7	3.5	5.1	0.8
个人月收入	0~600 元	14.9	7.6	9.8	7.5	4.2	21.9
	601~1200 元	7.4	12.6	8.3	16.4	8.2	4.6
	1201~1700 元	9.4	9.4	9.6	18.4	11.8	6.4
	1701~2600 元	22.5	32.3	32.9	23.7	24.2	20.4
	2601~3500 元	21.7	19.9	19.9	12.8	24.9	24.5
	3501~5000 元	13.9	13.6	15.0	11.9	17.2	10.1
	5001 元及以上	10.2	4.6	4.5	9.3	9.5	12.1

表 3.50.6 2014~2016 年宁波市场各类节目的播出份额(%)和收视份额(%)

节目类别	2014 年		2015 年		2016 年	
	播出份额	收视份额	播出份额	收视份额	播出份额	收视份额
财经	1.7	0.8	1.8	1.0	1.4	0.7
电视剧	20.7	31.3	20.4	29.1	21.3	28.1
电影	4.1	4.2	3.9	5.1	3.8	5.0
法制	0.9	0.4	0.8	0.4	0.7	0.6
教学	0.2	0.0	0.2	0.0	0.2	0.0
青少	7.1	4.2	6.7	2.9	6.7	2.5
生活服务	11.0	7.8	10.4	7.1	9.4	6.5
体育	2.7	3.1	2.8	2.7	3.0	3.1
外语	0.0	0.0	0.0	0.0	0.0	0.0
戏剧	0.7	0.3	0.8	0.2	0.8	0.2
新闻/时事	15.1	13.1	15.3	14.1	15.2	14.4
音乐	2.4	0.6	2.4	0.7	1.8	0.7
专题	11.9	9.1	13.0	10.6	13.6	10.6
综艺	8.7	12.6	8.8	13.3	9.2	14.3
其他	12.8	12.5	12.7	12.8	12.9	13.3

表 3.50.7　2016 年宁波市场所有节目收视率排名前三十位

名次	节目名称	节目类型	播出频道	平均收视率(%)	平均占有率(%)
1	奥林匹克在里约:2016 年第 31 届奥运会羽毛球男单半决赛	体育	中央台五套	8.1	26.9
2	奥林匹克在里约:2016 年第 31 届奥运会射击女子 10 米气步枪决赛	体育	中央台五套	7.5	30.8
3	奥林匹克在里约:2016 年第 31 届奥运会游泳女子 100 米自由泳决赛	体育	中央台五套	7.0	24.6
4	奥林匹克在里约:2016 年第 31 届奥运会女排小组赛第二轮(中国 VS 意大利)	体育	中央台五套	7.0	23.8
5	奥林匹克在里约 颁奖仪式	体育	中央台五套	6.8	33.7
6	2016 中央电视台春节联欢晚会	综艺	中央台三套	5.6	18.9
7	奥林匹克在里约:2016 年第 31 届奥运会体操男子团体决赛	体育	中央台五套	5.5	17.9
8	中国新歌声(8 月 19 日)	综艺	浙江卫视	5.4	23.6
9	药行街	电视剧	宁波电视台三套(都市文体频道)	5.3	19.8
10	奥林匹克在里约:2016 年第 31 届奥运会女子单人艇 1/4 决赛	体育	中央台五套	5.0	25.3
11	老爷升堂	电视剧	宁波电视台三套(都市文体频道)	5.0	21.5
12	讲大道(18:45)	专题	宁波电视台三套(都市文体频道)	4.9	23.1
13	奥林匹克在里约:2016 年第 31 届奥运会场地自行车女子团体竞速赛	体育	中央台五套	4.9	18.1
14	奥林匹克在里约:2016 年第 31 届奥运会乒乓球女单半决赛	体育	中央台五套	4.8	24.6
15	奔跑吧兄弟(4 月 15 日 ~7 月 1 日)	综艺	浙江卫视	4.8	21.9
16	得月街	电视剧	宁波电视台三套(都市文体频道)	4.7	23.5
17	奥运典藏:2016 年第 31 届奥运会女子双人 10 米跳台决赛	体育	中央台五套	4.7	22.9
18	奥林匹克在里约:2016 年第 31 届奥运会男子举重 56 公斤级决赛	体育	中央台五套	4.7	18.5
19	绞刑架下的春天	电视剧	宁波电视台三套(都市文体频道)	4.7	17.9
20	奥林匹克在里约:2016 年第 31 届奥运会女子 100 米预赛第 4 组	体育	中央台五套	4.7	17.4
21	2016 中央电视台元宵晚会	综艺	中央台三套	4.6	16.0
22	G20 2016CHINA 二十国集团领导人第十一次峰会文艺晚会最忆是杭州	综艺	中央电视台新闻频道	4.5	18.6

续表

名次	节目名称	节目类型	播出频道	平均收视率(%)	平均占有率(%)
23	奔跑吧兄弟(1月1日~1月15日)	综艺	浙江卫视	4.4	20.1
24	芈月传	电视剧	上海东方卫视	4.4	15.1
25	宁波三套全民星创造都市文体频道迎新喜乐会	综艺	宁波电视台三套(都市文体频道)	4.3	17.6
26	情诫	电视剧	宁波电视台二套(经济生活频道)	4.0	15.7
27	情谜睡美人	电视剧	宁波电视台三套(都市文体频道)	4.0	15.0
28	地雷英雄传	电视剧	宁波电视台一套(新闻综合频道)	4.0	14.8
29	红色	电视剧	宁波电视台三套(都市文体频道)	3.9	14.3
30	来发讲啥西(20:30)	新闻/时事	宁波电视台二套(经济生活频道)	3.9	14.0

表 3.50.8　2016 年宁波市场电视剧收视率排名前十位

名次	节目名称	播出频道	平均收视率(%)	平均占有率(%)
1	药行街	宁波电视台三套(都市文体频道)	5.3	19.8
2	老爷升堂	宁波电视台三套(都市文体频道)	5.0	21.5
3	得月街	宁波电视台三套(都市文体频道)	4.7	23.5
4	绞刑架下的春天	宁波电视台三套(都市文体频道)	4.7	17.9
5	芈月传	上海东方卫视	4.4	15.1
6	情诫	宁波电视台二套(经济生活频道)	4.0	15.7
7	情谜睡美人	宁波电视台三套(都市文体频道)	4.0	15.0
8	地雷英雄传	宁波电视台一套(新闻综合频道)	4.0	14.8
9	红色	宁波电视台三套(都市文体频道)	3.9	14.3
10	忍冬艳蔷薇	宁波电视台三套(都市文体频道)	3.8	15.1

表 3.50.9　2016 年宁波市场新闻节目收视率排名前十位

名次	节目名称	播出频道	平均收视率(%)	平均占有率(%)
1	来发讲啥西(20:30)	宁波电视台二套(经济生活频道)	3.9	14.0
2	G20 2016CHINA 二十国集团领导人杭州峰会特别报道	中央台三套	2.1	7.1
3	海峡两岸	中央台四套	2.0	7.2
4	今日关注	中央台四套	1.7	8.0
5	来发讲啥西(17:20)	宁波电视台二套(经济生活频道)	1.6	13.2
6	中国新闻	中央台四套	1.6	6.0
7	看看看	宁波电视台一套(新闻综合频道)	1.4	8.5
8	筑梦天宫	中央电视台新闻频道	1.2	5.0
9	中国舆论场	中央台四套	1.2	4.8
10	第八届海峡论坛大会	中央台四套	0.9	4.9

表 3.50.10　2016 年宁波市场专题节目收视率排名前十位

名次	节目名称	播出频道	平均收视率(%)	平均占有率(%)
1	讲大道(18:45)	宁波电视台三套(都市文体频道)	4.9	23.1
2	第一测试	宁波电视台一套(新闻综合频道)	2.5	11.5
3	田野(18:00)	宁波电视台二套(经济生活频道)	1.9	12.1
4	非常杂志	宁波电视台三套(都市文体频道)	1.6	10.4
5	农家	宁波电视台三套(都市文体频道)	1.6	9.1
6	2015 年度风云浙商颁奖典礼倒计时	浙江电视台经济生活频道	1.6	6.4
7	田野(21:10)	宁波电视台二套(经济生活频道)	1.4	5.3
8	魅力新西兰	中央台四套	1.4	5.1
9	中国诗词大会(3 月 25 日)	中央电视台综合频道	1.4	5.0
10	等着我	中央台三套	1.3	5.0

表 3.50.11　2016 年宁波市场综艺节目收视率排名前十位

名次	节目名称	播出频道	平均收视率(%)	平均占有率(%)
1	2016 中央电视台春节联欢晚会	中央台三套	5.6	18.9
2	中国新歌声(8 月 19 日)	浙江卫视	5.4	23.6
3	奔跑吧兄弟(4 月 15 日 ~7 月 1 日)	浙江卫视	4.8	21.9
4	2016 中央电视台元宵晚会	中央台三套	4.6	16.0
5	G20 2016CHINA 二十国集团领导人第十一次峰会文艺晚会最忆是杭州	中央电视台新闻频道	4.5	18.6
6	奔跑吧兄弟(1 月 1 日 ~1 月 15 日)	浙江卫视	4.4	20.1
7	宁波三套全民星创造都市文体频道迎新喜乐会	宁波电视台三套(都市文体频道)	4.3	17.6
8	天然舞台	宁波电视台二套(经济生活频道)	3.9	13.8
9	芈月传收官特别节目	上海东方卫视	3.7	12.5
10	王牌对王牌	浙江卫视	2.8	10.3

表 3.50.12　2016 年宁波市场体育节目收视率排名前十位

名次	节目名称	播出频道	平均收视率（%）	平均占有率（%）
1	奥林匹克在里约:2016 年第 31 届奥运会羽毛球男单半决赛	中央台五套	8.1	26.9
2	奥林匹克在里约:2016 年第 31 届奥运会射击女子 10 米气步枪决赛	中央台五套	7.5	30.8
3	奥林匹克在里约:2016 年第 31 届奥运会游泳女子 100 米自由泳决赛	中央台五套	7.0	24.6
4	奥林匹克在里约:2016 年第 31 届奥运会女排小组赛第二轮(中国 VS 意大利)	中央台五套	7.0	23.8
5	奥林匹克在里约 颁奖仪式	中央台五套	6.8	33.7
6	奥林匹克在里约:2016 年第 31 届奥运会体操男子团体决赛	中央台五套	5.5	17.9
7	奥林匹克在里约:2016 年第 31 届奥运会女子单人艇 1/4 决赛	中央台五套	5.0	25.3
8	奥林匹克在里约:2016 年第 31 届奥运会场地自行车女子团体竞速赛	中央台五套	4.9	18.1
9	奥林匹克在里约:2016 年第 31 届奥运会乒乓球女单半决赛	中央台五套	4.8	24.6
10	奥运典藏:2016 年第 31 届奥运会女子双人 10 米跳台决赛	中央台五套	4.7	22.9

五十一、青岛收视数据

表 3.51.1　2012～2016 年青岛市场各类频道的市场占有率(%)

频道类别	年份				
	2012 年	2013 年	2014 年	2015 年	2016 年
中央台频道	31.3	32.6	33.8	31.3	30.2
中国教育台频道	0.2	0.2	0.2	0.1	0.1
山东省级频道	20.1	17.0	19.9	21.5	16.9
青岛市级频道	20.4	22.7	21.6	20.2	17.5
其他省级卫视频道	22.7	23.2	20.4	20.7	25.6
其他频道	5.3	4.3	4.1	6.2	9.7

表 3.51.2　2016 年青岛市场各类频道在不同目标观众中的市场占有率(%)

目标观众		中央台频道	中国教育台频道	山东省级频道	青岛市级频道	其他省级卫视频道	其他频道
4 岁及以上所有人		30.2	0.1	16.9	17.5	25.6	9.7
性别	男	33.3	0.1	15.9	17.5	23.8	9.4
	女	27.3	0.1	17.8	17.6	27.3	9.9
年龄	4～14 岁	23.4	0.2	11.3	11.9	39.4	13.8
	15～24 岁	21.8	0.1	13.6	17.0	35.1	12.5
	25～34 岁	24.9	0.1	14.1	13.8	30.8	16.3
	35～44 岁	33.4	0.1	12.2	14.9	28.6	10.8
	45～54 岁	30.9	0.1	16.6	19.4	24.1	9.0
	55～64 岁	34.6	0.1	22.8	17.7	17.9	6.9
	65 岁及以上	31.6	0.1	19.2	21.2	21.7	6.2
教育程度	未受过正规教育	25.5	0.3	21.0	16.0	25.8	11.4
	小学	28.5	0.1	21.4	17.1	23.6	9.3
	初中	28.7	0.1	19.7	19.6	24.4	7.5
	高中	31.8	0.1	13.1	17.0	27.1	10.9
	大学及以上	33.8	0.1	12.0	14.9	27.3	11.9
职业类别	干部/管理人员	33.4	0.1	11.9	18.5	25.7	10.4
	个体/私营企业人员	28.3	0.1	20.1	16.5	24.5	10.5
	初级公务员/雇员	30.2	0.1	13.6	17.0	27.6	11.5
	工人	30.6	0.1	17.7	17.1	24.8	9.6
	学生	22.7	0.1	10.6	13.4	40.4	12.9
	无业	32.3	0.1	18.9	19.2	21.6	7.8
	其他	26.8	0.1	19.6	14.7	30.4	8.4
个人月收入	0～600 元	24.7	0.2	17.7	16.9	29.9	10.7
	601～1200 元	26.6	0.0	22.1	18.1	24.8	8.5
	1201～1700 元	32.1	0.1	21.9	16.9	22.7	6.3
	1701～2600 元	29.9	0.1	18.5	18.6	25.1	7.7
	2601～3500 元	33.3	0.1	14.6	20.5	21.5	10.0
	3501～5000 元	32.1	0.1	13.1	14.6	27.8	12.3
	5001 元及以上	37.0	0.2	13.5	14.7	23.7	10.9

表 3.51.3　2016 年青岛市场各类频道在不同时段的市场占有率(%)

时间段	中央台频道	中国教育台频道	山东省级频道	青岛市级频道	其他省级卫视频道	其他频道
02:00~03:00	23.2	0.1	16.5	5.9	32.4	22.0
03:00~04:00	23.8	0.0	17.5	6.5	30.0	22.2
04:00~05:00	32.3	0.1	18.1	4.8	25.3	19.4
05:00~06:00	46.2	0.2	19.9	5.6	17.0	11.2
06:00~07:00	59.1	0.0	14.5	5.9	13.0	7.6
07:00~08:00	53.6	0.1	12.5	10.5	15.3	8.1
08:00~09:00	44.7	0.3	17.7	7.8	19.7	9.9
09:00~10:00	41.3	0.3	16.3	4.5	26.2	11.4
10:00~11:00	41.1	0.3	10.2	5.8	31.7	10.9
11:00~12:00	43.7	0.1	13.7	5.2	28.3	9.0
12:00~13:00	46.4	0.1	15.1	5.8	23.9	8.8
13:00~14:00	38.6	0.1	16.4	4.8	29.9	10.2
14:00~15:00	34.8	0.2	15.7	6.1	32.6	10.7
15:00~16:00	33.3	0.2	13.8	7.8	34.0	10.8
16:00~17:00	30.9	0.2	11.2	13.2	33.8	10.6
17:00~18:00	28.1	0.1	13.5	23.4	25.9	9.0
18:00~19:00	29.0	0.1	19.3	31.0	12.6	8.2
19:00~20:00	27.5	0.1	21.3	25.6	17.3	8.2
20:00~21:00	20.1	0.0	18.5	24.4	28.2	8.8
21:00~22:00	22.5	0.1	19.8	22.1	26.2	9.4
22:00~23:00	23.6	0.2	15.9	15.2	33.5	11.6
23:00~24:00	25.9	0.2	12.5	13.3	35.3	12.8
24:00~25:00	26.6	0.1	13.8	14.7	30.8	14.0
25:00~26:00	26.8	0.2	15.0	7.8	32.3	17.9

表 3.51.4　2016 年青岛市场收视份额排名前十位的频道

名次	频道名称	收视份额(%)
1	山东卫视	6.3
2	中央电视台综合频道	4.9
3	中央台四套	4.8
4	青岛电视台新闻综合频道	4.7
5	中央台三套	3.9
6	青岛电视台生活服务频道	3.8
7	山东电视齐鲁频道	3.5
8	山东电视综艺频道	3.3
8	中央台六套	3.3
10	青岛电视台影视频道	3.1

表 3.51.5 2016 年青岛市场各主要频道的观众构成(%)

目标观众		所有频道	主要频道				
			山东卫视	中央电视台综合频道	中央台四套	青岛电视台新闻综合频道	中央台三套
4 岁及以上所有人		100.0	100.0	100.0	100.0	100.0	100.0
性别	男	48.6	44.6	46.5	59.8	49.5	48.0
	女	51.4	55.4	53.5	40.2	50.5	52.0
年龄	4~14 岁	6.3	3.9	5.7	1.3	3.4	4.0
	15~24 岁	7.9	7.8	3.5	5.0	7.0	5.8
	25~34 岁	11.3	8.5	8.7	3.8	5.3	10.1
	35~44 岁	13.2	8.8	8.2	9.1	7.4	12.6
	45~54 岁	22.6	19.7	19.1	26.5	22.4	18.6
	55~64 岁	19.8	25.4	28.6	25.7	22.2	31.8
	65 岁及以上	18.9	25.9	26.2	28.6	32.3	17.2
教育程度	未受过正规教育	5.4	6.0	6.4	2.1	4.8	5.6
	小学	15.3	20.5	19.3	11.0	13.0	16.2
	初中	33.9	37.2	34.5	29.9	37.8	36.8
	高中	29.0	24.0	26.6	35.7	31.7	28.7
	大学及以上	16.3	12.2	13.3	21.3	12.8	12.8
职业类别	干部/管理人员	2.2	1.6	2.0	2.3	2.8	1.6
	个体/私营企业人员	11.2	11.0	8.7	9.3	7.3	10.9
	初级公务员/雇员	23.2	18.3	15.9	23.3	19.4	18.2
	工人	11.9	10.8	9.2	11.7	8.0	10.5
	学生	8.1	5.9	4.4	2.9	4.9	5.2
	无业	40.1	49.0	57.2	49.3	55.1	48.0
	其他	3.3	3.3	2.6	1.1	2.5	5.6
个人月收入	0~600 元	22.5	28.8	19.4	11.2	19.4	20.0
	601~1200 元	6.3	7.1	6.5	3.2	4.9	5.9
	1201~1700 元	5.6	6.3	6.1	6.3	4.5	10.1
	1701~2600 元	25.1	26.0	27.1	25.7	35.0	30.2
	2601~3500 元	17.4	13.9	17.5	25.0	18.3	15.3
	3501~5000 元	13.3	8.5	10.6	15.9	8.5	10.1
	5001 元及以上	9.8	9.3	12.8	12.7	9.5	8.4

表 3.51.6 2014~2016 青岛市场各类节目的播出份额(%)和收视份额(%)

节目类别	2014 年		2015 年		2016 年	
	播出份额	收视份额	播出份额	收视份额	播出份额	收视份额
财经	1.6	0.3	1.7	0.4	1.2	0.3
电视剧	19.9	27.6	20.0	27.4	20.5	28.7
电影	3.4	3.3	3.2	3.3	3.3	3.4
法制	1.1	1.1	0.9	1.0	0.7	0.4
教学	0.2	0.0	0.2	0.0	0.2	0.0
青少	7.4	4.7	7.1	4.3	7.3	4.1
生活服务	11.6	9.2	10.8	9.5	10.0	10.3
体育	3.1	2.2	3.0	2.2	3.3	2.6
外语	0.0	0.0	0.0	0.0	0.0	0.0
戏剧	0.7	0.4	0.7	0.2	0.8	0.2
新闻/时事	14.7	16.9	14.7	15.9	14.5	15.2
音乐	2.3	0.8	2.3	0.7	1.7	0.7
专题	12.3	6.1	13.2	5.9	13.7	6.1
综艺	9.5	16.1	10.1	17.5	10.3	16.7
其他	12.1	11.3	12.1	11.7	12.5	11.3

表 3.51.7　2016 年青岛市场所有节目收视率排名前三十位

名次	节目名称	节目类型	播出频道	平均收视率（%）	平均占有率（%）
1	2016 中央电视台春节联欢晚会	综艺	中央电视台综合频道	15.6	28.9
2	奥林匹克在里约:2016 年第 31 届奥运会羽毛球男单半决赛	体育	中央台五套	8.3	20.2
3	花 YOUNG 年华山东卫视 2016 春节联欢晚会	综艺	山东卫视	7.3	20.5
4	2016 中央电视台元宵晚会	综艺	中央电视台综合频道	7.3	16.2
5	继父回家	电视剧	山东卫视	6.5	14.7
6	奥林匹克在里约:2016 年第 31 届奥运会女子 800 米自由泳决赛	体育	中央台五套	6.4	15.9
7	芈月传	电视剧	北京卫视	6.4	14.2
8	奥林匹克在里约:2016 年第 31 届奥运会乒乓球男单半决赛	体育	中央台五套	6.3	21.6
9	奥林匹克在里约:2016 年第 31 届奥运会女排小组赛第二轮（中国 VS 意大利）	体育	中央台五套	6.3	16.2
10	中国新歌声(7 月 29 日)	综艺	浙江卫视	6.2	21.8
11	遥远的距离	电视剧	山东卫视	5.9	15.5
12	奥林匹克在里约:2016 年第 31 届奥运会女子 100 米预赛第 2 组	体育	中央台五套	5.7	14.9
13	奥林匹克在里约:2016 年第 31 届奥运会跳水男子双人 3 米板决赛	体育	中央台五套	5.6	15.3
14	奥林匹克在里约:2016 年第 31 届奥运会体操女子团体决赛	体育	中央台五套	5.5	14.4
15	快乐向前冲（2 月 5 日）	综艺	山东电视综艺频道	5.5	12.7
16	奥林匹克在里约:2016 年第 31 届奥运会举重男子 69 公斤级决赛	体育	中央台五套	5.3	15.7
17	喜到福到好运到 2016 春节特别节目	综艺	中央台三套	5.3	13.7
18	奥林匹克在里约:2016 年第 31 届奥运会射击女子 10 米气步枪决赛	体育	中央台五套	5.2	15.6
19	刘海戏金蟾精彩抢先看	综艺	山东卫视	5.2	12.4
20	奥林匹克在里约:2016 年第 31 届奥运会场地自行车女子团体竞速赛	体育	中央台五套	5.1	13.1
21	奥林匹克在里约 颁奖仪式	体育	中央台五套	4.9	19.7

续表

名次	节目名称	节目类型	播出频道	平均收视率(%)	平均占有率(%)
22	奥林匹克在里约:2016 年第31 届奥运会女子单人艇决赛	体育	中央台五套	4.9	13.7
23	奥林匹克在里约:2016 年第 31 届奥运会女子七项全能决赛	体育	中央台五套	4.9	12.3
24	搭错车	电视剧	山东卫视	4.8	12.6
25	2016 中央电视台中秋晚会	综艺	中央电视台综合频道	4.8	11.8
26	为你而歌	综艺	山东卫视	4.5	14.2
27	奥林匹克在里约:2016 年第31 届奥运会蹦床女子决赛	体育	中央台五套	4.5	12.6
28	奥林匹克在里约:2016 年第 31 届奥运会男篮小组赛(委内瑞拉队 VS 中国队)	体育	中央台五套	4.5	11.8
29	炮神	电视剧	青岛电视台新闻综合频道	4.4	11.4
30	青岛往事	电视剧	山东卫视	4.4	10.1

表 3.51.8　2016 年青岛市场电视剧收视率排名前十位

名次	节目名称	播出频道	平均收视率(%)	平均占有率(%)
1	继父回家	山东卫视	6.5	14.7
2	芈月传	北京卫视	6.4	14.2
3	遥远的距离	山东卫视	5.9	15.5
4	搭错车	山东卫视	4.8	12.6
5	炮神	青岛电视台新闻综合频道	4.4	11.4
6	青岛往事	山东卫视	4.4	10.1
7	我是你的眼	山东卫视	4.3	11.1
8	三妹	山东卫视	4.1	11.9
9	绝地枪王二之松花江上的枪声	青岛电视台新闻综合频道	4.1	10.7
10	热血	山东电视齐鲁频道	3.9	9.6

表 3.51.9　2016 年青岛市场新闻节目收视率排名前十位

名次	节目名称	播出频道	平均收视率(%)	平均占有率(%)
1	2016 一年又一年	中央电视台综合频道	4.3	12.1
2	今日 ~ 今日 60 分	青岛电视台新闻综合频道	2.8	10.4
3	转播中央台新闻联播	青岛电视台新闻综合频道	2.7	7.8
4	生活在线	青岛电视台生活服务频道	2.5	6.7
5	G20 2016CHINA 二十国集团领导人杭州峰会特别报道	中央台四套	2.4	6.7
6	今日关注	中央台四套	1.9	5.7
7	筑梦天宫	中央台四套	1.8	6.6
8	深度国际	中央台四套	1.8	4.8
9	青岛新闻	青岛电视台新闻综合频道	1.8	4.6
10	海峡两岸	中央台四套	1.8	4.3

表 3.51.10 2016 年青岛市场专题节目收视率排名前十位

名次	节目名称	播出频道	平均收视率（%）	平均占有率（%）
1	大爱齐鲁温暖中华 2015 年度齐鲁公益盛典	山东电视齐鲁频道	3.2	7.4
2	辉煌十二五青岛市五年重点工作回顾	青岛电视台新闻综合频道	3.0	6.7
3	中国诗词大会(4 月 15 日)	中央电视台综合频道	2.9	7.0
4	中国成语大会 2015 八强争夺赛	中央电视台综合频道	2.8	9.7
5	315 共筑消费新生态	中央台二套	2.7	7.6
6	山东好人 2015 十大年度人物颁奖典礼	山东电视齐鲁频道	2.5	6.2
7	品牌的力量调查特别节目	山东卫视	2.4	7.3
8	岛城先锋	青岛电视台新闻综合频道	2.3	7.2
9	芈月传奇	北京卫视	2.2	6.1
10	一转成双之别对我说谎	山东电视影视频道	1.9	6.4

表 3.51.11 2016 年青岛市场综艺节目收视率排名前十位

名次	节目名称	播出频道	平均收视率（%）	平均占有率（%）
1	2016 中央电视台春节联欢晚会	中央电视台综合频道	15.6	28.9
2	花 YOUNG 年华山东卫视 2016 春节联欢晚会	山东卫视	7.3	20.5
3	2016 中央电视台元宵晚会	中央电视台综合频道	7.3	16.2
4	中国新歌声(7 月 29 日)	浙江卫视	6.2	21.8
5	快乐向前冲（2 月 5 日）	山东电视综艺频道	5.5	12.7
6	喜到福到好运到 2016 春节特别节目	中央台三套	5.3	13.7
7	刘海戏金蟾精彩抢先看	山东卫视	5.2	12.4
8	2016 中央电视台中秋晚会	中央电视台综合频道	4.8	11.8
9	为你而歌	山东卫视	4.5	14.2
10	百姓春晚	山东电视齐鲁频道	4.3	9.9

表 3.51.12 2016 年青岛市场体育节目收视率排名前十位

名次	节目名称	播出频道	平均收视率（%）	平均占有率（%）
1	奥林匹克在里约:2016 年第 31 届奥运会羽毛球男单半决赛	中央台五套	8.3	20.2
2	奥林匹克在里约:2016 年第 31 届奥运会女子 800 米自由泳决赛	中央台五套	6.4	15.9
3	奥林匹克在里约:2016 年第 31 届奥运会乒乓球男单半决赛	中央台五套	6.3	21.6
4	奥林匹克在里约:2016 年第 31 届奥运会女排小组赛第二轮（中国 VS 意大利）	中央台五套	6.3	16.2

续表

名次	节目名称	播出频道	平均收视率(%)	平均占有率(%)
5	奥林匹克在里约:2016 年第 31 届奥运会女子 100 米预赛第 2 组	中央台五套	5.7	14.9
6	奥林匹克在里约:2016 年第 31 届奥运会跳水男子双人 3 米板决赛	中央台五套	5.6	15.3
7	奥林匹克在里约:2016 年第 31 届奥运会体操女子团体决赛	中央台五套	5.5	14.4
8	奥林匹克在里约:2016 年第 31 届奥运会举重男子 69 公斤级决赛	中央台五套	5.3	15.7
9	奥林匹克在里约:2016 年第 31 届奥运会射击女子 10 米气步枪决赛	中央台五套	5.2	15.6
10	奥林匹克在里约:2016 年第 31 届奥运会场地自行车女子团体竞速赛	中央台五套	5.1	13.1

五十二、沈阳收视数据

表 3.52.1 2012～2016 年沈阳市场各类频道的市场占有率(%)

频道类别	年份				
	2012 年	2013 年	2014 年	2015 年	2016 年
中央台频道	30.0	32.6	30.2	30.0	31.6
中国教育台频道	0.6	0.5	0.3	0.3	0.2
辽宁省级频道	28.3	25.2	25.6	23.8	25.6
沈阳市级频道	5.6	4.7	4.5	5.5	4.7
其他省级卫视频道	31.7	32.6	34.4	34.1	30.3
其他频道	3.8	4.4	5.0	6.4	7.6

表 3.52.2 2016 年沈阳市场各类频道在不同目标观众中的市场占有率(%)

目标观众		中央台频道	中国教育台频道	辽宁省级频道	沈阳市级频道	其他省级卫视频道	其他频道
4 岁及以上所有人		31.6	0.2	25.6	30.3	4.7	7.6
性别	男	33.7	0.2	25.6	28.1	4.9	7.5
	女	29.5	0.1	25.5	32.5	4.6	7.8
年龄	4～14 岁	34.3	0.2	17.5	39.0	2.6	6.4
	15～24 岁	26.1	0.1	21.7	39.7	3.6	8.8
	25～34 岁	27.9	0.1	23.2	37.8	3.1	7.9
	35～44 岁	31.2	0.2	21.8	35.8	3.5	7.5
	45～54 岁	29.3	0.1	25.9	31.9	4.1	8.7
	55～64 岁	33.0	0.1	28.8	26.6	6.1	5.4
	65 岁及以上	37.1	0.3	28.2	19.7	6.7	8.0
教育程度	未受过正规教育	26.4	0.2	32.9	31.0	3.1	6.4
	小学	32.9	0.4	29.5	22.9	4.9	9.4
	初中	31.3	0.1	28.7	28.5	5.0	6.4
	高中	31.6	0.1	22.7	32.1	5.1	8.4
	大学及以上	32.0	0.1	19.4	36.4	3.8	8.3
职业类别	干部/管理人员	40.9	0.1	16.2	28.4	5.4	9.0
	个体/私营企业人员	29.0	0.2	25.4	35.6	3.9	5.9
	初级公务员/雇员	32.9	0.1	21.7	32.9	4.1	8.3
	工人	30.1	0.1	25.1	33.0	3.8	7.9
	学生	32.1	0.1	20.8	38.2	2.7	6.1
	无业	32.2	0.2	26.8	27.3	6.2	7.3
	其他	30.2	0.4	34.6	22.0	1.4	11.4
个人月收入	0～600 元	27.6	0.1	36.9	23.8	2.5	9.1
	601～1200 元	32.3	0.3	35.6	22.2	3.2	6.4
	1201～1700 元	29.9	0.1	28.4	31.1	4.2	6.3
	1701～2600 元	30.9	0.2	27.2	28.5	5.8	7.4
	2601～3500 元	33.3	0.1	26.0	28.6	5.5	6.5
	3501～5000 元	35.9	0.2	19.2	30.8	4.2	9.7
	5001 元及以上	34.5	0.2	15.7	36.3	3.0	10.3

表 3.52.3　2016 年沈阳市场各类频道不同时段的市场占有率(%)

时间段	中央电视台	中国教育台	辽宁省级频道	沈阳市级频道	其他省级上星频道	其他频道
02:00~03:00	36.7	0.4	19.8	3.6	29.2	10.3
03:00~04:00	36.9	0.5	21.1	6.2	24.9	10.4
04:00~05:00	46.9	0.3	17.0	8.4	18.0	9.4
05:00~06:00	39.6	0.2	31.6	4.4	15.3	8.9
06:00~07:00	30.0	0.1	32.7	21.0	9.9	6.3
07:00~08:00	28.3	0.1	32.5	20.6	12.0	6.5
08:00~09:00	33.7	0.3	24.3	10.4	24.0	7.3
09:00~10:00	35.1	0.3	20.6	2.7	31.6	9.7
10:00~11:00	35.2	0.3	16.4	1.9	36.2	10.0
11:00~12:00	37.0	0.2	16.1	2.7	35.0	9.0
12:00~13:00	36.7	0.1	20.8	4.9	29.3	8.2
13:00~14:00	36.0	0.3	10.0	2.4	41.5	9.8
14:00~15:00	34.9	0.2	10.6	1.5	42.9	9.9
15:00~16:00	34.6	0.3	12.6	1.4	42.5	8.6
16:00~17:00	32.5	0.3	19.0	1.4	39.3	7.5
17:00~18:00	24.5	0.1	39.8	4.9	24.4	6.3
18:00~19:00	27.1	0.0	51.6	5.6	8.7	7.0
19:00~20:00	31.6	0.1	37.7	3.5	20.3	6.8
20:00~21:00	28.8	0.1	25.5	3.3	36.2	6.1
21:00~22:00	32.0	0.1	22.0	4.6	34.5	6.8
22:00~23:00	29.7	0.2	13.8	6.2	41.9	8.2
23:00~24:00	32.4	0.2	15.6	3.4	39.9	8.5
24:00~25:00	36.0	0.1	15.4	2.9	36.2	9.4
25:00~26:00	38.1	0.2	16.4	2.6	32.8	9.9

表 3.52.4　2016 年沈阳市场收视份额排名前十位的频道

名次	频道名称	收视份额(%)
1	辽宁广播电视台都市频道	8.0
2	辽宁广播电视台经济频道	5.1
3	中央台四套	5.0
4	沈阳电视台一套(新闻综合频道)	4.7
4	中央台三套	4.7
6	上海东方卫视	4.4
7	辽宁卫视	4.3
8	中央台五套	3.7
9	中央台六套	3.5
9	中央电视台新闻频道	3.5

表 3.52.5　2016 年沈阳市场各主要频道的观众构成(%)

目标观众		所有频道	主要频道				
			辽宁广播电视台都市频道	辽宁广播电视台经济频道	中央台四套	沈阳电视台一套(新闻频道)	中央台三套
4 岁及以上所有人		100.0	100.0	100.0	100.0	100.0	100.0
性别	男	49.7	49.1	47.2	58.0	51.2	47.2
	女	50.3	50.9	52.8	42.0	48.8	52.8
年龄	4~14 岁	3.8	3.2	1.9	2.2	2.1	3.2
	15~24 岁	6.7	5.3	7.2	3.2	5.1	6.0
	25~34 岁	11.9	12.6	9.8	8.1	7.7	11.7
	35~44 岁	11.4	10.0	10.2	6.9	8.5	7.1
	45~54 岁	26.8	26.0	27.2	24.0	23.1	25.2
	55~64 岁	19.4	22.2	25.8	24.0	25.2	24.9
	65 岁及以上	20.1	20.7	18.0	31.7	28.3	21.9
教育程度	未受过正规教育	1.7	1.1	0.6	1.3	1.1	1.0
	小学	11.6	14.1	13.1	10.1	12.1	9.6
	初中	42.2	48.7	47.5	46.5	44.4	52.1
	高中	24.8	20.4	22.7	23.0	26.7	21.0
	大学及以上	19.6	15.7	16.0	19.2	15.6	16.3
职业类别	干部/管理人员	2.0	2.1	0.5	2.4	2.3	1.3
	个体/私营企业人员	8.4	8.3	7.0	7.7	6.9	6.9
	初级公务员/雇员	12.2	10.6	10.3	10.8	10.7	12.5
	工人	21.9	21.8	23.1	20.2	17.7	20.6
	学生	6.2	6.1	4.4	4.3	3.6	6.3
	无业	43.9	47.3	46.1	50.4	57.2	48.7
	其他	5.3	3.8	8.6	4.2	1.6	3.8
个人月收入	0~600 元	1.7	1.7	3.8	0.9	0.9	1.7
	601~1200 元	7.1	5.9	10.7	5.3	4.5	6.6
	1201~1700 元	9.9	10.2	8.3	9.4	8.4	10.0
	1701~2600 元	45.9	51.1	48.2	46.5	53.2	46.2
	2601~3500 元	19.6	21.5	17.9	16.6	21.1	23.6
	3501~5000 元	10.8	7.7	8.0	15.1	9.0	9.5
	5001 元及以上	4.9	1.9	3.2	6.3	3.0	2.4

表 3.52.6　2014~2016 年沈阳市场各类节目的播出份额(%)和收视份额(%)

节目类别	2014 年		2015 年		2016 年	
	播出份额	收视份额	播出份额	收视份额	播出份额	收视份额
财经	1.7	0.5	1.5	0.8	1.3	0.9
电视剧	20.3	29.8	24.6	28.3	26.6	26.9
电影	4.3	3.6	4.0	4.2	3.8	3.9
法制	1.2	0.6	1.0	0.7	0.9	0.5
教学	0.2	0.0	0.2	0.1	0.2	0.0
青少	7.0	2.8	5.9	2.4	6.4	2.4
生活服务	11.2	12.0	12.8	11.0	10.1	10.0
体育	3.6	3.5	3.3	3.8	3.4	4.8
外语	0.0	0.0	0.0	0.0	0.0	0.0
戏剧	0.7	0.2	0.7	0.2	0.8	0.2
新闻/时事	14.6	15.4	10.1	15.6	10.0	16.1
音乐	2.4	0.7	2.5	0.8	1.7	0.7
专题	11.7	5.0	12.6	6.2	13.2	5.5
综艺	8.8	14.4	7.4	14.9	7.9	17.1
其他	12.1	11.4	13.4	11.0	13.7	11.0

表 3.52.7　2016 年沈阳市场所有节目收视率排名前三十位

名次	节目名称	节目类别	播出频道	平均收视率(%)	平均占有率(%)
1	2016 辽宁卫视春节联欢晚会万家灯火幸福年	综艺	辽宁卫视	22.9	50.0
2	奥林匹克在里约:2016 年第 31 届奥运会羽毛球男单半决赛	体育	中央台五套	12.7	30.3
3	超级足球之夜:国际足联 18 年世界杯亚洲区预选赛第三阶段 A 组第 2 轮(中国 VS 伊朗)	体育	中央台五套	11.4	29.2
4	芈月传	电视剧	上海东方卫视	11.1	23.1
5	奥林匹克在里约 颁奖仪式	体育	中央台五套	11.0	39.2
6	现场直播:2015/2016 赛季 CBA 联赛半决赛第三场(辽宁药都本溪 VS 广东东莞银行)	体育	辽宁广播电视台体育频道	10.8	23.3
7	2016 中央电视台春节联欢晚会	综艺	中央电视台综合频道	10.3	20.3
8	奥林匹克在里约:2016 年第 31 届奥运会乒乓球男单半决赛	体育	中央台五套	10.2	34.0
9	奥林匹克在里约:2016 年第 31 届奥运会女排小组赛 B 组第四轮(中国 VS 塞尔维亚)	体育	中央台五套	8.5	22.9
10	奥林匹克在里约:2016 年第 31 届奥运会女子双人 10 米跳台决赛	体育	中央台五套	6.9	21.2
11	黄金赛场 CBA 总决赛颁奖仪式	体育	中央台五套	6.9	15.8
12	奥林匹克在里约:2016 年第 31 届奥运会游泳男子 200 米仰泳决赛	体育	中央台五套	6.7	18.9
13	奥运典藏:2016 年第 31 届奥运会田径男子 10000 米决赛	体育	中央台五套	6.5	17.6
14	奥林匹克在里约:2016 年第 31 届奥运会女子举重 63 公斤级决赛	体育	中央台五套	6.4	21.2
15	新北方	新闻/时事	辽宁广播电视台都市频道	6.3	20.9
16	奥林匹克在里约:2016 年第 31 届奥运会射击女子 10 米气手枪决赛	体育	中央台五套	6.3	20.5
17	奥林匹克在里约:2016 年第 31 届奥运会女子单人艇 1/4 决赛	体育	中央台五套	6.1	19.9
18	奥林匹克在里约:2016 年第 31 届奥运会体操男子团体决赛	体育	中央台五套	6.0	16.7
19	2016 中央电视台元宵晚会	综艺	中央电视台综合频道	5.8	12.1
20	2016 年欧洲杯小组赛 D 组第一轮(西班牙 VS 捷克)	体育	中央台五套	5.6	19.2
21	奥林匹克在里约:2016 年第 31 届奥运会场地自行车女子团体竞速赛	体育	中央台五套	5.4	16.6
22	2016 九州同乐又一年 2016 百姓春晚倒计时	综艺	辽宁广播电视台都市频道	5.2	18.9
23	微纪实系列片我是党员	专题	辽宁广播电视台都市频道	5.1	15.7
24	芈月传	电视剧	北京卫视	5.0	10.4
25	奥林匹克在里约:2016 年第 31 届奥运会射箭男子团体决赛	体育	中央台五套	4.8	14.5
26	芈月传收官特别节目	综艺	上海东方卫视	4.8	10.0
27	笑傲江湖第 3 季巅峰对决	综艺	上海东方卫视	4.7	26.8
28	奥林匹克在里约:2016 年第 31 届奥运会男篮小组赛(委内瑞拉队 VS 中国队)	体育	中央台五套	4.6	13.0
29	喜到福到好运到 2016 春节特别节目	综艺	中央台三套	4.6	12.7
30	2016 年世乒赛男团颁奖仪式	体育	中央台五套	4.5	12.9

表 3.52.8　2016 年沈阳市场电视剧收视率排名前十位

名次	节目名称	播出频道	平均收视率（%）	平均占有率（%）
1	芈月传	上海东方卫视	11.1	23.1
2	芈月传	北京卫视	5.0	10.4
3	芈月传	辽宁卫视	3.5	7.8
4	天伦	辽宁卫视	3.3	8.0
5	好先生	浙江卫视	3.2	9.0
6	少帅	上海东方卫视	3.2	6.8
7	九九	辽宁广播电视台都市频道	3.1	7.8
8	我叫苗金花	辽宁广播电视台都市频道	3.1	7.6
9	锦绣未央	上海东方卫视	3.1	7.4
10	空巢姥爷	辽宁广播电视台都市频道	2.8	6.4

表 3.52.9　2016 年沈阳市场新闻节目收视率排名前十位

名次	节目名称	播出频道	平均收视率（%）	平均占有率（%）
1	新北方	辽宁广播电视台都市频道	6.3	20.9
2	新闻正前方	辽宁广播电视台都市频道	3.0	15.4
3	今日关注	中央台四套	3.0	8.8
4	海峡两岸	中央台四套	3.0	7.1
5	筑梦天宫	中央电视台新闻频道	2.6	8.5
6	今日亚洲	中央台四套	2.2	6.0
6	中国舆论场	中央台四套	2.2	6.0
8	2016 一年又一年	中央电视台综合频道	2.0	5.9
9	G20 2016CHINA 二十国集团领导人杭州峰会特别报道	中央台三套	2.0	5.1
10	沈视晚报	沈阳电视台一套（新闻综合频道）	1.8	5.6

表 3.52.10　2015 年沈阳市场专题节目收视率排名前十位

名次	节目名称	播出频道	平均收视率（%）	平均占有率（%）
1	微纪实系列片我是党员	辽宁广播电视台都市频道	5.1	15.7
2	喜剧人故事	上海东方卫视	4.0	17.8
3	芈月纪实	上海东方卫视	2.9	6.3
4	中菲南海争议	中央台四套	2.5	11.0
5	老梁刨芈月	辽宁卫视	2.4	5.7
5	胜利大阅兵	中央台六套	2.3	8.2
7	国家记忆	中央台四套	2.2	5.3
8	中菲南海争议	中央电视台新闻频道	2.0	5.7
9	开创中国特色大国外交新局面习近平主席 2015 年出访实录	中央电视台新闻频道	1.9	5.7
10	中国成语大会 2015 年度总决赛	中央电视台综合频道	1.8	4.2

表 3.52.11　2016 年沈阳市场综艺节目收视率排名前十位

名次	节目名称	播出频道	平均收视率(%)	平均占有率(%)
1	2016 辽宁卫视春节联欢晚会万家灯火幸福年	辽宁卫视	22.9	50.0
2	2016 中央电视台春节联欢晚会	中央电视台综合频道	10.3	20.3
3	欢乐喜剧人(4 月 3 日)	上海东方卫视	6.1	24.7
4	2016 中央电视台元宵晚会	中央电视台综合频道	5.8	12.1
5	2016 九州同乐又一年 2016 百姓春晚倒计时	辽宁广播电视台都市频道	5.2	18.9
6	芈月传收官特别节目	上海东方卫视	4.8	10.0
7	笑傲江湖第 3 季巅峰对决	上海东方卫视	4.7	26.8
8	喜到福到好运到 2016 春节特别节目	中央台三套	4.6	12.7
9	2016 中央电视台中秋晚会	中央台四套	4.4	12.1
10	直通春晚(1 月 11 日)	中央台三套	4.3	9.5

表 3.52.12　2016 年沈阳市场体育节目收视率排名前十位

名次	节目名称	播出频道	平均收视率(%)	平均占有率(%)
1	奥林匹克在里约:2016 年第 31 届奥运会羽毛球男单半决赛	中央台五套	12.7	30.3
2	超级足球之夜:国际足联 18 年世界杯亚洲区预选赛第三阶段 A 组第 2 轮(中国 VS 伊朗)	中央台五套	11.4	29.2
3	奥林匹克在里约 颁奖仪式	中央台五套	11.0	39.2
4	现场直播:2015/2016 赛季 CBA 联赛半决赛第三场(辽宁药都本溪 VS 广东东莞银行)	辽宁广播电视台体育频道	10.8	23.3
5	奥林匹克在里约:2016 年第 31 届奥运会乒乓球男单半决赛	中央台五套	10.2	34.0
6	奥林匹克在里约:2016 年第 31 届奥运会女排小组赛 B 组第四轮(中国 VS 塞尔维亚)	中央台五套	8.5	22.9
7	奥林匹克在里约:2016 年第 31 届奥运会女子双人 10 米跳台决赛	中央台五套	6.9	21.2
8	黄金赛场 CBA 总决赛颁奖仪式	中央台五套	6.9	15.8
9	奥林匹克在里约:2016 年第 31 届奥运会游泳男子 200 米仰泳决赛	中央台五套	6.7	18.9
10	奥运典藏:2016 年第 31 届奥运会田径男子 10000 米决赛	中央台五套	6.5	17.6

五十三、深圳收视数据

表 3.53.1　2012～2016 年深圳市场各类频道的市场占有率(%)

频道类别	年份				
	2012 年	2013 年	2014 年	2015 年	2016 年
中央台频道	20.2	21.1	22.3	21.6	23.4
中国教育台频道	0.2	0.1	0.1	0.1	0.1
广东省级台	9.0	8.8	7.4	8.0	7.4
深圳市级台	35.2	33.9	35.1	34.8	31.9
境外频道	8.7	6.5	6.4	5.4	4.4
其他省级卫视频道	17.7	20.1	19.8	20.8	19.8
其他频道	9.0	9.5	8.9	9.3	13.0

表 3.53.2　2016 年深圳市场各类频道在各目标观众中的市场占有率(%)

目标观众		中央台频道	中国教育台频道	广东省级频道	深圳市级频道	境外频道	其他省级卫视频道	其他频道
4 岁及以上所有人		23.4	0.1	7.4	31.9	4.4	19.8	13.0
性别	男	25.3	0.1	7.3	31.8	4.3	18.4	12.8
	女	21.4	0.1	7.5	32.1	4.4	21.2	13.3
年龄	4～14 岁	20.9	0.1	12.6	25.1	2.3	20.2	18.8
	15～24 岁	20.5	0.1	6.5	31.2	4.2	26.2	11.3
	25～34 岁	22.0	0.1	7.0	30.2	3.3	22.3	15.1
	35～44 岁	24.6	0.1	7.5	29.5	4.6	18.3	15.4
	45～54 岁	24.0	0.1	6.1	38.7	6.0	16.9	8.2
	55～64 岁	24.6	0.1	8.8	35.0	5.4	13.8	12.3
	65 岁及以上	35.6	0.1	7.7	27.9	4.7	14.7	9.3
教育程度	未受过正规教育	22.9	0.0	11.1	34.3	2.2	13.2	16.3
	小学	20.3	0.1	11.8	32.1	3.1	17.9	14.7
	初中	22.8	0.1	8.3	34.2	4.3	17.7	12.6
	高中	25.7	0.1	6.6	32.7	5.3	18.9	10.7
	大学及以上	22.9	0.1	5.2	28.5	4.1	24.4	14.8
职业类别	干部/管理人员	24.3	0.0	6.5	29.0	4.6	21.7	13.9
	个体/私营企业人员	21.7	0.1	7.1	31.1	3.8	19.9	16.3
	初级公务员/雇员	22.4	0.2	6.0	32.4	4.8	22.0	12.2
	工人	23.2	0.1	8.1	38.8	3.4	15.7	10.7
	学生	19.4	0.1	9.4	21.1	2.5	27.6	19.9
	无业	26.9	0.1	8.4	32.7	5.2	16.3	10.4
	其他	*	*	*	*	*	*	*
个人月收入	0～600 元	23.8	0.0	8.8	28.9	3.4	20.7	14.4
	601～1200 元	29.5	0.1	6.2	28.9	5.2	14.7	15.4
	1201～1700 元	20.9	0.0	10.9	35.4	8.3	10.6	13.9
	1701～2600 元	21.1	0.1	8.2	31.5	6.1	18.4	14.6
	2601～3500 元	21.8	0.1	9.2	40.2	4.4	16.0	8.3
	3501～5000 元	23.4	0.1	6.8	31.6	4.9	19.7	13.5
	5001 元及以上	24.3	0.1	5.4	31.3	3.9	22.1	12.9

注：* 表示由于样本量太小，无法进行统计推断。

表 3.53.3 2016 年深圳市场各类频道在不同时段的市场占有率(%)

时间段	中央台频道	中国教育台频道	广东省级频道	深圳市级频道	境外频道	其他省级卫视频道	其他频道
02:00~03:00	18.4	0.2	3.6	21.3	6.0	19.5	31.0
03:00~04:00	19.4	0.1	4.7	18.7	5.7	17.1	34.3
04:00~05:00	19.9	0.1	4.9	20.1	5.6	14.2	35.2
05:00~06:00	21.2	0.0	4.1	19.4	6.9	14.9	33.5
06:00~07:00	30.4	0.1	4.1	24.9	12.2	14.2	14.1
07:00~08:00	32.1	0.1	9.3	30.2	10.4	7.6	10.3
08:00~09:00	32.4	0.1	12.5	21.8	8.6	12.6	12.0
09:00~10:00	34.5	0.2	10.6	17.7	3.8	19.3	13.9
10:00~11:00	34.9	0.2	10.1	15.3	3.2	20.9	15.4
11:00~12:00	35.5	0.1	11.0	14.5	4.3	20.8	13.8
12:00~13:00	30.4	0.1	8.7	25.3	6.9	17.0	11.6
13:00~14:00	31.3	0.2	8.9	18.9	4.5	21.5	14.7
14:00~15:00	29.9	0.4	8.0	14.5	3.3	25.7	18.2
15:00~16:00	28.7	0.5	7.6	13.2	3.2	27.1	19.7
16:00~17:00	29.1	0.4	8.4	14.5	2.6	25.7	19.3
17:00~18:00	27.3	0.1	7.8	27.9	2.5	18.2	16.2
18:00~19:00	21.5	0.0	8.3	49.1	4.2	5.5	11.4
19:00~20:00	21.5	0.1	8.0	44.0	3.1	13.2	10.1
20:00~21:00	18.9	0.1	7.0	36.0	3.4	24.7	9.9
21:00~22:00	18.1	0.0	6.7	36.2	5.3	23.3	10.4
22:00~23:00	15.8	0.0	4.6	39.5	5.0	23.2	11.9
23:00~24:00	18.2	0.0	4.7	39.0	3.3	20.8	14.0
24:00~25:00	21.8	0.1	4.8	28.8	5.6	20.3	18.6
25:00~26:00	19.6	0.3	3.6	24.7	8.6	19.7	23.5

表 3.53.4 2016 年深圳市场收视份额排名前十位的频道

名次	频道名称	收视份额(%)
1	深圳电视台一套(都市频道)	9.5
2	深圳电视台二套(电视剧频道)	7.4
3	深圳卫视(新闻综合频道)	5.2
4	深圳电视台七套(公共频道)	3.9
5	中央电视台综合频道	3.5
6	浙江卫视	3.4
7	湖南卫视	3.3
8	深圳电视台六套(少儿频道)	2.4
9	广东广播电视台嘉佳卡通频道	2.3
10	中央电视台少儿频道	2.2

表 3.53.5 2016 年深圳市场各主要频道的观众构成(%)

目标观众		所有频道	主要频道				
			深圳电视台一套(都市频道)	深圳电视台二套(电视剧频道)	深圳卫视(新闻综合频道)	深圳电视台七套(公共频道)	中央电视台综合频道
4 岁及以上所有人		100.0	100.0	100.0	100.0	100.0	100.0
性别	男	51.4	49.4	56.8	50.8	49.5	49.4
	女	48.6	50.6	43.2	49.2	50.5	50.6
年龄	4~14 岁	7.3	3.6	5.6	4.4	4.7	6.3
	15~24 岁	10.9	9.5	9.6	15.5	16.5	4.3
	25~34 岁	32.0	34.2	25.5	30.7	22.2	31.7
	35~44 岁	16.3	15.3	14.3	14.1	16.4	12.7
	45~54 岁	21.8	24.7	35.0	23.5	29.9	22.3
	55~64 岁	7.1	8.8	7.5	5.8	6.2	10.6
	65 岁及以上	4.6	3.9	2.5	6.0	4.1	12.1
教育程度	未受过正规教育	3.0	2.2	2.1	5.2	2.7	2.5
	小学	11.6	10.9	15.2	7.4	11.3	11.5
	初中	27.5	23.4	38.9	30.7	34.1	21.9
	高中	29.9	32.0	27.8	28.5	33.5	35.8
	大学及以上	28.0	31.5	16.0	28.2	18.4	28.3
职业类别	干部/管理人员	7.2	6.8	6.5	6.6	5.5	5.6
	个体/私营企业人员	17.3	16.3	23.9	12.8	15.2	11.0
	初级公务员/雇员	28.4	34.0	19.2	34.4	31.1	30.4
	工人	13.4	13.0	25.8	12.0	18.4	14.7
	学生	8.7	4.4	5.5	4.9	7.0	5.6
	无业	25.0	25.5	19.1	29.3	22.8	32.7
	其他	*	*	*	*	*	*
个人月收入	0~600 元	25.8	20.3	20.9	25.5	20.0	21.0
	601~1200 元	1.7	1.4	0.9	2.1	2.1	4.3
	1201~1700 元	1.1	0.8	0.3	3.1	1.5	2.0
	1701~2600 元	8.8	7.4	8.4	8.4	13.3	9.8
	2601~3500 元	14.0	16.9	23.2	16.9	20.3	15.5
	3501~5000 元	20.8	24.6	19.0	18.2	20.3	23.2
	5001 元及以上	27.8	28.6	27.3	25.8	22.5	24.2

注"*"表示样本量太少,无法进行统计推断。

表 3.53.6 2014~2016 年深圳市场各类节目的播出份额(%)和收视份额(%)

节目类别	2014 年		2015 年		2016 年	
	播出份额	收视份额	播出份额	收视份额	播出份额	收视份额
财经	1.8	1.1	1.8	1.2	1.3	0.9
电视剧	21.6	32.8	21.4	31.7	22.0	32.3
电影	3.7	3.0	3.4	2.4	3.4	2.8
法制	0.9	0.4	1.5	0.9	1.2	0.9
教学	0.3	0.1	0.2	0.1	0.2	0.1
青少	7.0	5.4	6.5	5.1	6.9	5.8
生活服务	9.9	7.2	9.9	7.1	9.3	6.4
体育	3.7	3.5	3.5	3.5	3.7	2.9
外语	0.2	0.0	0.2	0.0	0.1	0.0
戏剧	0.6	0.2	0.7	0.1	0.6	0.1
新闻/时事	15.0	16.8	15.1	17.1	15.2	16.3
音乐	2.1	0.9	2.1	1.0	1.5	1.2
专题	10.8	5.6	12.0	6.0	12.4	6.2
综艺	8.6	10.2	8.5	11.1	9.0	11.3
其他	13.8	12.8	13.2	12.7	13.2	12.8

表 3.53.7　2016 年深圳市场所有节目收视率排名前三十位

名次	节目名称	类型	频道	平均收视率(%)	平均占有率(%)
1	2016 中央电视台春节联欢晚会	综艺	中央电视台综合频道	9.5	31.9
2	奥林匹克在里约 颁奖仪式	体育	中央台五套	5.0	23.6
3	奥林匹克在里约:2016 年第 31 届奥运会羽毛球男单决赛	体育	中央台五套	4.8	20.0
4	有爱有家	电视剧	深圳电视台一套(都市频道)	4.8	18.6
5	中国新歌声总决赛荣耀对决	综艺	浙江卫视	4.4	22.1
6	第 1 现场	新闻/时事	深圳电视台一套(都市频道)	4.1	24.6
7	知青家庭	电视剧	深圳电视台一套(都市频道)	4.1	16.6
8	黎明破晓前	电视剧	深圳电视台二套(电视剧频道)	4.0	16.3
9	老爸回家	电视剧	深圳电视台一套(都市频道)	3.7	14.8
10	奔跑吧兄弟(1 月 1 日 ~1 月 15 日)	综艺	浙江卫视	3.6	13.1
11	2017 跨年演唱会 17 聚幸福	音乐	江苏卫视	3.5	17.3
12	极速前进(8 月 5 日)	综艺	深圳卫视(新闻综合频道)	3.5	16.5
13	再见老婆大人	电视剧	深圳卫视(新闻综合频道)	3.5	15.1
14	奥林匹克在里约:2016 年第 31 届奥运会乒乓球女团半决赛	体育	中央台五套	3.5	14.2
15	寒山令	电视剧	深圳电视台二套(电视剧频道)	3.4	16.4
16	手枪队	电视剧	深圳电视台二套(电视剧频道)	3.4	16.0
17	家里家外	电视剧	深圳电视台一套(都市频道)	3.4	14.1
18	奔跑吧兄弟(4 月 15 日 ~7 月 1 日)	综艺	浙江卫视	3.4	14.0
19	情谜睡美人之欲望的姐妹	电视剧	深圳电视台一套(都市频道)	3.4	12.9
20	谁是大歌神(4 月 24 日)	综艺	浙江卫视	3.3	14.7
21	奥林匹克在里约:2016 年第 31 届奥运会女排小组赛第二轮(中国 VS 意大利)	体育	中央台五套	3.3	14.2
22	结婚为什么	电视剧	深圳卫视(新闻综合频道)	3.3	13.9
23	黄金赛场 超级足球之夜:18 年世界杯亚洲区预选赛第三阶段 A 组第 5 轮(中国 VS 卡塔尔)	体育	中央台五套	3.2	13.4
24	冷枪手	电视剧	深圳电视台二套(电视剧频道)	3.1	15.6
25	奥林匹克在里约:2016 年第 31 届奥运会男子举重 56 公斤级决赛	体育	中央台五套	3.1	14.8
26	炮神(16 ~43 集)	电视剧	深圳电视台二套(电视剧频道)	3.1	12.8
27	爱在一起浙江卫视领跑 2017 演唱会	音乐	浙江卫视	3.0	15.4
28	奥林匹克在里约:2016 年第 31 届奥运会女子双人 3 米跳板决赛	体育	中央台五套	3.0	14.9
29	最强大脑(3 月 18 日)	综艺	江苏卫视	3.0	11.1
30	奥林匹克在里约:2016 年第 31 届奥运会射击女子 10 米气手枪决赛	体育	中央台五套	2.9	16.6

表 3.53.8　2016 年深圳市场电视剧收视率排名前十位

名次	节目名称	播出频道	平均收视率（%）	平均占有率（%）
1	有爱有家	深圳电视台一套（都市频道）	4.8	18.6
2	知青家庭	深圳电视台一套（都市频道）	4.1	16.6
3	黎明破晓前	深圳电视台二套（电视剧频道）	4.0	16.3
4	老爸回家	深圳电视台一套（都市频道）	3.7	14.8
5	再见老婆大人	深圳卫视（新闻综合频道）	3.5	15.1
6	寒山令	深圳电视台二套（电视剧频道）	3.4	16.4
7	手枪队	深圳电视台二套（电视剧频道）	3.4	16.0
8	家里家外	深圳电视台一套（都市频道）	3.4	14.1
9	情谜睡美人之欲望的姐妹	深圳电视台一套（都市频道）	3.4	12.9
10	结婚为什么	深圳卫视（新闻综合频道）	3.3	13.9

表 3.53.9　2016 年深圳市场新闻节目收视率排名前十位

名次	节目名称	播出频道	平均收视率（%）	平均占有率（%）
1	第 1 现场	深圳电视台一套（都市频道）	4.1	24.6
2	直击台风妮姐特别报道	深圳电视台一套（都市频道）	2.4	14.3
3	时政要闻	深圳电视台一套（都市频道）	2.3	10.9
4	2016 国际大事回顾	翡翠台（中文）（宝安区有线转播）	1.9	10.0
5	18 点新闻	深圳电视台七套（公共频道）	1.6	13.6
6	2016 一年又一年	中央电视台综合频道	1.6	10.2
7	全民动员迎战妮姐	深圳卫视（新闻综合频道）	1.6	7.8
8	都市路路通	深圳电视台一套（都市频道）	1.4	15.2
9	时政要闻	深圳卫视（新闻综合频道）	1.4	6.0
10	筑梦天宫	中央电视台新闻频道	1.4	5.8

表 3.53.10　2016 年深圳市场专题节目收视率排名前十位

名次	节目名称	播出频道	平均收视率（%）	平均占有率（%）
1	猴吉看春晚（2 月 7 日）	深圳卫视（新闻综合频道）	2.5	10.2
2	共赢海上丝路（7 月 15 日）	深圳卫视（新闻综合频道）	1.7	8.1
3	鞠说好看	深圳电视台一套（都市频道）	1.6	9.6
4	中国诗词大会（2 月 12 日）	中央电视台综合频道	1.6	7.0
5	万象解密	深圳卫视（新闻综合频道）	1.5	6.6
6	政协论坛	深圳电视台一套（都市频道）	1.5	6.3
7	感动中国 2015 年度人物颁奖盛典	中央电视台综合频道	1.5	5.6
8	2016 时间的朋友罗振宇跨年演讲	深圳卫视（新闻综合频道）	1.4	7.4
9	一年级大学季	湖南卫视	1.4	6.3
10	等着我	中央电视台综合频道	1.4	5.4

表 3.53.11　2016 年深圳市场综艺节目收视率排名前十位

名次	节目名称	播出频道	平均收视率(%)	平均占有率(%)
1	2016 中央电视台春节联欢晚会	中央电视台综合频道	9.5	31.9
2	中国新歌声总决赛荣耀对决	浙江卫视	4.4	22.1
3	奔跑吧兄弟(1 月 1 日 ~1 月 15 日)	浙江卫视	3.6	13.1
4	极速前进(8 月 5 日)	深圳卫视(新闻综合频道)	3.5	16.5
5	奔跑吧兄弟(4 月 15 日 ~7 月 1 日)	浙江卫视	3.4	14.0
6	谁是大歌神(4 月 24 日)	浙江卫视	3.3	14.7
7	最强大脑(3 月 18 日)	江苏卫视	3.0	11.1
8	来吧！冠军(6 月 5 日)	浙江卫视	2.9	12.6
9	传承者(1 月 2 日)	北京卫视	2.8	11.7
10	欢乐喜剧人(1 月 17 日)	上海东方卫视	2.8	10.9

表 3.53.12　2016 年深圳市场体育节目收视率排名前十位

名次	节目名称	播出频道	平均收视率(%)	平均占有率(%)
1	奥林匹克在里约 颁奖仪式	中央台五套	5.0	23.6
2	奥林匹克在里约:2016 年第 31 届奥运会羽毛球男单决赛	中央台五套	4.8	20.0
3	奥林匹克在里约:2016 年第 31 届奥运会乒乓球女团半决赛	中央台五套	3.5	14.2
4	奥林匹克在里约:2016 年第 31 届奥运会女排小组赛第二轮(中国 VS 意大利)	中央台五套	3.3	14.2
5	黄金赛场 超级足球之夜:18 年世界杯亚洲区预选赛第三阶段 A 组第 5 轮(中国 VS 卡塔尔)	中央台五套	3.2	13.4
6	奥林匹克在里约:2016 年第 31 届奥运会男子举重 56 公斤级决赛	中央台五套	3.1	14.8
7	奥林匹克在里约:2016 年第 31 届奥运会女子双人 3 米跳板决赛	中央台五套	3.0	14.9
8	奥林匹克在里约:2016 年第 31 届奥运会射击女子 10 米气手枪决赛	中央台五套	2.9	16.6
9	奥林匹克在里约:2016 年第 31 届奥运会田径女子 100 米预赛	中央台五套	2.8	17.0
10	奥林匹克在里约:2016 年第 31 届奥运会游泳女 4 ×200 米自由泳接力决赛	中央台五套	2.6	13.1

五十四、石家庄收视数据

表 3.54.1　2012～2016 年石家庄市场各类频道的市场占有率(%)

频道类别	年份				
	2012 年	2013 年	2014 年	2015 年	2016 年
中央台频道	35.3	36.6	35.9	35.6	38.4
中国教育台频道	0.7	0.1	0.1	0.1	0.0
河北省级频道	19.5	20.1	27.9	22.5	19.8
石家庄市级频道	10.1	10.1	8.8	9.4	8.1
其他省级卫视频道	28.8	28.1	22.5	27.3	26.2
其他频道	5.6	5.1	4.8	5.1	7.5

表 3.54.2　2016 年石家庄市场各类频道在不同目标观众中的市场占有率(%)

目标观众		中央台频道	中国教育台频道	河北省级频道	石家庄市级频道	其他省级卫视频道	其他频道
4 岁及以上所有人		38.4	0.0	19.8	8.1	26.2	7.5
性别	男	40.7	0.0	21.0	8.1	22.6	7.6
	女	36.5	0.0	18.7	8.1	29.4	7.3
年龄	4～14 岁	32.1	0.0	12.9	6.1	40.5	8.4
	15～24 岁	29.9	0.0	20.2	7.1	32.0	10.8
	25～34 岁	30.6	0.0	17.0	7.7	31.9	12.8
	35～44 岁	38.9	0.0	18.9	8.7	24.4	9.1
	45～54 岁	33.9	0.0	22.7	9.1	28.6	5.7
	55～64 岁	39.6	0.0	21.0	10.0	23.0	6.4
	65 岁及以上	52.3	0.1	20.3	6.9	16.6	3.8
教育程度	未受过正规教育	32.3	0.0	19.5	7.1	38.4	2.7
	小学	36.4	0.0	17.8	7.2	29.2	9.4
	初中	38.4	0.1	23.4	9.2	22.5	6.4
	高中	39.3	0.0	20.3	7.2	26.0	7.2
	大学及以上	39.1	0.0	15.4	8.6	28.2	8.7
职业类别	干部/管理人员	40.3	0.0	12.1	7.3	32.9	7.4
	个体/私营企业人员	31.4	0.0	23.8	8.8	28.4	7.6
	初级公务员/雇员	33.7	0.0	17.3	8.4	30.4	10.2
	工人	31.8	0.1	26.5	10.0	24.7	6.9
	学生	33.7	0.0	16.6	5.7	31.9	12.1
	无业	45.7	0.0	19.3	8.0	21.9	5.1
	其他	*	*	*	*	*	*
个人月收入	0～600 元	35.3	0.1	18.8	6.6	30.5	8.7
	601～1200 元	34.6	0.0	24.6	9.3	25.2	6.3
	1201～1700 元	37.4	0.0	21.4	7.1	27.6	6.5
	1701～2600 元	40.9	0.0	18.4	9.7	24.9	6.1
	2601～3500 元	39.6	0.0	21.0	7.4	23.7	8.3
	3501～5000 元	42.8	0.0	18.4	7.9	23.0	7.9
	5001 元及以上	35.0	0.0	14.9	6.2	30.8	13.1

* 表示样本量不足，无法进行统计推断

表 3.54.3　2016 年石家庄市场各类频道在不同时段的市场占有率(%)

时间段	中央台频道	中国教育台频道	河北省级频道	石家庄市级频道	其他省级卫视频道	其他频道
02:00~03:00	26.8	0.0	20.9	5.2	29.1	18.0
03:00~04:00	30.1	0.0	18.7	5.5	25.6	20.1
04:00~05:00	41.2	0.0	19.9	4.5	18.5	15.9
05:00~06:00	39.6	0.0	19.2	3.3	26.6	11.3
06:00~07:00	48.7	0.0	17.3	2.8	23.5	7.7
07:00~08:00	58.3	0.0	19.7	2.9	14.7	4.4
08:00~09:00	59.0	0.2	10.1	3.2	21.2	6.3
09:00~10:00	46.6	0.1	12.0	3.7	30.5	7.1
10:00~11:00	41.7	0.1	12.9	4.9	33.0	7.4
11:00~12:00	44.6	0.0	14.6	6.5	27.2	7.1
12:00~13:00	34.0	0.0	32.9	10.0	17.4	5.7
13:00~14:00	40.3	0.0	12.9	5.2	31.0	10.6
14:00~15:00	37.4	0.1	10.8	2.9	37.8	11.0
15:00~16:00	38.1	0.1	11.5	2.3	37.6	10.4
16:00~17:00	39.6	0.1	11.9	2.9	36.2	9.3
17:00~18:00	42.6	0.0	14.2	6.0	28.8	8.4
18:00~19:00	43.2	0.0	24.3	12.8	12.7	7.0
19:00~20:00	42.2	0.0	21.2	14.4	16.6	5.6
20:00~21:00	33.8	0.0	22.7	10.1	27.4	6.0
21:00~22:00	34.6	0.0	22.5	9.4	27.1	6.4
22:00~23:00	28.2	0.0	21.0	5.2	37.3	8.3
23:00~24:00	31.1	0.0	20.5	3.5	34.8	10.1
24:00~25:00	32.1	0.0	22.5	4.1	28.4	12.9
25:00~26:00	28.3	0.0	25.9	4.4	25.6	15.8

表 3.54.4　2016 年石家庄市场收视份额排名前十位的频道

名次	频道名称	收视份额(%)
1	中央电视台综合频道	6.2
2	河北广播电视台农民频道	5.7
3	中央台四套	5.4
4	河北广播电视台经济生活频道	4.8
4	中央台三套	4.8
6	石家庄广播电视台新闻综合频道	4.3
7	河北广播电视台卫视频道	3.7
7	中央台八套	3.7
9	中央台五套	3.2
10	中央台六套	2.9

表 3.54.5　2016 年石家庄市场各主要频道的观众构成(%)

目标观众		所有频道	主要频道				
			中央电视台综合频道	河北广播电视台农民频道	中央台四套	河北广播电视台经济生活频道	中央台三套
4 岁及以上所有人		100.0	100.0	100.0	100.0	100.0	100.0
性别	男	47.1	48.4	48.0	55.5	51.2	45.6
	女	52.9	51.6	52.0	44.5	48.8	54.4
年龄	4～14 岁	6.9	6.2	4.9	2.5	3.4	5.7
	15～24 岁	10.6	9.4	7.5	4.8	13.2	9.8
	25～34 岁	12.6	11.0	11.1	4.7	10.5	9.7
	35～44 岁	12.7	13.6	10.6	9.3	9.7	12.3
	45～54 岁	20.8	14.2	21.7	13.7	27.0	19.5
	55～64 岁	14.3	15.0	22.3	16.6	11.1	13.3
	65 岁及以上	22.1	30.6	21.9	48.4	25.1	29.7
教育程度	未受过正规教育	3.4	3.3	3.1	1.0	2.9	3.5
	小学	9.7	8.6	11.6	7.7	6.7	12.5
	初中	28.9	26.7	31.4	31.4	36.7	29.6
	高中	34.9	37.2	40.5	33.9	35.1	33.6
	大学及以上	23.1	24.2	13.4	26.0	18.6	20.8
职业类别	干部/管理人员	2.8	2.9	2.0	2.3	1.4	1.8
	个体/私营企业人员	17.4	13.1	17.8	8.9	26.8	16.2
	初级公务员/雇员	20.3	17.8	15.2	11.7	16.4	17.2
	工人	7.5	5.3	11.2	5.2	7.9	6.6
	学生	9.8	10.6	6.6	5.1	6.9	7.5
	无业	42.2	50.3	47.2	66.8	40.6	50.7
	其他	*	*	*	*	*	*
个人月收入	0～600 元	22.0	22.8	22.5	13.2	16.3	23.3
	601～1200 元	10.5	10.5	15.5	8.3	15.1	13.2
	1201～1700 元	10.2	8.8	8.9	7.9	12.8	9.2
	1701～2600 元	30.5	32.5	24.5	39.5	28.2	33.5
	2601～3500 元	16.1	15.3	19.0	17.3	17.7	13.1
	3501～5000 元	8.2	8.0	8.9	12.4	7.8	6.4
	5001 元及以上	2.5	2.1	0.7	1.4	2.1	1.3

* 表示样本量不足,无法进行统计推断。

表 3.54.6　2014～2016 年石家庄市场各类节目的播出份额(%)和收视份额(%)

节目类别	2014 年		2015 年		2016 年	
	播出份额	收视份额	播出份额	收视份额	播出份额	收视份额
财经	1.5	0.8	1.5	0.8	1.3	0.7
电视剧	28.0	31.1	27.3	30.2	22.2	29.1
电影	3.9	4.6	4.2	3.9	3.9	4.4
法制	1.5	2.5	1.4	2.5	1.0	1.1
教学	0.3	0.1	0.2	0.1	0.2	0.0
青少	6.7	4.1	6.0	4.2	6.6	3.6
生活服务	14.1	8.1	11.0	7.6	9.4	8.1
体育	3.4	2.9	3.0	2.7	3.3	3.4
外语	0.0	0.0	0.0	0.0	0.0	0.0
戏剧	0.5	0.4	0.7	0.5	0.9	0.9
新闻/时事	9.7	13.7	10.4	13.9	14.7	14.8
音乐	1.4	0.4	2.6	0.5	1.8	0.4
专题	11.6	8.8	12.9	9.0	13.5	7.4
综艺	7.1	12.4	7.7	14.0	9.4	15.9
其他	10.3	10.1	11.1	10.1	11.8	10.2

表 3.54.7　2016 年石家庄市场所有节目收视率排名前三十位

名次	节目名称	节目类型	播出频道	平均收视率(%)	平均占有率(%)
1	2016 中央电视台春节联欢晚会	综艺	中央电视台综合频道	13.8	27.0
2	奥林匹克在里约:2016 年第 31 届奥运会羽毛球男单决赛	体育	中央台五套	9.3	28.7
3	奥林匹克在里约:2016 年第 31 届奥运会女排小组赛第二轮(中国 VS 意大利)	体育	中央台五套	8.5	24.3
4	芈月传	电视剧	北京卫视	7.2	18.7
5	奥林匹克在里约:2016 年第 31 届奥运会乒乓球男单半决赛	体育	中央台五套	7.0	30.3
6	奥林匹克在里约:2016 年第 31 届奥运会射击女子 10 米气步枪决赛	体育	中央台五套	7.0	22.5
7	2016 中央电视台元宵晚会	综艺	中央电视台综合频道	7.0	17.0
8	奥林匹克在里约颁奖仪式	体育	中央台五套	6.6	30.3
9	奥林匹克在里约:2016 年第 31 届奥运会男子举重 56 公斤级决赛	体育	中央台五套	5.7	21.3
10	欢乐喜剧人(2 月 21 日)	综艺	上海东方卫视	5.5	18.6
11	中国新歌声(7 月 15 日)	综艺	浙江卫视	5.5	17.5
12	奥林匹克在里约:2016 年第 31 届奥运会男篮小组赛(委内瑞拉队 VS 中国队)	体育	中央台五套	5.2	17.9
13	奥林匹克在里约:2016 年第 31 届奥运会体操女子团体决赛	体育	中央台五套	5.2	17.1
14	2016 中央电视台中秋晚会	综艺	中央电视台综合频道	4.9	16.2
15	中国梦祖国颂 2016 中央电视台国庆特别节目	综艺	中央电视台综合频道	4.9	15.1
16	奥林匹克在里约:2016 年第 31 届奥运会女子双人 3 米跳板决赛	体育	中央台五套	4.7	17.7
17	挑战不可能(12 月 4 日)	综艺	中央电视台综合频道	4.5	12.3
18	奥林匹克在里约:2016 年第 31 届奥运会田径女子 3000 米障碍第一轮	体育	中央台五套	4.3	12.6
19	中国成语大会 2015 年度总决赛	专题	中央电视台综合频道	4.3	11.8
20	星光大道 2015 年度总决赛(2 月 9 日)	综艺	中央台三套	4.2	11.7
21	超级足球之夜:国际足联 18 年世界杯亚洲区预选赛第三阶段 A 组第 2 轮(中国 VS 伊朗)	体育	中央台五套	4.1	12.7
22	喜到福到好运到 2016 春节特别节目	综艺	中央台三套	4.0	12.2
23	越战越勇(1 月 29 日)	综艺	中央台三套	4.0	11.7
24	感动中国 2015 年度人物颁奖盛典	专题	中央电视台综合频道	3.8	9.7
25	奥林匹克在里约:2016 年第 31 届奥运会女子 100 米蛙泳决赛	体育	中央台五套	3.7	13.8
26	奥林匹克在里约	体育	中央台五套	3.7	12.8
27	加油向未来(7 月 24 日)	综艺	中央电视台综合频道	3.7	12.0
28	2016 年世界乒乓球团体锦标赛男团决赛	体育	中央台五套	3.7	10.1
29	爱在一起浙江卫视领跑 2017 演唱会	音乐	浙江卫视	3.5	11.4
30	中国诗词大会(3 月 25 日)	专题	中央电视台综合频道	3.4	8.9

表 3.54.8 2016 年石家庄市场电视剧收视率排名前十位

名次	节目名称	播出频道	平均收视率（%）	平均占有率（%）
1	芈月传	北京卫视	7.2	18.7
2	我叫刘传说	河北广播电视台经济生活频道	3.3	10.0
3	工人大院	石家庄广播电视台新闻综合频道	3.3	9.9
4	昙花梦	河北广播电视台卫视频道	3.3	9.2
5	幸福还有多远	石家庄广播电视台新闻综合频道	3.0	9.5
6	海棠依旧	中央电视台综合频道	3.0	9.4
7	爱的追踪	石家庄广播电视台新闻综合频道	3.0	8.2
8	两个孩子两个妈	河北广播电视台农民频道	2.9	7.9
9	铁血尖兵	河北广播电视台经济生活频道	2.8	7.9
10	绝密 701	河北广播电视台经济生活频道	2.7	8.0

表 3.54.9 2016 年石家庄市场新闻节目收视率排名前十位

名次	节目名称	播出频道	平均收视率（%）	平均占有率（%）
1	2016 一年又一年	中央电视台综合频道	3.2	11.3
2	新闻联播	中央电视台综合频道	2.5	8.9
3	万众一心重建家园	河北广播电视台农民频道	2.4	9.5
4	海峡两岸	中央台四套	2.4	7.1
5	李克强总理会见中外记者并回答提问	中央电视台综合频道	2.3	6.9
6	转播中央台新闻联播	石家庄广播电视台新闻综合频道	2.2	8.0
7	G20 2016CHINA 二十国集团领导人杭州峰会特别报道	中央台四套	2.2	7.9
8	焦点访谈	中央电视台综合频道	2.2	7.1
9	迎战特大暴雨今日资讯经视新闻眼特别报道	河北广播电视台经济生活频道	2.0	11.8
10	今日资讯	河北广播电视台经济生活频道	2.0	10.5

表 3.54.10 2016 年石家庄市场专题节目收视率排名前十位

名次	节目名称	播出频道	平均收视率（%）	平均占有率（%）
1	中国成语大会 2015 年度总决赛	中央电视台综合频道	4.3	11.8
2	感动中国 2015 年度人物颁奖盛典	中央电视台综合频道	3.8	9.7
3	中国诗词大会(3 月 25 日)	中央电视台综合频道	3.4	8.9
4	315 共筑消费新生态	中央台二套	3.0	9.8
5	寻找最美医生大型公益活动颁奖典礼	中央电视台综合频道	2.7	7.7
6	永远在路上	中央电视台综合频道	2.5	7.8
7	治国理政新征程系列特别报道	中央电视台综合频道	2.5	7.1
8	2016 寻找最美教师大型公益活动颁奖典礼	中央电视台综合频道	2.2	6.8
9	喜剧人故事	上海东方卫视	2.1	13.7
10	等着我	中央台三套	1.8	6.3

表 3.54.11　2016 年石家庄市场综艺节目收视率排名前十位

名次	节目名称	播出频道	平均收视率(%)	平均占有率(%)
1	2016 中央电视台春节联欢晚会	中央电视台综合频道	13.8	27.0
2	2016 中央电视台元宵晚会	中央电视台综合频道	7.0	17.0
3	欢乐喜剧人(2 月 21 日)	上海东方卫视	5.5	18.6
4	中国新歌声(7 月 15 日)	浙江卫视	5.5	17.5
5	2016 中央电视台中秋晚会	中央电视台综合频道	4.9	16.2
6	中国梦祖国颂 2016 中央电视台国庆特别节目	中央电视台综合频道	4.9	15.1
7	挑战不可能(12 月 4 日)	中央电视台综合频道	4.5	12.3
8	星光大道 2015 年度总决赛(2 月 9 日)	中央台三套	4.2	11.7
9	喜到福到好运到 2016 春节特别节目	中央台三套	4.0	12.2
10	越战越勇(1 月 29 日)	中央台三套	4.0	11.7

表 3.54.12　2016 年石家庄市场体育节目收视率排名前十位

名次	节目名称	播出频道	平均收视率(%)	平均占有率(%)
1	奥林匹克在里约:2016 年第 31 届奥运会羽毛球男单决赛	中央台五套	9.3	28.7
2	奥林匹克在里约:2016 年第 31 届奥运会女排小组赛第二轮(中国 VS 意大利)	中央台五套	8.5	24.3
3	奥林匹克在里约:2016 年第 31 届奥运会乒乓球男单半决赛	中央台五套	7.0	30.3
4	奥林匹克在里约:2016 年第 31 届奥运会射击女子 10 米气步枪决赛	中央台五套	7.0	22.5
5	奥林匹克在里约颁奖仪式	中央台五套	6.6	30.3
6	奥林匹克在里约:2016 年第 31 届奥运会男子举重 56 公斤级决赛	中央台五套	5.7	21.3
7	奥林匹克在里约:2016 年第 31 届奥运会男篮小组赛(委内瑞拉队 VS 中国队)	中央台五套	5.2	17.9
8	奥林匹克在里约:2016 年第 31 届奥运会体操女子团体决赛	中央台五套	5.2	17.1
9	奥林匹克在里约:2016 年第 31 届奥运会女子双人 3 米跳板决赛	中央台五套	4.7	17.7
10	奥林匹克在里约:2016 年第 31 届奥运会田径女子 3000 米障碍第一轮	中央台五套	4.3	12.6

五十五、太原收视数据

表 3.55.1 2012~2016 年太原市场各类频道的市场占有率(%)

频道类别	年份				
	2012 年	2013 年	2014 年	2015 年	2016 年
中央台频道	33.8	34.0	33.9	33.5	38.1
中国教育台频道	0.8	0.7	0.6	0.3	0.3
山西省级频道	16.6	18.1	19.0	21.9	19.7
太原市级频道	11.3	7.8	6.2	6.2	5.8
其他省级卫视频道	34.3	34.5	34.2	32.5	29.1
其他频道	3.2	4.9	6.1	5.6	7.0

表 3.55.2 2016 年太原市场各类频道在不同目标观众中的市场占有率(%)

目标观众		中央台频道	中国教育台频道	山西省级频道	太原市级频道	其他省级卫星频道	其他频道
4 岁及以上所有人		38.1	0.3	19.7	5.8	29.1	7.0
性别	男	40.6	0.3	19.2	5.9	26.7	7.3
	女	35.6	0.3	20.3	5.7	31.4	6.7
年龄	4~14 岁	27.5	0.2	18.9	2.4	45.6	5.4
	15~24 岁	34.3	0.4	17.9	6.5	33.4	7.5
	25~34 岁	35.3	0.1	17.9	4.5	34.5	7.7
	35~44 岁	38.6	0.2	17.6	5.9	29.4	8.3
	45~54 岁	33.8	0.6	22.2	6.2	28.0	9.2
	55~64 岁	40.9	0.1	23.6	5.1	25.1	5.2
	65 岁及以上	49.8	0.2	17.3	8.1	19.8	4.8
教育程度	未受过正规教育	27.8	0.3	23.7	3.6	39.2	5.4
	小学	35.1	0.2	24.3	4.2	28.6	7.6
	初中	37.7	0.4	19.9	6.1	28.3	7.6
	高中	37.5	0.3	19.1	6.1	30.5	6.5
	大学及以上	42.1	0.2	17.8	5.9	27.4	6.6
职业类别	干部/管理人员	31.1	0.0	32.7	5.9	26.4	3.9
	个体/私营企业人员	32.6	0.4	24.4	5.4	28.0	9.2
	初级公务员/雇员	39.0	0.2	16.7	5.3	31.1	7.7
	工人	36.8	0.6	18.7	4.4	31.8	7.7
	学生	32.6	0.4	14.6	5.8	40.1	6.5
	无业	41.9	0.2	19.5	6.6	26.2	5.6
	其他	39.9	0.1	24.9	2.4	19.3	13.4
个人月收入	0~600 元	33.2	0.3	21.0	5.4	33.1	7.0
	601~1200 元	30.1	0.7	24.5	7.1	26.0	11.6
	1201~1700 元	35.3	0.1	23.2	4.5	26.0	10.9
	1701~2600 元	43.8	0.2	18.4	5.8	25.6	6.2
	2601~3500 元	41.4	0.3	16.9	5.9	30.0	5.5
	3501~5000 元	38.4	0.3	17.8	6.7	30.8	6.0
	5001 元及以上	33.3	0.2	25.2	9.2	24.9	7.2

表 3.55.3　2016 年太原市场各类频道在不同时段的市场占有率(%)

时间段	中央台频道	中国教育台频道	山西省级频道	太原市级频道	其他省级卫视频道	其他频道
02:00～03:00	28.9	1.0	15.0	4.1	25.1	25.9
03:00～04:00	24.9	1.4	17.3	3.5	24.5	28.4
04:00～05:00	30.5	1.4	17.0	3.6	23.1	24.4
05:00～06:00	49.7	1.0	11.3	3.3	18.1	16.6
06:00～07:00	67.5	0.4	5.5	3.1	14.4	9.1
07:00～08:00	61.5	0.3	12.9	4.8	13.8	6.7
08:00～09:00	52.8	0.4	11.2	2.8	25.7	7.1
09:00～10:00	41.1	0.6	17.1	2.5	30.3	8.4
10:00～11:00	40.3	0.6	14.7	2.7	32.6	9.1
11:00～12:00	44.5	0.3	15.6	2.2	30.0	7.4
12:00～13:00	47.0	0.2	17.1	1.8	28.1	5.8
13:00～14:00	35.8	0.4	26.5	1.8	29.4	6.1
14:00～15:00	34.7	0.4	19.3	2.5	34.7	8.4
15:00～16:00	37.1	0.6	10.3	3.7	39.5	8.8
16:00～17:00	36.5	0.5	9.2	3.6	40.8	9.4
17:00～18:00	37.3	0.2	12.3	3.9	37.4	8.9
18:00～19:00	42.7	0.1	25.1	9.0	15.8	7.3
19:00～20:00	40.4	0.2	24.0	12.1	17.4	5.9
20:00～21:00	31.3	0.2	23.4	9.5	30.3	5.3
21:00～22:00	34.4	0.2	22.3	7.4	29.8	5.9
22:00～23:00	31.4	0.2	22.0	5.1	35.0	6.3
23:00～24:00	37.8	0.1	17.1	2.4	35.3	7.3
24:00～25:00	39.4	0.3	14.6	3.2	31.9	10.6
25:00～26:00	36.5	0.7	14.0	4.0	27.4	17.4

表 3.55.4　2016 年太原市场收视份额排名前十位的频道

名次	频道名称	收视份额(%)
1	中央台四套	6.4
2	中央电视台综合频道	5.8
3	山西广播电视台科教频道	5.5
4	中央台三套	4.1
5	山西广播电视台影视频道	3.7
5	山西黄河电视台	3.7
7	中央台六套	3.5
7	浙江卫视	3.5
9	中央台八套	3.3
10	湖南卫视	3.2

表 3.55.5　2016 年太原市场各主要频道的观众构成(%)

目标观众		所有频道	主要频道				
			中央台四套	中央电视台综合频道	山西广播电视台科教频道	中央台三套	山西广播电视台影视频道
4 岁及以上所有人		100.0	100.0	100.0	100.0	100.0	100.0
性别	男	58.8	51.6	46.7	46.6	46.5	49.5
	女	41.2	48.4	53.3	53.4	53.5	50.5
年龄	4～14 岁	1.1	3.0	4.3	4.1	5.8	6.5
	15～24 岁	9.3	10.0	8.9	7.4	10.1	11.3
	25～34 岁	7.5	9.7	10.3	12.7	12.4	13.9
	35～44 岁	9.8	12.9	13.3	12.9	15.1	15.1
	45～54 岁	12.9	19.7	22.4	16.7	19.4	19.9
	55～64 岁	27.6	21.6	22.8	18.3	24.5	17.9
	65 岁及以上	31.8	23.1	18.0	27.9	12.7	15.4
教育程度	未受过正规教育	0.7	2.2	1.8	2.5	4.8	3.2
	小学	6.3	7.3	11.4	11.4	12.4	9.9
	初中	43.3	34.3	39.6	36.5	38.1	36.0
	高中	27.9	28.8	25.2	24.9	29.2	28.3
	大学及以上	21.8	27.4	22.0	24.7	15.5	22.6
职业类别	干部/管理人员	1.0	1.3	1.7	1.5	8.9	1.9
	个体/私营企业人员	13.7	14.9	18.0	12.6	28.0	20.3
	初级公务员/雇员	13.8	18.2	16.9	18.0	11.1	19.4
	工人	3.8	6.6	7.4	7.5	5.9	6.3
	学生	4.4	6.9	6.5	6.8	4.9	9.2
	无业	60.9	51.6	47.7	51.8	38.1	41.2
	其他	2.4	0.5	1.8	1.8	3.1	1.7
个人月收入	0～600 元	21.9	23.5	23.0	21.1	31.9	27.6
	601～1200 元	2.7	6.1	3.9	5.4	9.2	5.5
	1201～1700 元	8.5	7.4	20.2	12.5	6.6	9.6
	1701～2600 元	39.2	32.4	27.9	31.7	26.1	26.0
	2601～3500 元	19.4	21.3	15.6	20.6	15.8	19.6
	3501～5000 元	6.3	6.8	5.9	7.5	6.0	9.1
	5001 元及以上	2.0	2.5	3.5	1.2	4.4	2.6

表 3.55.6　2014～2016 年太原市场各类节目的播出份额(%)和收视份额(%)

节目类型	2014 年		2015 年		2016 年	
	播出份额	收视份额	播出份额	收视份额	播出份额	收视份额
财经	1.6	0.7	1.6	1.0	1.2	0.8
电视剧	21.2	29.7	20.8	28.5	21.1	27.6
电影	3.8	3.8	3.7	3.8	3.7	4.4
法制	1.4	3.1	1.6	3.0	1.4	2.8
教学	0.3	0.1	0.5	0.1	0.3	0.1
青少	7.2	5.2	6.8	5.1	6.8	5.1
生活服务	10.5	9.2	10.6	9.2	10.8	9.1
体育	2.8	2.4	2.8	2.2	3.1	2.7
外语	0.0	0.0	0.0	0.0	0.0	0.0
戏剧	0.7	0.2	0.8	0.3	0.8	0.4
新闻/时事	13.9	13.8	14.0	13.6	13.9	13.7
音乐	2.5	0.5	2.4	0.6	1.8	0.6
专题	11.7	5.9	13.1	6.4	13.6	6.6
综艺	9.6	13.8	9.0	14.1	9.3	14.8
其他	12.8	11.6	12.3	12.2	12.2	11.3

表 3.55.7　2016 年太原市场所有节目收视率排名前三十位

名次	节目名称	节目类型	播出频道	平均收视率(%)	平均占有率(%)
1	2016 中央电视台春节联欢晚会	综艺	中央电视台综合频道	12.8	23.1
2	奥林匹克在里约:2016 年第 31 届奥运会羽毛球男单决赛	体育	中央台五套	8.9	26.1
3	奥林匹克在里约:2016 年第 31 届奥运会乒乓球女单半决赛	体育	中央台五套	7.6	26.6
4	中国新歌声(8 月 5 日)	综艺	浙江卫视	7.3	24.1
5	2016 中央电视台元宵晚会	综艺	中央电视台综合频道	7.3	16.1
6	奥林匹克在里约:2016 年第 31 届奥运会女排小组赛第二轮(中国 VS 意大利)	体育	中央台五套	6.3	19.8
7	奥林匹克在里约:2016 年第 31 届奥运会女子单人艇 1/4 决赛	体育	中央台五套	5.9	20.3
8	芈月传	电视剧	上海东方卫视	5.7	14.3
9	欢乐喜剧人(4 月 3 日)	综艺	上海东方卫视	5.5	17.0
10	奥林匹克在里约:2016 年第 31 届奥运会体操男子团体决赛	体育	中央台五套	5.3	19.6
11	奥林匹克在里约:2016 年第 31 届奥运会男子 50 米自由泳决赛	体育	中央台五套	5.2	17.7
12	奥林匹克在里约:2016 年第 31 届奥运会射击女子 10 米气手枪决赛	体育	中央台五套	5.1	17.9
13	奥林匹克在里约:2016 年第 31 届奥运会男子举重 56 公斤级决赛	体育	中央台五套	5.0	18.6
14	奥林匹克在里约:2016 年第 31 届奥运会田径女子 100 米预选赛	体育	中央台五套	4.8	20.0
15	都市 110(7 月 19 日 21:22)	新闻/时事	山西广播电视台科教频道	4.7	11.9
16	星光大道 2015 年度总决赛(2 月 8 日)	综艺	中央电视台综合频道	4.6	12.6
17	2016 辽宁卫视春节联欢晚会万家灯火幸福年	综艺	辽宁卫视	4.6	12.2
18	奥林匹克在里约:2016 年第 31 届奥运会男篮小组赛(委内瑞拉队 VS 中国队)	体育	中央台五套	4.5	17.7
19	奥林匹克在里约:2016 年第 31 届奥运会场地自行车女子团体竞速赛	体育	中央台五套	4.5	17.0
20	中国成语大会 2015 年度总决赛	专题	中央电视台综合频道	4.4	10.2
21	笑傲江湖第 3 季(8 月 28 日)	综艺	上海东方卫视	4.3	15.4
22	奥林匹克在里约:2016 年第 31 届奥运会女子双人 3 米跳板决赛	体育	中央台五套	4.2	14.9
23	CCTV 网络春晚	综艺	中央台三套	4.2	9.6
24	2015 国剧盛典	综艺	安徽卫视	4.1	12.4
25	我是歌手(2 月 5 日)	综艺	湖南卫视	3.8	13.1
26	超级足球之夜:国际足联 18 年世界杯亚洲区预选赛第三阶段 A 组第 2 轮(中国 VS 伊朗)	体育	中央台五套	3.8	11.7
27	天气预报	生活服务	中央电视台综合频道	3.7	12.9
28	G20 2016CHINA 二十国集团领导人杭州峰会特别报道	新闻/时事	中央台四套	3.6	11.5
29	2016 中央电视台中秋晚会	综艺	中央电视台综合频道	3.6	10.3
30	一路芬芳三八国际妇女节特别节目	综艺	中央台三套	3.6	9.8

表 3.55.8 2016 年太原市场电视剧收视率排名前十位

名次	节目名称	播出频道	平均收视率（%）	平均占有率（%）
1	芈月传	上海东方卫视	5.7	14.3
2	父亲的身份	中央电视台综合频道	3.4	10.4
3	彭德怀元帅	中央电视台综合频道	3.1	9.4
4	海棠依旧	中央电视台综合频道	3.0	9.6
5	芈月传	北京卫视	3.0	7.4
6	还是夫妻	中央电视台综合频道	2.9	8.0
7	擒蛇	山西广播电视台影视频道	2.8	8.8
8	陆军一号	中央电视台综合频道	2.7	6.6
9	炮神	中央台八套	2.6	8.7
10	放弃我抓紧我	湖南卫视	2.6	7.5

表 3.55.9 2016 年太原市场新闻节目收视率排名前十位

名次	节目名称	播出频道	平均收视率（%）	平均占有率（%）
1	都市 110(7 月 19 日 21:22)	山西广播电视台科教频道	4.7	11.9
2	G20 2016CHINA 二十国集团领导人杭州峰会特别报道	中央台四套	3.6	11.5
3	2016 一年又一年	中央电视台综合频道	3.3	11.9
4	今日关注	中央台四套	2.4	7.5
5	筑梦天宫	中央台四套	2.3	8.6
6	春节传奇中国节	中央台四套	2.3	7.2
7	新闻联播	中央电视台综合频道	2.1	8.5
8	海峡两岸	中央台四套	2.1	5.7
9	都市 110	山西广播电视台科教频道	2.0	8.3
10	中国舆论场	中央台四套	1.8	5.8

表 3.55.10 2016 年太原市场专题节目收视率排名前十位

名次	节目名称	播出频道	平均收视率（%）	平均占有率（%）
1	中国成语大会 2015 年度总决赛	中央电视台综合频道	4.4	10.2
2	感动中国 2015 年度人物颁奖盛典	中央电视台综合频道	3.3	8.8
3	喜剧人故事	上海东方卫视	2.8	15.2
4	开创中国特色大国外交新局面习近平主席 2015 年出访实录	中央电视台综合频道	2.5	7.5
5	315 共筑消费新生态	中央台二套	2.4	11.6
6	筑梦路上 1921 ~ 2016	中央电视台综合频道	2.0	7.0
7	废奴(5 月 23 日)	中央电视台综合频道	2.0	5.8
8	国家记忆	中央台四套	1.9	5.5
9	人权卫士的人权纪录(4 月 14 日)	中央电视台综合频道	1.8	5.7
10	芈月传奇	北京卫视	1.8	4.9

表 3.55.11　2016 年太原市场综艺节目收视率排名前十位

名次	节目名称	播出频道	平均收视率(%)	平均占有率(%)
1	2016 中央电视台春节联欢晚会	中央电视台综合频道	12.8	23.1
2	中国新歌声(8 月 5 日)	浙江卫视	7.3	24.1
3	2016 中央电视台元宵晚会	中央电视台综合频道	7.3	16.1
4	欢乐喜剧人(4 月 3 日)	上海东方卫视	5.5	17.0
5	星光大道 2015 年度总决赛(2 月 8 日)	中央电视台综合频道	4.6	12.6
6	2016 辽宁卫视春节联欢晚会万家灯火幸福年	辽宁卫视	4.6	12.2
7	笑傲江湖第 3 季(8 月 28 日)	上海东方卫视	4.3	15.4
8	CCTV 网络春晚	中央台三套	4.2	9.6
9	2015 国剧盛典	安徽卫视	4.1	12.4
10	我是歌手(2 月 5 日)	湖南卫视	3.8	13.1

表 3.55.12　2016 年太原市场体育节目收视率排名前十位

名次	节目名称	播出频道	平均收视率(%)	平均占有率(%)
1	奥林匹克在里约:2016 年第 31 届奥运会羽毛球男单决赛	中央台五套	8.9	26.1
2	奥林匹克在里约:2016 年第 31 届奥运会乒乓球女单半决赛	中央台五套	7.6	26.6
3	奥林匹克在里约:2016 年第 31 届奥运会女排小组赛第二轮(中国 VS 意大利)	中央台五套	6.3	19.8
4	奥林匹克在里约:2016 年第 31 届奥运会女子单人艇 1/4 决赛	中央台五套	5.9	20.3
5	奥林匹克在里约:2016 年第 31 届奥运会体操男子团体决赛	中央台五套	5.3	19.6
6	奥林匹克在里约:2016 年第 31 届奥运会男子 50 米自由泳决赛	中央台五套	5.2	17.7
7	奥林匹克在里约:2016 年第 31 届奥运会射击女子 10 米气手枪决赛	中央台五套	5.1	17.9
8	奥林匹克在里约:2016 年第 31 届奥运会男子举重 56 公斤级决赛	中央台五套	5.0	18.6
9	奥林匹克在里约:2016 年第 31 届奥运会田径女子 100 米预选赛	中央台五套	4.8	20.0
10	奥林匹克在里约:2016 年第 31 届奥运会男篮小组赛(委内瑞拉队 VS 中国队)	中央台五套	4.5	17.7

五十六、乌鲁木齐收视数据

表 3.56.1 2012~2016 年乌鲁木齐市场各类频道的市场占有率(%)

频道类别	年份				
	2012 年	2013 年	2014 年	2015 年	2016 年
中央电视台频道	37.4	38.0	38.7	37.6	42.6
中国教育台频道	0.5	0.4	0.3	0.1	0.1
新疆自治区级频道	11.6	10.8	10.8	11.7	9.9
乌鲁木齐市级频道	5.3	5.2	4.6	5.3	4.7
其他省级卫视频道	32.3	31.7	31.1	28.5	26.4
其他频道	12.9	13.9	14.5	16.8	16.3

表 3.56.2 2016 年乌鲁木齐市场各类频道在不同目标观众中的市场占有率(%)

目标观众		中央台频道	中国教育台频道	新疆自治区级频道	乌鲁木齐市级频道	其他省级卫视频道	其他频道
4 岁及以上所有人		42.6	0.1	9.9	4.7	26.4	16.3
性别	男	44.3	0.2	9.3	4.7	25.7	15.8
	女	40.6	0.1	10.6	4.6	27.3	16.8
年龄	4~14 岁	23.2	0.1	13.2	3.6	38.0	21.9
	15~24 岁	33.2	0.1	10.3	5.5	32.6	18.3
	25~34 岁	36.0	0.1	11.6	4.6	27.9	19.8
	35~44 岁	37.7	0.2	9.3	5.3	29.7	17.8
	45~54 岁	45.1	0.2	9.7	5.1	23.5	16.4
	55~64 岁	52.2	0.2	8.8	5.2	20.1	13.6
	65 岁及以上	57.8	0.1	7.8	2.9	23.0	8.4
教育程度	未受过正规教育	25.6	0.1	10.4	2.8	43.9	17.2
	小学	36.0	0.1	16.9	4.2	25.4	17.4
	初中	47.2	0.2	11.4	5.0	23.7	12.4
	高中	43.6	0.2	7.3	5.2	26.1	17.7
	大学及以上	43.1	0.1	8.4	4.3	26.4	17.7
职业类别	干部/管理人员	45.4	0.2	12.5	6.4	19.6	15.9
	个体/私营企业人员	39.7	0.1	7.7	5.0	27.2	20.3
	初级公务员/雇员	41.8	0.2	8.5	5.0	27.5	17.0
	工人	44.8	0.2	9.7	4.7	26.5	14.1
	学生	29.9	0.1	10.7	4.4	32.5	22.4
	无业	45.5	0.1	11.1	4.3	25.0	14.0
	其他	*	*	*	*	*	*
个人月收入	0~600 元	30.7	0.1	14.6	4.8	30.3	19.5
	601~1200 元	44.4	0.1	15.7	3.8	20.0	16.0
	1201~1700 元	48.1	0.1	8.0	4.9	23.6	15.2
	1701~2600 元	48.5	0.2	8.9	4.5	25.0	12.9
	2601~3500 元	47.6	0.1	9.0	5.0	24.2	14.0
	3501~5000 元	42.5	0.2	7.2	4.4	28.0	17.7
	5001 元及以上	44.0	0.1	4.5	4.2	26.9	20.3

* 表示样本量不足,无法进行统计推断。

表 3.56.3 2016 年乌鲁木齐市场各类频道在不同时段的市场占有率(%)

时间段	中央台频道	中国教育台频道	新疆自治区级频道	乌鲁木齐市级频道	其他省级卫视频道	其他频道
02:00~03:00	28.4	0.3	8.2	2.6	32.7	27.8
03:00~04:00	28.4	0.4	7.9	2.3	33.8	27.2
04:00~05:00	31.5	0.2	5.6	2.2	33.7	26.8
05:00~06:00	34.9	0.2	5.6	2.0	31.5	25.9
06:00~07:00	57.8	0.1	4.1	1.4	16.6	20.0
07:00~08:00	77.7	0.2	2.0	0.4	8.2	11.5
08:00~09:00	70.7	0.2	3.5	0.7	14.6	10.2
09:00~10:00	56.5	0.2	7.6	2.7	22.0	10.9
10:00~11:00	46.2	0.2	10.0	3.1	26.8	13.7
11:00~12:00	43.2	0.1	10.5	2.6	28.2	15.4
12:00~13:00	44.6	0.1	10.0	2.6	26.9	15.7
13:00~14:00	43.3	0.2	7.8	2.1	29.3	17.3
14:00~15:00	40.0	0.2	7.5	1.8	31.6	19.0
15:00~16:00	38.2	0.3	8.0	2.7	31.6	19.2
16:00~17:00	37.9	0.2	7.9	3.1	31.4	19.5
17:00~18:00	41.3	0.1	7.9	2.8	28.3	19.5
18:00~19:00	57.5	0.1	6.3	1.6	16.7	17.8
19:00~20:00	59.2	0.1	6.9	2.6	19.2	12.0
20:00~21:00	44.5	0.1	9.7	4.8	28.6	12.2
21:00~22:00	42.2	0.1	11.2	6.9	25.0	14.4
22:00~23:00	35.0	0.1	11.1	9.4	28.2	16.1
23:00~24:00	34.9	0.1	14.1	6.9	26.5	17.5
24:00~25:00	33.1	0.2	15.3	5.4	25.8	20.3
25:00~26:00	32.1	0.3	10.6	3.7	28.6	24.8

表 3.55.4 2016 年乌鲁木齐市场收视份额排名前十位的频道

名次	频道名称	收视份额(%)
1	中央台八套	6.6
2	中央电视台综合频道	6.2
3	中央电视台新闻频道	4.7
4	中央台四套	3.8
5	中央台三套	3.7
6	中央台六套	3.6
7	浙江卫视	3.0
8	中央台五套	2.6
9	湖南卫视	2.3
10	中央电视台少儿频道	1.9

表 3.56.5　2016 年乌鲁木齐市场各主要频道的观众构成(%)

目标观众		所有频道	主要频道				
			中央台八套	中央电视台综合频道	中央电视台新闻频道	中央台四套	中央台三套
4 岁及以上所有人		100.0	100.0	100.0	100.0	100.0	100.0
性别	男	53.5	50.8	55.4	57.4	60.7	51.9
	女	46.5	49.2	44.6	42.6	39.3	48.1
年龄	4~14 岁	8.3	2.6	5.6	2.9	2.2	3.5
	15~24 岁	7.2	4.6	5.3	3.8	4.6	6.7
	25~34 岁	17.6	15.7	12.4	12.1	6.9	14.3
	35~44 岁	14.8	12.0	11.9	8.5	8.5	12.9
	45~54 岁	23.3	28.5	20.4	28.7	22.0	23.2
	55~64 岁	15.4	22.1	22.5	20.8	21.7	15.7
	65 岁及以上	13.5	14.6	21.9	23.2	34.1	23.7
教育程度	未受过正规教育	5.1	2.4	3.3	2.1	1.9	3.6
	小学	12.0	9.8	10.6	11.4	9.7	11.4
	初中	25.6	32.2	29.0	34.2	32.5	25.8
	高中	31.5	30.2	33.0	27.7	35.1	35.0
	大学及以上	25.8	25.3	24.1	24.6	20.8	24.2
职业类别	干部/管理人员	4.0	3.8	3.1	3.8	3.3	3.3
	个体/私营企业人员	15.1	13.8	11.7	12.8	10.5	17.1
	初级公务员/雇员	18.5	18.0	14.1	19.1	13.1	15.1
	工人	13.2	17.1	14.8	15.0	11.6	11.8
	学生	8.4	4.5	6.5	3.1	4.1	6.0
	无业	40.8	42.8	49.8	46.2	57.4	46.6
	其他	*	*	*	*	*	*
个人月收入	0~600 元	23.8	15.5	17.2	11.9	13.4	19.0
	601~1200 元	3.4	1.5	5.3	2.9	6.7	4.7
	1201~1700 元	6.6	9.2	5.0	10.1	7.5	7.6
	1701~2600 元	19.3	24.8	22.0	23.9	23.1	21.5
	2601~3500 元	23.7	29.7	28.6	30.1	31.3	23.1
	3501~5000 元	17.3	15.3	17.2	14.3	13.5	19.5
	5001 元及以上	6.0	3.8	4.6	6.8	4.4	4.6

*表示目标样本量不足,无法进行统计推断。

表 3.56.6　2014~2016 年乌鲁木齐市场各类节目的播出份额(%)和收视份额(%)

节目类别	2014 年		2015 年		2016 年	
	播出份额	收视份额	播出份额	收视份额	播出份额	收视份额
财经	1.4	0.9	1.4	1.2	1.2	1.0
电视剧	23.4	27.0	23.3	27.8	25.4	29.0
电影	5.4	7.8	5.6	8.3	5.5	7.7
法制	1.0	1.8	1.0	1.5	0.9	1.3
教学	0.2	0.2	0.2	0.1	0.2	0.1
青少	6.0	7.5	5.7	6.3	6.0	5.6
生活服务	13.2	6.1	10.7	5.7	8.2	5.4
体育	3.8	4.3	3.4	3.4	3.6	4.1
外语	0.0	0.0	0.0	0.0	0.0	0.0
戏剧	0.5	0.2	0.6	0.3	0.7	0.4
新闻/时事	9.5	13.7	9.9	12.4	10.1	12.0
音乐	2.4	1.1	2.5	1.2	1.7	1.0
专题	11.0	8.5	12.5	8.7	13.2	8.5
综艺	6.5	11.3	7.1	13.2	7.0	13.9
其他	15.6	9.7	16.0	9.9	16.4	10.0

表 3.56.7　2016 年乌鲁木齐市场所有节目收视率排名前三十位

名次	节目名称	类别	播出频道	平均收视率（%）	平均占有率（%）
1	2016 中央电视台春节联欢晚会	综艺	中央电视台综合频道	7.1	19.6
2	奥林匹克在里约:2016 年第 31 届奥运会乒乓球女单半决赛	体育	中央台五套	6.4	25.6
3	奥林匹克在里约:2016 年第 31 届奥运会射击女子 50 米步枪三姿决赛	体育	中央台五套	5.8	21.0
4	奔跑吧兄弟(4 月 15 日 ~7 月 1 日)	综艺	浙江卫视	5.7	18.6
5	2016 中央电视台元宵晚会	综艺	中央电视台综合频道	5.6	16.2
6	2016 一年又一年	新闻	中央电视台综合频道	5.5	21.3
7	奥林匹克在里约 颁奖仪式	体育	中央台五套	5.5	16.0
8	奥林匹克在里约:2016 年第 31 届奥运会女排小组赛第二轮（中国 VS 意大利）	体育	中央台五套	5.3	17.1
9	九九	电视剧	中央台八套	5.1	15.3
10	奥林匹克在里约:2016 年第 31 届奥运会羽毛球男单决赛	体育	中央台五套	5.0	15.5
11	奔跑吧兄弟(1 月 1 日 ~1 月 15 日)	综艺	浙江卫视	4.9	13.4
12	奥林匹克在里约:2016 年第 31 届奥运会女子体操资格赛	体育	中央台五套	4.6	16.8
13	麻辣芳邻	电视剧	中央台八套	4.5	15.4
14	奥林匹克在里约:2016 年第 31 届奥运会男子举重 56 公斤级决赛	体育	中央台五套	4.5	15.1
15	奥林匹克在里约:2016 年第 31 届奥运会游泳男子 100 米自由泳决赛	体育	中央台五套	4.4	19.5
16	芈月传	电视剧	北京卫视	4.4	13.8
17	生命中的好日子	电视剧	中央台八套	4.4	13.5
18	奥林匹克在里约:2016 年第 31 届奥运会女篮小组赛第三轮（中国 VS 西班牙）	体育	中央台五套	4.3	21.6
19	星光大道 2015 年度总决赛（2 月 8 日）	综艺	中央电视台综合频道	4.3	11.9
20	奥林匹克在里约:2016 年第 31 届奥运会田径女子链球决赛	体育	中央台五套	4.2	12.8
21	2016 中央电视台中秋晚会	综艺	中央电视台综合频道	4.1	14.2
22	豆娘	电视剧	中央台八套	4.1	11.8
23	直播周末:2015/2016 赛季 CBA1/4 决赛第四场（北京首钢 VS 新疆天山农商银行）	体育	中央台五套	4.1	11.5
24	跑男来了	综艺	浙江卫视	4.0	12.8
25	遥远的婚约	电视剧	中央台八套	3.9	14.5
26	虎胆龙威四	电影	中央台六套	3.9	13.6
27	还是夫妻	电视剧	中央电视台综合频道	3.9	12.0
28	奥林匹克在里约:2016 年第 31 届奥运会女子双人 3 米跳板决赛	体育	中央台五套	3.8	12.9
29	中国梦祖国颂 2016 中央电视台国庆特别节目	综艺	中央电视台综合频道	3.8	12.4
30	千里雷声万里闪	电视剧	中央台八套	3.8	11.0

表 3.56.8　2016 年乌鲁木齐市场电视剧收视率排名前十位

名次	节目名称	频道	平均收视率（%）	平均占有率（%）
1	九九	中央台八套	5.1	15.3
2	麻辣芳邻	中央台八套	4.5	15.4
3	芈月传	北京卫视	4.4	13.8
4	生命中的好日子	中央台八套	4.4	13.5
4	豆娘	中央台八套	4.1	11.8
6	遥远的婚约	中央台八套	3.9	14.5
7	还是夫妻	中央电视台综合频道	3.9	12.0
8	千里雷声万里闪	中央台八套	3.8	11.0
9	锻刀	中央台八套	3.6	12.2
10	女人的天空	中央台八套	3.3	10.3

表 3.56.9　2016 年乌鲁木齐市场新闻节目收视率排名前十位

名次	节目名称	频道	平均收视率（%）	平均占有率（%）
1	2016 一年又一年	中央电视台新闻频道	5.5	21.3
2	新闻联播	中央电视台综合频道	2.4	13.2
3	G20 2016CHINA 二十国集团领导人杭州峰会特别报道	中央电视台新闻频道	2.1	6.7
4	李克强总理会见中外记者并回答提问	中央电视台新闻频道	2.0	7.8
5	喧哗与分裂看美国民主展示了什么	中央电视台新闻频道	1.9	5.5
6	海峡两岸	中央台四套	1.8	6.5
7	年轮 2016	中央电视台综合频道	1.7	5.8
8	筑梦天宫	中央电视台新闻频道	1.7	5.7
9	中国舆论场	中央台四套	1.6	6.5
10	焦点访谈	中央电视台综合频道	1.5	6.7

表 3.56.10　2016 年乌鲁木齐市场专题节目收视率排名前十位

名次	节目名称	频道	平均收视率（%）	平均占有率（%）
1	感动中国 2015 年度人物颁奖盛典	中央电视台综合频道	2.9	8.5
2	超级工程精彩片段	中央电视台综合频道	2.8	7.5
3	开创中国特色大国外交新局面习近平主席 2015 年出访实录	中央电视台综合频道	2.6	9.2
4	315 共筑消费新生态	中央台二套	2.6	7.4
5	长征	中央电视台综合频道	2.5	7.7
6	筑梦路上 1921～2016	中央电视台综合频道	2.4	10.3
7	等着我	中央电视台综合频道	2.2	8.6
8	2016 寻找最美教师大型公益活动颁奖典礼	中央电视台综合频道	2.2	8.4
9	中国诗词大会(2 月 12 日)	中央电视台综合频道	2.2	7.4
10	开创中国特色大国外交新局面习近平主席 2015 年出访实录	中央电视台新闻频道	2.0	9.5

表 3.56.11　2016 年乌鲁木齐市场综艺节目收视率排名前十位

名次	节目名称	频道	平均收视率(%)	平均占有率(%)
1	2016 中央电视台春节联欢晚会	中央电视台综合频道	7.1	19.6
2	奔跑吧兄弟(4 月 15 日 ~7 月 1 日)	浙江卫视	5.7	18.6
3	2016 中央电视台元宵晚会	中央电视台综合频道	5.6	16.2
4	奔跑吧兄弟(1 月 1 日 ~1 月 15 日)	浙江卫视	4.9	13.4
5	星光大道 2015 年度总决赛(2 月 8 日)	中央电视台综合频道	4.3	11.9
6	2016 中央电视台中秋晚会	中央电视台综合频道	4.1	14.2
7	跑男来了	浙江卫视	4.0	12.8
8	中国梦祖国颂 2016 中央电视台国庆特别节目	中央电视台综合频道	3.8	12.4
9	奔跑吧兄弟新春特辑	浙江卫视	3.8	10.5
10	真星话大冒险	浙江卫视	3.5	9.4

表 3.56.12　2016 年乌鲁木齐市场体育节目收视率排名前十位

名次	节目名称	播出频道	平均收视率(%)	平均占有率(%)
1	奥林匹克在里约:2016 年第 31 届奥运会乒乓球女单半决赛	中央台五套	6.4	25.6
2	奥林匹克在里约:2016 年第 31 届奥运会射击女子 50 米步枪三姿决赛	中央台五套	5.8	21.0
3	奥林匹克在里约 颁奖仪式	中央台五套	5.5	16.0
4	奥林匹克在里约:2016 年第 31 届奥运会女排小组赛第二轮(中国 VS 意大利)	中央台五套	5.3	17.1
5	奥林匹克在里约:2016 年第 31 届奥运会羽毛球男单决赛	中央台五套	5.0	15.5
6	奥林匹克在里约:2016 年第 31 届奥运会女子体操资格赛	中央台五套	4.6	16.8
7	奥林匹克在里约:2016 年第 31 届奥运会男子举重 56 公斤级决赛	中央台五套	4.5	15.1
8	奥林匹克在里约:2016 年第 31 届奥运会游泳男子 100 米自由泳决赛	中央台五套	4.4	19.5
9	奥林匹克在里约:2016 年第 31 届奥运会女篮小组赛第三轮(中国 VS 西班牙)	中央台五套	4.3	21.6
10	奥林匹克在里约:2016 年第 31 届奥运会田径女子链球决赛	中央台五套	4.2	12.8

五十七、武汉收视数据

表 3.57.1 2012～2016 年武汉市场各类频道的市场占有率(%)

频道类别	年份				
	2012 年	2013 年	2014 年	2015 年	2016 年
中央台频道	24.8	22.9	23.5	21.3	23.6
中国教育台频道	0.2	0.1	0.1	0.0	0.0
湖北省级频道	25.7	28.8	25.2	24.6	24.2
武汉市级频道	15.4	14.6	15.7	17.1	11.9
其他省级卫视频道	25.0	25.7	29.2	31.5	33.6
其他频道	8.9	8.0	6.3	5.5	6.7

表 3.57.2 2016 年武汉市场各类频道在不同目标观众中的市场占有率(%)

目标观众		中央台频道	中国教育台频道	湖北省级频道	武汉市级频道	其他省级卫视频道	其他频道
4 岁及以上所有人		23.6	0.0	24.2	11.9	33.6	6.7
性别	男	26.6	0.0	23.7	11.3	31.6	6.8
	女	20.7	0.0	24.5	12.5	35.4	6.9
年龄	4～14 岁	17.6	0.0	15.5	14.5	46.1	6.3
	15～24 岁	19.6	0.0	20.1	13.5	39.6	7.2
	25～34 岁	20.4	0.0	18.2	11.5	40.0	9.9
	35～44 岁	21.8	0.0	23.5	13.8	35.0	5.9
	45～54 岁	23.4	0.0	24.6	12.0	33.5	6.5
	55～64 岁	29.1	0.0	27.9	10.9	24.8	7.3
	65 岁及以上	27.0	0.0	32.1	9.8	27.0	4.1
教育程度	未受过正规教育	21.8	0.0	22.6	14.9	36.9	3.8
	小学	20.7	0.0	26.5	12.7	33.3	6.8
	初中	24.6	0.0	26.2	9.4	33.8	6.0
	高中	23.7	0.0	24.3	12.4	32.1	7.5
	大学及以上	23.5	0.0	21.3	13.0	35.0	7.2
职业类别	干部/管理人员	33.2	0.0	12.9	15.2	28.2	10.5
	个体/私营企业人员	26.7	0.0	24.2	9.2	32.6	7.3
	初级公务员/雇员	20.0	0.0	19.3	14.2	39.6	6.9
	工人	20.6	0.0	21.7	15.7	34.4	7.6
	学生	20.1	0.0	19.6	11.4	43.2	5.7
	无业	24.4	0.0	28.9	10.5	29.6	6.6
	其他	31.0	0.0	24.8	5.8	33.4	5.0
个人月收入	0～600 元	21.6	0.0	23.0	10.5	38.0	6.9
	601～1200 元	27.5	0.0	25.9	9.0	32.3	5.3
	1201～1700 元	18.7	0.0	32.8	11.8	29.7	7.0
	1701～2600 元	21.5	0.0	25.2	13.4	32.1	7.8
	2601～3500 元	27.9	0.0	22.5	11.8	31.8	6.0
	3501～5000 元	26.2	0.0	21.3	12.2	34.2	6.1
	5001 元及以上	29.7	0.0	18.5	10.8	35.0	6.0

表 3.57.3　2016 年武汉市场各类频道在不同时段的市场占有率(%)

时间段	中央台频道	中国教育台频道	湖北省级频道	武汉市级频道	其他省级卫视频道	其他频道
02:00~03:00	37.5	0.0	16.6	5.0	26.2	14.7
03:00~04:00	40.4	0.0	18.5	4.3	23.3	13.5
04:00~05:00	40.6	0.0	20.5	4.0	22.3	12.6
05:00~06:00	38.4	0.0	21.6	3.5	25.5	11.0
06:00~07:00	44.7	0.0	20.7	4.1	22.1	8.4
07:00~08:00	45.3	0.0	16.2	8.5	22.8	7.2
08:00~09:00	34.7	0.0	16.7	9.5	31.4	7.7
09:00~10:00	25.9	0.0	25.2	7.7	33.4	7.8
10:00~11:00	26.8	0.0	25.1	5.7	34.5	7.9
11:00~12:00	29.1	0.0	28.6	3.9	31.1	7.3
12:00~13:00	33.8	0.0	29.5	4.1	25.6	7.0
13:00~14:00	32.0	0.0	23.5	4.0	32.2	8.3
14:00~15:00	27.4	0.0	23.3	3.7	37.0	8.6
15:00~16:00	26.5	0.0	21.5	3.6	39.8	8.6
16:00~17:00	26.3	0.0	23.2	4.2	38.9	7.4
17:00~18:00	21.1	0.0	35.4	11.5	26.1	5.9
18:00~19:00	16.8	0.0	41.0	26.3	10.7	5.2
19:00~20:00	21.1	0.0	27.4	17.7	28.8	5.0
20:00~21:00	18.3	0.0	19.3	11.0	46.6	4.8
21:00~22:00	20.8	0.0	19.7	14.6	39.2	5.7
22:00~23:00	17.1	0.0	20.8	16.3	38.7	7.1
23:00~24:00	25.1	0.0	15.2	11.9	38.4	9.4
24:00~25:00	33.5	0.0	13.9	6.5	33.0	13.1
25:00~26:00	35.2	0.0	14.9	5.7	28.3	15.9

表 3.57.4　2016 年武汉市场收视份额排名前十位的频道

名次	频道名称	收视份额(%)
1	湖北经视	8.1
2	湖北卫视	7.2
3	武汉广播电视台电视剧频道	3.7
4	中央台三套	3.6
5	中央电视台综合频道	3.3
6	江苏卫视	3.2
7	湖北综合	3.0
8	湖北影视	2.9
8	中央台四套	2.9
10	浙江卫视	2.8

表 3.57.5　2016 年武汉市场各主要频道的观众构成(%)

目标观众		所有频道	主要频道				
			湖北经视	湖北卫视	武汉广播电视台电视剧频道	中央台三套	中央电视台综合频道
4 岁及以上所有人		100.0	100.0	100.0	100.0	100.0	100.0
性别	男	48.7	47.3	45.5	45.5	47.2	50.2
	女	51.3	52.7	54.5	54.5	52.8	49.8
年龄	4~14 岁	5.1	4.2	2.1	5.2	2.9	3.6
	15~24 岁	10.0	8.3	11.3	10.3	6.9	5.7
	25~34 岁	15.9	10.8	14.9	13.1	14.4	12.1
	35~44 岁	12.3	11.5	12.5	15.1	7.8	8.9
	45~54 岁	25.5	22.6	27.5	26.5	26.1	19.0
	55~64 岁	17.1	20.9	14.3	17.0	26.8	25.3
	65 岁及以上	14.1	21.8	17.3	12.7	15.2	25.4
教育程度	未受过正规教育	4.1	6.0	1.8	5.7	5.4	4.2
	小学	8.1	8.1	5.4	9.6	8.9	5.9
	初中	26.6	29.3	22.3	27.6	28.2	24.3
	高中	36.4	36.4	38.6	36.2	35.5	40.7
	大学及以上	24.7	20.2	31.9	20.9	22.0	24.9
职业类别	干部/管理人员	2.8	2.1	1.2	1.5	4.1	4.2
	个体/私营企业人员	8.7	8.3	8.0	5.8	8.9	7.4
	初级公务员/雇员	14.4	11.5	13.3	13.2	12.0	14.0
	工人	20.7	16.8	21.8	32.6	15.9	14.2
	学生	7.7	6.8	6.2	8.1	5.5	4.6
	无业	38.7	47.7	47.0	33.6	42.6	49.3
	其他	7.1	6.8	2.4	5.2	11.0	6.2
个人月收入	0~600 元	22.8	21.1	21.9	20.6	21.4	15.2
	601~1200 元	5.6	8.1	2.1	8.1	6.4	4.5
	1201~1700 元	8.2	7.6	15.4	9.4	6.9	6.9
	1701~2600 元	32.3	35.9	30.2	33.9	35.0	28.4
	2601~3500 元	14.9	14.8	14.3	15.5	16.6	21.1
	3501~5000 元	10.3	8.0	11.4	8.0	9.1	14.8
	5001 元及以上	5.8	4.6	4.8	4.5	4.6	9.0

表 3.57.6　2014~2016 年武汉市场各类节目的播出份额(%)和收视份额(%)

节目类别	2014 年		2015 年		2016 年	
	播出份额	收视份额	播出份额	收视份额	播出份额	收视份额
财经	1.4	0.8	1.4	0.8	1.2	0.6
电视剧	26.4	32.9	25.0	31.5	27.0	32.1
电影	2.9	4.0	3.7	3.3	3.8	3.8
法制	1.2	0.8	1.1	1.0	1.1	0.9
教学	0.3	0.1	0.2	0.1	0.3	0.0
青少	6.4	3.5	5.8	3.1	6.2	3.5
生活服务	16.2	9.2	12.7	9.6	10.1	8.5
体育	3.2	2.8	2.8	2.1	2.9	2.7
外语	0.0	0.0	0.0	0.0	0.0	0.0
戏剧	0.5	0.2	0.6	0.2	0.7	0.2
新闻/时事	9.8	13.4	10.5	13.1	10.6	12.9
音乐	1.3	0.7	2.4	1.0	1.7	0.9
专题	11.6	6.1	12.9	7.0	13.6	6.1
综艺	7.6	13.2	8.0	14.2	7.7	15.0
其他	11.2	12.3	12.9	13.0	13.1	12.8

表 3.56.7　2016 年武汉市场所有节目收视率排名前三十位

名次	节目名称	节目类别	播出频道	平均收视率(%)	平均占有率(%)
1	2016 中央电视台春节联欢晚会	综艺	中央台三套	8.6	17.5
2	经视直播特别节目迎战暴风雨	新闻/时事	湖北经视	7.9	30.5
3	奥林匹克在里约:2016 年第 31 届奥运会射击女子 10 米气手枪决赛	体育	中央台五套	6.3	17.7
4	奥林匹克在里约:2016 年第 31 届奥运会羽毛球男单决赛	体育	中央台五套	6.3	14.9
5	2016 一年又一年	新闻/时事	中央电视台综合频道	6.1	14.1
6	经视直播	新闻/时事	湖北经视	5.8	21.6
7	谁是大歌神(4 月 3 日)	综艺	浙江卫视	5.5	15.9
8	奥林匹克在里约:2016 年第 31 届奥运会女排小组赛第二轮(中国 VS 意大利)	体育	中央台五套	5.5	13.3
9	百姓春晚九州同乐福满万家	综艺	湖北经视	5.5	12.9
10	2016 中央电视台元宵晚会	综艺	中央台三套	5.5	11.9
11	奥林匹克在里约:2016 年第 31 届奥运会女子体操资格赛	体育	中央台五套	5.2	12.5
12	奥林匹克在里约:2016 年第 31 届奥运会乒乓球女单半决赛	体育	中央台五套	5.1	14.3
13	桃花朵朵开	综艺	湖北经视	4.7	11.9
14	小康梦想幸福家园 2016 全国社区网络春晚	综艺	湖北卫视	4.6	16.0
15	奥林匹克在里约:2016 年第 31 届奥运会女子双人 3 米跳板决赛	体育	中央台五套	4.6	14.0
16	今天不烦恼第二季	综艺	湖北卫视	4.6	12.7
17	奥林匹克在里约:2016 年第 31 届奥运会游泳女子 100 米自由泳决赛	体育	中央台五套	4.6	11.3
18	奥林匹克在里约:2016 年第 31 届奥运会田径女子 200 米第一轮	体育	中央台五套	4.5	20.0
19	爱在一起浙江卫视领跑 2017 演唱会	音乐	浙江卫视	4.5	15.1
20	一起出发	综艺	湖北卫视	4.5	11.5
21	最强大脑特别版	综艺	江苏卫视	4.5	11.2
22	2016 年欧洲杯小组赛 D 组第一轮(西班牙 VS 捷克)	体育	中央台五套	4.4	12.1
23	超级足球之夜:国际足联 18 年世界杯亚洲区预选赛第三阶段 A 组第 2 轮(中国 VS 伊朗)	体育	中央台五套	4.4	11.5
24	奥林匹克在里约:2016 年第 31 届奥运会男子举重 56 公斤级决赛	体育	中央台五套	4.3	14.3
25	纲到你身边	专题	湖北卫视	4.3	13.6
26	喜剧总动员	综艺	浙江卫视	4.3	11.4
27	新萧十一郎	电视剧	湖北卫视	4.3	10.4
28	我们的法则	综艺	安徽卫视	4.0	10.8
29	我是你的百搭	电视剧	湖北卫视	4.0	9.2
30	跨界歌王(8 月 6 日)	综艺	北京卫视	3.9	10.8

表 3.57.8 2016 年武汉市场电视剧收视率排名前十位

名次	节目名称	播出频道	平均收视率（%）	平均占有率（%）
1	新萧十一郎	湖北卫视	4.3	10.4
2	我是你的百搭	湖北卫视	4.0	9.2
3	我爱男保姆	湖北卫视	3.9	9.0
4	新边城浪子	湖北卫视	3.4	9.6
5	守婚如玉	湖北经视	3.4	8.1
6	猎刃	河南电视台卫星频道（一套）	3.2	8.4
7	下辈子还做我老爸	湖北卫视	3.2	8.2
8	红色通道	湖北卫视	3.2	8.1
9	金劫	武汉广播电视台电视剧频道	3.2	8.0
10	少帅	武汉广播电视台电视剧频道	3.2	7.8

表 3.57.9 2016 年武汉市场新闻节目收视率排名前十位

名次	节目名称	播出频道	平均收视率（%）	平均占有率（%）
1	经视直播特别节目迎战暴风雨	湖北经视	7.9	30.5
2	2016 一年又一年	中央电视台综合频道	6.1	14.1
3	经视直播	湖北经视	5.8	21.6
4	迎战强降雨	湖北卫视	2.6	6.2
5	坚决打赢抗洪救灾攻坚战	湖北卫视	2.6	5.9
6	咵天	湖北经视	2.5	19.2
7	第 1 直播室	武汉广播电视台新闻综合频道	2.5	9.9
8	直播大事件	湖北经视	2.3	6.1
9	G20 2016CHINA 二十国集团领导人杭州峰会特别报道	中央电视台新闻频道	2.2	8.7
10	新闻 360	湖北综合	1.8	6.9

表 3.57.10 2016 年武汉市场专题节目收视率排名前十位

名次	节目名称	播出频道	平均收视率（%）	平均占有率（%）
1	纲到你身边	湖北卫视	4.3	13.6
2	调解面对面	湖北卫视	3.7	12.8
3	等着我	中央电视台综合频道	2.9	6.8
4	豫荐悦读	北京卫视	2.5	6.0
5	超级访问星星的故事	重庆卫视	2.4	5.8
6	劳动与梦想	中央电视台综合频道	2.1	5.4
7	脱贫大决战暨 2016 河南十大年度扶贫人物主题晚会	河南电视台卫星频道（一套）	2.0	7.8
8	传承者创作纪实	北京卫视	1.9	6.4
9	315 共筑消费新生态	中央台二套	1.9	4.5
10	我是独角兽	北京卫视	1.8	7.9

表 3.57.11　2016 年武汉市场综艺节目收视率排名前十位

名次	节目名称	播出频道	平均收视率(%)	平均占有率(%)
1	2016 中央电视台春节联欢晚会	中央台三套	8.6	17.5
2	谁是大歌神(4 月 3 日)	浙江卫视	5.5	15.9
3	百姓春晚九州同乐福满万家	湖北经视	5.5	12.9
4	2016 中央电视台元宵晚会	中央台三套	5.5	11.9
5	桃花朵朵开	湖北经视	4.7	11.9
6	小康梦想幸福家园 2016 全国社区网络春晚	湖北卫视	4.6	16.0
7	今天不烦恼第二季	湖北卫视	4.6	12.7
8	一起出发	湖北卫视	4.5	11.5
9	最强大脑特别版	江苏卫视	4.5	11.2
10	喜剧总动员	浙江卫视	4.3	11.4

表 3.57.12　2016 年武汉市场体育节目收视率排名前十位

名次	节目名称	播出频道	平均收视率(%)	平均占有率(%)
1	奥林匹克在里约:2016 年第 31 届奥运会射击女子 10 米气手枪决赛	中央台五套	6.3	17.7
2	奥林匹克在里约:2016 年第 31 届奥运会羽毛球男单决赛	中央台五套	6.3	14.9
3	奥林匹克在里约:2016 年第 31 届奥运会女排小组赛第二轮(中国 VS 意大利)	中央台五套	5.5	13.3
4	奥林匹克在里约:2016 年第 31 届奥运会女子体操资格赛	中央台五套	5.2	12.5
5	奥林匹克在里约:2016 年第 31 届奥运会乒乓球女单半决赛	中央台五套	5.1	14.3
6	奥林匹克在里约:2016 年第 31 届奥运会女子双人 3 米跳板决赛	中央台五套	4.6	14.0
7	奥林匹克在里约:2016 年第 31 届奥运会游泳女子 100 米自由泳决赛	中央台五套	4.6	11.3
8	奥林匹克在里约:2016 年第 31 届奥运会田径女子 200 米第一轮	中央台五套	4.5	20.0
9	2016 年欧洲杯小组赛 D 组第一轮(西班牙 VS 捷克)	中央台五套	4.4	12.1
10	超级足球之夜:国际足联 18 年世界杯亚洲区预选赛第三阶段 A 组第 2 轮(中国 VS 伊朗)	中央台五套	4.4	11.5

五十八、西安收视数据

表 3.58.1　2012～2016 年西安市场各类频道的市场占有率(%)

频道类别	年份				
	2012 年	2013 年	2014 年	2015 年	2016 年
中央台频道	37.7	39.8	37.6	35.6	35.8
中国教育台频道	0.4	0.4	0.3	0.2	0.2
陕西省级频道	18.6	18.1	17.7	17.6	17.3
西安市级频道	6.6	4.7	3.4	2.5	2.3
其他省级卫视频道	31.6	29.0	28.3	26.6	24.2
其他频道	5.1	8.0	12.7	17.5	20.2

表 3.58.2　2016 年西安市场各类频道在各目标观众中的市场占有率(%)

目标观众		中央台频道	中国教育台频道	陕西省级频道	西安市级频道	其他省级卫视频道	其他频道
4 岁及以上所有人		35.8	0.2	17.3	2.3	24.2	20.2
性别	男	37.6	0.3	17.2	2.4	22.9	19.6
	女	34.1	0.2	17.4	2.2	25.6	20.5
年龄	4～14 岁	29.5	0.1	11.4	1.6	34.9	22.5
	15～24 岁	30.8	0.2	15.4	2.1	28.5	23.0
	25～34 岁	33.0	0.2	13.6	1.6	28.1	23.5
	35～44 岁	27.7	0.2	18.5	2.4	25.4	25.8
	45～54 岁	33.0	0.3	18.6	2.4	23.1	22.6
	55～64 岁	41.4	0.3	18.8	1.9	25.6	12.0
	65 岁及以上	44.4	0.3	19.0	3.1	16.2	17.0
教育程度	未受过正规教育	33.8	0.1	12.6	1.3	31.5	20.7
	小学	32.6	0.2	18.3	3.3	28.9	16.7
	初中	36.0	0.3	19.0	2.7	23.1	18.9
	高中	36.5	0.3	18.6	2.0	22.8	19.8
	大学及以上	36.1	0.2	14.1	1.9	25.1	22.6
职业类别	干部/管理人员	35.5	0.3	15.1	2.5	20.5	26.1
	个体/私营企业人员	35.9	0.4	18.7	2.6	23.2	19.2
	初级公务员/雇员	31.0	0.2	15.9	1.9	26.5	24.5
	工人	30.4	0.2	21.5	2.1	25.7	20.1
	学生	30.6	0.2	13.5	2.0	33.4	20.3
	无业	40.9	0.3	17.7	2.4	21.7	17.0
	其他	*	*	*	*	*	*
个人月收入	0～600 元	29.3	0.2	15.2	2.3	31.0	22.0
	601～1200 元	36.8	0.2	20.5	2.0	11.8	28.7
	1201～1700 元	43.5	0.4	19.4	2.3	21.5	12.9
	1701～2600 元	38.4	0.2	17.9	2.5	21.6	19.4
	2601～3500 元	37.1	0.2	17.3	2.2	22.6	20.6
	3501～5000 元	34.3	0.2	17.2	1.9	24.5	21.9
	5001 元及以上	28.5	0.3	15.5	2.1	33.1	20.5

“*”表示样本量不足,无法进行统计推断。

表 3.58.3　2016 年西安市场各类频道在各时段的市场占有率(%)

时间段	中央台频道	中国教育台频道	陕西省级频道	西安市级频道	其他省级卫视频道	其他频道
02:00~03:00	26.2	0.4	4.2	0.3	36.3	32.6
03:00~04:00	25.4	0.2	2.9	0.1	37.7	33.7
04:00~05:00	28.8	0.2	2.5	0.0	35.5	33.0
05:00~06:00	38.6	0.2	3.8	0.0	28.2	29.2
06:00~07:00	46.6	0.2	11.2	0.1	18.4	23.5
07:00~08:00	49.9	0.5	14.0	2.5	14.3	18.8
08:00~09:00	41.0	0.5	15.2	2.3	22.1	18.9
09:00~10:00	36.4	0.6	12.6	2.4	26.6	21.4
10:00~11:00	35.3	0.6	11.3	2.2	28.0	22.6
11:00~12:00	38.6	0.3	12.5	1.8	26.1	20.7
12:00~13:00	42.0	0.2	15.5	1.2	21.8	19.3
13:00~14:00	38.1	0.3	11.9	1.7	25.3	22.7
14:00~15:00	35.7	0.4	8.5	2.0	28.6	24.8
15:00~16:00	34.8	0.5	8.5	2.1	29.8	24.3
16:00~17:00	34.1	0.4	9.4	2.0	30.2	23.9
17:00~18:00	36.1	0.2	9.9	3.2	27.4	23.2
18:00~19:00	39.9	0.2	22.6	3.3	11.7	22.3
19:00~20:00	41.9	0.2	21.6	2.8	17.1	16.4
20:00~21:00	33.3	0.2	19.0	2.5	29.3	15.7
21:00~22:00	31.8	0.1	25.5	2.0	24.4	16.2
22:00~23:00	27.9	0.1	26.1	2.0	24.3	19.6
23:00~24:00	33.8	0.1	15.9	2.4	25.4	22.4
24:00~25:00	33.1	0.3	16.0	2.8	23.3	24.5
25:00~26:00	31.6	0.3	9.1	1.9	27.9	29.2

表 3.58.4　2016 年西安市场收视份额排名前十位的频道

名次	频道名称	收视份额(%)
1	陕西广播电视台都市青春频道(二套)	8.5
2	中央电视台综合频道	5.6
3	中央台八套	4.3
4	中央电视台新闻频道	4.0
4	中央台四套	4.0
6	中央台三套	3.1
7	中央台五套	2.8
8	中央台六套	2.5
9	上海东方卫视	2.4
10	湖南卫视	2.2

表 3.58.5　2016 年西安市场各主要频道的观众构成(%)

目标观众		陕西广播电视台都市青春频道（二套）	中央电视台综合频道	中央台八套	中央电视台新闻频道	中央台四套
4 岁及以上所有人		100.0	100.0	100.0	100.0	100.0
性别	男	49.0	50.9	45.0	56.8	55.3
	女	51.0	49.1	55.0	43.2	44.7
年龄	4~14 岁	4.4	4.8	4.2	2.4	2.2
	15~24 岁	5.0	5.8	3.3	8.0	4.4
	25~34 岁	13.4	12.5	16.4	9.7	8.6
	35~44 岁	14.8	11.7	6.1	9.7	7.4
	45~54 岁	23.3	14.9	21.9	19.1	16.7
	55~64 岁	20.8	20.0	23.6	22.4	18.1
	65 岁及以上	18.5	30.3	24.6	28.8	42.5
教育程度	未受过正规教育	2.2	1.4	2.4	1.1	0.9
	小学	5.8	6.6	8.5	4.6	6.2
	初中	30.1	24.5	38.5	29.3	24.3
	高中	38.2	38.8	27.9	35.1	36.4
	大学及以上	23.8	28.7	22.6	29.9	32.2
职业类别	干部/管理人员	4.9	5.5	6.0	4.9	4.0
	个体/私营企业人员	13.2	8.3	13.4	11.7	8.8
	初级公务员/雇员	22.5	20.8	14.1	19.5	15.6
	工人	12.1	8.7	7.4	8.8	6.8
	学生	4.4	6.8	3.1	6.5	4.3
	无业	42.8	49.9	56.0	48.5	60.5
	其他	*	*	*	*	*
个人月收入	0~600 元	13.7	14.1	12.9	11.7	9.1
	601~1200 元	3.5	1.5	2.2	2.3	2.9
	1201~1700 元	7.1	9.2	10.4	10.2	9.8
	1701~2600 元	33.9	41.7	44.0	37.5	35.4
	2601~3500 元	23.2	20.7	17.5	22.4	26.9
	3501~5000 元	14.3	10.6	10.6	12.6	12.2
	5001 元及以上	4.2	2.3	2.5	3.3	3.6

“*”表示样本量不足，无法进行统计推断。

表 3.58.6　2014~2016 年西安市场各类节目的播出份额(%)和收视份额(%)

节目类别	2014 年		2015 年		2016 年	
	播出份额	收视份额	播出份额	收视份额	播出份额	收视份额
财经	1.7	0.9	1.6	0.4	1.2	1.0
电视剧	20.6	30.1	20.4	33.8	21.4	28.0
电影	5.2	4.9	5.2	2.5	5.6	5.4
法制	0.9	0.9	0.9	1.2	0.7	0.6
教学	0.3	0.1	0.3	0.1	0.2	0.1
青少	6.6	3.4	6.4	5.5	6.2	3.0
生活服务	11.0	10.3	9.7	8.4	9.6	7.1
体育	3.0	2.6	3.2	0.9	3.2	3.5
外语	0.0	0.0	0.0	0.0	0.0	0.0
戏剧	1.2	1.3	1.3	1.5	1.1	0.9
新闻/时事	14.1	14.8	14.7	14.4	14.4	19.6
音乐	2.3	0.6	2.4	0.7	1.8	0.9
专题	11.5	6.3	12.6	5.1	13.2	6.6
综艺	8.5	12.2	8.6	10.1	9.1	13.2
其他	13.1	11.6	12.7	15.4	12.2	10.2

表 3.58.7　2016 年西安市场所有节目收视率排名前三十位

名次	节目名称	节目类别	播出频道	平均收视率(%)	平均占有率(%)
1	2016 中央电视台春节联欢晚会	综艺	中央电视台综合频道	14.2	28.4
2	2016 中央电视台元宵晚会	综艺	中央电视台综合频道	12.4	29.5
3	2016 中央电视台中秋晚会	综艺	中央电视台综合频道	8.4	21.0
4	奥运典藏:2016 年第 31 届奥运会女子举重 63 公斤级决赛	体育	中央台五套	7.8	22.6
5	奥林匹克在里约 颁奖仪式	体育	中央台五套	7.4	27.7
6	奥林匹克在里约:2016 年第 31 届奥运会乒乓球男单半决赛	体育	中央台五套	7.3	26.8
7	黄金赛场:国际足联 2018 年世界杯亚洲区预选赛 C 组(中国 VS 卡塔尔)	体育	中央台五套	6.7	21.1
8	黄大妮	电视剧	陕西广播电视台都市青春频道(二套)	6.6	20.8
9	奥林匹克在里约:2016 年第 31 届奥运会女排小组赛第二轮(中国 VS 意大利)	体育	中央台五套	6.4	23.2
10	奥林匹克在里约:2016 年第 31 届奥运会羽毛球男单决赛	体育	中央台五套	6.0	20.1
11	芈月传	电视剧	北京卫视	5.9	16.0
12	奥林匹克在里约:16 年第 31 届奥运会游泳男子 4×100 米自由泳接力决赛	体育	中央台五套	5.5	21.2
13	奥林匹克在里约:2016 年第 31 届奥运会男篮小组赛(委内瑞拉队 VS 中国队)	体育	中央台五套	4.9	19.2
14	奥林匹克在里约:2016 年第 31 届奥运会女子双人 3 米跳板决赛	体育	中央台五套	4.8	17.8
15	好好过日子	电视剧	陕西广播电视台都市青春频道(二套)	4.8	13.8
16	搭错车	电视剧	陕西广播电视台都市青春频道(二套)	4.8	13.1
17	芈月传	电视剧	上海东方卫视	4.7	12.7
18	奥林匹克在里约:2016 年第 31 届奥运会女子体操资格赛	体育	中央台五套	4.6	17.2
19	木兰妈妈	电视剧	陕西广播电视台都市青春频道(二套)	4.6	15.1
20	星光大道(5 月 14 日)	综艺	中央电视台综合频道	4.6	13.0
21	奥林匹克在里约:2016 年第 31 届奥运会射击女子 10 米气手枪决赛(8 月 7 日)	体育	中央台五套	4.5	16.1

续表

名次	节目名称	节目类别	播出频道	平均收视率（%）	平均占有率（%）
22	奥林匹克在里约:2016 年第 31 届奥运会田径女子 3000 米障碍第一轮	体育	中央台五套	4.5	14.5
23	太太万岁	电视剧	陕西广播电视台都市青春频道(二套)	4.4	17.5
24	天气预报	生活服务	中央电视台新闻频道	4.4	16.4
25	2016 年欧洲杯 1/8 决赛(法国 VS 爱尔兰)	体育	中央台五套	4.4	15.1
26	我是歌手(2 月 12 日)	综艺	湖南卫视	4.3	17.2
27	头号前妻	电视剧	陕西广播电视台都市青春频道(二套)	4.3	14.1
28	都市快报	新闻	陕西广播电视台都市青春频道(二套)	4.2	15.8
29	奥林匹克在里约:2016 年第 31 届奥运会女子七项全能决赛	体育	中央台五套	4.2	14.6
30	不可能完成的任务	电视剧	陕西广播电视台都市青春频道(二套)	4.2	13.3

表 3.58.8　2016 年西安市场电视剧收视率排名前十位

名次	节目名称	播出频道	平均收视率（%）	平均占有率（%）
1	黄大妮	陕西广播电视台都市青春频道(二套)	6.6	20.8
2	芈月传	北京卫视	5.9	16.0
3	好好过日子	陕西广播电视台都市青春频道(二套)	4.8	13.8
4	搭错车	陕西广播电视台都市青春频道(二套)	4.8	13.1
5	芈月传	上海东方卫视	4.7	12.7
5	木兰妈妈	陕西广播电视台都市青春频道(二套)	4.6	15.1
7	太太万岁	陕西广播电视台都市青春频道(二套)	4.4	17.5
8	头号前妻	陕西广播电视台都市青春频道(二套)	4.3	14.1
9	不可能完成的任务	陕西广播电视台都市青春频道(二套)	4.2	13.3
10	邮差	陕西广播电视台都市青春频道(二套)	4.1	11.3

表 3.58.9　2016 年西安市场新闻节目收视率排名前十位

名次	节目名称	播出频道	平均收视率(%)	平均占有率(%)
1	都市快报	陕西广播电视台都市青春频道(二套)	4.2	15.8
2	筑梦天宫	中央台四套	3.3	8.9
3	2016 一年又一年	中央电视台综合频道	3.1	9.1
4	都市热线	陕西广播电视台都市青春频道(二套)	2.8	13.6
5	新闻联播	中央电视台综合频道	2.3	9.3
6	G20 2016CHINA 二十国集团领导人杭州峰会特别报道	中央电视台新闻频道	2.1	9.1
7	海峡两岸	中央台四套	2.1	6.8
8	天天网事	陕西广播电视台都市青春频道(二套)	2.0	11.0
9	李克强总理会见中外记者并回答提问	中央电视台综合频道	1.8	5.4
10	今日关注	中央台四套	1.7	6.0

表 3.58.10　2016 年西安市场专题节目收视率排名前十位

名次	节目名称	播出频道	平均收视率(%)	平均占有率(%)
1	315 共筑消费新生态	中央台二套	3.4	10.6
2	感动中国 2015 年度人物颁奖盛典	中央电视台综合频道	3.0	8.4
3	中国成语大会 2015 八强争夺赛(12 月 30 日)	中央电视台综合频道	2.7	11.8
4	中国诗词大会(3 月 18 日)	中央电视台综合频道	2.7	8.1
5	开创中国特色大国外交新局面习近平主席 2015 年出访实录	中央电视台综合频道	2.6	7.3
6	芈月传奇	北京卫视	2.5	7.6
7	中菲南海争议	中央台四套	2.1	9.3
8	筑梦路上 1921 ~2016	中央电视台综合频道	2.1	7.6
9	永远在路上	中央电视台综合频道	1.9	6.3
10	治国理政新征程系列特别报道	中央电视台综合频道	1.9	6.2

表 3.58.11　2016 年西安市场综艺节目收视率排名前十位

名次	节目名称	播出频道	平均收视率(%)	平均占有率(%)
1	2016 中央电视台春节联欢晚会	中央电视台综合频道	14.2	28.4
2	2016 中央电视台元宵晚会	中央电视台综合频道	12.4	29.5
3	2016 中央电视台中秋晚会	中央电视台综合频道	8.4	21.0
4	星光大道(5 月 14 日)	中央电视台综合频道	4.6	13.0
5	我是歌手(2 月 12 日)	湖南卫视	4.3	17.2
6	G20 2016CHINA 二十国集团领导人第十一次峰会文艺晚会最忆是杭州	中央电视台新闻频道	4.0	13.8
7	喜到福到好运到 2016 春节特别节目	中央台三套	4.0	11.1
8	奔跑吧兄弟(1 月 1 日 ~1 月 15 日)	浙江卫视	3.6	11.8
9	2016 元宵喜乐会(2 月 22 日)	湖南卫视	3.4	8.8
10	一站到底(11 月 25 日)	江苏卫视	3.2	10.4

表 3.58.12 2016 年西安市场体育节目收视率排名前十位

名次	节目名称	播出频道	平均收视率（%）	平均占有率（%）
1	奥运典藏:2016 年第 31 届奥运会女子举重 63 公斤级决赛(8 月 10 日)	中央台五套	7.8	22.6
2	奥林匹克在里约 颁奖仪式	中央台五套	7.4	27.7
3	奥林匹克在里约:2016 年第 31 届奥运会乒乓球男单半决赛	中央台五套	7.3	26.8
4	黄金赛场:国际足联 2018 年世界杯亚洲区预选赛 C 组(中国 VS 卡塔尔)	中央台五套	6.7	21.1
5	奥林匹克在里约:2016 年第 31 届奥运会女排小组赛第二轮(中国 VS 意大利)	中央台五套	6.4	23.2
6	奥林匹克在里约:2016 年第 31 届奥运会羽毛球男单决赛	中央台五套	6.0	20.1
7	奥林匹克在里约:16 年第 31 届奥运会游泳男子 4×100 米自由泳接力决赛	中央台五套	5.5	21.2
8	奥林匹克在里约:2016 年第 31 届奥运会男篮小组赛(委内瑞拉队 VS 中国队)	中央台五套	4.9	19.2
9	奥林匹克在里约:2016 年第 31 届奥运会女子双人 3 米跳板决赛	中央台五套	4.8	17.8
10	奥林匹克在里约:2016 年第 31 届奥运会女子体操资格赛	中央台五套	4.6	17.2

五十九、西宁收视数据

表 3.59.1　2012～2016 年西宁市场各类频道的市场占有率(%)

频道类别	年份				
	2012 年	2013 年	2014 年	2015 年	2016 年
中央台频道	47.2	50.9	48.9	47.7	49.4
中国教育台频道	0.3	0.3	0.2	0.1	0.1
青海省级频道	6.8	5.9	6.0	10.8	10.3
西宁市级频道	2.4	2.1	2.5	1.7	1.2
其他省级卫视频道	37.2	35.8	37.8	34.5	32.9
其他频道	6.1	4.9	4.6	5.2	6.2

表 3.59.2　2016 年西宁市场各类频道在不同目标观众中的市场占有率(%)

目标观众		中央台频道	中国教育台频道	青海省级频道	西宁市级频道	其他省级卫视频道	其他频道
4 岁及以上所有人		49.4	0.1	10.3	1.2	32.9	6.2
性别	男	51.5	0.1	10.4	1.0	30.6	6.5
	女	47.3	0.1	10.2	1.3	35.2	5.9
年龄	4～14 岁	40.8	0.1	7.9	0.8	44.1	6.3
	15～24 岁	47.5	0.1	7.9	0.7	38.4	5.6
	25～34 岁	47.6	0.1	8.1	1.1	36.7	6.4
	35～44 岁	51.2	0.1	5.9	1.0	35.1	6.7
	45～54 岁	50.0	0.1	10.0	0.8	31.3	7.8
	55～64 岁	44.1	0.1	16.2	2.3	30.4	7.0
	65 岁及以上	57.4	0.1	14.0	1.3	24.0	3.3
教育程度	未受过正规教育	43.1	0.1	12.2	1.1	38.1	5.4
	小学	48.1	0.1	13.1	1.1	31.8	5.8
	初中	50.2	0.1	11.4	1.5	31.5	5.3
	高中	47.8	0.1	9.1	0.8	34.7	7.6
	大学及以上	55.9	0.1	6.1	1.3	30.3	6.3
职业类别	干部/管理人员	61.4	0.0	3.2	0.5	24.8	10.2
	个体/私营企业人员	53.9	0.1	9.4	0.8	28.0	7.8
	初级公务员/雇员	45.9	0.1	7.7	1.4	37.9	6.9
	工人	49.7	0.1	8.7	1.3	34.4	5.9
	学生	47.8	0.1	7.6	0.6	36.3	7.7
	无业	48.5	0.1	12.6	1.4	32.5	4.9
	其他	*	*	*	*	*	*
个人月收入	0～600 元	43.2	0.1	9.4	0.8	39.7	7.0
	601～1200 元	47.5	0.1	13.7	1.3	32.9	4.5
	1201～1700 元	50.6	0.1	13.1	1.2	30.9	4.1
	1701～2600 元	50.8	0.1	12.6	1.5	30.1	5.0
	2601～3500 元	51.0	0.1	9.5	1.3	31.4	6.7
	3501～5000 元	53.7	0.1	8.6	1.2	28.5	7.8
	5001 元及以上	54.8	0.1	4.5	0.7	33.4	6.5

* 表示样本量不足，无法进行统计推断。

表 3.59.3 2016 年西宁市场各类频道在不同时段的市场占有率(%)

时间段	中央台频道	中国教育台频道	青海省级频道	西宁市级频道	其他省级卫视频道	其他频道
02:00~03:00	44.0	0.2	2.7	0.0	42.5	10.6
03:00~04:00	45.8	0.2	2.3	0.0	42.0	9.8
04:00~05:00	49.5	0.3	1.7	0.0	40.4	8.2
05:00~06:00	52.7	0.2	0.7	0.0	39.3	7.0
06:00~07:00	64.5	0.2	0.6	0.1	30.6	4.1
07:00~08:00	69.9	0.0	1.0	0.2	25.7	3.2
08:00~09:00	56.6	0.1	2.7	0.6	35.2	4.8
09:00~10:00	48.3	0.2	4.9	0.4	40.8	5.4
10:00~11:00	47.9	0.2	4.2	0.4	41.8	5.6
11:00~12:00	50.7	0.1	3.9	0.4	39.3	5.7
12:00~13:00	53.6	0.1	4.0	0.4	36.4	5.7
13:00~14:00	47.0	0.2	3.0	0.6	42.4	6.9
14:00~15:00	43.7	0.2	3.4	0.5	44.8	7.5
15:00~16:00	43.0	0.2	3.7	0.5	45.1	7.6
16:00~17:00	43.7	0.2	4.0	0.3	44.4	7.4
17:00~18:00	47.5	0.1	6.7	4.6	33.3	7.9
18:00~19:00	50.3	0.1	22.2	5.3	16.6	5.6
19:00~20:00	57.6	0.1	16.6	1.2	19.8	4.8
20:00~21:00	47.0	0.1	13.5	0.7	33.5	5.2
21:00~22:00	48.9	0.1	15.2	0.6	29.8	5.5
22:00~23:00	47.0	0.1	11.7	0.8	33.9	6.6
23:00~24:00	50.2	0.1	4.6	0.4	36.1	8.6
24:00~25:00	47.8	0.1	4.1	0.3	36.4	11.4
25:00~26:00	44.5	0.2	5.5	0.3	38.8	10.8

表 3.59.4 2016 年西宁市场收视份额排名前十位的频道

名次	频道名称	收视份额(%)
1	中央台八套	8.1
2	中央台六套	8.0
3	青海都市频道	4.9
4	中央电视台综合频道	4.8
5	中央电视台新闻频道	4.5
5	中央台三套	4.5
7	中央台五套	3.6
7	湖南电视台金鹰卡通频道	3.6
9	中央台四套	3.4
10	浙江卫视	3.1

表 3.59.5　2016 年西宁市场各主要频道的观众构成(%)

目标观众		所有频道	主要频道				
			中央台八套	中央台六套	青海都市频道	中央电视台综合频道	中央电视台新闻频道
4 岁及以上所有人		100.0	100.0	100.0	100.0	100.0	100.0
性别	男	49.6	44.3	55.9	50.1	50.2	51.8
	女	50.4	55.7	44.1	49.9	49.8	48.2
年龄	4～14 岁	9.0	4.8	8.7	6.8	5.4	5.5
	15～24 岁	8.9	9.5	9.1	5.6	10.6	6.4
	25～34 岁	10.9	7.5	14.2	8.5	8.5	9.0
	35～44 岁	17.4	18.5	27.0	9.4	13.8	13.3
	45～54 岁	21.8	18.2	23.8	18.9	21.3	21.5
	55～64 岁	14.2	14.1	9.4	23.6	12.4	18.2
	65 岁及以上	17.9	27.5	7.7	27.2	28.0	26.0
教育程度	未受过正规教育	9.2	9.2	5.8	15.6	6.5	12.0
	小学	15.5	22.7	13.4	21.0	15.4	9.6
	初中	31.0	32.5	33.1	30.6	29.3	30.2
	高中	28.9	24.1	29.3	24.5	28.6	31.8
	大学及以上	15.4	11.5	18.3	8.3	20.3	16.4
职业类别	干部/管理人员	0.8	0.5	0.8	0.3	1.1	1.3
	个体/私营企业人员	19.5	21.5	29.0	18.1	17.0	16.3
	初级公务员/雇员	11.9	8.4	11.8	8.4	10.8	12.2
	工人	14.3	10.5	21.2	11.2	11.0	13.2
	学生	10.8	10.7	11.9	6.0	11.6	7.3
	无业	42.6	48.4	25.3	55.9	48.4	49.7
	其他	*	*	*	*	*	*
个人月收入	0～600 元	24.9	21.7	22.9	24.5	23.2	14.8
	601～1200 元	5.1	7.5	2.8	8.5	2.7	9.4
	1201～1700 元	8.1	8.8	7.2	7.4	10.1	4.7
	1701～2600 元	23.0	24.2	21.4	26.8	25.8	25.9
	2601～3500 元	19.2	19.6	19.7	17.9	19.3	22.3
	3501～5000 元	14.5	14.6	19.7	12.8	14.2	16.5
	5001 元及以上	5.2	3.6	6.2	2.1	4.7	6.4

* 表示样本量不足,无法进行统计推断。

表 3.59.6　2014～2016 年西宁市场各类节目的播出份额(%)和收视份额(%)

节目类别	2014 年		2015 年		2016 年	
	播出份额	收视份额	播出份额	收视份额	播出份额	收视份额
财经	1.8	0.6	1.8	0.7	1.4	0.6
电视剧	20.1	30.8	20.2	32.3	20.4	30.1
电影	3.9	6.9	3.7	7.5	3.7	8.8
法制	1.1	1.7	1.0	1.4	0.9	1.1
教学	0.3	0.0	0.2	0.0	0.2	0.0
青少	7.2	4.6	6.7	4.7	6.9	5.2
生活服务	9.7	6.6	9.5	6.8	9.2	6.4
体育	2.9	2.6	3.0	3.1	3.3	4.1
外语	0.0	0.0	0.0	0.0	0.0	0.0
戏剧	0.8	0.3	0.8	0.3	0.9	0.3
新闻/时事	15.2	15.1	15.2	12.7	15.1	12.4
音乐	2.7	0.7	2.7	1.2	2.0	1.1
专题	12.4	7.2	13.5	6.8	14.1	7.0
综艺	9.0	11.9	9.0	12.2	9.3	12.8
其他	13.0	10.9	12.5	10.4	12.5	10.2

表 3.59.7　2016 年西宁市场所有节目收视率排名前三十位

名次	节目名称	节目类别	播出频道	平均收视率（%）	平均占有率（%）
1	2016 中央电视台春节联欢晚会	综艺	中央电视台综合频道	14.0	33.4
2	2016 中央电视台元宵晚会	综艺	中央台三套	13.9	33.2
3	奥林匹克在里约:2016 年第 31 届奥运会乒乓球男单半决赛	体育	中央台五套	8.5	29.2
4	奥林匹克在里约:2016 年第 31 届奥运会女排小组赛第二轮（中国 VS 意大利）	体育	中央台五套	8.1	24.1
5	奥林匹克在里约:2016 年第 31 届奥运会女子 200 米混合泳决赛	体育	中央台五套	8.1	21.7
6	奥林匹克在里约:2016 年第 31 届奥运会体操女子团体决赛	体育	中央台五套	7.7	22.7
7	奥林匹克在里约:2016 年第 31 届奥运会羽毛球男单决赛	体育	中央台五套	7.7	22.3
8	速度与激情六	电影	中央台六套	7.5	34.8
9	锻刀	电视剧	中央台八套	7.2	22.5
10	九九	电视剧	中央台八套	6.7	20.1
11	夺宝奇兵第二部魔宫传奇	电影	中央台六套	6.4	36.8
12	奥林匹克在里约:2016 年第 31 届奥运会赛艇轻量级女子双人双桨	体育	中央台五套	6.4	19.5
13	死亡之岛	电影	中央台六套	6.3	27.8
14	麻辣芳邻	电视剧	中央台八套	6.3	21.5
15	芈月传	电视剧	北京卫视	6.3	16.4
16	新警察故事	电影	中央台六套	6.2	22.2
17	天气预报	生活服务	中央电视台新闻频道	6.2	20.7
18	奥林匹克在里约:2016 年第 31 届奥运会男子举重 56 公斤级决赛	体育	中央台五套	6.1	22.3
19	奥林匹克在里约:2016 年第 31 届奥运会女子 100 米预赛第 4 组	体育	中央台五套	6.0	24.2
20	奥林匹克在里约:2016 年第 31 届奥运会场地自行车女子团体竞速赛	体育	中央台五套	6.0	24.0
21	王者之风黄飞鸿之四	电影	中央台六套	6.0	16.0
22	风暴	电影	中央台六套	5.8	18.6
23	密杀	电视剧	青海都市频道	5.8	14.6
24	宝贝计划	电影	中央台六套	5.7	20.6
25	卧底狙击	电视剧	青海都市频道	5.7	19.9
26	彝海结盟	电视剧	中央台八套	5.7	17.6
27	风云神枪	电视剧	青海都市频道	5.7	16.8
28	尖峰时刻	电影	中央台六套	5.5	24.5
29	奥林匹克在里约:2016 年第 31 届奥运会男篮小组赛（委内瑞拉队 VS 中国队）	体育	中央台五套	5.5	20.6
30	炮神	电视剧	中央台八套	5.5	17.4

表 3.59.8　2016 年西宁市场电视剧收视率排名前十位

名次	节目名称	播出频道	平均收视率(%)	平均占有率(%)
1	锻刀	中央台八套	7.2	22.5
2	九九	中央台八套	6.7	20.1
3	麻辣芳邻	中央台八套	6.3	21.5
4	芈月传	北京卫视	6.3	16.4
5	密杀	青海都市频道	5.8	14.6
6	卧底狙击	青海都市频道	5.7	19.9
7	彝海结盟	中央台八套	5.7	17.6
8	风云神枪	青海都市频道	5.7	16.8
9	炮神	中央台八套	5.5	17.4
10	宜昌保卫战	中央台八套	5.4	16.7

表 3.59.9　2016 年西宁市场新闻节目收视率排名前十位

名次	节目名称	播出频道	平均收视率(%)	平均占有率(%)
1	2016 一年又一年	中央电视台综合频道	3.7	13.3
2	百姓 1 时间	青海电视台经济生活频道	2.6	11.8
3	新闻联播	中央电视台综合频道	2.4	8.9
4	李克强总理会见中外记者并回答提问	中央电视台综合频道	2.0	5.4
5	G20 2016CHINA 二十国集团领导人杭州峰会特别报道	中央电视台新闻频道	1.8	9.5
6	新闻联播	中央电视台新闻频道	1.8	5.7
7	焦点访谈	中央电视台综合频道	1.7	5.4
8	筑梦天宫	中央电视台新闻频道	1.6	5.5
9	青海新闻联播	青海卫视	1.5	6.9
10	传奇中国节中秋节	中央台四套	1.4	8.0

表 3.59.10　2016 年西宁市场专题节目收视率排名前十位

名次	节目名称	播出频道	平均收视率(%)	平均占有率(%)
1	315 共筑消费新生态	中央台二套	3.8	10.1
2	开创中国特色大国外交新局面习近平主席 2015 年出访实录	中央电视台综合频道	3.5	10.2
3	感动中国 2015 年度人物颁奖盛典	中央电视台综合频道	3.2	8.5
4	中国成语大会 2015 年度总决赛	中央电视台综合频道	2.8	7.5
5	筑梦路上 1921～2016	中央电视台综合频道	2.7	9.5
6	等着我	中央台三套	2.7	8.4
7	中国诗词大会(2 月 12 日)	中央电视台综合频道	2.5	7.3
8	永远在路上	中央电视台综合频道	2.5	7.1
9	胜利大阅兵	中央台六套	2.2	9.4
10	中文国际频道春节特别节目中国年俗	中央台四套	2.1	10.1

表 3.59.11　2016 年西宁市场综艺节目收视率排名前十位

名次	节目名称	播出频道	平均收视率（%）	平均占有率（%）
1	2016 中央电视台春节联欢晚会	中央电视台综合频道	14.0	33.4
2	2016 中央电视台元宵晚会	中央台三套	13.9	33.2
3	搭错车剧组见面会	山东卫视	5.3	13.1
4	G20 2016CHINA 二十国集团领导人第十一次峰会文艺晚会最忆是杭州	中央电视台新闻频道	4.7	16.8
5	喜到福到好运到 2016 春节特别节目	中央台三套	4.5	14.4
6	中国新歌声(8 月 12 日)	浙江卫视	4.3	14.5
7	2016 中央电视台中秋晚会	中央电视台综合频道	4.3	13.5
8	星光大道 2015 年度总决赛(2 月 8 日)	中央电视台综合频道	4.3	10.4
9	2016 元宵喜乐会	湖南卫视	4.2	10.9
10	CCTV 网络春晚	中央台三套	4.1	11.0

表 3.59.12　2016 年西宁市场体育节目收视率排名前十位

名次	节目名称	播出频道	平均收视率（%）	平均占有率（%）
1	奥林匹克在里约:2016 年第 31 届奥运会乒乓球男单半决赛	中央台五套	8.5	29.2
2	奥林匹克在里约:2016 年第 31 届奥运会女排小组赛第二轮（中国 VS 意大利）	中央台五套	8.1	24.1
3	奥林匹克在里约:2016 年第 31 届奥运会女子 200 米混合泳决赛	中央台五套	8.1	21.7
4	奥林匹克在里约:2016 年第 31 届奥运会体操女子团体决赛	中央台五套	7.7	22.7
5	奥林匹克在里约:2016 年第 31 届奥运会羽毛球男单决赛	中央台五套	7.7	22.3
6	奥林匹克在里约:2016 年第 31 届奥运会赛艇轻量级女子双人双桨	中央台五套	6.4	19.5
7	奥林匹克在里约:2016 年第 31 届奥运会男子举重 56 公斤级决赛	中央台五套	6.1	22.3
8	奥林匹克在里约:2016 年第 31 届奥运会女子 100 米预赛第 4 组	中央台五套	6.0	24.2
9	奥林匹克在里约:2016 年第 31 届奥运会场地自行车女子团体竞速赛	中央台五套	6.0	24.0
10	奥林匹克在里约:2016 年第 31 届奥运会男篮小组赛（委内瑞拉队 VS 中国队）	中央台五套	5.5	20.6

六十、厦门收视数据

表 3.60.1 2012～2016 年厦门市场各类频道的市场占有率(%)

频道类别	年份				
	2012 年	2013 年	2014 年	2015 年	2016 年
中央台频道	37.0	39.6	41.8	37.4	33.7
中国教育台频道	0.5	0.5	0.3	0.1	0.0
福建省级频道	5.8	4.6	4.3	4.3	4.9
厦门市级频道	22.6	17.0	22.0	26.8	26.0
其他省级卫视频道	29.0	30.7	25.0	23.6	25.2
其他频道	5.1	7.6	6.6	7.8	10.2

表 3.60.2 2016 年厦门市场各类频道在不同目标观众中的市场占有率(%)

目标观众		中央台频道	中国教育台频道	福建省级频道	厦门市级频道	其他省级卫视频道	其他频道
4 岁及以上所有人		33.7	0.0	4.9	26.0	25.2	10.2
性别	男	36.6	0.0	4.6	24.2	23.7	10.9
	女	30.6	0.1	5.2	28.0	26.8	9.4
年龄	4～14 岁	26.8	0.1	4.4	14.7	40.0	14.1
	15～24 岁	26.6	0.0	4.8	27.6	30.3	10.6
	25～34 岁	32.8	0.1	4.0	23.3	28.7	11.0
	35～44 岁	33.5	0.1	5.0	23.2	25.6	12.6
	45～54 岁	34.5	0.0	5.4	25.2	23.2	11.7
	55～64 岁	35.6	0.0	6.0	34.7	20.7	3.0
	65 岁及以上	41.6	0.0	3.7	29.5	15.7	9.4
教育程度	未受过正规教育	31.5	0.1	4.7	27.4	29.8	6.5
	小学	37.8	0.0	5.2	29.1	19.2	8.7
	初中	29.0	0.0	4.9	25.4	28.1	12.5
	高中	32.8	0.1	5.3	25.4	27.8	8.6
	大学及以上	38.6	0.1	3.5	21.0	22.8	14.1
职业类别	干部/管理人员	35.0	0.0	2.5	22.2	29.4	11.0
	个体/私营企业人员	35.6	0.0	5.4	24.9	23.2	11.0
	初级公务员/雇员	34.8	0.1	4.6	27.8	23.5	9.3
	工人	30.4	0.0	4.7	26.6	20.9	17.3
	学生	23.3	0.1	4.2	11.3	43.6	17.5
	无业	36.1	0.0	4.9	26.7	25.6	6.6
	其他	33.1	0.0	5.5	31.0	25.2	5.2
个人月收入	0～600 元	28.2	0.1	5.0	19.6	35.5	11.6
	601～1200 元	38.5	0.0	3.3	28.3	18.0	11.9
	1201～1700 元	28.0	0.0	2.5	35.0	31.4	3.2
	1701～2600 元	29.9	0.1	4.1	30.6	23.8	11.6
	2601～3500 元	37.1	0.0	6.1	28.9	21.8	6.2
	3501～5000 元	31.5	0.1	4.4	24.5	23.4	16.2
	5001 元及以上	41.8	0.0	5.1	25.5	19.8	7.8

表 3.60.3 2016 年厦门市场各类频道在不同时段的市场占有率(%)

时间段	中央台频道	中国教育台频道	福建省级频道	厦门市级频道	其他省级卫视频道	其他频道
02:00~03:00	36.7	0.0	9.1	2.3	28.7	23.2
03:00~04:00	34.9	0.1	15.0	0.6	29.2	20.2
04:00~05:00	34.7	0.0	20.3	0.4	27.7	16.9
05:00~06:00	42.8	0.1	19.7	2.0	27.0	8.5
06:00~07:00	58.9	0.0	5.7	15.3	15.6	4.4
07:00~08:00	39.1	0.1	3.2	33.2	16.4	8.1
08:00~09:00	44.4	0.1	4.6	14.7	26.1	10.1
09:00~10:00	39.2	0.1	5.7	10.3	32.8	11.9
10:00~11:00	39.8	0.1	5.8	9.4	32.3	12.6
11:00~12:00	43.8	0.0	5.8	11.0	28.5	10.9
12:00~13:00	39.2	0.0	3.2	25.8	20.5	11.2
13:00~14:00	41.5	0.0	4.1	9.5	29.4	15.5
14:00~15:00	36.0	0.0	5.1	9.9	34.1	14.8
15:00~16:00	34.4	0.1	5.2	10.9	35.8	13.6
16:00~17:00	34.2	0.1	4.6	10.7	37.0	13.4
17:00~18:00	32.9	0.1	5.4	18.1	30.7	12.9
18:00~19:00	31.7	0.0	8.9	33.8	15.7	9.9
19:00~20:00	31.9	0.0	5.0	37.6	17.5	8.0
20:00~21:00	26.8	0.0	4.0	37.7	24.0	7.4
21:00~22:00	28.6	0.0	3.1	37.8	22.9	7.6
22:00~23:00	29.0	0.0	4.3	28.0	29.2	9.5
23:00~24:00	34.5	0.0	4.7	18.4	31.3	11.1
24:00~25:00	38.1	0.1	6.0	15.3	27.2	13.3
25:00~26:00	40.3	0.2	6.9	7.6	28.7	16.5

表 3.60.4 2016 年厦门市场收视份额排名前十位的频道

名次	频道名称	收视份额(%)
1	厦门电视台综合频道	7.8
2	厦门电视台影视频道	7.3
3	中央台六套	5.3
4	厦门电视台生活频道	4.5
5	中央台四套	4.1
6	中央电视台综合频道	3.8
6	中央台八套	3.8
8	厦门电视台海峡频道	3.5
8	中央台三套	3.5
10	中央台五套	3.1

表 3.60.5　2016 年厦门市场各主要频道的观众构成(%)

目标观众		所有频道	主要频道				
			厦门电视台综合频道	厦门电视台影视频道	中央台六套	厦门电视台生活频道	中央台四套
4 岁及以上所有人		100.0	100.0	100.0	100.0	100.0	100.0
性别	男性	52.4	52.7	46.5	59.5	46.4	66.5
	女性	47.6	47.3	53.5	40.5	53.6	33.5
年龄	4~14 岁	7.3	4.6	3.5	3.7	3.9	1.7
	15~24 岁	11.3	11.4	10.7	14.1	15.9	4.5
	25~34 岁	15.6	13.1	15.3	19.3	13.4	7.9
	35~44 岁	15.2	9.9	14.5	18.7	13.7	15.9
	45~54 岁	24.3	21.0	27.9	27.2	22.5	29.2
	55~64 岁	15.2	24.5	18.6	10.6	16.1	15.6
	65 岁及以上	11.3	15.4	9.4	6.4	14.5	25.2
教育程度	未受正规教育	10.2	7.9	12.4	11.8	15.0	3.6
	小学	26.0	25.1	32.2	25.4	30.5	41.3
	初中	26.8	29.8	20.3	26.2	25.7	20.8
	高中	23.6	26.2	23.4	20.2	19.0	21.2
	大学及以上	13.4	10.9	11.7	16.5	9.8	13.1
职业类别	干部/管理人员	1.8	1.1	1.7	1.0	0.5	2.5
	个体/私营企业人员	13.7	10.4	11.5	16.3	12.3	21.3
	初级公务员/雇员	15.6	21.5	19.0	21.1	11.0	12.1
	工人	18.1	15.9	18.6	19.6	24.0	13.4
	学生	6.2	1.9	1.9	3.9	4.4	2.8
	无业	35.0	39.6	34.2	29.4	36.9	40.4
	其他	9.5	9.6	13.0	8.8	10.8	7.4
个人月收入	0~600 元	21.6	15.1	16.2	23.1	19.5	9.6
	601~1200 元	3.6	3.5	6.9	3.2	1.8	3.2
	1201~1700 元	4.3	2.8	7.1	1.5	10.7	3.0
	1701~2600 元	13.3	13.6	17.3	11.2	19.5	11.8
	2601~3500 元	22.9	29.3	22.8	23.6	20.0	29.7
	3501~5000 元	18.5	16.2	13.7	18.0	18.7	15.5
	5001 元及以上	15.8	19.4	16.1	19.3	9.8	27.2

表 3.60.6　2014~2016 年厦门市场各类节目的播出份额(%)和收视份额(%)

节目类别	2014		2015		2016	
	播出份额	收视份额	播出份额	收视份额	播出份额	收视份额
财经	1.9	0.9	1.8	1.3	1.5	0.9
电视剧	20.5	33.6	20.1	33.4	20.8	33.2
电影	4.0	5.5	4.0	7.2	4.5	7.0
法制	0.9	0.7	0.8	0.5	0.8	0.5
教学	0.2	0.0	0.3	0.0	0.2	0.0
青少	6.9	7.6	6.4	6.6	6.6	6.3
生活服务	11.4	6.3	9.9	5.7	9.2	5.9
体育	3.1	2.9	3.3	2.7	3.4	3.2
外语	0.0	0.0	0.0	0.0	0.0	0.0
戏剧	0.7	0.9	0.8	1.7	0.9	1.2
新闻/时事	14.7	13.9	15.1	13.6	15.0	14.3
音乐	2.3	1.0	2.3	1.2	1.8	1.1
专题	11.7	5.5	13.2	6.2	13.5	5.3
综艺	8.4	9.7	8.6	9.3	8.9	10.1
其他	13.3	11.5	13.4	10.6	13.0	11.0

表 3.60.7 2016 年厦门市场所有节目收视率排名前三十位

名次	节目名称	节目类型	播出频道	平均收视率（%）	平均占有率（%）
1	2016 中央电视台春节联欢晚会	综艺	中央电视台综合频道	7.0	19.3
2	奥林匹克在里约:2016 年第 31 届奥运会乒乓球男单半决赛	体育	中央台五套	6.7	30.5
3	奥林匹克在里约:2016 年第 31 届奥运会羽毛球男单决赛	体育	中央台五套	6.4	27.9
4	布袋和尚新传(12 月 31 日 第 1 集)	电视剧	厦门电视台生活频道	6.1	24.7
5	包青天之开封奇案	电视剧	厦门电视台生活频道	5.9	28.1
6	奥林匹克在里约 颁奖仪式	体育	中央台五套	5.8	36.0
7	黎明破晓前	电视剧	厦门电视台综合频道	5.6	21.6
8	2016 一年又一年	新闻	中央电视台综合频道	5.6	16.3
9	烽火英雄	电视剧	厦门电视台综合频道	5.4	19.9
10	奥林匹克在里约:2016 年第 31 届奥运会体操男子团体决赛	体育	中央台五套	5.1	19.4
11	包青天之碧血丹心	电视剧	厦门电视台生活频道	5.0	23.2
12	东风破	电视剧	厦门电视台综合频道	4.9	21.8
13	菜刀班尖刀连	电视剧	厦门电视台综合频道	4.9	18.4
14	血战大西南	电视剧	厦门电视台综合频道	4.8	18.6
15	蜂鸟	电视剧	厦门电视台综合频道	4.7	19.7
16	妈妈无罪	电视剧	厦门电视台影视频道	4.4	21.7
17	奥林匹克在里约:2016 年第 31 届奥运会射击女子 10 米气手枪决赛	体育	中央台五套	4.4	20.6
18	手枪队	电视剧	厦门电视台综合频道	4.4	18.4
19	奥林匹克在里约:2016 年第 31 届奥运会田径女子 3000 米障碍第一轮	体育	中央台五套	4.4	14.1
20	奥林匹克在里约:2016 年第 31 届奥运会女子双人 3 米跳板决赛	体育	中央台五套	4.3	18.2
21	不能忘却的使命	电视剧	厦门电视台综合频道	4.2	19.3
22	回家的欲望	电视剧	厦门电视台综合频道	4.2	18.8
23	终极勇士	电视剧	厦门电视台综合频道	4.2	18.1
24	忠者无敌	电视剧	厦门电视台综合频道	4.2	16.8
25	山河同在	电视剧	厦门电视台综合频道	4.2	16.3
26	奥林匹克在里约:2016 年第 31 届奥运会女子单人艇决赛	体育	中央台五套	4.2	13.8
27	奥林匹克在里约:2016 年第 31 届奥运会场地自行车女子团体竞速赛	体育	中央台五套	4.1	14.1
28	奥林匹克在里约:2016 年第 31 届奥运会游泳女子 200 米蛙泳决赛	体育	中央台五套	4.0	16.3
29	奥林匹克在里约:2016 年第 31 届奥运会女排小组赛第二轮(中国 VS 意大利)	体育	中央台五套	3.9	13.6
30	密使二之江都谍影	电视剧	厦门电视台综合频道	3.8	16.0

表 3.60.8　2016 年厦门市场电视剧收视率排名前十位

名次	节目名称	播出频道	平均收视率（%）	平均占有率（%）
1	布袋和尚新传(12 月 31 日 第 1 集)	厦门电视台生活频道	6.1	24.7
2	包青天之开封奇案	厦门电视台生活频道	5.9	28.1
3	黎明破晓前	厦门电视台综合频道	5.6	21.6
4	烽火英雄	厦门电视台综合频道	5.4	19.9
5	包青天之碧血丹心	厦门电视台生活频道	5.0	23.2
6	东风破	厦门电视台综合频道	4.9	21.8
7	菜刀班尖刀连	厦门电视台综合频道	4.9	18.4
8	血战大西南	厦门电视台生活频道	4.8	18.6
9	蜂鸟	厦门电视台综合频道	4.7	19.7
10	妈妈无罪	厦门电视台影视频道	4.4	33.6

表 3.60.9　2016 年厦门市场新闻节目收视率排名前十位

名次	节目名称	播出频道	平均收视率（%）	平均占有率（%）
1	2016 一年又一年	中央电视台综合频道	5.6	16.3
2	特区新闻广场	厦门电视台海峡频道	3.4	13.7
3	厦视直播室	厦门电视台海峡频道	2.6	10.4
4	直击鲇鱼台风特别节目	厦门电视台综合频道	2.5	16.2
5	直击尼伯特防抗台风特别报道	厦门电视台海峡频道	2.4	11.1
6	奋战莫兰蒂防抗台风特别报道	厦门电视台海峡频道	1.9	11.2
7	转播中央台新闻联播	厦门电视台综合频道	1.6	7.9
8	厦视新闻	厦门电视台综合频道	1.5	8.9
9	G20 2016CHINA 二十国集团领导人杭州峰会特别报道	中央台四套	1.5	6.7
10	海峡两岸	中央台四套	1.4	5.7

表 3.60.10　2016 年厦门市场专题节目收视率排名前十位

名次	节目名称	播出频道	平均收视率（%）	平均占有率（%）
1	扬帆但信风实施美丽厦门战略规划纪实	厦门电视台综合频道	3.8	13.7
2	使命与辉煌厦门经济特区建设 35 周年	厦门电视台综合频道	2.9	13.3
3	闽南话听讲大会(10 月 2 日)	厦门电视台综合频道	2.8	15.1
4	开创中国特色大国外交新局面习近平主席 2015 年出访实录	中央电视台综合频道	2.7	9.4
5	315 共筑消费新生态	中央台二套	2.2	8.8
6	筑梦路上 1921 ~ 2016	中央电视台综合频道	2.1	8.7
7	人文厦门	厦门电视台影视频道	1.9	9.1
8	守望相助大爱暖城厦门抗击莫兰蒂台风重建家园特别节目	厦门电视台综合频道	1.8	8.5
9	中国成语大会 2015 年度总决赛	中央电视台综合频道	1.7	6.3
10	胜利大阅兵	中央台六套	1.4	9.4

表 3.60.11 2016 年厦门市场综艺节目收视率排名前十位

名次	节目名称	播出频道	平均收视率(%)	平均占有率(%)
1	2016 中央电视台春节联欢晚会	中央电视台综合频道	7.0	19.3
2	中国梦祖国颂 2016 中央电视台国庆特别节目	中央电视台综合频道	2.8	13.7
3	霍建华刘诗诗和他们的朋友们东方卫视女医明妃传开播特别节目	上海东方卫视	2.5	10.5
4	奔跑吧兄弟(4 月 15 日 ~7 月 1 日)	浙江卫视	2.4	11.2
5	奔跑吧兄弟(1 月 1 日 ~1 月 15 日)	浙江卫视	2.1	10.0
6	2016 中央电视台元宵晚会	中央台三套	1.9	7.2
7	长大成人	北京卫视	1.7	7.8
8	G20 2016CHINA 二十国集团领导人第十一次峰会文艺晚会最忆是杭州	中央电视台综合频道	1.7	7.6
9	2017 厦门职工春晚节目海选总决赛	厦门电视台生活频道	1.7	6.9
10	两岸共庆焰火传情 2016 年海峡春节焰火晚会	厦门电视台综合频道	1.6	6.5

表 3.60.12 2016 年厦门市场体育节目收视率排名前十位

名次	节目名称	播出频道	平均收视率(%)	平均占有率(%)
1	奥林匹克在里约:2016 年第 31 届奥运会乒乓球男单半决赛	中央台五套	6.7	30.5
2	奥林匹克在里约:2016 年第 31 届奥运会羽毛球男单决赛	中央台五套	6.4	27.9
3	奥林匹克在里约 颁奖仪式	中央台五套	5.8	36.0
4	奥林匹克在里约:2016 年第 31 届奥运会体操男子团体决赛	中央台五套	5.1	19.4
5	奥林匹克在里约:2016 年第 31 届奥运会射击女子 10 米气手枪决赛	中央台五套	4.4	20.6
6	奥林匹克在里约:2016 年第 31 届奥运会田径女子 3000 米障碍第一轮	中央台五套	4.4	14.1
7	奥林匹克在里约:2016 年第 31 届奥运会女子双人 3 米跳板决赛	中央台五套	4.3	18.2
8	奥林匹克在里约:2016 年第 31 届奥运会女子单人艇决赛	中央台五套	4.2	13.8
9	奥林匹克在里约:2016 年第 31 届奥运会场地自行车女子团体竞速赛	中央台五套	4.1	14.1
10	奥林匹克在里约:2016 年第 31 届奥运会游泳女子 200 米蛙泳决赛	中央台五套	4.0	16.3

六十一、银川收视数据

表 3.61.1　2012～2016 年银川市场各类频道的市场占有率(%)

频道类别	年份				
	2012 年	2013 年	2014 年	2015 年	2016 年
中央台频道	53.1	52.9	46.0	44.3	44.7
中国教育台频道	0.9	0.6	0.2	0.1	0.1
宁夏自治区级频道	4.5	4.2	6.1	7.2	8.5
银川市级频道	4.8	4.4	5.1	6.6	6.5
其他省级卫视频道	33.8	34.6	34.2	32.2	26.3
其他频道	2.8	3.4	8.4	9.6	14.0

表 3.61.2　2016 年银川市场各类频道在不同目标观众中的市场占有率(%)

目标观众		中央台频道	中国教育台频道	宁夏回族自治区级频道	银川市级频道	其他省级卫视频道	其他频道
4 岁及以上所有人		44.7	0.1	8.5	6.5	26.3	14.0
性别	男	47.0	0.1	8.5	6.5	23.9	14.1
	女	42.3	0.1	8.5	6.4	28.8	13.8
年龄	4～14 岁	34.0	0.0	4.8	3.0	40.8	17.4
	15～24 岁	39.8	0.1	6.8	3.8	31.8	17.8
	25～34 岁	37.1	0.1	6.3	3.2	30.8	22.6
	35～44 岁	41.8	0.1	7.6	4.2	28.8	17.6
	45～54 岁	49.6	0.1	9.8	7.7	21.5	11.4
	55～64 岁	47.4	0.0	13.2	10.8	20.7	7.9
	65 岁及以上	55.8	0.0	9.0	10.5	17.9	6.8
教育程度	未受过正规教育	41.1	0.0	11.6	8.3	28.3	10.8
	小学	44.6	0.0	9.5	6.9	29.5	9.6
	初中	44.6	0.1	9.4	6.2	26.0	13.8
	高中	43.5	0.1	7.3	6.9	25.6	16.6
	大学及以上	47.8	0.1	7.5	5.5	24.7	14.6
职业类别	干部/管理人员	43.1	0.1	8.4	3.2	26.0	19.3
	个体/私营企业人员	44.1	0.0	8.5	5.7	27.2	14.4
	初级公务员/雇员	45.2	0.1	6.4	5.1	24.8	18.5
	工人	45.7	0.1	9.1	5.6	25.7	13.8
	学生	35.7	0.1	5.9	3.7	37.7	16.9
	无业	48.0	0.0	10.3	9.2	22.4	9.9
	其他	40.9	0.1	4.6	2.8	36.3	15.3
个人月收入	0～600 元	37.7	0.1	8.8	5.4	32.9	15.1
	601～1200 元	44.9	0.0	19.8	9.5	20.1	5.7
	1201～1700 元	52.3	0.1	8.1	7.9	18.2	13.5
	1701～2600 元	47.9	0.1	8.4	6.3	25.6	11.8
	2601～3500 元	46.3	0.1	8.4	8.5	21.9	14.9
	3501～5000 元	46.8	0.1	5.8	4.6	26.1	16.7
	5001 元及以上	46.1	0.0	7.1	7.7	23.2	15.8

表 3.61.3　2016 年银川市场各类频道在不同时段的市场占有率(%)

时间段	中央台频道	中国教育台频道	宁夏回族自治区级频道	银川市级频道	其他省级卫视频道	其他频道
02:00~03:00	28.6	0.1	11.8	0.7	23.5	35.3
03:00~04:00	30.1	0.0	7.2	0.0	24.3	38.4
04:00~05:00	36.4	0.0	4.3	0.0	22.0	37.3
05:00~06:00	58.7	0.0	1.7	0.0	19.6	20.0
06:00~07:00	72.4	0.0	1.8	0.2	17.2	8.4
07:00~08:00	63.8	0.0	8.7	4.0	14.9	8.6
08:00~09:00	56.6	0.1	7.0	4.6	20.4	11.2
09:00~10:00	48.2	0.1	6.9	4.3	27.1	13.5
10:00~11:00	45.3	0.1	6.3	4.1	30.1	14.1
11:00~12:00	49.6	0.1	5.0	3.2	28.3	13.9
12:00~13:00	53.3	0.0	6.0	3.5	24.4	12.8
13:00~14:00	42.9	0.1	5.9	1.8	32.7	16.6
14:00~15:00	39.2	0.1	5.7	2.3	34.7	18.1
15:00~16:00	38.1	0.1	6.6	2.2	35.3	17.7
16:00~17:00	39.7	0.1	6.1	3.1	35.2	15.8
17:00~18:00	44.3	0.1	9.0	3.2	29.7	13.6
18:00~19:00	50.2	0.0	13.8	11.2	13.0	11.8
19:00~20:00	56.3	0.0	10.6	6.7	14.8	11.6
20:00~21:00	42.3	0.0	9.3	8.3	28.4	11.7
21:00~22:00	42.7	0.0	7.6	9.1	28.3	12.2
22:00~23:00	35.6	0.0	8.7	11.5	29.2	15.0
23:00~24:00	32.6	0.1	11.6	8.7	29.1	18.0
24:00~25:00	30.6	0.0	13.0	5.2	27.4	23.7
25:00~26:00	28.8	0.1	14.7	3.2	23.2	30.1

表 3.61.4　2016 年银川市场收视份额排名前十位的频道

名次	频道名称	收视份额(%)
1	中央电视台综合频道	6.2
1	中央台八套	6.2
3	中央台六套	5.6
4	湖南卫视	4.4
4	中央台三套	4.4
6	中央电视台新闻频道	3.7
7	中央台四套	3.6
8	浙江卫视	3.1
8	中央台五套	3.1
10	银川电视台~3(文体影视频道)	2.7

表 3.61.5 2016 年银川市场各主要频道的观众构成(%)

目标观众		所有频道	主要频道				
			中央电视台综合频道	中央台八套	中央台六套	湖南卫视	中央台三套
4 岁及以上所有人		100.0	100.0	100.0	100.0	100.0	100.0
性别	男	51.8	52.8	48.2	56.4	42.2	50.4
	女	48.2	47.2	51.8	43.6	57.8	49.6
年龄	4~14 岁	9.9	5.5	4.3	9.1	19.7	7.0
	15~24 岁	10.7	7.9	8.7	15.0	19.2	8.8
	25~34 岁	12.8	8.2	11.9	15.4	15.2	10.5
	35~44 岁	16.5	13.0	14.4	22.6	19.6	14.6
	45~54 岁	21.8	21.9	27.9	24.2	19.0	27.2
	55~64 岁	13.3	15.8	14.2	5.4	4.7	15.9
	65 岁及以上	15.0	27.7	18.7	8.4	2.6	16.1
教育程度	未受过正规教育	6.0	6.4	5.8	3.0	3.2	4.0
	小学	15.4	15.8	12.6	14.1	19.0	18.6
	初中	28.5	28.7	32.0	31.0	31.0	29.6
	高中	28.9	30.5	24.7	29.1	29.2	26.3
	大学及以上	21.2	18.6	24.9	22.8	17.7	21.6
职业类别	干部/管理人员	1.9	0.6	2.2	2.3	2.1	1.2
	个体/私营企业人员	12.9	12.1	17.4	13.5	12.1	17.4
	初级公务员/雇员	17.1	15.2	17.1	20.4	16.5	16.6
	工人	18.5	15.1	19.8	25.6	21.1	18.7
	学生	13.8	9.7	8.6	16.1	29.1	9.3
	无业	35.2	46.8	34.5	21.5	18.2	36.4
	其他	0.6	0.4	0.4	0.6	0.9	0.4
个人月收入	0~600 元	28.5	24.0	17.9	28.8	44.2	21.7
	601~1200 元	3.4	3.1	4.1	3.0	1.7	4.7
	1201~1700 元	7.1	8.1	11.5	6.4	3.2	8.1
	1701~2600 元	27.1	31.2	29.2	24.9	21.0	32.3
	2601~3500 元	17.1	18.1	18.8	17.3	10.3	18.7
	3501~5000 元	11.8	11.8	12.7	13.1	12.1	10.6
	5001 元及以上	5.1	3.7	5.8	6.5	7.5	3.8

表 3.61.6 2014~2016 年银川市场各类节目的播出份额(%)和收视份额(%)

节目类别	2014 年		2015 年		2016 年	
	播出份额	收视份额	播出份额	收视份额	播出份额	收视份额
财经	1.8	0.6	1.8	0.9	1.5	0.8
电视剧	20.8	31.2	20.9	31.1	21.3	29.1
电影	5.0	9.0	4.9	9.1	5.3	9.9
法制	1.4	1.8	1.1	1.7	1.0	1.7
教学	0.3	0.0	0.3	0.1	0.3	0.0
青少	7.3	5.4	6.8	5.2	6.5	3.9
生活服务	9.2	6.2	8.8	6.1	8.3	6.0
体育	2.8	2.1	2.9	2.4	2.8	3.4
外语	0.0	0.0	0.0	0.0	0.0	0.0
戏剧	0.7	0.2	0.8	0.2	0.8	0.5
新闻/时事	14.6	12.6	14.9	12.2	15.1	13.2
音乐	2.5	0.7	2.5	1.0	1.9	0.9
专题	12.1	6.9	13.0	6.6	13.7	6.3
综艺	8.6	12.8	8.6	13.3	8.6	13.8
其他	13.0	10.3	12.6	10.1	12.9	10.4

表 3.61.7　2016 年银川市场所有节目收视率排名前三十位

名次	节目名称	节目类型	播出频道	平均收视率(%)	平均占有率(%)
1	奥林匹克在里约:2016 年第 31 届奥运会羽毛球男单决赛	体育	中央台五套	11.0	30.5
2	奥林匹克在里约 颁奖仪式	体育	中央台五套	9.8	32.5
3	2016 中央电视台元宵晚会	综艺	中央电视台综合频道	8.5	21.8
4	2016 中央电视台春节联欢晚会	综艺	中央电视台综合频道	8.2	22.7
5	芈月传	电视剧	上海东方卫视	7.6	19.5
6	奥林匹克在里约:2016 年第 31 届奥运会女排小组赛第二轮(中国 VS 意大利)	体育	中央台五套	7.4	27.7
7	2016 一年又一年	新闻/时事	中央电视台综合频道	7.4	25.7
8	奥林匹克在里约:2016 年第 31 届奥运会乒乓球男单半决赛	体育	中央台五套	6.7	28.4
9	奥林匹克在里约:2016 年第 31 届奥运会男子举重 56 公斤级决赛	体育	中央台五套	6.4	26.2
10	奥林匹克在里约:2016 年第 31 届奥运会射击女子 10 米气手枪决赛	体育	中央台五套	6.2	27.2
11	九九	电视剧	中央台八套	5.5	17.3
12	CCTV 网络春晚	综艺	中央台三套	5.4	13.0
13	奥林匹克在里约:2016 年第 31 届奥运会体操女子团体决赛	体育	中央台五套	5.3	20.5
14	我是歌手第一场补位淘汰赛	综艺	湖南卫视	5.2	14.5
15	芈月传	电视剧	北京卫视	5.0	12.9
16	澳门风云二(2 月 6 日)	电影	中央台六套	5.0	12.0
17	天气预报	生活服务	中央电视台综合频道	4.9	17.9
18	奥林匹克在里约:2016 年第 31 届奥运会田径女子 3000 米障碍第一轮	体育	中央台五套	4.9	15.1
19	奥林匹克在里约:2016 年第 31 届奥运会女子单人艇决赛	体育	中央台五套	4.8	15.9
20	一个人的武林(1 月 21 日)	电影	中央台六套	4.7	11.0
21	天气预报	生活服务	中央电视台新闻频道	4.6	16.8
22	奥林匹克在里约:2016 年第 31 届奥运会女子双人 3 米跳板决赛	体育	中央台五套	4.5	19.8
23	2016 中央电视台中秋晚会	综艺	中央电视台综合频道	4.5	16.0
24	锦衣卫	电影	中央台六套	4.5	15.2
25	九层妖塔(2 月 26 日)	电影	中央台六套	4.4	16.9
26	活法	电视剧	中央台八套	4.4	14.1
27	豆娘	电视剧	中央台八套	4.4	13.9
28	一路惊喜	电影	中央台六套	4.4	11.9
29	超萌英雄	电影	中央台六套	4.4	10.6
30	还是夫妻	电视剧	中央电视台综合频道	4.3	12.4

表 3.61.8　2016 年银川市场电视剧收视率排名前十位

名次	节目名称	播出频道	平均收视率(%)	平均占有率(%)
1	芈月传	上海东方卫视	7.6	19.5
2	九九	中央台八套	5.5	17.3
3	芈月传	北京卫视	5.0	12.9
4	活法	中央台八套	4.4	14.1
5	豆娘	中央台八套	4.4	13.9
6	还是夫妻	中央电视台综合频道	4.3	12.4
7	麻辣芳邻	中央台八套	3.9	14.0
8	宜昌保卫战	中央台八套	3.7	13.4
9	真心想让你幸福	中央台八套	3.5	11.1
10	亲爱的翻译官	湖南卫视	3.4	13.2

表 3.61.9　2016 年银川市场新闻节目收视率排名前十位

名次	节目名称	播出频道	平均收视率(%)	平均占有率(%)
1	2016 一年又一年	中央电视台综合频道	7.4	25.7
2	新闻联播	中央电视台综合频道	3.3	13.6
3	李克强总理会见中外记者并回答提问	中央电视台综合频道	3.1	9.3
4	深度国际	中央台四套	2.0	7.3
5	今日关注	中央台四套	2.0	6.6
6	G20 2016CHINA 二十国集团领导人杭州峰会特别报道	中央台三套	2.0	6.4
7	焦点访谈	中央电视台综合频道	1.7	6.0
8	直播银川	银川电视台公共频道	1.5	7.9
9	李克强总理会见中外记者并回答提问	中央电视台新闻频道	1.4	4.2
10	宁夏新闻联播	宁夏电视台公共频道	1.2	4.4

表 3.61.10　2016 年银川市场专题节目收视率排名前十位

名次	节目名称	播出频道	平均收视率(%)	平均占有率(%)
1	中国诗词大会(4 月 1 日)	中央电视台综合频道	3.9	11.8
2	等着我	中央电视台综合频道	3.6	11.8
3	感动中国 2015 年度人物颁奖盛典	中央电视台综合频道	3.1	7.6
4	中国成语大会 2015 年度总决赛	中央电视台综合频道	3.1	7.4
5	中菲南海争议	中央台四套	2.6	10.7
6	治国理政新征程系列特别报道	中央电视台综合频道	2.4	7.3
7	开创中国特色大国外交新局面习近平主席 2015 年出访实录	中央电视台新闻频道	2.1	8.4
8	315 共筑消费新生态	中央台二套	2.0	6.8
9	寻找最美医生大型公益活动颁奖典礼	中央电视台综合频道	2.0	6.0
10	开创中国特色大国外交新局面习近平主席 2015 年出访实录	中央电视台综合频道	1.8	5.2

表 3.61.11　2016 年银川市场综艺节目收视率排名前十位

名次	节目名称	播出频道	平均收视率(%)	平均占有率(%)
1	2016 中央电视台元宵晚会	中央电视台综合频道	8.5	21.8
2	2016 中央电视台春节联欢晚会	中央电视台综合频道	8.2	22.7
3	CCTV 网络春晚	中央台三套	5.4	13.0
4	我是歌手第一场补位淘汰赛	湖南卫视	5.2	14.5
5	2016 中央电视台中秋晚会	中央电视台综合频道	4.5	16.0
6	2016 东西南北贺新春	中央台三套	3.8	9.4
7	亲爱的翻译官精典特辑	湖南卫视	3.6	13.9
8	歌王之战(4 月 8 日)	湖南卫视	3.6	11.5
9	搭错车剧组见面会(1 月 29 日)	山东卫视	3.5	9.2
10	中国梦劳动美 2016 年五一国际劳动节心连心演出特别节目	中央电视台综合频道	3.1	9.1

表 3.61.12　2016 年银川市场体育节目收视率排名前十位

名次	节目名称	播出频道	平均收视率(%)	平均占有率(%)
1	奥林匹克在里约:2016 年第 31 届奥运会羽毛球男单决赛	中央台五套	11.0	30.5
2	奥林匹克在里约 颁奖仪式	中央台五套	9.8	32.5
3	奥林匹克在里约:2016 年第 31 届奥运会女排小组赛第二轮(中国 VS 意大利)	中央台五套	7.4	27.7
4	奥林匹克在里约:2016 年第 31 届奥运会乒乓球男单半决赛	中央台五套	6.7	28.4
5	奥林匹克在里约:2016 年第 31 届奥运会男子举重 56 公斤级决赛	中央台五套	6.4	26.2
6	奥林匹克在里约:2016 年第 31 届奥运会射击女子 10 米气手枪决赛	中央台五套	6.2	27.2
7	奥林匹克在里约:2016 年第 31 届奥运会体操女子团体决赛	中央台五套	5.3	20.5
8	奥林匹克在里约:2016 年第 31 届奥运会田径女子 3000 米障碍第一轮	中央台五套	4.9	15.1
9	奥林匹克在里约:2016 年第 31 届奥运会女子单人艇决赛	中央台五套	4.8	15.9
10	奥林匹克在里约:2016 年第 31 届奥运会女子双人 3 米跳板决赛	中央台五套	4.5	19.8

六十二、郑州收视数据

表 3.62.1　2012～2016 年郑州市场各类频道的市场占有率(%)

频道类别	年份				
	2012 年	2013 年	2014 年	2015 年	2016 年
中央电视台频道	26.6	27.8	30.8	26.1	28.4
中国教育台频道	0.0	0.1	0.3	0.3	0.4
河南省级频道	28.3	24.8	20.7	25.1	24.0
郑州市级频道	8.1	7.7	7.2	8.3	6.2
其他省级卫视频道	35.9	35.7	34.2	32.5	28.2
其他频道	1.1	3.9	6.8	7.7	12.8

表 3.62.2　2016 年郑州市场各类频道在各目标观众中的市场占有率(%)

目标观众		中央电视台频道	中国教育台频道	河南省级频道	郑州市级频道	其他省级卫视频道	其他频道
4 岁及以上所有人		28.4	0.4	24.0	6.2	28.2	12.8
性别	男	30.9	0.6	23.9	6.5	25.4	12.7
	女	25.9	0.2	24.1	5.9	31.0	12.9
年龄	4～14 岁	24.9	0.3	15.8	4.4	39.4	15.2
	15～24 岁	23.4	0.6	24.4	6.2	33.5	11.9
	25～34 岁	21.2	0.2	21.3	5.4	37.3	14.6
	35～44 岁	26.6	0.3	23.6	5.1	28.1	16.3
	45～54 岁	28.8	0.8	28.6	6.5	25.2	10.1
	55～64 岁	31.9	0.2	23.8	7.3	24.2	12.6
	65 岁及以上	41.8	0.2	25.7	7.8	13.3	11.2
教育程度	未受过正规教育	24.8	0.2	24.0	5.1	30.6	15.3
	小学	28.4	0.3	23.8	7.1	28.9	11.5
	初中	25.2	0.3	29.6	6.8	26.4	11.7
	高中	30.7	0.7	22.6	6.7	27.6	11.7
	大学及以上	28.8	0.2	20.7	4.9	29.9	15.5
职业类别	干部/管理人员	32.8	0.1	24.1	4.2	22.8	16.0
	个体/私营企业人员	27.2	0.4	21.9	5.6	32.5	12.4
	初级公务员/雇员	29.2	0.2	23.9	4.9	27.5	14.3
	工人	25.0	0.6	28.5	6.9	30.4	8.6
	学生	24.9	0.3	18.7	4.7	36.3	15.1
	无业	30.1	0.5	23.9	7.2	25.4	12.9
	其他	20.4	0.3	35.5	5.5	30.4	7.9
个人月收入	0～600 元	22.9	0.6	23.0	6.1	33.9	13.5
	601～1200 元	19.7	0.5	26.9	7.4	34.3	11.2
	1201～1700 元	30.6	0.2	31.0	6.1	22.2	9.9
	1701～2600 元	30.4	0.2	27.3	7.6	24.0	10.5
	2601～3500 元	32.5	0.5	22.0	5.1	26.7	13.2
	3501～5000 元	32.4	0.2	24.3	5.5	24.6	13.0
	5001 元及以上	30.4	0.4	15.2	4.2	29.1	20.7

表 3.62.3 2016 年郑州市场各类频道在各时段的市场占有率(%)

时间段	中央电视台频道	中国教育台频道	河南省级频道	郑州市级频道	其他省级卫视频道	其他频道
02:00~03:00	16.0	0.2	24.5	11.2	15.7	32.4
03:00~04:00	13.8	0.3	26.1	10.3	12.9	36.6
04:00~05:00	14.9	0.2	26.4	9.0	13.4	36.1
05:00~06:00	27.2	0.2	26.3	4.0	13.5	28.8
06:00~07:00	48.2	0.3	17.9	3.1	14.1	16.4
07:00~08:00	51.0	2.1	16.5	4.9	13.6	11.9
08:00~09:00	38.5	1.6	19.2	5.3	21.3	14.1
09:00~10:00	33.3	1.4	14.8	6.2	28.9	15.4
10:00~11:00	32.9	1.3	13.4	4.5	31.8	16.1
11:00~12:00	38.3	0.5	14.7	2.9	29.2	14.4
12:00~13:00	40.2	0.2	19.6	3.6	24.8	11.6
13:00~14:00	29.3	0.4	22.0	5.8	28.3	14.2
14:00~15:00	25.2	0.5	18.9	5.2	33.4	16.8
15:00~16:00	26.0	0.8	14.1	5.4	35.7	18.0
16:00~17:00	25.7	0.8	16.2	4.7	34.7	17.9
17:00~18:00	28.8	0.3	19.5	6.0	29.7	15.7
18:00~19:00	32.1	0.1	29.7	11.8	14.6	11.7
19:00~20:00	29.2	0.2	33.1	7.7	20.9	8.9
20:00~21:00	23.2	0.2	28.0	5.7	33.5	9.4
21:00~22:00	24.6	0.2	26.6	6.3	31.9	10.4
22:00~23:00	20.2	0.3	27.9	6.2	34.0	11.4
23:00~24:00	23.1	0.3	26.0	5.0	31.8	13.8
24:00~25:00	23.5	0.2	22.6	9.6	24.3	19.8
25:00~26:00	20.2	0.4	24.4	11.3	18.9	24.8

表 3.62.4 2016 年郑州市场收视份额排名前十位的频道

名次	频道名称	收视份额(%)
1	河南电视台都市频道(二套)	5.2
2	中央电视台综合频道	4.9
3	河南电视台电视剧频道(五套)	4.6
4	河南电视台卫星频道(一套)	4.2
5	中央台四套	3.9
6	河南电视台公共频道(八套)	3.4
7	浙江卫视	3.0
8	上海东方卫视	2.9
9	郑州一套	2.7
10	中央台六套	2.6

表 3.62.5　2016 年郑州市场各主要频道的观众构成(%)

目标观众		所有频道	主要频道				
			河南电视台都市频道(二套)	中央电视台综合频道	河南电视台电视剧频道(五套)	河南电视台卫星频道(一套)	中央台四套
4 岁及以上所有人		100.0	100.0	100.0	100.0	100.0	100.0
性别	男	49.5	48.3	50.7	55.8	49.8	61.1
	女	50.5	51.7	49.3	44.2	50.2	38.9
年龄	4~14 岁	8.4	8.4	7.8	3.2	7.2	4.3
	15~24 岁	10.6	11.8	10.3	11.7	7.1	6.2
	25~34 岁	19.9	20.8	12.0	13.4	15.5	6.7
	35~44 岁	12.2	11.4	11.3	9.9	13.4	6.8
	45~54 岁	21.6	28.5	21.7	28.1	16.6	25.0
	55~64 岁	13.2	9.6	13.5	20.2	7.6	20.2
	65 岁及以上	14.2	9.6	23.4	13.5	32.6	30.9
教育程度	未受过正规教育	5.2	4.7	4.9	2.7	7.8	1.8
	小学	10.4	12.5	11.9	7.6	16.3	7.0
	初中	24.5	31.2	20.1	34.8	28.8	20.9
	高中	34.4	28.1	30.8	34.2	28.1	51.3
	大学及以上	25.5	23.5	32.3	20.8	19.0	19.0
职业类别	干部/管理人员	4.2	5.4	5.6	3.3	2.7	1.9
	个体/私营企业人员	9.1	11.0	7.6	7.5	6.6	9.9
	初级公务员/雇员	19.4	20.6	20.8	18.7	14.4	16.1
	工人	13.6	19.8	11.6	15.1	16.5	9.3
	学生	9.8	9.9	9.3	8.1	7.5	6.1
	无业	42.2	31.3	44.3	45.8	50.5	56.3
	其他	1.8	1.9	0.7	1.6	1.8	0.4
个人月收入	0~600 元	32.2	29.3	26.3	27.7	33.4	16.2
	601~1200 元	2.1	2.3	2.6	2.3	1.5	1.4
	1201~1700 元	4.1	5.6	4.8	3.1	8.2	4.4
	1701~2600 元	26.8	33.9	27.5	33.1	24.0	35.1
	2601~3500 元	17.9	14.4	21.2	18.8	14.3	21.7
	3501~5000 元	11.2	9.2	11.4	12.1	15.1	17.2
	5001 元及以上	5.6	5.3	6.3	2.8	3.5	4.0

表 3.62.6　2014~2016 年郑州市场各类节目的播出份额(%)和收视份额(%)

节目类别	2014 年		2015 年		2016 年	
	播出份额	收视份额	播出份额	收视份额	播出份额	收视份额
财经	1.6	0.6	1.4	0.8	1.2	0.7
电视剧	21.0	34.4	25.3	33.4	27.2	30.6
电影	4.4	4.1	4.1	4.8	4.0	4.3
法制	1.2	1.3	1.1	1.6	1.0	1.3
教学	0.2	0.0	0.2	0.1	0.2	0.1
青少	6.4	4.7	5.5	4.6	5.8	4.5
生活服务	10.8	8.1	10.8	7.4	8.4	7.1
体育	2.8	1.9	2.8	1.8	3.0	2.6
外语	0.0	0.0	0.0	0.0	0.0	0.0
戏剧	0.7	0.6	0.8	0.7	1.0	0.8
新闻/时事	14.2	12.3	10.1	11.5	10.2	12.8
音乐	2.3	0.6	2.4	0.7	1.6	0.7
专题	11.9	6.5	13.0	8.5	13.9	9.1
综艺	9.5	12.0	7.6	12.2	7.4	13.5
其他	13.0	12.9	14.9	11.9	15.1	11.9

表 3.62.7　2016 年郑州市场所有节目收视率排名前三十位

名次	节目名称	节目类别	播出频道	平均收视率（%）	平均占有率（%）
1	2016 中央电视台春节联欢晚会	综艺	中央电视台综合频道	7.1	16.5
2	2016 中央电视台元宵晚会	综艺	中央电视台综合频道	5.8	16.1
3	奥林匹克在里约:2016 年第 31 届奥运会羽毛球男单半决赛	体育	中央台五套	5.3	16.2
4	奔跑吧兄弟(4 月 15 日 ~7 月 1 日)	综艺	浙江卫视	4.2	15.6
5	笑傲江湖第 3 季巅峰对决	综艺	上海东方卫视	3.9	27.6
6	奥林匹克在里约:2016 年第 31 届奥运会女排小组赛第二轮	体育	中央台五套	3.8	13.1
7	奥林匹克在里约:2016 年第 31 届奥运会乒乓球女单半决赛	体育	中央台五套	3.7	13.7
8	芈月传	电视剧	上海东方卫视	3.7	10.5
9	奥林匹克在里约:2016 年第 31 届奥运会女子 100 米决赛	体育	中央台五套	3.5	10.8
10	中国新歌声总决赛梦想冲刺	综艺	浙江卫视	3.4	11.7
11	奥林匹克在里约:2016 年第 31 届奥运会女子体操资格赛	体育	中央台五套	3.3	11.7
12	擒蛇	电视剧	河南电视台电视剧频道(五套)	3.3	10.3
13	我们的绝地反击	电视剧	河南电视台电视剧频道(五套)	3.3	9.8
14	天气预报	生活服务	中央电视台综合频道	3.2	11.5
15	中国诗词大会(4 月 15 日)	专题	中央电视台综合频道	3.2	8.8
16	情谜睡美人	电视剧	河南电视台卫星频道(一套)	3.1	10.2
17	奥林匹克在里约:2016 年第 31 届奥运会男子举重 56 公斤级决赛	体育	中央台五套	3.0	12.4
18	极限公益演唱会	综艺	上海东方卫视	3.0	9.7
19	奥林匹克在里约:2016 年第 31 届奥运会游泳男子 200 米自由泳半决赛	体育	中央台五套	2.9	11.7
20	G20 2016CHINA 二十国集团领导人第十一次峰会文艺晚会最忆是杭州	综艺	中央电视台新闻频道	2.9	11.6
21	2016 中央电视台中秋晚会	综艺	中央台四套	2.9	10.6
22	奥林匹克在里约:2016 年第 31 届奥运会射击女子 10 米气步枪决赛	体育	中央台五套	2.9	10.1
23	都市报道扩大版	新闻/时事	河南电视台都市频道(二套)	2.8	13.1
24	怒江之战	电视剧	河南电视台电视剧频道(五套)	2.8	10.1
25	黄大妮	电视剧	河南电视台都市频道(二套)	2.8	10.0
26	黄金赛场:国际足联 2018 年世界杯亚洲区预选赛 C 组(中国 VS 卡塔尔)	体育	中央台五套	2.8	9.5
27	芈月传	电视剧	北京卫视	2.8	7.9
28	奥林匹克在里约:2016 年第 31 届奥运会男篮小组赛(委内瑞拉队 VS 中国队)	体育	中央台五套	2.7	9.5
29	政委	电视剧	河南电视台卫星频道(一套)	2.7	9.1
29	都市报道	新闻/时事	河南电视台都市频道(二套)	2.7	9.1

表 3.62.8　2016 年郑州市场电视剧收视率排名前十位

名次	节目名称	播出频道	平均收视率(%)	平均占有率(%)
1	芈月传	上海东方卫视	3.7	10.5
2	擒蛇	河南电视台电视剧频道(五套)	3.3	10.3
3	我们的绝地反击	河南电视台电视剧频道(五套)	3.3	9.8
4	情谜睡美人	河南电视台卫星频道(一套)	3.1	10.2
5	怒江之战	河南电视台电视剧频道(五套)	2.8	10.1
6	黄大妮	河南电视台都市频道(二套)	2.8	10.0
7	芈月传	北京卫视	2.8	7.9
8	政委	河南电视台卫星频道(一套)	2.7	9.1
9	猎杀者	河南电视台电视剧频道(五套)	2.7	8.5
10	乱世红颜	河南电视台电视剧频道(五套)	2.6	9.2

表 3.62.9　2016 年郑州市场新闻节目收视率排名前十位

名次	节目名称	播出频道	平均收视率(%)	平均占有率(%)
1	都市报道扩大版	河南电视台都市频道(二套)	2.8	13.1
2	都市报道	河南电视台都市频道(二套)	2.7	9.1
3	G20 2016CHINA 二十国集团领导人杭州峰会特别报道	中央电视台新闻频道	1.9	9.4
4	深度国际	中央台四套	1.7	6.8
5	李克强总理会见中外记者并回答提问	中央电视台综合频道	1.7	4.7
6	海峡两岸	中央台四套	1.6	5.0
7	两会特别报道	河南电视台卫星频道(一套)	1.6	4.8
8	新闻联播	中央电视台新闻频道	1.5	6.3
9	转播中央台新闻联播	郑州一套	1.5	6.1
10	今日关注	中央台四套	1.5	5.3

表 3.62.10　2016 年郑州市场专题节目收视率排名前十位

名次	节目名称	播出频道	平均收视率(%)	平均占有率(%)
1	中国诗词大会(4 月 15 日)	中央电视台综合频道	3.2	8.8
2	感动中国 2015 年度人物颁奖盛典	中央电视台综合频道	2.7	7.5
3	315 共筑消费新生态	中央台二套	2.4	6.9
4	喜剧人故事	上海东方卫视	2.1	12.7
5	寻找最美医生大型公益活动颁奖典礼	中央电视台综合频道	1.8	5.2
6	感动中原十大年度人物颁奖典礼	河南电视台都市频道(二套)	1.8	4.9
7	开创中国特色大国外交新局面习近平主席 2015 年出访实录	中央电视台综合频道	1.6	4.7
8	筑梦路上 1921～2016	中央电视台综合频道	1.5	5.2
9	中国成语大会 2015 年度总决赛	中央电视台综合频道	1.5	4.5
9	废奴(3 月 28 日)	中央电视台综合频道	1.5	4.5

表 3.62.11 2016 年郑州市场综艺节目收视率排名前十位

名次	节目名称	播出频道	平均收视率（%）	平均占有率（%）
1	2016 中央电视台春节联欢晚会	中央电视台综合频道	7.1	16.5
2	2016 中央电视台元宵晚会	中央电视台综合频道	5.8	16.1
3	奔跑吧兄弟(4 月 15 日 ~7 月 1 日)	浙江卫视	4.2	15.6
4	笑傲江湖第 3 季巅峰对决	上海东方卫视	3.9	27.6
5	中国新歌声总决赛梦想冲刺	浙江卫视	3.4	11.7
6	极限公益演唱会	上海东方卫视	3.0	9.7
7	G20 2016CHINA 二十国集团领导人第十一次峰会文艺晚会最忆是杭州	中央电视台新闻频道	2.9	11.6
8	2016 中央电视台中秋晚会	中央台四套	2.9	10.6
9	我是歌手第一场补位淘汰赛	湖南卫视	2.7	8.6
10	喜剧总动员	浙江卫视	2.6	8.7

表 3.62.12 2016 年郑州市场体育节目收视率排名前十位

名次	节目名称	播出频道	平均收视率（%）	平均占有率（%）
1	奥林匹克在里约:2016 年第 31 届奥运会羽毛球男单半决赛	中央台五套	5.3	16.2
2	奥林匹克在里约:2016 年第 31 届奥运会女排小组赛第二轮	中央台五套	3.8	13.1
3	奥林匹克在里约:2016 年第 31 届奥运会乒乓球女单半决赛	中央台五套	3.7	13.7
4	奥林匹克在里约:2016 年第 31 届奥运会女子 100 米决赛	中央台五套	3.5	10.8
5	奥林匹克在里约:2016 年第 31 届奥运会女子体操资格赛	中央台五套	3.3	11.7
6	奥林匹克在里约:2016 年第 31 届奥运会男子举重 56 公斤级决赛	中央台五套	3.0	12.4
7	奥林匹克在里约:2016 年第 31 届奥运会游泳男子 200 米自由泳半决赛	中央台五套	2.9	11.7
8	奥林匹克在里约:2016 年第 31 届奥运会射击女子 10 米气步枪决赛	中央台五套	2.9	10.1
9	黄金赛场:国际足联 2018 年世界杯亚洲区预选赛 C 组(中国 VS 卡塔尔)	中央台五套	2.8	9.5
10	奥林匹克在里约:2016 年第 31 届奥运会男篮小组赛(委内瑞拉队 VS 中国队)	中央台五套	2.7	9.5

六十三、其他城市收视概览

表3.63.1　2016年安庆市场(安徽省)收视份额排名前十位频道

名次	频道名称	收视份额(%)
1	安徽卫视	13.0
2	安徽影视	9.7
3	中央电视台综合频道	7.5
4	湖南卫视	5.2
5	安庆广播电视台新闻综合频道	5.1
6	安徽公共	3.7
7	中央台八套	3.6
8	中央台六套	3.5
9	安徽经视	3.3
9	中央电视台新闻频道	3.3

表3.63.2　2016年鞍山市场(辽宁省)收视份额排名前十位频道

名次	频道名称	收视份额(%)
1	中央电视台综合频道	10.4
2	辽宁广播电视台都市频道	9.0
3	辽宁卫视	8.5
4	中央台四套	5.9
5	中央台八套	5.4
6	上海东方卫视	4.6
7	中央台五套	3.9
7	中央电视台新闻频道	3.9
9	中央台三套	3.7
10	北京卫视	3.1

表3.63.3　2016年蚌埠市场(安徽省)收视份额排名前十位频道

名次	频道名称	收视份额(%)
1	中央电视台综合频道	15.8
2	湖南卫视	6.7
3	蚌埠电视台新闻综合频道	5.6
4	安徽卫视	5.1
5	安徽公共	4.1
6	中央台四套	3.8
7	中央台三套	3.7
7	浙江卫视	3.7
9	中央台八套	3.5
9	安徽影视	3.5

表 3.63.4　2016 年包头市场（内蒙古自治区）收视份额排名前十位频道

名次	频道名称	收视份额(%)
1	中央电视台综合频道	20.8
2	中央台三套	8.1
3	中央台八套	7.3
4	中央台四套	5.1
5	中央台五套	3.7
6	中央台六套	3.5
7	浙江卫视	3.4
8	湖南卫视	3.2
9	上海东方卫视	2.8
10	中央电视台新闻频道	2.6

表 3.63.5　2016 年宝鸡市场（陕西省）收视份额排名前十位频道

名次	频道名称	收视份额(%)
1	中央电视台综合频道	13.9
2	陕西广播电视台都市青春频道(二套)	7.5
3	中央台八套	5.7
4	陕西广播电视台新闻资讯频道(一套)	4.7
4	中央台四套	4.7
6	湖南卫视	3.7
7	中央台三套	3.5
8	中央电视台新闻频道	3.3
9	中央台六套	3.1
10	中央电视台少儿频道	2.8

表 3.63.6　2016 年北海市场（广西壮族自治区）收视份额排名前十位频道

名次	频道名称	收视份额(%)
1	中央电视台综合频道	8.1
2	湖南卫视	7.1
3	广西电视台综艺频道	6.8
4	中央电视台少儿频道	5.2
5	中央台三套	4.2
6	中央台四套	4.1
7	中央电视台新闻频道	3.9
8	广西电视台影视频道	3.2
9	中央台八套	3.1
10	浙江卫视	2.8

表 3.63.7　2016 年常德市场(湖南省)收视份额排名前十位频道

名次	频道名称	收视份额(%)
1	湖南电视台经济频道	14.4
2	湖南卫视	5.9
2	湖南电视台电视剧频道	5.9
2	湖南电视台潇湘电影频道	5.9
5	湖南电视台娱乐频道	5.6
6	湖南电视台金鹰卡通频道	5.3
7	湖南电视台都市频道	4.7
8	中央电视台综合频道	4.4
8	中央台三套	4.4
10	中央台四套	3.7

表 3.63.8　2016 年常熟市场(江苏省)收视份额排名前十位频道

名次	频道名称	收视份额(%)
1	中央台四套	4.7
2	中央台六套	4.6
3	中央台八套	4.3
4	中央台三套	4.2
5	常熟电视台新闻综合频道	4.1
6	苏州电视台新闻综合频道(一套)	4.0
7	湖南卫视	3.5
8	中央电视台综合频道	3.4
9	中央电视台少儿频道	3.2
9	中央台五套	3.2

表 3.63.9　2016 年常州市场(江苏省)收视份额排名前十位频道

名次	频道名称	收视份额(%)
1	常州电视台二套(都市频道)	6.9
2	常州电视台一套(新闻综合频道)	6.7
3	中央台三套	6.3
4	中央台四套	4.7
5	中央电视台新闻频道	4.2
5	中央台八套	4.2
7	中央台六套	4.0
8	湖南卫视	3.9
9	常州电视台三套(生活频道)	3.8
10	中央电视台综合频道	3.3

表 3.63.10　2016 年潮州市场(广东省)收视份额排名前十位频道

名次	频道名称	收视份额(%)
1	潮州电视台二套(公共频道)	12.8
2	潮州电视台一套(新闻综合频道)	10.4
3	湖南卫视	6.6
4	广东广播电视台经济科教频道	5.2
5	中央电视台综合频道	3.8
6	中央台三套	3.5
7	翡翠台(中文)(潮州有线网转播)	3.1
7	中央台四套	3.1
9	浙江卫视	2.9
10	中央台八套	2.6

表 3.63.11　2016 年滁州市场(安徽省)收视份额排名前十位频道

名次	频道名称	收视份额(%)
1	中央电视台综合频道	13.7
2	安徽卫视	11.9
3	浙江卫视	4.6
3	安徽经视	4.6
5	湖南卫视	4.2
5	中央台八套	4.2
7	安徽公共	3.7
8	中央电视台新闻频道	3.5
8	安徽影视	3.5
10	上海东方卫视	2.4

表 3.63.12　2016 年达州市场(四川省)收视份额排名前十位频道

名次	频道名称	收视份额(%)
1	达州新闻综合频道	12.1
2	中央电视台综合频道	8.8
3	四川电视台影视文艺频道(五套)	7.6
4	湖南卫视	7.2
5	四川卫视	5.8
6	中央台三套	5.2
7	中央台八套	4.7
8	中央台六套	4.2
9	湖南电视台金鹰卡通频道	2.6
9	中央台四套	2.6

表 3.63.13　2016 年大理市场(云南省)收视份额排名前十位频道

名次	频道名称	收视份额(%)
1	湖南卫视	11.3
2	中央台八套	10.7
3	云南广播电视台都市频道(二套)	8.6
4	中央电视台综合频道	5.6
4	中央台六套	5.6
6	中央台三套	4.4
7	云南广播电视台卫视频道(一套)	3.5
8	中央台十二套	3.2
9	中央台四套	2.9
9	中央台五套	2.9

表 3.63.14　2016 年大同市场(山西省)收视份额排名前十位频道

名次	频道名称	收视份额(%)
1	中央电视台综合频道	15.4
2	中央台八套	7.1
3	湖南卫视	6.4
4	中央台三套	6.1
5	中央台四套	4.1
5	中央台六套	4.0
7	上海东方卫视	3.5
8	浙江卫视	3.3
9	中央台五套	3.1
10	中央电视台新闻频道	2.7

表 3.63.15　2016 年丹东市场(辽宁省)收视份额排名前十位频道

名次	频道名称	收视份额(%)
1	辽宁广播电视台都市频道	12.4
2	中央电视台综合频道	10.3
3	辽宁卫视	8.7
4	中央台三套	4.8
5	中央台四套	4.3
6	中央电视台新闻频道	4.2
6	上海东方卫视	4.2
8	辽宁广播电视台影视剧频道	3.9
9	中央台八套	3.3
10	中央台五套	3.1

表 3.63.16　2016 年德阳市场（四川省）收视份额排名前十位频道

名次	频道名称	收视份额(%)
1	中央电视台综合频道	13.5
2	湖南卫视	6.5
3	四川卫视	5.1
4	四川经视频道	4.6
5	四川电视台影视文艺频道(五套)	3.8
6	中央台八套	3.6
7	中央台三套	3.3
7	中央台四套	3.3
9	中央台六套	3.1
10	德阳新闻综合频道	2.3

注：数据为 2016 年 1 月 1 日至 2016 年 6 月 30 日。

表 3.63.17　2016 年德州市场（山东省）收视份额排名前十位频道

名次	频道名称	收视份额(%)
1	山东卫视	11.8
2	山东电视综艺频道	7.9
3	中央台六套	4.8
4	山东电视齐鲁频道	4.6
5	中央台四套	4.3
6	中央台三套	4.1
6	中央台八套	4.1
8	山东电视影视频道	3.5
9	湖南卫视	3.2
9	中央电视台综合频道	3.2

表 3.63.18　2016 年东莞市场（广东省）收视份额排名前十位频道

名次	频道名称	收视份额(%)
1	东莞电视台公共频道	8.5
2	广东广播电视台珠江频道	6.9
3	翡翠台(中文)(东莞有线网转播)	5.4
4	广东广播电视台影视频道	4.9
5	广东广播电视台公共频道	4.8
6	中央电视台综合频道	4.4
7	广东广播电视台珠江电影频道	4.2
8	湖南电视台金鹰卡通频道	3.2
9	湖南卫视	3.1
10	广东广播电视台南方卫视	3.0

表 3.63.19　2016 年佛山市场(广东省)收视份额排名前十位频道

名次	频道名称	收视份额(%)
1	广东广播电视台珠江频道	10.2
2	翡翠台(中文)(佛山有线台转播)	9.5
3	佛山电视公共频道	7.8
4	广东广播电视台公共频道	5.1
4	广东广播电视台影视频道	5.1
6	广东广播电视台体育频道	4.0
7	湖南卫视	3.7
8	佛山电视综合频道	3.6
9	湖南电视台金鹰卡通频道	3.5
10	广东广播电视台南方卫视	3.2

表 3.63.20　2016 年抚顺市场(辽宁省)收视份额排名前十位频道

名次	频道名称	收视份额(%)
1	辽宁广播电视台都市频道	14.7
2	辽宁卫视	7.9
3	中央台三套	4.4
4	中央台四套	4.3
5	中央台六套	3.9
6	中央台五套	3.4
7	中央电视台新闻频道	3.2
7	上海东方卫视	3.2
9	中央台八套	2.7
10	辽宁广播电视台影视剧频道	2.5

表 3.63.21　2016 年赣州市场(江西省)收视份额排名前十位频道

名次	频道名称	收视份额(%)
1	江西电视台都市频道(二套)	10.5
2	中央台四套	7.2
3	中央电视台综合频道	5.8
4	中央台三套	4.9
5	江西卫视	4.8
6	中央电视台新闻频道	4.3
7	湖南卫视	4.1
8	江西电视台影视频道(四套)	4.0
8	湖南电视台金鹰卡通频道	4.0
10	江西电视台公共频道(五套)	3.6

表 3.63.22 2016 年广元市场(四川省)收视份额排名前十位频道

名次	频道名称	收视份额(%)
1	四川电视台影视文艺频道(五套)	9.6
2	中央台八套	8.2
3	中央电视台综合频道	5.4
4	中央台六套	5.0
5	中央台三套	4.7
6	湖南卫视	3.7
7	四川经视频道	3.2
8	四川卫视	2.7
9	中央台四套	2.6
10	中央电视台新闻频道	2.5

表 3.63.23 2016 年桂林市场(广西壮族自治区)收视份额排名前十位频道

名次	频道名称	收视份额(%)
1	中央电视台综合频道	15.0
2	广西电视台综艺频道	6.8
3	中央电视台少儿频道	5.0
4	湖南卫视	4.9
5	中央台四套	4.0
6	桂林电视台公共频道	3.9
7	中央台五套	3.5
8	上海东方卫视	2.9
8	广西电视台都市频道	2.9
8	中央台三套	2.9

表 3.63.24 2016 年邯郸市场(河北省)收视份额排名前十位频道

名次	频道名称	收视份额(%)
1	中央电视台综合频道	21.8
2	河北广播电视台农民频道	5.1
2	中央台八套	4.6
4	湖南卫视	4.3
5	河北广播电视台经济生活频道	4.2
5	河北广播电视台卫视频道	4.2
7	中央台三套	3.8
8	中央台十二套	3.7
9	北京卫视	3.6
10	中央台四套	3.4

表 3.63.25　2016 年河源市场(广东省)收视份额排名前十位频道

名次	频道名称	收视份额(%)
1	广东广播电视台珠江频道	12.5
2	湖南卫视	8.7
3	中央电视台综合频道	8.6
4	广东广播电视台经济科教频道	7.2
5	广东卫视	5.9
6	广东广播电视台南方卫视	5.7
7	中央电视台少儿频道	4.2
8	广东广播电视台影视频道	4.0
9	广东广播电视台嘉佳卡通频道	3.7
10	广东广播电视台珠江电影频道	2.5

注:数据为 2016 年 1 月 1 日至 2016 年 6 月 30 日

表 3.63.26　2016 年衡阳市场(湖南省)收视份额排名前十位频道

名次	频道名称	收视份额(%)
1	湖南电视台经济频道	12.7
2	湖南卫视	8.2
3	湖南电视台都市频道	7.3
4	湖南电视台金鹰卡通频道	6.1
5	湖南电视台电视剧频道	5.6
6	湖南电视台潇湘电影频道	4.6
7	中央台三套	4.2
8	中央电视台综合频道	4.0
8	中央电视台少儿频道	4.0
10	中央电视台新闻频道	3.6

表 3.63.27　2016 年湖州市场(浙江省)收视份额排名前十位频道

名次	频道名称	收视份额(%)
1	中央台四套	5.5
2	浙江电视台教育科技频道	5.2
3	中央台六套	4.4
3	浙江卫视	4.4
5	湖南卫视	4.3
6	湖州电视台新闻综合频道	4.2
7	湖州电视台文化娱乐频道	3.6
7	中央台八套	3.6
9	中央台三套	3.5
10	湖南电视台金鹰卡通频道	2.9

表 3.63.28　2016 年淮安市场(江苏省)收视份额排名前十位频道

名次	频道名称	收视份额(%)
1	江苏电视台城市频道	8.2
2	中央电视台综合频道	7.2
3	中央台八套	5.8
4	江苏卫视	5.5
5	中央台三套	4.9
6	湖南卫视	4.7
7	浙江卫视	4.5
8	淮安电视台新闻综合频道	4.2
9	中央台六套	4.1
10	中央台四套	4.0

表 3.63.29　2016 年惠州市场(广东省)收视份额排名前十位频道

名次	频道名称	收视份额(%)
1	广东广播电视台经济科教频道	8.4
2	湖南电视台金鹰卡通频道	5.2
3	湖南卫视	5.0
4	广东广播电视台珠江频道	4.6
5	浙江卫视	3.7
5	广东广播电视台嘉佳卡通频道	3.7
7	中央台三套	3.6
8	中央台八套	3.3
9	广东广播电视台公共频道	3.2
10	中央台六套	3.0

表 3.63.30　2016 年吉林市市场(吉林省)收视份额排名前十位频道

名次	频道名称	收视份额(%)
1	中央电视台综合频道	10.4
2	吉林电视台生活频道(三套)	6.7
3	中央台三套	6.4
4	中央台八套	4.7
5	吉林电视台乡村频道(五套)	4.4
6	中央台四套	4.0
7	吉林电视台都市频道(二套)	3.9
8	中央电视台新闻频道	3.7
9	中央台六套	3.5
10	中央台五套	3.4

表 3.63.31　2016 年济宁市场(山东省)收视份额排名前十位频道

名次	频道名称	收视份额(%)
1	山东卫视	10.9
2	中央电视台综合频道	6.4
3	山东电视综艺频道	5.8
4	中央台三套	4.4
5	山东电视齐鲁频道	4.3
6	济宁电视台影视频道	4.0
7	湖南电视台金鹰卡通频道	3.6
8	中央台六套	3.0
9	北京卡酷少儿频道	2.8
10	中央电视台新闻频道	2.7

表 3.63.32　2016 年嘉兴市场(浙江省)收视份额排名前十位频道

名次	频道名称	收视份额(%)
1	嘉兴电视台新闻综合频道	13.4
2	嘉兴电视台文化影视频道	6.6
3	浙江卫视	6.1
4	中央台四套	5.5
5	湖南卫视	4.9
6	浙江电视台民生休闲频道	4.3
7	中央电视台综合频道	4.2
8	中央台三套	4.0
9	中央台六套	3.8
10	上海东方卫视	2.9

表 3.63.33　2016 年江门市场(广东省)收视份额排名前十位频道

名次	频道名称	收视份额(%)
1	广东广播电视台珠江频道	12.4
2	翡翠台(中文)(江门有线网转播)	9.6
3	广东广播电视台公共频道	6.2
4	江门电视公共频道	5.2
5	广东广播电视台影视频道	5.1
6	湖南卫视	3.5
7	广东广播电视台嘉佳卡通频道	2.8
8	广东广播电视台经济科教频道	2.7
9	广东广播电视台体育频道	2.6
10	中央电视台少儿频道	2.4

表 3.63.34　2016 年金华市场(浙江省)收视份额排名前十位频道

名次	频道名称	收视份额(%)
1	金华电视台教育科技频道	8.0
2	浙江卫视	7.9
3	金华电视台新闻综合频道	6.5
4	湖南卫视	6.3
5	金华电视台公共频道(经济生活)	5.5
5	中央电视台综合频道	5.5
7	中央台八套	5.1
8	中央台六套	4.0
9	浙江电视台教育科技频道	3.6
10	浙江电视台民生休闲频道	3.5

表 3.63.35　2016 年锦州市场(辽宁省)收视份额排名前十位频道

名次	频道名称	收视份额(%)
1	辽宁广播电视台都市频道	9.3
2	中央台三套	5.8
2	中央电视台少儿频道	5.1
4	辽宁卫视	5.0
5	中央台四套	4.2
6	中央电视台综合频道	3.7
7	中央台六套	3.1
8	中央台五套	3.0
8	浙江卫视	3.0
10	中央台八套	2.8

表 3.63.36　2016 年荆门市场(湖北省)收视份额排名前十位频道

名次	频道名称	收视份额(%)
1	中央电视台综合频道	7.0
2	中央台三套	6.6
3	中央台八套	4.9
3	中央台六套	4.9
5	中央台四套	4.5
6	湖南卫视	4.4
7	湖北综合	3.8
8	中央台五套	3.6
8	湖北影视	3.6
10	中央电视台新闻频道	3.4

表 3.63.37　2016 年荆州市场(湖北省)收视份额排名前十位频道

名次	频道名称	收视份额(%)
1	中央台三套	7.2
2	荆州电视台新闻频道	6.7
3	湖北垄上	6.5
4	荆州电视台公共频道	5.4
5	中央台四套	5.2
6	中央台六套	4.6
7	中央电视台综合频道	4.5
8	中央台八套	4.2
9	湖北影视	3.7
10	中央电视台新闻频道	3.5

表 3.63.38　2016 年九江市场(江西省)收视份额排名前十位频道

名次	频道名称	收视份额(%)
1	江西电视台都市频道(二套)	9.9
2	中央台四套	5.4
3	中央电视台综合频道	5.3
4	江西卫视	4.7
5	江西电视台影视频道(四套)	4.5
6	中央电视台新闻频道	4.0
7	中央台三套	3.8
8	江西电视台公共频道(五套)	3.6
8	湖南卫视	3.6
10	中央台八套	3.4

表 3.63.39　2016 年揭阳市场(广东省)收视份额排名前十位频道

名次	频道名称	收视份额(%)
1	揭阳电视台公共频道	6.6
2	湖南卫视	6.2
3	广东广播电视台经济科教频道	5.3
4	中央台三套	4.6
5	中央台四套	4.3
6	揭阳电视台新闻综合频道	3.9
7	潮州电视台一套(新闻综合频道)	2.9
8	湖南电视台金鹰卡通频道	2.8
9	中央台六套	2.5
10	浙江卫视	2.3

表 3.63.40　2016 年拉萨市场(西藏自治区)收视份额排名前十位频道

名次	频道名称	收视份额(%)
1	西藏一套(藏语卫视)	19.0
2	中央台六套	9.3
3	拉萨广播电视台二套(藏语综合频道)	9.2
4	中央电视台少儿频道	3.9
5	中央台八套	3.5
6	西藏电视台影视文化频道	3.3
7	湖南电视台金鹰卡通频道	3.1
8	中央电视台新闻频道	2.8
8	湖南卫视	2.8
10	拉萨广播电视台一套(综合频道)	2.4

表 3.63.41　2016 年乐山市场(四川省)收视份额排名前十位频道

名次	频道名称	收视份额(%)
1	四川电视台影视文艺频道(五套)	8.7
2	中央电视台综合频道	8.4
3	乐山新闻综合频道	6.8
4	中央台八套	5.2
5	湖南卫视	5.0
6	中央台三套	4.1
7	四川卫视	3.8
8	乐山公共.新农村频道	3.2
9	四川经视频道	2.9
9	中央台六套	2.9

表 3.63.42　2016 年丽水市场(浙江省)收视份额排名前十位频道

名次	频道名称	收视份额(%)
1	湖南卫视	7.4
2	浙江卫视	7.3
2	丽水文化休闲频道	7.3
4	丽水电视台新闻综合频道(一套)	5.1
5	中央电视台综合频道	4.8
6	中央台四套	4.6
7	中央台三套	4.2
8	中央台六套	4.1
9	丽水公共频道	3.9
10	中央台八套	3.3

表 3.63.43　2016 年连云港市场(江苏省)收视份额排名前十位频道

名次	频道名称	收视份额(%)
1	中央电视台综合频道	8.9
2	中央台八套	7.2
3	连云港电视台新闻综合频道	7.0
4	中央台三套	6.3
5	中央台六套	5.5
6	中央台五套	4.6
7	中央台四套	3.8
8	湖南卫视	3.5
9	中央电视台少儿频道	3.4
10	江苏卫视	2.7

表 3.63.44　2016 年柳州市场(广西壮族自治区)收视份额排名前十位频道

名次	频道名称	收视份额(%)
1	广西电视台综艺频道	7.7
2	中央台四套	7.2
3	中央电视台综合频道	5.5
4	中央台八套	4.8
5	中央台三套	4.4
6	中央电视台新闻频道	4.0
7	中央台五套	3.6
8	广西电视台都市频道	3.2
9	柳州电视台科教频道(二套)	3.1
10	广西电视台公共频道	3.0

表 3.63.45　2016 年泸州市场(四川省)收视份额排名前十位频道

名次	频道名称	收视份额(%)
1	中央电视台综合频道	12.8
2	四川电视台影视文艺频道(五套)	10.4
3	湖南卫视	6.9
4	四川卫视	5.6
5	中央台八套	5.2
6	中央台三套	3.4
7	中央台六套	3.1
8	中央台四套	2.9
9	中央台十二套	2.4
10	中央电视台新闻频道	2.3

表 3.63.46 2016 年洛阳市场(河南省)收视份额排名前十位频道

名次	频道名称	收视份额(%)
1	中央电视台综合频道	22.1
2	河南电视台都市频道(二套)	6.0
3	浙江卫视	4.8
4	湖南卫视	4.0
5	中央台八套	3.8
6	上海东方卫视	3.6
7	中央台五套	3.5
8	中央台四套	3.2
8	中央台三套	3.2
10	中央台六套	3.0

表 3.63.47 2016 年眉山市场(四川省)收视份额排名前十位频道

名次	频道名称	收视份额(%)
1	中央电视台综合频道	10.0
2	四川电视台影视文艺频道(五套)	8.2
3	湖南卫视	6.9
4	中央台八套	6.5
5	四川卫视	6.0
6	中央电视台新闻频道	3.9
6	中央台三套	3.9
8	四川电视台公共频道	3.7
9	中央台四套	2.9
10	中央台六套	2.8

表 3.63.48 2016 年梅州市场(广东省)收视份额排名前十位频道

名次	频道名称	收视份额(%)
1	梅州电视台时政综合频道	7.9
2	广东广播电视台经济科教频道	6.8
3	中央台三套	6.5
4	中央台四套	5.1
5	梅州电视台客家公共频道	4.9
6	中央台五套	4.2
7	中央台六套	3.7
8	中央电视台少儿频道	3.3
9	广东广播电视台嘉佳卡通频道	3.1
10	中央台八套	3.0

表 3.63.49　2016 年绵阳市场(四川省)收视份额排名前十位频道

名次	频道名称	收视份额(%)
1	中央电视台综合频道	14.8
2	中央台八套	8.4
3	湖南卫视	6.3
4	中央台三套	5.3
5	四川电视台影视文艺频道(五套)	4.9
6	四川卫视	4.7
7	中央台六套	4.6
8	中央电视台少儿频道	3.0
9	四川电视台公共频道	2.5
9	中央电视台新闻频道	2.5

注:数据为 2016 年 1 月 1 日至 2016 年 6 月 30 日。

表 3.63.50　2016 年牡丹江市场(黑龙江省)收视份额排名前十位频道

名次	频道名称	收视份额(%)
1	中央电视台综合频道	10.7
2	黑龙江电视台都市频道	9.6
3	黑龙江电视台影视频道	9.1
4	中央台八套	5.9
5	中央台三套	4.8
6	黑龙江电视台文艺频道	4.5
6	黑龙江卫视	4.5
8	牡丹江电视台新闻频道	3.9
9	黑龙江电视台新闻频道	3.2
9	中央电视台新闻频道	3.2

表 3.63.51　2016 年南充市场(四川省)收视份额排名前十位频道

名次	频道名称	收视份额(%)
1	四川电视台影视文艺频道(五套)	14.2
2	中央电视台综合频道	10.2
3	湖南卫视	8.8
4	中央电视台新闻频道	5.4
5	中央台三套	4.9
6	中央台八套	4.4
7	四川卫视	3.3
8	中央台六套	3.0
8	四川经视频道	3.0
10	四川电视台新闻资讯频道	2.9

表 3.63.52　2016 年南通市场（江苏省）收视份额排名前十位频道

名次	频道名称	收视份额（%）
1	南通电视台一套（新闻综合频道）	10.8
2	中央台四套	7.2
3	中央台三套	6.5
4	中央台八套	6.0
5	中央台六套	3.9
6	中央电视台综合频道	3.8
7	南通电视台三套（影视频道）	3.6
8	南通电视台二套（都市生活频道）	3.5
9	中央台五套	2.9
10	中央电视台新闻频道	2.6

表 3.63.53　2016 年南阳市场（河南省）收视份额排名前十位频道

名次	频道名称	收视份额（%）
1	中央电视台综合频道	13.2
2	中央电视台少儿频道	6.8
3	湖南卫视	6.6
4	河南电视台电视剧频道（五套）	4.8
5	河南电视台都市频道（二套）	3.5
6	河南电视台公共频道（八套）	3.4
6	中央台八套	3.4
6	中央台十二套	3.4
6	中央台六套	3.4
10	中央电视台新闻频道	3.3

表 3.63.54　2016 年平顶山市场（河南省）收视份额排名前十位频道

名次	频道名称	收视份额（%）
1	中央电视台综合频道	18.5
2	中央台八套	4.6
3	中央台六套	4.5
4	中央电视台少儿频道	4.4
5	河南电视台公共频道（八套）	4.3
5	湖南卫视	4.3
5	河南电视台卫星频道（一套）	4.3
8	中央台三套	3.5
9	浙江卫视	3.3
10	中央台四套	2.9

表 3.63.55　2016 年秦皇岛市场(河北省)收视份额排名前十位频道

名次	频道名称	收视份额(%)
1	中央电视台综合频道	10.8
2	中央台八套	6.7
3	中央台三套	5.4
4	河北广播电视台经济生活频道	5.3
5	河北广播电视台农民频道	5.2
6	中央电视台新闻频道	4.8
7	中央台六套	4.1
8	湖南卫视	3.9
9	中央台四套	3.8
10	北京卫视	3.7

表 3.63.56　2016 年清远市场(广东省)收视份额排名前十位频道

名次	频道名称	收视份额(%)
1	广东广播电视台珠江频道	44.2
2	广东广播电视台公共频道	8.9
3	广东广播电视台影视频道	5.0
4	广东广播电视台南方卫视	4.1
5	湖南卫视	3.8
6	广东广播电视台珠江电影频道	2.9
7	翡翠台(中文)(清远有线网转播)	2.4
8	广东广播电视台经济科教频道	2.1
8	广东广播电视台体育频道	2.1
8	广东广播电视台少儿频道	2.1

表 3.63.57　2016 年衢州市场(浙江省)收视份额排名前十位频道

名次	频道名称	收视份额(%)
1	衢州电视新闻综合频道	7.3
2	中央电视台综合频道	6.6
3	衢州电视公共频道	6.3
4	衢州电视经济信息频道	6.1
5	浙江电视台民生休闲频道	5.7
6	中央台四套	5.1
7	浙江卫视	4.9
8	浙江电视台教育科技频道	4.7
9	中央台八套	4.3
9	湖南卫视	4.3

表 3.63.58　2016 年泉州(新)市场(福建省)收视份额排名前十位频道

名次	频道名称	收视份额(%)
1	泉州电视台新闻综合频道	13.3
2	中央电视台综合频道	8.8
3	泉州电视台闽南语频道	7.1
4	湖南卫视	6.0
5	泉州电视台影视剧频道	4.7
6	中央台六套	4.5
7	泉州电视台都市生活频道	4.0
8	中央台八套	3.7
9	浙江卫视	3.2
10	中央电视台新闻频道	2.9

表 3.63.59　2016 年三亚市场(海南省)收视份额排名前十位频道

名次	频道名称	收视份额(%)
1	海南广播电视总台综合频道	6.3
2	中央台八套	6.2
3	湖南卫视	6.0
4	中央电视台综合频道	4.7
5	中央台六套	4.3
6	中央台三套	3.4
6	中央台四套	3.4
8	浙江卫视	3.1
9	中央台五套	2.9
10	中央电视台少儿频道	2.6

表 3.63.60　2016 年汕头市场(广东省)收视份额排名前十位频道

名次	频道名称	收视份额(%)
1	湖南卫视	10.2
2	汕头电视台 -2(生活经济频道)	9.8
3	汕头电视台 -1(新闻综合频道)	4.2
4	湖南电视台金鹰卡通频道	3.7
5	浙江卫视	3.4
5	广东广播电视台嘉佳卡通频道	3.4
7	中央电视台新闻频道	2.9
8	中央台四套	2.8
9	中央台三套	2.5
9	安徽卫视	2.5

表 3.63.61　2016 年汕尾市场(广东省)收视份额排名前十位频道

名次	频道名称	收视份额(%)
1	湖南卫视	19.4
2	广东广播电视台珠江频道	6.0
3	广东广播电视台综艺频道	4.2
4	广东广播电视台经济科教频道	4.0
5	翡翠台(中文)(汕尾有线网转播)	3.9
6	广东广播电视台影视频道	3.6
7	浙江卫视	3.5
8	上海东方卫视	2.9
9	广东广播电视台少儿频道	2.7
10	汕尾电视台综合频道	2.5

表 3.63.62　2016 年上海浦东市场(上海市)收视份额排名前十位频道

名次	频道名称	收视份额(%)
1	上海电视台新闻综合频道	21.5
2	上海东方卫视	12.4
3	上海电视台娱乐频道	9.4
4	上海电视台电视剧频道	6.3
5	上海东方电影频道	4.9
6	上海电视台星尚频道	4.0
7	上海电视台五星体育频道	3.9
8	中央电视台综合频道	3.6
9	湖南卫视	2.8
9	中央台三套	2.8

表 3.63.63　2016 年韶关市场(广东省)收视份额排名前十位频道

名次	频道名称	收视份额(%)
1	广东广播电视台珠江频道	5.8
2	广东广播电视台经济科教频道	5.6
3	中央台六套	4.8
4	广东广播电视台嘉佳卡通频道	3.8
5	中央台八套	3.7
6	韶关电视台经济生活频道	3.5
7	湖南卫视	3.3
8	中央台三套	3.2
9	中央台五套	3.1
10	广东广播电视台影视频道	3.0

表 3.63.64　2016 年绍兴市场（浙江省）收视份额排名前十位频道

名次	频道名称	收视份额（%）
1	绍兴电视台公共频道（二套）	16.1
2	绍兴电视台新闻综合频道（一套）	9.2
3	浙江卫视	8.7
4	中央电视台综合频道	6.5
5	湖南卫视	5.4
6	中央台四套	4.4
6	绍兴电视台文化影视频道（三套）	4.4
8	中央台五套	3.2
9	中央台三套	2.8
9	中央台六套	2.8

表 3.63.65　2016 年苏州市场（江苏省）收视份额排名前十位频道

名次	频道名称	收视份额（%）
1	苏州电视台新闻综合频道（一套）	16.1
2	苏州电视台社会经济频道（二套）	10.4
3	苏州电视台生活资讯频道（五套）	4.1
4	中央电视台少儿频道	4.0
5	中央电视台综合频道	3.8
6	苏州电视台文化生活频道（三套）	3.6
7	苏州电视台电影娱乐信息频道（四套）	3.1
7	江苏卫视	3.1
9	中央台四套	2.8
9	中央台三套	2.8

表 3.63.66　2016 年遂宁市场（四川省）收视份额排名前十位频道

名次	频道名称	收视份额（%）
1	中央电视台综合频道	12.8
2	湖南卫视	7.7
3	四川卫视	6.7
4	四川电视台影视文艺频道（五套）	6.1
5	中央电视台少儿频道	4.9
6	四川电视台公共频道	4.6
7	中央台六套	3.7
8	四川经视频道	3.6
8	中央台八套	3.6
10	浙江卫视	3.4

注：数据为 2016 年 1 月 1 日至 2016 年 6 月 30 日。

表 3.63.67　2016 年台州市场(浙江省)收视份额排名前十位频道

名次	频道名称	收视份额(%)
1	台州电视台文化生活频道(二套)	10.3
2	台州电视台公共频道(三套)	7.7
3	台州电视台新闻综合频道(一套)	7.6
4	中央电视台综合频道	7.4
5	浙江卫视	6.3
6	湖南卫视	5.8
7	中央台八套	4.5
8	中央台四套	2.8
8	中央台六套	2.8
10	浙江电视台教育科技频道	2.6

表 3.63.68　2016 年泰安市场(山东省)收视份额排名前十位频道

名次	频道名称	收视份额(%)
1	中央电视台综合频道	16.4
2	山东电视齐鲁频道	15.1
3	山东卫视	14.9
4	中央台四套	3.5
5	山东电视影视频道	3.4
6	山东电视综艺频道	3.3
7	中央台三套	2.9
8	中央电视台新闻频道	2.6
9	浙江卫视	2.4
10	湖南卫视	2.2

注:数据为 2016 年 1 月 1 日至 2016 年 6 月 30 日。

表 3.63.69　2016 年泰州市场(江苏省)收视份额排名前十位频道

名次	频道名称	收视份额(%)
1	泰州电视台新闻综合频道	10.4
2	泰州电视台经济生活频道	9.0
3	中央电视台综合频道	6.7
4	中央台八套	5.8
5	中央台三套	5.0
6	中央台六套	4.7
7	中央电视台新闻频道	4.3
8	中央台四套	4.2
9	湖南卫视	3.8
10	江苏卫视	3.6

表 3.63.70 2016 年唐山市场(河北省)收视份额排名前十位频道

名次	频道名称	收视份额(%)
1	中央台八套	5.7
2	中央台四套	5.2
3	中央电视台综合频道	4.3
4	上海东方卫视	4.1
5	河北广播电视台经济生活频道	3.9
6	河北广播电视台农民频道	3.6
6	湖南卫视	3.6
8	中央台三套	3.5
9	中央台五套	3.3
9	浙江卫视	3.3

表 3.63.71 2016 年铜陵市场(安徽省)收视份额排名前十位频道

名次	频道名称	收视份额(%)
1	安徽卫视	15.6
2	中央电视台综合频道	14.0
3	湖南卫视	5.8
4	中央台八套	4.6
5	中央电视台少儿频道	4.4
6	中央台五套	4.0
7	安徽影视	3.5
8	中央台三套	3.4
9	中央电视台新闻频道	3.3
10	安徽经视	3.1

表 3.63.72 2016 年威海市场(山东省)收视份额排名前十位频道

名次	频道名称	收视份额(%)
1	山东卫视	8.1
2	中央电视台综合频道	7.6
3	山东电视影视频道	7.2
4	中央台八套	7.0
5	山东电视综艺频道	6.8
6	中央台四套	5.8
7	山东电视齐鲁频道	5.7
8	中央台六套	4.7
9	中央台五套	4.0
10	中央台三套	3.7

表 3.63.73　2016 年潍坊市场(山东省)收视份额排名前十位频道

名次	频道名称	收视份额(%)
1	山东电视综艺频道	9.6
2	山东卫视	7.2
3	中央台六套	5.0
3	中央台三套	5.0
3	山东电视齐鲁频道	5.0
6	中央电视台综合频道	4.9
7	山东电视影视频道	4.8
8	中央台四套	4.0
9	中央台八套	3.5
10	中央电视台新闻频道	3.4

表 3.63.74　2016 年温州市场(浙江省)收视份额排名前十位频道

名次	频道名称	收视份额(%)
1	温州市广播电视总台新闻综合频道	9.3
2	温州市广播电视总台经济科教频道	7.5
3	浙江卫视	4.8
4	中央台三套	4.5
5	中央台四套	4.2
5	温州市广播电视总台公共民生频道	4.2
7	中央台六套	3.8
8	中央台八套	3.7
9	中央台五套	3.5
9	湖南卫视	3.5

表 3.63.75　2016 年无锡(M)市场(江苏省)收视份额排名前十位频道

名次	频道名称	收视份额(%)
1	无锡广播电视台都市资讯频道	13.0
2	无锡广播电视台新闻综合频道	6.3
3	中央台四套	5.9
4	中央台三套	5.0
5	中央台六套	3.7
5	无锡广播电视台影视频道	3.7
7	无锡广播电视台经济频道	3.6
8	中央台八套	3.5
9	湖南卫视	3.4
10	中央台五套	2.8

表 3.63.76　2016 年芜湖市场（安徽省）收视份额排名前十位频道

名次	频道名称	收视份额(%)
1	安徽卫视	9.9
2	中央电视台综合频道	8.4
3	安徽影视	6.0
4	芜湖电视台生活频道	5.6
5	中央台八套	5.0
5	中央台四套	5.0
7	湖南卫视	4.8
8	中央电视台新闻频道	3.8
9	中央台六套	3.6
9	中央台三套	3.6

表 3.63.77　2016 年襄阳市场（湖北省）收视份额排名前十位频道

名次	频道名称	收视份额(%)
1	襄阳广播电视台综合频道	14.0
2	中央电视台综合频道	13.4
3	湖南卫视	6.1
4	中央台八套	4.0
5	中央台四套	3.8
6	中央台三套	3.5
7	中央台六套	3.3
8	中央电视台少儿频道	3.0
9	北京卫视	2.9
10	浙江卫视	2.5

表 3.63.78　2016 年徐州市场（江苏省）收视份额排名前十位频道

名次	频道名称	收视份额(%)
1	徐州电视台新闻综合频道	7.5
2	徐州电视台经济生活频道	6.9
3	中央电视台综合频道	5.3
4	中央台三套	4.7
5	中央台四套	4.4
6	中央台八套	4.3
7	中央电视台少儿频道	4.1
8	中央台六套	3.8
9	优漫卡通卫视	3.2
10	中央台十二套	3.1

表 3.63.79　2016 年烟台市场(山东省)收视份额排名前十位频道

名次	频道名称	收视份额(%)
1	山东卫视	7.5
2	中央台八套	5.5
3	中央电视台综合频道	5.3
4	山东电视综艺频道	4.3
5	中央台三套	4.1
6	中央台六套	4.0
7	中央台四套	3.9
8	湖南卫视	3.3
9	中央电视台新闻频道	3.1
10	山东电视影视频道	3.0

表 3.63.80　2016 年盐城市场(江苏省)收视份额排名前十位频道

名次	频道名称	收视份额(%)
1	盐城电视台一套	12.7
2	盐城电视台二套	8.0
3	中央电视台综合频道	4.6
4	中央台三套	4.5
5	江苏电视台综艺频道	4.4
6	中央台四套	4.0
7	中央台八套	3.7
8	江苏卫视	3.4
9	中央台六套	3.2
10	湖南卫视	3.1

表 3.63.81　2016 年扬州市场(江苏省)收视份额排名前十位频道

名次	频道名称	收视份额(%)
1	扬州电视台二套	15.7
2	扬州电视台一套	9.9
3	扬州电视台三套	5.3
4	中央台四套	5.2
5	中央台六套	4.4
6	中央台三套	4.3
7	中央台八套	3.8
8	北京卡酷少儿频道	3.1
9	中央电视台综合频道	3.0
10	湖南卫视	2.9

表 3.63.82 2016 年阳江市场(广东省)收视份额排名前十位频道

名次	频道名称	收视份额(%)
1	广东广播电视台珠江频道	24.8
2	中央电视台综合频道	5.7
3	阳江综合频道	5.2
4	中央电视台少儿频道	4.2
4	广东广播电视台南方卫视	4.2
6	广东广播电视台影视频道	4.1
7	广东卫视	3.8
8	湖南卫视	3.6
9	中央台三套	3.4
10	阳江公共频道	2.9

表 3.63.83 2016 年宜宾市场(四川省)收视份额排名前十位频道

名次	频道名称	收视份额(%)
1	四川电视台影视文艺频道(五套)	10.7
2	中央电视台综合频道	9.0
3	湖南卫视	6.7
4	中央台八套	6.0
5	宜宾电视台二套(公共频道)	5.1
6	四川电视台公共频道	3.6
7	四川经视频道	3.4
7	四川卫视	3.4
9	中央台四套	3.0
10	中央台三套	2.7

表 3.63.84 2016 年宜昌市场(湖北省)收视份额排名前十位频道

名次	频道名称	收视份额(%)
1	中央台八套	5.6
2	中央电视台新闻频道	5.2
2	中央电视台综合频道	5.2
4	湖南卫视	4.8
4	中央台四套	4.8
6	中央台六套	4.6
6	湖北影视	4.6
8	湖北经视	4.2
8	宜昌三峡综合频道	4.2
10	中央台三套	3.7

表 3.63.85　2016 年宜春市场(江西省)收视份额排名前十位频道

名次	频道名称	收视份额(%)
1	湖南卫视	8.6
2	江西电视台都市频道(二套)	8.2
3	中央电视台少儿频道	6.0
4	中央电视台综合频道	5.8
5	湖南电视台金鹰卡通频道	5.4
6	江西电视台影视频道(四套)	5.3
7	江西卫视	4.8
8	中央台六套	4.6
9	安徽卫视	3.4
10	浙江卫视	2.8

表 3.63.86　2016 年营口市场(辽宁省)收视份额排名前十位频道

名次	频道名称	收视份额(%)
1	辽宁广播电视台都市频道	12.8
2	辽宁卫视	10.7
3	中央电视台综合频道	5.5
4	湖南卫视	4.7
5	中央台八套	4.5
5	中央电视台新闻频道	4.5
7	中央台三套	4.2
8	中央台五套	3.7
8	上海东方卫视	3.7
10	中央台四套	3.6

表 3.63.87　2016 年永济市场(山西省)收视份额排名前十位频道

名次	频道名称	收视份额(%)
1	中央电视台综合频道	9.1
2	湖南卫视	6.4
3	山东卫视	6.3
4	中央台十二套	4.8
4	中央台八套	4.8
6	山西卫视	4.3
7	中央电视台新闻频道	3.8
8	中央电视台少儿频道	3.7
9	中央台三套	3.4
10	中央台四套	3.3

表 3.63.88　2016 年玉林市场(广西壮族自治区)收视份额排名前十位频道

名次	频道名称	收视份额(%)
1	广西电视台综艺频道	15.0
2	湖南卫视	10.9
3	中央电视台综合频道	8.5
4	中央电视台少儿频道	6.3
5	中央台三套	4.3
6	广西电视台卫星频道	3.9
7	广西电视台科教频道	2.8
7	中央电视台新闻频道	2.8
9	广西电视台都市频道	2.5
10	广西电视台影视频道	2.3

注:数据为 2016 年 1 月 1 日至 2016 年 6 月 30 日

表 3.63.89　2016 年岳阳市场(湖南省)收视份额排名前十位频道

名次	频道名称	收视份额(%)
1	湖南卫视	11.1
2	中央电视台综合频道	9.8
3	湖南电视台经济频道	8.7
4	湖南电视台电视剧频道	6.7
5	湖南电视台都市频道	6.0
6	湖南电视台娱乐频道	5.2
7	湖南电视台潇湘电影频道	4.1
8	中央台三套	3.9
9	中央电视台少儿频道	3.8
10	中央台八套	3.3

表 3.63.90　2016 年湛江市场(广东省)收视份额排名前十位频道

名次	频道名称	收视份额(%)
1	广东广播电视台影视频道	7.9
2	广东广播电视台珠江频道	7.2
3	湖南卫视	5.5
4	中央电视台少儿频道	3.7
5	广东广播电视台珠江电影频道	3.6
5	广东广播电视台南方卫视	3.6
5	广东广播电视台少儿频道	3.6
8	浙江卫视	3.5
9	中央台三套	3.4
10	中央台四套	3.0

表 3.63.91　2016 年漳州市场(福建省)收视份额排名前十位频道

名次	频道名称	收视份额(%)
1	中央电视台综合频道	11.3
2	湖南卫视	6.6
3	中央台八套	5.7
4	漳州电视台新闻综合频道(一套)	4.9
5	中央台六套	4.0
6	中央电视台少儿频道	3.8
7	中央台四套	3.7
8	湖南电视台金鹰卡通频道	3.4
9	中央电视台新闻频道	3.2
10	安徽卫视	2.8

表 3.63.92　2016 年肇庆市场(广东省)收视份额排名前十位频道

名次	频道名称	收视份额(%)
1	广东广播电视台珠江频道	17.2
2	广东广播电视台影视频道	12.3
3	广东广播电视台南方卫视	5.8
4	广东广播电视台公共频道	5.4
5	广东广播电视台嘉佳卡通频道	4.3
6	广东广播电视台珠江电影频道	3.5
7	广东广播电视台少儿频道	3.4
8	翡翠台(中文)(肇庆有线网转播)	3.1
9	湖南卫视	2.9
10	中央台六套	2.3

表 3.63.93　2016 年镇江市场(江苏省)收视份额排名前十位频道

名次	频道名称	收视份额(%)
1	镇江文广民生频道	12.1
2	中央台四套	7.0
3	镇江文广新闻频道	6.1
4	江苏电视台城市频道	4.6
5	中央台五套	4.5
6	江苏卫视	4.1
7	中央电视台综合频道	3.8
8	中央台三套	3.6
9	江苏电视台综艺频道	3.1
10	中央台六套	3.0

表 3.63.94 2016 年中山市场(广东省)收视份额排名前十位频道

名次	频道名称	收视份额(%)
1	中山广播电视台公共频道	7.7
2	翡翠台(中文)(中山有线网转播)	6.9
3	广东广播电视台珠江频道	6.8
4	广东广播电视台影视频道	4.3
5	广东广播电视台体育频道	3.8
6	广东广播电视台南方卫视	3.6
7	中央台六套	3.1
8	广东广播电视台珠江电影频道	2.9
9	中央台五套	2.8
9	湖南卫视	2.8

表 3.63.95 2016 年舟山市场(浙江省)收视份额排名前十位频道

名次	频道名称	收视份额(%)
1	浙江电视台教育科技频道	7.6
2	中央台八套	6.9
3	舟山电视台新闻综合频道	6.5
4	浙江卫视	4.9
5	湖南卫视	4.7
6	中央台四套	4.5
7	中央台六套	4.4
8	上海电视台娱乐频道	4.0
9	上海东方卫视	3.4
10	中央电视台综合频道	2.8

表 3.63.96 2016 年珠海市场(广东省)收视份额排名前十位频道

名次	频道名称	收视份额(%)
1	翡翠台(中文)(珠海有线台转播)	6.3
2	湖南卫视	6.0
3	珠海电视台一套(新闻综合频道)	5.3
4	凤凰卫视中文台	4.4
5	广东广播电视台公共频道	3.9
6	中央台三套	3.6
7	中央电视台综合频道	3.3
8	广东广播电视台珠江频道	3.1
9	中央电视台新闻频道	3.0
10	湖南电视台金鹰卡通频道	2.9

表 3.63.97　2016 年株洲市场（湖南省）收视份额排名前十位频道

名次	频道名称	收视份额（%）
1	湖南电视台经济频道	12.1
2	湖南卫视	9.3
3	湖南电视台都市频道	8.8
4	湖南电视台电视剧频道	8.0
5	湖南电视台金鹰卡通频道	5.6
6	湖南电视台潇湘电影频道	4.5
7	中央台四套	3.9
8	湖南电视台娱乐频道	3.7
9	中央电视台综合频道	3.1
10	中央电视台少儿频道	3.0

表 3.63.98　2016 年淄博市场（山东省）收视份额排名前十位频道

名次	频道名称	收视份额（%）
1	中央电视台综合频道	13.3
2	山东卫视	9.4
3	山东电视综艺频道	6.3
4	中央台六套	4.5
5	湖南卫视	4.3
6	中央台三套	4.1
6	中央台四套	4.1
8	山东电视齐鲁频道	3.4
9	浙江卫视	3.0
10	淄博电视台科教频道	2.9

表 3.63.99　2016 年遵义市场（贵州省）收视份额排名前十位频道

名次	频道名称	收视份额（%）
1	湖南卫视	9.3
2	中央电视台综合频道	8.3
3	中央台八套	7.7
4	中央台六套	6.3
5	中央电视台少儿频道	6.2
6	贵州广播电视台公共频道	4.3
7	浙江卫视	3.1
8	中央台三套	2.8
9	贵州卫视	2.5
10	中央电视台新闻频道	2.4

第四部分
Part Four

附　录　Appendix

附　录

CSM 各收视调查网概况

表 4.1　2016 年全国收视调查网样本规模及推及人口

	固定样组规模（户）	推及户数（千户）	推及人口（千人）
全国	10400	436029	1283855
城域	5290	180170	487250
乡域	5110	255859	796605

表 4.2　2016 年全国收视调查网家庭规模结构（%）

	1 人户	2 人户	3 人户	4 人及以上户
全国	7.4	34.5	28.2	29.9
城域	8.5	38.8	30.7	22.0
乡域	6.7	31.4	26.4	35.5

表 4.3　2016 年全国收视调查网家庭收入结构(%)

	0 ~ 1400 元	1401 ~ 2600 元	2601 ~ 3800 元	3801 ~ 5000 元	5001 ~ 7000 元	7001 ~ 10000 元	10000 元及以上
全国	13.7	15.1	12.8	14.0	18.5	14.0	11.9
城域	6.2	9.9	10.4	13.1	22.1	19.3	19.0
乡域	19.0	18.7	14.4	14.7	15.9	10.3	7.0

表 4.4　2016 年全国收视调查网家庭购买决策者年龄结构(%)

	15 ~ 29 岁	30 ~ 49 岁	50 岁及以上
全国	9.9	47.9	42.2
城域	10.5	46.8	42.7
乡域	9.4	48.7	41.9

表 4.5　2016 年全国收视调查网性别与年龄结构(%)

	性别		年龄						
	男性	女性	4 ~ 14 岁	15 ~ 24 岁	25 ~ 34 岁	35 ~ 44 岁	45 ~ 54 岁	55 ~ 64 岁	65 岁及以上
全国	51.0	49.0	12.6	17.6	15.6	19.1	14.6	11.1	9.4
城域	51.2	48.8	9.8	19.1	17.6	19.5	14.7	10.5	8.8
乡域	51.0	49.0	14.4	16.7	14.3	18.9	14.4	11.5	9.8

表 4.6　2016 年各省级收视调查网样本规模及推及人口

省份	固定样组规模(户)	推及户数(千户)	推及人口(千人)
安徽省	600	19552	56190
福建省	800	12103	34920
甘肃省	600	7239	24221
广东省	1000	34041	101244
广西壮族自治区	600	14015	44273
贵州省	600	10557	32064
海南省	450	2545	8410
河北省	800	21845	69521
黑龙江省	600	13150	36318
河南省	600	26914	88122
湖北省	800	18190	55116
湖南省	800	19564	61791
内蒙古自治区	600	8778	23849
江苏省	800	26473	75203
江西省	800	12337	42648
吉林省	600	9107	25975
辽宁省	800	15238	41253
宁夏回族自治区	600	2061	6228
陕西省	600	11704	36158
山东省	800	32400	92389
山西省	600	10867	33871
四川省	800	27156	77139
新疆维吾尔自治区	600	7622	22147
云南省	600	13113	44305
浙江省	800	20032	51511

表 4.7　2016 年各省级收视调查网家庭规模结构(%)

省份	1 人户	2 人户	3 人户	4 人及以上户
安徽省	6.7	36.8	27.6	28.9
福建省	7.1	36.4	26.8	29.7
甘肃省	5.8	26.4	27.2	40.6
广东省	9.3	37.4	21.2	32.1
广西壮族自治区	7.9	29.3	24.6	38.2
贵州省	8.4	32.7	23.9	35.0
海南省	7.1	29.0	21.7	42.2
河北省	4.5	29.2	29.2	37.1
黑龙江省	6.2	37.4	34.5	21.9
河南省	5.9	28.1	25.2	40.8
湖北省	6.7	32.1	31.4	29.8
湖南省	7.2	28.0	26.4	38.4
内蒙古自治区	6.0	36.4	37.6	20.0
江苏省	9.2	35.0	28.8	27.0
江西省	4.7	24.8	27.6	42.9

续表

省份	1人户	2人户	3人户	4人及以上户
吉林省	5.3	36.2	33.2	25.3
辽宁省	7.4	38.5	33.3	20.8
宁夏回族自治区	5.2	33.8	29.4	31.6
陕西省	5.5	32.6	29.2	32.7
山东省	5.3	37.6	33.8	23.3
山西省	4.6	30.6	28.5	36.3
四川省	9.4	36.3	27.5	26.8
新疆维吾尔自治区	6.8	35.3	25.2	32.7
云南省	5.0	24.8	23.5	46.7
浙江省	9.7	43.1	27.6	19.6

表4.8　2016年各省级收视调查网家庭收入结构(%)

省份	0～1400元	1401～2600元	2601～3800元	3801～5000元	5001～7000元	7001～10000元	10000元及以上
安徽省	15.9	19.2	13.2	16.9	16.8	11.0	7.0
福建省	8.6	11.0	7.3	11.2	20.7	21.0	20.2
甘肃省	21.7	21.7	16.8	13.9	14.6	6.6	4.7
广东省	6.6	10.6	13.3	13.4	23.6	16.9	15.6
广西壮族自治区	24.9	29.8	14.4	11.9	10.0	5.8	3.2
贵州省	35.1	22.9	11.6	10.5	10.3	5.7	3.9
海南省	7.6	23.5	17.9	13.7	15.8	13.6	7.9
河北省	13.0	16.3	13.3	16.9	23.7	12.2	4.6
黑龙江省	8.2	17.8	12.7	18.8	22.4	14.2	5.9
河南省	14.1	16.4	16.2	16.1	20.2	9.9	7.1
湖北省	10.8	13.4	13.5	16.2	20.3	15.9	9.9
湖南省	21.3	20.9	18.5	11.6	13.1	8.2	6.4
内蒙古自治区	16.5	18.5	14.7	12.8	17.9	11.7	7.9
江苏省	7.8	9.4	8.4	10.6	17.5	23.5	22.8
江西省	5.1	12.1	11.8	18.4	21.9	18.9	11.8
吉林省	13.0	22.6	17.0	15.3	17.9	9.7	4.5
辽宁省	13.8	17.1	15.6	15.9	20.7	11.5	5.4
宁夏回族自治区	10.6	13.6	17.6	17.8	21.3	12.5	6.6
陕西省	14.4	14.2	15.6	15.6	20.6	12.1	7.5
山东省	18.2	15.4	12.4	15.3	18.9	13.3	6.5
山西省	11.3	16.3	15.5	17.3	20.6	12.2	6.8
四川省	26.9	18.9	11.9	13.2	14.4	9.3	5.4
新疆维吾尔自治区	0.4	7.0	15.9	29.1	27.0	15.2	5.4
云南省	19.6	19.8	14.2	17.1	15.0	9.0	5.3
浙江省	4.8	6.9	7.5	10.6	17.4	21.8	31.0

表 4.9　2016 年各省级收视调查网家庭购买决策者年龄结构(%)

省份	15～29 岁	30～49 岁	50 岁及以上
安徽省	9.6	42.6	47.8
福建省	7.3	47.1	45.6
甘肃省	9.6	51.6	38.8
广东省	10.6	51.2	38.2
广西壮族自治区	7.3	50.6	42.1
贵州省	11.8	47.6	40.6
海南省	9.6	50.3	40.1
河北省	10.6	51.4	38.0
黑龙江省	8.9	51.8	39.3
河南省	9.6	48.2	42.2
湖北省	8.5	45.5	46.0
湖南省	8.9	49.4	41.7
内蒙古自治区	8.3	53.4	38.3
江苏省	6.5	43.4	50.1
江西省	7.4	48.5	44.1
吉林省	7.3	51.0	41.7
辽宁省	7.8	43.5	48.7
宁夏回族自治区	12.8	54.4	32.8
陕西省	8.2	47.7	44.1
山东省	10.1	46.6	43.3
山西省	10.0	51.9	38.1
四川省	10.3	47.6	42.1
新疆维吾尔自治区	16.5	56.1	27.4
云南省	15.4	54.2	30.4
浙江省	8.3	44.3	47.4

表 4.10　2016 年各省级收视调查网性别与年龄结构(%)

省份	性别		年龄						
	男性	女性	4～14 岁	15～24 岁	25～34 岁	35～44 岁	45～54 岁	55～64 岁	65 岁及以上
安徽省	50.8	49.2	13.5	16.5	13.4	20.6	13.5	11.5	11.0
福建省	50.8	49.2	11.4	18.2	18.1	20.0	14.2	9.6	8.5
甘肃省	51.1	48.9	14.1	19.3	13.2	20.8	13.7	10.1	8.8
广东省	51.6	48.4	13.1	22.1	19.5	18.4	12.0	7.6	7.3
广西壮族自治区	51.8	48.2	16.8	16.6	16.3	17.4	13.2	9.8	9.9
贵州省	51.6	48.4	20.6	15.9	13.5	18.7	12.1	10.0	9.2
海南省	52.8	47.2	15.2	19.3	17.6	17.5	13.6	8.3	8.5
河北省	50.5	49.5	12.2	18.7	15.6	17.0	15.5	12.2	8.8
黑龙江省	50.7	49.3	9.4	14.7	15.6	21.2	18.1	12.3	8.7
河南省	50.1	49.9	16.0	19.2	13.8	17.8	13.3	11.1	8.8

续表

省份	性别		年龄						
	男性	女性	4～14岁	15～24岁	25～34岁	35～44岁	45～54岁	55～64岁	65岁及以上
湖北省	51.2	48.8	10.2	18.4	14.6	19.1	16.2	12.0	9.5
湖南省	51.5	48.5	13.3	15.9	14.9	19.4	14.2	11.9	10.4
内蒙古自治区	52.0	48.0	10.8	15.6	16.9	21.3	17.0	10.6	7.8
江苏省	50.3	49.7	9.4	17.5	14.4	19.2	15.4	12.7	11.4
江西省	51.3	48.7	16.9	18.0	15.8	18.7	13.1	9.5	8.0
吉林省	50.6	49.4	9.3	15.2	15.2	20.6	18.2	12.6	8.9
辽宁省	50.6	49.4	8.8	14.0	14.5	18.7	19.3	13.8	10.9
宁夏回族自治区	51.2	48.8	17.2	18.1	17.4	19.6	12.4	8.5	6.8
陕西省	51.4	48.6	11.3	20.2	15.0	18.5	15.2	10.9	8.9
山东省	50.4	49.6	11.7	16.1	14.7	18.9	15.6	12.6	10.4
山西省	51.4	48.6	13.6	18.8	15.1	18.9	15.2	10.4	8.0
四川省	50.5	49.5	13.4	16.2	11.9	20.7	13.2	13.1	11.5
新疆维吾尔自治区	51.7	48.3	15.5	18.8	17.6	21.2	12.5	7.5	6.9
云南省	51.7	48.3	16.7	17.8	17.1	19.3	12.7	8.5	7.9
浙江省	51.4	48.6	10.2	15.6	16.7	20.3	15.9	11.4	9.9

表 4.11 2016 年各城市收视调查网样本规模及推及人口

城市	固定样组规模(户)	推及户数(千户)	推及人口(千人)
安庆	100	281	728
鞍山	100	469	1205
宝鸡	100	301	815
包头	100	701	1791
北海	100	105	336
北京	500	5604	13320
蚌埠	100	311	812
长春	300	1130	3072
常德	100	483	1432
长沙	300	1298	3522
常熟	100	506	1467
常州	200	1196	3198
潮州	100	233	719
成都	400	2880	7435
重庆	500	6881	17630
滁州	100	108	287
大理	100	199	631
大连	300	1615	3970
丹东	100	256	665

续表

城市	固定样组规模(户)	推及户数(千户)	推及人口(千人)
大同	100	433	1175
达州	100	165	461
德州	100	231	659
东莞	200	2858	6820
佛山	200	1512	4059
抚顺	100	555	1386
福州	300	932	2640
赣州	100	191	605
广元	100	189	517
广州	400	4470	11346
桂林	100	317	849
贵阳	200	1021	2893
海口	200	546	1658
邯郸	100	434	1339
杭州	400	2500	6236
哈尔滨	300	1730	4559
合肥	300	1226	3214
衡阳	100	371	1065
呼和浩特	300	764	1953
淮安	100	202	628
惠州	100	798	2226
湖州	100	254	746
江门	100	313	935
嘉兴	100	226	585
揭阳	100	223	919
吉林	100	683	1854
济南	300	1482	4069
荆门	100	218	598
荆州	100	403	1124
金华	100	315	728
锦州	100	395	1021
济宁	100	401	1156
九江	100	229	677
昆明	300	1315	3099
兰州	200	896	2376
乐山	100	234	650
拉萨	100	113	273
连云港	100	339	1014

续表

城市	固定样组规模(户)	推及户数(千户)	推及人口(千人)
丽水	100	177	423
龙岩	100	236	616
柳州	100	508	1443
洛阳	100	460	1299
泸州	100	458	1307
眉山	100	284	802
牡丹江	100	347	928
南昌	300	1058	3331
南充	100	233	653
梅州	100	296	917
南京	400	2825	7672
南宁	200	975	2636
南阳	100	514	1658
宁波	200	891	2096
南通	100	417	1102
平顶山	100	333	999
青岛	300	1699	4400
清远	100	248	792
秦皇岛	100	377	993
泉州	200	338	857
衢州	100	171	436
三亚	100	192	691
上海	500	6677	16346
汕头	100	1250	5150
汕尾	100	116	481
韶关	100	346	977
绍兴	100	328	851
沈阳	300	2180	5489
深圳	500	4823	10496
石家庄	300	931	2647
苏州	300	1470	3988
太原	300	1178	3144
泰州	100	289	843
台州	100	645	1755
唐山	100	593	1648
天津	500	4774	12736
铜陵	100	176	452
乌鲁木齐	300	1383	3248

续表

城市	固定样组规模(户)	推及户数(千户)	推及人口(千人)
潍坊	100	672	1936
威海	100	330	840
温州	200	484	1179
武汉	400	3578	9831
芜湖	100	620	1562
无锡	200	1315	3512
西安	300	1745	4448
襄阳	100	380	1072
厦门	200	1498	3560
西昌	100	229	704
西宁	200	445	1189
盐城	100	530	1526
阳江	100	210	667
扬州	200	443	1340
宜宾	100	280	787
徐州	100	582	1649
宜昌	100	314	848
宜春	100	279	968
营口	100	331	856
烟台	200	631	1580
永济	100	126	434
岳阳	100	408	1178
银川	200	496	1298
漳州	100	186	516
湛江	100	485	1580
肇庆	100	219	635
郑州	300	1643	4353
镇江	100	320	874
中山	100	266	728
舟山	100	351	828
珠海	100	334	872
株洲	100	375	1030
淄博	100	1132	3024
遵义	100	379	1029

表 4.12　2016 年各城市收视调查网家庭规模结构(%)

城市	1 人户	2 人户	3 人户	4 人及以上户
安庆	8.8	40.3	33.1	17.8
鞍山	9.8	38.9	37.2	14.1
宝鸡	6.7	39.0	34.5	19.8
包头	7.4	40.0	41.7	10.9
北海	6.3	27.3	29.4	37.0
北京	12.7	44.4	29.8	13.1
蚌埠	3.6	44.5	32.5	19.4
长春	6.9	34.5	39.1	19.5
常德	6.4	33.6	30.7	29.3
长沙	5.6	40.0	34.8	19.6
常熟	6.9	39.0	22.9	31.2
常州	5.6	42.3	31.4	20.7
潮州	4.8	30.0	28.2	37.0
成都	13.7	36.1	32.0	18.2
重庆	11.5	40.7	27.2	20.6
滁州	4.8	40.8	35.1	19.3
大理	5.9	27.6	27.8	38.7
大连	9.5	43.0	36.9	10.6
丹东	8.2	42.5	33.4	15.9
大同	3.7	34.7	45.8	15.8
达州	9.7	33.9	32.1	24.3
德州	5.1	34.3	39.5	21.1
东莞	11.7	55.1	15.5	17.7
佛山	8.5	42.3	22.6	26.6
抚顺	9.4	40.2	38.5	11.9
福州	9.3	31.0	35.3	24.4
赣州	5.8	27.2	31.6	35.4
广元	5.6	39.8	31.6	23.0
广州	9.9	44.5	25.2	20.4
桂林	11.6	32.9	35.0	20.5
贵阳	9.2	33.9	32.1	24.8
海口	7.5	31.5	28.8	32.2
邯郸	3.7	30.4	36.8	29.1
杭州	6.8	48.0	25.4	19.8
哈尔滨	8.3	37.8	36.6	17.3
合肥	9.6	38.1	36.2	16.1
衡阳	4.4	35.7	33.7	26.2
呼和浩特	8.4	36.7	42.9	12.0
淮安	3.9	29.4	35.3	31.4
惠州	8.7	40.6	20.3	30.4
湖州	6.7	34.6	29.4	29.3
江门	5.6	31.9	31.4	31.1
嘉兴	8.5	43.1	29.3	19.1

续表

城市	1人户	2人户	3人户	4人及以上户
揭阳	3.7	17.9	15.3	63.1
吉林	6.8	37.8	35.9	19.5
济南	6.2	37.2	36.3	20.3
荆门	7.5	36.4	34.8	21.3
荆州	7.6	38.0	33.2	21.2
金华	7.7	51.0	28.5	12.8
锦州	6.7	41.7	36.4	15.2
济宁	5.4	32.4	37.9	24.3
九江	4.9	33.2	35.0	26.9
昆明	12.6	44.6	28.8	14.0
兰州	9.2	34.4	38.6	17.8
乐山	6.3	37.5	31.9	24.3
拉萨	14.0	46.3	22.4	17.3
连云港	6.6	31.7	31.8	29.9
丽水	14.0	44.5	26.4	15.1
龙岩	8.6	41.3	28.8	21.3
柳州	8.3	32.4	36.7	22.6
洛阳	4.5	34.9	38.7	21.9
泸州	8.6	36.5	25.0	29.9
眉山	5.9	37.9	32.0	24.2
牡丹江	6.5	38.4	37.3	17.8
南昌	5.3	30.7	30.5	33.5
南充	10.3	34.0	29.7	26.0
梅州	6.7	33.3	21.1	38.9
南京	8.0	37.0	35.5	19.5
南宁	10.1	36.3	30.4	23.2
南阳	4.5	28.1	28.1	39.3
宁波	8.7	48.4	32.3	10.6
南通	5.0	41.4	34.4	19.2
平顶山	5.3	28.7	39.7	26.3
青岛	6.7	40.6	37.9	14.8
清远	7.3	28.9	24.0	39.8
秦皇岛	4.9	41.6	38.8	14.7
泉州	9.5	43.0	26.2	21.3
衢州	8.2	42.4	34.3	15.1
三亚	4.4	26.3	22.7	46.6
上海	11.1	43.4	32.2	13.3
汕头	5.7	19.7	16.3	58.3
汕尾	4.3	17.8	16.8	61.1
韶关	7.5	35.8	30.5	26.2
绍兴	5.8	42.7	32.7	18.8
沈阳	9.7	40.6	35.1	14.6
深圳	13.7	47.7	22.6	16.0

续表

城市	1人户	2人户	3人户	4人及以上户
石家庄	5.2	33.5	36.8	24.5
苏州	12.9	37.6	27.6	21.9
太原	6.1	38.8	35.5	19.6
泰州	8.8	32.2	29.4	29.6
台州	7.9	38.5	29.6	24.0
唐山	3.8	38.4	37.7	20.1
天津	7.2	37.4	38.8	16.6
铜陵	8.6	39.5	36.5	15.4
乌鲁木齐	12.1	44.8	29.6	13.5
潍坊	1.8	38.0	36.5	23.7
威海	5.2	42.8	41.4	10.6
温州	8.1	50.2	26.7	15.0
武汉	7.5	36.5	34.6	21.4
芜湖	5.8	44.7	32.7	16.8
无锡	5.6	43.0	30.1	21.3
西安	8.9	42.5	30.6	18.0
襄阳	6.9	38.4	31.6	23.1
厦门	13.1	44.9	25.9	16.1
西昌	7.4	34.3	22.6	35.7
西宁	10.8	36.8	32.6	19.8
盐城	6.2	34.3	32.5	27.0
阳江	8.5	27.4	24.3	39.8
扬州	4.8	31.2	32.6	31.4
宜宾	8.7	36.5	28.0	26.8
徐州	7.8	33.7	35.0	23.5
宜昌	9.1	36.1	36.9	17.9
宜春	5.4	22.6	25.6	46.4
营口	6.7	42.8	35.1	15.4
烟台	5.3	44.4	39.5	10.8
永济	2.0	27.1	30.8	40.1
岳阳	9.2	34.1	31.6	25.1
银川	7.7	39.6	36.5	16.2
漳州	5.9	36.4	33.8	23.9
湛江	5.6	30.9	25.6	37.9
肇庆	7.7	32.4	31.9	28.0
郑州	11.7	37.3	29.8	21.2
镇江	4.5	37.7	37.6	20.2
中山	11.0	42.8	17.5	28.7
舟山	14.1	44.5	29.9	11.5
珠海	14.3	37.4	27.0	21.3
株洲	6.5	36.5	36.5	20.5
淄博	5.4	40.7	36.6	17.3
遵义	9.2	38.1	27.5	25.2

表4.13　2016年各城市收视调查网家庭收入结构(%)

<table>
<tr><th>城市</th><th>0～
1200元</th><th>1201～
2300元</th><th>2301～
3500元</th><th>3501～
4400元</th><th>4401～
5600元</th><th>5601～
8000元</th><th>8001～
10000元</th><th>10001元
及以上</th></tr>
<tr><td>安庆</td><td>5.1</td><td>9.9</td><td>13.2</td><td>11.1</td><td>21.1</td><td>24.8</td><td colspan="2">14.8</td></tr>
<tr><td>鞍山</td><td>1.9</td><td>7.1</td><td>12.0</td><td>17.7</td><td>18.7</td><td>27.1</td><td colspan="2">15.5</td></tr>
<tr><td>宝鸡</td><td>5.9</td><td>5.6</td><td>10.5</td><td>11.8</td><td>21.1</td><td>26.2</td><td colspan="2">18.9</td></tr>
<tr><td>包头</td><td>2.0</td><td>5.2</td><td>9.2</td><td>13.5</td><td>24.7</td><td>26.7</td><td colspan="2">18.7</td></tr>
<tr><td>北海</td><td>2.8</td><td>7.1</td><td>17.5</td><td>12.5</td><td>16.9</td><td>19.8</td><td>7.6</td><td>15.8</td></tr>
<tr><td>北京</td><td>0.6</td><td>0.1</td><td>2.3</td><td>3.5</td><td>6.7</td><td>16.8</td><td>18.0</td><td>52.0</td></tr>
<tr><td>蚌埠</td><td>0.8</td><td>7.2</td><td>12.1</td><td>18.6</td><td>24.4</td><td>25.1</td><td colspan="2">11.8</td></tr>
<tr><td>长春</td><td>1.5</td><td>3.9</td><td>8.2</td><td>9.6</td><td>12.4</td><td>32.8</td><td>15.8</td><td>15.8</td></tr>
<tr><td>常德</td><td>4.4</td><td>13.8</td><td>20.8</td><td>10.5</td><td>17.9</td><td>17.9</td><td colspan="2">14.7</td></tr>
<tr><td>长沙</td><td>3.1</td><td>7.5</td><td>7.2</td><td>8.9</td><td>13.6</td><td>22.2</td><td>15.2</td><td>22.3</td></tr>
<tr><td>常熟</td><td>2.6</td><td>6.9</td><td>9.1</td><td>4.0</td><td>9.8</td><td>18.7</td><td>15.9</td><td>33.0</td></tr>
<tr><td>常州</td><td>0.9</td><td>1.8</td><td>6.5</td><td>6.7</td><td>14.0</td><td>20.8</td><td>18.7</td><td>30.6</td></tr>
<tr><td>潮州</td><td>7.2</td><td>7.6</td><td>12.6</td><td>12.3</td><td>15.3</td><td>23.9</td><td>8.3</td><td>12.8</td></tr>
<tr><td>成都</td><td>2.9</td><td>5.6</td><td>13.5</td><td>10.9</td><td>16.9</td><td>22.6</td><td>11.4</td><td>16.2</td></tr>
<tr><td>重庆</td><td>15.8</td><td>10.9</td><td>12.2</td><td>9.7</td><td>16.8</td><td>16.5</td><td colspan="2">18.1</td></tr>
<tr><td>滁州</td><td>1.6</td><td>5.1</td><td>12.0</td><td>15.1</td><td>26.7</td><td>26.2</td><td colspan="2">13.3</td></tr>
<tr><td>大理</td><td>3.1</td><td>9.4</td><td>14.6</td><td>13.9</td><td>15.2</td><td>19.9</td><td>8.2</td><td>15.7</td></tr>
<tr><td>大连</td><td>1.2</td><td>5.0</td><td>9.5</td><td>6.9</td><td>17.5</td><td>25.8</td><td>16.9</td><td>17.2</td></tr>
<tr><td>丹东</td><td>0.6</td><td>3.9</td><td>7.0</td><td>13.5</td><td>21.6</td><td>31.8</td><td>12.2</td><td>9.4</td></tr>
<tr><td>大同</td><td>3.1</td><td>9.9</td><td>16.1</td><td>15.5</td><td>20.7</td><td>21.7</td><td colspan="2">13.0</td></tr>
<tr><td>达州</td><td>12.3</td><td>12.5</td><td>16.3</td><td>8.5</td><td>19.9</td><td>17.2</td><td colspan="2">13.3</td></tr>
<tr><td>德州</td><td>1.3</td><td>5.4</td><td>9.8</td><td>10.5</td><td>19.1</td><td>37.1</td><td colspan="2">16.8</td></tr>
<tr><td>东莞</td><td>4.4</td><td>8.8</td><td>7.6</td><td>8.2</td><td>11.7</td><td>28.6</td><td>14.1</td><td>16.6</td></tr>
<tr><td>佛山</td><td>1.3</td><td>3.8</td><td>8.4</td><td>7.1</td><td>10.2</td><td>26.4</td><td>14.9</td><td>27.9</td></tr>
<tr><td>抚顺</td><td>2.4</td><td>13.8</td><td>14.2</td><td>23.6</td><td>18.6</td><td>15.3</td><td colspan="2">12.1</td></tr>
<tr><td>福州</td><td>1.8</td><td>3.4</td><td>4.3</td><td>4.3</td><td>9.8</td><td>27.3</td><td>18.6</td><td>30.5</td></tr>
<tr><td>赣州</td><td>0.3</td><td>3.0</td><td>6.5</td><td>6.7</td><td>13.0</td><td>20.5</td><td>18.6</td><td>31.4</td></tr>
<tr><td>广元</td><td>5.4</td><td>11.4</td><td>14.9</td><td>12.0</td><td>21.9</td><td>18.8</td><td colspan="2">15.6</td></tr>
<tr><td>广州</td><td>1.5</td><td>2.7</td><td>8.5</td><td>9.6</td><td>16.5</td><td>26.5</td><td>14.4</td><td>20.3</td></tr>
<tr><td>桂林</td><td>1.6</td><td>8.0</td><td>13.3</td><td>11.1</td><td>22.9</td><td>23.3</td><td colspan="2">19.8</td></tr>
<tr><td>贵阳</td><td>2.2</td><td>7.0</td><td>14.8</td><td>7.6</td><td>27.7</td><td>22.4</td><td colspan="2">18.3</td></tr>
<tr><td>海口</td><td>1.8</td><td>6.1</td><td>11.3</td><td>8.5</td><td>16.1</td><td>23.4</td><td>15.7</td><td>17.1</td></tr>
<tr><td>邯郸</td><td>3.6</td><td>9.8</td><td>14.4</td><td>17.7</td><td>18.0</td><td>21.2</td><td colspan="2">15.3</td></tr>
<tr><td>杭州</td><td>0.3</td><td>0.9</td><td>5.7</td><td>2.7</td><td>6.4</td><td>14.5</td><td>14.2</td><td>55.3</td></tr>
<tr><td>哈尔滨</td><td>0.3</td><td>6.3</td><td>8.6</td><td>11.6</td><td>20.5</td><td>26.7</td><td>13.6</td><td>12.4</td></tr>
<tr><td>合肥</td><td>0.8</td><td>8.2</td><td>8.9</td><td>8.5</td><td>19.6</td><td>25.7</td><td>14.2</td><td>14.1</td></tr>
<tr><td>衡阳</td><td>3.4</td><td>9.7</td><td>12.7</td><td>11.4</td><td>18.1</td><td>20.0</td><td>10.4</td><td>14.3</td></tr>
<tr><td>呼和浩特</td><td>2.0</td><td>4.9</td><td>10.4</td><td>9.2</td><td>16.8</td><td>30.9</td><td>16.3</td><td>9.5</td></tr>
<tr><td>淮安</td><td>1.3</td><td>3.4</td><td>4.5</td><td>6.2</td><td>19.9</td><td>25.8</td><td>15.6</td><td>23.3</td></tr>
<tr><td>惠州</td><td>3.2</td><td>7.0</td><td>9.0</td><td>11.6</td><td>12.7</td><td>18.2</td><td>12.2</td><td>26.1</td></tr>
<tr><td>湖州</td><td>1.7</td><td>5.1</td><td>9.1</td><td>5.9</td><td>9.6</td><td>20.8</td><td>15.3</td><td>32.5</td></tr>
<tr><td>江门</td><td>3.8</td><td>7.1</td><td>9.1</td><td>9.4</td><td>14.3</td><td>21.1</td><td>13.8</td><td>21.4</td></tr>
<tr><td>嘉兴</td><td>2.1</td><td>5.2</td><td>10.1</td><td>8.1</td><td>9.7</td><td>26.0</td><td>14.5</td><td>24.3</td></tr>
<tr><td>揭阳</td><td>2.9</td><td>6.4</td><td>10.3</td><td>9.9</td><td>16.9</td><td>21.3</td><td>17.6</td><td>14.7</td></tr>
</table>

续表

<table>
<tr><th>城市</th><th>0～
1200 元</th><th>1201～
2300 元</th><th>2301～
3500 元</th><th>3501～
4400 元</th><th>4401～
5600 元</th><th>5601～
8000 元</th><th>8001～
10000 元</th><th>10001 元
及以上</th></tr>
<tr><td>吉林</td><td>8.8</td><td>18.0</td><td>17.2</td><td>14.5</td><td>17.1</td><td>14.9</td><td colspan="2">9.5</td></tr>
<tr><td>济南</td><td>6.4</td><td>4.3</td><td>9.4</td><td>10.2</td><td>17.8</td><td>22.1</td><td>14.2</td><td>15.6</td></tr>
<tr><td>荆门</td><td>4.2</td><td>10.4</td><td>15.7</td><td>10.0</td><td>15.4</td><td>24.7</td><td colspan="2">19.6</td></tr>
<tr><td>荆州</td><td>3.2</td><td>10.2</td><td>13.5</td><td>15.3</td><td>17.4</td><td>22.3</td><td colspan="2">18.1</td></tr>
<tr><td>金华</td><td>6.7</td><td>4.3</td><td>11.8</td><td>7.2</td><td>16.1</td><td>23.8</td><td>13.3</td><td>16.8</td></tr>
<tr><td>锦州</td><td>1.5</td><td>7.8</td><td>13.5</td><td>20.3</td><td>25.8</td><td>19.7</td><td colspan="2">11.4</td></tr>
<tr><td>济宁</td><td>5.9</td><td>9.8</td><td>17.0</td><td>13.4</td><td>18.1</td><td>20.4</td><td colspan="2">15.4</td></tr>
<tr><td>九江</td><td>1.6</td><td>6.8</td><td>7.5</td><td>11.4</td><td>19.5</td><td>24.0</td><td>11.4</td><td>17.8</td></tr>
<tr><td>昆明</td><td>1.3</td><td>4.6</td><td>10.1</td><td>10.0</td><td>16.8</td><td>25.1</td><td>17.2</td><td>14.9</td></tr>
<tr><td>兰州</td><td>2.0</td><td>7.1</td><td>10.6</td><td>13.5</td><td>17.9</td><td>24.2</td><td>10.8</td><td>13.9</td></tr>
<tr><td>乐山</td><td>2.4</td><td>6.1</td><td>16.4</td><td>11.6</td><td>19.7</td><td>20.4</td><td>9.2</td><td>14.2</td></tr>
<tr><td>拉萨</td><td>18.0</td><td>8.1</td><td>13.5</td><td>9.8</td><td>12.8</td><td>11.7</td><td>8.1</td><td>18.0</td></tr>
<tr><td>连云港</td><td>7.2</td><td>9.6</td><td>14.0</td><td>9.0</td><td>13.7</td><td>21.1</td><td>10.7</td><td>14.7</td></tr>
<tr><td>丽水</td><td>13.5</td><td>12.0</td><td>9.2</td><td>4.4</td><td>10.1</td><td>15.1</td><td>12.6</td><td>23.1</td></tr>
<tr><td>龙岩</td><td>1.6</td><td>4.8</td><td>12.5</td><td>11.5</td><td>14.6</td><td>23.6</td><td>15.8</td><td>15.6</td></tr>
<tr><td>柳州</td><td>1.8</td><td>12.0</td><td>15.3</td><td>23.8</td><td>16.8</td><td>20.2</td><td colspan="2">10.1</td></tr>
<tr><td>洛阳</td><td>0.7</td><td>1.2</td><td>9.8</td><td>12.6</td><td>26.8</td><td>25.8</td><td>14.3</td><td>8.8</td></tr>
<tr><td>泸州</td><td>36.8</td><td>17.3</td><td>14.8</td><td>11.1</td><td>8.6</td><td>6.3</td><td colspan="2">5.1</td></tr>
<tr><td>眉山</td><td>12.3</td><td>12.6</td><td>17.8</td><td>12.5</td><td>17.4</td><td>16.9</td><td colspan="2">10.5</td></tr>
<tr><td>牡丹江</td><td>0.0</td><td>4.0</td><td>7.5</td><td>15.3</td><td>29.3</td><td>33.7</td><td colspan="2">10.2</td></tr>
<tr><td>南昌</td><td>0.1</td><td>3.9</td><td>9.4</td><td>11.5</td><td>17.5</td><td>25.2</td><td>17.4</td><td>15.0</td></tr>
<tr><td>南充</td><td>24.4</td><td>15.8</td><td>14.6</td><td>8.9</td><td>13.5</td><td>13.4</td><td colspan="2">9.4</td></tr>
<tr><td>梅州</td><td>3.4</td><td>12.1</td><td>14.1</td><td>9.8</td><td>16.3</td><td>22.0</td><td>13.3</td><td>9.0</td></tr>
<tr><td>南京</td><td>3.7</td><td>3.5</td><td>8.2</td><td>7.5</td><td>13.4</td><td>23.3</td><td>14.3</td><td>26.1</td></tr>
<tr><td>南宁</td><td>7.7</td><td>11.1</td><td>13.0</td><td>10.4</td><td>12.4</td><td>20.6</td><td>11.5</td><td>13.3</td></tr>
<tr><td>南阳</td><td>4.9</td><td>9.6</td><td>20.2</td><td>15.5</td><td>17.2</td><td>17.7</td><td colspan="2">14.9</td></tr>
<tr><td>宁波</td><td>0.3</td><td>4.2</td><td>7.8</td><td>5.5</td><td>9.2</td><td>25.3</td><td>19.8</td><td>27.9</td></tr>
<tr><td>南通</td><td>0.8</td><td>3.3</td><td>4.8</td><td>4.5</td><td>12.1</td><td>26.2</td><td>22.8</td><td>25.5</td></tr>
<tr><td>平顶山</td><td>3.8</td><td>9.0</td><td>20.7</td><td>17.0</td><td>22.1</td><td>18.2</td><td colspan="2">9.2</td></tr>
<tr><td>青岛</td><td>7.0</td><td>5.9</td><td>8.6</td><td>7.9</td><td>13.9</td><td>25.3</td><td>13.4</td><td>18.0</td></tr>
<tr><td>清远</td><td>4.3</td><td>8.6</td><td>11.6</td><td>8.1</td><td>15.3</td><td>22.9</td><td>13.5</td><td>15.7</td></tr>
<tr><td>秦皇岛</td><td>4.0</td><td>14.2</td><td>9.0</td><td>15.5</td><td>15.9</td><td>23.9</td><td colspan="2">17.5</td></tr>
<tr><td>泉州</td><td>2.8</td><td>2.9</td><td>6.0</td><td>3.9</td><td>11.2</td><td>24.5</td><td>22.3</td><td>26.4</td></tr>
<tr><td>衢州</td><td>4.6</td><td>8.3</td><td>8.7</td><td>7.6</td><td>10.1</td><td>22.6</td><td>13.0</td><td>25.1</td></tr>
<tr><td>三亚</td><td>6.5</td><td>13.6</td><td>16.9</td><td>10.1</td><td>16.0</td><td>17.3</td><td colspan="2">19.6</td></tr>
<tr><td>上海</td><td>0.2</td><td>0.9</td><td>3.4</td><td>2.8</td><td>6.3</td><td>22.3</td><td>14.9</td><td>49.2</td></tr>
<tr><td>汕头</td><td>4.1</td><td>11.8</td><td>13.2</td><td>12.7</td><td>16.5</td><td>17.6</td><td>7.9</td><td>16.2</td></tr>
<tr><td>汕尾</td><td>4.4</td><td>8.8</td><td>17.2</td><td>16.5</td><td>19.2</td><td>15.3</td><td colspan="2">18.6</td></tr>
<tr><td>韶关</td><td>6.9</td><td>10.3</td><td>16.1</td><td>11.5</td><td>17.0</td><td>19.6</td><td colspan="2">18.6</td></tr>
<tr><td>绍兴</td><td>0.9</td><td>2.3</td><td>7.9</td><td>6.2</td><td>11.2</td><td>25.7</td><td>17.3</td><td>28.5</td></tr>
<tr><td>沈阳</td><td>2.4</td><td>8.4</td><td>12.2</td><td>18.1</td><td>16.4</td><td>22.9</td><td colspan="2">19.6</td></tr>
<tr><td>深圳</td><td>0.0</td><td>0.4</td><td>2.0</td><td>2.1</td><td>4.5</td><td>11.0</td><td>11.2</td><td>68.8</td></tr>
<tr><td>石家庄</td><td>0.9</td><td>5.7</td><td>8.2</td><td>13.1</td><td>18.7</td><td>29.9</td><td>11.6</td><td>11.9</td></tr>
<tr><td>苏州</td><td>0.5</td><td>4.0</td><td>5.9</td><td>6.1</td><td>9.1</td><td>22.7</td><td>17.7</td><td>34.0</td></tr>
</table>

续表

城市	0～1200元	1201～2300元	2301～3500元	3501～4400元	4401～5600元	5601～8000元	8001～10000元	10001元及以上
太原	0.7	4.2	10.8	11.2	19.9	27.6	11.5	14.1
泰州	8.8	5.4	9.8	8.8	12.8	20.7	15.1	18.6
台州	3.0	5.7	8.0	4.9	14.1	18.9	15.5	29.9
唐山	6.0	7.1	13.8	12.4	18.5	20.4	12.1	9.7
天津	2.8	6.0	10.3	11.2	18.2	26.8	12.4	12.3
铜陵	4.2	3.5	10.2	14.6	19.8	30.2	17.5	
乌鲁木齐	1.7	5.4	8.5	7.7	12.6	21.5	17.0	25.6
潍坊	7.1	8.2	9.9	12.7	21.7	23.7	16.7	
威海	10.9	9.3	12.6	10.1	15.8	23.5	17.8	
温州	0.7	1.2	4.0	3.7	8.4	13.1	16.8	52.1
武汉	4.4	6.1	6.8	8.5	18.9	21.4	14.1	19.8
芜湖	7.2	6.4	11.3	16.4	15.9	21.4	11.6	9.8
无锡	1.4	5.2	6.2	6.0	12.7	22.6	20.1	25.8
西安	1.0	3.6	10.1	7.8	22.6	30.8	13.1	11.0
襄阳	3.7	9.6	9.4	16.0	19.2	24.0	18.1	
厦门	0.3	3.8	5.3	7.1	8.9	18.1	16.7	39.8
西昌	10.8	16.0	21.5	9.1	12.2	15.8	14.6	
西宁	4.0	5.0	12.0	10.8	16.1	25.1	12.7	14.3
盐城	0.3	0.6	1.3	3.7	6.9	17.6	18.6	51.0
阳江	4.6	10.8	9.3	14.7	18.5	21.1	7.4	13.6
扬州	3.8	5.0	5.8	4.9	13.6	24.6	17.3	25.0
宜宾	13.0	17.4	15.0	8.7	18.7	17.0	10.2	
徐州	2.1	3.8	9.2	8.8	19.8	24.0	13.4	18.9
宜昌	2.3	6.7	7.1	9.4	16.1	28.3	14.7	15.4
宜春	4.8	8.2	20.2	14.5	20.5	14.6	17.2	
营口	4.0	14.4	16.2	23.3	14.3	18.6	9.2	
烟台	4.3	6.0	10.4	9.5	12.2	29.8	16.3	11.5
永济	1.6	3.5	4.0	4.3	16.9	29.7	22.3	17.7
岳阳	4.6	6.0	10.8	14.4	17.3	25.6	10.6	10.7
银川	1.9	5.1	11.2	10.6	19.1	27.6	11.8	12.7
漳州	3.1	7.8	11.4	7.3	20.4	23.7	12.2	14.1
湛江	11.1	11.5	12.3	8.4	14.9	17.6	10.9	13.3
肇庆	4.8	8.2	14.0	12.3	14.8	20.5	9.2	16.2
郑州	1.7	4.2	7.7	11.0	15.5	22.0	15.2	22.7
镇江	1.4	3.7	5.1	9.3	16.3	32.0	14.1	18.1
中山	0.8	4.8	8.6	9.7	12.6	21.0	12.2	30.3
舟山	7.2	4.7	10.5	6.2	13.0	22.4	15.9	20.1
珠海	1.7	5.9	5.0	3.6	14.4	20.1	12.7	36.6
株洲	1.5	7.9	13.4	12.8	16.3	23.3	13.1	11.7
淄博	9.5	8.8	17.9	13.5	18.9	18.2	13.2	
遵义	0.9	6.6	16.1	14.4	15.4	19.8	13.3	13.5

表 4.14　2016 年各城市收视调查网家庭购买决策者年龄结构(%)

城市	15~29 岁	30~49 岁	50 岁及以上
安庆	5.2	50.5	44.3
鞍山	4.1	39.0	56.9
宝鸡	5.9	44.0	50.1
包头	7.7	49.8	42.5
北海	3.8	43.7	52.5
北京	16.1	40.7	43.2
蚌埠	6.5	43.3	50.2
长春	9.9	45.4	44.7
常德	4.5	50.0	45.5
长沙	13.8	48.0	38.2
常熟	3.2	38.4	58.4
常州	9.9	44.0	46.1
潮州	5.9	50.3	43.8
成都	16.9	45.3	37.8
重庆	9.4	43.3	47.3
滁州	5.4	50.6	44.0
大理	11.9	55.0	33.1
大连	13.3	43.7	43.0
丹东	7.0	33.6	59.4
大同	8.9	54.6	36.5
达州	8.6	50.5	40.9
德州	13.4	53.9	32.7
东莞	14.6	61.2	24.2
佛山	7.9	48.1	44.0
抚顺	4.3	33.8	61.9
福州	7.4	43.4	49.2
赣州	8.9	50.4	40.7
广元	8.3	55.5	36.2
广州	12.6	49.1	38.3
桂林	9.0	45.2	45.8
贵阳	10.8	44.3	44.9
海口	9.7	52.1	38.2
邯郸	6.5	47.0	46.5
杭州	10.7	44.7	44.6
哈尔滨	8.6	41.9	49.5
合肥	18.3	48.8	32.9
衡阳	9.8	47.3	42.9
呼和浩特	9.5	50.2	40.3
淮安	11.6	51.2	37.2
惠州	20.1	55.9	24.0
湖州	7.7	47.1	45.2
江门	7.9	47.3	44.8
嘉兴	9.1	44.1	46.8

续表

城市	15～29岁	30～49岁	50岁及以上
揭阳	7.2	51.3	41.5
吉林	4.9	45.0	50.1
济南	10.1	46.4	43.5
荆门	10.3	55.3	34.4
荆州	8.2	49.7	42.1
金华	6.7	49.2	44.1
锦州	7.3	45.1	47.6
济宁	8.9	49.9	41.2
九江	6.9	49.3	43.8
昆明	18.5	41.6	39.9
兰州	8.2	47.1	44.7
乐山	11.8	48.7	39.5
拉萨	9.8	52.0	38.2
连云港	7.2	48.6	44.2
丽水	7.2	42.7	50.1
龙岩	8.9	51.2	39.9
柳州	6.7	45.7	47.6
洛阳	8.0	46.6	45.4
泸州	7.4	43.6	49.0
眉山	10.2	50.6	39.2
牡丹江	7.7	46.6	45.7
南昌	8.6	46.9	44.5
南充	5.8	41.1	53.1
梅州	3.2	41.0	55.8
南京	8.5	46.0	45.5
南宁	13.6	47.0	39.4
南阳	7.0	52.2	40.8
宁波	13.0	46.7	40.3
南通	6.1	39.8	54.1
平顶山	7.9	52.8	39.3
青岛	9.9	43.3	46.8
清远	11.7	53.3	35.0
秦皇岛	8.3	42.8	48.9
泉州	8.6	53.3	38.1
衢州	5.8	46.5	47.7
三亚	10.3	52.8	36.9
上海	12.5	39.2	48.3
汕头	8.3	56.4	35.3
汕尾	7.2	53.8	39.0
韶关	6.3	48.9	44.8
绍兴	3.5	38.3	58.2
沈阳	10.1	39.3	50.6
深圳	27.3	57.4	15.3

续表

城市	15～29 岁	30～49 岁	50 岁及以上
石家庄	10.3	48.6	41.1
苏州	21.1	41.3	37.6
太原	7.5	48.8	43.7
泰州	5.6	39.2	55.2
台州	7.7	49.1	43.2
唐山	4.4	42.5	53.1
天津	8.6	42.3	49.1
铜陵	4.9	40.5	54.6
乌鲁木齐	5.8	41.1	53.1
潍坊	9.4	51.7	38.9
威海	6.9	51.2	41.9
温州	11.6	45.6	42.8
武汉	7.8	42.9	49.3
芜湖	8.6	46.7	44.7
无锡	7.5	39.2	53.3
西安	12.6	37.4	50.0
襄阳	9.7	51.5	38.8
厦门	13.8	48.2	38.0
西昌	10.1	53.6	36.3
西宁	12.7	50.8	36.5
盐城	4.6	49.4	46.0
阳江	8.6	47.9	43.5
扬州	6.2	44.3	49.5
宜宾	8.9	47.9	43.2
徐州	9.7	47.4	42.9
宜昌	10.7	46.7	42.6
宜春	4.6	51.8	43.6
营口	7.7	42.9	49.4
烟台	10.4	45.7	43.9
永济	2.4	51.0	46.6
岳阳	9.9	55.2	34.9
银川	15.3	50.5	34.2
漳州	5.6	46.1	48.3
湛江	6.8	47.9	45.3
肇庆	11.0	55.7	33.3
郑州	16.0	46.3	37.7
镇江	6.4	50.1	43.5
中山	13.9	53.4	32.7
舟山	3.1	44.0	52.9
珠海	14.1	53.0	32.9
株洲	8.9	52.1	39.0
淄博	6.2	47.0	46.8
遵义	10.9	43.2	45.9

表 4.15　2016 年各城市收视调查网性别与年龄结构(%)

城市	性别		年龄						
	男性	女性	4～14岁	15～24岁	25～34岁	35～44岁	45～54岁	55～64岁	65岁及以上
安庆	49.5	50.5	10.8	16.1	12.6	22.4	15.6	11.9	10.6
鞍山	50.0	50.0	5.9	11.9	14.2	16.6	23.7	14.1	13.6
宝鸡	51.0	49.0	10.6	15.8	15.9	20.1	16.5	11.7	9.4
包头	51.7	48.3	10.1	16.1	15.9	22.5	16.5	9.4	9.5
北海	50.8	49.2	11.2	17.6	18.1	20.1	15.5	9.5	8.0
北京	51.0	49.0	5.7	18.0	22.1	17.8	16.0	10.5	9.9
蚌埠	50.3	49.7	10.0	17.9	14.5	19.6	15.9	11.4	10.7
长春	50.0	50.0	8.2	17.0	16.8	19.0	17.1	12.4	9.5
常德	49.7	50.3	8.7	17.1	12.1	22.0	16.5	12.7	10.9
长沙	50.0	50.0	8.6	22.3	17.4	18.7	14.3	10.4	8.3
常熟	50.1	49.9	7.2	18.1	16.5	19.5	14.9	12.5	11.3
常州	51.4	48.6	8.5	17.8	17.4	20.9	14.5	11.7	9.2
潮州	49.0	51.0	10.8	20.5	15.1	18.2	15.5	11.4	8.5
成都	50.5	49.5	8.0	18.5	17.5	22.3	13.5	10.8	9.4
重庆	50.6	49.4	10.6	16.5	12.0	21.0	14.4	13.7	11.8
滁州	50.3	49.7	10.9	16.5	14.6	22.5	15.1	11.1	9.3
大理	49.8	50.2	12.9	18.3	16.3	20.0	13.7	9.9	8.9
大连	50.4	49.6	6.8	17.8	18.3	17.7	16.6	12.3	10.5
丹东	49.8	50.2	6.6	13.4	13.9	18.0	20.9	14.6	12.6
大同	50.8	49.2	11.5	14.5	15.7	21.0	18.3	10.2	8.8
达州	49.4	50.6	12.8	17.1	12.4	23.5	13.8	11.8	8.6
德州	51.0	49.0	11.8	18.4	17.4	20.2	14.2	10.4	7.6
东莞	52.8	47.2	6.5	26.6	29.6	22.5	8.2	3.8	2.8
佛山	53.7	46.3	9.0	21.0	23.2	22.6	11.7	7.0	5.5
抚顺	50.1	49.9	6.4	12.4	13.4	17.2	23.6	14.2	12.8
福州	49.9	50.1	9.3	18.3	19.9	18.9	14.3	10.6	8.7
赣州	50.4	49.6	12.1	21.7	15.7	18.1	13.6	10.6	8.2
广元	51.1	48.9	11.5	16.9	13.1	25.2	13.9	10.6	8.8
广州	52.2	47.8	8.0	22.8	22.3	19.6	12.6	7.8	6.9
桂林	50.0	50.0	9.8	17.1	18.2	20.1	15.1	11.1	8.6
贵阳	51.1	48.9	12.4	19.4	16.1	20.7	13.4	9.2	8.8
海口	51.2	48.8	12.8	21.0	18.6	19.1	12.8	7.9	7.8
邯郸	50.9	49.1	10.4	17.1	15.0	19.2	17.1	11.9	9.3
杭州	51.4	48.6	7.7	20.8	19.7	18.5	14.9	9.9	8.5
哈尔滨	51.0	49.0	6.9	16.6	16.6	18.8	18.6	12.5	10.0
合肥	52.3	47.7	9.4	21.4	19.7	20.2	12.8	9.0	7.5
衡阳	50.6	49.4	10.9	20.4	14.2	18.3	16.0	11.7	8.5
呼和浩特	50.7	49.3	10.4	20.9	18.2	19.4	14.8	9.1	7.2
淮安	51.0	49.0	10.1	24.0	15.4	19.6	14.1	9.0	7.8

续表

城市	性别		年龄						
	男性	女性	4～14岁	15～24岁	25～34岁	35～44岁	45～54岁	55～64岁	65岁及以上
惠州	52.5	47.5	11.6	25.6	21.5	20.6	10.5	5.3	4.9
湖州	50.4	49.6	8.1	19.9	16.3	18.6	15.7	11.4	10.0
江门	51.4	48.6	11.0	19.4	19.6	21.2	13.0	8.8	7.0
嘉兴	50.6	49.4	8.4	18.8	14.4	18.8	16.4	12.1	11.1
揭阳	51.2	48.8	15.1	24.3	13.5	17.1	13.5	9.2	7.3
吉林	50.3	49.7	7.4	15.4	13.7	18.9	20.0	13.7	10.9
济南	50.3	49.7	9.4	18.5	18.0	17.5	16.2	11.1	9.3
荆门	50.3	49.7	9.6	16.5	16.2	21.6	16.9	11.3	7.9
荆州	50.6	49.4	8.1	18.9	14.3	19.9	17.3	12.6	8.9
金华	51.7	48.3	10.2	17.0	18.0	19.9	15.3	10.8	8.8
锦州	49.2	50.8	7.9	14.9	15.4	17.2	19.5	13.6	11.5
济宁	50.5	49.5	11.9	15.9	18.5	18.1	15.6	11.1	8.9
九江	50.5	49.5	11.2	21.6	14.8	19.3	14.2	10.3	8.6
昆明	51.3	48.7	9.0	20.0	19.5	20.4	13.1	9.5	8.5
兰州	51.7	48.3	9.5	18.9	15.8	20.3	15.8	9.9	9.8
乐山	48.9	51.1	8.1	18.5	13.1	21.6	14.4	12.8	11.5
拉萨	51.7	48.3	8.5	21.7	22.2	25.2	13.3	5.5	3.6
连云港	51.7	48.3	11.0	19.2	16.4	18.9	15.2	10.9	8.4
丽水	51.7	48.3	11.0	16.0	17.3	20.2	15.7	10.6	9.2
龙岩	53.1	46.9	9.6	16.2	18.8	23.4	15.2	8.8	8.0
柳州	51.2	48.8	11.1	15.6	18.5	20.6	15.0	10.6	8.6
洛阳	50.3	49.7	10.8	14.8	15.8	20.6	16.3	10.9	10.8
泸州	49.6	50.4	13.4	14.3	11.1	21.1	14.4	14.3	11.4
眉山	49.7	50.3	8.9	14.8	12.1	23.7	14.4	13.8	12.3
牡丹江	49.6	50.4	7.8	14.7	14.6	19.8	19.2	13.0	10.9
南昌	52.2	47.8	12.6	25.7	15.1	16.8	12.9	9.1	7.8
南充	49.4	50.6	10.9	19.3	13.3	19.8	13.7	12.6	10.4
梅州	49.9	50.1	11.8	17.4	13.6	18.2	16.5	11.1	11.4
南京	51.5	48.5	6.9	21.4	17.2	17.9	15.2	11.6	9.8
南宁	52.1	47.9	10.6	19.6	20.6	19.5	13.4	8.7	7.6
南阳	50.4	49.6	14.9	17.6	15.2	18.9	13.7	11.1	8.6
宁波	51.1	48.9	8.1	17.5	19.9	20.1	15.4	10.8	8.2
南通	50.1	49.9	7.4	20.1	16.8	19.4	14.5	11.3	10.5
平顶山	51.2	48.8	11.7	18.4	15.8	22.8	14.1	9.3	7.9
青岛	50.3	49.7	9.1	18.2	16.6	18.0	15.8	11.8	10.5
清远	52.0	48.0	12.0	20.2	17.9	20.1	13.0	8.7	8.1
秦皇岛	49.4	50.6	8.3	21.2	16.4	17.6	15.6	11.9	9.0
泉州	51.6	48.4	8.7	24.6	22.6	20.2	11.9	6.8	5.2
衢州	50.3	49.7	11.6	11.7	15.8	20.6	16.9	12.5	10.9

续表

城市	性别		年龄						
	男性	女性	4~14岁	15~24岁	25~34岁	35~44岁	45~54岁	55~64岁	65岁及以上
三亚	53.0	47.0	13.2	25.2	20.8	18.4	11.4	6.0	5.0
上海	51.0	49.0	5.7	15.5	21.0	16.0	16.8	13.8	11.2
汕头	50.1	49.9	18.2	22.4	15.4	15.6	12.5	8.5	7.4
汕尾	51.2	48.8	15.9	23.6	16.8	17.4	12.1	7.8	6.4
韶关	51.5	48.5	11.7	17.7	15.1	20.4	15.3	10.1	9.7
绍兴	49.3	50.7	9.8	18.9	15.4	19.8	15.8	11.5	8.8
沈阳	50.0	50.0	6.5	13.7	17.1	16.6	20.6	13.9	11.6
深圳	53.9	46.1	7.0	26.1	31.4	21.6	8.6	3.4	1.9
石家庄	48.8	51.2	9.3	20.4	17.7	17.8	15.0	10.4	9.4
苏州	50.8	49.2	6.6	24.8	21.2	17.2	12.4	9.7	8.1
太原	51.3	48.7	9.5	23.1	16.3	17.6	15.9	9.0	8.6
泰州	49.9	50.1	9.0	15.4	14.1	20.1	15.1	13.6	12.7
台州	51.3	48.7	11.4	14.0	17.4	22.3	15.2	10.2	9.5
唐山	50.2	49.8	8.3	15.9	16.8	15.8	18.4	14.9	9.9
天津	53.6	46.4	6.3	19.7	19.7	16.6	16.8	12.0	8.9
铜陵	51.6	48.4	10.5	13.9	14.0	23.4	16.5	11.3	10.4
乌鲁木齐	51.7	48.3	10.0	18.1	17.5	24.4	14.1	7.4	8.5
潍坊	50.8	49.2	11.2	17.0	15.5	19.0	15.6	12.0	9.7
威海	50.5	49.5	8.9	21.2	17.7	19.6	14.6	9.9	8.1
温州	51.9	48.1	7.9	20.1	23.2	21.0	13.5	7.9	6.4
武汉	51.3	48.7	7.5	23.0	16.3	17.1	15.9	11.5	8.7
芜湖	52.3	47.7	7.4	21.8	15.0	18.9	15.8	11.0	10.1
无锡	52.2	47.8	7.4	18.9	18.7	20.1	14.3	11.5	9.1
西安	51.3	48.7	8.2	23.0	18.9	17.5	14.5	9.0	8.9
襄阳	49.7	50.3	10.4	17.8	16.6	20.0	15.5	11.6	8.1
厦门	51.7	48.3	9.1	23.6	25.1	19.8	11.0	6.5	4.9
西昌	51.4	48.6	15.6	18.6	14.0	21.3	12.2	9.4	8.9
西宁	51.3	48.7	11.0	17.1	15.9	22.7	15.5	8.4	9.4
盐城	50.7	49.3	10.0	16.1	14.0	20.7	15.6	12.6	11.0
阳江	51.3	48.7	12.2	19.2	16.5	19.4	13.8	9.1	9.8
扬州	50.4	49.6	8.2	18.1	14.6	19.0	15.7	13.4	11.0
宜宾	50.5	49.5	12.3	16.5	12.8	22.3	14.0	12.2	9.9
徐州	50.7	49.3	9.6	18.3	15.8	18.6	15.5	11.6	10.6
宜昌	50.9	49.1	8.5	16.4	16.5	20.2	15.5	13.2	9.7
宜春	50.9	49.1	17.1	17.2	15.6	18.4	13.5	9.7	8.5
营口	50.8	49.2	8.1	14.8	16.4	19.7	18.2	12.5	10.3
烟台	50.4	49.6	7.8	21.2	17.4	18.4	15.5	10.8	8.9
永济	51.0	49.0	12.2	19.8	14.8	18.2	15.9	10.3	8.8
岳阳	50.6	49.4	11.2	17.9	15.4	22.3	14.8	10.3	8.1

续表

城市	性别		年龄						
	男性	女性	4～14岁	15～24岁	25～34岁	35～44岁	45～54岁	55～64岁	65岁及以上
银川	51.0	49.0	11.9	19.3	19.1	21.1	13.4	8.2	7.0
漳州	49.9	50.1	10.8	20.1	17.7	19.2	14.7	9.2	8.3
湛江	51.4	48.6	14.4	23.2	16.0	16.0	13.2	8.4	8.8
肇庆	50.8	49.2	11.1	21.6	15.7	20.4	13.5	9.2	8.5
郑州	50.7	49.3	10.3	25.4	20.0	18.3	11.9	7.4	6.7
镇江	52.5	47.5	7.6	17.3	15.2	20.1	17.1	12.6	10.1
中山	53.0	47.0	9.2	23.6	24.0	21.6	10.7	6.2	4.7
舟山	51.9	48.1	7.8	12.8	15.8	21.5	19.1	12.5	10.5
珠海	51.1	48.9	10.9	21.6	21.1	23.4	12.0	6.2	4.8
株洲	50.9	49.1	9.3	18.0	16.4	21.7	15.0	10.6	9.0
淄博	50.1	49.9	10.8	15.0	14.5	19.7	17.3	12.4	10.3
遵义	50.5	49.5	15.0	16.6	15.0	22.7	13.0	9.7	8.0

图书在版编目（CIP）数据

中国电视收视年鉴 2017 / 徐立军主编. —北京：
中国传媒大学出版社，2017. 7
ISBN 978 - 7 - 5657 - 2036 - 9

Ⅰ. ①中… Ⅱ. ①徐… Ⅲ. ①电视工作 - 抽样调查 -
中国 - 2017 - 年鉴 Ⅳ. ①G229. 2 - 54

中国版本图书馆 CIP 数据核字（2017）第 119107 号

中国电视收视年鉴 2017
Zhongguo Dianshi Shoushi Nianjian 2017

主　　编　徐立军
策划编辑　欣　雯
责任编辑　蒋　倩　李　明
责任印制　曹　辉
封面制作　大鹏设计

出版发行　中国传媒大学出版社
地　　址　北京市朝阳区定福庄东街 1 号　邮编 100024
　　　　　电话：86 - 10 - 65450532　65450528　传真：65779405
网　　址　http://www.cucp.com.cn
经　　销　全国新华书店

印　　刷　北京艺堂印刷有限公司
开　　本　787mm × 1092mm　1/16
印　　张　47
版　　次　2017 年 7 月第 1 版　　2017 年 7 月第 1 次印刷

书　　号　ISBN 978 - 7 - 5657 - 2036 - 9/G · 2036　　定　价　168.00 元